편집대표 양 창 수

제 2 판

민법주해

[Ⅲ]

총 칙 (3)

[제 103 조 ~ 제 136 조]

박영사

머 리 말

『민법주해』 총칙편의 초판이 그 제1권부터 제3권으로 발간된 것이 1992년 3월이다. 그로부터 세어보면 벌써 30년의 세월이 흘렀다. 그리고 채권편 각론 마지막의 제19권은 불법행위에 관한 민법 규정의 뒷부분, 그리고 「불법행위 후론」으로 인격권 침해 · 공해 · 자동차운행자책임을 다뤘는데, 2005년 1월에 나왔다. 그것도 이미 17년 전의 일이다.

이제 『민법주해』의 제2판을 출간하기에 이르렀으니 감개가 없을 수 없다. 돌이켜보면, 곽윤직 선생님이 '제대로 된' 민법 「코멘타르」의 구상을 처음으로 말씀하신 것은 선생님이 서울대학교 법과대학 정년퇴직을 몇 년 앞둔 1987년 말쯤이라고 기억한다. 선생님은 우리나라에서 민법 관련 문헌이 교과서에 일방적으로 치우쳐 있음을 한탄하면서, 이를 바로잡는 하나의 방법으로 우선 우리의 힘으로 민법의 모든 실제의 또는 상정될 수 있는 문제들에 대하여 그 현재의 모습을 포괄적으로 다루는 —즉, 독일의 wissenschaftlicher Großkommentar에 해당하는— 자료가 나와야 한다고 역설하였다(또 하나는 본격적인 법 관련의 '종합 정기간행물'이다). 그리하여 『민법주해』를 편집하는 작업이 개시된 것이다.

그리하여 곽 선생님은 전체 「머리말」에서, "이 주해서는 각 조문마다 관련되는 중요한 판결들을 인용해 가면서 확정된 판례이론을 밝혀주고, 한편으로는 이론 내지 학설을 모두 그 출전을 정확하게 표시하고, 또한 논거를 객관적으로 서술하여 민법 각 조항의 구체적 내용을 밝히려는 것"으로서, "그 목적하는 바는, 위와 같은 서술을 통해서 우리의 민법학의 현재 수준을 부각시키고, 아울러 우리 민법 아래에서 생기는 법적 분쟁에 대한 올바른 해답을 찾을 수 있게 하려는 데 있다"고 밝힌 바 있다.

이러한 『민법주해』 편집 · 간행의 '목적'이 이제 발간되는 제2판에서도 조금도 변함이 없음은 물론이다.

그러나 당연히 법은 변화하고 발전하는 것이다. 그 사이에 우리 사회는 1980년대 말의 자취는 거의 찾아볼 수 없을 만큼 엄청나게 변모하였다. 사람의 가치나 사고방식에도 그러한 변화가 적지 않다. 그리하여 민법의 규정은 대체로 전과 같다고 하여도, 이로써 처리되어야 하는 법문제의 양상은 사뭇 달라졌다. 그리고 새로운 법률이 제정 · 시행되거나 종전의 규정이 개정 또는 폐기된 경우도 드물지 않다. 그에 따라 전에 없던 법문제가 제기되고 추구되어야 할 법이념도 달라져서, 새로운 법리가 이에 답한다. 그리하여 새로운 재판례가 나온다. 그리고 종전의 법리나 판례 등도 다시 검토되지 않을 수 없다.

또한 지적되지 않으면 안 되는 중요한 사실은, 민법의 해석 · 적용에 관한 우리의 역량이 전에 비하여 훨씬 충실하여졌다는 점이다. 물론 여전히 개선되어야 할 점이 적지 않음은 인정하지 않을 수 없겠다. 그러나 예를 들자면 비교법적인 시야가 훨씬 넓어져서 어느 외국의 이론에 맹종하는 경향은 많이 청산되었다고 해도 좋을 것이다. 또한 민사재판실무에 대하여도 보다 객관적이면서 비판적인 태도를 취하고, 또한 그 '흐름'에 대한 의식이 날카로워졌다.

『민법주해』의 개정판은 이러한 변화를 담으려고 노력하였다. 여러 가지의 어려운 고비를 거쳐 이제 드디어 햇빛을 보게 되는 『민법주해』의 개정판이 여러분의 기대에 크게 어긋나지 않기를 바란다.

2022년 2월 25일

편 집 대 표

梁 彰 洙

총칙편 집필자

구자헌(특허법원 고법판사)
권　철(성균관대학교 법학전문대학원 교수)
권영준(서울대학교 법학전문대학원 교수)
김상중(고려대학교 법학전문대학원 교수)
김시철(서울고등법원 부장판사)
김형석(서울대학교 법학전문대학원 교수)
박인환(인하대학교 법학전문대학원 교수)
양창수(한양대학교 법학전문대학원 석좌교수; 서울대학교 법학전문대학원 명예교수)
오영준(서울고등법원 부장판사)
윤태식(서울동부지방법원장)
이동진(서울대학교 법학전문대학원 교수)
이연갑(연세대학교 법학전문대학원 교수)
이정민(변호사)
제철웅(한양대학교 법학전문대학원 교수)
진현민(서울고등법원 고법판사)
천경훈(서울대학교 법학전문대학원 교수)
최병조(서울대학교 법학전문대학원 명예교수)
최수정(서강대학교 법학전문대학원 교수)
호제훈(변호사)

(이상 가나다 순, 현직은 2022년 3월 1일 기준)

집필내용

범 례

1. 조 문

§ 49 II (iii) ← 민법 제49조 제2항 제3호

§ 12-2 ← 민법 제12조의2

부칙 § 10 ← 민법 부칙 제10조

2. 재 판 례

(1) 일 반

대판 80.7.8, 79다1928(집 28－2, 101) ← 대법원 1980년 7월 8일 선고 79다1928 판결(대법원판결집 제28권 2집 민사편 101면)

대결 05.3.15, 2003마1477(공 05상, 391) ← 대법원 2005년 3월 15일 고지 2003마1477 결정(판례공보 2005년 9634면)

대판 80.9.24, 80다1220(요집 민 I－1, 161) ← 대법원 1980년 9월 24일 선고 80다1220 판결(대법원판례요지집 민사·상사편 I－1권 161면)

헌재 05.2.3, 2001헌가9(헌집 17－1, 1) ← 헌법재판소 2005년 2월 3일 선고 2001헌가9 결정(헌법재판소판례집 17권 1집 1면)

서울고판 71.12.29, 71나1733(고집 71, 612) ← 서울고등법원 1971년 12월 29일 선고 71나1733 판결(고등법원판결집 1971년 민사편 612면)

대구지판 88.2.10, 87나485(하집 88－1, 226) ← 대구지방법원 1988년 2월 10일 선고 87나485판결(하급심판결집 1988년 제1권 민사편 226면)

서울동지판 07.4.24, 2006가단62400(각공 07, 1875) ← 서울동부지방법원 2007년 4월 24일 선고 2006가단62400 판결(각급법원 판결공보 2007년 1875면)

서울고판 06.2.17, 2005나7544(정보) ← 서울고등법원 2006년 2월 17일 선고 2005나7544 판결(법원 종합법률정보 검색)

(2) 기타의 재판법원 및 재판종류의 표시

대판(전) ← 대법원 전원합의체 판결

대구고판 ← 대구고등법원 판결

서울중지판 ← 서울중앙지방법원 판결

밀양지원판 ← 마산지방법원밀양지원 판결

서울가결 ← 서울가정법원 결정

(3) 재판례의 출전

집 ←「대법원판결집」,「대법원판례집」

전집 ←「대법원전원합의체판결집」

공 ←「법원공보」,「판례공보」

고집 ←「고등법원판결집」

하집 ←「하급심판결집」

각공 ←「각급법원 판결공보」

월보 ←「판례월보」

신문 ←「법률신문」

총람 ←「판례총람」

요집 ←「대법원판례요지집」

법고을 ←「법원도서관 법고을 DVD」

정보 ←「대한민국 법원 종합법률정보」

로앤비 ← THOMSON REUTERS LAWnB

미공개 ← 공개되지 아니한 재판례

3. 법령약어

(1) 법 률

가등기담보등에 관한 법률	가담
가사소송법	가소
가사심판법(폐지)	가심
가족관계 등의 등록에 관한 법률	가족등
개인정보 보호법	개정보
개인채무자회생법(폐지)	개회

건설기계관리법	건관
건축기본법	건기
건축법	건축
경매법(폐지)	경매
고물영업법(폐지)	고물
공공기관의 정보공개에 관한 법률	공정보
공공주택건설 등에 관한 특별법	공주
공무원연금법	공연금
공익법인의 설립 및 운영에 관한 법률	공익법인
공익사업을 위한 토지 등의 취득 및 보상에 관한 법률	공토취
공인중개사법	공중개
공장 및 광업재단 저당법	공저
공증인법	공증
공탁법	공탁
관세법	관세
광업법	광업
광업재단저당법(폐지)	광저
국가를 당사자로 하는 계약에 관한 법률	국계
국가를 당사자로 하는 소송에 관한 법률	국소
국가배상법	국배
국가유공자 등 예우 및 지원에 관한 법률	예우
국가재정법	국재정
국민연금법	국연금
국세기본법	국세
국세징수법	국징
국유재산법	국재산
국적법	국적
국제물품매매계약에 관한 국제연합 협약	국연매매
국제사법	국사
국토의 계획 및 이용에 관한 법률	국토
귀속재산처리법	귀재

근로기준법	근기
금융실명거래 및 비밀보장에 관한 법률	금실명
남녀고용평등과 일·가정 양립 지원에 관한 법률	남녀
노동조합 및 노동관계조정법	노조
농지개혁법(폐지)	농개
농지법	농지
대부업 등의 등록 및 금융이용자 보호에 관한 법률	대부
대한민국 헌법	헌
도로교통법	도교
도로법	도로
도시 및 주거환경정비법	도정
도시개발법	도개
독점규제 및 공정거래에 관한 법률	독점
동산·채권 등의 담보에 관한 법률	동담
디자인보호법	디보
문화재보호법	문보
민사소송법	민소
민사조정법	민조
민사집행법	민집
방문판매 등에 관한 법률	방판
방송법	방송
법원조직법	법조
법인세법	법세
변호사법	변
보증인 보호를 위한 특별법	보특
보험업법	보험
부가가치세법	부가
부동산등기법	부등
부동산등기특별조치법	부등특조
부동산소유권 이전등기에 관한 특별조치법	부소특조
부동산실권리자명의 등기에 관한 법률	부실명

부재선고 등에 관한 특별조치법	부재특조
부정경쟁방지 및 영업비밀보호에 관한 법률	부경
불교재산관리법(폐지)	불재
비송사건절차법	비송
사립학교법	사학
산림법	산림
산업재해보상보험법	산재
상가건물 임대차보호법	상임
상법	상
상속세 및 증여세법	상증세
상업등기법	상등
상표법	상표
상호저축은행법	상저
선박등기법	선등
선박법	선박
소득세법	소세
소비자기본법	소기
소송촉진 등에 관한 특례법	소촉
소액사건심판법	소액
수난구호법	수구
수산업법	수산
수표법	수표
신문 등의 진흥에 관한 법률	신문
신용정보의 이용 및 보호에 관한 법률	신용정보
신원보증법	신보
신탁법	신탁
실용신안법	실용
실화책임에 관한 법률	실화
약관의 규제에 관한 법률	약관
어음법	어음
언론중재 및 피해구제 등에 관한 법률	언론

여신전문금융업법	여신
온천법	온천
외국인토지법	외토
외국환거래법	외환
원자력 손해배상법	원배
유실물법	유실
은행법	은행
이자제한법	이자
인사소송법(폐지)	인사
인신보호법	인신
임대주택법	임주
입목에 관한 법률	입목
자동차 등 특정동산 저당법	자저
자동차관리법	자관
자동차손해배상 보장법	자배
자본시장과 금융투자업에 관한 법률	자본시장
자산유동화에 관한 법률	자산유
저작권법	저작
전자거래기본법	전거
전자상거래 등에서의 소비자보호에 관한 법률	전소
전통사찰의 보존 및 지원에 관한 법률	사보
정신보건법	정신보
제조물 책임법	제조
주민등록법	주등
주식회사의 외부감사에 관한 법률	외감
주택법	주택
주택임대차보호법	주임
주택저당채권유동화회사법	주채유
중재법	중재
증권관련 집단소송법	증집소
지방세기본법	지기

지방세법	지세
지방재정법	지재정
지식재산 기본법	지재
집합건물의 소유 및 관리에 관한 법률	집합건물
채권의 공정한 추심에 관한 법률	추심
채무자회생 및 파산에 관한 법률	도산
출입국관리법	출관
측량·수로조사 및 지적에 관한 법률	지적
토지구획정리사업법(폐지)	토구정
토지수용법(폐지)	토수
토지이용규제 기본법	토규
통신비밀보호법	통비
특허법	특허
파산법(폐지)	파
하도급거래 공정화에 관한 법률	하도급
하천법	하천
할부거래에 관한 법률	할부
항공법	항공
행정규제기본법	행규
행정대집행법	행집
행정소송법	행소
행정심판법	행심
행정절차법	행절
헌법재판소법	헌재
형법	형
형사소송법	형소
호적법(폐지)	호적
화의법(폐지)	화의
환경정책기본법	환기
회사정리법(폐지)	회정
후견등기에 관한 법률	후등

(2) 부칙, 별표는 법명 뒤에 약칭 없이 '부칙' '별표'로 인용하며, 구법의 경우 법령 앞에 '구'를 덧붙인다.

(3) 법률의 시행령 또는 시행규칙은 법률약어에 '령' 또는 '규'를 붙인다.

(4) 외국법률과 모델규칙 등

독민	독일민법
네민	네덜란드신민법
프민	프랑스민법
스민	스위스민법
스채	스위스채무법
일민	일본민법
오민	오스트리아민법
이민	이태리민법
그민	그리스민법

UCC	Uniform Commercial Code
PECL	유럽계약법원칙
DCFR	유럽 민사법 공통기준안
PETL	유럽불법행위법원칙
PICC	UNIDROIT 국제상사계약원칙

(5) 외국법령의 조항 인용도 우리 법령의 인용과 같은 방식으로 한다.

(예)

독민 § 312-b I (iii)	←	독일민법 제312조의b 제1항 제3호
프민 § 17-2	←	프랑스민법 제17조의2
스채 § 22	←	스위스채무법 제22조

4. 문헌약어

(1) 교과서 : 저자명만으로 인용한다.

강봉석, 민법총칙, 제4판, 2014.

강태성, 민법총칙, 제5판, 2013.
고상용, 민법총칙, 제3판, 2003.
고창현, 민법총칙, 2006.
곽윤직 · 김재형, 민법총칙, 제9판, 2013.
권용우, 민법총칙, 제5전정판, 2003.
김대정, 민법총칙, 2012.
김민중, 민법총칙, 2014.
김상용, 민법총칙, 제2판, 2013.
김용한, 민법총칙론, 재전정판, 1993.
김주수 · 김상용, 민법총칙, 제7판, 2013.
김준호, 민법총칙, 제9판, 2014.
김증한 · 김학동, 민법총칙, 제10판, 2013.
명순구, 민법총칙, 2005.
백태승, 민법총칙, 제6판, 2014.
서을오, 민법총칙, 2013.
소성규, 민법총칙, 제4판, 2014.
송덕수, 민법총칙, 제2판, 2013.
이덕환, 민법총칙, 2012.
이영준, 민법총칙, 개정증보판, 2007.
이은영, 민법총칙, 제5판, 2009.
정기웅, 민법총칙, 제3판, 2013.
한삼인, 민법총칙, 2013.
홍성재, 민법총칙, 제5판, 2013.

양창수 · 김재형, 민법 Ⅰ: 계약법, 2010.
양창수 · 권영준, 민법 Ⅱ: 권리의 변동과 구제, 2011.
양창수 · 김형석, 민법 Ⅲ: 권리의 보전과 담보, 제2판, 2015.

(2) 정기간행물

가연 ←「가족법연구」

민판연 ←「민사판례연구」

민학 ←「민사법학」
법조 ←「법조」
비교 ←「비교사법」
사론 ←「사법논집」
사법 ←「사법」
사행 ←「사법행정」
신문 ←「법률신문」
월보 ←「판례월보」
재산 ←「재산법연구」
저스 ←「저스티스」
제문제 ←「민사재판의 제문제」
해설 ←「대법원판례해설」

(3) 기 타

구주해 […](집필자) ← 곽윤직 편집대표, 민법주해, 1992~2005 (꺾음괄호 안은 권수를 가리킨다)

주석 […](제○판/집필자) ← 김용덕 편집대표, 주석 민법, 제5판, 2019~
김용담 편집대표, 주석 민법, 제4판, 2010~2016 (꺾음괄호 안은 권수를 가리킨다)

5. 외국문헌 및 재판례

(1) 외국문헌 및 재판례의 인용

(가) 외국 문헌과 외국 재판례 등은 각국에서 통용되는 약칭으로 인용하는 것을 원칙으로 한다(연도는 서기로 표기하되, 일본의 경우는 평성, 소화, 대정, 명치 등의 연호에 따른 연도를 괄호 안에 평, 소, 대, 명 및 그 각 연도로 부기한다).

(나) 외국 문헌의 경우 최초로 인용할 때에 간행연도 및 판수(논문의 경우는, 정기간행물 및 그 권호수 등)를 표시하고, 이후 같은 조항에서 인용할 때는 "저자(또는 필자), 인용면수"의 방법으로 인용하되(같은 필자의 문헌을 여럿 인용하는 경우에는 최초 인용의 각주 번호에 따라 '(주 ○)'를 필자 이름 아래 붙인다), 다음에 언급하는 주석서는 예외로 한다.

독일 주석서의 경우 "주석서 이름/집필자"
일본『注釋民法』의 경우 "日注民 [⋯](집필자)" 또는 "日注民 新版 [⋯](집필자)"

(2) 재판례의 인용 등

본문 등에서는 각 국의 최고법원에 대하여 다음의 용어를 쓴다.

독일대법원	←	독일의 Bundesgerichtshof
독일헌법재판소	←	독일의 Bundesverfassungsgericht
독일제국법원	←	독일의 Reichsgericht
프랑스파기원	←	프랑스의 Cour de Cassation
스위스대법원	←	스위스의 Bundesgericht

차 례

第5章 法律行爲

第5章　法律行爲

전　　론

차　례

Ⅰ. 법률행위의 의의

1. 법률행위 개념

(1) 개념 정의

민법은 법주체에게 다양한 방면에서 자신의 법률관계를 스스로의 책임하에 직접 규율할 가능성을 인정한다. 여기에는 기존의 권리를 사실상 행사하는 자유뿐만 아니라 타인이나 물건에 대하여 법률관계를 자신의 의사에 의해 형성할 자유도 포함된다. 그리고 민법은 법률관계를 형성하는 의사가 작동하고 유효하게 실현될 수 있는 제도로서 법률행위를 예정하고 있다. 그런데 민법 총칙편 제5장은 법률행위에 관하여 규정하고 있지만, 법률행위 자체는 정의하고 있지 않다.[1]

법률행위의 정의에 대해 학설은 비록 표현의 차이는 있지만 대체로 일치하는 것으로 보인다. 의사표시를 요소로 하는 법률요건,[2] 일정한 법률효과의 발생을 목적으로 하는 하나 또는 수개의 의사표시를 없어서는 안 되는 꼭 필요한 요소로 하는 법률요건,[3] 의사표시를 불가결의 요소로 하고 의사표시의 내용대로 법률효과가 발생하는 것을 법질서가 승인한 사법상의 법률요건,[4] 의사표시를 중심요소로 하는 사법상의 법률요건으로서 행위자의 의사에 상응하는 법률효과가 인정되는 적법행위,[5] 의사표시를 요소로 하는 법률요건 또는 법적 행위[6]라고 풀이한다. 즉 사법(私法)관계에서 일정한 법률효과의 발생을 위해서는 법률요건이 충족되어야 하는데, 법률행위는 그중 하나로서 의사표시를 반드시 포함하며, 그 의사표시의 내용에 상응하여 법률효과가 발생하게 되

---

1) 이에 앞서 §5, §7, §10, §13에서도 법률행위라고 하는 개념을 사용하고 있지만, 그 주된 내용이 §103 이하임은 분명하다. 2009년부터 활동한 법무부 민법개정위원회는 법률행위에 관하여 원칙을 생략하고 §103 이하에서 예외적인 무효사유를 정한 것은 법률전문가를 염두에 둔 것으로 법수요자에 대한 배려가 부족하다는 지적하에 원칙 규정을 신설하기로 하고 다음과 같은 안을 제시한 바 있다(지원림, "계약 및 법률행위법의 개정방향—법무부 민법개정위원회 제1분과위원회의 개정작업을 중심으로", 민학 48, 2010, 11 참조):

§103 (법률행위) ① 권리와 의무의 발생, 변경 및 소멸은 법률행위에 의한다. 그러나 법률에 특별한 규정이 있으면 그러하지 아니하다.

② 법률행위는 의사표시의 내용에 따라 그 효력이 생긴다.

2) 김증한, "법률행위론", 서울대 법학 13-2, 1972, 8.

3) 곽윤직, 민법총칙, 제7판, 2006, 194.

4) 송덕수, 신민법강의, 제10판, 2017, 69.

5) 이은영, 민법총칙, 제5판, 2009, 311.

6) 양창수 · 김재형, 민법 I : 계약법, 제2판, 2015, 3.

는 것이다.

이상의 법률행위 개념을 이해하기 위해서는 다시 의사표시, 법률요건, 법률효과와 같은 개념들에 대한 해명이 필요하다. 법률관계에 변동이 일어나려면 일정한 전제조건이 충족되어야 한다. 이러한 전제조건이 법률요건이며, 이에 따라 발생하는 법률관계의 변동이 법률효과이다.[7] 법률요건에 해당하는 것으로는 법률행위 외에 준법률행위, 불법행위, 부당이득, 사무관리 등을 들 수 있지만, 사적자치의 원칙이라고 하는 관점에서는 당사자의 의사에 따른 법률효과의 발생 내지 권리관계의 변동을 가능하게 하는 법률행위가 가장 중요한 의미를 가짐은 물론이다.

한편 법률요건을 이루는 개개의 사실을 법률사실이라고 하며, 하나의 법률사실 또는 다수의 법률사실들이 일정한 결합을 통해 법률요건을 이룬다.[8] 법률사실에 대한 전통적인 분류에서[9] 가장 중요한 것이 외부적 용태 중 적법행위에 해당하는 의사표시로,[10] 이는 법률행위의 필수불가결한 요소이다. 의사표시는 준법률행위 중 표현행위와 유사해 보이지만, 전자의 경우 의사표시를 하는 자가 의욕한 바에 따른 법률효과가 발생하는 반면, 후자의 경우 법률규정에 의하여 효과가 발생한다는 점에서 차이가 있다.

(2) 법률행위 개념의 정립 및 도입

민법에서 중요한 개념 중 하나인 법률행위는 독일법계의 독특한 법개념이다. 로마법의 사료에서도 법률행위나 의사표시에 상응하는 표현들이 발견되지만, 개별적, 구체적인 상황을 서술하는 일반적인 어법에 지나지 않았으며, 오늘날과 같은 특정한 개념내용을 갖는 전문용어는 아니었다.[11] 18세기에 네텔

7) 지원림, 민법강의, 제15판, 2017, 159.

8) 송덕수(주 4), 64는 종래 학설이 일정한 법률효과를 발생케 하는 "사실" 또는 일정한 법률효과의 발생을 위하여 필요하고도 충분한 원인이 되는 "사실"의 전체를 법률요건으로 정의한 것에 대하여 문제를 제기한다. 그리고 법률요건이 법률사실들의 병렬적인 총합이 아니라는 점에서 법률요건은 법률효과의 발생에 적합한 법적 상태라고 정의한다.

9) 법률사실은 사람의 정신작용에 기한 용태와 그렇지 않은 사건으로 나뉜다. 먼저 용태는 외부적 용태(행위)와 내부적 용태로 구분된다. 외부적 용태는 다시 적법행위와 위법행위로 나뉘며, 적법행위에는 내심의 의사를 외부로 표시하는 의사표시와 법률의 규정에 의해 법률효과가 발생하는 준법률행위로 구분된다. 준법률행위는 표현행위와 비표현행위(사실)가, 그리고 표현행위에는 의사의 통지, 관념의 통지, 감정의 표시가 각각 포함된다. 비표현행위 내지 사실행위에는 순수사실행위와 혼합사실행위가 포함된다. 한편 내부적 용태는 관념적 용태와 의사적 용태로 각각 구분된다.

10) 의사표시에 관하여는 아래 Ⅱ. 참조.

11) 최병조, "사비니 이전의 법률행위론", 법률행위론의 사적전개와 과제(이호정교수화갑기념논문집), 1998, 10.

블라트(Nettelbladt)가 actus juridicus를 법률적 행위(ein rechtliches Geschäft)로 번역하였지만, 당시의 용례는 통일되어 있지 않았다. 19세기에 들어 하이제(Heise)에 의해 법률행위(Rechtsgeschäft)라는 용어가 독자적인 일반성을 가지게 되었으며,[12] 법률행위에 대한 고전적, 전통적 이론의 초석이 다져진 것은 사비니(Savigny)에 이르러서였다.[13] 사비니는 법률행위와 의사표시를 동의어로 취급하였으나, 오늘날 의사표시가 법률행위의 불가결한 요소이기는 하지만 양자를 동의어로 보지는 않는다.

독일민법의 기초이유서에 의하면 입법자들은 법률행위의 개념을 당사자가 의욕하였기 때문에 법질서에 의해 수여되는 법률효과의 발생을 위한 사적 의사표시라고 보았다.[14] 하지만 지금껏 독일민법은 법률행위 개념을 직접 정의하지 않았다. 그럼에도 불구하고 법률행위 그리고 법률행위가 기초하고 있고 독일 사법 전체의 근저에 놓인 의사표시의 개념은 독일 사법의 두드러진 특징이며, 그 이론적 구조를 이룬다는 점에는 변함이 없다.[15]

한편 1804년에 제정된 프랑스민법은 법률행위라고 하는 개념을 기초로 하지 않았으나, 2016년 개정에서 법률행위(acte juridique)에 관한 상세한 규정을 신설하였다.[16] 먼저 채무관계에 대한 총칙 규정으로서 채무는 법률행위, 법률사실 또는 법률규정으로부터 발생함을 명시하였다(§1100 I). 그리고 법률행위는 법률효과를 발생시키고자 하는 의사의 표시로서 합의에 의하거나 단독으로 행해질 수 있으며(§1100-1 I), 법률사실(fait juridique)은 법이 법률효과를 부여한 행동 또는 사건이라고 각각 정의하였다(§1100-2 I).

한편 우리 민법에 직접적인 영향을 준 일본민법의 경우 프랑스민법에 기초한 구민법(Boissonade 민법)에는 법률행위 개념이 존재하지 않았으나, 현행 민법의 기초 과정에서 독일민법 제1초안을 승계하면서 Rechtsgeschäft를 법률

12) 김증한(주 2), 6.
13) Savigny, System des heutigen römischen Rechts, Band Ⅲ, 1840.
14) Mot. Ⅰ, S.126.
15) Soergel/Hefermehl(1999), Vor §116 Rn.1.
16) 1907년에 제정된 스위스민법이나 1911년 제정된 스위스채무법은 독일법의 영향하에 법률행위개념을 사용하고 있지만, 1811년 제정된 오스트리아민법은 법률행위나 의사표시에 관한 일반규정을 가지고 있지 않았다. 하지만 오스트리아민법도 1916년 개정에서 §859 이하에 계약 및 법률행위 일반 규정을 두었는데, 특히 유효한 계약의 요건으로서 의사표시에 관하여 정하고(동법 §§869-875) 이를 그 밖에 타인에 대한 의사표시에 준용하고 있다(동법 §876).

행위로 번역, 도입하였다.[17] 물론 초기에는 그 번역어나 개념에 대하여 의견이 일치하지 않았지만, 입법과정에서 최종적으로 법률행위로 용어가 확정되었고, 이후 학설은 독일민법에서의 법률행위 개념에 전적으로 의지하게 되었다.[18] 우리 민법의 경우 제정과정에서 법률행위 개념의 유지 여부나 규정체계에 관한 본격적인 논의는 없었으며, 의용민법 및 만주국민법의 체계를 그대로 따랐다.[19] 그리고 법률행위에 관한 이론도 초기에는 일본의 학설에 의지하였다가, 이후에는 독일의 이론을 직접 수입하였다.[20]

(3) 법률행위 개념의 기능과 효용

사실 법률행위 자체는 실재하지 않으며, 법질서가 허용하는 개개의 구체적인 법률행위만이 존재한다. 매매, 임대차, 채권양도, 유언 등의 개별적인 행위와 구분되는 법률행위 개념은 이러한 개개 행위의 공통점을 분석, 추출하여 한데 묶는 비실존적 추상적 매개개념(Vermittlungsbegriff)[21] 내지 법률행위의 개개 유형을 총괄하기 위하여 만들어진 도구개념인 것이다.[22] 이러한 법률행위 개념은 의사의 흠결을 비롯한 일련의 총칙적 문제들을 다루는 데 기초가 되었고, 사법의 여러 분야에서 그러한 문제들을 통일적으로 파악할 수 있게 하였다.[23] 그러나 체계적인 유용성의 단점으로서, 개개의 행위유형에의 적용관계를 다시 검토해야 하는 또 다른 작업이 요구되는 것도 사실이다.[24]

그런데 법률행위 개념의 효용에 대해서는 그 출발지인 독일에서도 평가가 나뉜다. 법의 가장 중요한 임무인 사회적 분쟁의 해결에 대하여 지도상과 목적관념을 전하는 데 아무런 역할도 하지 못한다는 비판이 가해지는가 하면, 법률행위 개념에 의하여 그에 포섭되는 행위들이 자기결정에 의해 법률관계를 창조적으로 형성하는 행위라는 점이 인식되었으며, 이러한 공통성이 상이한 개개의 법률행위들을 하나로 묶고 또 법적 취급에 있어서 다른 법률요건들로부터 구분가능하게 했다는 긍정적인 평가도 제시된다.[25]

17) 일본에서의 법률행위 개념의 성립은 日注民(3) 新版, 2 이하(平井) 참조.
18) 幾大通, 民法總則, 第2版, 1984, 183.
19) 지원림, "법률행위: 지난 50년의 반성과 앞으로의 방향", 민학 52, 2010, 247 이하.
20) 이에 대한 비판적 검토는 양창수, "한국 민법학 60년의 성과와 앞으로의 과제", 민학 36, 2007, 710 이하 참조.
21) 이영준, 한국민법론 총칙편, 수정판, 2004, 87.
22) 주석 총칙(2), 335(제4판/지원림).
23) 구주해(2), 89(송덕수).
24) 주석 총칙(2), 336(제4판/지원림).
25) 지원림(주 19), 248 이하.

2. 법률행위의 자유

(1) 사적자치와 법률행위의 자유

(가) 원 칙 근대사법학은 사법을 특징짓는 기본원칙으로, 개인에게 그의 생활관계를 자기책임하에서 형성할 수 있는 활동영역을 부여하는 사적자치(Privatautonomie), 즉 당사자들의 의사에 의한 법률관계의 자결적 형성(selbstbestimmende Gestaltung)을 든다.[26] 개인은 법질서의 한계내에서 자유로운 자기결정을 통해 국가의 간섭이나 도움 없이 스스로의 법률관계를 규율할 수 있는 것이다.[27] 개인주의적 자유주의국가에서 인간의 존엄 또는 개인의 인격이 법질서 최고의 가치임은 의문이 없으며, 그 발현으로서의 사법적 자기결정과 그에 대한 법적 효력의 승인, 즉 사적자치 또한 헌법에 의해 보장되는 가치이자 원칙이라고 하지 않을 수 없다. 헌법이 사적자치를 직접 명시하고 있지는 않지만, 인간의 존엄과 가치, 행복추구권을 정한 헌법 §10가 그 중요한 근거가 된다.

사적자치의 원칙은 개인의 자유로운 의사표시에 의해 성립하는 법률행위가 있을 때 그 법률행위에 표시된 대로의 효과발생을 인정함으로써 달성된다. 사적자치를 실현하는 법률적 수단이 법률행위이므로, 사적자치는 법률행위자유의 원칙으로 불린다.[28] 또한 법률행위의 가장 대표적인 유형이 계약이므로, 법률행위자유는 계약자유로도 일컬어진다. 하지만 사적자치와 법률행위자유, 계약자유가 완전한 동의어는 아니다. 사적자치는 법률행위자유를 포함한 법률관계의 자유로운 형성을 의미하는 상위개념이며, 인격존중, 소유권존중, 과실책임 등도 사적자치에 기초한다. 그리고 법률행위의 자유에 있어서 계약자유가 가장 중요한 유형이지만, 그 외에 단독행위인 유언의 자유, 그리고 합동행위개념을 인정하는 경우에는 사단법인 설립의 자유도 이에 포함된다.

(나) 법률행위자유의 내용 법률행위자유의 대표적인 유형인 계약자유는 계약의 성립에서부터 종결에 이르기까지 모든 단계에서 당사자의 의사에

---

26) 이호정, "계약자유에 관한 소고", 경제논집(서울대학교 경제연구소) 12-2, 1973, 103 이하. 그리고 이영준(주 21), 94 이하는 개인이 자기 일을 자기결정(Selbstbestimmung)에 의하여 자기책임(Selbstverantwortung)하에 자기지배(Selbstherrschaft)를 하도록 하는 것은 하나의 당위이며, 이는 인간의 존엄과 가치를 보장하는 자유민주주의 기본질서의 이념이라고 설명한다.

27) 송덕수(주 4), 71.

28) 곽윤직(주 3), 192.

따라 법률관계를 형성, 변경, 소멸시키는 자유를 말한다.[29] 개인은 신분이나 국가의 간섭에서 벗어나 스스로의 법률관계를 계약을 통해 자율적으로 형성할 수 있는 것이다. 즉 계약을 체결할지 여부, 누구와 계약을 체결할지 그리고 어떠한 유형과 내용의 계약을 어떠한 방식으로 체결할 것인지에 대한 자유를 가진다. 하지만 계약자유의 원칙도 당사자들의 자유가 충돌하는 부분에서는 이미 내재적인 한계를 가질 뿐만 아니라, 온전한 자기결정을 위한 전제가 충족되지 않는 때에도 한계에 부딪히게 된다. 이처럼 계약당사자들이 자신의 이익상황을 충분히 이해하고 관철시킬 수 있는 지위에 있지 않은 경우 계약의 정당성 보장을 위한 기준이 등장하게 된다. 그리고 그 범위에서 종래의 계약자유는 제한을 받지 않을 수 없다.

한편 일방적인 의사표시에 의해 타인에게 의무를 강제할 수 없음은 물론, 권리마저도 강제할 수 없다. 그러므로 계약과 달리 단독행위는 법률이 정한 바에 따라서,[30] 또는 타인의 권리·의무에 영향을 미치지 않는 범위에서 자유롭게 할 수 있다고 해야 한다.[31] 그리고 피상속인이 자신의 사후의 법률관계를 미리 결정할 수 있는 유언자유의 원칙은 사적자치의 일부로서 인정되는데,[32] 법정방식이 강제되는 외에도 유류분은 유언, 특히 유증의 자유에 대한 중대한 제한이 된다.

㈐ 현대 법질서에서 법률행위자유 오늘날 사적자치 내지 법률행위자유의 원칙은 18세기 내지 19세기의 개인주의, 자유주의와는 분명 거리가 있다. 계약당사자의 자유는 무제한적인 것이 아니며, 이미 상대방의 자유에 의해서도 제한된다. 그리고 자기결정에 의한 자유로운 법률관계의 형성은 각 당사자들이 자신의 이익을 관철시킬 수 있는 자유를 가질 때에만 온전히 작동할 수 있으며, 단순히 형식적인 자유가 아니라 자유로운 자기결정을 위한 실질적인 자유가 주어질 것이 전제된다. 이와 더불어 개인의 법률관계를 형성하는데 있어 자기결정에 의한 자기지배는 시대의 변화에 따라 그 범위를 달리하게 된다. 특히 19세기의 개인주의적, 자유주의적 사상이 쇠퇴하고 20세기에 들어 경제적·사회적 민주주의사상, 수정자본주의 이론의 등장에 따라 개인의 결정의 자유는 사회 전체의 질서내에서만 허용된다는 인식이 고조되었고, 자기결

29) 계약자유 및 그 한계에 대한 상세는 계약전론 Ⅱ. 및 Ⅲ. 참조.
30) 예컨대 § 109, § 406, § 543 등.
31) 주석 총칙(2), 339(제4판/지원림).
32) 윤진수, 친족상속법 강의, 2016, 279.

정에 내재된 자기책임(Selbstverantwortung)이 강조되었다.[33] 특히 당사자의 힘의 불균형, 자본의 독과점이나 시장지배와 같은 현상들은 사적자치의 범위에 제한을 요구하게 되었다. 그래서 합리성과 사회적 정당성에 대한 고려 없이 의사표시를 단순히 표의자의 의사에 효력을 부여하는 절대적인 자기결정 행위로만 파악하는 것이 아니라, 의사표시수령자의 이익, 관련된 제3자 내지 일반의 이익에 대한 고려도 요청되었고, 이러한 신뢰보호는 자기결정권을 제한하는 결과가 되었다.[34)]

(2) 민법상 사적자치의 위상

종래 학설은 근대 민법의 기본원리로서 사유재산권 존중, 사적자치, 과실책임의 원칙을 들고, 이러한 개인주의적 기본원리가 자본주의의 고도발달에 따라 그 문제점들을 노출하게 되어 현대에는 단순히 개인의 행복이나 이익의 추구가 아닌 공공복리가 사법의 최고이념이 되었다고 한다.[35)] 현대 사법의 최고원리, 따라서 우리 민법의 최고원리인 공공복리하에서 그 실천원리인 거래안전, 사회질서, 신의성실, 권리남용 금지 등의 제한 하에서만 근대민법의 3대원칙은 승인될 수 있다는 것이다.

그러나 사상적, 사회적, 경제적 변화에 따라서 보다 다양한 요청에 상응하는 배려가 필요하다고 해서 사법의 최고원리로서 사적자치의 위상이 달라져야 하는 것은 아니다. 사적자치 내지 법률행위자유는 헌법에 기초한 민법의 기본원리이며, 이에 대한 제한도 기본적으로는 그것이 지배원리임을 전제로 한다. 그래서 여전히 사적자치의 원칙이 민법의 최고원리라는 반론이 강하다. 민법의 기본을 이루는 것은 개인의 존엄이라는 이념으로부터 도출되는 사적자치의 원칙이며 이로부터 인격존중의 원칙, 계약자유의 원칙, 소유권존종의 원칙, 유책성의 원칙, 양성평등의 원칙 등이 도출되는데, 개인의 자유와 권리를 강조하는 시민법적 원칙이 우리 민법의 기본을 이루고 있지만 사회적 형평 내지 권리의 사회적 책임성이라고 부를 수 있는 소극적·제한적 제2의 이념 또한 요구된다고 한다.[36)] 그리고 자유민주적 기본질서라는 헌법이념에 기초한 사적자

33) Flume, Allgemeiner Teil des Bürgerlichen Rechts Ⅱ, 4.Aufl., 1992, § 1 9.
34) Soergel/Hefermehl, Vor § 116 Rn.5.
35) 곽윤직(주 3), 35 이하.
36) 양창수, 민법입문, 제6판, 2015, 406. 그리고 2004년 민법개정안도 이러한 인간으로서의 존엄과 가치를 근거로 하여 § 1-2 Ⅰ에서 사적자치에 관한 원칙규정의 신설을 제안한 바 있다.

치의 원칙이 최고원리이고, 다만 현실적인 제약 때문에 부득이하게 필요한 최소한의 범위에서 제한될 수 있다거나,[37] 공공복리를 최고의 존재원리로 전제하는 것은 자유민주주의적 기본질서에 반하며, 사적자치의 원칙이 초기에도 이미 선험적 자기지배가 아니었던 만큼 원칙에 대한 수정 내지 제한을 강조함으로써 그 무제한의 수정을 정당화할 우려가 있다는 근거에서, 현대의 경제현상으로부터 다양한 모습으로 영향을 받는다는 점에 유의하면서 전통적 입장을 유지하여야 한다고 주장한다.[38]

3. 법률행위 규정의 적용범위

민법상 법률행위는 그 체계상 제1편 총칙 중 제5장에 위치하고, 그중 제2절이 의사표시를 제목으로 한다. 하지만 양 개념은 이미 그 이전 규정들에서도 등장하고 있을뿐더러, 판덱텐체계 하에서 법률행위 및 의사표시에 관한 규정은 의사표시를 전제로 하는 다른 법률관계에도 그대로 적용되는 것이 원칙이다. 그러나 법률행위라도 그 성질에 따라서 개별적으로 판단되거나, 법률행위가 아님에도 불구하고 법률행위에 관한 규정이 유추적용될 수 있다.

(1) 가족법상의 법률행위

종래 학설은 가족법상의 법률행위에는 특별 규정이 없는 때에도 법률행위에 관한 규정이 원칙적으로 적용되지 않는다고 하였다.[39] 법률행위 규정이 재산법상의 행위를 전제로 한 것이고, 당사자의 진의가 존중되어야 하는 가족법상 행위의 특질과 모순되는 결과를 가져올 수 있기 때문이라는 것이다.

그런데 종래에는 친족법과 상속법 모두를 아울러 가족법이라고 부르는 것이 일반적이었으므로 법률행위 규정의 적용 여부도 양자 모두를 대상으로 한 것으로 보인다. 그러나 상속법은 가족법이라기보다는 오히려 재산법에 해당한다는 견해가 유력하고,[40] 가족법상의 법률행위를 친족관계인 신분의 변동을 목적으로 하는 법률행위로 정의하기도 한다.[41] 그러므로 법률행위 규정의 적용범위와 관련하여 단순히 '가족법'상의 법률행위라고 언급하는 것은 그 대상

37) 지원림(주 7), 17.
38) 이영준(주 21), 16 및 100 이하.
39) 구주해(2), 168(송덕수); 주석 총칙(2), 289(제3판/김형배).
40) 곽윤직, 상속법, 개정판, 2004, 24 이하.
41) 조미경, "가족법상의 법률행위의 특수성", 법률행위론의 사적전개와 과제(이호정교수화갑기념논문집), 1998, 351.

의 경계에 의문을 야기할 수 있다. 그리고 견해에 따라서는 상속법이 요건면에서 친족법과 밀접한 관련이 있고 효과면에서 재산법과 유사성이 있다는 관점에서[42) 법률행위에 관한 규정이 친족법상의 법률행위에 적용되는지 여부를 개별적으로 검토, 판단하기도 한다.[43) 또한 신분행위 개념을 부정하면서 재산법상 법률행위와 가족법상 법률행위의 무차별성을 근거로 친족법 또는 상속법상 각 법률행위의 취지와 법적 성질을 개별적으로 음미하는 작업의 필요성에 대한 주장이 강하다.[44) 따라서 친족법 및 상속법상의 법률행위에 대해 법률행위 규정의 적용을 전적으로 부정할 것이 아니라, 개별 법률행위의 특수성을 토대로 그 적용 여부를 개별적으로 판단할 필요가 있을 것이다.

(2) 준법률행위

법률행위와 구분되는 준법률행위(rechtliche Handlung) 또는 법률적 행위(rechtsgeschäftliche Handlung)는 다시 표현행위와 비표현행위(사실행위)로 분류된다. 종래 다수의 학설은 사실행위에 대해서는 일반적으로 법률행위에 관한 규정은 유추적용되지 않으나, 의사의 통지, 관념의 통지, 감정의 표시와 같은 표현행위는 의사표시와 마찬가지로 의식내용의 표현이라는 점에서 그 성질이 허용하는 한 의사표시에 관한 규정을 유추적용할 수 있다고 하였다.[45) 그러나 이에 대한 반론도 없지 않다. 개개의 준법률행위의 의사적 요소가 어느 정도 독립성을 가지는지와 더불어 유추적용될 법률행위 규정의 성질 및 기능을 검토하여야 한다는 점에서, 사실행위라도 그 유추적용을 완전히 배제하거나 표현행위에 관하여 일률적으로 유추적용하여서는 안 된다고 한다.[46) 구체적으로는 의사의 통지, 관념의 통지에 대해서는 행위능력, 대리, 의사표시의 교부·도달, 의사표시의 해석에 관한 규정은 유추적용되지만 의사흠결에 관한 규정은 개별적으로 판단하여야 하며, 감정의 표시에 관하여는 법률행위 규정이 유추적용될 수 없다고 해야 하고, 사실행위에 관하여는 그것이 혼합사실행위일지라도 법률행위 규정의 유추적용이 없다고 한다.[47)

판례는 준법률행위에 대한 법률행위 규정의 유추적용을 긍정한다. 채권양

42) 윤진수, "재산법과 비교한 가족법의 특성", 민학 36, 2007, 604.
43) 윤진수(주 32), 11 이하.
44) 양창수, "가족법상의 법률행위의 특성", 서울대 법학 46-1, 2005, 40 이하.
45) 김용한, 민법총칙론, 1983, 238; 장경학, 민법총칙, 1983, 396; 곽윤직(주 3), 189.
46) 이영준(주 21), 144.
47) 구주해(2), 169 이하(송덕수).

도의 통지에 대하여 그 법적 성질은 관념의 통지이고 법률행위의 대리에 관한 규정은 관념의 통지에도 유추적용되므로, 양수인이 양도인의 대리인으로서 채권양도 통지를 하는 것이 §450의 규정에 어긋난다고 할 수 없다는 것이다.[48)] 채권양도 통지의 효력발생과 관련하여서도 의사표시와 마찬가지로 통지는 채무자에게 도달함으로써 효력이 발생하고, 이때 도달이란 사회관념상 채무자가 통지의 내용을 알 수 있는 객관적 상태에 놓여있는 경우라고 해석한다.[49)]

(3) 공법상의 행위

소송행위나 행정행위는 법률행위가 아니며, 해당 분야에서 독자적인 목적으로 형성된 것이므로 법률행위에 관한 규정이 유추적용되지 않는 것이 원칙이다.[50)]

Ⅱ. 의사표시

1. 법률행위와 의사표시

개인이 타인과의 법률관계를 형성하는 수단은 법률행위이고, 모든 법률행위는 반드시 의사표시를 포함한다. 모든 의사표시가 하나의 법률행위가 되는 것은 아니지만, 의사표시가 없는 법률행위는 없다. 이처럼 법률행위가 의사표시를 요소로 하는 것은 개인의 의사에 법률관계를 형성하는 힘 내지 가능성을 부여하는 법의 기본원칙의 표현이기도 하다.

민법은 §107 이하에서 의사표시에 관하여 규정하고 있지만, 법률행위와 마찬가지로 의사표시에 대해 직접 개념을 정의하고 있지는 않다. 의사표시의 흠이나 효력발생에 관한 위 규정들로부터 그 개념에 대한 어느 정도의 단서를 얻을 수 있을 뿐이다. 하지만 법률행위의 핵심은 의사표시이므로, 의사표시 개념은 비단 §107 이하 규정의 적용에 있어서뿐만 아니라 의사표시를 전제로 하는 모든 규정과 제도에서 중요한 의미를 가진다.

학설은 대체로 의사표시가 법률행위의 요소로서 일정한 법률효과의 발생

48) 대판 94.12.27, 94다19242; 대판 97.6.27, 95다40977, 40984; 대판 04.2.13, 2003다43490 등.
49) 대판 83.8.23, 82다카439; 대판 97.11.25, 97다31281.
50) 구주해(2), 170(송덕수).

을 원하는 내심의 의사를 외부로 표시하는 행위라고 한다.[51] 법률행위와 의사표시는 상당 부분 일치하기도 하지만 동의어는 아니다.[52] 법률행위는 최소한 하나의 의사표시를 포함하며, 종종 그 밖의 요소들과 결합한다. 예컨대 취소나 해지는 하나의 의사표시로 이루어진 반면, 매매계약이나 정관작성은 다수의 의사표시로 이루어진다. 그리고 법률행위가 그에 상응하는 법률효과를 발생하기 위해서는 의사표시 이외에 다른 요소들이 요구되기도 한다. 동산에 대한 매매계약을 체결한 경우 매수인이 그 물건의 소유권을 취득하기 위해서는 매매라고 하는 법률행위 이외에 인도라고 하는 사실행위가 필요하다.

그런데 민법은 때로 의사표시 그리고 때로 법률행위라는 용어를 사용하여 사실상 양자를 동일하게 취급하기도 한다. 예컨대 § 109 Ⅰ이나 § 110 Ⅰ은 의사표시의 취소라고 정하는 한편, § 10 Ⅰ이나 § 140는 법률행위의 취소라고 정하고 있다. 그래서 취소의 대상이 되는 것이 의사표시인지 아니면 법률행위인지 의문이 제기될 수 있다. 하지만 전자의 경우에는 취소권이 흠 있는 의사표시를 근거로 한 것인 만큼 취소의 대상도 의사표시가 되는 반면, 후자의 경우에는 법률행위의 효력을 제거하는 것이 취소권자의 주된 관심사이며, 개개의 의사표시는 이미 법률행위가 성립함으로써 고유한 의미를 상실했다는 점에서 위 규정방식을 이해할 수 있다.[53]

2. 의사표시론

(1) 의사표시의 본질에 관한 이론적 대립

법률행위 개념에서 핵심적인 부분인 의사표시에 관하여는 그 구성요소 내지 효력근거, 본질에 대한 이론적인 대립이 계속되고 있다. 의사와 표시의 불일치, 특히 착오를 중심으로 한 의사표시의 본질 내지 효력근거에 대한 다툼이

51) 곽윤직(주 3), 195; 지원림(주 7), 161; 이영준(주 21), 101; 김형배/김규완/김명숙, 민법학강의, 제15판, 2016, 60. 한편 송덕수(주 4), 73 이하는 이러한 일반적 정의는 마치 의욕될 수 있는 법률효과가 한정된 것처럼 보이고, 의사표시가 사법에 속한 것임을 드러내지 못하며, 묵시적 의사표시를 고려할 때 표시라는 표현은 완화되어야 한다는 점에서, 법률효과의 발생에 향하여진 사적인 의사표명으로 정의한다.

52) 고전적인 법률행위론을 정립한 사비니는 법률행위와 의사표시를 동일어로 보았는데, 독일에서 의사표시 개념에 관한 오랜 논쟁은 현재까지 계속되고 있다. 특히 내적인 의사가 외부로 명확하게 되는 의사표시의 외부적인 구성요소 외에 주관적인 최소한의 요건도 필요한지에 대한 문제가 다투어지는데, 상세는 Staudinger/Singer(2012), Vorbem zu §§ 116ff Rn.1 ff. 참조.

53) Staudinger/Singer, Vorbem zu §§ 116ff Rn.5.

계속되고 있으며, 이는 법률행위 및 의사표시 이론의 발원지인 독일에서의 학설에 의지하는 바가 크다.

의사표시는 표의자 내부에서 형성된 의사가 외부로 표출되고 인식되는 일련의 심리적, 자연적 과정을 거치게 되는데, 이때 의사와 표시는 일치하는 것이 일반적, 정상적이다. 그러나 양자가 일치하지 않는 경우 의사표시의 효력을 어떻게 볼 것인지 그 법적인 처리가 문제된다.[54] 사적자치가 법적인 자기결정을 의미한다는 관점에서 보면, 흠 있는 의사표시는 표의자에게 효력이 없다고 해야 할 것이다. 그런데 표의자는 흠 있는 의사표시의 위험에 의사표시 수령자보다 본질적으로 가까이 있다. 그리고 의사표시 수령자는 표의자가 의욕한 바에 상응하는 표시라고 신뢰한 데 대하여 보호를 받아야 할 것이다. 표의자의 자기결정과 상대방의 신뢰 내지 거래보호라고 하는 이익의 충돌에 대하여 선험적인 정당한 해법은 없다. 그래서 독일민법 시행 이전과 그 이후 상당 기간 의사표시의 흠의 문제는 법학문헌에서 주된 논쟁거리였다.[55] 의사주의와 표시주의의 대립은 이미 독일 보통법 이래 계속된 것으로, 의사주의는 의사표시에 있어서 의사가 본체에 해당하므로 양자가 일치하지 않는 경우에는 의사표시가 무효라고 보았다. 반면 표시주의는 거래안전 및 신뢰보호를 위해 표시된 대로의 법률효과가 발생한다고 하였다. 하지만 독일민법이 제정, 시행되면서 의사와 표시가 일치하지 않는 경우에는 법률규정에 따른 효과가 발생하게 되었다. 그래서 오늘날 의사표시의 본질에 관한 논의는 법률효과의 측면이 아니라 법률행위의 효력근거로 옮겨가게 되었으며, 이러한 이론적인 대립은 법률행위의 해석 및 법률행위 개념을 토대로 한 민법 규정의 이해와 연결된다.[56] 그리고 이러한 법상태는 우리법에서도 크게 다르지 않다.

㈎ 독 일

(a) 의사주의(Willenstheorie)와 표시주의(Erklärungstheorie) 19세기에 특히 사비니에 의해 주창된 의사주의는 보통법에서 지배적인 위치를 차지하였다. 독일민법 제1초안도 이러한 의사주의에 기초하였다(§ 98 E I). 사비니는 법률행위에서 의사요소를 중시하여 의사 자체가 유일하게 중요한 것이며 또한

54) 그래서 양창수(주 36), 10은 의사표시 개념은 병적인 경우를 처리하기 위해 특히 법이 마련한 기술개념이라고 하는 편이 옳을지 모른다고 한다.

55) Staudinger/Singer, Vorbem zu §§ 116ff Rn.14.

56) 김증한·김학동, 민법총칙, 제9판, 2008, 264.

효력을 가진다고 보았다.[57] 의사주의에서 표시는 이와 무관하게 존재하는 정신적인 요소인 내부 의사를 드러내는 수단으로서의 임무만을 가진다. 그러므로 의사와 표시가 배치될 때 표시는 효력이 없으며, 표의자가 표시에 상응하는 효과의사가 없었음을 증명하는 때에는 내부의 심리적 의사만 효력이 발생하게 되는 것이다. 그러나 독일민법은 의사주의의 주장과 달리 의사표시 상대방이 신뢰할 수 있는 표시를 고려하고 있다. 독일민법 § 116 1문에 의하면 표의자가 표시된 바를 의욕하지 않음을 내심 유보하였다고 해서 그 의사표시가 무효가 되는 것은 아닌데, 이는 의사주의와는 배치된다. 착오표시에 대하여 무효가 아닌 취소가능성을 정한 독일민법 § 119도 의사주의와 일치하지 않는다. 또한 실재의 내부 의사는 확실히 증명되기 어렵다는 점에서도 약점을 가진다.

반면 표시주의는 표시가 어떻게 이해되는지 그리고 신의칙에 따라서 어떻게 이해될 수 있는지가 결정적이라고 보았다.[58] 표시주의는 법률행위의 효력근거를 표시에 의해 형성된 신뢰라고 보고, 의사표시 수령자의 신뢰를 보호하고자 하였다. 따라서 의사표시 수령자가 표시의 외관으로부터 파악할 수 있는 효과의사에 따른 법률효과가 발생하며, 그에 상응하는 의사가 실제로 없는 때에도 다르지 않다. 그러나 표시주의는 표시를 독립시키고 독일민법에 반하여 의사의 의미를 등한시한다는 점에서 비판을 받았다. 예컨대 독일민법 § 118는 진지하지 않은 의사표시(nicht ernstlich gemeinte Willenserklärung)는 그 진지성의 결여가 오인되지 않으리라는 기대하에 행해진 때 무효라고 선언한다. 이때 표의자의 기대가 적절한 것인지, 의사표시 수령자에게 그의 신뢰를 보호할 필요가 있는지 여부는 문제되지 않는다. 그리고 표시주의는 표시만을 척도로 하기 때문에 착오로 인한 표시도 유효하다고 주장하는데, 흠 있는 의사표시의 경우 의사표시 수령자가 이를 알 수 없는 때에도 취소될 수 있는 이유를 설명할 수 없다.[59] 또한 표시의 객관적인 의미와 상관없이 당사자들이 실제로 의욕한 바에 따른 효과가 발생하는 오표시무해원칙(falsa demonstratio non nocet)에 대해서도 표시주의는 설득력 있는 근거를 제시하지 못한다.

(b) 효력주의(Geltungstheorie) 효력주의는 위와 같은 의사와 표시의 이원론을 극복하고자 하였다. 효력주의에 의하면 의사표시의 법률효과에

57) Savigny(주 13), S.257ff.
58) Staudinger/Singer, Vorbem zu §§ 116ff Rn.15.
59) Larenz/Wolf, Allgemeiner Teil des Bürgerlichen Rechts, 9.Aufl., 2004, S.442.

대한 근거는 의사 또는 표시 그 어느 하나가 아니라 의사와 표시가 함께 작용하여 의욕한 법률효과가 발생한다.[60] 의사표시는 의사의 실현행위로서 그 본질상 효력표시(Geltungserklärung)이며, 법률효과를 객관적으로 표의자에게 귀속시킬 수 있게 하는 표의자의 모든 행위라는 것이다. 의사와 표시는 본질적 단일체(Wesenseinheit)로서, 표시는 의사주의에서처럼 그와 분리된 내적 의사에 대한 단순한 증명수단이나 표명수단이 아니라 효과의사의 실현을 목적으로 한다. 효력주의는 의사에 합치하지 않는 표시가, 예컨대 착오의 경우, 원칙적으로 무효가 되어야 한다는 의사주의의 무효도그마에 반대하는 점에서 의사주의와 대립하고, 그 효력을 인정하는 점에서 표시주의와 다르지 않다. 하지만 효력주의는 이 경우에도 표의자가 표시에 효력을 부여하였다는 점에서 의사표시의 존립을 정당화할 뿐, 의사흠결의 경우에 의사와 표시의 불일치의 문제는 여전히 남아 있다.[61]

(나) 우리나라 우리나라의 학설도 크게 의사주의와 표시주의로 나뉜다. 고전적 의미에서의 의사주의나 표시주의와는 다소 간격이 있다는 점에서 스스로 신의사주의 또는 절충적 표시주의 내지 표시주의적 절충주의라고 부르지만, 기본적으로는 의사주의와 표시주의에 입각하고 있다. 먼저 다수의 견해는 표시주의의 입장에서 의사표시의 본체를 표시에서 찾는다.[62] 그리고 민법은 의사와 표시의 불일치에 대해 거래안전을 해하지 않는 한도에서 표의자의 진의를 존중하면서 본인의 이익과 사회일반의 이익을 조화시키고 있으며, 의사주의가 개인의사 절대의 자연법사상을 배경으로 한 것으로 우리 민법은 이러한 관념을 버렸다는 점을 근거로 든다.[63]

그러나 이에 대해에서는 사적자치의 원칙이나 개인의사의 존중은 결코 자연법적 사상이 아니라 엄연히 우리 헌법질서가 승인하고 민법이 그 기초로 삼은 이념이며,[64] 표시행위를 신뢰하였다는 사실로부터 바로 의사표시가 도출되거나 외양이 의사를 대체할 수는 없으며, 신뢰보호 내지 거래안전은 자기책

60) Larenz, Die Methode der Auslegung des Rechtsgeschäfts, 1930, S.34ff.; Flume(주 33), § 4 7; Soergel/Hefermehl, Vor § 116 Rn.7.

61) Flume(주 33), § 4 7.

62) 곽윤직(주 3), 196; 고상용, 민법총칙, 1990, 388; 김상용, 민법총칙, 2009, 438; 김용한, 민법총칙론, 재전정판, 1997, 280 이하; 김주수, 민법총칙, 제5판, 2002, 353; 백태승, 민법총칙, 제4판, 2009, 405; 이은영(주 5), 446.

63) 곽윤직(주 3), 196.

64) 김증한·김학동(주 56), 265.

임의 원칙과 규범적 해석, 보충적 해석에 의하여 이루어질 수 있기 때문에 표시주의이론에 집착할 필요가 없다는 비판이 제기된다.[65] 또한 의사표시는 본질적으로 자기결정에 의하여 법률관계를 형성하는 것이므로 정상적인 경우 의사와 표시는 일치하고 양자의 분리는 병적인 경우에만 발생하지만, 다수설은 의사와 표시가 일치하지 않는 경우를 모델로 한다는 점, 표시를 의사표시의 본체로 보는 것은 민법의 기본원칙인 사적자치와 조화되지 않는 점, 다수설은 법률행위의 해석방법 중 자연적 해석에 적합하지 않은 점이 지적된다.[66]

반면 의사주의는 의사와 표시를 구분한다면 의사표시의 본체는 의사이며, 자기결정의 내용은 의사일 수밖에 없고, 이때 의사는 표시상의 효과의사가 아니라 내심의 효과의사라고 한다.[67] 이러한 의사주의는 원칙적으로 의사와 표시를 일체로 보고 의사표시의 효력근거를 바로 일체로서의 의사와 표시 양자에서 찾는다는 점에서, 그리고 표시를 단순한 의사의 통지가 아니라 의사를 실현하는 행위라고 보는 점에서 효력주의에 접근한다. 그러나 의사와 표시의 분리가능성을 시인하고, 이 경우 의사를 주된 것으로 본다는 점에서 여전히 의사주의로 분류할 수 있다. 다만 견해에 따라서는, 특히 민법상 표시에 따른 효과가 인정되는 경우 그 근거에 대하여, 차이를 보인다. 민법은 의사주의를 바탕으로 하여 입법자의 결단에 의해 상대방이나 제3자의 신뢰를 보호하는 입장이라거나,[68] 개인의 의사대로 법률관계를 형성하고 이에 대해 책임을 지도록 하는 것이 개인의 존엄과 가치에 비추어 가장 타당하므로 법질서가 법률행위에 대해 법률관계를 형성할 수 있는 힘을 부여하였다는 점에서 의사와 표시라고 하는 두 개의 효력소를 인정한다면 의사가 우월적 지위를 가지며, 사적자치의 한 내용인 자기책임에 의하여 상대방의 신뢰 내지 거래안전의 보호를 도모할 수 있다고 한다.[69]

하지만 위 의사주의 입장에 대해서도 전자의 경우 어느 범위에서 자기책임을 자기결정에 우선시킴으로써 상대방이나 제3자의 신뢰를 보호하여야 하는지를 실정법의 문제로 돌림으로써 의사표시의 본질에 관한 논의의 목적을

65) 이영준(주 21), 125.
66) 송덕수(주 4), 75.
67) 이영준(주 21), 124 이하; 구주해(2), 131 이하(송덕수).
68) 구주해(2), 133(송덕수)은 입법자의 결단에 의해 자기결정의 상관개념인 자기책임에 입각하여 상대방이나 제3자의 보호를 도모한다는 점에서 신뢰보호에 의하여 제한된 의사주의라고 한다.
69) 이영준(주 21), 126.

망각하고 있는 점에 대해, 후자의 경우 특히 비진의표시에 있어서 효과의사가 결여되었음에도 불구하고 법적 구속이 발생하는 근거로서 자기책임 외에 어떠한 요건하에 무엇에 따른 법률효과가 발생하는지에 대하여 설명하지 못한다는 점에 대해 비판이 제기된다.[70)]

한편 독일의 효력주의와 동일한 입장에서 의사와 표시 모두가 의사표시의 본체라는 주장도 있었다.[71)] 그러나 효력주의에 의해 의사와 표시의 이원론이 실제 극복되지 않으며, 의사와 표시가 일치하지 않는 경우의 법률효과에 대해 효력주의가 제시하는 해결책도 표시주의와 다르지 않다는 점에서 그 독자적인 의미를 부정하거나,[72)] 표시에 상응하는 의사가 없는 경우 표시에 따른 법률효과를 인정할 것인가에 대한 아무런 대답도 없어서 표시의 의미를 보다 명확히 하였다는 공로에도 불구하고 독자적인 의미를 가지지 않는다는 지적이[73)] 일반적이다.

다른 한편 민법상 의사표시 규정들에 대한 이해라고 하는 관점에서 1차적으로는 자기결정에 의하여 표의자의 내심의 주관적 의사가 효력근거가 되며, 2차적으로는 신뢰보호라고 하는 관점에서 사적자치의 또 다른 내용인 자기책임이 법률행위의 효력근거가 된다는 주장도 있다.[74)] 즉 수령을 요하는 의사표시에 있어서는 자기결정적 효력이 원칙적인 모습이며, 이것이 인정될 수 없는 경우 자기책임의 효력으로서 외관에 대한 합리적인 상대방의 규범적 평가에 기해 표시에 따른 효과가 발생하지만, 수령을 요하지 않는 의사표시에 있어서 효력근거는 원칙적으로 자기결정뿐이라고 한다.

독일민법은 의사주의 또는 표시주의 어느 하나의 입장에서 입법된 것이 아니며, 우리 민법도 마찬가지이다. 그러므로 의사주의 또는 표시주의 어느 하나의 입장에서 민법 규정을 일관되게 설명할 수 없으며, 반대로 어느 규정만을 들어 민법이 의사주의 또는 표시주의를 취하였다고 주장하는 것도 타당하지 않다. 그럼에도 불구하고 법률행위의 효력근거, 의사와 표시의 불일치 또는 의사의 흠결에 대한 법적 취급, 그리고 법률행위해석의 토대로서 의사표시론이 가지는 의미는 부정할 수 없다. 그리고 개인의 의사에 따른 법률관계의 형성이

70) 주석 총칙(2), 352(제4판/지원림).
71) 김증한, 민법논집, 1978, 359.
72) 주석 총칙(2), 354(제4판/지원림).
73) 김증한 · 김학동(주 56) 264.
74) 주석 총칙(2), 354 이하(제4판/지원림).

라고 하는 사적자치의 원칙 내지 법률행위자유의 원칙에 비추어 본다면 법률행위의 효력근거는 의사표시 자체이지만, 의사와 표시가 일치하지 않는 경우에 있어서 일차적으로는 의사에 따른 법률효과를 인정하여야 할 것이다. 하지만 표의자의 의사에 따른 효과가 상대방의 정당한 신뢰에 항상 우선해야 하는 것은 아니며, 자기결정과 나란한 자기책임의 원칙에 비추어 상대방의 정당한 신뢰에 따른 효과를 인정할 수 있다.

(2) 의사표시의 구성요소

(가) 구성요소에 관한 학설 학설은 의사표시가 이루어지는 일련의 심리적 과정으로부터 의사표시의 구성요소를 분해하고, 그중 의사표시의 본체에 해당하는 것을 가려내고자 한다. 그리고 의사표시의 구성요소에 대한 분석은 학설마다 차이를 보인다. 이러한 견해대립은 의사표시의 본질과, 각 요소가 결여된 경우 의사표시의 효력 및 효과와 관련된다.

먼저 어떤 동기에 의하여 일정한 법률효과의 발생을 목적으로 효과의사(Geschäftswille)가 결정되고, 이를 외부에 알리기 위해 발표하려는 표시의사(Erklärungsbewußtsein)가 매개되어, 일정한 행위가 외부에 나타나는 표시행위(Erklärungshandlung)가 있게 된다는 견해이다.[75] 이와 달리 의사표시를 주관적 요건과 객관적 요건으로 나누고, 다시 전자를 효과의사, 표시의사, 행위의사(Handlungswille)로 구분하기도 한다.[76] 의사표시는 의사와 표시라는 독립적인 요소로 구분될 수 없으며 양자는 본질적으로 단일체라고 하는 관점에서도, 의사적 요소와 표시행위를 나누고 전자를 행위의사, 표시의사, 효과의사로 나누어 각각 설명한다. 또 의사표시의 구성요소를 표의자가 상대방에 대하여 한 의사표시의 내용적 요소로서 법률효과의 내용을 결정하는 효과의사와 이를 상대방에 대하여 표시하는 행위인 표시행위 양자만을 들기도 한다.[77][78] 그러나 이러한 종래의 구분에 대해서는 모두 정확하지도 바람직하지도 않다고 비판하면서 법률행위의 효력근거와 관련하여 구성요소를 재구성한다는 관점에서, 최소한의 요소로서의 행위의사와 자기결정적 효력근거로서의 효과의사, 그리고 자

75) 곽윤직(주 3), 196.
76) 김증한·김학동(주 56), 265 이하.
77) 이은영(주 5), 448 이하.
78) 그 밖에 § 532의 의사실현행위 내지 의사행위(Willensbetätigung)도 의사표시에 해당하는지에 대해서는 견해가 대립한다. § 532 주석 참조.

기책임적 효력근거로서의 표시와 귀책가능성을 주장하기도 한다.[79] 그러면 이하에서는 개별 요소의 의미와 구성요소 해당 여부를 각각 살펴볼 필요가 있다.

(나) 주관적 요소 내지 의사적 요소

(a) 의사표시에는 표의자에게 귀속시킬 수 있는 의식적인 행위에 대한 행위의사(Handlungswille) 내지 행위인식(Handlungsbewusstsein)이 있어야 한다. 행위의사가 반드시 목적지향적 또는 효과지향적이어야 한다는 의미는 아니며, 행위를 한다는 데 대한 인식으로 충분하다. 그리고 이러한 행위의사가 없다면 의사표시로서의 행위가 아니다. 단순히 반사적인 행동이나 직접적이고 절대적인 물리력에 의해 강제된 행위에는 의식적인 행동, 따라서 의사표시가 없다. 반면 강박에 의해 단순히 의사결정의 자유가 침해된 경우에는 의사표시의 요소인 행위의사는 존재하며, 다만 취소할 수 있을 뿐이다. 판례는[80] 강박이 단순한 불법적 해악의 고지에 의해 상대방이 공포를 느끼는 정도가 아니라, 표의자로 하여금 의사결정을 스스로 할 수 있는 여지를 완전히 박탈한 상태에서 의사표시가 이루어져 단지 법률행위의 외형만이 만들어진 것에 불과한 정도인 때에는 무효라고 한다. 그런데 이 경우에는 행위의사가 없기 때문에 의사표시 자체가 존재하지 않으므로, 당연히 그 효력도 인정될 수 없다고 하는 것이 보다 정확하다.

한편 의사표시는 인터넷에서 마우스를 클릭하여 데이터를 전송하는 방식으로도 이루어질 수 있다. 컴퓨터를 통한 의사표시의 경우 표시는 프로그램에 의해 생성되지만, 이는 표의자의 의사에 따른 조작지시에 의해 이루어지기 때문에 역시 의사표시에 해당한다.[81] 그리고 이러한 전자적 의사표시(elektronische Willenserklärung)에 대해서도 행위의사가 필요하다.[82] 따라서 표의자의 의사에 의해 지배되는 그의 작위 또는 부작위, 예컨대 인터넷을 통한 의식적인 기재, 발송 등이 요구된다.

(b) 표시의사(Erklärungswille) 내지 표시인식(Erklärungsbewusstsein)은 표의자가 자신의 행위가 어떠한 법적인 의미가 있는 표시라는 것을 의식하는 것을 말한다. 그런데 의사표시의 주관적인 요소로서 단순한 행위의사를 넘어 별도로 표시의사가 필요한지에 대해서는 견해가 나뉜다. 학설은 표시의사를

79) 주석 총칙(2), 387 이하(제4판/지원림).
80) 대판 98.2.27, 97다38152; 대판 02.12.10, 2002다56031 등.
81) Staudinger/Singer, Vorbem zu §§ 116ff Rn.57.
82) 전자적 의사표시에 관하여는 아래 Ⅱ. 2. (4) (다) 참조.

의사표시의 구성요소로 보는 견해와[83] 이를 부정하는 견해가 대립하는데,[84] 이는 대체로 의사주의와 표시주의의 대립과 일치하는 것으로 보인다. 전자는 표시의사가 결여된 경우 의사표시가 존재하지 않으므로 취소할 필요 없이 이에 따른 법률효과에 구속되지 않는다고 한다. 반면 후자는 표시의사가 결여된 때에도 의사표시는 성립하고, 다만 취소로써 그 법률효과에서 벗어날 수 있다고 한다.

독일에서도 이러한 대립이 있지만 다수의 학설과 판례는 원칙적으로 표시의사가 필요하지 않다고 본다.[85] 만약 표의자가 거래상 요구되는 주의를 기울였더라면, 그래서 자신에게 귀속될 수 있는 행위가 관행상 의사표시로 파악될 수 있고 상대방도 사실상 그렇게 이해한다는 것을 적어도 알 수 있었고 또한 피할 수 있었다면, 표시의사가 없었더라도 의사표시로서의 효력이 발생한다는 것이다.[86] 그리고 이 경우 표의자는 착오로 인한 취소를 할 수 있을 뿐이다.

(c) 효과의사(Geschäftswille, Rechtsfolgewille)는 일정한 법률효과의 발생에 향해진 의사로, 단순히 법적 의미가 있는 표시라고 하는 일반적, 추상적인 인식, 즉 표시의사와는 다르다. 구체적인 법률효과의 직접적인 토대가 되는 것이 바로 효과의사이다. 하지만 표의자가 의욕한 법률효과를 법적으로 정확하게 알고 있어야 하는 것은 아니며, 가령 일정한 경제적 또는 사회적 효과를 법적으로 구속력 있는 방식으로 실현하고자 하는 데 대한 비전문가적인 생각으로도 충분하다.

그런데 의사표시에 대해서 의사표시 수령자가 정당하게도 표의자에게 효과의사가 있다고 생각할만한 외부적인 요소가 있으면 충분한지는 그 효과의사의 존부와는 별개로 판단된다.[87] 예컨대 착오로 인한 의사표시에 있어서 표의자가 효과의사는 가지고 있었지만 외부적으로 이해되는 의미는 상이하다. 표의자의 효과의사와 객관적으로 파악되는 표시의미가 일치하지 않기 때문에 표

83) 고상용(주 62), 386; 김상용(주 62), 326; 이영준(주 21), 105.

84) 곽윤직(주 3), 198; 김증한·김학동(주 56), 266 이하; 백태승(주 62), 322; 이은영(주 5), 453. 특히 주석 총칙(2), 388(제4판/지원림)은 효과의사는 당연히 표시의사를 포함하며, 이러한 이해가 의사표시의 구성요소 및 효력을 둘러싼 논의를 간명하게 하고, 또 표시의사를 따로 논할 실익도 없다고 한다.

85) Staudinger/Singer, Vorbem zu §§ 116ff Rn.20. 한편 Larenz/Wolf(주 59), S.438은 효과의사는 표시의사를 전제로 하며 또한 표시의사가 그 안에 내재되었다고 본다.

86) Bamberg/Roth/Wendtland(2012), § 133 Rn.6.

87) Larenz/Wolf(주 59), S.438.

시에 상응하는 효과의사는 없지만, 의사표시의 주관적인 요건 자체는 존재한다. 그래서 원칙적으로 신뢰보호 내지 거래안전의 관점에서 의사표시의 존재가 인정되며, 다만 표의자는 자신의 효과의사와 객관적으로 파악되는 표시의미가 일치하지 않는 경우 취소할 수 있을 뿐이다(§109 I).

㈐ 객관적 요소 의사표시의 객관적 요소는 표시행위(Erklärungs-handlung)이다. 내부적인 의사 자체는 외부에서 인식될 수 없고 법적인 효과도 인정되지 않기 때문에 표시행위를 통해 외부로 표명되어야 한다. 즉 표시행위는 일정한 구체적 법률효과의 발생을 위해 표의자가 의사를 표출하는 외부적인 행태를 말한다. 의사표시는 언어나 문자를 통해서 할 수 있음은 물론, 그 자체가 직접적으로 표시내용을 가지지는 않지만 제반 사정에 비추어 간접적으로 일정한 행위의사를 표현하는 것으로 추단되는 방식으로도 이루어질 수 있다. 법률이나 약정에 따라 명시적인 의사표시를 요하거나, 일정한 방식을 요구하는 경우가 아닌 한, 의사를 추단케 하는 행위 역시 표시행위에 해당한다. 그리고 명시적 의사표시인지 묵시적 의사표시인지에 따른 법률효과상의 차이는 없다. 명시적인 표시도 항상 일의적인 언명에 의해 행해지는 것은 아니며, 언명과 함께 표시의 전체적인 요소들을 이루는 제반 사정들에 비추어 해석을 통해 확정되므로, 양자의 명확한 경계가 없는 만큼 그 효과를 달리 판단할 것은 아니기 때문이다.

그런데 명시적 표시와 추단적 또는 묵시적 표시의 분류 여부 및 기준에 대해 학설은 일치하지 않는다. 부정설은 표시행위가 가지는 표시가치의 크고 작음에 따른 구별에 지나지 않으므로 우리법에서는 이를 구별할 실익이 없다고 한다.[88] 반면 긍정설은 법률행위의 내용이 비통상적이면 비통상적일수록 명시적 표시를 요한다거나,[89] 양자의 구분이 반드시 명확하지는 않고 묵시적 행위가 일정한 내용의 의사표시로 인정되는 경우에는 명시적인 행위와 차이가 없지만, 이는 사후적인 고찰에 지나지 않으며, 양자는 해석에 있어서 차이가 있기 때문에 전적으로 동일시하는 것은 적절하지 않다고 한다.[90]

그리고 양자를 구분하는 경우에도 독일에서의 학설대립에 비추어 주관설과 객관설이 나뉜다. 주관설은 표의자가 효과의사의 표현을 일차적인 목적으

88) 곽윤직(주 3), 197; 구주해(2), 143(송덕수).
89) 이영준(주 21), 112.
90) 김증한·김학동(주 56), 262 이하.

로 하는 경우가 명시적 표시이고, 직접적으로는 다른 목적을 추구하지만 그로부터 간접적으로 효과의사를 추단할 수 있는 경우가 묵시적 표시라고 한다.[91] 반면 객관설은 인식불가능한 표의자의 주관적인 목적이 아니라 객관적인 척도에 따라서, 일정한 법적 효과에 향해진 언어로부터 직접적으로 법률행위의 의사가 확인되는지 아니면 다른 단서들로부터 간접적으로 추론하여야 하는지에 따라서 구분한다.[92] 즉 효과의사가 언명에 의해 분명히 표현된 경우를 명시적 표시라고 하고 법률행위의 제반사정에 비추어 의사표시가 있다고 인정되는 경우를 묵시적 표시라고 하거나,[93] 일의적인 의사표시를 명시적이라고 하고 그렇지 않은 표시를 묵시적이라고 한다.[94]

하지만 의사표시가 명확해 보이는 경우에도 이는 해석을 통해 확정되는 것이며, 의사가 명시적 또는 묵시적 그 어떠한 방식에 의해 표현되었는가는 의사표시를 인정하기 위한 본질적인 요소가 아니다. 일정한 표시에 대해 어떠한 표시가치 내지 효과를 인정할 것인가는 모두 해석을 통해 판명된다.[95] 명시적 표시와 묵시적 표시는 해석의 밀도에서 차이가 있을 뿐이다. 즉 명시적 표시든 묵시적 표시든 표시행위로서 동일하게 취급되는 만큼 구분의 의미나 그 기준이 가지는 의미는 사실상 크지 않다고 할 것이다.

㈑ 침 묵 의사표시의 객관적 요소로서 표시행위는 표의자의 적극적인 행위만을 의미하지는 않는다. 의식적인 부작위도 가능하지만, 단순한 침묵도 의사표시로 인정할 수 있는지에 대해서는 주의를 요한다. 물론 당사자들이 침묵을 일정한 의사의 표시로 합의하였다면 그에 상응하는 효과가 발생함에는 의문이 없다.[96] 그러나 침묵이 의사표시에 해당한다고 볼 특별한 사정이 없는 한 그 자체는 표시가치를 가지지 않는다고 해야 한다.[97] 여타의 언명과 달리 침묵에 대해 표시기호로서의 의미를 부여하는 별도의 사정이 있지 않

91) 구주해(2), 144(송덕수); 백태승(주 62), 324.

92) MünchKomm/Armbrüster(2015), Vor § 116 Rn.6.

93) 이은영(주 5), 454.

94) 이영준(주 21), 112.

95) MünchKomm/Armbrüster, Vor § 116 Rn.7은 명시적인 의사표시는 물론 추단적인 의사표시도 객관적이고 외부적인 표식으로부터 내부의 의사를 판단한다는 점에서 모든 의사표시가 추단적이라고 한다.

96) 이 경우 침묵은 단순히 추단적인 것이 아니라 명시적인 의사표시에 해당한다(MünchKomm/Armbrüster, Vor § 116 Rn.8; Bamberg/Roth/Wendtland, § 133 Rn.10).

97) CISG § 18 Ⅰ 2문은 침묵이나 부작위 자체는 승낙이 되지 않음을 분명히 하고 있고, 이는 PECL § 2:204 Ⅱ, PICC § 2.1.6 Ⅰ 2문, DCFR § Ⅱ-4:204 Ⅱ도 동일하다.

다면, 누구도 타인에게 침묵을 의사표시로 강제할 수 없다. 예컨대 청약자가 피청약자의 침묵을 승낙의 표시로 보겠다고 통지하였더라도 원칙적으로 피청약자는 승낙할 의무가 없으며, 또한 침묵을 승낙으로 해석할 수도 없다.[98] 그러나 신의칙에 기하여 상이한 의사를 표명해야 할 의무가 있는 때 침묵은 의사표시가 될 수 있다. 결국 침묵에 있어서는 적극적으로 의사를 표명할 의무가 있는지 여부 또는 침묵으로 인한 불명확함이나 불확실성을 제거하기 위해 표시를 해야 하는지 여부가 문제되는 것이다.[99] 그리고 당연한 전제로서 위의 주관적 또는 의사적 요소가 충족되어야 의사표시로서 그에 따른 효과가 발생한다.[100]

그런데 침묵이 의사표시로 인정되는 특별한 사정이 있는 경우에도 침묵이 동의인지 아니면 거절인지에 대하여 독일에서는 견해가 대립한다.[101] 우리법의 해석에서 학설은 개별적인 경우의 사정에 따라 결정되어야 하지만 대체로 거절할 때 한하여 특별한 표시를 요구한다는 점에서 원칙적으로 동의라고 새긴다.[102]

한편 위 논의와 법률상 의제된 의사표시로서의 침묵은 구분하여야 한다. 법률은 침묵에 대해 일정한 요건하에 특정한 내용의 표시의미를 부여하기도 한다. 예컨대 § 15는 제한능력자의 상대방이 행한 최고에 대하여 일정 기간 내에 확답을 발송하지 않은 경우, 이러한 침묵을 추인 또는 취소의 의사표시로 본다. § 131는 무권대리인의 상대방이 행한 최고에 대하여 본인이 일정 기간 내에 확답을 발송하지 않은 경우 이를 추인의 거절로 본다. 그리고 § 381는 선택채권에 있어서 선택권의 행사에 대한 최고에 대해 선택권자의 침묵을 선택권의 포기로 보아 상대방에게 선택권을 수여한다. 또한 § 455는 채무인수에 대한 채권자의 승낙 여부에 대한 최고에 대해 채권자의 침묵을, 그리고 § 540는

98) Flume(주 33), § 5 2 a.
99) Soergel/Wolf(1999), § 157 Rn.45.
100) 이영준(주 21), 114는 침묵이 표시의 의미를 가진다는 데 대한 의식이 필요하다고 하는데, 일반적으로 의사표시의 요소로서 표시의사를 요구하지 않는 한 침묵에 대해서만 표시의사를 요구할 이유는 없을 것이다. 동지 구주해(2), 149(송덕수). 한편 이은영(주 5), 457은 표시의사가 불필요하다고 하면서도, 침묵에 의한 의사표시를 침묵자의 진의와는 관계없는 간주된 의사표시로 보는 결과라고 한다. 그러나 묵시적 의사표시의 하나로서 침묵의 표시가치가 문제되는 만큼 명시적 의사표시와 달리 취급할 것은 아니다.
101) 상세한 소개는 이호정, "묵시적 의사표시", 현대민법학의 제문제(청헌김증한박사화갑기념), 1981, 62 이하.
102) 구주해(2), 149(송덕수); 주석 총칙(2), 389(제4판/지원림).

제3자를 위한 계약에서 이익의 향수 여부에 대한 최고에 대해 수익자의 침묵을 각각 거절로 본다. §564는 매매의 일방예약에 있어서 예약완결권 행사에 대한 최고에 예약자가 침묵한 경우 예약은 효력을 잃는 것으로 정하고 있다. 그러나 이상의 경우에도 침묵이 곧 의사표시가 되는 것은 아니다. 당사자에게 효과의사와 표시의식이 없는 때에도 법률이 의사표시가 있는 것과 같은 효과를 인정하는 것뿐이다. 그러므로 이러한 의제된 의사표시의 효과가 당사자의 진의와 일치하지 않더라도 착오를 주장할 수 없다.[103)]

(3) 의사표시의 흠결과 그 법적 처리

의사표시의 흠에 관한 법적 취급은 사적자치 원칙이 지배하는 법질서에서 중요한 의미를 가진다. 강행법규위반이나 반사회질서 행위 등에 해당하지 않는 한 법질서는 원칙적으로 법률행위의 정당성에 대한 내용적인 평가를 하지 않으며, 당사자들의 법률관계에 정당한 규율을 발견하는 임무는 당사자에게 맡겨져 있다. 그리고 그 의사에 따른 법률효과의 발생은 흠 없는 의사표시를 전제로 하기 때문에, 의사표시의 일련의 과정에서 장애가 발생한 때 이를 어떻게 규율할 것인지가 문제된다. 이론적으로는 의사주의와 표시주의의 대립이, 그리고 법률상 §107 내지 §110가 그 해결기준을 제시하고 있다.[104)]

먼저 표의자가 의식적, 의도적, 목적적으로 행위하지 않았음에도 불구하고 외부적으로는 법률행위적인 의사표시가 있는 것으로 보이는 경우이다. 실제로는 무의식적이고 반사적인 행위에 지나지 않기 때문에 행위의사 내지 귀속가능성(Zurechenbarkeit)이 결여된 경우이다. 예컨대 절대적이고 물리적인 강제로 인하여 행위자의 선택 가능성이 전혀 없는 경우, 이러한 행위의사의 흠결은 처음부터 그 표시를 무효로 만든다. 이 경우 선의의 의사표시 수령자의 이익은 보호되지 않는다. 이는 사기나 강박에 의한 의사표시와 구분된다. 사기나 강박에 의한 의사표시에서는 의사와 표시의 불일치는 없기 때문에 그 의사표시는 유효하다. 다만 표의자가 기망이나 강박에 의해 자신의 결정의 자유를 침해당하였다는 점에서 §110은 이를 취소할 수 있도록 하고(동조 I), 이를 선의의 제3자에게 대항하지 못하도록 하였다(동조 II).

표의자가 표시된 바를 의욕하지 않음을 내심에 유보한 때에도 그 표시대로의 효력이 발생한다(§107 I 1문). 표의자에게는 실제 법적으로 구속되고자 하는 의

103) 주석 총칙(2), 390(제4판/지원림).
104) 상세는 §107 이하 주석 참조.

사가 없고 상대방도 이를 알았거나 알 수 있었다면, 그에 따른 효력을 인정할 여지는 없다(§107 I 2문). 그러나 비진의표시도 외부에서는 표시된 대로의 의사가 있는 것으로 보이기 때문에, 선의의 제3자가 이를 신뢰한 경우에는 그 신뢰에 대한 보호가 우선되는 것이다. 이는 통정한 허위표시의 경우에도 다르지 않다. 즉 당사자 사이에서 의사표시에 따른 효력이 발생할 여지는 없지만(§108 I), 그 표시를 신뢰한 제3자가 있는 때에는 법적 구속의사 없는 의사표시의 당사자에 우선하여 표시된 대로의 효력을 인정함으로써 그 신뢰를 보호하는 것이다(§108 II).

유효한 의사표시는 일정한 법률효과의 발생을 위한 것이어야 하며, 따라서 효과의사는 의사표시의 효력과 효과에 있어서 중요한 기준이 된다. 물론 효과의사가 모든 법률효과를 적확하게 포괄하여야 하는 것은 아니며, 대개는 일정한 경제적 또는 법률적 효과만을 의도하게 된다. 그런데 이러한 효과의사를 표시함에 있어서 표시행위나 표시내용, 전달상 착오가 발생한 때에는, 비록 외부의 표시 자체에 상응하는 효과의사는 존재하지 않을지라도, 표시에 따른 효과가 발생하며, 표의자는 일정한 요건하에서 이를 취소할 수 있을 뿐이다(§109 I). 그리고 거래에서 중요한 의미를 가지는 사람이나 물건의 성상에 대한 착오도 효과의사의 형성에 흠이 있는 경우로서 동일한 법리가 적용된다.

(4) 의사표시의 종류

㈎ 수령을 요하는 의사표시와 수령을 요하지 않는 의사표시 수령을 요하는 의사표시는 상대방에 대하여 행해진 의사표시로서, 그 의사표시는 상대방에 도달한 때 효력이 발생한다(§111). 그리고 이 경우 수령을 요하는 의사표시는 그렇지 않은 의사표시의 해석에서와 달리 거래보호에 대한 보다 많은 고려가 필요하다. 표의자의 실제 의사나 다른 일반적인 사람들의 객관적인 이해보다는 의사표시 수령자의 이해가능성, 즉 그의 시각이 중요한 기준이 된다. 의사표시의 해석에 있어서 의사표시 수령자가 신의칙에 따라서 그리고 거래관행을 고려할 때 그 표시를 어떻게 이해하였는지가 척도가 되는 것이다.

반면 소유권의 포기나 유언과 같이 상대방에 대하여 행해진 것이 아닌 의사표시,[105] 즉 수령을 요하지 않는 의사표시는 의사가 인식가능하도록 표출된

105) 채무의 면제는 채권의 포기행위에 해당하지만 채무자에 대한 일방적인 의사표시로서 행해지는 수령을 요하는 의사표시이다. 그리고 신탁수익권의 포기도 수익자의 자유이며, 이는 수탁자에 대한 의사표시에 의하므로(신탁 § 57 I), 역시 수령을 요하는 의사표시에 해당한다.

때 또는 법률이 정한 시점에서 효력이 발생한다. 수령을 요하지 않는 의사표시는 타인에게 직접적으로 관련된 것이 아니라 대개는 표의자 자신의 의사가 문제되는 것이므로 거래의 안전이 문제될 여지는 없다.[106] 따라서 그 해석에 있어서도 표의자가 의욕한 바를 탐구하는 것이 절대적이다. 그리고 이러한 관점에서 의사표시의 흠에 관한 규정도 적용되어야 한다.

㈏ 명시적 의사표시와 묵시적 의사표시 의사표시는 명시적으로는 물론 묵시적으로도 가능하다. 스위스채무법 §1 Ⅱ은 계약의 성립에 있어서 각 의사표시는 명시적 또는 묵시적으로 할 수 있음을 정하고 있는데, 이러한 명시적인 규정이 없는 우리법에서도 달리 해석할 이유는 없다. 표의자가 자신의 효과의사를 문자로 표시하는 등 명시적인 의사표시를 한 경우, 그것을 이해하기 위해 제반 사정들에 필수적으로 의지해야 하는 것은 아니며, 보다 명확한 해석을 위한 참조가 될 수 있을 뿐이다.

반면 묵시적 의사표시는, 주관론에 따르면, 표의자가 자신의 행동에 일차적으로는 다른 의미를 부여하였는데 그 행동이 동시에 암묵적으로 일정한 의사표시를 포함하는 경우이다.[107] 이와 달리 객관론에 의하면, 표의자가 행동에 수여한 인식불가능한 주관적인 정함이 문제되는 것이 아니라, 법률행위의 의사가 일정한 법률효과의 발생에 향해진 언명으로부터 직접적으로 또는 그 밖의 단서로부터 간접적으로 밝혀져야 하는지에 따라서 객관적으로 판단된다. 그리고 여러 단서들로부터 일정한 의사표시가 있다고 할 수 있는지 여부는 법률행위해석의 일반적인 기준에 따른다. 사실 명시적인 의사표시도 항상 언명으로만 행해지는 것은 아니며 제반 사정에 비추어 해석이 요구될 수 있어서, 명시적 의사표시와 묵시적 의사표시 양자를 준별하는 것이 용이한 것만은 아니다. 또한 법률상 명시적인 의사표시가 요구되거나 법정방식에 의하여야 하는 경우가 아닌 한, 명시적 의사표시와 묵시적 의사표시는 법적으로 동일한 가치를 가진다.

㈐ 전자적 의사표시 컴퓨터 등의 정보처리시스템에 의해 이루어지는 의사전달방식은 더 이상 새로울 것이 없는 일상이 되었다. 그리고 이러한 기술의 발전에 따른 소통방식의 변화는 의사표시 및 법률행위에도 영향을 미치지 않을 수 없다. 의사표시가 컴퓨터 등의 정보처리장치를 이용하여 이루어

106) MünchKomm/Armbrüster, Vor §116 Rn.5.
107) Flume(주 33), §5 4; MünchKomm/Armbrüster, Vor §116 Rn.6.

지는 경우, 그 표시의 귀속 및 해석, 그리고 흠 있는 표시의 효력 판단의 문제가 제기된다. 학설은 그 개념정의와 기존 법리에 의한 해명 여부 및 정도에 있어서 다소 차이를 보인다. 일부 견해는 위와 같은 의사표시를 전자적 의사표시(elektronische Willenserklarung)라고 부르면서 그 특수성을 강조한다.[108] 일정한 의사를 표시하려는 경우 반드시 일정한 표시수단을 선택하지 않으면 안 된다는 의미에서 문언방식주의이며, 의사표시 자체의 외형이 극도로 단순한 문자, 기호 등으로 압축되어 의사표시 외에 부가적으로 존재할 수 있는 부수적 제반사정은 제거되고, 상대방의 인적 특성을 확인할 방법이 제한되어 있어 대화자거래보다 신뢰보호의 강조가 절실하다는 점에서 표시주의이론에 의할 것을 주장한다.

반면 종래 다수의 견해는 자동화된 의사표시(automatisierte Willenserklärung)라는 개념하에, 기존의 법규 및 해석론으로도 충분하다고 한다.[109] 종래 이용되던 자동화된 의사표시 대신 전자적 의사표시라는 새로운 개념을 인정할 필요가 없으며, 기계적 자동화장치와 컴퓨터라는 전자적 자동화장치는 인간의 의사표시를 구체화하는 수단에 불과하다는 점에서 공통되기 때문에 자동화된 의사표시라는 개념이 더 적절하다고 한다. 또한 자동화된 의사표시에 있어서도 당사자들 사이의 협의과정이 무시되는 것은 아니며, 상대방의 인적 특성이 무시되거나 확인될 수 없다는 점이 표의자의 자기책임적 효력근거를 정당화할 수 없고, 상대방의 신뢰가 있다거나 그 주관적 요소를 판단하기 어렵다고 해서 반드시 표시주의에 의해야 하는 것은 아니라고 하면서, 전자적 의사표시론의 표시주의적 전제는 자의적인 것으로 수긍하기 어렵다고 비판한다.

그런데 전자문서법 등 특별법에서는 전자문서, 전자거래 등의 용어를 사용하고 있어서, 전자의사표시 또는 전자적 의사표시라고 하는 용어가 보다 익숙한 것이 사실이다. 무엇보다 위 견해들은 전자적 의사표시 또는 자동화된 의사표시도 진정한 의사표시로서 표의자에게 귀속된다고 하는 점에서 다르지 않

108) 오병철, 전자거래법 전정판, 2000, 99 이하; 정경영, "전자의사표시의 주체에 관한 연구", 비교사법 5-2, 1998, 393 이하; 한삼인/김상명, "전자상거래의 법리에 관한 연구", 비교사법 6-2, 1999, 713 이하.

109) 김상용, "자동화된 의사표시와 시스템계약", 사법연구 1, 1992, 45 이하; 박영규, "현대사회와 법률행위론", 사법연구 2, 1994, 211 이하; 지원림, "자동화된 의사표시", 저스 31-3, 1998, 43 이하; 노태악, "전자거래에 있어 계약의 성립을 둘러싼 몇 가지 문제", 법조 48-9, 1999, 61 이하; 최창열, "전자거래에서의 법률행위에 관한 연구", 성균관법학 11, 1999, 30 이하.

다. 그러므로 전자적 의사표시라고 부르더라도 무방하며,[110] 그 용어에 특별한 법기술적 의미를 수여할 필요는 없을 것이다. 특히 전자적 의사표시가 단순히 표의자가 의욕한 바를 전달하는 방법에 지나지 않거나, 컴퓨터가 사전에 입력된 데이터를 기초로 간단한 조작이나 지시에 따라 표의자의 의사에 상응하는 조합을 찾아 표시하는 도구에 지나지 않는다면, 구두나 서면 등 여타의 방식에 의한 의사표시와 본질적으로 달리 취급할 이유는 없다. 의사표시의 도구 내지 방식이 그 해석에 반영됨은 물론이지만, 전자적 의사표시라는 이유만으로 당연히 별도의 해석기준이 동원되어야 하는 것은 아니다.

다만 현재의 과학기술 단계에서 기존의 이론으로 전자적 의사표시의 효력근거나 해석 등의 문제를 해결할 수 있다고 하더라도, 전자적 의사표시가 단순히 표의자의 의사를 표시하는 수단을 넘어, 특히 인공지능의 발전에 따라 컴퓨터가 스스로 정보를 수집하고, 사고하고, 판단하여 표시하는 단계에 이르면, 이러한 전자적 의사표시를 누구에게 귀속시키고 또한 그 법률효과를 강제할 수 있는지가 다시금 문제될 수 있다.[111] 그리고 과학기술의 구체적인 발현형태에 따라서 법률행위이론의 적용 모습은 달라질 수 있다. 그러나 이 경우에도 사적자치, 즉 자기결정에 따른 자기책임의 원칙은 변함이 없으며, 기본적으로는 그러한 장치를 사용하여 의사표시를 하고자 하는 자가 누구인지, 그러한 의사표시의 과정이 누구의 영역 또는 지배가능 범위에서 이루어지는지가 중요한 기준이 될 것이다.

한편 민법은 전자적 의사표시에 관하여 별도로 정하고 있지 않지만,[112] 전자문서법은 일반적인 의사표시법리를 기초로 전자적 의사표시의 특수성을 감

---

110) 이후 관련 논의에서도 전자적 의사표시라고 하는 용어가 일반적으로 사용되고 있는 것을 볼 수 있다. 가령 정진명, "전자거래 규정의 민법 편입 제안", 민학 48, 2010, 59 이하; 최경진, "지능형 신기술에 관한 민사법적 검토", 정보법학 19-3, 2015, 203 이하 등.

111) 가령 미국에서는 전자적 대리인(electronic agent)이라고 하는 개념이 등장하였고, 15 USC §7006(3)은 이를 컴퓨터 프로그램이나 전자적 또는 기타 자동화된 매체로서 사람의 관여 없이 전자적 기록이나 작동에 전부 또는 일부 독자적으로 반응하기 위해 사용되는 것이라고 정의한다. 이에 대해서는 대리제도에서의 대리인과 유사한 지위를 인정할 것인지 아니면 단순한 의사소통의 수단 내지 도구에 지나지 않는 것으로 볼 것인지에 대한 논의가 있지만, 우리법의 해석도구로 직접 받아들이기는 어렵다.

112) 반면 유럽연합 지침(Directive)에 따라 독일이나 프랑스는 민법개정을 통하여 전자적 방식의 거래 내지 계약에 관한 규정을 마련하였다. 독일민법 §126 Ⅲ은 법률에 다른 정함이 없는 한 서면방식은 전자적 방식으로 갈음할 수 있다고 하고, §312i는 전자거래에서의 일반적인 의무를, 그리고 §312j는 소비자와의 전자거래에서 특별 의무를 각각 정하였다. 그리고 프랑스민법은 계약의 성립에 관한 §1125 이하에서 전자적 방식에 의한 계약성립 및 §1174 이하에서 그 방식에 관해 각각 상세한 규정을 두었다.

안한 기준을 명시하고 있다. 먼저 전자문서법 §4 Ⅰ은 별도의 법률규정이 없는 한 전자적 형태로 되어 있다는 이유로 문서의 효력이 부인되지 않음을 분명히 하였다.[113] 그리고 전자적 의사표시는 수신자 또는 그 대리인이 해당 전자문서를 수신할 수 있는 정보처리시스템에 입력한 때에 송신된 것으로 보고(동법 §6 Ⅰ), 수신자가 전자문서를 수신할 정보처리시스템을 지정한 경우에는 원칙적으로 해당 정보처리시스템에 입력된 때, 지정하지 않은 경우에는 수신자가 관리하는 정보처리시스템에 입력된 때 각각 수신된 것으로 본다(동법 §6 Ⅱ). 다만 작성자가 수신 확인을 조건으로 전자문서를 송신한 경우 작성자가 수신 확인 통지를 받기 전까지는 그 전자문서는 송신되지 않은 것으로 보고(동법 §9 Ⅰ), 작성자가 수신 확인을 조건으로 명시하지 않고 수신확인 통지를 요구한 경우 상당기간 작성자가 수신확인 통지를 받지 못하였다면 작성자는 전자문서의 송신을 철회할 수 있다(동법 §9 Ⅱ). 그러므로 전자문서에 포함된 의사표시도 위 시점에서 각각 발신 또는 도달된 것으로 보아야 한다.[114] 그러나 당사자들이 전자문서 및 전자문서에 포함된 의사표시의 송수신에 관하여 달리 정한 때에는 그 정함이 일차적인 기준이 된다(동법 §10).

Ⅲ. 법률행위의 요건

1. 성립요건과 효력요건

일반적으로 법률행위의 요건은 성립요건과 효력요건으로 구분된다. 논리적으로는 우선 법률행위가 성립하여야 그 효력 유무를 판단할 수 있으며, 성립하지 않은 법률행위의 효력을 문제 삼을 이유는 없다. 그리고 법률행위의 성립요건은 법률행위의 효과를 주장하는 당사자에게 증명책임이 있으며, 효력요건의 부존재는 법률행위의 무효를 주장하는 당사자에게 증명책임이 있다.[115] 또한

113) 이는 UNCITRAL Model Law on Electronic Commerce §5 및 United Nations Convention on the Use of Electronic Communications in International Contracts §8 Ⅰ도 선언한 바이다.

114) 전자문서법에서 정한 송신 및 수신의 개념을 의사표시의 발신 및 도달과 달리 보는 견해도 있지만(지원림(주 109), 61), 양자를 특별히 구별해야 할 이유는 없을 것이다(김재형, "전자거래기본법에 관한 개정논의—사법적 측면을 중심으로—", 서울대 법학 42-4, 2001, 156).

115) 이영준(주 21), 145; 김재형, "법률행위 내용의 확정과 그 기준", 서울대 법학 41-1,

조건부권리나 기한부권리는 조건의 성부가 미정인 때에도 처분 등이 가능하지만(§149 및 §154), 법률행위가 성립하지 않은 때에는 그러한 가능성이 아예 차단된다. 무효인 법률행위는 전환(§138)이나 추인(§139)에 의해 유효한 법률행위가 될 수 있는 반면, 애초에 성립하지 않은 법률행위의 경우에는 전환이나 추인이 문제되지 않는다.

(1) 성립요건

법률행위가 성립하기 위해서는 법률행위의 당사자, 법률행위의 목적, 의사표시, 이 세 가지의 요건이 충족되어야 한다.[116] 이는 모든 법률행위에 일반적으로 요구되는 성립요건이며, 개개의 법률행위에 대해 별도의 성립요건이 정해진 때에는 그 요건을 충족하여야 한다. 예컨대 일정한 방식을 요구하는 경우에는 이러한 방식을 갖추어야 법률행위가 성립한다. 그리고 판례는 대물변제[117]나 계약금계약,[118] 예금계약[119]을 요물계약으로 보는바, 이에 따르면 일정한 급부가 이루어져야 비로소 계약이 성립한다.

(2) 효력요건

법률행위가 유효하기 위해서는 각 성립요건에 대한 일반적인 효력요건이 충족되어야 한다. 첫째, 법률행위의 당사자는 권리능력은 물론, 의사능력, 행위능력이 있어야 한다. 다만 제한능력자의 행위는 일단 유효하지만, 취소권자의 취소에 의해 소급적으로 효력을 상실할 수 있다(§10).

둘째, 법률행위의 목적이란 법률행위에 의하여 발생시키고자 하는 법률효과로서 법률행위의 내용을 가리키며, 목적물을 의미하는 것은 아니다. 법률행위의 목적에 대해서는 적법성, 사회적 타당성, 확정가능성, 실현가능성이 효력요건이 된다. 즉 법률행위의 목적이 강행법규에 반하거나, 선량한 풍속 기타 사회질서에 반하거나, 확정할 수 없거나, 불가능하다면, 그 법률행위는 무효이다. 이에 대해 일부 학설은 법률행위의 목적을 확정하는 것은 법률행위의 해석

2000, 243.

116) 반면 구주해(2), 165 이하(송덕수)는 당사자와 목적은 의사표시 안에 포함된다는 근거에서 일반적 성립요건으로 의사표시 또는 의사표시의 일치만을 든다.

117) 대판 78.8.22, 77다1940; 대판 87.10.26, 86다카1755; 대판 91.11.12, 91누8432; 대판 99.11.12, 98두17067.

118) 대판 08.3.13, 2007다73611; 대판 15.4.23, 2014다231378.

119) 대판 77.4.26, 74다646: 대판 84.8.14, 84도1139; 대판 96.1.26, 95다26919; 대판 05.12.23, 2003다30159.

에 해당하므로 효력요건으로 설명하는 것은 부적절하다거나,[120] 이를 효력요건이 아닌 성립요건으로 분류하기도 한다.[121] 그리고 목적이 불능인 계약의 경우 무효가 되는 것은 원시적, 객관적 불능에 한한다.[122]

셋째, 의사표시는 의사와 표시가 일치하고, 흠이 없어야 한다. 단 비진의표시는 상대방이 진의 아님을 알았거나 알 수 있었을 때 무효이며(§107 I 2문), 착오나 사기·강박에 의한 의사표시는 취소권자의 취소에 의해 비로소 소급하여 무효가 된다(§141). 다만 선의의 제3자보호 규정에 의해 법률행위의 무효 또는 취소의 효력은 제한될 수 있다.

이상의 일반적인 효력요건에 더하여 별도의 특별효력요건이 정해진 때에는 그 요건을 충족하여야 당해 법률행위가 유효하다. 예컨대 대리행위에서 대리권의 존재, 정지조건부법률행위나 시기부법률행위에서 조건의 성취나 기한의 도래, 유언에 있어서 유언자의 사망이 효력요건이 된다. 그 밖에 각 특별법이 일정한 목적하에 효력요건을 부가할 수 있음은 물론이다. 예컨대 토지거래허가구역에 있는 토지에 대한 소유권, 지상권의 이전이나 설정을 위해서는 허가를 받아야 하고, 이러한 허가가 없는 한 토지거래계약은 효력이 발생하지 않는다(부동산 거래신고 등에 관한 법률 §11 I 및 VI). 다만 판례의 유동적 무효법리에 의하면 당사자는 계약의 효력이 있는 것으로 완성될 수 있도록 협력할 의무가 있고, 이러한 의무의 이행을 소송으로써 구할 이익이 있으며,[123] 그 의무위반에 따르는 손해배상약정도 유효하게 할 수 있다.[124] 또한 허가받기 전의 매매계약이 유동적 무효라고 하여 매매계약에 관한 계약금을 교부한 상태에 있는 계약당사자 일방이 언제든지 계약의 무효를 주장하여 부당이득으로 계약금의 반환을 구할 수는 없다.[125]

---

120) 김증한·김학동(주 56), 281.

121) 이은영(주 5), 355. 김재형(주 115), 243은 특정 내지 확정가능성은 성립요건이라고 하면서, 249에서는 특정불가능한 때에도 성립을 항상 부정할 것은 아니며 §656 I과 같은 규정에 의해서나 계약에 구속되려는 의사가 있는 때에는 성립을 인정해야 한다고 한다. 그렇다면 이러한 요건을 과연 성립요건이라고 부를 수 있는지는 의문이다. 한편 CISG §55나 PECL §6:104는 계약상 대금 또는 대금을 정하는 방법이 결정되지 않은 경우에는 계약의 성립이나 효력을 부정하는 것이 아니라 일반적인 시장가격 내지 상당한 가격에 합의한 것으로 본다.

122) §535 주석 참조.

123) 대판(전) 91.12.24, 90다12243.

124) 대판 94.4.15, 93다39782.

125) 대판 93.6.22, 91다21435.

2. 성립요건과 효력요건의 구분에 대한 문제 제기

법률행위가 성립하면 통상 그에 따른 효력이 발생하고 무효인 때에는 불성립과 그 효과가 사실상 다르지 않으므로, 양자의 구분 가능성이나 구분의 필요성에 대해 의문이 제기될 수 있다. 그래서 종래 학설은 성립요건과 효력요건을 구분하지 않고 법률행위의 요건으로서 일반요건과 특별요건만을 기술하거나, 성립요건과 효력요건은 구분하면서도 특별성립요건 및 특별효력요건은 설명하지 않거나, 특별효력요건만을 언급하거나, 또는 법률행위의 성립요건, 유효요건, 효과귀속요건, 효력발생요건의 구분을 주장하기도 하였다.[126)]

판례는 기본적으로 법률행위의 성립요건과 효력요건을 구분하지만, 구체적인 사안에서 양자를 준별하여 설시하고 있지는 않다. 예컨대 대판 96.4.26, 94다34432은, "법률행위는 법률행위의 당사자, 법률행위의 목적, 법률행위를 하는 의사표시가 갖추어지면 성립하는 것이라고 할 것이고, 일단 법률행위의 외형이 갖추어진 이상 그 법률행위를 함에 있어서 의사의 합치가 없었다거나 저항할 수 없는 협박에 의하여 서명날인이 강요된 것이라는 점은 법률행위의 유·무효, 법률행위의 하자의 문제로 될 수 있을지언정 그것으로 인하여 법률행위가 존재하지 아니하는 것이라고 할 수는 없을 것"이라고 하여 양 개념을 구분하면서, 이 사건 주식 매매계약은 체결 당시 주식의 매매대금을 구체적으로 정하지는 않았으나 이를 확정할 수 있는 방법과 기준을 정하였으므로 위 주식 매매계약은 유효하다고 한 원심의 판단이 정당하다고 하였다.

반면 대판 97.1.24, 96다26176은 매매계약에 있어서 그 목적물과 대금은 반드시 계약체결 당시에 구체적으로 특정할 필요는 없고 이를 사후에라도 구체적으로 특정할 수 있는 방법과 기준이 정해져 있으면 족하다는 일반 법리를 설시한 뒤, "이 사건 부동산에 대한 매매는 그 목적물의 표시가 너무 추상적이어서 매매계약 이후에 이를 구체적으로 특정할 수 있는 방법과 기준이 정해져 있다고 볼 수 없어 매매계약이 성립되었다고 볼 수 없다"고 함으로써 목적물의 확정가능성 요건을 효력요건이 아닌 성립요건으로 설시하였다.

126) 이러한 견해의 구분은 구주해(2), 164(송덕수) 참조. 그 밖에 신국미, "불성립과 무효개념에 관한 단상", 민학 43-1, 2008, 287 이하는 불성립과 무효개념의 구분에 대한 의문을 제기하면서, 불성립 개념은 일본의 판례와 학설을 계수한 것으로 무효와 대비되는 실체법상의 효과를 가지는 법개념으로 기능하지 않는다고 본다.

Ⅳ. 법률행위의 종류

1. 단독행위 · 계약 · 합동행위

종래 학설은 법률행위를 이루는 의사표시의 수 내지 그 방향에 따라서 단독행위, 계약, 합동행위를 구분하였다.

(1) 단독행위

단독행위는 한 개의 의사표시로 성립하는 법률행위이다. 통상 1인의 의사표시에 의하지만, 수인이 재단법인을 설립하거나[127] 수인의 일방 당사자가 계약의 해제권 · 해지권을 행사하는 경우(§547 Ⅰ)에도 가능하며, 이는 단독행위가 경합하는 것에 지나지 않는다. 그리고 단독행위는 상대방 있는 단독행위와 상대방 없는 단독행위로 구분된다. 전자의 경우 단독행위가 효력을 발생하려면 의사표시가 상대방에게 도달하여야 하는데(§111 Ⅰ), 동의, 채무면제, 상계, 추인, 취소, 해제 등이 이에 해당한다. 후자의 경우에는 의사표시를 수령할 자가 없으므로 그 의사표시가 있으면 곧 효력이 발생한다. 유언, 재단법인의 설립행위, 권리의 포기 등이 그러하다.[128] 다만 의사표시의 효력발생에 관한 별도의 규정이 있는 경우, 예컨대 상속포기(§1041)나 공탁의 승인(§489)은 관청의 수령이 있어야 효력이 발생한다.

법률행위자유의 원칙상 단독행위의 자유 또한 인정되지만, 그 범위는 계약에 비해 제한적으로 새기는 것이 일반적이다. 제3자가 자신의 의사와 상관없이 의무를 부담하거나 불이익을 받게 될 염려가 있기 때문에 원칙적으로 법률의 규정에 의하여 인정되는 경우에만 단독행위가 효력이 있다거나,[129] 타인의 권리 · 의무에 영향을 미치지 않는 단독행위는 자유롭게 할 수 있으나 그렇지 않은 경우에는 그것이 비록 타인에게 이익만을 주더라도 법률이 허용하는 때에만 가능하다고 한다.[130] 타인의 의사에 반하여 의무를 부담시킬 수 없음은 물론 권리도 강요할 수 없으므로, 단독행위는 그 범위에서 제한을 받을 수밖에

127) 통설은 재단법인 설립행위를 상대방 없는 단독행위로 보고 수인의 설립자가 있더라도 단독행위가 경합하는 것에 불과하다고 보는 반면, 이은영, "법률행위의 분류", 법률행위론의 사적전개와 과제(이호정교수화갑기념논문집), 1998, 248은 권리의 양도를 양도인의 단독행위로 하는 것은 민법의 기본원리에 맞지 않는다는 근거에서 재단법인 설립행위를 무상양도계약이라고 한다.

128) 곽윤직(주 3), 200.

129) 곽윤직(주 3), 200 이하.

130) 송덕수(주 4), 83.

없다. 그러므로 권리의 포기는 자유롭게 할 수 있지만 그것이 제3자의 권리의 목적이 된 때에는 그러하지 아니하며(§352, §371), 상대방의 지위를 불안정하게 만들 위험이 있으므로 단독행위에는 원칙적으로 조건이나 기한을 붙이지 못한다(493 I).

(2) 계 약

계약은 2인 이상의 당사자 사이에 청약과 승낙이라는 서로 대립하는 의사표시의 합치에 의해 성립하는 법률행위이다. 반드시 수개의 의사표시가 이루어진다는 점에서 단독행위와 구분된다. 그리고 합동행위 개념을 인정하는 경우, 계약에서 의사표시의 방향이 평행적·구심적이 아니라 대립적·교환적이라는 점에서 합동행위와도 구분된다.

이상의 계약 개념은 다시 광의의 계약과 협의의 계약으로 구분된다. 전자는 널리 법률관계의 변동을 가져오는 것으로, 채권계약, 물권계약, 준물권계약, 가족법상의 계약 등도 포함한다. 반면 후자는 채권관계의 발생을 목적으로 하는 채권계약을 가리킨다. 일반적으로 계약이라고 할 때 이는 채권계약을 의미하며, 민법 제3편 제2장의 계약은 바로 이러한 채권계약만을 대상으로 한다. 그리고 계약의 종류가 민법상의 15가지 전형계약에 한정되지 않음은 법률행위자유 내지 계약자유의 원칙에 비추어 분명하다.

(3) 합동행위 개념과 인정 여부

민법은 합동행위라고 하는 용어를 사용하고 있지 않으며, 단독행위나 계약 이외에 합동행위 개념을 인정할 것인지에 대해서는 견해가 대립한다. 합동행위 개념을 인정하는 견해는 이를 평행적, 구심적으로 방향을 같이 하는 두 개 이상의 의사표시가 합치하여 성립하는 법률행위라고 정의한다.[131] 다수 당사자의 의사표시가 있어야 하는 점에서 단독행위와 다르고, 그 다수 당사자의 의사표시가 방향을 같이 하며, 각 당사자에게 동일한 의의를 가지고, 또한 같은 법률효과를 가져오는 점에서 계약과 구분된다는 것이다. 사단법인 설립행위가 전형적인 예이며, 합동행위는 단체 설립행위와 같은 결합적 합동행위와 결의·선거와 같은 집합적 합동행위로 나뉠 수 있다고 한다.[132] 일정한 규정은 계약

131) 곽윤직(주 3), 201.

132) 송덕수(주 4), 85. 이와 달리 주석 총칙(2), 364(제4판/지원림)는 합동행위 개념은 인정하지만 결의를 합동행위와 구별하며, 합동행위의 개념을 부정하는 입장도 다수의 의사표시 중 어느 하나가 무효, 취소된 경우 §108와 §124를 적용하지 않으므로 양 학설의 차이는 용어상의 차이에 지나지 않는 것으로 본다.

에 적용되어도 합동행위에는 적용이 없으며, 특히 합치되어야 할 수개의 의사표시 중의 하나가 무효, 취소 등으로 효력이 생기지 않는 경우 계약에서 나머지 의사표시만으로는 기대한 대로의 법률효과가 생기지 않지만 합동행위에서는 나머지 의사표시만으로 기대한 법률효과가 발생한다고 새겨야 하는 점에서 구별실익이 있다고 한다.

반면 부정설은 이러한 유형의 법률행위도 계약의 일종으로 파악한다.[133] 계약은 사적자치 원칙을 가장 합리적으로 실현할 수 있는 제도인데 이로부터 이탈하여 궤를 달리하는 합동행위 개념을 증설하는 것은 법률행위에 단체관계의 면을 부당하게 끌어들이는 결과가 될 뿐 실익이 없는 점, 의사표시의 방향을 가지고 계약과 합동행위를 구별하는 것은 비유적인 것에 지나지 않는 점, 사단법인 설립행위는 다수가 공동으로 구성원의 변경에 영향을 받지 않는 조직체를 창설하고 표의자는 그 조직의 구성원이 되는 것을 내용으로 하는 계약일 뿐이라는 점, 합동행위라는 개념을 인정하지 않더라도 무효나 취소, 자기계약, 쌍방대리금지 제도의 목적으로부터 긍정설과 동일한 결론을 도출할 수 있는 점을 근거로 든다. 또한 긍정설이 사단법인 설립행위를 전형적인 예로 들고 있지만, 정작 합동행위 개념이 창안된 독일에서는 사단법인 설립행위를 계약으로 보고 있으며 합동행위 개념을 부정하는 견해도 확산되고 있다는 것이다.

그런데 민법상 합동행위 개념의 인정 여부에 대한 논의와 별개로, 가령 상법상 회사설립행위를 합동행위라고 하는 것이 통설이고,[134] 발기인의 주식인수의 법적 성질 또한 합동행위로 보며,[135] 소송법상 당사자 선정행위의 성질에 대하여 단독소송행위가 통설이지만 합동행위라고 보는 견해도 있다.[136]

합동행위 개념을 설시한 대법원 판결은 없다. 다만 하급심 판결에서는 긍정설의 입장을 그대로 옮기고 있는 것을 찾아볼 수 있다. 수원지법 10.8.24, 2009나31076은 방론으로 "어음행위는 합동행위가 아니고, 게다가 합동행위에 있어서는 합치되어야 할 수개의 의사표시 중의 하나가 무효라고 하더라도 나머지의 의사표시에 의한 법률효과가 발생함에 있어서는 아무런 지장이 없"다고 하였다. 또한 서울고법 06.9.28, 2006나21233은 "단체의 총회에서 결의를

133) 이영준(주 21), 153 이하; 이은영(주 127), 243 이하; 김증한 · 김학동(주 56), 176; 양창수 · 김재형(주 6), 4.

134) 이철송, 회사법강의, 제22판, 2014, 92; 정찬형, 상법강의(상), 제17판, 2014, 470.

135) 정찬형, 상법강의요론, 제8판, 2009, 289.

136) 송상현 · 박익환, 민사소송법, 신정5판, 2008, 172.

함에 있어 그 단체의 회원이 하게 되는 찬성 또는 반대하는 의사의 표시는 다수결의 원칙에 의하여 그 독립성을 잃게 되어 각각의 의사표시와는 별개의 단일한 의사로 존재하게 되는 소위 집합적 합동행위로서 상대방 있는 단독행위인 무효행위의 추인과는 분명히 구별되는 법률행위"라고 설시하였다.

2. 채권행위 · 물권행위 · 준물권행위

법률행위는 그로부터 발생하는 법률효과에 따라서 채권행위와 물권행위, 그리고 준물권행위로 구분된다.

(1) 채권행위

채권은 채권자가 채무자에 대하여 급부를 청구할 수 있는 권리로서, 법률행위에 의하여 이러한 채권이 발생하는 때 이를 채권행위라고 한다. 채권의 발생은 그에 상응하는 채무의 발생 또한 의미하는 것이므로, 채권행위는 의무부담행위(Verpflichtungsgeschäft)라고도 불린다. 채권행위에서는 채권 · 채무의 발생과 함께 그에 상응하는 이행의 문제가 남는다. 그래서 권리관계의 변동을 가져오면서 이행의 문제를 남기지 않는 물권행위나 준물권행위와는 차이가 있다.

(2) 물권행위

물권의 발생, 변경, 소멸을 가능하게 하는 법률행위가 물권행위이다. 학설은 일반적으로 물권행위의 개념에 대하여 직접 물권변동을 목적으로 하는 의사표시를 요소로 하는 법률행위라고 정의한다.137) 견해에 따라서는 물권변동을 직접 목적으로 하는 당사자간의 물권적 의사표시의 합치라고 새기기도 하지만,138) 이 경우 단독행위로서의 물권행위가 배제되는 문제가 있다.

물권행위는 직접 물권의 변동을 목적으로 하는 점에서 처분행위(Verfügungsgeschäft)이며, 당연히 처분자의 처분권한을 전제로 한다. 따라서 단순히 물권변동을 가져올 채권 · 채무를 발생시키는 채권행위와는 구분된다. 그런데 우리법의 해석상 물권변동에 있어서 물권변동의 의무를 발생시키는 채권행위와 별도로 물권변동 자체를 목적으로 하는 물권행위를 인정할 것인지 그리고 그 독자성과 무인성을 인정하는지에 대해서는 종래 격렬한 논쟁이 있었으며, 아직까지도 귀결을 찾지 못하고 있을 뿐만 아니라, 과연 생산적인 논의였는지에 대

137) 곽윤직(주 3), 204; 김증한 · 김학동, 물권법, 제9판, 1998, 46; 김상용, 물권법, 2009, 70; 송덕수(주 4), 484 이하.

138) 이은영, 물권법, 제4판, 2006, 121.

해서도 의문이 제기되는 것이 사실이다.[139]

한편 채권행위와 구분되는 물권행위 개념을 인정하는 경우, 민법이 성립요건주의를 취하여 물권변동에 등기(§ 186)나 인도(§ 188 내지 § 190)와 같은 공시방법을 요구하는 까닭에, 이들 공시방법을 물권행위에 어떻게 포섭시키고 물권적 의사표시와 공시방법의 관계를 어떻게 이해할 것인지가 문제된다. 공시방법을 물권행위의 구성요소로 보지 않는 입장에서는 양자의 관계에 대하여 공시방법이 물권행위의 효력발생요건이라거나,[140] 물권행위 외에 법률상 요구되는 물권변동의 또 하나의 요건이라고 설명한다.[141] 반면 양자를 포괄하는 견해는 물권변동을 직접 목적으로 하는 당사자간의 물권적 의사표시와 등기·인도를 구성요소로 하는 법률행위를 물권행위로 정의한다.[142]

(3) 준물권행위

준물권행위는 물권 이외의 권리를 변동시키고 이행의 문제를 남기지 않는 법률행위이다. 처분행위이지만 그 대상이 물권이 아닌 점에서 물권행위와 다르고, 단순한 의무부담행위가 아니라 직접 권리관계의 변동을 가져오는 점에서 채권행위와도 차이가 있다. 채권양도, 지적재산권의 양도, 채무면제 등이 준물권행위에 속한다. 준물권행위도 처분행위이므로, 유효하기 위해서는 처분권한이 필요하다.

3. 요식행위·불요식행위

법률행위는 그것이 유효하기 위해서 서면, 증서, 공증, 인증, 신고 등의 일정한 방식이 요구되는지에 따라 요식행위와 불요식행위로 구분된다. 법률행위 자유의 원칙은 그 방식의 자유도 포함하기 때문에, 불요식행위가 원칙적인 형태이다. 당사자의 합의에 의해 요식행위로 할 수 있음은 물론, 법률이 신중한 거래를 위해서 또는 법률관계의 명확성을 위해 일정한 방식을 요구하기도 한다. 법인설립행위(§ 40, § 43), 보증계약(§ 428-2 I), 유언(§ 1060, § 1065 내지 § 1070), 후견계약(§ 959-14 II) 등이 그러하다. 그 밖에 어음, 수표 등의 유가증권에 관한 행위와 같이 외형을

139) 가령 윤진수, "물권행위 개념에 대한 새로운 접근", 민학 28, 2005, 4 이하. 자세한 내용은 물권변동 참조.

140) 김증한·김학동(주 137), 47.

141) 곽윤직, 물권법, 제7판, 2006, 40.

142) 이영준, 물권법, 전정신판, 2009, 66; 고상룡, 물권법, 2002, 62; 지원림(주 7), 445 이하.

신뢰하여 신속하게 거래하도록 할 필요가 있는 때에도 법률상 일정한 방식이 요구된다.

종래에는 법률행위가 소제기의 형식으로 행해져야 하는 경우, 예컨대 기한이 도래하기 전의 채권자대위권(§ 404 Ⅱ)이나 채권자취소권(§ 406), 재판상 이혼(§ 840) 등을 요식행위로 파악하는 견해가 있었다.[143] 그러나 더 이상 이를 요식행위로 설명하는 문헌은 보이지 않는다.[144] 한편 증여는 불요식행위로서 별도의 방식이 요구되지 않지만, 서면에 의하지 않은 때에는 각 당사자가 해제할 수 있어서(§ 555)[145] 그 효력이 상대적으로 약하다고 할 수 있다.[146] 또한 서면에 의하지 않은 때에는 증명에 있어서 사실상 불이익을 입을 수도 있다.[147] 그리고 요식행위가 그 요구되는 방식을 갖추지 않은 때 법률행위의 효력은 당사자 약정의 해석이나 법률규정에 의한다.

요식행위에 있어서 그 방식의 종류는 합의나 법률의 정함에 의하는데, 서면이나 공증이 대표적이다. 예컨대 보증계약이 유효하기 위해서는 그 의사가 보증인의 기명날인 또는 서명이 있는 서면으로 표시되어야 하며(§ 428-2 Ⅰ), 근보증의 형태인 때에는 채무의 최고액이 위 서면에 특정되지 않으면 보증계약은 효력이 없다(§ 428-3 Ⅱ). 후견계약은 공정증서로 체결하여야 하고(§ 959-14 Ⅱ), 유언의 방식 중 하나로서 공정증서를 들 수 있으며(§ 1068), 신탁선언에 의한 신탁설정은 공익신탁법에 따른 공익신탁이 아닌 한 공정증서에 의하여야 한다(신탁 § 3 Ⅱ). 일반적으로 공증은 공증인에 의한 증명행위를 일컫는데,[148] 공증인의 공증사무는 공정증서의 작성과 사서증서 또는 전자문서 등에 대한 인증이다(공증 § 2). 그러므로 위

143) 김기선, 한국민법총칙, 1985, 218.

144) 구주해(2), 159(송덕수). 곽윤직(주 3), 202도 의사표시가 반드시 재판상 행해져야 하는 법률행위도 보통 요식행위라고 하지만, 엄격하게 따진다면 요식행위가 아님을 주의하여야 한다고 덧붙인다.

145) 서면에 의한 증여에 한하여 증여자의 해제권을 제한하는 입법취지는, 증여자가 경솔하게 증여하는 것을 방지함과 동시에 증여자의 의사를 명확히 하여 후일에 분쟁이 생기는 것을 피하려는 데 있으며, 비록 서면의 문언 자체는 증여계약서로 되어 있지 않더라도 그 서면의 작성에 이르게 된 경위를 고려할 때 그 서면이 바로 증여의사를 표시한 서면이라고 인정되면 위 서면에 해당하고, 나아가 증여 당시가 아닌 그 이후에 작성된 서면이라도 다르지 않지만, 증여계약 당사자 사이에 증여자가 자기의 재산을 상대방에게 준다는 취지의 증여의사가 문서를 통하여 확실히 알 수 있는 정도로 서면에 나타나야 하고, 이는 수증자에 대하여 서면으로 표시되어야 한다(대판 09.9.24, 2009다37831).

146) 종래 이를 요식행위에 준하는 준요식행위로 보는 견해도 있었지만(고상용(주 62), 332), 더 이상 이러한 설명은 찾아보기 힘들다.

147) 지원림(주 7), 176.

148) 곽윤직(주 3), 202.

공정증서는 공증인에 의하여 공증인법에 따라 작성되며, 공증력을 가진다(공증 § 3).[149]

4. 재산행위 · 신분행위

일반적으로 신분행위 또는 가족법상의 행위란 혼인, 협의이혼, 입양 등 가족법상의 법률관계에 변동을 가져오는 법률행위를 가리킨다.[150] 학설은 사법의 내용으로서 재산법과 가족법을 구분하고, 전자는 합리성을 기본으로 하지만 후자는 습속성, 보수성을 강하게 띤다거나,[151] 재산법관계는 타산적, 합리적인 관계인 반면 가족법관계는 비타산적, 비합리적 관계라고 한다.[152] 그 결과 가족법상의 법률행위, 즉 신분행위는 재산행위와 구분되는 특성을 가지고, 따라서 의사표시에 있어서 표시주의는 재산법관계에서 문제되지만 가족법관계에서는 원칙적으로 적용될 여지가 없다고 한다.[153] 그러면서 법률행위에 대한 민법총칙 규정이 신분행위에 적용되는지 여부 및 그 범위를 개별적으로 판단한다.[154]

그러나 이러한 신분행위 개념은 과거 일본의 특수한 상황하에서 생겨난 것으로 비록 가족법상 법률행위의 특수성을 인정하더라도 이를 설명하기 위해 별도의 신분행위라는 개념을 인정할 필요는 없다는 반론도 제기된다.[155] 신분행위 개념이 친족법이나 상속법상의 법률행위 전부 또는 대부분을 통일적으로 아우를 수 있는 법리를 포용할 수 없기 때문에, 친족법 또는 상속법상 각종

149) 사서증서의 인증은 촉탁인으로 하여금 공증인 앞에서 사서증서에 서명 또는 날인하게 하거나 사서증서의 서명 또는 날인을 본인이나 그 대리인으로 하여금 확인하게 한 후 그 사실을 증서에 적는 방법에 의하고(공증 § 57 Ⅰ), 전자문서에 대한 인증은 촉탁인으로 하여금 전자문서에 전자서명을 하게 한 후 그 사실을 적은 정보를 전자문서에 전자적 방식으로 첨부하거나 전자문서의 전자서명을 촉탁인이나 그 대리인으로 하여금 확인하게 한 후 그 사실을 적은 정보를 전자문서에 전자적 방식으로 첨부하는 방법에 의한다(공증 § 66-5 Ⅰ). 또한 전자화문서는 전자화대상문서를 대조하여 일치하는 때 인증을 부여할 수 있다(공증 § 66-6 Ⅰ).

150) 구주해(2), 161(송덕수)은 상속법상의 행위가 가족관계와는 간접적으로 관련되는 데 불과하지만 가족법상의 행위로 파악된다고 하였으나, 송덕수(주 4), 87에서는 1990년 민법 개정 후에는 재산행위로 보아야 한다고 의견을 변경하였다.

151) 곽윤직(주 3), 7.

152) 김주수/김상용, 친족·상속법, 제8판, 2006, 22. 반면 윤진수(주 42), 580 이하는 재산법과 가족법의 차이를 강조하는 이러한 종래 설명방식의 문제점을 지적하면서, 가족법관계에서의 이타성, 이기성, 합리성 등을 특성으로 제시하고 있다.

153) 곽윤직(주 3), 230.

154) 송덕수(주 4), 1740.

155) 윤진수(주 32), 13.

법률행위마다 그 취지와 성질을 일일이 개별적으로 음미할 필요가 있다고 한다.[156]

판례는 일찍부터 신분행위 개념을 사용하였다. 대판 69.8.19, 69므18은 어떠한 일이 있어도 피청구인과 이혼하지 않겠다는 취지의 각서를 써준 일이 있더라도 그와 같은 의사표시는 신분행위의 의사결정을 구속하는 것으로서 공서양속에 위배하여 무효라고 보았다. 그리고 대판 77.5.24, 77므7도 § 864의 제척기간은 인지청구 등 자기의 신분행위를 할 수 있는 의사능력이 있는 자가 사망사실을 안 때로부터 기산한다고 하였다. 하지만 이러한 판시 자체가 재산행위와 구분되는 개념으로서 신분행위의 특수성을 염두에 둔 것으로 보이지는 않는다.

반면 대판(전) 77.7.26, 77다492은, 신분행위의 신고라는 형식을 요구하는 실질적 이유는 당사자 사이에 신고에 대응하는 의사표시가 있었음을 확실히 하고 또 이를 외부에 공시하기 위함이고, 입양신고 역시 당사자의 입양에 관한 합의의 존재와 그 내용을 명백히 하여 실질적 요건을 갖추지 아니한 입양을 막고자 하는 것으로, 당사자 사이에 양친자관계를 창설하려는 명백한 의사가 있고 나아가 기타 입양의 성립요건이 모두 구비된 경우에 입양신고 대신 친생자 출생신고가 있다면 형식에 다소 잘못이 있더라도 입양의 효력이 있다고 해석함이 타당하다 하였다.

또한 대판 00.6.9, 99므1633, 1640 및 대판 04.11.11, 2004므1484은, "친생자 출생신고 당시 입양의 실질적 요건을 갖추지 못하여 입양신고로서의 효력이 생기지 아니하였더라도 그 후에 입양의 실질적 요건을 갖추게 된 경우에는 무효인 친생자 출생신고는 소급적으로 입양신고로서의 효력을 갖게 된다고 할 것이나, § 139 본문이 무효인 법률행위는 추인하여도 그 효력이 생기지 않는다고 규정하고 있음에도 불구하고 입양 등의 신분행위에 관하여 이 규정을 적용하지 아니하고 추인에 의하여 소급적 효력을 인정하는 것은 무효인 신분행위 후 그 내용에 맞는 신분관계가 실질적으로 형성되어 쌍방 당사자가 이의 없이 그 신분관계를 계속하여 왔다면, 그 신고가 부적법하다는 이유로 이미 형성되어 있는 신분관계의 효력을 부인하는 것은 당사자의 의사에 반하고 그 이익을 해칠 뿐만 아니라, 그 실질적 신분관계의 외형과 호적의 기재를 믿

156) 양창수, "「가족법」상의 법률행위의 특성", 서울대 법학 46-1, 2005, 40 이하는 가족법상 법률행위와 재산법상 법률행위의 무차별성을 개별적으로 분석, 규명하고 있다.

은 제3자의 이익도 침해할 우려가 있기 때문에 추인에 의하여 소급적으로 신분행위의 효력을 인정함으로써 신분관계의 형성이라는 신분관계의 본질적 요소를 보호하는 것이 타당하다는 데에 그 근거가 있다"고 함으로써 신고와 관련된 신분행위의 실질 내지 특수성을 보다 적극적으로 설시하였다.

5. 출연행위 · 비출연행위

출연행위는 자기 재산을 감소시키면서 타인의 재산을 증가하게 만드는 행위를 가리킨다. 반면 비출연행위는 자기 재산의 감소를 가져오지만 타인 재산의 증가는 없거나, 직접적인 재산의 증감을 초래하지 않는 행위를 말한다. § 43 및 § 48는 재단법인 설립에 있어서 설립자의 재산의 출연을 규정하고 있는데, 출연행위가 비단 이에 국한되는 것은 아니다. 민법은 § 425, § 426 Ⅱ, § 441 Ⅰ, § 444, § 445, § 486, § 576 Ⅱ에서 '출재'라고 하는 용어를 사용하는데, 그 법적인 의미는 출연과 다르지 않다. 출연행위는 물권관계에 변동을 가져오는 물권행위는 물론, 채권행위도 포함하는 개념이다. 매매, 임대차, 소유권의 이전, 채권양도 등은 출연행위에 해당하고, 소유권의 포기, 대리권의 수여 등은 비출연행위에 해당한다.

(1) 유상행위 · 무상행위

출연행위는 출연에 상응하여 그 상대방으로부터도 출연을 받는지 여부에 따라서 유상행위와 무상행위로 다시 구분된다. 유상행위에서는 출연에 대한 대가적인 출연이 행해지며, 매매, 교환, 임대차 등이 이에 해당한다. 반면 무상행위에서는 상대방으로부터의 출연이 없거나 출연이 있더라도 그것이 대가적인 것이 아니다. 증여, 무이자소비대차, 사용대차 등이 무상행위에 해당한다. 부담부증여의 경우 수증자가 부담으로서 일정한 출연을 하더라도 이는 증여자의 출연에 대하여 대가관계에 있는 것이 아니기 때문에 그 법적 성질은 여전히 무상행위이다.[157)]

(2) 유인행위 · 무인행위

출연행위는 출연의 법률상 원인(causa)이 존재하는지 여부에 따라서 유인행위와 무인행위로 구분된다. 유인행위의 경우 법률상의 원인을 전제로 출연

157) 구주해(2), 161(송덕수)은 부담부유증이 대가적 출연을 조건으로 하기 때문에 단독행위이지만 유상행위라고 한다. 그러나 부담은 '조건'이 아닐 뿐만 아니라, 부담부증여와 마찬가지로 부담부유증에서 수유자의 부담은 대가적인 것이 아니기 때문에 그 법적 성질은 여전히 무상행위라고 해야 한다.

이 이루어지는 만큼, 그러한 원인이 존재하지 않거나 소멸하게 되면 당해 법률행위도 효력을 잃게 된다. 반면 무인행위는 그러한 원인의 존부와 무관하게 효력이 인정된다. 많은 경우 출연은 일정한 원인에 기해 이루어질 것이지만, 출연행위가 유인인지 아니면 무인인지는 법정책적 판단에 의하기도 한다. 예컨대 어음행위는 무인행위로서 어음수수의 원인관계로부터 분리하여 다루어져야 하는데,[158] 거래의 신속과 안전이 우선시 되므로 출연행위를 그 원인으로부터 차단하여야 할 필요가 있기 때문이다. 그런데 물권행위의 경우 채권행위로부터 그 효력이 영향을 받는지 여부, 즉 물권행위가 유인인지 아니면 무인인지에 대해서는 학설이 나뉜다. 판례는 물권행위의 독자성과 무인성을 인정하지 않는다.[159]

비출연행위의 경우에도 유인행위 또는 무인행위 여부가 문제되는데, 수권행위의 법적 성질이나 그 독자성에 대해서는 견해가 나뉜다.[160] 수권행위를 본인과 대리인 사이의 기초적 내부관계와 구분되는 개념으로 보는 다수의 견해에 의할 때, 전자가 후자의 효력에 의해 영향을 받는지 여부가 문제된다. 수권행위의 무인성을 주장하는 견해도 있지만,[161] 다수설은 § 128 및 당사자의 의사를 근거로 유인행위로 본다.[162]

6. 신탁행위

신탁행위는 민법상의 개념과 신탁법상의 개념을 구분하여야 한다. 비록 동일한 '신탁'이라는 용어를 사용하지만, 각각의 법률구조가 상이하고 서로 다른 법리가 적용되는 만큼 양자의 구분은 중요한 의미를 가진다.

먼저 민법상 신탁행위는 일정한 경제적 목적을 위하여 신탁자가 수탁자에게 그 목적달성에 필요한 정도를 넘는 권리를 이전하고, 수탁자는 그 권리를 경제적 목적범위 안에서만 행사하여야 할 의무를 지는 법률관계이다. 민법이 직접 신탁행위를 정하고 있지는 않지만, 추심을 위한 채권양도를 신탁행위로 새기고 있으며, 특히 양도담보의 법적 구성에 있어서 일부 학설과 판례는 이를

158) 대판 07.9.20, 2007다36407.
159) 대판 77.5.24, 75다1394; 대판 82.7.27, 80다2968; 대판 91.11.12, 91다9503; 대판 95.5.12, 94다18881, 18898, 18904.
160) 상세는 제3절 대리 참조.
161) 김증한·김학동(주 56), 393 이하.
162) 곽윤직(주 3), 373; 구주해(3), 32 이하(손지열); 양창수·김재형(주 6), 175; 지원림(주 7), 273.

신탁행위로 본다. 종래에는 신탁행위를 통정허위표시로 보기도 하였다. 그러나 법률행위를 함에 있어서 그 경제적인 목적은 얼마든지 다양할 수 있다. 법적인 효과의사와 경제적인 목적은 구분하여야 하며, 당사자들이 경제적인 목적의 달성에 필요한 범위를 넘는 권리를 이전할 것을 의욕한 만큼 그에 상응하는 법률효과를 부여하는 것이 타당하다. 현재 학설도 더 이상 신탁행위를 허위표시라는 이유로 그 효력을 부정하지 않는다.

그 밖에 판례에 의해 형성된 명의신탁법리상 명의신탁이 신탁행위로서 유효한지에 대해서는 견해가 나뉜다. 학설은 긍정설[163)]과 부정설[164)]이 대립한다. 판례는 부동산의 명의신탁이라 함은 당사자간의 신탁에 관한 채권계약에 의하여 신탁자가 실질적으로는 그의 소유에 속하는 부동산의 등기명의를 실체적인 거래관계가 없는 수탁자에게 매매 등의 형식으로 이전하여 두는 것을 일컫는 것이므로, 신탁자는 수탁자에 대한 관계에 있어서 등기 없이 그 부동산에 대한 실질적인 소유권을 내세울 수 있지만,[165)] 수탁자는 신탁자에게 그 부동산의 소유권이 자기에게 있음을 주장할 수 없다고 하여,[166)] 명의신탁의 효력을 인정해 오고 있다.

한편 신탁법상의 신탁은 위탁자와 수탁자 사이의 신임관계에 기하여 위탁자가 수탁자에게 특정 재산을 이전하거나 그 밖의 처분을 하고 수탁자로 하여금 수익자의 이익 또는 특정 목적을 위하여 그 재산의 관리, 처분, 운용 등 신탁목적의 달성을 위하여 필요한 행위를 하도록 하는 법률관계이다(신탁 §2). 민법상의 신탁행위와 달리, 신탁이 설정되면 수탁자는 위탁자에 대해서뿐만 아니라 수익자를 포함한 제3자에 대해서도 신탁재산의 귀속주체로서 신탁상 정함에 따라 신탁사무를 처리하고, 그로 인한 법률효과는 신탁재산에 귀속되며, 원칙적으로 신탁채권자에 대하여 고유재산으로도 책임을 진다. 이러한 신탁관계는 여러 원인에 의하여 발생하는데, 신탁을 설정하고자 하는 당사자의 의사에 의한 경우와 법률규정에 의한 경우로 구분된다. 신탁법은 신탁행위 자체를 직접 정의하고 있지 않지만, 이러한 신탁을 설정하는 행위, 즉 신탁계약, 신탁을

163) 지원림(주 7), 175; 양창수, "부동산실명법 제4조에 의한 명의신탁의 효력—소위 등기명의신탁을 중심으로—", 민법연구 5, 1999, 83 이하.
164) 곽윤직(주 141), 94; 구주해(2), 163(송덕수).
165) 대판 93.11.9, 92다31699.
166) 대판 97.7.25, 96다47494.

설정하는 유언, 신탁선언을 신탁행위라고 부른다(신탁 §3 I).[167]

7. 그 밖의 분류

(1) 의무부담행위 · 처분행위

법률행위는 당사자에게 일정한 급부의무를 발생시키는 의무부담행위와 권리의 변동을 직접 야기하는 처분행위로 구분된다. 학설은 이러한 분류를 채권행위 · 물권행위 · 준물권행위의 분류와 나란히 또는 그에 갈음하여 법률행위의 종류로 설명하는가 하면,[168] 이와 달리 독일문헌에 따른 의무부담행위와 처분행위의 분류는 처분행위가 본래 관리행위와 대비되는 개념인 점, 법률적 처분행위 외에 사실적 처분행위도 있는 점을 들어 법률행위의 종류로 사용하는 것이 적절하지 않다고 지적한다.[169] 하지만 법률행위 중에서도 단순한 의무부담행위인지 아니면 권리변동을 가져오는 행위인지 여부는 그 효력 및 효과와 관련하여 의미가 없지 않다.

채권행위는 의무부담행위로서 그 이행의 문제가 남는 반면, 물권행위나 준물권행위는 처분행위로서 이행의 문제가 제기되지 않으며 직접 권리의 이전, 변경, 소멸, 부담의 설정과 같은 권리의 변동을 가져온다. 그리고 처분행위에는 법률행위 외에 사실행위도 포함되며(물건의 폐기), 계약은 물론 단독행위(제한물권의 포기)에 의할 수도 있다.

판례는 §275, §276 I이 정하는 총유물의 관리 및 처분은 총유물 그 자체에 관한 이용 · 개량행위나 법률적 · 사실적 처분행위를 의미하는 것이므로, 비법인사단이 타인간의 금전채무를 보증하는 행위는 총유물 그 자체의 관리 · 처분이 따르지 않는 단순한 채무부담행위에 불과하고,[170] 비법인사단인 재건축조합이 재건축사업의 시행을 위해 설계용역계약을 체결하는 것 또한 단순한 채무부담행위에 불과하여 총유물의 관리 · 처분행위라고 볼 수는 없다고 하였

167) 최수정, 신탁법, 2019, 173.

168) 김상용(주 62), 353; 김증한 · 김학동(주 56), 273 이하; 이은영(주 5), 339; 지원림(주 7), 172.

169) 송덕수(주 4), 86 이하.

170) 대판(전) 07.4.19, 2004다60072, 60089. 반면 별개의견 및 반대의견은 주채무자가 채무를 이행하지 않으면 비법인사단은 자신이 보유하고 있는 현금이나 총유물을 처분하여 그 채무를 만족시켜야 하므로 결국 보증채무 부담행위는 비법인사단의 총유물의 처분으로 연결될 수밖에 없다는 점에서 비법인사단의 보증채무 부담행위를 장래의 총유물의 처분행위와 같다고 보았다.

다.[171]

그리고 판례는 부동산에 가압류등기가 경료되면 채무자가 당해 부동산에 관한 처분행위를 하더라도 이로써 가압류채권자에게 대항할 수 없는데, 여기서 처분행위란 당해 부동산을 양도하거나 이에 대해 용익물권, 담보물권 등을 설정하는 행위를 말하고 점유의 이전과 같은 사실행위는 이에 해당하지 않는다고 하면서도, 부동산에 경매개시결정의 기입등기가 경료되어 압류의 효력이 발생한 후에는 채무자가 제3자에게 당해 부동산의 점유를 이전함으로써 그로 하여금 유치권을 취득하게 하였다면 점유의 이전을 처분행위로 보아 경매절차의 매수인에게 유치권을 행사할 수 없다고 보았다.[172]

또한 § 1026 (ⅰ)는 상속인이 상속재산에 대한 처분행위를 한 때 단순승인을 한 것으로 간주하는데, 판례는 상속인이 피상속인의 채권을 추심하여 변제받는 것도 상속재산에 대한 처분행위에 해당한다고 하여 그 이후에 한 상속포기는 효력이 없다고 하였다.[173]

반면 채권자가 채무자를 대위하여 채무자의 제3채무자에 대한 권리를 행사하고 채무자에게 통지를 하거나 채무자가 채권자의 대위권행사 사실을 안 후에는 채무자는 그 권리에 대한 처분권을 상실하고 그 권리의 양도나 포기 등 처분행위를 할 수 없는데(§ 405 Ⅱ), 이 경우 채무자의 변제수령은 처분행위라 할 수 없고, 채무자가 그 명의로 소유권이전등기를 경료하는 것 역시 처분행위라고 할 수 없으므로, 채권자대위권의 행사에 의하여 채무자의 소유권이전등기청구권의 행사나 제3채무자의 의무이행이 방해되지 않는다.[174] 변제수령이나 소유권이전등기는 오히려 채권자대위권의 행사에 상응하는 것이라고 할 수 있기 때문이다.

그런데 처분행위에 따른 권리의 변동에 있어서, 권리관계의 공시를 위하여 공시방법을 효력발생요건으로 할 것인지 아니면 대항요건으로 할 것인지는 입법적인 선택의 문제라고 할 수 있다. 민법은 물권변동에 있어서 의용민법과 달

171) 대판 03.7.22, 2002다64780.

172) 대판 05.8.19, 2005다22688; 대판 06.8.25, 2006다22050; 대판 11.11.24, 2009다19246 등. 이와 달리 대판(전) 14.3.20, 2009다60336은 체납처분압류에 대해서는 그 절차적 특수성에 비추어, 체납처분압류가 되어 있는 부동산의 경우 경매절차가 개시되어 경매개시결정등기가 되기 전에 그 부동산에 관하여 민사유치권을 취득한 유치권자는 경매절차의 매수인에게 그 유치권을 행사할 수 있다고 보았다.

173) 대판 10.4.29, 2009다84936.

174) 대판 91.4.12, 90다9407.

리 성립요건주의를 취한 반면, 채권양도에 있어서는 대항요건주의를 유지하였다. 그러므로 처분행위와 그에 따른 권리관계의 변동 자체는 각각 판단할 필요가 있다.

처분행위가 유효하기 위해서는 처분권한이 있어야 하지만, 타인권리의 매매에서와 같은 의무부담행위에는 처분권한이 요구되지 않는다. 소유자는 단순한 의무부담행위에 의해서는 자신의 소유권에 물권적 제한을 받지 않기 때문에 여전히 유효하게 달리 처분할 수 있고, 물권적 청구권도 가진다. 제3자에 대한 처분수권이 있는 때에도 그에 기한 제3자의 처분행위로 소유자가 소유권을 상실하거나 제한받기 이전에는, 비록 제3자와의 관계에서 처분수권의 원인이 된 계약관계 등에 기하여 채권적인 책임을 지더라도, 자신의 소유물을 여전히 유효하게 처분할 수 있고 또한 소유권에 기한 물권적 청구권도 행사할 수 있다.[175]

(2) 생전행위 · 사인행위

생전행위는 법률행위의 당사자가 생존한 때 이루어지고 또한 효력이 발생하는 반면, 사인행위 또는 사후행위는 당사자의 사망으로 효력이 발생하는 법률행위이다. 일반적으로 법률행위는 생전행위이지만, 사인증여(§ 562)와 유언(§ 1073 I)은 사인행위이다. 사인행위가 특히 단독행위인 때에는 법률행위의 존부 및 내용을 둘러싼 분쟁이 발생할 수 있는 반면 당사자의 의사를 다시금 확인할 수 없기 때문에 엄격한 방식을 요구하게 된다(§ 1060, § 1065 내지 § 1070).

(3) 주된 행위 · 종된 행위

법률행위가 유효하기 위하여 다른 법률행위의 존재를 전제로 하는 경우 이를 종된 행위라고 하고, 그 전제가 되는 행위를 주된 행위라고 한다. 보증계약은 주채무를 발생시키는 계약의 종된 계약이며, 질권설정계약이나 저당권설정계약은 그 피담보채권을 발생시키는 계약의 종된 계약이다. 그리고 부부재산계약은 혼인계약의 종된 계약이다. 종된 행위는 주된 행위의 효력에 따른다. 종물이 주물의 처분에 따르고(§ 100), 종된 권리는 주된 권리의 처분에 따르는 것과 유사하다.

175) 대판 14.3.13, 2009다105215.

V. 법률행위의 해석

1. 의 의

(1) 법률행위해석의 의미

법률행위는 사적자치를 실현하는 중요한 제도로, 당사자는 법률행위에 포함된 의사표시를 통해 일정한 법률효과를 가져오고자 한다. 그리고 당사자의 의사는 내부에 머물러 있어서만은 안 되며, 그에 상응하는 법률효과를 발생시키기 위해서는 어떠한 방식으로든 외부로 표시되어야 한다. 하지만 그 의사가 항상 명확하게 표현되는 것은 아니고, 내용이 논리적으로나 법률적으로 완전하지 않은 경우도 많을 뿐더러, 현재 및 장래의 모든 사정들을 고려하여 정함을 두기도 어려운 것이 사실이다. 그러므로 법률행위의 효력이나 효과가 문제되는 경우 또는 이를 둘러싼 분쟁이 발생한 경우, 당사자의 의사를 밝히고 확인하는 절차가 반드시 필요하게 된다. 법률행위해석은 이처럼 표시된 바로부터 표의자의 의사를 탐구하고 확정하는 것이다.[176] 그리고 법률행위해석에 의해 비로소 의사표시가 있었는지, 의사표시에 의해 계약이 성립하였는지, 또 계약이나 단독행위의 내용 및 효과가 무엇인지가 규명될 수 있다.[177] 따라서 법률행위와 관련한 일련의 판단을 위한 전제가 되는 의사표시 내지 법률행위의 해석은 법률가의 일차적이고 중요한 임무라고 할 수 있다.

(2) 구분되는 개념

㈎ 법률의 해석 법률행위해석과 구분하여야 하는 것이 법률의 해석이다. 양자는 모두 해석학(Hermeneutik)의 한 부분이지만, 전자가 표의자의 의사를 확정하는 것이라면, 후자는 입법자가 공포하여 그 효력을 부여한 법률로부터 출발하여 입법자의 의사를 확정하는 것이다.[178]

판례는[179] 이러한 법률해석의 목표 및 한계를 다음과 같이 선언하였다: "법은 원칙적으로 불특정 다수인에 대하여 동일한 구속력을 갖는 사회의 보편타당한 규범이므로 이를 해석함에 있어서는 법의 표준적 의미를 밝혀 객관적 타당성이 있도록 하여야 하고, 가급적 모든 사람이 수긍할 수 있는 일관성

176) Staudinger/Singer, § 133 Rn.2.
177) Erman/Arnold(2017), § 133 Rn.2.
178) 이영준(주 21), 239.
179) 대판 09.4.23, 2006다81035; 대판 10.12.23, 2010다81254; 대판(전) 13.1.17, 2011다83431; 대판 16.12.15, 2015다256312 등.

을 유지함으로써 법적 안정성이 손상되지 않도록 하여야 한다. 그리고 실정법이란 보편적이고 전형적인 사안을 염두에 두고 규정되기 마련이므로 사회현실에서 일어나는 다양한 사안에서 그 법을 적용함에 있어서는 구체적 사안에 맞는 가장 타당한 해결이 될 수 있도록, 즉 구체적 타당성을 가지도록 해석할 것도 요구된다. 요컨대, 법해석의 목표는 어디까지나 법적 안정성을 저해하지 않는 범위 내에서 구체적 타당성을 찾는 데 두어야 한다. 그리고 그 과정에서 가능한 한 법률에 사용된 문언의 통상적인 의미에 충실하게 해석하는 것을 원칙으로 하고, 나아가 법률의 입법 취지와 목적, 그 제·개정 연혁, 법질서 전체와의 조화, 다른 법령과의 관계 등을 고려하는 체계적·논리적 해석방법을 추가적으로 동원함으로써, 앞서 본 법해석의 요청에 부응하는 타당한 해석이 되도록 하여야 한다.

한편, 법률의 문언 자체가 비교적 명확한 개념으로 구성되어 있다면 원칙적으로 더 이상 다른 해석방법은 활용할 필요가 없거나 제한될 수밖에 없고, 어떠한 법률의 규정에서 사용된 용어에 관하여 그 법률 및 규정의 입법 취지와 목적을 중시하여 문언의 통상적 의미와 다르게 해석하려 하더라도 당해 법률 내의 다른 규정들 및 다른 법률과의 체계적 관련성 내지 전체 법체계와의 조화를 무시할 수 없으므로, 거기에는 일정한 한계가 있을 수밖에 없다."

민법은 법률의 해석에 관한 명시적인 규정을 두고 있지 않지만, 판례의 설시와 같은 법학방법론으로서 법률의 해석에 관하여는 이미 문리적 해석(grammatische Auslegung), 논리적·체계적 해석(logisch-systematische Auslegung), 역사적·주관적 해석(historische Auslegung), 목적론적·객관적 해석(objektiv-teleologische Auslegung) 방법이 일반적으로 승인되고 있다.[180]

실정법의 해석은 먼저 법률의 문리적인 해석에서 출발한다.[181] 의사표시의 해석과 마찬가지로 개개의 문구가 해석의 출발점이 되며, 입법자가 그에 부여한 의미를 밝히는 것이다. 이 경우에도 법률의 해석은 각 단어에 구애될 것이 아니라 해당 문장의 문맥과 구조하에서 이해되어야 한다. 한편 체계적 해석은,

180) 독일의 경우 법률해석론 내지 법학방법론에 대한 본격적인 논의와 이론은 사비니로 거슬러 올라간다. 법률의 해석은 우선적으로는 법의 문리 및 문맥의 논리에 따르며, 역사적으로 입법자의 의도를 고려하여야 하는데, 이러한 해석은 전체적인 체계하에서 이루어져야 한다는 방법론은 이후 이론의 전개에 토대가 되었다. Larenz/Canaris, Methodenlehre der Rechtswissenschaft, 3.Aufl., 1995, S.11ff. 참조.

181) 법률해석의 방법에 관한 개관은 Anwaltkommentar/Looschelders(2005), Anh. zu § 133 Rn.15ff.

위 문리적 해석과 달리, 개개의 규범을 넘어서 해당 법률의 구조나 다른 규범의 내용에 비추어 그 내용을 확정하는 해석방법이다. 이에 비해 역사적 해석은 입법자가 부여한 의도나 의미에 따라서 법률문언의 의미를 확정하는 방법이다. 입법자의 의도나 이를 파악하기 위한 입법자료는 법률의 의미를 확정하는 중요한 참고자료가 될 수 있다. 그러나 경우에 따라서 그 내용이 다양하거나 불명확하고, 사회, 문화, 경제적 상황의 변화에 따라서 달리 파악될 필요도 있다.[182] 이와 달리 실제 법적용에서 종종 등장하는 목적론적 해석에서는 법률의 의미와 목적이 해석의 결정적인 기준이 된다. 입법자가 역사적, 발생학적 해석의 결과에 따라서 당해 규정을 통해 추구하고자 했던 구체적인 목적 또는 일반적·전형적 목적을 탐구하는 것이다. 역사적 해석과 달리 단순히 입법자가 의도하였던 바에 구속되는 것이 아니라, 입법자의 의사가 지향하는 취지를 현재의 법상황하에서 찾아내고 새롭게 하는 것이다. 그리고 위와 같은 법률의 해석방법은 법률행위의 해석에 있어서도 참고가 되는데, 이 경우 법률행위해석의 특수성이 고려되어야 함은 물론이다.

그런데 위 각 해석방법의 관계 내지 순위에 대한 엄격한 원칙은 없다.[183] 물론 해석의 출발점 내지 중요한 수단은 법률의 문구이며, 그것이 다양한 해석가능을 가진 때에는 먼저 입법자의 의사를 고려할 수 있을 것이다. 또한 목적론적 해석방법을 통해 입법자의 추단적 의사를 발견하고 정합적인 해석을 도출할 수 있다. 그러므로 문제가 된 법률규정의 해석에 있어서 하나의 해석방법만 유효한 것은 아니며, 개개의 경우 여러 해석방법을 동원하여 그로부터 도출된 바를 비교, 검토하여 가장 설득력 있는 해결방안을 얻을 필요가 있다.[184]

판례 또한 입법목적 내지 취지에 비춘 목적론적 해석을 하고 있다. 대판(전) 96.2.15, 95다38677에서 다수의견은 "국가배상법 §2 Ⅰ 본문 및 Ⅱ의 입법 취지는 공무원의 직무상 위법행위로 타인에게 손해를 끼친 경우에는 변제자력이 충분한 국가 등에게 선임감독상 과실 여부에 불구하고 손해배상책임을 부담시켜 국민의 재산권을 보장하되, 공무원이 직무를 수행함에 있어 경과실

182) 그래서 심헌섭, "법철학적 법학방법론—법철학과 합리적 법학방법", 서울대 법학 24-1, 1983, 9는 역사적 해석방법이 문리적 해석에 반하거나 헌법에 합치하지 않는 경우에는 한 발 물러나야 하며, 입법자의 목적이 명확하지 않거나 상충되는 목적들을 함께 실현하고자 한 경우에는 한계에 부딪히게 된다는 점을 지적하고 있다.

183) RGRK/Krüger-Nieland/Zöller, §133 Rn.50; Larenz/Wolf(주 59), S.85.

184) Anwaltkommentar/Looschelders, Anh. zu §133 Rn.37.

로 타인에게 손해를 입힌 경우에는 그 직무수행상 통상 예기할 수 있는 흠이 있는 것에 불과하므로, 이러한 공무원의 행위는 여전히 국가 등의 기관의 행위로 보아 그로 인하여 발생한 손해에 대한 배상책임도 전적으로 국가 등에만 귀속시키고 공무원 개인에게는 그로 인한 책임을 부담시키지 아니하여 공무원의 공무집행의 안정성을 확보하고, 반면에 공무원의 위법행위가 고의·중과실에 기한 경우에는 비록 그 행위가 그의 직무와 관련된 것이라고 하더라도 그와 같은 행위는 그 본질에 있어서 기관행위로서의 품격을 상실하여 국가 등에게 그 책임을 귀속시킬 수 없으므로 공무원 개인에게 불법행위로 인한 손해배상책임을 부담시키되, 다만 이러한 경우에도 그 행위의 외관을 객관적으로 관찰하여 공무원의 직무집행으로 보여질 때에는 피해자인 국민을 두텁게 보호하기 위하여 국가 등이 공무원 개인과 중첩적으로 배상책임을 부담하되 국가 등이 배상책임을 지는 경우에는 공무원 개인에게 구상할 수 있도록 함으로써 궁극적으로 그 책임이 공무원 개인에게 귀속되도록 하려는 것이라고 봄이 합당하다"고 하였다. 또한 "공무원이 직무수행 중 불법행위로 타인에게 손해를 입힌 경우에 국가 등이 국가배상책임을 부담하는 외에 공무원 개인도 고의 또는 중과실이 있는 경우에는 불법행위로 인한 손해배상책임을 진다고 할 것이지만, 공무원에게 경과실뿐인 경우에는 공무원 개인은 손해배상책임을 부담하지 아니한다고 해석하는 것이 헌법 § 29 Ⅰ 본문과 단서 및 국가배상법 § 2의 입법취지에 조화되는 올바른 해석"이라고 보았다.

(나) 법관에 의한 법의 계속적 형성(richterliche Rechtsfortbildung) 법률행위의 해석은 법관에 의한 법의 계속적 형성과도 비교된다. 법의 계속적 형성에 대한 법관의 권능은 헌법에서도 그 근거를 찾을 수 있다. 헌법 § 27 Ⅰ은 법률에 의한 재판을 받을 권리를 선언하고 § 103는 법관이 헌법과 법률에 의하여 그 양심에 따라 독립하여 심판하도록 한다.

법관에 의한 법의 계속적 형성은 보충적인 법의 계속적 형성과 변경적인 법의 계속적 형성으로 구분된다. 전자는 단순히 사실관계에 대하여 일정한 법률효과를 정한 규정이 존재하지 않는 경우뿐만 아니라, 당해 법률이나 전체 법질서에서 드러난 가치판단에 비추어 규율에 공백이 있는 경우에 이루어진다. 입법자가 무의식적으로 또는 의식적으로 규율의 공백을 초래하였는지는 문제되지 않는다. 이때 개별규정의 유추나 법의 전체적인 유추는 보충적인 법형성을 위한 중요한 수단이 된다. 유추는 본질적으로 동일성이 아닌 유사성에 기초한 것이고, 이를 판단함에 있어서는 규범의 목적이 중요하기 때문에, 목적론적 해석과도 유사한 점이 있다. 그러나 유추는 법문언의 가능한 의미(möglicher Wortsinn)에 구속되지 않는다는 점에서 목적론적 해석과 다르다.[185]

한편 법관에 의한 법의 계속적 형성은 현행 규범을 변경하는 방식으로도 이루어질 수 있다. 변경적인 법의 계속적 형성에서 중요한 방법은 목적론적 축소이며, 때로 목적론적 확대나 수정도 가능할 것이다. 문제된 사태가 법규에 일견 포섭되는 것처럼 보이지만 당해 규범의 목적에 비추어 볼 때 오히려 부정되어야 한다면 이는 숨은 규율의 공백이 있는 것이고, 따라서 목적론적 축소해석이 요구된다.

대판(전) 98.4.23, 95다36466은 어음법이 정한 요건 중 발행지의 기재가 없는 어음의 효력에 대하여, 어음면의 기재 자체로 보아 국내어음으로 인정되는 경우에 있어서는 발행지의 기재가 별다른 의미가 없는 점, 발행지의 기재가 없는 어음도 완전한 어음과 마찬가지로 유통·결제되고 있는 거래의 실정 등을 근거로 그 효력을 인정하였다. 이러한 다수의견에 대한 보충의견은, "법률제정 당시에 입법자가 전혀 예상하지 못하였기 때문에 법률로 규정되지 않았거나 불충분하게 규정된 경우가 있을 수 있고, 이 경우에도 법원은 재판을 하지 않으면 아니되므로 법원의 법형성적 활동이 개입될 수밖에 없다. 뿐만 아니라 법률에 명문의 규정이 있는 경우에도 시대가 바뀌고 사회가 달라짐에 따라 법과 실제 생활과의 사이에 불가피하게 간격이 생길 수 있으며, 이때에 만일 명문규정의 엄격한 적용만을 고집한다면 그것은 법적 안정성이 유지될지는 모르나 사회생활의 유동·발전에 대한 적응성을 결여하는 중대한 결함이 생길 수 있으므로 이를 실제 생활에 부합하게 해석할 사회적 필요가 생기게 된다. 이와 같은 경우 법원은 형식적인 자구 해석에 얽매일 것이 아니라 그 법이 구현하고자 하는 입법정신이 무엇인가를 헤아려서 그 입법정신을 실현하는 방향으로 법의 의미를 부여하여야 하며, 그 실현을 위하여 필요한 한도 내에서 명문규정의 의미를 확대해석하거나 또는 축소·제한해석을 함으로써 실질적인 법형성적 기능을 발휘하여야 할 것"이라고 하여, 법관에 의한 법의 계속적 형성의 필요성과 정당성을 강조하였다.[186]

185) Anwaltkommentar/Looschelders, Anh. zu § 133 Rn.42.

186) 반면 반대의견은, 법규의 의미·내용과 적용범위가 어떠한 것인지를 정하여 선언하는 권한 즉 법률의 해석·적용의 권한은 법원에 있으며, 법원은 법규의 흠결을 이유로 재판을 거부할 수 없으므로 재판할 사항에 대하여 적용할 법규가 없을 경우에는 법률 이념에 맞

(3) 법률행위해석에 관한 규정

(가) 민 법 민법은 법률행위해석에 관한 일반적인 규정을 두고 있지 않다. 하지만 §105는 당사자가 임의규정과 다른 의사표시를 한 경우 그 의사에 의하도록 함으로써 임의규정에 대한 당사자 의사의 우위를 명시하고 있다. 이에 대해서는 사적자치 원칙의 선언임과 동시에 그 한계를 규정한 것이라는 설명이 일반적이다.[187] 그리고 학설은 당사자의 의사가 명확하지 않은 때 관습에 의하도록 한 §106가 법률행위해석에 관한 규정이라고 이해한다.[188]

2004년 법무부가 국회에 제출한 민법개정안은 법률행위해석의 일반규정을 마련하였는데, §106의 표제를 "법률행위의 해석"으로 바꾸고, 법률행위의 해석에 있어서는 표현된 문언에 구애받지 않고 당사자의 진정한 의사를 밝힐 것(동조 I), 법률행위는 당사자가 의도한 목적, 거래관행 그 밖의 사정을 고려하여 신의성실의 원칙에 따라 해석할 것(동조 II)을 각각 정하였다. 이 규정을 신설함에 있어서 해석방법을 상세히 정할 것인지 아니면 포괄적으로 정할 것인지가 문제되었는데, 법률행위의 해석은 당사자의 계약 내용에 따라 다양한 모습으로 전개되므로 이에 대하여 포괄적으로 규정하는 것이 바람직하다고 보았다.[189]

그리고 2013년 법무부 민법개정시안도 이와 유사하게 현행 §106의 내용을 §105에 통합하고 대신 §106에는 법률행위의 해석에 관한 규정을 다음과 같이 신설하는 안을 제시하였다:

§106 (법률행위의 해석) ① 법률행위는 당사자의 의사에 따라 해석하여야 한다.

② 상대방 있는 의사표시는 상대방이 알았거나 알 수 있었을 표의자의 의사에 따라 해석하여야 한다. 표의자의 의사를 확인할 수 없는 경우에는 상대방과 같은 부류

도록 다른 법규를 유추적용하고, 법규가 있다고 하더라도 그 의미 내용이 애매모호할 경우에는 그 입법 취지에 따라 적절한 해석을 함으로써 그 법규의 의미 내용을 확정하는 권한을 가지고 있음을 확인하면서도, 이 사건과 같이 법규가 있고 그 의미 내용 역시 명확하여 달리 해석할 여지가 없는 경우에는 다른 것을 다르게 취급하여야 한다는 정의의 요청(이른바 목적론적 축소해석의 경우) 또는 합헌적인 해석의 요청(이른바 헌법합치적 해석의 경우)에 의하여, 그 법규의 적용 범위를 예외적으로 제한하여 해석할 필요가 있는 등의 특별한 사정이 없는 한, 법원으로서는 명문의 효력규정의 적용 범위를 무리하게 벗어나거나 제한하는 해석을 해서는 안 된다고 보았다. 그리고 동일한 논의는 수표법이 정한 발행지의 기재가 없는 수표의 효력에 대한 대판(전) 99.8.19, 99다23383에서도 반복되고 있다.

187) 구주해(2), 256(박영식).

188) 윤진수, "계약 해석의 방법에 관한 국제적 동향과 한국법", 비교사법 12-4, 2005, 28.

189) 법무부, 2004년 법무부 민법개정안—총칙·물권편, 2012, 171.

의 합리적인 자가 그와 같은 상황에서 이해한 바에 따라 해석하여야 한다.
③ 제1항 또는 제2항의 해석에 있어서 법률행위의 성질과 목적, 행위 당시의 상황 및 당사자의 언행을 포함하여 관련된 모든 사정을 고려하여야 한다.

(나) 입 법 례　　독일민법 § 133는 의사표시의 해석이라는 표제하에 의사표시의 해석에 있어서는 표시의 문자적인 의미에 구애받지 말고 실제의 의사를 탐구하도록 한다. 그리고 독일민법 § 157는 계약의 해석이라는 표제하에 계약의 해석은 거래관념에 좇아 신의칙에 따라야 함을 정하고 있다. 비록 각 규정이 의사표시와 계약을 구분하여 정하고 있지만, 양자는 개개의 의사표시는 물론, 계약 기타 법률행위에 공통적으로 적용된다.[190] 스위스채무법도 법률행위 일반이 아닌 계약의 해석에 관하여, 형식이나 내용에 따라 계약을 판단함에 있어서는 당사자들의 착오 또는 계약의 사실상의 상태를 숨기기 위한 의도에서 사용한 잘못된 표시나 표현방식이 아닌, 일치된 실제의 의사를 탐구하여야 한다는 원칙을 명시하고 있다(스위스채무법 § 18 I).

한편 프랑스민법은 2016년 개정시에 계약의 해석에 관한 장을 신설하면서 이러한 해석원칙을 포함한 상세한 기준을 정하였다. 프랑스민법 § 1188는 계약 조항의 문자적 의미보다는 당사자의 일치된 의사에 따라 해석하여야 하며(Ⅰ), 이러한 의사를 찾을 수 없는 때에는 동일한 상황에 있는 합리적인 사람이 수여하였을 의미에 따라 해석하도록 한다(Ⅱ). 이때 계약의 모든 조항들은 전체적인 맥락에서 상호 관련하에 조화롭게 해석하여야 하며(§ 1189 Ⅰ), 당사자들이 동일한 거래에 대해 수개의 계약을 체결한 때에도 그러하다(§ 1189 Ⅱ). 약관을 이용한 계약 등에 있어서는 의심스러운 때에는 채권자에 불리하고 채무자에 유리하게 그리고 약관을 제시한 자에게 불리하게 해석하며(§ 1190), 어느 조항이 두 가지의 의미로 해석될 수 있는 때에는 효력을 수여하는 것이 그렇지 않은 것에 우선한다(§ 1191). 또한 종래의 판례 법리에 따라서, 명확한 조항을 변형하여 해석하지 못함을 명시하고 있다(§ 1192).

근래 국제적인 원칙들도 계약의 해석방법에 관하여 단순히 추상적인 기준만을 선언하는 것이 아니라 보다 상세한 규정을 두고 있다. 국제물품 매매계약에 관한 국제연합협약(United Nations Convention on Contracts for the International Sale of Goods : CISG)은 제1편 제2장 일반규정에서 의사해석의 방법

190) MünchKomm/Busche(2015), § 133 Rn.18; Staudinger/Singer, § 133 Rn.3.

및 기준을 정하고 있다. 상대방이 알았거나 모를 수 없었던 경우에는 표의자의 의도에 따라서(§8 Ⅰ), 그 밖의 경우에는 동일한 상황에서 상대방과 같은 부류의 합리적인 사람이 이해한 바에 따라서(§8 Ⅱ) 해석하며, 이때 협상이나 당사자간에 확립된 관례, 관행, 이후 당사자들의 행위 등 모든 관련 사항들을 적절히 고려하여야 한다(§8 Ⅲ). 그리고 당사자들은 자신이 합의한 관행과 확립된 관례에 구속되며(§9 Ⅰ), 달리 정한 바가 없는 한 당사자가 알았거나 알아야 했고 국제거래에서 널리 알려져 있으며 또한 통상적으로 준수되는 관행은 당사자들의 계약이나 그 성립에 묵시적으로 적용하기로 한 것으로 본다(§9 Ⅱ).

유럽계약법원칙(Principles of European Contract Law: PECL)은 계약의 해석에 관한 제5장에서 보다 상세한 기준을 정하고 있다. 요컨대 당사자의 합치된 의사를 탐구하여야 하고(§5: 101), 계약을 체결한 사정, 당사자들의 행태, 계약의 성질과 목적, 관습, 신의칙 등이 고려되어야 하며(§5: 102), 개별적으로 합의되지 않은 조항의 의미가 불명확할 경우에는 제공자에 불리하게 해석되어야 하고(§5: 103), 개별적으로 합의된 조항이 그렇지 않은 조항에 우선하며(§5: 104), 계약조항은 계약의 전체적인 관점에서 해석되어야 하고(§5: 105), 계약조항을 적법하고 유효하게 만드는 해석이 우선하며(§5: 106), 계약이 여러 언어로 작성된 경우 이들이 서로 일치하지 않는 때에는 애초에 계약을 작성한 언어에 따른 해석이 우선한다(§5: 107).

유럽민사법의 공통기준안(Draft Common Frame of Reference: DCFR) 제2권 제8장도 법률행위해석에 관한 기준으로 PECL과 유사한 내용을 정하고 있다. 제1절은 계약의 해석에 관하여 PECL과 유사한 7개의 조항을 두고 있으며, 제2절은 그 밖의 법률행위의 해석에 관하여 정하고 있다. 즉 일방적 법률행위(unilateral juridical act)는 상대방에 의해 이해될 것으로 합리적으로 기대되는 방식에 의해(§Ⅱ-8: 201 Ⅰ), 법률행위를 하는 자가 그 행위나 그 속에 사용된 용어 또는 표현이 특정한 의미를 가질 것을 의도하였고 상대방이 그러한 의도를 알았거나 알았을 것으로 합리적으로 기대할 수 있는 때에는 행위자의 의도에 따라서(§Ⅱ-8: 201 Ⅱ), 그러나 예외적인 경우에는 합리적인 제3자가 부여하였을 의미에 따라(§Ⅱ-8: 201 Ⅲ), 각각 해석하여야 한다. 그 밖에 계약의 해석에 관한 제1절의 규정들은 대체로 적절한 변경을 통해 계약 아닌 법률행위의 해석에 적용된다(Ⅱ-8: 202).

2. 해석의 대상

법률행위해석에 있어서는 먼저 무엇을 해석할 것인지 해석의 대상이 결정되어야 한다. 의사표시가 해석의 대상임은 물론이지만, 이를 위해서는 먼저 사람의 행태로부터 의사표시가 있는지 여부가 판단되어야 한다. 가령 침묵과 같은 부작위가 의사표시인지 여부, 작위가 법률행위인지 아니면 단순한 사회적 또는 사교적인 행위인지를 분류, 확정하여야 한다. 해석을 통해 의사표시의 존재가 인정되면, 이제 의사표시의 내용에 대한 탐구가 문제된다. 실제 의사표시의 존재와 그 내용에 대한 검토가 엄격하게 분리될 수는 없더라도, 해석은 위와 같은 논리적 단계를 밟게 된다.

법률행위해석에 있어서는 구두나 서면 등으로 표시하는 표시행위가 그 대상이 됨은 물론이지만, 그 밖에 표시행위에 수반하는 사정들도 표시행위에 포함시켜 해석의 대상으로 삼을 수 있는지에 대해서는 견해가 나뉜다. 이를 긍정하는 견해와, 표시행위 당시의 제반사정은 표시행위 자체는 아니므로 해석에 있어서 보조적인 수단이 될 뿐이라는 부정설이 대립한다.[191] 그런데 의사표시가 행해진 당시에 당사자들의 행태나 선행된 협상의 내용 등과 같은 제반 사정도 해석시에 고려되어야 함은 분명하다. 하지만 이러한 사정들이 의사표시의 내용을 파악하는 자료는 될 수 있지만, 그 자체를 해석의 대상이라고 할 수는 없을 것이다.[192]

표시로부터 추단되는 당사자의 의사가 불명확한 때는 물론이고, 명백하다고 할 때에도 이것은 이미 해석의 단계를 거친 판단이다. 의사표시가 명확한지 아닌지, 심지어 의사표시가 존재하는지 여부도 해석을 통해 비로소 판명되기 때문이다. 또한 일견 명백한 문구라도 그와 다른 의미를 부여하는 상황이나 당사자의 의사가 있을 수 있다. 그래서 독일의 일부 판결이나 학설은 의사표시가 명확하다면 해석의 여지 내지 해석의 필요성(Auslegungsbedürftigkeit)이 없다고 보았지만, 보다 많은 견해는 이에 반대하면서 의사표시의 의미가 명확한지 여부도 해석을 통해 확정될 수 있는 만큼 원칙적으로 모든 의사표시에 해석이 필요하다고 새긴다.[193] 그리고 다의적이거나 모순되거나 또는 이해불가능

191) 구주해(2), 180(송덕수).

192) Jauernig/Jauernig, § 133 Rn.3; RGRK/Krüger-Nieland/Zöller, § 133 Rn.17; Anwaltkommentar/Looschelders, § 133 Rn.26.

193) MünchKomm/Busche, § 133 Rn.53; Bamberger/Roth/Wendtland(2012), § 133 Rn.22.1; Anwaltkommentar/Looschelders, § 133 Rn.26; Erman/Arnold, § 133 Rn.12.

한 표시는 해석에서 제외되고, 그렇지 않은 소위 해석적격(Auslegungsfähigkeit)이 있는 의사표시만 해석의 대상이 된다는 견해도 일반적으로 거부된다.[194] 모순적인 문구에도 불구하고 모순적이지 않은 의미가 부여되어 있거나 일의적인 의미로 이해할 수 있는 사정들도 있을 수 있으며, 이 또한 해석을 통해 판명되기 때문이다. 만약 해석에 의해서도 그 의미가 이해불가능하다면, 이제 그 의사표시는 더 이상 법률효과를 가질 수 없다.

3. 해석의 목표

(1) 학 설

학설은 법률행위의 해석을 통해 무엇을 찾아낼 것인지, 즉 해석의 목표에 대하여 견해를 달리한다. 이는 의사표시이론에서의 견해 대립과 연장선상에 있다.[195] 먼저 법률행위의 해석은 당사자 의사의 객관적인 표현 내지 표시행위가 가지는 의미를 밝히는 것으로, 내심적 효과의사는 법률행위의 효력에 영향을 미칠 수는 있어도 해석의 문제가 아니라고 하는 견해이다.[196] 이에 반대하는 견해는 법률행위가 사적자치원칙하에서 당사자의 의사를 실현하는 수단인 점, 위 견해에 의하면 오표시무해의 원칙을 설명할 수 없는 점, 그리고 법률행위의 효력 근거에 기하여, 해석이란 원칙적으로 표의자의 내심의 효과의사, 즉 진의를 확정하는 것이라고 한다.[197] 이와 달리 법률행위의 유형과 특성을 고려하여 표의자의 진의가 중시되는 경우에는 표의자의 진의를 탐구하고, 상대방의 신뢰보호가 요구되는 경우에는 표시의 객관적 의미를 탐구하여야 한다거나,[198] 상대방 없는 의사표시에서는 표의자의 진정한 의사를, 상대방 있는 의사표시에서는 표시수령자가 알 수 있는 한에서 표시행위의 의미를 탐구하여야 한다는 주장도 있다.[199]

법률행위의 해석을 통해 표의자의 진의를 밝히고자 하는 주관적 의사탐구

---

194) Erman/Arnold, § 133 Rn.13.

195) 반면 주석 총칙(2), 508 이하(제4판/백태승)는 계약해석의 대상은 표시행위이지만 목적은 그로부터 표의자의 내심적 효과의사를 탐지하는 데 있다는 점에서 계약의 해석을 표시주의와 의사주의의 대립문제로 보는 것은 실익 있는 논쟁이 아니라고 한다.

196) 곽윤직(주 3), 223.

197) 이영준(주 21), 244; 지원림(주 7), 203 이하; 남효순, "법률행위의 해석의 쟁점—법률행위의 본질 및 방법에 관하여—", 서울대 법학 41-1, 2000, 148.

198) 김증한·김학동(주 56), 284.

199) 구주해(2), 177(송덕수).

와 의사표시 수령자의 관점에서 이해할 수 있는 객관적인 의미를 밝히고자 하는 객관적 의사탐구의 대립은 표의자의 자기결정과 의사표시 수령자의 신뢰 사이에서 어디에 우위를 둘 것인가의 문제이다.[200] 이에 대해 민법은 여러 규정에서 위 견해 대립의 해결을 위한 단서를 제공하고 있다. § 107 Ⅰ 1문에 의하면 표의자가 의욕하지 않은 표시에 따른 효과가 발생하며, 숨은 진의는 고려되지 않고 또한 표시의 효력을 번복할 수도 없다. 다만 의사표시의 상대방이 진의 아님을 알았거나 알 수 있었을 때에는 표의자가 의욕한 대로 그 의사표시는 무효가 된다(§ 107 Ⅰ 2문). 이처럼 민법은 비진의표시에 효력을 인정함으로써 의사표시 수령자의 신뢰를 보호하고, 그가 악의 또는 과실 있는 선의라면 오히려 표의자의 의사를 우선한다. 그리고 § 109 Ⅰ 1문은 내심의 의사만이 아니라 표시의 객관적인 의미도 척도가 됨을 분명히 하고 있다. 만약 법적으로 척도가 되는 의사표시의 의미가 항상 표의자 자신이 부여한 내용이라고 한다면, § 109 Ⅰ 1문은 고려될 여지가 없을 것이기 때문이다. 이와 같은 입법자의 결단은 정당한 이익평가에 근거한다.

사실 사적자치의 관점에서는 표의자 자신의 의사가 기준이 되어야 할 것이지만, 표의자가 의욕한대로의 효과가 의사표시 수령자에게도 그대로 발생하기 위해서는 의사표시 수령자 또한 동일하게 이해하였어야 한다.[201] 그러므로 신뢰보호에 대한 요구는 순수한 의사지배(Willensherrschaft)를 제한한다고 할 수 있다.[202] 표의자는 표시수단과 표시형태를 자유롭게 선택할 수 있기 때문에, 원칙적으로 의사표시 수령자에 의해 이해된 객관적인 표시의미에 대하여 표의자에게 책임을 지우는 것이 정당화된다. 그렇다고 해서 자기결정에 따른 의사가 무의미하거나 배제되는 것은 아니며, 의사표시 수령자의 신뢰보호라고 하는 관점에서 그의 시각에서의 해석이 우선되는 것뿐이다.

(2) 판 례

법률행위해석의 목표와 관련하여 판례는 일련의 변화를 보인다. 먼저 대판 77.6.7, 75다1034은 계약의 해석은 그 계약서의 문구에만 구애될 것이 아니라 그 문언의 취지에 따름과 동시에 논리법칙과 경험률에 따라 당사자의 진의를 탐구하여 해석하여야 하는 것이라고 하여, 법률행위해석의 목표가 당사자

200) Larenz/Wolf(주 59), S.511f.
201) Köhler, BGB, Allgemeiner Teil, 23. Aufl., 1996, § 16 Rn.7.
202) Larenz/Wolf(주 59), S.512.

의 진의를 밝히는 것임을 명시하였다.

그러나 대판 88.9.27, 86다카2375, 2376은, 손해배상액이 예정된 매매계약에서 특별손해에 대한 배상청구의 가부를 판단함에 있어서 법률행위의 해석을 "당사자가 그 표시행위에 부여한 객관적 의미를 명백하게 확정하는 것"이라고 하였다. 그리고 이후 판결들은 법률행위의 해석이 표시행위의 객관적 의미를 규명하는 것이라는 입장을 유지하였다. 특히 대판 90.11.13, 88다카15949 및 대판 95.6.30, 94다51222은 "의사표시의 해석은 서면에 사용된 문구에 구애받을 것은 아니지만 어디까지나 당사자의 내심적 의사의 여하에 관계없이 그 서면의 기재내용에 의하여 당사자가 그 표시행위에 부여한 객관적 의미를 논리칙과 경험칙에 따라 합리적으로 해석하여야 할 것"이라고 하여, 그 입장을 더욱 분명히 하였다. 나아가 판례는 "당사자가 표시한 문언에 의하여 그 객관적인 의미가 명확하게 드러나지 않는 경우에는 그 문언의 내용과 그 법률행위가 이루어진 동기 및 경위, 당사자가 그 법률행위에 의하여 달성하려고 하는 목적과 진정한 의사, 거래의 관행 등을 종합적으로 고찰하여 사회정의와 형평의 이념에 맞도록 논리와 경험의 법칙, 그리고 사회일반의 상식과 거래의 통념에 따라 합리적으로 해석하여야" 한다는 법률행위해석의 공식을 완성하였다.[203)]

그리고 이러한 해석방법은 비전형 혼합계약에서 당사자가 표시한 문언에 의해 그 객관적 의미가 명확하게 드러나지 않는 경우에도 동일하게 적용되고 있다. 대판 10.10.14, 2009다67313은 위 법리가 비전형의 혼합계약의 해석에도 적용되며, "비전형의 혼합계약에서는 다수의 전형계약의 요소들이 양립하면서 각자 그에 상응하는 법적 효력이 부여될 수 있으므로, 당사자가 그 표시행위에 부여한 객관적인 의미를 있는 그대로 확정하는 것이 필요하다"고 보았다. 따라서 일부 당사자간에 이루어진 현실적인 물품인도가 없는 형태의 물품공급계약에 수익률보장의 요소가 합쳐진 비전형의 혼합계약과 다른 일부 당사자간에 이루어진 현실적인 물품인도가 없는 형태의 물품공급 및 재매입계약에 재매입보장의 요소가 합쳐진 비전형의 혼합계약 각각의 효력을 인정하면서, 각 거래내용의 객관적인 의미를 있는 그대로 확정한 다음 그에 따른 법률효과를

203) 대판 92.5.26, 91다35571; 대판 94.3.25, 93다32668; 대판 94.4.29, 94다1142; 대판 01.3.23, 2000다40858; 대판 09.5.14, 2008다90095, 90101; 대판 11.5.26, 2010다102991; 대판 13.7.12, 2011다15209 등.

부여할지 여부를 판단함이 마땅하고, 수익률보장이나 재매입보장 약정이 있다는 사정만으로 물품공급계약의 성립 자체를 부정할 수는 없다는 근거에서, 물품거래의 형식을 빌린 자금거래에 지나지 않는다는 이유로 물품공급계약의 성립 자체를 부정한 원심을 파기하였다.

4. 해석의 방법

(1) 서 설

법률행위해석에 관하여는 일찍이 일본의 학설에 영향을 받은 이론들이 주를 이루었다가, 1980년대 중반부터는 독일의 학설이 소개되면서 그 이론이 지배적인 위치를 차지하게 되었다.[204] 그리고 지금도 법률행위해석의 방법에 있어서 기본적인 이해는 크게 다르지 않은 것으로 보인다.

학설은 법률행위해석의 방법을 크게 해명적 해석(erläuternde Auslegung) 내지 단순해석(einfache Auslegung)과 보충적 해석(ergänzende Auslegung)으로 나누어 설명한다. 먼저 해명적 해석은 법률행위의 의미가 명확하지 않은 때 그 의미를 밝히는 해석이다. 해명적 해석은 법적으로 척도가 되는 의사표시의 의미를 탐구하는 것으로, 표의자 자신의 주관적인 의사에 구속되고자 하는 표의자의 이익과 의사표시 수령자에게 드러난 객관적인 내용에 구속되고자 하는 의사표시 수령자의 이익 사이에서 정당한 판단을 임무로 한다. 해명적 해석은 다시 자연적 해석(natürliche Auslegung)과 규범적 해석(normative Auslegung)으로 구분된다. 만약 표의자의 이익만을 고려한다면 그의 실제 의사를 탐구하여야 할 것인 반면, 의사표시 수령자의 이익을 고려한다면 표의자의 실제 의사와 일치하는지와 무관하게 규범적인 의사를 탐구할 것이다. 전자의 경우를 자연적 해석, 후자의 경우를 규범적 해석이라고 한다. 반면 보충적 해석은 법률행위에 공백(Lücke)이[205] 있는 경우 이를 보충하는 해석이라고 할 수 있다.

그러나 이러한 해석방법에 대하여는 비판도 없지 않다. 일부 견해는[206] 자

---

204) 이에 관한 소개는 윤진수(주 188), 28 참조.

205) 견해에 따라서는 이를 틈(구주해(2), 205 이하(송덕수); 주석 총칙(2), (제4판/백태승), 528 이하; 이영준(주 21), 261 이하), 흠결(윤진수, "법률행위의 보충적 해석에 관한 독일의 학설과 판례", 판례월보, 1990.7, 14), 또는 공백(엄동섭, "법률행위의 보충적 해석", 한국민법이론의 발전(Ⅰ), 2001, 81 이하) 등으로 번역한다. 그런데 보충적 해석은 당사자들에 의한 법률관계의 규율이 잘못된 경우가 아니라 없는 경우에 문제되는 것이므로, 이하에서는 공백으로 표현하기로 한다.

206) 남효순(주 197), 155 이하.

연적 해석과 규범적 해석은 법률행위해석의 결과일 뿐, 양자가 별개의 해석방법으로 존재하고 또한 별개의 근거를 갖는 것은 아니라고 한다. 그래서 법률행위해석의 방법으로 기능적 해석원칙과 목적론적 해석원칙을 구분하면서, 합리해석의 원칙, 통일해석의 원칙, 효용해석의 원칙은 전자에 해당하고, 신의칙, 작성자불리해석의 원칙, 제한해석의 원칙은 후자에 속하며, 전자가 후자에 우선하고 일반적인 원칙이 특수한 원칙에 앞선다고 주장한다. 그리고 일부 견해는[207] 종래의 해석방법이 규범적 해석을 지나치게 강조하고, 신뢰보호도 규범적 해석의 한 근거에 불과할 뿐 아니라, 현실적으로 이루어지는 법률행위해석의 실제를 반영하지 못한다고 비판한다. 그러면서 새로운 계약해석의 방법으로 문언해석(1단계), 제반 사정을 종합하여 합리적인 당사자라면 부여하였을 의미를 탐구하는 객관적 해석(2단계), 서로 상이한 의사를 가진 때 어느 당사자의 의사를 계약의 의미로 볼 것인가를 정하는 주관적 해석(3단계), 법원이 규범적으로 가장 바람직한 해석을 결정하는 본래적 의미의 규범적 해석(4단계), 그리고 계약에 공백이 있는 때 보충적 해석(5단계)에 의할 것을 제안한다.

종래 해석방법의 구분이 실제 어느 경우에나 명확하게 이루어질 수 있는지에 대해서는 의문이 제기될 수 있으나, 그렇다고 해서 그 구분 자체를 부정하지 않으면 안 될 결정적인 이유가 있는 것은 아니다. 그리고 대안으로 주장되는 해석방법들도 종래의 해석 단계에서 기준으로 작동하는 것이며, 양자가 상호 배타적인 것은 아니다. 오히려 성질이 서로 다른 작업이 계약의 해석이라는 동일한 이름하에 이루어짐으로써 생기는 사고의 혼란을 방치해서는 안 될 것이므로,[208] 원칙적으로 종래의 해석방법에 의지할 수 있다. 그러면 이하에서는 종래 일반적으로 승인되어온 법률행위해석의 방법에 관한 분류에 따라서 학설과 판례의 입장을 살펴본다.

(2) 해명적 해석 또는 단순해석

㈎ 자연적 해석 자연적 해석은 표의자의 실제 의사(wirkliche Wille)의 확정을 목표로 한다. 그러므로 의사표시 수령자의 이익 즉 표시에 대한 신뢰의 보호는 문제되지 않으며 표의자의 효과의사만이 고려된다. 이러한 자연적 해석은 자기결정의 원칙이 온전히 실현되는 해석방법으로, 의사표시

207) 윤진수(주 188), 46 이하.
208) 구주해(1), 167 이하(양창수).

수령자의 이익에 반하지 않는 한 우선되는 해석방법이다.[209] 즉 표의자 이외에 보호해야 할 타인이 존재하지 않거나 존재하는 때에도 예외적으로 보호의 필요성이나 가치가 없는 때 정당화된다.

(a) 수령을 요하지 않는 의사표시 상대방 없는 단독행위는 의사표시에 의해 효력이 발생하고, 그것이 제3자에 의해 어떻게 이해되었고 또 이해되어야 하는지가 원칙적으로 문제되지 않는다. 그러므로 법률행위의 해석에 있어서 표의자의 실제 의사가 기준이 되는데, 그 대표적인 유형이 유언이다. 유언은 상대방 없는 단독행위로서, 유언에 이해관계를 가지는 상속인이나 수유자가 존재할 수 있지만 이들은 의사표시의 상대방이 아니다. 그리고 유언은 철회의 자유가 있다(§ 1108). 그러므로 유언에 의해 이익을 받을지 모르는 자의 기대는 법적으로 보호할 가치가 없고, 따라서 신뢰보호는 문제되지 않으며, 유언자의 실제 또는 추단된 의사만이 기준이 된다.[210] 유언자의 의사를 탐구함에 있어서는 의사표시와 관련된 모든 사정들이 고려될 수 있으며, 타인이 그것을 인식할 수 있었는지 여부는 문제되지 않는다.[211]

그런데 민법은 유언을 요식행위로 규정하고 있어서, 해석을 통해 밝혀진 내용이 유언의 법정방식을 준수하지 않은 경우, 예컨대 유언의 문언에 나타나 있지 않은 경우, 그 효력을 인정할 수 있는지가 문제된다. 과거 독일의 판례는 의사표시의 해석에 있어서 표시 이외의 사정들도 고려되어야 한다는 일반적인 기준에 대한 예외로서, 요식행위에 있어서는 당사자의 의사가 암시적으로라도 표시가 되어야 한다는 암시이론(Andeutungstheorie)을 채택하였다.[212] 그리고 다수의 견해도 암시이론에 따라서 해석을 통해 밝혀진 유언자의 의사가 유언에 표현되어야만 당해 유언이 방식에 적합한 유언으로서 유효하다고 보았다.[213] 그러나 우리법의 해석에 있어서 유언자의 의사표시는 법정방식을 충족함으로써 이미 유효한 것이고, 그 의미는 법률행위해석의 방법에 의해 밝혀져

209) Staudinger/Singer, § 133 Rn.12.

210) 윤진수(주 32), 486.

211) Bamberger/Roth/Wendtland, § 133 Rn.31.

212) RGZ 59,217,219; 160,109,111; BGHZ 32,60,63; 80,246,249. 그러나 이에 대해서는 표시의 내용에 대한 문제와 요식성의 문제를 혼동하였다는 반론이 제기된다(Bamberger/Roth/Wendtland, § 133 Rn.26.1; Soergel/Hefermehl, § 133 Rn.28). 의사표시의 의미는 법률행위해석의 방법에 따라서 표의자의 의사가 기준이 되어야 하는 반면, 의사표시가 어떠한 방식으로 표시되어야 하는지는 방식을 요하는 목적에 달렸다는 것이다.

213) Anwaltkommentar/Looschelders, § 133 Rn.74.

야 하며, 또한 유언자의 실제의 의사를 탐구하는 것으로 충분하다고 할 것이다.[214)]

(b) 수령을 요하는 의사표시 수령을 요하는 의사표시는 의사표시 수령자가 당해 의사표시에 의해 형성된 법률관계에 개입되기 때문에 그의 이익에 영향을 미치지 않을 수 없다. 그러므로 통상 의사표시에 대한 그의 신뢰보호가 중요한 쟁점이 된다. 다만 그러한 보호가 문제되지 않는 때에는 예외를 인정할 수 있다.

첫째, 의사표시 수령자의 보호필요성이 없는 경우이다. 표의자의 실제 의사와는 다른 표시임에도 불구하고 상대방도 표시의 의미를 동일하게 이해하였거나 또는 표의자가 의욕한 바를 제대로 안 경우이다. 이때 표의자가 의도적으로 그러한 문구나 표현을 사용했는지 아니면 착오였는지는 문제되지 않는다. 의사표시 수령자는 표시에 대한 신뢰가 없기 때문에 신뢰에 대한 보호필요성이 문제되지 않으며, 표시가 그 객관적인 의미와 다를지라도 객관적인 의미를 당사자에게 강제할 이유는 없다. 의사표시 수령자가 표의자가 생각한 의미대로 효력을 부여하고자 하였다면 더 이상 객관적인 의미의 탐구는 필요하지 않은 것이다.[215)] 비록 표시의 의미가 객관적으로 명백하더라도 그와 무관하게 당사자가 의욕한 대로의 효과가 발생하며, 잘못된 표시는 장애가 되지 않는다. 이를 오표시무해의 원칙(falsa demonstratio non nocet)이라고 한다. 오표시무해의 원칙은 법률행위해석에서 특별한 유형으로 분류되기도 하지만, 당사자가 의욕한 바에 상응하는 법률효과를 부여하는 사적자치의 원칙에 비추어보면 오히려 전형적인 해석방법이라고 할 수 있다. 따라서 § 109의 착오가 아니며, 표의자는 이를 취소할 수 없다.[216)]

판례도[217)] 당사자들이 공통적으로 의사표시를 명확하게 인식하고 있다면, 그것이 당사자가 표시한 문언과 다르더라도 당사자들의 공통적인 인식에 따라 의사표시를 해석하여야 한다고 함으로써 오표시무해의 원칙을 승인하였다. 오

214) 현소혜, "유언의 보충적 해석", 가족법연구 22-2, 2008, 121 이하는 해명해석에 의해서도 유언자의 현실적 의사를 확정할 수 없는 경우 보충적 해석을 통해 유언자의 가정적 의사를 탐구할 필요가 있다고 한다.

215) Staudinger/Singer, § 133 Rn.13.

216) 표의자의 진의와 다른 표시에 효력이 주어지는 것이 아니라 표의자가 의욕한 바대로 법률효과가 발생하므로 진의와 표시의 불일치를 이유로 취소할 수 없다, 주석 총칙(2), 518(제4판/백태승).

217) 대판 17.2.15, 2014다19776, 19783.

표시무해의 원칙이 적용되는 주된 영역 중 하나는 토지의 지번을 혼동한 경우인데, 예컨대 매매계약의 당사자들이 목적물의 지번에 관하여 착오를 일으켜 계약서상 목적물을 달리 표시하는 경우이다. 이에 대해 판례는[218] "일반적으로 계약의 해석에 있어서는 형식적인 문구에만 얽매여서는 아니되고 쌍방 당사자의 진정한 의사가 무엇인가를 탐구하여야 하는 것"이라고 하면서, 쌍방 당사자가 모두 특정(甲) 토지를 계약목적물로 삼았으나 그 목적물의 지번 등에 관하여 착오를 일으켜 계약을 체결함에 있어서 계약서상 그 목적물을 별개의 토지(乙)로 표시하였더라도 甲 토지를 매매목적물로 한다는 쌍방 당사자의 의사합치가 있은 이상 매매계약은 甲 토지에 관하여 성립한 것으로 보아야 하며 乙 토지에 관하여 매매계약이 체결된 것으로 보아서는 안 되고, 만일 乙 토지에 관하여 매매계약을 원인으로 한 매수인 명의의 소유권이전등기가 경료되었다면 이는 원인 없이 경료된 것으로서 무효라고 보았다. 그리고 주무관청의 허가를 요하는 토지거래에 있어서는 허가가 있더라도 당해 계약은 무효이다. 허가는 표시된 토지(乙)에 대한 것이지 주무관청이 알 수 없는 실제 당사자들이 의욕한 토지(甲)에 대한 것이 아니기 때문이다. 이때 甲에 대한 매매는 허가가 없기 때문에 (유동적) 무효이며, 乙에 대한 허가는 그 대상이 존재하지 않기 때문에 역시 무효이다. 乙에 대한 등기가 경료되었더라도 오표시무해 원칙에 의해 유효가 되는 것은 아니다.

둘째, 의사표시 수령자의 표시에 대한 신뢰가 보호할만한 가치가 없는 경우이다. 의사표시 수령자가 비록 그 표시에 의해 의욕된 바를 알지는 못했지만, 자신에게 기대되는 주의를 기울였더라면 쉽게 알 수 있었던 경우이다. 법률행위의 당사자는 상대방의 의사를 이해하고 해석함에 있어서 통상적인 주의를 기울일 것이 요구되는데, 이에 위반하여 주의를 게을리 한 상대방 또는 그의 잘못된 신뢰는 보호받을 수 없는 것이다.[219]

㈏ 규범적 해석 　규범적 해석은 표의자의 실제 의사가 아니라 표시의 객관적인 의미를 밝히는 것이다. 수령을 요하는 의사표시에 있어서 표의자의 실제 의사만을 기준으로 하는 것은 신의칙에 반하며, 정당한 이익조정 내지 신뢰보호라고 하는 관점에서는 적정한 방법으로 의사표시 수령자의 이익도 고려할 것이 요구된다. 의사표시 수령자가 표의자의 의사를 탐구하기 위해 신의

218) 대판 93.10.26, 93다2629, 2636; 대판 96.8.20, 96다19581, 19598.
219) Erman/Arnold, § 133 Rn.18.

칙에 기하여 해석에 적절한 자료를 사용하였으나 표의자의 실제 의사와는 다른 결론에 이르렀다면, 표의자보다 의사표시 수령자의 신뢰보호를 우선하는 것이 정당하다. 그러한 해석을 초래한 표시를 한 것이 바로 표의자인 반면, 표시를 믿은 의사표시 수령자의 신뢰는 보호가치가 있기 때문이다. 이 경우 표의자가 실제 의욕한 바가 아니라 의사표시 수령자가 표의자가 의욕하였다고 볼 수 있는 바에 따라서 효력이 발생한다. 그러므로 규범적 해석에서는 의사표시 수령자의 시점(Empfängerhorizont)에 따른 해석, 즉 의사표시 수령자가 자신에게 기대되는 주의의무를 다하였을 때 이해할 수 있었던 바가 기준이 된다.[220] 개개의 의사표시 수령자의 사실적·주관적인 이해가 아니라, 의사표시 수령자의 관점에서의 인식가능성을 고려하여 규범적·객관적 이해를 기준으로 삼는다는 점에서 규범적 해석이라고 부르는 것이다.[221]

법률행위해석의 목표와 관련한 판례의 태도에서 이미 드러난 것처럼, 판례는 법률행위해석이 당사자의 내심적 의사와 관계없이 표시행위에 부여한 객관적 의미를 명백하게 확정하는 것이라고 하여 규범적 해석을 강조하고 있다. 특히 계약당사자간에 계약내용을 처분문서인 서면으로 작성한 경우,[222] 판례는 처분문서의 성립의 진정함이 인정되면 반증이 없는 한 그 기재내용에 의하여 그 의사표시의 존재 및 내용을 인정하여야 하고, 특별한 합리적인 이유 없이는 이를 배척할 수 없다고 하여 강력한 증거력을 인정해왔다.[223] 그리고 그 문언의 객관적인 의미가 명확하다면 특별한 사정이 없는 한 그 문언대로의 의사표시의 존재와 내용을 인정하여야 할 것이지만, 그 문언의 객관적인 의미가 명확하게 드러나지 않는 경우에는 당사자의 내심적 의사 여하에 관계없이 그 문언의 내용과 그 계약이 이루어지게 된 동기 및 경위, 당사자가 그 계약에 의하

---

220) Erman/H.Palm(2008), § 133 Rn.19.

221) Anwaltkommentar/Looschelders, § 133 Rn.41.

222) 처분문서란 그에 의하여 증명하려고 하는 법률상의 행위가 그 문서에 의하여 이루어진 것을 의미하는 것이므로, 어느 문서가 처분문서인가의 여부는 입증사항이나 취지 여하에 달려 있고, 실제로 처분문서라고 인정되고 그 진정성립이 인정되면 작성자가 거기에 기재된 법률상의 행위를 한 것이 직접 증명되지만, 이때도 당시의 능력이나 의사의 흠결이 없었다거나 그의 행위를 어떻게 해석할 것인가 하는 것 등은 별도의 판단문제이며, 작성자의 행위를 해석함에 있어서는 경험칙과 논리칙에 반하지 않는 범위내에서 자유로운 심증으로 판단해야 한다(대판 88.9.27, 87다카422, 423).

223) 대판 71.10.25, 71다1976, 1977; 대판 82.12.14, 82다카413 등. 그러므로 처분문서의 진정성립을 인정함에 있어서는 신중하여야 할 것이고, 처분문서라고 하더라도 그것이 위조된 점이 입증되어 그 진정성립이 인정되지 않는다면 그 문서의 기재 내용에 따른 의사표시의 존재 및 내용을 인정할 수 없다(대판 02.9.6, 2002다34666).

여 달성하려고 하는 목적과 진정한 의사, 거래의 관행 등을 종합적으로 고찰하여 사회정의와 형평의 이념에 맞도록 논리와 경험의 법칙, 그리고 사회일반의 상식과 거래의 통념에 따라 당사자 사이의 계약의 내용을 합리적으로 해석하여야 하며,[224] 특히 당사자 일방이 주장하는 계약의 내용이 상대방에게 중대한 책임을 부과하게 되는 경우에는 그 문언의 내용을 더욱 엄격하게 해석하여야 한다는 것이다.[225]

그러나 처분문서라 할지라도 그 기재내용과 다른 특별한 명시적, 묵시적 약정이 있는 사실이 인정될 경우에는 그 기재내용과 다른 사실을 인정할 수도 있고, 또 작성자의 법률행위를 해석함에 있어서도 경험칙과 논리칙에 어긋나지 않는 범위 내에서 자유로운 심증으로 판단할 수 있다.[226]

(3) 보충적 해석

(가) 의 의 보충적 해석은 자연적 해석이나 규범적 해석에 의해서도 당사자의 의사를 확정할 수 없는 경우, 즉 법률행위의 성립은 인정되지만 그 내용에 공백(Lücke)이 있는 경우, 만약 당사자가 이를 알았더라면 어떻게 규율하였을 것인지 그 가정적 의사(hypothetischer Wille)를 밝혀내는 것이다. 이때 가정적 의사는 각 당사자가 자신의 이익만을 고려하여 그러한 사항에 대해 아마도 의욕하였을 바가 아니라, 양 당사자가 정당한 이익조정으로서 의욕하였거나 수용하였을 바를 의미한다.[227]

이러한 당사자의 가정적인 의사의 탐구는 민법도 예정하고 있는 바이다. 법률행위의 일부무효에서 그 무효부분이 없더라도 법률행위를 하였을 것이라고 인정될 때(§137) 그리고 무효행위의 전환에서 당사자가 그 무효를 알았더라면 다른 법률행위를 하는 것을 의욕하였으리라고 인정될 때(§138)란 모두 당사자의 가정적인 의사를 의미하는 것이다.

대판 96.2.27, 95다38875 및 대판 10.3.25, 2009다41465은 다수 당사자 사이의 합의 중 일부 당사자의 의사표시가 무효인 사안에서 나머지 당사

224) 대판 99.11.26, 99다43486; 대판 00.10.6, 2000다27923; 대판 01.3.23, 2000다40858 등. 그리고 판례는 회사정리절차에서 개개의 정리채권, 정리담보권 등이 어떻게 변경되는지에 대하여 정리계획의 기재 취지가 명확하지 아니한 경우에도 위와 같은 법률행위해석의 방법을 동원한다(대판 08.6.26, 2006다77197; 대판 14.9.4, 2013다204140, 204157).

225) 대판 93.10.26, 93다3103; 대판 02.5.24, 2000다72572; 대판 14.6.26, 2014다14115; 대판 16.12.15, 2016다238540.

226) 대판 88.9.27, 87다카422, 423; 대판 89.9.12, 88다카12506; 대판 91.7.12, 91다8418 등.

227) Larenz/Wolf(주 59), S.542.

자 사이의 합의가 유효한지에 관하여, 당사자 사이에 별도의 합의가 없는 한, "§137에 정한 바에 따라 당사자가 그 무효 부분이 없더라도 법률행위를 하였을 것이라고 인정되는지의 여부에 의하여 판정되어야 하고, 그 당사자의 의사는 실재하는 의사가 아니라 법률행위의 일부분이 무효임을 법률행위 당시에 알았다면 당사자 쌍방이 이에 대비하여 의욕하였을 가정적 의사를 말하는 것"이라고 하여 이를 긍정하였다.

대판 10.7.15, 2009다50308도 매매계약이 §104의 불공정한 법률행위로서 무효인 경우에도 §138가 적용될 수 있다고 하면서, "당사자 쌍방이 위와 같은 무효를 알았더라면 대금을 다른 액으로 정하여 매매계약에 합의하였을 것이라고 예외적으로 인정되는 경우에는, 그 대금액을 내용으로 하는 매매계약이 유효하게 성립한다. 이때 당사자의 의사는 매매계약이 무효임을 계약 당시에 알았다면 의욕하였을 가정적 효과의사로서, 당사자 본인이 계약 체결시와 같은 구체적 사정 아래 있다고 상정하는 경우에 거래관행을 고려하여 신의성실의 원칙에 비추어 결단하였을 바를 의미한다"고 구체적으로 설시하였다.

보충적 해석은 계약뿐만 아니라 단독행위를 포함한 모든 법률행위에서 작동한다.[228] 단독행위의 경우 주된 영역은 유언이며, 해명적 해석의 기본 원칙이 이 경우에도 적용된다. 하지만 보충적 해석이 문제되는 많은 경우는 역시 계약이다. 계약에서의 공백은 계약체결시에 표의자가 일정한 사정을 고려하지 않았거나 잘못 생각한 경우에 발생하는데, 의사표시 당시에 이미 존재하는 사정을 등한시하였는지 아니면 이후에 상황이 달라짐으로 해서 공백이 발생하게 되었는지는 문제되지 않는다.[229] 사실 표의자는 의사표시 당시에 여러 사정들을 고려할 것이지만, 모든 사정을 고려할 것을 기대할 수는 없으며, 이는 높은 거래비용을 발생시킨다. 그러므로 법률행위에 공백은 언제든 발생할 수 있고, 이러한 공백이 확인되는 경우에는 보충을 통하여 법률행위의 효력을 인정하는 것이 바람직하다. 그리고 학설이나 판례는 이러한 보충적 해석방법을 일반적으로 승인하고 있다.

그러나 당사자의 가정적 의사를 탐구함에 있어서는 법률행위에서 확인된 당사자의 실제의사와 모순되어서는 안 된다.[230] 보충적 해석은 당사자의 규율

228) 법률행위의 공백만이 보충적 해석에 의해 보충되므로, 단독행위가 아닌 개개의 의사표시 자체는 보충적 해석의 대상이 아니다(MünchKomm/Busche, §157 Rn.29).

229) Erman/Arnold, §133 Rn.21.

230) 윤진수, "법률행위의 보충적 해석에 관한 독일의 학설과 판례", 재판자료 59, 1992,

계획에 반하는 불완전성이라고 하는 의미에서 규율의 공백을 전제로 하는 것인 만큼, 이에 반하는 보충적 해석은 허용되지 않는 것이다. 예컨대 당사자들이 의욕하지 않은 임의규정을 끌어들이거나 의식적으로 거부한 법률관계를 보충적 해석을 통해 창설할 수는 없다.[231] 공백의 보충을 위한 여러 규율가능성이 있는 때에도 당사자들이 선택하였을만한 단서가 없다면 이를 보충적 해석이란 명목하에 강제해서는 안 된다.[232] 또한 보충적 해석은 계약목적을 부당하게 확대, 변경하거나, 고유한 해석을 통해 밝혀진 그 내용이 부당하다고 해서 이를 바로잡기 위한 목적으로 이루어져서도 안 될 것이다.[233] 보충적 해석은 법률행위의 공백을 전제로 하는 만큼, 이미 당사자에 의한 규율이 존재하는 한 보충적 해석은 더 이상 문제되지 않기 때문이다. 이와 더불어 보충적 해석은 이미 성립한 법률행위의 보충을 목적으로 하는 만큼 계약의 성립 자체를 보충할 수는 없으며,[234] 또한 보충을 통해 법률행위를 위법 또는 무효로 만들 수도 없다.[235]

㈏ 법적 성질에 대한 학설 대립 당사자의 가정적 의사를 탐구하는 보충적 해석은 사실 존재하는 의사의 해명이 아니다. 그래서 보충적 해석이 법률행위의 해석인지 아니면 법의 적용인지를 둘러싸고 학설이 대립한다.[236] 보충적 해석 또한 해석에 의해 법률행위를 보충하는 것이라는 해석설과[237] 법률

103. 이러한 보충적 해석의 한계는 독일의 확고한 판례이기도 하다. 그리고 민사판례연구회, 2000년대 민사판례의 경향과 흐름, 2012, 12는 보충적 해석이 당사자의 의사를 의제함으로써 자율적 계약내용을 침해할 위험이 없지 않지만, 그럼에도 불구하고 당사자가 염두에 두지 못했던 상황에 맞춰 그 의사를 끝까지 밝혀내려는 시도라는 점에서는 사적자치의 연장으로서 수긍할 수 있다고 한다.

231) MünchKomm/Busche, § 157 Rn.55.

232) Erman/Arnold, § 157 Rn.25.

233) 엄동섭(주 205), 97; 박동진, "쌍방의 공통된 동기착오", 민학 35, 2007, 363.

234) Larenz/Wolf(주 59), 545.

235) MünchKomm/Busche, § 157 Rn.57; Erman/Arnold, § 157 Rn.24.

236) 독일에서도 종래부터 학설은 대립하였다. 해명적 해석이나 보충적 해석이나 법률효과를 확정짓는 것으로서 모두 보충에 해당한다거나(Danz, Die Auslegung der Rechtsgeschäfte, 3.Aufl., 1911, S.135; Titze, Die Lehre vom Mißverständnis, 1910, S.481ff.), 보충적 해석도 해명적 해석방법에 의해 해결할 수 있다고 보아(Fikentscher, Schuldrecht, 6.Aufl., 1976, S.97) 보충적 해석의 독자성을 부정하는 견해도 있다. 그리고 일부 견해는 당사자의 의사해석을 통해 공백이 확인되면 이제 공백의 보충은 더 이상 해석이 아닌 법의 계속적 형성(Rechtsfortbildung)이라고 본다(MünchKomm/Busche, § 157 Rn.27). 하지만 다수의 견해는 보충적 해석이 법률행위의 특별한 효력의미를 정하는 것을 목표로 한다는 점에서 법률행위의 해석으로 본다. 독일 학설에 대한 소개는 엄동섭(주 205), 83 이하; 윤진수(주 230), 93 이하 참조.

237) 이영준(주 21), 263.

행위 외부에 존재하는 객관적인 법의 적용이라고 보는 법적용설이[238] 그것이다. 그런데 해석설도 보충의 의미 내지 방법에서 다소 견해의 차이를 보인다. 일부 견해는[239] 보충적 해석을 틈 있는 법률행위의 보충을 의미하는 것이라고 정의하면서, 가정적인 의사는 의제된 것에 불과하여 이는 해석의 한계를 넘고 그 법적 근거도 없다는 점에서 보충적 해석의 표준이 될 수 없다고 한다. 그리고 틈이 확정된 경우 이는 고유한 보충적 해석에 앞서 1차적으로는 관습에 의해 2차적으로는 임의규정에 의해 보충되고, 마지막으로 제반사정하에서 신의칙에 기한 보충을 한다고 한다.

이와 달리 일부 견해는[240] 보충적 해석이 일차적으로 당사자들의 가정적 의사를 기준으로 하며, 해명적 해석에 의해 확정되는 계약내용의 흠결은 민법상 관습, 그리고 임의법규에 의해 보충되지만, 모든 경우 임의법규가 존재하지 않거나 존재하는 때에도 이를 적용하는 것이 당사자들의 가정적 의사에 명백하게 반하는 때 바로 보충적 해석이 행해진다고 한다. 그리고 보충적 해석은 엄밀히는 당사자의 의사에 환원될 수 없지만, 이미 당사자들이 계약내용으로 삼은 바를 출발점으로 하여 그 의미를 문제되고 있는 당해 사항에서 계속적으로 형성, 발전시킴으로써 얻어진다는 점에서 순수한 법발견작용과 구분한다.

반면 법적용설은 보충적 해석이 당사자의 실제 의사와는 무관하기 때문에 법률행위해석의 범주로 파악하기 곤란하지만, 경우에 따라 타당한 해결책을 제시할 수 있으므로 보충적 해석의 존재 자체를 부정하기는 어렵다고 하면서, 법률행위의 외부에 존재하는 객관적인 법의 적용이라고 보는 것이 타당하다고 한다.[241]

이러한 견해대립은 보충적 해석과 임의규정의 관계, 착오취소의 문제와 연결된다.[242] 임의규정과 보충적 해석의 관계 내지 순위에 있어서, 보충적 해석의 성질을 해석이라고 한다면 이는 임의규정에 우선하여야 할 것이지만

238) 윤진수(주 230), 118; 엄동섭(주 205), 87 이하.

239) 송덕수(주 4), 98.

240) 구주해(1), 168 이하(양창수).

241) 엄동섭(주 205), 89; 윤진수(주 230), 118. 한편 김진우, "계약의 공백보충", 비교사법 8-2, 2001, 116 이하는 해석의 개념 및 보충적 해석의 용례에 대한 비판을 기초로, 종래 보충적 해석이라고 일컬어 왔던 것은 그 자체로 모순적이고 현상을 왜곡하기 때문에 법관에 의한 계약의 계속적 형성으로 칭하는 것이 타당하다고 주장한다.

242) 독일에서는 각 견해가 보충적 해석의 법적 근거를 달리하여, 해석설의 경우 독일민법 §157를 그리고 법적용설의 경우 §242 및 당사자의 이익조정을 든다. 하지만 우리나라에서는 해석설과 법적용설 모두 그 법적 근거에 대하여는 상세히 논하고 있지 않다.

(§ 105),[243] 해석설은 별다른 언급 없이 임의규정이 적용되지 않는 때 비로소 보충적 해석이 이루어진다고 한다.[244] 반면 법적용설에 의하면 자연히 임의규정이 결여된 경우에만 보충적 해석이 허용된다. 그리고 보충적 해석을 법의 적용으로 본다면 착오는 문제되지 않는다. 해석설도 보충적 해석은 법률행위의 목적 등 여러 자료를 종합하여 당사자들이 공백의 존재를 알았더라면 의욕하였을 가정적 의사를 확정하는 것이므로 의사와 표시의 불일치, 즉 착오는 존재하지 않는다고 한다.[245] 이처럼 양 견해가 임의규정의 적용이 우선하고 착오취소가 인정되지 않는다는 점에서 결론을 같이 하는 만큼 그 논의의 실익에 의문이 제기될 수 있는데, 법적용설의 입장에서는 논리적 정합성을 고려할 때 법적용설이 보다 바람직하다고 한다.[246]

㈐ 보충 방법 법률행위의 보충은 두 단계를 거치는데, 먼저 해명해석을 통해 법률행위의 공백을 확정하는 단계이다. 그리고 당연한 전제로서 공백에 대한 보충의 필요성이 인정되어야 한다. 예컨대 공백을 보충하지 않으면 법률행위의 목적을 달성할 수 없게 되는 때, 이제 법원은 규율이 필요한 공백을 보충하여야 한다.

둘째, 법률행위를 보충하는 단계에서는 이를 위한 적합한 임의규정이 존재하는 때에는 이를 적용한다. 법은 일정한 행위유형에 대해 신의칙에 따라서 그

243) 곽윤직(주 3), 227 및 김증한·김학동(주 56), 290은 § 105의 반대해석상 특별한 의사표시가 없거나 의사표시가 불완전, 불명료한 경우 임의법규가 적용되고, 이 경우 임의법규가 법률행위의 해석표준이 된다고 한다. 그러나 주석 총칙(2), 475 이하(제4판/백태승)는 임의법규는 당사자의 의사에 의해 그 적용을 배제할 수 있는 규정으로서 법률행위의 어느 부분에 관하여 당사자의 의사가 존재하지 않거나 불분명한 때 이를 보충하기 위해 바로 적용되기 때문에 이를 해석의 표준으로 보는 것은 불필요한 설명이라고 지적한다.

244) 주석 총칙(2), 528(제4판/백태승); 김증한·김학동(주 56), 292. 보충적 해석과 임의규정의 관계에 관한 이러한 태도는 해석설이 다수인 독일민법에서도 동일하다. 즉 임의규정의 기능은 동일한 유형에 속한 사안을 동일하게 규율함으로써 법적 안정성을 제고하는 것인데, 항상 보충적 해석이 우선한다면 그 기능을 다하지 못할 것이므로, 당해 법률행위가 임의규정이 예정하고 있는 유형에 해당하는 때에는 임의규정을 적용하고, 그렇지 않은 때에는 보충적 해석에 의한다고 한다(Larenz/Wolf(주 59), S.540).

245) 이영준(주 21), 263; 주석 총칙(2), 540(제4판/백태승).

246) 엄동섭(주 205), 91. 또한 동소, 100 이하는 보충적 해석의 성질론을 행위기초론(Lehre von der Geschäftsgrundlage)과의 관계에도 대입하고 있다. 그런데 종래 독일의 학설과 판례에 의해 형성, 발전된 행위기초론은 독일민법 § 313에 성문화되었지만, 동 규정은 그 요건을 상세하게 규율하기보다는 기본적인 내용만을 정하고 구체적인 기준은 판례 법리의 발전에 남겨두었다(BT-Drucks. 14 / 6040, S.93). 그리고 행위기초론에 대해 독일에서는 견해가 복잡하게 나뉘며 판례도 일치하지 않는다(MünchKomm/Busche, § 157 Rn.35). 우리나라에서 행위기초론은 주로 공통의 동기착오에서 다루어지고 있으므로, 이에 관한 상세는 § 109 참조.

리고 거래관행에 비추어 요구되는 바를 정하고 있으며, 당사자들도 자신이 규율하지 않은 사항에 대해서는 이러한 법규정에 의하고자 했다고 볼 수 있기 때문이다.[247] 그러나 관련 규정이 없거나, 있더라도 해당 법률행위에 적용하면 정당한 해결을 기대할 수 없는 때, 또는 당사자들이 임의규정 자체를 배제하기로 합의하였다면, 보충적 해석을 통한 보충이 이루어져야 한다.[248] 당사자들이 문제된 사항에 대해 고려하였더라면 그리고 신의칙과 거래관행에 의할 때 자신들의 이익을 적절히 형량하여 의욕하였을 바가 무엇인지를 탐지하는 것이다. 그래서 공백을 어떻게 메우고 해석해낼 것인가는 개개의 경우 다를 수밖에 없는데, 어느 경우에나 동기, 거래관행, 이익상태, 계약을 통해 달성하고자 한 목적 등 모든 사정들 고려하지 않으면 안 된다.[249] 이때 당사자들의 실제 의사가 표준이 될 수 없음은 물론이지만, 보충적 해석의 결과가 사실상 당사자의 실제 의사에 반하여서는 안 된다는 점에서 소극적 기준으로 작동할 수 있다.

한편 보충적 해석에 있어서 어느 시점을 기준으로 가정적 의사를 도출할 것인지가 문제된다. 해명적 해석과 마찬가지로 법률행위를 한 시점을 기준으로 하는 방안과, 현재의 법상태가 법률행위 당시에 유효하였던 평가척도와 일치하지 않기 때문에 보충적 해석이 이루어진다는 점을 고려하여 해석 당시를 기준으로 하는 방안을 생각해볼 수 있다.[250] 학설은 자세히 논하고 있지 않으나,[251] 보충적 해석에 있어서 법관은 자신의 관점에서 사후적으로 사태를 평가하거나 객관적으로 타당하다고 생각되는 해결을 제시하는 것이 아니라, 법률행위시에 당사자의 지위에서 그들이 합의하였을 바를 모색하는 것인 만큼 법률행위시가 기준이 되어야 할 것이다.

㈑ 판 례

(a) 판례는 개별적인 사안에서 법률행위해석의 한 방법으로 보충적 해

247) MünchKomm/Busche, § 157 Rn.45.

248) Erman/Arnold, § 133 Rn.22. PECL § 4:105 Ⅲ은 공통착오의 경우 법원은 당사자들이 착오에 빠지지 않았더라면 합리적으로 합의하였을 바에 합치하도록 계약을 변응할 수 있음을 명시하고 있는데, 당사자의 가정적 의사의 탐지라고 하는 점에서 동일하다.

249) Soergel/Hefermehl, § 133 Rn.25.

250) 독일에서 판례와 학설은 나뉜다. 일부 견해는 해석시점을 기준으로 하는(Jauernig/Jauernig, § 157 Rn.4; Soergel/Wolf, § 157 Rn.132; MünchKomm/Busche, § 157 Rn.50) 반면, 일부 견해는 법률행위시점을 기준으로 한다(Erman/Armbrüster(2017), § 157 Rn.30; NK-BGB/Looschelders, § 157 Rn.24; Staudinger/Roth(2015), § 157 Rn.34).

251) 다만 구주해(2), 207 이하(송덕수)는 보충적 해석의 표준시점은 해석시이므로 법률행위 당시에는 존재하지 않았으나 현재 존재하는 관습이 있다면 이것에 의한 보충이 이루어진다고 한다.

석을 승인한다. 먼저 대판 96.7.30, 95다29130은 보충적 해석에 있어서 일련의 기준을 상세히 설시하고 있다. "저작권에 관한 이용허락계약의 해석에 있어서 저작권 이용허락을 받은 매체의 범위를 결정하는 것은 분쟁의 대상이 된 새로운 매체로부터 발생하는 이익을 누구에게 귀속시킬 것인가의 문제라고 할 것이므로, '녹음물 일체'에 관한 이용권을 허락하는 것으로 약정하였을 뿐 새로운 매체에 관한 이용허락에 대한 명시적인 약정이 없는 경우 과연 당사자 사이에 새로운 매체에 관하여도 이용을 허락한 것으로 볼 것인지에 관한 의사해석의 원칙은, ① 계약 당시 새로운 매체가 알려지지 아니한 경우인지 여부, 당사자가 계약의 구체적 의미를 제대로 이해한 경우인지 여부, 포괄적 이용허락에 비하여 현저히 균형을 잃은 대가만을 지급받았다고 보여지는 경우로서 저작자의 보호와 공평의 견지에서 새로운 매체에 대한 예외조항을 명시하지 아니하였다고 하여 그 책임을 저작자에게 돌리는 것이 바람직하지 않은 경우인지 여부 등 당사자의 새로운 매체에 대한 지식, 경험, 경제적 지위, 진정한 의사, 관행 등을 고려하고, ② 이용허락계약 조건이 저작물 이용에 따른 수익과 비교하여 지나치게 적은 대가만을 지급하는 조건으로 되어 있어 중대한 불균형이 있는 경우인지 여부, 이용을 허락받은 자는 계약서에서 기술하고 있는 매체의 범위 내에 들어간다고 봄이 합리적이라고 판단되는 어떠한 사용도 가능하다고 해석할 수 있는 경우인지 여부 등 사회일반의 상식과 거래의 통념에 따른 계약의 합리적이고 공평한 해석의 필요성을 참작하며, ③ 새로운 매체를 통한 저작물의 이용이 기존의 매체를 통한 저작물의 이용에 미치는 경제적 영향, 만일 계약 당시 당사자들이 새로운 매체의 등장을 알았더라면 당사자들이 다른 내용의 약정을 하였으리라고 예상되는 경우인지 여부, 새로운 매체가 기존의 매체와 사용, 소비 방법에 있어 유사하여 기존 매체시장을 잠식, 대체하는 측면이 강한 경우이어서 이용자에게 새로운 매체에 대한 이용권이 허락된 것으로 볼 수 있는지 아니면 그와 달리 새로운 매체가 기술혁신을 통해 기존의 매체시장에 별다른 영향을 미치지 않으면서 새로운 시장을 창출하는 측면이 강한 경우이어서 새로운 매체에 대한 이용권이 저작자에게 유보된 것으로 볼 수 있는지 여부 등 새로운 매체로 인한 경제적 이익의 적절한 안배의 필요성 등을 종합적으로 고려하여 사회정의와 형평의 이념에 맞도록 해석하여야 한다"는 것이다.

그리고 대판(전) 16.11.18, 2013다42236은, 구 임대주택법 및 그 시행령의 적용을 받는 공공건설임대주택의 임대차에 있어서 표준임대보증금과 표준임대료를 기준으로 그 금액의 상호전환을 하여 임대보증금은 표준임대보증금을 초과하는 금액으로 하고 월 임대료는 임대보증금 차액에 소정의 이율을 적용한 금액만큼 차감하여 표준임대료에 미달하는 금액으로 정하였으나 법정 방식에 의한 임차인의 동의 절차를 거치지 않은 사안에서 유사한 설시를 하고 있다. 위 임대차계약은 효력규정인 임대주택법령에 위반하여 무효이지만, 당사자 쌍방이 위와 같은 무효를 알았더라면 다른 법률행위를 하는 것을 의욕하였으리라고 인정될 때에는 § 138에 따라 다른 법률행위로서 효력을 가지며, 이때 다른 법률행위를 하였을 것인지에 관한 당사자의 의사는 법률행위 당시에 무효임을 알았다면 의욕하였을 가정적 효과의사로서, 당사자가 법률행위 당시와 같은 구체적 사정 아래 있다고 상정하는 경우에 거래관행을 고려하여 신의성실의 원칙에 비추어 결단하였을 바를 의미한다는 것이다. 그리고 이는 그 법률행위의 경위, 목적과 내용, 무효의 사유 및 강행법규의 입법 취지 등을 두루 고려하여 판단할 것이나, 그 결과가 한쪽 당사자에게 일방적인 불이익을 주거나 거래관념과 형평에 반하는 것이어서는 안 된다는 점에서, 특별한 사정이 없는 한 임대사업자와 임차인이 임대보증금과 임대료의 상호전환을 하지 않은 원래의 임대 조건, 즉 표준임대보증금과 표준임대료에 의한 임대 조건으로 임대차계약을 체결할 것을 의욕하였으리라고 봄이 상당하고, 따라서 임대차계약은 § 138에 따라 표준임대보증금과 표준임대료를 임대 조건으로 하는 임대차계약으로서 유효하게 존속한다고 판단하였다.[252)]

(b) 판례는 종래 공통착오에 대해 중요한 부분의 착오로서 취소할 수 있다고 보기도 하였지만,[253)] 보다 많은 경우 보충적 해석을 통하여 분쟁을 해결한다.[254)] 대판 05.5.27, 2004다60065에서는, 사업자간에 건물에 대한 매매

252) 대판 10.7.22, 2010다23425 역시 구 임대주택법령이 적용되는 임대차계약의 효력에 대하여 판단하였는데, 위 판결과 달리 § 137를 적용하여 임차인의 동의 없이 정해진 임대보증금은 표준임대보증금을 초과하는 한도 내에서 무효이므로 임대인은 그 차액만큼을 반환하여야 한다고 보았다.

253) 대판 89.7.25, 88다카9364.

254) 이에 대해 학설은 대립한다. § 109가 일방 당사자의 착오를 전제로 한 것이어서 이 경우에는 적용되지 않으므로 행위기초론에 의하여야 한다는 견해와(송덕수, "공통의 동기의 착오에 관한 판례 연구", 법조 638, 2009, 334) 법률행위의 보충적 해석에 의한다는 견해가(주석 총칙(2), 780 이하(제4판/지원림); 윤진수(주 188), 81 이하; 엄동섭(주 205), 100 이하; 민사판례연구회(주 230), 12) 나뉜다. 또 견해에 따라서는 양자가 배타적인 것은 아니라고 보면서, 계약의 수정 가능성을 먼저 탐구하고 그것이 불가능할 때 취소 여부를 판단하여야 하고, 전자의 경우 보충적 해석이 판례와 학설상 인정되고 있을 뿐만 아니라 사

계약을 체결하면서 양 당사자 모두 건물 전체가 부가가치세 과세대상인 것으로 잘못 알고 건물대금의 1/11 상당액을 부가가치세 명목으로 매매계약서에 기재하고 매도인이 매수인으로부터 이를 지급받아 납부하였다가 그중 일부 면세 부분의 부가가치세액을 환급받자, 매수인이 이를 부당이득으로 반환청구하였다. 위 판결은 "이 사건 매매대금의 결정방법이나 그 경위 등에 비추어 볼 때, 만약 계약 당시 그 부가가치세 중 일부가 면제되리라는 사정을 알았더라면 원고와 A(피고측의 파산자) 쌍방이 건물대금의 1/11 해당액 중 실제로 과세대상이 되는 금액만을 부가가치세액으로 기재하고 나머지 면제될 것으로 예상되는 액은 건물의 공급가액인 매매대금에 포함시켜 매매계약서와 세금계산서를 각 작성하였을 것임을 넉넉히 추인할 수 있는바, 위와 같은 경위로 환급받은 부가가치세 상당액을 부당이득으로 보아 A로 하여금 원고에게 이를 반환하도록 한다면 이는 실질적인 공평의 원칙이나 당사자에게 공통된 동기의 착오에 빠지지 아니한 상태에서의 당사자의 진정한 의사에 반하는 결과가 될 것이므로, 이러한 특별한 사정이 인정될 수 있는 사실관계 아래에서는 A가 원고에 대한 관계에서 법률상 원인 없이 부가가치세 환급액 상당의 재산상 이익을 얻었다고 평가할 수는 없을 것"이라고 보아 매수인의 청구를 받아들이지 않았다. 보충적 해석을 통하여 당사자가 그러한 착오가 없었다면 A가 부가가치세를 부담하는 것으로 약정하였을 것이라고 단정할 수 없다고 보아 원심을 파기환송한 것이다.[255)]

그리고 대판 06.11.23, 2005다13288은, 국가와 기부채납자가 국유지인 대지 위에 건물을 신축하여 기부채납하고 대지 및 건물에 대한 사용수익권을 받기로 약정하면서 그 기부채납이 부가가치세 부과대상인 것을 모른 채 계약을 체결하였는데, 이후 부가가치세가 부과되자 기부채납자가 이를 납부하고 국가를 상대로 부당이득의 반환을 구한 사안이다. 위 판결은 "계약당사자 쌍방이 계약의 전제나 기초가 되는 사항에 관하여 같은 내용으로 착오를 하고 이로 인하여 그에 관한 구체적 약정을 하지 아니하였다면, 당사자가 그러한 착오가 없을 때에 약정하였을 것으로 보이는 내용으로 당사자의 의사를 보충하여 계약을 해석할 수도 있다"고 설시함으로써 명시적으로 보충적 해석의 타당성을 승인하였다. 그리고 이때 "보충되는 당사자의 의사란 당사자의 실제 의

적자치의 원칙에 보다 부합한다고 한다(윤진수, "2006년도 주요 민법 관련 판례 회고", 서울대 법학, 48-1, 2007, 385 이하).

255) 민사판례연구회(주 230), 11은 당사자의 명시적 의사를 실재하는 상황에 따라 보충, 수정하여 해석하려는 단초를 보여준다고 평가한다.

사 내지 주관적 의사가 아니라 계약의 목적, 거래관행, 적용법규, 신의칙 등에 비추어 객관적으로 추인되는 정당한 이익조정 의사"임을 분명히 하였다. 원심은 당사자가 부가가치세 부과에 관한 착오 없이 계약을 체결하였다면 피고가 부가가치세를 부담함을 전제로 계약 내용을 정하였을 것으로 보는 것이 당사자의 진정한 의사에 부합할 것이라는 이유로, 피고에게 부가가치세 중 본세인 80,255,990원 및 그 지연손해금의 지급을 명하였다. 그러나 위 판결은 공통의 착오의 경우에 보충적 해석이 가능하다는 일반론은 시인하면서도, 일반적인 거래관행 및 구국유재산법 등의 해석을 근거로 피고가 부담하는 것으로 약정하였으리라 단정할 수 없다고 하여 원심을 파기환송하였다.

대판 14.4.24, 2013다218620도, 당사자들이 토지에 관한 협의매수를 추진하면서 그 토지가 철탑 및 고압송전선으로 사용에 제한을 받고 있는 상태대로 평가된 감정평가금액이 정당한 것이라고 믿고 그 금액으로 협의취득계약을 체결하였는데, 그 감정금액은 공익사업법령에 위반하여 평가된 것으로 정당한 감정금액보다 낮은 액수였던 사안에서 위와 동일한 법리를 설시하고 있다. 원심은 위 계약이 목적물의 가격에 관한 당사자 쌍방의 착오에 기한 것으로, 계약 당시 당사자들이 감정금액이 과소하게 평가된 것을 알았더라면 공익사업법령에 따라 정당하게 평가된 감정금액을 기준으로 매매대금을 정하였을 것으로 보는 것이 당사자의 진정한 의사에 부합한다는 근거에서, 이 사건 협의취득계약의 수정해석을 통해 법령에 따라 정당하게 평가한 감정금액에서 위 협의취득계약 당시의 감정금액을 뺀 금액 상당의 해당 매매대금을 추가로 지급할 의무가 있다고 판단하였다. 그러나 위 판결은 법률행위의 해석, 동기의 착오에 따른 법률행위의 보충적 해석 법리를 인정하면서도, 구체적인 사정에 비추어 당사자들이 감정평가가 적법하다는 착오에 빠져 감정평가금액을 협의매매대금으로 정하였다거나 만약 감정평가가 위법하다는 사실을 알았다면 감액되지 않은 금액을 협의매매대금으로 정하였을 것임이 명백하다고 단정할 수 없다고 보아 원심을 파기환송하였다.

(4) 법률행위해석의 개별 유형

㈎ 법률행위 당사자의 확정 법률행위의 당사자가 누구인가의 문제는 법률행위해석의 출발점이다. 당사자의 확정도 법률행위해석의 문제이지만, 해석의 기준이 되는 당사자 자체를 해석에 의하여 판명한다는 점에서 여타의 법률행위해석과 차별화된다. 특히 타인의 명의를 임의로 사용하거나, 사실상·

법률상의 장애로 자신의 명의로 계약을 할 수 없거나 하는 것이 적절하지 않아 타인의 명의로 계약을 체결한 경우, 분쟁이 발생한 때 계약당사자의 확정은 그 계약의 효력 및 책임과 관련하여 중요한 의미를 가진다. 그리고 판례는 당사자의 확정이 문제되는 유형에 따라서 그 기준을 제시하고 있다.[256)]

(a) 타인 명의의 법률행위 일반 대판 95.9.29, 94다4912은 타인 명의의 법률행위에 있어서 당사자 확정에 관한 기준을 정면에서 설시하였고, 이는 현재까지 당사자를 확정하는 일반 법리로 작동하고 있다.[257)] 이 사건에서는 자신의 명의로 사업자등록을 할 수 없었던 A가 평소 친분이 있던 B 모르게 그의 명의로 문구류 판매업을 시작하면서 피고가 공급하는 사무기기 등을 판매하기로 하는 내용의 대리점계약을 체결하고, 위 대리점계약상 영업보증금의 지급담보를 위하여 B의 승낙 없이 마치 자신이 B인 것처럼 임의로 B의 명의를 사용하여 원고와의 사이에 피보험자를 피고로 하는 보험계약을 체결하였는데, 그 후 A가 영업보증금의 지급을 지체하자 피고가 위 대리점계약을 해지하고 원고에게 보험금의 지급을 청구하여 원고가 이를 피고에게 지급하였다. 이후 원고가 보험계약의 무효를 주장하며 부당이득금의 반환을 청구하였는데, 원심은 위 보험계약이 B에 대한 관계에서는 무효이지만 그러한 사실만으로는 A에 대한 관계에서도 무효라고 할 수 없고, 오히려 A가 당사자이며 보험사고도 A가 피고와 체결한 대리점계약상 영업보증금의 지급불이행이라는 점에서, 원고와 A 사이에 유효하게 체결된 보험계약에 따라 피고가 보험금을 지급받았다고 보았다.

그러나 위 판결은 "타인의 이름을 임의로 사용하여 계약을 체결한 경우에는 누가 그 계약의 당사자인가를 먼저 확정하여야 할 것으로서, 행위자 또는 명의인 가운데 누구를 당사자로 할 것인지에 관하여 행위자와 상대방의 의사가 일치한 경우에는 그 일치하는 의사대로 행위자의 행위 또는 명의인의 행위로서 확정하여야 할 것이지만, 그러한 일치하는 의사를 확정할 수 없을 경우에는 계약의 성질, 내용, 목적, 체결경위 및 계약체결을 전후한 구체적인 제반사정을 토대로 상대방이 합리적인 인간이라면 행위자와 명의자 중 누구를 계약당사자로 이해할 것인가에 의하여 당사자를 결정하고, 이에 터잡아 계약의 성

256) 아래 유형 외에 종래 계약명의신탁과 관련하여서도 계약당사자 확정의 문제가 제기되었는데, 이에 관하여는 명의신탁에 관한 주석 참조.

257) 대판 96.7.30, 95다1019; 대판 99.6.25, 99다7183; 대판 01.5.29, 2000다3897; 대판 03.12.12, 2003다44059; 대판 16.12.29, 2015다226519 등.

립 여부와 효력을 판단함이 상당할 것"이라고 하였다. 그리고 이러한 기준에 의할 때, A는 마치 B인 것처럼 행세하였고 원고도 A가 B인줄로만 알고 계약을 체결하였으므로 원고와 A 사이에 A를 보험계약의 당사자로 하는 의사의 합치가 있었다고 볼 여지는 없는 점, 채무자인 보험계약자의 신용상태가 계약의 체결 여부 및 조건을 정하는 데 중요한 요소로 작용하였는데 원고가 계약체결 당시 A를 당사자로 생각했더라면 계약을 체결하지 않을 것으로 보이는 점에 비추어, 원고와 보험계약을 체결한 당사자는 A가 아니라 B로 보아야 할 것인데, 실제는 A가 B로부터 아무런 권한도 받지 않고 임의로 B의 이름을 사용하여 계약을 체결한 것이므로, 이 사건 보험계약은 특별한 사정이 없는 한 그 계약 내용대로의 효력이 발생할 수 없다고 하였다.

판례는 위와 같이 타인의 명의를 모용한 사안[258] 외에 타인의 승낙을 받아 그 명의를 사용한 사안에서도[259] 동일한 법리를 적용함으로써 명의의 사용에 대한 승낙 여부를 묻지 않는다. 그리고 위 법리는 대리인을 통해 계약을 체결하는 경우에도 적용되므로, 계약의 상대방이 대리인을 통하여 본인과 사이에 계약을 체결하려는 데 의사가 일치하였다면 대리인의 대리권 존부 문제와는 무관하게 상대방과 본인이 그 계약의 당사자가 된다.[260]

(b) 명의대여를 통한 대출　　타인명의의 법률행위 중에서도 대출상의 편의를 위하여 명의를 대여한 경우는 특수한 영역에 속한다. 소위 차명대출과 관련한 분쟁은 명의차용자가 채무를 이행하지 않는 경우에 명의대여자나 연대보증인의 책임과 관련하여 발생하는데, 대개 명의대여자는 대출계약이 비진의표시 또는 통정허위표시로서 무효임을 주장하게 된다. 당사자 확정의 문제와 확정된 당사자 사이의 법률행위의 효력 문제는 별개의 것임에도 불구하고, 판례는 실재하는 대출계약의 당사자 확정 문제를 채권자와 명의대여자 사이의 대출계약의 효력문제로 접근하고 있다.

먼저 대판 80.7.8, 80다639은 학교법인이 사립학교법상의 제한규정 때문에 그 학교 교직원인 소외인의 명의를 빌려 피고로부터 금원을 차용하면서 소외인이 임의로 대여에 필요한 서류를 작성하여 피고에게 제출한 사안에서, 소외인의 의사는 주채무자로서 채무를 부담하겠다는 뜻이라고 해석함이 상당하

258) 가령 대판 95.10.13, 94다55385.
259) 대판 98.3.13, 97다22089.
260) 대판 03.12.12, 2003다44059.

므로 비진의표시라고 볼 수 없다고 하였다. 또한 대판 96.9.10, 96다18182도, 법률상 또는 사실상의 장애로 자기 명의로 대출받을 수 없는 자를 위하여 대출금채무자로서의 명의를 빌려준 자에게 그와 같은 채무부담의 의사가 없는 것이라고는 할 수 없어 피고들의 의사표시를 비진의표시에 해당한다고 볼 수 없을 뿐만 아니라, 설령 비진의표시에 해당한다고 하더라도 그 의사표시의 상대방인 금융기관으로서는 피고들이 전혀 채무를 부담할 의사 없이 진의에 반한 의사표시를 하였다는 것까지 알았다거나 알 수 있었다고 볼 수도 없다고 하여 피고의 비진의표시 주장을 배척하였다.

반면 명의대여자와의 대출계약이 통정허위표시인지 여부에 대해서는 판례가 사안에 따라 이를 인정하거나 또는 부정한다. 그러나 이처럼 결론을 달리하는 결정인인 요소 내지 경계는 그리 명확하지 않다. 일부 판결은[261] 통정허위표시가 성립하기 위해서는 의사표시의 진의와 표시가 일치하지 않고 그 불일치에 관하여 상대방과의 사이에 합의가 있어야 하는데, 제3자가 금융기관을 직접 방문하여 금전소비대차약정서에 주채무자로서 서명 날인하였다면 제3자는 자신이 당해 소비대차계약의 주채무자임을 금융기관에 대하여 표시한 셈이고, 제3자가 금융기관이 정한 대출규정의 제한을 회피하여 타인으로 하여금 제3자 명의로 대출을 받아 이를 사용하도록 할 의도가 있었다거나 그 원리금을 타인의 부담으로 상환하기로 하였더라도, 특별한 사정이 없는 한 이는 소비대차계약에 따른 경제적 효과를 타인에게 귀속시키려는 의사에 불과할 뿐, 그 법률상의 효과까지도 타인에게 귀속시키려는 의사로 볼 수는 없으므로, 제3자의 진의와 표시에 불일치가 있다고 보기는 어렵다는 근거에서 명의대여자를 당사자로 확정하였다.

그러나 다른 일부의 판결은 이러한 대출약정을 통정허위표시라고 보았다.[262] 대판 99.3.12, 98다48989은, A가 소외 조합의 1인당 대출한도 때문에 주채무자가 되지 못하자 피고를 주채무자로 하고 원고를 물상보증인으로 하여 대출을 받았는데, 채권자도 대출금이 변제되지 않으면 담보를 실행할 뿐 피고에게는 청구를 하지 않을 생각이었고, 원고는 다른 사람 명의로 대출을 받는지 알지 못했으며, 대출에 관한 사무는 모두 A가 처리하였는데, 소외 조합이 원고

261) 대판 96.9.10, 96다18182; 대판 97.7.25, 97다8403; 대판 98.9.4, 98다17909; 대판 03.4.8, 2002다38675; 대판 03.6.24, 2003다7357.

262) 그 밖에 대판 96.8.23, 96다18076; 대판 01.2.23, 2000다65864; 대판 02.10.11, 2001다7445; 대판 07.11.29, 2007다53013 등.

소유 토지에 임의경매를 신청하여 채무를 변제받자 원고가 피고를 상대로 구상금을 청구한 사안이다. 위 판결은 피고의 의사표시는 통정허위표시에 해당하고, 소외 조합은 피고에 대하여 주채무자는 물론 연대보증인으로서의 책임도 묻지 않을 것으로 약정하였다고 보았다.[263)]

대판 01.5.29, 2001다11765도, 동일인에 대한 대출액 한도를 제한한 법령이나 금융기관 내부규정의 적용을 회피하기 위하여 실질적인 주채무자가 실제 대출받고자 하는 채무액에 대하여 제3자를 형식상의 주채무자로 내세우고, 금융기관도 이를 양해하여 제3자에 대하여는 채무자로서의 책임을 지우지 않을 의도하에 제3자 명의로 대출관계서류를 작성받은 경우, 제3자는 형식상의 명의만을 빌려 준 자에 불과하고 그 대출계약의 실질적인 당사자는 금융기관과 실질적 주채무자이므로, 제3자 명의로 되어 있는 대출약정은 그 금융기관의 양해하에 그에 따른 채무부담의 의사 없이 형식적으로 이루어진 것에 불과하여 통정허위표시에 해당하는 무효의 법률행위라고 하였다.

이와 달리 통정허위표시 여부에 대한 직접적인 판단 없이 대출계약의 당사자를 명의차용자로 보기도 한다. 대판 92.6.12, 92다10722은, 명의차용자인 원고가 주채무자가 될 명의대여자를 위해 연대보증을 하고 자신 소유의 부동산에 대해 금융기관인 피고에게 근저당권을 설정해주었는데, 피고가 명의대여자에게 대출금을 지급하면서 원고의 지급요구를 거절하였고, 후에 근저당권에 기한 경매절차가 개시되자 원고가 약정을 해지하고 근저당권설정등기의 말소를 구한 사안이다. 위 판결은 피고가 이 사건 금원대출에 관한 약정을 함에 있어 실제로 대출을 받는 자가 원고이고, 명의대여자는 그 금원대출의 편법으로 사용된 어음할인거래약정에 필요한 사업자등록을 갖고 있는 자로서 단지 원고에게 자신의 명의를 빌려 준 자에 불과한 자라는 사실을 잘 알고 있었음은 물론 이러한 편법의 사용 자체가 대출방법에 관한 원고와 피고의 구체적인 약정에 따른 것이라면, 그 대출계약의 당사자는 원고라고 판단하였다.

이러한 판례의 태도에 대해서는 구체적 타당성의 관점에서 수긍할 수 있다는 견해가 있지만,[264)] 각 판결상의 법률론이 상호모순되고 근거가 불명확하

263) 이처럼 통정허위표시를 인정한 경우에도 명의대여자에게 보증인의 책임을 묻지 않은 경우도 있지만, 명의대여자의 의사표시가 명의차용자를 위한 보증에 해당한다고 본 판결도 있다(대판 91.4.23, 90다19657; 대판 99.10.22, 98다22541).

264) 한재봉, "대출제한규정의 적용을 회피하기 위하여 타인의 명의를 빌려 체결한 대출약정의 효력", 재판과 판례 12, 2004, 332.

여 예측가능성이 별로 없어 하급심이나 당사자들에게 명확한 기준을 제시하지 못한다는 비판도 크다.[265] 무엇보다 법률행위의 당사자 확정도 법률행위해석의 기준에 의하여야 하며, 처분문서의 증명력의 관점에서 볼 때 그 진정성립이 인정되는 한 그 기재내용을 부정할만한 분명하고도 수긍할 수 있는 반증이 없다면 그 기재내용에 의하여 의사표시의 존재 및 내용을 인정하여야 한다.[266] 금융기관과의 대출계약서에 채무자로 표시된 명의대여자는 그 경제적 효과와 별개로 채무자의 지위를 인수한 자로서 원칙적으로 대출계약의 당사자라고 할 수 있다. 다만 채권자와 명의대여자 모두 그에 관한 의사가 없다고 인정할만한 특별하고도 분명한 사정이 인정된다면 명의차용자를 당사자로 볼 수 있으며, 굳이 통정허위표시를 문제삼을 이유는 없을 것이다.

(c) 예금계약의 당사자 확정 금융실명법과의 관계에서 출연자가 아닌 다른 사람의 명의로 개설한 예금계좌의 당사자 확정이 문제된다. 금융실명제 이전에는 금융기관에 대한 기명식예금에 있어서 판례는 명의 여하를 묻지 아니하고, 또 금융기관이 누구를 예금주라고 믿었는가에 관계없이, 예금을 실질적으로 지배하고 있는 자, 즉 자기의 출연에 의하여 자기의 예금으로 한다는 의사를 가지고 스스로 또는 사자, 대리인을 통하여 예금계약을 한 자를 예금주로 보았다.[267]

그러나 금융실명제 시행에 따라 판례는,[268] "금융기관에 예금을 하고자 하는 자는 원칙적으로 직접 주민등록증과 인감을 지참하고 금융기관에 나가 자기 이름으로 예금을 하여야 하고, 대리인이 본인의 주민등록증과 인감을 가지고 가서 본인의 이름으로 예금하는 것이 허용된다고 하더라도, 이 경우 금융기관으로서는 특별한 사정이 없는 한, 주민등록증을 통하여 실명확인을 한 예금명의자를 긴급명령 §3 Ⅰ 소정의 거래자로 보아 그와 예금계약을 체결할 의도라고 보아야 할 것이다. 따라서 그러한 특별한 사정으로서 출연자와 금융기관 사이에 예금명의인이 아닌 출연자에게 예금반환채권을 귀속시키기로 하는 명시적 또는 묵시적 약정이 있는 경우에는 출연자를 예금주로 보아야 할 것"이라고 하였다. 금융실명제 시행에 따라 원칙적으로 명의인을 예금주로 보면서도 명시적·묵시적 약정에 의해 출연자를 예금주로 볼 수 있는 예외 또한 넓

265) 윤진수, "차명대출을 둘러싼 법률문제", 민법논고 2, 2008, 19 이하.
266) 가령 대판 90.3.27, 89다카19153.
267) 대판 87.10.28, 87다카946; 대판 88.12.27, 88누10060; 대판 95.8.22, 94다59042 등.
268) 대판 98.11.13, 97다53359

게 인정함으로써 실질적으로는 금융실명제의 취지를 희석 또는 잠탈할 위험이 있었다.

그래서 대판(전) 09.3.19, 2008다45828은 종래 예금주의 결정기준에 관한 판례를 변경하였다. 원고의 배우자 A가 원고를 대리하여 B은행에서 원고 명의의 예금계좌를 개설하고 금원을 예치하였는데, 원심은 A와 B 사이에 실명확인 절차를 거쳐 예금거래신청서 등에 예금명의자로 기재된 원고가 아닌 A를 예금계약의 당사자로 하기로 하는 묵시적 약정이 있다고 보았다. 그러나 위 전원합의체 판결은 금융실명법에 따라 실명확인 절차를 거쳐 예금계약을 체결하고 그 실명확인 사실이 예금계약서 등에 명확히 기재되어 있는 경우에는, 일반적으로 그 예금계약서에 예금주로 기재된 예금명의자나 그를 대리한 행위자 및 금융기관의 의사는 예금명의자를 예금계약의 당사자로 보려는 것이라고 해석하는 것이 경험법칙에 합당하고, 예금계약의 당사자에 관한 법률관계를 명확히 할 수 있어 합리적이라 하고, 이와 같은 예금계약 당사자의 해석에 관한 법리는 예금명의자 본인이 금융기관에 출석하여 예금계약을 체결한 경우나 예금명의자의 위임에 의하여 자금 출연자 등의 제3자가 대리인으로서 예금계약을 체결한 경우 모두에 적용된다고 하였다. 그러면서 "본인인 예금명의자의 의사에 따라 예금명의자의 실명확인 절차가 이루어지고 예금명의자를 예금주로 하여 예금계약서를 작성하였음에도 불구하고 예금명의자가 아닌 출연자 등을 예금계약의 당사자라고 볼 수 있으려면, 금융기관과 출연자 등과 사이에서 실명확인 절차를 거쳐 서면으로 이루어진 예금명의자와의 예금계약을 부정하여 예금명의자의 예금반환청구권을 배제하고, 출연자 등과 예금계약을 체결하여 출연자 등에게 예금반환청구권을 귀속시키겠다는 명확한 의사의 합치가 있는 극히 예외적인 경우로 제한되어야 하고, 이러한 의사의 합치는 금융실명법에 따라 실명확인 절차를 거쳐 작성된 예금계약서 등의 증명력을 번복하기에 충분할 정도의 명확한 증명력을 가진 구체적이고 객관적인 증거에 의하여 매우 엄격하게 인정하여야 한다"고 설시하였다.[269]

그리고 위와 같은 예금계약의 당사자 확정의 원칙에 비추어, 대판 13.9.

---

269) 이때 출연자를 당사자로 하는 합의의 효력에 대해, 박시환대법관의 별개의견은 강행규정인 금융실명법 §3 I에 반하는 것으로 효력이 없다고 하고, 차한성대법관의 다수의견에 대한 보충의견은 금융실명법 §3 I만을 근거로 일률적으로 무효로 볼 것은 아니며, 위 합의가 범죄수익금의 은닉, 보관이나 뇌물 등의 제공을 위한 경우 등이라면 §103에 의해 무효가 된다고 한다.

26, 2013다2504은, 금융기관은 예금명의자와 출연자 등 사이에 예금반환청구권의 귀속을 둘러싼 분쟁이 발생한 경우에 있어서 그들 사이의 내부적 법률관계를 알았는지 여부에 관계없이 일단 예금명의자를 예금주로 전제하여 예금거래를 처리하면 되고, 이러한 금융기관의 행위는 특별한 사정이 없는 한 적법한 것으로 보호되어야 한다고 보았다.

(나) 약관의 해석

(a) 해석 원칙 약관은 그 명칭이나 형태 또는 범위에 상관없이 계약의 일방 당사자가 다수의 상대방과 계약을 체결하기 위하여 일정한 형식으로 미리 마련한 계약의 내용을 말한다(약관 § 2 (i)). 약관의 해석도 법률행위해석의 한 부분이지만, 그 특수성에 비춘 해석이 요구된다.[270] 먼저 약관은 다수의 계약을 위하여 미리 작성된 것인 만큼, 그 문언으로부터 객관적인 내용과 전형적인 의미에 따라서 통일적으로 해석되어야 하며, 개별 사안만을 대상으로 하는 사항이나 일방 당사자만이 알고 있었던 사정을 척도로 하여서는 안 된다.[271] 그래서 약관규제법 § 5 Ⅰ은 신의성실의 원칙에 따라 공정하게 약관을 해석하여야 하고, 고객에 따라 다르게 해석되어서는 안 됨을 명시하고 있다.

판례도 보통거래약관은 신의성실의 원칙에 따라 당해 약관의 목적과 취지를 고려하여 공정하고 합리적으로 해석하되, 개개의 계약당사자가 기도한 목적이나 의사를 참작함이 없이 평균적 고객의 이해가능성을 기준으로 보험단체 전체의 이해관계를 고려하여 객관적·획일적으로 해석한다는 점,[272] 특히 그 계약의 내용이 당사자 일방이 작성한 약관의 내용으로서 상대방의 법률상의 지위에 중대한 영향을 미치게 되는 경우에는 약관규제법의 규정 취지에 비추어 더욱 엄격하게 해석하여야 함을 분명히 하였다.[273]

다만 당사자간에 약관의 내용과 다른 합의를 하는 것은 가능한 만큼, 약관의 해석에서도 이러한 개별적인 합의가 우선한다(약관 § 4). 이때 그 특정 조항은 약관규제법의 규율대상이 아닌 개별약정이 되며, 개별적인 교섭이 있었다고 하기 위해서는 그 교섭의 결과가 반드시 특정 조항의 내용을 변경하는 형태로 나타나야 하는 것은 아니고, 계약 상대방이 그 특정 조항을 미리 마련한 당사

270) 약관의 해석통제에 관한 상세는 약관규제법 주석 참조.
271) MünchKomm/Busche, § 133 Rn.24.
272) 대판 09.5.28, 2008다81633; 대판 10.11.25, 2010다45777; 대판 11.4.28, 2010다106337 등.
273) 대판 01.3.23, 2000다71555; 대판 06.9.8, 2006다24131 등.

자와 대등한 지위에서 당해 조항에 대하여 충분한 검토와 고려를 한 뒤 그 내용을 변경할 가능성이 있었다고 인정되면 충분하다.[274] 그리고 약관의 뜻이 명백하지 않은 때에는 고객에게 유리하게 해석되어야 한다(약관 §5).

이와 더불어 판례는 약관이 불공정조항에 해당하여 무효인 경우 수정해석 내지 효력유지적 축소해석을 통하여 그 효력을 인정하기도 한다.[275] 자동차종합보험의 무면허면책조항과 관련하여, 약관규제법상 "약관의 내용통제원리로 작용하는 신의성실의 원칙은 보험약관이 보험사업자에 의하여 일방적으로 작성되고 보험계약자로서는 그 구체적 조항내용을 검토하거나 확인할 충분한 기회가 없이 보험계약을 체결하게 되는 계약성립의 과정에 비추어, 약관 작성자는 계약 상대방의 정당한 이익과 합리적인 기대 즉 보험의 손해전보에 대한 합리적인 신뢰에 반하지 않고 형평에 맞게끔 약관조항을 작성하여야 한다는 행위원칙을 가리키는 것이며, 보통거래약관의 작성이 아무리 사적자치의 영역에 속하는 것이라고 하여도 위와 같은 행위원칙에 반하는 약관조항은 사적자치의 한계를 벗어나는 것으로서 법원에 의한 내용통제 즉 수정해석의 대상이 되는 것은 당연하며, 이러한 수정해석은 조항 전체가 무효사유에 해당하는 경우뿐만 아니라 조항 일부가 무효사유에 해당하고 그 무효부분을 추출배제하여 잔존부분만으로 유효하게 존속시킬 수 있는 경우에도 가능하다"는 것이다.

(b) 예문해석 　예문이란 계약 중 단순한 예로 들어 놓은 문언으로 당사자에 대한 구속력이 없는 것을 가리킨다.[276] 예문해석은 종래 보통거래약관의 이용에 따른 부당한 결과에 직면하여 지나치게 부당하거나 불공정한 조항에 대해 그 구속력을 부정함으로써 그 상대방을 보호하기 위해 법원이 일본의 판례 이론을 도입한 것이다.[277] 그러나 예문해석에 대하여는 종래부터 많은 비판이 있었다. 예문해석이 과연 법률행위해석의 범주에 속하는지, 그 이론적인 근거 및 약관 중 구속력 있는 문언과 단순한 예문을 구별하는 기준이 무엇인지, 또 예문인 경우 구체적인 효과는 어떻게 되는지가 명확하지 않고, 따라서 법이론으로 적용하기가 어렵다는 근거에서이다.[278] 그리고 오히려 약관규제

274) 대판 08.7.10, 2008다16950; 대판(전) 13.9.26, 2011다53683.
275) 대판(전) 91.12.24, 90다카23899.
276) 권오승, "이른바 예문해석의 문제점", 민판연 15, 1993, 4.
277) 손지열, "일반거래약관과 예문해석", 민판연 3, 1981, 54.
278) 손지열(주 277), 56 이하; 권오승(주 281), 6.

법에 의한 계약내용의 통제가 바람직하다고 일치하여 지적한다.[279)]

하지만 판례에서는 여전히 예문해석에 관한 주장과 판단을 어렵지 않게 찾을 수 있다. 약관규제법 제정 이전, 대판 79.11.27, 79다1141은 매매계약서상 조항이 예문에 불과하다고 본 원심의 판단이 정당하다고 보았다. 원고는 무허가건물과 그 부지를 피고로부터 매수하면서 매매 당시 피고에게 후일 매매평수에 이상이 있음이 발견되면 대금계산을 새로이 하자는 제의를 하였으나, 피고는 특정물을 현상태 그대로 매도하는 것이므로 그와 같이 계약을 할 수 없다고 반대하여 계약서상에 기재하였던 부지증명에 이상이 있으면 상호 의논하여 그에 대한 계산을 한다는 부분을 삭제하고 단순히 부지증명에 이상이 있으면 계약을 해약한다고 기입하였으며, 그 대금도 대지와 건물을 합해서 750만원으로 정하였지 대지 평수를 수량으로 계산하여 대금을 정하지는 않았다. 이러한 사실에 비추어 법원은 이 사건 계약서에 "면적이나 대금총액에 착오가 있을 때는 등기부상의 면적과 평당가격으로 재청산한다"고 되어 있는 조항은 부동문자로 인쇄된 예문에 지나지 않아 당사자간의 진정한 합의내용이라고 볼 수 없다고 판단하였다.

이후에도 대판 89.8.8, 89다카5628은 부동문자로 인쇄된 부동산매매계약서에 매도인인 원고는 어떠한 경우에도 책임을 지지 않고 매수인인 피고에게만 모든 책임을 지우는 정함이 있지만, 이 내용을 일률적으로 예문이라고 단정할 수는 없고, 구체적인 사안에 따라 계약당사자의 의사를 고려하여 그 계약내용의 의미를 파악하여 이것이 예문에 지나지 않는 것인지 여부를 판단하여야 한다고 설시하였다. 그리고 대판 92.2.11, 91다21954 및 대판 97.11.28, 97다36231도 처분문서의 기재 내용이 부동문자로 인쇄되어 있다면 인쇄된 예문에 지나지 않아 그 기재를 합의의 내용이라고 볼 수 없는 경우도 있으므로, 처분문서라 하여 곧바로 당사자의 합의의 내용이라고 단정할 수는 없고, 구체적 사안에 따라 당사자의 의사를 고려하여 그 계약 내용의 의미를 파악하고 그것이 예문에 불과한 것인지 여부를 판단하여야 한다는 일반적인 기준을 제시하였다.

그러나 대판 09.12.10, 2009다61803, 61810은 종래의 단순한 예문해석에서 벗어나 약관규제법의 해석기준을 적용하고 있는데, 이러한 태도는 예문해석에 대한 비판적인 관점에서 볼 때 긍정적으로 평가할 수 있다. 이 사건에서는 금융기관인 양도담보권자가 양도담보 목적물을 보관하는 창고업자로부터

279) 김동훈, "약관법의 형성과 전개", 한국민법이론의 발전(Ⅱ), 2001, 764.

'창고주는 양도담보권자가 담보물 임의처분 또는 법적 조치 등 어떠한 방법의 담보물 환가와 채무변제 충당시에도 유치권 등과 관련된 우선변제권을 행사할 수 없다'는 문구가 부동문자로 인쇄된 확약서를 제출받았는데, 법원은 위 조항이 창고업자가 보관료 징수 등을 위하여 공평의 관점에서 보유하는 권리인 유치권의 행사를 상당한 이유 없이 배제하고 일방적으로 금융기관인 양도담보권자의 담보권 실행에 유리한 내용의 약관 조항으로서, 고객에게 부당하게 불리하고 신의성실의 원칙에 반하여 공정을 잃은 것이므로 무효라고 보았다. 그리고 위 조항을 예문에 불과하다고 인정하기 부족하다는 이유만으로 불공정한 조항으로 무효라는 피고의 주장을 배척한 원심을 파기, 환송하였다.

㈐ 소송행위의 해석 대판(전) 84.2.28, 83다카1981은 "일반적으로 소송행위의 해석은 실체법상의 법률행위와는 달리 철저한 표시주의와 외관주의에 따르도록 되어 있고 표시된 내용과 저촉되거나 모순되는 해석을 할 수 없는 것이지만, 표시된 어구에 지나치게 구애되어 획일적이고 형식적인 해석에만 집착한다면 도리어 당사자의 권리구제를 위한 소송제도의 목적과 소송경제에 반하는 부당한 결과를 초래할 수 있으므로 그 소송행위에 관한 당사자의 주장 전체를 고찰하고 그 소송행위를 하는 당사자의 의사를 참작하여 객관적이고 합리적으로 소송행위를 해석할 필요가 있"다는 원칙을 선언하였다.

나아가 판례[280]는 소송 계속 중 당사자들이 작성한 서면에 불상소 합의가 포함되어 있는지에 관한 해석을 둘러싸고 이견이 있어 그 서면에 나타난 당사자의 의사해석이 문제되는 경우, 그 해석에 관한 기준을 제시하였다. 즉 불상소 합의와 같은 소송행위의 해석은 일반 실체법상의 법률행위와는 달리 내심의 의사가 아닌 철저한 표시주의와 외관주의에 따라 그 표시를 기준으로 하여야 하고, 표시된 내용과 저촉되거나 모순되어서는 안 되지만, 불상소의 합의처럼 그 합의의 존부 판단에 따라 당사자들 사이에 이해관계가 극명하게 갈리게 되는 소송행위에 관한 당사자의 의사해석에 있어서는, 표시된 문언의 내용이 불분명하여 당사자의 의사해석에 관한 주장이 대립할 소지가 있고, 나아가 당사자의 의사를 참작한 객관적·합리적 의사해석과 외부로 표시된 행위에 의하여 추단되는 당사자의 의사조차도 불분명하다면, 가급적 소극적 입장에서 그러한 합의의 존재를 부정할 수밖에 없다는 것이다.

280) 대판(전) 84.2.28, 83다카1981; 대판 02.10.11, 2000다17803; 대판 07.11.29, 2007다52317, 52324; 대판 15.5.28, 2014다24327, 24334, 24341, 24358, 24365, 24372 등.

5. 소송상 법률행위의 해석

(1) 사실문제와 법률문제의 구분

소송상 사실문제와 법률문제의 구분은 중요한 의미가 있다. 사실문제는 당사자의 주장을 뒷받침하는 사실로서, 주요사실의 존부는 당사자의 주장이 없는 한 판결의 기초로 삼을 수 없다.[281] 그리고 다툼이 있는 사실의 인정에 쓰이는 증거자료는 당사자가 신청한 증거방법으로부터 얻어야 하고, 당사자가 제출하지 않은 증거는 원칙적으로 법원이 직권조사할 수 없다.[282] 민사소송법 일반원칙에 따라서 원고 또는 피고에게 주장, 증명책임이 돌아간다.[283]

반면 제출된 사실의 법적 의미와 그 법률효과에 관한 법률문제는 당사자의 주장이나 인용 등과 무관하게 법원이 원칙적으로 스스로 판단하며, 따라서 당사자는 주장, 증명책임을 지지 않는다. 그리고 상고심은 원심의 사실인정을 바탕으로 그 당부를 법률적 측면에서만 심사하므로 사실문제는 상고이유가 되지 못한다.[284] 원심판결이 적법하게 확정한 사실은 상고법원을 기속하며(민소 § 432), 상고는 판결에 영향을 미친 헌법, 법률, 명령, 규칙의 위반이 있음을 이유로 한 때에만 할 수 있기 때문이다(민소 § 423).

(2) 학설 대립

법률행위를 해석하는 과정에는 사실적인 요소와 법적 판단의 요소가 모두 존재하는 것이 사실이다.[285] 그래서 법률행위해석을 사실문제로 보는지 아니면 법률문제로 보는지에 따라서 위와 같은 소송상 취급에 차이가 있게 되는데, 이에 대해 학설은 일치하지 않는다.[286] 일부 견해는 내심의 의사는 객관적 사실에

281) 대판 83.2.8, 82다카1258.

282) 법원행정처, 법원실무제요 민사소송(Ⅱ), 2017, 940.

283) 물론 주장공통의 원칙에 의해 어느 당사자든 변론에서 주장하였으면 되고, 반드시 주장책임을 지는 당사자가 진술하여야 하는 것은 아니다.

284) 박재완, 민사소송법강의, 2017, 473은 실제 상고심에서도 항소심판결의 사실인정의 당부가 다투어지는 경우가 있는데, 이는 상고인들이 사실인정을 다투고자 할 때 단순히 사실오인을 주장하는 것이 아니라 항소심판결의 사실인정과정에 채증법칙이나 경험칙 위반이 있다고 주장하여 법령위반을 주장하는 형식을 취하기 때문인데, 이러한 현상은 바람직하지 못하나 해결은 어렵다고 한다.

285) 박민수, "법률행위해석과 사실 인정", 판례연구 23, 2012, 16도 법률행위 자체가 의사표시 및 행위라는 사실적 측면과 규율이라는 규범적 측면을 겸유하고 있기 때문에 이러한 법률행위의 내용을 확정하고 법적 효과를 부여하는 법률행위해석은 사실문제인 동시에 법률문제의 성격을 아울러 띠고 있음을 시인한다.

286) 독일에서도 법률행위해석의 성질, 특히 보충적 해석의 상고가능성에 대하여는 다툼이 있는데, MünchKomm/Busche, § 133 Rn.64f., § 157 Rn.59 참조.

지나지 않으나 해석은 그에 대한 법률적 가치판단이므로 사실문제가 아니라 법률문제라고 한다.[287] 이에 반대하는 견해는 법률행위의 해석은 표의자의 실재하는 의사 또는 가정적 의사를 확정하는 것이므로 사실문제이지만, 사실의 인정이 법률에 위배될 때에는 상고이유가 된다고 한다.[288] 이와 달리 각 법률행위 해석의 방법에 따라 구분하여 판단하기도 한다. 즉 자연적 해석은 실재하는 표의자의 내심의 효과의사를 밝히는 것이므로 사실문제이며, 규범적 해석은 표시행위의 객관적 의미를 탐구하는 것으로 법적 가치판단의 문제이므로 법률문제이고, 보충적 해석은 가정적 의사를 확정하는 것이므로 역시 법적 가치판단의 문제로서 법률문제라는 것이다.[289]

(3) 판 례

법률행위해석에서 사실인정과 법률문제를 의식적으로 구분, 설시한 판결로 대판(전) 01.3.15, 99다48948을 들 수 있다. 부동산 매매대금의 지급을 담보하기 위하여 소유권이전등기를 매수인에게 경료하지 않은 상태에서 목적 부동산에 근저당권자를 매도인이 지정하는 제3자로 하고 채무자를 매도인으로 하는 근저당권을 설정한 사안에서, 원심은 위 근저당권이 매도인의 매수인에 대한 매매잔대금채권의 담보를 위한 것임에도 불구하고 오히려 채권자를 채무자로 하고 채무자와 아무런 채권관계가 없는 피고를 채권자로 하여 마쳐진 것으로, 담보물권의 부수성에 반하는 무효의 등기라고 보았다.

그러나 위 판결의 다수의견은 채권자 아닌 제3자를 근저당권 명의인으로 하는 근저당권의 효력이 인정되는 경우 및 채무자 아닌 자를 채무자로 하는 근저당권이 실제 채무자의 채무를 담보하는 경우에 관한 기존 법원의 입장에 비추어, 양자의 형태가 결합된 근저당권이 부종성의 관점에서 무효라고 보아야 할 질적인 차이는 없다고 하였다. 이 사안에서 제3자인 피고를 근저당권

287) 곽윤직(주 3), 228; 김증한·김학동(주 56), 293 이하. 김종기, "사실인정과 법률행위해석의 경계", 자유와 책임 그리고 동행(안대희대법관재임기념), 2012, 213 이하도 표시의 사실적 존재를 발견하거나 관습 등 해석의 보조자료를 수집하는 기초작업은 법률행위해석의 영역 외에 두는 것이 타당하고, 그 후에 표시행위의 법률적 의미를 탐구하는 법률행위의 해석은 법률문제로 보아야 하며, 그렇지 않으면 법률행위해석에 관한 실천적 논의에 도움이 되지 않고 사실문제와 법률문제를 혼동하게 되는 단초를 제공할 수도 있다고 한다.

288) 이영준(주 21), 302 이하.

289) 구주해(2), 212(송덕수); 지원림(주 7), 210. 다만 주석 총칙(2), 546 이하(제4판/백태승)는 규범적 해석과 보충적 해석의 경우 법률행위해석에 관한 규정 등을 적용하는 것 자체만 법률문제이고 그것을 적용하여 법률행위의 내용을 확정하는 것은 객관적인 사실인정의 성격을 가지기 때문에, 사실심이 § 106, § 2 Ⅰ 기타 해석규정과 사고법칙, 경험법칙, 절차법을 위반한 경우에만 제한적으로 상고이유가 된다고 한다.

자로 채무자를 매도인으로 하는 3당사자의 합의가 있었고, 이를 위해 매도인이 피고로부터 매매잔대금에 해당하는 금액을 차용하는 내용의 차용금증서를 작성, 교부함으로써 피고에게 매매잔대금채권을 이전하고 이에 대해 채무자가 승낙하였다고 보는 것이 당사자들의 진정한 의사에 부합하는 해석이라고 하였다.[290] 그러면서 "의사표시와 관련하여, 당사자에 의하여 무엇이 표시되었는가 하는 점과 그것으로써 의도하려는 목적을 확정하는 것은 사실인정의 문제이고, 인정된 사실을 토대로 그것이 가지는 법률적 의미를 탐구 확정하는 것은 이른바 의사표시의 해석으로서, 이는 사실인정과는 구별되는 법률적 판단의 영역에 속하는 것이다. 그리고 어떤 목적을 위하여 한 당사자의 일련의 행위가 법률적으로 다듬어지지 아니한 탓으로 그것이 가지는 법률적 의미가 명확하지 아니한 경우에는 그것을 법률적인 관점에서 음미, 평가하여 그 법률적 의미가 무엇인가를 밝히는 것 역시 의사표시의 해석에 속한다"고 하여 양자의 기준을 명시하였다.

대판 10.5.27, 2010다5878은 피고 1이 원고에게 증여한 부동산에 관한 상속세를 원고가 부담하기로 하는 합의가 있었는지가 문제된 사안에서, 증명책임 및 의사표시의 해석에 대하여 판단하였다. 원심은 그 채용증거들로부터 원고가 이 사건 상속세를 부담하는 것이 상당하다고 하였으나, 위 판결은 "증여에 상대부담 등의 부관이 붙어 있는지 또는 증여와 관련하여 상대방이 별도의 의무를 부담하는 약정을 하였는지 여부는 당사자 사이에 어떠한 법률효과의 발생을 원하는 대립하는 의사가 있고 그것이 말 또는 행동 등에 의하여 명시적 또는 묵시적으로 외부에 표시되어 합치가 이루어졌는가를 확정하는 것으로서 사실인정의 문제에 해당하므로, 이는 그 존재를 주장하는 자가 증명하여야 하는 것"이라고 설시하면서, 원심이 원고와 피고 1 사이에 상속세를 원고가 부담하기로 하는 묵시적 의사합치가 있었다고 인정하여 위와 같은 결론에 이른 것인지 또는 그 판시와 같은 사정에 대한 법률적 평가 내지 법리판단을 통하여 그와 같은 결론에 이른 것인지 분명하지 않으나, "만약 전자의 경우라면 원심은 원고와 피고 1 사이에 위 증여계약의 내용으로서 또는 그와 별도의 약정으로서 원고가 위 상속세를 부담하기로 하는 묵시적 의사합치가 있었는지 여

290) 이에 대한 반대의견은 위와 같은 근저당권을 허용하는 것은 물권법정주의에 반할뿐더러, 당사자들의 일련의 행위를 종합적으로 파악하더라도 이를 채권양도로 해석할 수는 없으며, 오히려 다수의견이 부종성 이론과의 충돌을 피하기 위해 의도적으로 당사자들의 의사를 왜곡하여 의제하려는 것으로 보는 것이 실체에 더욱 가깝다고 비판한다.

부를 사실인정을 통하여 확정하지 아니한 채 의사표시의 해석 내지 법률적 평가를 통하여 인정한 것으로 보여 위법하고, 후자의 경우라면 그 판시와 같은 사정에다가 어떠한 법령상 또는 법리상의 근거를 적용하여 그와 같은 결론을 도출하였는지 분명하지 아니하여 마찬가지로 위법하다"고 하였다. 즉 묵시적 의사합치나 별도의 약정의 존부는 사실인정의 문제로서 증거에 의하여 인정하여야 하나, 원심의 판단에는 이를 인정할만한 증거가 없다는 것이다.

특히 대판 11.1.13, 2010다69940의 경우, 소외인으로부터 토지를 매수한 원고가 매매대금 중 일부를 지급하였고, 소외인은 피고에 대한 채권의 담보를 위하여 원고에 대한 매매잔대금채권을 양도하였으며, 이후 토지에 대한 이전등기를 마친 원고가 피고의 위 채권을 담보하기 위해 피고에게 근저당권설정등기를 해주었는데, 원심은 원고가 매매잔대금을 소외인에게 변제하였더라도 변제의 효과는 채권양수인인 피고에게 미치지 않는다고 판단하였다.

그러나 위 판결은 채권양도의 의사표시가 있었음을 인정할 만한 직접적인 증거는 전혀 없을 뿐만 아니라 피고의 주장에 일관성이 없어, 원래의 채권자인 소외인과 근저당권자인 피고 사이에 어떠한 법률관계가 형성되었는지를 판단하는 것은 단순한 사실인정의 문제가 아니라 의사표시 해석의 영역에 속하는 것으로 보아야 하는데, 증거에 의하면 오히려 이 사건 근저당권의 피담보채권을 원래의 채권자인 소외인뿐만 아니라 근저당권자인 피고에게도 귀속시키기로 합의함으로써 피고와 소외인이 불가분적 채권관계를 형성한 것이라고 볼 여지가 충분하다고 하여 원심을 파기, 환송하였다. 그러면서 "의사표시와 관련하여, 당사자에 의하여 무엇이 표시되었는가 하는 점과 그것으로써 의도하려는 목적을 확정하는 것은 사실인정의 문제이고, 인정된 사실을 토대로 그것이 가지는 법률적 의미를 탐구 확정하는 것은 이른바 의사표시의 해석으로서, 이는 사실인정과는 구별되는 법률적 판단의 영역에 속하는 것이다. 그리고 어떤 목적을 위하여 한 당사자의 일련의 행위가 법률적으로 다듬어지지 아니한 탓으로 그것이 가지는 법률적 의미가 명확하지 아니한 경우에는 그것을 법률적인 관점에서 음미, 평가하여 그 법률적 의미가 무엇인가를 밝히는 것 역시 의사표시의 해석에 속한다"고 하여 사실인정과 법률문제의 경계를 다시금 분명히 하였다.

[최 수 정]

第1節 總　則

第 103 條(反社會秩序의 法律行爲)

善良한 風俗 其他 社會秩序에 違反한 事項을 內容으로 하는 法律行爲는 無效로 한다.

차　례

Ⅰ. 총　론

1. 사적 자치 원칙과의 관계

민법 § 103는 「반사회질서의 법률행위」라는 표제 아래 "선량한 풍속 기타 사회질서에 위반한 사항을 내용으로 하는 법률행위는 무효로 한다."라고 규정한다. 이 조항은 사적 자치 원칙의 한계를 획정하는 조항이다. 그러므로 민법 § 103의 의미는 사적 자치 원칙과의 상호관계에서 이해되어야 한다.

헌법재판소의 표현을 빌리면, 사적 자치 원칙은 "인간의 자기결정 및 자기책임의 원칙에서 유래된 기본원칙으로서, 법률관계의 형성은 고권적인 명령에 의해서가 아니라 법인격자 자신들의 의사나 행위를 통해서 이루어진다는 원칙"이다.[1] 또한 "자신의 일을 자신의 의사로 결정하고 행하는 자유뿐만 아니라 원치 않으면 하지 않을 자유로서 우리 헌법 § 10의 행복추구권에서 파생되는 일반적 행동자유권의 하나"이기도 하다.[2] 요컨대 사적 자치 원칙은 인간이 자신의 법적 운명을 스스로 결정할 수 있도록 그에게 자유와 책임을 부여함으로써 개별 인간의 존엄과 가치를 고양하고자 하는 법 원칙이다. 실제로 대부분의 법률행위는 사적 자치 원칙의 본래적 영역 내에서 이루어지고 완결된다. 이러한 사적 자치 원칙은 그 자체가 법이 추구하여야 할 가치이자 목적이라는 의무론(deontology)적 관점 또는 사적 자치를 통하여 사회에 더 큰 효용이 발생할 수 있다는 결과론(consequentialism)적 관점에 의해 정당화된다.[3]

그러나 모든 원칙이 그러하듯 사적 자치 원칙에도 한계가 있다. 사적 자치 원칙도 궁극적으로는 공동체의 법 질서 안에서 인정된다. 따라서 이 원칙의 내용은 타인 또는 공동체와의 관계를 고려하여 형성되어야 한다. 그 과정에서 사적 자치 원칙이 지향하는 개인의 자율성은 필연적으로 일정한 내재적 한계에 직면한다.[4] 사적 자치 원칙의 내재적 한계는 그 원칙이 가지는 정당성의 정도와 밀접하게 연결되어 있다. 한편 사적 자치 원칙이 가지는 정당성의 정도는 그 원칙이 기초하는 전제의 정당성 정도에 좌우된다.

사적 자치 원칙은 충분한 정보의 토대 위에서 합리적이고 자유롭게 의사결정에 이르는 자율적인 인간상을 전제한다. 즉 ① 법률행위의 당사자에게 충분한 정보가 제공되어야 하고(정보의 토대), ② 그가 그 정보를 제대로 인식·이해하고 합리적으로 판단할 수 있어야 하며(인지와 판단의 토대), ③ 상대방이 있는 경우에는 그 판단의 토대 위에서 대등하게 상대방과 협상할 수 있어야 한다(협상력의 토대).[5] 그런

1) 헌재 01.5.31, 99헌가18 등(헌공, 57).
2) 헌재 10.5.27, 2008헌바61(헌공, 984).
3) 권영준, "한국 민법과 사적 자치", 우리 법 70년 변화와 전망, 청헌 김증한 교수 30주기 추모논문집, 2018, 116-118.
4) 고상용, 민법총칙, 제3판, 2003, 333; 김상용, 민법총칙, 전정판증보, 2003, 398.
5) 권영준, "계약법의 사상적 기초와 그 시사점—자율과 후견의 관점에서—", 저스 124,

데 거래 현실에서는 이러한 전제가 언제나 충족되지는 않는다. 즉 이 전제는 실제로는 취약한 전제이다. 그 취약함만큼 사적 자치 원칙의 정당성도 후퇴하게 된다. 그 공백에 후견적 관여가 들어선다. 후견적 관여의 정도에 따라 자율과 후견의 경계선이 획정된다. 사적 자치 원칙 또는 자율 패러다임의 원칙적 우월성에도 불구하고, 실제로는 후견적 관여의 필요성을 완전히 배제할 수 없는 이상, 이러한 경계선 획정은 불가피한 것이다.

민법 § 103는 이러한 경계선 설정에 관한 포괄적 가이드라인을 제공한다. 실제로 법원은 민법 § 103를 통하여 사적 질서와 사회질서의 조화로운 공존을 모색하는 경우가 많다. 그 점에서 민법 § 103는 신의성실의 원칙에 관하여 규정하는 민법 § 2와 함께 자율과 후견, 사적 질서와 사회질서 사이의 관계를 설정함으로써 민법, 나아가 사법(私法) 전체의 모습을 조화롭게 형성해 나가는 중요한 조항 중 하나이다.

2. 일반조항으로서의 민법 제103조

(1) 일반조항의 필요성

사적 자치 원칙의 한계를 획정하는 조항들은 민법을 비롯한 여러 법률들에 다양한 형태로 산재하여 있다. 그런데 이러한 개별 법률의 개별 조항들만으로는 사적 자치 원칙에 대한 다양한 예외 상황을 빠짐없이 규율할 수 없다.[6] 사회는 지속적으로 변화하지만 규범은 속성상 일정한 정도의 고정성과 안정성을 추구할 수밖에 없다. 따라서 사회 변화와 규범 내용 사이에는 일정한 간극이 존재할 수밖에 없다. 사회 변화를 실시간으로 담아내는 것은 입법 기술상으로도 곤란하다. 설령 그러한 입법이 가능하더라도 그러한 입법에 들어가는 비용은 편익을 초과한다. 그러므로 그러한 빈번한 입법 시도는 효율적이지 않다. 수범자인 국민들에게도 혼란과 피로감, 불안감을 안겨 준다. 그러므로 이러한 개별 조항들 외에도 추상적인 상위 원리를 담은 일반조항을 두어 법원이 개별 사건에서 대응하게 하는 것이 필요하다.

일반조항은 조항의 내용을 포괄적으로 정함으로써 다양한 사례에 유연하게 적용될 수 있도록 고안된 조항이다. 이는 고무줄조항 또는 개괄조항,[7] 제왕

2011, 174.

6) 고상용, 333; 김증한·김학동, 민법총칙, 제10판, 2013, 368; 김민중, 민법총칙, 2014, 284; 주석 총칙(2), 447-448(제5판/이동진).

7) 심헌섭, 일반조항 소고—분석적 소묘—, 서울대학교 법학 30-1-2, 1989, 107.

조항 또는 백지조항[8]이라고도 불린다. 신의성실의 원칙(§2), 중대한 사유(§804), 상당한 이유(형 §21), 음란(형 §245), 부당한(형 §349) 등 불확정 개념을 담고 있는 조항들이 일반조항에 해당한다. 일반조항은 로마법의 'bonum et acquum', 'bona fides', 'exceptio doli' 등의 관념에서 이미 발견될 만큼 오랜 역사를 가지고 있다.[9] 이러한 일반조항은 추상적이고 일반적인 개념으로 구성되어 법 적용자로 하여금 가치 판단을 요구한다.[10] 일반조항이 가지는 유연한 특성 때문에 일반조항이 많이 포함된 법일수록 견고함보다는 유연함을, 형식보다는 실질을 더 추구하게 된다. 하지만 일반조항으로의 도피에 대한 경계심도 필요하다.[11] 즉 법 적용 주체의 비합리적이고 자의적인 판단을 제어해야 한다.

(2) 개방된 조항으로서의 민법 § 103

민법 § 103는 사회질서를 획정하고 수호하기 위하여 마련되는 개별 법률 또는 개별 조항에 기본적인 기준을 제공한다. 예컨대 신탁법 § 5 Ⅰ은 "선량한 풍속이나 그 밖의 사회질서에 위반하는 사항을 목적으로 하는 신탁은 무효로 한다."라고 규정한다.[12] 이는 민법 § 103가 개별법에 가이드라인을 제시하는 하나의 예이다. 또한 『성매매알선 등 행위의 처벌에 관한 법률』 § 10 Ⅰ은 성매매알선 등을 한 사람이 그 행위와 관련하여 가지는 채권은 그 계약의 형식이나 명목에 관계없이 무효로 한다고 규정한다. 이 역시 민법 § 103 소정의 선량한 풍속 기타 사회질서를 최상위 기준으로 고려하여 만든 조항이다. 또한 민법 § 103는 개별 법률이나 개별 조항의 규율이 미치지 못하는 상황에 보충적으로 적용된다. 그러한 점에서 민법 § 103는 사법(私法)의 영역에 존재하는 사회질서의 최종적 수호자라고 할 수 있다. 모(母) 조항으로서의 민법 § 103는 공동체가 보호해야 할 기본적인 질서를 침범하는 법률행위의 효력을 소거하는 한편, 법률행위의 당사자들이 이를 염두에 두고 그 질서 범위 내에서 사적 자치를 발현하도록 향도하는 기능을 수행한다. 이러한 기능을 유연하고 포괄적으로 수행하기 위해 민법 § 103는 개방성을 지닌다.

8) 곽윤직 · 김재형, 민법총칙, 제9판, 2013, 76.

9) J. W. Hedemann, Die Flucht in die Generalklauseln, Eine Gefahr für die Recht und Staat, Tübingen, 1933, S. 2.

10) W. Canaris, Systemdenken und Problemdenken in der Jurisprudenz, Berlin, 1969, S. 72.

11) 대표적인 문헌으로 J. W. Hedemann, Die Flucht in die Generalklauseln, Eine Gefahr für die Recht und Staat, Tübingen, 1933.

12) 예컨대 수익자의 범죄행위를 고무하기 위하여 설정한 신탁은 무효이다. 최수정, 신탁법, 2016, 197.

첫째, 민법 § 103는 자율과 후견의 상관관계에 개방된 조항이다. 민법 § 103는 사법상 법률관계에 있어서 개인과 공동체의 역학관계 및 그 속에서 수행되어야 할 법원의 역할을 설정하는데 중요한 의미를 지닌다. 그러므로 민법 § 103의 기능은 그 조항이 적용되어야 할 사회의 지속적인 변화에 적절하고 유연하게 대응하는 방향으로 설정되고 재해석되어야 한다. 1804년 프랑스 민법 제정 당시처럼 개인주의적 자유주의가 중시되던 시대에서의 공서양속 조항과 오늘날처럼 이른바 갑을(甲乙) 관계로 비유되는 비대칭적 계약상황[13]에 대응하여 신의성실과 공정거래, 그리고 복지국가적 요청이 쇄도하는 시대에 있어서의 공서양속 조항이 동일한 기능을 수행할 수는 없다. 그러한 점에서 자율과 후견 사이의 균형을 설정하는 민법 § 103의 적용 기준은 시대적 상황에 따라 달라질 수 있다.

예컨대 현대 유럽의 계약법 원리를 집대성한 유럽계약법원칙(Principles of European Contract Law, PECL)은 실체적 내용을 담은 첫 번째 조항인 § 1:102 Ⅰ에서 "당사자들은 신의성실과 공정거래의 요구, 그리고 이 원칙에 의해 정해진 강행규정 아래에서 자유롭게 계약을 체결하고 그 내용을 결정할 수 있다." 라고 하여 계약자유의 원칙의 제한가능성을 처음부터 진솔하게 천명하고 있다. 또한 § 1:201 Ⅰ에서는 계약당사자가 일반적으로 부담하는 첫 번째 의무로서, "각 당사자는 신의성실과 공정거래에 따라 행위하여야 한다"라고 규정하는데, 그 해설에서는 "이 조문은 유럽계약법원칙을 관통하는 기본원칙"이라고 설명하고 있다.[14] 이처럼 계약법에 있어서 공동체적 가치가 강화되는 것은 현대 계약법의 일반적인 경향으로 평가되고 있다.[15] 이러한 거시적 흐름 속에서 민법 § 103와 같은 공서양속 조항은 사적 자치가 미풍양속과 국가의 근본질서를 침해하지 않도록 제어하기만 하는 소극적 기능에서 더 나아가 거래관계나 노동관계에서 계약공정을 담보하는 적극적 기능도 수행할 필요가 있다.[16]

---

13) 비대칭적 계약이 꼭 소비자 계약에 국한되는 것은 아니다. 기업간 거래에 있어서도 이러한 비대칭적 계약은 드물지 않게 찾아볼 수 있다. 오히려 소비자 계약에 비해 특별법의 혜택이 충분히 주어지지 않아 더욱 은밀하고 고질적인 비대칭성이 발견되는 경우도 적지 않다. 이에 대해서는 권영준(주 5), 186; Vincenzo Ropo, "From Consumer Contracts to Asymmetric Contracts", 2 *E.J.C.L.* 304, 317 (2009) 참조.

14) Ole Lando and Hugh Beale(ed.), *Principles of European Contract Law, Part* Ⅰ *and* Ⅱ, 2000, 113.

15) 박영복, 현대 계약법의 과제, 2009, 511, 586 참조.

16) 주석 총칙(2), 418(제4판/윤진수 · 이동진)에서도 법률행위 당사자의 이익을 보호하기 위한 공서양속(같은 책, 439에서는 위약벌에 적용되는 공서양속을 이러한 유형의 공서양

실제로 현대의 재판례들을 보면 민법 §103는 근대 민법의 초석인 프랑스민법이 처음 제정될 당시에는 아마도 상정하지 않았을 적극적인 기능을 수행하고 있다. 예컨대 대결 07.3.29, 2006마1303은 "경업금지약정은 직업선택의 자유와 근로자의 권리 등을 제한하는 의미가 있으므로, 근로자가 사용자와의 약정에 의하여 경업금지기간을 정한 경우에도, 보호할 가치 있는 사용자의 이익, 근로자의 퇴직 전 지위, 퇴직 경위, 근로자에 대한 대상(대상) 제공 여부 등 제반 사정을 고려하여 약정한 경업금지기간이 과도하게 장기라고 인정될 때에는 적당한 범위로 경업금지기간을 제한할 수 있다."라고 판시하였다. 과도하게 장기인 경업금지기간을 적당한 범위로 제한할 수 있다는 판시는 부당하게 과다한 예정배상액을 적당히 감액할 수 있다는 민법 §398 Ⅱ의 내용과 매우 흡사하다. 민법 §103에 의거하여 경업금지기간을 적당히 제한하는 재판 경향은 이미 하급심에 존재하고 있었고,[17] 이를 대법원이 받아들인 것이다.

둘째, 민법 §103는 다양한 사안 유형에 개방된 조항이다. 민법 §103는 특정한 유형의 사안에만 적용되지 않는다. 민법 §103가 적용될 수 있는 사안 유형은 광범위하고 다양하며, 어떤 유형화도 민법 §103의 포괄성과 개방성을 완벽히 덮을 수는 없다. 그런데 역설적으로 이러한 민법 §103의 포괄성과 개방성 때문에 이 조항을 구체적인 사안에 적용하는 지침으로서의 생명력은 줄어든다. 따라서 민법 §103와 관련해서는 여전히 유형화가 중요한 의미를 가지게 된다. 이를 통해 민법 §103의 적용기준이 구체화되고 이 조항이 실제 규범으로서 가지는 생명력이 높아지기 때문이다. 후술하듯이 민법 §103가 적용되는 사안은 여러 가지 기준에 의해 유형화되고 있다. 이를 통해 공서양속 판단이 법관의 주관적·자의적 신념이 아닌 법 공동체의 객관적 관점에 의하여 이루어질 수 있게 된다.[18]

이처럼 민법 §103가 가지는 일반 조항 내지 개방 조항으로서의 의미를 강조할수록 민법 §103를 통하여 그 시대의 가치와 요청을 사법관계에 체계적으로 투영하여야 하는 법관의 역할은 더욱 커지게 된다. 그러므로 그 시대에 통용되는 보편적인 가치를 탐색하고자 하는 법관의 의지, 그리고 이에 관한 법관의 이해력과 수용 능력이 중요하다.

속으로 분류함)은 원래 의미의 공서양속과는 다소의 거리가 있다고 설명한다.

17) 박선준, "근로자에 대한 경업금지약정의 유효성 판단기준", 대법원판례해설 83, 2010, 50.

18) 이영준, 한국민법론, 총칙편, 2005, 203.

3. 연　　혁

현행 민법 §103는 의용민법 §90를 이어받아 마련된 조항이다. 의용민법 §90는 공서양속위반이라는 표제 아래 "공공질서 또는 선량한 풍속에 반하는 사항을 목적으로 하는 법률행위는 무효이다."라고 규정하고 있었다. 현행 일본민법 §90 및 만주국민법 §100와 동일한 내용이다.

조선고등법원에서 의용민법 §90에 의거하여 공서양속 위반에 대하여 판단한 주요 사례들은 다음과 같다.[19] 참고로 의용민법 당시에는 현행 민법 §104에 해당하는 조항이 없었으므로 그 적용 대상인 불공정행위도 현행 민법 §103에 해당하는 §90의 공서양속 위반 문제로 다루었다. 이는 현행 일본민법의 상황과 마찬가지이다.

> – 매매에서 대금(代金)의 액수가 목적물건의 가액에 비하여 저렴하여 현저하게 불균형한 경우에는 그 계약이 매주(賣主)의 경솔 무경험 또는 급박한 곤궁을 편승하여 허락한 것이 될 때는 공서양속(公序良俗)에 반하는 것으로써 이를 무효로 할 수 있을 것이다.[20]
>
> – 고용계약에 부수하여 체결한 신원보증 계약은 피용자가 장래 책임져야 할 사유로 인하여 사용자에게 손해를 가한 경우에 그 손해를 제3자에게 배상해야 할 취지의 손해담보계약으로서 그 배상액에 한도를 정할 때는 공서양속(公序良俗)에 반할 것이 없기 때문에 유효하다고 하더라도 무한하게 배상의무를 부담시키는 계약은 공서양속(公序良俗)에 반하는 것으로 무효가 된다.[21]
>
> – 유저당(流抵當)의 약관에서 채무의 이행에 대신하여 급부하는 것을 약속한 물(物) 또는 권리의 가액이 채무액을 초과하여 현저하게 불균형한 경우에 있어 그 계약이 채무자 기타 자의 경솔함과 무경험 또는 급박한 곤궁에 편승하여 체결한 것이라 인정될 때에는 이를 공서양속(公序良俗)에 반(反)하는 것으로써 무효라 해야 할 것이다.[22]
>
> – 이혼의 협의조(協議調)를 할 즈음에 한쪽으로부터 처(妻)인 다른 쪽에 대하여 금품의 증여 또는 부양방법을 약정한다면, 부부로 정의(情誼)에 기초해 불상(不祥)한 이혼으로 인한 재해를 완화시키는 것으로, 지당(至當)의 처치라 말하여도 조금도 공서양속(公序良俗)에 반하는 것은 아니다.[23]

19) 이하 판결요지는 법원도서관 웹사이트(library.scourt.go.kr)에서 제공하는 조선고등법원 판결록의 번역에 따른 것이다.
20) 조선고등법원 1928(昭和 3).11.17, 昭和3년 민상제372호 판결.
21) 조선고등법원 1929(昭和 4).6.4, 昭和4년 민상제112호 판결.
22) 조선고등법원 1930(昭和 5).1.17, 昭和4년 민상제423호 판결.
23) 조선고등법원 1932(昭和 7).12.20, 昭和7년 민상제549호 판결.

- 건물의 소유를 목적으로 한 지상권(地上權) 또는 임차권이라도 그 등기가 없을 경우에는 그것으로 제3자에게 대항할 수 없다. 제3자가 선의인지 악의인지는 물을 것도 없게 된다. 용익권(用益權)을 설정한 토지를 양도하는 것은 양수인(讓受人)이 그 사항을 인지하고 있다 해도 공서양속(公序良俗)에 반하는 것이라고 말할 수 있다.[24)]

- 조선인인 한 남자 한 여자가 정식으로 혼인의 신고를 하지 않고 부(夫)와 첩(妾)의 명의 하에 평생 공동생활을 약속하고 공공연히 동거를 계속한 경우, 다른 배우자가 없는 경우는 그것을 사실상의 부부라고 인정할 수 있고 이것은 공서양속(公序良俗)에 반하는 것은 아니다.[25)]

이러한 의용민법 § 90는 현행 민법 § 103의 중요한 출발점이 되었다. 민법 제정 당시 논의 과정을 기록한 민법안심의록에 따르면 의용민법 § 90 외에도 독일민법 § 138 전단, 스위스채무법 § 20 전단, 프랑스민법 § 131와 § 133, 중국민법 § 72를 참고한 것으로 되어 있다. 의용민법 § 90와 현행 민법 § 103를 비교하면 그 표제가 다르고(의용민법은 "공서양속위반", 현행 민법은 "반사회질서의 법률행위"), 본문의 표현도 다르지만(의용민법은 "공공질서", 현행 민법은 "기타 사회질서", 의용민법은 "목적으로 하는 법률행위", 현행 민법은 "내용으로 하는 법률행위", 의용민법은 "공공질서 또는 선량한 풍속", 현행 민법은 "선량한 풍속 기타 사회질서".) 전체적인 내용과 취지는 대동소이하다. 실제로 민법안심의록은 현행 민법 § 103가 의용민법 § 90와 같은 취지의 조항이라고 명시적으로 밝히고 있다.[26)]

의용민법 § 90가 "공공질서 또는 선량한 풍속"이라고 규정하던 것을 현행 민법 제정 과정에서 "선량한 풍속 기타 사회질서"로 규정함으로써 선량한 풍속의 위치를 바꾸고 공공질서를 사회질서로 대체한 것은 의도적인 수정이다. 선량한 풍속이 사회질서와 별도로 존재하는 것이 아니라 사회질서의 일부임을 명확하게 밝히기 위한 것이었다고 한다.[27)] 공공질서를 사회질서로 바꾼 것은 그것이 용어상 타당하기 때문이었다고 한다.[28)] 또한 "목적으로 하는"을 "내용으로 하는"으로 바꾼 것은 실질적인 의미를 바꾸려는 의도라기보다는 목적이라는 용어가 가지는 다의성과 모호함을 제거하기 위한 의도라고 추측된다.

현행 민법 § 103는 의용민법 § 90와 달리 공공질서 대신 사회질서라는 말을 사용하고 있으므로 이를 계속 공서양속이라고 표현하는 것은 부적절하다는

24) 조선고등법원 1933(昭和 8).1.31, 昭和7년 민상제597호 판결.
25) 조선고등법원 1933(昭和 8).5.12, 昭和8년 민상제84호 판결.
26) 민법안심의록 상권, 70.
27) 민법안심의록 상권, 70.
28) 민법안심의록 상권, 70.

지적도 있다.[29] "공서양속"은 의용민법 § 90의 "공공질서 또는 선량한 풍속"을 줄인 말이다. 의용민법 § 90와 같은 내용을 가지는 일본민법 § 90에 관하여서도 "공서양속"이라는 말이 널리 쓰이고 있다.[30] 이념적으로 "공공"과 "사회"는 다른 의미와 뉘앙스를 가지는 것이 사실이다. 사회는 여러 층위에서 다양한 외연으로 존재할 수 있다. 한 국가의 구성원 모두를 포괄하여 성립되는 "사회" 뿐만 아니라, 법조 사회, 민법학계 등 특정 직역 종사자의 "사회"를 상정할 수 있지만, 이를 꼭 "공공"의 사회라고 보기는 어렵다. 그 점에서 사회질서는 공공질서보다는 국가 중심주의 또는 공적 영역 중심주의에서 한걸음 멀리 떨어진 개념이다. 따라서 공공질서에 비해 사회질서라는 개념에는 사회의 기본법으로서 민법이 가지는 위상과 의미가 더욱 강하게 포함된다고 볼 여지도 있다. 그러나 공공질서와 사회질서가 의미하는 질서의 실질이 별반 다르지 않고, "사회질서 또는 선량한 풍속"을 줄인 적절한 대체어가 무엇인지에 대해 공감대가 형성되지 않은 이상 그 동안 널리 사용하여 온 공서양속이라는 표현을 쓰는 것이 큰 문제라고 생각하지는 않는다. 대법원도 공서양속이라는 표현을 빈번하게 사용한다.[31]

현행 민법 § 103는 제정 이래 지금까지 한 차례도 개정되지 않았다. 다만 그 동안 민법 재산편 전면 개정시안이 두 차례 작성되었다가 실제 개정에 이르지 못하였는데,[32] 그 당시 다음과 같은 내용이 논의된 적은 있다. 우선 2004년 민법 개정안 작성 과정에서는 투기 · 사행행위, 변호사의 성공보수, 불로소득 및 과도한 이자의 약정을 반사회질서 행위의 유형으로 규정하자는 제안이 있었다. 그러나 이에 대해서는 민법 § 103가 가지는 일반조항으로서의 성격에 비추어 볼 때 그 구체적인 내용은 판례에서 유형화하는 것이 타당하다는 반대의견이 강하여 이러한 제안이 받아들여지지 않았다. 그중 과도한 이자 약

29) 송덕수 · 김병선, 민법 핵심판례 200선, 2016, 21.

30) 我妻 榮 外, 我妻 · 有泉, *コメンタール* 民法 (總則 · 物權 · 債權), 第4版, 2016, 206.

31) 대판 00.7.28, 99다38637(공 00, 1929); 대판 09.9.10, 2009다23283(공 09하, 1632); 대판 13.10.11, 2013다52622(공 13하, 2075); 대판 16.1.28, 2015다239324(공 16상, 353) 등 다수.

32) 법무부는 1999년 2월에 민법개정특별분과위원회를 구성하여 5년 4개월간의 작업을 거친 끝에 2004년 6월에 민법 재산편 개정안을 마련하였고, 같은 해 10월 21일 이를 국회에 제출하였으나 국회의 임기만료로 위 개정안은 폐기되었다(2004년 민법 개정안). 또한 법무부는 2009년 2월에 법무부민법개정위원회를 구성하여 2014년 2월에 이르기까지 5년간의 작업을 통해 다시 민법 재산편 개정시안을 마련하였고, 그중 일부가 국회에 제출되어 성년후견제, 보증계약, 여행계약 등 일부가 국회를 통과하였다(2014년 민법 개정안). 권영준, 2014년 법무부 민법 개정시안 해설—민법총칙 · 물권편—, 2017, 16-20 참조.

정의 명문화 문제는 민법개정위원회 제6차 전체회의(1999.9.18.)에도 회부되었으나 향후 연구대상으로 미루기로 하였다. 2014년 민법 개정시안 작성 과정에서도 초기 단계에서 반사회적 행위의 유형화의 가능성이나 "선량한 풍속"이 사회질서의 하위개념임을 고려하여 삭제하는 가능성이 논의되었으나, 그 논의는 더 이상 진전되지 않았다. 한편 "선량한 풍속 기타 사회질서"를 "선량한 풍속 그 밖의 사회질서"로 수정하고, "위반한 사항을 내용으로 하는 법률행위는 무효로 한다."를 "위반하는 법률행위는 무효이다."로 수정하자는 개정 의견이 제시되었다. 그중 "내용"을 삭제하는 것은 법률행위의 내용 자체가 선량한 풍속 기타 사회질서에 위반하지 않지만 동기의 불법과 같이 그 내용을 형성하는 과정에서 이러한 위반이 있는 경우도 포섭하기 위함이었다. 그러나 최종적으로는 민법 §103를 개정하지 않고 현행대로 두는 것으로 귀결되었다. 자료상으로는 그 이유를 분명히 찾을 수 없으나 민법 §103가 가지는 일반조항으로서의 성격에 비추어 구체적인 내용은 판례를 통하여 형성해 나가는 것이 바람직하다는 생각 때문이었던 것으로 추측된다.

Ⅱ. 인접 법리 내지 제도와의 관계

1. 강행규정과의 관계

강행규정은 사적 자치의 한계를 설정하여 그 한계를 벗어나는 법률행위의 효력을 박탈하는 규정이므로 민법 §103와 밀접한 관련성이 있다. 강행규정은 민법 §103 소정의 사회질서를 고려하여 만든 규정으로서, 그 범위 내에서는 민법 §103에 대한 특별규정이다.[33] 판례 중에는 강행규정에 위반하는 법률행위를 반사회적 행위라고 표현하기도 하는데,[34] 이러한 표현은 부지불식간에 강행규정과 민법 §103 사이의 긴밀한 관계를 보여주는 것이다. 그러므로 어떤 규정이 강행규정인지 여부를 판단할 때에는 그 규정에 위반한 법률행위의 내용과 그 법률행위로 인하여 취득한 이익의 성질과 변동 상황 등이 법률행위의 사법상 효력을 부인하여야 할 정도로 반사회적인지를 고려해야 한다.[35] 또

33) 독일의 경우 강행규정에 관한 독일민법 §134와 공서양속에 관한 독일민법 §138에 대해 동일하게 설명한다. Palandt, Bürgerliches Gesetzbuch, 78. Aufl, 2019, §138, Rn. 13.
34) 예컨대 대판 78.5.9, 78다213(공 78, 10873); 대판 87.4.28, 86다카1802(공 87, 881).
35) 대판 10.12.23, 2008다75119(공 11상, 207).

한 해당 법률행위에 대해서는 강행규정이 없지만 그와 관련이 있는 다른 법률행위에 강행규정이 있다면 해당 법률행위가 반사회행위인지를 판단할 때 이를 고려할 수 있다.[36] 이때 강행법규의 취지, 두 법률행위의 관계, 해당 법률행위가 거래와 당사자의 기대에 미치는 영향 등을 고려하여야 한다.[37] 이는 민법 § 103와 강행규정이 사실은 하나의 뿌리에서 나왔음을 보여주는 것이다.

그러나 강행규정 여부의 판단이 반사회성에만 의거하여 이루어지지는 않는다. 그 판단 과정에서는 그 행위의 사법상 효력을 부인하고 그 경제적 이익이 행위 주체에게 귀속되는 것을 방지하여야만 비로소 입법 목적을 달성할 수 있는지 아니면 형사제재나 행정적 제재만으로 입법 목적을 달성할 수 있는지, 그 행위의 사법상 효력을 부인할 경우 거래의 안전에 어떤 영향을 미치는지 등을 함께 고려해야 한다.[38] 이처럼 어떤 규정이 강행규정인지 여부는 단지 행위 자체의 반사회성이라는 단순한 기준만으로 판단하는 것은 아니므로, 강행규정을 통하여 금지되는 행위의 범위는 민법 § 103를 통하여 금지되는 행위의 범위보다 더 넓다고 할 수 있다. 바꾸어 말하면, 강행규정으로 사법상 효력이 부인되는 행위가, 강행규정이 없었더라도 민법 § 103에 의하여 사법상 효력이 부인되었을 행위라고 단정할 수는 없다.

예컨대 「약관의 규제에 관한 법률」(이하 '약관규제법')은 많은 강행규정들을 포함하고 있는데 이러한 강행규정들에 위배되는 행위가 모두 원래부터 민법 § 103에 반하는 행위라고 평가할 수는 없다. 또한 약관규제법이 약관과 관련된 민법 § 103의 문제를 총체적으로 포괄하는 것도 아니므로 약관규제법이 적용되지 않는 범위에서는 여전히 민법 § 103가 적용될 수 있다.[39] 약관규제법은 고객을 불공정한 약관으로부터 보호하는 데에 초점을 맞추고 있으므로 그와 무관한 공서양속 위반 사유들에 대해서는 여전히 민법 § 103가 적용될 수 있다. 가령 양 당사자가 모두 합의하였고 이로 인하여 어떤 당사자도 불이익을 받지 않지만 사회질서를 해치는 조항에 대해서는 민법 § 103가 적용될 수 있다.[40]

다수설도 법률행위의 유효요건으로 적법성과 사회적 타당성을 별개의 요

36) 대판 09.9.10, 2009다37251(공 09하, 1638).
37) 대판 09.9.10, 2009다37251(공 09하, 1638).
38) 대판 17.2.3, 2016다259677(공 17상, 520).
39) Armbrüster, Münchener Kommentar zum BGB, 7.Aufl. 2015, BGB § 138 Rn. 5.
40) Ambrüster, Münchener Kommentar zum BGB, 7. Aufl., 2015, § 134, Rn. 5도 같은 취지로 설명한다.

건으로 보아 강행규정은 적법성 요건, 민법 § 103는 사회적 타당성 요건으로 파악함으로써 강행규정과 민법 § 103가 완전히 동일한 차원에 있는 것이 아니라는 입장을 취한다.[41] 강행규정은 임의규정에 관한 민법 § 105의 반대해석상 "선량한 풍속 기타 사회질서와 관계있는 규정"이므로 강행규정과 민법 § 103는 본질적으로 다르지 않다는 입장도 있다.[42] 그러나 민법 § 105로부터 강행규정이 선량한 풍속 기타 사회질서와 관련되어 있다는 점을 추출할 수 있다고 하여 이로부터 양자의 범위가 본질적으로 동일해야 한다는 결론이 논리적으로 도출되지는 않는다. 반사회성만으로 설명할 수 없는 강행규정이 있는가 하면, 근본적인 윤리에 반하는 행위처럼 굳이 강행규정으로 규율할 필요조차 없는 반사회적 행위도 있다.

한편 강행규정이 입법부의 영역에 속한다면 공서양속은 사법부의 영역에 속한다. 현대 사회에서는 강행규정의 숫자가 점점 늘어나는데, 이에 비례하여 민법 § 103가 적용될 여지는 점점 줄어든다. 그렇다면 현대 사회에서 민법 § 103는 이제 상징적 의미만 가지는가? 그렇지 않다. 강행규정의 숫자가 늘어나도 이 사회에서 일어나는 반사회적 행위를 빠짐없이 규율할 수는 없기 때문이다. 또한 강행규정은 민법 § 103로부터 이론적 자양분을 제공받는다. 즉 민법 § 103의 해석론은 강행규정 해석론에도 직간접적으로 영향을 미친다. 한 걸음 더 나아가 민법 전체의 균형과 체계에도 직간접적으로 영향을 미친다. 민법 § 103는 민법의 지배원리 중 하나인 사적 자치 원칙의 역할과 범위를 규정하는 조항이기 때문이다. 이러한 의미에서 강행규정의 숫자가 늘어나고 그 규율밀도가 높아지더라도 민법 § 103가 현대 사회에서 가지는 의미는 여전히 과소평가될 수 없다.

탈법행위는 강행규정과 민법 § 103 중 어떤 조항의 규율 대상인가가 문제된다. 탈법행위는 강행규정을 우회하는 위법행위이다. 탈법행위도 실질적인 강행규정 위반행위이므로 강행규정과의 관련성 아래에서 1차적으로 논의하면 충분하고, 강행규정의 영역에서 포섭할 수 없는 탈법행위에 대해서만 보충적으로 민법 § 103를 적용하면 된다. 판례도 탈법행위의 사법상 효력은 강행규정에 의하여 부정할 수 있다는 입장을 취한다.[43]

41) 구주해, 총칙(2), 256(민일영); 양창수 · 김재형, 계약법—민법 Ⅰ, 제2판, 2015, 659 등.
42) 이영준(주 18), 181.
43) 대판 19.1.17, 2015다227000(공 19상, 437).

2. 신의성실의 원칙과의 관계

민법 § 2는 "신의성실"이라는 표제 아래 제1항에서 "권리의 행사와 의무의 이행은 신의에 좇아 성실히 하여야 한다"라고 규정함으로써 신의성실의 원칙을 선언하고 있다. 민법 § 2는 일반 조항이면서 사적 자치의 원칙을 제한하는 이념적 도구로 활용된다는 점에서 민법 § 103와 공통점을 가진다. 판례 중에서도 어떤 법률행위를 무효로 하기 위해 신의칙과 공서양속을 선택적으로 열거하는 사례가 발견된다.[44] 다만 법률행위에 관한 한 신의성실의 원칙은 주로 법률행위 당사자들 상호간의 관계를 규율하는 반면, 공서양속 조항은 주로 제3자의 이해관계를 포함한 사회질서 전체를 규율한다는 차이점이 있다.[45] 이처럼 양자의 규율 범위가 일치하지 않기 때문에 신의성실의 원칙에 반하는 법률행위라고 하여 그것이 곧바로 공서양속에 반하는 법률행위라고 할 수는 없다. 실제로 대법원은 신의성실의 원칙에 따라 변호사 보수를 감액하는 것이 가능하다고 하면서도, 공서양속에 관한 민법 § 103를 적용하여 그러한 결론에 이르는 것은 어렵다고 판단한 바 있다.[46]

한편 권리 행사의 측면에서 발현되는 신의칙의 모습이라고 할 수 있는 권리남용금지 원칙의 영역에서도 민법 § 103와의 연결 고리가 존재한다. 예컨대 딸이 자기 소유 건물에서 살고 있는 아버지와 남동생을 상대로 건물인도 및 퇴거를 구하는 사안에서, 대법원은 딸은 외국에 이민을 가 있어 그 주택에 입주하지 않으면 안 될 급박한 사정이 없는 반면, 아버지는 고령과 지병으로 고통을 겪고 있는 상태에서 달리 마땅한 거처도 없고, 남동생은 자녀로서의 책임감 때문에 홀로 아버지를 부양하면서 그와 동거하고 있다면 이러한 건물인도 및 퇴거청구는 인륜에 반하는 행위로서 권리남용에 해당한다고 보았다.[47] 이 사안에서 권리남용금지의 기초가 된 것은 부녀관계를 둘러싼 선량한 풍속 기타 사회질서였다. 따라서 공서양속은 신의칙 내지 권리남용 판단의 실체적 토대를 제공하기도 한다. 이러한 맥락에서 판례는 권리남용의 객관적 요건으로서 "사회적 한계를 초과한 때",[48] "권리행사로서 사회질서에 어긋나는 결과를

---

44) 대판 99.4.9, 98다20714(공 99, 833).

45) 김증한 · 김학동, 370; Lorenz Kaehler, Policy Interventions via Contract Interpretation, European Review of Private Law, Vol. 22, Issue 5 (2014). p. 650.

46) 대판(전) 18.5.17, 2016다35833(공 18하, 1139).

47) 대판 98.6.12, 96다52670(공 98하, 62).

48) 대판 66.3.15, 65다2329(집 14(1)민, 113).

초래할 때",[49] "형식적으로는 권리행사라 하여도 그것이 권리의 사회성과 적법성의 관념에 비추어 도저히 허용할 수 없는 정도"일 때,[50] "권리행사가 사회질서에 위반된다고 볼 수 있"을 때,[51] "정의에 반함이 명백하여 사회생활상 용인할 수 없다고 인정"되는 때[52] 등을 열거함으로써 권리남용과 사회질서의 상관관계를 명시적으로 드러내고 있다.

3. 법률행위 해석과의 관계

법률행위의 내용이 선량한 풍속 기타 사회질서에 위반되는지를 판단하려면 법률행위의 내용이 확정되어야 한다. 이러한 내용 확정 작업이 법률행위의 해석이다. 따라서 법률행위의 해석은 법률행위의 반사회성 판단에 선행한다. 경우에 따라서는 법률행위의 반사회성 판단 이후에 법률행위의 해석이 이루어지기도 한다. 법률행위의 일부가 민법 §103에 위반되어 무효가 된 경우 그 공백을 보충하기 위한 보충적 해석이 이루어지는 경우가 그러하다.

이처럼 법률행위의 해석과 반사회성 판단은 서로 독자적 의미를 가지는 별개 작업이다. 그러나 양자의 연결점이 실종되어 있는 것은 아니다. 민법 §103가 보호하고자 하는 사회질서는 법률행위 해석에도 간접적으로 영향을 미치기 때문이다.

만약 어떤 법률행위에 대해 복수의 해석 가능성이 있다면 민법 §103에 위반되지 않는 방향으로 해석해야 한다. 이는 유효해석의 원칙에 따른 것이다. 유효해석의 원칙은 유효하게 되는 해석과 무효로 되는 해석이 있다면 유효하게 되는 해석이 우선되어야 한다는 원칙이다.[53] 이는 ① 합리적 당사자라면 무효가 되는 계약을 의도하지 않았을 것이라는 점, ② 시간과 비용을 들여 계약을 체결하였다면 가급적 그 계약이 유효하게 존속할 수 있도록 하는 방향이 효율적이라는 점에 기초한 해석 원칙으로서, 법률을 해석할 때 가급적 헌법에 합치되는 쪽으로 해석해야 한다는 헌법합치적 해석과도 궤를 같이 한다.

---

49) 대판 83.10.11, 83다카335(공 83하, 717); 대판 90.5.22, 87다카1712(공 90하, 876).
50) 대결 92.6.9, 91마500(공 92하, 925).
51) 대판 12.12.13, 2012다33624.
52) 대판 18.3.27, 2015다70822(공 18상, 784).
53) 윤진수, "계약 해석의 방법에 관한 국제적 동향과 한국법", 비교사법 12-4, 2005, 75-76; 남효순, "법률행위의 해석의 쟁점", 서울대학교 법학 41-1, 2001, 163에서는 이를 "효용해석의 원칙"이라고 부른다.

대법원도 유효해석의 원칙을 채택하고 있다.[54] 예컨대 당사자가 고의로 계약을 위반한 경우까지 그 당사자를 면책시키기로 사전에 합의하는 것은 무효일 가능성이 높다. 만약 이러한 합의의 유효성을 인정한다면 계약위반 당사자가 고의로 계약을 위반하고도 아무런 책임을 부담하지 않게 되어 계약이행을 촉진하는 계약 본래의 취지가 무색해질 뿐만 아니라, 계약 상대방에게는 현저하게 불공정한 결과가 발생하게 되어 결국 이러한 합의가 민법 § 103 위반으로 귀결될 가능성이 높기 때문이다.

법률행위의 해석에 사회질서로 표상되는 규범적 가치 판단이 크게 작동할수록 민법 § 103가 개입할 여지는 줄어든다. 예컨대 앞서 설명한 유효해석의 원칙이 광범위하게 적용될수록 § 103가 개입할 여지는 줄어든다. 또한 판례는 종래 이른바 예문해석의 법리를 채택한 바 있는데,[55] 민법 § 103에 위반되는 내용의 계약 문언을 예문으로 보아 해석 차원에서 배척하는 경우에도 마찬가지 현상이 발생할 수 있다.

4. 기본권 보호와의 관계

헌법은 법질서의 최고 정점에 있다. 헌법은 국가의 권력 남용으로부터 국민의 기본권을 보장하고 국가의 통치 질서를 규범적 통제 하에 두기 위하여 제정된다. 그래서 헌법상 기본권은 국민이 국가에 대해 가지는 주관적 공권 또는 주관적 지위로 인식되어 왔다. 반면 헌법에 대한 관념이 본격적으로 태동하기 오래 전부터 존재하였던 사법(私法)은 사인 사이의 관계를 규율하여 왔다. 따라서 헌법을 비롯한 공법은 국가와 국민의 수직적 관계, 민법을 비롯한 사법은 국민 사이의 수평적 관계를 다루는 영역이라고 인식하여 왔다.

그런데 헌법상 기본권은 1차적으로 개인의 자유를 공권력의 침해로부터 보호하기 위한 방어적 권리이지만, 2차적으로는 헌법의 객관적 가치질서를 구체화한 것으로 사법(私法)을 포함한 모든 법 영역에 그 영향을 미친다.[56] 이처럼 객관적 가치질서로서의 기본권에 주목한다면 기본권 질서가 사인 간에도 적용되는 것을 좀 더 쉽게 설명할 수 있다.[57] 또한 사적 영역의 힘이 커지

54) 대판 96.12.10, 94다56098(공 97상, 27).
55) 대판 97.5.26, 97다22768(공 97, 3240); 대판 00.3.28, 99다32332(공 00, 1051).
56) 대판(전) 10.4.22, 2008다38288(공 10상, 897); 대판 18.9.13, 2017두38560(공 18하, 2000).
57) 허영, 헌법이론과 헌법, 신8판, 2017, 428-429, 445. 이 문헌에서는 기본권에 내포된

면서 다른 사인에게 국가와 유사한 힘을 발휘하는 사인 또는 사적 단체의 숫자도 늘어났다. 그러므로 국가와 국민 사이의 비대칭적인 힘의 불균형에 기초하여 탄생한 기본권의 정신이 사인 간에도 적용되어야 할 필요성이 커졌다. 즉 기본권에 의해 보호되는 가치는 비단 공법 영역에 머무르지 않고 사법 영역에도 널리 타당하다.[58] 좀 더 정확히 말하자면 역사적으로 이러한 가치는 헌법이 제정되기 전부터 이미 사법의 영역에서 그 보호가 논의되어 왔고, 그것이 헌법상 기본권으로 실정화된 것이다.

따라서 사인 간의 사적인 법률관계도 헌법상 기본권 규정의 취지와 적합하게 규율되어야 한다.[59] 이를 통해 인위적 법 영역과 무관하게 기본권 보호의 정신을 구현해야 한다. 이를 통해 법질서 전체의 통일성과 유기성을 제고해야 한다. 미국에서 기본권을 사인 간에 확장할 필요가 있을 때 사인의 행위를 국가의 행위로 의제하는 국가 행위 이론(state action doctrine)[60]도 이러한 현실적 필요성을 기존의 기본권 이론 체계에 받아들여 발전적 변형을 꾀한 사례이다. 그러므로 헌법상 기본권이 사인 간 법률관계를 다루는 민법 등 사법(私法)에 어떤 영향을 미치는지가 논의될 필요가 있다. 기본권과 사법질서의 관계, 또는 기본권의 대사인적 효력 또는 기본권의 수평적 효력의 문제라고 할 수 있다. 이는 기본권의 대국가적 효력 또는 수직적 효력에 대응하는 개념이다.[61]

이 문제에 대해서는 견해가 나뉜다. 우선 헌법상 기본권은 국민이 국가에 대하여 가지는 권리이므로 속성상 사인 간에는 문제되지 않는다는 효력부정설이 있다.[62] 그 반대 입장에 있는 효력긍정설은 직접적용설과 간접적용설로 나뉜다. 직접적용설은 헌법상 기본권 규정이 사법관계에 직접 적용된다는 학설이고, 간접적용설은 헌법상 기본권 규정이 사법의 개별 규정(특히 신의성실이나 공서양속 등과 같은 일반조항)을 통해 간접적으로 적용된다는 학설이다. 간접적용설이 우리나라의 다수설이다.[63] 간접적용설에 따르면 헌법상 기본권은 사법상 일반원칙을 담은 조

객관적 가치질서의 측면으로부터 기본권의 대사인적 효력을 설명하는 독일 문헌으로 K. Hesse, Grundzüge des Verfassungsrechts der Bundesrepublik Deutschland, 13. Aufl., 1982, Rn. 352 등을 인용하고 있다.

58) 윤영미, "민법상 일반조항과 기본권", 공법연구 39-4, 2011, 220.

59) 대판(전) 10.4.22, 2008다38288(공 10상, 897); 대판 18.9.13, 2017두38560(공 18하, 2000).

60) L. H. Tribe, American Constitutional Law, 1978, 1147 이하.

61) 이준일, "기본권의 대사인적 효력의 적용", 헌법실무연구 10, 2009, 148.

62) 문홍주, 제5공화국한국헌법, 1975, 201 이하.

63) 곽윤직 · 김재형, 281-282; 양창수 · 김재형, 661; 주석 총칙(2), 462(제5판/이동진); 윤

항들을 창구로 하여 사인 간의 법률관계에도 방사효(Ausstrahlungswirkung)가 미친다. 논리적으로는 직접적용설도 받아들일 수 있고, 또 일부 기본권은 그 성격 또는 해당 헌법 조항의 문언상 직접적용설이 타당하기도 하다.[64]

그러나 일반적으로 말하자면 간접적용설이 타당하다. 법 질서의 체계성을 고려하면 사인 간의 법률관계에 대해서는 헌법 질서 아래에서 이러한 법률관계를 규율할 목적으로 구체적이고 직접적으로 정립된 법률질서가 우선적으로 적용되는 것이 타당하기 때문이다. 그것이 보다 체계정합적이고 체계존중적인 사고방식이다. 헌법상 기본권을 구체적으로 구현하는 개별 법률이나 개별 규정들은 매우 많다.[65] 그렇다면 이러한 개별 법률의 개별 규정들이 적용되면 충분하고, 굳이 최상위의 헌법 규정을 끌고 내려 올 필요가 없다. 한편 민법에서는 신의칙에 관한 § 2, 공서양속에 관한 § 103, 불법행위에 관한 § 750 등 일반조항들을 통해 기본권 정신이 적용된다.[66] 즉 헌법상 기본권은 이러한 일반 조항들을 연결고리로 삼아 사법관계에도 광범위하게 투영될 수 있다. 또한 개별 법률에 미처 반영되지 못한 기본권의 요청을 보충적으로 만족시킬 수 있다. 예를 들어 불법행위에 관해서는 인격권 침해를 통하여 평등권이라는 기본권 침해가 다루어질 수 있다.[67]

판례도 간접적용설을 취한다. 그 사고방식의 단초는 대결 95.5.23, 94마2218에서 찾을 수 있다. 이 결정에서 대법원은 환경권에 관한 헌법 § 35 Ⅰ만으로는 보호대상인 환경의 내용과 범위, 권리자의 범위 등이 명확하지 않아 국민에게 직접 구체적인 사법상 권리를 부여한 것이라고 보기 어렵다고 판시하였다. 그러면서 사법상 권리로서의 환경권이 인정되려면 그에 관한 명문의 법률규정이 있거나 관계 법령의 규정취지나 조리에 비추어 권리의 주체, 대상, 내용, 행사방법 등이 구체적으로 정립될 수 있어야 한다고 판시하였다. 이는 기본권의 제3자적 효력에 관하여 간접적용설을 정면으로 채택한 결정은 아니다. 헌법 § 35 Ⅰ이 충분히 구체적이지 않아 이를 기초로 사법상 권리가 직접 발생하지 않는다는 취지일 뿐이고 헌법 조항이 구체적인 경우에는 어떠한지를

영미(주 58), 231-232 등.

64) 양창수·김재형, 661. 예컨대 표현의 자유나 근로자의 권리가 그러하다.

65) 한 가지 예만 들자면 근로기준법 § 6는 성별이나 국적, 신앙 또는 사회적 신분을 이유로 한 근로자 차별대우를 금지한다. 이는 헌법상 평등원칙을 규정한 § 11가 사법관계인 근로관계에 반영된 것이다.

66) 이준일(주 61), 150.

67) 대판 11.1.27, 2009다19864(공 11상, 396).

다루지 않기 때문이다. 그러나 헌법상 기본권 규정은 추상적일 수밖에 없어 사실상 개별 법률을 통하지 않고서는 구체적인 사법상 권리가 발생하기 어렵다는 점을 시사하였다. 이 점에서 이 결정은 간접적용설의 사고방식을 대변한다고 평가할 수 있다.

대법원은 그 후 간접적용설을 명시적으로 채택하였다. 즉 대판(전) 10.4.22, 2008다38288은 "기본권 규정은 그 성질상 사법관계에 직접 적용될 수 있는 예외적인 것을 제외하고는 사법상의 일반원칙을 규정한 민법 §§2, 103, 750, 751 등의 내용을 형성하고 그 해석 기준이 되어 간접적으로 사법관계에 효력을 미치게 된다."라고 판시하였다. 이러한 태도는 대판 11.1.27. 선고 2009다19864 판결에서도 반복되었다. 이 판결에서 대법원은 헌법상 평등권 침해는 민법 §750에 따른 인격권 침해 문제로 구체화된다고 판시하였다.

그런데 판례 중에는 헌법상 기본권 침해를 직접 문제삼는 것처럼 보이는 것들이 여럿 있다. 대판 70.3.24, 69다2286은 국유재산 중 국유광업권의 처분에 관하여 다른 국유재산의 처분과 달리 관계법령에 의하여 매각조건을 달리하였더라도 평등에 관한 헌법이나 헌법정신에 위배되는 것이 아니라고 하였다. 대판 91.5.28, 90다19770은 세입자입주권의 매매계약에서 매도자는 어떠한 경우에도 현 거주자에서 세입자카드가 발급될 때까지 살아야 한다는 조건을 붙였더라도 그러한 조건이 거주이전의 자유를 제한하는 약정으로 헌법이나 사회질서에 위반하는 약정이 아니라고 하였다. 대판 97.12.26, 97다42540은 상가 수분양자 상호 간의 업종제한 약정이 헌법상 직업선택의 자유를 침해하여 무효라고 볼 수 없다고 하였다. 대판 98.11.10, 96다37268은 대학예배에 6학기 참석할 것을 졸업요건으로 한 학칙은 헌법상 종교의 자유에 반하는 위헌무효의 학칙이 아니라고 하였다. 그러나 이러한 판례들이 직접적용설을 채택한 것이라고 평가하기는 어렵다. 판결 이유에서 명시적으로 밝히지 않았지만, 이 판례들은 묵시적으로 민법 §103 위반 여부를 판단한 것이라고 평가된다. 이러한 점을 좀 더 명시적으로 밝힌 판례도 있다. 예컨대 대판 10.3.11, 2009다82244은 사용자와 근로자 사이의 경업금지약정이 헌법상 보장된 근로자의 직업선택의 자유와 근로권 등을 과도하게 제한하거나 자유로운 경쟁을 지나치게 제한하는 경우에는 민법 §103에 위반하여 무효라고 하였다.

5. 국제적 공서와의 관계

민법 §103가 보호하고자 하는 사회질서는 국내의 질서이다. 따라서 공서양속 위반 여부는 해당 국가를 기준으로 판단해야 한다. 그러한 의미에서 민법 §103의 공서는 국내적 공서라고 할 수 있다. 그런데 외국판결의 승인 (및 이에 이은 집행)이라는 측면에서 공서가 문제되기도 한다. 즉 외국판결을 승인하려면 외국판결이 대한민국의 선량한 풍속이나 그 밖의 사회질서에 어긋나지 않아야 한다(민소 § 217 (iii)). 외국법의 적용이라는 측면에서 공서가 문제되기도 한다. 즉 외국법의 적용이 대한민국의 선량한 풍속 그 밖의 사회질서에 명백히 위반되는 경우에는 이를 적용하지 않는다(국사 § 10). 이처럼 외국재판 또는 외국법과의 관계에서 문제되는 공서를 국제적 공서(international public policy)라고 한다. 이러한 국제적 공서는 국제성을 고려하더라도 양보할 수 없는 국내법 질서의 기본원칙, 기본이념 또는 법 제도의 기본적 고려 등을 의미한다.[68] 이처럼 국제적 공서를 적극적 또는 소극적 요건으로 하는 것은 승인국의 법질서를 방어하기 위한 취지이다.[69] 국제적 공서에는 외국재판 또는 외국법에 대한 존중 내지 예양이라는 별도의 고려 요소가 있으므로 국내적 공서보다 좁게 해석할 필요가 있다.[70]

한편 민사소송법 § 217 (iii) 소정의 공서(즉 외국재판과의 관계에서 문제되는 공서)는 국제사법 § 10 소정의 공서(즉 외국법 적용과의 관계에서 문제되는 공시)보다 좀 더 엄격하게 새겨야 한다. 바꾸어 말하면 외국재판 승인은 외국법 적용보다 상대적으로 더 너그럽게 허용되어야 한다. 예컨대 외국법원이 전자의 공서에 따르면 적용이 배제되었을 외국법을 적용하여 판결을 선고한 경우, 위 외국법을 적용하였다는 이유로 당연히 외국판결의 승인이 배제되지는 않는다. 국내법원이 외국법의 적용을 거부하는 것과 달리, 외국법원의 판결 승인 자체를 거부하는 것은 외국 사법주권에 대한 국제적 예양의 측면에서 문제를 초래하고, 나아가 국제거래에 위축 효과를 야기할 수 있기 때문이다. 그러므로 그 외국재판을 인정할 경우 발생할 구체적 결과가 우리나라의 근본적인 정의관념과 기초적인 국가적 이익에 반하지 않는 한 그 승인과 집행을 거부할 수 없다고 보아야 한다.[71] 또한 외국법원 승인에 관한 심리

68) 석광현, "국제재판관할과 외국판결의 승인 및 집행", 국제사법연구 20-1, 2014, 39.
69) 석광현, 국제민사소송법, 2012, 373.
70) 진홍기, "국제거래상 외국 민·상사재판의 승인·집행에 관한 소고—한국, 미국, 일본 및 중국의 경우—", 비교사법 21-4, 2014, 1450.
71) 석광현(주 68), 39.

를 명목으로 실질적으로 확정재판 등의 옳고 그름을 전면적으로 재심사하는 것은 허용되지 않는다.[72)]

민사소송법 § 217 (iii) 소정의 승인 여부는 그 승인이 우리나라의 국내법 질서가 보호하려는 기본적인 도덕적 신념과 사회질서에 미치는 영향을 외국판결이 다룬 사안과 우리나라와의 관련성의 정도에 비추어 판단하여야 하고, 이 때 그 외국판결의 주문뿐 아니라 이유 및 외국판결을 승인할 경우 발생할 결과까지 종합하여 검토하여야 한다.[73)] 이와 관련하여 일제강점기에 국민징용령에 의하여 강제징용되어 강제노동에 종사한 대한민국 국민의 손해배상청구 등을 기각한 일본판결은 한국의 공서양속에 반하여 승인할 수 없다고 한 판례가 있다.[74)] 또한 징벌적 손해배상을 명한 외국판결은 한국의 공서양속에 반하여 승인할 수 없다고 한 하급심 판결이 있었는데,[75)] 그 이후 2014.5.20. 신설된 민사소송법 § 217-2에서는 "법원은 손해배상에 관한 확정재판등이 대한민국의 법률 또는 대한민국이 체결한 국제조약의 기본질서에 현저히 반하는 결과를 초래할 경우에는 해당 확정재판등의 전부 또는 일부를 승인할 수 없다."라고 하여 그 취지를 입법화하였다.

한편 외국재판과는 구별되는 외국중재판정의 승인 및 집행에서도 국제적 공서는 엄격하게 해석된다.[76)] 외국중재판정의 승인 및 집행에 관한 협약 § 5 Ⅱ ㈏호에 따르면, 중재판정의 승인이나 집행이 그 국가의 공공의 질서에 반하는 경우 집행국 법원은 중재판정의 승인이나 집행을 거부할 수 있다. 이는 중재판정의 승인이나 집행이 집행국의 기본적인 도덕적 신념과 사회질서를 해치는 것을 방지하여 이를 보호하려는 데 그 취지가 있다. 따라서 위 조항에 관해서는 국내적인 사정뿐만 아니라 국제적 거래질서의 안정이라는 측면도 함께 고려하여 해석하여야 한다. 외국중재판정에 적용된 외국법이 우리나라의 실정법상 강행법규에 위반된다고 하여 바로 승인거부 사유가 되는 것은 아니고, 해당 중재판정을 인정할 경우 그 구체적 결과가 우리나라의 선량한 풍속 기타

72) 대판 15.10.15, 2015다1284(공 15하, 1666).

73) 대판 12.5.24, 2009다68620; 대판 15.10.15, 2015다1284(공 15하, 1666).

74) 대판 12.5.24, 2009다68620. 그 외에도 대판 18.11.29, 2013다67587; 대판 18.11.29, 2015다45420.

75) 서울지법 동부지판 95.2.10, 93가합19069(하집 95-1, 368).

76) 이하 외국중재판정에 관한 내용은 대판 18.11.29, 2016다18753(공 19상, 116)에서 발췌. 이 판결에서는 간접강제 배상금 지급을 명하는 부분이 집행을 거부할 정도로 대한민국의 공서양속에 반한다고 볼 수 없다고 한 원심판단을 수긍하였다.

사회질서에 반할 때에 한하여 승인과 집행을 거부할 수 있다.

6. 불공정행위와의 관계

민법 §104는 "당사자의 궁박, 경솔 또는 무경험으로 인하여 현저하게 공정을 잃은 법률행위는 무효로 한다."라고 규정한다. 민법 §104와 §103의 관계에 대해서는 논의가 있다. 다수설은, 민법 §104에 규정하는 '불공정한 법률행위'를 §103 소정의 '사회질서에 반하는 법률행위'의 한 유형으로 파악한다.[77] 판례도 민법 §103와 §104는 모두 공공의 질서 또는 선량한 풍속에 반하는 사항을 목적으로 하는 법률행위의 범주에 속한다고 하여 그러한 입장을 취한다.[78] 소수설은 양자가 서로 독립된 별개의 규정이라고 이해한다.[79]

불공정한 법률행위는 공서양속 위반 법률행위의 하나라고 보는 것이 타당하다. 우선 연혁적으로 보면, 의용민법 §90는 불공정한 법률행위를 포함하여 규율하는 조항이었고, 현행민법 §103는 의용민법 §90의 내용을 그대로 이어받은 것이다. 또한 비교법적으로 볼 때에도 독일민법 §138가 이러한 관계를 명시적으로 나타내고 있다. §138는 Ⅰ에서 선량한 풍속에 반하는 법률행위의 무효를 선언하는 한편, Ⅱ에서 그 예시로서 타인의 궁박, 무경험, 판단능력의 결여 또는 현저한 의지박약을 이용하여 이루어진 현저히 불균형한 법률행위를 무효로 한다고 규정한다. 일본민법 역시 공서양속에 관한 §90로 폭리행위도 규율하고 있는데, 우리 민법 §104에 의해 규율되는 양상과 크게 다르지 않다.

민법 §103와 §104의 관계에 대한 견해 차이는 불법원인급여 관련 논의에 영향을 미칠 수 있다. 판례[80]에 따르면, §746에서 말하는 '불법'은 곧 §103 위반을 의미한다. 이 장면에서 민법 §104가 §103의 예시 조항이라는 입장을 강조하면 민법 §104에 기초하여 이루어진 급여는 불법원인급여에 해당한다는 결론에 도달하기가 좀 더 쉽다. 반면 민법 §104가 §103와 구별되어야 하는 독자적 조항이라는 입장을 강조하면 불법원인급여에 해당한다는 결론

77) 주석 총칙(2), 507(제5판/이동진); 구주해, 총칙(2), 243(민일영); 곽윤직·김재형, 290; 김민중, 305; 이영준(주 18), 235; 박종원, "불공정한 법률행위에 관한 연구—부동산매매계약에 관한 판례를 중심으로—", 법학연구 28, 2007, 97.

78) 대판 65.11.23, 65사28.

79) 고상용, 350; 김학동, "악의는 불공정행위의 요건인가?", 고려법학, 49, 2007, 673.

80) 대판 83.11.22, 83다430(공 84, 94); 대판 01.5.29, 2001다1782(공 01, 1469). 대판(전) 19.6.20, 2013다218156(공 19하, 1423)도 같은 맥락에 있다.

에 바로 도달할 수 있는 것은 아니다.[81)]

그런데 최근 판례 중에는 불법원인급여에서 말하는 '불법'이 있다고 하려면, 급부 원인 행위가 선량한 풍속 기타 사회질서에 위반될 뿐 아니라 반사회성·반윤리성·반도덕성이 현저하거나, 급부가 강행법규를 위반하여 이루어졌지만 이를 반환하게 하는 것이 오히려 규범 목적에 부합하지 않는 경우에 해당한다는 입장을 취한 것이 있다.[82)] 이는 민법 § 746의 '불법'이 민법 § 103와의 관계에서 가지는 독자성을 강조한 판례이다. 이러한 취지에 따르면 민법 § 104가 민법 § 103와 어떤 관계에 있는지의 문제가 가지는 의미는 감소된다.

7. 불법행위와의 관계

불법행위에 관한 일반 조항은 민법 § 750이다. 민법 § 750는 "고의 또는 과실로 인한 위법행위로 타인에게 손해를 가한 자는 그 손해를 배상할 책임이 있다."라고 규정한다. 이러한 규정으로부터 불법행위는 위법해야 한다는 위법성 요건이 도출된다. 여기에서의 위법성은 법질서에 반하는 상태를 의미하는 개념이고, 여기에서의 법질서는 실정법뿐만 아니라 법질서의 수준으로 인식되는 선량한 풍속 기타 사회질서까지 포함되는 개념이다.[83)] 참고로 독일민법 § 826는 선량한 풍속에 반하는 방법으로 타인에게 고의로 손해를 가한 자의 손해배상책임을 규정하고 있다. 이는 선량한 풍속과 불법행위의 연결성을 보여주는 예이다. 요컨대 공서양속 위반이 불법행위의 위법성 요건을 비롯한 다른 요건들을 충족한다면 불법행위로 인한 손해배상책임을 발생시킬 수 있다.

Ⅲ. 요 건

1. 선량한 풍속 기타 사회질서

(1) 선량한 풍속

선량한 풍속은 사회의 일반적 도덕관념 또는 건전한 도덕관념을 의미한다.[84)] 모든 국민에게 지킬 것이 요구되는 최소한의 도덕률이라고도 설명된

81) 고상용, 358-359.
82) 대판 17.3.15, 2013다79887, 79894(공 17상, 729).
83) 곽윤직, 채권각론, 제6판, 2005, 398-399.
84) 김증한·김학동, 370; 김민중, 284; 곽윤직·김재형, 282; 지원림, 민법강의, 제16판,

다.[85] 로마법상 boni mores에서 유래한 개념으로서, 독일민법 § 138와 스위스채무법 § 20는 "die gutten Sitten", 프랑스민법 § 6와 § 1133는 "bonnes moeurs", 일본민법 § 90의 "善良の風俗"이라고 표현한다. 무엇이 그 사회의 일반적 도덕관념인지는 획일적으로 말할 수 없다. 이는 대표적인 가치충전 개념(Wertausfüllungsbedürftiger Begriff)이므로,[86] 이를 적용하는 법관이 그 시대와 그 사회에 보편적으로 존재하는 도덕관념에 비추어 개별적으로 판단할 수 밖에 없다.[87] '선량한 풍속'이라는 개념은 민법 § 103 외에도 임의규정에 관한 민법 § 105,[88] 사실인 관습에 관한 민법 § 106,[89] 불법조건에 관한 민법 § 151 I [90]에서도 사용된다. 그 외에도 헌법 § 109, 민사소송법 § 217, 중재법 § 36, 법원조직법 § 57, 공연법 § 7, 특허법 § 32, 상표법 § 34, 신탁법 § 5, 실용신안법 § 6 등 헌법 및 다른 법률들에서도 널리 사용된다.

이 개념은 법과 도덕의 연결점을 민법에 명시적으로 나타낸다. 법과 도덕의 관계는 법철학에서 매우 논쟁적인 주제이지만, 적어도 실정법으로서의 민법에서는 § 103는 신의성실의 원칙에 관한 민법 § 2와 함께 소극적으로나마 법과 도덕의 절대적인 준별에 반대하는 입장이 채택되어 있음을 보여준다.[91] 그렇다고 하여 모든 도덕적 관념이 선량한 풍속에 해당하는 것은 아니다. 선량한 풍속은 사회 공동체를 유지하기 위해 반드시 지켜야 할 도덕적 관념으로서 법질서에 준하는 정도의 중대성을 가지는 것이라야 한다. 그 점에서 선량한 풍속은 후술하는 사회질서와 밀접한 관련을 가진다. 또한 실제로는 선량한 풍속의 개념만 따로 떼어 공서양속 위반을 논하는 경우는 거의 없다.

2018, 187. Palandt, Bürgerliches Gesetzbuch, 78. Aufl, 2019, § 138, Rn. 2.

85) 곽윤직 · 김재형, 282.

86) Brox/Walker, Allegemeiner Teil des BGB, 34. Aufl., 2010, S. 147.

87) 지원림(주 84), 187은 법관의 개인적 도덕관념을 기준으로 판단하여서는 안 된다고 설명한다.

88) 민법 § 105(임의규정) 법률행위의 당사자가 법령 중의 선량한 풍속 기타 사회질서에 관계없는 규정과 다른 의사를 표시한 때에는 그 의사에 의한다.

89) 민법 § 106(사실인 관습) 법령 중의 선량한 풍속 기타 사회질서에 관계없는 규정과 다른 관습이 있는 경우에 당사자의 의사가 명확하지 아니한 때에는 그 관습에 의한다.

90) 민법 § 151(불법조건, 기성조건) ① 조건이 선량한 풍속 기타 사회질서에 위반한 것인 때에는 그 법률행위는 무효로 한다.

91) 김상용, 399; 지원림(주 84), 187은 민법 § 103를 도덕규범의 법규범화라는 관점에서 설명한다.

(2) 사회질서

사회질서는 국가·사회의 공공적 질서 내지 일반적인 이익을 의미한다.[92] 선량한 풍속이 윤리 개념이라면, 사회질서는 공익 개념이다.[93] 의용민법 §90에서는 사회질서 대신 공공질서라는 용어를 사용하였다. 현행 민법의 입법자가 어떤 의도로 공공질서 대신 사회질서라는 개념을 선택하였는지 분명히 알 수 있는 자료는 없으나, 공공질서와 다른 개념을 의도하였던 것으로는 보이지 않는다.[94] 사회질서는 사회의 모든 질서를 의미한다기보다는 그중 법적 보호 가치 있는 질서를 의미한다. 그러한 점에서 민법 §103에서의 사회질서는 당위적 성격을 띤다. 여기에서의 질서는 실정법 질서보다 넓은 개념이다. 그러한 점에서 사회질서라는 개념은 실정법에 미처 구체화되지 못한 사회의 질서를 수용하는 기능(Rezeptionsfunktion)을 수행한다.[95] 또한 이를 통해 미처 규범화되지 못한 사회질서를 법적 규범으로 전환시키는 기능(Transformationsfunktion)을 수행한다.[96] 이를 통해 법질서를 보충하고 구체화한다.

어떤 행위가 형사처벌 대상이라고 하여 그 행위가 민법 §103 소정의 사회질서 위반으로 바로 연결되지는 않는다. 거꾸로 어떤 행위가 형사처벌 대상이 아니라고 하여 그 행위가 공서양속 위반행위가 아니게 되는 것도 아니다.[97] 어떤 행위를 범죄로 삼을 것인가와 어떤 행위의 사법적 효력을 인정할 것인가는 서로 다른 차원의 문제이기 때문이다.[98] 하지만 실제로는 범죄를 목적으로 하는 법률행위는 공서양속에 반할 가능성이 높다. 살인청부계약, 뇌물공여계약, 도박장대여계약, 절도를 해 주기로 하는 계약, 장기매매계약[99] 등이 그러하다. 판례는 당사자 일방이 상대방에게 공무원의 직무에 관한 사항에 관하여 특별한 청탁을 하게 하고 그에 대한 보수로 돈을 지급할 것을 내용으로 하는 약정은 사회질서에 반하는 무효의 계약이고, 이에 따른 돈의 지급은 불법원

92) 양창수·김재형, 660.
93) 김상용, 398.
94) 김민중, 284는 양자를 같은 의미로 이해한다.
95) MüKoBGB/Armbrüster, 7. Aufl. 2015, BGB §138 Rn. 3.
96) MüKoBGB/Armbrüster, 7. Aufl. 2015, BGB §138 Rn. 3.
97) 대판 72.10.31, 72다1455, 1456(집 20(3)민, 088).
98) 거꾸로 범죄를 하지 않기로 하고 대가를 지급받기로 하는 약정도 공서양속에 위반될 가능성이 높다. 內田 貴, 民法 Ⅰ, 제4판, 2008, 282.
99) 다만 「장기등 이식에 관한 법률」에 따른 장기기증계약은 유효하다.

인급여에 해당하여 반환을 청구할 수 없다고 한다.[100)]

(3) 양자의 관계

선량한 풍속과 사회질서의 관계에 대해서는 다음 입장이 있다. 첫째, 사회질서를 선량한 풍속의 상위 개념으로 보는 입장이 있다.[101)] 이에 따르면 선량한 풍속은 사회질서의 하위 개념으로서 사회질서를 예시한 것에 불과하다. 둘째, 선량한 풍속은 사회의 일반적인 윤리·도덕 개념이고, 사회질서는 국가 사회의 일반적 이익 내지 공공의 질서로서 측면을 달리한다는 입장이 있다.[102)] 이에 따르면 선량한 풍속은 사회질서와 대등한 개념이다. 셋째, 양자는 모두 법의 근본이념을 다른 말로 표현하는 것에 불과하므로 양자를 구별할 필요나 실익이 없다는 입장이 있다.[103)]

선량한 풍속과 사회질서를 구별할 실제적 이익은 크지 않고, 또 양자를 명백하게 구별하기도 어렵다. 또한 어느 쪽이건 그 위반 효과는 무효로 동일하다. 선량한 풍속은 법질서 외부, 사회질서는 법질서 내부로부터 출발하여 그 외연을 넓혀나간다는 차이가 있으나, 결국 양자는 공히 사회적 타당성 또는 사회에 통용되는 법의 근본질서를 나타내는 표현이라고 이해할 수 있다. 선량한 풍속만 규정하는 독일민법이나 스위스채무법, 오스트리아민법의 해석론상으로도 선량한 풍속에 사회질서가 포함되는 것에 비추어 보더라도 그러하다. 그래도 굳이 양자의 관계를 말하자면, 선량한 풍속은 사회질서의 일부를 구성한다고 보아야 한다.[104)] 민법 §103의 표제가 "반사회질서의 법률행위"인 것이나, 그 본문에 "선량한 풍속 기타 사회질서"라는 문언이 사용되는 것은 선량한 풍속이 사회질서의 일부라는 점을 전제한다.[105)] 그러나 선량한 풍속이 사회질서의 일부를 구성하더라도 선량한 풍속이라는 개념이 민법 §103에서 차지하는 독자적 의미가 사라지는 것은 아니다.[106)] 선량한 풍속은 사회에서 지켜져야 할 도덕의 측면에서 사회방위적 질서를 근거 지우는 의미 있는 별개 토대이기 때

100) 대판 71.10.11, 71다1645(집 19(3)민, 033); 대판 95.7.14, 94다51994(공 95, 2799).
101) 김민중, 284; 송덕수, 신민법입문, 제10판, 2019, 72.
102) 김상용, 398; 이영준(주 18), 202; 박정기, "반사회질서적 법률행위의 유형화에 관한 연구", 토지법학 제16호, 109.
103) 지원림(주 84), 187.
104) 고상용, 334.
105) 의용민법 §90에서는 "공공질서 또는 선량한 풍속"이라고 하여 다른 뉘앙스를 풍기고 있었다.
106) 선량한 풍속의 의미를 강조하는 견해로서는 이상욱·서정배, "민법 제103조 선량한 풍속의 위상에 관한 비교법적 고찰", 영남법학 10-1, 2004, 170-171 참조.

문이다.

2. 위 반

법률행위의 내용이 선량한 풍속 기타 사회질서에 위반되어야 한다. 이를 판단하려면 우선 법률행위의 내용이 확정되어야 한다. 이러한 내용 확정 작업이 법률행위의 해석이다. 따라서 법률행위의 해석은 법률행위의 반사회성 판단에 선행한다. 따라서 법률행위의 해석과 반사회성 판단은 서로 독자적 의미를 가지는 별개 작업이다. 그러나 법률행위는 가급적 그 효력을 유지하는 방향으로 해석해야 한다는 유효해석 원칙의 경우에서 볼 수 있듯이, 법률행위를 해석하는 과정에서 법률행위의 반사회성을 고려하기도 한다.

이처럼 법률행위 해석을 통해 확정된 법률행위의 목적인 권리의무의 내용이 선량한 풍속 기타 사회질서에 위반되어야 민법 §103가 적용된다. 여기에서의 '내용'을 어떻게 해석할 것인지에 따라 민법 §103의 적용범위가 달라진다. 엄격한 입장을 취하면 살인을 목적으로 하는 계약처럼 법률행위의 내용 그 자체에 반사회적 요소가 있는 경우에만 민법 §103가 적용될 수 있다. 이처럼 반사회성을 법률행위의 내용 그 자체에 엄격하게 결부시키려는 해석론은 §103의 적용범위가 무분별하게 넓어져서 사적 자치의 원칙이 지배해야 마땅할 사법관계(私法關係)에서 후견이 자율을 압도하는 부작용을 막기 위한 것이라고도 볼 수 있다.

그러나 민법 §103가 가지는 사회방위적 기능을 생각하면 이렇게 소극적으로 해석하는 것은 타당하지 않다. 가령 부동산 이중매매는 법률행위의 내용 자체만 놓고 보면 아무런 반사회성을 찾을 수 없다. 예컨대 제2매수인의 매매계약의 내용이나 그로부터 발생하는 소유권이전등기청구권 내지 대금지급청구권 그 자체에는 어떤 반사회적 요소가 존재하지 않는다. 그러나 판례가 일정한 경우 이러한 부동산 매매를 무효로 보는 이유는 매매계약의 내용 그 자체 때문이라기보다는 매도인의 배임적 의도나 제2매수인이 이를 알고도 적극 가담하여 비난 가능성이 높다는 점 등의 내용 외적인 정황이다. 만약 법률행위의 내용 자체만 놓고 민법 §103 위반 여부를 판단해야 한다면 부동산 이중매매는 민법 §103의 적용대상이 될 수 없다. 이는 하나의 예에 불과하다. 이러한 소극적 해석론은 민법 §103의 적용 범위를 너무 좁혀 결국 §103가 가지는 일반조항으로서의 장점을 살리지 못하는 결과에 이르게 된다.

참고로 우리나라 민법 §103에 대응하는 일본민법 §90는 "공의 질서 또는 선량한 풍속에 반하는 사항을 목적으로 하는 법률행위는 무효로 한다."라고 규정하였으나, 2017년 6월 2일 공포된 일본 개정민법 §90는 그중 "사항을 목적으로 하는" 부분을 삭제함으로써 공서양속 규정이 좀 더 실질적이고 유연하게 법률행위에 적용될 수 있게 하였다.

우리나라 민법 §103의 해석론으로서도 다음 두 가지 방법을 생각할 수 있다. 첫째는 문언을 중시하여 법률행위의 내용이 위반되어야 한다는 입장을 견지하되 내용의 개념을 넓게 해석하는 방법이다. 둘째는 법률행위의 내용이라는 문언에 너무 얽매이지 않고 법률행위에 효력을 부여하였을 때 사회질서 유지에 문제가 생기는 경우에 결과론적으로 효력을 부정하는 방법이다. 판례는 원칙적으로 반사회적 요소가 법률행위의 내용에 포함될 것을 요구하면서도 반사회적 요소가 법률행위의 조건으로 결부되어 있거나 반사회적 요소가 동기로 표시되거나 알려져 있는 경우에도 민법 §103를 적용한다.[107]

우선 반사회적 요소가 법률행위의 조건으로 결부된 경우는 결국 법률행위의 내용이 반사회적인 경우와 마찬가지로 평가할 수 있다. 법률행위의 조건은 법률행위에 부가되는 것이기는 하지만, 결국 법률행위와 일체를 이룬다는 의미에서는 법률행위의 조건도 법률행위의 내용에 해당하기 때문이다. 만약 사회질서에 반하는 내용이 조건의 형식을 취한다는 이유로 §103가 적용되지 않는다고 하면, 당사자는 법률행위를 할 때 사회질서에 반하는 내용을 조건 등의 형식으로 분리함으로써 민법 §103의 적용을 부당하게 회피할 위험이 있다. 이러한 조건이 부가된 경우 그 조건뿐만 아니라 법률행위 자체가 무효가 되는 것이 원칙이다.[108] 예컨대 증언조건부 급부약정, 부부생활 종료를 해제조건으로 하는 증여계약은 무효이다.[109] 수임인이 허가를 얻기 위하여 공무원의 직무 관련 사항에 관하여 특별한 청탁을 하면서 뇌물공여 등 로비를 하는 자금이 보수액에 포함되어 있다고 볼 만한 특수한 사정이 있는 때에는 위임계약은 반사회질서적인 조건이 결부됨으로써 반사회질서적 성질을 띠고 있어 무효이다.[110] 행정기관에 진정서를 제출하여 상대방을 궁지에 빠뜨린 다음 이를 취하하는 조건으로 거액의 급부를 제공받기로 하는 약정도 민법 §103 소정의 반

107) 대판 84.12.11, 84다카1402(공 95, 163); 대판 96.4.26, 94다34432(공 96, 1667).
108) 대판 66.6.21, 66다530(집 14(2)민, 073).
109) 대판 66.6.21, 66다530(집 14(2)민, 073).
110) 대판 16.2.18, 2015다35560(공 16상, 418).

사회질서의 법률행위로 무효이다.[111]

반사회적 요소가 동기로 표시되거나 알려진 경우도 그러하다.[112] 일반적으로 법률행위의 동기가 선량한 풍속 기타 사회질서에 반한다는 이유만으로 그 법률행위가 무효가 되지는 않는다.[113] 그러나 판례는 초기에 그 동기가 표시된 경우에는 법률행위가 무효가 될 수 있다고 하다가,[114] 그 동기가 표시되거나 상대방에게 알려진 경우에도 그러하다고 판시함으로써 무효 범위를 확장하였다.[115] 예를 들어 도박 자금이나 밀수입 자금을 마련하기 위한 소비대차임이 상대방에게 표시되거나 알려진 경우가 그러하다. 그런데 동기가 표시되거나 상대방에게 알려졌다는 사정만으로 그 동기가 언제나 법률행위의 내용을 구성하는 것은 아니다. 만약 법률행위의 내용에 편입되었다고 해석할 수 있다면 민법 § 103를 적용하는데 별 문제가 없다. 문제는 법률행위의 내용에 편입시키기 어려운 동기가 존재하는 경우이다. 이 경우에는 민법 § 103의 적용 범위를 법률행위의 내용에 관한 것으로 엄격하게 국한시킬지에 따라 그 적용 여부에 대한 결론이 달라진다. 그런데 민법 § 103는 사적 자치 원칙이 지배하는 법률행위의 영역을 매개로 반사회적 요소가 법질서에 투영되는 것을 방지하거나 배제하는 기능을 수행한다. 그러한 민법 § 103의 기능에 비추어 본다면, 엄밀히 말할 때 법률행위의 내용 일부를 구성하지는 않더라도 그대로 법률행위에 효력을 부여할 경우 위와 같은 민법 § 103의 목적이 좌절되는 때에도 이 조항이 적용된다고 보아야 한다.

이러한 논리는 심지어 동기가 표시되지 않은 경우에까지도 확장될 수 있다. 예를 들어 보험계약자가 다수 보험계약을 통하여 보험금을 부정취득할 목적으로 보험계약을 체결하는 경우에는 보험금의 부정취득이라는 목적 내지 동기는 법률행위의 내용의 일부를 구성하지 않는다. 그러나 이러한 경우에도 법률행위의 효력을 부정함으로써 보험계약이 법질서를 좌절시키는 것을 막을 필요가 있다. 또한 동기의 표시 여부를 따지는 것은 기본적으로 상대방의 신뢰를 보호하기 위한 것인데 이러한 사안 유형에서는 상대방의 신뢰 보호 가치가 없

111) 대판 00.2.11, 99다56833(공 00, 686).

112) 목적 또는 동기가 공서양속에 반하는 단독행위는 이러한 요건과 무관하게 공서양속에 위반된다. 이영준(주 18), 223.

113) 대판 72.10.31, 72다1271, 1272(집 20(3)민, 080). 이영준(주 18), 222.

114) 대판 72.10.31, 72다1271, 1272(집 20(3)민, 080).

115) 대판 84.12.11, 84다카1402(공 85, 163); 대판 94.3.11, 93다40522(공 94, 1178).

다. 따라서 이때에는 민법 §103가 적용된다고 보아야 한다.[116] 그러므로 동기의 표시 여부에 따라 도식적·획일적으로 민법 §103의 적용 여부를 결정하는 방식은 타당하지 않다. 중요한 것은 해당 법률행위에 효력을 부여하는 것이 사적 자치 원칙의 한계 설정 또는 사회질서 유지의 차원에서 용인할 수 있는가 하는 전체적이고 법 정책적인 판단이기 때문이다.

한편 법률행위 성립 과정에서 불법적 수단이 개입하였다고 하여 민법 §103에 따라 무효가 되지는 않는다.[117] 예를 들어 계약을 체결하는 과정에서 한 당사자가 다른 당사자를 기망하거나 강박하더라도 계약이 민법 §103에 따라 무효가 되지는 않는다.[118] 이때에는 사기나 강박을 이유로 민법 §110에 따라 계약을 취소하거나, 그 행위가 범죄에 해당하는 경우 고소할 수는 있다. 또한 강박의 정도가 극심하여 의사표시자의 의사결정 자유가 완전히 박탈되었다는 이유로 법률행위가 무효가 될 수는 있다.[119] 이처럼 법률행위 성립 과정에서의 강박이 곧바로 민법 §103 적용으로 이어지지 않는다는 법리는 그 강박행위의 주체가 국가 공권력인 경우도 마찬가지이다.[120] 하지만 이러한 의사형성과정을 거쳐 일방에게 현저하게 불공정한 내용의 법률행위가 성립하였다면 그 법률행위는 민법 §104에 따라 무효가 될 수 있다. 가령 도박으로 잃은 돈을 회복하기 위해 폭행과 협박으로 잃은 돈의 9배에 달하는 부동산을 제공받은 경우 이를 무효로 한 판례가 있다.[121]

어떤 법률행위가 통정허위표시에 해당하면 민법 §108에 따라 무효가 될 수는 있지만 그것만을 이유로 그 법률행위가 사회질서에 반하여 무효가 되는 것은 아니다. 판례도 강제집행을 면할 목적으로 부동산에 허위의 근저당권설정등기를 마치더라도 그것이 민법 §103 소정의 선량한 풍속 기타 사회질서에 위반한 사항을 내용으로 하는 법률행위에 해당하지는 않는다고 하였다.[122] 또한 강제집행을 면할 목적으로 부동산 소유명의를 신탁하는 것은 불법원인급

116) 예컨대 대판 05.7.28, 2005다23858(공 05, 1421).
117) 대판 92.11.27, 92다7719(공 93, 242); 대판 96.4.26, 94다34432(공 96, 1667). 또한 Ambrüster, Münchener Kommentar zum BGB, 7. Aufl., 2015, §134, Rn. 6. 참조.
118) 대판 93.3.2, 92다52238(공 93, 1279); 대판 99.7.23, 96다21706(공 99, 1705).
119) 대판 84.12.11, 84다카1402(공 85, 163); 대판 92.11.27, 92다7719(공 93, 242) 참조.
120) 대판 96.12.23, 95다40038(공 97, 492); 대판 02.12.10, 2002다56031(공 03, 368).
121) 대판 74.7.23, 74다157(공 74, 8009).
122) 대판 04.5.28, 2003다70041(공 04, 1069).

여에 해당하지 않는다는 판례도 있다.123) 반면 당사자가 통정하여 단속규정에 위반하는 법률행위를 한 경우에는 선량한 풍속 기타 사회질서에 위반한 사항을 내용으로 하는 법률행위라고 한 판례도 있다.124) 본래 단속규정에 위반하여 이루어진 법률행위는 효력이 부정되지 않으나, 통모하여 이루어진 위반행위의 효력은 부정되는 것이다. 결국 객관적인 법 위반 상태에 더하여 그 법 위반 상태를 적극적으로 지향하는 당사자들의 주관적 반사회성까지 결합되어 § 103가 적용되었다고 평가할 수 있다.

그 외에도 법률행위의 내용 자체만 놓고 보면 반사회적이라고 보기는 어려운 측면이 있지만 이를 법적으로 강제하는 것이 반사회적 결과에 이르는 경우에도 민법 § 103가 적용될 수 있다. 예컨대 부부가 서로 절대로 이혼하지 않겠다는 각서를 자발적으로 작성한 경우에도 그 각서의 구속력은 인정하기 어렵다.125) 이혼하지 않는다는 내용 자체가 반사회적이라고는 할 수 없으나, 이를 단순한 도의적 차원의 선언이나 약속으로 파악하지 않고 법적으로 강제하는 것은 개인의 자유를 지나치게 저해하는 행위로서 결과적으로 반사회적이기 때문이다. 그 외에도 종교를 바꾸지 않겠다는 약정이나 직업을 가지지 않겠다는 약정, 이사를 가지 않겠다는 약정, 금연 내지 금주 약정, 수혈하겠다는 약정 등도 그것이 법적으로 강제되는 경우에는 마찬가지 이유로 반사회적이다. 이처럼 법률행위의 공서양속 위반 여부를 판단할 때에는 법률행위의 내용뿐만 아니라 그 배경과 맥락, 후속 결과를 전체적으로 파악해야 한다.126)

법률행위의 내용 등이 반사회적이라는 점에 대한 인식이 필요한지 여부에 대해서는 학설이 대립한다. 부정설은 반사회성의 인식 여부에 따라 행위의 무효 여부가 달라지면 법의 집행에 불공평이 생기고 법적 불안정성이 야기되므로 고려하여서는 안 된다고 한다.127) 긍정설은 반사회행위를 무효로 하는 것은 사적 자치의 원칙을 제한하는 것이므로 그 무효 요건을 더욱 엄격하게 보아야 한다는 견지에서 반사회성에 대한 인식이 필요하다고 한다.128) 이 입장에 따

123) 대판 94.4.15, 93다61307(공 94, 1444). 다만 이 판결은 『부동산 실권리자명의 등기에 관한 법률』 시행 전의 것임에 유의한다.

124) 대판 93.7.27, 93다2926(공 94, 2596).

125) 대판 69.8.19, 69므18(집 17(3)민, 028).

126) 주석 총칙(2), 463-464(제5판/이동진); Palandt, Bürgerliches Gesetzbuch, 78. Aufl, 2019, § 138, Rn.8.BGH NJW 1956,1272; BGHZ 34,169,176.

127) 이은영, 민법총칙, 제5판, 2009, 364-365.

128) 김상용, 408; 김증한 · 김학동, 373; 이영준(주 18), 220.

르면 인식 여부는 법률행위 당시를 기준으로 판단한다.[129] 절충설은 당사자가 법률행위의 반사회성을 인식할 필요는 없으나, 적어도 그 반사회성 판단을 가능하게 하는 기초 사정에 대한 인식은 필요하다고 한다.[130] 판례 중에는 반사회성에 관한 인식을 고려한 예들이 있다. 예컨대 선박매매계약이 민법 § 103에 반하는지 여부를 판단하면서 당사자가 불법을 인식하고도 통모하여 수입이 금지된 중고선박을 국내에 반입하고자 한 주관적인 악성을 고려하였다.[131] 또한 당초부터 오로지 보험사고를 가장하여 보험금을 취득할 목적으로 체결한 생명보험계약이 공서양속에 위반된다고 보았다.[132] 그 외에 윤락행위를 전제로 한 선불금과 관련된 것임을 알면서 행한 대출이 반사회적 행위라고 본 사례도 있다.[133] 생각건대, 반사회성에 대한 인식이 언제나 일률적으로 요구된다고는 할 수 없으나,[134] 법률행위의 반사회성을 전체적, 총괄적으로 판단하는 과정에서 고려 요소가 될 수는 있다.[135]

3. 행 위

민법 § 103는 민법 제1편(총칙)-제5장(법률행위)-제1절(총칙)의 첫 번째 조항으로서 법률행위에 적용된다. § 103의 표제와 본문 역시 모두 법률행위를 언급함으로써 이 조항이 법률행위에 적용됨을 분명히 한다. 준법률행위도 성질에 반하지 않는 한 법률행위에 준하여 § 103의 적용대상이 된다. 민법 § 103가 규정하는 이념은 법률행위 영역을 넘어서는 일반성을 지니고 있다.[136] 따라서 법률행위 외의 영역에서 민법 § 103가 직접 적용되지는 않더라도 그 이념은 고려될 수 있다. 예컨대 관습법은 법률행위가 아니므로 민법 § 103가 직접 적용될 수는 없지만 관습법의 위헌성 내지 사회적 타당성을 판단할 때 민법 § 103의 이념을 고려할 수 있다.[137] 불법행위도 법률행위가 아니지만 불법행위

129) 이영준(주 18), 220.
130) 구주해, 총칙(2), 221(민일영). Brox/Walker, Allegemeiner Teil des BGB, 34. Aufl., 2010, S. 148도 같은 취지.
131) 대판 94.12.13, 94다31617(공 95, 485).
132) 대판 00.2.11, 99다49064(공 00, 669); 대판 05.7.28, 2005다23858(공 05, 1421).
133) 대판 09.9.10, 2009다37251(공 09, 1638).
134) 지원림, 민법원론, 제2판, 2019, 65도 유사한 취지.
135) 유사한 취지로 지원림, 민법강의, 제16판, 2018, 188.
136) 남윤봉, "법률행위에 있어서의 공서양속", 법과 정책연구 4-2, 2004, 598.
137) 대판(전) 05.7.21, 2002다1178(공 05, 1326).

의 위법성을 판단할 때 민법 §103의 이념을 고려할 수 있다.[138)]

한편 민법 §103의 적용대상인 법률행위에는 계약뿐만 아니라 유언이나 동의와 같은 단독행위, 물권행위도 포함된다.[139)] 신분행위 또는 가족법상 행위도 법률행위의 일종이므로 §103의 적용 대상이다. 판례 중에는 종래의 관습인 소목지서에 반하여 재종손자를 사후양자로 선정하는 행위가 공서양속에 위배되지 않는다고 한 것이 있다.[140)] 다만 혼인, 이혼, 입양 등 신분행위에 대해서는 이를 규율하는 개별 규정이 있는 경우가 대부분이므로 실제로 민법 §103가 적용되는 경우는 드물다. 민법 §103는「국가를 당사자로 하는 계약에 관한 법률」 또는 이를 준용하는 지방재정법에 따라 입찰 방식으로 체결되는 공공계약에도 적용된다. 이 경우 국가나 지방자치단체는 고권적 행정주체가 아니라 사경제의 주체로서 상대방과 대등한 위치에서 계약을 체결하기 때문이다. 따라서 법령에 특별한 정함이 없다면 사적 자치와 계약자유의 원칙 등 사법상 원리가 공공계약에도 그대로 적용된다. 공공계약의 입찰 역시 계약 체결 방식의 하나이다. 그러므로 공공계약의 입찰절차에 따라 이루어진 낙찰자의 결정 및 계약체결이 선량한 풍속 기타 사회질서에 반하는 행위에 의하여 이루어진 것임이 분명한 경우에는 낙찰자의 결정 및 이에 기한 계약이 무효가 된다.[141)] 그 외에 행정처분과 같은 공법상 의사표시에도 민법 §103는 유추 적용될 수 있다.[142)]

단체법상 법률행위도 민법 §103의 적용대상이다. 대법원은 일찍이 단체와 그 구성원 간의 사적 행동규범인 규약도 민법 §103의 적용대상으로 보았고,[143)] 취업규칙,[144)] 골프클럽 회칙,[145)] 집합건물의 규약,[146)] 개인택시운수사업조합의 정관규정[147)]에 관하여도 민법 §103 위반 여부를 판단하였다. 이와 관련하여 기독교 재단이 설립한 사립대학에서 일정 학기 동안 대학예배에 참석

138) 독일민법 §826는 선량한 풍속에 반하는 방법으로 타인에게 고의로 손해를 가한 자의 손해배상책임을 규정하고 있다. 이는 선량한 풍속과 불법행위의 연결점이다.

139) 주석 총칙(2), 454(제5판/이동진); Palandt, Bürgerliches Gesetzbuch, 78. Aufl, 2019, §138, Rn. 11.

140) 대판 91.5.28, 90므347(공 91, 1772).

141) 대판 01.12.11, 2001다33604(공 02, 256); 대결 06.6.19, 2006마117(공 06, 1336).

142) Palandt, Bürgerliches Gesetzbuch, 78. Aufl, 2019, §138, Rn. 12.

143) 대판 62.3.22, 4294민상715(집 10(1)민, 224).

144) 대판 88.12.27, 85다카657(공 89, 217); 대판 18.9.13, 2017두38560(공 18하, 2000).

145) 대판 99.4.9, 98다20714(공 99, 833).

146) 대판 09.4.9, 2009다242(공 09상, 622).

147) 대판 10.7.15, 2009다100258.

할 것을 졸업요건으로 하는 학칙이 무효인가를 다루면서 헌법상 종교의 자유에 관하여 논할 뿐 민법 § 103 위반 여부는 논하지 않은 판례가 있다.[148] 우선 해당 사건에서 민법 § 103 위반을 주장하지 않았으므로 법원도 이 문제를 다루지 않은 것으로 추측되긴 하나, 이러한 결론은 학칙의 법적 성격과도 관련 있다. 국공립대학 학칙의 법적 성격에 관하여는 행정규칙설, 특별명령설, 일반처분설, 사법상 약관설, 자치규범설 등이,[149] 사립대학의 학칙에 대해서는 약관설[150]과 자치규범설이 주장되고 있다. 만약 학칙을 학교의 약관 제안과 학생의 묵시적 수락으로 파악하는 사법상 약관으로 파악하는 입장에 따르면 학칙은 법률행위의 일종이므로 민법 § 103가 적용될 수 있다. 그러나 대법원은 학칙이 당연히 원고에 대하여 구속력을 가진다고 하고 있어 자치규범설에 입각한 것으로 보인다.

소송행위는 원칙적으로 민법 § 103의 적용대상이 아니다. 대법원은 재판상 화해는 재심의 절차에 의하여 구제받는 것은 별론으로 하고 강행법규에 위반된다고 주장할 수 없다고 하였다.[151] 이는 민법 § 103에 관해서도 마찬가지로 보아야 할 것이다. 다만 대법원은 전속적인 국제재판관할합의에 대해서는 그러한 합의가 현저하게 불합리하고 불공정하여 공서양속에 반하지 않을 것을 요건 중 하나로 삼고 있다.[152] 예컨대 한 당사자가 자신의 우월한 지위를 이용하여 자신에게만 유리하고 다른 당사자의 권리 실현이 어렵게 되는 불리한 관할합의를 하게 한 경우 또는 민사소송에 있어서 법률이 정한 법관에 의한 재판, 기판력 존중, 공정하고 적정한 심리의 절차적 보장 등 법치국가적 기본원칙이 보장되지 않는 국가의 법원을 관할법원으로 정한 경우 등이 그러하다.[153]

경매절차에는 민법 § 103가 적용되지 않는다는 것이 판례의 태도이다.[154] 그런데 이 판례는 부동산 가격평가절차의 적법성과 경락가격의 타당성을 다툰 사안에 관한 것이다. 집행기관이 주관하는 집행절차상 행위와 그에 따른 결과가 문제된 사안이므로 사인 간 법률행위의 내용에 관한 민법 § 103를 적용하

148) 대판 98.11.10, 96다37268(공 98, 2830).
149) 조성규, "대학 학칙의 법적 성격", 행정법연구 17, 2007, 61-63.
150) 송병춘, "재학계약에 관한 연구", 교육법학연구 15-2, 2003, 107.
151) 대판 87.10.13, 86다카2275(공 87, 1700).
152) 대판 97.9.9, 96다20093(공 97, 3037); 대판 04.3.25, 2001다53349(공 04, 683); 대판 10.5.27, 2010다28185(공 10하, 1813); 대판 11.4.28, 2009다19093(공 11상, 1007).
153) 유재풍, "국제소송관할의 합의", 법조 473, 1996, 77.
154) 대결 80.2.4, 80마2(공 80, 12645).

는 것이 적절하지 않은 측면이 있었다. 한편 판례는 이중매매의 매수인이 매도인과 직접 매매계약을 체결하는 대신 거짓으로 집행권원을 만들어 그에 따른 경매절차에서 목적물을 매수하는 방식을 취한 경우에도 일반적인 이중매매와 마찬가지로 위 매수가 무효라고 한다.[155] 또한 이는 무효의 집행권원에 기한 집행의 효과도 유효하다는 논리와 모순된 것이 아니라고 한다.[156] 부동산 양도인이 제3자와 공모하여 가장채권에 의한 집행권원을 이용하여 강제경매를 한 경우에도 그 강제경매에 의한 매수는 무효이다.[157] 이처럼 경매가 반사회적 행위의 수단으로 동원된 경우에는 민법 §103가 적용될 수 있다.

Ⅳ. 유형별 검토

1. 유형화의 필요성과 방법

민법 §103는 "선량한 풍속 기타 사회질서"라는 극히 추상적인 기준만 제시한다. 따라서 무엇이 선량한 풍속 기타 사회질서에 위반하는지에 대한 구체적인 판단 기준은 법원이 개별 사건을 통해 정립해 나갈 수밖에 없다. 물론 이러한 유형화는 어디까지나 실제 문제되었던 개별 사례들을 중심으로 하여 이를 일정한 기준에 따라 그룹별로 분류한 결과에 불과하므로 민법 §103가 적용될 수 있는 모든 상황을 빠짐없이 포괄할 수는 없다. 그 점에서 민법 §103가 적용되는 사례들의 유형화는, 한편으로는 포괄성을 지향하면서도 다른 한편으로는 개방성을 유지해야 한다. 따라서 이러한 유형은 예시적인 것이다.[158] 또한 개별 사례들에 대한 판결들은 사건의 특수성과 맥락, 그 때의 사회적 상황을 염두에 두고 개별적으로 이해하여야 하므로, 유형화의 성과물이 가지는 무게를 너무 무겁게 받아들이는 태도도 경계해야 한다.[159] 유형화는 어디까지나 편의적인 보조도구이지 그 자체가 목적이 아니다. 그러나 일반 조항의 남용을 방지하고 법적 예측 가능성을 높인다는 점에서 유형화의 유용성을 의심할

155) 대판 85.11.26, 85다카1580(공 86, 124); 대판 90.12.11, 90다카19098(공 91, 464).
156) 대판 85.11.26, 85다카1580(공 86, 124); 대판 96.6.14, 96다14494(공 96, 2183).
157) 대판 88.9.27, 84다카2267(공 88, 1313).
158) Brox/Walker, Allegemeiner Teil des BGB, 34. Aufl., 2010. S. 149.
159) 박정기(주 102), 111. 또한 남윤봉(주 136), 604-605는 Ralph Weber의 의견을 인용하여 개별 사례의 판단 결과나 이에 기초한 유형화가 法源의 위치에 이르지 않도록 유의해야 한다고 지적한다.

수는 없다. 이러한 유용화의 시도는 오랫동안, 또 각국에서 이루어져 왔다.

민법 § 103에 반사회행위의 유형을 예시하는 것이 입법론적으로 필요한가? 그러한지는 의문이다. 우선 반사회적 행위에 대한 특별법의 규율이 증가하면서 민법 외부에서의 유형화가 자연스럽게 이어지고 있다. 또한 민법 § 103에 반하는 행위는 매우 다양하고 가변적이어서 입법기술적으로 하나의 조항에서 포괄적이고 체계적인 유형화의 성과를 담기는 어렵다. 대표적인 유형 몇 개를 예시할 수는 있겠지만, 이러한 정도의 유형화가 얼마나 큰 의미를 가지는지 의문이다. 2004년 민법 개정안과 2014년 민법 개정시안에서도 이러한 유형화를 시도한 § 103 개정안은 제시되지 않았다. 결국 유형화는 판례와 학설을 통해 진전시켜 나가야 할 작업이다.

우리나라에서의 민법 § 103 적용 사례 유형화는 일본의 와가쯔마 사카에(我妻 榮) 교수의 체계화 입론의 영향을 받아 대체로 비슷한 모습으로 전개되고 왔다. 예컨대 곽윤직 교수는 ① 정의관념에 반하는 행위, ② 윤리적 질서에 반하는 행위, ③ 개인의 자유를 매우 심하게 제한하는 행위, ④ 생존의 기초가 되는 재산의 처분행위, ⑤ 지나치게 사행적인 행위, ⑥ 타인의 무사려, 궁박을 이용하여 부당한 이득을 얻으려는 행위(폭리행위)로 구분하였다.[160] 이영준 교수는 ① 정의관념에 반하는 행위, ② 인륜에 반하는 행위, ③ 과도한 법적 의무를 과하는 행위, ④ 생존의 기초가 되는 재산의 처분행위, ⑤ 지나치게 사행적인 행위로 구분하였다.[161] 이은영 교수는 ① 범죄행위를 내용으로 하는 계약, ② 거래질서에 어긋나는 계약, ③ 가족적 윤리에 반하는 계약, ④ 비인도적인 계약, ⑤ 단체적 윤리에 어긋나는 계약, ⑥ 노사윤리에 어긋나는 계약으로 구분하였다.[162] 고상용 교수는 사회질서위반행위의 실질적 분류로서 ① 가족질서나 인륜에 반하는 행위, ② 인격의 존엄 또는 자유를 심하게 해하는 행위, ③ 정의의 관념에 반하는 행위, ④ 생존의 기초가 되는 재산의 처분행위, ⑤ 사행성이 현저한 행위로, 사회질서위반행위의 형식적 분류로 ① 법률행위의 중심적 목적(내용)이 사회질서에 반하는 것, ② 어떤 사항 그 자체는 사회

160) 곽윤직, 민법총칙, 제7판, 2002, 216-218. 이는 我妻榮, 新民法總則(民法講義 Ⅰ), 岩波書店(1965), 272 이하의 분류법에 큰 영향을 받은 것으로 보인다. 양창수·김재형, 계약법—민법 Ⅰ, 제2판, 2015, 661-664도 폭리행위에 해당하는 ⑥ 항목을 제외하고 동일하게 분류하고 있다.

161) 이영준(주 18), 205-219.

162) 이은영, 372-380.

질서에 반하지 않아서 사회적으로 시인되나 그것이 법률적으로 강제됨으로써 반사회성을 띠는 것, ③ 그 사항 자체는 사회질서에 반하지 않으나 금전적 이익과 결부됨으로써 반사회성을 띠는 것, ④ 법률행위의 조건이 반사회성을 띠는 것, ⑤ 불법행위의 동기가 반사회성이 있는 것을 든다.[163] 한편 주석 민법의 필자인 윤진수, 이동진 교수는 독일 등에서 행하여지듯이 ① 공공의 이익을 보호하기 위한 경우, ② 법률행위 당사자 이외의 제3자의 이익을 보호하기 위한 경우, ③ 법률행위의 당사자의 이익을 보호하기 위한 경우로 나누어 설명한다.[164]

이처럼 유형화는 다양한 관점에서 시도될 수 있고, 그중 어느 것이 절대적으로 옳다고 하기도 어렵다. 또한 어떤 사례는 관점에 따라 복수의 유형에 속할 수도 있다. 또 그렇다고 하여 문제가 되는 것도 아니다. 결국 유형화는 파편적으로 흩어져 있는 다양한 재판례들을 좀 더 가지런히 설명하여 그 체계적 의미와 역할에 대한 이해 가능성을 높이기 위한 보조적인 노력일 뿐이다. 여기에서는 민법 § 103를 통하여 지키고자 하는 질서의 내용을 중심으로 재판례를 분류하고자 한다. '선량한 풍속'은 사회 윤리와 관련된 질서를 지키기 위한 개념이다. '사회질서'는 국가 작용과 관련된 질서, 시장 거래와 관련된 질서, 개인의 권리에 직결된 질서 등으로 나누어 볼 수 있다. 이에 따라 ① 사회 윤리와 관련된 질서 위반 행위, ② 국가 작용과 관련된 질서 위반 행위, ③ 시장 거래와 관련된 질서 위반 행위, ④ 개인의 기본권과 직결된 질서 위반 행위, ⑤ 기타 행위로 나누어 민법 § 103 관련 재판례들을 살펴본다.[165]

2. 사회 윤리와 관련된 질서 위반 행위

(1) 가족 윤리

㈎ 일부일처주의 헌법 § 36 Ⅰ은 "혼인과 가족생활은 개인의 존엄과 양성의 평등을 기초로 성립되고 유지되어야 하며, 국가는 이를 보장한다." 라고 규정하고 있다. 그러므로 국가는 적절한 조치를 통해 혼인과 가족을 지원하고, 제3자에 의한 침해 앞에서는 혼인과 가족을 보호해야 할 과제를 안고

163) 고상용, 334-344.
164) 주석 총칙(2), 417 이하(제4판/윤진수 · 이동진). 양형우, "반사회적 법률행위에 관한 법적 고찰", 사회과학논총(서경대) 12, 1999, 101 이하, Palandt, Bürgerliches Gesetzbuch, 78. Aufl, 2019, § 138도 이와 유사하다.
165) 국내 재판례들을 중심으로 살펴보되, 관련 있는 외국 재판례도 일부 소개한다.

있다. 한편 가족 간의 사법관계를 규율하는 민법은 중혼을 금지하는 한편(§810), 부부의 동거·부양·협조 의무(§826)와 정조의무(§840(i))를 부과함으로써 일부일처주의를 채택하고 있다. 이는 헌법을 비롯한 실정법 질서의 요청일 뿐만 아니라 오늘날 우리 사회 구성원의 공통된 도덕관념에 터 잡은 윤리적 요청이기도 하다. 그러므로 일부일처주의에 반하는 법률행위는 공서양속에 반하는 법률행위로 무효가 된다.

법률상 처가 있는 남자가 다른 여자와 혼인식을 거행하고 장래 혼인신고를 하여 혼인예약을 맺는 것은 일부일처제도에 비추어 공서양속에 반하는 무효의 계약이다.[166] 마찬가지로 이른바 첩(妾)계약은 공서양속에 반하여 무효이다.[167] 첩 계약에 대한 본처의 동의가 있더라도 마찬가지이다.[168] 부첩관계를 계속 유지 또는 강화하기 위해 체결된 증여계약도 무효이다.[169] 첩 계약의 체결과 실행은 민법 §750 소정의 불법행위도 구성한다. 따라서 부첩(夫妾) 관계에 있는 부와 첩은 특별한 사정이 없는 한 본처에게 불법행위책임을 진다.[170]

반면 부첩관계를 해소하면서 그 동안의 희생을 배상 내지 위자하고 장래 생활대책 마련을 위해 금원을 지급하기로 한 약정은 공서양속에 반하지 않는다.[171] 이는 공서양속 위반 상태를 제거하고 사회적 약자인 첩(妾)의 생활을 보호하기 위한 약정이기 때문이다. 같은 이유로, 부첩관계를 유지하면서 첩과 그 자녀의 주거 공간 마련에 필요한 자금 제공 차원에서 한 약속어음 발행 행위도 공서양속에 반하지 않는다.[172] 이러한 맥락에서 일본에는 불륜관계를 지속하기 위한 목적이 아니라 생계를 자신에게 의탁하였던 불륜녀에게 생활을 보전하기 위하여 전 유산 중 3분의 1을 포괄유증하기로 한 경우 이를 공서양속위반이 아니라고 판단한 사례가 있다.[173] 이는 유언의 자유와 상속인의 생활기반 보장을 고려한 것이다.[174]

---

166) 대판 55.10.13, 4288민상245. 한삼인, "반사회적 법률행위(상)—판례연구를 중심으로—", 고시연구 28-10, 2001, 53에서 재인용. 또한 Palandt, Bürgerliches Gesetzbuch, 78. Aufl, 2019, § 138, Rn. 46.

167) 대판 55.7.14, 4288민상156(집 2(6)민, 011); 대판 60.9.29, 4293민상302(집 8민, 149).

168) 대판 67.10.6, 67다1134(집 15(3)민, 195); 대판 98.4.10, 96므1434(공 98, 1356).

169) 대판 66.6.21, 66다530(집 14(2)민, 073).

170) 대판 98.4.10, 96므1434(공 98, 1356). 다만 기왕의 부첩관계에 대한 용서의 의사표시가 손해배상청구권의 포기로 해석될 수도 있다.

171) 대판 80.6.24, 80다458(공 80, 12975).

172) 대판 81.7.28, 80다1295(공 81, 14198).

173) 最高裁 1986(昭和.11).20, 民集 40-7, 1167.

174) 潮見佳男·道垣內弘人 編, 民法判例百選 Ⅰ, 總則·物權, 第7版 (2015. 1), 公序良俗違反

또한 부첩관계는 일부일처주의에 반하여 문제되는 것이므로, 일부일처주의를 강화하기 위하여 체결하는 약정은 원칙적으로 공서양속에 반하지 않는다. 예컨대 피고가 자신이 저지른 부정행위를 용서받는 대가로 그에 대한 손해를 배상함과 아울러 앞으로는 가정에 충실하겠다는 서약의 취지에서 원고에게 부동산을 양도하되, 부부관계가 유지되는 동안에는 원고가 그 부동산을 임의로 처분할 수 없다는 제한을 붙인 약정도 공서양속에 반하지 않는다.[175]

한편 아직 결혼하지 않은 경우에는 일부일처주의의 적용을 받지 않으므로, 결혼하지 않는 남녀의 동거에 대한 약정은 공서양속에 반하지 않는다. 다만 한쪽이 법률상 배우자가 있는 상태에서 행하는 동거 약정은 공서양속에 반한다고 해야 한다. 종전에는 이러한 동거 약정에 수반되는 성관계는 형법상 간통죄를 구성하였으나, 현재는 간통죄가 폐지된 상태이다. 그러나 공서양속 위반 여부는 범죄 성립 여부에 논리 필연적으로 연결되는 것은 아니다. 오히려 형사영역에서의 간통죄 폐지가 민사 영역에서의 결혼제도 보호 필요성을 더욱 강화하는 측면도 있다. 따라서 기혼자가 체결하는 동거 약정은 여전히 현 시점의 공서양속에 반한다고 보아야 한다. 다만 이러한 동거에 수반하는 대가 지급 약정이 생존의 기초가 되는 물적 토대를 마련하거나 제공해 주기 위한 경우에는 공서양속에 위반되지 않는다.

㈏ 가족관계 어떤 일이 있어도 이혼하지 않겠다는 각서를 써 주었더라도 그러한 의사표시는 신분행위의 의사결정, 특히 혼인에 관한 자기결정권을 과도하게 제한하므로 공서양속에 위반하여 무효이다.[176] 자가 부모의 이혼 후 모와 동거하지 않겠다고 하는 부자 간의 계약은 무효이다.[177] 부모 자녀 간의 인륜에 기초한 행위를 과도하게 제한하기 때문이다. 한편 자가 부모를 상대로 불법행위에 의한 손해배상을 청구하는 행위는 인륜에 반하여 허용되지 않는다는 견해가 있다.[178] 그러나 자와 부모는 법적으로 별개의 인격체이고, 부모라는 이유로 자녀에 대한 손해배상책임에서 당연히 면제된다고 할 수는 없다. 또한 이는 민법 § 103가 적용될 문제라기보다는 개별 사안에 따라서 신의성실의 원칙 및 권리남용금지 원칙에 관한 § 2가 적용될 여지가 있는 문

(1), 27(原田昌和 집필부분).

175) 대판 92.10.27, 92므204, 211(공 92, 3298).

176) 대판 69.8.19, 69므18(집 17(3)민, 028).

177) 고상용, 335.

178) 고상용, 335; 김상용, 401.

제이다. 그러므로 이 견해에는 찬성할 수 없다.[179)]

자녀들에 대한 양육비 지급을 강제하는 약정은 마땅히 이행해야 할 의무를 이행하게 하는 것이므로 공서양속에 반하지 않는다. 甲과 乙이 협의이혼하면서 자녀들의 친권자 및 양육자를 乙로 지정하되, 甲이 乙에게 자녀 양육비로 매월 일정액을 지급하기로 약정하고, 甲이 지급을 지체하는 경우 乙에게 장래 발생분까지 포함한 나머지 양육비 등 전액을 일시 지급하며, 지체된 금액에 대한 지연손해금을 가산하여 지급하기로 하고, 채무불이행시 甲이 즉시 강제집행을 당하여도 이의가 없음을 인낙한다는 취지의 약정이 선량한 풍속 기타 사회질서에 반한다고 단정할 수 없다는 판례가 있다.[180)]

㈐ 대리모 계약　　대리모가 되기로 하는 계약을 대리모 계약이라고 한다. 대리모는 난자 제공자와 대리모의 관계에 따라 난자와 자궁을 모두 빌려주는 출산대리모(gestational surrogate mother)와 자궁만 빌려주는 유전적 대리모(genetic surrogate mother)로 나누어진다. 그런데 어느 경우이건 대리모가 되는 여성은 타인을 위해 자신의 몸을 내어준다. 그 대가로 금전을 지급받기도 한다. 이와 관련하여 대리모계약이 공서양속에 반하여 무효인지가 문제된다. 다수설인 무효설은 대리모계약은 금전적인 거래를 통하여 이루어지는 것이 일반적인데 여성의 생식기능과 출생한 자를 상업화된 계약의 급부대상으로 만들어 인간의 존엄과 가치, 그리고 공서양속에 반한다는 점,[181)] 태아와 모의 자연적인 관련을 통하여 형성되는 정신적인 관계를 침해할 수 있다는 점,[182)] 대리모계약에서 가장 중요한 내용인 출생자에 대한 친권양도는 강행법규인 민법 § 927에 위반된다는 점[183)] 등을 구체적 근거로 제시하고 있다.[184)] 반면 유효설은 대리모계약을 무효로 한다면 사생활의 권리와 헌법상 보장된 출산의 권리를 저해한다는 점,[185)] 대리모에게 금전을 지급하는 것은 대리모의 대리임신 및

179) 주석 총칙(2), 447-448(제5판/이동진)도 같은 취지.

180) 대판 17.4.13, 2016다275433, 275440.

181) 고정명 · 신관철, “대리모계약의 모성추정에 관한 고찰”, 법학논총 10, 1998, 12.

182) 양수산, “인공수정에 관한 제문제의 합헌성 고찰”, 현대가족법과 가족정책: 김주수 교수 화갑기념논문집, 1998, 259.

183) 이덕환, “대리모출산의 친자법적 문제”, 법학논총(한양대학교 법학연구소) 13, 1996, 211.

184) 한삼인 · 김상헌, “대리모계약의 효력에 관한 소고”, 외법논집 37-1, 2013, 165. 독일에서도 대리모계약(Leihmutter Vertrag)을 무효로 본다. Palandt, Bürgerliches Gesetzbuch, 78. Aufl, 2019, § 138, Rn. 48. Hamm NJW 86, 781, LG Freiburg NJW 87, 1488.

185) 김민중, “대리모와 그 법률문제”, 판례월보 244, 1991, 20 이하.

대리출산이라고 하는 서비스에 대한 반대급부라는 점,[186] 대리출산이 이미 현실적으로 많이 행하여지고 있으므로 이를 오히려 양성화하여 법질서 안에서 포섭하는 것이 바람직하다는 점[187] 등을 구체적 근거로 제시하고 있다.[188]

대리모 계약의 효력에 관한 대법원 판례는 없다. 이 문제를 다룬 서울가정법원 결정은 있다.[189] 이 사안에서 불임 부부는 자신들의 수정란을 자궁대리모에게 착상시켰고, 자궁대리모가 아이를 출산하자 그 출생신고서에 자궁대리모가 아닌 의뢰모를 모로 기재하였다. 그러나 가족관계등록공무원은 출생신고서에 기재된 모와 이름과 출생증명서상의 모의 이름이 일치하지 않는다는 이유로 2010.12.26. 불수리처분을 하였다. 이와 관련하여 누가 아이의 모인지, 또한 대리모 계약의 효력이 어떠한지가 다루어졌다. 서울가정법원은 우리 민법상 모자관계를 결정하는 기준은 '모의 출산'이라는 자연적 사실이고, 정자나 난자를 제공한 사람은 민법상 '입양' 특히 친양자입양을 통하여 출생자의 친생부모와 같은 지위를 가질 수 있는 점에 비추어 보면 이러한 기준은 그대로 유지되어야 한다고 한 뒤, "출생신고서 및 출생증명서에 '모의 성명 및 출생연월일'을 기재하게 한 것은 우리 민법상 모자관계를 결정하는 기준인 '모의 출산사실'을 출생신고에 의하여 확인하고 출산에 의하여 자연스럽게 형성된 모자관계를 법률상 일치시키기 위한 조치이므로, 출생신고서의 모의 인적사항과 출생증명서의 모의 인정가사항은 동일하여야 하고 만일 그것이 일치하지 않을 때에는 출생신고서를 수리하여서는 아니된다"는 이유로 불수리처분을 승인한 제1심결정에는 법령에 위반한 잘못이 없다고 하였다. 또한 서울가정법원은 대리모 계약의 효력에 대해서는 "우리 민법상 모자관계의 결정기준이 '모의 출산사실'인 점, 가족관계등록법상 출생신고를 할 때에는 출생신고서에 첨부하는 출생증명서 등에 의하여 출산사실을 증명하여야 하는 점, 인간의 존엄과 가치를 침해하는 것을 방지함으로써 생명윤리와 안전을 확보하고 국민의 건강과 삶의 질 향상에 이바지하고자 하는 생명윤리법의 입법목적 등을 종합하여 볼 때, (…) 고전적인 대리모의 경우뿐만 아니라, (…) 이른바 '자궁(출산)대리모

186) 김민중(주 185), 21.

187) 박동진, "대리모계약에 의한 출산과 그 법적 문제", 의료법학 3-1, 2002, 81.

188) 그 외에 유효설로 최성배, "대리모에 관한 법적 고찰", 사법논집 29, 1998, 529 이하; 엄동섭, "대리모계약", 저스 34-6, 2001, 104 이하.

189) 서울가정법원 18.5.18, 2018브15 결정(재항고). 그 외에 이른바 씨받이 계약을 무효로 본 대구지판 1991.9.17, 91가합8269. 양창수·김재형, 664-665 참조.

도 우리 법령의 해석상 허용되지 아니한다고 할 것이고, 이러한 대리모를 통한 출산을 내용으로 하는 계약은 선량한 풍속 기타 사회질서에 위반하는 것으로써 민법 § 103에 반하여 무효"라고 판단하였다.

(2) 성 윤리

성 행위를 금전적 거래 대상으로 하는 계약은 공서양속에 반한다. 성매매 등은 특별법의 규율 대상이기도 하다. 즉 『성매매알선 등 행위의 처벌에 관한 법률』(성매매처벌법)은 성매매, 성매매알선 등 행위, 성매매 목적의 인신매매, 성매매 관련 고용이나 직업 소개·알선 행위, 업소 광고행위를 금지하는 한편(§ 4), ① 성매매알선 등 행위를 한 사람, ② 성을 파는 행위를 할 사람을 고용·모집하거나 그 직업을 소개·알선한 사람, ③ 성매매 목적의 인신매매를 한 사람이 그 행위와 관련하여 성을 파는 행위를 하였거나 할 사람에게 가지는 채권은 그 계약의 형식이나 명목에 관계없이 무효로 하고 채권양도나 채무인수의 경우에도 그러하다고 규정하고 있다(§ 10 I). 판례는 윤락녀가 윤락행위의 상대방으로부터 받은 화대를 포주에게 보관시켰다가 나중에 이를 분배하기로 한 약정은 선량한 풍속 기타 사회질서에 위반되는 것이라고 한다.[190] 금융기관이 윤락행위의 알선사실 등을 잘 알면서 유흥업소 업주 등의 연대보증 아래 유흥업소 여종업원과 대출약정을 체결한 경우 그 대출약정과 연대보증약정 역시 무효이다.[191] 또한 선불금 등 성매매를 목적으로 제공된 경제적 이익은 불법원인급여에 해당하여 반환을 청구할 수 없는데,[192] 이 역시 성매매와 관련된 계약이 § 103에 위반된다는 점을 전제하는 것이다. 공연 무대에서 성교하기로 하는 계약도 성도덕에 반하여 무효이다.[193] 이른바 엿보기 쇼(peep-show)에 대한 계약의 유효성에 대해서는 독일에서 논란이 있다.[194] 폰섹스에 대한 계약은 공서양속에 위반된다는 독일 판례[195]가 있으나, 학설은 대체로 이에 반대한다.[196]

190) 대판 99.9.17, 98도2036(공 99, 2267).

191) 대판 09.9.10, 2009다37251(09 하, 1638); 울산지판 08.2.15, 2007가단26881. 그런데 이 경우 금융기관이 유흥업소 업주에게 부당이득 반환을 구할 수 있는지에 대해서는 긍정하는 하급심 판결(앞의 판결)과 부정하는 하급심 판결(울산지판 08.4.25, 2007가단33094)이 있다.

192) 대판 04.9.3, 2004다27488, 27495(공 04, 1650); 대판 13.6.14, 2011다65174(공 13하, 1214).

193) Brox/Walker, Allegemeiner Teil des BGB, 34. Aufl., 2010, S. 149.

194) Brox/Walker, Allegemeiner Teil des BGB, 34. Aufl., 2010, S. 149. 판례는 공서양속 위반으로 본다. BVerwGE 64, 274ff.

195) BGH NJW 1998, 2895, 2896.

196) Brox/Walker, Allegemeiner Teil des BGB, 34. Aufl., 2010, S. 149.

(3) 근로 윤리

㈎ 도 박 도박은 당사자가 재물을 걸고 우연한 승부에 의하여 그 재물의 득실을 결정하는 행위이다. 일시오락 정도에 그치지 않는 도박은 범죄로 처벌되고, 상습적인 도박은 가중처벌된다(형 § 246). 또한 영리 목적으로 도박을 개장한 행위도 처벌된다(형 § 247). 정당한 근로에 의하지 않은 재물의 취득을 처벌함으로써 건전한 국민의 근로관념과 사회의 미풍양속을 보호하고, 경제에 관한 도덕법칙을 유지하기 위함이다.[197] 법률상 허용되는 도박도 있다. 『복권 및 복권기금법』, 『경륜경정법』, 『한국마사회법』, 『관광진흥법』, 『폐광지역 개발 지원에 관한 특별법』은 일정한 공익적 목적을 위해 도박을 합법화하는 법률들이다.

이처럼 합법적인 도박이 아니라면 도박 관련 법률행위는 원칙적으로 선량한 풍속 기타 사회질서에 위반된다.[198] 도박하기로 하는 계약, 도박자금을 대여하는 계약,[199] 대여한 도박자금에 관한 담보설정계약,[200] 도박장을 개설하는 계약, 도박채무를 변제하기로 하는 계약[201]은 특별한 사정이 없는 한 무효이다. 돈을 빌려주면서 그 돈이 도박에 쓰일 것을 알지 못한 경우는 어떠한가? 이는 표시되지 않은 동기의 불법 문제이다. 판례는 법률행위의 동기가 표시되거나 상대방에게 알려질 것을 요구한다.[202]

한편 이러한 계약에 기초하여 이루어진 급여는 불법원인급여에 해당한다. 그러므로 급여자는 원칙적으로 그 급여의 반환을 구할 수 없다(§ 746 본문). 그러나 그 불법원인이 급여자가 아닌 수익자에게만 있는 경우에는 그렇지 않다(§ 746 단서). 또한 수익자의 불법성이 급여자의 그것보다 현저히 커서 급여자의 반환청구를 허용하지 않는 것이 오히려 공평과 신의칙에 반하게 되는 경우에도 그렇다.[203] 도박에도 마찬가지 법리가 적용된다. 판례 중에는 급여자가 수익자에 대한 도박 채무의 변제를 위하여 급여자의 주택을 수익자에게 양도하기로 한 사안에

---

197) 대판 84.7.10, 84도1043(공 84, 1392); 대판 08.10.23, 2006도736(공 08하, 1622).

198) 판례도 도박을 금지하는 이유의 하나로 "사회의 미풍양속"을 들고 있다. 대판 84.7.10, 84도1043(공 89, 1392).

199) 대판 73.5.22, 72다2249(집 21(2)민, 011).

200) 대판 95.8.11, 94다54108(공 95, 3123).

201) 대판 95.7.14, 94다40147(공 98, 2793).

202) 대판 92.11.27, 92다7719(공 93상, 242); 대판 94.3.11, 93다40522(공 94상, 967); 대판 05.7.28, 2005다23858(공 05하, 233).

203) 대판(전) 07.2.15, 2004다50426(공 07, 437) 등 다수.

서 내기바둑에의 계획적인 유인, 내기바둑에서의 사기적 행태, 도박자금 대여 및 회수 과정에서의 폭리성과 갈취성 등에서 드러나는 수익자의 불법성의 정도가 내기바둑에의 수동적인 가담, 도박 채무의 누증으로 인한 도박의 지속, 도박 채무 변제를 위한 유일한 재산인 주택의 양도 등으로 인한 급여자의 불법성보다 훨씬 크다고 보아 급여자로서는 그 주택의 반환을 구할 수 있다고 한 사례가 있다.[204)]

(나) 사행적 보험계약 보험계약은 보험사고의 발생이라는 우연한 사정에 따라 보험금의 지급 여부가 결정되는 계약이므로 일종의 사행적 계약이다. 이러한 보험계약의 사행성으로 말미암아 도덕적 해이(moral hazard) 현상이 발생하기 쉽다. 따라서 보험 관련 법령에서는 이를 방지하기 위해 선의성과 공공성을 요구한다.[205)] 상법에서 보험계약자에게 부과되는 고지의무, 위험변경증가 통지의무, 위험유지의무 등이 이러한 선의성이 발현된 결과이다.[206)] 그런데 상법에서는 중복보험계약 체결을 금지하는 조항을 두고 있지 않다. 다만 손해보험에 관하여 상법 § 672 Ⅱ에서 동일한 보험계약의 목적과 동일한 사고에 관하여 수개의 보험계약을 체결하는 경우 보험계약자가 각 보험자에 대하여 각 보험계약의 내용을 통지하도록 규정하고 있을 뿐이다. 따라서 보험계약자가 동일한 보험목적과 동일한 보험사고에 관하여 다수의 보험계약을 중복 체결한 뒤 보험사고를 야기하여 보험금을 부정하게 취득하려는 시도를 하는 경우가 적지 않다. 특히 인보험(人保險)의 경우에는 피보험이익의 관념이 인정되지 않아 중복보험의 개념이 인정되지 않고, 손해보험에서 인정되는 중복보험 관련 통지의무도 부과되지 않으며 보험금이 상대적으로 높아 이러한 문제가 더욱 빈번하게 발생한다. 만약 이러한 문제를 방치한다면 사람의 생명이나 신체 관련 사고를 보험사고로 하는 생명보험계약이나 상해보험계약에서는 보험금을 노리고 보험사고를 야기할 위험성을 증가시키고 보험계약을 악용하여 부정한 이득을 얻으려는 사행심을 조장하게 될 것이다.[207)]

고의로 보험사고를 야기한 것이 증명되면 상법 § 659에 따라 보험자의 보험금지급의무가 발생하지 않는다. 또한 상법은 고지의무 제도(§§ 651, 652), 보험사

204) 대판 97.10.24, 95다49530, 49547(공 97, 3570).
205) 한기정, 보험법, 2017, 54-55, 65.
206) 주기동, "중복체결한 보험계약의 효력에 관한 연구—대상판결: 대법원 2001.11.27. 선고 99다33311 판결—", 저스 75, 2003, 157.
207) 대판 18.9.13, 2016다255125(공 18하, 1967).

고 발생 시의 통지 및 사고조사 등에 대한 협조의무(§ 657) 등 도덕적 해이를 방지하기 위한 여러 제도를 두고 있다. 보험금을 부정 취득하기 위한 보험계약은 기망을 이유로 민법 § 110에 따라 취소할 수도 있다. 그러나 이러한 제도들의 요건을 증명하는 것이 어려울 수도 있다. 따라서 이와 별도로 민법 § 103를 적용하여 보험금을 부정하게 취득하려는 등 반사회적 목적으로 체결한 보험계약을 무효로 할 수 있다.[208] 이 점에서 민법 § 103는 부정한 보험계약을 규제하는 기능을 수행한다. 이는 동기의 반사회성을 이유로 하는 공서양속 위반 유형이라고 할 수 있다.

한편 구체적으로 어떤 요건이 충족되어야 이러한 보험계약이 민법 § 103에 위반되는지는 분명하지 않다. 가령 보험계약자의 경제적 사정보다 과다하게 보험계약을 체결하였다는 이유만으로 바로 그 보험계약이 반사회적 계약이라고는 할 수 없다. 결국 보험계약자가 보험금을 부정취득할 목적으로 다수의 보험계약을 체결하였는지 여부에 따라 그 보험계약의 반사회성이 결정된다.

이러한 보험가입의 목적은 주관적인 것이어서 객관적인 증거로 직접 증명되기 어려운 경우가 많다. 이러한 경우 그 목적은 보험계약자의 직업 및 재산상태, 다수 보험계약의 체결 시기와 경위, 보험계약의 규모와 성질, 보험계약 체결 후의 정황 등 제반 사정에 기하여 추인할 수 있다.[209] 특히 ① 단기간에 집중적으로 다수 보험에 가입하였다는 점, ② 다수 보험에 가입할 합리적 이유가 없다는 점, ③ 보험가입자의 경제적 사정에 비해 보험료가 고액인 점, ④ 보험모집인의 권유에 의하지 않고 스스로 적극적으로 보험에 가입한 점, ⑤ 저축성 보험보다 보장성 보험에 치중한 점, ⑥ 보험계약 체결 당시 동종의 다른 보험 가입사실의 존재와 자기의 직업·수입 등에 의해 허위 고지하였다는 점, ⑦ 다수 보험계약 체결 후 실제로 보험사고가 발생하여 보험금을 수령한 점, ⑧ 이러한 보험사고가 여러 차례 반복하여 발생한 점 등은 이러한 목적을 추인케 하는 적극적 사정에 해당한다.[210]

---

208) 대판 00.2.11, 99다49064(공 00, 669); 대판 01.11.27, 99다33311(공 02, 144); 대판 05.7.28, 2005다23858(공 05, 1421); 대판 09.5.28, 2009다12115; 대판 14.4.30, 2013다69170(공 14상, 1101); 대판 15.2.12, 2014다73237. 일본 판례에 대한 소개로는 주기동, (주 206), 169-173.

209) 대판 09.5.28, 2009다12115; 대판 18.9.13, 2016다255125(공 18하, 1967).

210) 대판 14.4.30, 2013다69170(공 14상, 1101); 대판 15.2.12, 2014다73237; 대판 17.4.7 2014다234827(공 17상, 945).

3. 국가 작용과 관련된 질서 위반 행위

(1) 행정 작용

국가는 국민의 기본권을 보호하기 위하여 존재한다. 국가의 행정 작용은 이러한 국가의 책무를 전면에서 실행한다. 국가의 행정 작용은 관련 법령에 따라 적법하게 이루어져야 하고, 그 투명성과 염결성을 유지하여야 한다. 이러한 행정 작용에 관한 질서를 위반하는 것을 목적으로 하는 법률행위는 민법 §103에 따라 무효가 될 수 있다. 가령 뇌물 공여나 공문서 위조, 선거 시 표 매수, 조세포탈 그 자체를 내용으로 하는 약정은 국가기능을 해하는 한편 공서양속에 위반되어 무효이다.[211)]

판례에 따르면, 당사자의 일방이 상대방에게 공무원의 직무에 관한 사항에 대해 특별한 청탁을 하게 하고 그에 대한 보수로 돈을 지급할 것을 내용으로 한 약정은 사회질서에 반하는 무효의 계약이다.[212)] 이 사안에서 甲이 乙(원고)에게 공무원에 대한 청탁 대가로 돈을 지급하였는데 그 후 乙이 그 돈을 돌려주기로 하였다. 돈을 건네 주었던 甲은 자신의 처남인 丙(피고)에게 돈을 돌려주도록 지정하였고, 이에 따라 乙은 丙에게 약속어음 및 공정증서를 교부하였다. 그 이후 丙이 이에 기하여 乙의 재산에 강제집행을 하자, 乙은 甲이 자신에게 돈을 교부한 행위는 불법원인급여이므로 甲은 자신에게 그 돈을 돌려달라고 요구할 수 없으므로 그 반환 약속을 이행하기 위해 발행한 약속어음의 청구 및 그 공정증서에 기한 강제집행은 허용될 수 없다고 주장하며 청구이의의 소를 제기하였다. 원심은 약속어음 및 공정증서의 작성 및 교부 행위 자체에는 어떠한 불법의 원인도 없다는 이유로 원고인 乙의 주장을 배척하였다. 그러나 대법원은 위와 같이 청탁 대가로 돈을 지급하기로 하는 약정은 반사회적 법률행위로 무효이고, 이 약정에 기하여 돈을 지급한 행위는 불법원인급여에 해당하므로 급여자는 그 돈의 반환을 구할 수 없으므로, 그 반환약정에 기하여 수령자가 약속어음을 발행하였더라도 급여자 또는 그가 반환받을 자로 지정한 제3자는 그 약속어음의 이행을 청구할 수 없다고 판단한 것이다.

또한 판례에 따르면, 담당공무원과 공모하여 부정한 방법으로 국유재산 매

211) 다만 후술하듯 판례는 양도소득세회피를 목적으로 하는 계약이 무효가 아니라고 한다. 대판 07.6.14, 2007다3285(공 07, 1050). 이 계약은 법률행위의 내용 자체가 양도소득세 회피를 주된 목적으로 하는 계약이 아님에 유의한다.

212) 대판 95.7.14, 94다51994(공 95, 2799).

각 관련 내부규정을 위반하여 국유의 잡종재산을 매수한 경우 그 매수행위가 민법 § 103에 위반되지 않는다.[213] 이 판결에서 대법원은 담당공무원의 부정이 개입되어 내부규정 위반으로 국유재산이 매각되었다는 사정만으로 그 매매행위가 반사회적 법률행위로 무효가 되는 것은 아니라고 판단하였다. 또한 담당공무원의 부정행위는 계약 체결 전에 행하여진 것에 불과하므로, 사기 또는 강박행위가 개입하였다는 이유만으로 계약이 무효가 되지 않는다는 법리[214]에 비추어 볼 때에도 그러하다. 한편 대법원은 이러한 매매행위는 국유재산법 § 41 (ii)에 따라 해제 대상임도 지적하였는데, 이는 매매행위가 일단 효력을 보유하고 있음을 전제하는 것이기도 하다.

반면 판례는 소득세법령의 규정에 의하여 당해 자산의 양도 당시의 기준시가가 아닌 양도자와 양수자 간에 실제로 거래한 가액을 양도가액으로 하는 경우, 양도소득세의 일부를 회피할 목적으로 매매계약서에 실제로 거래한 가액을 매매대금으로 기재하지 아니하고 그보다 낮은 금액을 매매대금으로 기재하였다 하여, 그것만으로 그 매매계약이 사회질서에 반하는 법률행위로서 무효로 된다고 할 수는 없다고 한다.[215]

(2) 사법 작용

㈎ 증언대가 지급 약정 증인이 증언을 조건으로 소송의 일방 당사자 등으로부터 통상적으로 용인될 수 있는 수준을 넘어서는 대가를 제공받기로 하는 약정도 공서양속에 반한다.[216] 국민의 사법참여행위가 대가와 결부됨으로써 사법작용의 불가매수성 내지 대가무관성이 본질적으로 침해되기 때문이다. 이는 법률행위에 금전적인 대가가 결부됨으로써 반사회질서적 성질을 띠게 되는 경우에 해당한다. 그 증언이 진실에 부합하는지는 중요하지 않다. 증인에게 증언거부권이 있는지, 그 증언거부권을 포기하고 증언을 하였는지도 중요하지 않다.[217] 증언에 대한 대가지급약정이 언제나 무효가 되지는 않는다.

---

213) 대판 99.9.7, 99다14877(공 99, 2081).

214) 대판 93.3.2, 92다52238(공 93, 1279); 대판 99.7.23, 96다21706(공 99, 1705).

215) 대판 07.6.14, 2007다3285(공 07, 1050).

216) 대판 94.3.11, 93다40522(공 94, 1178); 대판 99.4.13, 98다52483(공 99, 872); 대판 10.7.29, 2009다56283(공 10하, 1749).

217) 대판 99.4.13, 98다52483(공 99, 872)은 증언 대가 지급 약정이 민법 § 103에 반한다는 근거로 증인은 법률에 의하여 증언거부권이 인정되지 않은 한 진실을 진술할 의무가 있다는 점을 들고 있어 증언거부권이 인정되면 결론이 달라질 여지도 남겨 놓고 있지만, 대판 10.7.29, 2009다56283(공 10하, 1749)은 사법절차의 불가매수성 내지 대가무관성을 근거로 제시하면서 증언거부권의 유무는 약정의 유무효에 영향을 미치지 않는다는 점을 명확

증인이 법원에 출석함으로써 입게 되는 실손해를 전보해 주는 수준의 약정은 통상적으로 용인될 수 있다는 것이 판례의 태도이다.[218] 법원이 증인에게 지급하는 비용이 비현실적일수록 이러한 대가 지급의 당위성은 높아진다. 대법원은 증인에게 증언 대가로 지급하기로 한 급부 중에 기존 채무 변제를 위한 부분이 포함되어 있거나,[219] 상대방 당사자를 만나 그와의 대화내용을 몰래 녹취하여 그 녹취서를 법원에 증거로 제출하게 하는 대가 부분이 포함되어 있더라도[220] 증언을 조건으로 전체적으로 통상 용인될 수 있는 수준을 넘는 급부를 하기로 한 것이면 약정 전부가 무효라고 본다.

증언대가 지급약정을 판단할 때에는 두 가지 점이 중요하다. 첫째는 증언의무를 얼마나 무게 있게 받아들일 것인가 하는 점이다. 국민이 마땅히 이행해야 할 의무라는 관점을 강조한다면 이에 대한 대가 지급약정은 정당성을 인정받기 더 어려워진다. 둘째는 증인이 실제로 받게 되는 불이익을 얼마나 전보해 주어야 하는가 하는 점이다. 증인으로 출석하여 증언하는 것이 법적 의무라고 하더라도 현실적으로 이로 인하여 입는 불이익은 최대한 전보해 주어야 한다. 만약 국가가 이를 하지 못한다면 개인이 해야 할 필요성도 있다. 셋째는 사법의 염결성이다. 즉 객관적으로 증언의 중립성과 순수성을 해치는 정도인가이다. 한편으로는 그것이 증언의 중립성과 순수성을 해칠 수도 있지만, 다른 한편으로는 그것이 진실 발견에 도움이 될 수도 있다. 이처럼 증언대가 지급약정은 다차원적인 접근을 요구하는 문제이다.

지급 약정 대가가 실손해 전보 수준을 넘는다는 이유만으로 언제나 선량한 풍속 기타 사회질서에 반하는 약정이라고 할 수는 없다. 교통비용과 일당 등 확인할 수 있는 손해 외에도 증언으로 인하여 받게 되는 여러 불이익이나 부담이 있다는 점을 부인할 수 없다. 또한 민사소송법상 국민은 원칙적으로 증언의 의무를 부담하지만, 현실적으로는 증명책임을 부담하는 당사자가 증인을 사실상 대동하여야 하는 경우도 많다. 이와 관련하여 증인의 증언이 사실인정에 중요한 의미를 가지는데, 객관적이고 중립적인 증인의 증언을 확보하기가 어려운 것이 현실이므로, 증언의 순수성을 현저히 해칠 정도로 과다한 것이 아니라면 실손해를 넘는 증언대가 약정의 유효성도 인정해야 한다는 견해가 있

하게 하였다.

218) 대판 99.4.13, 98다52483(공 99, 872); 대판 10.7.29, 2009다56283(공 10하,1749).

219) 대판 16.10.27, 2016다25140(공 16하, 1795).

220) 대판 99.4.13, 98다52483(공 99, 872).

다.[221]

(나) 관할 합의　관할 합의에도 민법 § 103가 적용될 수 있다. 판례에 따르면, 대한민국 법원의 관할을 배제하고 외국의 법원을 관할법원으로 하는 전속적인 국제관할의 합의가 유효하기 위하여는, 해당 사건이 대한민국 법원의 전속관할에 속하지 아니하고, 지정된 외국법원이 그 외국법상 해당 사건에 대하여 관할권을 가져야 하는 외에, 해당 사건이 그 외국법원에 대하여 합리적인 관련성을 가질 것이 요구된다. 전속적인 관할 합의가 현저하게 불합리하고 불공정한 경우에는 그 관할 합의는 공서양속에 반하는 법률행위에 해당하여 무효이다.[222] 판례는 전속적 국제관할합의가 무효가 될 여지를 열어 놓았으나 그 합의가 "현저하게 불합리하고 불공정한 경우"에 해당하여야 한다고 함으로써 민법 § 103가 제한적으로만 적용된다는 입장을 선언한 것으로도 이해된다.

(다) 형사성공보수약정　대법원은 종래 변호사의 보수약정에 따른 보수청구를 신의성실의 원칙에 기초하여 제한하여 왔다. 즉 대법원은 위임사무를 완료한 변호사는 특별한 사정이 없는 한 약정된 보수액 전부를 청구할 수 있는 것이 원칙이라고 하면서도, 의뢰인과의 평소부터의 관계, 사건 수임의 경위, 착수금의 액수, 사건처리의 경과와 난이도, 노력의 정도, 소송물의 가액, 의뢰인이 승소로 인하여 얻게 될 구체적 이익과 소속변호사회의 보수규정, 기타 변론에 나타난 제반 사정을 고려하여 약정된 보수액이 부당하게 과다하여 신의성실의 원칙이나 형평의 원칙에 반한다고 볼 만한 특별한 사정이 있는 경우에는 예외적으로 상당하다고 인정되는 범위 내의 보수액만을 청구할 수 있다고 보아야 한다고 판시하였다.[223] 이는 형사사건의 경우에도 마찬가지였다.

한편 학계에서는 성공보수 약정의 효력 문제에 대한 국가 개입을 최소화하여야 한다는 견해,[224] 형사사건의 경우에는 성공보수를 제한할 수 있다는 견해,[225] 형사사건과 가사사건의 성공보수약정은 금지되어야 한다는 견해,[226] 성

---

221) 권혁재, "증언대가 지급약정과 반사회질서 법률행위", 인권과 정의 460, 2016, 110.

222) 대판 97.9.9 96다20093(공 97, 3037); 대판 04.3.25, 2001다53349(공 04, 683); 대판 10.8.26, 2010다28185(공 10하, 1813).

223) 대판 95.4.25, 94다57626(공 95, 1945); 대판 02.4.12, 2000다50190(공 02, 1085); 대판 09.7.9, 2009다21249.

224) 이창희, "변호사보수의 적정성과 투명성", 법률가의 윤리와 책임, 2003, 301; 권오승, "변호사보수에 관한 검토", 법과 사회 11, 1995, 144.

225) 정한중, "변호사 보수의 규제에 대한 연구", 법학연구(인하대) 14-1, 2011, 114-115.

226) 정선주, "변호사의 성공보수약정: 독일연방헌법재판소 2006년 12월 12일 결정을 중심으로", 민사소송 12-1, 2008, 168.

공보수약정을 전면적으로 금지해야 한다는 견해[227] 등이 전개되어 왔다. 미국, 독일, 프랑스, 영국은 모두 성공보수 약정을 무효로 보거나 금지하고 있다.[228] 일본은 판사나 검사가 퇴직 후 변호사로 개업하는 비율이 현저히 낮아 전관의 형사 성공보수 문제 자체가 그다지 대두되지 않는 특수성을 가진다. 우리나라에도 구 변호사 윤리장전(2000.7.29. 시행) 윤리규칙 § 33는 "변호사는 성공보수를 조건부로 미리 받아서는 아니된다."라고 규정하였던 적도 있다. 그러나 이 조항은 2014.2.24. 변호사윤리장전이 개정되면서 삭제되었다.

그런데 대법원은 2015.7.23. 선고 2015다200111 전원합의체 판결에서, 형사사건에 관한 성공보수약정은 수사재판의 결과를 금전적인 대가와 결부시킴으로써 기본적 인권의 옹호와 사회정의의 실현을 사명으로 하는 변호사 직무의 공공성을 저해하고, 의뢰인과 일반 국민의 사법제도에 대한 신뢰를 현저히 떨어뜨릴 위험이 있으므로, 선량한 풍속 기타 사회질서에 위배된다고 판단하였다. 또한 대법원은 ① 성공보수약정이 관행적으로 행해지고 있었고(관행의 존재), ② 대법원과 대한변호사협회가 성공보수약정의 유효성을 인정하고 있었으며(관행의 유효성에 대한 공적 승인), ③ 변호사와 당사자 모두 성공보수약정이 유효하다는 신뢰하에 보수 체계와 액수를 정하였다는 점(관행의 유효성에 대한 당사자들의 공통 신뢰)에 주목하여 이론적으로는 논란의 여지가 큰 판결의 장래효를 인정함으로써 종전의 보수약정에 관한 신뢰를 보호하는 방향으로 결론을 내렸다.[229]

그러나 성공보수 약정이 일률적으로 반사회적 법률행위에 해당하는지는 의문스럽다. 이 판결은 성공보수 약정은 수사·재판의 결과를 금전적인 대가와 결부시킴으로써 변호사 직무의 공공성과 독립성을 저해하고, 사법제도에 대한 신뢰를 현저히 떨어뜨릴 위험이 있다는 점을 지적한다. 그런데 의뢰인은 수사·재판에서 자신에게 유리한 결과를 얻기 위해 변호인 선임약정을 체결한다. 또한 변호인의 노력에 따라 수사·재판의 결과가 달라질 수 있는 것은 엄연하고 자연스러운 현실이다. 또 변호사가 법률 서비스를 제공하고 대가를 받는 직

227) 전경운, "변호사의 성공보수약정—대판 2002.4.12. 선고 2000다20190 판결", 민학 25, 2004, 224.

228) 본래 독일 연방변호사법 § 49b Ⅱ은 성공보수약정을 금지하였으나, 독일연방헌법재판소는 2006년 성공보수 약정금지에 아무런 예외를 인정하지 않은 것은 기본법 § 12 Ⅰ의 직업의 자유를 침해하는 것이라고 결정하였다. 이에 따라 2008년 연방변호사법과 변호사보수법이 개정되어 성공보수약정은 일부 허용되고 있다.

229) 순수한 장래효 판결에 대한 비판적 주장으로 윤진수, "형사사건 성공보수약정 무효판결의 장래효에 대한 의문", 법률신문 연구논단, 2015.

업이기도 하다는 점을 생각하면, 그러한 변호인의 노력에 금전적인 대가가 결부되는 것이 반사회적이라고 할 수 없다.[230] 오히려 성공보수는 변호인으로 하여금 적정 수준의 노력을 기울이게 하는 기제로도 작동할 수 있다.[231] 물론 성공보수약정에도 폐해가 있을 수 있다. 그러나 성공보수 약정을 획일적으로 무효로 하기보다는, 과다한 보수에 대한 규제의 문제로 접근하거나,[232] 종전처럼 개별 사안의 내용에 따라 성공보수 약정의 전부 또는 일부를 무효화하는 방법이 더 현실적이고 유연하다. 이 판결에는 이른바 전관예우의 의심에 대한 법원의 불편한 시각이 숨어 있으나, 그 문제는 성공보수 약정의 무효화가 아니라 다른 방법으로 대처하였어야 하고, 성공보수의 폐해 때문에 이를 금지해야 한다면 입법을 통해 해결하는 쪽이 더 옳았을 것이다.

㈑ 기 타 변호사 아닌 자가 법률사무의 취급에 관여하는 것을 금지하는 변호사법 § 109 (i)는 강행규정이다. 따라서 이 규정에 위반하여 법률사무의 취급에 관여하기로 하거나 그 대가로 이익을 취득하기로 하는 약정은 강행규정에 반하여 무효이다. 판례는 이 경우 법률사무의 취급에 관여한 자가 본인을 위해 소송비용을 대납한 후 소송 종료 후 이를 반환받기로 하는 약정은 반사회질서의 법률행위로서 무효라고 한다.[233] 이 사안에서 대법원은 소송비용 대납행위는 대리를 통한 이익취득 행위에 불가결하게 수반되는 부수적 행위에 불과하므로, 그 반환약정은 이익취득 약정과 일체로서 반사회질서의 법률행위에 해당하여 무효라고 보았다. 그런데 이익취득 약정은 강행규정인 변호사법 § 109 (i)에 위반되어 무효이므로, 그에 수반하는 대납 및 반환약정도 마찬가지로 변호사법 § 109 (i)에 위반되어 무효라고 보면 충분하였을 것이다. 위 판례와 마찬가지 취지로, 변호사 아닌 자가 타인의 소송사건을 승소시켜 주는 대가로 대물변제 형식으로 부동산을 양도받기로 하는 약정은 변호사법에 위반된 행위일 뿐만 아니라 그 자체가 반사회적 성질을 띠게 되어 사법적 효력도 부정된다.[234] 다만 이러한 약정에 소송대리인 선임 권한을 위임하

---

230) 이윤정, "변호사의 성공보수약정의 효력과 규제 방향에 대한 소고", 강원법학 53, 2018, 404-405.

231) 이창민 · 최한수, "형사성공보수 무효 약정 판결에 대한 법경제학적 분석", 법경제학연구 13-1, 2016, 165 이하.

232) 김태봉, "형사사건에 관한 성공보수약정과 사회적 타당성", 법학논총(전남대) 37-3, 2017, 34.

233) 대판 14.7.24, 2013다28728(공 14하, 1712).

234) 대판 78.5.9, 78다213(공 78, 10873); 대판 90.5.11, 89다카10514(공 90, 1252).

는 약정이 포함되어 있는 경우 그 약정 부분까지 무효가 되는 것은 아니다.[235]

변호사 아닌 자의 법률사무 취급 또는 이익 취득을 엄격히 금지하는 변호사법의 입장 또는 그 연장선상에 있는 민법 § 103의 해석론은 최근 많은 관심을 모으고 있는 제3자 자금 제공(third party funding)과 긴장관계에 설 가능성이 있다. 제3자 자금 제공은 해당 사건과 이해관계가 없는 제3자가 당사자에게 소송 내지 중재에 필요한 자금을 지원하되 승소 시 그 인용된 금액의 일부를 지급받고 패소 시 그 지원금을 회수하지 않는 조건을 부가하는 것이다.[236] 소송 또는 중재와 같은 분쟁해결절차와 파이낸싱(financing)의 만남이다. 제3자 자금 제공은 경제적 능력이 부족한 당사자가 자금 지원을 받아 사법 서비스에 접근할 수 있도록 하는 순기능이 있으나, 소송이나 중재의 염결성, 그리고 정의의 순수성을 해칠 위험성도 있다. 실제로 국제소송이나 국제중재에서는 전문 회사에 의한 제3자 자금 제공이 빈번하게 이루어지고 있고, 홍콩처럼 이를 법제화한 곳도 있다.

4. 시장 거래와 관련된 질서 위반 행위

(1) 거래의 공정성

㈎ 불공정거래행위 등 　불공정거래행위를 규율하는 일반조항은 민법 § 104이다. 그런데 민법 § 104는 급부와 반대급부 사이의 현저한 불균형 외에도 그와 같이 균형을 잃은 거래가 피해 당사자의 궁박, 경솔 또는 무경험을 이용하여 행해진 경우에 한하여 적용된다. 따라서 민법 § 104가 적용될 수 있는 범위는 그리 넓지 않다. 실제로는 주로 「독점규제 및 공정거래에 관한 법률」(이하 '공정거래법')이나 「약관의 규제에 관한 법률」을 비롯하여 공정거래에 관한 각종 특별법들에 의해 규율된다.[237] 하지만 그 규율 범위 밖에 있는 불공정거래행위는 궁극적으로 민법 § 103의 적용 대상이 될 수 있다. 자본주의 시장경제의 자유로운 경쟁질서를 침해하는 부당한 공동행위 또는 불공정거래행위는 선량한 풍속 기타 사회질서에 위반하는 행위에 해당할 수 있다.[238] 불공정거래행위가

235) 대판 87.4.28, 86다카1802(공 87, 881).

236) 김성재, "제3자 자금제공에 관한 소고—중재시장의 활로를 찾아서—", 법조 726, 2017, 8.

237) 가령 「가맹사업거래의 공정화에 관한 법률」, 「대규모유통업에서의 거래 공정화에 관한 법률」, 「대리점거래의 공정화에 관한 법률」, 「하도급거래 공정화에 관한 법률」 등이 있다.

238) 권오승, "반사회질서의 법률행위", 월간고시 19-2, 1992, 68; 변동열, "공정거래법상 부당한 공동행위의 사법적 효력", 민판연 31, 2009, 845.

언제나 공서양속에 위반되는 행위에 해당하는 것은 아니고, 개별적으로 판단해야 한다.[239] 대법원은 거래상 지위의 남용행위가 공정거래법상 불공정거래행위에 해당하는 것과 별개로 위와 같은 행위를 실현시키고자 하는 사업자와 상대방 사이의 약정이 경제력의 차이로 인하여 우월한 지위에 있는 사업자가 그 지위를 이용하여 자기는 부당한 이득을 얻고 상대방에게는 과도한 반대급부 또는 기타의 부당한 부담을 지우는 것으로 평가할 수 있는 경우에는 선량한 풍속 기타 사회질서에 위반한 법률행위로서 무효라고 판단한 바 있다.[240]

일방이 타방에게 부당한 부담을 지우는 본래적 의미의 불공정거래행위 외에도 공정하지 않은 방법으로 시장질서를 왜곡하는 행위 역시 공서양속 조항의 적용 대상이 된다. 예컨대 대법원은 증권회사 또는 그 임직원이 고객에 대하여 증권거래와 관련하여 발생한 손실을 보전하여 주기로 하는 약정은 증권시장의 본질을 훼손하고 가격 형성의 공정을 왜곡하는 행위로서 사회질서에 위반되어 무효라고 판단하였다.[241]

㈏ 고율의 이자약정 이자 약정은 계약의 일종이므로 계약 당사자들은 계약 자유의 원칙에 따라 이율을 자유롭게 정할 수 있다. 그런데 연혁적으로나 비교법적으로 지나친 고율의 이자 약정은 규제 대상이었다. 일본의 이자제한법(利殖制限法), 영국의 Moneylenders Act와 Consumer Act, 미국은 Small Loan Act처럼 특별법으로 고리를 제한하는 경우도 있고, 독일민법 § 138 Ⅱ처럼 폭리행위 일반을 규율하면서 해석론으로써 이율을 제한하는 경우도 있다. 우리나라는 이자제한법을 통해 고율의 이자 약정을 제한하여 왔고, 2002년에는 「대부업 등의 등록 및 금융이용자 보호에 관한 법률」(이하 '대부업법')을 제정하여 대부업자의 고리를 규제하여 왔다. 그런데 IMF의 여파로 1998년 이자제한법이 폐지되었고, 2007년 이자제한법이 다시 제정되기까지는 민법 § 103에 의해 고율의 이자 약정을 규율하였다.

대판(전) 07.2.15, 2004다50426은 그 기간 동안 선고되었던 판결이다. 이 판결은 다음과 같은 사안을 다루고 있다. 원고는 피고들과 소비대차계약을 체결하였는데 이자는 15일에 10%, 변제기는 15일 후로 정하였다. 소비대차계약에서 정해진 이자를 연리로 환산하면 연 243%의 고율이었다. 원심은 연

239) 홍대식, "불공정거래행위와 공서양속", 비교사법 14-1, 2007, 130 이하.
240) 대판 17.9.7, 2017다229048(공 17하, 1910). 이와 유사한 취지의 판례로 대판 96.4.26, 94다34432(공 96, 1667).
241) 대판 01.4.24, 99다30718(공 01, 1194).

243%의 이자약정 중 연 66%를 초과하는 부분은 사회질서에 반하여 무효라고 판단하였다. 연 66%는 이 사건 소비대차계약 체결 후인 2002.8.26. 제정되어 2002.10.26.부터 시행된 대부업법 및 동법 시행령에 따른 제한이율이었다. 대부업법과 그 시행령에 따른 제한이율은 대부업자가 개인에게 금전을 대부하는 경우 그 대부금 중 금 30,000,000원 이내의 범위 내에서 적용되는 이율로서 대부업자가 아닌 개인 간 금전거래에 관한 이 사건 소비대차에는 적용될 수 없는 것이었다. 원심은 이를 공서양속 위반의 기준으로 차용하였다.

대법원은 사회통념상 허용되는 한도를 초과한 고율의 이자 약정은 대주가 그의 우월한 지위를 이용하여 부당한 이득을 얻고 차주에게는 과도한 반대급부 또는 기타의 부당한 부담을 지우는 것이므로 선량한 풍속 기타 사회질서에 위반한 사항을 내용으로 하는 법률행위로서 무효라고 보았다. 한편 이러한 무효인 부분의 이자 약정을 원인으로 차주가 대주에게 임의로 이자를 지급한 것이 불법원인급여에 해당하여 급여자의 반환청구가 허용되지 않는가? 종래 판례는 일단 채무자가 제한이율을 초과한 이자를 임의로 지급하였다면 이는 불법원인급여에 해당하고 양쪽에 불법이 있으므로 그 초과이자의 반환을 청구할 수 없다고 보았다.[242] 그러나 위 전원합의체 판결을 통해 이러한 종전의 판례를 폐기하였다. 즉 이러한 경우에는 불법 원인이 수익자인 대주에게만 있거나 적어도 대주의 불법성이 차주의 불법성에 비하여 현저히 크다고 할 것이어서 차주는 그 이자의 반환을 청구할 수 있다고 본 것이다. 이에 대해 반대의견은 사회통념상 허용될 수 있는 한도는 약정 당시의 경제적·사회적 여건의 변화에 따라 유동적일 수밖에 없고 법률적인 평가나 가치판단이 개입되어야만 비로소 그 구체적인 범위를 확정할 수 있으므로 대주에게 불법성의 인식이 있었다고 보기 어렵다는 점 등에 비추어 대주의 불법성이 차주의 불법성보다 현저히 크다고 단정할 수는 없고, 임의로 지급한 이자의 반환청구를 허용하는 것이 법적 안정성을 해칠 우려도 있으므로 차주는 그 이자의 반환을 청구할 수 없다고 보았다.

㈐ 위약벌 감액 위약금 약정은 손해배상액의 예정과 위약벌 약정으로 나뉜다. 민법은 손해배상액의 예정에 관하여 규정을 두고 있으나(§398), 위약벌에 관하여는 별도의 규정을 두고 있지 않다. 손해배상액의 예정과 위약벌은 당사자의 의사 해석을 통해 구별한다. 당사자가 위약금 외에 별도로 손해배

242) 대판 88.9.27, 87다카422, 423(공 88, 1326); 대판 94.8.26, 94다20952(공 94, 2526).

상청구를 허용하겠다는 효과의사를 가졌다면 그 위약금은 위약벌의 성질을 가지는 반면, 위약금으로 손해배상액의 문제를 모두 해결하려는 효과의사를 가졌다면 그 위약금은 손해배상 예정액의 성질을 가진다.[243] 한편 민법 § 398 Ⅱ은 손해배상액 예정액을 감액할 수 있도록 허용하는데, 이 조항은 위약벌에 직접 적용되지 않는다. 따라서 위약벌이 과도한 경우 이를 감액할 수 있는가가 문제된다.[244]

대판 68.6.4, 68다419[245]은 분뇨수거대행계약 체결 시 지급한 보증금을 위약벌이라고 하면서 "다른 특별한 사정이 없는 한, 이를 감액할 수 없다."라고 판시하였다. 위약벌의 감액 여지를 완전히 봉쇄하지는 않았지만 위약벌의 감액을 원칙적으로 봉쇄하는 태도를 취한 것이다. 대판 93.3.23, 92다46905[246]에 이르러 공서양속 위반에 따른 일부 무효를 통해 위약금을 감액할 수 있다는 점을 명시하였다. 대법원은 이 판결에서 "위약벌의 약정은 채무의 이행을 확보하기 위하여 정해지는 것으로서 손해배상의 예정과는 그 내용이 다르므로 손해배상의 예정에 관한 민법 § 398 Ⅱ을 유추 적용하여 그 액을 감액할 수는 없는 법리이고 다만 그 의무의 강제에 의하여 얻어지는 채권자의 이익에 비하여 약정된 벌이 과도하게 무거울 때에는 그 일부 또는 전부가 공서양속에 반하여 무효로 된다."라는 일반론을 제시하였다. 이를 통해 위약벌과 손해배상액의 예정을 차별화하는 동시에 민법 § 103를 적용하여 위약벌을 실질적으로 감액할 수 있는 길도 열어 놓았다. 이 사건에서는 백화점 수수료위탁판매매장계약에서 임차인이 매출신고를 누락하는 경우 판매수수료의 100배에 해당하고 매출신고누락분의 10배에 해당하는 벌칙금을 임대인에게 배상하기로 한 위약벌 약정의 무효 여부가 문제되었는데, 대법원은 이를 무효라고 볼 수 없다고 한 원심의 판단을 그대로 유지하였다. 이처럼 민법 § 398 Ⅱ을 유추 적용하여 위약벌을 감액할 수 없으나, 민법 § 103를 적용할 수 있다고 한 대법원의 입장

243) 대판 16.7.14, 2012다65973(공 16하, 1111). 김형배, 채권총론, 제2판, 1998, 289; 이은영, 채권총론, 제3판, 2006, 362; 손지열, "손해배상액산정 약관조항에 대한 내용통제", 민판연 18, 1996, 10; 홍승면, "손해배상액의 예정과 위약벌의 구별방법", 민판연 24, 2002, 159-160; 김재형, "「손해배상액의 예정」에서 「위약금 약정」으로", 비교사법 21-2, 2014, 630.

244) 아래 위약벌 감액에 관한 내용은 대체로 권영준, "위약벌과 손해배상액 예정—직권감액 규정의 유추 적용 문제를 중심으로—", 저스 155, 2016의 관련 부분에 의거한 것이다.

245) 집 16-2(민), 115.

246) 공 93, 1272.

은 그 후 판결들을 통해서도 그대로 유지되었다.[247)]

판례에 따르면 위약벌 약정이 공서양속에 위반하는지 여부에 대한 판단 기준은 "그 의무의 강제에 의하여 얻어지는 채권자의 이익에 비하여 약정된 벌이 과도하게 무거운가"이고, 이러한 기준에 해당하는지를 판단함에 있어서는 ① 계약 당사자의 지위, ② 기본계약의 목적 및 내용, ③ 기본계약의 체결 및 진행 과정, ④ 위약벌 약정을 하게 된 동기와 경위, ⑤ 채무액(급부)의 규모, ⑥ 채무액에 대한 위약벌의 비율, ⑦ 위약벌 금액의 크기, ⑧ 그 당시의 거래 관행 등의 사정을 참작하여야 한다.[248)] 위약벌 약정을 무효로 본 사례에서는 택지분양계약 시 10%의 계약보증금에 상응하는 위약벌 약관이 고객인 원고에게 일방적으로 불리하여 무효라고 본 사례,[249)] 임대차계약 시 제소전화해 조항을 두면서 제소전 화해절차를 밟지 않는 경우 전세금의 20%에 상응하는 위약벌을 지급하기로 한 경우 10%를 초과한 부분을 무효로 본 사례,[250)] 계약 위반 시 투자 및 대여금의 배액을 위약벌로 상환하기로 약정한 경우 투자 및 대여금 200억 원의 15%에 해당하는 30억 원을 초과하는 부분은 무효로 본 사례,[251)] 전속계약 위반에 관한 위약벌이 4년 간 전속계약금 5,000만 원의 4배에 이르는 2억 원인 경우, 그 이전 전속계약상 위약벌이 1억 원이었던 점, 해당 사건 전속계약은 4년 중 3년이 경과된 시점에서 종료된 점에 비추어 위약벌 약정은 1억 5,000만 원의 범위 내에서만 유효하고 이를 초과하는 범위에서는 무효라고 판단한 사례[252)] 등이 있다.

그러나 비교적 최근에 표명된 대법원의 입장을 보면, 위약벌 약정을 손해배상액 예정보다 다른 일반적인 계약과 더 유사하게 취급하면서 사적 자치를 강조하는 입장을 취하고 있다. 예컨대 대판 15.12.10, 2014다14511은 "위약벌 약정과 같은 사적 자치의 영역을 일반조항인 공서양속을 통하여 제한적으로 해석할 때에는 계약의 체결 경위와 내용을 종합적으로 검토하는 등 매우 신중

247) 대판 02.4.23, 2000다56976(공 02, 1213); 대판 05.10.13, 2005다26277; 대판 13.7.25, 2013다27015; 대판 13.12.26, 2013다63257.

248) 신신호, "위약벌 약정이 공서양속에 반한다고 보기 위한 요건 및 공서양속에 반하는 위약벌 약정의 효력(2015.12.10. 선고 2014다14511 판결: 공 2016상, 116)", 대법원판례해설 제105호(2016), 44 및 45 이하에 열거된 판례 참조.

249) 대판 99.3.26, 98다33260(공 99, 769).

250) 대판 02.2.5, 2001다62091(공 02, 635).

251) 대판 10.12.23, 2010다56654.

252) 대판 13.7.25, 2013다27015.

을 기하여야 한다."라고 판시하였다.[253] 곧이어 선고된 대판 16.1.28, 2015다239324에서도 "당사자가 약정한 위약벌의 액수가 과다하다는 이유로 법원이 계약의 구체적 내용에 개입하여 약정의 전부 또는 일부를 무효로 하는 것은 사적 자치의 원칙에 대한 중대한 제약이 될 수 있고, 스스로가 한 약정을 이행하지 않겠다며 계약의 구속력에서 이탈하고자 하는 당사자를 보호하는 결과가 될 수 있으므로, 가급적 자제하여야 한다."라고 하여 유사한 입장을 취하였다. 요컨대 손해배상액 예정에 대해서는 법원이 "적당히" 감액할 수 있지만(§398 Ⅱ 참조), 위약벌 약정에 대해서는 선불리 공서양속을 끌어들여 전부 또는 일부를 무효로 하여서는 안 된다는 것이다. 그러나 이러한 태도가 타당한지는 의문스럽다.[254] 오히려 위약벌 약정에 대해서는 손해배상 예정액의 감액에 관한 민법 §398 Ⅱ이 유추 적용되어야 한다.

손해배상액의 예정과 위약벌은 계약 위반이 있으면 손해나 손해액에 대한 증명이 없더라도 미리 정한 금액을 지급하게 하거나 몰취할 수 있는 위약금이라는 점에서 동일하다. 또한 불공정성의 위험은 위약금에 공통적으로 존재하는 것으로서 오히려 손해배상액의 예정과 위약벌에 있어서 더 높다. 한편 손해배상액의 예정은 주로 손해전보기능, 위약벌은 주로 이행강제기능에 초점을 맞춘다는 차이점이 있지만, 손해배상액의 예정도 부가적으로 이행강제기능을 수행하고 있고,[255] 법원의 직권감액이 주로 작동하는 영역은 손해전보영역이 아니라 이행강제영역이라는 점을 고려하면 이행강제기능에 주로 초점을 맞추는 위약벌에 있어서 직권감액의 당위성은 더 높아진다고 할 수 있다.

우리 판례가 해석론으로서 굳이 민법 §398 Ⅱ의 유추적용 대신 민법 §103 적용방식을 고수하여 온 데에는 아마도 일본 판례의 영향이 없지 않았을 것이다. 일본민법 §420는 「배상액의 예정」이라는 표제 아래 제1항에서 "당사자는 채무불이행에 관하여 손해배상액을 예정할 수 있다. 이 경우에 법원은 그 금액을 증감하지 못한다."라고 규정한다. 제1항 후단은 법원의 직권감액을 허용한 우리 민법 §398 Ⅱ과 상반되는 것으로서 계약자유의 원칙에 충실한 규정이었다. 그러나 이는 입법례로서는 매우 이례적인 것이었고, 실제 적용과정에서도 과다한 배상예정액의 사법통제 필요성이 대두되었다. 이에 따라

253) 다만 이러한 일반론에도 불구하고 대법원은 해당 사안에서 문제된 위약벌 약정의 일부 무효를 인정하는 취지로 원심판결을 파기환송하였다.
254) 권영준, 민법판례연구 Ⅰ, 2019, 166.
255) 대판 08.11.13, 2008다46906.

일본 법원은 부득이하게 우리 민법 § 103에 대응하는 일본민법 § 90를 적용하여 약정의 전부 또는 일부를 무효화하는 방식으로 과다한 위약금을 통제하였던 것이다.[256] 참고로 일본 개정 민법에서는 위와 같은 이례적 해석론의 원인이었던 민법 § 420 I 후단을 삭제하였다.

한편 우리 민법은 일본민법과 달리 § 398 II에서 손해배상액 예정의 직권감액을 허용하고 있어 이를 유추 적용하는 간편한 방법으로 과다한 위약벌을 통제할 수 있음에도 불구하고, 우리 법원은 아마도 이례적 입법으로 말미암아 부득이하게 공서양속론을 적용할 수밖에 없었던 일본의 예를 참조하여 일반조항인 민법 § 103를 끌어오는 우회적인 방법을 택하였던 것이 아닌가 생각된다. 하지만 이러한 태도는 불필요한 것일 뿐만 아니라 부당한 결론을 가져올 수 있다는 점에서 재고되어야 한다. 감액의 필요성이 오히려 더 큰 위약벌의 경우에 거꾸로 더욱 엄격한 기준이 적용되어 감액이 어려워지는 결과가 발생하기 때문이다. 참고로 2014년 민법 개정안에서는 위약벌과 손해배상 예정액을 아우르는 위약금에 관한 규율을 두면서 위약금이 부당히 과다한 경우 법원은 적당히 감액할 수 있다고 함으로써 위약벌에 대한 감액을 명시적으로 허용하고 있다(개정안 § 398).

(라) 면책 약정 민법은 면책조항의 효력에 관하여 규정하고 있지 않으나, 법률이 특별히 금지하지 않으면 면책약정 역시 계약자유의 원칙에 따라 유효하다. 그러나 이러한 계약자유의 원칙에도 한계가 있다. 자신의 잘못으로 타인에게 손해를 입혔는데도 그 손해로 인한 책임을 부담하지 않아도 된다는 내용을 담고 있는 면책약정은 잠재적으로 불공정성의 위험을 안고 있다. 그러므로 이러한 약정은 주의깊게 다루어져야 하고 경우에 따라서는 공서양속 위반으로 그 약정의 효력이 부정되기도 한다.

민법 § 2나 § 103의 정신에 비추어 보면 당사자가 고의로 계약을 위반한 경우에까지 그 당사자를 면책시키기로 사전에 합의하는 것은 무효일 가능성이 높다. 만약 이러한 합의의 유효성을 인정한다면 계약위반 당사자가 고의로 계약을 위반하고도 아무런 책임을 부담하지 않게 되어 계약이행을 촉진하는 계약 본래의 취지가 무색해질 뿐만 아니라, 계약 상대방에게는 현저하게 불공정한 결과가 발생하게 되어 신의성실의 기본 정신에 반하기 때문이다. 이는 결국 이러한 합의가 민법 § 103 위반으로 귀착될 가능성이 높다는 점을 의미한다.

256) 大判 昭和 19.3.14, 民集 23-174 등.

대법원은 "용역경비계약에 있어, '고객은 현금 및 귀중품을 되도록 금융기관에 예치하고 부득이한 경우에는 고정금고 또는 옮기기 힘든 대형금고 속에 보관하여야 하며 이를 준수하지 아니하여 발생한 사고에 대하여는 용역경비업자가 책임을 지지 않는다.'는 내용의 규정 및 특약 사항은, 그 규정 형식 및 내용 등에 비추어 볼 때 면책약관의 성질을 가지는 것이므로, 그 면책조항이 용역경비업자의 고의·중과실로 인한 경우까지 적용된다고 본다면 약관의규제에관한법률 § 7 (i)에 위반되어 무효라고 볼 수밖에 없기 때문에, 그 외의 경우에 한하여 피고의 면책을 정한 규정이라고 해석하는 한도 내에서만 유효하다고 수정 해석하여야 한다."라고 판시하였다.[257] 또한 대법원은 "선하증권에 기재된 면책약관은 특별한 사정이 없는 한 운송계약상의 채무불이행책임 뿐만 아니라 그 운송물의 소유권 침해로 인한 불법행위책임에도 적용된다고 보아야 할 것이지만 고의 또는 중대한 과실로 인한 불법행위책임을 추궁하는 경우에는 적용되지 아니한다."라고 판시하였다.[258]

물론 위와 같은 판례들은 약관에 관한 것이므로 약관이 아닌 일반 계약에도 위와 같은 판결의 취지가 그대로 적용될 수 있는지에 대해서는 논란의 여지가 없지 않다. 하지만 학설상으로는 일반적인 계약에 있어서 고의에 대한 면책약정은 민법 § 103 소정의 사회질서에 반하므로 무효라는 데에 견해가 일치하고 있다. 또한 중과실에 대한 면책약정 역시 마찬가지 이유로 무효라는 견해가 다수를 차지하고 있다.[259] 참고로 과실은 주의의무를 게을리한 정도에 따라서 경과실과 중과실로 구분되는데, 중과실은 일반적으로 요구되는 주의의무를 현저히 위반하는 상태를 의미한다.[260] 이와 관련하여 민법이나 대법원 판결에서는 악의(고의)나 중과실을 사실상 같이 취급하는 경우가 많다는 점도 기억할 필요가 있다. 민법의 경우 채권자지체와 채무자의 책임에 관한 § 401, 지시채권의 선의취득에 관한 § 514, 긴급사무관리에 관한 § 735, 손해배상액의 경감청구에 관한 § 765에서 고의(악의)와 중과실의 법적 효과를 동일하게 취급하고 있고, 실화책임에 관한 법률 등 여러 특별법에서도 양자의 법적 효과를 동일하

257) 대판 96.5.14, 94다2169(공 96, 1832).

258) 대판 91.8.27, 91다8012(공 91, 2420).

259) 김증한·김학동, 채권총론, 제6판, 1998, 88. 구주해, 채권(2), 1995, 373(양창수); 김상용, 채권총론, 개정증보판, 2003, 116; 이은영, 채권총론, 개정판, 1999, 260. 고의에 대한 면책특약만 무효라고 설명하는 문헌으로는 송덕수, 신민법강의, 제5판, 2012, 1011; 곽윤직, 채권총론, 제6판, 2003, 80.

260) 대판 05.2.25, 2003다36133(공 05, 476) 등.

게 취급하고 있다. 심지어 대법원은 법문(法文)에서는 중과실에 대해 언급하지 않는데도 고의 또는 악의에 중과실의 개념이 포함된다고 확장하여 해석하기도 한다.[261] 이처럼 중과실이 고의의 등가물 또는 대용물로 활용되는 경우가 많은 이유는 고의는 내심의 상태이므로 상대방의 고의를 증명하는 것이 현실적으로 매우 곤란하기 때문이다. 이러한 고의와 중과실의 사실상 등가성을 생각하더라도 고의에 대한 면책약정이 무효라면 중과실에 대한 면책약정 역시 무효라고 보는 해석이 타당하다.

이와 관련해서 면책조항 자체에서 고의나 중과실의 계약위반에 대해서는 면책이 되지 않는다는 문언상 제한을 두지 않는데도 이렇게 축소해석하는 것이 문언의 범위를 벗어난 해석이 아닌가 하는 의문이 제기될 수도 있다. 그러나 문언의 축소해석은 문언을 합리적 또는 합목적적으로 제한하는 것일 뿐 문언의 범위를 벗어나는 것은 아니다. 이는 앞서 계약해석의 원칙 중 하나로 제시한 유효해석의 원칙에 비추어 보더라도 그러하다. 만약 문언을 액면 그대로 받아들여 고의나 중과실의 계약위반에도 면책의 효력이 미친다고 해석하면 그 조항은 민법 §103에 반하여 무효가 될 가능성이 높다. 이는 가능한 한 계약의 효력을 보존함으로써 애써 체결한 계약이 무위로 돌아가는 것을 막기 위한 유효해석 원칙의 정신에 반하는 것이다. 따라서 이 경우에도 위와 같은 축소해석을 통해 면책조항을 유효하게 보존할 필요성이 있다.

이러한 취지는 계약책임뿐만 아니라 불법행위책임에도 그대로 적용될 수 있다. 불법행위책임은 계약책임보다 오히려 사회적 비난가능성이 더 높은 성격의 책임이다. 그러므로 고의 또는 중과실에 기한 계약책임의 면제가 민법 §§2 내지 103에 반하여 효력을 인정할 수 없다면, 고의 또는 중과실에 기한 불법행위책임의 면제는 더욱 더 효력을 인정할 수 없다. 실제로 고의 또는 중과실에 기한 면책의 무효 법리를 계약책임에만 적용해야 하고 불법행위책임에는 적용할 수 없다고 보는 판례나 학설은 찾아보기 어렵다.

요약하자면, 면책약정이 고의 또는 중과실에 기한 계약위반 내지 불법행위에 대해서까지 면책의 효력을 미치게 된다면 그 범위 내에서 그 약정은 무효라고 보아야 한다. 한편 계약을 해석할 때에는 가급적 그 계약이 유효한 방향

---

261) 채권양도금지특약에 대한 악의와 중과실을 동일시한 판례로 대판 96.6.28, 96다18281(공 96, 2364); 이의를 보류하지 않은 채권양도 승낙의 경우에 있어서 악의와 중과실을 동일시한 판례로 대판 02.3.29, 2000다13887(공 02, 972) 참조.

으로 해석하여야 하므로, 면책약정 자체에서 문언상 아무런 제한을 두지 않았더라도 위와 같은 법리에 비추어 그 면책약정은 고의 또는 중과실에 기한 계약위반 내지 불법행위에는 미치지 않는다고 축소해석하여 그 약정의 유효성을 보존하는 것이 타당하다.

면책약정의 연장선상에 있는 것이 책임전가약정이다. 임차인은 그가 임차한 목적물 내에 발생한 화재 등에 대하여는 임차인의 고의, 과실에 불구하고 대내, 대외적으로 책임을 지고 임대인은 그에 대한 하등의 책임을 부담하지 않는다고 약정하는 사례를 생각해 보자. 이러한 경우 이를 임차 목적물 내에서 발생한 화재에 대하여 임대인에게 고의 또는 과실이 있는 경우에도 그로 인해 생겨난 손해에 대하여 아무런 책임을 지지 않는다는 취지로 해석한다면 이는 임대인의 귀책사유로 발생한 손해를 임차인에게 부당하게 전가하는 셈이 되어 사회질서에 반하는 것이거나 신의칙에 반하는 것으로서 무효라고 할 것이다. 따라서 위와 같은 약정은 임차 목적물 내에서 발생한 화재로 인한 손해에 대하여 임대인에게 아무런 고의나 과실이 없는 경우에는 임차인은 그 자신의 고의, 과실 유무에 불구하고 임대인에게나 혹은 제3자에게 손해배상책임을 진다는 내용일 뿐인 것으로 제한해서 해석해야 한다.[262]

(마) 기 타 지체상금과 민법 § 103의 관계가 문제되기도 한다. 대법원은 도급인의 지위에 있는 행정기관이 도급계약 체결 후 일방적으로 불합리한 공기 단축을 요구하여 수급인으로 하여금 부득이 이에 응하게 한 경우, 그 단축된 준공기한 위반을 이유로 원래 정하였던 지체상금을 그대로 물게 하는 것은 선량한 풍속 기타 사회질서에 비추어 허용할 수 없으므로, 준공기한 단축 합의 중 준공에 절대적으로 필요한 최소한의 기간에 해당하는 지체상금 부분은 무효라고 판시하였다.[263] 이러한 판단은 준공기한은 단축하면서 종래의 지체상금은 그대로 유지하기로 하는 합의가 수반되었다고 전제한 뒤 그 지체상금 약정 중 과다한 부분을 무효로 본 것이다. 지체상금은 일반적으로 손해배상액의 예정에 해당한다. 손해배상액의 예정이 부당히 과다하면 법원은 민법 § 398 Ⅱ에 따라 적당히 감액할 수 있다. 그런데 이 사안에서는 도급계약 체결 당시에는 지체상금이 과도하지 않았지만 그 후 행정기관의 불합리한 요구에 의한 공기 단축이라는 사후적 사정으로 지체상금이 결과적으로 과도하게 되었

262) 대판 96.10.25, 96다30113(공 96, 3434).
263) 대판 97.6.24, 97다2221(공 97, 2274).

다. 따라서 이를 규율할 필요성이 발생하였다. 다만 이 문제는 민법 § 398 Ⅱ에 따른 감액으로 해결하였어도 충분하였을 것이다.

(2) 거래의 신뢰성

(가) 이중매매 부동산 이중매매는 매도인이 제1매수인과 매매계약을 체결하고 그에게 등기를 넘겨주기 전에 다시 제2매수인과 체결하는 매매계약을 말한다. 매도인의 제2매수인에 대한 매도행위는 제1매수인의 입장에서 보면 배임적인 행위이다. 그러나 다른 한편 매도인으로서는 거래가 종결되기 전이라면 다른 매수인에게 자신의 부동산을 처분할 자유를 여전히 유보하고 있다. 또한 제2매수인을 비롯한 잠정적인 매수인들의 입장에서 보면 이는 자유로운 경쟁의 일환이기도 하다. 또한 전체 사회의 차원에서 보면 더 많은 비용을 지불하고서라도 부동산을 원하는 사람이 있다면 그에게 부동산을 귀속시키는 것이 사회 총효용을 증가시킨다는 측면도 있다. 더구나 우리 민법은 부동산 물권변동에 관하여 형식주의를 취하고 있다. 이는 단순한 매매계약 외에도 등기까지 마쳐야 비로소 물권 변동이 발생한다는 것을 의미한다. 그러므로 제1매수인이 매매계약을 체결하였으나 아직 등기를 마치지 않은 상태에서 제2매수인이 먼저 등기를 마친다면 제2매수인이 소유자가 되는 것은 형식주의의 원칙상 당연한 결론이다. 그러므로 이중매매 자체가 당연히 반사회적 행위로 평가되는 것은 아니다. 하지만 제2매수인이 이러한 매도인의 배임적 행위를 알면서도 이를 유인 또는 교사하거나 그 매매행위에 적극적으로 협력하는 등 적극 가담하는 경우에는 그 매매는 사회질서에 반하는 행위로서 무효가 된다는 것이 확립된 판례의 태도이다.[264)]

이러한 이중매매의 법리는 우리나라 부동산 거래 실태와 밀접한 관련이 있다. 국토가 좁은 우리나라에서 부동산은 매우 중요한 자산적 가치를 지닌다. 개인이 보유하는 자산 중에서도 부동산이 차지하는 비중은 매우 크다. 그러므로 부동산 거래의 신뢰성을 보호하는 것은 중요한 법적 과제이다. 외국에서는 다양한 방법으로 부동산 거래의 신뢰성을 보호한다. 영국의 공식검색(official search) 제도, 호주나 싱가포르 등의 캐비엇(caveat) 제도, 미국 등의 권원조사

264) 대판 69.11.25, 66다1565(집 17(4)민, 046); 대판 70.10.23, 70다2038; 대판 75.11.25, 75다1311(공 76 8807); 대판 81.12.22, 81다카197(공 82, 215); 대판 09.9.10, 2009다23283(공 09하, 1632) 등 다수 판결. 이러한 판례 법리에 대한 비판적 입장으로는 강태성, "이중매매의 법률관계", 재산법연구 22-1, 2005, 8 이하; 박영규, "부동산 이중매매에 관한 이론 비판", 법률행정논집(서울시립대) 8, 2000, 114 이하.

(title search)와 에스크로(escrow) 제도, 독일, 프랑스 등의 공증강제제도 등이 그러하다. 그런데 우리나라에서는 이러한 제도 중 어느 것도 채택하거나 활성화되어 있지 않다. 그 상황에서 부동산 매매대금은 계약금, 중도금, 잔금으로 나뉘어 지급되는 경우가 많다. 부동산에 대한 소유권이전등기서류는 부동산 잔금이 지급될 때에 이르러야 비로소 교부된다. 그러므로 부동산 매수인의 입장에서는 거액의 계약금과 중도금을 지급하고도 부동산 소유권은 확보하지 못하게 된다. 그러므로 부동산 매도인이 제3자에게 부동산을 다시 매도하는 위험에 취약하다. 물론 매수인이 가등기를 하거나 처분금지가처분을 하는 방법이 있지만 현실적으로 그렇게 하기는 쉽지 않다. 그러므로 계약을 임의로 해제할 수 없는 중도금 지급 단계에서부터는[265] 매도인이 신뢰관계를 저버리고 부동산을 함부로 처분하는 경우 형사상 배임죄의 성립을 인정하는 한편,[266] 매도인과 제2매수인에게 공서양속에 위반한 신뢰침해의 징표가 인정되는 경우에는 그 매매행위의 효력도 공서양속 위반으로 부정하는 것이다.[267] 이러한 이중매매 무효론은 현행 민법 시행 후 학설로 주장되었고,[268] 그 후 판례로 수용되어 지금에 이르렀다.[269]

이중매매가 무효가 되려면 ① 제1매매의 존재, ② 매도인의 배임행위로서 제2매매의 존재 및 이에 따른 등기,[270] ③ 제1매매에 따른 중도금 지급 이상의 이행, ④ 제2매수인의 배임행위 적극 가담의 요건이 충족되어야 한다. 일반적으로는 제2매수인에게 부동산 인도까지 된 상황에서 이중매매의 효력이 문제가 되는 경우가 많으나, 이러한 부동산 인도가 이중매매의 무효화에 반드시

265) 대법원은 중도금 지급단계가 이중매매 무효론의 적용 시점(始點)임을 명확히 밝히고 있지는 않으나, 형법상 배임죄와의 관계에서 비추어 볼 때 민사상으로도 그렇게 보는 것이 타당하다.

266) 대판(전) 18.5.17, 2017도4027(공 18하, 1203).

267) 이와 별도로 제2매수행위가 제1매도인의 채권을 침해하는 불법행위로 평가되는 경우도 있다.

268) 김증한, "이중매매의 반사회성", 법정 19-9, 1964, 7-9.

269) 대판 69.11.25, 66다1565(집 17(4)민, 46)는 이중매매 무효론을 받아들인 최초의 대법원 판결로 보인다. 반면 그 이전에 선고된 대판 65.6.15, 65다596; 대판 67.12.5, 66다2451, 2452는 이중매매 무효론을 배척하였었다. 김증한·김학동, 374-375 참조.

270) 이론적으로는 제2매수인에 대한 등기가 이중매매의 무효화 요건인가에 대해서는 논란의 여지가 없지 않다. 매도인과 제2매수인의 배임적인 매매계약 체결만으로 이중매매의 반사회성이 충분히 발현되었다고 볼 수도 있기 때문이다. 그런데 제2매수인에 대한 등기가 마쳐지기 전에는 제1매수인이 자신의 매매계약에 기하여 매도인에게 소유권이전등기 청구를 할 수 있다. 그러므로 이때에는 이중매매 무효화라는 특수한 법리가 적용될 필요성이 없다. 따라서 이를 이중매매의 무효화 요건 중 하나로 보는 것이 타당하다.

충족되어야 하는 요건은 아니다. 이중매매의 요건들 중 가장 특징적인 요건은 제2매수인의 배임행위 적극 가담의 요건이다.

배임행위에 적극 가담하였다고 하려면 단순히 매수인이 자신의 매매가 이중매매가 된다는 사실을 아는 것만으로는 부족하고 선행 매매사실을 알면서도 매도를 요청하는 등의 적극적인 행위를 통하여 매매계약을 체결하는 정도에 이르러야 한다.[271] '적극 가담'은 유인, 교사, 협력 등 다양한 모습으로 나타날 수 있다.[272] 제2매수인이 매도인에게 이중매매는 법적으로 아무런 문제가 없고 만일 문제가 되면 자기가 책임을 지겠다고 감언이설로 매수한 경우,[273] 피상속인의 제1매매사실을 모르는 상속인을 기망하여 자기에게 양도할 것을 간청하여 매수한 경우,[274] 기존 채무 변제를 강요하면서 제1양도일자보다 앞선 일자로 소급하여 양도계약서를 작성하여 양수한 경우,[275] 매도인이 수표의 부도로 은신 중인 궁박한 처지에 있음을 틈타 매도할 의사가 없는데도 매도인을 강권하고 회유하여 부동산을 매수한 경우,[276] 매도인이 제1매수인으로부터 추가로 돈을 더 받아 내거나 제3자에게 더 좋은 값으로 다시 매도하여 이득을 볼 욕심으로 소유권이전등기절차의 이행을 지연시켜 오던 중 그러한 사정을 알고 있는 자가 제1매수인보다 더 많은 대금을 지급하겠다면서 제1매매계약을 해약하도록 권하고, 그 뒤의 민,형사상의 책임은 자신이 모두 지겠다면서 이를 매수한 경우,[277] 제1매수인으로부터 등기 독촉을 받고 있는 사정을 알면서도 아버지인 매도인으로부터 증여받은 경우,[278] 이중매매는 법률상 허용된다면서 매도인의 이중매매를 교사하여 시가에도 훨씬 못 미치는 낮은 가격으로 이를 매수한 경우,[279] 제1매매사실을 아는 제2매수인이 단순히 전매차익을 얻기 위하여 매도인에게 토지 매도를 요청한 경우[280] 등이 있다. 대리인이 계약을 체결한 경우에는 대리인을 기준으로 적극 가담 여부를 판단한다.[281]

271) 대판 81.12.22, 81다카197(공 82, 215); 대판 94.3.11, 93다55289(공 94, 1181).
272) 이하 내용은 김홍일, "부동산 이중매매의 반사회성에 관하여—대법원 2009.9.10. 선고 2009다23283 판결—", 판례연구(부산판례연구회) 22, 2009, 463 이하 참조.
273) 대판 69.11.25, 66다1565(집 17(민), 46).
274) 대판 75.11.25, 75다1311(공 76, 8807).
275) 대판 77.4.26, 76다2419.
276) 대판 79.3.27, 78다2303.
277) 대판 80.6.10, 80다569(공 80, 12910).
278) 대판 81.12.22, 81다카197(공 82, 215).
279) 대판 72.4.28, 72다343(집 20(1)민, 261).
280) 대판 96.10.25, 96다29151(공 96, 3430).
281) 대판 98.2.27, 97다45532(공 98, 883).

이러한 "적극 가담"이라는 요건은 해당 이중매매가 공서양속에 위반되는지 여부를 판단하기 위한 하나의 수단적인 기준이다. 궁극적으로 중요한 것은 과연 해당 사안에서 제2매수인에게 부동산 소유권을 귀속시키는 것이 전체 사회질서의 관점에서 정당화될 수 있는가 하는 최종적인 규범 판단이다. 이 과정에서 제2매수인에 대한 비난가능성도 고려된다. 대법원은 이중매매가 민법 § 103 위반으로 무효로 되기 위한 요건으로 "상대방에게도 그러한 무효의 제재, 보다 실질적으로 말하면 나아가 그가 의도한 권리취득 자체의 좌절을 정당화할 만한 책임귀속사유가 있어야 한다."라고 하여 이른바 책임귀속론을 전개하고 있다.[282] 이는 민법 § 103가 권리취득주체에 대한 제재의 의미도 가진다는 점, 따라서 권리취득주체에 대한 비난가능성 내지 제재 필요성이 의미 있게 고려되어야 함을 보여주는 것이다. 또한 제2매수인과 매도인의 인적 관계도 이러한 적극 가담 여부나 이를 판단하기 위한 책임귀속 가능성을 판단할 때 고려되어야 한다.

대법원은 배임행위의 실행행위자와 거래하는 상대방은 기본적으로 그 실행행위자와는 별개의 이해관계를 가지고 반대편에서 독자적으로 거래에 임하는 것이므로 거래에 따르는 위험을 피하고 합리적인 이익을 보호하기 위하여 필요한 조치를 요구하는 등 사회적 상당성을 평가할 수 있는 경우에는 배임행위임을 알았거나 알 수 있었더라도 그 계약을 무효로 할 수 없다고 판단하였다.[283] 이 판결은 부동산 이중매매에 관한 것은 아니다. 그러나 이 역시 자유로운 경쟁을 기조로 하는 우리 법질서 하에서 이루어진 법률행위가 제3자의 이익을 해친다는 이유로 그 법적 효력을 부인하려면 그에 걸맞은 부정적인 법적 평가가 이루어질 만한 충분한 사유가 있어야 한다는 입장을 표명한 것이다.

이중매매의 법리는 대물변제예약,[284] 직무발명에 대한 특허권승계약정,[285] 임대차계약,[286] 증여,[287] 근저당권 설정,[288] 매도담보,[289] 이중양도담보,[290] 상

282) 대판 09.9.10, 2009다23283(공 09하, 1632).
283) 대판 09.3.26, 2006다47677(공 09상, 528); 대판 16.12.29, 2016다242273.
284) 대판 99.10.8, 98다38760(공 99, 2289).
285) 대판 14.11.13, 2011다77313, 77320(공 14하, 2310).
286) 대판 13.6.27, 2011다5813.
287) 대판 72.4.28, 72다343(집 20(1)민, 261).
288) 대판 02.9.6, 2000다41820(공 02, 2393).
289) 대판 84.6.12, 82다카672(공 84, 1266).
290) 형사판결이기는 하나 대판 12.1.26, 2011도15179.

속재산 협의분할,[291] 법인에 대한 배임행위에 기초한 매매[292]의 경우에도 확장하여 적용된다. 또한 이중매매의 법리는 경매의 형식을 띤 이중매매에도 적용된다. 판례에 따르면 선행 매수인이 있는 상태에서 가장채권자가 강제경매를 통해 동일한 목적물을 취득하였고 그 과정에서 적극 가담하였다면, 이중매매의 법리에 따라 위 목적물 취득행위는 무효이고 선행매수인이 그 집행의 배제를 구할 수 있다.[293] 제2양수인이 양도인의 상속인을 이용하여 이중매매의 결과를 만들어 내는 경우에도 마찬가지이다. 판례에 따르면 제3자가 피상속인으로부터 토지를 전전매수하였다는 사실을 알면서도 그 정을 모르는 상속인을 기망하여 그로 하여금 토지를 이중매도하게 하였다면 이 매매계약은 반사회적 법률행위로서 무효이다.[294] 취득시효가 완성된 경우에도 이중매매의 법리가 적용된다. 부동산소유자가 취득시효가 완성된 사실을 알고 그 부동산을 제3자에게 처분하여 소유권이전등기를 넘겨줌으로써 취득시효완성을 원인으로 한 소유권이전등기의무가 이행불능에 빠지게 된 경우, 제3자가 이러한 불법행위에 적극 가담하였다면 반사회적 행위로 무효이다.[295]

위와 같은 요건을 갖춘 이중매매는 절대적 무효가 된다.[296] 또한 무효가 된 이중매매에 기초한 후속 등기는 그 등기 명의자의 선의 여부와 관계없이 원인 무효의 등기가 된다.[297] 매도인과 제2매수인 사이의 제2매매계약이 무효가 되면 제1매수인은 경합 없이 매도인에게 제1매매계약에 따른 소유권이전등기청구를 할 수 있다. 그런데 제2매매계약에 따라 제2매수인 앞으로 이미 소유권이전등기가 마쳐진 경우에는 제1매수인은 매도인을 대위하여 제2매수인에게 그 등기 말소를 구할 수 있다. 또한 제2매수인은 매도인에게 자신이 지급한 매매대금의 반환을 구할 수 있다.[298] 매도인이 제2매수인에게 부동산을 매도하고 등기를 마쳐준 것은 불법원인급여이므로 그 부동산등기말소를 구

291) 대판 96.4.26, 95다54426, 54433(공 96, 1704).

292) 대판 09.3.26, 2006다47677(공 09상,528). 법인이 무효행위를 추인할 수는 있다. 대판 11.2.10, 2010다83199, 83205(공 11상, 565); 대판 13.11.28, 2010다91831; 대판 16.3.24, 2015다11281(공 16상, 617) 참조.

293) 대판 85.11.26, 85다카1580(공 86, 124); 대판 90.12.11, 90다카19098(공 91, 464).

294) 대판 94.11.18, 94다37349(공 95, 55). 대판 75.11.25, 75다1311(공 76, 8807)도 유사한 취지이다.

295) 대판 02.3.15, 2001다77352, 77369(공 02, 891).

296) 대판 16.3.24, 2015다11281(공 16상, 617).

297) 대판 08.3.27, 2007다82875.

298) 대판 93.12.10, 93다12947(공 94, 345) 참조. 또한 박인환, "부동산이중매매의 효력", 일감법학 20, 2011, 730.

할 수 없고, 그 결과 제1매수인도 매도인을 대위하여 매도인의 등기말소청구권을 행사할 수 없다는 의문이 들 수도 있다. 그러나 민법 §746 소정의 불법원인급여의 반환금지는 불법원인급여자를 법적 보호 대상에서 제외하기 위한 것이지, 제1매수인과 같이 불법원인급여자가 아닌 자까지 법적 보호 대상에서 제외하려는 법리는 아니다.[299] 이에 대해서는 판례와 반사회적 무효론을 전제로 하는 한 이러한 결론은 충분히 수긍하기 어렵다는 견해도 있다.[300] 이러한 이론적 난점을 극복하기 위해 사해행위취소론[301]이 주장되지만, 소유권이전등기청구권과 같이 특정물에 대한 채권은 사해행위취소의 피보전채권이 될 수 없다는 문제점이 있다.[302] 또한 불법행위의 효과로서 원상회복을 인정함으로써 제1매수인이 불법행위 가해자인 제2매수인에게 직접 등기의 말소를 구할 수 있다는 견해가 있지만,[303] 현행 한국법의 해석론상 이러한 원상회복이 가능한지에 대해서는 논란의 여지가 있다.

한편 제2매매에 따른 소유권이전등기가 확정판결 또는 제소전 화해조서를 통해 이루어졌다면 그 기판력 때문에 매도인이나 그를 대위한 제1매수인은 제2매수인을 상대로 그 소유권이전등기의 말소를 구할 수 없고, 그 결과 제2매수인은 그 부동산의 소유권을 확정적으로 취득한다.[304]

(나) 명의신탁 　명의신탁은 신탁자가 자신의 재산권에 관하여 수탁자 명의로 등기나 등록을 함으로써 외부적으로는 수탁자에게 그 재산권이 귀속되는 것처럼 하되 내부적으로는 자신이 그 재산권을 행사하는 법률관계이다. 이러한 법률관계를 창출하기 위해 신탁자와 수탁자가 체결하는 약정을 명의신탁약정이라고 한다. 명의신탁약정은 통정허위표시로서 무효라고 볼 여지도 있으나, 판례는 명의신탁약정이 통정허위표시에 해당하지 않는다는 전제 하에 명

299) 이용훈, "반사회적 이중양도와 불법원인급여", 민사법의 제문제 22, 1984, 34-35; 김상용, 414; 지원림, 민법원론, 제2판, 2019, 77.

300) 윤진수, "반사회적 부동산 이중양도에 있어서 전득자의 지위", 법조 504, 1998, 151.

301) 김증한, "부동산 이중매매의 반사회성", 저스 10-1, 1972, 9; 황적인, 현대민법론 Ⅲ, 1981, 171 이하; 강신웅, "부동산 이중양도에 관한 판례의 법리적 검토", 인권과 정의 367, 2007, 38 이하; 최진수, "반사회적 이중양도에 있어서 주관적 요건의 요부 및 전득자 보호 여부", 법조 511, 1999, 176.

302) 윤진수, "부동산의 이중양도와 원상회복", 민학 6, 1986, 175-176; 박인환(주 298), 734.

303) 윤진수(주 302), 176 이하; 윤진수, "부동산의 이중양도에 관한 연구", 서울대학교 박사학위논문, 1993, 200 이하; 이춘원, "부동산 이중매매에 관한 일 고찰", 집합건물법학 13, 2014, 53 이하.

304) 대판 75.8.19, 74다2229(공 75, 8627); 대판 96.6.25, 96다8666(공 96, 2305); 대판 99.2.24, 97다46955(공 99, 558) 등.

의신탁약정의 유효성을 원칙적으로 인정하여 왔다.[305] 이러한 명의신탁 법리는 조선고등법원 판례에서 인정한 법리에 따른 것으로서 주로 부동산에 적용되었다. 그런데 부동산 명의신탁은 탈세나 재산은닉, 집행면탈 등의 목적으로 악용되는 경우가 많았다. 명의신탁의 폐해를 줄이기 위한 여러 입법적 시도가 이어지다가 1995년 7월 1일부터 『부동산 실권리자명의 등기에 관한 법률』(이하 '부동산실명법')이 시행되면서 동법 § 4 Ⅰ, Ⅱ에 따라 명의신탁약정과 이에 기초한 물권변동은 모두 실정법에 의하여 효력이 부정되기에 이르렀다. 그러므로 부동산 명의신탁이 통정허위표시로서 무효인지 여부에 대한 논의의 실익은 부동산실명법이 적용되는 범위 내에서는 사라졌다. 그러나 불법원인급여와 관련하여 부동산 명의신탁약정이 반사회적 행위인가는 여전히 문제된다. 판례는 민법 § 746가 규정하는 불법원인을 원칙적으로 민법 § 103 소정의 선량한 풍속 기타 사회질서에 위반되는 경우라고 파악하기 때문이다.[306] 만약 부동산 명의신탁약정이 반사회적 행위이면 신탁자는 수탁자에게 불법원인급여를 한 것이므로 원칙적으로 그 급여의 반환을 청구할 수 없게 되고, 수탁자는 자기 명의로 등기된 부동산의 소유권을 반사적으로 취득하게 된다.

판례는 부동산실명법 시행 이전부터 명의신탁약정이 그 자체로 선량한 풍속 기타 사회질서에 위반하는 경우에 해당하지 않는다는 입장을 취하였고,[307] 부동산실명법 시행 후의 부동산명의신탁약정에 대해서도 같은 입장을 취하였다.[308] 판례는 명의신탁약정과 그에 기한 물권변동은 무효로 하지만, 신탁자가 다른 법률관계에 기하여 등기회복 등의 권리행사를 하는 것까지 금지하지는 않되 신탁자에게 행정적 제재나 형벌을 부과함으로써 사적 자치 및 재산권 보장의 본질을 침해하지 않도록 하는 것이 부동산실명법의 체제나 입법취지라고 파악하는 것이다.

이 문제는 대판(전) 19.6.20, 2013다218156에서 다시 한 번 다루어졌다. 대법원은 부동산실명법 규정의 문언, 내용, 체계와 입법 목적 등을 종합하면, 부동산실명법을 위반하여 무효인 명의신탁약정에 따라 명의수탁자 명의로 등

305) 대판 66.12.20, 66다1602(집 14(3)민, 325); 대판 78.5.23, 78다217, 218(공 78, 10915) 등 다수.

306) 대판 69.11.11, 69다925(집 17(4), 004) 등 다수.

307) 대판 80.4.8, 80다1(공 80, 12777); 대판 88.11.22, 88다카7306(공 89, 23)(건설업면허대여에 관한 판결임); 대판 91.3.12, 90다18524(공 91, 1175); 대판 94.4.15, 93다61307(공 94, 1444).

308) 대판 03.11.27, 2003다41722(공 04, 19) 등.

기를 하였다는 이유만으로 그것이 당연히 불법원인급여에 해당한다고 단정할 수 없다고 하여 종래 판례 입장을 유지하였다. 이에 대해서는 반대의견이 있었다. 부동산실명법이 부동산의 소유권을 명의수탁자에게 귀속시키려는 태도를 취하지 않았다는 점은 비교적 명확하다. 실제로 부동산실명법의 여러 조항들은 이 경우 부동산 소유권은 여전히 명의신탁자에게 귀속되어 있다는 점을 당연한 전제로 삼아 입법되었다.[309] 반대의견은 명의신탁에 대한 사회 일반인의 인식과 제재의 필요성을 주된 근거로 들었다. 흥미롭게도 다수의견은 명의신탁자로부터 부동산에 관한 권리까지 박탈하는 것은 일반 국민의 법감정에 맞지 않는다고 하여 무엇이 사회 일반인의 인식인가에 관하여 정반대로 관찰하였다. 이는 이 문제에 대한 사회의 공감대가 무엇인지가 불확실함을 방증한다. 또한 행정적 제재나 형벌을 넘어서서 민사적으로도 소유권 박탈이라는 무거운 제재를 가하기 위해서는 이를 뒷받침할 만한 법적 근거가 있어야 한다. 그런데 부동산실명법의 입법 취지나 경과를 보면 입법자는 이러한 민사적 제재는 염두에 두지 않았다. 또한 명의수탁자도 엄연히 부동산실명법 위반행위에 가담한 자인데 아무런 대가 없이 그가 부동산 소유권을 취득하게 하는 것이 정의의 관념에 부합하는지도 의문이다. 그러므로 이 전원합의체 판결의 입장은 타당하다.

5. 개인의 기본권과 직결된 질서 위반 행위

(1) 자유 보장

㈎ 직업 및 근로의 자유　　경업금지약정은 근로자가 사용자와 경쟁관계에 있는 업체에 취업하거나 스스로 경쟁업체를 설립하여 운영하는 등의 경쟁행위를 하지 아니하기로 하는 약정이다.[310] 이 약정에 따라 근로자는 이러한 경쟁행위를 하지 않을 부작위의무를 부담하게 된다. 경업금지의무는 근로관계 존속 중은 물론이고 근로관계 종료 후에도 적용될 수 있다. 근로관계 존속 중의 경업금지의무는 경업금지약정이 없더라도 근로계약의 해석 결과 또는 근로계약에 따른 신의칙상 부수의무로서 인정될 수 있다.[311] 근로관계 종료 후

---

309) 가령 부동산실명법 §§ 4 Ⅲ, 6 등.
310) 대결 03.7.16, 2002마4380(공 03, 1809).
311) 김유성, 노동법 Ⅰ(개별적 근로관계법), 2005, 343; 임종률, 노동법, 제8판, 2009, 356; 김형배, 노동법, 제19판, 2010, 315; 이달휴, "근로자의 경영금지의무와 계약", 노동법학 34, 2010, 40.

의 경업금지의무도 마찬가지 논리로 인정될 여지는 있으나,[312] 근로관계 존속 중의 경업금지의무처럼 원칙적이고 포괄적으로 인정되기는 어렵다. 오히려 근로관계 종료 후에는 별도 약정이 없다면 경업의 자유가 인정된다고 하여야 한다. 따라서 경업금지약정과 관련하여 자주 문제되는 것은 근로관계 종료 후의 경업금지의무이다. 경업금지의무 위반은 채무불이행 책임 외에도 영업비밀침해로 인한 불법행위책임과 형사책임 문제를 수반할 가능성이 높다.[313]

그런데 경업금지약정에 따른 의무가 과도하면 헌법상 보장된 근로자의 직업선택의 자유와 근로권, 자유로운 경쟁에 입각한 경제 질서를 해칠 수 있다. 근로자는 일반적으로 사용자보다 약자의 지위에 있기 때문에 불공정한 경업금지약정의 위험에 노출될 가능성도 높다. 이러한 경업금지약정이 그대로 관철되면 특히 쉽게 다른 직종으로 전직할 수 있는 기술이나 지식을 갖지 못한 근로자는 경업금지로 인하여 생계 자체에 위협을 받을 수도 있다. 그러므로 경업금지약정이 사용자의 재산권을 보호하는 순기능을 가지더라도 근로자의 제반 권리와 이익에 미치는 역기능을 충분히 고려하여 그 과도성 여부를 판단하여야 한다.

이러한 경업금지약정의 과도성은 기본권의 간접적용설에 따라 민법 § 103를 통해 규율될 수 있다. 즉 과도한 경업금지약정은 민법 § 103를 이유로 전부 또는 일부 무효가 될 수 있다. 한편 경업금지약정이 그 문언대로의 효과를 발생시킨다면 합리성을 인정하기 어려우나 한정적으로 해석하면 합리성을 인정할 수 있는 경우에 법원은 그 범위 내로 경업금지약정을 제한 해석할 수 있다.[314] 경업금지약정의 과도성에 대해서는 이러한 제한 해석의 방법이 먼저 동원되고, 제한 해석으로 해결할 수 없는 경우에 민법 § 103가 적용된다.

경업금지약정의 과도성은 경업의 지역적·대상적 범위와 경업 내용, 경업금지기간 설정을 통하여 나타난다. 재판실무에서는 경업금지약정의 유효성을 판단함에 있어서 대체로 목적(영업비밀 보호목적), 내용(기간, 장소, 대상 직종 등), 보상 유무와 공공의 이익 등을 종합적으로 고려한다.[315] ① 보호할 가치 있는 사용자의 이익, ② 근로자의 퇴직 전 지위, ③ 경업 제한의 기간, 지역 및 대상 직종, ④ 근로자에

312) 대판 96.12.23, 96다16605(공 97, 501).

313) 부정경쟁방지법 § 18 Ⅱ은 영업비밀 침해에 대한 형사책임에 대하여 규정하고 있다. 한편 이는 업무상 배임죄를 구성할 수도 있다. 대판 09.10.15, 2008도9433 참조.

314) 서울중앙지판 07.3.19, 2007카합3903(각공 08상, 742).

315) 신권철, "근로자의 경업금지의무", 노동법연구 18, 2005, 241-243; 박선준(주 17), 50.

대한 대가의 제공 유무, ⑤ 공공의 이익, ⑥ 퇴직 경위 기타 사정 등을 종합적, 전체적으로 판단하여야 한다는 설명도 있다.[316] 참고로 미국에서 ① 사용자의 합법적 보호이익(legitimate interest), ② 근로자의 과도한 부담 여부, ③ 공공의 이익, ④ 대상(代償)조치의 유무 등을 고려하거나, 일본에서 ① 제한의 기간, ② 장소적 범위, ③ 제한의 대상으로 된 직종의 범위, ④ 보상의 유무 등에 관하여 사용자의 이익(기업비밀보호), 근로자의 불이익(전직, 재취직의 어려움), 및 사회적 이해(독점 및 집중의 우려와 이에 수반된 일반 소비자의 이해)의 3개의 관점에서 종합적으로 고려할 것을 요구한다.[317]

대결 07.3.29, 2006마1303은 과도한 경업금지약정을 적당한 범위로 제한한 첫 번째 대법원 사례이다. 이 결정에서 대법원은 "경업금지약정은 직업선택의 자유와 근로자의 권리 등을 제한하는 의미가 있으므로, 근로자가 사용자와의 약정에 의하여 경업금지기간을 정한 경우에도, 보호할 가치 있는 사용자의 이익, 근로자의 퇴직 전 지위, 퇴직 경위, 근로자에 대한 대상(代償) 제공 여부 등 제반 사정을 고려하여 약정한 경업금지기간이 과도하게 장기라고 인정될 때에는 적당한 범위로 경업금지기간을 제한할 수 있다."라고 판시하였다. 이처럼 경업금지기간을 제한하는 조치가 어떤 법리에 의거한 것인지는 분명하지 않다. 신의칙에 의거한 결과일 수도 있고, 계약의 축소해석에 따른 결과일 수도 있으며, 민법 §103에 따른 일부 무효 판단의 결과일 수도 있다 다만 민법 §103에 의거하여 경업금지기간을 적당히 제한하는 재판 경향은 이미 하급심에 존재하고 있었고,[318] 위 결정도 그 연장선상에 있다고 생각된다.

대판 10.3.11, 2009다82244은 근로자 甲이 乙 회사를 퇴사한 후 그와 경쟁관계에 있는 중개무역회사를 설립·운영하자 乙 회사 측이 경업금지약정 위반을 이유로 하여 甲을 상대로 손해배상을 청구한 사안을 다루었다. 대법원은, 甲이 고용기간 중에 습득한 정보는 이미 동종업계 전반에 어느 정도 알려져 있었고, 설령 알려져 있지 않은 정보가 있더라도 입수에 그다지 많은 비용과 노력을 요하지 않았던 점 등에 기초하여 乙 회사의 경업금지이익에 대한 보호가치가 적다고 하면서, 경업금지약정이 甲의 이러한 영업행위까지 금지하

316) 이성호, "근로자에 대한 경업금지약정의 효력과 전직금지가처분의 허용 여부", 민사재판의 제문제 11, 2001, 844-857.

317) 신권철, "퇴직근로자 경업규제의 비교법적 고찰—미국과 일본의 판례를 중심으로", 노동법연구 20, 2006, 183-190; 신권철, "근로자 경업금지의무에 관한 판례소고—대상판결: 대법원 2010.3.11. 선고 2009다82244 판결—", 노동법실무연구 1, 2011, 244-245 참조.

318) 박선준(주 17), 50.

는 것으로 해석된다면 근로자인 甲의 직업선택의 자유와 근로권 등을 과도하게 제한하거나 자유로운 경쟁을 지나치게 제한하여 민법 §103에 반한다고 하였다. 또한 이 판결은 보호가치 있는 사용자의 이익을 부정경쟁방지법 §2 (ii)에 정한 '영업비밀'에 한정하지 않고 그 정도에 이르지 아니하였더라도 당해 사용자만이 가지고 있는 지식 또는 정보로서 근로자와 이를 제3자에게 누설하지 않기로 약정한 것이거나 고객관계 또는 영업상 신용의 유지도 이에 해당한다는 점을 밝혔다는 점에서 의의가 있다.[319)]

참고로 일본에는 도시락 택배 프랜차이즈 계약과 관련하여 동일한 시내에서 프랜차이즈 계약 종료 후 3년 간 동종의 도시락 택배사업을 하지 못하도록 한 경업금지약정은 프랜차이저의 고객이나 상권의 보전 및 영업 비밀 유지 차원에서 합리적인 범위 내에 있으므로 공서양속에 위반되지 않는다는 판결,[320)] 기술자 파견 사업의 프랜차이즈 계약과 관련하여 가맹업자는 계약 종료 시 가맹업자의 영업을 프랜차이저 또는 그의 새로운 총판권을 가진 사람에게 승계시켜야 한다고 한 규정은 공서양속에 위반된다는 판결[321)] 등이 있다.

㈏ 종교의 자유 헌법 §20 Ⅰ은 "모든 국민은 종교의 자유를 가진다."라고 규정하고 있다. 이러한 종교의 자유에는 신앙에 대한 침묵을 뜻하는 소극적인 신앙고백의 자유와 자신의 종교적인 확신에 반하는 행위를 강요당하지 않는 소극적인 종교행위의 자유 및 종교교육의 자유 등이 포함된다.[322)] 가령 종교적 맹세를 강요하는 약정은 우리 사회질서상 수용될 수 없다.[323)] 이처럼 종교의 자유는 인간의 존엄성과 직결되는 가치이므로 고도로 보장되어야 할 기본권 중 하나이다. 그런데 종교단체가 그 종교의 이념에 따라 사립학교를 설립한 뒤 그 종립학교에서 사학의 자유의 일환으로 종교행사를 개최하거나 종교과목 수업을 진행하게 하는 경우가 있다. 이러한 행동도 사학의 자유 내지 종교의 자유라는 관점에서 일반적으로 보장될 필요가 있다. 그러나 이러한 행동이 사립학교 학생의 소극적인 종교행위의 자유와 저촉될 수도 있다. 이 장면에서 사립학교의 종교교육이 불법행위를 구성한다거나,[324)] 그러한 종교교육을

319) 박선준(주 17), 64-65.
320) 大阪地裁 10.1.25, 判タ 1320, 136.
321) 東京地裁 09.3.9, 判時 2037, 35.
322) 대판(전) 10.4.22, 2008다38288(공 10상, 897).
323) 이영준(주 18), 213.
324) 대판(전) 10.4.22, 2008다38288(공 10상, 897).

요구하는 학칙이 공서양속에 위반하여 무효인지 여부가 쟁점이 될 수 있다.

후자의 쟁점과 관련하여 대판 98.11.10, 96다37268[325)]을 참조할 수 있다. 이 판결은 기독교 재단이 설립한 사립대학에서 6학기 동안 대학예배에 참석할 것을 졸업요건으로 하는 학칙이 효력이 있는가를 다루었다. 민법 §103를 직접 적용한 판결은 아니나 종교의 자유와 관련된 사회질서의 내용을 파악하는 데 참고할 수 있는 판결이다. 대법원은 이 판결에서, 사립학교는 국·공립학교와는 달리 종교의 자유의 내용으로서 종교교육 내지는 종교선전을 할 수 있고, 학교에는 헌법상 자치권이 부여되어 있으므로, 신앙을 가지지 않을 자유를 침해하지 않는 범위 내에서는 학생들로 하여금 일정한 내용의 종교교육을 받을 것을 졸업요건으로 하는 학칙을 제정할 수 있다고 보아 그 학칙이 위헌무효가 아니라고 판단하였다. 그러나 이 판결이 타당한지는 의문스럽다. 예배는 인간과 신의 교감이 이루어지는 성스러운 의식이다. 따라서 예배 참여가 법률상 또는 사실상 강제되어서는 안 된다. 물리적으로는 예배에 참석하되 정신적으로는 예배와 무관한 생각을 하거나 행동을 할 수는 있다. 그러나 물리적으로 그러한 환경에 들어가도록 6학기 동안 강제하는 것도 일종의 예배 강제이다. 사립대학 입학 시 이러한 졸업요건에 자발적으로 동의하였다고 반론할 수도 있다. 그러나 우리 대학입학 현실에 비추어 보면 이는 지나친 의제이다. 특정 종교에 대한 경험과 견학의 기회를 부여하는 정도라면 이러한 처사가 허용될 수 있으나, 6학기 동안 예배 출석을 요구한다면 그 정도를 넘어선 것이다. 결국 위와 같은 학칙은 신앙고백의 자유나 소극적 종교행위의 자유 등 종교의 자유에 관한 기본질서를 침해하는 것이라고 생각한다.[326)] 사립학교가 국민의 교육을 받을 권리를 구현하는 공적 교육시설로서 자율성 외에 공공성도 추구해야 한다는 점에 비추어 볼 때에도 그러하다.[327)]

개인의 종교적 자유 보호에 직결되는 문제는 아니지만, 종교단체의 본질에 반하여 종교적 결사의 자유에 부정적 영향을 미치는 경우에 공서양속이 적용될 수 있다. 대법원은 전통 사찰에서 전임 주지가 사임하고 그 자리를 다른 사

325) 공 98, 2830.

326) 이준일(주 61), 156도 이 판결을 "기본권존중의무를 이행하지 않는 다수의 재판" 중 하나의 예로 들고 있다.

327) 문정일, "학생의 종교의 자유와 종립(宗立)학교의 종교교육", 사법 13, 2010, 283은 사학의 자유를 보장하고 사립학교 제도를 두고 있는 것은 학교법인의 사학설립·운영권의 보장 그 자체에 중점이 있다기보다는 국민들의 다양한 교육을 받을 권리(헌법 §31 Ⅰ)를 보장하는 데 더 큰 목적이 있다고 한다.

람이 임명받되 그와 관련하여 후임 주지가 전임 주지에게 돈을 지급하기로 약정한 경우, 이는 사실상 사찰의 주지직을 거액의 금품을 대가로 양도, 양수하는 계약으로서 그 내용이 선량한 풍속 기타 사회질서에 반하는 행위로서 무효라고 보았다.[328] 종교단체의 성직자가 지켜야 할 청렴성과 순수성을 저해하고, 나아가 그 종교단체 구성원들이 행사할 종교적 결사의 자유에 부정적 영향을 미치는 점을 고려한 판결이다.

㈐ 기 타 경업금지약정과 유사하게 문제되는 약정 형태로 업종제한약정이 있다. 업종제한 약정은 상가 내 점포를 분양할 때 분양계약, 또는 수분양자 상호간 별도 합의를 통하여 일정한 업종의 점포 운영을 제한하는 약정이다. 이는 입주 상인들이 소모적인 경쟁을 피함으로써 상호 간 영업상 이익을 존중하고 이해관계를 조정하기 위한 약정이다. 이 약정에 위반한 자가 있는 경우 이로 인하여 영업상의 이익을 침해 배제를 위하여 동종 업정의 영업금지를 청구할 권리가 있다.[329] 이러한 약정은 헌법상 직업선택의 자유 또는 재산권 보장을 침해한다거나 불공정한 거래행위에 해당한다는 의심을 받을 수 있으나, 위와 같은 합의의 자율성이나 이해관계 조정의 현실적 필요성에 비추어 특별한 사정이 없는 한 이를 공서양속에 반하는 무효의 약정이라고 볼 수는 없다.[330]

국내에서 독점적으로 프로야구단 흥행사업을 영위하는 지위에 있는 구단들이 공동으로 그들의 일방적 의사만에 의하여 지명권제도를 합의하여 만든 한국야구위원회규약은 신인선수의 헌법상 보장된 직업선택의 자유를 지나치게 제한하므로, 선량한 풍속 기타 사회질서에 위반한 사항을 내용으로 하는 무효의 법률행위이다.[331]

혼인이나 재혼을 하지 않겠다는 약정, 이혼청구권을 사전에 포기하거나 이혼의 요건을 법률이 정한 것보다 강화하는 약정은 혼인 또는 이혼할 자유를 침해하는 법률행위이므로 무효이다. 또한 부모와 자녀가 만날 권리 내지 자유를 침해하는 약정, 예컨대 부모가 이혼한 뒤 자녀가 모와 만나지 않겠다고 부와 행한 약정도 무효이다.

328) 대판 01.2.9, 99다38613(공 01, 601). 다만 이 판결에서는 후임 주지 임명행위 자체가 공서양속에 위반하지는 않는다고 보았다.

329) 대판 97.12.26, 97다42540(공 98, 501); 대판 02.8.23, 2001다46044(공 02, 2191).

330) 대판 96.8.23, 95다40557(공 96, 2824); 대판 97.12.26, 97다42540(공 98, 501).

331) 서울지법 남부지원 95.12.28, 95카합4466(하집 95-2, 4).

근로자에게 보장된 기본적인 권리를 침해하는 합의도 무효이다.[332] 가령 근로자의 해지권을 박탈하는 계약은 무효이다.[333] 그러나 해외파견된 근로자가 귀국 후 일정 기간 소속 회사에 근무해야 한다는 사규나 약정은 공서양속에 위반되지 않는다.[334]

(2) 평등권 보장

㈎ 개 관 헌법 §11는 평등의 원칙을 천명한다. 이러한 평등의 원칙은 사인 간의 법률관계를 규율하는 개별법에 다양한 형태로 반영되어 있다. 가령 『양성평등기본법』,[335] 『남녀고용평등과 일·가정 양립 지원에 관한 법률』, 『고용상 연령차별금지 및 고령자고용촉진에 관한 법률』, 『장애인차별금지 및 권리구제 등에 관한 법률』이 대표적인 예이다. 물론 사적인 차별행위의 위법성 인정을 위하여 반드시 사인간의 평등권 보호를 주된 목적으로 하는 별개의 특별법이 있어야만 하는 것은 아니다.[336] 사적 단체를 포함하여 사회공동체 내에서 개인이 불합리한 차별을 받지 아니하고 자신의 희망과 소양에 따라 다양한 사회적·경제적 활동을 영위하는 것은 사회질서 내지 인격권 실현의 본질적 부분에 해당하므로 평등권이라는 기본권 침해도 민법 §103 또는 §750와 같은 일반 규정을 통하여 구체화되어 논하여질 수 있다. 즉 합리적 이유 없이 타인으로부터 차별을 받지 않아야 한다는 요청 내지 그에 관한 이익은 민법에 의해 보호받아야 할 사회질서의 객관적 부분을 구성함과 아울러 사법상 인격권으로 보호되는 개인의 이익을 구성한다.

이와 관련하여 사적 단체의 내부에서 평등권에 위반한 규약이나 합의가 있을 때 이를 사회질서 위반이라고 할 수 있는지가 종종 문제된다. 이 문제를 검토하기에 앞서 법원이 사적 단체 내부 문제에 얼마나 관여할 수 있는지를 살펴야 한다. 법치주의는 개인과 단체, 공적 단체와 사적 단체 모두에 적용되는 보편적 이념이다. 사법부의 심사는 보편적 이념으로서의 법치주의가 분쟁이라는 창을 통하여 사회 전반에 영향력을 미칠 수 있도록 하는 중요한 수단이다. 그러므로 사적 단체 내부 규범이라고 하여 사법심사 대상에서 전적으

332) 內田 貴, 民法 Ⅰ, 제4판, 2008, 287.
333) 이영준(주 18), 216.
334) 대판 82.6.22, 82다카90(공 82, 688).
335) 이 법은 대부분 국가와 지방자치단체의 의무에 관한 조항들로 구성되어 있지만 일부 조항은 사용자에게도 양성평등의 이념을 구현하기 위한 조치들을 취할 의무를 부담시키고 있다.
336) 대판 11.1.27, 2009다19864(공 11상, 396).

로 제외될 수는 없다. 대법원은 사적 단체의 자치적 법규범에도 헌법상 기본권이나 강행법규 등의 제한이 따르고 그 제한에 위반된 자치적 법규범은 무효가 될 수 있다고 한다.[337] 다만 단체도 독립성과 자율성을 가진 일종의 부분사회이므로 법원이 그 사회의 내부 규범에 개입하는 데에도 한계가 있다.[338] 따라서 사적 단체 내부 규범이 § 103에 위반되는지를 판단할 때에는 법치주의의 이념과 사적 단체의 자율성을 균형 있게 고려하여야 한다. 이는 사적 단체 내부 규범이 그 단체 구성원을 달리 취급하는 경우에도 그러하다.

판례는 ① 사적 단체가 구성원을 성별에 따라 다르게 취급하는 것을 원칙적으로 허용하면서도,[339] ② 그 차별처우가 사회공동체의 건전한 상식과 법 감정에 비추어 볼 때 도저히 용인될 수 있는 한계를 벗어난 경우에는 사회질서 위반 행위라고 보고 있다. 전자는 사적 단체의 자율성 보호 또는 결사의 자유에 대한 보호에 관한 것이고, 후자는 그 한계에 관한 것이다. 이러한 한계는 사적 단체의 성격이나 목적, 차별처우의 필요성, 차별처우에 의한 법익 침해의 양상 및 정도 등을 종합적으로 고려하여 판단하여야 한다고 한다.[340] 또한 그 판단 과정에서 단체의 공공성, 차별처우와 단체의 정체성 유지의 상관관계 등도 고려하여야 한다고 한다.[341] 이에 대해서 이 판결의 취지에 찬성하되 이를 보다 체계적으로 구성하여, 사적 단체의 차별적 처우의 위법성 판단기준으로 ① 헌법적 질서와의 조화, ② 충돌하는 법익간의 형량, ③ 합리적 이유의 유무, ④ 단체의 본질과 목적에 반하는 차별처우의 금지라는 고려요소를 제안하는 견해가 있다.[342] 결국 사적 단체의 차별처우에 대한 위법성 판단 기준은 사전적이고 일률적으로 정할 수 없다.

㈏ 양성평등 대법원은 공동선조의 후손 중 성년 남자만을 종중의 구성원으로 하고 여성은 종중의 구성원이 될 수 없다는 종래의 관습법은 공

337) 대판 98.2.27, 97다43567(공 98, 879); 대판 00.11.24, 2000도3569(공 01, 216); 대판 02.2.22, 2000다65086(공 02, 750).

338) 이수영, "종중 유사단체가 구성원을 남성으로 제한할 수 있는지", 형사재판의 제문제 7, 2014, 1130-1131.

339) 만약 이를 전혀 허용하지 않는다면 단체의 정체성을 스스로 결정할 수 있는 자유 자체가 박탈되어 더 이상 사적 단체라고도 부를 수 없을 것이다.

340) 대판 11.1.27, 2009다19864(공 11상, 396). 가령 구성원의 권리가 본질적으로 침해되는지 여부도 중요한 의미를 가진다. 대판 06.10.26, 2004다47024(공 16, 1966); 대판 07.9.6, 2007다34982(공 07, 1544) 참조.

341) 대판 11.1.27, 2009다19864(공 11상, 396).

342) 김태선, "사적 단체의 차별행위의 위법성—大判 2011.1.27, 2009다19864(공 11상, 396)을 계기로", 법학논총(전남대) 31-2, 2011, 569-594.

동선조의 분묘수호와 봉제사 등 종중의 활동에 참여할 기회를 성별만에 의하여 생래적으로 부여하거나 원천적으로 박탈하는 것으로서 변화된 우리 전체의 법질서에 부합하지 않으므로 더 이상 법적 효력을 가질 수 없다고 판시하였다.[343] 이 판결은 법률행위가 아니라 관습법에 관한 것이므로 민법 § 103가 직접 적용된 사례가 아니지만, 민법 § 103가 추구하는 이념과 밀접하게 관련된 판결이다. 한편 이러한 법리가 종중 유사단체에도 적용될 수 있는지가 민법 § 103와 관련하여 문제된다. 종중 유사단체는 공동선조의 후손 중 일부에 의하여 인위적인 조직행위를 거쳐 성립되는 사적 임의단체이다.[344] 가까운 지역에 거주하면서 일정한 범위 내의 친족들이 구성원이 되어 종중 유사단체를 조직하는 경우가 많다. 공동선조의 후손 중 성년에 이른 사람 전부를 구성원으로 하여 자연발생적으로 성립하는 고유한 의미의 종중과 구별된다. 대법원은 종중 유사단체의 회칙이나 규약에서 공동선조의 후손 중 남성만으로 그 구성원을 한정하더라도 특별한 사정이 없는 한 이는 사적 자치의 원칙 내지 결사의 자유 보장범위에 포함되고, 위 사정만으로 그 회칙이나 규약이 양성평등 원칙을 정한 헌법 § 11 및 민법 § 103를 위반하여 무효라고 볼 수 없다고 판시하였다.[345]

이와 달리 사적 임의단체의 내부적인 의사결정이 양성평등 원칙을 정한 헌법 § 11에 비추어 전체 법질서에 비추어 용인될 수 없는 위법행위라고 본 대법원 판결도 있다.[346] 이 판결은 비법인사단인 서울 YMCA가 여성에게 일반회원의 자격은 부여하면서도 의결권, 선거권, 피선거권 등을 가지는 총회원으로는 선정하지 않는 조치가 위법한지를 다루었다. 1심법원은 헌법 § 11가 사적 단체의 내부관계에 직접 적용될 수 없고, 이러한 내부적인 의사결정이 권리남용 또는 반사회적 법률행위에 해당한다고 볼 수도 없으므로 불법행위가 성립하지 않는다고 하였다. 그러나 원심법원은 이러한 내부적인 조치는 헌법 § 11에서 정한 평등의 원리 등 전체 법질서에 비추어 용인될 수 없는 위법행위이므로 불법행위가 성립한다고 하였다. 헌장이나 회원 규정 자체에서는 여성도 총회원이 될 수 있도록 정하였으므로 이 사건에서는 헌장이나 회원 규정 자체

343) 대판(전) 05.7.21, 2002다1178(공 05, 1326).
344) 대판 82.11.23, 81다372(공 83, 192); 대판 92.4.24, 92다2899(공 92, 1684); 대판 96.10.11, 95다34330; 대판 02.4.12, 2000다16800 등.
345) 대판 11.2.24, 2009다17783(공 11상, 617).
346) 대판 11.1.27, 2009다19864(공 11상, 396).

의 문제보다는 실제 내부적인 의사결정과 운영이 문제되었다. 그러므로 엄밀히 말하면 법률행위의 효력 문제를 다루는 민법 § 103가 직접 적용된 사건은 아니다. 하지만 불법행위의 요건인 위법성 판단에서는 양성평등원칙 등 민법 § 103가 보호하려는 전체 사회질서 위반 여부도 고려하여야 하므로 그 맥락에서 민법 § 103가 관련되는 것이다. 대법원은 피고가 공익적 목적과 활동을 위한 공적 단체로서의 성격도 가지고 있고, 양성평등원칙에 입각하여 여성도 총회원이 될 수 있도록 헌장을 개정하기도 하였으며, 다른 지역 YMCA들은 여성에게 총회원 자격을 주고 있으나 피고는 이를 위한 실질적이고 진지한 개선 노력을 기울이지 않았고 국가인권위원회로부터 시정권고를 받기도 한 점 등을 들어 이러한 성차별적 처우는 사회질서에 위반하는 것으로서 원고들의 인격적 법익을 침해하는 불법행위라고 판단하였다.

위에서 살펴 본 종중 유사단체 판결과 서울 YMCA 판결은 모두 사적 단체 내에서의 양성평등 문제를 다루고 있고 비슷한 시기에 선고되었다. 그런데 민법 § 103 소정의 사회질서에 반하는지 여부에 대해서는 상반된 결론에 이르고 있다. 단체의 공공적 성격, 문제된 상황에 이르게 된 연혁과 경위, 이로 인하여 여성들이 실질적으로 입게 되는 법익 피해의 중요성과 크기 등이 서로 다르기 때문이다.

(다) 기　　타　　그 외에 골프클럽의 회칙상 해외회원의 회원 자격은 해외거주자에 한하여 양도·양수할 수 있다고 규정하여 국내회원과 달리 해외회원의 회원 자격 양도에 제한을 두었다고 하여 이것이 헌법상 평등권 조항, 민법상 반사회질서 조항 또는 신의성실의 원칙에 어긋나 무효라고 할 수는 없다고 한 판례,[347] 회사가 직원들을 유상증자에 참여시키면서 퇴직 시 출자 손실금을 전액 보전해 주기로 약정한 것이 주주평등의 원칙에 위배되어 무효라고 한 판례,[348] 산업재해로 사망한 조합원의 가족을 특별채용하는 단체협약 조항[349]은 노사 협약자치의 이념에 비추어 무효라고 할 수 없다고 한 판례[350]가 있다.

347) 대판 99.4.9, 98다20714(공 99, 833).
348) 대판 07.6.28, 2006다38161, 38178(공 07, 1150).
349) 해당 조항에서는 "회사는 조합원이 업무상 사망하였거나 6급 이상의 장해로 퇴직할 시 직계가족 또는 배우자 중 1인에 대해 결격사유가 없는 한 요청일로부터 6개월 이내 특별채용하도록 한다."라고 규정한다.
350) 대판(전) 20.8.27, 2016다248998.

(3) 재산권 보장

개인이나 단체가 그 생존이나 존립에 필요불가결한 재산을 처분하는 행위는 무효이다.[351] 예컨대 장차 자기가 취득할 전 재산을 양도하기로 하는 계약은 무효이다.[352] 또한 사찰이 그 존립에 필수불가결한 재산인 임야를 증여하는 행위도 무효이다.[353] 그 외에 재산권 보장과 관련된 공서양속이 문제된 예로 다음과 같은 사례들이 있다.

종중은 공동선조의 분묘수호와 제사 및 종중원 상호 간의 친목 등을 목적으로 하여 구성되는 자연발생적인 종족집단으로, 종중재산은 이러한 종중의 목적을 달성하는 데 본질적으로 중요한 요소이다. 이와 같은 종중의 목적과 본질, 종중재산의 성격과 중요성에 비추어, 종중재산의 분배에 관한 종중총회의 결의 내용이 현저하게 불공정하거나 선량한 풍속 기타 사회질서에 반하여 사회적 타당성을 결한 경우에 그 결의는 무효이다.[354] 단순히 성별의 구분에 따라 종중재산의 분배비율에 차이를 두는 결의,[355] 종중 임원으로서 종중재산 회복에 필요한 업무를 수행하였다는 이유로, 실비변상이나 합리적 범위의 보수 지급을 넘어서서 회복한 환수토지의 일부를 증여받거나 그 매도대금을 지급받도록 한 결의[356]는 내용이 현저하게 불공정하거나 사회적 타당성을 결하여 무효라고 한 사례들이 있다.

집합건물의 규약은 그 내용이 강행법규에 위배된다거나, 구분소유자의 소유권을 필요하고 합리적인 범위를 벗어나 과도하게 침해 내지 제한함으로써 선량한 풍속 기타 사회질서에 위배된다고 볼 정도로 사회관념상 현저히 타당성을 잃었다고 인정되는 경우에는 무효이다. 관련 판례로는 다음과 같은 것들이 있다. 집합건물의 관리인에게 건물 전체 또는 상당 부분에 대한 임대권한을 위임하는 내용의 규약은 전유부분에 대하여 가지는 구분소유권을 과도하게 침해 내지 제한하는 것이므로 무효이다.[357] 공용부분이 아니라 전유부분의 체납관리비까지 특별승계인에게 승계시키는 규약은 무효이다.[358] 반면 구분소유자

351) 양창수 · 김재형, 663.
352) 고상용, 338.
353) 대판 70.3.31, 69다2293(집 18(1)민, 295).
354) 대판 17.10.26, 2017다231249(공 17하, 2177).
355) 대판 10.9.30, 2007다74775.
356) 대판 17.10.26, 2017다231249(공 17하, 2177); 대판 18.1.25, 2017다274666.
357) 대판 09.4.9, 2009다242(공 09상, 622).
358) 김영두, 집합건물법연구, 진원사, 2008, 124.

가 집합건물의 규약에서 정한 업종준수의무를 위반할 경우 단전·단수 등 제재조치를 할 수 있다고 한 규약은 무효가 아니다.[359] 단체법적 법률관계 규율에 있어서 의무위반자에 대해 필요하고 보충적인 제제수단이고, 구분소유권을 중대하게 침해한다고 볼 수 없으며, 의무위반 정지 시 바로 제재조치를 중지하도록 하고 있기 때문이다.

6. 기타 행위

상법 §429는 신주발행무효의 소에 관하여 규정하면서 무효원인에 대해서는 구체적으로 규정하지 않는다. 하지만 상법 §429는 신주발행 유지청구권에 관하여 규정하면서 "회사가 법령 또는 정관에 위반하거나 현저하게 불공정한 방법에 의하여 주식을 발행함으로써 주주가 불이익을 받을 염려가 있는 경우"를 요건으로 삼고 있으므로 이를 신주발행무효의 경우에 유추 적용할 수 있다. 판례는 신주인수인의 이익과 신주발행에 관한 거래의 안전을 고려하여 무효원인을 엄격하게 해석한다.[360] 그런데 신주발행이 선량한 풍속 기타 사회질서에 반하여 현저히 불공정한 방법으로 이루어졌다는 이유로 신주발행을 무효로 판단한 사례가 있다.

이 사건의 내용은 다음과 같다. 한보그룹 부도로 그룹 산하 회사(피고 회사)의 경영권이 한보그룹 채권단에게 넘어갈 위기에 처하였다. 한보그룹 정태수 회장 등은 경영권을 유지하기 위해 동남아에 유령회사를 설립한 후 신주를 발행하여 그 유령회사로 하여금 신주를 인수하게 하였다. 또한 유령회사 설립 및 신주인수대금을 마련하기 위해 피고 회사가 보유하던 외국회사 주식을 매각하면서 매매대금을 낮추어 기재한 허위 매매계약서를 작성하고 그 차액을 해외에 은닉하였다. 그러자 피고회사의 주주(원고)로부터 주식을 양수한 정리금융공사가 신주발행무효의 소를 제기하였다. 대법원은 이러한 신주발행은 선량한 풍속 기타 사회질서에 반하여 현저히 불공정한 방법으로 이루어졌으므로 무효라고 판단하였다.[361]

이 판결에서는 위 신주발행이 한보그룹 경영진의 범죄행위를 수단으로 하여 부정한 목적을 달성하기 위하여 행하여졌고, 유령회사인 신주인수인의 이

359) 대판 04.5.13, 2004다2243(공 04, 961).
360) 대판 10.4.29, 2008다65860(공 10상, 974).
361) 대판 03.3.26, 2000다42786(공 03, 897).

익을 보호할 가치나 신주발행무효로 거래의 안전에 미칠 영향도 크지 않아 이를 무효로 판단한 것으로 보인다. 이 판결에 대해서는 불법적으로 조성된 자금으로 신주를 인수하였다고 신주발행이 무효가 되는지에 대해 의문을 제기하면서 사실상 납입이 없었으므로 무효라고 보았어야 했다는 견해가 있다.[362]

V. 효 력

1. 일 반 론

(1) 무 효

법률행위가 공서양속에 반하면 민법 § 103에 따라 무효가 된다. 따라서 그 법률행위로부터는 어떠한 권리와 의무도 발생하지 않는다. 예컨대 공서양속에 반하여 체결된 도박자금대여계약으로부터는 채권자의 상환청구권이 발생하지 않는다. 또한 첩 계약에서 정기적인 보수지급의무를 정하였더라도 그 의무는 발생하지 않는다. 이처럼 민법 § 103에 위반되는 법률행위는 효력이 없어 이로부터 권리나 의무가 발생하지 않으므로 그 의무를 이행하지 않았음을 이유로 손해배상을 청구할 수도 없다.[363] 또한 채권행위와 물권행위의 유인성(有因性)을 인정하는 이상 채권행위가 § 103에 위반하여 무효가 되면 물권행위도 무효가 된다.

민법 § 103에 위반된 법률행위는 추인하여도 효과가 생기지 않는다.[364] 변론주의의 원칙상 법률행위의 당사자가 민법 § 103 위반을 주장해야 법원이 판단할 수 있다.[365] § 103 위반의 주장 및 증명책임은 무효를 주장하는 자에게 있다. 여기에서 주장 및 증명되어야 하는 것은 § 103 위반을 구성하는 전제사실이고, 그 전제사실에 기초하여 공서양속 위반 여부를 규범적으로 판단하는 주체는 법원이다.[366] 민법 § 103에 위반된 법률행위는 절대적 무효이므로 법률행위의 당사자가 아닌 제3자도 무효를 주장할 수 있다. 예컨대 반사회적 행위

362) 송옥렬, 상법강의, 제8판, 2017, 1152.
363) 대판 92.6.9, 91다29842(공 98, 2114). 김상용, 409.
364) 대판 73.5.22, 72다2249(집 21(2)민, 011); 대판 02.3.15, 2001다77352(공 02, 891); 김민중, 303; 지원림, 민법원론, 제2판, 2019, 71.
365) 대판 74.9.24, 74다815.
366) 대판 92.6.9, 91다29842(공 98, 2114).

를 원인으로 하여 마쳐진 소유권이전등기에 기초하여 등기명의자가 제3자에게 소유권에 기한 물권적 청구권을 행사하는 경우, 권리 행사의 상대방은 법률행위의 무효를 항변으로 주장할 수 있다.[367)]

민법 § 103 위반 행위는 전부 무효가 되는 것이 원칙이지만(§ 137 참조), 일부 무효의 요건을 충족하는 경우에는 공서양속에 반하는 부분에 국한하여 무효가 될 수도 있다. 예컨대 과도한 경업금지기간을 정한 경업금지약정, 또는 과도한 변호사 보수약정은 그 과도한 부분만 무효가 될 수 있다.[368)] 또한 단체협약이나 회칙, 정관 등도 공서양속에 위반하는 조항에 한하여 무효가 될 수 있다.

일부 무효 원칙의 적절한 활용은 민법 § 103의 사회질서를 수호하면서도 사적 자치와 거래의 효율성을 제고하는 순기능을 가져올 수 있다. 아울러 일부 무효 원칙을 얼마나 적극적으로 활용할 것인가, 바꾸어 말해 법률행위 일부만의 존속을 의욕하는 당사자의 가정적 의사를 얼마나 적극적으로 인정할 것인가는 민법 § 103가 사적 자치 원칙이라는 민법의 출발 이념에 미치는 파급 효과의 전체 모습에 영향을 미칠 수 있다.

(2) 효력 판단 기준 시점

공서양속은 영구불변의 것이 아니므로 시간이 흐름에 따라 변할 수 있다. 그러므로 공서양속 위반 여부의 판단 시점을 언제로 볼 것인가를 따져보아야 한다. 일반적인 견해에 따르면 공서양속 위반 여부는 법률행위 당시를 기준으로 판단한다.[369)] 이러한 견지에서, 판례는 매매계약 체결 당시 정당한 대가를 지급하고 목적물이 범죄행위로 취득된 것을 알게 되었더라도 계약의 이행을 구하는 것 자체가 선량한 풍속 기타 사회질서에 위반하는 것으로 볼 만한 특별한 사정이 없는 한 그러한 사유만으로 당초의 매매계약에 기하여 목적물에 대한 소유권이전등기를 구하는 것이 민법 § 103의 공서양속에 반하는 행위라고 단정할 수 없다고 하였다.[370)] 또한 판례는 선량한 풍속 기타 사회질서는 부단히 변천하는 가치관념으로서 어느 법률행위가 이에 위반되어 민법 § 103에

367) 대판 16.3.24, 2015다11281(공 16상, 617). 점포의 무단점유자가 민법 § 103에 위반하여 점포를 매수한 뒤 등기를 마친 이중매수인에게 그 매수행위의 무효를 주장하며 항변하였던 사안이다.

368) 대판(전) 18.5.17, 2016다35833(공 18, 1139). 이 판결은 명시적으로 일부 무효론을 채택하고 있는 것은 아니나, 그러한 취지로 해석된다. 권영준, 민법판례연구 Ⅰ, 2019, 12 참조.

369) 김상용, 408; 김증한 · 김학동, 371; 지원림(주 84), 188; 김윤찬, "반사회질서의 법률행위에 관한 연구", 민사법학 20, 2001, 553. 內田 貴, 民法 Ⅰ, 제4판, 2008, 283.

370) 대판 01.11.9, 2001다44987(공 02, 10).

의하여 무효인지 여부는 그 법률행위가 이루어진 때를 기준으로 판단하여야 한다고 하였다.[371] 그러므로 법률행위 후에 발생한 사정으로 공서의 내용이 변화하였다는 이유로 행위 당시에 유효하였던 법률행위가 무효가 되거나, 무효였던 법률행위가 유효로 되지는 않는다.[372] 다만 행위 이후 공서양속의 변화로 본래 사회적 타당성이 부정되던 행위가 사회적 타당성을 갖추게 된 경우에는 무효행위 전환의 방법을 통해 그 행위가 효력을 가지게 될 수 있다.[373]

다만 어떤 법률행위가 유효하게 성립하였으나 그 유효성을 부정하는 법률의 제정이나 개정이 있는 경우 그 법의 효력으로 말미암아 이행을 청구할 수는 없고, 사인증여처럼 행위 시점과 효력 발생시점이 다른 경우에는 효력 발생시점을 기준으로 공서양속 위반 여부를 판단해야 한다는 견해가 있다.[374] 법률의 제·개정으로 법률행위의 효력이 좌우되는 것은 법률의 일반적 구속력에 비추어 보면 당연한 결론이다. 또한 유언이나 사인증여처럼 법률행위 시점과 효력 발생 시점 간의 간격이 넓고, 일반적인 법률행위보다 유언자나 사인증여자의 의사를 더욱 존중할 필요가 있는 경우에는 이처럼 효력 발생시점을 기준으로 공서양속 여부를 판단하는 것은 수긍할 수 있다.[375]

2. 불법원인급여와의 관계

반사회적 행위에 관한 민법 § 103와 불법원인급여에 관한 민법 § 746는 밀접한 관계에 있다. 다수설에 따르면 민법 § 103에 위반하여 이루어진 급여는 민법 § 746에 따라 반환청구를 할 수 없다.[376] 즉 § 746의 "불법원인"을 § 103의 "선량한 풍속 기타 사회질서에 위반하는 행위"로 이해함으로써 양자가 표리일체의 관계에 있다고 보는 것이다. 이 점에서 § 746는 § 103에 위반하여 급여까지 한 당사자는 장차 그 급여를 돌려받지 못하는 불이익을 받게 된다는 점을 분명히 함으로써 민법 § 103 위반행위를 사전에 예방하는 역할을 한다. 대법원

371) 대판(전) 15.7.23, 2015다200111(공 15하, 1238).
372) 最高裁 2003.4.18, 民集 57-4, 366, 判タ 1123, 78.
373) 김증한·김학동, 372.
374) 이영준(주 18), 224-225. 반대설로 김상용, 409.
375) 유언에 관한 독일의 학설도 대체로 그러하다. Armbrüster, Münchener Kommentar zum BGB, 8. Auflage, 2018, § 138, Rn. 134; Palandt, Bürgerliches Gesetzbuch, 78. Aufl, 2019, § 138, Rn. 9. 다른 취지의 판결로는 BGHZ 20,71ff.
376) 김상용, 412; 김증한·김학동, 369; 송덕수, 신민법입문, 제10판, 2019, 74 등 참조. 학설 현황 일반에 대해서는 주석 민법, 채권각칙(5), 631-632(제4판/민중기).

은 "민법 § 746가 규정하는 불법원인이라 함은 그 원인되는 행위가 선량한 풍속 기타 사회질서에 위반되는 경우를 말하는 것으로서 법률의 금지에 위반하는 경우라 할지라도 그것이 선량한 풍속 기타 사회질서에 위반되지 않는 경우에는 이에 해당하지 않는다."라고 하여 다수설과 같은 태도를 취하고 있다.[377] 그 결과 제3자에게 뇌물을 전달해 달라고 교부한 금전이나 성매매를 할 사람을 고용하면서 성매매의 유인·권유·강요의 수단으로 지급한 선불금은 § 103에 위반되어 지급된 금전이므로 불법원인급여에 해당하여 반환을 청구할 수 없다.[378]

한편 민법 § 746 단서는 "불법원인이 수익자에게만 있는 때"에는 반환을 청구할 수 있다고 규정한다. 민법 § 746 단서의 문언에 따르면 불법원인이 오로지 급여자에게만 있는 때에 단서가 적용되는 것처럼 보인다. 그러나 판례와 다수설은 이른바 불법성 비교론에 따라 그 불법원인이 수익자에게만 있는 경우 외에 "수익자의 불법성이 급여자의 그것보다 현저히 커서 급여자의 반환청구를 허용하지 않는 것이 오히려 공평과 신의칙에 반하게 되는 경우"에도 급여자는 반환을 청구할 수 있다고 하여 단서의 적용 범위를 넓힌다.[379] 불법원인급여는 수익자에게 수익을 귀속시키는 한이 있어도 급여자에게 법적 보호를 제공하지 않는 방식으로 제재를 가하는 제도이므로, 어느 쪽에 급여의 이익을 귀속시킬 것인지는 양자의 보호 가치를 비교 형량하여 결정하여야 한다. 또한 공서양속의 목적이 법률행위의 당사자 일방을 보호하기 위한 것이고, 급여자가 그러한 보호 대상인 경우에는, 급여자에게 다소간의 불법원인이 있다고 하여 더 큰 불법원인을 가진 수익자를 우선적으로 보호하는 것은 타당하지 않다.

그런데 민법 § 746의 불법원인을 민법 § 103 위반 행위와 일치시키는 태도에 대해서는 의문이 있다.[380] 만약 법률에서 이를 명문으로 규정한다면 그렇게 해석하는 것이 타당하다.[381] 그런데 우리나라에는 그러한 명문 규정이 없

377) 대판 83.11.22, 83다430(공 84, 94); 대판 01.5.29, 2001다1782; 대판 03.11.27, 2003다41722 등 다수.

378) 대판 99.6.11, 99도275(공 99, 1451); 대판 04.9.3, 2004다27488, 27495(공 04, 1650).

379) 대판(전) 07.2.15, 2004다50426(공 07, 437) 등 다수.

380) 고상용, 345도 이러한 의문을 제기한다.

381) 예컨대 선량한 풍속 위반에 관한 독일민법 § 138와 선량한 풍속에 반하는 급여의 반환청구 금지에 관한 § 817는 "선량한 풍속(gute Sitten)"이라는 동일한 개념을 매개체로 서로 연결된다. 이러한 조항 구조와 문언에 따르면 공서양속 위반과 불법원인급여는 동전의 양면에 해당한다고 보기 쉽다.

다. 민법 § 103의 '선량한 풍속 기타 사회질서'와 § 746의 '불법'이 문언상 연결된다고 볼 만한 근거도 없다. 그러므로 우리나라에서 § 746의 "불법"을 공서양속 위반과 같은 의미로 이해해야 할 필연성은 없다. 오히려 § 746는 부당이득제도의 이념에 비추어 해석해야 한다. 부당이득제도는 급여자와 수령자 사이의 재화 할당의 법적 조정에 관한 제도로서 '행위의 결과'를 해결하는 문제이므로 '법률행위의 성립 및 효력'의 문제를 다루는 민법 § 103와 지나치게 결부시킬 필요는 없는 이상, 부당이득반환의 제한에 관한 불법원인급여 제도에 대해서도 부당이득법에 기초한 독자적 판단이 필요하다는 입장도 있다.[382] 이러한 생각에 따르면 민법 § 746에서의 불법은 급여자와 수익자 사이의 재화할당을 위한 조정과정에서 급여자의 반환을 인정할 수 없을 정도의 불법을 의미하게 된다.[383]

결국 민법 § 103의 공서양속 위반 여부는 민법 § 746 소정의 불법성을 판단하는 데에 가장 중요한 기준이 되겠지만, 여기에 그치지 않고 불법원인급여 제도의 특수성을 고려한 추가적인 판단이 필요하다. 그 점에서 행위가 그 성격 자체로 반도덕적·반윤리적 색채가 분명한 경우뿐만 아니라, 급부의 반환거부로 인한 현상유지가 개별법규의 입법목적에 합치되는 경우도 불법원인급여에서의 불법성에 포함시키는 견해가 타당하다.[384] 참고로 대판 17.3.15, 2013다79887, 79894은 공서양속 위반 외에도 반사회성·반윤리성·반도덕성의 현저성과 규범 목적 등 더욱 구체적인 기준을 제시함으로써[385] 불법원인급여의 범위를 더욱 엄격하게 해석하였다.[386]

[권 영 준]

---

382) 최금숙, "불법원인급여반환의 확대에 관한 고찰", 한국민법이론의 발전 Ⅱ (채권편), 1999, 950-952.

383) 최금숙(주 382), 950-952; 고상용, 347.

384) 박병대, "불법원인급여의 판단기준에 관한 구조분석", 저스 76, 2003, 97.

385) 대상판결의 주심 대법관인 박병대 대법관은 민법 § 103에만 의거하는 종래 판례의 불법원인급여의 판단기준에 관하여 "단지 겉으로만 '선량한 풍속 기타 사회질서'를 심사기준으로 내세우고 있을 뿐, 실상은 개별 사건마다 구체적 타당성과 정책적 판단을 개입시켜 재량껏 결론을 도출하고 있다고 해도 과언이 아니다."라고 지적한 바 있다. 박병대(주 384), 79. 그 외에 추신영, "불법원인급여에 대한 비판적 검토", 경희법학 50-4, 2015, 306도 참조.

386) 이에 관하여는 권영준, 민법판례연구 Ⅰ, 2019, 273-279 참조.

第 104 條(不公正한 法律行爲)

當事者의 窮迫, 輕率 또는 無經驗으로 因하여 顯著하게 公正을 잃은 法律行爲는 無效로 한다.

차 례

Ⅰ. 서 론

1. 민법 제104조의 의미

민법 § 104는 "당사자의 궁박, 경솔 또는 무경험으로 인하여 현저하게 공정을 잃은 법률행위는 무효로 한다."라고 규정한다. 이 조항은 사회적·경제적으로 우월한 지위에 있는 자가 약자의 궁박, 경솔 또는 무경험을 이용하여 폭리를 취하는 행위를 규제하기 위해 마련된 것이다.[1)]

민법은 사적 자치를 원칙으로 한다.[2)] 사적 자치 원칙 아래에서 당사자는 자유롭게 계약을 체결할 수 있고(자기결정), 자신이 체결한 계약에 법적으로 구속된

1) 대판 99.5.28, 98다58825(공 99, 1279); 대판 02.9.4, 2000다54406(공 02, 2308); 구주해(2), 242(민일영); 주석 총칙(2), 445(제4판/윤진수·이동진); 김주수·김상용, 민법총칙, 제7판, 2013, 330.
2) 대판(전) 07.11.22, 2002두8626(공 05하, 1940).

다(자기책임).[3] 이러한 계약 자유의 원칙은 당사자가 '충분한 정보에 기초하여 합리적이고 자유로운 의사결정에 따라 계약을 체결할 수 있다'는 다음과 같은 전제 위에 서 있다.[4] 첫째, 당사자는 당사자가 계약 체결에 필요한 정보를 취득할 수 있는 상황에 있다. 둘째, 당사자는 그 정보를 인지하고 그 기초 위에서 유·불리를 판단하여 계약을 체결할 수 있는 능력을 가지고 있다. 셋째, 당사자들 사이의 협상력에 현저한 격차가 존재하지 않는다. 이러한 전제가 강화될수록 계약 자유 원칙의 정당성이 강화되고, 당사자가 자신이 체결한 계약에 구속되어야 할 당위성도 강화된다. 반면 이러한 전제가 약화될수록 계약 자유 원칙의 정당성이 약화되고, 당사자가 자신이 체결한 계약에 구속되어야 할 당위성도 약화된다.

그런데 실제로는 위와 같은 전제가 충족되지 않는 경우도 많다. 그 결과 한 당사자에게는 유리하고 다른 당사자에게는 불리한 모습으로 불공정한 계약관계가 형성되기도 한다. 이른바 '갑을관계'가 계약관계에도 그대로 나타나는 셈이다. 그런데 민법은 '갑을관계'를 전제로 만들어진 법이 아니다. 합리적이고 대등한 당사자를 전제로 하는 사적 자치를 대원칙으로 삼아 만들어진 법이다. 그러므로 민법은 불공정한 계약관계에 대한 규율을 전면에 내세우지는 않는다. 반면 민법 §104는 불공정한 계약관계에 대한 가장 일반적인 규율을 제공하는 조항이다. 그러한 점에서 민법 §104는 민법 전체의 지형에서 독특한 위치를 차지한다. 사적 자치의 원칙, 계약 자유의 원칙을 뒷받침하는 전제가 언제나 충족되기는 어려운 현실에서, 민법 §104는 사적 자치의 원칙 내지 계약 자유의 원칙을 수정하는 역할을 수행한다. 이 점에서 민법 §104는 민법 §103와 더불어 사회정의, 실질적 평등을 구현한다는 목적에 봉사하는 매우 중요한 조항이다.[5]

민법 §104의 실제 역할과 중요성은 이 조항이 적용되는 사회의 경제적 현실이나 거래 관행에 따라 달라질 수 있다. 가령 불공정한 계약 문제가 빈번하게 발생하고 이를 바로잡을 수 있는 다른 법적 도구가 존재하지 않는 상황에서는 민법 §104의 역할과 중요성이 한층 더 강조될 것이다. 반대로 불공정한 계약 문제가 그다지 빈번하게 발생하지 않는 상황, 또는 특별법을 통한 규

3) 같은 맥락에서 헌법재판소는 사적 자치의 원칙을 "인간의 자기결정 및 자기책임의 원칙에서 유래된 기본원칙"이라고 표현한다. 헌재 01.5.31, 99헌가18 등(헌집 13-1, 1017).

4) 권영준, "계약법의 사상적 기초와 그 시사점—자율과 후견의 관점에서—", 저스 124, 2011, 174.

5) 구주해(2), 242(민일영).

율, 행정부처의 적극적 개입 등 이를 바로잡을 수 있는 다른 법적 도구가 충분히 마련되어 있는 상황에서는 민법 § 104의 역할과 중요성이 줄어들 수 있다.

한편 § 104를 통한 불공정한 계약관계의 규율 범위는 § 104의 적용 요건의 엄격성을 어떻게 설정하느냐에 따라 넓어지거나 좁아질 수 있다. 그런데 민법 § 104는 폭리행위라는 요건 외에도 '궁박, 경솔 또는 무경험이라는 요건'을 요구한다. 이에 더하여 판례는 폭리행위의 악의, 즉 '피해 당사자 측의 사정을 알면서 이를 이용하려는 의사'라는 요건까지 요구하고 있다.[6] 아래에서 보는 민법 및 특별법의 다른 조항들과 비교하면, 민법 § 104의 적용 요건은 상당히 엄격한 편이다. 이는 민법이 대등한 당사자 사이의 계약을 전제하고 있다는 점과 관련이 있다. 규범적인 관점에서 볼 때 대등한 지위에 있는 당사자 사이에 자유롭게 체결된 계약에는 원칙적으로 효력이 부여되어야 한다. 계약에서 정한 급부와 반대급부 사이에 현저한 불균형이 있다고 하더라도, 그것만으로 그 계약을 곧바로 무효로 할 수는 없다. 대등한 당사자가 자유로운 의사에 기초하여 급부와 반대급부 사이의 현저한 불균형을 의도한 이상, 법은 그러한 당사자의 의사를 존중하여야 하기 때문이다. 계약 당사자들 사이에 비대칭적인 관계가 있다고 하여 계약을 쉽게 무효로 한다면, 계약관계의 안정성은 침해된다. 따라서 민법 § 104에서 규정하는 '궁박, 경솔 또는 무경험'이라는 요건은 당사자 사이의 비대칭성이 심대한 경우에만 비로소 법이 이에 개입할 수 있음을 표현한 것이다.[7] 나아가 판례나 학설이 § 104의 문언에 더하여 '폭리행위의 악의'를 요구하는 것에서도, 폭리행위 규율을 위하여 계약 자유의 원칙, 계약관계의 안정성을 후퇴시키는 것에는 좀 더 신중하고 엄격한 태도를 취하여야 한다는 사고방식을 발견할 수 있다.

이처럼 민법 § 104의 문언, 그에 관한 판례와 학설이 § 104의 적용 요건을 엄격하게 설정하는 이상, 민법 § 104를 통한 불공정한 계약관계의 규율 범위는 그만큼 좁아질 수밖에 없다. 그리고 민법 § 104가 적용되지 못하는 영역에서는 민법의 다른 조항들, 예컨대 유질계약을 금지하는 민법 § 339, 부당히 과다한 손해배상 예정액의 감액을 허용하는 민법 § 398, 대물반환의 예약을 제한하는 민법 §§ 607, 608, 혹은 특별법의 다른 조항들이 § 104의 공백을 메울 수

6) 대판 93.10.12, 93다19924(공 93, 3070); 대판 02.10.22, 2002다38927(공 02, 2793); 대판 08.2.1, 2005다74863; 대판 11.9.8, 2011다35722 등 다수.

7) 즉 민법 § 104는 불공정한 법률행위의 여러 유형 가운데 일정 유형만을 규율하는 조항이다. 이은영, 민법총칙, 제5판, 2009, 408.

있다. 가령 「가등기담보 등에 관한 법률」, 「약관의 규제에 관한 법률」, 「독점규제 및 공정거래에 관한 법률」, 「할부거래에 관한 법률」, 「하도급거래 공정화에 관한 법률」, 「전자상거래 등에서의 소비자보호에 관한 법률」, 「대규모유통업에서의 거래 공정화에 관한 법률」, 「대리점거래의 공정화에 관한 법률」, 「대부업의 등록 및 금융이용자 보호에 관한 법률」, 이자제한법 등이 그러한 특별법의 예이다. 실제로는 이러한 특별법들이 계약의 공정성을 구현하는 데 더욱 중요한 역할을 하고 있다.

2. 민법 제103조와의 관계

민법 § 103는 "선량한 풍속 기타 사회질서에 위반한 사항을 내용으로 하는 법률행위"는 무효로 한다고 규정할 뿐, 무엇이 공서양속에 반하는지를 구체적으로 열거하거나 한정하지 않는다. 즉 민법 § 103는 공서양속 위반에 해당하는 모든 행위에 대하여 폭넓게 적용될 수 있는 포괄적, 일반적 조항이다.[8] 그러므로 약자의 궁박, 경솔 또는 무경험을 이용하여 폭리를 취하는 행위도 넓게 보면 공서양속 위반의 일종이다. 바꾸어 말하면, 민법 § 104가 존재하지 않더라도 민법 § 103를 통해 폭리행위를 규율하는 것이 불가능하지 않다. 따라서 어떤 법률행위가 민법 § 104의 요건은 충족하지 못하지만 공서양속 위반에 해당하는 경우, 그 법률행위는 민법 § 103에 근거하여 무효로 할 수 있다.[9] 그렇다면 민법 § 104의 독자적인 의미는 무엇인가, 민법 § 103와 민법 § 104 사이의 관계는 무엇인가 하는 의문이 제기된다.

이에 대하여 다수설은, '불공정한 법률행위'를 사회질서에 반하는 법률행위의 한 유형으로 본다.[10] 판례도 민법 § 103와 § 104는 모두 공공의 질서 또는 선량한 풍속에 반하는 사항을 목적으로 하는 법률행위의 범주에 속하는 것이라고 하여 같은 입장을 취한다.[11] 반면 소수설은 § 103와 § 104가 서로 독립된

---

8) 주석 총칙(2), 447(제5판/이동진).

9) 대판 00.2.11, 99다56833(공 00, 686); 대판(전) 07.2.15, 2004다50426(공 07, 437). 또한 주석 총칙(2), 526(제5판/이동진); 구주해(2), 243(민일영); 곽윤직·김재형, 민법총칙, 제9판, 2013, 290; 김주수·김상용, 331; 송덕수, 민법총칙, 제4판, 2018, 213; 양창수·김재형, 계약법—민법 Ⅰ, 제2판, 2015, 674; 이은영, 408.

10) 주석 총칙(2), 507(제5판/이동진); 구주해(2), 243(민일영); 곽윤직·김재형, 290; 김민중, 민법총칙, 2014, 305; 김상용, 민법총칙, 제2판, 2013, 419; 송덕수, 213; 이영준, 민법총칙, 2005, 235; 박종원, "불공정한 법률행위에 관한 연구—부동산매매계약에 관한 판례를 중심으로—", 법학연구 28, 2007, 97.

11) 대판 65.11.23, 65사28.

별개의 규정이라고 이해한다.[12)] §103와 §104의 관계에 대한 견해 차이는 불법원인급여의 맥락에서도 나타난다. 그 타당성에 의문이 있기는 하나 판례와 다수설에 따르면, 민법 §746에서 말하는 '불법'은 곧 §103 위반을 의미한다. §104를 §103의 불과하다고 보는 다수설의 입장에 서면, §104 위반도 불법원인급여에 해당하게 된다. 반면 §104를 §103와 구별되는 독자적인 조항이라고 이해하는 소수설의 입장에 서면, 민법 §104 위반은 불법원인급여에 해당하지 않는다고 볼 여지가 있다.[13)]

연혁적으로나 비교법적으로 볼 때, 불공정한 법률행위는 공서양속에 반하는 법률행위의 하나라고 보는 것이 타당하다. 의용민법 §90는 불공정한 법률행위를 포함하여 공서양속에 반하는 법률행위를 널리 규율하는 조항이었고, 현행민법 §103는 의용민법 §90의 내용을 그대로 이어받은 것이다. 현행민법 §104에 가장 큰 영향을 미친 독일민법 §138는 이러한 관계를 명시적으로 나타내고 있다. §138는 Ⅰ에서 선량한 풍속에 반하는 법률행위의 무효를 선언하는 한편, Ⅱ에서 그 예시로서 타인의 궁박, 무경험, 판단능력의 결여 또는 현저한 의지박약을 이용하여 이루어진 현저히 불균형한 법률행위를 무효로 한다고 규정한다. 즉 폭리행위는 반사회적 행위의 특수 사례군이다.[14)]

하지만 우리 민법이 불공정한 법률행위를 별도의 조항으로 규율하고 있는 이상, §104가 전혀 독자적인 의미를 가지지 않는다고 보기는 어렵다. 따라서 우리 민법 아래에서는 불공정한 법률행위를 공서양속에 반하는 법률행위의 한 유형으로 보되, 불공정한 법률행위인지를 판단할 때에는 §104에 규정된 요건만을 판단의 기초로 삼는 것이 타당하다.[15)] 그러므로 민법 §104 위반 주장에 민법 §103 위반 주장이 반드시 포함된다고는 할 수 없고, 또 당사자가 민법 §104 위반만을 주장하는 사건에서 법원이 민법 §103 위반 여부를 판단하지 않는다고 하여 판단 유탈이 되는 것은 아니다. 판례는 불공정한 법률행위로서 무효라는 주장 안에 반사회적 법률행위로서 무효라는 주장이 포함되어 있는지의 여부를 석명하지 않았다고 하여 석명의무 위반이 되는 것은 아니라고 한

12) 고상용, 민법총칙, 제3판, 2003, 350; 김증한·김학동, 민법총칙, 제10판, 2013, 380; 김학동, "악의는 불공정행위의 요건인가?", 고려법학 49, 2007, 673.

13) 고상용, 358-359.

14) 가령 Wolf/Neuner, Allgemeiner Teil des Bürgerlichen Rechts, 11. Auflage, 2016, S. 564.

15) 독일민법에 관한 같은 취지의 설명으로 Wolf/Neuner, Allgemeiner Teil des Bürgerlichen Rechts, 11. Auflage, 2016, S. 564.

다.[16] 또한 민법 §104가 민법 §103의 예시적 조항이라고 하여 민법 §104의 요건 외에 반사회성이라는 요건이 별도로 요구되는 것은 아니다. 민법 §104의 요건들은 불공정한 법률행위라는 공서양속 위반행위의 특수한 유형에서 나타나는 반사회성에 관한 판단을 내포하고 있기 때문이다.[17] 물론 민법 §104가 설정한 각각의 요건들을 판단하는 과정에서는 반사회성이라는 기본 이념을 고려할 수 있고, 또 고려함이 마땅하다. 급부 간 현저한 불균형 요건을 판단할 때 선량한 풍속 기타 사회질서를 추상적 표준으로 삼아야 한다고 보는 견해도 같은 맥락에서 이해될 수 있다.[18]

3. 적용 범위

민법 §104는 법률행위에 대하여 적용된다.[19] 한편 민법 §104는 법률행위에 따른 급부 사이의 현저한 불균형을 요건으로 한다. 이러한 급부는 서로 교환적·조건적 관계에 있는 복수의 급부를 말한다. 따라서 민법 §104는 쌍방의 급부가 교환적으로 이루어지는 유상행위에 적용된다.[20] 증여,[21] 사용대차, 무이자 소비대차, 유증과 같은 무상행위에는 민법 §104가 적용되지 않는다.[22] 판례도 마찬가지 입장을 취하는 것으로 보인다.[23] 경솔 또는 무경험에 의한 무상행위를 되돌이키는 것은 증여계약의 해제(§§555 내지 558) 등 별도의 메커니즘으로 해결할 문제이다. 다만 부담부 증여, 부담부 유증에는 이러한 교환적·조건적 관계가 부분적으로나마 존재하므로 민법 §104가 적용될 수 있다.[24]

그런데 당사자의 어떤 행위가 엄밀한 의미에서는 대가적인 재산상 이익 즉 반대급부에 해당하지 않지만, 실질적으로는 반대급부로서 기능하는 경우가

16) 대판 97.3.25, 96다47951(공 97, 1179).
17) 구주해(2), 243(민일영).
18) 곽윤직·김재형, 290; 김주수·김상용, 331.
19) 주석 총칙(2), 508(제5판/이동진).
20) 학설상으로는 §104의 문언이 단지 '현저하게 공정을 잃은 법률행위'라고만 정하고 있으므로, 판례와 같이 반드시 대가적 의미의 재산관계의 출연을 요구할 것은 아니라는 견해도 있다. 예컨대 곽윤직·김재형, 292; 김민중, 305; 김증한·김학동, 382-383; 이영준, 236; 이은영, 410.
21) 대판 93.3.23, 92다52238(공 93, 1279); 대판 93.10.26, 93다6409(공 93하, 958); 대판 00.2.11, 99다56833(공 00, 686).
22) 지원림, 민법강의 제16판, 2018(이하 '지원림'), 205-206. 반대설로는 곽윤직·김재형, 292.
23) 대판 93.3.23, 92다52238(공 93, 1279); 대판 97.3.11, 96다49650(공 97, 1064); 대판 00.2.11, 99다56833(공 00, 686).
24) 곽윤직·김재형, 292; 김상용, 421.

있을 수 있다. 가령 대법원은 금전을 지급받는 대신 행정기관에 대한 진정을 취하하기로 한 사안에서, 진정 취하는 국민으로서 가지는 청원권의 행사 및 그 철회에 해당하여 성질상 대가적인 재산상 이익으로 평가될 수 있는 것이 아니므로 금전지급을 위한 법률행위는 무상행위에 해당하여 민법 §104가 적용되지 않는다고 하였다.[25] 그러나 진정 취하라는 행위도 반대급부에 해당할 수 있고, 그 행위에 재산적 가치가 없다고도 할 수 없다.[26] 피고의 입장에서 원고의 진정 취하는 실질적으로 반대급부와 같이 기능하였을 것이다. 이러한 경우에 민법 §104를 적용하지 않는 것이 타당한가 하는 의문이 든다.[27] 물론 위 판결에서 대법원은 민법 §104가 아닌 §103를 적용함으로써 결과적으로 위와 같은 법률행위는 무효라고 선언하였다.

한편 민법 §104의 적용 대상인 '법률행위'는 재산법상 법률행위로 제한되지 않는다. 재산분할계약과 같은 친족법상 법률행위, 상속재산 분할계약과 같은 상속법상 법률행위에도 §104가 적용될 수 있다.[28] 사용자와 노동조합 사이의 단체협약에 대하여 §104의 적용 가능성을 인정한 판결도 발견된다.[29] 국가나 공공기관이 사경제 주체로서 상대방과 대등한 지위에서 체결하는 사법상 계약은 본질적으로 사인 간의 계약과 다르지 않으므로, 여기에는 민법 §104가 적용될 수 있다.[30] 공법상 계약에는 민법 §104가 직접 적용되지 않으나, 유추 적용될 여지는 있다. 경매는 사법상 매매의 속성을 가지기는 하나 공적 주체인 집행기관이 관여하는 가운데 이루어지는 특수한 절차이므로 민법 §104가 적용되지 않는다.[31]

---

25) 대판 00.2.11, 99다56833(공 00, 686).

26) 위 판결의 사안에서 원고는 행정기관에 '피고가 공사도급 한도액을 초과하여 공사를 수급하였으니 조치하여 달라'는 취지의 진정서를 제출하였다. 원고의 진정으로 인하여 피고는 벌금이나 과징금을 부과받고 영업정지에 처해질 수도 있는 상황이었고, 나아가 위 공사가 중단될 경우 피고는 물론 도급인 역시 적지 않은 재정적 피해를 입을 것으로 예상되었다. 이러한 사실관계에 비추어, 원고의 진정 취하 행위를 대가적인 재산상 이익으로 평가할 여지도 충분하다고 생각된다.

27) 대판 99.5.28, 98다58825(공 99하, 85)에서는 턱없이 적은 금액으로 부제소합의를 한 경우에 민법 §104를 적용하였다. 이때 소를 제기하지 않기로 약속하는 것도 반대급부에 해당한다. 진정 취하에 대해서도 마찬가지로 볼 수 있다.

28) 주석 총칙(2), 509(제5판/이동진); 이은영, 411.

29) 대판 07.12.14, 2007다18584(공 08상, 39).

30) 물론 그 경우에도 민법 §104보다는 「국가를 당사자로 하는 계약에 관한 법률」, 「지방자치단체를 당사자로 하는 계약에 관한 법률」 등의 규정이 적용되는 경우가 많을 것이다.

31) 대판 80.3.21, 80마77(공 80, 12735); 대결 67.1.16, 66마1189. 또한 구주해(2), 242(민일영).

단체의 의사결정에 관하여는 성질상 § 104가 적용되지 않는다는 견해[32]와 그 의사결정의 결과가 현저하게 불공정하다면 § 104가 적용될 수 있다는 견해[33]가 대립한다. 판례는 어업권 소멸로 인한 손실보상금 분배에 관한 어촌계 총회의 결의가 현저하게 불공정한 경우,[34] 종중재산의 분배에 관한 종중총회의 결의 내용이 현저하게 불공정한 경우[35]에 그 결의는 무효라고 보았다. 이는 민법 § 104에 기초한 판례라고 볼 여지도 있다.[36] 그러나 이러한 단체의 의사결정에는 민법 § 104의 요건, 즉 급부와 반대급부 간의 현저한 불균형, 궁박, 경솔 또는 무경험 등이 적용되기 어렵다. 그러므로 위 판례들은 민법 § 103를 적용하여 위와 같은 결론에 이른 것으로 이해해야 한다.

Ⅱ. 연 혁

1. 로마법 이후 서구권 법계

민법 § 104가 담고 있는 불공정한 법률행위 법리의 역사적 뿌리는 로마법으로 거슬러 올라간다. 원래 로마에서는 사기(dolus)나 강박(metus)에 해당하지 않는 한 자신의 거래수완을 발휘하여 어리석은 상대방으로부터 큰 이익을 취득하는 것은 문제가 되지 않았다.[37] 그러나 통화 팽창으로 인한 금전 가치의 하락과 잦은 이농, 세금 부담 증가 등의 사회적 배경 아래 디오클레티아누스(Diocletianus) 황제의 칙령과 같이 국가의 가격개입이 이루어졌고,[38] 유스티니아누스 법전에는 폭리 규제의 문제를 다룬 '막대한 손해(laesio enormis)'의 규정을 두게 되었다.[39] 이 법리에 의하면 급부와 반대급부 사이의 객관적 가치가 현저하게 균형을 잃은 경우 계약에 따른 이행청구는 강제할 수 없도록 되어

32) 주석 총칙(2), 510(제5판/이동진).
33) 곽윤직·김재형, 291; 이영준, 236.
34) 대판 97.10.28, 97다27619(공 97, 3629); 대판 03.6.27, 2002다68034(공 03, 1607).
35) 대판 17.10.26, 2017다231249(공 17하, 2177).
36) 실제로 대법원 종합법률정보나 법고을에서는 민법 § 104를 참조조문으로 기재하고 있다.
37) 성준호·정상현, "공정성 보장에 관한 연혁적 검토—로마법과 교회법상의 폭리규제를 중심으로—", 성균관법학 19-3, 2007, 608-609; Nils Jansen & Reinhard Zimmermann/Sebastian Lohsse, Commentaries on European Contract Law, 2018, 702.
38) 성준호·정상현(주 37), 612.
39) 성준호·정상현(주 37), 616-617; von Mehren, A.T., The Civil Law System (Englewood; Prentice Hall, 1957), p. 529.

있었다.[40] 한편 이자에 관한 규율은 이미 B.C 5세기의 12표법(lex duodecim tabularum)에 의하여 이루어지기 시작하였다.[41] 12표법은 최고이율을 월 12분의 1로 하였고, 공화정 말기에 이르러 이율이 높아지자 최고이율을 월 100분의 1로 낮추었으나 실제로는 잘 준수되지 않았다고 한다.[42]

교회법에서는 '정당한 가격'(Iustium pretium) 개념을 통하여 공정한 가치교환의 문제를 해결하고자 하였다.[43] 로마법의 '막대한 손해' 법리가 부동산매매계약을 주된 규율 대상으로 삼았던 것과 달리, 교회법 아래에서는 식료품매매계약 등 다른 매매계약도 규율대상에 포함되었다.[44] 로마법과 교회법을 거친 이러한 생각의 흐름은 독일, 오스트리아, 프랑스 등 유럽의 여러 나라들의 사법(私法)상 법리 형성에 영향을 미쳤다.[45] 가령 독일에서는 15세기 말부터 '막대한 손해' 법리가 보통법으로 적용되기 시작하였다.[46] 로마법과 교회법에서는 급부와 반대급부 사이의 객관적인 불균형만을 문제삼고 상대방의 궁박, 경솔 또는 무경험, 표의자의 이용 의사와 같은 주관적인 사정은 고려하지 않았으나,[47] 유럽의 여러 나라들에 위 법리가 정착하는 과정에서 주관적인 사정까지 고려하는 경향이 나타났다.

2. 우리 민법

의용민법에는 현행 민법 §104와 같은 규정이 없었다. 이는 현행 일본민법도 마찬가지이다. 그러나 조선고등법원은 공서양속 조항인 의용민법 §90[48]를 통하여 부당한 폭리행위를 규율하였다. 부당한 폭리행위에 관한 조선고등법원

---

40) 성준호, "민법 제104조 불공정한 법률행위에 대한 관한 연구—주관적 요건론을 중심으로—", 민학 55, 2011, 49. 구체적으로는 정상 가격의 1/2에 미치지 못하는 가격으로 매도한 경우 그 매도인은 매매 취소 또는 차액상환의 방식으로 구제될 수 있었다고 한다. von Mehren, A.T., The Civil Law System (Englewood; Prentice Hall, 1957), p. 529.

41) 성준호 · 정상현(주 37), 610.

42) 구주해(2), 242(민일영); 성준호 · 정상현(주 37), 610.

43) 성준호 · 정상현(주 37), 606, 618 이하; 현승종 · 조규창, 로마법, 2004, 737-738.

44) 김학동(주 12), 666.

45) 이에 관한 상세한 내용은 성준호(주 40), 460-462; 김재형 역, 유럽계약법원칙 제1 · 2부, 2013, 402; 이기용, "민법 제104조의 「궁박, 경솔 또는 무경험」", 비교 8-1, 2001, 2 참조.

46) 성준호(주 40), 460.

47) 주석 총칙(2), 506(제5판/이동진).

48) 의용민법 §90는 "공공의 질서 또는 선량한 풍속에 위반하는 사항을 목적으로 하는 법률행위는 무효로 한다."라고 규정하고 있었다.

의 관련 판례들은 다음과 같다.[49)]

– 이른바 유저당(流抵當) 계약에서 채무 이행을 대신하여 급부할 것을 약속한 물건 또는 권리의 가액이 채무액을 초과하여 현저하게 불균형한 경우에 그 계약이 채무자 그 외 사람의 경솔(輕卒) 무경험 또는 급박하게 곤궁한 것으로 귀결될 때에는 이를 공서(公序) 양속에 반하는 것으로 하여 무효로 할 수 있다.[50)]

– 대금(代金) 2만 5천원으로 매매되었던 광업출원권이 후일 대금(代金) 15만원으로 재매각되었다고 하여 전 매매의 대금(代金)을 그 목적물의 가격에 비해 현저히 적은 것으로 속단할 수 없고 공히 또는 각각으로부터 곧바로 매주(賣主)가 매주(買主)의 경솔 무경험에 편승하여 계약을 체결하려 한 것으로 추측하고 단정할 수 없다.[51)]

– 매매에서 대금(代金)의 액수가 목적물건의 가액에 비하여 저렴하여 현저하게 불균형한 경우에는 그 계약이 매주(賣主)의 경솔 무경험 또는 급박한 곤궁을 편승하여 허락한 것이 될 때는 공서양속(公序良俗)에 반하는 것으로써 이를 무효로 할 수 있을 것이다.[52)]

이처럼 공서양속 조항을 통하여 폭리를 규제하는 태도는 당시 일본의 학설과 판례의 태도이기도 하였다.[53)] 이러한 태도는 해방 이후 현행 민법 제정 전의 판례와 학설에서도 유지되었다.[54)]

대한민국 정부 수립 후, 정부는 1948년 9월 15일 『법전편찬위원회직제』(대통령령 (iv))를 공포하였다. 『법전편찬위원회직제』에 의하여 구성된 법전편찬위원회는 112개 항목에 걸쳐 민법전편찬요강을 작성하였다. 그중에는 "타인의 궁박, 경솔, 무경험을 이용한 폭리행위는 취소할 수 있도록 할 것"이라는 항목이 포함되어 있었다. 이러한 민법전편찬요강에 기초하여, 정부의 법전편찬위원회는 민법원안 § 99에 "당사자의 궁박, 경솔 또는 무경험으로 인하여 현저하게 공정을 잃은 법률행위는 무효로 한다."라는 규정을 신설하였다. 불공정한 법률행위에 관한 명문 규정이 없던 의용민법 아래에서 판례와 학설을 통하여 인정되어 온 내용을 조문화하여 신설한 것이다. 민법전편찬요강에 따르면 불공정한 법률행위는 취소사유에 불과하였으나, 민법원안은 당시 판례와 학설에 따라 이

49) 이하 판결요지는 법원도서관 웹사이트(library.scourt.go.kr)에서 제공하는 조선고등법원 판결록의 번역에 따른 것이다.

50) 조선고등법원 1925(大正 14).12.15, 大井4년 민상제423호 판결.

51) 조선고등법원 1942(昭和 17).3.27, 昭和16년 민상제591, 592호 판결.

52) 조선고등법원 1928(昭和 3).11.17, 昭和3년 민상제372호 판결.

53) 我妻 榮 저/안이준 역, 민법총칙, 1957, 246; 명순구, 실록 대한민국 민법 1, 2008, 308-309 등 참조. 일본에서는 이러한 태도가 현재까지 유지되고 있다.

54) 대판 69.1.21, 68다1889(집 17-1, 49). 또한 민사법연구회, 민법안의견서, 1957, 49(이병호); 김증한·안이준, 신민법총칙, 1958, 286; 김기선, 신민법총칙, 1958, 157 등 참조.

를 무효사유로 규정하였다. 국회 법제사법위원회 민법안심의소위원회의 심의 과정에서는 '공정(公正)'이라는 용어보다 '권형(權衡)'이라는 용어가 적합하다는 의견이 있었으나, 원안대로 통과되었다.[55] 학계에서도 이러한 조항의 신설에 찬성하였다.[56] 이어 국회 본회의에서도 원안대로 가결되었다. 독일민법 §138 후단, 스위스채무법 §21,[57] 중국민법 §74[58]가 참조 입법례로 열거되었는데, 그중 독일민법이 가장 유사한 입법례로 되어 있다.[59] 다만 독일민법이나 스위스채무법과는 달리 우리 민법 §104에서는 폭리자의 이용 의도를 명시적으로 요구하지 않고 있다.

그 뒤 민법 §104는 한 차례도 개정되지 않았다. 다만 다음과 같은 개정 논의가 이루어지기는 하였다. 법무부는 1999년 2월에 민법개정특별분과위원회를 구성하여 민법 재산편에 관한 개정안을 마련하였고, 이를 2004년 10월 21일 제17대 국회에 제출하였다. 2004년 민법 개정안에는 민법 §104도 포함되어 있었다. "궁박, 경솔 또는 무경험" 중 "경솔"에 대해서는 스스로 주의를 하지 않은 경우까지 법률적으로 보호할 가치가 있는지 의문이므로 이를 삭제해야 한다는 개정 제안이 있었고, 이에 따라 독일민법 §138 Ⅱ의 표현을 참조하여 "경솔"을 "판단력의 부족"으로 고쳤던 것이다. 그러나 이를 포함한 민법 개정안은 국회에서 방치되다가 제17대 국회 임기 만료로 폐기되었다.

Ⅲ. 요　　건

1. 개　　관

일반적으로 민법 §104는 불공정한 법률행위를 규율하기 위한 조항이라고

55) 민의원 법제사법위원회 민법안심의소위원회, 민법안심의록(상), 1957, 70-71.

56) 민사법연구회, 민법안의견서, 1957, 49(이병호).

57) 스위스채무법 §21는 다음과 같다. "당사자의 일방이 상대방의 궁박, 무경험 또는 경솔을 이용하여 체결한 계약에 의하여 급부와 반대급부 사이에 명백한 불균형이 발생한 때에는 피해자는 1년의 기간 내에 계약무효의 의사표시를 할 수 있고, 이미 이행한 것의 반환을 청구할 수 있다."

58) 중화민국민법 §74는 다음과 같다. "타인의 급박, 경솔 또는 무경험을 이용하여 그로 하여금 재산상의 급부 또는 급부의 약정을 하게 한 법률행위로서 당시에 사정에 비추어 현저히 공정을 잃은 것은 이해관계인의 신청에 의하여 법원이 이를 취소하거나 급부를 감액할 수 있다."

59) 민의원 법제사법위원회 민법안심의소위원회, 민법안심의록(상), 1957, 70.

이해된다. 하지만 법률행위의 불공정성만으로 그 법률행위를 무효로 할 수 있는 것은 아니다. 그 외에도 당사자의 궁박, 경솔 또는 무경험이 존재하여야 하고, 상대방이 이를 이용하였어야만 한다. 따라서 민법 §104는 폭리행위 전체를 포괄적으로 규율하기 위한 조항이라기보다는 일방 당사자의 취약한 지위를 이용한 폭리행위만을 규율하기 위한 조항이다. 여기에 해당하지 않는 불공정 행위 내지 폭리행위는 민법 §103를 비롯한 다른 법률 규정에 의하여 규율된다.[60] 예컨대 지나친 고율의 이자 약정은 전형적인 불공정 행위 내지 폭리행위이지만, 이러한 이자 약정이 채무자의 궁박, 경솔 또는 무경험 상태를 이용하여 체결된 것이 아니라면 민법 §104가 아닌 민법 §103 또는 이자제한법이 적용된다.[61]

한편 민법 §104의 요건들은 상관적인 관계에 있다.[62] 즉 급부와 반대급부 사이의 불균형이 매우 현저하고 심대한 경우에는 궁박, 경솔 또는 무경험, 상대방의 이용의사가 다소 약하더라도 민법 §104가 적용될 수 있다. 반대로 급부와 반대급부 사이의 불균형이 다소 약한 경우에는 궁박, 경솔 또는 무경험, 상대방의 이용의사 요건을 더욱 엄격하게 판단하여 민법 §104의 적용 여부를 결정하여야 한다. 요컨대 민법 §104의 요건들은 서로 단절되어 있다기보다, 유기적으로 연결되어 있다고 볼 수 있다. 따라서 민법 §104 위반이 문제된 사례들을 탐구할 때에는 이 점을 유념할 필요가 있다.

2. 급부와 반대급부 사이의 현저한 불균형

급부와 반대급부 사이에 현저한 불균형이 있어야 한다. 이는 나중에 살펴보게 되는 궁박, 경솔, 무경험, 이용 의사 등과 같은 당사자의 주관적 사정과 무관한 요건이므로 객관적 요건이라고 표현할 수 있다. 또한 급부와 반대급부 사이의 현저한 불균형은 법률행위의 실체 내지 내용에 초점을 맞춘 요건이라고도 볼 수 있다.[63]

(1) 불균형 여부의 판단 대상

민법 §104는 "불공정한 법률행위"라는 표제 아래 "당사자의 궁박, 경솔 또는 무경험으로 인하여 현저하게 공정을 잃은 법률행위는 무효로 한다."라고

60) 주석 총칙(2), 509(제5판/이동진).
61) 대판(전) 07.2.15, 2004다50426(공 07, 437) 참조.
62) 곽윤직 · 김재형, 290.
63) 곽윤직 · 김재형, 289.

규정하고 있다. 즉 불공정성 여부의 판단대상이 되는 것은 "법률행위"이고, 여기에서의 법률행위는 일체로 파악될 수 있는 거래 행위 전체를 의미한다.[64] 그러므로 과다한 위약벌 조항, 일방 당사자의 계약 해제권을 부당하게 제한하는 조항과 같이 계약의 일부 조항의 불공정성만이 문제되는 경우에는 민법 § 104가 아니라 § 103가 적용된다.[65]

계약의 불공정성을 판단할 때에는 계약의 일부 조항만을 가지고 일방 당사자의 유·불리를 단정지어서는 안 되고, 계약 전체를 조망하여 불균형 여부를 가려내어야 한다. 가령 A와 B가 계약을 체결하면서 A에게만 계약해지권이 주어지고, B에 대해서만 의무 위반에 대한 손해배상책임과 위약벌이 규정되어 있는 등 일부 조항에 따르면 A에게 현저히 유리한 계약인 것처럼 보이더라도 A가 B에게 그 당시 보유하고 있는 특허기술뿐만 아니라 향후 추가로 출원·등록할 특허기술도 실시할 수 있는 권한을 부여한 사정 등이 있다면, 거래 전체의 관점에서는 A의 이익에 현저히 경도된 불균형 상태가 존재한다고 보기 어렵다.[66] 또한 판례는, 부실기업 인수를 위한 주식 매매계약을 체결하면서 그 주식 가격을 장외 주식거래에서 형성된 가격과 달리 주식 1주당 1원으로 정한 경우, 그 부실기업 주식 1주의 객관적 가치가 부(負)이고 매수인이 그 주식 매수로 인하여 부채까지 부담하게 되었다면 대가의 현저한 불균형이 없다고 한다.[67]

여러 개의 개별 약정을 통하여 이루어지는 거래의 경우에는 각각의 개별 약정을 기준으로 불공정성을 판단할 것이 아니라, 일체로 파악될 수 있는 거래 행위 전체를 기준으로 불공정성을 판단하여야 한다. 판결 중에는 원고들이 보유한 회사 주식 전부와 그에 따른 경영권 등을 피고 회사에게 양도하는 거래가 기업인수계약서와 거래약정서의 두 가지 서면으로 나누어 이루어졌다면, 위 두 가지 계약을 각각 별개의 법률행위로 볼 것이 아니라 전체로서 하나의

64) 송덕수, 214.

65) 주석 총칙(2), 509(제5판/이동진). 반면 양창수·김재형, 492는 위약벌 조항에 대한 § 104의 적용을 긍정한다. 과다한 위약벌 조항에 대하여 § 103를 적용한 판결로는 대판 93.3.23, 92다46905(공 93, 1272); 대판 02.4.23, 2000다56976(공 02, 1213); 대판 15.12.10, 2014다14511(공 16상, 116) 등.

66) 대판 14.11.13, 2012다42666, 42673(공 14하, 2323)의 사안 참조. 다만 이 판결에서는 민법 § 103 위반과 관련하여 위와 같은 사정들을 다루었고, 민법 § 103에 위반하지 않는다고 판단하였다.

67) 대판 96.4.26, 94다34432(공 96, 1667).

주식양도거래가 이루어진 것으로 보아 그 급부와 반대급부 사이의 불균형 여부를 판단하여야 한다고 본 것이 있다.[68]

(2) 불균형의 현저성

급부와 반대 급부 사이의 불균형이 현저하여야 한다. 즉 민법 §104는 계약관계의 등가성이 현저하게 해쳐진 경우를 상정한 조항이다.[69] 이러한 전제 위에 서는 이상 증여처럼 계약관계의 등가성 자체가 문제되지 않는 계약 유형에서는 민법 §104가 적용될 여지가 없다. 급부와 반대 급부가 몇 배 이상 차이가 나면 자동적으로 현저한 불균형 요건이 충족된다는 등의 산술적 공식은 존재하지 않는다.[70] 현저한 불균형이 있는지 여부는 구체적·개별적 사안에 있어서 일반인의 사회통념에 따라 결정하여야 하고, 그 판단에 있어서는 피해 당사자의 궁박·경솔·무경험의 정도가 아울러 고려되어야 하며, 당사자의 주관적 가치가 아닌 거래상의 객관적 가치에 의하여야 한다.[71]

물론 현저한 불균형 요건의 판단에 관한 판례의 경향성은 추출해 볼 수 있다. 매매계약에서는 시가의 2.5분의 1 내지 5분의 1에 매매된 경우,[72] 시가가 127,000원 상당인 토지를 6,000원의 대금을 받고 매도한 경우,[73] 시가의 8분의 1에 매매된 경우,[74] 감정평가액 5,143만 원의 부동산을 1,500만 원으로 매도한 경우[75] 등에서 현저한 불균형이 인정되었다. 시가의 2분의 1 정도인 경우에는 현저한 불균형을 긍정한 예[76]와 부정한 예[77]가 모두 발견된다. 한편 손해배상에 관한 합의에서는 본래 받을 수 있는 액수의 8분의 1밖에 되지 않는 합의금을 받기로 하고 합의서를 작성한 경우,[78] 3분의 1만 지급받기로 한 경우[79]에 현저한 불균형이 존재한다고 보았다. 그 외에 2배보다 조금 더 높은

68) 대판 13.9.26, 2010다42075(공 13하, 1873).
69) 대판 00.2.11, 99다56833(공 00, 686) 참조.
70) 곽윤직·김재형, 290; 김주수·김상용, 331; 김증한·김학동, 382; 양창수·김재형, 675; 이영준, 237; 김민중, "고령·문맹인 자와 체결한 매매계약의 유효 여부", 사행 33-9, 1992, 70.
71) 대판 10.7.15, 2009다50308(공 10하, 1566). 또한 곽윤직·김재형, 290; 송덕수, 215; 이은영, 409.
72) 대판 55.7.7, 4288민상66(집 2-5, 18).
73) 대판 70.11.24, 70다2065(집 18-3, 304).
74) 대판 77.12.13, 76다2179(공 78, 10529).
75) 대판 92.2.25, 91다40351(공 92, 1144).
76) 대판 64.12.29, 64다1188.
77) 대판 84.4.10, 81다239(공 84, 878); 대판 91.11.12, 91다10732(공 92, 89).
78) 대판 79.4.10, 78다2457(공 79, 11905).
79) 대판 81.12.22, 81다967.

치료비를 받은 것만으로는 현저한 불균형을 인정할 수 없다고 한 사례도 있다.[80] 이러한 판례의 흐름을 검토하면 대체로 급부와 반대급부 사이에 2배 정도의 차이가 날 때 비로소 현저한 불균형 여부가 문제되고, 다른 사정에 비추어 때로는 현저한 불균형이 긍정되기도 하고 부정되기도 하는 것으로 보인다.[81] 이러한 경향성은 문자 그대로 경향성일 뿐 절대적 기준이 될 수 없음은 물론이다. 또한 현저한 불균형 여부에 대한 판단의 엄격함은 아래에서 살펴 볼 궁박, 경솔 또는 무경험이나 이러한 상태를 이용하려는 의사의 정도와 모습에 영향을 받을 수 있다.[82]

어떤 법률행위를 행한 이후 그 법률행위의 내용을 변경한 경우(예컨대 매매대금을 인하한 경우) 불균형이 현저한지 여부는 그 변경된 법률행위 전체에서의 급부와 반대급부를 기준으로 판단해야 한다. 예컨대 매매대금을 10억 원으로 정하는 계약을 체결하였다가, 나중에 그 매매대금을 7억 원으로 인하하는 내용으로 변경한 경우 그 불균형의 현저성은 매매대금 7억 원과 이에 대한 반대급부로 제공되는 매매 목적물의 가치를 비교하여 판단해야 한다. 따라서 후행 법률행위에서는 아무런 반대급부가 추가되지 않은 채 매매대금만 3억 원을 인하하여 주었으니 현저한 불균형이 발생한다는 주장은 받아들여지기 어렵다. 그러한 주장대로라면 일단 매매계약을 체결한 뒤 상황의 변화에 따라 매매대금을 감액하는 모든 새로운 계약은 민법 §104의 현저한 불균형 요건을 충족하는 엉뚱한 결과에 이를 수 있기 때문이다.

(3) 다른 요건과의 관계

급부와 반대 급부 사이에 현저한 불균형이 존재하더라도 후술하는 궁박, 경솔 또는 무경험 요건과 이용 요건이 충족되어야 하므로, 급부 간 현저한 불균형은 법률행위의 불공정성을 인정받기 위한 여러 요건 중 하나에 불과하다. 또한 급부 간 현저한 불균형이 존재한다고 하여 궁박, 경솔 또는 무경험 요건이나 이용 요건이 충족된다고 추정되는 것도 아니다.[83] 예컨대 한 대법원 판결[84]은 원고와 피고가 실질적으로 피고에게 건물 일부에 대한 영구적인 무상

80) 대판 95.12.8, 95다3282(공 96상, 336).

81) 주석, 총칙(2), 450(제4판/윤진수 · 이동진); 주석 총칙(2), 512(제5판/이동진); 성준호(주 40), 477.

82) 주석 총칙(2), 512(제5판/이동진); 곽윤직 · 김재형, 290.

83) 대판 69.7.8, 69다594(집 17-2, 373); 대판 77.12.13, 76다2179(공 78, 10529). 또한 지원림, 208; 구주해(2), 253(민일영); 이은영, 415.

84) 대판 96.11.12, 96다34061(공 96, 3573).

사용을 보장하기 위하여 임대차기간을 20년으로 하되 기간만료 시 10년씩 기간을 연장하기로 하고 임대차기간 존속 중에는 임료로 매년 1원을 받기로 약정한 임대차계약이 불공정행위에 해당하는지를 다루었다. 급부 간의 균형이라는 관점에서 보면 이는 현저히 불균형한 계약이라고 할 수 있지만, 대법원은 궁박, 경솔 또는 무경험 요건과 이용 요건이 충족되지 않았다고 보아 불공정한 법률행위 주장을 받아들이지 않았다. 그러나 급부와 반대급부 간의 현저한 불균형이 다른 요건을 판단할 때 참고할 만한 하나의 간접 정황이 될 수는 있다. 예컨대 대법원 판결 중에는 매매가격이 시가의 약 8분의 1 정도로 현저한 차이가 있고 매도인이 평소 어리석은 사람인 것이 인정되며 매수인이 이건 부동산을 매수한 후 약 3개월 후에 매수가격의 4.5배 정도로 전매한 경우, 그와 같은 거래에 이르게 된 특별한 합리적인 근거를 찾아 볼 수 없다면, 이는 매도인의 경솔, 무경험에 인한 것이며 매수인이 그 사정을 알고 이를 이용함으로써 이루어졌다고 추인할 수 있다고 본 것이 있다.[85)]

3. 상대방의 궁박, 경솔 또는 무경험

(1) 개 관

민법 § 104가 적용되려면 상대방의 궁박, 경솔 또는 무경험이 존재해야 한다. 궁박, 경솔, 무경험의 세 가지 요건이 모두 충족되어야 할 필요는 없고, 그 중 한 가지만 갖추어지면 충분하다.[86)] 실제로는 궁박, 경솔, 무경험의 세 가지 요건 중 두 가지 이상이 함께 문제되는 경우도 많고, 이 요건들을 뭉뚱그려 판단하는 경우도 많다.[87)] 특히 경솔 요건과 무경험 요건은 구별되지 않은 채 함께 판시되는 경우가 많다. 이는 궁박의 경우 당사자가 그 법률행위의 불공정성을 알면서도 궁박 상태 때문에 불공정한 법률행위로 나아가는 경우도 있는 반면, 경솔과 무경험의 경우 당사자가 그 법률행위의 불공정성을 아예 인식하지 못한다는 공통점이 있기 때문이다.

민법 § 104가 급부 간 불균형이라는 객관적 요건 외에 피해자의 궁박, 경솔 또는 무경험이라는 요건을 함께 요구하는 것은 당사자의 자유로운 의사에

---

85) 대판 77.12.13, 76다2179(공 78, 10529).

86) 대판 93.10.12, 93다19924(공 93, 3070); 대판 96.6.14, 94다46374(공 96, 2141); 대판 99.5.28, 98다58825(공 99, 1279); 대판 11.1.27, 2010다53457(공 11상, 412); 대판 08.3.14, 2007다11996; 대판 09.11.12, 2008다98006.

87) 주석 총칙(2), 515(제5판/이동진); 구주해(2), 247(민일영).

기한 자기결정 내지 충분한 정보와 지식을 토대로 한 실질적인 자기결정이 결여된 경우에 그 법률행위의 효력을 부정하는 사고방식과 맞닿아 있다. 이 점에서 민법 § 104는 법률행위의 불공정성을 규제하는 조항인 동시에, 자신의 불완전한 의사결정으로부터 당사자를 보호하는 조항이기도 하다.[88]

궁박, 경솔, 무경험의 세 가지 요건은 예시적인가, 한정적인가? 예시적이라는 견해도 있으나,[89] 민법 § 104의 문언상 한정적이라고 보아야 한다.[90] 한편 이러한 한정적 요건을 충족하지 못하는 경우에도 민법 § 103는 적용될 수 있다. 따라서 이를 한정적 열거로 본다고 하여 부당한 결과가 발생하는 것은 아니다.

당사자의 경제적·사회적 지위는 민법 § 104의 적용 가능성과 밀접한 관련이 있다. 민법 § 104는 약자적 지위에 있는 자의 궁박, 경솔 또는 무경험을 이용한 폭리행위를 규제하려는 데에 그 목적이 있는데,[91] 법률행위의 당사자가 그러한 약자적 지위에 있지 않다면 그만큼 민법 § 104를 적용할 당위성도 줄어들기 때문이다. 가령 대법원은 한국수자원공사(원고)와 서울특별시(피고) 사이의 용수계약이 서울특별시에 현저히 불공정한 계약인가가 문제된 사안에서 "무엇보다도 국내 최대지방자치단체인 피고가 원고로부터 강요당하여 궁박한 상황에서 어쩔 수 없이 이 사건 각 용수계약을 체결하였다고는 쉽사리 인정하기 어려운 점"을 서울특별시의 궁박한 상태를 부정하는 하나의 고려 요소로 제시한 바 있다.[92]

(2) 궁박(窮迫)

㈎ 궁박 일반론 '궁박'은 '급박한 곤궁' 내지 '벗어날 길이 없는 어려운 상태'를 의미한다.[93] 이러한 곤궁은 반드시 경제적인 것만을 의미하지는 않는다.[94] 궁박 상태는 경제적 원인에 기인할 수도 있고, 정신적 또는 심리적 원인에 기인할 수도 있다.[95] 궁박 상태는 계속적인 것일 수도 있고, 일시적인

88) 주석 총칙(2), 507(제5판/이동진); 김학동(주 12), 674.
89) 양명조, "불공정한 법률행위", 민판연 8, 1986, 7.
90) 조무제, "주식회사의 궁박, 무경험 또는 경솔", 부산판례연구회 판례연구 2, 1992, 14.
91) 대판 96.6.14, 94다46374(공 96, 2141); 대판 09.11.12, 2008다98006.
92) 대판 11.1.13, 2009다21058(공 11상, 309).
93) 대판 74.2.26, 73다673(공 74, 7760). 또한 주석 총칙(2), 516(제5판/이동진); 구주해(2), 245(민일영).
94) 대판 74.2.26, 73다673(공 74, 7760); 대판 11.1.27, 2010다53457(공 11상, 412).
95) 대판 96.6.14, 94다46374(공 96, 2141); 대판 99.5.28, 98다58825(공 99하, 85); 대판 09.11.12, 2008다98006. 또한 구주해(2), 245(민일영); 고상용, 353; 김민중, 307; 이영준,

것일 수도 있다.[96] 법률행위 당시에 당사자가 곤궁에 처하였던 경우는 물론, 장래에 곤궁 상태에 빠질 것을 두려워할 만한 이유가 있었던 경우에도 궁박 상태가 인정될 수 있다.[97] 법률행위 당사자의 곤궁 외에도, 그의 가족 등 가까운 관계에 있는 사람의 곤궁도 궁박 상태를 인정하는 근거가 될 수 있다.[98]

당사자가 궁박한 상태에 있었는지 여부는 그의 나이와 직업, 교육 및 사회경험의 정도, 재산 상태 및 그가 처한 상황의 절박성의 정도 등 여러 사정을 종합하여 구체적으로 판단하여야 한다.[99] 대법원 판결 중에는 당사자의 신분과 상호관계, 피해당사자가 처한 상황의 절박성의 정도, 계약의 체결을 둘러싼 협상과정 및 거래를 통한 피해 당사자의 이익, 피해 당사자가 그 거래를 통해 추구하고자 한 목적을 달성하기 위한 다른 적절한 대안의 존재 여부 등 여러 상황을 종합하여 구체적으로 판단하여야 한다고 본 것도 있다.[100]

전술한 바와 같이, 대법원은 궁박, 경솔 또는 무경험을 각각 구별하여 판단하지 않고 한꺼번에 판단하는 경우가 많다. 한편 궁박 요건을 주된 판단 대상으로 삼아 궁박 상태를 인정한 사례들은 대체로 기업이 아닌 개인의 궁박이 문제된 것들이다.[101] 대판 09.11.12, 2008다98006에서는 이례적으로 기업의 궁박 상태가 인정되었다. 위 판결의 사안에서는 지방자치단체가 당초 사업계획승인조건에 아파트부지 편입지를 시행자가 무상 양수하는 것으로 되어 있던 것을 유상 양수로 변경하여 사업계획승인 변경고시를 하였다. 아파트 준공검사가 임박한 상황에서 시행자는 지방자치단체로부터 아파트부지 편입지를 고액에 매수할 수밖에 없었다. 대법원은 위와 같은 변경고시는 위법한 사후부담으로서 무효이고, 그 변경고시에 기하여 이루어진 토지 매매계약은 불공정한 법률행위로서 무효라고 판단하였다. 위 판결에서는 기업의 계약 상대방이 지방자치단체였다는 점, 따라서 기업이 상대적으로 열후한 지위에 있었다는 점에 유의할 필요가 있다.

239; 이은영, 413.

96) 구주해(2), 245(민일영); 고상용, 353; 곽윤직 · 김재형, 292; 김민중, 307. 다만 투기자의 일시적인 궁박은 제외된다고 한다.

97) 주석 총칙(2), 516(제5판/이동진).

98) 대판 54.12.23, 4287민상70(집 1, 7); 대판 68.7.30, 68다88(집 16, 2). 또한 구주해(2), 245(민일영); 김상용, 423; 김증한 · 김학동, 383-384; 이영준, 239; 이은영, 413.

99) 대판 11.1.27, 2010다53457(공 11상, 412); 대판 09.11.12, 2008다98006.

100) 대판 10.7.15, 2009다50308(공 10하, 1566).

101) 대판 68.7.30, 68다88(집 16-2, 320); 대판 73.5.22, 73다231(집 21-2, 17); 대판 75.5.13, 75다92(공 75, 8537).

몇 가지 궁박 인정례를 들어보면 다음과 같다. (1) 처가 중환을 앓고 있는데 치료비가 없고 자녀가 학교 공납금 미지불로 인하여 정학 중인 상황에서 가족들이 거주하고 있는 30-40만 원 가액의 주택을 담보로 하여 10만 원을 월 이율 35%에 차용하고 그 원금과 이자를 8일 안에 갚아야 하였던 경우에 궁박이 인정되었다.[102] (2) 아버지의 병이 위독하여 그 치료비를 마련하기 위해 어쩔 수 없이 부동산을 팔 수밖에 없었던 상황에서 매수인의 요구에 의해 원래 팔지 않으려고 했던 부분까지 팔게 되었고 경계확정측량도 매수인이 일방적으로 하며 부동산 가격도 지극히 저렴했던 경우에 궁박이 인정되었다.[103] (3) 건물철거소송이 패소 확정됨에 따라 건물 매도인이 건물을 철거 당하게 되고 이로 인해 생업을 중단하게 된 상태에서 시가의 3분의 1에 미달하는 금액에 건물을 팔 수밖에 없었던 경우에 궁박이 인정되었다.[104] (4) 남편이 부정수표 발행으로 구금된 상태에서 아내가 경제적, 정신적 궁박 상태에서 남편의 석방을 위해 그 부정수표를 회수하겠다는 일념 아래 남편의 기존 채권액도 제대로 알지 못한 채 남편의 인감을 이용하여 남편을 대리한 채권포기각서를 써 준 경우에 궁박이 인정되었다.[105] (5) 농촌에서 농사만 짓던 원고가 사고로 가장을 잃고 경제적·정신적으로 경황이 없는 상태에서 손해배상을 받을 수 있는 액수를 전혀 모르고서 사고 1주일 후에 그 액수의 1/8밖에 되지 않는 합의금을 받고 화해계약을 체결한 경우에 궁박이 인정되었다.[106] (6) 사문서 변조죄로 고소되어 수사를 받던 중 삼청교육대[107]에 수감되었다가 풀려난 여성이 다시 새로운 고소에 따라 삼청교육대에 다시 갈 수 있다는 급박한 정신적 압박 아래 고소를 취하시킬 목적으로 자신에게 일방적으로 불리한 채권포기약정을 체결한 경우에 궁박이 인정되었다.[108] (7) 법관의 영장에 의하지 않고 수사기관에 30시간 이상 불법구금된 상태에서 구속을 면하고자 하는 상황에서 514,010,000원에 경락받은 토지지분을 편취한 데에 따른 손해배상으로 그 지분을 반환하는 외에 240,000,000원이라는 거액을 추가로 지급하기로 한 경우

102) 대판 54.12.23, 4287민상70.
103) 대판 68.7.30, 68다88(집 16, 2).
104) 대판 73.5.22, 73다231(집 21-2, 17).
105) 대판 75.5.13, 75다92(공 75, 8537).
106) 대판 79.4.10, 78다2457(공 79, 11905).
107) 삼청교육대는 1980년 군사쿠데타 이후 군부에 의해 군부대 내에 설치된 수감기간으로서 가혹한 훈련 등 무자비한 인권탄압이 이루어졌던 수감 시설이다.
108) 대판 92.4.14, 91다23660.

에 궁박이 인정되었다.[109] (8) 전기공급을 받지 못하여 공장을 운영할 수 없게 되면 커다른 손해를 입게 되어 한국전력공사의 요구대로 전 수용가의 체납전기요금을 납부하기로 한 경우 궁박이 인정되었다.[110]

위 사안들에서 표의자는 '처의 병', '아버지의 병', '생업 중단', '남편의 구금', '가장의 사망', '수감 위험', '불법 구금' 등 정상적인 생활 유지가 불가능한 상황에 직면해 있었고, 단순한 경제적 불이익만의 문제에 국한하지 않았던 점도 유념할 필요가 있다.

몇 가지 궁박 부정례를 들어보면 다음과 같다. (1) 사업자금을 조달하기 위하여 부동산을 그 가액의 약 7/10에 해당하는 금액에 매도한 경우, 그 가족이 당장에 굶어죽는다던가 급한 병을 고치지 못하여 죽어간다던가 자녀교육비에 당장 곤란을 받았다던가 하는 기타 특별한 사정이 없다면 단지 사업에 어려움이 있다는 사정만으로 궁박이 인정되지는 않는다.[111] (2) 일제강점기 당시 부유하던 대지주 집안이 해방 후 갑자기 가세가 기울었다고 하더라도, 계약 당시에 여전히 다수의 부동산을 소유하고 있었다면 궁박을 인정할 수 없다.[112] (3) 원고의 아들이 피고를 고발하여 피고가 구속된 상황에서, 원고 측이 피고에게 구속을 풀어줄 테니 부동산을 가액의 약 1/3에 해당하는 액수에 매수하라고 요구한 경우, 피고가 구속상태로부터의 조속한 해금을 바라고 있던 처지였다고 하여 궁박이 인정되는 것은 아니다.[113] (4) 단지 가압류를 당하였다는 점만으로 경제적 궁박이 인정되지는 않는다.[114] (5) 단체행동권이 보장되는 법제 하에서는 노동조합의 쟁의행위 끝에 단체협약이 체결되었다면, 사용자 측의 경영상태에 비추어 그 내용이 다소 합리성을 결여하였더라도 이러한 사정만으로 이를 궁박한 상태에서 이루어진 불공정한 법률행위라고 볼 수 없다.[115]

(나) 이른바 '알박기'와 궁박 이른바 '알박기'는 사업부지의 필수적 부분에 해당하는 일부 토지를 소유하고 있는 소유자가 종국적으로 그 토지를

---

109) 대판 96.6.14, 94다46374(공 96, 2141).
110) 대판 87.2.10, 86다카2094(공 87, 427).
111) 대판 62.4.26, 4294민상1542(집 10, 2).
112) 대판 70.11.24, 70다2065(집 18, 3).
113) 대판 74.2.26, 73다673(공 74, 7760). 이 판결의 내용과 의미에 대해서는 박이규, "형사상 불이익을 면하기 위하여 진실에 반하는 합의를 하였을 경우 그 합의의 효력: 의사표시의 무효·취소 사유와 관련하여", 서울지방법원 실무논단, 1998 참조.
114) 대판 14.11.13, 2012다42666, 42673(공 14하, 2323).
115) 대판 07.12.14, 2007다18584(공 08상, 39).

시가보다 현저히 고가로 매도하려는 의도 아래, 전략적으로 토지 매도를 거절하면서 사업 진행에 지장을 초래하는 행태를 말한다. 알박기는 단지 당사자 사이에서 토지매매가격을 시가보다 훨씬 높임으로써 한쪽 당사자의 경제적 손실을 초래하는 데 그치지 않는다. 헌법재판소에 따르면 알박기는 "민간 주택공급을 위한 사업부지 확보에 차질을 초래하여 주택개발 추진의 결정적 장애요인"이 될 뿐만 아니라, "과다 투입된 토지비와 사업지연에 따른 금융비용은 결국 분양원가의 상승요인으로 작용되어 사업자의 부담증가뿐만 아니라 수분양자에게도 피해가 유발되고, 주택의 안정적인 공급을 해치며, 투기적 거래행위를 조장하여 시장질서를 어지럽힐 가능성"이 있다.[116] 즉 알박기는 개인적 피해로 그치는 것이 아니라 사회적으로도 그 폐해가 심각하여, 그에 대한 대책을 강구할 필요성이 있다.[117] 민법 § 104를 적용하여 이른바 알박기에 기초한 거래를 무효로 하는 것도 그러한 대책 중 하나이다.

대판 10.7.15, 2009다50308[118]은 알박기와 불공정행위의 문제를 다루었다. 원고는 설립 인가를 받은 재건축정비사업조합이었는데, 해당 토지를 매수하기 위해 토지 소유자들과 협상을 하다가 결렬되자 이들에 대해 매도청구에 따른 소유권이전등기청구소송을 제기한 상태였다. 피고들은 이 토지의 원래 소유자가 아니었는데, 원고가 위 소송을 제기하기 직전에 원래 소유자들로부터 일부 지분을 매수하여 토지 공유지분권자가 되었고, 이른바 알박기에 해당하는 행태를 보였다. 한편 관할 관청인 강동구청장이 착공 전까지 위 토지의 소유권을 확보할 것을 조건으로 재건축사업계획을 승인하면서 그 소유권을 확보하지 않으면 착공신고 및 입주자모집이 불가능하다고 통지하는 등, 원고가 위 토지를 취득하지 않고서는 사업 추진이 불가능한 상황에 이르게 되었다. 결국 원고는 피고들의 무리한 요구에 굴복하여 피고들의 공유지분을 고가에 매수하였다. 피고들이 위 지분을 매수한 가격은 1억 9,000만 원이었던 반면, 원고에게 매도한 가격은 9억 원이었다. 대법원은 이러한 일련의 사정에 비추어 피고들의 행위는 원고의 궁박한 상태를 이용한 현저한 불공정한 행위에 해당한다고 판단하였다.

대판 11.4.28, 2010다106702도 마찬가지 맥락에서 이해할 수 있다.[119] 이

116) 헌재 06.7.27, 2005헌바19(헌공 118).
117) 헌재 06.7.27, 2005헌바19(헌공 118).
118) 공 10하, 1566.
119) 이하 사실관계는 이 판결에 대한 대법원판례해설인 김성주, "이른바 '알박기'의 한 유형

사건에서 원고는 아파트 건축사업 시행사였고, 피고들은 사업부지 내 토지 소유자들이었다. 피고들은 위 2009다50308 판결의 피고들처럼 사업 진행 후 비로소 토지 소유권을 취득한 것이 아니라, 그 전부터 토지 소유권을 가지고 있었다.[120] 그런데 이 사건에서 피고 1은 원고 회사의 이사로부터 아파트 사업시행에 대한 협조를 부탁받고 이에 흔쾌히 동의하였고, 그 사업 시행에 협조한다는 취지로 금원을 지급받았으며, 그 후에도 "사업을 포기하지 말고 계속 진행해 달라. 우리도 돕겠다"라고 말하는 등 원고 회사를 안심시켰다. 또한 피고 2는 원고 회사와 사이에 이 사건 사업부지 내 토지매입 중개를 해 주고 용역료를 받기로 하는 토지매입용역계약을 체결하고, 자신의 토지도 매도한다는 취지의 토지매도의향서를 작성하여 주는 등 사업부지 내 다른 토지매입업무를 적극 진행하도록 하였다. 그런데 원고 회사가 사업부지의 85% 정도를 매수하고 총 700억 원 상당을 투자하여 매월 금융비용만 4천만 원 이상 지출되는 등 전체 사업부지를 취득하지 않으면 위약금 부담 등으로 자금압박을 견디지 못하고 부도 또는 파산할 수밖에 없는 궁박한 상태에 이르게 되었다. 그러자 피고 1은 그 궁박 상태를 이용하여 자기 소유 부동산을 시가보다 7.4배, 아버지 소유 부동산을 6.8배, 동생 소유 부동산 지분을 7.7배가 넘는 가격에 매도하여 119억 원 상당의 부당이득을 취득하였고, 피고 2는 자기 소유 부동산을 시가 20배에 매도하고 그 양도소득세를 원고 회사로 하여금 대납하게 하여 현저하게 높은 부당이득을 취득하였다. 피고들은 이러한 행위 등을 이유로 부당이득죄 등으로 유죄판결을 선고받아 확정되었다.

(다) 기업 간 거래와 궁박 대등한 관계에 있는 기업 간의 상거래에서도 궁박이 인정될 여지는 있다. 기업 간의 일상적인 거래 과정에서도 거의 언제나 힘의 우열은 있기 마련이다. 그리고 어느 한 쪽이 다른 한 쪽보다 더 큰 지식이나 경험, 정보나 협상력을 가지는 경우도 얼마든지 있을 수 있다. 또 이러한 유불리의 구도는 거래관계를 둘러싼 상황의 변화에 따라 계속 변화하기도 한다. 하지만 이러한 힘의 우열이 있다고 하여 열후한 지위에 있는 당사자의 궁박 상태를 쉽사리 인정해서는 안 된다.

인 '버티기'로 인한 불법행위가 성립될 경우 손해배상액의 산정—2001.4.28. 선고 2010다106702 판결—", 해설 87, 2011, 51-54를 참조하였다.

120) 이처럼 사업 진행 전 토지를 소유하고 있던 자의 매매 거절 행위를 '버티기', 사업 진행 후 토지 소유권을 취득한 자의 매매 거절 행위를 '알박기'로 구별하기도 한다. 김성주(주 119), 60.

실제로 기업 간의 상거래에서 기업의 궁박한 상태를 이용하여 민법 § 104를 적용한 대법원 판례는 상대적으로 드물게 발견된다. 예컨대 대법원은 회사정리절차 중인 정리회사가 어음, 수표 등의 부도로 거래정지를 당하여 재정파탄 위기에 직면한 상태에서 부득이하게 상대방 회사의 요구를 받아들여 손해분담약정을 체결하게 된 경우에 궁박한 상태를 인정한 바 있다.[121] 다만 이 사건에서 정리회사는 이미 회사정리절차 중에 있었던 데다가, 부도의 위기에까지 내몰린 상태였다는 점을 염두에 둘 필요가 있다. 또한 대법원은 당초 주변도로 편입지를 무상양수할 수 있도록 한 사업계획승인조건이 사후에 유상양수로 변경 고시되었고 그 변경 고시에 중대한 하자가 있어 무효인데도, 사업시행자(기업)가 아파트 준공검사가 임박한 상태에서 어쩔 수 없이 지방자치단체의 요구에 따라 지방자치단체로부터 주변도로 편입지를 유상양수한 경우에 사업시행자의 궁박을 인정한 바 있다.[122] 이 사건에서 사업시행자는 사실상 우월한 지위에 있는 행정청과 기업 간의 관계에서 행정청의 요구를 받아들이지 않으면 막대한 자금을 들여 건설한 아파트의 준공검사를 받을 수 없고, 결국 사업의 성과를 완전히 잃게 되는 상황에 있었다는 점에 유의할 필요가 있다.

㈑ 형법상 부당이득죄와의 비교 형법은 "사람의 궁박한 상태를 이용하여 현저하게 부당한 이익을 취득한 자"를 처벌하는 규정을 두고 있다(§ 349). 민법 § 104와 형법 § 349는 밀접한 관련을 가진다. 연혁적으로 보면, 민법 § 104와 형법 § 349는 의용민법, 의용형법에 없던 것을 민법, 형법 제정 시 독일의 민법, 형법을 참고하여 새롭게 마련한 조항들이다.[123] 내용상으로도 민법 § 104와 형법 § 349는 당사자의 자유로운 의사에 기한 실질적인 자기결정이 방해되고 불공정한 계약이 체결되는 것을 불법으로 규정한 조항이라는 공통점을 가진다.[124]

형법 § 349에서 말하는 '궁박한 상태', '현저하게 부당한 이익을 취득' 등의 개념은 민법 § 104의 그것과 크게 다르지 않다. 판례는 형법상 부당이득죄에서 궁박이라 함은 '급박한 곤궁'을 의미하고, '현저하게 부당한 이익의 취득'이라 함은 단순히 시가와 이익과의 배율로만 판단해서는 안 되고 구체적·개별적 사안에 있어서 일반인의 사회통념에 따라 결정하여야 한다는 입장을 취한

121) 대판 86.7.8, 86다카171(공 86, 1041).
122) 대판 09.11.12, 2008다98006.
123) 주석 총칙(2), 507(제5판/이동진).
124) 주석 총칙(2), 507(제5판/이동진).

다.[125] 이는 민법 § 104에 관한 판시와 거의 동일한 내용이다.

다만 어떤 법률행위를 불공정한 법률행위로 보아 무효로 하는 것과, 그 법률행위의 당사자에게 범죄 성립을 인정하는 것은 같은 차원의 문제가 아니다. 후자의 판단이 더욱 엄격하고 신중하여야 함은 물론이다. 판례도 우리 헌법이 규정하고 있는 자유시장경제질서와 여기에서 파생되는 사적 계약자유의 원칙을 고려하여, 부당이득죄의 성립을 섣불리 인정해서는 안 된다고 한다.[126] 대법원은 이른바 '알박기'가 문제된 사안에서 부당이득죄의 성립을 인정하려면 피고인이 피해자의 개발사업 등이 추진되는 상황을 미리 알고 그 사업부지 내의 부동산을 매수한 경우이거나 피해자에게 협조할 듯한 태도를 보여 사업을 추진하도록 한 후에 협조를 거부하는 경우 등과 같이, 피해자가 궁박한 상태에 빠지게 된 데에 피고인이 적극적으로 원인을 제공하였거나 상당한 책임을 부담하는 정도에 이르러야 하고, 이러한 정도에 이르지 않은 상태에서 단지 개발사업 등이 추진되기 오래 전부터 사업부지 내의 부동산을 소유하여 온 피고인이 이를 매도하라는 피해자의 제안을 거부하다가 수용하는 과정에서 큰 이득을 취하였다는 사정만으로 함부로 부당이득죄의 성립을 인정해서는 안 된다고 판시하였다.[127] 법원이 민사사건에서도 대체로 비슷한 결론을 도출하고 있다는 견해가 있으나,[128] 일반론으로서는 형사사건에서의 궁박 판단이 민사사건에서의 궁박 판단보다 더 엄격하게 이루어져야 한다.

(3) 경솔(輕率)

'경솔'은 신중하지 못한 것을 의미한다.[129] 의사를 결정할 때 그 행위의 결과나 장래에 관하여 보통인이 베푸는 고려를 하지 않는 심리상태를 의미한다.[130] 경솔은 무경험과 달리 당사자가 주의를 기울여 불공정성을 인식하고 이를 회피할 능력이 없었음을 전제로 하지 않고, 그러한 능력이 있음에도 불구하고 주의를 게을리한 경우도 포함하는 개념이라는 점에서 무경험과 구별된다

125) 대판 05.4.15, 2004도1246(공 05, 789); 대판 09.1.15, 2008도8577(공 09상, 189); 대판 08.12.11, 2008도7823.

126) 대판 05.4.15, 2004도1246(공 05, 789); 대판 09.1.15, 2008도8577(공 09상, 189); 대판 08.12.11, 2008도7823; 대판 10.5.27, 2010도778.

127) 대판 09.1.15, 2008도8577(공 09상, 189); 대판 10.5.27, 2010도778.

128) 주석 총칙(2), 520(제5판/이동진).

129) 곽윤직 · 김재형, 292.

130) 주석 총칙(2), 520(제5판/이동진); 구주해(2), 246(민일영); 곽윤직 · 김재형, 292; 김민중, 307; 김주수 · 김상용, 332; 송덕수, 218; 박종원(주 10), 98.

고 한다.[131] 현행 민법의 문언상으로는 이러한 일시적, 우연적 경솔도 포함되는 것으로 보인다. 그러나 충분한 판단력을 갖춘 당사자가 주의를 게을리한 경우에도 그 법률행위를 취소할 수 있도록 함으로써, 그 주의 해태로 인한 위험을 상대방에게 전가하는 것이 과연 타당한지에 대한 의문도 제기되고 있다. 가령 학설 중에는 위와 같은 고려에서 경솔 개념을 제한적으로 해석하여, 가령 선천적 경솔이나 주위 사정으로 피할 수 없었던 고려의 부족만을 의미하는 것으로 새겨야 한다는 견해가 주장되고 있다.[132] 참고로 독일민법 § 138에서는 본래 '경솔(Leichtsinn)'이라는 개념이 사용되다가 1976년 민법 개정을 통하여 '판단 능력의 결여 또는 의지의 현저한 박약(Mangel an Urteilsvermögen oder die erhebliche Willensschwache)'으로 변경되었다.[133] 단순히 특정 시점의 주의능력 결여만으로는 불공정행위로 인정할 수 없다는 점을 좀 더 분명히 나타낸 것이다. 우리나라의 2014년 민법개정시안에서도 경솔을 판단능력의 부족으로 바꾸었다. 다만 이 경우 이러한 판단능력 부족이 행위능력 제도와 어떤 관계에 있는지는 명확하지 않다.

궁박, 경솔 또는 무경험의 세 가지 요건 중 경솔 요건만 별도로 떼어 판단한 사례는 드물다. 이례적으로 '경솔로 인하여 현저하게 공정을 잃은 법률행위'를 인정한 사례를 소개하면 다음과 같다. (1) 서울특별시가 북악스카이웨이 건설을 위하여 그 도로부지에 편입되는 토지들을 매수하면서, 그 소속 공무원들이 토지의 평당 단가를 2,100원으로 기재하여야 할 것을 21,000원으로 오기하고 그 오기 내용대로 계약을 체결한 사안에서, 대법원은 이러한 계약 체결이 '일련의 경솔에 기인한 것'이라고 보아 § 104의 적용을 긍정하였다.[134] (2) 원고가 교환계약 체결을 제의 받은 당일, 자신이 상대방으로부터 인수하게 될 공장의 시가, 인수에 따른 제한 및 부담 등을 제대로 검토하지 않은 채 곧바로 그 교환계약을 체결하였고, 그 결과 시가 1억 5천만 원 상당의 여관 소유권을 1천 만원 상당의 가치만을 가지는 공장 매수인으로서의 지위와 교환하게 된

131) 성준호(주 40), 480; 김천수, "폭리행위의 무효요건—스위스채무법 제21조의 해석론과 비교하면서—", 이십일세기 한국민사법학의 과제와 전망(심당 송상현 교수 화갑기념논문집), 2002, 23.

132) 고상용, 354; 김증한·김학동, 384; 이영준, 240.

133) 반면 스위스채무법 § 21는 여전히 경솔(Leichtsinn)이라는 개념을 사용하고 있다. 김천수(주 131), 16.

134) 대판 77.5.10, 76다2953(공 77, 10083). 이 판결에 관하여는 불공정한 법률행위가 아닌 착오의 문제로 접근하는 것이 타당하다는 견해가 있다. 주석 총칙(2), 521(제5판/이동진).

경우, 위 교환계약은 원고의 경솔로 인하여 현저하게 공정을 잃은 법률행위라고 인정되었다.[135] 그 외에는 경솔 요건은 무경험 요건과 함께 판단되는 경우가 많다.[136] 경솔과 무경험을 함께 다룬 판결들은 무경험에 관한 부분에서 소개한다.

(4) 무경험(無經驗)

'무경험'은 일반적인 생활체험이 부족하다는 것을 의미한다.[137] 무경험은 어느 특정 영역에서의 경험부족이 아니라, 거래 일반에 대한 경험 부족을 의미한다.[138] 따라서 어떤 유형의 법률행위를 경험해 본 적이 없다고 하여 무경험이 인정되는 것은 아니다.[139] 예를 들어 주식거래약정의 불공정성이 문제되는 사안에서 당사자가 종전에 주식거래약정을 체결해 본 적이 없다고 하여 곧바로 무경험 요건이 충족되지는 않는다.[140] '무경험'이 해당 법률행위에 관하여 평균적인 거래 당사자가 가지는 식견이나 경험이 부족한 것을 의미한다고 해석하는 견해도 있으나,[141] 이렇게 해석할 경우 무경험을 이유로 불공정한 법률행위를 무효로 할 수 있는 범위가 지나치게 넓어지는 위험성이 있다. 법률행위의 당사자가 무경험의 상태에 있었는지 여부는 그의 나이와 직업, 교육 및 사회경험의 정도, 재산 상태 및 그가 처한 상황의 절박성의 정도 등 제반 사정을 종합하여 구체적으로 판단할 수밖에 없다.[142] 문헌에 나타난 예로는 나이가 어린 경우, 외국에서 이사 온 지 얼마 되지 않는 경우 등이 있다.[143]

무경험 인정례를 살펴보면 다음과 같다. (1) 피고가 학식과 경험이 부족한 가정주부로서 매매계약의 목적물인 임야를 한 번도 직접 본 일이 없었던 경우

135) 대판 93.10.12, 93다19924(공 93, 3070). 원심판결은 서울고판 93.3.17, 91나36316.

136) 주석 총칙(2), 521(제5판/이동진).

137) 대판 09.3.16, 2008다1842(공 09상, 552). 또한 주석 총칙(2), 521(제5판/이동진); 구주해(2), 247(민일영); 곽윤직 · 김재형, 293; 김주수 · 김상용 332; 양창수 · 김재형, 676. 한편 고상용, 354는 '일반적인 생활체험' 부족뿐 아니라 '개개의 생활영역에 관한 체험' 부족도 무경험의 개념에 포함시켜야 한다고 본다.

138) 대판 08.3.14, 2007다11996. 또한 주석 총칙(2), 521(제5판/이동진); 구주해(2), 247(민일영); 김민중, 307; 김상용, 424; 김증한 · 김학동, 384; 송덕수, 219; 양창수 · 김재형, 676; 이영준, 239-240.

139) 성준호(주 40), 481. Wolf/Neuner, Allgemeiner Teil des Bürgerlichen Rechts, 11. Auflage, 2016, S. 565.

140) 대판 13.9.26, 2010다42075(공 13하, 1873) 참조.

141) 이은영, 414.

142) 대판 02.10.22, 2002다38927(공 02, 2793).

143) 구주해(2), 247(민일영).

에 경솔 및 무경험이 인정되었다.[144] (2) 어리석고, 남의 꼬임에 잘 빠지기 쉬운 성격의 소유자인 원고가 피고에게 부동산을 그 시가의 1/8 정도에 매도한 경우에 경솔 및 무경험이 인정되었다.[145] (3) 매매계약 당시 67세에 이른 무학문맹의 노파(피고)가 고혈압으로 쓰러진 이래 언어와 보행이 자유롭지 못하고 이에 더하여 동맥경화성 정신증의 징후로 인하여 때로 정신이 혼미한 증세를 나타내고 있지만 빈한하여 치료를 제대로 받지 못하고 있었고, 원고의 감언이설에 속아 시가 700만 원의 부동산을 267만 원에 매도한 경우에 피고의 궁박, 경솔 또는 무경험한 처지가 인정되었다.[146] (4) 교육을 받지 못하고 시골에서 날품팔이로 생계를 유지하는 66세 노인인 원고가 그의 장남이 해외근무중 사망하여 피고 회사에 손해배상금을 받고자 찾아갔으나, 원래 아는 것과 경험이 없고 사고경위도 알지 못한 데다가 아들이 사망했다는 비보에 큰 충격을 받아 경황이 없는 상태에서 피고 회사 직원들의 말만 믿고 실제 지급받을 수 있는 금액보다 훨씬 적은 금액만을 지급 받으면서 합의서에 날인을 한 경우에 원고의 경솔, 궁박, 무경험 상태가 인정되었다.[147] (5) 농촌에 거주하는 79세 노인인 매도인이 한국감정원의 감정가격의 30%에도 미치지 못하는 가격으로 토지를 매도하였고 그 매매계약의 내용이 이례적이었던 사안에서, 법원은 매도인이 무경험으로 인하여 시가를 잘 알지 못하고 또는 경솔하게 정당한 시가를 알아보지도 않고 그와 같은 거래를 하였다고 보는 것이 경험법칙에 합치된다고 하였다.[148] 어부로 종사하면서 섬 안에서만 생활하였고 초등학교밖에 졸업하지 못하였으며 그 밖의 사회경험이 거의 없었던 원고가 피고와 사이에 원고 소유의 민박건물을 철거하고 새로이 3층 건물을 신축하되 피고가 공사비 일체를 부담하면서 부수적으로 원고의 생활비 및 자녀들의 학비 등을 보조하여 주는 대신 피고가 그 대지와 신축건물의 소유권을 취득하고 원고는 위 건물완공 후 1층 부분을 사용하면서 민박업을 하기로 약정한 경우에 원고의 궁박, 경솔

144) 대판 59.6.18, 4291민상263(집 7). 이 사건에서는 피고의 남편 역시 낭비벽이 있었으며 몇 개월 전 맹장수술을 한 후 귀향하여 요양 중인 상태였다. 게다가 피고와 피고의 남편은 학식 및 사회 경험이 부족한 소외인에게 임야 매매계약을 일임하기까지 하였다.

145) 대판 77.12.13, 76다2179(공 78, 10529).

146) 대판 79.4.10, 79다275(공 79, 11933).

147) 대판 87.5.12, 86다카1824(공 87, 963).

148) 대판 92.2.25, 91다40351(공 92, 1144). 김민중(주 70), 71은 단지 고령이라는 이유로 경솔·무경험을 인정할 것은 아니라고 한다.

또는 무경험이 인정되었다.[149)]

무경험 부정례를 살펴보면 다음과 같다. (1) 부재자 재산관리인이 고등교육을 받았고, 그의 남편 사망 후 만 5년이나 과부로서 자녀들을 양육하면서 사회 생활의 경험을 쌓았으며 시숙 소유 임야 및 전답들을 타인 명의로 일시 명의이전해 놓았다가 다시 환원하는 등 부동산거래 경험이 있었던 경우, 경솔 또는 무경험 상태가 부정되었다.[150)] (2) 원고를 포함한 투자자 수십명이 피고 회사에서 농성하면서 피해변상을 요구한 결과 피고 대표이사 등으로부터 피해변상에 최선을 다하겠다는 각서를 받아내고 투자자들의 대표자가 피고 회사측과 피해변상을 절충하여 오던 중, 원고가 3,500만 원의 채권을 650만 원만 변제 받고 나머지는 포기하기로 한 경우, 경솔 또는 무경험 상태가 부정되었다.[151)] (3) 매도인이 정규 4년제 대학교를 졸업한 사람으로서 매매계약체결 당시의 나이가 만 32세 6개월이나 되며 직장생활을 한 경험도 있고 이 사건 부동산매매계약을 전후하여 토지담보 등 거래경험 및 소송수행한 사실과 인감에 관하여 4차례나 개인신고를 낸 사실 등이 인정된 경우, 경솔 또는 무경험 상태가 부정되었다.[152)] (4) 사망 교통사고 후 보험회사와 합의한 주체가 합의 당시 50대 초반의 연령이었고 초등학교를 졸업한 학력만 갖추고 있었으나 운전 17년 및 농업 7년 정도의 경력을 가지고 있었던 경우에 경솔 또는 무경험 상태가 부정되었다.[153)]

(5) 궁박, 경솔 또는 무경험과 불공정한 법률행위 사이의 인과관계

민법 § 104는 "당사자의 궁박, 경솔 또는 무경험으로 인하여" 현저하게 공정을 잃은 법률행위를 무효로 한다. 즉 § 104 위반이 인정되려면 궁박, 경솔 또는 무경험과 법률행위의 불공정성 사이에 인과관계가 존재하여야 한다.[154)] 따라서 당사자의 궁박, 경솔 또는 무경험이 인정되더라도, 그가 궁박, 경솔 또는 무경험이 아닌 다른 이유에 기하여 불공정한 법률행위에 이르게 되었다면 § 104 위반은 인정되지 않는다.[155)] 가령 상대방이 경제적인 어려움을 겪고 있어 그를 돕기 위한 목적에서 불공정한 법률행위를 하게 된 경우가

149) 대판 94.10.14, 94다18539(공 94, 2980).
150) 대판 69.1.21, 68다1889(집 17-1, 49).
151) 대판 81.12.8, 80다2015(공 82, 133).
152) 대판 83.4.26, 81다289(공 83, 878).
153) 대판 02.10.22, 2002다38927(공 02, 2793).
154) 주석 총칙(2), 523(제5판/이동진); 성준호(주 40), 478.
155) 주석 총칙(2), 523(제5판/이동진).

그러하다.[156)]

4. 표의자의 이용의사

급부와 반대급부 사이의 현저한 불균형이 법률행위의 실체 내지 내용에 초점을 맞춘 요건이라면, 당사자의 궁박, 경솔 또는 무경험의 이용은 법률행위의 절차 내지 과정에 초점을 맞춘 요건이다.[157)] 이와 관련하여 주관적 요건으로서 궁박, 경솔 또는 무경험을 이용할 의사가 요구되는가가 문제된다. 비교법적으로 보면 독일민법 § 138 Ⅱ, 스위스채무법 § 21 Ⅰ이 명문으로 이러한 이용 요건을 요구한다. 그런데 우리 민법은 이러한 입법례들을 참고하여 민법 § 104를 제정하였으나 이용 요건을 명시하지 않았다. 따라서 우리 민법 § 104를 적용할 때 명문에서 규정되지 않은 이러한 이용 요건이 요구되는가에 관하여는 논란의 여지가 있다.

초기의 판례는 궁박, 경솔 또는 무경험의 인식만을 요구하고, 궁박, 경솔 또는 무경험을 이용할 의사까지 요구하지는 않았다.[158)] 그러나 근래의 판례는 당사자 일방이 궁박, 경솔 또는 무경험 상태에 있다는 사정을 상대방이 알고서 이를 이용하려는 의사가 있어야 한다고 보고 있다.[159)] 학설상으로는 § 104의 문언이나 우리 민법의 체계에 비추어 상대방의 악의나 이용의사를 요구하는 것은 타당하지 않다는 견해,[160)] 이용의사까지 요구되지는 않지만 궁박, 경솔 또는 무경험에 대한 인식은 필요하다는 견해,[161)] 판례와 마찬가지로 이용의사가 요구된다는 견해[162)]가 제기되어 왔다. 한편 개념적으로는 '인식'과 '이용의사'를 구별할 수 있지만, 현실적으로 상대방이 인식만 한 경우와 이용의사까지 가진 경우를 구별하는 것은 쉽지 않다.[163)] 그러므로 위의 두 번째 견해와 세 번째 견해가 구체적인 사안에서 결론을 달리할 정도로 큰 차이를 가져오지

156) 주석 총칙(2), 523(제5판/이동진); 김증한 · 김학동, 384.
157) 곽윤직 · 김재형, 289.
158) 대판 70.11.24, 70다2065(집 18-3, 304); 대판 64.8.31, 63다681.
159) 대판 88.9.13, 86다카563(공 88, 1265); 대판 93.10.12, 93다19924(공 93, 3070); 대판 02.10.22, 2002다38927(공 02, 2793); 대판 08.2.1, 2005다74863; 대판 11.9.8, 2011다35722 등 다수.
160) 곽윤직 · 김재형, 294; 김증한 · 김학동, 385; 양창수 · 김재형, 678; 이은영, 415; 양명조(주 89), 15; 이상욱, "불공정한 법률행위" 영남법학 5-1, 1999, 384.
161) 고상용, 355; 김민중, 307; 이영준, 241. 폭리자의 실제 인식은 필요하지 않지만, 인식 가능성은 필요하다는 견해로 김학동(주 12), 677.
162) 구주해(2), 248(민일영); 송덕수, 219; 김천수(주 131), 27.
163) 성준호(주 40), 490.

는 않을 것으로 생각된다.[164)]

이용의사를 요구하는 판례의 태도가 타당하다고 생각한다. §104는 사적 자치의 원칙에 대한 예외로서, 그 적용 범위를 섣불리 넓히는 것에는 신중할 필요가 있다. 폭리자가 궁박, 경솔, 무경험 상태에 있는 상대방과 불공정한 법률행위를 하였지만 상대방이 궁박, 경솔, 무경험 상태라는 것을 알지 못하였거나, 이를 이용하려는 의도를 전혀 가지지 않았던 경우에까지 §104를 적용한다면, 그 법률행위의 효력 발생에 대한 폭리자의 신뢰는 침해된다.[165)] 또한 §104는 단지 법률행위의 객관적인 불공정성뿐 아니라 피해자의 의사결정의 불완전성까지 고려하는 조항인 만큼, 피해자가 불완전한 의사결정에 이르게 된 비정상적인 상황, 즉 폭리자의 이용의사를 고려하는 것은 논리적으로 자연스럽다.[166)] 이용의사 요건이 갖추어지지 않은 경우에도 피해자로서는 §103 위반을 주장할 수 있는 길이 있으므로, 이용의사 요건을 요구한다고 하여 피해자에게 지나치게 가혹한 결과가 되는 것도 아니다.[167)]

그러한 해석론이 법률의 문언에 반하는 것도 아니다. 법률의 문언에 이용의사 요건이 명시되어 있지는 않으나, 그렇다고 이용의사 요건이 배제된다고 해석되지도 않는다. 목적적 법 해석에 따라 이용의사 요건을 요구하는 것은 해석론의 차원에서도 가능하다. 가령 민법 §103는 "선량한 풍속 기타 사회질서에 위반한 사항을 내용으로 하는 법률행위"를 무효로 하지만, 판례는 보험계약자가 다수 보험계약을 통하여 보험금을 부정취득할 목적으로 보험계약을 체결하는 경우처럼 보험계약의 내용 자체에는 문제가 없지만 반사회적 의도와 결합하였을 때에도 민법 §103를 적용한다.[168)] 이처럼 법률의 문언에서 명시되지 않은 요건을 요구하는 것은 민법의 해석론상 드문 일이 아니다. 또한 위와 같은 해석론이 입법자의 의도에 반하는 것도 아니다. 민법 제정 당시의 자료를 살펴보면 참조 입법례로 제시된 독일, 스위스, 중화민국 민법 중 독일, 스위스에 이용의사 요건이 명시되어 있고, 이용의사 요건을 배제한다는 취지의 논의는 찾아볼 수 없다.[169)]

---

164) 주석 총칙(2), 525(제5판/이동진); 구주해(2), 251(민일영).
165) 주석 총칙(2), 525(제5판/이동진).
166) 성준호(주 40), 490.
167) 주석 총칙(2), 525(제5판/이동진).
168) 예컨대 대판 05.7.28, 2005다23858(공 05.9.1.(233), 1421).
169) 민의원 법제사법위원회 민법안심의소위원회, 민법안심의록(상), 1957, 70.

5. 기 타

(1) 판단 시점

어떤 법률행위가 §104 위반에 해당하는지 여부는 문제되는 법률행위가 이루어진 시점을 기준으로 판단한다.[170] 학설상으로는 법률행위 시점과 그 법률행위에 따른 채무의 이행 시점에 모두 불균형이 있어야 한다는 견해도 있다.[171] 그러나 이행 시점의 불균형은 법률행위 시점 당시에 예측하기 어렵다. 또한 법률행위 시점에는 §104의 요건을 모두 갖추었지만 시장상황의 변화 등 우연한 사정으로 이행 시점에 급부 간 불균형이 감소하거나 해소된 경우에 §104를 통한 사회·경제적 약자 보호를 포기하는 셈이 된다. 따라서 법률행위 시점과 이행 시점 모두를 기준으로 하여야 한다는 견해는 지지하기 어렵다.[172]

키코(KIKO) 통화옵션계약의 불공정성이 문제된 사안에서, 대법원은 법률행위의 불공정성 여부는 법률행위 시점을 기준으로 판단하여야 한다는 점을 명확히 하였다.[173] 위 판결은 계약 체결 당시를 기준으로 전체적인 계약 내용을 종합적으로 고려한 결과 불공정한 것이 아니라면, 사후에 외부적 환경의 급격한 변화로 인하여 계약당사자 일방에게 큰 손실이 발생하고 상대방에게는 그에 상응하는 큰 이익이 발생할 수 있는 구조라고 하여 그 계약이 당연히 불공정한 계약에 해당한다고 말할 수 없다고 하였다. 또한 조선업 경기가 하락함에 따라 보관료, 최저물량 등의 약정이 일방 당사자에게 불리하게 되었다고 하여 그 계약에 당사자를 구속시키는 것이 현저히 부당하다고는 볼 수 없다고 한 판결도 있다.[174]

---

170) 대판 13.9.26, 2010다42075(공 13하, 1873); 대판 96.4.26, 94다34432; 대판 15.1.15, 2014다216072. 또한 고상용, 356; 곽윤직·김재형, 291; 구주해(2), 251(민일영); 김민중, 306; 지원림, 207; 송덕수, 217; 양창수·김재형, 678; 이영준, 243. 과거의 판결 중에는 대물변제에 관한 사안에서 "대차의 목적물가격과 대물변제의 목적물가격에 불균형이 있느냐의 여부를 결정할 시점은 대물변제의 효력이 발생할 변제가 당시를 표준으로 하여야 할 것임을 원칙으로 하므로 채권액수도 역시 변제기까지의 원리액을 기준으로 하여야 할 것"이라고 본 것이 있는데(대판 65.6.15, 65다610(집 13-1, 193)), 이에 관하여는 위 판결이 급부 간 불균형의 판단 시점을 '이행기'로 보았다고 해석하는 견해와 '법률행위 시'로 보았다고 해석하는 견해가 있다.

171) 김주수·김상용, 331; 김증한·김학동, 383; 이은영, 416.

172) 주석 총칙(2), 514(제5판/이동진).

173) 대판(전) 13.9.26, 2011다53683(공 13하, 1882); 대판(전) 13.9.26, 2012다1146(공 13하, 1901); 대판(전) 13.9.26, 2012다13637(공 13하, 1916); 대판(전) 13.9.26, 2013다26746(공 13하, 1954).

174) 대판 15.1.15, 2014다216072.

(2) 판단 기준 주체

대리인이 법률행위를 한 경우에도 궁박 여부는 본인을 기준으로 판단한다. 반면 경솔과 무경험은 대리인을 기준으로 판단한다.[175] 부재자의 재산에 관하여 재산관리인이 법률행위를 한 경우에도 마찬가지이다. 궁박 여부는 부재자를 기준으로, 경솔과 무경험은 재산관리인을 기준으로 판단한다.[176] 이는 대리행위의 하자에 관한 법리(§§ 114 및 116)를 유추 적용한 결과로도 볼 수 있다.[177] 학설상으로도 이러한 판례의 태도에 찬성하는 견해가 많다.[178] 다만 대리인이 본인의 지시에 따라 법률행위를 한 경우에는 본인이 대리인의 경솔·무경험을 주장할 수 없다고 한다.[179]

(3) 증명책임

급부와 반대급부 사이의 현저한 불균형, 궁박, 경솔 또는 무경험, 이를 이용하였다는 점은 모두 그 법률행위가 불공정한 법률행위로서 무효라고 주장하는 당사자가 증명하여야 한다.[180] 당사자가 어떤 법률행위를 '무효'라고만 주장하고 그 근거를 제시하지 않은 경우, 법원이 이를 '불공정한 법률행위'로 보고 그 요건을 판단할 수는 없다.[181]

Ⅳ. 효 과

민법 § 104에 위반한 법률행위는 무효가 된다.[182] § 104 위반에 따른 무효는 절대적 무효이다. 그러므로 누구나 그 무효를 누구에게나 주장할 수 있다. 가령 부동산 매매계약이 § 104 위반으로 무효인 경우, 그 부동산의 점유자는

175) 대판 73.5.22, 73다231(집 21-2, 17); 대판 02.10.22, 2002다38927(공 02, 2793). 또한 주석 총칙(2), 523(제5판/이동진); 이은영, 416.
176) 대판 69.1.21, 68다1889(집 17-1, 49).
177) 구주해(2), 248(민일영); 김상용, 424; 이영준, 243.
178) 구주해(2), 248(민일영); 양창수·김재형, 677; 이영준, 243.
179) 구주해(2), 248(민일영); 김상용, 424; 이은영, 416.
180) 대판 72.4.25, 71다2255(집 20-1, 224); 대판 77.12.13, 76다2179(공 78, 10529); 대판 69.7.8, 69다594(집 17-2, 373); 대판 70.11.24, 70다2065(집 18-3, 304); 대판 91.5.28, 90다19770(공 91, 1744).
181) 대판 62.11.8, 62다599(집 10-4, 209).
182) 곽윤직·김재형, 294. 반면 스위스채무법 § 21처럼 그 법적 효과를 무효가 아닌 취소로 하면서 그 취소기간을 제한(1년)하는 입법례도 있다. 이에 대해서는 김천수(주 131), 16-17 참조.

매수인인 부동산 소유자에 대하여 위 부동산 매매계약이 §104 위반으로 무효라는 항변을 할 수 있다.[183] 또한 대물변제예약이 §104 위반으로 무효인 경우, 그 목적 부동산에 관하여 제3자 앞으로 소유권이전등기가 이루어졌다고 하더라도 피해자는 그 제3자에 대하여 위 대물변제예약의 무효 주장을 할 수 있다.[184] 어떤 법률행위가 민법 §104 위반으로 무효인 경우에는 추인 또는 법정추인에 의하여 그 무효인 법률행위가 유효로 될 수 없다.[185]

어떤 법률행위의 일부만이 불공정한 법률행위로서 무효인 경우 일부만 무효로 할 수 있는가가 문제된다. 이에 대해서는 일부 무효의 법리가 적용된다는 견해가 있다.[186] 또한 대법원은 채무 담보를 위하여 부동산의 소유권이전등기에 필요한 서류를 채권자에게 교부하면서 채무를 약정기일까지 변제하지 못하면 그 부동산을 채권자 소유로 한다고 약정한 경우, 그러한 약정은 불공정한 법률행위로서 무효이지만 채무 담보를 목적으로 소유권이전등기를 하기로 한 채무담보약정은 유효하다고 보았다.[187]

법률행위의 불공정성은 법률행위 전체를 대상으로 파악하고, 법률행위가 분할 불가능하여 그중 일부만 불공정하고 나머지는 공정하여 그중 불공정한 부분만 무효로 하는 것이 불가능한 경우가 있다.[188] 예컨대 객관적으로 100만 원의 가치를 가지는 물건을 무경험 때문에 200만 원에 매수하는 사안에 민법 §104가 적용되더라도, 매매대금 중 100만 원 부분에 상응하는 매매계약은 공정하고, 나머지 매매계약 부분은 불공정하다고 보기 어렵다. 매매계약 전체가 공정한지, 아니면 불공정한지를 판단해야 한다. 그러므로 민법 §104가 적용되는 분할 불가능한 법률행위의 경우에는 일부무효의 법리가 적용되지 않는다고 보아야 한다.[189] 매매계약이 불공정한 법률행위에 해당하여 무효인 경우 일부무효의 법리에 관한 민법 §137가 아니라 무효행위 전환에 관한 민법 §138를

183) 대판 66.6.7, 66다228.
184) 대판 63.11.7, 63다479(집 11-2, 229).
185) 대판 94.6.24, 94다10900(공 94, 2074); 지원림, 208-209는 이 점을 원칙적으로 긍정하면서도 피해자가 궁박 등의 상태에서 벗어난 후의 자의로 효력을 부여하려고 하는 경우에 추인을 부정할 이유는 없다고 설명한다.
186) 구주해(2), 254(민일영); 이은영, 417.
187) 대판 67.9.19, 67다1460(집 15-3, 119).
188) 법률행위가 분할 가능한 경우라야 일부 무효가 될 수 있다는 취지로 대판 4.5.24, 93다5833(공 94, 1807) 참조.
189) 주석 총칙(2), 527(제5판/이동진)도 같은 취지.

적용한 대법원 판결[190]도 같은 법리에 기초한 것으로 이해된다. 또한 강행규정 위반에 관한 판례이긴 하나, 관련 법령과 고시에 따른 표준임대보증금과 표준 임대료 중 표준임대보증금을 높은 금액으로, 표준임대료를 낮은 금액으로 각각 전환하는 과정에서 절차적 위법이 있었던 경우 표준임대보증금을 초과하는 보증금 부분만을 분리하여 무효로 보지 않고, 전체 임대차계약과 임대차보증금계약을 무효로 보았던 대법원 판결[191]도 이 점에서 참조할 가치가 있다.

한편 § 104 위반으로 채권행위가 무효로 된 경우, 아직 그 채권행위를 이행하지 않았다면 이를 이행할 필요가 없다.[192] 이미 그 채권행위를 이행한 경우에는 부당이득반환, 나아가 불법원인급여의 문제가 발생한다. 이에 관해서는 다음과 같은 학설들이 있다.

첫 번째 학설은 피해자가 폭리자에게 부당이득반환을 청구하는 것은 가능하지만, 폭리자가 피해자에게 부당이득반환을 청구하는 것은 불법원인급여로서 허용되지 않는다는 입장을 취한다. § 104 위반의 경우에는 불법원인이 폭리자에게만 있으므로, 언제나 민법 § 746 단서가 적용된다는 것이다.[193] 두 번째 학설은 폭리자에 대한 피해자의 급부행위와 피해자에 대한 폭리자의 급부행위를 구분하여, 전자는 무효이므로 그 반환을 청구할 수 있지만, 후자는 유효이므로 그 반환을 청구할 수 없다고 본다.[194] 세 번째 학설은 피해자에 대한 폭리자의 부당이득반환청구를 긍정하는 입장을 취한다.[195] 그 근거로는 피해자 보호의 측면에서 피해자가 폭리자에게 부당이득 반환을 청구하도록 하면 족하고, 폭리자가 피해자에게 급여한 것을 피해자가 보유하도록 할 필요는 없다거나,[196] 민법 § 746 단서는 반환청구를 인정함으로써 불공평이 발생하는 경우에 적용되는 조항인데 § 104 위반의 경우에는 폭리자와 피해자 각각의 반환청구를 인정하더라도 불공평이 발생하지 않으므로 § 746 단서가 아예 적용될 여지가 없다는 점을 든다.[197] 첫 번째 학설이 다수설이고, 또 원칙적으로는 타당

190) 대판 10.7.15, 2009다50308(공 10하, 1566). 같은 취지로 대판 11.4.28, 2010다106702.
191) 대판(전) 16.11.18, 2013다42236(공 16하, 1901).
192) 구주해(2), 253(민일영); 곽윤직 · 김재형, 294; 김주수 · 김상용, 333; 이은영, 417.
193) 구주해(2), 253(민일영); 곽윤직 · 김재형, 294; 김민중, 309; 김상용, 426; 지원림, 209; 김증한 · 김학동, 385; 양창수 · 김재형, 679; 이은영, 417; 박종원(주 10), 100.
194) 김주수 · 김상용, 333; 이영준, 244. 독일의 다수설이라고 한다.
195) 주석 총칙(2), 528-519(제5판/이동진); 강태성, "법률행위가 민법 제103조에 의하여 무효인 경우에 있어서의 급여자의 반환청구 여부", 비교 12-3, 2005, 14.
196) 조무제(주 90), 14.
197) 강태성(주 195), 14.

하다고 생각한다. 다만 그것은 민법 §104가 민법 §746의 '불법'에 당연히 포함되기 때문이 아니라, 폭리행위자의 급여가 민법 §746의 불법 개념의 요건을 충족할 가능성이 높기 때문이다.[198)]

이에 관한 판례의 태도는 명확하지 않다. 대판 94.10.14, 94다18539[199)]은 원고가 피고와 사이에 원고 소유의 민박건물을 철거하고 새로이 3층 건물을 신축하되 피고가 공사비 일체를 부담하면서 부수적으로 원고의 생활비 및 자녀들의 학비 등을 보조하여 주는 대신 피고가 그 대지와 신축건물의 소유권을 취득하고 원고는 위 건물완공 후 1층 부분을 사용하면서 민박업을 하기로 약정한 사안에서, 피고의 대지 및 신축건물 소유권 취득에 관한 약정뿐 아니라 원고가 신축건물의 1층 부분을 사용하기로 한 약정도 무효라고 보고, 피고의 원고에 대한 1층 부분 인도청구를 인용하였다. 그러나 위 판결은 폭리자(피고)의 반환청구를 인정하게 된 근거를 제시하지 않아, 대법원이 구체적으로 어떠한 근거에서 반환청구를 긍정하였는지 알기 어렵다.

한편 폭리행위가 불법행위 성립 요건을 갖춘 경우 불법행위로 인한 손해배상청구를 할 수 있음은 물론이다.[200)] 대법원 판결 중에서도 매매계약이 민법 §104에서 정하는 불공정한 법률행위에 해당하여 무효가 된 사안에서 불법행위에 따른 손해배상을 인정한 사례가 있다.[201)]

[권 영 준]

---

198) 불법원인급여의 불법 개념의 독자성에 대해서는 대판 17.3.15, 2013다79887, 79894(공 17상, 729) 및 박병대, "불법원인급여의 판단기준에 관한 구조분석", 저스 76, 2003, 79 참조.

199) 공 94, 2980.

200) 김상용, 424-425; 송덕수, 220.

201) 대판 11.4.28, 2010다106702.

第105條(任意規定)

法律行爲의 當事者가 法令 中의 善良한 風俗 其他 社會秩序에 關係없는 規定과 다른 意思를 表示한 때에는 그 意思에 依한다.

차 례

Ⅰ. 서 론

1. 민법 제105조의 의의

본조에서 말하는, 법령 중의 선량한 풍속 기타 사회질서에 관계없는 규정을 임의법규 또는 임의규정이라고 한다. 이에 대하여 법령 중의 선량한 풍속 기타 사회질서에 관한 규정을 강행법규 내지 강행규정이라고 한다.

본조는 법률행위의 당사자가 임의법규와 다른 의사를 표시한 때에는 그 의사표시에 따라 임의법규와는 다른 내용의 법률행위의 효력을 인정한다는 것을 직접적으로 규정하고 있다.

그리고 본조는 임의법규를 위반한 내용의 법률행위의 효력을 인정함으로써 그 반대해석으로 강행법규를 위반한 내용의 법률행위의 효력을 인정할 수 없음을 간접적으로 밝히고 있다.[1)]

이와 같이 본조는 법률행위의 내용이 직접적으로 임의법규를 위반하는 것이더라도 그 행위를 유효로 하여 이른바 사적 자치 내지 법률행위 자유의 원칙을 선언함과 아울러 그 반대해석으로서 법률행위의 내용이 강행법규를 위반하는 경우에 그 행위가 무효임을 간접적으로 표명하여 사적 자치 원칙의 한계를 규정하고 있는 점에 의의가 있다.[2)] 다만 본조는 그중 후자의 점에 중요성이 있다. 전자의 점은 법률행위 및 임의법규의 성질상 당연한 것에 속하기 때문이다.

2. 연혁 및 입법례

로마법은 금지법규에 위배되는 행위를 무효로 하는 완전법규(leges perfectae)와 일정한 행위를 금지할 뿐 그 위반의 효과에 대하여 아무런 언급을 하지 않는 불완전법규(leges imperfectae)로 구별하고 있었다.

독일민법은 § 138 전문에서 "선량한 풍속에 위배되는 법률행위는 무효이다"라고 하여 공공질서 내지 사회질서에 관하여는 언급하지 않고 선량한 풍속 위반행위에 대해 이를 무효로 하고 있다. 그리고 독일민법 § 134는 "법의 금지에 위배되는 법률행위는 법에 다른 규정이 없는 경우 이를 무효로 한다."라고 규정함으로써 '금지법규를 위반한 법률행위의 무효 원칙'을 선언하고 있다.

프랑스민법은 § 6에서 "누구도 개별합의에 의하여 공공질서 또는 선량한 풍속에 관한 법률을 배제할 수 없다."라고 규정한다. 실무는 이를 당사자 간 합의가 공서양속에 위배되어서는 아니된다는 내용으로 해석하고 있다. 프랑스민법 § 1133는 "계약의 원인은 법률에 의하여 금지되고 있는 경우 및 공서양속에 위배되는 경우에는 불법이다."라고 규정한다.

우리 민법 초안 § 100는 일본민법 § 91와 동일한 취지로서 별다른 심의경

1) 곽윤직 · 김재형, 민법총칙, 제9판, 2013, 274.
2) 구주해(2), 256(박영식).

과 없이 원안대로 합의되었다.[3] 일본민법 §91에 대한 입법경위[4]가 우리 민법 본조의 입법 경위를 파악하는 데 도움이 되므로 이를 간략히 살펴본다.

일본민법 §91는 "법률행위의 당사자가 법령 중의 공(公)의 질서에 관계없는 규정과 다른 의사를 표시한 때에는 그 의사에 따른다."라고 규정한다.

한편 일본민법 §90는 "공(公)의 질서 또는 선량한 풍속에 반하는 사항을 목적으로 하는 법률행위는 무효로 한다."라고 규정한다. 입법 당시 제정법에 의하여 정해진 질서를 염두에 두고 그것에 한정하지 않고 그 적용범위를 넓히겠다는 의도로 '공(公)의 질서'라는 문구를 사용하였다.

그리고 일본민법 §92는 "법령 중의 공(公)의 질서에 관계없는 규정과 다른 관습이 있는 경우에 법률행위의 당사자가 그 관습에 따를 의사를 가지고 있는 것으로 인정되는 때에는 그 관습에 따른다."라고 규정하는데 규정 형식으로 볼 때 위 §91는 위 §92 규정에 대응하여 「다른 규정이 있는 때에는 그러하지 아니하다」라는 단서 규정의 의미로 마련되었다. 다만 당시 위 「다른 규정」에 관습을 포함시켜 관습을 임의규정에 우선하여 적용하여야 한다는 주장과 임의규정을 관습에 우선하여 적용하여야 한다는 상반된 주장이 함께 제기되자 이에 대한 타협안으로 위 §92는 당사자가 따를 의사를 가지는 것으로 인정되는 때에 관습을 적용하도록 규정하는 한편 위 §91는 그 전제로서 당사자의 의사가 임의규정에 우선하여 적용하는 내용으로 규정하게 되었다.

본 조는 1958.2.22. 법률 제471호로 제정된 민법 §105로 규정된 이래 지금까지 그대로 이어지고 있다.

Ⅱ. 임의법규의 내용 및 효력

1. 임의법규와 강행법규

법률규정은 법률효과를 중심으로 임의법규와 강행법규로 구별된다. 민법의 규정은 일정한 사실이 있으면 당사자 사이에 일정한 법률효과가 발생함을 정하는 것인데, 당사자가 어떠한 규정이 정한 효과와 다른 효과를 발생시키기를 원한다면 그와 같이 할 수 있는 것, 즉 당사자의 의사로 그 규정의 적용을

3) 국회법제사법위원회 민법심의소위원회, 민법안심의록(상), 71.
4) 新版 日注民(3), 221(森田 修) 참조.

달리할 수 있는 규정이 임의법규 또는 임의규정이다. 민법 § 105나 § 106에서 "법령 중의 선량한 풍속 기타 사회질서에 관계없는 규정"이라고 하고 있는 것은 임의법규를 가리킨다.

이에 반하여 당사자가 어느 규정이 정하는 것과 다른 효과를 원하더라도 그와 같은 효과를 인정할 수 없는 것, 즉 당사자의 의사로 그 적용을 달리할 수 없는 규정이 강행법규 또는 강행규정이다. 결국 당사자의 의사와는 관계없이 언제나 적용되는 규정이 강행법규이다. 민법 § 105나 § 106에서 "법령 중의 선량한 풍속 기타 사회질서에 관한 규정"은 강행법규를 가리킨다.

2. 임의법규의 내용—보충규정과 해석규정의 구별

임의법규가 법률행위의 해석에서 어떠한 작용을 하는지에 따라 그 해석기능 내지 작용을 기준으로 보충규정과 해석규정으로 나뉜다.

보충규정이란 법률행위를 이루는 의사표시의 내용에 빠진 점이 있는 경우에 이를 보충하여 해석하는 것을 말하고, 통상 법규에 '다른 규정이 있는 때', '다른 약정이 있는 때'(다른 약정이 없는 한) 또는 '특별한 규정이 없는 한' 등의 문구가 포함되어 있다(§§ 42 Ⅰ, 292 Ⅰ, 78, 297 Ⅰ, 306, 334, 358, 394, 565 Ⅰ, 711 Ⅰ, 829 Ⅰ 등). 해석규정은 법률행위를 이루는 의사표시는 있지만 그 의미가 명확하지 않은 경우에 이를 일정한 의미로 해석하는 것을 말하고 통상 법규에 '추정한다'는 문구가 포함되어 있다(§§ 200, 262 Ⅱ, 398 Ⅳ, 424, 579 Ⅰ, 709, 711 Ⅱ 등).

그러나 임의법규가 위와 같이 문구의 외관상 표현형식에 따라 보충규정과 해석규정으로 명확히 구분되는 것은 아니다.

예를 들어 민법 § 580 이하의 매도인의 하자담보책임에 관한 규정에 비록 '다른 규정이 있는 때' 또는 '특별한 규정이 없는 한' 등과 같은 표현이 사용되고 있지는 않지만, 계약에서 목적물에 하자가 있는 경우에 이를 어떻게 처리할 것인가에 대해 매매계약을 체결한 당사자 사이에 따로 약정이 없다면 민법 § 580 이하가 보충규정인 임의법규로서 적용된다. 또한 민법 § 565 Ⅰ의 해약금에 관한 규정에서 '추정한다'라는 표현이 사용되고 있지 않지만, 매매계약을 체결한 당사자가 해약금을 교부하였음에도 계약에 그에 관한 법률적 효과를 따로 약정하지 않고 있다면 민법 § 565 Ⅰ이 해석규정인 임의법규로서 적용된다.

따라서 임의법규에서 앞에서 본 바와 같은 외관상 표현형식에 따른 구별은 반드시 이론상 명확하지 않고, 실제로 임의법규 중 보충규정과 해석규정이

라는 두 개념을 엄밀히 구별하는 실익도 그다지 없다.[5)]

3. 임의법규의 효력

법률행위의 당사자가 법령 중의 선량한 풍속 기타 사회질서에 관계없는 규정과 다른 의사를 표시한 때에는 그 의사에 의한다(§105). 여기서 '그 의사에 의한다'라고 함은 당사자가 의도한 대로의 법률효과가 그대로 인정되는 것을 말하므로 의사표시의 내용이 임의법규와 다르다면 그 임의법규는 배척된다. 이 규정은 사적 자치 내지 법률행위 자유의 원칙을 나타내고 있다.

그런데 이 규정을 거꾸로 해석한다면 당사자 사이에 특별한 의사표시가 없는 경우이거나 의사표시가 완전하지 않거나 명확하지 않은 경우에는 임의법규를 적용하게 되므로[6)] 이러한 경우에는 임의법규가 법률행위 해석의 기준이 된다.[7)]

이와 같이 당사자 사이에 특별한 의사표시가 없는 경우에 임의법규는 법률행위 내용의 빠진 점을 보충하든가 아니면 법률행위 내용이 완전하지 않거나 명확하지 않은 점을 해석하든가 하여 법률행위의 내용을 최종적으로 결정하는 작용을 하므로 법률행위 해석이 문제되는 분쟁에서 당사자의 주장, 증명 내용 및 법률행위의 효력 등에 영향을 준다. 이에 따라 임의법규가 적어도 법률행위의 내용을 보충하는 경우에는 법의 적용으로 보아야 한다는 견해도 있다.[8)]

이와 관련하여 당사자의 의사표시와 그 의사표시에 따른 법률행위를 규정하는 임의법규 간 관계에서 해당 임의법규를 적용하기 위해 당사자 사이에 그 임의법규에 따른다고 하는 의사의 주장·증명이 필요한가에 대하여 견해의 대립이 있다.

통설은 법률행위가 그 의사표시의 내용에 따른 법률효과가 발생하는 근거는 그 의사표시에 효과를 부여하는 법률에 있다는 이론구성을 취하면서 그와 같이 법률행위의 의사표시 내용대로 효력을 인정하는 이유로서, 강행법규에 위배되지 않는 한 행위자의 의사에 따른 효과를 발생시켜 사적 자치를 인정한

---

5) 구주해(2), 259(박영식).
6) 대판 59.6.18, 4291민상388.
7) 곽윤직·김재형(주 1), 299; 김증한·김학동, 민법총칙, 2013, 349; 이은영, 민법총칙, 2009, 418.
8) 명순구, 민법총칙, 2007, 364; 백태승, 민법총칙, 2016, 364; 송덕수, 민법총칙, 2018, 147; 이영준, 민법총칙, 2007, 328.

다는 취지로 규정된 민법 §105를 강조하고 있다. 따라서 어느 계약의 법률효과를 발생시키기 위해서는 그 해당 법률효과가 규정된 임의법규가 보충규정인가 아니면 해석규정인가에 관계없이 그 계약의 성립에 관한 요건사실을 주장·증명하는 것으로 충분하고 그 외에 계약이라는 법률행위가 규정된 임의법규(예를 들면 §563)에 따른다고 하는 의사(적어도 해당 임의법규가 보충규정인 경우에는 이에 따르기로 하는 합의가 부존재하고, 해석규정인 경우에는 합의의 내용이 불완전·불명확하다는 점)에 관한 주장·증명은 더 이상 필요하지 않다고 본다. 그리하여 계약의 성립에 관한 요건사실이 주장·증명된 경우에는 그 상대방이 다른 규정이나 의사가 있음을 주장·증명하지 않는 한 계약이라는 법률행위가 규정된 당해 임의법규가 직접적으로 적용된다.

한편 이와 다른 의견으로, 법률행위가 그 의사표시의 내용에 따른 법률효과를 발생시키는 근거는 법률 규정이 아니라 당사자의 의사 그 자체에 있음을 강조하여 법률행위가 규정된 임의법규(예를 들면 §563)에 따른다고 하는 당사자의 의사가 없는 한 해당 법률행위의 효력이 규정된 법률규정이 직접적으로 적용되는 것이 아니라는 주장이 있다.[9] 이 견해에 의하면 어느 계약의 법률효과를 직접적으로 발생시키기 위해서는 그 계약 성립에 관한 요건사실을 주장·증명하여야 할 뿐 아니라 나아가 그 계약이라는 법률행위를 그대로 포섭하고 있는 해당 법률규정에 따른다고 하는 의사의 주장·증명까지 필요로 하게 된다. 예컨대 어느 계약이 성립한 경우에 의사 합치에 따른 계약의 법률적 효력을 직접적으로 주장하기 위해서는 계약의 성립에 관한 주장·증명뿐 아니라 더 나아가 계약이라는 법률행위가 규정된 해당 임의법규에 따른다고 하는 의사(적어도 해당 임의규정이 보충규정인 경우에는 이에 따르기로 하는 합의가 부존재하고, 해석규정인 경우에는 합의의 내용이 불완전·불명확하다는 점)의 주장·증명까지 필요하여 이를 증명하지 못한 경우에 비로소 민법 §105를 통하여 간접적으로 계약이라는 법률행위가 규정된 법률규정의 효력이 발생한다는 논리를 취한다.[10]

소수설이 법률에 규정된 것과 같은 내용의 합의 효력이 법률이 아닌 당사자의 의사에 의하여 발생함을 강조하기 위해 위와 같은 논리를 내세운 점은 일응 긍정적으로 평가할 수 있다. 그러나 이 견해에 의하면 의사가 담긴 법률행위가 규정되어 있는 임의법규가 보충규정인지 아니면 해석규정인지에 따라 해당 법률행위의 효력을 주장하는 당사자에 의한 주장·증명 내용이 서로 달

9) 新版 日注民(3), 230(森田 修).

10) 반면에 강행법규인 경우에는 합의의 존부를 판단할 것 없이 당해 법규의 내용대로의 법률효과를 인정한다.

라지는 문제가 발생하게 되는데 그와 같은 결론이 현행 실무의 주장·증명책임의 내용과 조화되는지 의문일 뿐 아니라, 모든 임의법규를 보충규정 또는 해석규정으로 명확히 구분할 수 없음은 이미 앞에서 본 바와 같아서 이러한 문제들에 대한 대안이 명쾌하게 제시되지 않은 상태에서 위 논리를 선뜻 받아들이기는 어렵다고 본다.

Ⅲ. 강행법규의 내용

1. 법률행위 내용의 적법성과 사회적 타당성의 구별 여부

법률행위가 유효하기 위해서는 그 내용이 적법하여야 한다. 본조는 그 반대해석으로 법령 중의 선량한 풍속 기타 사회질서에 관한 규정을 위반하는 내용의 법률행위는 부적법·위법한 것으로서 무효임을 간접적으로 규정하고 있다.

제1설(다수설)은 본조가 법률행위 내용의 적법성을 규정하는 한편, 민법 § 103는 법률행위 내용의 사회적 타당성을 규정하고 있다고 설명하여 법률행위의 적법성과 사회적 타당성을 구분한 다음, 이를 각각 별개의 요건으로 취급하고 있다. 이에 따르면, 법률행위가 유효하기 위해서는 그 내용이 강행법규를 위반하지 않아야 하고 나아가 선량한 풍속 기타 사회질서를 위반하여서는 아니 되는데, 전자가 법률행위 내용의 적법성의 문제이고 후자가 법률행위 내용의 사회적 타당성의 문제라고 설명한다.[11)]

한편 이에 대하여 제2설(소수설)은 법률행위의 적법성이나 사회적 타당성은 모두 사적 자치의 한계를 선언하는 것으로 그 한계를 넘는 경우에 무효로 되므로 법률행위 내용의 적법성 외에 사회적 타당성을 분리·독립시키는 것은 우리 민법체계에 반한다고 하여 양자를 구별할 수 없다는 주장이 있다.[12)]

강행법규에 위배되는 법률행위가 본조의 반대해석 내지 간접해석으로서 무효로 되고 선량한 풍속 기타 사회질서에 위배되는 법률행위는 민법 § 103에 의해 무효로 되므로 이들은 서로 밀접한 관계에 있다. 동일한 내용의 법률행위에 대해 본조와 민법 § 103가 적용되어 각각 무효로 되는 일이 있을 수 있

11) 고상룡, 민법총칙, 2015, 321 이하; 곽윤직·김재형(주 1), 274 이하; 김상용, 민법총칙, 2014, 98; 김증한·김학동(주 7), 368-369; 양창수·김재형, 민법 Ⅰ 계약법, 2015, 659-660 등.

12) 명순구(주 8), 378-379; 이영준(주 8), 208-209 등.

다. 그러나 그와 달리 어느 법률행위의 내용이 개개의 강행법규에 위배되지 않더라도 선량한 풍속 기타 사회질서에 위배되는 경우, 즉 사회적으로 보아 타당성을 잃고 있는 경우에 그것이 무효로 될 수 있고, 그 반대로 어느 법률행위의 내용이 선량한 풍속 기타 사회질서에 위배되지는 않지만 개개의 강행법규에 위배되어 그것이 무효로 될 수 있다.

실무도 아래에서 보는 사례들과 같이 강행법규에 위배되는 행위와 선량한 풍속 기타 사회질서에 위배되는 행위를 구별하고 있는데 이들 행위의 효력을 구별하는 실익은 그 법률행위가 부당이득의 반환이 배제되는 불법원인에 해당하는지, 즉 그 법률행위로 인한 대가 수수 등이 불법원인급여에 해당되는지 여부 등과 관련이 있다.

대판 65.11.30, 65다1837은 "강행법규 위반행위는 선량한 풍속 기타 사회질서에 위반되는 경우도 있겠거니와 그렇지 않는 경우도 있을 것으로 강행법규 위반행위를 가리켜 모두 위 법조에서 규정하는 불법원인의 행위라고 할 수 없는 것이다. 이 사건에 있어 원고가 분배받은 농지의 상환도 완료하기 전에 그 경작권이나 소유권을 양도 양수하는 행위는 분명 강행법규인 농지개혁법 §16에 위반하는 것으로서 무효라 할 것이나 이것을 선량한 풍속 기타 사회질서에 위반하는 행위라고는 할 수 없다."라고 하고, 대판 70.10.30, 70다1390은 "농지개혁법 §17에 위반한 농지 임대차계약이 무효라 할지라도 이로 인한 임료의 급여행위가 선량한 풍속 기타 윤리적 사회질서에 위배되는 불법원인급부에 해당한다고는 볼 수 없다."고 하였다.

또한 대판 88.11.22, 88다카7306은 "구 건설업법(1981.12.31. 법률 제3501호로 개정되기 전의 것) §§7-4, 38 (viii), 51 (ix)의 규정취지 등을 종합하면, 건설업면허의 대여계약은 동법에 위반하는 계약으로서 무효이고 건설업면허대여의 방편으로 체결되는 건설업양도양수계약 또한 강행규정인 위 동법 규정들의 적용을 잠탈하기 위한 탈법행위로서 무효이지만, 위 계약자체가 선량한 풍속 기타 사회질서에 어긋나는 반윤리적인 것은 아니어서 그 계약의 형식으로 이루어진 건설업면허의 대여가 불법원인급여에 해당하는 것은 아니다."라고 하였다.

그리고 대판 10.12.9, 2010다57626은 "구 수산업법(2007.4.11. 법률 제8377호로 전부 개정되기 전의 것) §33가 어업권의 임대차를 금지하고 있는 취지 등에 비추어 보면, 위 규정에 위반하는 행위가 무효라고 하더라도 그것이 선량한 풍속 기타 사회질서에 반하는 행위라고 볼 수는 없다. 따라서 어업권의 임대차를 내용으로 하는 임대차계약이 구 수산업법 §33에 위반되어 무효라고 하더라도 그것이 부당이득의 반환이 배제되는 '불법의 원인'에 해당하는 것으로 볼 수는 없으므로, 어업권을 임대한 어업권자로서는 그 임대차계약에 기해 임차인에게 한 급부로 인하여 임차인이 얻은 이익, 즉 임차인이 양식어장(어업권)을 점유·사용함으로써 얻은 이익을 부당이득으로 반환을 구할 수 있다."라고 한다.

이와 같이 실무는 강행법규에 위배되는 행위와 선량한 풍속 기타 사회질서에 위배되는 행위를 각각 구별하여 그 효력을 달리 인정하고 있다.[13)]

법률행위 내용의 적법성 외에 사회적 타당성을 굳이 인정할 필요가 없다는 제2설의 주장은 본조와 민법 §103의 입법연혁으로부터 볼 때 법률행위의 내용의 적법성과 그 내용의 사회적 타당성을 구별하는 입장이 이들 조문의 성립과정에서 논의된 적이 없고 이들 규정의 입법 후에 비로소 학설로 형성되어 온 점을 지적하려는 의도로 보인다.

그러나 이들 규정과 같은 취지의 입법연혁을 가지는 일본에서도 법률행위 내용의 적법성과 사회적 타당성을 구별하고 있는 것이 주류적인 견해이고, 우리 실무상으로도 이들 조문은 앞에서 보는 내용과 같이 서로 별개로 구분되어 각각 독립적인 효력을 가지는 것으로 인정하여 오고 있으므로 조문의 입법과정에서 법률행위의 내용의 적법성과 사회적 타당성을 구별하는 논의가 드러나지 않았다는 사정만으로 그와 같은 구별이 우리 민법 체계에 반한다고 단정하기는 어려워 보인다.

13) 다만 대판 17.3.15, 2013다79887, 79894는 농지의 임대를 금지한 구 농지법 §23의 규정은 강행규정이라고 하고, 민법 §746의 불법원인급여에서 말하는 '불법'이 있다고 하려면, 급부의 원인이 된 행위가 그 내용이나 성격 또는 목적이나 연유 등으로 볼 때 선량한 풍속 기타 사회질서에 위반될 뿐 아니라 반사회성·반윤리성·반도덕성이 현저하거나, 급부가 강행법규를 위반하여 이루어졌지만 이를 반환하게 하는 것이 오히려 규범 목적에 부합하지 아니하는 경우 등에 해당하여야 한다고 하면서 농지 임대인이 임대차기간 동안 임차인의 권원 없는 점용을 이유로 손해배상을 청구한 데 대하여 임차인이 불법원인급여의 법리를 이유로 그 반환을 거부할 수 없다고 하였다. 이에 대해 강행법규에 반하는 급여가 당연히 민법 §746의 불법원인급여가 아니고 그중 선량한 풍속 기타 사회질서에 반하는 경우에만 불법원인급여라고 한 기존의 태도가 바뀌었다고 보는 의견도 있을 수 있으나 해당 사안의 쟁점은 농지의 합리적 이용 여부와 관련성이 없고 판결이유에서도 "구 농지법의 이념에 정면으로 배치되어 반사회성이 현저하다고 볼 수 있는 특별한 사정이 있는 경우가 아니라면 … 불법원인급여의 법리를 이유로 그 반환을 거부할 수 없다."라고 설명하고 있어 아직까지 종전의 기본적인 판시취지는 유지하고 있는 것으로 보인다.

2. 강행법규의 판단기준 및 효력

법률행위 내용의 적법성에 관하여 강행법규 위반의 법률행위가 구체적으로 어떠한 것인지 문제된다.

(1) 강행법규 판단기준

먼저 앞에서 본 바와 같이 민법 §§ 104, 185,[14] 289, 608, 674-9와 같이 그 규정에 명시적 또는 묵시적으로 강행법규라는 취지의 문언이 있다고 이해되는 경우에는 그 규정은 강행법규이고, "다른 의사표시가 없으면…"이라는 문언이 있는 규정(§ 473) 또는 "추정한다"라는 문언이 있는 규정(§ 200)과 같이 법 규정의 내용에 임의법규라는 취지의 문언이 있는 경우에 그 규정은 임의법규이다.

법률에서 해당 규정을 위반한 법률행위를 무효라고 정하고 있거나 해당 규정이 효력규정이나 강행규정이라고 명시하고 있으면 그러한 규정을 위반한 법률행위는 무효이다.

강행법규는 당사자의 의사로 그 적용을 배제할 수 없으므로 그것은 사적자치의 한계를 정하는 것이 된다. 이에 반하여 임의법규는 당사자의 의사로 그 규정의 적용을 배제할 수 있다. 따라서 어떤 규정이 강행법규인지 아니면 임의법규인지를 구별하는 것은 매우 중요한 문제이다. 그런데 대부분의 법 규정에 그러한 사법상의 효과에 관하여 명확한 규정을 두고 있지 않기 때문에 그 구별이 쉽지는 않다.[15]

---

14) 대판 02.2.26, 2001다64165는 "민법 § 185는, '물권은 법률 또는 관습법에 의하는 외에는 임의로 창설하지 못한다.'고 규정하여 이른바 물권법정주의를 선언하고 있고, 물권법의 강행법규성은 이를 중핵으로 하고 있으므로, 법률(성문법과 관습법)이 인정하지 않는 새로운 종류의 물권을 창설하는 것은 허용되지 아니한다."라고 하였다.

15) 대판(전) 17.12.21, 2012다74076에서의 쟁점은 구 국가를 당사자로 하는 계약에 관한 법률에서 정한 '물가의 변동으로 인한 계약금액 조정' 규정이 국가 등이 계약상대자와의 합의에 기초하여 계약당사자 사이에만 효력이 있는 특수조건 등을 부가하는 것을 금지하거나 제한하는 것인지 여부에 대해 특수조건 등을 부가하는 것을 금지하거나 제한하는 규정이라고 보기 어렵다는 다수 견해와 그 반대취지의 소수의 견해로 첨예하게 나뉜 사안이었다. 결론의 당부를 떠나 위 판결의 소수의견 중에는 강행법규성 인정 여부와 관련하여 "금지 규정 등을 위반한 법률행위의 효력에 관하여 명확하게 정하지 않은 경우에는 그 규정의 입법 배경과 취지, 보호법익, 위반의 중대성, 당사자에게 법규정을 위반하려는 의도가 있었는지 여부, 규정 위반이 법률행위의 당사자나 제3자에게 미치는 영향, 위반 행위에 대한 사회적·경제적·윤리적 가치평가, 이와 유사하거나 밀접한 관련이 있는 행위에 대한 법의 태도 등 여러 사정을 종합적으로 고려해서 그 효력을 판단하여야 한다. 특히 법률행위의 양쪽 당사자를 규율하는 법령을 위반하여 법률행위를 한 경우에는 특별히 예외적인 사정이 없는 한 그 법률행위를 무효로 보아야 한다. 한쪽 당사자를 규율하는 법령을

다음으로 법 규정 자체에 임의법규 또는 강행법규라는 취지의 문언이 없는 경우에 양자의 구별 기준에 관하여 적용되는 일반적인 원칙은 없고, 구체적으로 각 법규마다[16] 그의 종류·성질·입법목적 등 제반사정을 고려함과 아울러 개인의 의사로 임의법규와는 다른 내용의 법률행위를 인정할 것인지 여부 등을 종합적으로 판단하여 결정하여야 한다. 이때 금지규정의 목적과 의미에 비추어 그에 반하는 법률행위의 무효 기타 효력 제한이 요구되는지를 검토하여 판단한다. 특히 금지규정이 이른바 공법에 속하는 것인 경우에는, 법이 빈번하게 명문으로 규정하는 형벌이나 행정적 불이익 등 공법적 제재에 의하여 그러한 행위를 금압하는 것을 넘어서 그 금지규정이 그러한 입법자의 침묵 또는 법흠결에도 불구하고 사법의 영역에까지 그 효력을 미쳐서 당해 법률행위의 효과에도 영향이 있다고 할 것인지를 신중하게 판단한다. 그리고 그 판단에 있어서는, 당해 금지규정의 배경이 되는 사회경제적·윤리적 상황과 그 추이, 금지규정으로 보호되는 당사자 또는 이익, 그리고 반대로 그 규정에 의하여 활동이 제약되는 당사자 또는 이익이 전형적으로 어떠한 성질을 가지는지 또 그

위반한 경우에는 거래의 안전과 상대방의 보호를 고려하여 그 법률행위의 효력을 판단하여야 하는데, 그 법령의 주된 목적이 상대방을 보호하기 위한 것이라면 이를 위반하는 법률행위는 원칙적으로 무효로 보아야 한다."라고 설명하는 부분이 있다.

16) 강행법규로 인정되려면 적어도 법률행위의 당사자에 대하여 법규성이 있는 규정이 있어야 한다. 대판 01.12.11, 2001다33604는 "국가를당사자로하는계약에관한법률은 국가가 계약을 체결하는 경우 원칙적으로 경쟁입찰에 의하여야 하고(§7), 국고의 부담이 되는 경쟁입찰에 있어서 입찰공고 또는 입찰설명서에 명기된 평가기준에 따라 국가에 가장 유리하게 입찰한 자를 낙찰자로 정하도록(§10 Ⅱ (ii)) 규정하고 있고, 같은법시행령에서 당해 입찰자의 이행실적, 기술능력, 재무상태, 과거 계약이행 성실도, 자재 및 인력조달가격의 적정성, 계약질서의 준수정도, 과거공사의 품질정도 및 입찰가격 등을 종합적으로 고려하여 재정경제부장관이 정하는 심사기준에 따라 세부심사기준을 정하여 결정하도록 규정하고 있으나, 이러한 규정은 국가가 사인과의 사이의 계약관계를 공정하고 합리적·효율적으로 처리할 수 있도록 관계 공무원이 지켜야 할 계약사무처리에 관한 필요한 사항을 규정한 것으로, 국가의 내부규정에 불과하다 할 것이다. 따라서 단순히 계약담당공무원이 입찰절차에서 위 법령이나 그 세부심사기준에 어긋나게 적격심사를 하였다는 사유만으로 당연히 낙찰자 결정이나 그에 기한 계약이 무효가 되는 것은 아니고, 이를 위배한 하자가 입찰절차의 공공성과 공정성이 현저히 침해될 정도로 중대할 뿐 아니라 상대방도 이러한 사정을 알았거나 알 수 있었을 경우 또는 누가 보더라도 낙찰자의 결정 및 계약체결이 선량한 풍속 기타 사회질서에 반하는 행위에 의하여 이루어진 것임이 분명한 경우 등 이를 무효로 하지 않으면 그 절차에 관하여 규정한 국가계약법의 취지를 몰각하는 결과가 되는 특별한 사정이 있는 경우에 한하여 무효가 된다고 해석함이 타당하다."고 하였다.

한편 대판(전) 17.12.21, 2012다74076에서 다수 의견에 대한 보충의견에는 "국가계약법 §19를 계약상대자를 보호하기 위한 규정으로 해석할 수는 없고, 결국 위 조항을 계약상대자에 대하여도 직접적인 효력을 갖는 강행규정으로 해석하여야 할 근거가 있다고 보기 어렵다."라는 내용이 있다.

이익 등이 일반적으로 어떠한 법적 평가를 받는지, 금지되는 행위 또는 그에 기한 재화나 경제적 이익의 변동 등이 어느 만큼 반사회적인지, 금지행위에 기하여 또는 그와 관련하여 일어나는 재화 또는 경제적 이익의 변동 등이 당사자 또는 제3자에게 가지는 의미 또는 그들에게 미치는 영향, 당해 금지행위와 유사하거나 밀접한 관련이 있는 행위에 대한 법의 태도 기타 관계 법상황 등을 종합적으로 고려한다.[17]

결국 금지규정을 위반한 법률행위의 효력에 관하여 명확하게 정하지 않은 경우에는 규정의 입법 배경과 취지, 보호법익과 규율대상, 위반의 중대성, 당사자에게 법규정을 위반하려는 의도가 있었는지 여부, 규정 위반이 법률행위의 당사자나 제3자에게 미치는 영향, 위반행위에 대한 사회적·경제적·윤리적 가치평가, 이와 유사하거나 밀접한 관련이 있는 행위에 대한 법의 태도 등 여러 사정을 종합적으로 고려해서 효력을 판단해야 한다.[18]

때로는 같은 취지의 법률에 나타난 관련 규정들을 대비하여 강행법규 여부를 판단하기도 한다.[19] 학설상으로는 위에서 말한 제반사정으로 법률행위를 유·무효로 하는 경우 사회경제적 영향, 위반행위에 대한 사회의 윤리적 비난의 정도를 드는 견해가 있고,[20] 당해 규정의 취지와 사법질서에서 정의를 형량하여야 한다는 견해가 있다.[21]

이에 관련하여 몇 가지 사례를 설명한다.

대법원은 구 농지개혁법(1994.12.22. 법률 제4817호로 폐지)에서 자경 또는 자영의 의사가 없는 농지의 매수인은 농지매매증명의 발급 여부에 관계없이 농지에 대한 소유권을 취득할 수 없고,[22] 같은법 § 19 (iii)에 규정된 소재지 관서의 증명은 농지매매

17) 대판 10.12.23, 2008다75119.

18) 대판 20.11.12, 2017다228236.

19) 대판(전) 09.3.19, 2008다45828은 금융기관이 거래자의 실명에 의하여 금융거래를 하여야 한다고 규정한 금융실명거래 및 비밀보장에 관한 법률(이하 '금융실명법'이라고 한다) 제3조 제1항의 강행법규 여부가 문제가 된 사안이다. 위 판결 중 다수의견에 대한 보충의견으로 "입법자가 금융실명법 제3조 제1항을 위반한 예금계약의 사법상 효력을 부정할 의도를 가지고 있었다면, 그 중대성과 파급효를 고려하여 당연히 부동산실명법 제4조 제1항과 같이 그 사법적 효력을 부정하는 명문의 규정을 두었을 것이라고 봄이 합리적이다. 그러나 금융실명법은 같은 법 제3조 제1항을 위반한 행위의 사법적 효력을 부정하는 규정을 두지 않고 있다. 이러한 점은 입법자가 위 조항을 강행규정으로 의도하지 아니하였다는 점을 잘 나타낸다."라고 한 내용이 있다.

20) 곽윤직·김재형(주 1), 276; 김증한·김학동(주 7), 364.

21) 고상룡(주 11), 326 이하.

22) 대판 68.5.26, 68다490; 대판 92.4.10, 91다34127; 대판 94.9.13, 93다52501; 대판 00.8.22, 99다62609, 62616; 대판 11.1.27, 2009도10701.

계약의 유효요건이며 이 규정은 소위 공익에 관한 것으로 당사자의 의사나 태도에 의하여 그 규정의 적용을 배제할 수 없는 강행법규라고 하여 위 증명이 없는 한 농지매매계약은 매매당사자의 태도 여하에 불구하고 그 효력을 발생할 수 없다고 하였다.[23] 그리고 공인중개사 자격이 없는 자가 우연한 기회에 단 1회 타인 간의 거래행위를 중개한 경우 등과 같이 '중개를 업으로 한' 것이 아니라면 그에 따른 중개수수료 지급약정이 강행법규에 위배되어 무효라고 할 것은 아니라고 하였다.[24]

또한, 대법원은 "국가계약법상 물가의 변동으로 인한 계약금액 조정 규정은 계약상대자가 계약 당시에 예측하지 못한 물가의 변동으로 계약이행을 포기하거나 그 내용에 따른 의무를 제대로 이행하지 못하여 공공계약의 목적 달성에 지장이 초래되는 것을 막기 위한 것이다. 이와 더불어 세금을 재원으로 하는 공공계약의 특성상 계약 체결 후 일정 기간이 지난 시점에서 계약금액을 구성하는 각종 품목 또는 비목의 가격이 급격하게 상승하거나 하락한 경우 계약담당자 등으로 하여금 계약금액을 조정하는 내용을 공공계약에 반영하게 함으로써 예산 낭비를 방지하고 계약상대자에게 부당하게 이익이나 불이익을 주지 않으려는 뜻도 있다. 따라서 계약담당자 등은 위 규정의 취지에 배치되지 않는 한 개별 계약의 구체적 특성, 계약이행에 필요한 물품의 가격 추이 및 수급 상황, 환율 변동의 위험성, 정책적 필요성, 경제적 변동에 따른 위험의 합리적 분배 등을 고려하여 계약상대자와 물가변동에 따른 계약금액 조정 조항의 적용을 배제하는 합의를 할 수 있다고 보아야 한다. 계약금액을 구성하는 각종 품목 등의 가격은 상승할 수도 있지만 하락할 수도 있는데, 공공계약에서 위 조항의 적용을 배제하는 특약을 한 후 계약상대자가 이를 신뢰하고 환 헤징(hedging) 등 물가변동의 위험을 회피하려고 조치하였음에도 이후 물가 하락을 이유로 국가 등이 계약금액의 감액조정을 요구한다면 오히려 계약상대자가 예상하지 못한 손실을 입을 수 있는 점에 비추어도 그러하다. 위와 같은 공공계약의 성격, 국가계약법령상 물가변동으로 인한 계약금액 조정 규정의 내용과 입법 취지 등을 고려할 때, 위 규정은 국가 등이 사인과의 계약관계를 공

---

23) 대판 84.11.13, 84다75; 대판 91.9.10, 91다19432; 대판 94.9.13, 93다52501; 대판 00.8.22, 99다62609 등 참조.

24) 대판 12.6.14, 2010다86525. 다만 그 중개수수료의 약정이 부당하게 과다하여 민법상 신의성실의 원칙이나 형평의 원칙에 반한다고 볼만한 사정이 있는 경우에는 그 상당하다고 인정되는 범위 내로 감액된 보수액만을 청구할 수 있다고 하였다.

정하고 합리적·효율적으로 처리할 수 있도록 계약담당자 등이 지켜야 할 사항을 규정한 데에 그칠 뿐이고, 국가 등이 계약상대자와의 합의에 기초하여 계약당사자 사이에만 효력이 있는 특수조건 등을 부가하는 것을 금지하거나 제한하는 것이라고 할 수 없으며, 사적 자치와 계약자유의 원칙상 그러한 계약 내용이나 조치의 효력을 함부로 부인할 것이 아니다. 다만 국가계약법 시행령 §4는 '계약담당공무원은 계약을 체결함에 있어서 국가계약법령 및 관계 법령에 규정된 계약상대자의 계약상 이익을 부당하게 제한하는 특약 또는 조건을 정하여서는 아니 된다.'라고 규정하고 있으므로, 공공계약에서 계약상대자의 계약상 이익을 부당하게 제한하는 특약은 효력이 없다고 할 것이다. 여기서 어떠한 특약이 계약상대자의 계약상 이익을 부당하게 제한하는 것으로서 국가계약법 시행령 §4에 위배되어 효력이 없다고 하기 위해서는 그 특약이 계약상대자에게 다소 불이익하다는 점만으로는 부족하고, 국가 등이 계약상대자의 정당한 이익과 합리적인 기대에 반하여 형평에 어긋나는 특약을 정함으로써 계약상대자에게 부당하게 불이익을 주었다는 점이 인정되어야 한다. 그리고 계약상대자의 계약상 이익을 부당하게 제한하는 특약인지는 그 특약에 의하여 계약상대자에게 생길 수 있는 불이익의 내용과 정도, 불이익 발생의 가능성, 전체 계약에 미치는 영향, 당사자들 사이의 계약체결과정, 관계 법령의 규정 등 모든 사정을 종합하여 판단하여야 한다."라고 하였다.[25]

그리고 보험계약이 체결되기 전에 보험사고가 이미 발생하였을 경우, 보험계약의 당사자 쌍방 및 피보험자가 이를 알지 못한 경우를 제외하고는 그 보험계약을 무효로 한다는 상법 §644의 규정은, 보험사고는 불확정한 것이어야 한다는 보험의 본질에 따른 강행규정으로, 당사자 사이의 합의에 의해 이 규정에 반하는 보험계약을 체결하더라도 그 계약은 무효임을 면할 수 없다고 하였다.[26]

대법원은 문화재수리 등에 관한 법률(이하 '문화재수리법'이라 한다)은 제21조에서 문화재수리업자의 명의대여 행위를 금지하면서도 이를 위반한 법률행위의 효력에 관해서는 명확하게 정하지 않고 있다. 문화재수리업자의 명의대여 행위를 금지한 문화재수리법 제21조는 강행규정에 해당하고, 이를 위반한 명의대여 계약이나 이에 기초하여 대가를 정산하여 받기로 하는 정산금 약정은 모두 무효라고 보아야 한다라고 하면서 그 주요 논거로 1) 문화재수리업의 등록을 하지 않은

25) 대판(전) 17.12.21, 2012다74076.
26) 대판 02.6.28, 2001다59064.

사람이 문화재수리업자로부터 명의를 대여받아 그 명의로 문화재수리를 수급하여 시행하면, 문화재수리업의 등록 제도를 우회하거나 무력화하는 것으로 문화재수리에 필요한 충분한 기술능력, 자본금과 시설 등 자격을 갖추지 못한 사람이 문화재수리를 하게 되어 문화재수리의 품질을 떨어뜨리고 문화재수리업의 공신력을 심각하게 훼손할 우려가 있다. 문화재수리법은 문화재수리업자의 명의대여 행위를 금지하면서 이를 위반한 문화재수리업자에 대해서는 등록취소나 영업정지 등 행정적 제재를 할 수 있을 뿐만 아니라 형사처벌을 하도록 정하고, 문화재수리업자의 명의를 대여받은 사람도 함께 형사처벌을 하도록 정하고 있다, 2) 명의대여 계약을 체결하는 문화재수리업자와 상대방은 명의대여를 금지하는 법규정을 정면으로 위반하려는 의도가 있음은 분명한데 문화재수리법이 문화재수리업자와 상대방을 함께 형사처벌하도록 정하여 법률행위의 양쪽 당사자를 규율하고 있는데도 이를 위반하여 명의대여 계약을 체결하였다면, 형사적 제재를 하는 것만으로 부족하고 특별히 예외적인 사정이 없는 한 이를 무효로 보아 위반행위에 따른 경제적 이익이 귀속되는 것을 방지할 필요가 있다는 점 등을 들었다.[27]

또한 대법원은 구 고용보험법(2019.1.15. 법률 제16269호로 개정되기 전의 것)에서 "제70조 제1항에 따른 육아휴직 급여를 지급받으려는 사람은 육아휴직을 시작한 날 이후 1개월부터 육아휴직이 끝난 날 이후 12개월 이내에 신청하여야 한다. 다만, 해당 기간에 대통령령으로 정하는 사유로 육아휴직 급여를 신청할 수 없었던 사람은 그 사유가 끝난 후 30일 이내에 신청하여야 한다."라는 같은법 §70 Ⅱ의 규정이 강행규정인지 여부를 판단하면서 사회보장수급권의 측면에서 육아휴직급여 청구권의 권리행사기간에 관한 법적 성격을 검토한 다음 같은법 §70 Ⅱ에서 정한 신청기간은 추상적 권리의 행사에 관한 '제척기간'이라고 판시한 다음 위 조항의 법해석을 통해 위 조항의 규범적 의미를 파악하여 위 §70 Ⅱ은 육아휴직급여에 관한 법률관계를 조속히 확정시키기 위한 강행규정으로서 근로자가 육아휴직급여를 지급받기 위해서는 위 조항에서 정한 신청기간 내에 관할 직업안정기관의 장에게 급여 지급을 신청하여야 한다고 하였다.[28]

27) 대판 20.11.12, 2017다228236.
28) 대판 21.3.18, 2018두47264(전원합의체).

(2) 민법상의 강행법규

강행법규로 볼 수 있는 주요한 것으로는 다음을 들 수 있다.[29)]

① 사회의 기본적 윤리관을 반영하는 규정(친족상속편에 그 예가 많다. 그 밖에도 § 103 참조)

② 가족관계 질서의 유지에 관한 규정(친족편에 그 예가 많다)

③ 법률질서의 기본구조에 관한 규정(권리능력, 행위능력, 법인제도 등에 관한 규정 등이다)

④ 제3자, 나아가서는 사회 일반의 이해에 직접 중요한 영향을 미치는 것(물권편 § 185 등 그 예가 많고 채권편에도 §§ 584, 672 등이 있다)

⑤ 거래의 안전을 위한 규정(유가증권 제도 등에 많다)

⑥ 경제적 약자를 보호하기 위한 사회정책적 규정(근로기준법 등 특별법에서 많이 볼 수 있고, 재산법에도 많다. §§ 104, 289, 608, 652, 661, 674-2, 678 등, 임의법규가 이러한 견지에서 강행법규로 되는 경향이 있다)

(3) 임의법규의 강행법규화 경향

법률행위의 당사자가 임의법규와는 다른 의사를 표시한 경우에 그 임의법규는 배척된다. 이로써 법률행위에서 사적 자치의 원칙이 실현된다.

그런데 당사자의 의사에 의하여 임의법규의 적용을 배제할 수 있는 사적 자치 원칙의 진정한 실현은 법률관계의 당사자가 서로 대등한 위치에 서 있을 때에만 제대로 구현할 수 있다. 법률관계의 당사자 사이의 경제력 등의 차이로 어느 일방이 불평등한 위치에 서 있는 경우라면 경제력을 가진 일방 당사자가 합리적인 이유 없이 그에 의해 정해진 특약에 따를 것을 상대방에게 사실상 강요하게 되어 상대방은 이를 받아들일 수밖에 없게 된다면 진정한 의미의 사적 자치 원칙은 실현될 수 없다. 오늘날 산업이 발달하고 경제적인 생활관계가 복잡하게 됨에 따라 경제적으로 불평등한 위치에 서 있는 당사자 사이의 법률관계가 빈번하게 발생하고 있고 앞으로도 계속 발생할 것이 예상되고 있다. 이때 두 당사자의 경제력 차로 인해 균형을 잃게 되어 어느 일방이 우월한 경제력을 이용하여 일방적으로 유리한 내용의 법률관계를 상대방에게 강요하는 법률관계가 형성되는 것은 바람직하지 않기 때문에 이를 막기 위한 노력으로 일정한 법률규정들을 임의법규에서 강행법규로 해석하거나 변경하는 경향에 있다.

예를 들면 민법 §§ 104(불공정한 법률행위), 289(강행규정), 584(담보책임면제의 특약), 608(차주에 불이익한 약정의 금지), 652(강행규정), 661(부득이한 사유와 해지권), 672(담보책임면제의 특약), 674-9(강행규정), 678 등의 규정은 이러한 경향에 따라 임의법규에서 강행법규화한 것이라고 볼 수 있고, 근로기준법 중의 근로조건에 관한 규정도 이러한 경향에 따라 강행법규로 나타난 것으로 볼

29) 곽윤직 · 김재형(주 1), 276.

수 있다.

또한 경제적으로 우월한 지위에 있는 당사자가 거래상의 지위를 남용하여 불공정한 내용의 약관을 작성하여 거래에 사용하는 것을 방지하기 위해「약관의 규제에 관한 법률」이 제정되어 신의성실의 원칙을 위반하여 공정성을 잃은 약관 조항을 무효로 하거나 약관의 뜻이 명백하지 아니하는 경우에는 고객에게 유리하게 해석하는(약관 §§ 5, 6) 등[30]과 같이 법률적, 경제적으로 약자에 있는 사람을 위해 일정한 경우에 사적 자치 원칙의 적용범위를 축소시키기 위한 입법 노력 등도 진행되고 있다.

Ⅳ. 단속법규

1. 단속법규의 개념 및 강행법규와의 관계

행정상의 목적에 의하여 일정한 행위를 금지하거나 제한하는 규정들이 있다. 이러한 규정들을 당해 법규의 공법적 금지의 측면(벌칙)을 표시하는 것으로 파악하여 "단속법규"라고 하고 그 외에 사법적 금지의 측면(무효)을 표시하는 규정을 "강행법규"라고 파악하면, 공법상의 규정인 단속법규 중에 그 위반이 사법상의 무효를 가져오지 않는 것과 사법상의 무효를 가져오는 것이 모두 포함된다. 즉, 단속법규 중에 그 위반이 사법상의 무효를 가져오는 것을 "효력법규" 내지 "효력규정"으로, 단속법규 중에 그 위반이 사법상의 무효를 가져오지 않는 것을 "협의의 단속법규(단순한 단속법규 내지 금지규정)"라고 하여 이를 구분할 수 있다.

여기서 효력법규란 단속법규에 위반하는 행위의 사법상의 효과가 부정되는 것이고 협의의 단속법규는 국가가 일정한 행위를 단속할 목적으로 그것을 금지하거나 제한하는 데 지나지 않기 때문에 그에 위반하여도 벌칙의 적용이 있을 뿐이고 행위 자체의 사법상의 효과에는 영향이 없는 것을 말한다.

결국 효력법규를 위반한 법률행위는 무효이지만, 협의의 단속규정을 위반하는 데 지나지 않는 법률행위는 원칙적으로 유효하고 다만 행위자가 행정적

30) 그 외에 약관의 규제에 관한 법률 § 6 Ⅱ은 "약관의 내용 중 다음 각 호의 어느 하나에 해당하는 내용을 정하고 있는 조항은 공정성을 잃은 것으로 추정된다. 1. 고객에게 부당하게 불리한 조항 2. 고객이 계약의 거래형태 등 관련된 모든 사정에 비추어 예상하기 어려운 조항 3. 계약의 목적을 달성할 수 없을 정도로 계약에 따르는 본질적 권리를 제한하는 조항"이라고 규정한다.

또는 형사적 제재를 받을 뿐이다. 다만 사법상의 효과에 영향을 미치지 않는 단순히 단속법규에 위배되는 행위라도 그것이 당사자가 통모하여 행한 것이라면 그 행위는 사회질서에 반하여 무효로 될 수 있다.

단속법규와 강행법규 등을 어떻게 파악할 것인가에 관하여는 견해가 일치되어 있지 않다.

강행법규, 효력규정, 단속법규를 어떻게 분류할 것인가는 논자에 따라 다르지만 이론적으로 특별히 이를 구별할 실익은 없다. 참고로 이들을 모두 강행법규로 분류하는 견해도 있고[31] 강행법규와 단속법규를 구별한 다음 단속법규를 다시 효력규정과 협의의 단속법규로 구분하는 견해도 있다.[32] 일반적으로 강행법규라고 하면 효력법규뿐 아니라 협의의 단속법규도 포함하는 것으로 설명하고 있지만 협의의 단속법규를 강행법규와는 구별하여 설명하는 것이 편리하다.[33]

이하 협의의 단속법규를 강행법규와는 구별하는 입장에서 설명한다. 이러한 입장에 의하면 강행법규에는 사법상의 규정으로서 그 효과가 부정되는 강행법규와 공법상의 강행법규 즉 단속법규로서 공법상의 규정이면서 사법상의 효과가 부정되는 효력법규만이 포함된다.

2. 효력법규와 협의의 단속법규와의 판별기준

효력법규를 위반한 법률행위는 무효이지만, 협의의 단속규정을 위반하는데 지나지 않는 법률행위는 원칙적으로 유효하고 다만 행위자가 행정적 또는 형사적 제재를 받을 뿐이므로 어떤 규정이 효력법규에 해당하는지 아니면 협의의 단속규정에 해당하는지는 매우 중요한 문제이다.

계약 등 법률행위의 당사자들에게 일정한 의무를 부과하거나 일정한 행위를 금지하는 법규에서 이를 위반한 법률행위의 효력을 명시적으로 정하고 있는 경우에는 그 규정에 따라 법률행위의 유·무효를 판단하면 된다.

즉, 법률에서 해당 규정을 위반한 법률행위를 무효라고 규정하거나 해당 규정이 효력규정이나 강행규정이라고 명시하고 있으면 그에 따라 그러한 규정을 위반한 법률행위는 무효이다.[34]

---

31) 곽윤직·김재형(주 1), 274-275.

32) 고상룡(주 11), 323-324; 김증한·김학동(주 7), 361; 이영준(주 8), 215-217.

33) 곽윤직·김재형(주 1), 275.

34) 예를 들면 성매매알선 등 행위의 처벌에 관한 법률 §10 Ⅰ은 "다음 각 호의 어느 하나

이와 달리 금지 규정 등을 위반한 법률행위의 효력에 관하여 명확하게 정하고 있지 않은 경우에는 그 규정의 입법 배경과 취지, 보호법익, 위반의 중대성, 당사자에게 법규정을 위반하려는 의도가 있었는지 여부, 규정 위반이 법률행위의 당사자나 제3자에게 미치는 영향, 위반 행위에 대한 사회적·경제적·윤리적 가치평가, 이와 유사하거나 밀접한 관련이 있는 행위에 대한 법의 태도 등 여러 사정을 종합적으로 고려하여 그 효력 유무를 판단한다.[35]

우선 교통단속법규와 같이 법률행위가 아니라 단순히 사실적 행위를 금지하거나 제한하는 데 지나지 않는 것이라면 그 규정들은 협의의 단속법규로 봄이 통상이고, 이러한 경우에 행위의 유효·무효의 문제는 생기지 않는다.

다음으로 일정한 거래행위를 금지하거나 제한하면서 이를 위반한 경우에 행위자를 처벌하는 법규는 그 위반행위의 사법상의 효과까지 부정하는 효력법규인지 또는 위반행위의 사법상의 효과에는 관심을 두지 않는 협의의 단속법규인지가 문제된다. 법률에 그 사법상의 효과에 관하여 규정을 두고 있다면 그에 따르면 될 것이지만, 대부분의 경우에 그러한 사법상의 효과에 관하여 따로 규정을 두고 있지 않기 때문에 그 구별이 매우 어렵다.

효력법규와 협의의 단속법규를 구별하는 명확한 기준은 없다. 단순한 행정법규상에는 협의의 단속법규에 지나지 않는 것이 많겠지만 개별 규정마다 개인의 의사에 따라 적용하도록 허용하는 것인지 아닌지를 판단하여 결정하여야 한다.

즉 이러한 경우에는 규정의 종류·성질·입법목적·보호법익이 무엇인지, 그 법률행위를 유효 또는 무효로 함으로써 생기는 사회경제적 영향이 어떠한지, 그 법규의 입법취지가 법규에 의해 규정되는 내용 그 자체의 실현을 금지하고 있는지(그 행위의 결과에 의하여 재화 또는 경제적 이익이 귀속되는 것을 방지하려는 것인지) 아니면 단순히 일정한 행위 자체를 금지, 제한하는 것을 목적으로 하는 것인지를 참작하고, 법규정을 위반하려는 의도 및 위반행위에 대한 사회의 윤리적 비난의 정도나 위법행위에 따른 법률효과의 발생이나 그 이익의 귀속 그 자체에 대한 부당성의 유무 등 그 행

에 해당하는 사람이 그 행위와 관련하여 성을 파는 행위를 하였거나 할 사람에게 가지는 채권은 그 계약의 형식이나 명목에 관계없이 무효로 한다. 그 채권을 양도하거나 그 채무를 인수한 경우에도 또한 같다. 1. 성매매알선 등 행위를 한 사람 2. 성을 파는 행위를 할 사람을 고용·모집하거나 그 직업을 소개·알선한 사람 3. 성매매 목적의 인신매매를 한 사람"이라고 규정하고 있다.

35) 대판 10.12.23, 2008다75119; 대판(전) 17.12.21, 2012다74076 등 참조.

위에 대한 반사회적 또는 반도덕성에 관한 사회적 평가나 이를 감안한 사회경제정책의 방향을 고려하며, 당해 법률행위의 유효성 유무가 거래의 안전에 미치는 영향이나, 양 당사자 사이의 신의와 형평을 비교 교량하는 등 제반사정을 구체적으로 살펴 그 위반행위에 대한 처벌만으로 그 실효를 거둘 수 없고 그 사법상의 효력까지도 부정하여야만 비로소 그 목적을 이룰 수 있는지 여부를 따져 결정한다.[36)]

한편 앞에서 본 기준에 의해 효력법규와 협의의 단속법규를 구분하더라도 사회경제적인 여건이나 변동에 따라 그 목적의 필요성이나 그에 대한 판단의 기준이 그때그때마다 달라질 수 있어 이러한 구분은 유동적이다. 따라서, 동일한 규정에 위배되는 행위라도 그것이 문제로 제기된 구체적인 사회경제적인 상황 및 시기에 따라 그 효력에 대한 평가나 이와 관련된 정책의 내용이 달라질 수 있음을 유의한다.[37)]

그와 관련하여 대법원이 같은 규정을 당초 효력규정으로 해석하였다가 단속규정으로 견해를 바꾼 것과 역으로 단속규정으로 해석하였다가 효력규정으로 판단한 몇 가지의 사례를 소개한다.

대법원은, 외국환관리법 § 21 I (iii)에서 거주자나 비거주자는 외국환관리법 또는 그 법에 의한 대통령령으로써 정하는 경우를 제외하고는 비거주자를 위하여 거주자에게 행하는 지급 또는 그 지급의 영수행위를 금지하고 있는데 이 규정의 성질에 관하여 당초 효력규정으로 보았다가,[38)] 나중에는 외국환관리법 § 21 I (ii)에서 대한민국 내에서 같은 법 또는 같은 법에 의한 대통령령으로써 정하는 경우를 제외하고는 거주자의 비거주자에 대한 지급을 금지하고 있고 같은법 § 23에서는 같은 법 또는 같은 법에 의한 대통령령으로써 정하는 경우를 제외하고는 거주자와 비거주자 간의 채권의 발생, 변경, 변제, 소멸 등을 금지하고 있으며 또 같은법 시행령 § 33 I (i)에서는 매매로 인한 거주자와 비거주자 간의 채권에 관하여 채권의 발생 등의 당사자가 되는 것을 금지하고 있더라도 외환관리법은 같은법 § 1에서 규정하고 있는 바와 같이 외국환과 그 거래 기타 대외거래를 관리하여 국제수지의 균형, 통화가치의 안정과 외화자금의 효율적인 운용을 기하기 위하여 위와 같은 제한규정을 두고 있

36) 구주해(2), 261(박영식); 곽윤직 · 김재형(주 1), 276.
37) 주석 민법총칙(하), 168(남윤호).
38) 대판 72.1.31, 71다2399; 대판 72.7.11, 71다2175.

고, 같은법 §2에서는 같은법에 의한 제한은 같은법의 목적을 달성함에 필요한 범위 내에서 운용되어야 하며 정부는 국제수지의 개선, 통화가치의 안정 등을 도모함으로써 점차 같은법에 의한 제한이 완화되도록 한다고 규정하고 있으므로 외국환관리법에 의한 위의 규정들은 원래 자유로이 할 수 있었어야 할 대외거래를 국민경제의 발전을 도모하기 위하여 과도적으로 제한하는 규정들로서 단속법규라고 해석함이 타당하고 위 제한규정들에 저촉되는 행위라 할지라도 그 행위의 사법상의 효력에는 아무런 영향이 없다고 판단하여[39] 외국환관리법 §23 Ⅰ (iii)에 대해 종전의 효력규정으로 본 판단과는 달리 이를 단속법규라고 견해를 바꾸었다.

다음으로 상호신용금고법 §17는 Ⅰ에 "상호신용금고는 자본금과 적립금 기타 잉여금의 합계액을 초과하여 차입할 수 없다. 다만, 재무부장관의 승인을 얻은 경우에는 그러하지 아니하다"고 규정하고 Ⅱ에는 "상호신용금고가 차입을 할 때에는 건별로 총사원의 3분의 2 이상의 동의 또는 이사회의 결의를 거쳐 재무제표 및 장부에 계상하여야 한다"라는 규정이 있다.

대법원은 당초 위 제1항이 상호신용금고의 차입한도를 이와 같이 엄격히 제한하고 있는 것은 과다한 차입으로 인하여 상호신용금고가 불실화되는 것을 방지하려는 데 그 입법취지가 있고, 제2항은 그 차입의 절차를 엄격하게 규정하고 있는 것은 상호신용금고의 차입금 규모를 대내외적으로 공시하여 상호신용금고의 사원 및 채권자들을 보호하려는 데 그 입법취지가 있어 위 규정들은 모두 상호신용금고의 운영을 견실하도록 하기 위한 단속적 규정이므로 이들 규정을 상호신용금고가 위반한 경우에 이에 관련된 자나, 당해 상호신용금고에 대하여 일정한 제재가 가하여짐은 별론으로 하고 이를 위반한 차입행위가 당연무효라고 할 수 없다고 하였다.[40]

그러나 대법원은 그 후에는 상호신용금고법이 서민의 금융편의를 도모하고 저축을 증대하기 위하여 상호신용금고를 육성하고 이를 합리적으로 규제함으로써 신용질서의 확립에 기여함과 아울러 거래자를 보호할 목적으로 입법된 점(같은법 §1 참조)에 비추어 볼 때, 위 §17 Ⅰ 및 Ⅱ의 차입 등 채무부담제한에 관한 규정은 서민의 금융 및 저축업무를 담당하는 상호신용금고가 경영자의 무분별

39) 대판(전) 75.4.22, 72다2161. 같은 취지로 판시한 것에 대판 80.11.25, 80다1655; 대판 83.3.22, 83다51 등이 있다.

40) 대판 84.9.25, 84도1581.

하고 방만한 채무부담행위로 인한 자본구조의 악화로 불실화됨으로써 그 업무 수행에 차질을 초래하고 신용질서를 어지럽게 하여 서민거래자의 이익을 침해하는 사태가 발생함을 미리 방지하려는 데에 그 입법취지가 있으므로, 이러한 차입 등 채무부담의 제한규정은 단순한 단속법규가 아니라 효력법규로서 이에 위반한 채무부담행위를 무효라고 판단하였다.[41)]

대법원은 상법 § 650는 보험료미납을 원인으로 하여 보험자의 일방적인 의사표시로서 보험계약을 해지하는 경우에 있어 그 해지의 요건에 관한 규정으로서 보험자의 의사표시를 기다릴 필요없이 보험료납입유예기간의 경과로 인하여 보험계약이 당연히 실효되는 것으로 약정한 경우에는 그 적용의 여지가 없다고 하였다가,[42)] 구 상법(1991.12.31. 법률 제4470호로 개정되기 전의 것) § 650는 보험료가 적당한 시기에 지급되지 아니한 때에는 보험자는 상당한 기간을 정하여 보험계약자에게 최고하고 그 기간 내에 지급하지 아니한 때에는 계약을 해지할 수 있도록 규정하고, 같은 법 § 663는 위 규정을 보험당사자 간의 특약으로 보험계약자 또는 보험수익자의 불이익으로 변경하지 못한다고 규정하고 있으므로, 분납보험료가 소정의 시기에 납입되지 아니하였음을 이유로 그와 같은 절차를 거치지 아니하고 막바로 보험계약이 해지되거나 실효됨을 규정하고 보험자의 보험금지급 책임을 면하도록 규정한 보험약관은 위 상법의 규정에 위배되어 무효라고 하였다.[43)]

또 하나의 사례로 대법원은, 중개업자가 중개의뢰인으로부터 소정의 수수료 또는 실비를 초과하여 금품을 받거나 그 외에 사례·증여 기타 어떠한 명목으로라도 금품을 받는 행위를 금지한 구 부동산중개업법[44)] § 15 (ii), § 20 Ⅲ의 성질에 관하여, 당초 이 규정에 위반하여 금품을 수수한 중개인에 대하여는 중개사무소의 개설 등록을 취소할 수 있고(법 § 22 Ⅱ (iii)) 1년 이하의 징역 또는 1,000만 원 이하의 벌금에 처한다(법 § 38 Ⅱ (v))고 규정하고 있기는 하나 위 법에 위 규정에 위반한 금품수수행위의 효력이나 수수된 금품의 처리에 대하여는 아무런 규정이 없을 뿐만 아니라 위 법은 부동산중개업자의 공신력을 높이고 공정

41) 대판(전) 85.11.26, 85다카122.

42) 대판 87.6.23, 86다카2995; 대판 92.11.27, 92다16218.

43) 대판(전) 95.11.16, 94다56852.

44) 부동산중개업법은 2013.7.17 법률 제11943호로 제정되어 2014.1.18.부터 시행된 공인중개사의 업무 및 부동산 거래신고에 관한 법률로 명칭이 변경되었는데 § 33는 "사례·증여 그 밖의 어떠한 명목으로도 § 32 Ⅲ의 규정에 의한 수수료 또는 실비를 초과하여 금품을 받는 행위"를 금지행위로 규정하고 있다.

한 부동산 거래질서를 확립하여 국민의 재산권 보호에 기여함을 목적으로 하고 있는 점을 이유로 위 금지규정은 단속규정에 불과하고 효력규정이 아니라고 한 적이 있었다.[45)]

그러나 그 후에 대법원은 부동산중개업법이 부동산중개업자의 공신력을 높이고 공정한 부동산 거래질서를 확립하여 국민의 재산권 보호에 기여함을 목적으로 하고 있는 점, 위 규정들이 위와 같은 금지행위의 결과에 의하여 경제적 이익이 귀속되는 것을 방지하려는 데에도 그 입법 취지가 있다고 보이는 점, 그와 같은 위반행위에 대한 일반사회의 평가를 감안할 때 위와 같은 금지행위 위반은 반사회적이거나 반도덕적으로 보아야 할 것인 점, 위반행위에 대한 처벌만으로는 부동산중개업법의 실효를 거둘 수 없다고 보이는 점 등을 종합하여 보면, 위와 같은 규정들은 부동산중개의 수수료 약정 중 소정의 한도액을 초과하는 부분에 대한 사법상의 효력을 제한함으로써 국민생활의 편의를 증진하고자 함에 그 목적이 있는 것이므로 이른바 강행법규에 속하는 것으로서 그 한도액을 초과하는 부분은 무효라고 함으로써 이를 효력규정으로 판단하였다.[46)]

그리고 분양전환가격 산정기준에 관한 임대주택법 §§ 14, 15 및 같은법시행령 § 13 Ⅰ, 같은법시행규칙 § 3-3 Ⅰ의 관련 법령의 규정들의 성질에 대하여, 대법원은 당초에는 구 임대주택법시행규칙 § 3-3 [별표 2] 건설교통부 중재기준에 위반하여 산정한 분양전환가격으로 분양계약을 체결하였다는 사정만으로 그 사법상의 효력까지 부인된다고 할 수 없고, 그 분양전환가격이 지나치게 높아서 임차인의 우선분양권을 사실상 박탈하는 것과 같은 정도에 이르러 임대주택법의 입법목적을 본질적으로 침해하는 경우에만 구 임대주택법시행규칙 § 3-3에 위배되어 허용될 수 없다고 보아야 한다고 판단한 적이 있었다.[47)]

그러나 그 후 대법원은 "구 임대주택법 등 관련 법령은 임대주택의 건설을 촉진하고 국민주거생활의 안정을 도모함을 입법 목적으로 하고 있고, 그 목적 달성을 위해 임대사업자에게 각종 지원과 더불어 각종 제한을 부과하면서, 특히 임대의무기간 경과 후 무주택 임차인에게 임대주택의 우선분양전환권을

45) 대판 01.3.23, 2000다70972.

46) 대판 02.9.4, 2000다54406, 54413; 대판(전) 07.12.20, 2005다32159. 부동산중개업 전에 시행되던 구 소개영업법(1983.12.30. 폐지)상의 소개료에 관한 대판 76.11.23, 76다405; 대판 87.5.26, 85다카1146도 같은 취지였다.

47) 대판 04.12.10, 2004다33605.

인정하고 분양전환가격의 산정기준을 상세히 규정함으로써 임대사업자가 자의적으로 분양전환가격을 정하는 것을 방지하고 합리적인 분양전환가격에 임대주택의 분양이 이루어지도록 하고 있다. 그런데도 임대사업자가 위와 같은 분양전환가격 산정기준에 기속되지 않는다고 해석하게 되면, 임대사업자가 임대의무기간이 경과한 후 임의로 분양전환가격 산정기준을 초과하여 분양전환가격을 정한 다음 임차인에게 그에 따라 분양계약을 체결할 것을 통고하고 이에 응한 임차인으로부터 분양전환가격 산정기준을 초과한 분양대금을 수령하여 이를 보유하는 것이 허용되게 되어 구 임대주택법 등 관련 법령의 입법 취지를 심하게 훼손할 뿐만 아니라, 만일 임차인이 구 임대주택법 등 관련 법령이 정한 분양전환가격 산정기준에 따를 것을 요구하면서 분양계약 체결을 거절할 경우 임대사업자가 이를 이유로 임차인의 우선분양전환권을 박탈하고 임대주택을 제3자에게 매각하여 그 시세 차익을 독점할 수 있게 되는 등 임대주택제도가 임대사업자의 경제적 이익을 위한 수단으로 변질될 우려도 있다. 이는 구 임대주택법의 입법 목적을 본질적으로 침해하는 것이므로, 이를 방지하고 구 임대주택법의 입법 목적을 달성하기 위해서는 구 임대주택법 등 관련 법령에 정한 분양전환가격 산정기준을 위반하여 임대주택을 분양전환한 임대사업자에게 형사적 처벌을 가하는 것만으로는 부족하고 그 산정기준을 위반하여 정한 분양전환가격에 의한 경제적 이익이 임대사업자에게 귀속되는 것을 금지시킬 필요가 있다. 따라서 분양전환가격 산정기준에 관한 구 임대주택법 등 관련 법령의 규정들은 강행법규에 해당한다고 보아야 하고, 그 규정들에서 정한 산정기준에 의한 금액을 초과한 분양전환가격으로 체결된 분양계약은 그 초과하는 범위 내에서 무효이다."라고 판단하고 있다.[48)]

또한 대법원은, 과거 임대주택법령을 위반하여 우선매각 대상자가 아닌 제3자에게 임대주택을 매각하였다는 사정만으로는 그 매매의 사법상 효력이 무효로 되지는 않는다고 판단하였다가[49)] 구 임대주택법(2014. 5. 28. 법률 제12704호로 개정되기 전의 것, 이하 같다)에서 임대사업자가 임대의무기간이 지난 후 국민주택기금의 자금을 지원받아 건설하거나 공공사업으로 조성된 택지에 건설하는 공공건설임대주택을 분양전환할 때에는 분양전환 당시까지 해당 임대주택에 거주한 무주택자인 임차인

48) 대판(전) 11.4.21, 2009다97097; 대판 11.7.28, 2010다55309; 대판 12.8.30, 2010다73826; 대판 14.2.27, 2013다206795; 대판 14.3.13, 2013다213823 등.

49) 대판 97.6.13, 97다3606.

등에게 우선분양전환해야 한다고 정한 제21조 제1항 및 임대사업자가 어음교환소의 거래정지처분을 받거나 국민주택기금 융자금 이자를 1년 6개월을 초과하여 연체한 경우 등 일정한 경우에는 임차인의 주택 소유 여부와 관계없이 분양전환 당시 해당 임대주택에 거주한 임차인에게 우선분양전환해야 한다고 정한 제21조 제2항에 대해, 이들 규정은 임대사업자에게 임대주택을 임차인에게 우선분양전환할 의무를 부과하면서도, 임대사업자가 이를 위반하여 임대주택을 임차인 아닌 제3자에게 분양전환한 경우에 그 법률행위의 효력에 관하여 명확하게 정하지 않고 있으나, 구 임대주택법의 입법 취지와 보호법익, 위반행위의 중대성과 비난가능성, 거래안전에 미치는 영향 등을 종합적으로 고려하면, 공공건설임대주택의 임대사업자의 우선 분양전환의무에 관한 구 임대주택법 제21조 제1항, 제2항은 강행규정에 해당하고, 이를 위반하여 임대사업자가 우선 분양전환권이 있는 임차인이 있음에도 임대주택을 제3자에게 분양전환한 경우 그 분양전환계약은 사법적(私法的)으로 무효라고 보아야 한다고 하였다.[50]

이와 같은 사례를 보면 사회경제적인 상황변화 추세에 맞추어 대법원은 종전에 단속규정으로 본 규정을 강행법규라고 판단하는 경향이 있음을 알 수 있다.

3. 구체적인 법규위반행위

어느 행정법규 위반행위가 있는 경우에 그것이 효력법규 위반행위인지 협의의 단속법규 위반행위인지가 문제로 되는 것을 살펴보면 아래와 같다.

(1) 경찰법규 위반행위

행정법규 특히 경찰법규는 주로 사실적인 행위 그 자체를 금지 또는 제한하는 것이 대부분으로 협의의 단속법규(단순한 단속법규)이고 그에 위반하는 행위는 원칙적으로 무효로 되지 않는다. 그러한 계약까지 무효로 하면 거래의 안전을 크게 해하기 때문이다.[51]

예를 들어 무허가음식점의 유흥주점 영업행위 또는 음식물을 판매하는 행위(식품위생법 §§ 37, 94, 97), 신고 · 지정 · 등록 또는 허가를 받지 않고서 개설한 대규모점포에서의 영업행위(유통산업발전법 §§ 8, 49), 공무원의 영리업무(국가공무원법 § 64), 행정관청의 허가를 받지 않고서 하는 폐기물처리영업행위(폐기물관리법 §§ 25, 64), 행정관청에의 등록을 하지 않

50) 대판 21.9.30, 2016다252560.

51) 곽윤직 · 김재형(주 1), 277; 백태승(주 8), 328; 송덕수(주 8), 189.

고 하는 대부업 또는 대부중개업(대부 §§ 3, 19),[52] 관할관청의 허가를 받지 않고 하는 총포 · 도검 · 화약류 · 분사기 · 전자충격기 · 석궁의 거래행위(총포 · 도검 · 화약류 등의 안전관리에 관한 법률 §§ 4, 6, 8, 11, 70 내지 74 등 각 참조), 관할 관청의 허가를 받지 않고 하는 신용정보업(신용정보 §§ 2, 4, 50), 검사를 받지 아니한 농수산물 또는 수산가공품의 거래행위(농수산물 품질관리법 §§ 101 (ii), 119, 120), 검사를 받지 아니한 홍삼, 태극삼, 백삼 또는 그 밖의 인삼의 거래행위(인삼산업법 §§ 2, 17, 19, 31), 국민주택에 관하여 분양한 때로부터 일정한 기간 동안 전매행위를 금지하는 규정에 위반한 전매행위[주택건설촉진법(1992.12.8. 법률 제4530호로 개정되기 전의 것) § 38-3 Ⅰ 단서, Ⅲ, 주택건설촉진법시행령(1994.7.30. 대통령령 제14349호로 개정되기 전의 것) § 37 Ⅱ][53] 등은 유효하다.

그 외에도 매매증여 등의 법률행위에 의한 처분에 있어 행정관청 기타의 허가 인가가 필요하고 그 허가 인가가 그 법률행위의 효력발생 요건으로 되어 있는 물건에 관하여 당사자가 그 허가 인가를 얻지 아니하고 매매증여 등의 계약을 체결한 경우에 악의로 점유하였다는 등의 특별한 사정이 없는 한 그 매매증여 등의 법률행위가 그 자주점유를 인정할 권원에 해당하므로 무효로 되지 아니한다.[54] 다만 그 위반하는 행위 중 불법이 현저한 경우에는 강행규정 위반으로 무효로 보아야 한다는 견해도 있다.[55]

(2) 법이 일정한 자격을 구비한 자에 대하여서만 일정한 행위를 허용하고 있는 경우 그 법규에 위반하여 명의를 대여하는 행위

법률이 특히 엄격한 표준을 정하여 일정한 자격을 갖춘 자에 대하여서만 일정한 영업을 허용하는 경우에는 특별한 사정이 없는 한 그 법규는 효력규정이라고 해석하는 것이 통설이다.[56]

따라서 일정한 자격을 갖춘 자에 대하여서만 일정한 영업을 허용하는 경

52) 다만 대판 09.6.11, 2009다12399는 "이자제한법 제2조 제1항, '이자제한법 제2조 제1항의 최고이자율에 관한 규정'에 의하면 금전대차에 관한 계약상의 최고이자율은 연 30%로 제한되고, 구 이자제한법(2009.1.21. 법률 제9344호로 개정되기 전의 것, 이하 같다) 제7조는 다른 법률에 따라 인가 · 허가 · 등록을 마친 금융업 및 대부업에는 이자제한법을 적용하지 아니한다고 규정하고 있는바, 위 규정의 문언 내용, 국민경제생활의 안정과 경제정의의 실현을 목적으로 하는 이자제한법의 입법 취지, 미등록 대부업체의 등록을 유도하기 위한 입법 경위 등에 비추어 보면, 구 대부업의 등록 및 금융이용자보호에 관한 법률(2009.1.21. 법률 제9344호로 개정되기 전의 것, 이하 '구 대부업법'이라 한다) 제3조의 규정에 의한 대부업의 등록을 하지 아니하고 사실상 대부업을 영위하는 자에 대하여는 이자제한법이 적용되어 이러한 대부업자가 대부를 하는 경우의 최고이자율은 연 30%로 제한된다고 보아야 한다."라고 한다.

53) 대판 97.7.8, 95다54884. 대판 91.9.10, 91다21992도 같은 취지이다.

54) 대판 80.7.8, 80다544.

55) 이영준(주 8), 218 이하.

56) 대판 65.7.6, 65다563 참조. 곽윤직 · 김재형(주 1), 277.

우에 그러한 허가나 면허를 받은 자가 그 명의를 대여하는 계약은 일반적으로 무효라고 해석되고 있다.

예컨대 채굴되지 아니한 광물은 채굴권의 설정 없이는 이를 채굴하지 못하고 또한 탐사권은 상속, 양도, 체납처분 또는 강제집행의 경우 외에는 권리의 목적으로 하거나 타인이 행사하게 할 수 없고, 채굴권은 상속, 양도, 조광권·저당권의 설정, 체납처분 또는 강제집행의 경우 외에는 권리의 목적으로 하거나 타인이 행사하게 할 수 없으며(광업 §§ 3, 4, 10, 100, 101), 어업권은 임대차의 목적으로 할 수 없음에도 불구하고(수산 § 33), 광업권자나 어업권자가 그의 광업권이나 어업권의 그 명의를 타인에게 대여하는 계약은 무효이다.[57] 그리고 건설업자가 다른 사람에게 자기의 성명이나 상호를 사용하여 건설공사를 수급 또는 시공하게 하거나 건설업 등록증 또는 건설업 등록수첩을 빌려주어서는 아니됨에도(건설산업기본법 §§ 21, 83) 건설업 등록증 등을 타인에게 대여하는 계약은 무효이다.

이른바 "덕대계약"은 광업권자가 그의 광물채굴에 관한 권리를 타인에게 주기로 하고, 그 타인은 자기의 자본과 관리하에 광물을 채굴하여 채굴된 광물의 일부 또는 금전으로 광업권 사용의 대가를 지급하기로 하는 계약이며, 그것은 일종의 광업권의 임대차계약이다.[58] 이 덕대계약은 일제강점기부터 행하여지고 있었으며, 일찍부터 그 유효성이 문제되었다. 그 이유는 당시의 실정법이었던 조선광업령이 광업권의 대차를 금하고 있었기 때문이다. 조선고등법원은 이를 무효라고 하였으며 이 판례는 1951.12.23. 법률 제234호로 제정된 광업법 시행 후에도 대법원에 의하여 그대로 계승되고 있다.[59]

57) 광업권의 대차계약(이른바 덕대계약)을 무효라고 한 판례로는 대판 62.2.22, 4294민상168; 대판 62.2.15, 4294민상986; 대판 66.7.5, 66다423 등 참조. 어업권의 대차계약의 효력에 관하여는 대판 64.5.26, 63다778 등.

58) 덕대계약은 광업권의 임대차계약에 사용되는 실무상의 용어이다. 따라서 토석채취허가를 받은 자와의 계약에 의하여 그 비용과 책임 하에 토석을 채취하고 그 채취된 토석의 일부를 허가명의자에게 분배하는 내용의 약정은 일종의 덕대계약이 아니라 도급계약에 해당한다. 대판 83.8.23, 82다카1596.

59) 광업권의 임대차계약(이른바 덕대계약)을 무효라고 한 판례로는 대판 62.2.22, 4294민상168; 대판 62.2.15, 4294민상986; 대판 66.7.5, 66다423; 대판 81.7.28, 81다145 등 참조. 어업권의 대차계약의 효력에 관하여는 대판 64.5.26, 63다778 등. 대판 63.10.31, 63다466은 "위법하여 무효인 본건 덕대계약에 원유하기는 하였으나 원고는 자기의 의사로 피고에게 본건 광산을 인도하였던 것임이 당사자 변론의 전취지상 명백하므로 피고의 본건 광산점유가 불법행위로 인한 것이라고 할 수 없을 것이며 또 피고의 본건비용의 지출도 위법한 덕대계약에 원유한 것이기는 하나 덕대계약 자체나 비용지출이 윤리적으로 비난할 수 있는 것이 아니어서 불법원인 급부라고 할 수 없는 것이므로 원시의 전시판시는 법률해석을 잘못한 것이라고 아니할 수 없고 논지는 이유 있다 할 것이다."라고 하였다.

위와 같이 광업권의 임대차계약(덕대계약)은 현행법 아래에서도 계속 무효이나, 광업권의 임대차가 언제나 무효로 되는 것은 아니다. 즉 1973.2.7. 법률 제2492호로 개정된 광업법 개정에서 설정행위에 의하여 타인의 광구에서 광업권의 목적으로 되어 있는 광물을 채굴하고 이를 취득하는 권리인 '조광권'을 새로 인정하여(§5 Ⅱ) 광업권자의 광업실시상의 권능을 전적으로 배제하여 광물을 채굴할 수 있는 조광권 제도를 인정하였으며, 이로 말미암아 조광권자의 자격은 대통령령이 정한 자격을 갖춘 자에 한하여 인정하여 조광권자보다도 엄격한 제한이 있고, 조광권의 설정, 변경, 존속기간의 연장, 소멸 등은 원칙적으로 조광원부에 등록하여야 그 효력이 생긴다(§§46-4, 13)고 하여 일정한 조건 하에 광업권의 임대차계약(덕대계약)을 합법화하였다. 그 후 광업법은 여러 차례 개정되었으나 위와 같은 조광권 제도는 그대로 승계되어 있고 현재에도 일정한 요건(조광권자와 채굴권자의 자격에 관하여 대통령령으로 정하는 바에 따라 산업통상자원부장관의 인가를 받아야 하는 제한이 있고, 또한 조광권의 설정, 변경, 이전, 소멸, 존속기간 등은 원칙적으로 조광원부에 등록하여야 그 효력이 생긴다) 하에 조광권 제도가 인정되고 있다(광업 §§3 (iv), 47 내지 61 각 참조).

그 밖에 자본시장과 금융투자업에 관한 법률 §6 Ⅰ 각 호의 금융투자업에 대하여 금융위원회의 인가를 받거나 금융위원회에 등록하여 이를 영위하는 자인 금융투자업자는 자기의 명의를 대여하여 타인에게 금융투자업을 영위하게 할 수 없는데(자본시장 §§6, 8, 39, 445), 이때 금융투자업자가 자기의 명의를 타인에게 대여하는 계약도 역시 무효가 되는 것으로 해석된다.[60)]

다만 구 자본시장과 금융투자업에 관한 법률(2013.5.28. 법률 제11828호로 개정되기 전의 것) §17가 금융투자업등록을 하지 않은 투자일임업을 금지하는 취지는 고객인 투자자를 보호하고 금융투자업을 건전하게 육성하고자 함에 있는데, 위 규정을 위반하여 체결한 투자일임계약 자체가 사법상의 효력까지도 부인하지 않으면 안 될 정도로 현저히 반사회성, 반도덕성을 지닌 것이라고 할 수 없을 뿐만 아니라 그 행위의 사법상의 효력을 부인하여야만 비로소 입법 목적을 달성할 수 있다고 볼 수 없고, 오히려 위 규정을 효력규정으로 보아 이를 위반한 행위를 일률적으로 무효라고 할 경우 거래 상대방과 사이에 법적 안정성을 심히 해하게 되는 부당한 결과가 초래되므로, 위 규정은 강행규정이 아니라 단속규정으로 본다.[61)]

60) 곽윤직 · 김재형(주 1), 277, 증권회사가 그의 명의를 타인에게 대여하여 증권업을 경영하게 할 수 없다는 규정(구 자본시장 §39)을 들어 그 명의를 대여하는 계약을 무효라고 한다.

61) 대판 19.6.13, 2018다258562.

또한 의사나 의사 아닌 자가 각 그 재산을 출자하여 함께 의료기관을 개설하여 운영하고, 의료기관의 운영 및 손익 등이 의료인 아닌 자에게 귀속되도록 하는 내용의 동업약정, 의료인의 자격이 없는 일반인이 필요한 자금을 투자하여 시설을 갖추고 유자격 의료인을 고용하여 그 명의로 의료기관 개설신고를 하고, 의료기관의 운영 및 손익 등이 그 일반인에게 귀속되도록 하는 내용의 약정은 강행법규인 의료법 § 33 Ⅱ에 위배되어 무효이다.[62)63)] 같은 취지에서 세무사는 다른 사람에게 자기의 성명이나 상호를 사용하여 세무대리를 하도록 하거나 그 자격증이나 등록증을 빌려 주어서는 아니 된다고 규정한 세무사법(2009.1.30. 법률 제9348호로 개정되기 전의 것) § 12-3, 등록을 한 자가 아니면 세무대리의 업무를 할 수 없다고 규정한 구 세무사법(2003.12.31. 법률 제7032호로 개정되기 전의 것) § 20 Ⅰ은 강행법규이므로 세무사와 세무사 자격이 없는 자가 체결한 세무사 사무소 동업약정은 위 규정을 위반하여 무효이고, 무효인 위 동업관계의 청산을 위하여 작성된 원심판시 이 사건 합의이행각서 중 이행사항 부분도 위 강행법규에 반하여 무효라고 하였다.[64)] 또한 Y는 자신의 공인회계사 자격 명의를 대여하고, 공인회계사 자격을 가지고 있는 X는 공인회계사 자격이 없는 소외인을 대리인으로 내세워 사무소를 주도적으로 관리·경영하며, X와 Y가 각자 그에 따른 수익을 배분받는 것을 목적으로 한 동업계약은 공인회계사의 명의 대여를 금지한 강행법규인 공인회계사법 § 22 Ⅰ 등을 위반한 법률행위로서 무효라고 하였다.[65)]

다만 위에서 설명한 명의대여계약으로 명의를 빌린 자가 제3자와 맺는 계약, 예컨대 광업권자의 명의를 빌려서(조광권에 의하지 않고서) 채굴한 광물을 제3자에게 매각하는 행위 등의 효력에 관하여는, 이를 유효하다고 해석하는 것이 통설이다.[66)] 명의 대여의 경우에 명의를 빌린 자가 제3자와 체결한 계약까지도 무효

62) 대판 03.4.22, 2003다2390, 2406; 대판 03.9.23, 2003두1493; 대판 11.1.13, 2010다67890; 대판 14.9.26, 2014다30568. 위 대판 03.9.23, 2003두1493; 대판 14.9.26, 2014다30568은 "의료기관 운영과 관련하여 얻은 이익이나 취득한 재산, 부담하게 된 채무 등은 모두 의사 개인에게 귀속된다."라고 한다.

63) 대판 13.11.28, 2012다67368은 "비의료인이 이미 개설된 의료기관의 의료시설과 의료진을 인수하여 종전 개설명의자를 변경하지 아니한 채 그 명의를 계속 이용하여 의료기관의 운영을 지배·관리함으로써 종전 개설자의 의료기관 개설·운영행위와 단절되는 새로운 개설·운영행위를 한 것으로 볼 수 있다면 마찬가지로 의료법 § 33 Ⅱ에서 금지하는 비의료인의 의료기관 개설행위에 해당한다고 보아야 한다."라고 하여 비의료인의 의료기관 등 인수행위도 무효라는 취지로 판시하였다.

64) 대판 15.4.9, 2013다35788.

65) 대판 15.9.10, 2014다72692.

66) 곽윤직·김재형(주 1), 277. 대판 10.12.9, 2010다57626은 "구 수산업법(2007.4.11. 법

라고 한다면 거래의 안전을 크게 해하기 때문이다.[67]

(3) 경제관리 법규 위반행위

계약 등 법률행위의 당사자에게 일정한 의무를 부과하거나 일정한 행위를 금지하는 법규에서 이를 위반한 법률행위의 효력을 명시적으로 정하고 있는 경우에는 그 규정에 따라 법률행위의 유·무효를 판단하면 된다. 법률에서 해당 규정을 위반한 법률행위를 무효라고 정하고 있거나 해당 규정이 효력규정이나 강행규정이라고 명시하고 있으면 그러한 규정을 위반한 법률행위는 무효이다.

이와 달리 금지 규정 등을 위반한 법률행위의 효력에 관하여 명확하게 정하지 않은 경우에는 종국적으로 그 금지규정의 목적과 의미에 비추어 그에 반하는 법률행위의 무효 기타 효력 제한이 요구되는지를 검토하여 이를 정하여야 한다. 특히 금지규정이 이른바 공법에 속하는 것인 경우에는, 법이 빈번하게 명문으로 규정하는 형벌이나 행정적 불이익 등 공법적 제재에 의하여 그러한 행위를 금압하는 것을 넘어서 그 금지규정이 그러한 입법자의 침묵 또는 법흠결에도 불구하고 사법의 영역에까지 그 효력을 미쳐서 당해 법률행위의 효과에도 영향이 있다고 할 것인지를 신중하게 판단하여야 한다. 그리고 그 판단에 있어서는, 당해 금지규정의 배경이 되는 사회경제적·윤리적 상황과 그 추이, 금지규정으로 보호되는 당사자 또는 이익, 그리고 반대로 그 규정에 의하여 활동이 제약되는 당사자 또는 이익이 전형적으로 어떠한 성질을 가지는지 또 그 이익 등이 일반적으로 어떠한 법적 평가를 받는지, 금지되는 행위 또는 그에 기한 재화나 경제적 이익의 변동 등이 어느 만큼 반사회적인지, 금지행위에 기하여 또는 그와 관련하여 일어나는 재화 또는 경제적 이익의 변동

률 제8377호로 전부 개정되기 전의 것) § 33가 어업권의 임대차를 금지하고 있는 취지 등에 비추어 보면, 위 규정에 위반하는 행위가 무효라고 하더라도 그것이 선량한 풍속 기타 사회질서에 반하는 행위라고 볼 수는 없다. 따라서 어업권의 임대차를 내용으로 하는 임대차계약이 구 수산업법 § 33에 위반되어 무효라고 하더라도 그것이 부당이득의 반환이 배제되는 '불법의 원인'에 해당하는 것으로 볼 수는 없으므로, 어업권을 임대한 어업권자로서는 그 임대차계약에 기해 임차인에게 한 급부로 인하여 임차인이 얻은 이익, 즉 임차인이 양식어장(어업권)을 점유·사용함으로써 얻은 이익을 부당이득으로 반환을 구할 수 있다."라고 하였다.

67) 부동산 실권리자명의 등기에 관한 법률 § 4는 "① 명의신탁약정은 무효로 한다. ② 명의신탁약정에 따른 등기로 이루어진 부동산에 관한 물권변동은 무효로 한다. 다만, 부동산에 관한 물권을 취득하기 위한 계약에서 명의수탁자가 어느 한쪽 당사자가 되고 상대방 당사자는 명의신탁약정이 있다는 사실을 알지 못한 경우에는 그러하지 아니하다. ③ 제1항 및 제2항의 무효는 제3자에게 대항하지 못한다."라고 규정하고 있다. 이는 법률행위의 무효를 선언하였을 때 거래의 안전 등에 미치는 효과를 고려한 입법이라고 할 수 있다.

등이 당사자 또는 제3자에게 가지는 의미 또는 그들에게 미치는 영향, 당해 금지행위와 유사하거나 밀접한 관련이 있는 행위에 대한 법의 태도 기타 관계 법상황 등이 종합적으로 고려되어야 한다.[68]

자본주의의 발전으로 인하여 생기는 사회구조적 모순을 극복하고 사회생활관계의 기본적 질서를 유지하기 위한 필요에 의하여 개인의 자유로운 경제활동을 통제하는 경제관리법규는 사회적 약자보호의 관점에서 사적 자치의 한계를 정하는 법규이기 때문에 이러한 법규는 효력법규의 성격을 가진다. 따라서 이러한 법규에 위반하는 행위는 원칙적으로 무효이다.[69]

예컨대 근로기준법에 정하여진 기준에 미달하는 근로조건을 정한 근로계약은 그 부분에 한하여 무효이다(근기 §§ 2, 15).[70] 또한 구 근로기준법(1996.12.31. 법률 제5245호로 개정되기 전의 것)상 퇴직금 산정의 기초가 되는 계속근로년수는 최초 입사일부터 최종 퇴직일까지 통산하여야 할 것인바, 만일 중간퇴직이 무효로 인정된다면, 노사협의회에 따른 합의에 의하여 해외파견 근로자들의 퇴직금 중간 정산의 효력을 인정하고 최종 퇴직시에는 중간 퇴직금 정산일 이후의 기간에 대해서만 퇴직금을 계산하기로 한 것은, 결국 최종 퇴직시 발생하는 퇴직금청구권의 일부를 사전에 포기하게 하는 것으로서 그와 같은 합의사항이 단체협약과 동일한 효력이 있다고 하더라도 강행법규인 근로기준법에 위반되어 무효이다.[71] 또한 노동조합법 § 39의 부당노동행위금지규정은 헌법이 규정하는 근로3권을 구체적으로 확보하기 위한 것으로 이에 위반하는 행위에 대하여 처벌규정을 두고 있는 한편 부당노동행위에 대하여 신속한 권리구제를 받을 수 있도록 같은 법 §§ 42, 43에서 행정상의 구제절차까지 규정하고 있는 점에 비추어 이는 효력규정인 강행법규라고 풀이되므로 위 규정에 위반된 법률행위는 사법상으로도 그 효력이 없다.[72]

상거래에서 공정한 경쟁을 제한하거나 독점하는 것을 막기 위하여 개인의 거래행위에 대하여 통제를 가하는 법규도 원칙적으로 효력법규의 성격을 가지고 있어 이러한 법규를 위반하는 행위는 무효이다.[73] 이러한 법규들은 공정거

68) 대판 10.12.23, 2008다75119; 대판(전) 17.12.21, 2012다74076; 대판 19.1.17, 2015다227000 등 참조.
69) 주석 민법총칙(하), 170(남윤호).
70) 대판 71.5.11, 71다485(집 19-2, 8).
71) 대판 97.7.25, 96다22174.
72) 대판 93.12.21, 93다11463.
73) 주석 민법총칙(하), 170(남윤호).

래의 확보 내지 사적 독점의 금지라는 상도덕 내지 상거래에서의 윤리성을 유지한다는 관점에서 개인의 거래행위의 한계를 정하는 법규들이기 때문이다.

예컨대 상거래에 있어서 공정한 경쟁을 제한하는 등의 물가안정에 관한 법률 §7 위반의 행위는 그 효력이 부정된다.[74] 이에 대해 이 경우에 있어서 상거래를 그 대상으로 하는 것이기 때문에 위와 같은 법규위반행위의 효력부인으로 인하여 거래의 안전을 해치게 되는 결과가 생길 수 있게 되므로 이 점을 고려하지 아니하여야 한다는 견해도 있다.[75] 또한 증권회사 또는 그 임·직원의 부당권유행위를 금지하는 증권거래법 §52 (i)는 공정한 증권거래질서의 확보를 위하여 제정된 강행법규로서 이에 위배되는 주식거래에 관한 투자수익보장약정은 무효이고, 투자수익보장이 강행법규에 위반되어 무효인 이상 증권회사의 지점장에게 그와 같은 약정을 체결할 권한이 수여되었는지 여부에 불구하고 그 약정은 여전히 무효이므로 표현대리의 법리가 준용될 여지가 없다.[76] 같은 취지에서 특정금전신탁에 관한 원본 보전이나 이익 보족의 약정은

74) 대판 01.5.29, 2001다1782는 "구 담배사업법(1999.12.31. 법률 제6078호로 개정되기 전의 것, 이하 같다) §12 Ⅰ은, 공사가 제조한 담배는 공사가 위 법 소정의 도매업자 또는 소매인에게 이를 판매하여야 한다고 규정하고 있는바, 담배사업법 제1조가 규정하고 있듯이, 담배사업법은 '원료용 잎담배의 생산 및 수매와 제조담배의 제조 및 담배의 판매 등에 관한 사항을 정함으로써 담배산업의 건전한 발전을 도모하고 국민경제에 이바지하게 함을 목적'으로 제정된 것으로서, 그 입법 취지에 비추어 볼 때 위 §12 Ⅰ은 강행규정으로 보아야 할 것이고 이에 위반한 행위는 그 효력이 없다고 보아야 할 것이다. 따라서 원심의 이유 설시가 부적절하기는 하지만 위 원고와 피고 공사 사이에 담배매매계약이 유효하게 성립되지 아니하였다고 보아, 그러한 매매계약이 성립되었음을 전제로 하는 담배구입대금 반환청구를 배척한 조치는 정당하다고 할 것이다. 이 부분 상고이유는 받아들일 수 없다.", "담배사업법은 '담배산업의 건전한 발전을 도모하고 국민경제에 이바지하게 함을 목적'으로 제정된 것으로서, 원료용 잎담배의 생산 및 수매와 제조담배의 제조 및 판매 등에 관한 사항을 규정하고 있기는 하나, 원래 담배사업이 반드시 국가의 독점사업이 되어야 한다거나 담배의 판매를 특정한 자에게만 하여야 하는 것은 아니어서 그 자체에 무슨 반윤리적 요소가 있는 것은 아니고, 또한 담배 사재기가 물가안정에관한법률에 의하여 금지되고 그 위반행위는 처벌되는 것이라고 하여도 이는 국민경제의 정책적 차원에서 일정한 제한을 가하고 위반행위를 처벌하는 것에 불과하므로 이에 위반하는 행위가 무효라고 하더라도 이것을 선량한 풍속 기타 사회질서에 반하는 행위라고는 할 수 없다고 해석함이 상당하다. 그럼에도 불구하고 원심이 위 원고가 피고 공사에 담배구입대금을 지급한 것이 선량한 풍속 기타 사회질서에 반하는 행위로서 민법 §746의 불법원인급여에 해당한다고 보아 담배구입대금 상당의 부당이득금반환청구를 배척한 것은 불법원인급여에 있어 불법의 법리를 오해함으로써 판결에 영향을 미친 위법을 저질렀다고 할 것이다."라고 하였다.

75) 주석 민법총칙(하), 170-171(남윤호).

76) 대판 80.12.23, 79다2156; 대판 83.12.27, 83다548; 대판 94.1.28, 93다49703; 대판 96.8.23, 94다38199.

모두 특정금전신탁의 본질과 기능에 반하고 건전한 신탁거래질서를 해치는 것으로서 강행법규인 구 신탁업법(1998.1.13. 법률 제5502호로 개정되기 전의 것) §11의 규정에 반하여 무효이다.[77]

그리고 구 노동조합법(1996.12.31. 법률 제5244호 노동조합및노동관계조정법 부칙 §3로 폐지) §20 Ⅱ이 노동조합의 최고의결기관인 총회에 갈음할 대의원회의 대의원을 조합원의 직접·비밀·무기명투표에 의하여 선출하도록 규정하고 있는 취지는, 노동조합의 구성원인 조합원이 그 조합의 조직과 운영에 관한 의사결정에 관여할 수 있도록 함으로써 조합 내 민주주의, 즉 조합의 민주성을 실현하기 위함에 있고 이는 강행규정이라고 할 것이므로, 다른 특별한 사정이 없는 한 위 법 조항에 위반하여 조합원이 대의원의 선출에 직접 관여하지 못하도록 간접적인 선출방법을 정한 규약이나 선거관리규정 등은 무효이다.[78]

그 밖에 국가의 기본적 경제정책의 실현을 위하여 개인이나 사업자의 경제활동을 통제하는 법규도 원칙적으로 효력법규의 성격을 가진다. 그러나 구체적으로는 개개의 법규가 가지고 있는 목적, 성격에 따라 그 위반행위의 효력을 정할 문제이다.

실무를 종합적으로 살펴보면, 조선마사회령 §16,[79] 외자관리법(1983.12.31. 폐지) §5,[80] 무역거래법(1986.12.31. 폐지) §§1, 6,[81] 농업협동조합법 §58,[82] 농촌근대화촉진법(1995.12.29. 폐지) §23 및 동법시행령 §71,[83] 중소기업협동조합법(1973.1.15. 법률 제2438호로 개정되기 전의 것) §47 (ii),[84] 구 상호신용금고법(2001.3.28. 법률 제6429호 상호저축은행법으로 개정되기 전의 것) §18-2 (iv),[85]

77) 대판 07.11.29, 2005다64552.

78) 대판 00.1.14, 97다41349.

79) 대판 62.10.18, 62다521.

80) 대판 60.10.6, 4292민상869; 대판 62.4.4, 4294민상1104; 대판 66.10.18, 66다1348도 "외자관리법에 의하면, 외자 즉 외국 또는 국제기관으로부터 우리나라에 공여된 원조자금에 의하여 도입된 물자로서 주무장관이 외자로서의 성질을 해제하기 전의 것은, 수혜자가 그 용도를 변경하거나, 이를 매각하려는 때에는 주무장관의 허가를 얻어야 한다고 규정하였고, 주무장관의 허가없이 한 외자매각처분은 효력이 없다고 해석하여야 할 것이라 함은 본원의 판례로 하는 바인바(1962.4.4, 4294민상1104)"라고 하였다.

81) 대판 74.3.26, 73다721.

82) 대판 62.5.10, 62다127; 대판 63.1.17, 62다775; 대판 66.1.18, 65다1852 등; 대판 71.4.20, 71다476.

83) 대판 81.5.26, 80다2922.

84) 대판 76.10.12, 76다1301.

85) 대판 04.6.11, 2003다1601은 "상호신용금고가 대통령령이 정하는 특수한 경우를 제외하고 '채무의 보증 또는 담보의 제공'을 하는 행위를 금지하고 있는바, 이는 서민과 소규모기업의 금융편의를 도모하고 거래자를 보호하며 신용질서를 유지함으로써 국민경제의 발전에 이바지함을 목적으로 하는(구 상호신용금고법 §1) 상호신용금고가 경영자의 무분별

직업안정법 § 33 Ⅰ,[86] 구 상호신용금고법(2015.12.22. 상호저축은행법으로 명칭 변경) § 17 Ⅰ, Ⅱ,[87] 향교재산법 § 11,[88] 사립학교법 § 16[89] 및 § 28,[90] 불교재산관리법(1987.11.28. 폐지) § 11,[91] 구 국가유공자예우등에관한법률(1997.1.13. 국가유공자 등 예우 및 지원에 관한 법률로 명칭변경) § 58,[92] 임대주택건설촉진법(1993.12.27. 법률 제4629호로 전문 개정되기 전의 것) § 10,[93] 노동조합및노동관계조정법 § 31 Ⅰ,[94] 전통사찰보존법 § 6 Ⅰ,[95] 산업집적활성화 및 공장설립에 관한 법률(2006.3.3. 법률 제7861호로 개정되기 전의 것) § 28-4 Ⅰ,[96] 주택건설촉진법(1999.2.8. 법률 제5908호로 개정되기 전의 것) § 10-4 Ⅰ,[97] 수산업협동조합법(2004.12.31. 법률 제7311호로 전부 개정되기 전의 것) § 65 Ⅳ,[98] 보조금의 예산 및 관리에 관한 법률 § 35,[99] 공익사업을 위한 토지 등의 취득 및 보상에 관한 법률

하고 방만한 채무부담행위로 인한 자본구조의 악화로 부실화됨으로써 그 업무수행에 차질을 초래하고 신용질서를 어지럽게 하여 서민과 소규모기업 거래자의 이익을 침해하는 사태가 발생함을 미리 방지하려는 데에 그 입법 취지가 있다고 할 것이어서 위 규정은 단순한 단속규정이 아닌 효력규정이라고 할 것이다."라고 한다. 같은 취지로 대판 85.11.26, 85다카122; 대판 02.4.9, 2000다42625가 있다.

86) 대판 04.6.25, 2002다56130, 56147.

87) 대판(전) 85.11.26, 85다카12(집 33-3, 177), 다수의견은 "상호신용금고법 § 17 Ⅰ 및 Ⅱ의 차입행위등 채무부담제한에 관한 규정은 서민의 금융 및 저축업무를 담당하는 상호신용금고가 경영자의 무분별하고 방만한 채무부담행위로 인한 자본구조의 악화로 불실화됨으로써 그 업무수행에 차질을 초래하고 신용질서를 어지럽게 하여 서민거래자의 이익을 침해하는 사태가 발생함을 미리 방지하려는데에 그 입법취지가 있다고 하겠으므로, 이러한 차입등 채무부담의 제한규정은 단순한 단속법규가 아니라 효력법규로서 이에 위반한 채무부담행위는 무효라고 보아야 할 것이다."라고 하였고 이에 반대의견은 "상호신용금고의 자금차입행위는 상호신용금고법 § 11 소정의 상호신용금고가 그 목적으로 하는 업무자체에는 해당하지 아니하나 그 소요자금의 조달등 목적수행을 위하여 필요한 부수적 업무에는 해당한다 할 것이고 동법 § 17 Ⅱ의 차입절차규정은 상호신용금고의 금융업무의 건실한 경영을 확보하고 계원 및 부금자등의 이익보호를 도모하기 위한 내부적인 제약규정으로 단속규정이라 할 것이므로 위 규정에 반하는 차입행위의 사법상의 효력을 부인할 것은 아니다."라고 하였다. 대판 86.4.8, 85다카2532; 대판 86.7.22, 85다카2029; 대판 02.4.9, 2000다42625; 대판 04.6.11, 2003다1601.

88) 대판 80.7.8, 80다544.

89) 대판 81.9.22, 80다1317; 대판 98.12.8, 98다44642.

90) 대결 83.11.16, 83마138; 대판 00.6.9, 99다70860; 대판 00.6.23, 2000다12761, 12778; 대판 00.9.5, 2000다2344; 대판 04.12.10, 2004도6261.

91) 대판 81.12.22, 81다731, 731; 대판 87.1.20, 85다카2536; 대판 91.8.27, 90다19848.

92) 대판 00.1.21, 99다41190.

93) 대판 05.6.9, 2005다11046.

94) 대판 01.5.29, 2001다15422, 15439.

95) 대판 99.10.22, 97다49817; 대판 00.10.13, 99두653.

96) 대판 09.4.9, 2008다1521.

97) 대판 06.12.21, 2004다17054.

98) 대판 10.4.29, 2009다96731.

99) 대판 04.10.28, 2004다5556; 대판 04.10.28, 2004다5563; 대판 06.10.12, 2005다75729; 대판 07.11.29, 2005다64552; 대판 09.11.26, 2009다37619; 대판 14.9.4, 2014다6404.

§ 78,[100] 사회복지사업법(2011.8.4. 법률 제10997호로 개정되기 전의 것) § 23 Ⅲ (ii),[101] 구 도시 및 주거환경정비법(2007.12.21. 법률 제8785호로 개정되기 전의 것) § 65 Ⅱ,[102] 구 공익사업법 § 78 Ⅰ 및 Ⅳ,[103] 구 임대주택법 시행령 § 12 Ⅰ,[104] 구 부동산중개업법(2005.7.29. 법률 제7638호 '공인중개사의 업무 및 부동산 거래신고에 관한 법률'로 전부 개정되기 전의 것) §§ 4 Ⅰ 및 Ⅳ, 38 Ⅰ (i), 7, 8 Ⅰ, 19 Ⅲ 및 같은 법 시행령(2005.12.30. 대통령령 제19248호 '공인중개사의 업무 및 부동산 거래신고에 관한 법률 시행령'으로 전부 개정되기 전의 것) § 5와 같은 중개사무소 개설등록에 관한 규정,[105] 국가를 당사자로 하는 계약에 관한 법률 § 4 및 동법시행령 § 4의 공공계약에서 정한 특약 또는 조건이 계약상대방의 계약상 이익을 부당하게 제한하는 경우의 효력에 관한 관한 규정,[106] 여객자동차 운수사업법 § 12의 명의이용금지 규정,[107] 국가를 당사자로 하는 계약에 관한 법률 § 15 Ⅱ 및 동법시행령 § 59의 대가지급지연에 대한 이자에 관한 규정,[108] 특수농업협동조합은 그 목적을 달성하기 위하여 농업협동조합중앙회로부터만 자금을 차입할 수 있고 다른기관이나 개인으로부터는 차입할 수 없도록 한 농업협동조합법 § 125 Ⅲ의 규정,[109] 정당법 § 4-2 Ⅴ,[110] 구 임대주택법(2008.2.29. 법률 제8852호로 개정되기 전의 것) § 14 Ⅰ, 구 임대주택법 시행령(2008.2.29. 대통령령 제20722호로 개정되기 전의 것) § 12 Ⅰ, 건설교통부장관의 「임대주택의 표준임대보증금 및 표준임대료」 고시(2004.4.2. 건설교통부 고시 제2004-70호로 전부 개정된 것) 등 공공건설임대주택의 임대보증금과 임대료의 상한을 정한 규정,[111] 의료인이나 의료법인 등 비영리법인이 아닌 자의 의료기관 개설을 원천적으로 금지하고 있는 의료법 § 33 Ⅱ의 규정,[112] 사립학교법 § 53-2 Ⅲ[113] 및 Ⅳ 내지 Ⅷ,[114] 할부거래에 관한 법률 § 22 Ⅰ,[115] 도시 및 주거환경정비법(2005.3.18. 법률 제7392호로 개정되기 전의 것) § 20

---

100) 대판 13.10.17, 2012다92173.
101) 대판 14.4.10, 2013다98710, 98727.
102) 대판 09.6.11, 2008다20751; 대판 18.5.11, 2015다41671.
103) 대판(전) 2011.6.23, 2007다63089, 63096.
104) 대판 10.7.22, 2010다23425.
105) 대판 10.12.23, 2008다75119, "중개사무소 개설등록에 관한 위와 같은 규정들은 공인중개사 자격이 없는 자가 중개사무소 개설등록을 하지 아니한 채 부동산중개업을 하면서 체결한 중개수수료 지급약정의 효력을 제한하는 이른바 강행법규에 해당한다."
106) 대판(전) 17.12.21, 2012다74076.
107) 대판 18.7.11, 2017다274758.
108) 대판 18.10.12, 2015다256794.
109) 대판 86.6.24, 86다133.
110) 대판 02.2.8, 2001다68969.
111) 대판(전) 16.11.18, 2013다42236.
112) 대판 13.11.28, 2012다67368.
113) 대판 17.2.15, 2016두52545.
114) 대판 12.4.12, 2011두22686.
115) 대판 16.1.14, 2015다50200.

Ⅲ,[116] 도시 및 주거환경정비법(2009.2.6. 법률 제9444호로 개정되기 전의 것) § 14 Ⅱ,[117] 농업협동조합의 차입 상대방을 엄격하게 제한한 농업협동조합법 §§ 57 Ⅱ, 112[118] 등은 강행법규라 하여 그 위반행위는 무효로 보고 있다.

그 반면에 단기금융업법(1998.1.13. 폐지) § 11,[119] 증권거래법(2009.2.4. 폐지) § 2,[120] 저축증대에관한법률(1976.3.31. 저축증대와근로자재산형성지원에관한법률로 명칭변경 후 1987.5.30. 폐지) §§ 19, 20,[121] 신용협동조합법 § 39 Ⅰ (i) 가목 및 § 40 Ⅰ,[122] 귀속재산처리법 § 8,[123] 의료법 § 30,[124] 시설대여법(1997.8.28. 폐지) § 7-2 Ⅱ,[125] 주택건설촉진법 §§ 32,[126] 32-3,[127] 38-3,[128] 금융산업의 구조개선에 관한 법률 § 24,[129] 국유재산법 § 34,[130] 보험업법(1988.12.31. 법률 제4069호로 개정된 것) § 19, 같은법시행령 § 14 Ⅴ,[131] 단기금융업법(1998.1.13. 법률 제5503호 종합금융회사에관한법률 부칙 § 2로 폐지) § 16에 의하여 단기금융회사의 업무를 감독하는 지위에 있는 재무부장관이 제정한 구 단기금융회사업무운용지침(1993.12.28. 금시 45340-54로 개정되기 전의 것) § 19 Ⅱ,[132] 외국인토지법 § 5,[133] 사립학교법 § 29,[134] 구 상호신용금고법 §§ 12,[135] 37,[136] 건설업법(1996.12.30. 건설산업기본법으로 명칭변경)

116) 대판 16.5.12, 2013다49381.
117) 대판 16.6.23, 2013다58613.
118) 대판 19.6.13, 2016다203551. 앞의 대판 10.4.29, 2009다96731과 같은 취지이다.
119) 대판 87.12.8, 86다카1230; 대판 88.8.9, 86다카1858; 대판 91.11.22, 91다8821; 대판 99.10.8, 98다2488; 대결 01.9.21, 2000그98; 대판 05.5.27, 2005다480; 대판 09.12.10, 2009다63236.
120) 대판 73.5.30, 72다1726, 1727.
121) 대판 74.5.28, 73다1538; 대판 77.4.26, 74다646.
122) 대판 01.6.12, 2001다18940; 대판 08.12.24, 2008다61172.
123) 대판 82.10.26, 80다557; 대판 94.1.11, 92다29528.
124) 대판 74.3.12, 73다1736.
125) 대판 01.3.27, 99다13300.
126) 대판 96.7.26, 95다55351.
127) 대판 98.2.10, 97다26524; 대판 04.1.29, 2003다52210.
128) 대판 97.6.27, 95다47343; 대판 97.7.8, 95다54884.
129) 대판 03.11.27, 2003다5337.
130) 대판 02.7.12, 2001다7940; 대판 09.3.16, 2008다1842; 대판 09.6.25, 2006다18174.
131) 대판 89.9.12, 88다카2233, 88다카2240.
132) 대판 00.11.10, 98다31493.
133) 대판 73.8.21, 73다737; 대판 95.7.14, 94다29911.
134) 대결 96.12.24, 96마1302, 1303; 대결 98.3.16, 97마966, 967.
135) 대판 87.12.22, 87다카1458; 대판 95.1.12, 94다21320; 대판 96.8.23, 96다18076; 대판 96.9.10, 96다18182; 대판 96.9.24, 96다21492; 대판 97.5.7, 97다5602; 대판 97.7.25, 97다8403; 대판 97.8.26, 96다36753; 대판 99.3.12, 98다48989; 대판 01.2.23, 2000다65864; 대판 01.5.29, 2001다11765; 대판 02.10.11, 2001다7445; 대판 05.4.15, 2004다70024; 대판 05.5.12, 2004다68366; 대판 07.11.29, 2007다53013; 대판 12.4.26, 2009도5786 등 참조.
136) 대판 94.10.28, 94다28604.

§17 Ⅰ,[137] 공업배치 및 공장설립에 관한 법률 §39 Ⅰ,[138] 중소기업창업지원법(2000.1.21. 법률 제6194호로 전문 개정되기 전의 것) §16-3,[139] 상호신용금고법(1999.2.1. 법률 제5738호로 개정되기 전의 것) §18-2 (ii),[140] 구 금융실명거래및비밀보장에관한긴급재정경제명령(1997.12.31. 법률 제5493호 금융실명거래및비밀보장에관한법률 부칙 §2로 폐지) §3 Ⅰ,[141] 구 독점규제 및 공정거래에 관한 법률(2017.4.18. 법률 제14813호로 개정되기 전의 것, 이하 '공정거래법'이라 한다)은 §10-2 Ⅰ과 §15를 위반한 등의 규정,[142] 전기통신사업법(2001.1.8. 법률 제6346호로 개정되기 전의 것) §36-3 Ⅰ (iv),[143] 구 주택법(2009.2.3. 법률 제9405호로 개정되기 전의 것) §39 Ⅰ,[144] 금융실명거래 및 비밀보장에 관한 법률 §3 Ⅰ,[145] 공인중개사법 §33 (vi)의 규정,[146] 구 노인복지법(2011.6.7. 법률 제10785호로 개정되기 전의 것) §35 Ⅲ의 위임에 따른 구 노인복지법 시행규칙 §22 Ⅰ [별표 4] Ⅱ ㈎목 전문,[147] 구 시설대여업법(1997.8.28. 법률 제5374호 여신전문금융업법 부칙 §2로 폐지) §15 Ⅰ,[148] 하도급거래 공정화에 관한 법률 §§11(감액금지),[149] 16 Ⅰ[150] 및 17(부당한 대물변제의 금지),[151] 등에 대하여는 단속법규 등의 이유로 그 위반행위의 사법상 효력을 인정하고 있다.

---

137) 대판 94.12.2, 94다14728.

138) 대판 94.10.25, 94다35527.

139) 대판 03.2.28, 2001다52148.

140) 대판 08.12.24, 2006다53672.

141) 대판 01.1.5, 2000다49091; 대판 01.12.28, 2001다17565. 현행 금융실명거래 및 비밀보장에 관한 법률 제3조 제1항에도 구 금융실명거래및비밀보장에관한긴급재정경제명령 제3조 제1항과 같은 취지의 규정이 있다.

142) 대판 19.1.17, 2015다227000, "공정거래법은 문언상 §10-2 Ⅰ을 위반한 행위가 일단 사법상 효력을 가짐을 전제로 하는 비교적 명확한 규정을 두고 있다. 즉, 공정거래법은 §10-2 Ⅰ을 위반한 행위가 있는 때에는 공정거래위원회가 시정조치로서 채무보증의 취소를 명할 수 있다고 정하고 있다(§16 Ⅰ (v)). 이는 공정거래법 §10-2 Ⅰ을 위반한 채무보증이 사법상 유효함을 전제로 한 것이고, 그 채무보증이 공정거래위원회의 재량에 따라 취소가 가능하다고 정한 것이다. 공정거래법이 위와 같은 채무보증을 사법상 무효라고 보았다면 굳이 시정조치로 취소를 명할 수 있다는 규정을 둘 이유가 없다. 따라서 공정거래법의 문언해석상 공정거래위원회의 시정명령으로 취소되기 전까지는 공정거래법 §10-2 Ⅰ을 위반한 채무보증은 일단 사법상 유효하다고 보아야 한다. 마찬가지로 공정거래법 §10-2 Ⅰ의 적용을 면탈하려는 §15를 위반한 탈법행위도 사법상 유효하다고 볼 수 있다."

143) 대판 09.6.25, 2007다12944.

144) 대판 98.7.10, 98다17954; 대판 07.12.13, 2007다55248, 55255; 대판 11.5.26, 2010다102991 등.

145) 대판(전) 09.3.19, 2008다45828.

146) 대판 17.2.3, 2016다259677.

147) 대판 18.10.12, 2015다219528. 판결에서 단속규정이라고 명시하지는 않았지만 위 시행규칙 조항은 강행규정이 아니고 근저당권설정계약의 효력에 영향이 없다고 하였다.

148) 대판 09.9.10, 2006다64627.

149) 대판 11.1.27, 2010다53457.

150) 대판 00.7.28, 2000다20434.

151) 대판 03.5.16, 2001다27470.

그리고 앞에서 본 바와 같이 외환관리법(1999.4.1. 폐지) §§ 21 내지 23 등의 규정에 대하여는 그것들이 강행법규라고 하여 그 위반행위의 효력을 부인하였다가[152] 단속법규라고 태도를 바꾸어 그 위반행위의 효력을 인정하고 있다.[153]

(4) 형법 위반과 법률행위의 무효

형법 규정에 저촉되는 법률행위라고 해서 그러한 행위들이 모두 무효로 되는 것은 아니다. 다만 당해 법률행위의 당사자가 그 법률행위에 의하여 형법 규정에 저촉된다고 하는 사실을 알면서도 그 법률행위를 행한 때에 한하여 그 법률행위는 선량한 풍속 기타 사회질서에 반하여 무효로 된다고 해석된다.

예컨대 매수인이 매도인의 사기행위에 의하여 매매계약을 체결할 경우 매도인은 사기죄에 의하여 처벌되더라도 매매계약은 이에 의하여 당연 무효로 되는 것은 아니지만, 매도인이 사기로 물건을 편취하였다는 사정을 매수인이 알고 매수하였다면 매수인은 장물취득죄에 해당하여 당사자 쌍방이 모두 형법 법규에 위배되고 이러한 행위는 선량한 풍속 기타 사회질서에 반하여 그 매매계약이 무효로 된다.[154]

V. 강행법규 위반행위

1. 효력의 판단

법률에서 어느 법률행위를 무효라고 규정하면 그 법률행위를 유효라고 주장할 수 없다. 법률에서 강행규정이라고 명시하고 있는 경우(§§ 289, 652, 674-9, 주임 § 10, 보특 § 11, 농지 § 26-2)에 이를 위반한 계약은 무효이고 이에 위반한 법률행위를 유효라고 주장할 수 없다.

한편 법률에서 사법상의 효과에 관하여 어떠한 내용을 규정하고 있는 경우가 있다. 예를 들면 이자제한법은 법에서 정한 계약상의 최고이자율을 초과하는 부분은 무효라고 하고 채무자가 최고이자율을 초과하는 이자를 임의로 지급한 경우에는 초과 지급된 이자 상당금액은 원본에 충당되고 원본이 소멸한 때에는 그 반환을 청구할 수 있다고 규정하고 있다(이자 § 2 Ⅲ, Ⅳ). 이와 같이 법

152) 대판 72.1.31, 71다2399; 대판 72.7.11, 71다2175.

153) 대판(전) 75.4.22, 72다2161; 대판 81.2.10, 80다1670; 대판 83.3.22, 83다51; 대판 76.7.8, 74다2172; 대판 95.5.9, 94다48738; 대판 09.3.26, 2006다47677.

154) 구주해(2), 267(박영식).

률에 그 사법상의 효과를 규정하고 있다면 그 내용에 따라야 하고 그와 다른 당사자의 의사는 효력이 없다.

그 밖에 이와 같이 법률에서 어느 법률행위를 무효라고 규정하고 있지 않거나 강행법규라고 명시하고 있지 않더라도 그 규정이 앞서 본 판단기준에 따라 강행법규에 해당하는 경우에 그 법규를 위반하는 법률행위는 무효이다.

어느 법률행위가 강행법규에 위반하는지 여부는 그 행위 당시를 기준으로 하여 결정한다. 행위 당시에 강행법규 위반으로 무효인 때에는 그 후에 법 규정이 개정되더라도 유효로 되지 않는다.[155]

강행법규 위반행위의 무효는 원칙적으로 확정적이고 이를 추인하더라도 효력이 생기지 않는다. 대법원도 상 §731 I 에 의하면 타인의 생명보험에서 피보험자가 서면으로 동의의 의사표시를 하여야 하는 시점은 '보험계약 체결 시까지'이고, 이는 강행규정으로서 이를 위반한 보험계약은 무효이므로, 타인의 생명보험계약 성립 당시 피보험자의 서면동의가 없다면 그 보험계약은 확정적으로 무효가 되고, 피보험자가 이미 무효가 된 보험계약을 추인하였다고 하더라도 그 보험계약이 유효로 될 수 없다고 한다.[156] 또한 강행법규 위반행위에서 계약 상대방이 선의·무과실이더라도 §107의 진의아닌 의사표시의 법리 또는 §125 등의 표현대리 법리가 적용될 여지는 없다.[157]

다만 어떠한 법률행위에 관할관청의 허가가 필요한 경우 관할관청의 허가 없이 한 법률행위는 특별한 사정이 없는 한[158] 무효로 보나[159] 그 후 관할관청

155) 대결 67.1.25, 66마1250; 대판 96.1.26, 95누8966. 다만 대판 94.9.9, 94다20501은 "농지매매 당시 소재지 관서의 증명을 받지 못하였다고 하더라도 그 후 그 농지가 도시계획법상의 자연녹지 지역으로 고시됨과 더불어 당시 시행된 구 도시계획법(1991.12.14. 법률 제4427호로 개정되기 전의 것) §87 I (iii)에 따라 농지개혁법의 적용이 배제되면, 소재지 관서의 증명의 흠결이라는 하자는 치유되고 농지매수인은 소재지 관서의 증명이 없이도 그 소유권이전등기청구권을 유효하게 행사할 수 있다."라고 하였다.

156) 대판 06.9.22, 2004다56677; 대판 10.2.11, 2009다74007.

157) 대판 16.5.12, 2013다49381(계약체결의 요건을 규정하고 있는 강행법규에 위반한 계약의 효력에 대한 판시임).

158) 대판 87.2.10, 86다카1288은 "외국환관리법 §24, 동법시행령 §35가 재무부장관의 허가 승인 없이 국내에 있는 증권에 관하여 질권설정행위를 금지하고 있고 동법 §35는 그 위반행위를 처벌하도록 규정하였는데 원고와 피고가 재무부장관의 허가없이 주권에 관한 질권설정을 하였다 하더라도 그 행위를 무효라고 할 수는 없으며 따라서 주권인도의 판결을 받아 집행하는 행위는 피고의 당연한 권리행사라 할 것이고 재무부장관의 허가는 집행의 조건이 되어 허가를 받지 못하였다는 사정은 집행의 단계에서 장애사유가 될 뿐이며 그 판결의 집행행위자체에 대하여 불법행위 또는 권리남용으로 따질 수는 없다."라고 하였는데 이는 외국환관리법의 제한규정을 단속규정으로 판단하였기 때문이다.

159) 대결 84.12.1, 84마591; 대판 98.12.11, 97다9970; 대결 03.9.26, 2002마4353; 대판

의 허가를 받는 경우에는 소급하여 유효로 보는 경우가 있다.

관련하여 대법원은, 국토의 계획 및 이용에 관한 법률에 규정된 규제구역 내의 토지 등의 거래계약허가에 관한 관계규정의 내용과 그 입법취지에 비추어 볼 때 토지의 소유권 등 권리를 이전 또는 설정하는 내용의 거래계약은 관할 관청의 허가를 받아야만 그 효력이 발생하고 허가를 받기 전에는 물권적 효력은 물론 채권적 효력도 발생하지 아니하여 무효이고, 다만 허가를 받기 전의 거래계약이 처음부터 허가를 배제하거나 잠탈하는 내용의 계약일 경우에는 확정적으로 무효로서 유효화될 여지가 없으나 이와 달리 허가받을 것을 전제로 한 거래계약(허가를 배제하거나 잠탈하는 내용의 계약이 아닌 계약은 여기에 해당하는 것으로 본다)일 경우에는 허가를 받을 때까지는 법률상 미완성의 법률행위로서 소유권 등 권리의 이전 또는 설정에 관한 거래의 효력이 전혀 발생하지 않음은 위의 확정적 무효의 경우와 다를 바 없더라도,[160] 일단 허가를 받으면 그 계약은 소급하여 유효한 계약이 되고 이와 달리 불허가가 된 때에는 무효로 확정되어 허가를 받기까지는 유동적 무효의 상태에 있다고 보는 것이 타당한데 허가받을 것을 전제로 한 거래계약은 허가받기 전의 상태에서는 거래계약의 채권적 효력도 전혀 발생하지 않아 권리의 이전 또는 설정에 관한 어떠한 내용의 이행청구도 할 수 없으나 일단 허가를 받으면 그 계약은 소급해서 유효화되므로 허가 후에 새로이 거래계약을 체결할 필요가 없다고 한다.[161] 같은 취지로 학교법인이 감독청의 허가 없이 기본

08.9.11, 2008다32501; 대판 15.10.29, 2015다223350 등 참조. 한편 대판 93.7.16, 93다2094는 "의료법 제41조 제3항의 규정에 의한 보건사회부장관의 허가는 강제경매의 경우에도 그 효력요건으로 보아야 할 것이지만, 강제경매의 대상이 된 부동산에 보건사회부장관의 허가를 받아 소외 은행을 근저당권자로 한 근저당이 설정되었고, 그 경락대금이 모두 위 은행에 배당되어 그 근저당권이 소멸되었다면 이는 위 은행의 근저당권실행에 의하여 임의경매가 실시된 것과 구별할 이유가 없다고 하겠고, 담보제공에 관한 보건사회부장관의 허가를 받았을 경우에 저당권의 실행으로 경락될 때에 다시 그 허가를 필요로 한다고 해석되지 아니하는 이치에서 위와 같은 경락의 경우에도 별도의 허가를 필요로 하지 아니한다"라고 하였다.

160) 대판 00.1.28, 99다40524는 "국토이용관리법상 토지거래허가구역 내의 토지에 관한 거래계약은 관할관청으로부터 허가받기 전의 상태에서는 거래계약의 채권적 효력도 전혀 발생하지 아니하여 무효이므로 권리의 이전 또는 설정에 관한 어떠한 내용의 이행청구도 할 수 없고, 따라서 상대방의 거래계약상 채무불이행을 이유로 손해배상을 청구할 수도 없다"라고 한다. 다만 대판 06.1.27, 2005다52047은 "국토의 계획 및 이용에 관한 법률 소정의 규제지역 내의 토지거래계약이 토지거래허가를 받기 이전의 유동적 무효인 상태에 있는 한 계약의 채권적 효력은 발생하지 아니하므로 소유권 등 권리의 이전을 위한 계약의 이행을 구할 수는 없지만, 그 경우에도 토지거래허가 신청절차에 협력하지 않는 상대방에 대하여 그 협력의무의 이행을 소로써 구할 수는 있다"라고 하였다.

161) 대판(전) 91.12.24, 90다12243; 대판 92.7.28, 91다33612; 대판(전) 99.6.17, 98다

재산인 부동산에 관한 매매계약을 체결하는 한편 그 부동산에서 운영하던 학교를 당국의 인가를 받아 신축교사로 이전하고 준공검사까지 마친 경우, 위 매매계약이 감독청의 허가 없이 체결되어 아직은 효력이 없다고 하더라도 위 매매계약에 기한 소유권이전등기절차이행청구권의 기초가 되는 법률관계는 이미 존재한다고 볼 수 있고 장차 감독청의 허가에 따라 그 청구권이 발생할 개연성 또한 충분하므로, 매수인으로서는 미리 그 청구를 할 필요가 있는 한, 감독청의 허가를 조건으로 그 부동산에 관한 소유권이전등기절차의 이행을 청구할 수 있고, 따라서 반드시 기본재산의 매매 등 계약 성립 전에 감독청의 허가를 받아야만 하는 것은 아니고 매매 등 계약 성립 후에라도 감독청의 허가를 받으면 그 매매 등 계약이 유효하게 된다.[162)]

한편 농지매매증명 또는 농지취득자격증명에 관하여, 당초 대법원은 구 농지개혁법 §19 Ⅱ의 농지매매증명은 농지 매매계약이 채권계약인 경우에도 그 유효요건으로서 그것이 없는 경우 매매계약의 효력을 발생할 수 없다고 하여 채권적 효력이 없는 것으로 판시하였다가[163)] 농지 매매에 있어 소재지관서의 증명이 없는 경우 물권변동의 효과, 즉 소유권이전의 효과를 발생할 수 없는 것에 불과하고 매매 당사자 사이에서 채권계약으로서의 매매계약은 유효하게 성립한다고 판시하였다.[164)]

그 후 1996.1.1. 농지법이 시행되어 종래의 농지매매증명 대신 농지취득자격증명을 받도록 한 이후 대법원은, 농지취득자격증명은 농지를 취득하는 자가 농지법 §8 Ⅳ에 의하여 그 소유권에 관한 등기를 신청할 때에 첨부하여야 할 서류로서, 농지를 취득하는 자에게 농지 취득의 자격이 있다는 것을 증명하는 것일 뿐 농지 취득의 원인이 되는 매매 등 법률행위의 효력을 발생시키는 요

40459.

162) 대판 98.7.24, 96다27988. 같은 취지로 대판 01.2.9, 99다26979는 사찰 소유의 일정한 재산을 대여, 양도 또는 담보에 제공하는 때에는 관할청의 허가를 받아야 한다는 구 불교재산관리법(1962.5.31. 법률 제1087호, 전통사찰보존법 부칙 제2조에 의하여 폐지) 제11조 제1항 제2호 및 전통사찰보존법 제6조의 규정은 강행법규로서 이에 위반한 양도계약은 무효이고, 사찰재산의 양도에 필요한 위와 같은 허가는 반드시 그 양도 전에 미리 받아야 하는 것은 아니고 양도 후에라도 허가를 받으면 그 양도계약은 소급하여 유효한 것으로 된다고 할 것이지만, 양도계약이 처음부터 허가를 배제·잠탈하는 내용의 것이거나 또는 양도계약 후 당사자 쌍방이 허가받지 않기로 하는 의사표시를 명백히 한 때에는 그 양도계약은 그로써 확정적으로 무효로 되어 더 이상 관할청의 허가를 받아 유효한 것으로 될 여지가 없다고 하였다.

163) 대판 62.2.15, 4294민상829.

164) 대판(전) 64.10.1, 64다563.

건이 아니므로 그에 기한 소유권이전 등기청구 소송의 사실심 변론종결시까지 이를 발급받지 못하였더라도 등기절차의 이행을 소구할 수 있다고 하였고 이러한 판단은 그 후에도 그대로 유지되고 있다.[165] 이러한 입장은 농지법상의 농지취득자격증명은 (구 농지개혁법상의 농지매매증명과 달리) 농지매매의 채권적 효력발생요건이 아님은 물론 물권행위의 효력발생요건도 아니라고 보고 있는 것으로 해석되고 있다.

2. 무효의 주장

(1) 무효의 주장권자, 상대방

일반적으로 강행규정에 위반한 약정은 모든 사람들에 대한 관계에서 무효로 봄이 원칙이다.[166]

다만 어떤 법규정이 강행법규로 결정되더라도 다시 실제 적용에서는 청구의 종류, 무효의 주장권자, 상대방이 문제로 제기된다. 즉 소송에 있어서 어떤 자가 누구에게 어떤 청구를 하였을 경우에 누가 무효를 주장할 수 있는가는 구체적 사례에 따라 개별적으로 결정한다. 대개 강행법규 위반의 전제가 되는 사실은 무효를 주장하는 당사자가 주장·증명한다.[167]

대금미지급의 경우에 위반행위의 이행청구, 대금지급의 경우에 위반행위의 이행청구, 위반행위 불이행에 대한 손해배상청구, 위반행위 미이행의 경우의 대금청구, 위반행위 이행의 경우 대금청구, 대금미지급에 대한 손해배상청구, 위법한 이익의 방해에 대한 손해배상청구 등의 경우에는 청구를 받은 자가

---

165) 대판 98.2.27, 97다49251; 대판 99.11.9, 99다39296, 39302; 대판 03.8.22, 2003다26457; 대판 05.7.29, 2003다14133, 14140; 대판 06.1.27, 2005다59871; 대판 08.2.29, 2007도11029; 대판 08.4.10, 2008도1033.

166) 대판 06.6.29, 2005다11602, 11619는 "상법 제731조 제1항은 강행규정으로서 이를 위반하고 체결한 계약은 보험자, 피보험자, 기타 이해관계인 등 모든 사람들에 대한 관계에서 무효로 보아야 한다는 이유로, 이와는 달리 위 조항이 피보험자를 위한 편면적 강행규정이므로 피보험자측에서만 그 무효를 주장할 수 있을 뿐 상대방인 보험자는 위 조항의 위반을 이유로 보험계약의 무효를 주장할 수 없다는 피고의 주장을 배척하였는바, 이러한 원심의 조치 역시 옳은 것으로 수긍이 가고, 거기에 위 조항의 효력 내지 편면적 강행규정에 관한 법리오해의 위법이 있다고 할 수 없다."라고 하였다. 대판 17.12.22, 2015다205086도 "나아가 이 법률이 거래안전의 보호 등을 위하여 그 무효를 주장할 수 있는 상대방을 제한하는 규정을 따로 두고 있지 않은 이상 그 무효는 원칙적으로 누구에게나 주장할 수 있으므로, 그 규정을 위반하여 취득한 국유재산을 제3자가 전득하는 행위도 당연 무효이다."라고 하였다. 이와 같은 취지로 판단한 것으로 대판 94.10.21, 94도2048; 대판 96.4.26, 94다43207; 대판 97.5.16, 96다43799가 있다.

167) 대판 92.12.24, 92다36403은 "농지개혁법 소정의 농지소재지증명에 관한 사항은 법원의 직권조사사항이 아니라 당사자의 공격방어자료에 불과한 것으로 그 증명이 없었다는 사실은 이를 다투는 상대방에게 입증책임이 있다."라고 하였다.

항변으로 계약의 무효를 주장할 수 있고, 위반행위 미이행의 경우의 대금반환청구, 대금미지급의 경우의 위반급부반환청구, 위반급부반환불이행에 대한 손해배상청구, 대금지급의 경우의 위반급부반환청구, 위반급부반환이행의 경우에서의 대금반환청구 등의 경우에는 청구를 하는 자가 무효 주장을 할 수 있다.

다만 강행규정의 존재와 해석은 법률에 관한 사항이므로 당사자의 주장·증명이 없이도 법원이 직권으로 판단한다.

(2) 무효의 주장시기

무효의 주장은 원칙적으로 어느 때라도 할 수 있지만 무효의 주장시기에 대하여는 일정한 제한을 둘 필요가 있다. 무효 주장을 어느 단계까지 인정할 것인지는 강행법규 위반행위의 종류에 따라 달리 취급하여야 하고 일률적으로 결정할 수 없다.

강행법규 위반행위의 이행 전에 그 이행청구를 거부하기 위하여 항변으로 무효를 주장하는 것은 허용된다. 이행 전에 무효주장이 있으면 위반행위의 실현을 저지시키는 점에 효과적이고 시간적으로도 거래의 안전을 해할 염려가 적으며 신의칙의 면에서 보아도 이행 후의 무효주장의 경우에 비하여 위반의 정도가 가볍기 때문에 이행 전의 무효주장은 널리 인정되고 있다.

강행법규 위반행위의 이행 후에 원상회복청구의 형태로 하는 무효주장을 인정하는 것은 신중히 하여야 할 것이다. 이행 후의 무효주장을 인정하는 것은 그 주장 시까지 계속된 사실상태를 원래의 상태로 되돌려 놓는 것이어서 거래의 안전을 해하는 것은 물론 신의칙에 반하는 경우가 많다. 따라서 이 경우에는 거래의 안전을 저해함에도 불구하고 그 행위를 무효로 하지 않으면 안 될 정도의 강한 법적 요청이 있어야 한다. 즉 위반행위에 의하여 실현된 위법상태의 유지에 의한 거래안전의 보호 또는 당사자 간의 이해관계보호 및 신의관계 유지의 필요성과 위법행위로 인한 위법상태의 제거에 의한 사회질서유지의 필요성을 비교 형량하여 후자의 필요성이 전자의 필요성보다 강하게 요청될 때에 이행 후의 무효주장을 인정하는 것이 타당하다.

실무상 예를 들면 선량한 풍속 기타 사회질서에 위반하여 무효인 부분의 이자 약정을 원인으로 차주가 대주에게 임의로 이자를 지급하는 것은 통상 불법의 원인으로 인한 재산 급여라고 볼 수 있을 것이나, 불법원인급여에 있어서도 그 불법원인이 수익자에게만 있는 경우이거나 수익자의 불법성이 급여자의 그것보다 현저히 커서 급여자의 반환청구를 허용하지 않는 것이 오히려 공평과 신의칙에 반하게 되는 경우에는 급여자의 반환청구가 허용된다고 해석되므로, 대주가 사회통념상 허용되는 한도를 초과하는 이율의 이자를 약정하여 지급받은 것은 그의 우월한 지위를 이용하여 부당한 이득을 얻고 차주에게는 과도한 반대급부 또는 기타의 부당한 부담을 지우는 것으로서 그 불법의 원인이 수익자인 대주에게만 있거나 또는 적어도 대주의 불법성이 차주의 불법성에 비하여 현저히 크다고 할 것이어서 차주는 그 이자의 반환을 청구할 수 있다.[168]

그 반면에 구 농지개혁법 시행 당시 농지매도인이 매수인 앞으로 소유권이전등기까지 마쳐준 뒤 그 매매가 소재지관서의 증명이 없음을 이유로 위 등기의 말소를 청구함은 신의칙에 위반되어 허용될 수 없고,[169] 농지의 명의수탁자가 적극적으로 농가이거나 자경의사가 있는 것처럼 하여 소재지관서의 증명을 받아 그 명의로 소유권이전등기를 마치고 그 농지에 관한 소유자로 행세하면서, 한편으로 증여세 등의 부과를 면하기 위하여 농가도 아니고 자경의사도 없었음을 들어 농지개혁법에 저촉되기 때문에 그 등기가 무효라고 주장함은 신의성실의 원칙이나 금반언의 원칙에 위배되는 행위로서 허용될 수 없다.[170]

(3) 무효의 시효

강행법규위반으로 확정적 무효인 법률행위라도 그 행위가 성립한 후 오랜 시일이 경과하여 다시 무효의 주장을 허용하는 것은 이미 확립된 사실상태를 파괴하여 당사자 간의 공평을 깨뜨리는 결과를 가져오게 하는 경우가 있다.

이러한 경우에는 무효의 주장을 허용할 수 없다는 무효의 시효를 주장하는 견해가 있다. 그러나 강행법규위반에 의한 위법상태가 단지 시일의 경과에 의하여 치유된다고 할 수 없으므로 위반행위성립 후 오랜 시일이 경과한 때에 그 무효주장을 인정할 것인지 여부는 신의칙 또는 거래의 안전의 측면에서 처리하는 것이 타당하다고 본다.[171]

(4) 무효 주장과 신의칙

강행법규를 위반한 자가 스스로 강행법규에 위배된 약정의 무효를 주장하는 것이 신의칙에 위반되는 권리의 행사라는 이유로 그 주장을 배척한다면, 이는 오히려 강행법규에 의하여 배제하려는 결과를 실현시키는 셈이 되어 입법취지를 완전히 몰각하게 되므로 달리 특별한 사정이 없는 한 위와 같은 주장

168) 대판(전) 07.2.15, 2004다50426.
169) 대판 84.11.13, 84다75.
170) 대판 90.7.24, 89누8224.
171) 주석 민법총칙(하), 165(남윤호).

은 신의칙에 반하는 것이라고 할 수 없고, 한편 신의성실의 원칙에 위배된다는 이유로 권리의 행사를 부정하기 위해서는 상대방에게 신의를 공여하였다거나 객관적으로 보아 상대방이 신의를 가짐이 정당한 상태에 있어야 하며, 이러한 상대방의 신의에 반하여 권리를 행사하는 것이 정의관념에 비추어 용인될 수 없는 정도의 상태에 이르러야 한다.[172][173]

예를 들어 구 증권투자신탁업법(1995.12.29. 법률 제5044호로 전문 개정되기 전의 것) §6 Ⅱ은 위탁회사가 발행한 수익증권을 수익자가 매입하는 거래에 있어서, 위탁회사는 재무부장관(현 재정경제부장관)의 승인을 얻어 원본의 손실을 초래할 경우 또는 미리 정한 최소액의 이익을 얻지 못할 경우에 그 보전 또는 보족에 관한 사항을 정하는 수익증권을 발행할 수 있도록 규정하고 있고, 한편 증권거래법은 §§52 (i), 70-6 (iv), 210 (v)에서 증권회사나 그 임직원이 유가증권의 매매거래에 있어서 고객에게 당해 거래에서 발생하는 손실의 전부 또는 일부를 부담할 것을 약속하고 권유하는 행위와 함께 투자자문회사나 그 임직원이 유가증권의 투자에 관하여 고객과 일정한 이익의 보장 또는 이익의 분할을 약속하거나 손실의 전부 또는 일부를 부담할 것을 약속하는 행위를 금하고 그 위반행위에 대하여는 벌칙을

172) 대판 97.3.14, 96다55693; 대판 97.11.11, 97다33218; 대판 00.6.23, 2000다12761, 12778; 대판 11.3.10, 2007다17482 등. 대판(전) 13.12.18, 2012다89399는 "단체협약 등 노사합의의 내용이 근로기준법의 강행규정을 위반하여 무효인 경우에, 무효를 주장하는 것이 신의칙에 위배되는 권리의 행사라는 이유로 이를 배척한다면 강행규정으로 정한 입법 취지를 몰각시키는 결과가 될 것이므로, 그러한 주장이 신의칙에 위배된다고 볼 수 없음이 원칙이다. 그러나 노사합의의 내용이 근로기준법의 강행규정을 위반한다고 하여 노사합의의 무효 주장에 대하여 예외 없이 신의칙의 적용이 배제되는 것은 아니다. 신의칙을 적용하기 위한 일반적인 요건을 갖춤은 물론 근로기준법의 강행규정성에도 불구하고 신의칙을 우선하여 적용하는 것을 수긍할 만한 특별한 사정이 있는 예외적인 경우에 한하여 노사합의의 무효를 주장하는 것은 신의칙에 위배되어 허용될 수 없다."라고 하였다.

173) 강행법규 위반 사례에서 신의칙 위반 주장을 허용한 것으로는, "원고가 위와 같이 여러 해 동안 실질상의 1인 회사인 피고 회사의 대표이사직에 있으면서 주권을 발행하지 아니하고 있다가 원고가 자금난으로 회사를 경영할 수 없어 그 주식을 모두 양도하고, 그 양수인들이 피고 회사의 부채를 정리하고 경영한지 무려 7, 8년이 지난 지금에 와서 주권이 발행되지 아니하였음을 이유로 그 주식양도의 효력을 다투고 양도 후의 이 사건 주주총회결의 부존재 또는 무효확인과 원고가 주주임의 확인을 구하는 이 사건 소는 신의성실의 원칙에 위배한 소권의 행사이어서 허용되지 아니한다"고 한 대판 83.4.26, 80다580, 사업영위 실적이 없다는 이유로 직권으로 폐업조치되고 법인설립허가가 취소되었으며 파산선고까지 받은 의료법인이 그 사용 부동산에 관한 강제경매절차에서 기본재산 처분에 관하여 주무관청으로부터 허가를 받아 주어야 할 입장에 있음에도 불구하고 그 부동산을 낙찰받아 운영해 오고 있는 의료법인에 대하여 위 부동산에 관한 소유권이전등기가 주무관청의 허가 없이 이루어진 것이라는 이유로 그 말소를 구하는 것은 신의칙에 위배된다고 한 대판 05.9.30, 2003다63937 등이 있다.

과하고 있는바, 이러한 규정들은 공정한 투자신탁거래질서의 확립을 위하여 제정된 강행법규로 보아야 할 것이므로, 이에 위반하여 이루어진 수익보장약정은 무효이다.[174] 그런데 이러한 수익보장약정이 위탁회사인 피고가 먼저 원고에게 제의를 함으로써 체결된 것이라고 하더라도, 이러한 경우에 강행법규를 위반한 피고 스스로가 그 약정의 무효를 주장함이 신의칙에 위반되는 권리의 행사라는 이유로 그 주장을 배척한다면, 이는 오히려 강행법규에 의하여 배제하려는 결과를 실현시키는 셈이 되어 입법취지를 완전히 몰각하게 되므로, 달리 특별한 사정이 없는 한 위와 같은 주장이 신의성실의 원칙에 반하는 것이라고 할 수 없다.[175]

강행법규를 위반하여 물건의 양수인을 상대로 인도를 구하는 소송을 제기하여도 이를 권리남용이라고 볼 수도 없다.[176]

3. 무효의 범위

(1) 전부무효 · 일부무효

법률행위의 내용의 전부가 강행법규에 반하는 경우에는 그 법률행위의 전부가 무효로 된다. 법률행위의 일부분이 강행법규에 반하여 무효인 때에도 원칙적으로 그 전부를 무효로 한다(§137 본문). 그러나 무효부분이 없더라도 법률행위를 하였을 것이라고 인정될 때에는 나머지 부분은 무효로 되지 아니한다(§137 단서).

민법 §137는 임의규정으로서 의사자치의 원칙이 지배하는 영역에서 적용되는 것이므로, 법률행위의 일부가 강행법규인 효력규정에 위반되어 무효가 되는 경우 그 부분의 무효가 나머지 부분의 유효·무효에 영향을 미치는가의 여부를 판단함에 있어서는 개별 법령이 일부무효의 효력에 관한 규정을 두고 있는 경우에는 그에 따라야 하고, 그러한 규정이 없다면 원칙적으로 민법 §137가 적용될 것이나 당해 효력규정 및 그 효력규정을 둔 법의 입법 취지를 고려하여 볼 때 나머지 부분을 무효로 한다면 당해 효력규정 및 그 법의 취지에 명백히 반하는 결과가 초래되는 경우에는 나머지 부분까지 무효가 된다고 할 수는 없다.[177]

---

174) 대판 98.10.27, 97다47989; 대판 98.12.23, 98다3429; 대판 99.3.23, 99다4405.
175) 대판 96.11.22, 96다37084; 대판 97.11.11, 97다33218; 대판 99.3.23, 99다4405.
176) 대판 91.4.9, 91다5310.
177) 대판 04.6.11, 2003다1601; 대판 04.6.25, 2004다2199; 대판 07.6.28, 2006다38161,

이하 실무에서 문제가 된 몇 가지 사례를 설명한다.

구 상호신용금고법(2001.3.28. 법률 제6429호 상호저축은행법으로 개정되기 전의 것) § 18-2 (iv)는 효력규정인데 담보제공약정이 위 규정에 저촉되어 무효라고 하더라도, 담보제공약정과 함께 당사자들 사이에 체결된 대출약정까지 무효가 된다고 본다면, 이는 서민과 소규모 기업의 금융편의를 도모하고 거래자를 보호하며 신용질서를 유지함으로써 국민경제의 발전에 이바지함을 목적으로 하는 구 상호신용금고법의 입법취지 및 경영자의 무분별하고 방만한 채무부담행위로 인한 자본구조의 악화로 부실화됨으로써 그 업무수행에 차질을 초래하고 신용질서를 어지럽게 하여 서민과 소규모 기업 거래자의 이익을 침해하는 사태가 발생함을 미리 방지하려는 동법 § 18-2 (iv)의 취지에 명백히 반하는 결과가 초래되므로 담보제공약정이 구 상호신용금고법 § 18-2 (iv)의 규정에 위반되어 무효라고 하더라도 나머지 부분인 대출약정까지 무효가 된다고 할 수 없다.[178)]

또한, 공공건설임대주택의 임대차계약에서 그 일부분이 강행법규에 위반되어 무효인 때에 만약 그 임대차계약 전부를 무효로 한다면, 무주택자들 중에서 일정한 절차를 거쳐 당첨된 임차인들을 그 임대아파트에서 퇴출시키는 결과를 초래하게 되어, 무주택 서민들에게 합리적인 가격에 임대주택을 공급하려는 관련 법령의 입법 취지를 몰각하게 되고, 표준임대보증금에 관한 규정을 무용화할 것이며, 사회경제적 약자인 무주택 임차인들을 보호한다는 관련 법령의 입법 목적을 달성할 수 없게 될 것이므로, 임대차계약에서 임대인이 법령을 위반하여 일방적으로 정한 임대보증금은 표준임대보증금을 초과하는 한도 내에서 무효이고, 나머지 임대차계약 부분은 유효라고 본다.[179)]

그리고 회사가 직원들을 유상증자에 참여시키면서 퇴직시 출자 손실금을 전액 보전해 주기로 약정한 경우, 직원들의 신주인수의 동기가 된 위 손실보전약정이 주주평등의 원칙에 위배되어 무효라는 이유로 신주인수까지 무효로 보아 신주인수인들로 하여금 그 주식인수대금을 부당이득으로서 반환받을 수 있도록 한다면 이는 사실상 다른 주주들과는 달리 그들에게만 투하자본의 회수를 보장하는 결과가 되어 오히려 강행규정인 주주평등의 원칙에 반하는 결과를 초래하게 될 것이므로, 위 신주인수계약까지 무효라고 보아서는 아니된다.[180)]

38178; 대판 08.9.11, 2008다32501.

178) 대판 04.6.11, 2003다1601.

179) 대판(전) 16.11.18, 2013다42236.

180) 대판 07.6.28, 2006다38161, 38178.

또한 근로시간의 산정이 어려운 경우가 아니라면 근로기준법상의 근로시간에 관한 규정을 그대로 적용할 수 없다고 볼 만한 특별한 사정이 없는 한 근로기준법상의 근로시간에 따른 임금지급의 원칙이 적용되어야 하므로, 이러한 경우에 앞서 본 포괄임금제 방식의 임금 지급계약을 체결한 때에는 그것이 근로기준법이 정한 근로시간에 관한 규제를 위반하는지를 따져, 포괄임금에 포함된 법정수당이 근로기준법이 정한 기준에 따라 산정된 법정수당에 미달한다면 그에 해당하는 포괄임금제에 의한 임금 지급계약 부분은 근로자에게 불이익하여 무효라 할 것이고, 사용자는 근로기준법의 강행성과 보충성 원칙에 의하여 근로자에게 그 미달되는 법정수당을 지급할 의무가 있다.[181]

(2) 효력의 연장, 효력의 감축 등

법률행위 내용의 일부분이 강행법규에 반하는 때에 그 행위의 효력을 강행법규가 승인하는 범위 또는 기준까지 변경 또는 감축하여 인정하는 경우가 있다.

예를 들면, 당사자 간의 약정에 의한 지상권의 존속기간이 § 280 Ⅰ 각 호 소정의 존속기간보다 짧을 때에는 이를 위 법조항 각호 소정의 기간까지 연장하여 그 지상권의 효력을 인정하고 있고, 약정에 의한 환매기간이 § 591 Ⅰ 소정의 기간, 즉 부동산에서 5년, 동산에서 3년을 초과하는 때에는 이를 위 법조항 소정의 기간으로 단축하여 그 효력을 인정하고 있으며, § 651 Ⅰ에 규정된 토지임대차를 제외한 임대차의 존속기간이 동법조항 소정의 존속기간인 20년을 초과하는 때에는 이를 20년으로 단축하여 인정하고 있다. 또한 근로기준법에서 정하는 기준에 미치지 못하는 근로조건을 정한 근로계약은 그 부분에 한하여 무효로 하고 이에 따라 무효로 된 부분은 근로기준법에서 정한 기준에 따르도록 하고 있고(근기 §§ 2, 15),[182] 계약상의 이자로서 이자제한법상 § 2 Ⅰ에서 정한 최고이자율을 초과하는 부분은 무효라고 규정하며(이자 § 2 Ⅲ), 상법 § 663 본문은 "이 편의 규정은 당사자간의 특약으로 보험계약자 또는 피보험자나 보험수익자의 불이익으로 변경하지 못한다."라고 규정한다.

181) 대판 10.5.13, 2008다6052; 대판 14.6.26, 2011도12114.
182) 대판 71.5.11, 71다485.

Ⅵ. 탈법행위

1. 탈법행위의 의의

탈법행위란 직접 강행법규를 위반하는 것은 아니지만 강행법규가 금지하고 있는 것을 회피수단에 의하여 실질적으로 실현하는 법률행위를 말한다(통설).[183)]

즉, 강행법규가 금지하고 있는 사항을 형식적으로 직접적으로 위반하지 않는 수단을 써서 회피하여 실질적으로는 그 금지하고 있는 사항을 실현하는 행위가 탈법행위이다.

그런데 이러한 탈법행위가 모두 무효가 되는 것은 아니다. 탈법행위는 그 중 무효로 되어야 할 법률행위와 무효로 되지 않아도 될 법률행위로 나눌 수 있고 전자를 협의의 탈법행위라고 부른다면 전자와 후자를 포함하여 광의의 탈법행위라고 할 수 있다.

탈법행위에 대해 강행법규의 해석 및 그 적용대상인 법률행위의 해석의 문제에 귀착되는 것이므로 강행법규위반 외에 별도로 독립하여 탈법행위의 개념을 인정할 필요가 없다는 견해도 있으나,[184)] 강행법규의 해석으로 탈법행위에 어느 정도 대처할 수 있더라도[185)] 시대상황에 따라 수시로 변화하여 가는 새로운 유형의 모든 탈법행위를 해결하기에는 한계가 있으므로 차라리 탈법행위의 독자적인 영역을 인정하고 이를 연구하여 입법으로써 탈법행위를 금지하는 법리를 발전시킬 필요가 있다.

2. 탈법행위의 금지

강행법규와 관련하여 여기서 문제로 되는 것은 어떠한 법률행위를 협의의 탈법행위(탈법행위 중 무효로 되어야 할 법률행위)에 해당하는 것으로 보아 무효로 할 것인가이다.

가장 이상적인 것은 법률에서 탈법행위를 금지하는 규정을 두는 것이다.

예를 들면 이자제한법 §3에 의하면 예금, 할인금, 수수료, 공제금, 체당금 기타 여하한 명칭을 불구하고 금전의 대차에 관하여 채권자가 받는 것은 이를

183) 곽윤직 · 김재형(주 1), 279; 김증한 · 김학동(주 7), 367; 백태승(주 8), 333; 송덕수(주 8), 192-193.

184) 이영준(주 8), 223-225.

185) 탈법행위에 해당지만 강행법규 해석을 통하여 무효라고 판단한 사례로 실무에서 대판 86.6.24, 86다133; 대판 06.12.21, 2004다17054 등을 들고 있다.

이자로 간주한다고 규정하고 있다. 이는 채권자가 할인금, 소개료 등의 명목으로 채무자로부터 금전을 징수하여 법을 잠탈하기 위한 수단으로 사용되는 탈법행위를 방지하기 위하여 명문으로 그 탈법행위를 막고 있다.[186)]

또한 독점규제 및 공정거래에 관한 법률 § 15(탈법행위의 금지) Ⅰ에는 누구든지 § 7(기업결합의 제한) Ⅰ, § 8-2(지주회사 등의 행위제한 등) Ⅱ부터 Ⅴ까지, §§ 8-3(채무보증제한기업집단의 지주회사 설립제한), 9(상호출자의 금지 등), 9-2(순환출자의 금지), 10-2(계열회사에 대한 채무보증의 금지) Ⅰ 또는 § 11(금융회사 또는 보험회사의 의결권 제한)의 규정의 적용을 면탈하려는 행위를 하여서는 아니된다고 하고, 하도급거래 공정화에 관한 법률 § 20(탈법행위의 금지)는 원사업자는 하도급거래와 관련하여 우회적인 방법에 의하여 실질적으로 이 법의 적용을 피하려는 행위를 하여서는 아니된다라고 하고 있다.

그러나 탈법행위를 방지하는 내용을 법률로 정하는 데에는 한계가 있다. 이러한 명시적인 규정이 없더라도 강행법규의 적용을 회피하기 위한 행위는 탈법행위로서 무효로 보아야 한다. 그리고 행위의 일부만이 탈법행위가 되는 경우에 그 행위의 전부를 무효로 하느냐 또는 일부만을 무효로 하느냐는 역시 일부무효의 법리에 의하여 해결하여야 한다.

이에 관한 하나의 예를 들어본다. 공무원 또는 군인의 연금을 받을 권리(연금수급권)는 대통령령으로 정하는 금융기관의 담보에 제공할 수는 있으나, 그 밖에는 이를 담보로 하는 것이 금지되어 있다(공연금 § 32, 군연금 § 7 참조). 그런데 이 연금수급권의 담보금지규정을 직접 위반하는 것을 피하기 위하여 공무원이 채권자에게 연금증서를 교부하고 대리권을 주어서 연금의 추심을 위임하고, 추심한 연금을 변제에 충당하게 하는 방법을 이용할 수 있다. 이때 원금과 이자를 모두 변제할 때까지 추심위임을 해제하지 않겠다는 특약을 하면 그것은 연금수급권을 담보로 하는 것과 동일한 효과를 거둘 수 있어 탈법행위에 해당된다.

이러한 경우에 법에 정해진 자 이외의 채권자에게 연금수급권을 담보로 제공하는 탈법행위를 막기 위해 그 효력을 무효라고 할 수 있다. 다만 그 효력을 무효로 하는 논리에 대하여도 연금추심위임계약 자체를 탈법행위로 보는 방법이 있고 추심위임불해제특약을 탈법행위로 보는 방법이 있다. 실제로 일본에서 위와 같은 사례가 있었는데 일본 대심원은 연금추심위임계약 자체는

186) 대판 97.9.30, 97다24023, "비록 소개료의 명목이라고 하더라도 채권자와 채무자 사이의 금전대차와 관련된 것으로서 금전대차의 대가로 볼 수 있는 것이라면 이자로 간주된다고 할 것이고, 따라서 채권자가 이를 대여금에서 미리 공제하는 것은 선이자의 공제에 해당한다."

연금법의 금지규정을 회피하는 탈법행위라고 할 수 없지만 추심위임을 해제하지 않는다는 특약은 공서양속에 반하는 행위라고 보아 무효라고 하였다.[187] 이러한 일무무효의 논리에 따르면 연금수급권의 담보에서 해제하지 않겠다는 특약 또는 해제권 포기의 특약만이 무효이고 채무자는 언제든지 위임을 해제하여 연금증서의 반환을 청구할 수 있게 된다.

실무에서 탈법행위로 인정하고 있는 사례를 소개한다.

구 국유재산법(1976.12.31. 법률 제2950호로 전부 개정되기 전의 것) §7 I은 "국유재산에 관한 사무에 종사하는 직원은 그 처리하는 국유재산을 양수하거나 자기의 소유물건과 교환하지 못한다."라고 정하고, II은 "전항의 규정에 위반한 행위는 무효로 한다."라고 정하고 있는데, 이는 국유재산 처분 사무의 공정성을 도모하기 위하여 관련 사무에 종사하는 직원에 대하여 부정한 행위로 의심받을 수 있는 가장 현저한 행위를 적시하여 이를 엄격히 금지하고, 그 금지규정을 위반한 행위의 사법상 효력을 무효로 한다고 규정한 것이다. 국유재산에 관한 사무에 종사하는 직원이 타인의 명의로 국유재산을 취득하는 행위는 위 법률에서 직접 금지한 것이 아니라고 보더라도 강행법규인 위 규정들의 적용을 잠탈하기 위한 탈법행위로서 무효라고 하였다.[188]

또 하나의 사례로, 구 건설업법(1981.12.31. 법률 제3501호로서 개정되기 이전의 것)은 건설업면허를 대여한 자에 대하여는 그 면허를 취소하도록 규정(§38 (viii))함과 아울러 타인에게 건설업면허를 대여하거나 대여받아 이를 사용하는 자는 1년이하의 징역 또는 1,000,000원 이하의 벌금에 처한다고 규정하고 있고(§51 (ix)) 건설업면허는 해당 건설업의 양도 또는 건설업자인 법인의 합병과 함께하는 경우에만 이전할 수 있도록 규정(§7-4)하고 있는데, 이와 같은 규정 취지 등을 종합하면 건설업면허의 대여계약은 같은 법에 위반하는 계약으로서 무효이고 건설업면허대여의 방편으로 체결되는 건설업양도양수계약 또한 강행규정인 위 구 건설업법 규정들의 적용을 잠탈하기 위한 탈법행위로서 무효라고 보아야 할 것이지만, 위 계약

187) 일본 大審院 大正6.12.12, 判決(民錄 23, 2079), 이 판결은 일부무효의 이론 구성을 취하였는데 이에 대해 학계 일각에서는 연금추심위임계약 자체도 탈법행위에 해당하여 전부무효의 이론 구성을 취하여야 한다는 입장도 있었다.

188) 대판 17.12.22, 2015다205086, "나아가 이 법률이 거래안전의 보호 등을 위하여 그 무효를 주장할 수 있는 상대방을 제한하는 규정을 따로 두고 있지 않은 이상 그 무효는 원칙적으로 누구에게나 주장할 수 있으므로, 그 규정을 위반하여 취득한 국유재산을 제3자가 전득하는 행위도 당연 무효이다."라고 하였다. 이와 같은 취지로 판단한 것으로 대판 94.10.21, 94도2048; 대판 96.4.26, 94다43207; 대판 97.5.16, 96다43799가 있다.

자체가 선량한 풍속 기타 사회질서에 어긋나는 반윤리적인 것은 아니어서 건설업양도양수계약의 형식으로 이루어진 건설업면허의 대여가 불법원인급여에 해당하는 것은 아니므로 건설업양도양수계약 형식으로 건설업면허를 대여받은 자가 이를 반환할 의무를 지는 것은 당연하고, 따라서 위와 같은 형식으로 대여된 건설업면허의 반환에 대한 약정까지 그 효력이 부인될 수는 없다고 하였다.[189)]

3. 탈법행위의 한계

강행법규가 금지하는 것을 회피하는 행위를 모두 탈법행위로서 무효라고 할 수 없다면 이때 탈법행위의 한계 내지 범위로서 탈법행위 중 사법상의 효과를 무효로 하여야 할 것과 그 기준 및 논리를 어떻게 정하여야 할 것인지가 문제로 된다.

탈법행위 중 무효로 하여야 할 것은 법률행위를 유효 또는 무효로 하는 것에 의해 누구의 어떠한 이익을 보호할 것인지, 행위자가 목표로 하는 결과의 실현을 허용할 것인지 등을 주요 기준으로 하여 앞의 강행법규 판단기준에서 본 여러 고려요소를 종합적으로 검토하여 판단할 수밖에 없다.

즉 강행법규가 그의 위반행위에 의하여 생기는 효과를 절대로 인정하지 않거나 금지하려는 것일 때에는 다른 회피수단에 의하여 동일한 결과나 효과를 생기게 하는 것도 인정하지 않는다고 보아야 하기 때문에, 그러한 회피수단은 탈법행위로서 무효가 된다.

그러나 강행법규가 오로지 '특정의 수단·형식에 의하여' 어떤 결과나 효과를 생기지 않게 하려는 것을 목적으로 할 때, 바꾸어 말하면 그 결과나 효과를 발생케 하는 특정의 행위 자체를 금지하는 데에 있는 경우에는 금지된 것과는 다른 수단으로 동일한 효과나 결과를 일어나게 하더라도, 탈법행위로서 무효라고 할 것은 아니며 그 회피수단은 유효하다. 왜냐하면 그 규정의 목적은 일정한 결과나 효과의 발생을 금지하는 데 있지 않고 그 수단·형식 또는 행위를 금지하는 데 무게를 두고 있기 때문이다.[190)]

예를 들면 동산에는 질권을 설정할 수 있어도 원칙적으로 동산을 저당권

189) 대판 88.11.22, 88다카7306.
190) 곽윤직·김재형(주 1), 280; 김증한·김학동(주 7), 367-368; 백태승(주 8), 333-336; 송덕수(주 8), 192-193.

의 목적으로 하지 못한다. 이러한 연유로 다른 유력한 담보물을 가지고 있지 않은 기업주가 특정동산의 소유권을 채권자에게 양도하고 이를 빌려서 계속 사용하는 방법이 양도담보라는 이름으로 이용되고 있다. 이러한 행위는 형식적으로 본다면, 동산 위에 질권을 설정하려면 목적물을 질권자에게 인도하여야 한다는 민법 §332와 채무불이행의 경우에 대비하여 유질계약을 하는 것을 금지하는 §339의 강행법규를 회피하는 탈법행위로서 무효라고 생각할 수 있다. 그러나 민법 제정 당시 동산담보제도가 거래계의 합리적인 요구를 만족시켜 줄만큼 잘 갖추어져 있지 않았기 때문에 동산양도담보를 위와 같이 탈법행위로 보는 태도는 옳지 않다. 오히려 질권에 관한 위의 규정들은 담보수단으로서 질권을 설정하는 경우에 한하여 적용되는 것이고, 질권제도 이외의 동산담보의 길을 모두 금지하는 정도의 강한 의미를 가지는 것으로 해석할 것은 아니다. 오늘날의 학설, 판례는 양도담보의 유효성을 널리 인정하고 있다. 특히 가등기담보 등에 관한 법률에서는 양도담보의 유효성을 인정하고 있다.

탈법행위는 주로 법규와 사회의 현실적 요청 사이에 생기는 법률적 괴리로부터 발생하기 때문에 법규의 해석방법만을 통하여 해결하기 어렵고 변화하는 사회적, 경제적 상황에 맞는 입법조치로 대처하여야 한다.

앞서 본 바와 같이 광업법에서 엄격한 조건 하에 조광권 제도를 마련하여 광업권의 임대차계약(덕대계약)을 합법화한 것도 그와 같은 조치의 일환이다. 그 외에 농업용 동산, 자동차, 항공기, 건설기계 등에 대해서 저당권을 설정할 수 있도록 각각의 특별법을 제정하였다가 이를 재정비하여 건설기계, 선박등기법이 적용되지 아니한 선박, 자동차, 항공기 등 등록의 대상이 되는 동산의 저당권을 인정하는 '자동차 등 특정동산 저당법'이 2009.3.25. 법률 제9525호로 제정되어 2009.9.26.부터 시행되어 오고 있고, 동산, 채권, 지식재산권을 목적으로 하는 담보권 및 그 등기 또는 등록에 관한 사항을 규정하여 자금조달을 원활하게 하고 거래의 안전을 도모하며 국민경제의 건전한 발전에 이바지함을 목적으로 한 '동산·채권 등의 담보에 관한 법률'이 2010.6.10. 법률 제10366호로 제정되어 2012.6.11.부터 시행되고 있는데 이러한 입법조치도 변화하는 사회적, 경제적 상황에 맞추려는 노력의 하나이다.

[윤 태 식]

第 106 條(事實인 慣習)

法令 中의 善良한 風俗 其他 社會秩序에 關係없는 規定과 다른 慣習이 있는 境遇에 當事者의 意思가 明確하지 아니한 때에는 그 慣習에 依한다.

차 례

Ⅰ. 서 론

1. 민법 제106조의 의의

우리 생활은 구체적·역사적인 사회 속에서 영위되고 있다. 생활 속의 표시행위는 사회적인 경험 또는 관행에 따른 언어·문장·동작 등으로 표현되므로 법률행위의 내용도 그것이 행해지는 때와 곳에서의 관습 또는 거래관행에 따라 행하여진다. 그러므로 표시행위에 사용된 문자·언어·동작 등의 의미와 법률행위의 내용은 이를 지배하고 있는 관습에 따라 정해져야 한다.

이에 따라 본조는 공서양속에 반하지 아니하는 한 법률행위의 성립, 내용 및 효과를 당사자의 의사 자치에 맡기는 것을 전제로 당사자의 의사가 명확하지 아니한 경우에 그 법률행위에 관한 관습이 있으면 그 관습을 임의법규에 우선하여 적용한다고 하여 관습의 법적 효력을 인정하고 있다.

2. 입법례 및 연혁

프랑스민법은 § 1159에서 "명확하지 않은 것은 계약이 체결된 지방에서 관용된 것에 의하여 해석한다."라고 하고, § 1160에서는 "계약에서 명시되지 않은 것이라도 이에 관용된 약관을 보충하여야 한다."라고 하여 관습에 의한 의사표시의 해석 및 보충에 대하여 각각 규정하면서 위 각 조의 취지를 명문화하고 있다.

독일민법은 § 157에서 "계약은 거래의 관행(Verkehrssitte)을 고려하여 신의성실의 요구에 따라 해석하여야 한다."라고 규정하여 관습이 법률행위의 해석기준이 된다는 취지를 밝히고 있다.

일본민법은 § 92에서 "법령 중의 공의 질서에 관계없는 규정과 다른 관습이 있는 경우에 법률행위의 당사자가 이에 의할 의사를 가지고 있는 것으로 인정되는 때에는 그 관습에 따른다."라고 규정하고 있다. 원래 민법 기초안의 채권법 중 여러 곳에 '다만 다른 규정이 있는 때에는 그러하지 아니하다'라는 단서 조항의 규정이 있었는데 이러한 '다른 규정'에 관습도 포함되는가가 문제되어 검토되던 중 아예 민법에서 관습의 효력에 관한 규정을 명문으로 두는 논의가 진행되어 § 92가 마련되었다. 그 외 § 92의 입법연혁에 대하여는 앞의 민법 § 105 해당 부분에서 설명한 바와 같다. 다만 일본민법의 기초자들 사이에서 § 92가 관습의 효력을 정한 규정이라는 데 일치하고 있지만 제정 당시 해당 조문의 관습은 사실인 관습으로서 당사자의 의사를 해석하는 재료인 사실에 불과한 것으로 보아 § 92를 의사표시의 해석에 관한 규정으로 보는 견해와 그 관습이 관습법의 효력을 정한 것으로는 해석할 수 없고 오로지 당사자가 별다른 의사표시를 하지 않은 경우에 그 의사표시를 보충할 수 있다는 취지에 지나지 않는 것으로 보아 § 92를 의사표시의 보충에 관한 규정으로 보는 견해로 나누어져 있어 기초자들 사이에 § 92를 어떠한 취지의 규정으로 볼 것인지에 대하여는 견해가 일치되지 않았고 이러한 견해의 다툼은 일본 학계의 현재에 이르러서도 그대로 이어지고 있다.[1)] 한편, 일본 실무는 § 92의 "당사자

1) 新版 日注民(3), 253-255(淡路剛久).

가 이(관습)에 의할 의사를 가지고 있는 것으로 인정되는 때"라는 문구에 대하여 이것을 엄격히 해석하여 '의사표시 중에 관습에 의하려는 의사가 적극적으로 표시되어 있을 것을 필요로 한다'는 의미라고 해석하면 이는 결과적으로 § 91의 내용과 중복되어 § 92는 별다른 의미가 없는 규정이 되므로 실무는 당사자가 특히 의사를 표시하지 아니하여도 관습에 의할 의사로 거래를 하는 것이 통상인 지위에 있는 자는 반대의 의사를 표시하지 않는 한 관습에 의할 의사가 있었다고 추정하는 것으로 운용되고 있다.[2)]

우리 민법에서 본조의 '관습'이 어떠한 의미를 가지고 있고 어떠한 효력을 가지는가에 대하여 입법 당시 국회 '속기록'[3)]에서 이를 찾아볼 수는 없다.

다만 민법안심의록[4)]에 의하면 초안 § 101는 "현행법 § 92와 유사한 취지이다. 현행법 § 92에는 '당사자가 이에 따를 의사가 있다고 인정될 때에'라고 규정한 것을 초안은 '당사자의 의사가 명확하지 아니한 때에는'으로 규정하였다(민사령 § 10 참조)"라고 하였다. 또한 민법안에 대한 학계의 의견을 수록한 '민법안 의견서'[5)]에서 초안 § 101를 민법에 규정한 것에 찬성하는 의견은 "초안 § 101는 소위 '사실인 관습'에 관한 규정으로서 임의규정과 상이되는 관습이 있는 경우에 당사자의 의사가 분명치 아니한 때에 이 관습이 그 법률행위의 해석에서 보충적인 사명을 한다는 것을 규정한 것으로서 이것은 조선민사령 § 10와 동일한 취지의 규정을 민법전을 제정하는 기회에 민법전 안에 옮기는 것으로서 당연한 구상이라 아니할 수 없다. 원래 '사실인 관습'에 관한 조선민사령 § 10의 규정은 일본민법 § 92와 동일사항의 규정이었으나 동조가 '임의법규에 상이되는 관습이 있는 경우에 당사자가 이에 따를 의사를 가졌을 경우'에만 그 관습에 따르게 한 탓으로 결국 민법 § 91와 중복되는 규정이 되었을 뿐 아니라 '사실인 관습'을 의사표시 해석의 기준으로 하려고 하였던 입법자의 의사와 상반되는 규정이 되었던 관계로 조선민사령 제정 당시에 이 입법의 불비를 시정하기 위하여 동령 § 10에 일본민법 § 92를 배척하는 규정을 하였던 것이다."라고 하였다.

결국 입법과정을 통하여 보면 본조는 근본적으로는 일본민법 § 92와 같은 취지이고 다만 앞서 본 것과 같이 민법 § 91와 중복되는 것으로 해석될 수

2) 大判 大正3.10.27, 民錄20輯 818; 大判 大正10.6.2, 民錄27輯 1038.
3) 제26회 국회정기회의속기록.
4) 국회법제사법위원회 민법심의소위원회, 민법안심의록(상), 72.
5) 민사법연구회, 민법안의견서, 50.

있는 오해를 없애기 위해 '당사자가 이에 따를 의사가 있다고 인정될 때에' 라고 규정한 것을 '당사자의 의사가 명확하지 아니한 때에는'으로 변경하여 1958.2.22. 법률 제471호로 제정된 민법 § 106로 규정된 이래 이 규정은 지금까지 그대로 이어 내려오고 있다.

Ⅱ. 본조의 성격

1. 학 설

본조가 관습의 법적 효력을 규정하고 있음은 앞에서 본 바와 같으나, 앞의 입법연혁에서 보는 바와 같이 본조의 취지 내지 성격에 대하여는 법률행위의 해석에 관한 규정이라는 견해, 법률행위의 보충에 관한 규정이라는 견해, 법률행위의 해석에 관한 규정인 동시에 보충에 관한 규정이라는 견해가 있다.

(1) 본조를 의사표시의 보충에 관한 규정이라고 하는 견해(보충규정설)

본조를 법률행위의 보충에 관한 규정이라고 보는 견해이다.

이 견해에 따르면 의사표시의 해석에 따르더라도 그 의미가 명확하지 않은 경우가 있을 수 있고 이러한 경우에 재판규범의 보충이 필요하게 되는데 효과의사의 공백부분을 관습규범으로 보충하는 작업은 결국 법관에 의한 재판규범의 정립이라는 성질을 가지는 것으로 보게 된다.[6]

또 다른 설명으로 관습에는 언어, 동작 기타 표시수단 내지 심볼에 대한 관습과 직접적으로 당사자의 권리의무를 정하는 관습이 있는데 본조는 전자의 법률행위의 해석의 규범으로 되는 관습에는 적용되지 않고 후자의 당사자의 권리의무를 정하는 관습에 적용됨을 전제로 본조가 의사표시의 보충에 관한 규정이라는 주장이 있다.[7]

(2) 본조를 의사표시의 해석에 관한 규정이라고 하는 견해(해석규정설)

본조를 의사표시의 해석에 관한 규정이라고 하는 견해이다.[8]

이 견해는 계약에 사용된 문자가 그 장소 또는 그 당사자가 속한 지위에

---

6) 이은영, 민법총칙, 2009, 432-433.

7) 新版 日注民(3), 255-256(淡路剛久).

8) 곽윤직·김재형, 민법총칙, 제9판, 2013, 299-300; 김증한·김학동, 민법총칙, 2013, 346; 백태승, 민법총칙, 2016, 364; 송덕수, 민법총칙, 2018, 145; 이영준, 민법총칙, 2007, 333-334.

존재하는 관습 또는 거래관행에 따라 해석되어야 하듯이 모든 법률행위의 내용도 그러한 관습이나 거래관행에 따라 해석되어야 한다고 주장한다.[9)]

(3) 본조를 의사표시의 해석규정인 동시에 보충규정이라고 하는 견해

본조를 의사표시의 해석규정인 동시에 보충규정이라는 견해는 법률행위의 해석으로서의 관습과 법률행위의 보충으로서의 관습을 구별하는 것이 이론적으로 가능하더라도 실제로는 구별하기 어려움을 근거로 본조를 의사표시의 해석규정인 동시에 보충규정이라고 주장한다.[10)]

2. 판 례

본조를 효과의사의 보충에 관한 규정으로 볼 것인지 또는 의사해석에 관한 규정으로 볼 것인지에 대한 판례의 태도를 검토함에 있어서는 판례가 이 부분에 대하여 일반론·추상론으로 어느 쪽의 견해를 서술하고 있는 것인가의 문제와 구체적인 사건이 어느 유형에 속하는 것인가라는 문제로 구별하여 고찰할 필요가 있다.

본조의 취지에 대하여 일반론·추상론을 전개한 판결은 그다지 많지 않다.

대판 67.12.18, 67다2093은 "…적어도 본건 거래지방에서 사실인 관습으로 되어 있어 본건 임치계약에도 위와 같은 사실인 관습에 따라 임의계약을 해석할 것이라고 볼 것임이 명백하여…"라고 하였는데, 이 판결은 "해석"이란 표현을 쓰고 있어 본조를 의사해석에 관한 규정인 것 같이 판시하였다.

그런데 대판 83.6.14, 80다3231은 "사실인 관습은 사적 자치가 인정되는 분야, 즉 그 분야의 제정법이 주로 임의규정일 경우에는 법률행위의 해석기준으로서 또는 의사를 보충하는 기능으로서 이를 재판의 자료로 할 수 있을 것이나 이 이외의, 즉 그 분야의 제정법이 주로 강행규정일 경우에는 그 강행규정 자체에 결함이 있거나 강행규정 스스로가 관습에 따르도록 위임한 경우 등 이외에는 법적 효력을 부여할 수 없다"라고 하여, 본조를 의사보충에 관한 규범인 동시에 의사해석에 관한 규정이라고 보고 있다.

본조가 적용된 판결에서 관습이 구체적으로 문제로 된 것은 계약의 문언을 비롯한 표시행위의 해석에 관한 것과 더불어 계약의 공백부분을 보충하는 관습의 존재에 관한 것이 모두 있다.

---

9) 新版 日注民(3), 257(淡路剛久).

10) 고상룡, 민법총칙, 2005, 367; 주석 민법총칙(하), 176(남윤호).

이를 구체적으로 살펴보면, 은행이 예금통장의 제시가 없어도 예금지급청구서에 찍힌 인영과 미리 계출된 인영이 일치하면 예금을 지급할 것인가,[11] 지급보증서가 유가증권인가,[12] 수표의 분실계가 제출되면 은행은 수표금을 지급하지 않을 것인가[13] 등의 관습은 모두 법률행위의 해석에 관한 관습으로 본 경우이고, 한편 파계시의 법률관계에 관한 관습,[14] 기업의 내부에 존재하는 특정의 관행,[15]

11) 대판 62.1.11, 4294민상195은 "예금통장의 제시가 없어도 예금지급청구서에 찍힌 인영과 미리 계출된 인영이 맞기만 하면 예금을 지급하는 것이 은행거래에 있어서의 상관습이라고 할 수 없다"라고 하였다.

12) 대판 67.5.16, 67다311은 "자금사용자가 특정되어 있을 뿐 아니라 자금용도가 특정되어 있다는 점으로 보아 이는 자금 사용자인 위의 회사가 그 자금용도로서 특정되어 있는 자금을 대부하는 은행에게 대하여, 피고가 그 지급을 보증한다는 민사상 보증을 한 보증서에 불과함을 엿볼 수 있을 뿐이고, 위와 같은 내용의 지급보증서가 유가증권으로서, 유통되고 있다는 상관습은 없는 것이다"라고 하였다.

13) 대판 59.9.10, 4291민상835은 "수표의 분실계가 제출되면 지불은행은 수표금을 지불하지 아니하는 상관습은 존재하지 아니한다"라고 하였다.

14) 대판 59.7.30, 4291민상801은 "계가 파계 되었을 때에 기불입금만을 불입계원에게 반환시켜 주는 관습이 있다 할 수 없다."라고 하였고, 대판 62.11.15, 62다240은 "동일계주가 몇 개의 계를 조직한 경우 그 수개의 계에 가입한 한 사람의 계원이 어느 계에 있어서는 자기 차례의 급부금을 탄 뒤 계가 끝날 때까지 단속하여 계주에게 계금을 내지 않고 다른 계에 있어서는 그 계원자신이 탈 때까지 계주에게 계금중 일부를 내지 않았기 때문에 자기 차례에 계주로부터 급부금을 타지 못한 채(파계되지 않은 채) 위 계에 관한 거래관계가 종료되었다면 계금 또는 급부금의 청산에 관하여 계주와 계원 사이에 특약이 없는 한 계원으로서는 그가 급부금을 탄 뒤에 아직 물지 못한 계금을 지급하여야 될 것은 당연한 법리에 속할 것이나 계주로서는 그 계원으로부터 급부금을 탈 차례가 오기까지 지급받은 계금을 이자 없이 그 계원에게 돌려주는 것이 계를 하는 당사자들이 따르고자 하는 사실인 관습이다."라고 하였다.

15) 대판 02.4.23, 2000다50701은 "기업의 내부에 존재하는 특정의 관행이 근로계약의 내용을 이루고 있다고 하기 위하여는 그러한 관행이 기업 사회에서 일반적으로 근로관계를 규율하는 규범적인 사실로서 명확히 승인되거나 기업의 구성원에 의하여 일반적으로 아무도 이의를 제기하지 아니한 채 당연한 것으로 받아들여져서 기업 내에서 사실상의 제도로서 확립되어 있다고 할 수 있을 정도의 규범의식에 의하여 지지되고 있어야 한다"라고 하면서 사용자가 이미 퇴직한 근로자들에게 퇴직 이후에 체결된 단체협약에 의한 임금인상분 및 퇴직금인상분 차액을 추가 지급한 관행이 있었으나 그것은 노동조합 또는 근로자집단과 사용자 사이의 규범의식이 있는 노사관행으로는 볼 수 없다고 하였다. 대판 13.12.12, 2011다51434은 위 2000다50701 판결 법리를 원용하면서 "피고가 2003년경 상여금 귀속기간에 관하여 정기 상여의 경우에는 전전월 21일부터 당월 20일까지로, 구정 상여의 경우에는 전년도 12. 21.부터 당해년도 6. 20.까지로 하는 내부기준을 수립한 사실은 인정되지만, 위 내부기준은 2003년 노사협의회에서 합의점을 찾지 못하여 추후 임금 단체협상에서 논의하기로 하고 종결되었고, 그 이후 임금 단체협상에서 위 내부기준에 관하여 논의되었거나 이를 승인하였다는 자료가 없는 등 노사관행이 명백히 존재한다고 보기 어렵고, 단체협약이나 취업규칙에 상여금의 귀속기간이 명시되어 있지 아니한 경우 상여금의 산출기초 및 지급시기를 감안하여 이를 정함이 상당하다거나 … 는 피고의 주장을 배척"한 원심판단을 수긍하였다. 대판 14.2.27, 2011다109531은 위 2000다50701 판결의 법리를 원용하면서 철도공사의 전기요금 지원 관행이 철도공사 내에서 일반적으로 근로관계

종중 대표자의 선출방법에 관한 관습[16] 등은 계약이나 규약의 공백부분을 보충하는 관습으로 본 경우라고 할 수 있다.

Ⅲ. 본조 적용의 요건

1. 강행법규에 위반하지 않고 또한 임의법규와는 다른 관습이 있을 것

(1) 본조가 적용되는 관습의 의의

관습은 강행법규에 반하지 아니하여야 하고 선량한 풍속 기타 사회질서에 반하지 아니하여야 한다.[17] 따라서 법령 중의 선량한 풍속 기타 사회질서에 관계있는 규정, 즉 강행법규(§105)를 위반하는 관습은 그 효력을 인정할 수 없다.

한편 선량한 풍속 기타 사회질서에 관계없는 규정, 즉 임의법규는 법률행위 해석의 표준이 되지만(§105), 이 임의법규와 다른 관습이 있는 때에는 본조에 의하여 관습이 우선하여 해석의 표준이 된다. 강행법규·임의법규 어느 것도 없는 사항에 관하여 관습이 있는 경우에 관하여는, 본조가 이를 밝히고 있지 않으나, 이때에도 역시 그 관습이 해석의 표준이 된다.

(2) 실무상 본조의 관습으로 승인되거나 승인되지 않은 사례[18]

1) 종중대표자는 종중규약이나 특별한 관례가 있으면 그에 따라 선출하고 그것이 없으면 일반관습에 의하여 종장 또는 문장이 그 종중원 중 성년이상의 남자를 소집하여 출석자의 과반수 결의로 선출하여야 하며, 평소에 종장이나 문장이 선임되어 있지 아니하고 그 선임에 관한 종중규약이나 관례가 없으면 생존하는 종중원 중 항렬이 가장 높고 나이가 많은 연고항존자가 종장

를 규율하는 규범적인 사실로서 명확히 승인되었다거나 사실상의 제도로서 확립되어 있다고 할 수 있을 정도의 규범의식에 의하여 지지되고 있었다고 볼 수 없다고 하였다. 대판 14.11.27, 2011다41420은 위 2000다50701 판결의 법리를 원용하면서 인사발령이 기존의 관행에 반하여 부당하다고 단정할 수 없다고 하였다.

16) 대판 82.5.11, 81다609; 대판 87.2.24, 86다215, 86다카1071, "종중의 대표자를 선출함에 있어 종중 규약이나 관습이 없는 경우에는 종장 또는 문장이 통지가능한 성년 이상의 남자종원에게 총회소집통지를 하여 총회를 개최하고 출석총원 과반수의 결의로 종중대표자를 선출하는 것이 종중에 관한 일반관습이다."

17) 고상룡(주 10), 367-369; 곽윤직·김재형(주 8), 300-301; 이영준(주 8), 335-337; 이은영(주 6), 433.

18) 사실인 관습이 언급된 사건은 많지 않아서 참고용으로 본조의 쟁점과 직접적인 관계가 없더라도 관습이라는 용어가 사용된 판결을 게재한다.

또는 문장이 되는 것이 우리나라의 일반 관습이다.[19)]

2) 출역인부임 전표는 공사장에 출역한 인부들의 임금으로 현금 대신 발행한 증서로서 위 인부들은 공사장 주변에서 위 전표로 일상일용품을 구입하거나 현금으로 할인매매하여 사용하는 관습이 있던 것으로 위 각 원고가 위 관습에 따라 위 전표들을 할인매수한 채권임을 알 수 있는바 이와 같은 출역인부임 전표채권은 그 변제기한이 도래한 후에 소지인이 위 증서를 제시하여 이행을 청구한 때(날)로부터 비로소 채무자는 지체책임을 진다.[20)]

3) 채증법칙에 위배하여 피고 공사에서는 상여금을 퇴직금 산정의 기초임금인 평균임금 중에 포함시키지 아니하는 관습이 없다고 판단하였다는 취지의 논지는 그 이유 없고 또 피고 공사에서 가사 과거에 관계법규에 위배된 퇴직금산정을 여러 해 반복하였다 하여 그것이 바로 관습이 되었다고 볼 수 없다.[21)]

4) 원판결이 본건 꽁치 냉동을 위한 임치계약은 출고시에 임치인이 이의 없이 수치물인 꽁치를 반환받았으면 수탁자의 책임은 면제된다고 판시하고 있는바 이는 냉동을 위한 생선 임치계약에 있어 적어도 본건 거래지방에 있어 사실인 관습으로 되어 있어 본건 임치계약에도 위와 같은 사실인 관습에 따라 임치계약을 해석할 것이라고 볼 것임이 명백하며 원심의 위와 같은 조치에 위법이 없으므로 상고논지는 모두 이유없다.[22)]

5) 원고가 계주가 되어 제1심 판결서 말미에 첨부된 일람표에 기재된 바와 같은 내용의 계를 조직하고 피고가 그 계의 계원의 한 사람으로서 가입하였으나 (1) 계원인 피고는 위의 계의 일부(1957년 8월 13일 조직한 계 중 2번과 11번 1958년 1월 25일 조직한 계 중 2번 1958년 3월 30일 조직한 계 중 4번)에 관하여는 계주인 원고로부터 급부금을 탄 뒤에 피고가 마지막 차례까지 계속하여 물어야 될 약정한 계금을 물지 않았으며 (2) 이와는 반대로 계원인 피고도 위의 계 중의 일부(1958년 1월 25일 조직된 계 중 11번과 1958년 3월 30일 조직된 계 중 7번)에 관하여 그가 약정한 급부금을 탈 차례가 돌아올 때까지 그가 계주에게 지급하여야 될 계금의

19) 대판 87.6.23, 86다카2654; 대판 83.2.8, 82다카834(집 31-1, 98); 대판 87.2.24, 86다215, 86다카1071; 대판 84.5.29, 83다119, 83다카341; 대판 90.4.10, 89다카6102.

20) 대판 76.5.11, 73다616.

21) 대판 76.7.13, 76다983, "사실인 관습은 일반 생활에 있어서의 일종의 경험칙에 속한다 할 것이고 경험칙은 일종의 법칙인 것이므로 법관이 어떠한 경험칙의 유무를 판단함에 있어서는 당사자의 주장이나 입증에 구애됨이 없이 법관 스스로 직권에 의하여 이를 판단할 수 있다 할 것이다."

22) 대판 67.12.18, 67다2093.

일부를 이행하지 않았기 때문에 계주인 원고도 제때에 급부금을 계원인 피고에게 지급하지 않은 채 이른바 파계는 아니된 채 이 계에 관한 거래관계가 종료된 사실을 인정할 수 있는바 이러한 경우에 계주와 그 계원 사이에 그 계금 또는 급부금의 청산은 어떠한 기준에 좇아서 할 것이냐에 관하여는 당사자 사이에 특약이 있으면 물론 그러한 특약의 내용에 따라서 청산할 것이로되 만일 이러한 특약이 없을 경우에 있어서는 계원이 그가 급부금을 탄 뒤에 아직 물지 못한 계금을 계주에게 지급하여야 될 것은 당연한 법리에 속할 것이라 하겠으나 계주가 그 계원으로부터 그가 급부금을 탈 차례가 오기까지 지급받은 계금에 관하여는 이것을 이자없이 그 계원에게 돌려주는 것이 계를 하는 당사자들이 따르려는 사실인 관습이다.[23]

6) 계가 해산(파계)되면 급부를 받은 구에 대하여는 그 수급금액에서 기불입금액을 공제한 잔액만을 계주에 지불하고 미급부구에 대하여서는 기 불입금의 반환을 수함이 현재사회의 현저한 관습이라는 논지는 독자의 견해에 불과하다.[24]

7) 원심이 애당초 피고공사가 평균임금의 개념에 상여금이 포함되지 않음을 전제로 하여 퇴직금 규정을 제정한 이래 이것이 그 후 사실인 관습으로 확립되었다는 증거가 없을 뿐만 아니라, 설사 위 규정 제정당시의 내심의 의사가 그렇다고 하여도 이것만 가지고서는 곧 원고들이 퇴직할 무렵 수령하던 위에서 본 상여금의 성격이나 퇴직금 규정의 객관적 해석이 좌우될 수는 없는 것이라고 판단하였음은 정당하고, 거기에 소론과 같은 관습의 법리를 오해하였다고 볼만한 잘못이 없으니 이 점 논지도 이유없다.[25]

8) 원심은…(중간 생략)… (1) 은행의 신용장개설에 따라 이루어진 격지간의 상품매매에 따른 상품운송에 있어서 선하증권상에 수하인으로 되어 있어 장래 그 선하증권의 취득이 확실시되는 신용장개설은행의 보증하에 그 명의의 화물선취보증장과 상환으로 선하증권과 상환함이 없이 그 선하증권상에 통지처로 되어 있는 실수요자에게 운송물을 인도하는 형태의 이른바 보증도가 국제해운업계에서 일반적으로 행하여지는 세계적인 상관습인 사실은 인정할 수 있으나 이러한 보증도의 상관습은 운송인 또는 선박대리점의 정당한 선

23) 대판 62.11.15, 62다240.
24) 대판 59.7.30, 4291민상801.
25) 대판 77.4.12, 76다1124.

하증권 소지인에 대한 책임을 면제함을 직접목적으로 하는 것이 아니고 오히려 보증도로 인하여 정당한 선하증권 소지인이 손해를 입게 되는 경우 해상운송인 또는 선박대리점 등이 그 손해를 배상하는 것을 전제로 하고 있는 것으로서, 운송인 또는 운송취급인은 진정한 선하증권 소지인이 아닌 자에게 운송물을 인도하게 되면 선하증권 소지인의 운송물에 대한 권리를 침해하는 결과가 발생될 수 있음을 인식하고 있었다고 보아야 할 것이고 만약 그 결과의 발생을 인식하지 못하였다면 그와 같이 인식하지 못하게 된 점에 대하여 운송인 또는 운송취급인으로서의 주의의무를 현저히 결여한 중대한 과실이 있다고 볼 것이고, (2) 상법 §§ 820, 129의 규정은 운송인에게 선하증권의 제시가 없는 운송물인도청구를 거절할 수 있는 권리와 함께 선하증권의 제시가 없는 경우 운송물의 인도를 거절하여야 할 의무가 있음을 규정하고 있다고 봄이 상당하며, (3) 해상운송인이나 운송대리점이 운송물의 인도를 청구하는 자로부터 후일 선하증권의 반환을 받을 약정 하에 선하증권과 상환하지 아니하고 운송물을 인도하는 이른바 가도가 국제상관습으로 행해진다고 하더라도 이는 전적으로 운송인 또는 운송대리점의 위험부담하에 행해지는 것으로 가도로 인하여 선하증권의 정당한 소지인의 권리가 침해되는 경우 그로 인한 손해를 배상함을 당연히 전제로 하는 것이라고 설시하면서 피고의 위 물품의 인도행위는 원고에 대하여 불법행위가 되고 피고는 이로 인한 손해배상의 책임이 있다고 판시하고 있는바, 위와 같은 원심의 사실인정 및 판단은 모두 옳고 거기에 논지가 주장하는 바와 같이 원심이 보증장에 의한 화물인도의 법리를 오해하였다거나, 상법규정 및 상관습법에 관한 해석을 그르쳤다거나, 상관습인 보증도의 관행을 무시하고 중대한 과실을 인정함으로써 논리와 경험칙에 반하는 사실인정을 한 위법 등이 없다.[26]

9) 현행 민법이 시행되기 전에 호주 아닌 남자가 사망한 경우 그 재산은 그 직계비속이 평등하게 공동상속하며, 그 직계비속이 피상속인과 동일 호적 내에 있지 않은 여자일 경우에는 상속권이 없다는 것이 우리나라의 관습이었다.[27]

10) 구 관습에 의하면 호주상속을 위하여 다른 가의 양자로 된 자가 호

26) 대판 91.12.10, 91다14123.

27) 대판 70.4.14, 69다1324; 대판(전) 90.2.27, 88다카33619; 대판 91.2.22, 90다15679; 대판 14.8.20, 2012다52588; 대판 15.2.12, 2013다216761 등.

주인 양부의 사망으로 호주권과 그 재산을 상속한 후 기혼인 상태에서 호주상속할 남자 없이 사망하였고 그 가(家)에 여호주로 될 자가 없거나 여호주로 된 자가 사망하거나 혼인하였음에도 상당한 기간이 지나도록 사후양자가 선정되지 않아 절가된 경우, 동일 가적 내의 가족도 없으면 양자가 양부로부터 상속받은 재산은 양부를 매개로 하여 새로이 정해진 촌수에 따른 최근친자에게 귀속된다.[28]

11) 민법 시행 전의 관습에 의하면, 호주가 미혼으로 사망하고 그 가(家) 내에 다른 남자가 없는 때에는 선대인 망 호주(선대인 장남이 전 호주보다 먼저 사망한 경우에는 망장남)의 사후양자를 정하여 그 상속을 하도록 하여야 하고, 그 사후양자가 선정될 때까지는 선대인 망 호주의 조모, 모, 처의 순서로 그 호주권 및 유산을 상속하는 것이나, 조모, 모, 처도 없고, 미혼의 남 호주의 가족으로 매(妹) 2인만이 있는 경우에는 망 호주를 위하여 사후양자가 선정될 때까지 일시 장녀가 호주권 및 유산을 상속하게 되며, 한편 절가(絶家)라 함은 호주의 흠결로 인하여 가(家)가 소멸하는 경우로서 그 가(家)에 제사상속인이 없고 혈족 중에 양자로 할 적격자가 없으며 또 그 가(家)에 호주로 되어야 할 여자도 없는 때에 비로소 발생한다.[29]

12) 민법 시행 전의 구 관습에 의하면, 호주가 미혼으로 사망하고 그 가(家) 내에 다른 남자가 없는 때에는 선대인 망 호주(선대인 장남이 전 호주보다 먼저 사망한 경우에는 망 장남)의 사후양자를 정하여 그 상속을 하도록 하고, 사후양자의 선정이 있을 때까지는 선대인 망 호주의 조모, 모, 처의 순서로 그 호주권 및 유산을 상속하는 것이나, 조모, 모, 처도 없고, 미혼의 남호주의 가족으로 여자 형제인 자(姉)나 매(妹)만 있는 경우에는 망 호주를 위하여 사후양자가 선정될 때까지 일시 장녀가 호주권 및 유산을 상속하게 된다. 한편 절가(絶家)라 함은 호주의 흠결로 인하여 가가 소멸하는 경우로서 그 가에 제사상속인이 없고 혈족 중에 양자로 할 적격자가 없으며 또 그 가에 호주로 되어야 할 여자도 없는 때 비로소 발생하는 것이고, 만약 사후양자가 선정되지 않은 채 호주상속을 하였던 여호주가 사망하거나 출가하여 호주상속할 자가 없게 되더라도 곧바로 절가가 되는 것은 아니며, 그 여호주가 사망 또는 출가한 때로부터 상당한 기간 내에 사후양자가 선정되지 않으면 그때에 비로소 절가가 된다(대판 95.4.11, 94다46411; 대판 06.11.9, 2006다41044; 대판 12.3.15,

---

28) 대판 09.1.30, 2006다77456.

29) 대판 06.11.9, 2006다41044.

(2010다53952 등 참조). 그리고 위와 같이 여호주가 된 여자가 상속 개시 당시 이미 사실상 혼인을 하거나 재혼을 하였더라도 가적(家籍)을 이탈하지 않고 있다면 호주상속인의 신분에 영향을 받지 않는다 할 것이고(대판 70.1.27, 69다1954; 대판 79.6.26, 79다720 참조), 이는 미혼의 남호주의 가족으로 여자 형제만이 있어 호주를 위하여 사후양자가 선정될 때까지 일시 장녀가 호주권 및 유산을 상속하게 되는 경우 그 장녀가 가적을 이탈하지 않은 채 사실혼 상태에 있는 경우에도 마찬가지이다.[30]

(3) 관습의 존부에 관한 주장·증명책임

이론적으로는 법률행위의 해석상 관습의 존부가 문제되는 경우에, 이를 당사자가 주장·증명하여야 하는지가 문제되지만 실무상으로는 그다지 문제가 되지 않는다. 관습의 존부가 확실하지 않을 때에는 법관은 당연히 직권으로 그 존부를 판단하여야 하므로 당사자가 주장·증명할 책임이 없다. 판례도 이런 견지에서 다음과 같이 판시하고 있다.

대판 76.7.13, 76다983은 "사실인 관습은 일반 생활에 있어서의 일종의 경험칙에 속한다 할 것이고 경험칙은 일종의 법칙인 것이므로 법관이 어떠한 경험칙의 유무를 판단함에 있어서는 당사자의 주장이나 입증에 구애됨이 없이 법관 스스로 직권에 의하여 이를 판단할 수 있다."라고 하였다.[31]

다만 원칙으로 위와 같다고 하여도 현실의 문제로서 관습을 적용하여 판결을 얻기 위하여서는 당사자가 주장·증명하여야 할 경우가 많을 것이다.

대판 83.6.14, 80다3231은 "일반적으로 볼 때 법령과 같은 효력을 갖는 관습법은 당사자의 주장·입증을 기다림이 없이 법원이 직권으로 이를 확정하여야 하나 이와 같은 효력이 없는 사실인 관습은 그 존재를 당사자가 주장·입증하여야 한다고 파악할 것이나 그러나 사실상 관습의 존부 자체도 명확하지 않을 뿐만 아니라 그 관습이 사회의 법적 확신이나 법적 인식에 의하여 법적 규범으로까지 승인된 것이냐 또는 그에 이르지 않은 것이냐를 가리기는 더욱 어려운 일이므로 법원이 이를 알 수 없을 경우 결국은 당사자가 이를 주장·입증할 필요에 이르게 될 것이다."라고 하였다.

사실인 관습의 존부 및 그 내용은 증인의 증언에 의하여도 인정할 수 있다.[32]

30) 대판 13.4.11, 2012두26364.
31) 대판 77.4.12, 76다1124도 같은 취지임.
32) 대판 64.9.22, 64다515.

(4) 관습의 존부에 관한 다툼의 성질

관습의 존부에 관한 다툼이 사실문제로서 사실심의 전권에 속하는 것인지 또는 법률문제로서 상고심에서도 다툴 수 있는 것인지가 문제된다.

본조를 법률행위의 해석에 관한 규정이라고 보는 입장에서는 이 문제는 법률행위의 해석의 일반문제로 포섭된다.

이에 대하여 본조를 법률행위의 내용을 보충하는 규정이라고 보는 입장에서는 이 문제는 독립적인 문제가 된다. 이러한 입장에서 보면 관습의 존재라고 하는 요건의 유무는 당사자의 주장·증명에 의존하기 때문에 그것을 다투는 것은 사실심에 전속되고 상고심에서는 이를 다툴 수 없다고 하는 견해[33]가 있을 수 있다.

그러나 관습의 인정은 단순한 사실의 확정이 아니고 그것에 덧붙인 법적인 평가작용이 그 중요부분을 점하고 있다. 그러한 의미에서 법규의 해석에 상당하는 것이라고도 할 수 있다. 그렇기 때문에 관습의 존부는 상고심에서도 다툴 수 있다고 봄이 타당하다.[34]

다만 사실심에서 관습의 존부를 다투지 않고 상고심에 이르러 비로소 다투는 것은 허용되지 않는다(민소 § 149 등).

2. 당사자의 의사가 명확하지 않고 관습이 존재할 것

당사자가 관습에 의할 의사를 명확히 표시한 경우에는 그 관습은 법률행위의 내용이 되므로, 민법 § 105에 의하여 당연히 그 관습에 의하게 되고, 이러한 경우에 본조가 적용될 여지는 없다. 한편 당사자가 관습에 의하지 않겠다는 의사를 명확히 표시한 때에도 법률행위를 관습에 의할 수 없다.

그러므로 본조가 적용되어 관습이 법률행위 해석의 기준이 되는 것은, 위의 어느 경우에도 속하지 않는 경우, 즉 당사자가 관습에 의한다는 의사나 의하지 않는다는 의사를 명확하게 표시하지 않은 경우이다.

당사자가 적용하여야 할 관습의 존재를 알고 있어야 할 필요는 없다.[35]

또한 일방 당사자가 속하는 직업이나 계급에서의 관습과 타방 당사자가 속하는 직업, 계급에서의 관습이 공통하지 않고 서로 다를 경우에는, 어느 한

33) 주석 민법총칙(하), 184(남윤호).
34) 구주해(2), 282(박영식).
35) 구주해(2), 282-283(박영식); 곽윤직·김재형(주 8), 301; 이은영(주 6), 434.

편의 관습에 의할 수 없으므로, 결국 그러한 경우에는 본조를 적용할 수 없다는 견해(다수설)[36]가 있고, 한편으로 표의자가 속한 권역의 관습을 적용하여야 한다는 견해[37]도 있다. 본조가 적용되는 관습은 적어도 두 당사자의 직업이나 계급 등에 공통하는 보편적인 것이어야 한다.

그리고 사실인 관습은 전국적인 것일 필요가 없고 지역적인 것이라도 무방하다.[38]

Ⅳ. 사실인 관습과 관습법

1. 서　　론

우리 민법은 본조 외에도 § 1에서 관습의 효력을 규정하고 있다. 즉 민법 § 1는 "민법에 관하여 법률에 규정이 없으면 관습법에 의하고 관습법이 없으면 조리에 의한다."라고 규정하고 있다.

관습법이라 함은 사회에서 스스로 발생하는 이러한 관습이 단순한 예의적 또는 도덕적인 규범으로서 지켜질 뿐만 아니라, 사회의 법적 확신 내지 법적 인식을 수반하여 대다수인에 의하여 지켜질 정도로 된 것을 말한다.[39]

참고로 관습법의 의의 및 효력에 대하여 대법원은 "관습법이란 사회의 거듭된 관행으로 생성한 사회생활규범이 사회의 법적 확신과 인식에 의하여 법적 규범으로 승인·강행되기에 이른 것을 말하고, 그러한 관습법은 법원(法源)으로서 법령에 저촉되지 아니하는 한 법칙으로서의 효력이 있는 것이고, 또 사회의 거듭된 관행으로 생성한 어떤 사회생활규범이 법적 규범으로 승인되기에 이르렀다고 하기 위하여는 헌법을 최상위 규범으로 하는 전체 법질서에 반하지 아니하는 것으로서 정당성과 합리성이 있다고 인정될 수 있는 것이어야 하고, 그렇지 아니한 사회생활규범은 비록 그것이 사회의 거듭된 관행으로 생성된 것이라고 할지라도 이를 법적 규범으로 삼아 관습법으로서의 효력을 인정할 수 없다. 사회의 거듭된 관행으로 생성된 사회생활규범이 관습법으로 승인

36) 곽윤직·김재형(주 8), 301; 김주수·김상용, 민법총칙, 2013, 304; 이은영(주 6), 433-434.
37) 이영준(주 8), 337.
38) 구주해(2), 283(박영식).
39) 구주해(2), 284(박영식).

되었다고 하더라도 사회 구성원들이 그러한 관행의 법적 구속력에 대하여 확신을 갖지 않게 되었다거나, 사회를 지배하는 기본적 이념이나 사회질서의 변화로 인하여 그러한 관습법을 적용하여야 할 시점에 있어서의 전체 법질서에 부합하지 않게 되었다면 그러한 관습법은 법적 규범으로서의 효력이 부정될 수밖에 없다."라고 한다.[40)]

여기에서는 본조의 관습(사실인 관습)과 민법 §1의 관습법과의 관계가 문제로 된다.

2. 학 설

(1) 다 수 설

본조에 의하여 법률행위해석의 기준이 되는 관습은 이를 "사실인 관습"이라 하여, 민법 §1에서 말하는 관습법과 구별하는 것이 다수설이다.[41)] 즉, 민법 §1의 관습법은 사회의 법적 확신 내지 법적 인식에 의하여 지지되고 법으로

40) 대판(전) 05.7.21, 2002다1178, "종원의 자격을 성년 남자로만 제한하고 여성에게는 종원의 자격을 부여하지 않는 종래 관습에 대하여 우리 사회 구성원들이 가지고 있던 법적 확신은 상당 부분 흔들리거나 약화되어 있고, 무엇보다도 헌법을 최상위 규범으로 하는 우리의 전체 법질서는 개인의 존엄과 양성의 평등을 기초로 한 가족생활을 보장하고, 가족 내의 실질적인 권리와 의무에 있어서 남녀의 차별을 두지 아니하며, 정치·경제·사회·문화 등 모든 영역에서 여성에 대한 차별을 철폐하고 남녀평등을 실현하는 방향으로 변화되어 왔으며, 앞으로도 이러한 남녀평등의 원칙은 더욱 강화될 것인바, 종중은 공동선조의 분묘수호와 봉제사 및 종원 상호간의 친목을 목적으로 형성되는 종족단체로서 공동선조의 사망과 동시에 그 후손에 의하여 자연발생적으로 성립하는 것임에도, 공동선조의 후손 중 성년 남자만을 종중의 구성원으로 하고 여성은 종중의 구성원이 될 수 없다는 종래의 관습은, 공동선조의 분묘수호와 봉제사 등 종중의 활동에 참여할 기회를 출생에서 비롯되는 성별만에 의하여 생래적으로 부여하거나 원천적으로 박탈하는 것으로서, 위와 같이 변화된 우리의 전체 법질서에 부합하지 아니하여 정당성과 합리성이 있다고 할 수 없으므로, 종중 구성원의 자격을 성년 남자만으로 제한하는 종래의 관습법은 이제 더 이상 법적 효력을 가질 수 없게 되었다." 대판(전) 03.7.24, 2001다48781, "제정 민법(1958.2.22. 법률 제471호로 공포되어 1960.1.1.부터 시행된 것)이 시행되기 전에 존재하던 관습 중 '상속회복청구권은 상속이 개시된 날부터 20년이 경과하면 소멸한다.'는 내용의 관습은 이를 적용하게 되면 위 20년의 경과 후에 상속권 침해행위가 있을 때에는 침해행위와 동시에 진정상속인은 권리를 잃고 구제를 받을 수 없는 결과가 되므로 진정상속인은 모든 상속재산에 대하여 20년 내에 등기나 처분을 통하여 권리확보를 위한 조치를 취하여야 할 무거운 부담을 떠안게 되는데, 이는 소유권은 원래 소멸시효의 적용을 받지 않는다는 권리의 속성에 반할 뿐 아니라 진정상속인으로 하여금 참칭상속인에 의한 재산권침해를 사실상 방어할 수 없게 만드는 결과로 되어 불합리하고, 헌법을 최상위 규범으로 하는 법질서 전체의 이념에도 부합하지 아니하여 정당성이 없으므로, 위 관습에 법적 규범인 관습법으로서의 효력을 인정할 수 없다."

41) 구주해(2), 284(박영식).

서의 가치를 가지게 된 관습을 말하며, 이에 대하여 본조의 이른바 사실인 관습은 아직 사회의 법적 확신에 의하여 지지될 정도에 이르지 않은 것으로서, 양자는 구별된다고 한다.

그리하여 사실인 관습과 관습법은 다음과 같은 점에서 차이가 있다고 한다. 첫째 사실인 관습은 당사자의 의사를 해석하는 표준이 됨으로써 의사표시의 내용이 되고, 이때에 비로소 효력을 가지게 되나, 관습법은 당사자의 의사와는 관계없이 당연히 법규로서의 효력을 가진다.[42] 둘째, 관습법은 보충적 효력을 가질 뿐이므로 법률에 규정이 있는 사항에 관해서는 존재할 수 없으나(§1), 사실인 관습은 법률행위의 해석을 통하여 임의법규를 개폐하는 효력을 가진다.[43]

그런데 법의 순위라는 면에서 관습법과 사실인 관습을 고찰한다면, 다음과 같은 모순이 있다는 지적이 있다. 즉 법원이 적용하여야 할 법규범을 채용하지 않거나 그 순위를 잘못 적용하면 그 재판은 위법한 것이 되는데, 민법 §1와 본조와의 관계에는 다음과 같은 모순이 있게 된다.

민법 §1에 의하면 법의 적용의 순위는, ① 강행법규(효력인정), ② 임의법규, ② 관습법의 순서로 된다. 그러나 한편 본조에 의하면, ① 강행법규, ② 사실인 관습, ③ 임의법규, ④ 관습법의 순위가 된다.

그러므로 사실인 관습은 임의법규에 우선하나 관습법은 임의법규의 하위에 서는 것이 되므로 사실인 관습은 관습법의 하위에 서는 것이지만 사실상으로는 관습법 이상의 효력을 가지는 것으로 된다. 본조와 민법 §1의 관계에 대한 이러한 일응의 모순을 조정하기 위하여 민법 §1의 관습법에도 법률과 같은 효력을 인정하여야 한다는 견해[44]와 사적자치가 인정되는 임의규정의 적용영역에 한하여 본조가 민법 §1보다 우선한다는 견해[45]가 있고 본조는 의사표시 해석에 관한 규정으로 법규범에 관한 것이 아니므로 모순이 없다는 견해[46]도 있다.

(2) 소 수 설

이에 대하여 소수설은 사실인 관습과 관습법은 현실적으로 구별이 곤란하

42) 곽윤직 · 김재형(주 8), 301-302; 백태승(주 8), 365-366; 이영준(주 8), 338-339.
43) 백태승(주 8), 365-366; 이영준(주 8), 338-339; 이은영(주 6), 28.
44) 김증한 · 김학동(주 8), 346.
45) 고상룡(주 10), 375; 곽윤직 · 김재형(주 8), 302.
46) 백태승(주 8), 365-366; 이영준(주 8), 340-341.

여 성질상 같은 것이고 양자 사이에 효력상 차이가 없다고 본다.[47]

(3) 결 론

생각건대 법이 법으로서 존재하는 형식, 또는 법으로서 형성되는 형식이라는 면에서 본다면, 사실인 관습과 관습법은 다르다고 하겠지만, 법률행위를 해석하는 기준으로서 본조의 사실인 관습은 임의법규에 우선하여 적용되는 재판규범이 되므로 관습법과 다르지 않다는 결과가 된다.

바꾸어 말하면 사적 자치가 인정되는 범위에서는 사실인 관습이나 관습법이나 모두 임의법규에 우선해서 해석의 기준이 되고 이 한도에서는 관습법이냐 사실인 관습이냐를 구별할 필요가 없다. 결국 양자는 성질상 같은 것이나, 법의 존재형식에서 보는 경우와 법의 적용의 기준이라는 면에서 본 경우에 차이가 생길 뿐이라고 이해하여야 할 것이다.[48]

이와 같이 본조의 해석상 사실인 관습은 당사자의 의사가 명확하지 않은 경우에는 법률행위의 내용인 규범으로서 임의법규에 우선하여 적용되는 것이 된다. 즉 법률행위의 해석에 관한 한 임의법규를 개폐하는 효력을 가진다.

3. 판 례

판례는 학설 중 다수설을 취하고 있다. 즉 "관습법이란 사회의 거듭된 관행으로 생성된 사회생활규범이 사회의 법적 확신과 인식에 의하여 법적 규범으로 승인, 강행되기에 이른 것을 말하고, 사실인 관습은 사회의 관행에 의하여 발생한 사회생활규범인 점에서는 관습법과 같으나 다만 사실인 관습은 사회의 법적 확신이나 인식에 의하여 법적 규범으로서 승인될 정도에 이르지 않은 것을 말하며, 관습법은 바로 법원(法源)으로서 법령과 같은 효력을 갖는 관습으로서 법령에 저촉되지 않는 한 법칙으로서의 효력이 있는 것이며, 이에 반하여 사실인 관습은 법령으로서의 효력이 없는 단순한 관행으로서 법률행위의 당사자의 의사를 보충함에 그치는 것"이라고 하면서 "민법 § 1의 관습법은 법원으로서의 보충적 효력을 인정하는데 반하여 같은법 § 106는 일반적으로 사법자치가 인정되는 분야에서의 관습의 법률행위의 해석기준이나 의사보충적 효력을 정한 것이라고 풀이할 것이므로 사법자치가 인정되는 분야 즉 그 분야의 제정법이 주로 임의규정일 경우에는 위와 같은 법률행위의 해석 기준으로

47) 고상룡(주 10), 374-375.
48) 곽윤직 · 김재형(주 8), 302.

서 또는 의사를 보충하는 기능으로서 이를 재판의 자료로 할 수 있을 것이나 이 이외의 즉 그 분야의 제정법이 주로 강행규정일 경우에는 그 강행규정 자체에 결함이 있거나 강행규정 스스로가 관습에 따르도록 위임한 경우 등 이외에는 이 관습에 법적 효력을 부여할 수 없다"고 하였다.[49]

[윤 태 식]

第2節 意思表示

第107條(眞意 아닌 意思表示)

① 意思表示는 表意者가 眞意아님을 알고 한 것이라도 그 效力이 있다. 그러나 相對方이 表意者의 眞意아님을 알았거나 이를 알 수 있었을 境遇에는 無效로 한다.

② 前項의 意思表示의 無效는 善意의 第三者에게 對抗하지 못한다.

차 례

49) 대판 83.6.14, 80다3231.

I. 서　론

1. 규범의 내용

(1) 이 규정은 "진의 아닌 의사표시" 즉 표시행위의 해석으로 인정되는 의미에 상응하는 내심의 효과의사가 없는 의사표시를 표의자가 의식적으로 한 경우에 대해 규율한다. 즉 진의 아닌 의사표시는 의식적인 의사와 표시의 불일치의 경우로 이해되고 있다. 민법은 한편으로 상응하는 효과의사가 없는 표시행위이더라도 그것에 의사표시 해석으로 인정되는 의미에 따라 의사표시로서 효력을 가진다고 정하면서, 다른 한편으로 상대방이 그러한 효과의사 없음을 알았거나 알 수 있었을 경우에는 의사표시를 무효로 취급하고(§107 I), 그러한 무효를 선의의 제3자에게 대항할 수 없도록 한다(§107 II). 의식적으로 거짓에 기초한 의사표시를 한 자를 법적으로 보호할 이유가 없다는 점에서 그 의사표시에 따른 효력을 인정하고, 다만 상대방의 신뢰를 보호할 필요가 없는 경우에는 이를 무효로 한다는 규율 자체는 법정책적으로 거의 자명한 내용이라고 할 것이다.

이러한 진의 아닌 의사표시는 강학상 줄여서 非眞意表示라고도 표현하며, 유럽 보통법상 사용되었던 명칭에 따라 心裡留保(reservatio mentalis)라고도 한다.

(2) 상대방이 진의 없음을 알았거나 알 수 있어 비진의표시가 무효인 경우, 그 이익상황은 허위표시(§108 I)와 유사하다. 어느 경우나 표의자에게는 표시에 상응하는 진의가 없고, 상대방은 그에 대해 보호가치가 없다. 그러나 허위표시에서는 표의자와 상대방이 통정하고 있다는 점 즉 표시에 따른 법률효과가 발생하지 않는다는 점에 대해 합의가 있다는 점에서 §107 II와는 차이가 있다.

2. 연혁과 비교법

(1) 진의 아닌 의사표시에서 내심의 효과의사가 고려될 수 없다는 점은 이미 로마법에서부터 인정되어 근세에 이르기까지 의문이 제기되지 않았던 결론이다.[1] 그래서 예컨대 19세기 이전에 제정된 민법전들은 이에 대한 특별히 규율할 필요를 느끼지 않았던 것으로 보인다. 그런데 18세기의 토마지우스의

1) 아래 내용은 Schermaier in Historischer-kritischer Kommentar zum BGB, Band I (2003), §§ 116-124 Rn. 31; 구주해(2), 291 이하(송덕수).

표시주의 착오론을 시작으로 19세기에 의사주의와 표시주의 사이의 대립이 본격적으로 진행됨에 따라 비진의표시 효력의 문제는 의사주의의 약점으로 인식되었고, 의사주의로부터 방어를 위한 여러 가지 설명과 그에 대한 표시주의의 재비판이 행하여졌다. 이러한 논의를 배경으로 독일민법 제정과정에서 기본적으로 의사주의 원칙에서 출발하고자 하였던 제1위원회는 그에 대한 예외규정으로서 비진의표시를 명시적으로 규율하고자 하였다. 이러한 태도가 현행 독민 § 116에 승계되어 규정된 것이다.[2)] 그러므로 비진의표시가 명시적으로 입법되게 된 연유에는 의사와 표시의 불일치라는 현상을 중심으로 벌어진 의사주의와 표시주의 대립이 배경에 있다고 말할 수 있다.

이는 일민 § 93의 입법배경에서도 마찬가지이다. 일본 구민법은 프랑스민법의 태도에 좇아 비진의표시에 대한 규정을 두고 있지 않았지만, 19세기 의사주의와 표시주의 대립을 의식하고 있었던 일본민법의 기초자들은 비진의표시의 경우 의사가 없어 무효가 되어야 한다는 주장을 염두에 두고 의사와 표시가 불일치하더라도 거래의 안전을 고려해 비진의표시의 효력을 인정한다고 정하여 불필요한 논쟁이 일어나는 것을 예방하고자 하였던 것이다.[3)]

비진의표시에 대한 규정이 없는 나라에서도 해석에 의해 대체로 § 107 Ⅰ과 같은 결과가 인정되고 있다.[4)]

(2) § 107 Ⅰ은 사소한 문언의 수정과 함께 의용민법 § 93을 받아들인 규정이다.[5)] 이에 대해 § 107 Ⅱ은 우리 민법에서 신설한 내용이다. 종래 의용민법의 해석론에서는 상대방이 악의이거나 과실 있는 선의이어서 비진의표시가 무효로 되는 경우 어떻게 거래 안전을 보호할 것인지 학설 대립이 있었으나, 다수설은 허위표시에 규정된 규율 즉 선의의 제3자에 대해 대항할 수 없다는 규정의 유추적용을 주장하고 있었다.[6)] 우리 민법은 이 입장을 입법적으로 채택한 것이다.[7)]

2) 양창수, "독일 민법전 제정과정에서의 법률행위 규정에 대한 논의", 민법연구 5, 1999, 37-40 참조.
3) 未定稿本 民法修正案理由書, 82.
4) 스위스에 대해 Schwenzer, Schweizerisches Obligationenrecht Allgemeiner Teil(6. Aufl., 2012), Rn. 30.03; 오스트리아에 대해 Koziol/Welser, Bürgerliches Recht Ⅰ(13. Aufl., 2006), 145. 네덜란드 신민법의 경우 § 3:35에 의해 같은 결론이 도출될 것이다.
5) 민의원 법제사법위원회 민법안심의소위원회, 민법안심의록, 상권, 1957, 72.
6) 日注民(3) 新版, 304(稻本洋之助) 참조.
7) 민법안심의록(주 5), 73.

3. 이론적 설명과 규범목적

§107 Ⅰ의 내용을 이론적으로 어떻게 설명할 것인지에 대해서는 종래 다툼이 있다. 앞서 설명하였지만, 이는 특히 19세기의 의사주의와 표시주의의 대립에서 기인하며, 우리 민법의 해석에서도 반복되고 있다. 종래 다수설은 §107 Ⅰ이 표시주의를 원칙으로 하면서 예외적으로 의사주의를 가미하는 절충주의의 입장에 있다고 설명한다.[8] 대법원도 (대리권 남용과 관련해) 일반론으로 비슷한 이해를 보인 바 있다.[9] 그러나 이러한 견해에 대해서는 다음과 같은 반론도 제기되고 있다. 이 견해는 표의자는 진의를 숨기고 상대방이 표시된 대로 법률효과가 발생한다고 믿도록 하는 의사를 가지고 있으므로 비진의표시가 표시에 따른 효력을 가지는 것은 표의자가 이를 의욕하였기 때문이라고 설명한다.[10] 한편 §107 Ⅰ이 반드시 의사주의에 대한 반론이 되는 것은 아니며, 거래의 안전과 표시에 대한 신뢰를 기반으로 하고 있는 법질서의 불가결한 요청에 기초한다고 이해하는 견해도 있다.[11]

의사주의와 표시주의의 대립이라는 틀을 버리고 바라본다면, 종래의 다수설이나 그에 대한 반론이 서로 다른 관점에 서 있는 것은 아니다. 비진의표시가 효력을 가진다는 §107 Ⅰ 본문은 상대방의 신뢰보호라는 표시주의의 관점에서는 자명한 결론이다. 그러나 의사주의가 이 규정을 반드시 설명할 수 없는 것은 아니다. 표의자가 A라는 효과의사를 마음속에 유보해 두고서 의식적으로 B라는 효과의사가 인정되는 표시행위를 한 경우, 의사표시에 의해 현실적으로 표시되어 효력이 부여된 효과의사는 A가 아니라 B라고 이해하여 정당화할 수 있기 때문이다.[12] 그러나 여기서 내심의 진의인 A가 아닌 B가 효과의사가 되어야 하는 이유는 결국 언어에서 기호가 가지는 신뢰성[13]을 이유로 하는 신뢰보

8) 고상용, 391; 곽윤직, 309; 김대정, 749, 758; 김준호, 268; 김증한·김학동, 415; 명순구, 395; 소성규, 604; 이덕환, 471; 이은영, 471; 주석 총칙(2), 552(제4판/최성준).

9) 대판 87.7.7, 86다카1004(집 35-2, 223): "제107조 제1항[…]의 뜻은 표의자의 내심의 의사와 표시된 의사가 일치하지 아니한 경우에는 표의자의 진의가 어떠한 것이든 표시된 대로의 효력을 생기게 하여 거짓의 표의자를 보호하지 아니하는 반면에 만약 그 표의자의 상대방의 표의자의 진의 아님에 대하여 악의 또는 과실이 있는 경우라면 이때에는 그 상대방을 보호할 필요가 없이 표의자의 진의를 존중하여 그 진의 아닌 의사표시를 무효로 돌려버리려는데 있는 것".

10) 이영준, 367.

11) 송덕수, 262.

12) 실제로 독일 다수설의 입장이다. 문헌지시와 함께 Wolf/Neuner, Allgemeiner Teil des Bürgerlichen Rechts(10. Aufl., 2012), §40 Rn. 3.

13) Savigny, System des heutigen römischen Rechts Ⅲ(1840), 258. 기호의 신뢰성은 자

호의 관점 때문이며, 이는 결국 표시주의가 고려하는 바와 다르지 않다.[14] 그리고 이러한 신뢰보호의 관점이 고려될 때에만 § 107 Ⅰ 단서의 예외적 무효도 이해할 수 있다. 만일 표시되어 효력이 부여된 효과의사라는 사고에만 집착한다면, 상대방이 진의를 알았거나 알 수 있었다는 사실을 고려할 이유는 없다고 해야 하기 때문이다.[15] 결국 두 견해는 같은 규범목적에 기초해 § 107 Ⅰ을 이해하고 있는 것이다. 실제로 § 107 Ⅰ이 없더라도 상대방의 신뢰보호를 고려하여 선행행위와 모순되는 행태 금지(§2)에 따라 같은 결과가 인정될 것이다.[16] 그러므로 어떠한 설명을 채택하든, 비진의표시의 유효 또는 무효가 결정되는 것은 언어에서 기호가 가지는 신뢰성 즉 상대방의 신뢰보호라는 관점으로부터이다. 동일한 이익상황과 해법이 문제되는 한 다수의 등가적인 이론구성이 가능하다는 헤크의 인식은 여기서도 확인된다.[17]

Ⅱ. 적용범위

1. 사법상 의사표시

(1) 원 칙

§ 107 Ⅰ은 그 체계상 위치에 좇아 모든 의사표시에 적용된다. 의사표시이면 충분하며, 그것이 명시적 의사표시인지 아니면 추단적 의사표시인지, 의사표시에 방식이 요구되는지 등은 중요하지 않다. 그러므로 의사표시가 구성요소가 되는 법률행위는 그것이 계약이든 단독행위[18]이든 § 107 Ⅰ의 적용을 받

연법학에서 토마지우스 학파의 표시주의 이론의 근간을 이루는 사상으로, 사비니의 의사표시 이론도 그 영향에서 자유롭지는 않았다. HKK/Schermaier, §§ 116-124 Rn. 3f.

14) 반면 이영준, 367이 말하듯 "상대방이 표시된 대로 법률효과가 발생한다고 믿도록 하는 의사"를 이유로 하는 것은 타당하지 않다고 생각된다. 의사주의에 따른 효력근거는 법률효과를 내용으로 하는 효과의사이지 상대방에게 일정 신뢰를 불러일으키겠다는 의사는 아니기 때문이다. Staudinger/Singer(2012), § 116 Rn. 1 참조.

15) 박찬주, "진의 아닌 의사표시에 대한 새로운 이해", 동아법학 42, 2008, 176. 실제로 신뢰보호의 관점을 고려하지 않고 효력주의적 입장만을 일관하는 Larenz, 법률행위의 해석(엄동섭 역, 2010), 145: "법정책적으로는, 그리고 법교의학적으로는 거부되어야 한다."

16) 박찬주(주 15), 177; HKK/Schermaier, §§ 116-124 Rn. 30 Fn. 189.

17) Heck, Begriffsbildung und Interessenjurisprudenz(1932), 189ff.

18) 사직의 의사표시에 대해 대판 88.5.10, 87다카2578(집 36-2, 1), 채무면제에 대해 대판 69.7.8, 69다563(집 17-2, 299) 등 참조.

게 된다. 단체설립 행위도 마찬가지이다.[19)]

다만 § 107 Ⅰ 단서의 경우 문언이 상대방 있는 의사표시를 전제로 하므로, 다수설은 상대방 없는 의사표시의 경우 비진의표시는 언제나 유효하다고 이해한다.[20)] 이에 소수설은 상대방 없는 의사표시에 기하여 특정인이 구체적인 권리의무를 취득하는 경우에는 그 상대방이 악의이거나 과실이 있다면 § 107 Ⅰ 단서를 유추하여 무효로 하는 것이 타당하다고 하며, 그 예로서 진의 아닌 유증의 경우 수유자가 유언자의 진의 없음을 안 사안을 든다.[21)] 실제로 소수설이 주장하는 바와 같이 이익상황에 비추어 § 107 Ⅰ 단서가 유추될 수 있는 경우가 있을 수는 있다. 그러나 상대방 없는 의사표시가 문제되는 사안유형은 매우 다양하여 소수설과 같이 일률적이고 일반적으로 유추적용을 주장할 수는 없으며, 개별적으로 유추의 타당성을 검토해 보아야 한다. 예를 들어 현상광고(§ 675)에서 광고자의 진의 없음을 알고 행위를 한 사람에 대해서는 § 107 Ⅰ을 유추하여 보수청구권을 부정하는 것이 적절하다.[22)] 현상광고의 성질상 청약이 상대방 없는 의사표시에 의한 것일 뿐, 상대방이 처해 있는 이익상황은 다른 계약과 다를 바 없기 때문이다. 승낙이 상대방 없는 의사표시인 의사실현으로 이루어지는 경우(§ 532)에도 마찬가지이다(아래 Ⅱ. 1. (2) (나) 참조). 그러나 소수설이 예를 드는 유증의 경우에는 유추는 부정되어야 할 것으로 생각된다.[23)] 예컨대 특정물 유증의 경우 그에 따라 구체적으로 유증 이행청구권을 취득하는 수유자와 구체적으로 유증 이행의무를 취득하는 상속인(다수의 공동상속인이 존재할 수도 있다) 사이에 각각의 선의·악의·과실 여부에 따라 상대적이고 착잡한 법률관계가 발생할 것이기 때문이다. 상속관계는 명확하고 안정적이어야 하므로 § 107 Ⅰ 단서는 유추되어서는 안 될 것이다.[24)] 한편 일본에서는 공유자 한 사람이 그로부터 이익을 받을(§ 267 참조) 다른 공유자의 통모 하에 자신의 지분을 포기한 경우 일민 § 94 Ⅱ

19) 이은영, 472. 합자회사 설립행위에 대해 日大判 1933(昭7).4.19, 民集 11, 837.

20) 곽윤직, 310; 김준호, 269; 김증한·김학동, 417; 명순구, 396; 송덕수, 268; 이덕환, 477; 이영준, 376.

21) 강태성, 607; 고상용, 397; 김대정, 770; 김상용, 464; 김주수·김상용, 344; 백태승, 383-384; 홍성재, 205.

22) Staudinger/Singer, § 116 Rn. 11. 송덕수, 269는 악의의 수유자의 경우에 유언해석에 의해 같은 결과가 달성된다고 한다. 그러나 § 107 Ⅰ의 적용을 긍정하는 경우 이는 자연적 해석으로 진의가 밝혀진다고 하더라도 이를 고려하지 않는다는 의미이므로, § 107 Ⅱ의 유추적용을 긍정하지 않는 이상 새삼 수유자가 악의라는 이유만으로 해당 유증을 무효로 하는 유언해석을 할 수는 없다.

23) 같은 취지이나 다른 이유를 기초로 하는 견해로 이은영, 472.

24) Staudinger/Singer, § 116 Rn. 11 참조.

의 유추적용을 긍정해 포기를 무효로 본 재판례가 있다.[25)]

(2) 적용이 논의되는 경우

학설에서는 의사표시의 성질상 § 107가 적용되지 않는 경우가 논의되고 있다.

(가) 먼저 친족법·상속법의 법률행위에 대해, 다수설은 그러한 이른바 신분행위에서는 진의가 절대적으로 존중되어야 하므로 § 107는 적용되지 않고, 진의 아닌 의사표시는 항상 무효라고 한다.[26)] 그러나 이에 대해서는 혼인, 협의이혼, 입양, 협의파양 등의 경우에는 다수설에 찬성하지만 유증이나 상속의 승인·포기와 같이 재산적 관련성을 가지는 행위에서는 적용을 긍정하는 소수설이 주장된다.[27)]

이는 일률적으로 판단할 수는 없으며, 문제되는 개별적인 법률행위의 성질을 고려해야 한다. 실제로 혼인, 입양에서는 특별규정이 있으므로(§§ 815 (i), 883 (i)), 의사흠결에 따른 혼인이나 입양의 효과는 당해 규정의 해석 문제이고 § 107는 직접 적용되지 않는다고 보아야 한다. 상대적 친족관계가 성립되어서는 안 된다는 점을 고려할 때 § 107 Ⅱ은 특히 적용될 수 없다. 그 경우 비진의표시에 의한 혼인합의 또는 입양합의가 무효인지 여부는 혼인의사를 어떻게 이해할 것인지에 좌우될 것이다. 또한 규정은 없지만 법적으로 유사한 구조를 가지는 협의이혼(§ 834), 협의파양(§ 898) 등도 혼인이나 입양에 준하여 처리할 것이다. 주의할 것은 가정법원이 그 의사를 확인하는 협의이혼에서 의사표시에 진의 없다는 주장은 쉽게 인정할 수 없을 것이고,[28)] 이는 가정법원의 허가가 요구되는 미성년자 입양의 경우에도 마찬가지라고 할 것이다(§§ 867, 869 Ⅳ). 한편 진의 없이 인지(§ 855 Ⅰ)를 한 경우에, 친자관계가 존재함에도 진의 없음을 이유로 인지의 효력을 부정할 것인지의 문제가 있다. 일본에서는 § 107 Ⅰ 본문을 적용하여 인지를 유효라고 한 재판례도 발견된다.[29)] 이 경우 다수설에 따라 인지의 효력을 부정한다고 하여도, 친자관계가 존재하는 이상 신의칙(§ 2)에 의해 무효 주장을 부정해야 할 경우가 대부분일 것이라고 예상되므로 결과는 마찬가지이어야 한

25) 日最判 1967(昭42).6.22, 民集 21-6, 1479.

26) 고상용, 397; 곽윤직·김재형, 310; 김대정, 770; 김민중, 333; 김상용, 464; 김주수·김상용, 344; 김준호, 269; 김증한·김학동, 417; 명순구, 396; 백태승, 384; 송덕수, 269; 이덕환, 477; 홍성재, 205; 주석 총칙(2), 587(제4판/최성준).

27) 강태성, 608; 이은영, 472.

28) 대판 96.11.22, 96도2049(집 44-2, 형1012) 참조.

29) 日大阪控判 1909(明42).7.8, 新聞 592, 13.

다고 생각된다.

반면 예컨대 약혼(§ 800)의 경우에는 § 803를 고려할 때 존엄에 반하는 결과가 발생하지 아니하므로 § 107가 적용될 수 있다고 생각된다.[30] 이혼에 따른 협의 재산분할(§ 839-2)이나 협의 상속재산분할(§ 1013)의 경우에는 비진의표시를 한 사람을 보호할 이유가 없으므로 § 107가 적용된다고 하겠다. 다만 후자의 경우 분할의 효력은 합일적으로 정해져야 하므로, § 107 Ⅰ 단서와 관련해 상대방 공동상속인 전원이 악의 또는 과실인 경우에만 분할을 무효로 할 것이다.[31] 상속의 승인·포기도 민법이 취소와 관련해 명시적으로 총칙 규율의 적용을 전제하는 것을 고려할 때(§ 1024 Ⅱ), § 107도 적용을 부정할 이유가 없다고 하겠다. 유언의 경우 유언사항에 따라 개별적으로 판단해야 한다. 예컨대 유언에 의한 인지(§ 859 Ⅱ)에서는 진의가 중요하므로 진의 없는 유언 인지는 무효로 해야 할 것이지만, 유증의 경우 증여계약과 이익상황이 다를 바 없다고 할 것이므로 § 107 Ⅰ에 대해 진의 없는 유증은 유효한 것으로 취급되어야 한다(§ 107 Ⅱ의 적용에 대해서는 앞의 Ⅱ. 1. (1) 참조).

(나) 의사실현에 대해서 § 107는 적용되는가? 이를 부정하는 견해도 있다.[32] 그러나 현재의 일반적인 이해에 따르면 의사실현은 상대방 없는 묵시적 의사표시이다.[33] 그래서 예컨대 § 532는 청약자의 의사표시나 관습이 있는 경우 승낙자는 상대방 없는 묵시적 의사표시의 방법으로도 승낙을 할 수 있다는 것을 의미한다. 그렇다면 § 107 Ⅰ 본문은 당연히 의사실현에 대해서도 적용되고, 이미 살펴본 대로 § 107 Ⅱ도 유추적용되어야 한다(앞의 Ⅱ. 1. (1) 참조).[34]

(다) 상 § 302 Ⅲ은 명시적으로 주식인수의 청약에 대해 § 107 Ⅰ 단서의 적용을 배제한다. 그러므로 주식인수의 청약은 비진의표시이더라도 언제나 유효하다. 그 밖에 단체법적인 특징을 고려해 다른 회사법상의 법률행위에도 같은 내용이 타당할 경우가 있을 것이며, 이는 개별적으로 확인되어야 한다.

(라) 통설은 § 107 Ⅰ 단서는 유가증권의 유통성 확보를 위해 유가증권법

---

30) Gernhuber/Coester-Waltjen, Familienrecht(5. Auf., 2006), § 8 Rn. 19.

31) 허위표시에 대해 대판 06.11.10, 2004다10299(공 06하, 2066) 참조.

32) 송덕수, 269.

33) 문헌지시와 함께 Wolf/Neuner, § 28 Rn. 33.

34) Staudinger/Bork(2003), § 151 Rn. 16. 한편 독일에서는 표의자가 진의 없이 의사실현에 해당하는 사실을 실현한 경우에도 비진의표시의 규율이 유추적용될 것인지에 대해 다툼이 있으나, 이는 무의식적 의사와 표시의 불일치이므로 착오 법리에 따라야 할 것이다. Staudinger/Bork 같은 곳의 서술 참조.

상의 행위에도 적용되지 않는다고 한다.[35] 그러나 유통성의 확보는 § 107 Ⅱ 및 유가증권법상의 인적 항변 절단에 의해 이미 보장되므로, 배서 등의 직접 상대방에 대해 § 107의 적용을 부정할 이유는 없다.[36]

2. 준법률행위

의사표시에 관한 규정은 준법률행위에 유추적용되는 것이 원칙이므로, § 107는 의사의 통지(예컨대 최고, § 387 Ⅱ), 관념의 통지(예컨대 채권양도의 통지, § 450), 감정의 통지(예컨대 사후용서, § 841)에 유추적용된다. 다만 특별규정이 있는 경우에는 그에 따른다. 거짓으로 대리권 수여를 상대방에게 표시한 경우에 적용되는 § 125가 그에 해당한다고 이해되고 있다.[37]

3. 공법상 의사표시

통설[38]과 판례[39]는 공법상 의사표시는 형식적 확실성을 중요시하고 그 행위의 격식화를 특색으로 하기 때문에, 그에는 § 107 특히 Ⅰ 단서가 적용될 수 없다고 한다. 그러므로 공법상 의사표시는 진의 없더라도 그 표시행위에 인정되는 의미에 따라 유효하다.[40] 반면 성질상 사법상 의사표시와 유사한 행위에 대해서는 § 107 Ⅰ 단서를 유추적용해야 한다는 견해도 주장된다.[41]

---

35) 김주수 · 김상용, 344; 송덕수, 269; 이은영, 473; 홍성재, 205; 주석 총칙(2), 586(제4판/최성준).

36) Baumbach/Hefermehl, Wechselgesetz und Scheckgesetz(22 Aufl., 2000), WG Art. 17 Rn. 42.

37) 주석 총칙(2), 587(제4판/최성준). 日大判 1912(明45).2.12, 民錄 18, 97 참조.

38) 강태성, 609; 고상용, 398; 김대정, 771; 김상용, 460; 김주수 · 김상용, 344; 김준호, 269; 김증한 · 김상용, 417; 명순구, 396; 박찬주(주 14), 183 이하; 백태승, 380; 송덕수, 269; 이덕환, 472; 이영준, 368; 홍성재, 205; 주석 총칙(2), 586(제4판/최성준).

39) 대판 78.7.25, 76누276(집 26-2, 행100); 92.8.14, 92누909(공 92, 2686); 94.1.11, 93누10057(공 94, 727); 97.12.12, 97누13962(공 98, 324); 00.11.14, 99두5481(공 01, 53); 01.8.24, 99두9971(공 01, 2082). 의용 민법 § 93에 대해 大判 1954.2.2, 4286행상11(집 1-7, 행1). 김현채, "사인의 공법행위에 대한 민법의 법률행위 규정의 적용여부", 사행 20-8, 56 참조.

40) 독일의 통설은 공법상 의사표시에도 비진의표시에 관한 규율이 적용된다고 하면서도, 상대방의 악의인 경우 무효라는 제2문은 적용될 수 없다고 하여 결론적으로 우리 통설 · 판례와 같은 입장이다. 문헌지시와 함께 Staudinger/Singer, § 116 Rn. 2, 11.

41) 이은영, 473.

4. 소송행위

소송행위에는 § 107 특히 Ⅰ 단서가 적용되지 않는다. 따라서 진의 없는 소송행위이더라도 유효하며, 이는 상대방이 그 사실을 알았더라도 그러하다.

특히 도산절차와 관련해 판례는 관계인집회에서의 회생계획안에 대한 동의 또는 부동의의 의사표시는 조(회생담보권자조, 회생채권자조 등)를 단위로 하는 일종의 집단적 화해의 의사표시로서 재판절차상의 행위이고 관계인 사이에 일체 불가분적으로 형성되는 집단적 법률관계의 기초가 되는 것이어서 내심의 의사보다 표시를 기준으로 하여 효력 유무를 판정하여야 하므로 § 107가 유추적용될 수 없다고 한다.[42]

Ⅲ. 비진의표시의 요건

1. 의사표시의 존재

먼저 의사표시가 존재해야 한다(§ 107 Ⅰ: "의사표시는 …"). 즉 그로부터 효과의사가 인정될 수 있는 인간의 의식적인 행위가 있어야 한다. 따라서 의사표시로서의 표시가치가 인정될 수 없는 행태에 대해서는 § 107가 적용되지 않는다. 예컨대 대학의 강의에서 학생들이 계약체결을 실습한 경우, 진의 결여 이전에 아예 의사표시가 존재하지 않는다. 마찬가지로 의사표시로 볼 수 없는 허위의 사실 확인에는 § 107 Ⅰ이 적용될 수는 없다.[43]

2. 의식적인 의사와 표시의 불일치

(1) 의사와 표시가 불일치하고, 표의자가 이를 알고 있어야 한다. 즉 표시행위로부터 해석으로 인정되는 효과의사와 표의자가 내심에 가지고 있던 효과의사가 불일치해야 하며, 표의자가 이 사실을 알고 있어야 한다. 예컨대 근로자가 회사의 경영방침에 따라 사직원을 제출하고 회사가 이를 받아들여 퇴직처리를 하였다가 즉시 재입사하는 형식을 취함으로써 근로자가 그 퇴직전후에 걸쳐 실질적인 근로관계의 단절이 없이 계속 근무하였다면 그 사직원제출은

42) 대판 14.3.18, 2013마2488(공 14상, 849).
43) 대판 80.4.8, 78다2380(공 80, 12770); 92.5.26, 91다45578(공 92, 2006); 박찬주(주 14), 185.

근로자가 퇴직을 할 의사 없이 퇴직의사를 표시한 것으로서 비진의의사표시에 해당하고 재입사를 전제로 사직원을 제출케 한 회사 또한 그와 같은 진의 아님을 알고 있었다고 봄이 상당하다 할 것이므로 위 사직원제출과 퇴직처리에 따른 퇴직의 효과는 생기지 아니한다.[44] 또한 근로자가 사용자의 지시에 좇아 일괄하여 사직서를 작성 제출할 당시 의원면직처리될지 모른다는 점을 인식하였다고 하더라도 이것만으로 내심에 사직의 의사가 있다고는 할 수 없으므로 비진의표시에 해당하고, 이를 알았거나 알 수 있었던 사용자가 이를 수리하는 형식으로 근로관계를 종료시켰다면 실질적으로 해고에 해당한다.[45] 한편 농수산물 도매시장의 지정도매인인 회사가 그 영업을 위해 지방자치단체와 시설물사용계약을 체결하기 위한 방편으로서 사후에 주주로서의 권리를 원상회복해 주고 주권을 발행할 것을 약속하고 주주와 중매인을 겸할 수 없다는 지방자치단체의 방침에 따라 주주들로부터 주식포기각서를 받은 경우, 주식포기각서를 작성한 주주들은 회사의 주식을 포기할 의사 없이 다만 지방자치단체와 시설물사용계약을 체결하기 위한 방편으로 회사에 주식포기각서를 작성·제출하였을 뿐이고, 회사로서도 이러한 사정을 잘 알고 있었으므로, 이는 비진의표시로서 그 효력이 없다고 한다.[46] 그 밖에 증권회사 직원(피고)이 증권투자로 인한 고객(원고)의 손해에 대하여 책임을 지겠다는 내용의 각서를 작성해 준 사안에서, 피고는 원고의 남편이 주식투자로 인하여 많은 손실을 본 것에 대하여 원고를 질책할 것을 두려워 한 나머지 남편에게 보여 안심시키는 데에만 사용하겠다고 하면서 피고 명의의 각서를 작성하여 달라는 부탁을 받고 부득이 원고와의 친분 및 거래관계상 부탁을 거절하기가 어려운 입장에서 각서를 작성하

44) 대판 88.5.10, 87다카2578(집 36-2, 1); 92.9.14, 92다18238(공 92, 2876); 92.9.22, 91다40931(공 92, 2959); 93.1.15, 92다37673(공 93, 704); 98.12.11, 98다36924(공 99, 114); 05.4.29, 2004두14090(공 05, 853). 퇴직이 자유로운 의사에 기한 경우에 그렇지 아니함은 물론이다. 대판 92.9.14, 92다17754(공 92, 2874); 96.4.26, 95다2562, 2579(공 96, 1681); 99.1.26, 98다46198(공 99, 358); 12.10.25, 2012다41045(공 12하, 1915).

45) 대판 91.7.12, 90다11554(집 39-3, 178); 92.5.26, 92다3670(공 92, 2013); 92.7.10, 92다3809(공 92, 2363); 92.8.14, 92다21036(공 92, 2667); 92.9.1, 92다26260(공 92, 2765); 93.1.26, 91다38686, 공 93, 845); 93.2.9, 91다36666(정보); 93.5.25, 91다41750(집 41-2, 38); 94.4.29, 93누16185(공 94, 1707); 02.6.14, 2001두11076(공 02, 1686); 05.11.25, 2005다38270(정보). 반면 대판 92.8.14, 92누909(공 92, 2686); 94.1.11, 93누10057(공 94, 727); 97.12.12, 97누13962(공 98, 324); 00.11.14, 99두5481(공 01, 53); 01.8.24, 99두9971(공 01, 2082)는 공무원의 경우 공법상 의사표시에는 § 107가 적용되지 않는다는 법리에 따라 그러한 사직의 의사표시는 내심의 의사가 없더라도 유효하다고 한다.

46) 대판 98.12.23, 97다20649(공 99, 211).

게 된 사정을 고려하여 비진의표시를 인정한 예도 있다.[47]

다만 표시와 불일치하는 진의는 표의자가 내심에 가지고 있었던 효과의사를 말하므로,[48] 구체적인 법률적 효과를 내용으로 해야 한다. 즉 표의자의 진의는 법률행위의 효과 그 구속력에 관한 것이어야 한다. 따라서 표의자가 의사표시의 내용을 진정으로 마음속에서 바라지는 아니하였지만 당시의 상황에서는 그것이 최선이라고 판단하여 의사표시를 하였을 때에는 내심의 효과의사가 존재하므로 비진의표시가 있다고 말할 수 없다. 그래서 명예퇴직제도 및 순환명령휴직제도의 실시에 즈음하여 명예퇴직을 신청한다는 내용의 사직원을 제출한 것은 진정으로 마음속에서 명예퇴직을 바란 것은 아니라 할지라도 그 당시 상황에서 명예퇴직을 하는 것이 최선이라고 판단하여 스스로의 의사에 기하여 이 사건 사직원을 제출한 것이라고 봄이 상당하므로 비진의표시가 있다고 할 수 없다.[49] 또한 비록 재산을 강제로 뺏긴다는 것이 표의자의 본심으로 잠재되어 있었다 하여도 표의자가 강박에 의하여서나마 증여를 하기로 하고 그에 따른 증여의 의사표시를 한 이상 증여의 내심의 효과의사가 결여된 것이라고 할 수는 없다.[50] 마찬가지로 학교법인이 사립학교법상의 제한규정 때문에 그 학교의 교직원들의 명의를 빌려서 피고로부터 금원을 차용한 경우에 피고 역시 그러한 사정을 알고 있었다고 하더라도 교직원들의 의사는 금전대차에 관하여 그들이 주채무자로서 채무를 부담하겠다는 뜻이라고 해석함이 상당하므로 이를 진의 아닌 의사표시라고 볼 수 없다고 한다.[51] 그 밖에 의무는 부담하지만 이행을 할 의사가 없는 경우에도, 표시에 상응하는 효과의사가 존재하므로 § 107는 적용되지 않는다.

(2) 비진의표시에서 표의자는 내심의 진의를 상대방에 대해 숨긴다. 표의자는 내심에서 표시와는 다른 내용의 효과를 의욕할 수도 있고, 아예 아무런 효과를 의욕하지 않을 수도 있으나, 중요한 점은 표시행위와 일치하지 않는 내

47) 대판 99.2.12, 98다45744(공 99, 530). 그러나 이 사건의 면책약정이 허위표시(§ 108)에 해당한다고 볼 가능성도 없지 않다.

48) 대판 91.5.24, 90다13222(공 91, 1723).

49) 대판 03.4.25, 2002다11458 (공 03, 1254). 대판 92.5.22, 92다2295(공 92, 1977); 96.12.20, 95누16059(공 97, 402); 00.4.25, 99다34475(공 00, 1260); 01.1.19, 2000다51919, 51926(공 01, 519); 03.4.11, 2002다60528(공 03, 1160); 04.6.25, 2002다68058(정보); 05.9.9, 2005다34407(정보); 10.3.25, 2009다95974(정보)도 참조.

50) 대판 93.7.16, 92다41528, 41535(공 93, 2283); 02.12.27, 2000다47361(공 03, 495).

51) 대판 80.7.8, 80다639(공 80, 13000). 대판 96.9.24, 96다21492(공 96, 3181); 97.7.25, 97다8403(집 45-3, 76)도 참조.

심의 효과의사가 표시되지 않아 상대방은 이를 알 수 없다는 사실이다. 또한 표의자가 자신의 진의를 다른 방법으로 이미 표명하였으나 그것이 의사표시에서 반영되어 있지 않고 상대방이 이를 알지 못한 경우에는 § 107 적용에 문제가 없다.

(가) 관련하여 채무자가 채권자에게 일부변제를 제공하면서 동시에 나머지 부분에 대한 채무면제를 압박하는 경우가 있다. 독일에서는 채무자가 채권자에게 채무의 일부에 대한 수표를 제공하면서 채권자가 나머지 채무의 면제에 동의하는 경우에만 이를 행사해 만족을 받을 수 있다는 청약을 결부시키는 사안이 문제된다.[52] 우리 판례에서도 피고가 영수증에 "총완결"이라고 기재하지 않으면 36만 원을 지급하지 않겠다고 압박하여 원고가 나머지 채권액이 있음에도 "총완결"이라고 쓰고 제공 금액을 수령한 사안이 있다.[53] 이러한 사안에서 채권자가 명시적으로 청약을 거절하거나 기타 제반사정에 따라 거절 의사가 나타나는 경우에는 채무면제는 성립하지 않고 채권자가 잔액을 청구할 수 있다고 하겠지만, 채권자가 단순히 나중에 잔액을 청구하겠다는 내심의 의사만을 가지고 수령한 경우(이른바 stille protestatio)에는 채무면제가 성립한다고 판단된다. 대법원도 앞의 사안에서 원고의 의사표시는 "36만원을 영수하고 그것으로 모두 결재가 끝났다는 것을 표시한 원고의 의사표시라고 해석되며 그 의사표시의 상대방인 피고가 그 당시 그러한 의사표시가 진의 아닌 것으로 알지 아니하였다면 그것이 원판결 판단과 같이 돈 받기 위하여 피고의 요구에 따라 거짓 기재한 것이라 하여도 그 사실 자체만으로는 위 총완결이라는 원고의 의사표시가 당연무효라 할 수 없을 것"이라고 하였다. 이러한 결과에 대해 독일의 다수설은 대법원과 마찬가지로 비진의표시의 법리를 적용한다.[54] 그러므로 채무면제를 하지 않고 잔액을 청구하겠다는 의사가 내심에 있는 이상 § 107 Ⅰ 본문에 따라 그러한 의사는 고려될 수 없으나, 상대방이 진의 없음을 알았거나 알 수 있었다면 § 107 Ⅰ 단서에 따라 채무면제는 무효라고 할 것이다.

(나) 반면 의사와 표시의 불일치를 알고 있는 표의자가 명시적으로 그 불

52) BGHZ 111, 97; BGH NJW-RR 1987, 937; BGH NJW 2001, 2324; OLG Köln NJW-RR 2000, 1073 등.

53) 대판 69.7.8, 69다563(집 17-2, 299).

54) Wieacker, JZ 1957, 61("내심의 이의가 고려되지 않는다는 것은 독민 § 116에서, 명시적 이의가 고려되지 않는다는 것은 protestatio facto contraria 법리에서 확고한 근거를 발견한다"); MünchKomm/Armbrüster, § 116 Rn. 3. 반면 Staudinger/Singer, § 116 Rn. 6은 비진의표시 법리에 의하는 것에 반대한다.

일치 사실을 상대방에게 표명한 경우(이른바 offene protestatio)에도 § 107는 적용되는가? 학설에서는 그러한 경우 구속력 있는 의사표시의 존재를 인정할 수 없으므로 § 107는 적용되지 않고 표시된 것은 무효라고 해석하는 입장이 있다.[55] 그러나 이 역시 일률적으로 말할 수 없고 의사표시 해석에 의해 개별적으로 검토해 보아야 한다. 예를 들어 대량적 거래에서 공개적으로 진의 없음을 밝히는 것은 거래관행 및 신의칙을 고려한 의사표시 해석상 고려될 수 없을 것이다. 예컨대 유료 주차장에 주차하거나 지하철에 승차하면서 계약체결을 명시적으로 거부하는 것은 자신의 행태에 반하는 언명(protestatio facto contraria)으로서 고려될 수 없다.[56] 이 경우 § 107 Ⅰ 본문이 직접 적용될 수는 없더라도, 그 배후에 있는 가치평가는 의사표시 해석에서 고려된다고 말할 수 있다.[57] 반면 하나의 의사표시가 법적 구속의사를 배제하는 내용을 포함하고 있고 의사표시 해석에 의해 그러한 모순을 제거할 수 없는 경우라면 위 학설이 지적하는 바와 같이 그러한 의사표시는 표시행위로부터 효과의사를 확정할 수 없어 무효라고 보아야 할 것이다.

㈐ 한편 표의자가 의식적으로 의사와 표시가 불일치하는 의사표시를 하면서 상대방이 진의 없음을 알 것임을 기대한 경우, 그러한 戱言表示(Scherzerklärung)에도 § 107 Ⅰ이 적용되는가? 이에 대해 특별한 규정을 두는 입법례도 있으나(독민 § 118 참조), 명시적인 규율이 없는 우리 민법에서는 § 107 Ⅰ의 적용을 받는다는 것이 통설이다.[58] 판례도 물의를 일으킨 대학교 조교수가 사직원이 수리되지 않을 것이라고 믿고 사태수습을 위하여 형식상 이사장 앞으로 사직원을 제출하였으나 의외로 이사회에서 "본인의 의사이니 하는 수 없다"고 하여 사직원이 수리된 사안에서 § 107를 적용하였다.[59] 관련하여 가장행위(§ 108)를 의도한 표의자가 상대방과 합의가 이루어졌다고 오인하는 경우(이른바 실패한 가장행위), 독일의 통설은 희언표시의 규율을 적용하는데, 우리 민법의 해석으로는 이 경우에도 § 107 Ⅰ이 적용되어 비진의표시로 취급해야 할 것이다.[60]

55) 김대정, 759; 송덕수, 263; 주석 총칙(2), 554(제4판/최성준).
56) 문헌지시와 함께 Bork, Allgemeiner Teil des BGB(2. Aufl., 2006), Rn. 744.
57) HKK/Schermaier, §§ 116-124 Rn. 37. Flume, Allgemeiner Teil des Bürgerlichen Rechts Ⅱ(4. Aufl., 1992), 402-403도 참조.
58) 강태성, 602; 고상용, 391; 김대정, 760; 김상용, 460; 김증한·김학동, 414; 송덕수, 263; 이덕환, 472; 이영준, 367; 홍성재, 208; 주석 총칙(2), 554(제4판/최성준).
59) 대판 80.10.14, 79다2168(로앤비).
60) 구주해(2), 307(송덕수).

(3) 표의자가 의식적으로 다의적인 의사표시를 한 경우 이를 비진의표시로 취급할 수 있는지 문제가 있다. 학설에는 원래 무효라고 해야 하지만, 비진의표시에 준할 수 있으므로 § 107 Ⅰ을 유추적용하여 상대방이 이해한 대로 효력이 발생한다는 견해,[61] 이는 비진의표시에 해당하며 § 107 Ⅰ이 직접적용된다는 견해,[62] 청약과 승낙의 불합치가 있다는 견해[63] 등이 주장된다.

여기서도 경우를 나누어 보아야 한다.[64] 표의자의 다의적 의사표시가 수령자의 관점에서 제반사정을 고려해 이루어지는 규범적 해석에 의해서도 다의적이어서 하나의 객관적 의미를 확정할 수 없는 경우에는, 표의자의 의사표시를 무효로 보아야 할 것이다. 규범적 해석에 따른 의미를 확정할 수 없는데, 상대방이 임의로 이해한 내용을 우선할 합리적 이유는 없기 때문이다. 반대로 표의자는 다의적인 의사표시를 의도하였으나 규범적 해석에 따라 하나의 객관적 의미가 확정되고 상대방이 그렇게 이해하였다면, 현실적으로 의식적인 의사와 표시의 불일치가 존재하므로 이를 비진의표시로 취급하여 § 107 Ⅰ이 적용되어야 한다.

(4) 대리인의 의사표시의 경우 의사와 표시가 불일치한다는 인식은 대리인을 기준으로 판단한다(§ 116).[65] 따라서 대리인이 진의 없는 의사표시를 하고 상대방이 선의·무과실이라면, 그 의사표시는 유효하고 본인에 대해 귀속된다.

(5) 표의자가 상대방의 강박을 받아 진의 없는 의사표시를 하는 경우가 있을 수 있다.[66] 그러한 경우에는 § 107와 § 110가 경합적으로 적용되므로, 표의자는 각 규정에 따른 구제수단을 선택하여 행사할 수 있다. § 107 Ⅰ 단서에 따라 무효인 경우 취소는 불필요하다는 견해도 있으나,[67] 강박을 당한 표의자는 자발적으로 비진의표시를 한 것이 아닐 뿐만 아니라 상대방의 악의 또는 과실의 입증보다는 강박의 입증이 용이한 경우가 많으므로 선택을 인정할 것

---

61) 이영준, 373.
62) 구주해(2), 306(송덕수).
63) 박찬주(주 15), 189.
64) Staudinger/Singer, § 116 Rn. 9; MünchKomm/Armbrüster, § 116 Rn. 5.
65) 대판 87.7.7, 86다카1004(집 35-2, 223) 참조. 다만 상사대리(상 § 48)의 경우에는 대리인이 현명의사를 유보하고 자신의 이름으로 법률행위를 하더라도 그 효력이 본인에게 미친다는 § 107의 예외라고 할 수 있다.
66) 대판 93.7.16, 92다41528, 41535(공 93, 2283) 및 명순구, 394는 일반론으로 강박의 경우 내심의 효과의사는 존재한다고 판시하지만, 개별적으로 그렇지 아니한 경우도 충분히 상정할 수 있다.
67) 주석 총칙(2), 589(제4판/최성준).

이다.[68)]

3. 표의자의 동기는 묻지 않음

표의자가 비진의표시를 하게 된 동기는 묻지 않는다. 즉 상대방을 좋은 의도로 속이려 한 것인지 나쁜 속셈으로 속이려한 것인지 여부는 상관없다. 희언표시와 같이 상대방이 진의를 알아차릴 것을 기대하고 한 경우에도 §107는 적용된다(앞의 Ⅲ. 2. (2) 참조). 또한 진의 없는 의사표시를 한 이후 진의 없음을 밝힘으로써 상대방을 화나게 할 의도를 가지고 의사표시를 하는 경우에도 §107에 따라 효력이 정해진다.

Ⅳ. 비진의표시의 효과

1. 원칙: 유효

비진의표시는 원칙적으로 그 표시행위에 인정되는 의미에 따라 효력을 가진다(§107 Ⅰ 본문). §107 Ⅰ 단서를 고려한다면, 선의·무과실의 상대방에 대해서는 비진의표시는 표시내용대로 유효하다. 그러므로 표의자는 진의 없다는 이유로 법률행위의 무효를 주장할 수 없다.

그러나 표의자의 비진의표시 주장에 대해 상대방이 진의 없음을 받아들이고 그에 따라 효력을 정하기로 하는 것은 허용된다.[69)] 통설은 이를 청구의 인락이라고 이해하나,[70)] 이는 소송 외에서도 가능해야 하므로 타당하지 않다. 오히려 상대방이 표의자의 진의를 수용하여 계약을 유지하는 경우 사후적으로 일종의 오표시무해의 이익상황이 성립하므로 의사표시의 효력을 표시에 따라 유지할 필요가 없으며, 그러한 내용의 상대방의 형성권을 허용할 것이다. 같은 법리가 착오의 경우에도 인정된다(아래 §109의 주해 Ⅳ. 1. (4) 참조).

한편 표의자가 의사표시의 유효를 주장하는 경우에 선의·무과실의 상대방이 무효를 주장할 수 있는가? 즉 표의자의 주장과 무관하게 선의·무과실의 상대방이 진의 없음을 이유로 무효를 주장할 수 있는지 문제이다. 통설은 상대방

68) Staudinger/Singer, §116 Rn. 14.
69) 김민중, 334.
70) 송덕수, 266; 주석 총칙(2), 566, 567(제4판/최성준).

보호의 필요성이 없다는 점에서 무효 주장을 고려해 볼 수는 있다고 하면서도, § 107 Ⅰ 본문의 문언("대항하지 못한다"가 아닌 "효력이 있다")을 고려할 때 상대방이 선의·무과실인 경우 법률행위의 효력은 확정적으로 유효가 되므로, 그러한 상대방의 무효 주장은 가능하지 않다고 한다.[71)]

2. 상대방이 알았거나 알 수 있었을 경우: 무효

(1) 상대방이 표의자에게 표시된 내용에 상응하는 진의가 없다는 사실을 알았거나 알 수 있었을 경우에는 그 비진의표시는 무효이다(§ 107 Ⅰ 단서). 즉 악의이거나 과실 있는 상대방에 대해서는 표의자가 의사표시의 무효를 주장할 수 있다.

한편 표의자가 의사표시의 유효를 주장하거나 유무효의 주장을 하지 않고 있는 경우에 상대방이 자신의 악의 또는 과실을 주장하여 의사표시가 무효라고 주장할 수 있는지 여부에 대해 논의가 있다. 통설은 이를 인정한다. 상대방은 그가 악의인 경우에는 비진의표시가 무효라는 기대를 가지게 될 것이고, 비진의표시의 무효는 절대적인 성질이며, § 107 Ⅰ 단서가 아무런 제한을 두지 않고 있다는 것을 이유로 한다.[72)] 선의·무과실의 상대방이 진의 없음을 수용하여 무효로 할 수 있는 형성권이 있는 이상(앞의 앞의 Ⅳ. 1. 참조), 원래 무효가 되어야 할 악의 또는 과실 있는 상대방에게 그러한 권한을 부정할 이유는 없을 것이다. 통설이 타당하다고 하겠다.

반면 표의자가 의사표시의 유효를 주장하는 경우에 악의 또는 과실 있는 상대방이 이를 받아들여 유효로 하는 것은 무방하다. 이때 진의 없다는 사정은 치유되어 표시에 따른 법률행위가 효력을 가진다.

(2) 비진의표시는 상대방이 진의 아님을 알았거나 알 수 있을 경우에 무효이다.

(가) 상대방은 의사표시의 수령자인 상대방을 말한다. 의사표시에 의해 이익을 얻는 자 기타 의사표시의 상대방 아닌 자의 악의 또는 과실은 비진의표시를 무효로 하지 않는다. 한편 상대방 없는 의사표시의 경우 그로부터 권리의무를 취득하는 자의 악의 또는 과실을 기준으로 § 107 Ⅰ 단서가 유추적용되는 경우가 개별적으로 있을 수 있다는 점은 이미 살펴보았다(앞의 Ⅱ. 1. (1) 참조).

71) 송덕수, 266; 주석 총칙(2), 566(제4판/최성준). 표의자의 유효 주장의 전후로 나누어, 그 이전에는 무효 주장을 인정하는 견해로 박찬주(주 15), 190.

72) 고상용, 392; 김상용, 462; 김주수·김상용, 343; 송덕수, 267; 주석 총칙(2), 567(제4판/최성준).

㈏ 진의 아님을 알았다는 것은 일반적으로 표시와 다른 표시자의 진의가 표의자에 의해 드러나게 표시되지는 않았지만 상대방이 이를 알게 된 것이라고 설명된다. 표의자가 진의 아님을 밝힌 것이 아닌 이상(표의자가 진의 아님을 표시한 경우에 대해서는 앞의 Ⅲ. 2. (2) 참조), 상대방이 어떠한 사정에 기초해 진의 아님을 알게 되었는지 여부는 중요하지 않다.[73] 계약체결의 정황으로부터 알았던 경우는 물론이고, 다른 사람으로부터 미리 고지를 받은 경우도 이에 해당한다. 그러나 상대방은 표의자에게 표시에 상응하는 진의가 없음을 알면 충분하며, 표의자가 내심에 유보하고 있는 효과의사를 알 필요까지는 없다.

㈐ 진의 아님을 알 수 있었다는 것은 과실에 의한 부지를 말하며, 평균인으로서 통상의 객관적 주의를 다하였다면 진의 아님을 인식할 수 있었음을 의미한다. 일반적으로 의사표시의 상대방이 그 진의 없음을 의심할 이유는 없으므로, 진의에 대한 조사의무는 표의자에게 진의가 없다고 의심하게 할 만한 특별한 사정이 있는 경우에만 발생한다고 할 것이다.[74] 그러므로 의사표시의 과정에서 그러한 사정이 보이지 않는다면 상대방에게 과실이 있다고 말하기는 어렵다.

㈑ 비진의표시의 상대방이 대리인을 사용하는 경우, 알았거나 알 수 있었는지 여부는 대리인을 기준으로 판단해야 한다(§ 116).[75] 이러한 입장에 선다면 다수의 대리인 중 일부에게 악의 또는 과실이 있더라도, 이는 본인에게 귀속된다고 해야 할 것이다.[76] 그러나 대리인이 진의 아님을 알고도 본인에게 알리지 않은 경우 상대방은 무효를 주장할 수 없다는 견해도 주장된다.[77]

㈒ 상대방의 악의 또는 과실은 어떤 시점을 기준으로 판단되는가? 이에 대해서는 견해가 대립한다. 통설은 의사표시의 당시 즉 상대방이 표시를 요해한 때를 기준으로 하지만,[78] 소수설은 도달주의(§ 111 I)를 근거로 의사표시가 도달한 때를 기준으로 한다.[79] 소수설에 대해 통설은 의사표시의 해석에서는

73) 주석 총칙(2), 568(제4판/최성준).
74) 주석 총칙(2), 568(제4판/최성준) 등 참조.
75) 주석 총칙(2), 570(제4판/최성준). 독일의 경우 논란이 없지 않다. MünchKomm/Schramm(6. Aufl., 2012), § 166 Rn. 4 참조.
76) MünchKomm/Armbrüster, § 116 Rn. 15.
77) 이영준, 376.
78) 강태성, 605; 고상용, 392; 곽윤직·김재형, 309; 김대정, 766; 김민중, 336; 김준호, 268; 김증한·김학동, 416; 김주수·김상용, 342; 박찬주(주 15), 193; 백태승, 381; 송덕수, 267; 이덕환, 475; 홍성재, 211; 주석 총칙(2), 568-569(제4판/최성준).
79) 김상용, 462; 이영준, 376; 이은영, 477-478.

일반적으로 요지시까지의 사정이 참작되어야 할 뿐만 아니라, 실제로 격지자간 의사표시의 경우 요지 이전의 도달시를 기준으로 하면 무효가 될 경우는 거의 없을 것이라고 하여, 도달주의와 § 107 I 단서의 기준시점을 일치시킬 필요는 없다고 비판한다.[80] § 107 I 단서의 취지상, 상대방이 의사표시의 표시에 따른 의미를 인지하기 전에는 비교의 대상이 없어 진의 없음을 알았다고 말하는 것이 불합리하므로 통설이 타당하다고 하겠다.

㈓ 상대방이 의사표시의 일부분에 대하여 진의 아님을 알았거나 알 수 있었을 경우에는, 그 부분은 무효이고 나머지 부분의 효력은 일부무효의 법리(§137)에 따라 판단되어야 한다. 한편 의사표시의 상대방이 수인이고 그 가운데 일부만이 진의 아님을 알았거나 알 수 있을 경우, 통설은 그 일부의 상대방에 대해서만 무효라고 하며, 이 경우에도 나머지 상대방에 대한 효력은 일부무효의 법리(§137)에 따라야 할 것이다.[81]

(3) 비진의표시가 § 107 I 단서를 이유로 무효로 되는 경우에 표의자가 상대방에 대하여 불법행위 등을 이유로 손해배상책임을 부담하는지 다투어지고 있다. 물론 상대방이 악의이어서 비진의표시가 무효인 때에는 표의자의 비진의표시와 상대방의 손해 사이에 인과관계가 없으므로 어떤 법리에 따르더라도 손해배상책임은 성립할 여지가 없다. 그러므로 이 문제는 선의의 과실 있는 상대방에 대한 관계에서만 제기된다.

이를 긍정하는 견해는 표의자가 비진의표시를 신뢰하여 손해를 입은 경우에는 표의자는 불법행위(§750) 또는 § 535의 유추에 의해 손해배상책임을 부담해야 한다고 하며, 다만 상대방의 과실을 이유로 과실상계(§396)를 할 수 있다고 한다.[82] 그리고 이러한 해결이 형평에 맞거나 실질적으로 타당하다고 지적한다.[83] 이에 대해 부정설은 우리 민법이 상대방이 알았거나 알 수 있었을 것을 귀책사유로 하고 있는 점에 비추어 손해배상청구권은 부정되어 있다고 하거나,[84] § 107 I 단서가 악의와 과실을 동일시하므로 손해배상책임을 인정하지

80) 송덕수, 267; 이덕환, 475; 주석 총칙(2), 569(제4판/최성준).

81) 강태성, 605; 김상용, 462; 이영준, 376; 주석 총칙(2), 569(제4판/최성준). 사안유형을 나누어 보아야 한다는 견해로 이은영, 478; 박찬주(주 15), 194.

82) 고상용, 396; 김대정, 769; 김상용, 463; 김주수·김상용, 343; 박찬주(주 15), 196-197; 이영준, 377.

83) 고상용, 396; 김상용, 463; 이영준, 377; 이은영, 481.

84) 곽윤직·김재형, 309; 김민중, 337; 김준호, 268-269; 백태승, 382; 이덕환, 476; 홍성재, 212. 입법관여자의 의사도 그러하였다고 보인다. 민법안심의록(주 5), 73.

않으려는 취지일 뿐만 아니라 불법행위 요건이 충족되는지 여부도 의문이라고 하거나,[85] 계약체결상의 과실책임은 상대방의 선의·무과실을 요구하므로 상대방에게 과실 있는 이 경우에 성립할 수 없다는[86] 등의 이유로 책임을 부정한다.

실제로 이러한 사안에서 대부분 불법행위는 성립하지 않을 것으로 보인다. 비진의표시의 유효를 믿은 상대방이 입은 손해는 쓸모없게 된 비용지출이나 다른 일실이익의 포기라는 순수재산손해의 형태로 나타나므로 통설인 상관관계설에 따를 때 위법성이 인정되기 위해서는 표의자의 행태에 비난가능성이 높아야 한다. 그러나 표의자의 비진의표시는 통상 상대방이 진의를 알아차리지 못할 것을 기대하면서 이루어지므로, 가해자 측에서는 손해발생의 고의가 없을 뿐만 아니라 과실이 있더라도 비난가능성이 크지 않다. 또한 희언표시의 경우에도 상대방이 진의를 알아차릴 것을 기대하므로 손해발생에 대한 고의가 없고, 과실이 있더라도 마찬가지로 비난가능성은 크지 않다. 그러므로 일반적인 법리에 따르더라도 위법성 인정 자체가 쉽지 않다. 이에 더하여 § 107 Ⅰ 단서는 악의와 과실을 동일하게 취급하고 있으므로 굳이 양자를 분리하여 후자에만 책임을 인정하는 것이 법률의 취지에 부합하는지도 의문이다. 그러므로 손해배상책임은 인정되지 않는다고 해석하는 것이 타당하다.

3. 제3자에 대한 관계

상대방이 악의이거나 과실이 있어 비진의표시가 무효인 경우, 이러한 무효는 선의의 제3자에게 대항하지 못한다(§ 107 Ⅱ). 비진의표시가 무효임을 알지 못하고 이해관계를 맺은 제3자를 보호함으로써 거래의 안전을 도모하는 규정이다.

이 규정의 의미는 기본적으로 § 108 Ⅱ, § 109 Ⅱ, § 110 Ⅲ에서와 같다. 이에 대한 설명은 § 108 Ⅱ의 주해를 참조하라.

Ⅴ. 배임적 대리행위에 대한 § 107의 유추적용

1. 본인을 속일 목적의 허위표시인 대리행위

대리인이 배임적으로 상대방과 통정하여 가장행위를 한 경우 § 107 Ⅰ을

85) 송덕수, 268.
86) 강태성, 606; 김증한·김학동, 416.

유추적용하여 본인을 보호할 수 있는지 여부에 대해 논의가 있다. 대리인과 상대방이 허위표시를 하는 경우 이는 무효이고(§108 I), 이 무효는 본인에게도 미친다(§116 I). 그러나 대리인과 상대방이 본인을 속일 목적으로 허위표시를 하는 경우에도 §116 I을 그대로 적용하여 같은 결과를 인정할 것인지에 대해 다툼이 있으며, 특히 독일에서는 §107 I을 유추적용하여 본인에 대해서는 무효를 주장할 수 없다는 견해가 유력하다.[87] 즉 본인의 보호라는 관점에서, 허위표시에 따른 비진의는 대리인과의 관계에 그치고 본인에 연장될 수 없다는 점에서 §107 I 본문의 취지는 여기에도 타당하다는 것이다.

우리나라에서는 이 경우에도 본인을 추가적으로 보호할 필요는 없으므로 원칙대로 §116 I을 적용하여 무효가 본인에게도 미친다고 해석하는 견해가 있는 반면,[88] 신의칙상 §116 I의 적용을 부정하여 본인은 상대방에 대해 법률행위의 무효를 주장할 수 있으나 상대방은 본인에 대해 법률행위의 무효를 주장할 수 없다는 견해도 주장된다.[89] 같은 결과를 권리남용으로 정당화하는 견해도 있다.[90]

판례는 피고 은행의 지점장인 대리인이 배임적인 목적으로 피고 은행 명의로 자신의 원고에 대한 채무의 지급보증을 한 사안에서 지급보증을 허위표시로 판단한 다음 피고 은행의 원고에 대한 책임을 부정하거나,[91] 원고가 대리인과 통모하여 피고 조합과 예금계약을 체결하고 이후 예금을 청구한 사안에서 예금계약은 허위표시이므로 원고는 그 효과를 피고 조합에 주장할 수 없다고[92] 한 재판례가 있으나, 본인인 피고가 유효를 주장하는 경우에 §116 I의 적용을 배제하여 의사표시를 유효로 취급할 것인지 여부에 대해서 판단한 사건은 없는 것으로 보인다. 실제로 이들 사안에서 대리인과 상대방의 행위가 허위표시인지는 의문이 없지 않으며, 대리권 남용이론이 발달하기 전에 적절한 결과를 달성하기 위해 판례가 의제적으로 허위표시를 인정하였다는 추측도 가능하다고 생각된다.

판례에서 나타나는 대로 이러한 배임적 대리행위는 본인에게 불리한 경우

87) Staudinger/Singer, §116 Rn. 12.
88) 김증한·김학동, 527; 이영준, 593.
89) 고상용, 516; 김상용, 587. 日注民(3) 新版, 346(稻本洋之助).
90) 송덕수, 381.
91) 대판 76.4.27, 75다1432(로앤비).
92) 대판 73.2.13, 72다2067(로앤비).

가 대부분이므로, 본인이 그 유효를 주장하는 것은 드물 것이다. 그러나 예외적으로 본인이 그 유효를 주장하는 것이 유의미한 경우도 있을 수 있다. 그러한 때에는 본인의 보호를 도모해야 하며, § 116는 적용되지 않는다고 해야 한다. § 116는 대리인의 의사와 인식을 본인에게 귀속시키지만 이는 어디까지나 대리인이 "본인의 대리인으로" 행위하는 경우 즉 본인-대리인-상대방의 삼면관계에 따른 의사형성과 인식획득의 경우를 전제로 하므로, 대리인이 상대방과 통정해 허위표시를 하는 경우에는 § 116가 상정하는 규율은 더 이상 적절하지 않다. 그렇게 대리인과 상대방에게 진의가 결여되어 본인을 속이려고 하는 경우, 진의를 결여해 법률행위에 효과를 부정하려는 이들의 의사는 외부에서 고려할 수 없다고 해야 한다. 독일민법은 이러한 평가를 § 107 Ⅰ 본문에 해당하는 규정으로부터 간취하지만, 우리 민법은 § 108 Ⅱ에 그러한 취지를 명문으로 규정하고 있으므로 후자가 직접적 근거가 된다. 즉 대리인이 상대방과 통정하여 본인을 속일 목적으로 허위표시를 하는 경우, § 116는 목적론적 축소해석에 따라 적용될 수 없고, § 108 Ⅱ에 따라 본인은 대리행위의 유효를 전제로 권리를 주장할 수 있다고 할 것이다. 물론 본인이 선의 주장을 포기하고 허위표시의 무효를 주장하는 것은 무방하다(아래 § 108 참조).

2. 대리권의 남용

대리인이 대리권의 범위 내에서 현명을 통한 적법한 대리행위를 하였으나, 그러한 대리행위로 본인의 이익이 아닌 자신 또는 타인의 이익을 추구하는 배임적 대리행위의 경우를 일반적으로 대리권의 남용이라고 한다.

대리권의 남용에서는 법적으로 적법한 대리행위가 있으므로, 그 자체만으로는 유효한 대리행위의 효력을 부정할 수 없다. 이는 특히 대리권을 남용한 대리인과 거래한 상대방의 이해관계를 고려할 때 특히 그러하다. 따라서 대리권 남용의 사례에서 대리행위의 효력이 문제가 되는 경우는 상대방에게 신뢰보호의 필요가 없는 경우에 한정된다. 이러한 관점에서 주류의 판례는 상대방이 이러한 대리권 남용을 알았거나 알 수 있었던 경우에는 대리행위의 효력이 본인에게 귀속하지 않는다고 하고, 대리권의 남용의 이익상황이 비진의표시와 유사하다고 판단하여 상대방이 대리권 남용을 알았거나 알 수 있었던 경우에는 § 107 Ⅰ 단서를 유추적용하여 대리행위를 무효로 한다.[93] 이에 대해

93) 대판 75.3.25, 74다1452(집 23-1, 124); 87.7.7, 86다카1004(집 35-2, 223); 87.11.10,

서는 § 107 Ⅰ 단서는 대리권 남용의 사안유형과는 기초를 달리하므로 원용할 수 없다고 비판하면서 다른 방법으로 본인과 상대방 보호를 도모하는 견해들이 주장된다.

자세한 내용에 대해서는 § 114의 주해를 참조하라.

Ⅵ. 증명책임

비진의표시에 대한 분쟁은 일반적으로 의사표시의 유효를 전제로 권리를 행사하는 상대방에 대해 표의자가 비진의표시라는 이유로 무효를 주장하는 방식으로 진행된다. 그러므로 표의자는 자신의 의사표시가 비진의표시라는 사실 즉 의식적으로 의사와 표시가 불일치하였다는 사실과 상대방이 그에 대해 알았거나 알 수 있었다는 점에 대해 증명책임을 부담한다.[94] 물론 예외적으로 상대방이 비진의표시의 무효를 주장하는 경우에는(앞의 Ⅳ. 2. (1) 참조) 증명책임은 상대방에게 있게 될 것이다.

[김 형 석]

86다카371(공 88, 78) 등.

94) 대판 92.5.22, 92다2295(공 92, 1977) 참조.

第108條(通情한 虛僞의 意思表示)

① 相對方과 通情한 虛僞의 意思表示는 無效로 한다.

② 前項의 意思表示의 無效는 善意의 第三者에게 對抗하지 못한다.

차 례

Ⅰ. 서 론

1. 규정의 내용과 목적

(1) 표의자와 상대방 사이에 법적 효력이 발생하지 않는다는 점에 합의가 있는 의사표시 즉 "통정한 허위의 의사표시"를 허위표시라고 한다. 부동산 매매의 당사자가 조세 기타 비용을 절감하기 위해 대외적인 계약에서 매매대금을 약정보다 낮게 기재하는 경우나 채무자가 집행을 회피하기 위하여 타인에게 부동산을 매도하지만 실제로 당사자들 사이에는 매매의 효력을 부정하기로 하는 합의가 있는 경우 등이 예로 거론된다. 통설의 이해에 따르면 이러한 허위표시는 표의자의 내심의 효과의사와 표시행위로부터 인정되는 내용이 불일치하는 이른바 의사와 표시의 불일치에 해당하며, 그러한 불일치에 상대방과 합의가 존재하는 경우이다. 이러한 허위표시는 무효이다(§ 108 Ⅰ).

(2) § 108 Ⅰ의 내용은 사적 자치의 원칙으로부터 도출되는 자연스러운 귀결이다. 의사표시의 내용에 따른 효력이 발생하지 않는다는 점에 대해 표의자와 상대방의 합의가 있으므로, 그들의 합의에 따라 그러한 의사표시는 아무런 효력을 발생할 수 없는 것이다.[1] 이는 말하자면 당사자들이 의식하고 있는 오표시(falsa demonstratio)이며(스채 § 18 참조), 그 결과는 그와 다를 바 없이 당사자들의 의도에 따른 효력(여기서는 무효)이 생긴다.

§ 108 Ⅰ에 따른 허위표시의 이익상황은 상대방이 알았거나 알 수 있었던 비진의표시(§ 107 Ⅰ 단서)와 유사하다. 이는 표의자는 표시에 상응하지 아니하는 내심의 의사를 가지고 있었고, 그와 관련해 상대방의 신뢰를 보호할 이유가 없다는 점에서 그러하다. 이러한 유사성은 두 경우 모두 그 법률효과가 무효라는 점에 의해 확인된다. 그러나 비진의표시의 경우 상대방은 단순히 진의 없음을 인식하였거나 과실로 인식할 수 없었던 것임에 반해, 허위표시에서 상대방은 진의 없는 표시에 따른 효과가 발생하지 않는다는 점에 동의하였다는 점에서 차이가 있다(다만 이른바 실패한 가장행위에 대해서는 § 107 Ⅲ. 2. (2) ㈑ 및 아래 Ⅲ. 3. 참조).

(3) 허위표시가 무효라는 규율에는 의문이 없더라도, 허위표시의 외관에 기초해 사태를 잘못 판단하여 불이익을 받을 수 있는 제3자 보호의 문제는 필연적으로 제기될 수밖에 없다. 물론 허위표시가 되기 위해서 표의자와 상대방이 타인을 기망할 목적을 가지고 있을 필요는 없다. 그러나 많은 적용례에서 나타나듯, 허위표시는 표의자와 상대방이 제3자를 속이기 위한 의도로 행해지는 경우가 대부분이며, 이러한 경우 타인을 속이기 위하여 체결된 무효인 법률행위의 외관을 신뢰하여 이해관계를 맺은 제3자는 예상하지 못한 불이익을 받을 우려가 있다. 이러한 신뢰는 물론 일반적인 거래보호 규정에 의지하여 보호할 수도 있다. 그러나 우리 민법은 허위표시의 무효는 선의의 제3자에 대항할 수 없다고 정하여(§ 108 Ⅱ) 그의 이익을 보호하고자 한다. § 108 Ⅱ은 § 107 Ⅰ 본문이 정하는 것과 동일한 가치평가에 기초하고 있다. 즉 표의자가 자신의 진의를 감추고 그와는 다른 의미를 가지는 의사표시를 한 경우, 이를 알지 못한

---

1) 김용한, "허위표시", 법정 6-12, 1976, 65 참조. 반면 김상용, 467은 사적 자치는 정당한 이익이 있는 경우에 허용되는 원칙이므로 부당한 목적을 위해 행사되는 허위표시의 경우는 사적 자치 원칙의 밖에 있다고 한다. 명순구, 402도 비슷하다. 그러나 이는 타당하지 않은 설명이다. 당사자들이 일치하여 법적 구속을 배제한 경우, 의사표시로 볼 수 있는 요건이 존재하지 않으므로 법질서는 아무런 효과를 부여할 수 없고 또 부여하지도 않는다. 이것 역시 당사자들의 의사에 따라 법률관계가 형성됨을 의미한다(이른바 소극적 사적 자치).

자에 대한 관계에서 그러한 진의는 고려될 수 없으며 의사표시로 실현된 의미가 타당해야 한다는 것이다.[2] 차이는 그러한 가치평가가 § 107 Ⅰ 본문에서는 표의자에게만, § 108 Ⅱ에서는 표의자와 상대방 모두에게 적용되는 것이라는 점에만 존재한다.

2. 규정의 연혁과 입법례

(1) 古로마법에서는 법률행위의 효력은 그것의 방식준수라는 관점에서 부여되었으므로 당사자들이 통정하여 효과의사를 배제한 법률행위이더라도 효력이 발생하였다. 고전 로마법에 이르면 의사주의적 입장에서 무방식의 계약에서 합의의 결여를 이유로 하는 법률행위는 무효라는 결과가 받아들여졌다고 한다.[3] 그러나 이는 허위표시 그 자체의 문제라기보다는 은닉행위의 효력 판단의 문제로 이해되고 있었다. 허위표시 그 자체의 무효가 일반론의 차원에서 확인되었던 것은 후기 고전기이며, 이에 기초하여 이후 중세법학자들은 허위표시와 은닉행위를 개념적으로 구별하였다. 자연법학에서도 허위표시에 관한 종래의 법리는 대체로 그대로 유지되었으나, 토마지우스 이후 신뢰보호를 강조하는 입장이 득세하면서 허위표시를 신뢰한 제3자의 보호라는 문제가 제기되었다. 이에 따라 선의의 제3자에 대해서는 허위표시의 효력을 주장할 수 없다는 주장이 유력하게 되었다.

(2) 이러한 배경 하에 프랑스민법은 허위표시의 효력에 대해 명시적인 규정을 두지는 않았으나, 그것이 무효임을 전제로 하여 허위표시 배후에 감추어진 은닉행위("반대증서")의 효력은 당사자 사이에서만 효력을 가지며 제3자에게 대항할 수 없다고 규정하였다(프민 § 1321; 은닉행위가 무효인 경우로 이제는 프민 § 1321-1 참조).[4] 이러한 규율은 현재 의사주의와 외관책임법리의 결합으로 설명되고 있다. 한편 오스트리아민법의 원래는 프랑스민법과 마찬가지로 허위표시 배후에 있는 은닉행위의 효력에 대해 정하고 있었다(개정전 오민 § 916). 그 밖에 제정 과정에서 제3자 보호의 관점이 주장되

2) Flume, Allgemeiner Teil des Bürgerlichen Rechts Ⅱ(4. Aufl., 1992), 411. 비슷한 관점으로 윤용덕, "무효에서의 대항불능에 대한 고찰", 비교사법 9-4(2002), 203-204 참조. 다만 이 견해는 이러한 관점이 권리외관법리와는 무관하다고 생각하지만, 이는 필연적이지 않다. Schermaier in Historischer-kritischer Kommentar zum BGB, Band Ⅰ(2003), §§ 116-124 Rn. 46 참조.

3) 아래 내용은 HKK/Schermaier, §§ 116-124 Rn. 39ff.; Kaser/Knütel, Römisches Privatrecht(20. Aufl., 2014), § 8 Rn. 28 참조.

4) 각국의 입법례에 대해 윤진수, "허위표시와 제3자", 민법논고 1, 2007, 420 이하 참조.

었음에도 법전에는 반영되지 않았다.[5] 그러나 허위표시의 무효 및 선의의 제3자 보호는 이후 1916년 개정에 의해 실현되어, 현재 오민 §916는 허위표시는 무효이고 은닉행위의 효력은 그 자신의 성질에 따라 판단되며, 허위표시를 신뢰하여 권리를 취득한 제3자에 대해서는 허위표시를 대항할 수 없도록 정한다. 스위스채무법도(동법 §18) 허위표시를 무효로 하면서, 서면의 채무증서를 신뢰한 선의의 제3자를 보호하는 규정을 두고 있다.

(3) 독일 보통법학에서도 이상의 논의는 계속되었다. 특히 사비니는 다시금 허위표시와 은닉행위를 준별하여, 전자는 무효이고 후자는 독자적으로 효력이 판단된다는 입장을 강조하였고, 이는 이후 학설에 의해 수용되었다. 다툼이 있었던 것은 허위표시의 무효를 선의의 제3자에 대해 주장할 수 있는지 여부였다. 그러나 독일민법 제정과정에서 제1위원회는 그러한 제3자는 일반적인 거래보호 규정들에 의해 보호함으로써 충분하다는 입장을 채택하여 그러한 규정을 배척하였고, 이러한 결단은 이후에도 유지되었다.[6] 그 결과 현재 독민 §117는 허위표시는 무효이지만 은닉행위는 그에 적용되는 규정에 따라 유효성을 판단한다는 내용을 규정하고 있다.

(4) 일본 구민법 증거편 §50는 기본적으로 프랑스민법에 따라 반대증서에 따른 내용 즉 은닉행위는 당사자와 포괄승계인 사이에는 효력을 가지고(Ⅰ), 이를 알고 있는 채권자 또는 특정승계인에 대해서도 주장할 수 있다고 규정하고 있었다(Ⅱ). 그러나 이후 현행 일본민법의 기초자들은 이 규정을 승계하면서도 증거의 문제가 아니라 일반적인 법률행위의 문제로 파악하여 규율하기로 하였다. 그 과정에서 당시 유럽의 지배적 견해를 좇아 허위표시는 무효임을 명시적으로 밝히고, 거래 보호 역시 선의의 "제3자"를 위한 것으로 일반화하였다. 반면 은닉행위의 효력은 그것에 적용되는 규정 및 법리에 따라 결정되는 것이고 해석상 의문의 여지가 없으므로 규정하지 않기로 하였다.[7] 이로부터 상대방과 통정한 허위의 의사표시는 무효이고, 이 무효는 선의의 제3자에게 대항할 수 없다는 규정이 성립하였다(일민 §94).

(5) 우리 민법의 §108는 이러한 의용민법 §94를 내용상 수정 없이 받아

5) 초안 기초자인 차일러는 손해배상으로 보호할 수 있다고 생각하였던 것으로 보인다. Zeiller, Commentar über das allgemeine bürgerliche Gesetzbuch Ⅲ/1(1812), 112.

6) 양창수, "독일 민법전 제정과정에서의 법률행위 규정에 대한 논의", 민법연구 5, 1999, 40-44 참조.

7) 이상 未定稿本 民法修正案理由書, 82-84.

들인 규정이다.[8)]

Ⅱ. 적용범위

1. 사법상 의사표시

(1) § 108는 그 문언에 따라 상대방과 통정한 허위의 "의사표시"가 문제되는 경우에 적용된다.[9)] 그러므로 사법상 의사표시가 있다고 보이지만 § 108 Ⅰ이 적용되어 통정 허위표시라고 인정되면 무효이다. § 108 Ⅰ은 상대방과의 통정을 요구하므로 그 문언은 상대방 있는 의사표시 즉 상대방에 의해 수령이 필요한 의사표시를 전제로 한다. 그러므로 상대방 없는 의사표시에 대해 § 108는 적용되지 않는다.[10)]

이에 대해 다수설은 상대방 없는 의사표시에 § 108의 적용을 부정하면 이 의사표시에 의하여 다른 특정인이 이익을 받는 경우 그 이익을 원상회복할 수 없게 되므로 § 108를 유추적용해야 한다고 주장하면서, 예컨대 부동산의 공유자 전원이 합의에 의하여 1인을 제외하고 공유지분포기를 가장하여 그 1인의 단독소유로 등기되도록 한 경우 그 공유지분포기 행위에 대해 § 108 Ⅰ을 유추적용하여 이를 무효로 판단해야 한다고 한다.[11)] 그러나 다수설이 상대방 없는 의사표시에 대해 상대방이 필요하다는 이유로 § 107 Ⅰ 단서의 유추적용은 부정하면서(앞의 § 107 Ⅱ. 1. (1) 참조) § 108에서는 바로 그 논거를 뒤집어 유추적용을 긍정하는 태도는 일관성이 없다고 할 것이다. 이에 대해 대답이 필요한 질문은 다음과 같은 것임을 분명히 해야 한다. 즉 진의 없는 상대방 없는 의사표시가 있

8) 민법안심의록, 상권(1957), 73.

9) 이은영, 495는 물권적 합의에는 적용되지 않는다고 하나, 근거 없는 주장이다. 예컨대 저당권자가 채무자의 신용을 허위로 부풀려주기 위해 나중에 회복등기를 하기로 은닉행위를 하고 허위로 피담보채권액 감축의 의사표시를 하는 경우, 이에 § 108가 적용되지 않을 이유가 없다.

10) 곽윤직·김재형, 314; 김증한·김학동, 425; 명순구, 406; 백태승, 390; 이덕환, 492; 양형우, "통정한 허위의 의사표시에 관한 고찰", 연세 법학연구 6-2, 1999, 244; Staudigner/Singer(2012), § 117 Rn. 3.

11) 강태성, 620; 고상용, 409; 김대정, 800; 김상용, 470; 김용한(주 1), 72; 김주수·김상용, 345, 351; 송덕수, 285; 이영준, 390; 이은영, 496; 주석 총칙(2), 638-639(제4판/최성준). 아마도 사례는 日最判(1967(昭42).6.22, 民集 21-6, 1479에서 취한 것으로 추측된다. 그러나 이는 앞서 보았지만 우리 § 107 Ⅰ 단서의 적용례로 이해하는 것이 보다 적절하다(앞의 § 107 Ⅱ. 1. (1) 및 위의 본문 참조).

을 때, 그로부터 이익을 받는 자가 있다면 그가 진의 없음을 알았거나 알 수 있었을 때 무효일 가능성을 인정할 것인가 아니면 통정까지 필요하다고 할 것인가? 그런데 악의 또는 과실 있는 제3자는 이미 그러한 사정만으로 이미 보호 받을 이유가 없다고 할 것이므로 그 보호를 위해 통정까지 요구하는 견해는 과도하다고 생각된다. 그러므로 상대방 없는 의사표시에서 이익을 받는 사람의 보호는 § 107 Ⅰ 단서의 유추적용으로 이루어져야 할 것이다(앞의 § 107 Ⅱ. 1. (1) 참조).[12)]

한편 상대방 있는 의사표시이더라도 상속의 포기(§ 1041)나 한정승인(§ 1030)과 같이 관청의 수령을 요하는 의사표시에 대해서는 § 108가 적용되지 않는다.[13)] 이는 의사표시를 수리하는 담당자가 진의 없음을 확인하고 동의한 경우에도 그러한데, 관청은 형식상의 상대방에 불과하여 담당자의 동의는 상대방의 동의로 볼 수 없기 때문이다.

(2) 의사표시가 그 구성요소인 법률행위의 효력도 § 108의 적용에 따라 결정된다. 그러므로 계약을 구성하는 의사표시가 허위표시인 경우 § 108가 적용되며, 이는 그 계약이 처분행위인지 의무부담행위인지, 유상행위인지 무상행위인지 등을 묻지 않는다. 요물계약의 경우 요건인 물건의 수령 없이 당사자들이 의사표시만으로 허위표시가 될 수 있는지 다툼이 있으나, 다수설은 이를 긍정한다.[14)] § 108는 법률행위가 아닌 개별 의사표시를 적용대상으로 하고 있으므로, 요물계약이더라도 당사자들의 의사표시가 통정 허위표시이면 § 108의 적용에 아무런 문제가 없다고 해야 한다. 같은 내용이 일반적인 요식계약에 대해서도 타당할 것이다. 또한 법률행위의 요건으로 관청의 허가나 등기 등이 요구되는 경우에도 허위표시는 당사자의 의사표시만으로 판단한다.

관련하여 학설에서는 가장소비대차에 기한 채권을 가장채권자가 선의의 제3자에게 양도하는 경우 가장채무자와 채권양수인 사이의 관계는 § 451이 아닌 § 108 Ⅱ에 따라 규율되어야 한다고 한다.[15)] 우선 § 451 Ⅰ에 대한 관계에

12) 같은 취지로 양형우(주 10), 244.

13) 백태승, 390; 주석 총칙(2), 641(제4판/최성준).

14) 주석 총칙(2), 595(제4판/최성준); 의용민법의 임치에 대해 조고판 22(大10).2.17.(록 9, 39). 반대 견해로 양형우(주 10), 249. 다른 목적을 위해 수수된 물건에 대해 요물계약의 허위표시가 성립할 수 있다는 점에 대해서는 의문의 여지가 없다(예금계약에 대해 대판 73.1.30, 72다1703(로앤비) 참조). 이 문제에 대한 일본에서의 논의에 대해서는 日注民(3) 新版, 345-346(稻本洋之助) 참조.

15) 주석 총칙(2), 638(제4판/최성준).

서는 어느 규정을 적용하든지 결론에는 차이가 없을 것이다. 이의를 유보한 승낙이 있는 경우에는 § 108 Ⅱ과 관련해서도 양수인의 선의를 인정할 수 없으며, 이의를 유보하지 아니한 승낙의 경우 판례는 선의의 양수인에 대해서만 대항할 수 없다고 해석하기 때문이다.[16] 실제로 가장채권의 질권설정에 채무자가 이의 없는 승낙을 한 경우 § 108 Ⅱ이 아닌 §§ 349 Ⅱ, 451 Ⅰ을 적용한 재판례도 존재한다.[17] 반면 통지의 경우, § 451 Ⅱ에 의한다면 채무자는 언제나 양수인에 대해 채권의 부존재를 주장할 수 있을 것이나 § 108 Ⅱ에 따르면 악의의 양수인에 대해서만 그러할 것이다. 여기서는 § 108 Ⅱ의 취지가 타당하므로 적용되어야 할 것이다. 그렇다면 결론적으로 § 451과 § 108의 경합에서는 후자를 적용하여 해결하는 것이 타당하다.

(3) 단체설립행위에 대해서는 § 108가 적용된다는 견해[18]와 적용되지 않는다는 견해[19]가 대립한다. 이는 설립되는 단체를 구별하여 살펴보아야 한다. 우선 민법상 법인과 관련해서는 특별한 규정이 없는 이상 설립자의 의사표시에는 § 108가 적용될 수 있다고 해야 한다. 예컨대 일부 설립자들이 통정하여 진의 없음에 동의한 때에는 그 의사표시는 허위표시로서 무효이다. 그러나 이러한 무효는 법인설립의 단체법적 성질 때문에 개별 설립자의 탈퇴만을 효과로 가져오며(§ 137은 그대로 적용될 수 없다), 다른 설립자의 의사표시로 성립하는 단체설립행위에는 영향을 주지 아니한다.[20] 반면 주식회사 같은 물적 회사에서는 설립무효의 소(상 § 328)는 설립절차의 객관적 하자만을 이유로 하여 제기할 수 있으므로,[21] 일단 회사가 등기에 의해 설립한 이상 허위표시에 의한 무효는 주장할 수 없다.[22] 한편 인적 회사의 경우 설립무효의 소는 설립절차의 객관적 하자뿐만 아니라 사원 개인의 설립행위의 주관적 무효원인을 이유로 해서도 제기할 수 있으나[23] 그 주장은 설립무효의 소에 의하고 그에는 장래효만 있으므로

16) 대판 99.8.20, 99다18039(공 99, 1878).

17) 대판 97.5.30, 96다22648(공 97, 2000).

18) 강태성, 620; 김증한 · 김학동, 425; 이영준, 391; 김주수 · 김상용, 351; 이은영, 495; 김상용, 470-471.

19) 고상용, 409; 김용한(주 1), 72; 송덕수, 285; 이덕환, 492.

20) 김증한 · 김학동, 190; Wolf/Neuner, Allgemeiner Teil des Bürgerlichen Rechts(10. Aufl., 2012), § 17 Rn. 2. 김상용, 470-471은 전부무효를 인정하는 것으로 보이나, 이들 행위의 성질을 고려할 때 부당하다.

21) 송옥렬, 상법강의(제3판, 2013), 763.

22) Staudinger/Singer, § 117 Rn. 6 참조.

23) 송옥렬(주 21), 1239, 1251.

(상 §§184, 190), §108가 그대로 적용된다고는 할 수 없고[24] 상법상 설립무효의 소 법리의 제약을 받아 그 무효사유로서만 적용된다고 해야 할 것이다.

조합계약의 경우는 앞서 민법상 법인에 대한 설명에 준하여 처리되어야 할 것이다. 물론 조합계약의 당사자 전원이 통정하여 가장조합을 설립한 경우에는 조합계약 전체가 무효일 것이다. 독일의 판례에 의하면[25] 활동을 시작한 가장조합은 대외적 관계에서 신의칙상 조합계약의 무효를 주장할 수 없어 유효하게 취급되어야 한다. 그러나 내부관계의 처리에서는 사실상 조합의 법리[26]를 유추할 수는 없고, 무효에 따른 법률관계로 처리해야 한다고 한다. 우리도 마찬가지로 해석할 수 있을 것인데, 전자는 §108 Ⅱ로부터, 후자는 당사자들이 허위표시로 조합의 효력을 배제한 점을 존중한다는 점으로부터 정당화될 수 있을 것이다.

(4) 다수설은 주식인수의 청약에 대해서도 §108가 적용되지 않는다고 한다.[27] 거래의 안전에 영향을 주는 요식행위라는 점을 이유로 한다. 상 §302 Ⅲ은 주식인수의 청약에 대해 §107 Ⅰ 단서의 적용을 배제하는데, §107 Ⅰ 단서와 §108 Ⅰ은 이익상황이 유사하고 그 취지도 같으므로(앞의 Ⅰ. 1. (2) 참조), 이러한 결론은 정당화된다고 하겠다. 그리고 회사법상의 행위에 대해 이러한 법리가 유추되는 경우도 있을 수 있는데, 판례에서는 조정사채의 출자전환청구에 대해 §108의 적용을 배제한 예가 있다.[28]

(5) 다수설은 유가증권의 유통성 확보를 위해 §108는 유가증권법상의 행위에 적용되지 않는다고 한다.[29] 그러나 의사의 흠결을 이유로 하는 항변은 인적 항변이라고 이해되고 있는데,[30] 그 경우 유통성의 확보는 §108 Ⅱ 및 유가증권법상의 인적 항변 절단에 의해 이미 보장되므로 굳이 배서 등의 당사자들 사이에서 §108의 적용을 부정할 필요는 없다고 생각된다.[31] 대법원도 어음상

24) 이영준, 391은 설립무효의 소의 문제를 고려하지 않고 직접적용을 긍정한다.
25) Staudinger/Singer, §117 Rn. 6 참조.
26) 대판 72.4.25, 71다1833(집 20-1, 217) 참조.
27) 이은영, 496; 이덕환, 493.
28) 대판 78.8.22, 77다2087(공 78, 11064).
29) 송덕수, 286; 이은영, 496; 이덕환, 493.
30) 정동윤, 어음·수표법(제5판, 2004), 166, 175 참조.
31) 같은 취지로 강태성, 621; 이영준, 391. 반면 Baumbach/Hefermehl, Wechselgesetz und Scheckgesetz(22 Aufl., 2000), WG Art. 17 Rn. 42는 허위표시의 경우에는 의사표시 자체가 없으므로 의무부담의사를 인정할 수 없어 그 항변은 물적 항변이라고 보아야 하겠지만, 표의자가 서명에 의해 권리외관을 창출하였으므로 결국 허위표시에 기한 무효 주장은 절단된다고 주장한다.

의 권리를 취득하게 할 의사는 없이 단지 채권자들에 의한 채권의 추심이나 강제집행을 피하기 위한 약속어음 발행행위가 통정허위표시로서 무효라고 하여 § 108 적용을 긍정하였다.[32)]

(6) 친족법·상속법상의 법률행위에 대해 § 108가 적용되는지 여부에 대해 다툼이 있다. 종래의 다수설에 의하면 본인의 진의를 절대적으로 존중하는 가족법상의 행위에서는 허위표시는 언제나 무효이고 이를 선의의 제3자에 대해서도 대항할 수 있다고 해야 하므로, § 108는 전혀 적용되지 않는다고 한다.[33)] 특히 가장혼인이나 가장입양의 경우에는 §§ 815 i, 833 i이 적용되어야 한다고 지적된다. 이에 대해 최근 유력한 견해는 혼인·입양과 같이 의사존중이 필요한 신분과 관련된 행위에서는 다수설에 따르지만, 신분관계와 관련된다고 하더라도 재산관계로서의 요소가 짙은 행위에 대해서는 개별적으로 검토하여 § 108가 적용될 경우도 있다고 하며, 그 예로 상속재산분할의 협의(§ 1013)나 상속의 포기(§ 1041)를 든다.[34)]

여기서도 문제되는 사안유형을 나누어 볼 필요가 있다고 생각된다. 혼인, 입양에서는 특별규정이 있으므로(§§ 815 (i), 883 (i)), 의사흠결에 따른 혼인이나 입양의 효과는 당해 규정의 해석 문제이고 § 108는 직접 적용되지 않는다고 보아야 한다. 여기서도 특히 상대적 친족관계가 성립해서는 안 되므로 § 108 Ⅱ의 적용은 배제되어야 하는 것이다. 그 경우 허위표시에 의한 혼인합의 또는 입양합의가 무효인지 여부는 혼인의사를 어떻게 이해할 것인지에 좌우될 것이다.[35)] 마찬가지로 명시적인 규정은 없지만 법적으로 유사한 구조를 가지는 협의이혼(§ 834), 협의파양(§ 898) 등도 혼인이나 입양에 준하여 처리할 것이다. 다만 가정법원이 그 의사를 확인하는 협의이혼에서 의사표시에 진의 없다는 주장은 쉽게 인정할 수 없을 것이고,[36)] 이는 가정법원의 허가가 요구되는 미성년자 입양의 경우에도 마찬가지일 것이다(§§ 867, 869 Ⅳ). 반면 약혼(§ 800)은 그 자체로 친족관계를 발생시키지 않을 뿐만 아니라 당사자들에 대한 구속력도 약하므로(§ 803) 인격에 반할 우려가 없어 § 108가 적용된다고 보아도 좋을 것이다.

---

32) 대판 05.4.15, 2004다70024(공 05, 743).
33) 곽윤직·김재형, 314; 김증한·김학동, 425; 김준호, 277-278; 백태승, 391.
34) 강태성, 621; 고상용, 410; 김대정, 801; 김상용, 471; 김주수·김상용, 351; 김용한(주 1), 72; 양형우(주 10), 246; 이영준, 391; 이은영, 496; 이덕환, 492.
35) 예컨대 혼인에 대해 윤진수 편집대표, 주해 친족법 Ⅰ(2015), 148 이하(윤진수) 참조.
36) 대판 96.11.22, 96도2049(집 44-2, 형1012) 참조.

이에 대하여 친족관계를 배경으로 하지만 그 내용이 재산관계를 규율하는 법률행위에 대해서는 §108의 적용을 부정할 이유가 없다고 보인다. 이혼에 따른 협의 재산분할(§839-2)이나 협의 상속재산분할(§1013)의 경우에는 실제로 배우자들이나 공동상속인들이 집행면탈 등을 이유로 가장협의를 하는 사안이 존재하며 그러한 경우 §108에 따라 당사자들의 관계가 처리될 필요가 있다. 반면 상속의 승인·포기는 상대방 있는 의사표시이지만 그 상대방이 관청이어서 통정의 여지가 없으므로 §108는 적용될 수 없다(앞의 Ⅱ. 1. (1) 참조).

2. 공법상 의사표시

통설은 §108는 공법상 의사표시에는 적용되지 않는다고 하며, §108가 당사자들의 사적 자치를 관철하는 규정이기 때문에 권력지배작용에 관한 한에서는 적용될 수 없다는 것을 이유로 한다.[37)]

3. 소송행위

§108는 소송행위에도 적용되지 않는다. 소송절차의 명확성과 안정성을 위해 소송행위는 그 표시내용에 따라 효력이 발생하기 때문이다.[38)] 그래서 예컨대 통정하여 허위의 소송상 화해를 한 경우에도 이를 무효라고 할 수 없다.[39)] 또한 당사자들이 통정하여 가장의 분쟁을 소송의 대상으로 하는 경우, 소 제기 자체가 허위표시로 무효인 것이 아니라 권리보호이익이 없음을 이유로 해서 각하되어야 한다.[40)] 그러나 그러한 소송이 판결에 이른 경우, 그 판결은 유효하며[41)] 그에 기하여 집행할 수 있다고 할 것이다. 다만 통정에 해당하는 합의는 집행을 저지하는 내용도 가진다고 보아 상대방은 청구이의의 소(민집 §44)를 제기하여 집행을 배제할 수 있으나,[42)] 집행이 그대로 진행되어 부동산이 경락된

---

37) 김대정, 802; 김증한·김학동, 425-426; 송덕수, 286; 이영준, 390; 이덕환, 493; 이은영, 496; 주석 총칙(2), 642(제4판/최성준); 日注民(3) 新版, 344(稻本) 참조. 학설에서는 조고판 18(大7).12.17.(록 5, 1001)을 전거로 인용하는 경우가 있으나, 이 판결은 가장매매에도 불구하고 가장매수인이 유효하게 토지사정을 받았다면 무효를 전제로 하는 가장매도인의 소유권은 상실된다는 것이므로 이 문제에 대한 선례라고 할 수 있는지 의문이다.

38) 이시윤, 신민사소송법, 제7판, 2013, 379.

39) 대판 91.4.12, 90다9872(공 91, 1368).

40) Staudinger/Singer, §117 Rn. 3.

41) 이덕환, 484; 이은영, 496.

42) 이영준, 383; Staudinger/Singer, §117 Rn. 3.

경우 이는 유효하며 경락인은 소유권을 취득한다.[43] 다만 집행으로 가장채권자가 받은 이익은 부당이득으로 반환되어야 할 것이다.[44]

Ⅲ. 허위표시의 요건

1. 의사표시의 외관

(1) 당사자 일방이 외부에서 의사표시로 보이는 의사표시의 외관을 창출하였어야 한다. 통상 의사표시의 존재가 요건이라고 말하지만, § 108의 경우 당사자는 법적인 구속의사 자체를 결여하고 있기 때문에 의사표시가 있다고 말할 수 없다.[45] 오히려 당사자는 허위표시를 위해서는 단순히 의사표시의 외관(Schein)을 창출하면 충분하다. 계약의 존재를 증명하는 것 같은 서면이나 권리변동을 지시하는 공시방법을 갖추는 것 등이 그에 해당할 것이지만, 그렇지 않더라도 사회통념상 의사표시의 존재를 지시하는 사정(예컨대 제3자의 증언 등)이 있으면 무방하다.

요물계약의 경우 요건에 해당하는 급부가 없더라도 다른 방법으로 의사표시의 외관이 존재하면 허위표시가 성립할 수 있다(앞의 Ⅱ. 1. (2) 참조).

(2) 의사표시는 그 전체가 허위표시일 수도 있으나, 의사표시의 일부의 내용에 대해서만 허위표시가 성립할 수도 있다. 예를 들어 조세회피 목적으로 매매대금을 낮추어 기재하는 매매의 경우, 원래 매매대금이 약정된 은닉행위와 병존하여 매매대금 부분에 대해서만 허위표시가 있는 가장행위가 존재하게 된다. 이 경우 가장행위의 효력은 일부무효의 법리(§ 137)에 따라 판단되어야 한다.[46]

(3) 우리 재판례에서 허위표시로서의 외관이 인정된 예를 살펴보면, 채권자의 집행을 저지하기 위해 가장으로 양도담보를 하여 제3자이의를 하게 하는 경우,[47] 채무자가 집행을 면하고자 양수인과 통모하여 매매 또는 매매예약을 가장하여 그 소유권이전등기 또는 소유권이전청구권가등기를 마친 경우,[48] 부

43) 대판 68.11.19, 68다1624(집 16-3, 201).
44) 이영준, 383; 이덕환, 484.
45) Staudinger/Singer, § 117 Rn. 1. 강태성, 610 주 3도 참조.
46) 강태성, 613; 송덕수, 284; 이영준, 379; 이덕환, 492. 이은영, 490은 반대.
47) 대구지판 98.6.9, 98가단9592(하집 98-1, 3).
48) 대판 84.3.27, 83다카983(공 84, 807); 서울고판 70.3.27, 69나1533(고집 70-1, 103); 대구고판 02.4.24, 2001나18108(하집 02-1, 17)

동산 소유권이전등기의무자가 그 이행을 회피하기 위해 이를 타인 특히 근친이나 친지에게 가장매매하고 소유권이전등기를 경료한 경우,[49] 대주가 협동조합의 예금취급소 소장이었던 자를 통해 사채를 대여하면서 후자를 통해 협동조합과 사이에 예금행위가 있었던 것 같이 가장행위를 한 경우,[50] 부동산 소유자가 가장이혼에 따른 위자료 명목으로 통모하여 처에게 허위로 소유권이전등기를 경료하거나[51] 이혼에 따른 재산분할을 가장행위로 하는 경우,[52] 을이 특정 주식의 매수주문을 내었다가 가능한 한 많은 양의 주식을 확보할 목적으로 주문량에 대한 매매계약체결 여부도 확인되지 아니한 상태에서 증권회사 직원에게 앞서의 매수주문을 형식적으로만 취소한 것처럼 정리하고 납입된 위탁증거금을 다시 사용하여 더 많은 매수주문을 할 수 있도록 편의를 보아 달라고 부탁하면서 이미 주문한 주식 전부에 대하여 매매가 이루어진 경우에도 이를 모두 인수하겠다고 제의하였고 직원이 이를 받아들인 경우,[53] 근로자가 실제로는 동일한 사업주를 위하여 계속 근무하면서 형식상 일단 퇴직한 것으로 처리하고 다시 임용되는 형식을 취한 경우,[54] 다른 채권자의 집행을 피해 회사의 재산을 은닉하고자 채권자 한 사람과 통모하여 가장의 가등기담보를 설정한 경우,[55] 매매대금이 채권자에게 귀속될 것을 예상하고 주식을 매도하면서 매매대금을 매우 낮은 금액으로 정하면서 이면으로 다른 대금을 약정한 경우,[56] 기존 채권의 우선변제를 목적으로 가장의 주택임대차계약을 체결하는 경우,[57] 명의수탁자가 신탁 토지에 대한 강제집행을 면탈하기 위해 허위로 제3자와 교

49) 대판 78.4.28, 78다226(공 78, 10825); 90.6.12, 88다카16898(공 90, 1449); 대구고판 67.4.13, 66나754, 755(고집 67, 220); 94.10.11, 94다16090(공 94, 2956); 95.6.30, 94다52416(공 95, 2559). 이 경우 매도인이 부동산을 여전히 수익·관리하는지 여부가 허위표시 판단에 유력한 증거가 된다(대판 84.9.25, 84다카641(공 84, 1720) 참조). 한편 형사사건에서 배임죄로 처벌받았다 하여 배임과 관련된 법률행위가 민사사건에서 통정허위표시에 기해 무효라고 판단할 수 없는 것은 아니다(대판 93.4.27, 92다51747(공 93, 1562); 02.6.14, 99다61378(공 02, 1623)).

50) 대구고판 72.7.20, 71나685(고집 72-1, 427). 서울고판 85.11.13, 85나1772(하집 85-4, 42)도 유사하다.

51) 대구고판 83.10.18, 83나536(고집 83, 415).

52) 대판 84.7.24, 84다카68(집 32-3, 194).

53) 서울고판 90.5.25, 89나45102(하집 90, 24).

54) 대판 88.4.25, 86다카1124(공 88, 882); 91.12.10, 91다12035(공 92, 473); 93.6.11, 92다19316(공 93, 2008); 96.4.26, 95다2562, 2579(공 96, 1681); 97.6.27, 96다49674(공 97, 2324). 반면 대판 12.10.25, 2012다41045(공 12하, 1915).

55) 대판 90.6.26, 89다카27116(공 90, 1569); 90.10.30, 89다카34572(공 90, 2401).

56) 대판 93.8.27, 93다12930(공 93, 2617).

57) 대판 02.3.12, 2000다24184, 24191(공 02, 845).

환계약을 체결하는 경우,[58] 종합건설업자로 등록되어 있지 아니한 수급인이 건축도급계약을 체결하면서 당사자의 합의하에 수급인 명의를 종합건설업자로 등록된 사업자로 표시하여 도급계약서를 작성한 경우[59] 등이 그러하다.

반면 일견 허위표시와 같은 모습이 있더라도 당사자들의 의사표시에 진의가 인정되어 효력이 인정되는 예도 많다. 예컨대 예금의 의사로 금전이 교부된 이상 수기식 통장이 교부되었다고 해서 허위의 예금계약의 외관이라고 할 수는 없다.[60] 또한 원고의 전소유자인 소외인이 전세입주자 등을 상대로 가옥명도소송을 제기하였다가 전세금반환채무를 인수한 사실이 판명되어 승소가 어렵게 되자 타인명의로 소송하면 승소할 수 있다는 말을 듣고서 명도소송을 취하하는 한편 원고 앞으로 소유권이전등기를 하였다면, 소외인의 목적달성을 고려해 양도가 유효하다고 볼 여지가 있어 가장매매라고 단정하기는 어렵다.[61] 마찬가지로 채무자가 제3자가 제기하는 등기말소소송을 모면할 의사가 있었다고 채권자에 대한 유효한 대물변제 의사를 가지고 소유권을 이전하였다면 이를 가장매매로 볼 수는 없다.[62] 그리고 명의신탁에서 신탁자가 수탁자로부터 완전한 소유권을 회복하기 위해 가등기를 경료하였던 경우 이는 진정한 의사에 의한 것이고,[63] 공동으로 매수하고 공유자에게 명의신탁한 부동산의 지분이 침해될 경우 공유자에 대하여 가지게 될 손해배상청구권 또는 부당이득반환청구권을 담보하기 위하여 근저당권설정등기를 경료한 경우도 같다.[64] 비슷한 이유에서 부동산의 실제 소유자인 명의신탁자가 명의수탁자로부터 등기를 회복하는 과정에서 중간단계로 명의신탁의 양 당사자들과 그 부동산에 관한 가등기권자가 모두 합의한 바에 따라 그 가등기에 기한 본등기를 경료하였다면, 이는 우회적인 반환방법에 관한 진의가 있으므로 허위표시라고 할 수 없다.[65] 한편 채권자로부터의 압류를 방지하기 위한 목적에서 지명채권양도를 하였다고 할지라도 자기의 채권을 양도하려는 의사가 있었음이 인정되

58) 대판 02.5.10, 2000다55171(공 02, 1344).
59) 대판 09.7.23, 2006다45855(법고을). 문정일, "등록건설업자의 명의대여와 통정허위표시", 해설 81, 2010, 11 이하 참조.
60) 대판 84.8.14, 84도1139(집 32-3, 876) 참조.
61) 대판 83.12.13, 83다316, 83다카1002(공 84, 160).
62) 대판 68.5.28, 68다460(집 16-2, 81). 대판 94.12.13, 94다31006(공 95, 482)도 참조.
63) 대판 95.12.26, 95다29888(공 96, 532); 97.9.30, 95다39526(공 97, 3253).
64) 대판 93.5.25, 93다6362(공 93, 1856).
65) 대판 96.9.20, 95다1965(공 96하, 3103).

는 이상 이를 통정한 허위의 의사표시라고는 할 수 없다.[66]

당사자들의 진의를 판단할 때에는 그들이 추구하는 목적이 고려되어야 한다(아래 III. 2. 참조). 그래서 회사가 상대방과 통모하여 실제로 어음상의 권리를 취득하게 할 의사는 없이 단지 회사의 채권자들에 의한 채권의 추심이나 강제집행을 피하기 위하여 약속어음을 발행한 경우에는 허위표시가 있겠지만,[67] 채무의 존재를 전제로 하여 어음을 발행하였다고 볼 수 있는 이상 그 의사표시는 보증이나 중첩적 채무인수의 의사에 해당할 수 있으며 채무가 없었다는 사정으로부터 허위표시라고 단정할 것은 아니고,[68] 또한 실제 채무액보다 더 많은 액수의 어음을 발행하여 공증을 하였다고 하더라도 채권자와 채무자의 진의가 확실하다면 그 공정증서에 의한 강제집행인 전부명령을 무효라고 할 수 없다.[69] 이런 판단은 특히 차명대출에서도 문제되는데 이에 대해서는 아래 IV. 4. (2) 참조.

마지막으로 판례는 임대차계약에 바탕을 두고 이에 기한 임차보증금반환채권을 담보할 목적으로 임대인, 임차인 및 제3자 사이의 합의에 따라 제3자 명의로 경료된 전세권설정등기는 유효하다고 하면서, 가정적으로 전세권 설정이 허위표시로 무효이더라도 § 108 II 에 따라 그 전세권에 대해 설정된 선의의 저당권자에게 대항할 수 없다고 하였으나,[70] 이후 사건에서는 허위표시를 이유로 무효로 보면서 선의의 제3자를 보호한다는 관점이 보다 우세하게 나타나는 것으로 보인다.[71]

2. 법적 구속의사의 결여

의사표시의 외관을 창출한 당사자에게 그 외관으로부터 추단되는 내용에 상응하는 법적 구속의사가 없어야 한다. 이는 종래 통설이 의식적인 의사와 표시의 불일치라고 설명하는 요건에 상응한다. 그러나 허위표시의 경우 의사표

66) 서울고판 69.4.16, 68나1377(고집 69-1, 218).
67) 대판 05.4.15, 2004다70024(공 05, 743). 대판 12.4.26, 2009도5786(공 12상, 936)도 참조.
68) 대판 86.9.9, 85다카1690(공 86, 1375).
69) 대판 84.7.24, 84다카68(집 32-3, 194); 89.9.12, 88다카34117(공 89, 1465).
70) 대판 98.9.4, 98다20981(공 98, 2396).
71) 대판 06.2.9, 2005다59864(법고을); 08.3.13, 2006다29372, 29389(공 08상, 503); 10.3.25, 2009다35743(공 10상, 793). 최준규, "전세권과 허위표시", 민학 63-1, 2013, 361 이하 참조.

시 자체가 결여하므로 하나의 의사표시에서 의사와 표시가 불일치한다고 말하는 것보다는, 의사표시에 해당하는 외관이 존재하고 그 외관을 창출한 사람에게 그 외관에 법적으로 구속되려는 의사 자체가 존재하지 않는다고 표현하는 것이 적절할 것이다.

법적 구속의사의 결여는 의사표시의 외관을 창출한 그 당사자의 주관적 목적을 기준으로 한다.[72] 의사표시의 외관을 창출한 당사자가 추구하는 목적에 비추어 그 의사표시에 법적인 효력이 부정되어야 목적이 달성될 수 있다면, 허위표시를 인정해야 한다. 반면 의사표시가 유효해야만 목적 달성이 가능하다면, 법적 구속의사를 인정해야 하고 허위표시는 부정된다. 그러한 의미에서 예컨대 일정한 경제적 목적을 달성하기 위하여 그 목적을 초과하는 내용의 법률효과를 발생시키는 의사표시를 하는 경우(예컨대 신탁행위에 대해 아래 Ⅳ. 1. 참조), 이는 허위표시가 아니다.[73] 구체적으로 법적 구속의사가 부정된 예에 대해서는 앞의 Ⅲ. 1. (3) 참조.

반면 당사자들이 의사표시에 상응하는 구속의사와 효과의사를 가지고 있는 이상, 의식적으로 부정확한 사실을 의사표시에 포함시켰다고 해서 허위표시가 성립하는 것은 아니다. 예컨대 당사자들이 유효한 계약을 의욕하면서 다만 계약서의 계약체결일자만을 소급하여 기재하였다면 그것만으로 허위표시가 되는 것은 아니며, 당사자들이 계약유형을 틀리게 기재하는 경우에도 마찬가지이다.[74] 그러나 세금을 줄이기 위하여 부동산 매매대금을 실제 약정보다 낮게 기재한 경우에는, 그 계약서에 따른 계약은 전혀 의욕되지 않은 상태에서 조세관청에 대한 관계에서 외관으로 기능할 것을 의도한 것이므로 허위표시에 해당한다. 다만 부동산매매계약 당사자 사이에 조세감면규제법상 인정되는 조세감면의 혜택을 받기 위하여 이행이 완결되지 아니한 매매계약의 내용을 조세부과상황에 따라 적절하게 수정하는 계약은, 조세감면만을 목적으로 이미 이행이 완결되어 납세의무가 발생하게 된 종전의 계약내용 중 매매대금이나 잔금지급일 등을 수정하여 가공의 계약을 체결한 것처럼 가장하는 행위

72) Staudinger/Singer, § 117 Rn. 10. 김용한(주 1), 67 참조.

73) 송덕수, 270; 주석 총칙(2), 595(제4판/최성준).

74) 김대정, 781; 김상용, 466; 이덕환, 480; 이영준, 382; 송덕수, 270; 주석 총칙(2), 596(제4판/최성준); Staudinger/Singer, § 117 Rn. 12. 이은영, 497은 § 108를 유추적용해야 한다고 한다.

와는 구별되는 것으로서, 통정허위표시라고 볼 것은 아니다.[75)]

3. 상대방과의 통정

허위표시이려면 의사표시의 외관을 창출한 당사자에게 법적 구속의사가 없을 뿐만 아니라 그 상대방이 그에 관해 통정해야 한다. 즉 상대방은 외관으로 존재하는 의사표시에 따른 효과가 발생하지 아니한다는 점에 그 당사자와 합의하고 있어야 한다.[76)] 그러나 이러한 합의가 요건이라고 하여 별도의 의사표시가 필요하다는 것은 아니며, 문제되는 의사표시가 허위표시로서 효과를 발생하지 않는다는 점에 대해 공동의 의식을 가지고 요해하고 있으면 충분하다.[77)] 판례도 허위표시를 "진의 아닌 의사표시를 한 자가 스스로 그 사정을 인식하면서 그 상대방과 진의 아닌 의사표시를 하는데 대한 양해 하에 한 의사표시"라고 하는데,[78)] 여기서 말하는 양해가 통정에 해당하는 동의라고 이해할 수 있을 것이다. 이렇게 통정이 필요하다는 점에서 상대방이 진의 아님을 알았거나 알 수 있었던 비진의표시(§ 107 I 단서)와 구별된다.

법률행위의 일방에 수인의 당사자가 있는 경우에는 그 모두의 동의가 있어야 전원에 대해 허위표시가 성립할 수 있다. 예컨대 다수의 채권자가 채무자와 채무내용을 일부 감축하는 내용의 화해계약을 체결하면서, 그중 한 사람의 채권자가 채무자와 사이에 공모하여 채권의 일부가 존속한다는 취지로 진의 없는 허위표시를 하는 경우, 이들은 그러한 채권의 존속을 다른 채권자에 대해 주장할 수 없다(§ 108 II).[79)] 그런데 이러한 사안에서 다른 채권자들이 선의자 보호를 포기하고 허위표시의 무효를 받아들이는 경우에는, 법률행위의 운명은 일부무효의 법리에 따라 처리되어야 할 것인데, 통상 전부무효로 인정될 것이다.[80)]

대리인이 의사표시를 하는 경우 허위표시의 판단은 대리인을 기준으로 하

75) 서울민지판 90.5.17, 89가합38800, 58460(하집 90-2, 32); 대판 92.12.22, 91다35540, 35557(공 93, 543).

76) 그래서 대판 72.3.38, 71도2417(집 20-1, 형54)은 가장매매에 인한 소유권이전등기를 경료하여도 그 당사자 사이에는 소유권이전등기를 경료시킬 의사는 있었던 것이므로 공정증서원본불실기재 및 동 행사죄는 성립하지 아니한다고 한다.

77) 이은영, 497; Staudinger/Singer, § 117 Rn. 7; MünchKomm/Armbrüster(6. Aufl., 2012), § 117 Rn. 8("사실상의 의사"). 김증한·김학동, 421; 주석 총칙(2), 596(제4판/최성준)은 그것만으로는 불충분하다고 한다.

78) 대판 73.1.30, 72다1703(로앤비).

79) 송덕수, 272; 이덕환, 480.

80) Staudinger/Singer, § 117 Rn. 8; Palandt/Ellenberger(73. Aufl., 2014), § 117 Rn. 3.

여 이루어져야 한다(§ 116). 대리인이 허위표시를 한 경우, 이는 본인을 구속하지 않는다. 수인의 대리인이 공동대리를 하여야 하는 경우에도, 대리인 중 한 사람에 대해 허위표시가 있으면 공동대리 요건이 충족되지 아니하므로 대리행위는 본인에 대해 효과를 발생하지 아니한다.[81] 그러나, 이미 살펴본 바와 같이(앞의 § 107 V. 1. 주해 참조), 대리인과 상대방이 공모하여 허위표시를 하는 경우에는 § 116의 적용이 배제되어 이들은 허위표시의 무효를 선의인 본인에 대해 주장할 수는 없다고 할 것이다(§ 108 Ⅱ). 이는 공동대리인 중 일부와 상대방이 공모를 한 경우에도 마찬가지이다.

반면 대리인이 아니라 교섭에 관한 권한만을 가진 보조자가 계약 교섭을 진행하는 경우, 그 보조자가 상대방과 가장행위를 합의하였더라도 이후 계약을 체결하는 본인이 이 사실을 알지 못하고 가장행위의 내용에만 기초하여 계약을 체결하였다면, 통정이 있다고 하기 어려워 허위표시는 성립하지 않는다고 할 것이다.[82] 이는 이른바 실패한 가장행위로서 § 107 Ⅰ이 적용되어야 하는데(앞의 § 107 Ⅲ. 2. (2) ㈑ 참조),[83] 그러한 보조자의 인식은 본인에게 귀책된다고 보아야 하므로(§ 116의 유추적용), § 107 Ⅰ 단서에 따라 그러한 계약은 무효로 보아야 한다.[84]

4. 표의자의 동기

허위표시는 통상 제3자에 대한 관계에서 표의자의 의도를 숨기기 위한 기망 의도가 있는 경우가 많다. 그러나 그러한 기망의 의도가 허위표시의 요건은 아니다. 기망의 의도 없는 허위표시도 가능하며, 기망의 의도가 있다고 하여 반드시 허위표시가 성립하는 것도 아니다.

Ⅳ. 허위표시와 구별되는 행위

1. 신탁행위

어떠한 경제적 목적을 달성하기 위하여 필요한 이상의 법적 권리(통상 완전한 권리)를 이전하면서, 이전받은 사람은 자신의 경제적 목적에 필요한 범위에서만 그

81) 강태성, 616; 이덕환, 481; 송덕수, 272; Staudinger/Singer, § 117 Rn. 8.
82) BGHZ 144, 331.
83) 김상용, 466; 이덕환, 480; 이영준, 382; 양형우(주 10), 250; 이은영, 498.
84) Staudinger/Singer, § 117 Rn. 9 참조.

권리를 행사할 채권적 의무를 부담하는 법률행위를 신탁행위라고 한다. 법질서가 경제적 목적달성에 부합하는 권리 지위를 부여하지 않는 경우, 당사자들이 사적 자치를 이용하여 이를 달성하는 수단이라고 말할 수 있다. 예컨대 동산에 관하여 비점유질이 인정되지 않는다는 법상황에 직면하여, 채무자가 채권자에게 동산의 완전한 소유권을 이전한 다음 채권자는 채무자에게 채권담보의 목적으로만 소유권을 행사할 의무를 부담하는 법률행위인 양도담보가 그 전형적인 예이며, 그 밖에 채권 양도담보나 추심을 위한 채권양도도 그러하다. 이렇게 신탁행위(이른바 "로마법적 신탁")는 당사자 사이에서 완전한 권리의 이전과 채권적 구속을 특징으로 한다.

19세기에는 신탁행위가 허위표시에 해당하는지 여부에 대해 다툼이 있었다. 이는 동산·채권의 양도담보나 추심을 위한 채권양도가 동산·채권의 매매의 형식을 빌어 이용되었기 때문에 특히 그러하였다. 그러나 독일의 경우 사비니의 무인적 처분행위 개념이 정착하였으므로, 법원은 매매계약을 허위표시라고 판단하면서도 처분행위인 소유권이전이나 채권양도는 유효라고 보고, 은닉행위로서 담보약정이나 추심약정을 간취하여 이들 제도를 유효한 것으로 인정하였다. 이러한 상황에서 레겔스베르거(Regelsberger)는 로마법의 fiducia 법리를 되살려 이들 행위에서 당사자들은 자신들의 경제적 목적을 달성하기 위해 완전한 권리의 이전을 의욕하면서 다만 목적에 따른 채무부담에 의해 완전한 권리행사를 제한하고자 한다고 설명하고, 신탁행위와 허위표시를 준별하였다. 이러한 입장은 이후 독일의 통설에 의해 수용되었고, 신탁행위에 대한 허위표시 의혹은 극복되었다.[85)]

우리 통설에서도 신탁행위가 허위표시가 아니라는 점에 대해서는 더 이상 이견이 없다.[86)] 신탁행위가 문제되는 사안유형에서 당사자들의 경제적 목적은 완전한 권리가 이전되어야만 가능하기 때문이다. 예컨대 양도담보의 경우 채권자가 우선변제를 확보하기 위해서는 다른 채권자의 집행을 배제할 수 있어야 하는데, 이는 현행법상 채권자가 완전한 권리를 취득하는 경우에만 가능한 것이다. 이는 다른 신탁행위의 경우에도 마찬가지이다.

물론 어려운 문제는 실제 거래에서의 행위가 신탁행위에 해당하는지 아니

---

85) Coing, Europäisches Privatrecht Ⅱ(1989), 424ff.

86) 강태성, 624; 고상용, 410; 김주수·김상용, 352; 김증한·김학동, 426; 백태승, 393; 송덕수, 273; 이덕환, 495; 이영준, 393; 주석 총칙(2), 599(제4판/최성준).

면 허위표시에 해당하는지 판단이다. 이는 계약해석의 문제로, 결국 제반사정과 당사자들의 의도를 고려하여 법적 구속의사가 없는 의사표시의 외관만이 창출된 것인지 아니면 당사자들의 목적을 달성하기 위해 의사표시가 효력을 가질 필요가 있어 법적 구속의사를 인정할 수 있는지 여부에 의해 판단해야 할 것이다(앞의 III. 2. 참조).

2. 특히 부동산 명의신탁

우리 판례상 부동산 소유권에 관해 인정된 신탁행위로서 부동산 명의신탁이 있다. 판례에 의하면 대내적 관계에서는 신탁자가 소유권을 보유하여 수익·관리하면서 등기부 등 공부상 명의를 수탁자 앞으로 두는 행위를 부동산 명의신탁이라고 하고, 그 유효성을 전제로 하여 법리를 전개해 오고 있다.[87] 「부동산 실권리자명의 등기에 관한 법률」(1995.3.30. 법률 제4944호)도 종래 명의신탁의 유효성을 전제로 하여, 일정한 예외를 제외한 명의신탁 약정을 무효로 하는 강행규정을 두고 있다(부실명 §§ 2 (i), 3, 4, 8 참조).

그런데 이러한 명의신탁에 대해서는—부동산실명법의 개입을 기다리지 않더라도—허위표시로서 무효라는 주장이 유력하였다. 명의신탁의 내용에 따르면 당사자들은 소유권이 진정하게 수탁자에게 이전되는 것을 의욕하지 않으며 단지 외부에 수탁자가 소유자라는 외관을 창출하는 것에 그치므로, 소유권 이전에 진의가 결여되어 있고 그에 당사자들의 합의가 있어 허위표시가 틀림없다고 한다. 특히 당사자들의 목적달성을 위해 법률행위의 효력을 진정 의욕할 필요가 없다고 지적된다.[88] 그러나 이에 대해서는 명의신탁의 당사자들도 나름의 경제적 목적 달성을 위해 명의신탁을 활용하는 것이며, 그 과정에서 수탁자가 외부적으로 소유자로 나타나기 위해 소유권이전에 관한 유효한 합의가 존재한다는 반론이 있다.[89] 아울러 명의신탁의 경우 수탁자의 지위는 소극적인 것으로 거래안전을 위해 § 108 Ⅱ이 유추적용되는 일종의 表見所有權이라는 견해,[90] 영미의 수동신탁(passive trust)에 준하여 취급해야 한다는 견해[91]

---

87) 대판 63.9.19, 63다388(집 11-2, 144) 등.

88) 곽윤직, 물권법, 제8판 보정, 2015, 127; 송덕수, 물권법, 제2판, 2014, 158; 김대정, 811 이하; 명순구, 400.

89) 이영준, 물권법, 전정신판, 2009, 144 이하; 홍성재, 217.

90) 고상용, 물권법, 2002, 408 이하.

91) 김상용, 물권법, 제2판, 2013, 429 이하.

등이 주장된다. 여기서는 주해의 목적상 명의신탁 약정이 허위표시에 해당하는지 여부만을 검토하기로 한다.

명의신탁이 허위표시라는 견해는 당사자들이 추구하는 목적에 비추어 소유권이전이 유효할 필요가 없고, 당사자들 역시 이를 의욕하지 않는다는 점을 이유로 한다. 그리고 예컨대 甲이 채권자들의 집행을 피하기 위해 임시로 명의만을 乙에게 이전하면서 사용수익은 계속하는 사안을 그 예로 든다. 그러나 이러한 설명은 일반적으로는 타당할 수 없다. 물론 이 견해가 예시하는 바와 같이 2자간 명의신탁의 몇몇 경우에는 허위표시적 상황이 나타날 수 있다. 그러나 명의신탁의 모든 경우를 염두에 두고 살펴보면 이러한 설명은 전혀 적절하지 않다. 예컨대 부동산실명법이 주된 사안유형으로 전제하고 있는 3자간 등기명의신탁을 상정해 본다. 매수인인 신탁자가 매도인과 계약을 체결한 다음 중간생략등기 약정에 기초해 명의를 수탁자에게 이전하도록 하는 사안에서, 만일 명의신탁 약정이 허위표시로 무효라면 물권변동의 유인주의에 기초해 부동산의 소유권은 매도인에게 남게 된다(실제로 부실명 §§4 Ⅱ, 5가 강행법규 위반의 효과로 예상하는 결과이기도 하다). 이 경우 점유를 이전받은 신탁자의 의사가 소유권을 매도인에게 남기고 명의만을 수탁자에게 이전해 두는 것이겠는가? 아니면 소유권과 명의를 모두 수탁자에게 이전시키고 수탁자와의 신탁약정에 기해 부동산을 사용수익하는 것이겠는가? 신탁자의 목적을 고려하면 일말의 의문도 없이 그의 의사는 후자일 수밖에 없다. 이후 명의신탁 관계의 원활한 전개 및 종료시 신탁재산 반환을 고려할 때 매도인과의 법률관계는 완전히 이행되어 종료되어야 하기 때문이다. 그렇다면 명의신탁 약정은 결코 허위표시일 수 없다. 그리고 이러한 설명은 3자간 계약명의신탁의 경우에도 마찬가지이다.

이상의 설명에서 명백하게 되었지만, 명의신탁이 허위표시로 무효라는 견해는 2자간 명의신탁에서 나타날 수 있는 개별적이고 예외적인 몇몇 사안을 부당하게 명의신탁 일반에 일반화시킨 것이며, 타당하다고 할 수 없다. 오히려 명의신탁의 신탁자는 소유권을 수탁자에게 이전하고 그에 대한 채권적인 관계에 기초해 마치 소유자와 같은 강력한 지위에서 사용수익하고 관리하겠다는 의사를 가지고 있으며,[92] 그러한 경제적 목적을 위한 그의 의사표시는 효력을 의욕하므로 허위표시라 볼 수 없다. 개별적으로 2자간 명의신탁에서 당사자들의 목적을 고려할 때 허위표시를 인정해야 하는 경우는 물론 있을 수 있다. 그

92) 양창수, "부동산실명법 제4조에 의한 명의신탁의 효력", 민법연구 5, 1999, 84.

러나 이로부터 명의신탁 일반이 허위표시라는 주장은 정당화될 수 없다.

3. 탈법행위

당사자들이 의욕하는 행위에 법적인 장애나 부담이 존재하는 경우, 사적자치를 이용하여 다른 형태의 행위를 함으로써 동일한 경제적 목적을 달성하는 법률행위를 탈법행위라고 한다. 예를 들어 공무원의 연금수급권은 담보제공이 금지되어 있으나(공연금 § 32), 이를 회피하기 위하여 권리자가 채권자에게 연금증서를 교부하고 대리권을 주어 연금의 추심을 위임한 다음 추심한 연금을 변제에 충당하게 하는 사안,[93] 건설업면허의 대여를 금지하는 법률(현재는 건설산업기본법 § 21)을 회피하기 위해 건설업 양도양수계약을 체결하는 사안[94] 등이 이에 해당한다.

이러한 탈법행위에서 당사자들이 경제적으로 추구하는 목적이 달성되기 위해서는 탈법행위가 유효하게 효력을 가져야 함은 분명하다. 그러므로 오늘날 탈법행위는 허위표시에는 해당하지 않는다고 이해된다. 동시에 어떠한 법률행위가 탈법행위라는 이유로만으로 반드시 강행규정에 반하여 무효라고 단정할 수도 없다. 특정 탈법행위가 강행법규에 위반하여 금지되는지 여부는 당해 금지규범을 해석하여 개별적으로 판단되어야 한다. 학설에서는 특히 금지규범이 결과 자체를 방지하려고 하는 것인지 아니면 특정 수단·형식에 의한 결과를 예방하려는 것이지를 구별하여 판단해야 한다고 지적한다.[95] 이에 따라 탈법행위가 금지규범에 위반하는 경우, 이는 강행법규 위반으로 무효이지만, 허위표시여서 무효인 것은 아니다.

물론 개별적으로 탈법행위가 법률행위의 외관만을 창출하는 것으로 그치는 경우, 그것이 허위표시로 무효인 것은 당연하다. 예컨대 기본재산에 관하여 허가 없이 1년 이상의 장기차입을 하고자 하는 사회복지법인이 계약의 갱신가능성을 유보해 두고 1년 미만의 계약을 체결한다면 당사자들이 법률효과를 의욕한 탈법행위라고 할 것이지만,[96] 당해 법인과 대여자가 실은 1년 이상의 장기차입을 약정하면서 계약서만을 1년 미만으로 한 경우 후자의 계약은 당연히 허위표시이다. 이때 전자는 강행법규 위반을 이유로, 후자는 허위표시를 이유로 무효이다.

93) 곽윤직 · 김재형, 279.
94) 대판 88.11.22, 88다카7306(공 89, 23).
95) 곽윤직 · 김재형, 280.
96) 대판 14.4.10, 2013다98710, 98727(공 14상, 1041) 참조.

4. 차명거래

어떤 사람이 법적·사실상 제약으로 직접 법률행위의 당사자가 될 수 없거나 되고 싶지 않아 중간자를 매개하여 법률행위를 하는 경우가 있을 수 있다. 이때 중간자가 상대방과 한 법률행위가 허위표시에 해당하는지 여부가 문제될 수 있다.[97)]

(1) 우선 중간자를 사용하는 것이 간접대리의 방법에 의하는 유형이 있을 수 있다. 여기서 중간자는 자신의 이름으로 그러나 위임인인 배후자의 계산으로 법률행위를 하여 당사자로 등장하고, 다만 위임인과의 관계에서 취득한 권리와 점유를 이전하고 계산을 할 의무만을 부담한다(§§ 684 내지 688). 예컨대 상법의 위탁매매(상 § 101 이하)나 부동산 계약명의신탁(부실명 § 4 II 단서 참조)이 그러하며, 현재 판례에 따르면 원칙적으로 차명예금도 이에 해당한다.[98)] 이러한 간접대리형 거래의 경우 당사자들은 모두 자신의 의사표시에 따른 효과가 발생할 것을 의욕하고 있다고 보아야 한다. 배후자가 거래 전면에 등장하지 않겠다는 의도는 상대방과 간접대리인 그리고 간접대리인과 위임인 사이의 법률관계가 모두 유효하여야 달성될 수 있기 때문이다. 따라서 간접대리의 방법으로 중간자를 매개하는 거래는 허위표시에 해당하지 않는다.

(2) 반면 상대방과 배후자가 직접 당사자가 되어 계약을 체결하면서 다만 외부에 나타나는 계약서 등에 배후자를 갈음해 중간자를 계약명의자로 하는 경우, 이는 배후자가 중간자의 대리인이 되어 중간자 이름으로 가장계약을 체결하는 동시에 자신의 이름으로 은닉계약을 체결하는 것이다. 그러한 경우 중간자 명의의 계약은 허위표시에 해당한다. 이러한 유형의 특징은 중간자가 대내적·대외적으로 아무런 권리의무를 취득하지 않는다는 점에 대해 당사자 전원이 합의를 하고 있다는 사실이며,[99)] 따라서 중간자 명의 계약은 외관을 만들기 위한 것으로 허위표시라고 이해할 수 있다. 재판례를 살펴보면, 건설회사가 당사자로서 제3자를 형식상의 수분양자로 내세워 분양계약을 체결하고 금융기관의 양해 하에 제3자 명의로 체결한 분양잔대금 대출약정이 허위표시에 해당한다고 하거나,[100)] 동일인에 대한 대출액 한도를 제한하는 규정의 적용을 회

97) 이동진, "차명계약의 법리", BFL 46, 2011, 6 이하 참조.
98) 대판(전) 09.3.19, 2008다45828(공 09상, 456).
99) Staudinger/Singer, § 117 Rn. 17.
100) 서울중지판 04.6.25, 2003나35153(각공 04, 1135).

피하기 위하여 실질적인 채무자가 실제 대출받고자 하는 채무액 중 일부에 대하여 제3자를 형식상의 채무자로 내세웠고 대주도 이를 양해하면서 제3자에 대하여는 채무자로서의 책임을 지우지 않을 의도 하에 제3자 명의로 대출관계서류 및 약속어음을 작성받았다면, 제3자는 형식상의 명의만을 빌려 준 자에 불과하고 그 대출계약의 실질적인 당사자는 대주와 실질적 주채무자이므로 제3자 명의로 되어 있는 대출약정 및 약속어음 발행은 대주의 양해 하에 채무부담 의사 없이 형식적으로 이루어진 것에 불과하여 통정허위표시에 해당하여 무효라고 한다.[101] 반면 제3자가 은행을 직접 방문하여 금전소비대차 약정서에 채무자로서 서명·날인하였다면 제3자는 자신이 당해 소비대차계약의 채무자임을 은행에 대하여 표시한 것이고, 제3자가 은행이 정한 동일인에 대한 여신한도 제한을 회피하여 타인으로 하여금 제3자 명의로 대출을 받아 이를 사용하도록 할 의도가 있었다거나 그 원리금을 타인의 부담으로 상환하기로 하였더라도, 특별한 사정이 없는 한 이는 소비대차계약에 따른 경제적 효과를 타인에게 귀속시키려는 의사에 불과하여 허위표시가 아니라고 하였는데,[102] 사실관계의 차이 및 제3자의 면책에 관한 당사자들의 약정이 없다는 사정을 고려한 것으로 추측되나 반드시 명확한 것은 아니다.[103] 또한 단위농협의 1인당 영농자재 외상공급 한도를 회피하기 위하여 제3자 명의를 빌려 영농자재구매약정을 맺은 경우, 제3자가 자기 명의로 구매약정을 체결하도록 승낙한 이상, 제3자의 의사는 위 약정에 관하여 주채무자로서 채무를 부담하겠다는 뜻으로

---

101) 대판 96.8.23, 96다18076(공 96, 2847); 99.3.12, 98다48989(공 99, 657); 01.2.23, 2000다65864(공 01, 759); 01.5.29, 2001다11765(공 01, 1477); 02.10.11, 2001다7445(공 02, 2670); 06.4.28, 2005다76265(법고을); 07.11.29, 2007다53013(법고을). 아울러 처음의 판결은 형식상의 채무자에게 실질적 채무자를 위한 보증의 의사가 있는 것으로 볼 수는 없다고 한다. 그 밖에 대판 99.6.25, 99다7183(집 47-1, 308)도 참조.

102) 대판 98.9.4, 98다17909(공 98, 2394); 03.6.24, 2003다7357(법고을); 05.1.27, 2004두2332(공 05, 340).

103) 윤진수, "차명대출을 둘러싼 법률문제", 민법논고 2(2008), 18-21 참조. 한편 대판 08.6.12, 2008다7772, 7789(법고을)에 의하면 차명대출에서 허위표시가 인정되기 위해서는 "실제 차주와 명의대여자의 이해관계의 일치 여부, 대출금의 실제 지급 여부 및 직접 수령자, 대출서류 작성과정에 있어서 명의대여자의 관여 정도, 대출의 실행이 명의대여자의 신용에 근거하여 이루어진 것인지 혹은 실제 차주의 담보제공이 있었는지 여부, 명의대여자에 대한 신용조사의 실시 여부 및 조사의 정도, 대출원리금의 연체에 따라 명의대여자에게 채무이행의 독촉이 있었는지 여부 및 그 독촉 시점 기타 명의대여의 경위와 명의대여자의 직업, 신분 등의 모든 사정을 종합하여, 금융기관이 명의대여자와 사이에 당해 대출에 따르는 법률상의 효과까지 실제 차주에게 귀속시키고 명의대여자에게는 그 채무부담을 지우지 않기로 약정 내지 양해하였음이 적극적으로 입증되어야 할 것"이라고 한다.

해석함이 상당하다고 한다.[104)]

이 자리에서 상세히 논할 수 없는 문제이나, 이러한 차명거래에서 쉽게 허위표시를 인정해서는 안 된다고 생각된다.[105)] 차명예금에 대한 대법원의 새로운 입장[106)]은 다른 차명거래에서도 마찬가지로 존중되어야 한다.

5. 은닉행위

허위표시는 많은 경우 당사자들이 진정으로 의욕하는 의사표시를 감추기 위해 행해진다. 그렇게 허위표시에 의해 감추어지도록 의도된 행위를 은닉행위라고 한다. 학설에서는 증여를 하면서 증여세를 면탈하기 위해 매매를 가장하는 것처럼 진실로 다른 행위를 할 의사가 은닉되는 경우를 적극적 은닉행위라고 하고, 재매매예약이나 환매계약과 같이 허위표시에 의해 발생한 외관을 나중에 해소하는 방법에 관해 합의가 있는 경우를 회복적 은닉행위라고 구별하기도 한다.[107)] 그러나 은닉행위와 허위표시가 반드시 병행하는 것은 아니다. 은닉행위 없이 허위표시만 존재하는 것도 상정가능하며, 그에는 § 108가 적용된다. 예컨대 매도인이 사업에 실패하여 가족의 생활수단인 토지를 방매하면서 생존한 노부모와 가족들에게 많은 실망을 주게 되니 이들을 위로하기 위하여서는 거짓으로라도 3년 내에 환매할 수 있다는 조항을 넣어달라고 요청하여 그것이 매매계약에 반영된 경우[108)] 환매약정에 상응하는 은닉행위는 존재하지 않는다.

은닉행위의 효력은 그에 요구되는 요건이 충족되었는지 여부에 따라 결정된다. 즉 해당 은닉행위에 정해진 방식이 충족되었는지, 불합의는 존재하지 않는지, 은닉행위의 내용이 강행법규에 위반하지는 않는지(특히 탈법행위로서 무효가 아닌지; 앞의 3. 참조) 등에 따라 그 효력이 결정된다. 허위표시에 의해 은닉되었다는 사정만으로는 은닉행위의 효력에 아무런 영향이 없다.[109)] § 108 Ⅰ이 당사자들의 사적 자치를

104) 대판 96.9.24, 96다21492(공 96, 3181).

105) 김증한 · 김학동, 420; 윤진수(주 103), 25 이하; 김재형, "금융거래의 당사자에 관한 판단기준", 민법론 3, 2007, 77; 배종근, "차명대출명의자의 책임판단에 관한 대법원 판례의 비판적 검토", 법조 593, 2006, 59 이하 등 참조.

106) 대판(전) 09.3.19, 2008다45828(공 09상, 456).

107) 주석 총칙(2), 602(제4판/최성준).

108) 대판 68.4.23, 68다329(집 16-1, 285).

109) 예컨대 대판 96.8.23, 96다18076(공 96, 2847)은 당시 상호신용금고법에 규정된 동일인에 대한 대출액 한도 규정을 위반하여 대출하였다 하더라도 사법상의 효력에는 제한이 없다는 이유로 은닉행위의 효력을 승인하였다.

존중해 허위표시를 무효로 하는 것과 마찬가지로, 은닉행위 역시 법률의 요건을 충족하는 한 사적 자치에 의해 규율한 내용이 효력을 가진다.

그래서 예컨대 주식의 매도인이 매매대금이 모두 채권자 은행에 귀속될 상황에 처하자 매수인이 매매계약서상의 매매대금은 형식상 금 8,000원으로 하고 나머지 실질적인 매매대금은 매도인의 처와 상의하여 그에게 적절히 지급하겠다고 하여 그러한 내용의 주식 매매계약이 체결되었다면, "이 사건 매매계약의 대금 8,000원이 […] 적극적 은닉행위를 수반하는 허위표시라 하더라도 […] 실지 지급하여야 할 매매대금의 약정이 있는 이상 위 매매대금에 관한 외형행위가 아닌 내면적 은닉행위는 유효하고 따라서 실지매매대금에 의한 위 매매계약은 유효하다."[110] 또한 보증인이 근보증의 의사표시를 하면서 해당 서면에 최고액을 1억 원이라고 특정하였으나 보증인과 채권자 사이의 합의로 실제 최고액은 2억 원으로 약정한 경우, 1억을 최고액으로 하는 근보증의사표시는 허위표시에 해당할 것이다. 여기서 최고액 1억 원의 보증의 의사표시는 § 108 Ⅰ에 따라 무효이며, 당사자들이 은닉행위로 체결한 최고액 2억 원의 보증의 의사표시는 방식을 갖추지 않아서 무효이다(§ 428-3 Ⅱ). 다만 이 경우 무효행위의 전환에 따라 최고액 1억 원의 보증이 유지될 가능성이 높을 것이다(§ 138). 또한 증여를 매매로 가장하여 매매계약서를 작성한 경우, 매매는 허위표시로 유효하지만 증여는 은닉행위로서 효력을 가진다. 다만 은닉행위인 증여가 서면으로 체결되지 않았기 때문에, 증여자는 언제든지 계약을 해제할 수 있게 될 것이다(§ 555).[111]

다만 선의의 제3자가 허위표시의 유효를 주장하면 허위표시의 당사자는 그 제3자에 대하여 허위표시 유효와 상충하는 내용의 은닉행위의 유효를 주장할 수는 없을 것이다.[112] 이는 § 108 Ⅱ의 해석상 당연히 도출되는 결과이다.

110) 대판 93.8.27, 93다12930(공 93, 2617).
111) 이영준, 393.
112) 같은 취지로 주석 총칙(2), 603(제4판/최성준).

V. 허위표시의 효과

1. 당사자 사이의 효과

(1) 허위표시는 당사자 사이에서 무효이다. 선의의 제3자가 허위표시의 유효를 주장할 수 있는 때에도 당사자 사이에서는 여전히 무효이다. 가장으로 의무부담계약을 체결한 경우 당사자 사이에 채권·채무가 발생하지 아니하며, 가장으로 부동산에 관한 물권행위를 하여 등기가 행해진 경우에도 그에 따른 물권변동은 발생하지 아니한다.[113] 가장행위의 채무불이행을 이유로 손해배상을 청구할 수도 없다.[114] 허위의 주택임대차계약은 대항력도 가지지 않으며[115] 그에 기한 임차권등기도 무효이다.[116] 이러한 무효는 재판상 주장할 필요는 없으며 재판 외에서도 주장 가능하다.

무효인 가장행위에 기초해 이행이 이루어진 경우, 이는 물권적 청구권(§§ 213, 214 등)이나 부당이득(§ 741)에 의해 원상회복되어야 한다. 이 경우 불법원인급여(§ 746)에 해당하는지 여부가 문제되는데, 통설은 타당하게도 이를 부정한다.[117] 허위표시 자체가 불법성이 있다고 하기 어려울 뿐만 아니라, 불법원인급여를 이유로 하여 반환이 부정된다면 § 108 Ⅰ의 취지가 몰각될 것이기 때문이다. 또한 이 경우 인식 있는 비채변제의 규정(§ 742)도 적용되지 않는다. 급부자가 반환청구 가능성을 유보하고 변제한 경우에 동조는 적용되지 않기 때문이다.[118]

(2) 허위표시는 채권자의 집행을 피하기 위해 사용되는 경우가 많기 때문에, 허위표시임을 알지 못하는 채권자가 채무자의 가장행위에 대해 채권자취소권(§ 406)을 행사하는 경우가 있을 수 있다. 그러한 경우 무효인 가장행위를 § 406에 따라 취소할 수 있는지 문제된다. 예를 들어 甲의 집행을 피해 乙이 부동산의 명의를 가장매매로 丙에게 이전한 경우, 甲의 사해행위 취소에 대해 丙이 당해 행위가 무효임을 이유로 기각을 청구할 수 있는가? 통설[119]과

113) 다만 가장채권에 기한 집행의 효력에 대해서는 앞의 Ⅱ. 3. 참조.

114) 대판 03.3.28, 2002다72125(공 03, 1057).

115) 대판 02.3.12, 2000다24184, 24191(공 02, 845).

116) 대판 12.5.24, 2010도12732(법고을).

117) 강태성, 613; 고상용, 401; 곽윤직·김재형, 312; 김대정, 786; 김주수·김상용, 347; 김증한·김학동, 421; 백태승, 388; 송덕수, 275; 이영준, 384; 이덕환, 482.

118) Jauernig/Stadler(15. Aufl., 2014), § 814 Rn. 4.

119) 강태성, 613; 고상용, 401; 김대정, 788; 김상용, 467; 김주수·김상용, 351; 김증한·김학동, 421; 송덕수, 274; 이영준, 379; 이은영, 505; 이덕환, 482.

판례[120]는 사해행위 취소를 허용하며, 이 입장이 타당하다. 책임재산의 회복이라는 사해행위 취소의 목적을 고려할 때 당해 법률행위가 허위표시라는 사정이 그에 장애가 될 이유가 없을 뿐만 아니라, 당해 부동산에 집행이라는 채권자의 이익을 허위표시 당사자들이 내심의 사정을 들어 좌절시켜서도 안 되기 때문이다. 물론 사해행위 취소가 허용된다고 해서 이후에 허위표시가 유효한 행위가 되는 것은 아니며, 그 효력은 § 108에 따라 결정된다.

한편 허위표시를 제한능력을 이유로 취소할 수 있는지 여부에 대해서는 학설이 대립한다. 제한능력을 이유로 하는 취소의 경우 선의의 제3자에게도 대항할 수 있으므로 이를 인정해야 한다는 견해가 주장되지만,[121] 반대로 가장행위임이 불분명한 상태라면 모르지만 가장행위임이 명백한 상태에서는 거래의 안전이 우선해야 하므로 취소할 수 없다는 비판[122]도 존재한다. 결국 차이는 § 108 Ⅱ과의 관계에서 나타난다. 그런데 법률행위적 구속도 벗어날 수 있는 제한능력자가 외관책임을 매개로 하여 그에 상응하는 내용의 구속을 받게 되는 결과는 인정할 수 없으며, 이러한 평가는 § 135 Ⅱ에 명백하게 반영되어 있다.[123] 외관창출 역시 제한능력자에게 귀속되지 아니하므로, 제한능력을 주장하는 자에 대해 § 108 Ⅱ의 효과가 강제되어서는 안 된다. 따라서 제한능력을 이유로 하는 허위표시의 취소를 허용할 것이다.

(3) 포괄승계인은 당사자의 지위를 그대로 계승하므로, 그에게 허위표시는 무효이다. 허위표시 당사자의 채권자를 대위하여 권리를 행사하는(§ 404) 채권자도 마찬가지이다.[124] 또한 법률에 의해 계약상 지위가 이전되는 경우에도 그 지위를 이전받은 자는 당사자로 취급되며, § 108 Ⅱ의 제3자가 아니다.[125]

2. 제3자에 대한 효과

(1) 대항불능의 의미

허위표시는 당사자 사이에서뿐만 아니라, 제3자에 대해서도 무효이다.[126]

120) 대판 98.2.27, 97다50985(공 98, 899).
121) 이영준, 383; 이은영, 505; 주석 총칙(2), 617(제4판/최성준) 참조.
122) 구주해(2), 369(송덕수).
123) Canaris, Die Vertrauenshaftung im deutschen Privatrecht(1971), 425f. 참조.
124) Cass. civ. 1re, 12 oct. 1982, Bull. civ. Ⅰ, n° 284.
125) 대판 04.1.15, 2002다31537(공 04, 335); 강태성, 618.
126) 김대정, 789; 김준호, 273; 송덕수, 275; 이덕환, 484; 이은영, 501. 판례도 같다. 대판 01.5.8, 2000다9611(공 01, 1330); 16.7.29, 2016다13710, 13727(공 16하, 1240).

다만 민법은 제3자가 선의인 경우에만 그 보호를 위해 예외를 인정하여, 의사표시의 무효는 선의의 제3자에게 대항할 수 없다고 한다(§108 Ⅱ). 거래계에서 받아들이는 객관적인 의미에 효력을 부여하는 행위를 한 당사자들이 그 의미를 신뢰한 제3자에 대해 내심의 진의 없음을 주장할 수 없다는 의미에서 외관책임적 사고가 기초에 있으며(앞의 I. 1. (3) 참조), 이로써 거래의 안전이 보호된다.

종래 학설에서는 독일에서와 같이 부동산 등기에 공신력이 인정되면 이러한 규정은 필요 없다는 지적이 행해지고 있다.[127] 그러나 정작 독일에서는 공신의 원칙 등 일반적인 신뢰보호 제도만으로는 외관을 신뢰한 제3자의 보호가 충분하지 않아 제국법원이 우리 §108 Ⅱ에 해당하는 법리를 인정하는 판례를 형성하고 있었고,[128] 현재 학설에도 이를 지지하는 입장이 유력하다.[129] 그렇다면 입법자가 명시적으로 §108 Ⅱ을 둔 것은 공신력이 없는 상황에서 부득이한 규정으로 도입한 것이 아니라, 객관적인 의미와 배치되는 외관을 창출한 당사자들의 진의를 고려하지 않는다는 점을 분명히 함으로써 외관책임적 평가를 포함하는 일반적 규율을 창출한 것이며 등기 공신력 유무와 무관하게[130] 적절한 태도라고 평가될 수 있다.[131]

(가) 통설은 §108 Ⅱ의 의미를 다음과 같이 이해하고 있다. 허위표시는 당사자 사이에서는 무효이지만 선의의 제3자에 대한 관계에서는 그 표시된 대로 효력이 있다는 것이다.[132] 그래서 허위표시가 선의의 제3자에 대한 관계에는 유효하게 된다는 의미에서, 허위표시의 상대적 무효라고도 설명된다.[133] 이에 대해서 상대적 무효라는 개념은 우리 법질서에 낯선 것이라고 비판하고, 권리의 상대적 분열을 회피하려는 물권변동 법제의 취지에 따라 §108 Ⅱ의 의미는 허위표시를 이유로 무권리자이거나 무권한자인 자와 법률행위를 한 사람에 대해 무권리 또는 무권한을 치유해 그 법률행위를 유효하게 한다는 의미로

그래서 예컨대 국고에 대해서 허위표시는 언제나 무효이고, 은닉행위가 판단근거가 되어야 한다. Ghestin, Jamin et Billiau, Les effets du contrat(3e éd., 2001), n° 894; Bollenberger/Bydlinski in Koziol/Bydlinski/Bollenberger, ABGB(3. Aufl., 2010), §916 Rn. 4.

127) 가령 곽윤직·김재형, 312; 김증한·김학동, 422; 김상용, 468.

128) Flume, 411ff. 참조.

129) 문헌지시와 함께 Staudinger/Singer, §117 Rn. 22.

130) 강태성, 619.

131) HKK/Schermaier, §§116-124 Rn. 46 참조.

132) 주석 총칙(2), 617, 631(제4판/최성준).

133) 김대정, 798; 김준호, 276; 송덕수, 282; 이영준, 388; 이은영, 501; 이덕환, 490.

이해해야 한다는 견해도 주장된다.[134)]

그러나 § 108 Ⅱ의 취지를 당사자들이 외부에 대해 객관적으로 효력을 부여한 의미에 대해 내심의 진의를 주장할 수 없다는 내용으로 이해한다면(앞의 I. 참조), 이 규정은 선행행위와 모순되는 행태 금지(venire contra factum proprium)가 구체화된 규범으로 이해할 수 있으며 따라서 법률효과도 신의칙상 권리주장이 저지되는 경우와 달리 취급될 이유가 없다. 이러한 관점에서 살펴보면 통설과 같이 제3자의 신뢰보호가 필요한 범위를 넘어 허위표시를 유효로 취급할 필요도 없다고 보이며, 반대로 소수설과 같이 § 108 Ⅱ을 선의취득적 내용으로 한정하는 태도도 이 규정에 반영된 원리적 내용[135)]에 부응하기 어렵다고 생각된다. 이렇게 이해한다면, 가장행위는 선의의 제3자의 존재에도 불구하고 여전히 무효이지만, 가장행위의 당사자가 선의의 제3자에 대해 권리를 주장할 때에는 이는 허용되지 아니하며, 제3자는 그가 신뢰한 바에 따라 요건사실이 충족되는 것으로 취급되어 상응하는 권리를 취득한다.[136)] 그리고 이렇게 권리를 취득한 것으로 취급되면, 그는 이후 모든 사람과의 관계에서 권리자라고 이해해야 한다.[137)] 예컨대 甲은 乙과 가장매매를 하고 소유권이전등기를 경료하여 주었으나, 乙이 그 부동산을 선의의 丙에게 매도하고 소유권이전등기를 경료하여 준 경우, 丙의 소유권 취득이 문제되는 한에서 甲은 허위표시의 무효를 丙에게 주장할 수 없다. 그래서 예컨대 甲이 丙에게 등기말소를 구하는 청구에서(§ 214) 甲은 丙에게 자신과 乙 사이 매매의 무효를 주장할 수 없으므로(§ 108 Ⅱ), 결국 丙은 유효하게 소유권을 취득한 것으로 취급되고, 이후 丙은 모든 사람과의 관계에서 소유자이다. § 108 Ⅱ에 따라 허위표시의 무효를 주장할 수 없어 권리를 상실하는 자(앞의 예에서 甲)는 불법행위에 기한 손해배상청구(§ 750)[138)]나 침해이득반환청구(§ 741)[139)]에 의해 불이익을 전보받아야 한다.

㈏ 선의의 제3자는 § 108 Ⅱ에 따른 보호를 거부하고 허위표시가 무효

134) 제철웅, "불성립한 보증채무를 이행한 보증인의 보호와 민법 제108조 제2항", 민학 21, 2002, 282 이하.

135) HKK/Schermaier, §§ 116-124 Rn. 46

136) Staudinger/Looschelders/Olzen(2005), § 242 Rn. 226.

137) 불법원인급여를 이유로 권리자의 반환청구가 모두 부정되는 경우, 상대방이 해당 권리를 반사적으로 취득한다는 대판(전) 79.11.13, 79다483(집 27-3, 140)의 논리는 여기서도 적용가능하다. Canaris(주 123), 521, 523도 참조.

138) 대판 68.11.19, 68다1624(집 16-3, 201): "불법행위를 구성함은 별론".

139) 대판 11.6.10, 2010다40239(공 11하, 1380).

임을 전제로 하는 법률관계에 따라 자신의 권리를 주장할 수 있는가? § 108 Ⅱ은 선의의 제3자 보호를 위한 것이므로 선의의 제3자가 스스로 자신의 이익을 위해 허위표시의 무효를 인정하는 것은 허용된다는 것이 다수설이며,[140] 특히 § 108 Ⅱ의 문언(“대항할 수 없다”)을 근거로 한다. 판례도 같다.[141] 그러나 선의의 제3자 보호는 허위표시를 유효한 것처럼 취급하는 것으로 충분할 뿐만 아니라, 그러한 선택권을 인정하면 제3자에게 일종의 후회권을 인정하는 것이며, 또한 관계인들의 법률관계가 불안정해지고 제3자의 선택에 따라 책임재산이 변동한다는 이유로 반대하는 견해도 유력하다.[142]

이러한 선택권을 인정하는 경우, 권리취득 요건 등을 갖춘 제3자가 처음부터 허위표시의 무효를 전제로 권리 주장을 할 수 있게 되므로 이는 현실에서는 소급적으로 권리관계를 돌리는 것과 비슷한 효과를 가져온다. 따라서 이를 인정할 때 관계인의 이익이 해하지 않는지를 검토해 보아야 한다. 그래서 예컨대 가장매매의 매수인으로부터 부동산을 양수하여 등기를 마친 제3자를 전제로 논거들을 개별적으로 살펴본다.

우선 소수설의 논거 중 법률관계가 불안해지고 책임재산이 변동한다는 논거는 설득력이 없다고 생각된다. 앞의 예에서 가장매도인이 선의의 제3자에게 소유권에 기해 등기말소를 청구하는 소송에서, 제3자가 자발적으로 무효를 선택해 말소해 협력하고 가장매수인에게 손해배상을 청구한다면, 물론 제3자와의 관계에서 불이익을 받는 사람이 있을 수 있다. 그런데 그러한 사람 중 그 제3자의 일반채권자는 보호할 필요가 없다. 아무런 우선적 지위를 가지고 있지 않은 일반채권자로서는 채무자의 법률관계나 책임재산이 변동하는 것에 대해 보호가치 있는 신뢰가 인정되지 않기 때문이다. 채무자에게 형성권 행사의 자유가 있고 권리자로서 처분의 자유가 있는 이상, 일반채권자는 그에 따른 결과를 수인해야 하며, 예외는 그가 이미 담보권을 가지거나 이를 저지할 수 있는 조치(예컨대 보전처분)를 하였거나 사해행위취소(§ 406)의 요건이 충족하는 경우에만 인정될 수 있는 것이다. 그러므로 보호받을 제3자의 이해관계인은 예컨대 제3자

140) 강태성, 619; 고상용, 406-407; 곽윤직·김재형, 313; 김대정, 799; 김민중, 348; 백태승, 389; 송덕수, 284; 윤용덕(주 2), 201; 이덕환, 490; 이은영, 504; 홍성재, 223. Staudinger/Singer, § 117 Rn. 23 참조.

141) 대판 01.5.8, 2000다9611(공보 01, 1330). § 110 Ⅲ에 대해 춘전지판 05.9.9, 2005가합527(각공 05, 1759).

142) 김상용, 470; 김주수·김상용, 350; 김증한·김학동, 424; 이영준, 388-389; 양형우(주 10), 254-255; 제철웅(주 134), 285-286; 명순구, 404.

가 양수한 부동산에 저당권을 설정받은 채권자나 이를 압류한 채권자 등으로, 이미 취득한 구체적 지위를 제3자의 선택에 의해 상실해서는 안 되는 사람들로 한정된다. 그러나 아래에서 살펴보듯이 전득자도 '제3자'에 해당한다고 해석하는 이상(아래 V. 2. (2) (다) 참조), 이들은 전득자의 지위에서 독자적으로 선의의 제3자 보호를 받을 수 있다. 그렇다면 법률관계의 불안정이나 책임재산 변동은 선택권을 반대할 이유는 되지 못한다.

반면 선택권을 인정할 논거는 제3자의 이중패소 위험이다. 가장매매의 목적물을 양수해 등기를 마친 제3자가 가장매도인과의 분쟁에서 악의가 인정되어 패소하였고 그래서 가장매수인을 상대로 담보책임을 묻는 소를 제기하였으나, 전소의 기판력이 후소에 미치지 아니하므로 뒤의 소송에서는 오히려 가장매수인이 제3자가 선의임을 입증함으로써 패소할 가능성이 있는 것이다.[143] 여기서 제3자로서는 가장매수인이 자력이 있다면 아예 가장매매의 무효를 인정하고 자력 있는 가장매수인에게 손해배상을 청구하는 것이 합리적일 수 있다. 선택권이 제3자에게 일종의 후회권을 부여하는 것이어서 과도한 이익을 준다는 비판도 이러한 맥락에서 보면 반드시 납득할 만한 것은 아니다. 제3자로서는 사전적으로 불확실한 법상황에서 나름대로 안정적인 구제수단을 선택할 합리적인 이해관계가 있고, 이는 가장매매의 당사자들이 제3자의 "후회권" 행사로부터 벗어날 이해관계보다는 보다 보호가치 있다고 평가되기 때문이다. 특히 사적 자치의 원칙에 따라 허위표시의 효력이 부정되는 이상, 제3자가 그에 기한 법률관계에 따라 자기 권리를 주장하는 것을 부정할 이유가 없다는 점도 부가할 수 있을 것이다.[144] 덧붙여 제3자가 자신의 악의를 주장해서 청구를 인락한다든가 하는 결과를 현실적으로 막을 수 없다는 점도 고려되어야 한다.

그렇다면 선의의 제3자는 선의 보호를 포기하고 허위표시의 무효를 주장할 수 있다고 할 것이다.

(다) 그런데 제3자가 여러 명 존재하고 그중 선의의 제3자와 그 밖의 자

143) 물론 현실적으로 얼마나 이러한 이중패소가 일어날 수 있는지에 대해서는 의문이 제기될 수 있으나, 현재 소송법상 그 가능성이 배제될 수 없고 실제로 일어나는 경우가 있다는 점도 부정하기 어렵다.

144) Ghestin, Jamin et Billiau(주 126), n° 903: "제3자는 현실을 원용할 수 있는데, 왜냐하면 [허위표시의] 당사자들에게 (하나는 자신들 용도, 다른 하나는 제3자 용도로) 이중진실을 창출하는 것이 허용되어서는 안 되기 때문이다. 진실은 하나이며, 각자는 이해관계가 있으면 이를 주장할 수 있다."

가 섞여 있는 경우, 누구를 기준으로 허위표시를 취급할 것인지의 문제가 있다. 예컨대 가장채권의 압류채권자 중에서 甲은 선의이고 乙은 악의라면, 가장채권을 발생시킨 허위표시는 당해 집행절차에서 유효인 것처럼 취급되어야 하는가 아니면 무효인 것처럼 취급되어야 하는가? 제3자의 선택권을 인정한다면, 선의의 제3자들 사이에서 허위표시 무효를 주장하는 자가 있는 경우에도 그러한 상황이 발생한다.

오스트리아민법의 해석에서는 경우를 나누어, 우선 법률행위에 의해 권리를 취득한 자가 집행으로 권리를 취득한 자보다 우선하고, 같은 지위에서는 무효를 신뢰한 자가 유효를 신뢰한 자보다 우선한다고 한다.[145] 반면 프랑스 판례는 선의의 제3자 보호를 우선하여 외관에 따라 법률관계를 결정해야 한다고 하며, 외관에 따른 명확성 및 이를 신뢰한 자의 보호를 이유로 한다.[146] 우리나라에서는 기본적으로 이익형량에 의해 결정해야 하지만, 원칙적으로 허위표시의 유효를 주장하는 제3자가 선의이며 무과실이어야 무효를 주장하는 자와의 관계에서 보호를 받을 수 있다는 견해가 주장된다.[147] 판례는 아직 이 문제에 대해 명시적으로 판단하지는 않았으나, 개별 사건에서 이러한 쟁점이 보이는 재판례가 없지 않다. 예컨대 甲이 부동산을 乙에게 가장매도하고 가장가등기를 경료한 상태에서 이를 丙에게 양도해 소유권이전등기를 경료해 주었는데, 乙은 가장가등기에 기해 본등기를 한 후 선의의 丁에게 소유권이전을 해 준 사안에서, 판례는 허위표시를 주장하여 소유권에 기해 丁에게 등기말소를 청구하는 丙에 대해 丁이 선의의 제3자로서 보호받는다고 하였는데,[148] 이는 丙이 가장가등기의 무효를 주장한 것에 대해(물론 그는 가장가등기를 기초로 이해관계를 맺은 바 없어 § 108 Ⅱ의 제3자는 아니다) 선의의 제3자 丁이 가장가등기의 유효를 주장한 것이라고 이해할 수 있다. 또한 가장채권을 보증한 선의의 보증인이 이를 변제한 다음 구상보증인에게 구상을 함으로써 유무효 여부에 대해 양측의 이해가 충돌한 사안이 배경으로 되

145) Rummel/Reischauer in Rummel, ABGB. Kommentar(3. Aufl., 2000), § 916 Rn. 4.

146) Terré, Simler et Lequette, Les obligations(10^e éd., 2009), n° 554.

147) 윤진수(주 4), 450-451.

148) 대판 96.4.26, 94다12074(공 96, 1656). 유남석, "통정 허위표시의 선의 제3자에 대한 효력", 해설 25, 1996, 56 이하; 조해근, "통정허위표시에 의한 가등기 등에 대한 말소청구소송", 청연논총 6, 2009, 108 이하는 이 쟁점에 대한 의식 없이 일본민법학에서 논의되는 관점에서 이 판결을 해설하고 있다. 김상중, "계약의 무효·취소, 해제와 제3자의 보호", 민학 59, 2012, 181; 송덕수, 283도 참조.

었으나(아래 V. 2. (2) (라) 참조),[149] 대법원은 제3자의 충돌이라는 관점에서 판단하지 않고 보증인이 가장채권임을 알 수 있었음에도 변제하고 구상을 하는 것은 신의칙에 반한다는 이유로 구상을 부정한 예가 있다.[150] 또한 제3자라고 인정되는 파산관재인(아래 V. 2. (2) (마) 참조)의 선의·악의 판단기준과 관련해 "파산채권자 모두가 악의로 되지 않는 한 파산관재인은 선의의 제3자라고 할 수밖에 없다"[151]고 판시한 것도 관련성을 가진다고 볼 수도 있을 것이다.

이 문제는 물론 개별 사안유형의 특수성을 고려하는 이익형량에 따라 판단해야 할 것이지만, 원칙적으로는 프랑스 판례와 마찬가지로 허위표시의 유효를 주장하는 선의의 제3자가 우선해야 한다고 생각된다. § 108 Ⅱ이 허위표시 당사자에게 선의의 제3자를 해하는 주장을 차단하는 이상, 이는 허위표시의 무효를 알면서 당해 법률관계에 관여한 악의의 제3자에게 유추되어야 한다. 허위표시의 무효를 알면서 당해 법률관계에 관여하였고 이로써 외관의 유지·강화에 기여한 악의의 제3자보다는 선의의 제3자가 보다 보호가치 있기 때문이다. 또한 선택권 행사로 사실상 소급적으로 법률관계를 재편하는 악의의 제3자보다는 선의 보호를 주장해 현상을 유지하는 선의의 제3자가 § 108 Ⅱ의 취지상 보다 보호가치가 있다고 해야 한다.

그래서 가장매수인의 책임재산에 속하지 않음을 아는 악의의 압류채권자에 대해 이를 책임재산이라고 믿은 선의의 압류채권자가 우선해야 함은 물론이며, 이는 파산채권자들 사이에서도 마찬가지이다. 가장가등기의 사안에서도, 丙이 아닌 丁의 보호를 우선한 것은 타당하다. 가등기로 소유권을 상실할 가능성을 수인하면서 소유권을 이전받은 丙보다는 선의로 등기를 신뢰한 丁이 보다 보호가치가 있다고 해야 하기 때문이다. 특히 丙은 허위표시 당사자와 마찬가지로 무효 주장만 가능하며 그에 기초해서 소유권 주장을 해야 하는데, 선의의 제3자에 대해 무효 주장을 봉쇄하는 § 108 Ⅱ의 취지는 그 한도에서 甲의 지위를 그대로 승계한 丙에게 직접적용될 수는 없더라도 유추되어야 할 것이다. 한편 가장채권의 보증인이 구상보증인에게 구상하였던 사안에 대해 살펴보면, § 108 Ⅱ이 적용되는 이상 제3자 충돌이나 신의칙까지 갈 것 없이 § 441에 따라 구상은 부정되어야 한다. 그 경우 보증인은 "과실 없이" 변제한

149) 윤진수(주 4), 443.
150) 대판 06.3.10, 2002다1321(공 06, 592).
151) 대판 06.11.10, 2004다10299(공 06, 2066).

것이 아니어서 주채무자에 대한 구상권 자체가 성립하지 않기 때문이다.[152] 그러나 만일 그 사안에서 보증인에게 과실이 없었던 경우는 어떠한가? 마찬가지로 선의인 보증인이 우선할 것이다.[153] 주채무가 가장채권임을 알면서 구상보증하여 보증인에게 구상의 기대를 불러일으킨 구상보증인이 새삼 무효를 주장하여 선의의 보증인의 구상을 좌절시키는 것은 쉽게 받아들이기 어렵기 때문이다.

㈑ 권리를 이전받거나 설정받은 제3자가 문제되는 경우, 보호를 받기 위해서 공시방법을 갖추어야 하는지 즉 가장행위와 관련된 권리에 대해 원인행위를 하였으나 아직 권리취득을 위한 공시방법을 갖추지 못한 자가 제3자로 보호받을 수 있는지의 문제가 있다.[154] 공시방법을 갖추지 못한 채권자는 보호받을 수 없다는 견해[155]와 보호된다는 견해[156]가 대립한다.

§ 108 Ⅱ를 외관책임의 관점에서 이해한다면, 제3자 보호가 필연적으로 공시방법과 연결될 필요는 없다. 반드시 공시방법을 전제로 한다면 § 108 Ⅱ은 일종의 선의취득 규정이 되어 버리는데, 이는 이 조항의 취지에 부합한다고 하기 어렵기 때문이다(앞의 V. 2. (1) 참조). 그러나 외관책임의 관점에서 말하더라도, 적어도 제3자는 신뢰를 기초로 보호가치 있는 이익을 가져야 한다. 그렇지 않으면 그를 선의를 이유로 굳이 보호할 필요가 없기 때문이다. 그런데 여기서 제3자가 원인행위에 기초해 단순히 채권을 가지고 있다는 것만으로는 아직 보호가치 있는 이익을 얻었다고 하기 어려울 것이다. 일반채권자는 우선적 보호를 받지 못하여 채무자의 무자력 위험을 감내해야 하는 지위에 있기 때문이다. 그러므로 공시방법을 갖추지 못한 제3자가 보호가치 있으려면 적어도 원인행위에 기초해서 다른 이행을 받은 상태이어야 하고, 또한 그 이행을 받은 부분에 대

152) 김상중(주 148), 182도 같은 취지로 보인다.

153) 같은 취지로 김상중(주 148), 182.

154) 이 문제를 물권변동에서 공시방법이 성립요건인지 대항요건인지 여부와 관련짓는 설명들이 있으나(예컨대 주석 총칙(2), 633-634(제4판/최성준) 참조), 타당하다고 할 수는 없다. 예컨대 일본에서는 이 문제가 두 측면에서 제기된다. 하나는 공시방법을 갖추지 않는 제3자가 일민 §§ 177, 178의 의미에서 대항관계에 들어가는 제3자인지 여부("대항요건으로서의 등기")와 다른 하나는 허위표시에서 선의의 제3자의 보호를 받으려면 대항관계까지 갖출 필요가 있는지 여부("권리보호요건으로서의 등기")가 그것이다(四宮和夫·能見善久, 民法總則(제8판, 2010), 205-206 참조). 우리의 경우 이른바 형식주의를 채택하였으므로 전자의 문제는 제기될 여지가 없으며, 단지 후자의 문제를 답해야 하는 것이고, 이는 물권변동의 체계와는 직접 관련을 갖지 않는다.

155) 김상중(주 148), 167-168; 제철웅(주 134), 284; 주석 총칙(2), 633(제4판/최성준).

156) 강태성, 617.

해서만 보호를 받아야 한다. 예컨대 가장매매의 매수인으로부터 목적부동산을 매수하고 인도는 받았으나 아직 등기를 이전받지 못한 자에 대해 가장매도인이 소유권을 주장하여 부동산의 반환을 청구하는 경우, 선의의 전매수인은 점유를 지키도록 보호를 받아야 할 것이다. 여기서 가장매도인이 전매수인에게 주장하는 권리는 소유권인데, 이는 허위표시의 무효를 전제로 해서만 가능한 주장으로 §108 Ⅱ에 따르면 허용될 수 없기 때문이다. 같은 이유에서 가장매수인으로부터 이전등기청구권을 보전하기 위해 전매수인이 가등기를 경료한 경우, 가장매도인은 전매수인을 상대로 말소를 청구할 수 없다.[157] 반면 가장매수인이 부당이득을 이유로 가장매도인에게 등기를 말소해 주자 전매수인이 §108 Ⅱ을 주장해 가장매수인에게 소유권이 있음을 전제로 가장매수인의 물권적 청구권을 대위행사(§404)하는 것은 허용될 수 없다. 전매도인인 가장매수인이 채무불이행을 할 위험은 원래 전매수인이 일반채권자로서 감내해야 할 위험일 뿐만 아니라, 이제 이전등기가 부당이득으로 말소됨으로써 외관이 소멸하였으므로 이제 전매수인이 소유권취득과 관련해 외관보호를 주장할 수도 없기 때문이다.

(마) 학설에서는 보호되는 제3자로서 고려되는 자이더라도 무상으로 그러한 지위를 취득한 때에는 보호가치가 없으므로 §108 Ⅱ을 주장할 수 없다는 견해가 있다.[158] 무상계약은 구속력이 약하고, 선의취득이나 부당이득에서 무상취득자의 보호를 부정하는 견해가 유력하다는 것을 이유로 한다. 그러나 §108 Ⅱ의 문언이 그러한 제한을 두고 있지 않을 뿐만 아니라, 선의취득이나 부당이득에서 무상취득자 보호를 부정할 것인지 여부가 다툼이 있는 문제이므로 이를 근거로 하기도 어렵다고 보인다.[159]

(2) 제3자의 의미

§108 Ⅱ이 말하는 제3자는 허위표시의 당사자 및 그 포괄승계인을 제외한 모든 제3자를 의미하는 것은 아니며, 일반적으로 허위표시를 기초로 하여 새로운 법률적 이해관계를 맺은 자를 한정해서 가리키는 것으로 이해되고 있다. 즉 허위표시의 당사자 또는 포괄승계인이 아니라 허위표시가 목적으로 하는 급부와 관련해 법률상 이해관계를 가지게 된 자를 의미한다. 대법원도 "허

157) 대판 70.9.29, 70다466(집 18-3, 94).
158) 최상호, "민법 제108조 제2항의 제3자의 범위", 계명법학 1, 1996, 81-82.
159) 같은 취지로 주석 총칙(2), 620(제4판/최성준).

위표시의 당사자 및 포괄승계인 이외의 자로서 허위표시에 의하여 외형상 형성된 법률관계를 토대로 실질적으로 새로운 법률상 이해관계를 맺은 선의의 제3자"라는 표현을 사용한다.[160] § 108 Ⅱ이 §§ 109, 110에 준용되는 경우, 제3자가 이해관계를 맺은 시점이 취소 전후인지 여부는 문제되지 않는다.[161]

그런데 허위표시를 "기초로" 한다거나 "새로운 법률상 이해관계"를 맺는다는 표현이 실제 사건에 적용될 때 반드시 명확한 기준이 된다고는 말할 수 없다.[162] 모든 도그마틱의 정식화가 그러하듯이, 이는 기존에 적용례로 판단된 사안을 염두에 두고 이를 정리할 때에는 유의미하지만, 기왕에 고려되지 아니한 새로운 사안유형을 판단할 때에 논리적 포섭을 가능하게 하는 규칙은 아니기 때문이다.[163] 그러므로 그러한 사안유형에서는 문제되는 법률관계를 배경으로 당사자들의 이익을 형량하여 접근할 수밖에 없다.

㈎ 우선 가장행위의 목적물에 대한 권리를 이전받거나 그에 권리를 설정받은 자가 이에 해당한다. 예를 들어 가장매매의 매수인으로부터 목적부동산을 다시 양수한 자[164] 또는 그에 저당권을 설정받은 자가 이에 해당하며, 가장저당권의 실행에 의해 부동산을 경락받은 자[165]도 이에 준할 수 있을 것이다.

더 나아가 가장행위로부터 발생한 것처럼 보이는 권리(예컨대 가장채권 등)를 이전받거나, 그에 권리를 설정받은 자도 이에 해당한다. 가장매매·가장소비대차 등에 기초한 가장채권의 양수인,[166] 허위표시로 설정한 전세권을 목적으로 하는 저당권자[167] 등이 이에 해당한다. 가장매매에 기한 손해배상청구권의 양수인에 대해서는 부정하는 견해도 있으나,[168] 허위표시에 의한 외관작출이 있는 이상

160) 대판 96.4.26, 94다12074(공 96, 1656). § 110 Ⅲ에서 포괄승계인이 제3자에 해당하지 않는다는 것으로 대구고판 03.4.30, 2001나3581(하집 03-1, 98).

161) 대판 75.12.23, 75다533(집 23-3, 144).

162) 제철웅(주 134), 276.

163) 양창수, "2006년도 민사판례 관견", 민법연구 9, 2007, 353-354.

164) 대판 96.4.26, 94다12074(공 96, 1656) 참조. 이 사안에서는 가장매수인의 본등기는 가장매매에 따른 가장가등기를 기초로 이루어졌고, 그가 다시 부동산을 제3자에게 양도하였다.

165) 대판 57.3.23, 4289민상580(집 5-1, 31). 현재 사후소멸설을 취하는 판례(대결 92.11.11, 92마719(공 93, 406))에 따르면 민집 § 267은 적용되지 아니하므로, 경락받은 자는 § 108 Ⅱ에 따른 보호가 필요하다.

166) 대판 11.4.28, 2010다100315(법고을).

167) 대판 08.3.13, 2006다29372, 29389(공 08상, 503).

168) 김주수·김상용, 348; 김상용, 469; 백태승, 389; 이영준, 386; 日大判 11(明44).4.18, 民錄 17, 225.

부정할 이유는 없다고 보인다.[169)]

(나) 가장행위와 관련된 권리를 이전·설정받은 자가 아닌 일반채권자도 보호받는 제3자에 해당하는가? 단순히 채권자의 지위의 있다는 사정만으로는 충분하지 않다고 해야 한다.[170)] 일반채권자는 채권자평등주의에 따라 채무자의 무자력 위험을 감내해야 하는 지위에 있어 보호가치 있는 신뢰를 말할 수 없기 때문이다. 그러나 일반채권자가 가장행위의 목적물이나 가장행위로부터 발생하는 것으로 보이는 권리를 압류한 때에는 보호받는 제3자에 해당한다고 할 것이다. 가장행위와 관련된 권리에 대해 민사집행에서 만족을 받을 수 있는 구체적인 지위를 취득한 것이기 때문이다.[171)] 가압류의 경우 확정적인 지위라고 할 수 없어 주저되는 바도 있으나, 취소되지 않는 한에서는 압류로 이행하여 만족을 보장할 지위를 매개하므로 동등하게 취급할 것이다. 그래서 가장매매의 매수인 명의로 있는 목적부동산에 대한 압류채권자 또는 가압류채권자, 임대차보증금반환채권을 허위로 양도하였는데 이를 압류한 양수인의 압류채권자,[172)] 가장매매의 매수인이나 가장도급의 수급인이 가지는 가장채권에 대한 압류채권자[173)] 또는 가압류채권자,[174)] 허위표시로 설정한 전세권을 압류한 채권자,[175)] 가장전세권에 설정된 저당권의 피담보채권을 가압류한 채권자[176)] 등이 이에 해당한다.

마찬가지의 이유에서 채권자가 자신의 권리의 보전을 위한 가등기를 경료

169) 송덕수, 277; 이덕환, 486; 주석 총칙(2), 624(제4판/최성준).

170) 같은 취지로 고상용, 403; 김대정, 796; 이동형, "민법 제108조 제2항의 제3자의 범위", 법조 57-2, 2008, 352; 정병호, "통정허위표시의 무효로부터 보호되는 제3자", 민학 78, 2017, 52-53. 송덕수, 283도 참조.

171) 권영준, "통정허위표시로 인한 법률관계에 있어서 파산관재인의 제3자성", 법조 56-5, 2007, 55 이하; 김상중(주 148), 176. 반대 견해로 이동형(주 170), 362; 정병호(주 170), 57-58 이하 참조.

172) 대판 14.4.10, 2013다59753(공 14, 1031).

173) 대판 09.7.23, 2006다45855(법고을).

174) 대판 04.5.28, 2003다70041(공 04, 1069); 2011.4.28, 2010다107408(법고을). 그런데 이 판결들은 (가)압류채권자에게 피담보채권을 성립시키는 법률행위 자체가 있었는지에 대한 증명책임이 있는데 그러한 입증에 실패하였다는 이유로 (가)압류명령을 무효라고 한다. 이는 허위표시 외관에 대한 입증이 불충분하다는 의미로 이해되며, 이를 지지하는 견해도 있다(이동원, "허위표시에 기한 근저당권과 선의의 제3자", 재판과 판례 20, 2011, 133 이하). 그러나 근저당권 설정등기에 의해 피담보채권 발생행위에 대한 외관도 존재하는 것이고, 이 경우 (가)압류채권자를 제3자로 보호해야 한다. 양창수, "2004년 민사판례 관견", 민법연구 8, 2005, 428-429 참조.

175) 대판 10.3.25, 2009다35743(공 10상, 793).

176) 대판 13.2.15, 2012다49292(공 13상, 469).

한 때에도 보호받을 수 있다. 가장매수인에 대한 이전등기청구권을 보전하기 위해 가등기를 경료한 매수인이 그러하다.[177]

㈐ 제3자로부터의 전득자 역시 § 108 Ⅱ에서 말하는 제3자에 해당하는가? 통설[178]과 판례[179]는 이를 시인한다. 허위표시의 무효 주장으로부터 신뢰를 보호받아야 한다는 점에서 전득자 역시 다를 바 없다고 해야 한다. 그러므로 악의의 제3자로부터 전득한 선의의 제3자는 § 108 Ⅱ에 의하여 보호를 받게 될 것이다. 반면 선의의 제3자로부터 취득한 악의의 전득자의 지위는 어떻게 되는가? 앞서 보았지만(앞의 V. 2. (1) ㈎ 참조) 선의의 제3자가 자신의 권리주장을 한 경우 그의 권리취득은 종국적인 것으로 취급되어야 하므로, 한번 선의자가 매개된 이상 이후의 권리취득은 권리자로부터의 취득이며 악의자에 대해서도 마찬가지이다.[180]

㈑ 가장행위에 기한 가장채무를 보증한 보증인이 채무 없음을 알지 못하고 채권자에게 변제한 경우, § 108 Ⅱ에 따라 보호받는 제3자로서 주채무자에 대한 관계에서 과실 없이 출재로 주채무를 소멸하게 하였음을 주장하여(§ 441) 구상을 할 수 있는가? 판례는 보증인은 주채무자의 채권자에 대한 채무부담행위라는 허위표시에 기초하여 구상권 취득에 관한 법률상 이해관계를 가지게 되었으므로 제3자에 해당한다는 이유로 이를 긍정하였다.[181] 이에 대해서는 § 108 Ⅱ를 무권리·무권한의 치유라는 관점에서 이해하는 견해로부터 비판이 있으며, 이에 따르면 보증인은 § 411에 따른 구상이 좌절되더라도 § 688에 따라 구상할 수 있으므로 보호에 문제가 없다고 한다.[182] § 108 Ⅱ을 외관책임 법리에 따라 이해하는 경우, 이러한 사안에서 보증인의 제3자성을 인정할 수 있다고 생각된다.

㈒ 가장소비대차의 대주가 파산선고를 받은 경우 그 파산관재인은

177) 대판 70.9.29, 70다466(집 18-3, 94).

178) 강태성, 618; 고상용, 403; 김민중, 346; 김주수·김상용, 349; 송덕수, 277; 김상용, 469; 홍성재, 222.

179) 대판 96.4.26, 94다12074(공 96, 1656). 여기서는 가장매매 및 허위의 가등기에 기해 두 차례 이전등기가 있은 후 다시 그 부동산을 양수한 자가 문제되었다. § 110 Ⅲ에 대해 대판 97.12.26, 96다44860(공 98, 390)도 참조.

180) 고상용, 404; 곽윤직·김재형, 313; 김주수·김상용, 349; 명순구, 405; 백태승, 389; 송덕수, 281; 이영준, 387; 양창수(주 174), 425-426; 주석 총칙(2), 630(제4판/최성준).

181) 대판 00.7.6, 99다51258(공 00, 1861); 대판 06.3.10, 2002다1321(공 06, 592). 찬성하는 견해로 김득환, "민법 제108조 제2항 소정의 '제3자'에 해당하는지 여부에 대한 판단기준", 해설 35, 2000, 35; 윤진수(주 4), 431 이하; 정병호(주 170), 60.

182) 제철웅(주 134), 286 이하.

§108 Ⅱ의 제3자에 해당하는가? 판례는 긍정한다.[183] 이에 대해 학설에서는 다툼이 있다. 판례를 지지하는 견해는 파산선고는 채무자 전 재산에 대한 압류적 효과를 가져오므로, 압류채권자가 제3자로 보호받는 이상 파산채권자를 대변하는 파산관재인 역시 제3자로 보호를 받아야 한다고 설명한다.[184] 반면 부정설은 파산관재인은 기본적으로 파산채무자를 포괄적으로 승계하는 지위에 있으며, 허위표시를 기초로 "새로운 이해관계"를 맺었다고 보기 어려울 뿐만 아니라, 신뢰보호를 정당화할 만한 신뢰투자행위가 없었으므로 보호받는 제3자에 해당할 수 없다고 한다.[185]

판례의 태도가 타당하다. 파산관재인은 파산채무자의 포괄승계인이기는 하지만 동시에 파산채권자를 대표하는 기능을 수행할 뿐만 아니라, 파산절차는 그 자체로 파산채권자에게 압류효를 부여하면서 개별권리행사를 금지하므로 여기서 제3자의 신뢰투여를 요구하는 것은 적절하지 않으며, 또한 우리 강제집행절차는 채권자평등주의를 채택하여 파산절차와의 차이가 크지 않으므로 양자를 동등하게 취급하는 것이 정당하다.[186] 그 경우 파산관재인의 선의 여부 판단과 관련해서 판례는 "파산관재인이 민법 §108의 Ⅱ의 경우 등에 있어 제3자에 해당하는 것은 파산관재인은 파산채권자 전체의 공동의 이익을 위하

183) 대판 03.6.24, 2002다48214(공 03, 1581) 등. 제110조 제2항에 대해 대판 10.4.29, 2009다96083(공 10, 993).

184) 양창수, "2003년 민사판례 관견", 민법연구 8, 2005, 369-370; 김재형, 민법판례분석, 2015, 67; 윤근수, "파산관재인과 통정허위표시의 제3자", 판례연구 16, 2005, 69 이하; 정성욱, "통정허위표시에 있어서의 파산관재인의 제3자성 및 선의의 판단기준", 재산과 판례 16, 2007, 448; 양재호, "파산관재인이 통정허위표시의 법률관계에서 보호되는 제3자에 해당하는지 여부 및 이 경우 '선의성'의 판단기준", 민판연 30, 2008, 464 이하; 장상균, "통정허위표시로인한 법률관계에 있어서 파산관재인의 선의성의 판단기준", 민사재판의 제문제 16, 2007, 491-492; 김상중(주 148), 179-180. 한편 문제되고 있는 법률관계에 따라 구별해야 한다고 하면서 이 판례를 지지하는 견해로 조현욱, "통정허위표시에 의한 대출약정의 채권자가 파산한 경우 그 파산관재인이 제3자에 해당하는지 여부", 재판과 판례 12, 2004, 293. 문방진, "파산관재인의 법적 지위와 제3자성", 재판실무연구 2004, 2005, 30 이하는 이 판결의 결론에는 동의하면서도, 이 법리가 §109 Ⅱ, 110 Ⅲ에도 그대로 적용될 수 있을지 여부에 대해 의문을 표시한다.

185) 권영준, "통정허위표시로 인한 법률관계에 있어서 파산관재인의 제3자성", 법조 56-5, 2007, 62 이하; 윤진수, "2006년도 주요 민법 관련 판례 회고", 민법논고 3, 2008, 706; 성재영, "파산관재인의 제3자성에 대한 소고", 부산법조 21, 2004, 35 이하; 양형우, "파산관재인과 통성허위표시에서의 제3자", 인권과 정의 383, 2008, 79 이하; 이동형, "통정허위표시를 한 자의 파산관재인이 민법 제108조 제2항의 제3자인지 여부" 법조 53-6, 2004, 145 이하; 송경호, "파산관재인이 통정허위표시의 법률관계에 있어 보호되는 제3자에 해당하는지 여부", 재판과 판례 13, 2005, 292 이하; 정병호(주 170), 58.

186) 양창수, "2006년 민사판례 관견", 민법연구 9, 2007, 349 이하에 인용된 필자의 논의 참조.

여 선량한 관리자의 주의로써 그 직무를 행하여야 하는 지위에 있기 때문이므로, 그 선의·악의도 파산관재인 개인의 선의·악의를 기준으로 할 수는 없고 총파산채권자를 기준으로 하여 파산채권자 모두가 악의로 되지 않는 한 파산관재인은 선의의 제3자라고 할 수밖에 없다"고 한다.[187]

(바) 토지의 가장양수인이 토지 위에 건물을 건축하여 타인에게 임대한 경우, 그 임차인이 보호받는 제3자인가? 일본의 판례는 토지와 건물은 별개의 건물이므로 임차인은 사실상의 이해관계를 가지는 것에 그쳐 제3자가 아니라고 하였으나,[188] 건물의 이용은 부지의 이용을 전제로 하므로 건물소유자에게 토지이용권이 없게 되면 임차인의 건물이용권도 법률상 좌절된다는 이유로 비판적인 견해도 주장된다.[189]

(사) 반면 허위표시에 기한 권리가 누구에게 귀속하는지의 여부에 의하여 좌우되지 아니하는 이해관계를 가지는 사람은 여기서 말하는 제3자가 아니다. 예를 들어 가장매매에 기해 여전히 소유권을 가지고 있는 매도인의 토지를 불법점유하고 있는 자는 매도인의 소유물반환청구에 대하여 자신이 선의의 제3자임을 주장하여 방어할 수는 없다. 채권의 가장양도에 있어서 아직 변제하지 아니한 채무자도 제3자라고 볼 수 없으며,[190] 주식 가장양도의 경우 명의개서가 행해졌다고 하더라도, 회사는 고유의 이해관계가 없어 제3자에 해당하지 않는다.[191] 한편 판례에 의하면 제3자가 맺은 이해관계는 실질적이어야 한다. 그러한 관점에서 채권의 가장양수인으로부터 추심을 위해 채권양도를 받은 자는 제3자가 아니다.[192] 또한 甲이 부동산의 매수자금을 乙로부터 차용하고 담보조로 가등기를 경료하기로 약정한 후 채권자들의 강제집행을 우려하여 丙에게 가장양도한 후 乙 앞으로 가등기를 경료케 한 사안에서, 乙은 형식상은 가장 양수인으로부터 가등기를 경료받은 것으로 되어 있으나 실질적인

187) 대판 06.11.10, 2004다10299(공 06, 2066). 양재호(주 184), 474 이하; 장상균(주 184), 492 이하 등 참조.

188) 日最判 83(昭57).6.8, 判時 1049, 36.

189) 四宮·能見(주 154), 204.

190) 대판 83.1.18, 82다594(집 31-1, 18)에 의하면 채무자가 채무액을 "양수인에게 지급하지 않고 있는 동안에 위 양도계약이 허위표시란 것이 밝혀진 이상 위 허위표시의 선의의 제3자임을 내세워 진정한 […] 전부채권자인 원고에게 그 지급을 거절할 수 없다." 선의로 변제가 행해진 경우에는 제452조 제1항에 의한 보호를 받을 수 있을 것이다.

191) 日大判 45(昭20).11.26, 大民集 24, 120.

192) 日大決 20(大9).10.18, 民錄 26, 1551.

새로운 법률원인에 의한 것이 아니므로 제3자로 볼 수 없다고 한다.[193]

또한 기본적으로 당사자의 지위에 따라 권리를 가지는 자도 제3자라고 할 수 없다. 예를 들어 대리인이나 대표기관이 상대방과 허위표시를 한 경우 본인(그러나 앞의 Ⅲ. 3. 참조)이 그러하며, 그 밖에 허위표시 당사자의 지위를 대위행사하는 채권자(§ 404)는 당사자의 권리를 주장하는 것이므로 보호받는 제3자일 수 없다.[194] 허위표시로 체결된 제3자를 위한 계약의 수익자도 당사자에게 귀속될 이익을 받는 지위에 있으므로 § 108 Ⅱ의 제3자가 아니라고 보아야 한다.[195]

(3) 선의의 의미

§ 108 Ⅱ의 "선의"는 제3자가 의사표시가 허위표시임을 알지 못하였음을 의미한다. 대리인을 사용한 경우 선의는 대리인을 기준으로 판단된다(§ 116 Ⅰ). 앞서 살펴보았지만(앞의 V. 2. (1) (대) 참조), 문제되는 제3자 중에 선의자와 악의자가 병존할 때에는 원칙적으로 선의자를 기준으로 하여 법률관계를 판단해야 하며, 파산관재인의 경우 파산채권자 전원의 악의가 인정된 때에만 악의로 취급된다.

제3자의 선의·악의는 법률상 새로운 이해관계를 맺은 시점을 기준으로 판단한다. 그러므로 § 108 Ⅱ에 의해 주장하는 제3자의 이익이 점유이면 인도시점, 소유권이면 등기나 인도가 구비된 시점, 압류채권자의 지위이면 압류의 시점 등이다. 양도받은 채권을 주장하는 경우, 대항요건까지 충족될 필요는 없으며 양도계약의 시점을 기준으로 선의를 판단한다. 집행면탈을 위한 부동산 가장양도에서 가장양수인이 甲에게 매매예약을 하고 甲이 예약완결권을 乙에

193) 대판 82.5.25, 80다1403(공 82, 594).

194) 정병호(주 170), 54-56 참조.

195) 김대정, 796; 김상중(주 148), 171; 日注民(3) 新版, 350(稻本). 판례는 보험자가 착오나 사기를 이유로 보증보험계약을 취소하는 경우 피보험자(채권자)는 "보증보험계약의 경우 보험자가 이미 보증보험증권을 교부하여 피보험자가 그 보증보험증권을 수령한 후 이에 터잡아 새로운 계약을 체결하거나 혹은 이미 체결한 계약에 따른 의무를 이행하는 등으로 보증보험계약의 채권담보적 기능을 신뢰하여 새로운 이해관계를 가지게 되었다면 그와 같은 피보험자의 신뢰를 보호할 필요가 있다 할 것이므로" 피보험자가 기망사실을 알았거나 알 수 있었던 경우 또는 피보험자의 과실로 보험자의 구상권 확보가 어렵게 된 경우에만 취소를 주장할 수 있다고 한다(대판 99.7.13, 98다63162, 집 47-2, 1; 01.2.13, 99다13737, 공 01, 641 등; 공인중개사협회의 공제계약에 대해 대판 12.8.17, 2010다93035, 공 12하, 1548). 이러한 판례가 제3자를 위한 계약의 수익자가 § 108 Ⅱ, 109 Ⅱ, 110 Ⅲ의 '제3자'에 해당한다고 판단한 것은 아니다. 비교법적으로 수익자가 제3자를 위한 계약에 기초한 이익을 신뢰하여 이해관계를 맺을 때 보상관계의 무효·취소 주장을 제한하는 경향이 관찰되는데(이에 대해 Sutherland, "Third-party contracts", MacQueen and Zimmermann ed., *European Contract Law: Scots and South African Perspectives*(2006), 216 이하 참조), 이 판례에서도 같은 고려가 행해진 것으로 볼 것이다.

게 양도한 경우, 乙의 선의·악의 판단의 기준시점에 관하여 일본 판례는 예약완결권의 행사시점을 기준으로 하였으나, 예약완결권은 그 자체로 재산적 가치를 가지고 거래되므로 그 성립이나 취득시를 기준으로 판단해야 한다는 비판이 유력하다.[196)]

통설[197)]과 판례[198)]에 따르면 제3자는 선의이면 충분하고 무과실은 요구되지 않는다. 기본적으로 이에 따르면서도 제3자에게 중과실이 있는 경우까지 보호하는 것은 부당하다는 견해[199)]도 있다. 반면 외관이론에 비추어 과실이 있는 자를 보호하는 것은 타당하지 않고 당사자보다 선의의 제3자의 이익이 보호가치 있다고 하기 어려운 사안도 있으므로 무과실이 요구된다는 견해도 주장된다.[200)] 실제로 민법상 거래보호의 경우 과실 있는 자를 보호하는 경우가 많지 않은 것은 사실이다. 그러나 외관책임에서 보호할 만한 신뢰의 범위는 입법자의 정책적 결단에 따르는 것이고 민법이 선의 보호에 한정하고 해석상 그에 한정하는 경우도 충분히 존재한다(예컨대 § 451 I 참조). 그러므로 법률에 문언으로 반영되어 있지 않은 이상 무과실을 요건으로 해석하기는 쉽지 않다. 다만 제3자가 조금만 주의를 했더라면 허위표시임을 알 수 있었을 중과실의 경우까지 제3자를 보호하는 것은 과도하다고 보이므로, 그때에는 악의자에 준해서 처리할 것이다. 이는 선의가 추정되는(아래 V. 참조) 제3자의 내심의 악의를 입증하기 쉽지 아니하기 때문에도 고려할 필요가 있다. 실제로 간접증거에 따른 악의 인정은 중과실을 인정하는 것과 현실에서 구별하기 어려울 것이다.

3. 허위표시의 철회

(1) 허위표시를 한 당사자들이 합의로 외형상의 법률행위를 해소하고 진정한 권리자에게 증서·등기 등 권리명의를 회복하게 하는 것을 허위표시의 철회라고 한다. 즉 당사자들이 허위표시가 창출한 가장행위의 외관을 제거하는 행위를 말한다.[201)] 이러한 외관의 제거는 허위표시를 하면서 동시에 그 원

---

196) 日注民(3) 新版, 354(稻本).

197) 강태성, 619; 김상용, 469; 김민중, 347; 김주수·김학동, 349; 김증한·김학동, 423; 백태승, 389; 송덕수, 282; 이영준, 387; 윤진수, 442; 이덕환, 489; 이은영, 503; 주석 총칙(2), 628(제4판/최성준).

198) 대판 06.3.10, 2002다1321(공 06, 592).

199) 고상용, 405; 김대정, 796-797; 최상호(주 158), 83-84.

200) 일본의 학설상황에 대해 日注民(3) 新版, 355(稻本) 참조.

201) 이은영, 505는 허위표시는 의사표시가 없기 때문에 철회가 불가능하며 외관의 제거만

상회복에 관해 합의를 하고 이후에 그에 따른 이행이 이루어지면서 할 수도 있지만, 허위표시를 하고 상당한 시간이 경과한 후에 합의에 따라 원상회복을 할 수도 있으며, 학설에서 허위표시의 철회라고 하는 것은 통상 후자만을 말한다. 허위표시가 외형상 상대방 있는 단독행위이더라도 그 원상회복이 상대방의 협력을 필요로 하는 한 허위표시의 철회는 합의에 의할 수밖에 없다.[202] 반면 일방적인 철회는 허위표시 무효 주장에 다름 아니다.[203]

원상회복은 허위표시의 무효를 이유로 이루어질 수도 있지만, 다른 법률행위의 형식을 빌려서 이루어지는 경우도 있을 수 있다.[204] 이때 형식상의 법률행위는 허위표시로 무효일 것이지만(§108 I)[205] 원상회복을 내용으로 하는 합의가 은닉행위로서 효력을 가지고 법률상 원인이 된다. 그래서 예컨대 가장매매의 원상회복을 다시 매매의 형식으로 하는 경우, 두 번째 가장매매도 무효이지만 당사자들의 합의가 은닉행위로서 법률상 원인이 되므로 회복을 내용으로 하는 이전등기가 이루어지면 실체관계에 부합하는 등기로서 말소할 수 없다.

허위표시는 무효이므로 그 당사자들 사이에서는 철회 등의 필요가 없으나, 제3자에 대한 관계에서는 허위표시의 철회가 의미를 가질 수 있다. 허위표시의 무효는 선의의 제3자에게 대항할 수 없으므로, 그 철회는 제3자에 대한 관계에서 가장행위의 외관을 제거하여 제3자에 대한 외관책임 성립의 가능성을 배제하는 기능을 수행하는 것이다. 그래서 종래 허위표시의 철회가 가능하다는 것이 인정되고 있다.

(2) 허위표시가 창출한 외관을 신뢰하여 이해관계를 맺은 선의의 제3자에게 보호가 주어지므로, §108 Ⅱ의 적용을 예방하기 위한 허위표시의 철회는 허위표시가 창출한 외관을 완전히 소멸시키는 것을 내용으로 해야 한다. 이는 창출된 외관에 따라 개별적으로 판단되어야 한다. 예컨대 채권증서가 교부된 때에는 회수되어야 하고, 물건이 인도된 때에는 반환되어야 하며, 등기가 이루어진 때에는 그러한 등기가 말소·이전 등의 방법으로 회수되어야 한다.[206] 철회의 합의는 있었으나 아직 외관이 존속하는 동안에 선의의 제3자가 나타나

가능하다고 말한다. 그러나 종래 통설이 허위표시의 철회라고 할 때에는 바로 그 의사표시 외관의 제거를 말하는 것이다.

202) 주석 총칙(2), 634(제4판/최성준).
203) 日注民(3) 新版, 359(稲本).
204) 주석 총칙(2), 635(제4판/최성준).
205) 주석 총칙(2), 635(제4판/최성준)는 반대.
206) Canaris(주 123), 498ff.

면, 그는 여전히 § 108 Ⅱ에 따라 보호를 받는다. 그래서 예컨대 가장매매에 따른 이전등기를 원상회복하기로 하였으나 아직 가장매수인 명의로 등기가 남아 있는 상태에서 그 채권자가 이를 압류하였다면, 그는 제3자에 해당하며, 철회의 합의만으로는 선의의 제3자에게 대항할 수 없다.

학설에서는 허위표시의 외형까지 제거된 이후에 이해관계를 맺은 제3자는 선의이더라도 § 108 Ⅱ의 적용을 받을 수 없다고 하나,[207] 외관이 완전히 해소된 때에는 이해관계를 맺는 제3자를 거의 상정할 수 없을 것이다.

4. 허위표시의 취소

허위표시의 당사자가 제한능력이나 사기·강박을 이유로 허위표시를 취소하는 것은 허용된다.[208] 허위표시 요건의 입증이 어려운 경우, 제한능력이나 사기·강박을 이유로 하여 취소하는 것을 부정할 이유가 없다(앞의 V. 1. (2) 참조).

5. 허위표시의 추인

무효인 법률행위는 추인하여도 효력이 생기지 아니하므로(§ 139 본문), 허위표시도 당사자들이 추인한다고 해서 효력을 가지는 것은 아니다. 다만 당사자들이 무효임을 알고 추인한 때에는 새로운 법률행위로 간주하므로(§ 139 단서), 허위표시의 당사자들이 추인한 경우 그 시점부터 허위표시에 해당하는 법률행위를 한 것으로 취급된다. 따라서 예컨대 부동산 가장매매의 당사자들이 이를 추인하면 그 시점에 외관과 같은 내용의 매매계약이 유효하게 성립하고, 이미 이전등기가 경료되었다면 하자가 치유되어 그 시점에 소유권이 이전한다. 당사자들이 소급효를 약정하는 경우 이는 당사자들 사이에서 소급효가 있는 것과 같은 법률관계를 합의한다는 것이며, 대외적으로는 영향이 없다.[209] 가장행위가 계약이라면 쌍방이 추인을 해야 하고, 단독행위라면 그 행위자가 추인하면 충분하다. 추인과 상충하는 내용의 은닉행위가 있었다면 이는 그 상충의 범위에서 효력을 상실한다.

허위표시를 추인하여도 이미 이해관계를 맺은 선의의 제3자에 영향이 없음은 당연하다. 그러나 그 밖의 자들과의 관계에서는 채권법과 물권법의 일반

207) 송덕수, 285; 주석 총칙(2), 636(제4판/최성준).
208) 이영준, 383; 이은영, 505; 日注民(3) 新版, 364(稻本).
209) 주석 총칙(2), 637(제4판/최성준)는 반대.

적 법리에 따라 법률관계를 판단한다. 예컨대 甲이 乙에게 부동산을 가장매도하고 등기를 이전해 준 다음 甲이 악의의 丙에게 부동산을 다시 매도하는 경우, 甲이 乙에 대한 가장매매를 추인하면 그 시점에 乙은 소유권을 취득하고 丙은 甲에 대해 채무불이행책임을 물어 구제를 받아야 한다(§390).[210] 또한 甲으로부터 부동산을 허위로 양도받은 乙이 이를 악의의 丙에게 양도하고 이전등기를 경료해 준 경우, 甲이 乙에 대해 추인하였다면 그 시점에 소유권이 乙을 경유하여 丙에게 이전한다. 丙은 허위표시와 관련해 악의였지만, 乙과의 매매 및 물권행위가 유효한 이상 乙의 소유권취득으로 양도인의 무권리가 치유되므로 소유권을 취득해야 하기 때문이다.

Ⅵ. 증명책임

어떤 의사표시가 허위표시로 무효라고 주장하는 자는 의사표시가 외관에 불과하여 상응하는 진의가 결여되어 있고 통정이 있다는 사실에 대해 증명책임이 있다.[211] 즉 입증불능의 경우에는 의사표시가 유효하다고 전제해야 한다. 허위표시의 증명은 간접증명에 의해서 이루어질 경우가 많을 것인데, 특히 당해 의사표시 전후의 사정으로부터 진의 없음이 추단될 수 있을 것이다.

반면 선의의 제3자로서의 보호를 주장하는 자는 자신이 §108 Ⅱ이 말하는 제3자에 해당하는 사실에 대해서 증명책임을 부담한다. 그러나 제3자의 선의는 추정된다는 것이 통설과 판례[212]이다. 그러므로 선의를 부정하는 자가 제3자가 악의라는 증명책임을 부담한다. 제3자의 악의 입증도 대부분 악의를 추단하게 하는 사실을 입증하는 간접증명에 의할 수밖에 없을 것이다. 한편 허위표시 철회를 주장하여 §108 Ⅱ의 적용을 피하려는 자는 제3자가 이해관계를 맺기 전에 허위표시에 창출된 의사표시의 외관이 완전히 소멸하여 신뢰의 대상이 되는 사실이 없음을 증명해야 한다.

210) 주석 총칙(2), 637(제4판/최성준).
211) 대판 12.7.26, 2012다30861(공 12하, 1495).
212) 대판 70.9.29, 70다466(집 18-3, 94); 06.3.10, 2002다1321(공 06, 592).

Ⅶ. §108 Ⅱ의 유추적용 문제

1. 문제의 소재

§108 Ⅱ은 허위표시를 기초로 이해관계를 맺은 제3자를 보호하는 규정이며, 민법은 같은 보호를 일정한 경우에 확장하고 있다(§§107 Ⅱ, 109 Ⅱ, 110 Ⅲ). 그러므로 해당 요건이 충족되지 않으면 이들 규정은 직접 적용되지 아니한다.

그런데 일본의 판례는 종래, 등기에 공신력이 인정되지 않기 때문에 발생하는 거래보호의 불충분함에 대처하기 위해, 허위표시에 해당하지는 않더라도 진실된 권리관계와는 다른 내용의 등기를 신뢰하여 이해관계를 맺은 제3자가 존재하고 그러한 외관창출이 권리자에게 귀속되는 경우에는 §108 Ⅱ에 해당하는 일민 §94 Ⅱ을 유추적용하여 거래의 안전을 도모하고 있다. 이러한 태도를 우리 민법의 해석으로도 받아들일 수 있을 것인지 검토할 필요가 있다.

2. 일본의 판례

일본 판례의 기본 입장은, 부동산소유권이 이전되지 않았음에도 불구하고 이전된 것과 같은 외관이 창출된 경우, 일정 조건 하에서는 진실한 권리자는 그 외관을 신뢰하여 거래한 제3자에 대해 외관이 권리관계와 부합하지 않음을 주장할 수 없다는 것이며, 여기서 "일정 조건"과 관련하여 다음의 몇 가지 유형으로 구별된다.[213] 우선 권리자에 귀책되는 외관과 제3자가 신뢰한 외관이 같은 사안이 있으며("意思外形對應型"), 여기서 다시 그 외관이 권리자 자신에 의해 창출된 경우("外形自己作出型")와 타인에 의해 창출되었으나 권리자에 의해 승인된 경우("外形他人作出型")가 구별된다. 그 다음으로 권리자에게 귀책되는 외관과 제3자가 신뢰한 외관이 서로 다른 사안("非對應型")이 있을 수 있다. 마지막으로 본인이 외관 창출에 관여하지 않았으나 그에 원인제공을 하였다는 점에서 귀책성이 인정되는 사안이 있다.

이른바 의사외형대응형 중에서 외형자기작출형은 권리자 자신이 실체관계와 부합하지 않는 등기의 외관을 창출한 경우이다. 예컨대 건물을 신축한 甲이 乙의 승낙을 받아 乙의 명의로 보존등기를 받았으나 乙이 이를 마음대로 乙을 권리자로 믿은 丙에게 처분한 경우에, 허위표시에 해당하지는 않지만 일민

213) 四宮·能見(주 154), 208 이하.

§94 Ⅱ과 유사한 이익상황을 이유로 그 유추적용을 인정하였다.[214]

그 다음으로 외형타인작출형은 타인이 권리자의 등기필증이나 인감 등을 마음대로 이용하여 자신에게 등기 명의를 이전하였으나 권리자가 나중에 그 외관을 승인한 경우를 말한다. 외관의 창출 자체는 타인에 의한 것이지만 나중에 권리자가 그 상태를 용인함으로써 말하자면 부작위로 외관의 유지·강화에 기여하였으므로 외관을 본인에게 귀책시키는 것이다. 예컨대 甲의 부동산의 등기를 乙이 마음대로 자기의 명의로 이전하였으나, 甲이 이를 알면서도 말소청구를 4년이나 방치하는 사이에 乙이 그에 저당권을 설정한 사안에서, 권리자의 명시적 또는 묵시적 승인을 인정하여 일민 §94 Ⅱ을 유추적용하였다.[215]

반면 이른바 비대응형은 권리자가 외관을 창출한 다음에 배임행위 등에 의해 외관이 변경·확장된 경우를 말한다. 여기서는 권리자가 창출한 외관과 제3자가 신뢰한 외관이 서로 다르기 때문에, 앞서의 논리를 그대로 적용하기에는 무리가 있다. 그래서 예컨대 乙의 신용을 외관상 증대시킬 목적으로 甲이 자신의 부동산에 대해 乙 명의로 가등기를 경료해 주었는데, 乙이 甲의 인감을 남용하여 본등기를 경료하고 부동산을 丙에게 처분한 사안에서, 최고재판소는 일민 §§94 Ⅱ, 110(우리 민법의 §§108 Ⅱ, 126에 해당한다)의 "法意"에 비추어 "선의·무과실"의 제3자는 보호된다고 하였다.[216]

마지막으로 권리자가 외관창출에 의사적으로 관여한 것이 아니라 단지 원인만을 제공한 경우에도 유추적용이 인정된 예가 있다. 즉 甲이 부동산을 매수하고 임대하는 과정에서 교섭을 담당하던 乙이 이런 저런 이유로 甲으로부터 인감이나 등기필증 등을 교부받아 자신의 명의로 등기한 다음 등기부를 신뢰한 丙에게 양도하고 이전등기를 경료한 사안에서 그러하다. 최고재판소는 여기서 §§94 Ⅱ, 110의 "유추적용"에 의해 "선의·무과실"의 丙은 보호를 받는다고 하였다.[217]

3. 우리의 판례와 학설

(1) 우리 판례의 태도는 어떠한가? 우선 외형자기작출형은 종래 명의신탁

214) 日最判 76(昭41).3.18, 民集 20-3, 451.
215) 日最判 80(昭45).9.22, 民集 24-10, 1424.
216) 日最判 78(昭43).10.17, 民集 22-10, 2188. 또한 日最判 80(昭45).11.19, 民集 24-12, 1916.
217) 日最判 06(平18).2.23, 民集 60-2, 546.

법리에 의해 처리되고 있다고 말할 수 있다. 그러므로 그러한 경우 제3자는 악의인 경우에도 소유권을 취득하여 보호를 받는다(부실명 § 4 Ⅲ 참조). 반면 마지막 유형인 원인제공형에 대해서는 대법원은 상대방의 보호를 부정하며, § 108 Ⅱ 및 § 126의 유추적용을 부정한다. 그래서 乙이 甲으로부터 부동산에 관한 담보권 설정의 대리권만 수여받고도 그 부동산에 관하여 자기 앞으로 소유권이전등기를 하고 이어서 丙에게 그 소유권이전등기를 경료한 경우, 丙이 乙을 甲의 대리인으로 믿고서 등기의 원인행위를 한 것도 아니고, 甲도 乙 명의의 소유권이전등기가 경료된 데 대하여 이를 통정·용인하였거나 이를 알면서 방치하였다고 볼 수 없다면 이에 §§ 108 Ⅱ, 126를 유추할 수는 없다고 한다.[218)]

나머지 유형에 대해서는 명시적으로 판단한 재판례가 없다고 보인다. 그러나 직전에 인용한 판결에서 "원고도 […] 소외인 명의의 소유권이전등기가 경료된 데 대하여 이를 통정·용인하였거나 이를 알면서 방치하였다고 볼 수 없으므로, 이에 민법 § 126나 § 108 Ⅱ을 유추할 수는 없다"고 하므로 적어도 외형타인작출형에 대해서는 § 108 Ⅱ을 유추적용할 가능성을 열어두고 있다고 볼 여지가 있다.[219)]

(2) 우리 학설에서도 외관 창출에 대한 권리자의 귀책성이 인정되는 때에는 § 108 Ⅱ을 유추적용하여 거래의 안전을 보호해야 한다는 주장이 제기된다.[220)] 특히 통정·용인의 경우 § 108 Ⅱ의 적용가능성을 열어두는 듯한 판례의 입장에 비추어 보면, 한 걸음 더 나아가 대리인에게 등기소요서류를 교부함으로써 부실등기 현출에 원인을 제공한 경우에도 §§ 126, 108 Ⅱ을 유추적용할 여지가 있다는 지적도 있다.[221)] 그러나 이에 대해서는 § 108 Ⅱ은 제한된 적용범위를 가지는 규정으로 이를 넓게 유추하여 등기의 공신력을 인정하는 것과 같이 운용하는 것은 적절하지 않으며, 오히려 입법적으로 등기의 공신력을 도입하여 해결할 문제라는 비판이 있다.[222)]

이는 일률적으로 답할 문제는 아니다. 우선 § 108 Ⅱ이 제한적인 적용범위를 가지고 있다는 것과 공신력의 결여가 입법적 결단이므로 이를 § 108 Ⅱ의

218) 대판 91.12.27, 91다3208(공 92, 763). § 126의 유추에 대해서만 판단하는 대판 81.12.22, 80다1475(집 29-3, 264)도 참조.
219) 양창수, "1992년 민법 판례 개관", 민법연구 3, 1995, 427.
220) 김상용, 473; 양형우(주 10), 248. 조심스러운 태도로 긍정하는 견해로 김증한·김학동, 424-425; 이덕환, 494.
221) 양창수, "1993년 민법 판례 개관", 민법연구 3, 1995, 479-480.
222) 송덕수, 286; 이영준, 392; 백태승, 392; 명순구, 407; 김준호, 278.

유추로 잠탈해서는 안 된다는 비판의 설득력은 그다지 크지 않다. § 108 Ⅱ이 허위표시에 관한 규정이기는 하지만 여러 규정에 준용되어 있고, 그 밖에 민법에는 외관책임적인 취지를 포함하는 규정이 다수 존재한다. 그리고 이러한 외관책임의 법리는 그 근원에서 신의칙(§ 2)의 선행행위와 모순되는 행태 금지로 소급한다. 이렇게 외관책임적 법리의 단초는 이미 우리 민법 전반에 기초를 두고 있기 때문에, 이를 기초로 법형성을 하는 것은 충분히 가능하고 단순히 § 108 Ⅱ의 유추적용에 그치는 문제는 아니며, 또한 등기의 공신력에 한정되는 문제도 아니다. 그러므로 오히려 문제는 어떠한 사안유형에 외관책임을 인정하여 진정한 권리자의 권리를 희생하고 외관을 신뢰한 제3자를 보호하게 할 것인지 물음으로 돌아가며, 결국 어떤 사실이 있으면 신뢰의 대상이 되는 외관이 있다고 할 것이고 그 경우 신뢰는 어느 정도에 이르러야 하는지(선의? 무과실?) 등의 쟁점을 구체적 사안유형을 배경으로 답해야 할 것이다. 예컨대 판례는 권리자가 부실등기를 "통정 · 용인하였거나 이를 알면서 방치"한 경우를 언급하지만, 그 경우 어느 정도의 행태를 용인이나 방치로 볼 것인지, 귀책을 정당화하는 시간적 지속은 필요한지, 제3자는 선의이면 충분한지 아니면 무과실까지 있어야 하는지 등의 질문들이 바로 제기될 것이다. 특히 우리 민법에서는 일본 민법과는 달리, 한편으로 표의자의 귀책성이 상대적으로 낮은 §§ 109 Ⅱ, 110 Ⅲ의 경우에도 § 108 Ⅱ과 같은 규율이 인정되고 있다는 사실이, 다른 한편으로는 선의취득적 기능을 수행하는 등기부취득시효가 존재하며 10년의 등기기간을 요구한다는 사실(§ 245 Ⅱ)도 체계해석상 고려되어야 할 것이다. 따라서 이 문제는 일률적으로 긍정하거나 부정할 것은 아니며 이후 거래의 필요에 따른 판례의 점진적 법형성을 기다려서 개별적인 사안유형을 배경으로 판단해야 한다.

[김 형 석]

第 109 條(錯誤로 因한 意思表示)

① 意思表示는 法律行爲의 內容의 重要部分에 錯誤가 있는 때에는 取消할 수 있다. 그러나 그 錯誤가 表意者의 重大한 過失로 因한 때에는 取消하지 못한다.

② 前項의 意思表示의 取消는 善意의 第三者에게 對抗하지 못한다.

차 례

Ⅰ. 착오 서론

1. 규정의 내용과 목적

사적 자치의 원칙은 표의자가 자기결정에 기초한 의사표시에 의해 자신의 법률관계를 형성한다는 것을 의미하므로, 그 전제로 자기결정에 흠이 없을 것을 요구한다. 그런데 그러한 의사표시가 착오에 의해 유발된 경우, 예컨대 의사표시에 인정되는 내용과 진의가 일치하지 아니함에도 표의자가 이를 의식하지 못하고 의사표시를 한 경우나 잘못된 정보에 따라 형성된 효과의사를 가지고 의사표시를 한 경우, 자기결정은 존재하지 않거나 결함이 있다고 말할 수 있다. 이러한 경우 표의자의 이익을 고려하여 의사표시를 무효로 하거나 취소할 수 있게 한다면 자기결정의 원칙에는 가장 잘 부합할 수 있을 것이지만, 한편으로 거래의 안전은 심중하게 위협받을 수 있으며, 다른 한편으로 의사표시 과정에서 표의자가 감당해야 하는 자기책임 원칙에 따른 요구가 무시되는 결과가 발생할 것이다. 그러므로 대부분의 법질서는 착오에 기한 무효 또는 취소 주장을 제한된 범위에서만 허용하며, 이는 우리 민법에서도 다르지 않다. §109는 법률행위의 내용의 중요부분에 착오가 있는 때에는 표의자가 취소할 수 있다고 하면서도, 그 착오가 표의자의 중대한 과실로 인한 때에는 취소권을 배제하고, 또 취소가 된 때에도 그 효과는 선의의 제3자에게 대항할 수 없도록 하여 표의자와 상대방 그리고 거래의 이익을 조화하고자 한다.

취소권의 발생요건을 정하는 §109 Ⅰ의 문언은 관계이익 사이의 균형을 도모하고자 하는 규정이기는 하지만, 그 규정 방식이 극히 포괄적이어서 현실의 사안에서 착오가 취소권을 발생시키는 착오 즉 고려되는 착오인지를 판단하기 위한 구체적인 기준을 제공하고 있지는 않다. 그러한 의미에서 §109 Ⅰ은 착오에 기한 취소를 판단할 때 고려되어야 할 몇 가지 일반적인 기준만을 제시하며 이를 구체화하는 기준은 해석에 위임하는 일반규정에 가깝다고 말할 수 있다.[1] 그러므로 개별 착오유형을 대상으로 취소가능성을 점검하는 작업은 §109 Ⅰ의 가치평가 및 민법 일반에 반영되어 있는 법원리를 종합적으로 고려하는 해석론에 의해 수행되어야 한다.

---

1) 양창수, "주채무자의 신용에 관한 보증인의 착오", 민법연구 2, 1991, 25-27 참조.

2. 착오 규정의 연혁과 입법례

아래에서는 착오법의 역사를 배경으로[2] 우리 착오 규정의 연혁 및 다른 나라의 입법례를 살펴보기로 한다.

(1) 로 마 법

일반적인 견해에 따르면 고로마법에서 착오의 고려는 법률행위가 가지는 형식주의에 의하여 제한되었다고 한다.[3] 그러나 로마의 법률가들은 이미 후기 공화정에서부터 유언과 같은 방식행위에서도 표의자의 의사를 고려하기 시작하였고, 이러한 경향은 고전기에 다른 방식행위에서도 관철되었다.[4] 하지만 현재의 의사표시 이론에 따른 이해와는 달리, 로마 법률가들은 착오에 의하여 체결된 계약의 경우 당사자들의 합의(consensus)가 배제된다고 생각하였다.[5] 따라서 로마법에서 착오의 문제는 기본적으로 합의/불합의의 문제로 이해되었다.

로마법상의 착오사례들은 통상 당사자들이 착오한 대상에 따라 분류되었다. 이들은 전통적으로 객체의 착오(error in copore), 당사자의 착오(error in persona), 법률행위 성질의 착오(error in negotio), 명칭의 착오(error in nomine), 性狀의 착오(error in substantia) 등으로 명명되었다.[6] 객체의 착오는 예컨대 한 계약 당사자가 특정 부동산을 매수하고자 하는데 그 상대방은 다른 부동산을 계약 목적물로 생각한 경우에 존재한다.[7] 법률행위 성질에 관한 착오는 한 당사자가 증여로 제공된 금전을 소비대차로 생각하고 수령한 경우에 인정되었다.[8] 그리고 당사자에 관한 착오는 일방 당사자가 계약 상대방의 동일성에 대하여 착오를 한 경우이다. 이 사안들에서 계약은 당사자 의사의 불합치로 인하여 무효였다.

---

2) 아래 내용은 김형석, "독일 착오론의 역사적 전개", 저스 72, 2003, 314 이하; 송덕수, 착오론(1991), 7 이하, 312 이하; 양창수, "독일민법전 제정 과정에서의 법률행위 규정에 대한 논의", 민법연구 5, 1999, 49 이하; Schermaier in Historischer-kritischer Kommentar zum BGB Ⅰ(2003), §§ 116-124 Rn. 51ff. 참조. 착오론의 역사에 대한 탐구는 최근 (로마법에 대해) Harke, Si error aliquis intervenit(2005) 및 (보통법학에서 독일민법전 제정까지) Schermaier, Die Bestimmung des wesentlichen Irrtums von den Glossatoren bis zum BGB(2000) 두 연구에 의해 크게 촉진되었다.

3) Zimmermann, The Law of Obligations(1990) 587.

4) Kaser, Das römische Privatrecht Ⅰ(2. Aufl., 1971), § 58 Ⅱ.

5) Kaser(주 4), § 58 Ⅱ 1; Zimmermann(주 3), 587-588.

6) Kaser(주 4), § 58 Ⅱ 1.

7) 예를 들어 Ulp. D. 18, 1, 9 pr.

8) 예를 들어 Ulp. D. 12, 1, 18, 1.

한편 실무에서 중요한 의의가 있었던 사안은 특히 성상에 대한 착오 즉 당사자가 객체의 동일성에 대하여서가 아니라 그 성상에 대하여 착오한 사례였다. 그 전형적인 예로는 식초가 포도주로 매매된 경우나 구리가 금으로 매매된 경우가 거론되었다.[9] 성상의 착오의 취급에 대하여서는 고전 로마법에서 이미 활발한 논쟁이 있었던 것으로 보이지만, 원칙적으로 성상의 착오가 있는 경우 계약은 무효라는 견해가 당시의 통설이었던 것으로 추측된다.[10] 물론 성상의 착오에 의하여 계약이 무효로 인정되기 위하여서는 물건이 결함을 가지고 있다거나 가치가 떨어진다는 사정만으로는 충분하지 않았으며, 오히려 목적물이 전혀 다른 소재(materia)의 물건일 것이 요구되었다.[11]

고전기 이후의 로마법에서도 착오의 취급에 관한 한 어떠한 새로운 시도는 발견되지 않았으며, 본질적인 부분에서 고전 로마법이 달성한 성과에 머물렀다.

(2) 古普通法에서의 착오론

전기·후기 주석학파 및 인문주의 법학에서의 착오론 역시 로마법 대전에서 전승된 착오론에 머물렀다. 계약 성립에서 발생한 착오에 대한 논의는 18세기 말까지 어떠한 근본적인 새로운 자극도 받지 않았고, 로마법상의 착오론에서 크게 벗어나지 않았다.[12] 즉 기본적으로 로마법상 전승된 객체의 착오, 당사자의 착오, 법률행위 성질의 착오, 성상의 착오가 고려되는 착오의 유형으로 인정되었던 것이다. 물론 이와 관련하여 착오가 법률행위의 본질적 요소(essentialia negotii)에 관하여 있어야 한다는 보다 일반적인 원칙을 도출하기도 하였다.[13]

그러나 그 이전 로마법에서 발견되지 않는 새로운 관점들이 부분적으로

9) Ulp. D. 18, 1, 9, 2.

10) Flume, Allgemeiner Teil des Bürgerlichen Rechts Ⅱ(4. Aufl., 1992), 437.

11) Kaser(주 4), § 58 Ⅱ 1 Fn. 24 참조. 따라서 많은 학자들은 성상의 착오의 취급이 로마법상의 하자담보책임을 보완하는 기능을 수행하였다고 주장하고 있다. 로마법상 하자담보책임은 매도인이 악의로 하자에 대해 묵비한 경우나 성상에 대한 보증이 있는 경우에는 매수인 소권(actio empti)에 의하여, 그 밖에 노예매매와 가축매매의 경우에는 안찰관(aediles) 고시에 의하여 도입된 해제 및 대금감액에 의하여 인정되고 있었다. 따라서 매수인은 이외의 경우에는 물건의 하자로 인한 손해를 부담해야 했다(caveat emptor). 하지만 그 '하자'가 극단적인 경우 즉 매매 목적물의 소재(materia) 자체가 아예 다른 경우에는 성상의 착오가 인정됨으로써 매수인에게 적절한 보호가 제공될 수 있었다는 것이다. Zimmermann(주 3), 593-594.

12) Zimmermann(주 3), 609.

13) Coing, Europäisches Privatrecht Ⅰ(1985) 416.

제기되기도 하였는데, 그중 이후의 발전에 특히 중요한 의의를 가지는 것은 착오와 법률행위와의 인과관계를 요구하는 견해였다. 법률행위 체결 시 일방 당사자가 착오를 하였더라도 그 착오가 계약 체결에 결정적인 원인이 아니었다면, 당사자는 착오가 없었더라도 동일한 법률행위를 하였을 것이므로, 그러한 착오는 고려되어서 안 된다는 것이었다. 이러한 인과성의 요구는 특히 당사자의 착오(error in persona)와 관련하여 강조되었다. 아울러 착오로 인하여 발생하는 계약의 무효는 착오자만이 주장할 수 있다는 견해 역시 주장되었는데, 이 견해 역시 실제에 있어서는 착오와 계약의 성립에 인과관계를 요구하는 견해와 유사한 결과에 도달하였다.

(3) 자연법학에서의 착오론

자연법의 관점에 기반한 사법이론을 정초한 그로티우스는 로마법적 착오이론을 비판하면서 자신의 착오론을 전개하였다.[14] 그에 따르면 착오자가 행한 의사표시(promissio)는 효력을 가질 수 없다. 즉 의사표시자는 일정한 사실의 존재를 '(전제)조건'으로 하여 의사표시를 행한 것이기 때문에, 그러한 사실이 존재하지 않으면 의사표시는 당연히 효력을 발생시키지 않는다는 것이다. 그러나 그로티우스가 주장하는 대로 의사표시의 효력이 일방 당사자가 전제하는 사실에 좌우된다면 상대방의 신뢰보호는 크게 위협받을 수밖에 없다. 따라서 그는 자신의 이론을 보완하기 위하여 최초로 착오자의 배상책임이라는 관점을 도입하게 된다.[15] 그런데 그는 이 배상책임이 계약상의 책임은 아니며, 오히려 '과실(culpa)에 의하여 가해진 손해'(ex damno per culpam dato)에 기하여 발생한다고 하여 일반적인 불법행위책임으로 파악하였던 것으로 보인다.[16]

한편 푸펜도르프 역시 그로티우스에 따라 착오에 의한 의사표시가 무효라는 점에서 출발하면서도, 여러 가지 제한을 두어 상대방을 보호하고자 하였다. 우선 그는 그로티우스가 제안한 착오자의 배상책임을 인정하였다.[17] 하지만 그는 더 나아가 착오로 행해진 의사표시는 무효(nichts)이기는 하지만, 행위나 주위 정황을 통하여 그 의사표시가 일정한 사정을 조건으로 하여 행해진다는 점이 상대방에게 명확하게(klärlich) 드러나야 한다고 하여 상대방의 인식가

14) Grotius, De iure belli ac pacis(1625), Lib. 2, Cap. 11, Ⅵ.
15) Grotius(주 14), Lib. 2, Cap. 11, Ⅵ.
16) 예를 들어 Grotius(주 14), Lib. 2, Cap. 17, Ⅰ.
17) Pufendorf, Acht Bücher vom Natur- und Völcker-Rechte(1711), Lib. 3, Cap. 6, Ⅵ.

능성을 요구하였다.[18] 그리고 착오에 의하여 행해진 의사표시에 의하여 성립한 법률행위가 계약인 경우, 푸펜도르프는 착오자가 자신의 의사표시가 착오로 인하여 무효라는 사실을 주장할 수 있는 것은, 착오의 전제가 된 사실이 상대방에게 인식 가능하였을 뿐만 아니라, 양 당사자가 착오로 인하여 체결된 계약을 아직 이행하지 않은 상태여야 한다고 하였다.[19]

이러한 신뢰보호의 관점은 토마지우스의 착오론에 이르러서는 의사주의적인 요소를 거의 배제하면서 자연법적 착오론에서 지배적인 관점으로 부상하였다. 즉 "착오는 의심스러운 경우에는 항상 착오자의 불이익으로 취급되어야 한다"는 것이다.[20] 따라서 토마지우스는 의사표시는 상대방이 인식할 수 있는 내용대로 그 효력을 가진다는 자연법상의 의사표시 해석 이론을 착오에 관하여서도 수미일관하게 적용하였다고 할 수 있다. 이러한 경향은 자연법 이론가들의 저서에서 광범위하게 수용되어 주장되었다.

(4) 프랑스민법전

프랑스민법전의 착오 규율은 보통법의 전통을 계승한 것으로 볼 수 있다. 실제로 프랑스민법 제정 전 학설은 대체로 로마법에 기초한 보통법의 착오론을 받아들이고 있었으며, 이는 예컨대 포티에의 학설에서 확인된다. 그는 객체의 착오나 법률행위 성질의 착오가 합의를 배제한다고 설명하고, 더 나아가 성상착오와 당사자의 착오도 마찬가지이지만 동기의 착오는 그렇지 않다고 하였다.[21] 그러나 그는 성상착오와 당사자의 착오에 대해서는 계약내용에 반영된 내용을 기준으로 판단한다는 점을 천명하였던 점이 주목할 만하다.[22]

이후 제정된 프랑스민법 § 1109는 계약상 합의가 착오에 의해 배제된다는 점을 선언한 다음, § 1110는 계약 목적물의 성상(substance)에 대한 착오(Ⅰ) 및 인과관계 있는 당사자의 착오(Ⅱ)가 고려된다고 규정하였다(이른바 erreur vice de consentement). 이 규정은 이후 학설과 판례의 해석에 대해 많은 변천을 겪었다.[23] 우선 이 규정에서의 무효는 절대적 무효가 아닌 상대적 무효

18) Pufendorf(주 17), Lib. 3, Cap. 6, Ⅵ.
19) Pufendorf(주 17), Lib. 3, Cap. 6, Ⅶ.
20) Thomasius, Institutiones jurisprudentiae divinae(1720), Lib. 2, Cap. 7, 39.
21) Pothier, Traité des obligations, Oeuveres de Pothier par M. Bugnet, Tome deuxième(1848), n°s 17-20.
22) Dumas, Histoire des obligations dans l'Ancien Droit français(1972), 154-155.
23) Terré, Simler et Lequette, Droit civil. Les obligations(10^e^ éd., 2009), n°s 208 sqq.; 주기동, "민법상 착오의 제문제: 프랑스 민법과의 비교연구", 법조 46-6, 1997, 140 이하;

라고 해석되어, 착오자만이 소로 이를 주장할 수 있다고 해석되었다. 그 다음 판례는 성상(substance)을 보통법적 맥락에서 벗어나 당사자들이 계약에서 고려한 중요한(substantiel) 사정으로 이해하여 계약 내용으로 고려된 동기착오도 고려할 수 있는 가능성을 인정하였으며, 더 나아가 과실 있는 착오자의 무효 주장도 받아들이지 않게 되었다. 그 밖에 § 1110에서 언급되지 아니한 객체의 착오와 법률행위 성질의 착오에 대해, 이들 역시 고려되는 착오이며 다만 § 1110에 따라 상대적 무효를 발생시키는 것이 아니라 합의의 전적인 결여를 이유로 절대적 무효의 효과를 가진다는 점도 승인되었다(이른바 erreur-obstacle).

(5) 오스트리아민법전

이에 대해 오스트리아민법전은 자연법학에서 대표되는 신뢰보호의 관점을 계승한 착오법으로 평가된다. 현재 효력을 가지는 규정에 따르면 증여나 유언과 같이 상대방 보호가 문제되지 아니하는 무상행위는 동기의 착오를 이유로 해서 취소할 수 있다(오민 §§ 572, 901). 상대방 보호가 문제되는 유상행위의 경우 동기의 착오는 고려되지 아니한다(오민 § 901). 반면 의사와 표시에 불일치가 존재하는 경우("표시 착오")이거나 동기가 법률행위의 내용으로 고려된 경우("협의의 행위착오")는 고려될 가능성이 존재하지만("광의의 행위착오"), 그 경우에도 ① 착오가 상대방에게 인식되었거나 ② 상대방이 이를 유발하였거나 ③ 아직 상대방의 이행이 없는 등 상대방의 신뢰보호에 장애가 되지 아니하는 경우에만 고려될 수 있다는 태도를 취하고 있다(오민 § 871). 이렇게 착오가 고려될 수 있는 경우 착오가 본질적인 경우에는 계약의 취소가 가능하지만, 그렇지 않은 때에는 계약은 당사자들의 가정적 의사에 맞추어 조정된다(오민 § 872).

이러한 오스트리아민법의 착오 규정은 보통법의 전통에서 벗어나 표의자의 이익과 상대방의 신뢰보호를 균형 있게 고려한 현대적인 규율로 평가받고 있으며, 20세기의 유럽계약법원칙(PECL) 등에 큰 영향을 주게 된다.

(6) 사비니 이전의 보통법 학설

18세기에 유력하게 지지되었던 자연법적인 착오 이론은 19세기에 들어오면서 점차로 배격되고 다시 로마법원에 근거한 착오론이 대두하게 되었다. 그러나 자연법적 착오론이 제기하였던 여러 가지 새로운 관점들은 로마법원에서 채취한 소재를 가공하는데 의식적 또는 무의식적으로 반영되었으며, 이로부터

여하윤, "프랑스 민법상의 착오에 관한 연구", 민학 50, 2010, 309 이하.

이전 古普通法상의 착오론과 다른 뉘앙스를 가진 착오론들이 제기되었다. 가장 적절한 예로는 동기의 착오의 취급을 들 수 있을 것이다. 이전의 보통법 학설은 착오로 인한 계약의 효력을 다룸에 있어서 동기 착오라는 유형을 채택하지 않았었다. 그러나 이 시기에 이르러서는, 착오의 문제를 불합의의 문제로 파악하는 관점 및 로마법원에 따른 착오의 유형론은 기본적으로 유지하면서도, 단순한 동기의 착오는 고려되지 않는다는 견해가 널리 주장되었다. 즉 동기가 법률행위의 조건으로 합의되지 않는 한 동기의 착오는 고려되지 않는다는 것이다.[24] 마찬가지로 자연법학에서 주장되었던[25] 착오의 회피가능성에 대한 견해 역시 이 시기 보통법학에 정착하였다. 계약이 착오로 인한 불합의를 이유로 무효로 취급되기 위하여서는, 당사자의 착오가 회피할 수 없는 성질의 것이어야 한다고 한다. 따라서 착오자가 자신의 과실로 인하여 착오를 회피할 수 없었던 경우에는 계약은 유효한 것으로 취급되어야 한다고 하였다.[26]

(7) 사비니의 착오론

사비니는 자신의 의사표시 이론을 배경으로 하여 서로 다르게 취급되어야 할 두 유형의 착오를 구분하고 이를 '진정한 착오'(echter Irrtum)와 '부진정한 착오'(unechter Irrtum)라고 명명하였다.[27] 부진정 착오는 의사가 표시와 일치하지 아니하는 경우 즉 표시로부터 추단한 의사가 실제로는 존재하지 아니하는 경우를 말하며, 그에 반하여 진정 착오는 의사와 표시가 일치하는 착오 즉 표의자가 단지 그 동기에 있어서 착오를 한 경우이다.

사비니에 따르면 일견 동기착오는 표의자의 의사를 배제하는 것으로 보이지만, 이는 부당하다. 왜냐하면 동기는 의사 그 자체와는 엄격하게 구분되어야 하기 때문이다.[28] 비록 의사의 형성 과정에 착오가 있었다고 하더라도, 결단은 자유로운 의사에 따라 진지하게 행해진 것이다. 따라서 의사표시자는 사태를 잘못 파악하였음에도 어쨌든 자신이 표시한 법률효과를 의욕하였다고 말할 수 있다. 그러므로 이러한 의사표시는 유효하여야 하며, 착오는 고려되지 않는다.[29] 이는 "심지어 무제한의 불안정과 자의에 대하여" 거래를 보호함을 의미

24) 예를 들어 Thibaut, Versuche über einzelne Theile der Theorie des Rechts Ⅱ(2. Aufl., 1817), 305f.; Glück, Ausführliche Erläuterung der Pandecten Ⅳ(1796), 157.
25) Thomasius(주 20), Lib. 1, Cap. 1, 64.
26) Thibaut(주 24), 119; Glück(주 24). 164.
27) Savigny, System des heutigen römischen Rechts Ⅲ(1840), 264, 440, 446.
28) Savigny(주 27), 113.
29) Savigny(주 27), 441.

한다.[30)]

이에 대해 부진정 착오 즉 표시자의 의사가 표시와 일치하지 아니하는 경우에는 사정이 다르다. 그에 따르면 부진정 착오는 "의사 없는 비의도적 표시행위"에 다름 아니다.[31)] 의사표시에서 의사는 "그 자체로 유일하게 중요하고 유효한 것으로 생각되어야" 하기 때문에,[32)] 따라서 이러한 경우 의사표시는 필연적으로 무효일 수밖에 없다. 이로써 사비니는 법률행위가 무효가 되는 근거를 착오에서가 아니라, 의사와 표시의 불일치 즉 법률행위가 존재하지 않는다는 사실에서 찾는다. 이러한 전제로부터 사비니는 여러 결과들을 도출하는데, 의사와 불일치가 무효의 근거인 이상 착오자의 과실을 고려할 근거가 없으며,[33)] 착오자의 배상의무도 생각할 수 없고,[34)] 착오와 의사표시 사이에 인과관계도 필요 없다는 것[35)] 등이 그러하다.

그러나 사비니는 부진정 착오에 관하여 서술한 일반 원칙에 직면하여서 부진정 착오가 무제한적으로 고려될 것을 주장하지는 않았다. 오히려 그는 단지 '본질적인'(wesentlich) 착오만이 고려된다고 함으로써 부진정 착오의 효력을 제한하고자 하였다. 그렇다면 과연 어떠한 경우에 본질적인 착오가 존재하는 것인가? 본질적인 착오와 비본질적인 착오의 경계를 획정하기 위하여 사비니는 로마법에서 기원하고 보통법에 의하여 가공된 착오의 유형론을 받아들인다. 즉 객체의 착오, 당사자의 착오, 법률행위 성질의 착오, 성상의 착오가 있는 경우에 부진정 착오는 본질적인 착오로서 고려된다는 것이다. 따라서 의사와 표시가 불일치하는 모든 경우에 계약이 무효가 되는 것이 아니라, 로마법상 고려되는 착오의 유형이 존재하는 경우에만 부진정 착오는 법률행위의 효력을 저지하는 근거로 인정된다.[36)]

그런데 이러한 이론에 따르면 성상의 착오는 본질적인 착오로 의사표시의 효력을 저지해야 한다. 그러나 엄밀히 따진다면 성상의 착오는 동기 착오에 불과하다. 이러한 성상 착오의 특수성 역시 사비니는 인식하고 있었다. 따라서 그는 성상착오는 원칙적으로 고려되지 않는다고 말한다. 하지만 그는 동시에

30) Savigny(주 27), 355.
31) Savigny(주 27), 259.
32) Savigny(주 27), 258.
33) Savigny(주 27), 264.
34) Savigny(주 27), 264. Fn. d.
35) Savigny(주 27), 271-272.
36) Savigny(주 27), 267f.

"본질적 착오의 효력이 부여되는" 성상착오의 사례가 존재할 수 있다고 생각한다.[37] 즉 문제되는 성상이 본질적인 경우에는, 그에 관한 착오는 객체의 착오와 동일시되어야 한다고 한다.[38] 그리고 성상이 본질적인지 여부의 기준은 거래계의 관념이다.[39]

(8) 사비니 이후 독일 보통법학의 착오론과 독일민법전의 제정

㈎ 사비니의 착오론은 이후의 판덱텐 법학에 결정적인 영향을 주었고 이로써 전체의 논의구조를 새롭게 변모시켰다. 착오 문제를 의사의 흠결이라는 관점에서 접근하고자 하는 시도는 이후 보통법에서 압도적으로 관철되었다. 그러나 이는 사비니의 착오론이 무비판적으로 수용되었음을 의미하지는 않는다. 우선 많은 판덱텐 법학자들은 이전 보통법의 전통에 따라서 단지 착오자에게 과실이 없는 경우에만 착오를 고려하고자 하였다.[40] 더 나아가 본질적인 착오를 로마법원에서 추출한 유형론에 따라 인정하고자 하는 견해 역시 심리학적 관점이 득세하면서 포기되었다.[41] 그런데 이렇게 고려되는 착오사례가 확대되면서, 착오자에게 과실이 있는 경우 착오로 행해진 의사표시의 수령자가 손해배상을 청구할 수 있어야 하지 않을지의 문제가 다시 제기되었다. 예링은 손해배상 책임을 계약의무의 확대에 의하여 즉 계약체결단계에 있어서의 의무를 인정함으로써 달성하고자 하였으며,[42] 이로써 착오가 착오자의 과실에 기인하는 경우에 계약 상대방은 착오자로부터 신뢰이익의 배상을 청구할 수 있는 길이 열리게 되었다. 그 외에는 치텔만의 견해가 19세기 말 착오론의 전개에 강한 영향을 주었다. 그는 사비니의 심리학적 단초를 받아들여서 이를 철저하게 관철시켰다. 상세한 심리학적 분석을 토대로 하여 치텔만은 동기착오는 고려되지 않는다고 하면서, 사비니와는 달리 이에 어떠한 예외도 두지 않았다. 따라서 그는 특히 성상의 착오를 본질적인 착오로 고려하는 것을 비판하였다.[43]

㈏ 독일민법전 제정과정에서 제1위원회는 사비니에 의해서 정립된 의사주의에서 출발하고자 했으나 동시에 이를 거래의 이익을 위하여 일정 범위에

37) Savigny(주 27), 276.
38) Savigny(주 27), 277.
39) Savigny(주 27), 283.
40) Dernburg, Pandekten Ⅰ(7. Aufl., 1902), § 101 2.
41) Flume(주 10), 446.
42) Jhering, "Culpa in contrahendo", JheringsJb 4(1861), 7, 26f.
43) Zitelmann, Irrtum und Rechtsgeschäft(1879), 552ff.

서 수정하고자 하였다.[44] 제1위원회는 표시에서 추단된 의사가 실제의 의사와 합치하지 않는 의사표시를 무효로 선언하였지만, 이러한 효과를 본질적인 착오 즉 의사표시와 인과관계가 있는 착오에 제한하였으며 로마법에서 전승된 착오 유형이 존재하는 경우 인과관계는 추정되었다(제1초안 §98). 그러나 제1초안은 보통법상의 전통에 따라 착오자에게 중대한 과실이 있는 경우에는 의사표시의 효력을 유지하도록 하였고(제1초안 §99 I), 착오자에게 통상의 과실이 있는 경우에는 착오를 알 수 없었던 의사표시의 수령자의 손해배상 청구권을 인정하였다(제1초안 §99 II, III). 그 외에 제1초안은 동기의 착오는 법률행위의 효력에 아무런 영향이 없음을 규정하면서(§102) 이에 따라 성상착오를 고려할 것을 배척하였다. 제1위원회는 성상착오를 규정하는 것은 명확성을 결여하며 표의자는 다른 수단에 의하여 충분히 보호될 수 있다는 이유로 이를 정당화하였다.[45]

그러나 이러한 규정들은 제1초안에 제기된 많은 비판에 직면하여 제2초안에서 적지 않은 수정을 받아들여야 했다. 우선 제2초안에 따르면 착오를 이유로 흠결이 있는 의사표시는 이제 처음부터 무효로 간주되는 것이 아니라 표시자에 의하여 취소 사유에 그치게 되었다(제2초안 §94 I, 독민 §119 I). 더 나아가 제2위원회는 심리학적인 착오 개념을 포기하면서,[46] 일정 범위의 동기착오도 고려될 수 있다는 입장을 채택하였다. 그리하여 새로이 채택된 문언인 "의사표시를 할 때 그 내용에 착오가 있었던 경우"(독민 §119 I 전단)라는 표현은 단순히 내용의 착오뿐만 아니라 동기의 착오까지 포함한다는 것이 제2위원회의 의도였다. 이 점은 성상착오의 취소를 정하는 독민 §119 II이 예외적으로 고려되는 동기착오로 생각되지 않고, 오히려 동조 제1항이 정하는 내용착오의 확인적 예시규정으로 이해되었다는 사실에서 명백하게 나타난다. 즉 제2위원회는, 동기착오인 성상착오가 제1항이 정하는 "의사표시의 내용에 관한 착오"에 해당하지 않는다고 주장하는 잘못된 해석이 나타날 가능성도 있으므로, 이를 배제하기 위한

44) Motive I, 191 = Mugdan I, 457.

45) Motive I, 199 = Mugdan I, 462.

46) 종래에는 독일민법이 판덱텐 법학의 영향 하에서 동법 §119 I에서 표시착오와 내용착오를 규정하고 동조 II에서 예외적으로 고려되는 동기착오로서 성상착오를 규정하였다고 이해하는 것이 일반적이었다. 그러나 비교적 최근에 공간된 독일민법 제정과정에 대한 상세한 연구는 지금까지의 인식이 좁은 범위의 입법자료만을 근거로 독일민법 입법자의 태도를 오해하였음을 보이고 있다. Schermaier(주 2), 607ff. 참조. 여기서는 특히 이전에는 잘 고려되지 않았던 제1초안에 대한 비판의견들 및 (제2위원회를 준비하기 위해 제국법무부에 구성되었던) 예비위원회의 심의 경과를 고려하는데, 이로부터 이후 제2위원회의 태도를 판단하고 평가할 수 있게 하는 많은 자료들이 새로 음미되고 있다.

확인규정으로 제2초안 § 94 Ⅱ(독민 § 119 Ⅱ)을 둔다고 밝히고 있는 것이다.[47] 이렇게 일정한 동기착오의 경우에도 취소권을 인정함으로써 발생하는 상대방 보호의 필요성에 대해서는, 제2위원회는 한편으로 착오와 의사표시 사이에 인과관계를 요구함으로써 착오 취소를 제한하고(독민 § 119 Ⅰ), 다른 한편으로 착오자에게 무과실의 손배배상책임을 부여함으로써(제2초안 § 97, 독민 § 122) 균형을 맞추고자 하였다.

그 밖에 독일민법은 화해나 유언 등에 대해 특별규정으로 착오의 효과를 규율하는 규정을 가지고 있다(독민 §§ 779, 2078 등).

(9) 스위스채무법

스위스채무법은 이상의 전통을 계승하는 절충적인 태도를 취하면서도, 일정하게 동기착오의 취소가능성도 시사하는 관점을 보이는 착오 규율을 두고 있다. 동법은 일반원칙으로 "중요한 착오"(wesentlicher Irrtum)가 고려된다고 규정하고, 그러한 중요한 착오가 무엇인지를 유형적으로 파악하는 시도를 한다. 스위스민법은 "계약은 체결 시에 본질적인 착오에 있었던 자에 대하여 구속력이 없다"고 하면서, 이러한 본질적 착오들을 유형화하는 작업을 한다(스채 §§ 23, 24). 이에 따르면 성질의 착오, 객체의 착오, 수량의 착오 등이 본질적 착오이다. 더 나아가 스위스채무법에서 특징적인 것은 동기의 착오의 취급이다. 스위스법상 착오가 계약체결의 동기에만 관한 것인 경우, 그 착오는 본질적이지 않다(스채 § 24 Ⅱ). 그러나 착오가 착오자가 신의성실에 좇아 거래에서 계약의 필수적인 기초로 간주하였던 특정 사실관계에 관한 것인 경우, 이러한 착오는 본질적인 착오로 고려된다고 한다(스채 § 24 Ⅰ Nr. 4). 이러한 유형의 착오를 통상 기초착오라고 부른다. 이렇게 기초착오에 해당하는 동기착오를 취소할 수 있게 한다는 점에서 스위스채무법은 프랑스 판례가 계약에서 중요하게 고려된 사정을 이유로 취소를 인정하거나 오스트리아민법에서 같은 이유로 협의의 행위착오를 인정하는 것과 비교할 수 있는 규율을 보인다.

(10) 우리 민법 착오규정의 연혁

의용민법은 "법률행위의 요소에 관한 착오는 무효로 한다"고 규정을 하고 있었다(동법 § 95). 여기서 "법률행위의 요소"가 무엇인지에 관하여서는 제정 이후 초기부터 여러 논의가 있었다.[48] 그러나 이러한 논쟁은 일본 大審院이 법률행

47) Protokolle Ⅰ, 114f. = Mugdan Ⅰ, 720. 양창수(주 2), 64도 참조.

48) 아래 내용에 대해서는 森田宏樹, "民法九十伍條(動機の錯誤を中心として)", 廣中俊雄·星野英一 編, 民法典の百年 Ⅱ(1998) 参조.

위의 요소에 관한 착오를 법률행위 내용의 중요부분의 착오로 파악하고, 중요부분의 착오를 판단하는 기준으로 주관적 현저성과 객관적 현저성을 제시함으로써 일단락되었다. 그러나 일본의 통설은 독일민법학의 착오 유형론의 영향을 받아, 표시착오와 내용착오는 법률행위의 요소의 착오가 되지만, 동기는 원칙적으로 법률행위의 요소가 아니므로 그 착오는 요소의 착오가 아니라고 하였다. 다만 동기가 표시되는 때에는 법률행위의 내용이 되어 "내용의 중요부분"이 해당할 수 있다고 해석하였다. 이러한 학설은 이후 판례에도 영향을 주게 되었다.

민법안을 준비하는 과정에서[49] 법전편찬위원회는 의사주의에 치중한 것이라는 비판이 있는 무효 효과에 대해 이를 취소로 할 것을 정하였고, 이는 이후 제출된 정부안에도 반영되었다.[50] 한편 고려되는 착오에 대해서 정부안이 "법률행위에 중대한 착오"라고 정하고 있던 것을 법제사법위원회 민법안소위는 "법률행위의 내용의 중요부분에 착오"라고 수정하였고, 그 이유로는 "중요부분외의 착오를 일일이 무효로 할 필요는 없고 또 단순히 중요한 착오라고 규정하는 것보다 더 명백하게 […] 규정하는 것이 가할 것"[51]을 들고 있다. 여기서 우리 입법자는 당시 일본의 통설·판례에 따라 일정한 범위의 동기착오의 취소가능성을 염두에 두면서, 다만 그 제한의 기준으로 의용민법의 해석으로 전개되었던 주관적 현저성과 객관적 현저성의 기준을 암시하는 "중요부분"이라는 문언을 채택하였던 것으로 추측된다. 그 밖에 표시기관이 잘못 의사를 전달한 경우를 착오에 준하여 취급할 것인지의 문제가 논의되었으나, 해석상 착오에 준하여 취급될 수 있다고 판단하여 추가적인 규정은 두지 않기로 하였다.[52]

국회 본회의에서는 착오자가 의사표시를 취소하는 경우 상대방의 신뢰이익을 배상하는 무과실책임을 도입하자는 현석호 의원 수정안에 대해 다소 토론이 있었으나, 결과적으로 채택되지 못하였다.[53]

(11) 유럽계약법원칙

유럽계약법원칙(PECL 4:103 내지 4:105)과 국제상사계약원칙(PICC 3.2.1. 내지 3.2.4.)은 넓은 비교법적

49) § 109의 제정과정에 대해서는 김욱곤·김대정, "법률행위의 착오에 관한 일고찰(중)", 성균관법학 4, 1992, 55 이하; 김대정, 869 이하, 886 이하; 윤진수, "계약상 공통의 착오에 관한 연구", 민법논고 Ⅵ, 2015, 213 이하 참조.

50) "민법전편찬요강" 총칙 11 = 양창수, 민법연구 Ⅰ, 1991, 100.

51) 민의원 법제사법위원회 민법안소위, 민법안심의록, 상권, 1957, 74.

52) 민법안심의록(주 51), 74.

53) 명순구 편, 실록 대한민국 민법 1, 2008, 318 이하 참조.

연구에 기초해 여러 입법례의 장점을 종합한 착오 규율을 두고 있다. 여기서는 어느 하나의 관점에 전적으로 의지한다기보다는, 표의자의 이익과 상대방의 이익을 종합적으로 고려하려는 태도가 전면에 드러난다. 두 모델규칙의 착오법은 세부적으로 차이가 없지는 않지만 대체로 유사하므로, 아래에서는 유럽계약법원칙의 착오규정을 중심으로 살펴보기로 한다.

유럽계약법원칙에 따르면 당사자는 계약의 체결시에 존재하는 사실 또는 법에 관한 착오를 이유로 하여 다음의 경우에 계약을 취소할 수 있다(PECL 4:103 Ⅰ). 이는 한편으로 ① 착오가 상대방이 제공한 정보에 의하여 야기되었거나, ② 상대방이 착오를 알았거나 알았어야 하고 또 착오 당사자를 착오상태에 놓아두는 것이 신의성실 또는 공정거래에 반하거나, ③ 상대방이 동일한 착오에 빠진 경우 어느 하나에 해당해야 하며, 다른 한편으로 상대방이 착오 당사자가 사실을 알았다면 계약을 체결하지 아니하였거나 본질적으로 다른 내용으로만 계약을 체결하였을 것임을 알았거나 알았어야 하는 경우이어야 한다. 그러나 당해 정황 아래서 착오자의 착오가 변명할 수 없는 것이거나, 그가 착오의 위험을 인수하였거나 당해 정황 아래서 인수하였어야 하는 경우에는 취소권이 배제된다(PECL 4:103 Ⅱ). 한편 이러한 사태에 관한 착오 외에도 의사와 표시의 불일치가 존재하는 착오 사안에서도 PECL 4:103 Ⅰ이 정하는 기준에 따라 취소가 가능하다(PECL 4:104). 그리고 착오가 쌍방에 공통하는 경우, 유럽계약법원칙은 취소를 인정하지만 당사자의 가정적 의사가 확인되는 경우에는 계약내용을 수정할 수 있는 가능성을 인정한다(PECL 4:103 Ⅰ, 4:105 Ⅲ).

Ⅱ. 고려되는 착오의 유형과 체계

1. 도 입

이상에서 살펴본 바와 같이, 착오 규율은 역사적으로 다양한 관점을 통해 형성되어 왔으며, 그에 따라 각국의 입법례가 보이는 태도도 반드시 동일하지 않다. 그러나 각국의 재판례가 구체적인 사안유형에 대해 보이는 개별 법리들을 비교법학적으로 살펴보면 법계를 불문하고 상당히 넓은 범위에서 비슷한 해결의 경향이 관찰되기도 한다. 그런데 우리 통설은 종래 고려되는 착오 유형을 판단함에 있어 압도적으로 독일의 심리학적 의사표시 이론에 근거한 착오

유형론에 따라 판단을 해 오고 있었으며, 판례도 추상론 차원에서는 그러하다. 그러므로 착오 취소의 요건을 살펴보기 전에 먼저 통설의 체계론을 비판적으로 검토하고 그 결과에 따라 착오 취소의 요건을 이해할 필요가 있다.[54)]

2. 통설의 동기착오 이해와 문제점

(1) 학설상황

압도적 통설은 착오의 유형과 관련하여 독일민법학에서 전승된 심리학적 착오 개념을 수용한다. 그에 따르면 의사표시 과정의 심리적 단계에 따라 세 가지 유형의 착오를 구별할 수 있다. 우선 ① 의사표시를 할 때 잘못 쓰거나 잘못 발음하는 등 표시행위에서 나타나는 표시착오, 그리고 ② 표의자가 자신의 표시행위의 객관적 의미에 상응하지 아니하는 효과의사를 가지고 있었던 내용착오 또는 의미의 착오가 있다. 이 두 가지 유형은 착오가 의사표시 자체에 내재하는 경우로 의사와 표시의 불일치로 설명된다. 반면 ③ 효과의사가 형성되는 과정에서 그에 영향을 주는 사정에 대해 착오가 있을 수 있는데, 이를 동기착오라고 한다.

통설에 따르면 표시착오와 내용착오는 의사와 표시가 불일치하므로 당연히 고려되지만, 동기착오는 착오가 의사형성 단계에 머물 뿐 의사와 표시는 일치하므로 원칙적으로 고려될 수 없다고 한다. 그리고 이러한 해석의 법률상 근거로서 § 109 Ⅰ의 문언을 든다. 즉 우리 민법은 착오가 "법률행위의 내용의 중요부분"에 있을 때 취소할 수 있다고 하므로, 효과의사 형성단계에서의 착오는 의사표시의 구성요소에 관한 것이 아니어서 법률행위의 내용에 관한 착오로 볼 수 없다는 것이다.[55)]

그러므로 통설은 원칙적으로 동기착오는 취소할 수 없다는 입장에서 출발한다. 다만 그중 종래의 다수설은 동기가 상대방에 표시되면 법률행위의 내용

54) 아래의 내용에 대해 상세한 내용은 김형석, "동기착오의 현상학", 저스 151, 2015, 100 이하 참조.

55) 곽윤직 · 김재형, 316-317; 김상용, 483-484; 김증한 · 김학동, 438; 강태성, 법률행위론, 2012, 293; 명순구, 414; 백태승, 400-401; 송덕수, 292-293; 이덕환, 505; 이영준, 407; 주석 총칙(2), 677-678(제4판/지원림) 등. 김상중, "동기의 착오에 관한 판례법리의 재구성을 위한 시론적 모색", 사법질서의 변동과 현대화(김형배 교수 고희기념), 2004, 25 이하도 동기를 일정하게 고려하는 판례법리를 § 109에 포섭될 수 없는 법형성의 결과로 이해한다. 그래서 이들 중에서도 일정한 동기착오의 경우 취소를 인정할 수 있다는 견해는 이를 § 109 Ⅰ의 "유추적용"으로 이해한다.

이 되어 취소가 가능하다는 견해이며, 종래 판례도 추상론에서는 이를 따르고 있다.[56] 이에 대해서는 동기의 표시만으로 법률행위의 내용이 될 수 없으므로 부당하다는 비판이 제기되고 있었다. 이러한 비판적 입장을 취하는 문헌 중에서는 거래에서 본질적으로 간주되는 사람이 목적물의 성상에 대한 착오의 경우 §109 Ⅰ이 유추적용될 수 있다는 견해가 유력하게 주장된다.[57] 그러나 여전히 동기가 조건으로 합의되지 않는 이상 동기착오는 취소할 수 없다는 견해도 주장된다.[58]

물론 이에 대해 동기착오도 §109 Ⅰ에 따라 취소할 수 있다는 소수설도 유력하게 주장되고 있다.[59] 다만 이 견해 중에서는 동기착오도 원칙적으로 취소할 수 있다고 하면서도, 어떤 유형의 착오이든지 취소할 수 있기 위해서는 상대방이 착오의 존재를 인식하였거나 인식할 수 있어야 한다는 요구에 의해 취소를 제한하려는 입장이 유력하다.

(2) 통설의 전제에 대한 의문

그러나 동기가 법률행위의 내용이 될 수 없다는 통설의 태도에 대해서는 다음과 같은 의문이 제기된다.

일반적으로 어떤 사정이 법률행위의 내용이 되었다고 할 때에는 그것이 법률행위에 따라 발생하는 당위(Sollen)의 내용 즉 당사자들의 권리·의무관계의 내용과 관련을 맺고 그에 영향을 주고 있음을 의미한다.[60] 그러므로 동기착오에 관한 통설에 따른다면, 예컨대 피용자가 어떠한 기능을 가지고 있을 것이라고 믿고 사용자가 그를 고용하였으나 사실은 그러한 기능을 가지고 있지 않은 경우 또는 매수인이 매매목적물이 특정한 性狀(性質)을 가지고 있다고 믿고 매수하였으나 그러한 성상이 결여한 경우, 그러한 믿음은 동기에 불과한 것이어서 원칙적으로 계약의 효과와 아무 관련이 없고 그 결과 법률행위의 내용이 될 수 없다고 해야 한다. 그런데 과연 우리 민법은 그러한 이해를 전제하고 있는가? 오히려 그 반대의 태도에 서 있다고 평가된다. §658 Ⅱ 및 하자담보책

56) 가령 문헌지시를 포함하여 곽윤직, 민법총칙, 제7판, 2002, 238-239 및 대판 98.2.10, 97다44737(공 98, 686).

57) 이영준, 407; 김상용, 484; 백태승, 401; 강태성, 635.

58) 송덕수, 292-293; 이덕환, 505.

59) 고상용, 415-416; 김용한, 297; 김형배, "동기의 착오", 민법학연구(1986), 103-105; 이은영, 519; 김대정, 886-887; 김주수·김상용, 358; 박영규, "착오에 대한 새로운 이해", 경상대 법학연구 22-2, 110 이하.

60) 김증한·김학동, 438; 송덕수(주 2), 68도 참조.

임에 관한 채무불이행책임설에 따르면 그러한 동기는 법률행위의 내용이 되어 구체적 법률효과에 영향을 준다는 사실이 인정되기 때문이다.[61)]

특히 후자와 관련해 우리 통설이 동기착오와 관련한 학설사의 중요한 맥락을 간과하고 있음이 드러난다. 동기착오가 고려될 수 없다는 명제와 매도인에게 완전물 급부의무가 없다는 명제 모두 치텔만(Zitelmann)의 심리학적 의사표시 이론으로 소급한다.[62)] 치텔만은 동기와 효과의사(그의 표현으로는 Absicht)를 준별하고 목적물의 동일성이나 성상에 관한 사항은 동기에 불과하다고 이해하였기 때문에, 그에 따르면 동일성이나 성상에 대한 관념은 법률행위의 "내용"이 될 수 없었다. 이로부터 예컨대 성상에 대한 착오는 법률행위 내용에 관한 착오가 아닌 동기착오에 불과해 고려될 수 없으며, 마찬가지로 매도인의 급부의무는 그러한 성상을 그 내용으로 포함할 수 없으므로 하자 있는 물건을 인도해도 계약위반은 아니라는 결론이 도출되는 것이다. 그러나 현재 이러한 견해는 플루메(Flume)의 비판을 받아 극복된 것으로 평가되고 있다. 플루메는 매매목적물의 합의는 성상에 대한 합의를 포함할 수 있으며 그러한 경우 성상에 대한 동기는 매매의 내용이 된다는 점을 설득력 있게 보였던 것이다.[63)] 그러므로 이러한 학설사적 배경을 고려할 때 예컨대 매매계약에서 매수인이 매매 목적물의 성상에 대해 일정한 동기를 가지고 있었고 그것이 계약에 반영된 경우, 동기는 법률행위의 내용이 될 수 없으나 매도인은 하자 없는 물건을 급부할 의무가 있다는 주장은 불가능하다. 이는 법논리적으로 형용모순의 명제이기 때문이다. 그러므로 우리는 동기는 당사자의 합의에 의해 법률행위의 내용이 될 수 있다는 견해를 채택해야 한다.[64)] 이것이 또한 하자담보책임의 법적 성질 및 주관적 하자 개념과 관련해 우리 학설·판례가 도달한 성과에 부합하는 내용이며, 독일 학설사의 발전이 지시하는 방향이기 때문이다.

그러므로 이렇게 고용계약과 매매계약에 대한 민법의 가치평가에서 출발할 때, 계약 당사자가 가지는 동기이더라도 그것이 계약상 급부의 내용을 구체화하는 과정에서 참조되고 관련지어지는 동기는 계약의 내용에 포함된다고 보

61) 상세한 분석으로 김형석(주 54), 101 이하 참조.

62) 이에 대해 Schermaier(주 2), 519ff.; Ernst in Historischer-Kritsicher Kommentar zum BGB, Band Ⅲ, 1. Teilband(2013), §§ 434-445 Rn. 14 참조.

63) Flume, Eigenschaftsirrtum und Kauf(1948; ND 1975), 17ff.

64) 성상착오에 한정하여 같은 취지로 김증한·김학동, 441-442; 명순구, 413, 415-416; 전원열, "착오 개념의 정립을 위한 소고", 저스 146-1, 2015, 167.

아야 한다. 앞서 사안에서 사용자는 단순히 노무자의 노무제공이 아니라, 특정 기능을 가진 노무자의 노무제공을 계약의 목적으로 하였고, 그에 상응하여 기능 없는 노무자의 임금이 아닌 기능 있는 노무자의 임금을 지급하기로 합의하였다. 노무자의 노무제공의무와 사용자의 임금지급의무는 그러한 동기를 참조할 때에만 즉 동기와 관련될 때에만 내용이 구체화되어 의미를 가지며, 이로써 동기는 고용계약의 내용이다. 또한 고려청자의 매수인은 단순한 자기가 아닌 고려청자를 매수하고자 하였고, 그래서 일반적인 자기 가격이 아닌 고려청자의 가격을 대금으로 약속하였다. 매도인의 소유권이전의무와 매수인의 대금지급의무는 목적물이 진품 고려청자라는 동기를 전제로 할 때에만 이해하고 납득할 수 있으며, 그러한 의미에서 당사자 급부의무를 구체화하는 기초 사정으로서 매매계약의 내용이다.

그리고 이러한 설명은 계약 당사자 또는 계약 목적물에 대한 동기뿐만 아니라 계약과 관련된 일체의 동기에 대해서 타당하다.[65] 이를 사람 또는 목적물에 대한 동기에 한정해서 볼 논리적 근거는 존재하지 않는다. 당사자들은 계약에서 급부의 내용을 구체화하기 위해 임의의 사정을 그 기초로 할 수 있기 때문이다.[66] 따라서 중요한 점은 동기의 내용과 성질이 아니라 동기가 당사자들 합의에 의해서 그들의 급부의무를 구체화하는 기초사정으로 되었는지 여부이다.[67] 어떠한 사정이든 당사자들이 그것을 전제로 급부의무를 구체화하였고 그래서 그 사정을 참조하고 그와 관련지을 때에만 급부의무의 내용이 확정되고 그 의미가 이해될 수 있다면, 그 사정은 동기로서 합의되어 계약의 내용이 되었다고 해야 한다.[68]

이렇게 착오로 고려되는 동기를 판단함에 있어 당사자의 계약상 합의를 기준으로 하는 관점은 프민 § 1110의 해석에서 지배적인 판례일 뿐만 아니라, 독민 § 119 Ⅱ의 해석과 관련해 우세한 견해이며,[69] 스위스채무법은 이를 명

65) 반대 취지로 김증한·김학동, 441-442. 이 견해는 동기가 계약의 내용이 될 수 있다는 설명을 물건 또는 사람의 성질의 경우에만 한정하는데, 아래에서 바로 살펴보는 바와 같이 이는 유지하기 어려운 주장이다.

66) Kegel in Archiv für die civilistische Praxis 150(1949), 356, 360f.

67) 플루메도 처음에는 목적물에 대한 성상만이 매매의 내용이 될 수 있는 동기라고 주장하였으나(Flume(주 63), S. 23ff.), 이러한 비판에 직면하여 이후 모든 동기가 법률행위의 내용이 될 수 있음을 인정하였다. Flume(주 10), 478, 498 참조.

68) 윤진수, "민법상 착오규정의 입법론적 고찰", 민법논고 Ⅱ, 2008, 79 참조: "착오가 객관적으로 계약의 내용에 영향을 줄 수 있는 성질의 것인가 아닌가가 중요".

69) Kötz, Europäisches Vertragsrecht Ⅰ(1996), 278f.; Terré, Simler et Lequette(주 23),

문으로 규정하여 확인하고 있다(스채 § 24 I iv). 마찬가지로 오스트리아민법에서 취소할 수 있는 착오 유형의 하나인 이른바 협의의 행위착오(오민 § 871 I 참조)도 이러한 의미로 이해되고 있다.[70]

(3) 정보위험의 관점으로부터 이익형량

실질적인 이익형량의 관점에서 살펴보면, 동기착오가 어떠한 조건 하에서 고려되어야 하는지의 문제는 부정확한 정보로부터 발생하는 리스크가 계약 당사자들 사이에서 어떻게 분배되어야 하는지의 문제이다.[71] 이렇게 동기착오의 문제를 정보위험의 문제로 이해할 때, 그 해결의 실마리를 동기의 합의 여부 즉 당사자들이 계약에서 급부의무를 구체화하기 위해 동기와 관련지었는지 여부에서 찾는 것은 자연스럽다. 왜냐하면 계약상 위험분배는 원칙적으로 당사자들이 계약에서 정한 내용에 따라 이루어져야 하기 때문이다.[72]

이러한 관점에서 살펴볼 때, 동기의 착오가 원칙적으로 고려되지 않는다는 명제는 출발점으로서는 타당하다. 현대 경제활동에 참여하는 각 개인은 자신의 거래에 기초가 되는 정보를 스스로 취득하고 그 정보의 진실성을 스스로 검증하여 거래하는 것이 원칙이기 때문이다.[73] 일방의 동기는 상대방이 알기도 어려울 뿐만 아니라 관심도 없는 사항이므로, 어떠한 사정을 동기로 하여 의사표시를 하는 사람은 스스로 그 타당성을 검증해야 하고 자신의 검증이 부정확한 경우 발생할 위험을 부담하는 것이 민법의 자기결정과 자기책임의 원칙에 부합한다.[74] 그러나 당사자들이 자신들의 급부의무를 구체화하는 과정에서 계약 자체가 동기를 참조하고 그와 관련짓는 경우에는 사정이 다르다. 이때에는 상대방 역시 자신의 권리와 의무의 내용을 주장하기 위해서는 그 동기를 주장해야 하며, 이로써 그 동기가 그에게 이해관계 없는 사항이라고는 더 이상 말할 수가 없게 되기 때문이다.

甲이 乙에게 어떤 자기를 10만 원 짜리 모조품이 아니라 고려청자 진품으

n° 217; Medicus, Allgemeiner Teil des BGB(10. Aufl., 2010), Rn. 767ff. 및 인용된 전거 참조.

70) Bollenberger in Koziol/Bydlinski/Bollenberger(Hrsg.), Kurzkommentar zum ABGB(3. Aufl., 2010), § 871 Rn. 7ff.

71) 김상중, "동기의 착오에 관한 개정 예고안 제109조 제2항의 특색과 그 운용에 관한 제언", 민학 27, 2005, 435; 윤진수(주 68), 77 이하 참조.

72) 아래 내용에 대해 김형석(주 54), 105 이하 참조.

73) 김형석, "은행의 정보제공책임", 민판연 32, 2010, 505. 같은 취지로 대판 12.2.9, 2011다14671(공 12, 424).

74) Kötz(주 69), 277f.; 윤진수(주 68), 77-78; 주석 총칙(2), 659(제4판/지원림).

로 1억 원에 매도한 경우, 당사자들은 진정한 고려청자라는 乙의 동기를 계약에 편입하여 매매목적물을 특정하였다. 이로써 매도인의 급부의무는 단순한 특정 자기가 아닌 특정 고려청자의 소유권을 이전하고 점유를 인도할 의무로 정해진다. 동시에 甲이 乙에게 매매대금으로 10만 원이 아닌 1억 원을 청구할 권리가 있음은 고려청자의 진품성을 전제하지 않고는 납득될 수 없다. 고려청자가 진품이라는 乙의 동기는 이제 계약으로 편입됨으로써, 甲이 권리와 점유를 이전할 목적물을 특정할 뿐만 아니라, 甲의 매매대금 청구권의 액수를 정당화하는 사정으로도 작용한다. 그러므로 해당 자기가 모조품으로 밝혀져서 乙이 착오를 이유로 취소를 할 때, 甲이 동기는 고려될 수 없다는 이유로 계약 유지를 주장하는 것은 허용될 수 없다. 甲이 계약을 유지하여 1억 원의 매매대금을 청구하고 보유할 수 있기 위해서는, 그 스스로 매매목적물이 진품이라는 사정 즉 동기의 고려를 받아들여야 하기 때문이다. 乙에 대해 동기는 고려될 수 없다고 말하면서, 계약 유지를 통해 동기가 반영된 매매대금을 청구하고 보유하려는 甲의 행태는 모순적이어서 받아들일 수 없다(§2). 결론적으로 고려청자가 진품이라는 동기는 계약내용이 됨으로써 더 이상 乙 혼자 위험을 부담할 사항을 넘어 甲 역시 위험을 부담할 사항으로 되었다고 평가해야 한다.

이러한 판단에서 중요한 것은—이미 지적하였지만—당사자들이 계약상 급부의무를 특정하고 구체화하기 위해 동기를 참조하고 관련지었는지 여부이며, 이는 계약해석에 의해 탐구되어야 한다. 예를 들어 甲이 특정 자기를 10만 원의 가격으로 전시하고 있는데, 乙이 1억 원 가치의 고려청자 진품이 헐값에 팔리고 있다고 생각하고 이를 매수한 사안을 생각해 보자. 甲과 乙은 10만 원의 가격으로 거래하였으므로, 목적물이 진품이 아닌 모조품이라는 동기를 계약의 기초에 두었다. 따라서 나중에 乙이 진실을 알게 되었다고 해서 계약을 취소할 수는 없다. 그는 목적물이 모조품이라는 동기를 전제로 매수하였고, 실제로 모조품을 받았기 때문이다. 적어도 계약내용에 따르면 착오는 존재하지 않는다. 그리고 이러한 결과는 매매계약을 체결할 때 乙이 甲에게 자신의 동기를 표시하였다고 해도 다를 바 없다. 乙이 甲에게 매매목적물이 고려청자 진품이라서 구입한다고 말하였다고 하더라도, 乙이 甲에게 10만 원의 매매대금을 약속한 이상 의사표시에 반영된 동기는 매매목적물이 모조품이라는 사정뿐이다. 乙의 동기 표시는 자신의 의사표시와 모순되는 발언으로서 무의미하며 신의칙상 고려될 수 없다(§2). 고려청자가 진품이라는 사정에 대한 정보 위험은 상대방과 공유되지 않았고, 따라서 乙 스스로 부담해야 한다. 그리고 동기의 고지만으로 계약내용이 되기에 충분하지 않다면, 마찬가지로 甲이 乙의 동기를 인식할 수 있었던 경우에도 그것만으로는 계약내용이 될 수 없다고 해야 한다. 중요한 것은 당사자들이 표시하였거나 인식할 수 있었던 동기가 아니라 계약내용으로 반영된 동기이다.

(4) 판례의 태도에 대한 재평가

그렇다면 동기가 표시되면 법률행위의 내용이 되어 고려할 수 있게 된다고 하거나, 상대방이 동기를 인식하였거나 인식할 수 있었다면 착오취소를 허용해야 한다는 견해[75]는 그 자체로는 타당하지 않다. 동기가 표시되어 상대방이 동기를 알았거나 그 밖의 방법으로 알 수 있었던 경우라고 하더라도, 계약에서 그 동기가 급부의무를 구체화하는 기초로서 합의되지 아니한 상태에서는 정보 위험은 공유되지 않고 착오자 일방에 머무를 수밖에 없기 때문이다. 흔히 언급되는 예로서, 보석상에서 결혼식을 앞두고 100만 원 가격의 반지를 구입하는 사람이 매도인에게 그러한 동기를 표현하였거나 매도인이 그러한 동기를 인식할 수 있었다고 해도, 그러한 사정은 계약내용에 편입되지 않았고 따라서 나중에 파혼을 이유로 매매를 취소할 수 없다. 그 반지는 어떠한 동기를 가진 사람에게나 100만 원에 매도되었고, 이 사안에서도 마찬가지였다. 이는 혼인 예물이라는 사정이 매매계약 외부에 존재하는 동기였음을 명백하게 보여준다. 그 정보 위험은 매수인이 부담해야 한다.

그러나 동기가 표시되었다거나 상대방이 동기를 인식할 수 있었다는 사정은 계약해석에서 동기가 계약의 내용이 되었는지 여부를 판단할 때 중요한 증거로 활용될 수 있고 또 활용되어야 한다.[76] 실제로 대법원이 가령 동기착오를 이유로 취소할 수 있으려면 "그 동기를 당해 의사표시의 내용으로 삼을 것을 상대방에게 표시하고 의사표시의 해석상 법률행위의 내용으로 되어 있다고 인정되면 충분하고 당사자들 사이에 별도로 그 동기를 의사표시의 내용으로 삼기로 하는 합의까지 이루어질 필요는 없"다고 말할 때,[77] 이를 동기가 표시되면 그것이 자동으로 법률행위의 내용이 되어 취소를 가능하게 한다고 기계적으로 이해할 이유는 전혀 없다. 여기서 중요한 것은 "의사표시의 해석상 법률

75) 상세한 전거는 주 56, 59에 인용된 문헌 참조.
76) 이영준, 406 참조.
77) 대판 98.2.10, 97다44737(공 98, 686).

행위의 내용으로 되어 있다고 인정"되는지 여부이고 동기의 표시 문제는 말하자면 동기가 효과의사를 구체화하는 요소로서 의사표시의 내용이어야 함을 표현하는 것으로 설명되어야 한다. 마찬가지로 "동기를 의사표시의 내용으로 삼기로 하는 합의"가 필요 없다는 판시도 동기가 의사표시의 내용으로 표시되어 "해석상 법률행위의 내용으로 되어 있다고 인정"되면 충분하지, 동기를 의사표시의 내용으로 하는 별도의 추가합의가 필요하지는 않다는 의미로 받아들여야 한다.[78] 이렇게 바라보면 판례의 일반론은 이 주해의 입장과 충분히 합치될 수 있는 태도를 보인다고도 말할 수 있다. 즉 동기의 표시는 "해석상 법률행위의 내용으로 되어 있다고 인정"하기 위해 참조하는 요소에 지나지 않으며, 그러한 동기는 의사표시에서 급부의무를 구체화하는 방법으로 함께 표시되면 충분한 것이지 별도로 그에 관한 합의가 요구되는 것은 아니다.[79]

같은 내용이 상대방이 동기를 인식할 수 있었다는 사정에 대해서도 타당하다. 현재 일반적인 견해에 따르면, 의사표시의 규범적 해석에서는 의사표시 상대방인 수령자의 관점에서 수령자가 알았거나 알 수 있었던 일체의 사정을 배경으로 객관적으로 이해할 수 있었던 내용을 탐구해야 한다.[80] 그러므로 표의자가 특정 동기를 계약의 기초가 되는 사정으로 전제하고 의사표시를 하는 경우, 상대방이 그러한 동기를 인식할 수 있었는지 여부는 의사표시 해석에서 중요한 역할을 할 수밖에 없다. 그러므로 동기의 인식가능성 역시 동기가 "해석상 법률행위의 내용으로 되어 있다고 인정"되는지 여부 판단에 고려할 사정임은 부정할 수 없다.[81]

(5) 소 결

동기가 법률행위의 내용이 될 수 없다는 통설의 주장은 타당하지 않음을 보았다. 당사자들이 급부의 내용을 구체화하고 반대급부를 정함에 기초로 고려한 동기는 법률행위의 내용이 되고, 그에 대한 착오는 의사와 표시의 불일치가 있는 경우와 마찬가지로 다른 요건이 충족되는 한 취소할 수 있는 착오이다. 동기의 표시나 인식가능성은 그 자체로 동기를 법률행위의 내용으로 하는 것은 아니지만, 동기가 법률행위의 내용이 되었는지 여부를 판단할 때 유력하

78) 김천수, "가격의 착오와 일부취소", 민학 17, 1999, 320.

79) 실제로 일본 판례에서도 동기의 표시라는 사실이 아니라 표시에 의해 동기가 의사표시의 내용에 편입된다는 사실에 강조점이 있다는 점에 대해 森田(주 48), 184 이하 참조.

80) 곽윤직 · 김재형, 295-296; 김증한 · 김학동, 335-336 등 참조.

81) 김천수(주 78), 319-320도 참조.

게 참조해야 하는 사항이다.

동기착오가 고려되기 위해서는 당사자들이 계약상 급부의무를 특정하고 구체화하는 과정에서 동기를 참조하고 그와 관련지음으로써 동기가 계약에 편입되어야 하므로, 일방 당사자가 계약을 체결하는 과정에서 기초로 삼은 동기이기는 하지만 그것이 "계약의 場으로"(dans le champ contractuel)[82] 들어오지 아니한 때에는 그러한 동기에 대한 착오는 고려될 수 없다고 해야 한다. 동기가 계약으로 편입되지 않는 이상, 이는 상대방에게는 무관심한 사항이며, 그 정보 위험은 착오자가 부담하는 것이 타당하기 때문이다.

3. 합목적적인 착오 유형론: 사태착오와 소통착오

이상에서는 동기착오가 어떻게 취급되어야 하는지를 상세하게 살펴보았다. 이렇게 획득된 동기착오 이해는 § 109 I 에 따라 취소할 수 있는 착오 법리 전반을 새로운 관점에서 고찰할 수 있게 한다.[83]

(1) 여기에서 주장된 견해에 따르면 동기가 법률행위의 내용이 될 수 없다는 명제는 타당하지 않다. 심리학적으로 동기에 해당하는 관념이더라도 당사자들이 이를 전제로 자신들의 급부의무를 구체화하여 계약내용에 편입하면 그 동기는 당사자 모두의 위험영역에 들어오고, 그에 관한 착오는 법률행위 내용에 관한 착오로서 취소권을 발생시킬 수 있기 때문이다. 그런데 고려되는 동기착오를 이렇게 이해하면, 이를 이른바 동일성의 착오와 엄밀하게 구별할 실익이 사라지게 된다. 어느 경우나 계약내용에 편입된 당사자들의 표상과 현실의 불일치가 확인되면 그 착오는 고려될 수 있기 때문이다. 甲이 乙에게 건축사 자격이 있다고 전제하여 건축설계 용역을 위임하였으나 乙이 사실은 건축사가 아니었던 사안이든 아니면 甲이 건축사 丙에게 건축설계 용역을 위임한다고 생각하고 계약하였으나 사실 상대방이 乙이었던 사안이든, 당사자들이 계약에 동기로 편입한 사태와 현실이 불일치하는 이상(전자의 경우 乙≠건축사, 후자의 경우 丙≠상대방) 법률행위의 내용에 관한 착오이며(§ 109 I), 따라서 양자를 준별할 이유는 존재하지 않는다. 어느 경우나 계약내용에 동기로서 반영된 사정과 현실의 불일치가 기준이 되는 것이다.

실제로 동일성의 착오를 내용착오 즉 의미의 착오로 분류하고 동기착오와

82) Terré, Simler et Lequette(주 23), n° 217.
83) 아래 내용에 대해 김형석(주 54), 125 이하 참조.

날카롭게 구별하는 접근법이 설득력 있는 자연스러운 설명이라고 하기는 어렵다. 이는 사비니에게서 기인한다. 그는 자신의 심리적 기준에 따른 착오분류에서 도출되는 “부진정착오”(의사와 표시의 불일치)에 적용례를 부여하기 위해 로마법상 전승되던 객체의 착오(error in corpore), 당사자의 착오(error in persona), 법률행위 성질의 착오(error in negotio)가 그에 해당한다고 설명하고, 동시에 부진정착오가 이들 전승된 유형에 해당할 때 본질적인 착오로 고려될 수 있다고 서술하였다(앞의 I. 2. (7) 참조). 그러나 이러한 이해가 반드시 논리적인 것은 아니라는 점[84)]은 이후 독일 착오론의 발전 과정에서 드러났다. 심리학적 접근법을 철저하게 적용한 치텔만은 사비니의 생각과는 다르게 동일성의 착오도 성상착오와 마찬가지로 동기착오에 불과하다는 것을 논증할 수 있었기 때문이다.[85)] 그러나 독일민법 제정 이후 독일의 통설은 동법 § 119의 적용에서 여전히 사비니의 견해에 따라 내용착오인 동일성착오로부터 동기착오를 준별하는 입장을 견지하고 있었고,[86)] 이로부터 양자의 구별 기준이라는 까다로운 문제가 지속적으로 제기되었다.[87)]

그러나 앞서 보았지만(앞의 II. 2. 참조), 우리 민법의 해석에서 계약에서 전제된 사정과 현실의 불일치가 있으면 법률행위의 내용에 관한 착오가 있다는 기준에 따라 판단하는 이상, 성질상 연속선상에 있는 동일성착오와 동기착오를 인위적으로 구별할 합목적적인 이유는 존재하지 않는다. 독일 학설사 및 독민 § 119를 둘러싸고 발생한 특유의 관점을 우리 민법 § 109 I의 해석에 덧입히는 작업은 불필요하다.

(2) 그러므로 이상의 내용에 따르면 § 109 I을 적용할 때 합목적적이고 유의미한 착오유형의 분류는 다음과 같은 것이어야 한다고 생각된다.[88)]

우선 당사자가 계약을 체결함에 있어 그 계약과 관련해 의미를 가지는 사실관계나 법상태에 대해 잘못된 관념을 가지고 있었던 경우이다. 즉 의사표시

84) HKK/Schermaier, §§ 116-124 Rn. 53 참조.
85) Zitelmann(주 43), 549ff. 송덕수(주 2), 66도 참조.
86) HKK/Schermaier, §§ 116-124 Rn. 58.
87) 대표적으로 Titze, “Vom sogennaten Motivirrtum”, Festschrift für Heymann II (1940), 72, 80ff.
88) Kramer, Der Irrtum beim Vertragsschluss. Eine weltweit rechtsvergleichende Bestandsaufnahme(1998), Rn. 5; HKK/Schermaier, §§ 116-124 Rn. 52f. UNIDROIT 국제상사계약원칙(PICC) § 3.2.2와 § 3.2.3, 유럽계약법원칙(PECL)의 § 4:103와 § 4:104에서도 이러한 분류를 간취할 수 있다.

에 유의미한 현실에 대한 착오를 말하며,[89] 종래 강학상 동기착오와 동일성의 착오를 포함한다. 이러한 착오는 통상 일방의 위험영역에 속하는 것이기 때문에 그것이 § 109 I 에 따라 고려되기 위해서는 착오의 대상인 사정이 당사자들의 합의에 의해 계약내용을 특정·구체화하는 기초로 편입되거나 적어도 상대방이 이를 야기하였을 필요가 있다(앞의 II. 1. 참조). 이러한 착오유형을 사태의 착오(Sachverhaltsirrtum) 또는 현실의 착오라고 부를 수 있을 것이다.

반면 표의자가 의사표시에 부여하고자 하였던 의미가 그 의사표시의 규범적 해석상 인정되는 의미와 불일치하는 경우가 있을 수 있다. 의사표시의 소통과정에서 발생하는 착오이다.[90] 이는 종래 의사와 표시의 불일치로 설명되는 착오유형으로, 강학상 표시착오 그리고 동일성착오를 제외한 내용착오가 이에 해당한다. 이 유형에서는 표의자 일방의 의사표시 과정을 기준으로 착오를 판단한다는 점에서 계약상 합의를 기준으로 판단하는 사태의 착오와 이익상황을 달리한다. 이러한 착오유형은 표시의 착오(Erklärungsirrtum) 또는 소통의 착오라고 명명할 수 있을 것인데, 종래 강학상 사용되던 표시착오 개념과 혼동을 방지하기 위해 아래에서는 소통의 착오라는 용어를 사용하고자 한다.

III. 착오에 기한 취소권의 요건

착오를 이유로 취소권이 발생하기 위해서는 착오에 의한 의사표시가 있어야 한다. 본인이 대리인을 사용한 경우에는 대리인이 기준이 된다(§ 116).[91] 그 밖에는 다음의 요건이 충족되어야 한다.

1. 법률행위 해석의 우선

(1) 법률행위의 해석은 법률행위에 당사자들이 실현시킨 의사의 내용을 확인하여 그 효력을 결정하는 과정이다. 그러므로 법률행위에 의한 법률관계의 내용을 결정하기 위해서는 그 해석이 불가결하다. 그런데 그러한 법률행위의 해석의 과정에서 외견상 착오로 보이는 현상이 해소되어 착오 문제로서 의

89) Kramer in *Münchener Kommentar zum Bürgerlichen Gesetzbuch* I (4. Aufl., 2001), § 119 Rn. 111.

90) HKK/Schermaier, §§ 116-124 Rn. 52.

91) 대판 96.2.13, 95다41406(공 96, 946).

미를 상실하는 경우가 있을 수 있다. 이렇게 법률행위의 해석에 의해 착오 문제가 해소되면, § 109 Ⅰ은 적용될 필요가 없으며 오히려 해석으로 탐구된 내용이 효력을 가진다. 따라서 착오로 보이는 현상이 있을 때 그에 § 109 Ⅰ을 적용하기 앞서, 법률행위의 해석에 의해 문제가 해결될 수 있는지 여부를 먼저 검토해야 한다. 이를 법률행위 해석의 착오법에 대한 우선이라고 한다.[92]

(2) 법률행위를 해석할 때에는 그 구성요소인 의사표시의 상대방의 관점에서 알았거나 알 수 있었을 모든 사정을 고려하여 객관적으로 인정될 수 있는 내용이 기준이 된다. 그래서 표의자가 내심의 의사로 A를 의욕하였음에도 객관적으로 B로 해석되는 의사표시를 한 경우, 상대방이 이해할 수 있었던 B가 의사표시의 내용으로 인정되는 것이 원칙이다. 그러나 상대방이 표의자가 B라는 객관적 내용으로 사실은 내심에서 A를 의욕하였음을 인식하였다면, 그러한 경우에는 상대방의 신뢰를 보호할 이유가 없으므로 표의자가 의욕한 내심의 의사 A가 효력을 가져야 한다(falsa demonstratio non nocet). 이 경우 표의자는 자신이 내심에서 의욕한 내용에 따라 법률행위가 효력을 가지므로, 그에게 착오를 이유로 취소를 인정할 필요는 존재하지 않는다.[93] § 119 Ⅰ은 적용되지 않는다. 그래서 예컨대 부동산의 매매계약에 있어 쌍방당사자가 모두 특정의 甲 토지를 계약의 목적물로 삼았으나 그 목적물의 지번 등에 관하여 착오를 일으켜 계약을 체결함에 있어서는 계약서상 그 목적물을 甲 토지와는 별개인 乙 토지로 표시하였다 하여도, 甲 토지를 매매의 목적물로 한다는 쌍방당사자의 의사합치가 있는 이상 매매계약은 甲 토지에 관하여 성립한 것이고,[94] 내용착오(의미의 착오)는 존재하지 않는다.

한편 표의자가 내심으로 A를 의욕하면서 객관적으로 B로 해석되는 의사표시를 하였고, 상대방이 평균인의 주의를 하였다면 표의자의 의사가 A라는 것을 알 수 있었음에도 과실로 이를 인식하지 못하고 B라는 내용으로 믿은 경우, 그 경우에도 A에 따라 법률행위가 효력을 가진다고 할 것인가 아니면 착오의 존재를 시인할 것인가? 이 경우에는 착오를 인정하고 § 109 Ⅰ을 적용할 것이라는 견해가 있으며, 표의자에게도 착오를 저지른 잘못이 있음에도 불구하고 상대방의 부주의한 불인식을 이유로 표의자의 생각대로 효력을 인정하는

92) 송덕수, 289; 백태승, 397 참조.

93) 김증한·김학동, 430; 백태승, 397; 송덕수, 290; 이덕환, 500-501; 이영준, 396; 서울고판 95.7.21, 95나12004(하집 95-2, 14); 서울고판 05.7.21, 2004나49701(정보).

94) 대판 93.10.26, 93다2629, 2636(공 93, 3165).

것은 부당하다는 것을 이유로 한다.[95] 그러나 규범적 해석의 일반적인 이론에 따르면 해석의 기준이 되는 상대방의 관점은 현실적인 인식이 아니라 평균인의 주의를 다해 인식가능한 내용이 기준이 되므로, 상대방에게 과실이 있는 경우 표의자의 내심의 의사에 따라 법률행위의 효력이 정해지고 § 109 Ⅰ은 적용되지 않는다고 할 것이다.[96] 주의를 다해 내용을 인식한 상대방의 신뢰만이 보호가치 있을 뿐만 아니라, 표의자에 대해서도 부주의한 표시를 했음을 이유로 일종의 후회권을 행사하는 것을 허용해서는 안 되기 때문이다.

사태착오의 경우에는 상대방이 표의자의 착오를 인식하였더라도 표의자의 의사와 표시가 일치하므로 법률행위 해석에 의해 착오가 제거되지는 아니한다. 다만 그러한 경우 제반사정에 좇아 상대방에게 고지의무 등이 발생할 가능성은 예외적으로 존재할 수도 있다.[97]

(3) 이상의 내용에서 나타나는 바와 같이 소통착오는 평균인의 관점에서 규범적 해석을 한 결과 인정되는 의사표시의 내용이 표의자의 내심의 의사와 불일치하는 경우에 비로소 문제된다.[98] 그러므로 규범적 해석의 결과 평균인의 관점에서 이해할 수 있는 객관적 의미내용이 도출되지 아니하는 경우, 즉 의사표시의 내용이 모호하고 다의적이어서 어느 하나의 의미로 고정될 수 없는 경우에는, 의사표시의 내용이 확정될 수 없으므로 법률행위는 효력을 가질 수 없다. 예컨대 매매계약의 당사자들이 매매대금을 달러 화폐로 정하였으나 제반사정을 고려할 때에도 그 달러가 미국 달러(USD)인지 캐나다 달러(CAD)인지 홍콩 달러(HKD)인지 확정할 수 없는 경우가 그러하다. 그러한 때에는 의사표시의 내용이 모호하여 불합의가 존재하는 것이고, 계약은 효력을 가지지 아니한다. 이때에도 착오 문제는 발생하지 않는다.[99]

(4) 당사자들이 유효하게 성립시킨 법률행위의 내용에 흠결이 있는 경우, 이른바 보충적 해석에 의해 그 내용의 흠결을 보충해야 한다는 점은 이제 일반적으로 인정되고 있다. 그리고 그러한 보충적 해석에서는 당사자들이 법률행위에 실현한 의사 및 제반사정을 고려하여 그들의 가정적 의사를 탐구하여

95) 송덕수(주 2), 47.
96) 이영준, 396; Staudinger/Singer(2012), § 133 Rn. 18.
97) Wolf/Neuner, Allgemeiner Teil des Bürgerlichen Rechts(10. Aufl., 2012), § 41 Rn. 11.
98) 이영준, 396.
99) 강태성, 628; 김주수 · 김상용, 356; 김증한 · 김학동, 430; 송덕수, 290; 이덕환, 502; 이영준, 396; 주석 총칙(2), 770-771(제4판/지원림) 참조.

이를 기초로 흠결을 보충해야 한다. 이렇게 보충적 해석에 의해 가정적 의사로 계약내용이 보충되는 경우, 표의자의 관점에서는 법률행위의 해석으로 인정되는 내용에 상응하는 진의는 법률행위 성립시에 존재하지 않았던 것이 된다. 이 경우 표의자가 법률행위 내용에 상응하는 진의 없음을 이유로 법률행위를 취소할 수 있는지의 문제가 제기된다.[100] 이를 부정하는 견해는, 보충적 해석이 계약해석인지 법률의 적용인지 여부의 논쟁은 별론,[101] 보충적 해석은 당사자들이 현실적으로 법률행위에 실현한 의사의 내용을 탐구하는 것이 아니라 그와는 다른 내용을 규범적으로 귀속시킨다는 점에서 근거를 찾는다.[102] 그러나 이에 대해서는 규범적 해석의 경우에도 표의자의 진의와는 다른 규범적 의미가 귀속된다는 점에서 양자를 구별할 수 없으므로 착오 규정을 적용해야 한다는 반대설도 주장된다.[103] 이러한 논쟁에 대해 실제로 착오가 인정되는 예는 거의 없을 것이라는 지적도 있다.[104] 이는 실제로 그러할 것인데, 가정적 의사에 따라 법률행위의 내용이 보충되는 이상, 착오와 의사표시 사이의 객관적 인과관계는 부정되어야 하므로(착오가 없었더라면 당연히 가정적 의사에 따른 법률행위를 하였을 것이다) 그러한 착오는 중요부분의 착오라고 볼 수 없을 것이기 때문이다.[105] 그러므로 규범적 해석으로 인정되는 내용에 대해 착오에 따른 취소를 주장할 수는 없다고 할 것이다.

2. 법률행위 내용의 착오일 것

§ 109 Ⅰ에 따라 취소가 가능하려면 착오가 법률행위의 내용에 관한 것이어야 한다. 앞서 살펴보았지만(앞의 Ⅱ. 3. 참조), 여기서 소통착오와 사태착오는 서로 다른 이익상황에 관계하므로, 그 취급에서 구별해 볼 필요가 있다.

(1) 소통착오(표시착오 및 동일성 착오를 제외한 내용착오)

㈎ 규범적 해석에 따라 의사표시에 인정되는 내용이 표의자의 내심의 의사와 일치하지 아니하는 경우, 즉 종래 강학상 의사와 표시의 불일치라고 불

100) 윤진수, "법률행위의 보충적 해석에 관한 독일의 학설과 판례", 민법논고 Ⅰ, 2007, 218-219.

101) 윤진수(주 100), 202 이하 참조.

102) 주석 총칙(2), 769(제4판/지원림); Flume(주 10), 325-326; MünchKomm/Busche (6. Aufl., 2012), § 157 Rn. 28 등.

103) Looschelders in NomosKommentar BGB(2. Aufl., 2012), § 157 Rn. 13; Armbrüster in Erman, BGB (13. Aufl., 2011), § 157 Rn. 20 등.

104) 윤진수(주 100), 219 참조.

105) 같은 취지로 송덕수, 290.

리는 경우, 그러한 착오는 법률행위의 내용의 착오에 해당한다. 이미 언급하였지만, 그러한 의사와 표시의 불일치가 있으면 표의자의 자기결정이 행해지지 않았으므로, 표의자에게는 그러한 의사표시의 효력을 배제할 수 있는 가능성이 인정되는 것이 타당하다. 물론 입법례에 따라서는 그러한 잘못된 의사표시로부터 나오는 위험은 표의자가 부담해야 한다고 정하는 것도 가능하다(네민 § 3:35). 그러나 그러한 특별한 규정이 없는 이상 우리 민법에서 그렇게 해석할 수는 없다고 할 것이고, 특히 민법이 중과실 있는 착오자의 취소를 배제하는 한에서 특히 그러하다.

그런데 학설에서는 소통착오의 경우에도 상대방이 착오를 알았거나 알 수 있었을 때에만 표의자가 의사표시를 취소할 수 있다는 주장이 유력하다.[106] 그러나 § 109 Ⅰ의 해석상 그러한 예견가능성을 고려하는 것은 어렵다고 생각된다. 무엇보다도 제1항의 문언이 그러한 요건을 고려할 여지를 두고 있지 않다고 보이기 때문이다.[107] 앞서 보았지만(앞의 Ⅲ. 1. (2) 참조), 계약의 일방 당사자가 상대방의 소통착오를 인식하였을 뿐만 아니라 그로부터 상대방이 의욕하는 효과의사도 추단할 수 있다면, 계약해석이 착오취소에 우선하므로 그 계약은 착오자가 본래 의욕한 효과의사의 내용에 따라 효력을 가질 것이다. 따라서 소통착오에서 인식가능성의 문제는 일방 당사자가 상대방이 소통착오에 빠져있음은 인식할 수 있지만 그 효과의사는 추측할 수 없는 경우에 제기된다. 그렇다면 예컨대 매도인이 워드프로세서로 매수청약서를 작성하면서 자신에게 불리하게 매매대금을 오타하였으나 평균인의 주의를 다한 매수인이 이를 눈치 채지 못하고 승낙한 경우에, 매도인은 착오를 이유로 매매를 취소할 수 있는가? 여기서 상대방의 인식가능성을 요구하면 착오취소는 배제되고 거래의 안전은 도모될 것이다. 그러나 이렇게 인식가능성을 요구하지 않더라도 통상 상대방을 보호할 수 있을 것으로 예상된다.[108] 평균인의 주의를 다한 매수인이 매매대금의 "이상함"을 발견할 수 없었다면, 이는 통상 오타한 매매대금이 계약의 교섭가능한 범위에 있음을 지시할 것이다. 그렇다면 객관적 인과관계가 결여되어 그러한 착오는 법률행위 내용의 중요부분에 관한 착오가 아니라고 할 수 있다. 반대로 소통착오가 계약내용의 중요부분에 관한 착오라면 이는 많은 경우 상

106) 김용한, 300; 김주수·김상용, 362; 김형배(주 59), 105 등.
107) 김증한·김학동, 435; 송덕수, 299-300 참조.
108) 고상용, 435 참조.

대방에게 무엇인가 "이상하다"는 느낌을 줄 수밖에 없을 것이다.[109] 이렇게 살펴보면 중요부분 요건과 인식가능성 요건은 상당부분 기능적으로 중첩된다. 그렇다면 소통착오가 이미 그 자체로 의사와 표시의 불일치에서 기인하는 이상, 굳이 법률이 명시적으로 언급하지 아니하는 요건이 추가되어야만 법률행위의 내용에 관한 착오가 된다고 볼 이유는 없다고 생각된다. 우리 민법의 경우 중과실의 착오자의 취소권이 배제되어 상대방을 보호할 수 있다는 점을 고려하면 더욱 그러하다. 소통착오는 실무상 매우 드물게 나타나므로, 이러한 해석이 거래에 각별한 부담이 된다고 하기도 어려울 것이다. 소통착오의 취소를 위해 상대방의 인식가능성이라는 추가적인 요건을 요구할 필요는 없다고 하겠다.

(나) 이러한 소통착오는 표시착오와 내용착오(의미의 착오)가 있다. 표시착오는 표의자가 의사표시를 할 때 잘못 쓰거나 잘못 발음하는 등 표시행위에서의 실수에 의해 착오가 발생하는 경우를 말한다. 반면 내용착오는 표시행위에 부여되는 의미에 대해 표의자와 상대방이 서로 다른 표상을 가지고 있으나 상대방이 이해한 의미가 규범적 해석상 의사표시의 내용으로 인정되기 때문에 발생하는 착오를 말한다.

내용상의 착오에는 종래 동일성의 착오가 포함되는 것으로 생각되고 있고, 실제로 판례에 나타나는 내용착오의 예도 대부분 그에 해당한다. 그러나 앞서 살펴보았지만 동일성의 착오는 법률행위와 관련해 유의미한 현실에 대한 착오로 고려되는 동기착오와 이익상황이 구별되지 않는다(앞의 Ⅱ. 3. (1) 참조). 그러므로 여기서 동일성의 착오는 사태착오의 한 유형으로 취급하기로 한다.

(다) 동일성의 착오를 제외하고 나면, 내용착오와 표시착오는 실무상 자주 나타나지 아니한다. 이는 한편으로 상당수의 소통착오가 의사표시의 해석에 의해 제거될 수 있기 때문에 그러하고(앞의 Ⅲ. 1. 참조), 다른 한편으로 그러한 소통착오는 표의자의 중과실에 기인하는 경우가 많기 때문일 것으로 추측된다(§ 109 I 단서 참조).

먼저 표시착오와 관련해 판례에서 문제가 된 경우로 다음을 들 수 있다. 이 사건에서 甲 증권사의 직원 A가 파생상품인 미국 달러 선물스프레드 15,000계약의 매수주문을 입력하면서 주문가격란에 0.80원을 입력해야 함에도 '.'를 찍지 않아 80원으로 입력하자, 乙 증권사의 직원 B는 1.1원으로 선물스

109) 아래 살펴볼 대판 14.11.27, 2013다49794(공 15상, 9) 참조.

프레드 332계약의 매도를 입력해 두었다가, 이 주문이 80원에 체결되자 거래화면에 나온 매수호가 80원을 클릭하여 주문가격을 80원으로, 주문수량을 300계약으로 하여 매도주문을 하고, 이후 주문가격과 주문수량을 고정하여 불과 몇 초 만에 추가로 28회의 매도주문을 하였다. B는 이 거래가 있기 전까지 이 사건 선물스프레드에 대하여 하루 1,000계약 이상의 주문은 하지 않았으나, 이 사건 거래 당일에는 10,000계약의 주문을 하였다. 대법원은 계약내용의 중요부분의 착오를 이유로 취소를 받아들인 원심을 시인하였다(중과실 여부에 대해서는 아래 Ⅲ. 4. 참조).[110)]

한편 내용착오(의미의 착오)와 관련해 보면, 신원보증서류에 서명날인한다는 착각에 빠진 상태로 연대보증의 서면에 서명날인한 경우 표시에 나타난 의사와 진의가 불일치하는 내용착오가 있다고 할 수 있다.[111)] 또한 분양계약의 목적물이 아파트 및 아파트의 대지뿐만 아니라 그에 인접한 법면부지까지 포함하고 있으나 분양안내에는 그 사실이 적시되지 않아 수분양자가 대지만을 매수한다고 생각하고 있었던 사안에서, 대지와 법면부지는 불가분적이 아니어서 법률적 취급을 달리할 수 있다면 법면부지에 대해서는 내심의 의사가 없어 착오로 취소할 수 있다고 한 재판례도 있다.[112)] 또한 채무명의에 기한 집행채권 8,500,000원 중 1,200,000원만을 수령하고 이에 만족하여 잔여집행채권을 포기한다는 것은 다른 특별한 사정이 없는 한 경험칙상으로 수긍할 수 없는 것이어서 그러한 "포기의 의사표시는 그 취지를 오해한 나머지 오로지 착오로 인하여 한 것으로 인정되고 이는 법률행위의 중요부분의 착오임이 분명하여 취소할 수 있다"는 것도 내용착오를 인정한 것으로 보인다.[113)]

㈑ 표시기관의 착오를 소통착오에 준하여 취급할 것인가? 의사표시를 전달하는 사자가 이를 잘못 전달하여 표의자의 진의와 의사표시의 객관적 내용 사이에 불일치가 발생하는 경우를 표시기관의 착오라고 하며, 이 경우에도 의사와 표시의 불일치가 있다고 할 수 있으므로 소통착오로 취급하여 고려할

110) 대판 14.11.27, 2013다49794(공보 15상, 9).

111) 대판 05.5.27, 2004다43824(집 53, 64). 대판 02.6.14, 2002다14853(공 02, 1662)에서는 권한 없는 직원이 결정권한을 가진 임원 등에게 허위의 승인품의서를 올려 대출이나 채무감면 등을 하게 한 사안을 배경으로 사기에 의한 의사표시로 취소가 허용되었으나, 내용착오도 성립할 것이다.

112) 서울지판 97.12.4, 96가합11063(하집 97-2, 343). 만일 대지와 법면부지가 불가분이라면 목적물 성상에 관한 착오에 해당할 것이다.

113) 서울고판 83.1.18, 82나1839(고집 83, 54).

것인지가 문제되는 것이다. 독일민법은 표시기관의 착오를 이유로 하는 취소를 허용하며(독민 § 120), 유럽계약법원칙도 그러하다(PECL 4:104). 우리 입법자도 표시기관의 착오는 § 109 Ⅰ의 해석상 취소할 수 있는 착오에 해당한다는 입장이었다.[114] 실제로 표시기관의 착오가 있는 경우의 이익상황은 표시착오의 경우와 다르지 않으므로 이를 동등하게 취급하는 것이 타당하다. 표시기관의 착오는 법률행위 내용에 관한 착오로 보아야 한다.[115] 판례는 소송행위와 관련해 "원고들 소송대리인으로부터 원고 중 1인에 대한 소 취하를 지시받은 사무원은 원고들 소송대리인의 표시기관에 해당되어 그의 착오는 원고들 소송대리인의 착오"라고 하였는데,[116] 이러한 태도는 의사표시 일반에도 마찬가지일 것으로 추측된다.

그러나 이 경우에도 표시기관인 사자가 무의식적으로 잘못 전달한 경우에만 표시착오에 준할 것인지 아니면 사자가 고의로 잘못 전달한 경우에도 § 109 Ⅰ을 적용할 것인지 여부에 대해서는 논의할 여지가 있다. 이는 독일에서 학설다툼 있는 문제이며, 다수설은 고의에 의한 잘못 전달의 경우에는 더 이상 본인의 의사표시를 운위할 수 없고 사자의 의사표시라고 보아야 한다는 이유에서 이를 취소할 수 있는 의사표시가 아니라 무권대리 법리에 따라 추인이 없는 한 무효인 의사표시로 취급하고자 한다.[117] 우리 학설에서도 이에 따르는 견해가 있다.[118] 이에 대해 반대설은 사자가 아닌 자가 사자인 척 하면서 허위의 의사표시를 전달하는 경우(사자 참칭)에는 무효라고 보아야 하지만, 일단 본인에게 위임을 받은 사자가 고의로 잘못 전달한 경우(내용 변조)에는 상대방의 관점에서 무의식과 고의를 구별할 수 없어 달리 취급할 근거가 없을 뿐만 아니라 그러한 경우 소통실패의 위험은 선의의 상대방이 아닌 사자를 사용한 표의자에게 귀속되는 것이 타당하다는 것을 이유로 표시기관의 착오에 해당하는 의

114) 민법안심의록(주 51), 74.

115) 강태성, 630; 고상용, 416-417; 곽윤직 · 김재형, 318; 김대정, 888; 김상용, 485; 김주수 · 김상용, 358; 김증한 · 김학동, 457; 백태승, 402-403; 송덕수, 294; 이덕환, 507; 이영준, 409; 주석 총칙(2), 681(제4판/지원림). 물론 의사표시가 상대방에 도달할 것이 요구되며, 그렇지 않은 경우 의사표시의 효력이 발생하지 않아 착오의 문제도 제기되지 않는다. 한편 이은영, 513은 표시기관이 전달한 내용이 동일성을 잃을 정도로 현저히 다른 경우에는 발송과 도달이 불일치하여 의사표시가 불성립한다고 하지만, 타당하지 않다고 생각된다. 표의자 스스로 동일성을 잃을 정도로 청약을 오타한 경우와 구별하여 취급할 실질적인 이유가 없기 때문이다.

116) 대판 97.6.27, 97다6124(공 97, 2339); 97.10.24, 95다11740(공 97, 3567).

117) 문헌지시와 함께 MünchKomm/Armbrüster, § 120 Rn. 4 참조.

118) 강태성, 630; 김증한 · 김학동, 457; 백태승, 403; 송덕수(주 2), 88-89; 이영준, 409-410.

사표시라고 해석한다.[119] 사자와 대리인의 구별은 상대방의 관점에서 행해지는 것이 타당하므로,[120] 표시기관이 사자의 외관으로 의사표시를 전달하는 이상 상대방은 그것의 잘못의 원인을 알 이유도 없고 그에 영향을 받을 이유도 없다고 할 것이다. 변조의 위험은 표의자가 부담하는 것이 합당하며, 따라서 표시기관의 착오로 취급해야 할 것이다.

의사표시가 도달하였으나 의사표시 수령자의 사자가 의사표시 내용을 본인에게 잘못 전달한 경우에도 의사표시는 효력을 발생하며, 착오의 문제는 발생하지 않는다. 사자가 잘못 전달한 위험은 그를 사용한 수령자에게 돌아가야 하기 때문이다.

(마) 표시의사(표시의식)가 없이 의사표시로 나타나는 행위를 의식적으로 한 경우, 그러한 행위는 의사표시로서 무효인가 아니면 일단 의사표시로서 효력을 가지고 착오 법리를 유추해서 취소할 수 있는 의사표시가 되는가? 이에 대해서는 표시의사가 없으면 의사표시로 볼 수 없어 무효로 취급해야 한다는 견해[121]와 표시의사가 없더라도 일단 의사표시로서 효력을 가지고 다만 § 109 Ⅰ을 (유추 또는 직접) 적용하여 취소를 인정하자는 견해[122]가 대립한다. 또한 표시의사와 효과의사는 단일체를 이루므로 내용착오로서 § 109 Ⅰ이 바로 적용된다는 견해도 주장된다.[123] 취소가 소급적 무효를 발생시킨다는 효과적 측면에서 볼 때(§ 141), 취소자의 배상책임이 없는 우리 민법에서 양자의 차이는 결국 표의자가 중과실인 경우 및 취소의 제척기간이 도과한 경우에 발생하는데, 현실적으로는 앞의 요소가 보다 더 의미를 가질 것이다. 그런데 조금만 주의를 하였다면 자신의 행태가 의사표시로 평가될 수 있음을 알 수 있었을 자에 대해 이를 무효로 하여 구속에서 벗어나게 하는 결론은 타당하지 않다고 생각된다. 또한 상대방의 관점에서 볼 때 표의자가 내심에서 자신의 행위로 의도하는 효과의사의 내용에 대해 오해를 한 경우(내용착오)와 자신의 행위에 효과의사가 귀책되는지 여부를 오해한 경우(표시의사의 결여)의 이익상황이 크게 다르다고 단정하기도 어렵다. 그렇다면 표시의사가 결여된 의사표시의 경우에도 내용착오에 준하는 것으로

119) 문헌지시와 함께 Staudinger/Singer, § 120 Rn. 3f.
120) 이영준, 504-505.
121) 이영준, 125-126.
122) 고상용, 385-386; 곽윤직·김재형, 259; 김증한·김학동, 309; 백태승, 300-301; 송덕수, 303.
123) 주석 총칙(2), 666-667(제4판/지원림).

보아 § 109 Ⅰ을 유추적용하는 것이 타당하다.

(2) 사태착오 일반론

(가) 유상계약과 사태착오　　법률행위에 대해 의미를 가지는 사실이나 법상태에 대해 잘못된 관념을 가지고 그에 기초해 효과의사를 형성하고 의사표시를 한 경우, 표의자의 착오를 사태착오라고 한다. 종래 강학상 동일성의 착오, 동기착오가 이에 해당한다.

앞서 상세히 논증하였지만(앞의 Ⅱ. 2. 참조), 동기가 법률행위의 내용이 될 수 없다는 견해는 우리 민법의 해석으로 타당하지 않다. 오히려 당사자들이 급부의 내용을 구체화하고 반대급부를 정함에 기초로 고려한 동기는 법률행위의 내용이 되고, 그에 대한 착오는 § 109 Ⅰ의 다른 요건이 충족되면 취소할 수 있는 착오로 고려된다. 반면 동기착오가 고려되기 위해서는 당사자들이 계약상 급부의무를 특정하고 구체화하는 과정에서 동기를 참조하고 그와 관련지음으로써 동기가 계약에 편입되어야 하므로, 일방 당사자가 계약을 체결하는 과정에서 기초로 삼은 동기이기는 하지만 그것이 일방의 내심에 머무르거나 계약내용의 결정에 아무런 관련을 맺지 아니한 경우에는 그러한 동기착오는 취소권을 발생시키지 아니한다.

동기가 표시되었는지 여부나 동기가 상대방에게 인식가능하였는지 여부는 그 자체만으로 취소권 발생의 요건은 아니다. 다만 이들 사정은 동기가 법률행위의 내용이 되었는지 여부를 판단할 때 유력하게 참조해야 하는 사항이며, 그 한도에서 의미를 가진다.

(나) 증여·유증·보증의 경우　　이상의 사태착오 취급에 관한 논의는 주로 유상계약을 전제로 한 것이다. 마찬가지의 설명이 무상계약이나 단독행위에도 타당한가? 이는 일률적으로 말할 수 없고 개별적으로 문제되는 법률행위를 중심으로 개별적으로 고찰해 보아야 한다.

(a) 우선 학설에서는 무상계약인 증여의 경우에는 동기의 착오를 신뢰원칙상 고려할 수 없다는 주장은 타당하지 않으며 오히려 동기착오에 빠진 증여자에게 계약구속을 고집하는 것이 부당하다는 이유로 증여의 경우 동기착오가 원칙적으로 고려될 수 있다는 견해가 주장되고 있다.[124] 실제로 유상계약의 경우 동기착오를 고려하지 아니하는 것은 일방의 정보위험을 상대방에게 전가하는 것은 정보에 관한 자기책임원칙과 부합하지 않기 때문이며, 상대방의 신

124) 송덕수(주 2), 72. 주석 총칙(2), 737(제4판/지원림)은 반대.

뢰보호라는 차원에서 오로지 계약의 내용이 된 동기에 대한 착오만을 고려하는 것이다. 그런데 이러한 고려는 무상계약에는 타당하지 않다. 예컨대 甲이 乙에게 특정 고려청자를 증여한다고 약속하고 이를 이행하였으나 이후 모조품임이 밝혀진 경우, 동기는 법률행위의 내용이 되었다. 그러나 모조품이더라도 아무런 이익을 받지 않는 것보다는 나을 수 있기 때문에 착오가 없었더라도 乙과 평균인은 그러한 증여를 받았을 가능성이 있고, 이로써 주관적·객관적 인과관계가 결여되어 중요부분에 대한 착오가 아니므로 취소권은 부정될 것이다.[125] 반대로 甲이 모조품이라고 생각하고 고려청자를 乙에게 증여한 경우, 甲의 동기는 제반사정에 따라 법률행위의 내용이 될 수도 있고(“이 모조품 청자를 증여”하는 경우) 되지 아니할 수도 있다(단순히 “이 자기를 증여”하는 경우). 증여는 무상계약이므로 반대급부에 동기가 반영될 수 없어 이 두 가지 가능성을 모두 상정할 수 있는 것이다. 그런데 전자의 경우에는 동기는 법률행위의 내용이 되었고, 앞서의 설명에 따라 취소하는 것에 어려움이 없다. 문제는 후자의 경우다. 여기서 단순히 동기가 법률행위가 되지 않아 상대방의 신뢰보호 차원에서 취소를 허용하지 않아야 한다는 주장도 생각 가능하기는 하다. 그러나 이는 타당하지 않다고 생각된다. 우선 반대급부가 상정되지 아니하는 증여에서 증여자가 증여 시점에 증여목적물을 어떻게 특정하였는지에 따라 결론을 정반대로 달리하는 것은 동일한 이익상황이 문제되는 사안유형을 달리 취급하는 것이어서 바람직하다고 할 수 없다. 게다가 수증자는 증여가 원상회복되더라도 현존이익의 항변에 의해 보호를 받는 이상(§ 748 I) 증여가 있기 전 상태에 비해 재산상태가 나빠질 이유가 없기 때문에 신뢰보호라는 관점에서 보호의 필요성을 쉽게 긍정하기도 어렵다. 더 나아가 민법은 비록 이행이 있기 전이기는 하지만 장래사정에 대한 중요한 동기착오를 이유로 계약을 해소할 가능성을 인정하는데(§§ 556, 557, 558), 이는 신뢰보호의 필요성이 경미한 증여에서 그 구속력을 약화시키는 것에 대한 입법자의 가치평가를 엿보게 한다. 이러한 사정을 고려한다면 증여의 경우 동기착오는 그것이 중요부분에 관한 것인 한 취소를 정당화한다고 해석해야 한다. 물론 증여자의 단순 변심에 의한 후회권 행사를 막기 위해, 중요부분에 동기착오가 있다는 것에 대한 확실한 증명이 요구되어야 하며, 막연하게 동기착오를 추정해

125) 기부채납한 시설물의 부지의 소유권 귀속에 대한 착오가 문제된 대판 99.2.23, 98다47924(공 99, 545): “만일 그 착오로 인하여 표의자가 무슨 경제적인 불이익을 입은 것이 아니라고 한다면 이를 법률행위 내용의 중요 부분의 착오라고 할 수 없다.”

서는 안 될 것이다.

판례는 귀속해제된 토지인데도 귀속재산인줄로 잘못 알고 국가에 증여를 한 사안에서 "이러한 착오는 일종의 동기의 착오라 할 것이나 […] 그 동기를 제공한 것이 피고 산하 관계공무원이었고 그러한 동기의 제공이 없었더라면 몇십 년 경작해온 상당한 가치의 본건 토지를 선뜻 피고에게 증여하지는 않았을 것인즉, 그 동기는 본건 증여행위의 중요한 부분을 이룬다고 할 것"이라는 이유로 취소를 시인하였는데,[126] 이 판결은 한편으로 상대방이 야기한 착오라는 관점에서도 이해할 수 있으나(아래 참조), 다른 한편으로 그러한 동기착오가 없었다면 "몇십 년 경작해온 상당한 가치의 본건 토지를 선뜻 피고에게 증여하지는 않았을 것"이라고 하여 무상행위로서의 특질도 고려하고 있다고 보인다.[127] 또한 증여에 준하여 취급되는(§ 47 I 참조) 재단법인 설립에도 같은 법리가 적용되어야 할 것이다.[128]

(b) 같은 논의가 유언에 의한 증여 즉 유증에 대해서도 타당하다. 유언자가 동기착오에 기초해 유증을 하였으나 그러한 동기가 중요부분에 관한 것이라면, 유언자 그리고 그 포괄승계인인 상속인은 § 109 I 에 따라 유언을 취소할 수 있다고 이해해야 한다.[129]

(c) 그러나 무상계약이더라도 담보거래로서의 특질을 가지는 보증계약 기타 이와 유사한 계약의 경우에는 다른 내용이 타당하다. 이는 특히 보증인이 주채무자의 자력에 관한 착오를 이유로 보증의 의사표시를 취소하는 경우에 문제된다. 원칙적으로 주채무자의 자력에 대한 착오를 이유로 하는 취소는 허용되지 않는다고 할 것이다.[130] 보증의 의사표시는 "주채무자가 이행하지 아니

126) 대판 78.7.11, 78다719(공 78, 10978). 한편 서울고판 81.7.28, 80나4010(고집 81, 597); 광주고판 01.2.21, 99나2071(하집 01-1, 40); 홍성지원판 87.10.30, 87가합114(하집 87-4, 302); 광주고판 01.2.21, 99나2071(하집 01-1, 40) 등도 참조.

127) 대판 90.7.10, 90다카7460(집 38-2, 170)도 유사하다. 반면 기부채납이 유효한 부관에 이루어진 경우에는 착오를 이유로 하는 취소를 부정하는 것으로 대판 95.6.13, 94다56883(공 95, 2390); 98.12.22, 98다51305(공 99, 205); 99.5.25, 98다53134(공 99, 1244) 등이 있으나, 본문에 서술한 관점에 따라 의문이 있다. 다만 이 사안유형에서는 착오의 현저성(주관적 인과관계)이 부정되었다고 이해할 여지는 존재한다. 예컨대 대판 95.6.13.은 "허가조건상의 하자가 허가신청대행자의 증여의사표시 자체에 직접 영향을 미치는 것은 아니"라고 언급하고 있다.

128) 대판 99.7.9, 98다9045(공 99, 1576) 참조.

129) 자세한 내용은 김형석, "유언의 성립과 효력에 관한 몇 가지 문제", 민판연 38, 2016 참조.

130) 양창수(주 1), 7-8; 김상중, "보증계약에서의 위험귀속과 채권자의 통지 · 정보제공의무", 법조 52-7, 2003, 147-149; 이영준, 429; 김주수 · 김상용, 365; 강태성, 643. 황형모, "동기의 착오에 기한 법률행위의 취소", 판례연구 2, 1992, 42는 반대.

하는" 채무를 보증인이 이행한다는 것을 내용으로 하므로, 의사표시의 내용에서 주채무자의 무자력이라는 사정이 전제되어 있다. 따라서 주채무자가 무자력임이 밝혀진 경우, 이는 계약이 전제하고 있는 사정이 실현된 것으로 보증인에게 착오가 있다고 말할 수 없다. 물론 현실에서 보증인은 주채무자의 자력 있음을 믿었을 수도 있으나, 보증인이 의사표시에 반영한 동기는 주채무자에게 자력이 없어 주채무를 이행할 수 없다는 사정이다. 이 경우 기준이 되는 것은 법률행위에 반영된 동기이며(앞의 Ⅱ. 2. 참조), 주채무자의 자력이 아닌 무자력이 보증계약의 내용에 편입되므로 착오를 상정할 수 없다. 취소는 허용되지 않는다.

이러한 의미에서 대법원이, 은행이 주채무자에게 금원을 대출해 주고서 연체이자를 받은 사실이 있음에도 불구하고 아무런 연체가 없는 것처럼 신용보증기금 제출용으로 작성된 거래상황확인서를 주채무자에게 교부하고 주채무자는 이를 위 신용보증기금에 제출하여 이를 믿은 신용보증기금이 주채무자가 신용 있는 중소기업인 것으로 착각하여 주채무자의 은행으로부터의 새로운 대출에 대하여 신용보증을 하게 된 사안에서, "신용보증기금의 신용보증에 있어서 기업의 신용유무는 그 절대적 전제사유가 되며 신용보증기금의 보증의사표시의 중요부분을 구성한다"는 이유로 보증의 중요부분에 착오가 있는 경우에 해당한다고 판시한 것[131)]은 일반론으로서는 의문이라고 하겠다. 다만 이 판결이 명시적으로 밝히는 것은 아니지만 상대방이 유발한 착오라는 관점에서 취소가 인정되었을 가능성은 존재한다.[132)] 그러나 이에 대해서는 사실관계의 특성상 착오와 의사표시 사이에 객관적 인과관계가 인정될 만한 중요한 착오가 아니라는 지적이 있다.[133)]

한편 자신의 회사 소속 운전수의 과실로 사고가 발생했다고 잘못 믿고 병원에 대해 피해자의 치료비를 보증한 경우, 주채무의 동일성에 관한 착오도 아니며 특별한 사정이 없는 한 그러한 동기를 이유로 취소할 수 없다.[134)] 운전자

131) 대판 87.7.21, 85다카2339(집 35-2, 284). 대판 92.2.25, 91다38419(공 92, 1141); 97.8.22, 97다13023(공 97, 2800); 98.9.22, 98다23706(공 98, 2563) 등도 같은 취지이다.

132) 김준호, "상대방에 유발된 동기의 착오", 사법연구 2, 1994, 328 이하. 예를 들어 다른 사실관계를 배경으로 하는 한 대판 89.12.26, 88다카31507(공 90, 361)에서 취소가 긍정되었는데, 여기서도 채권자의 착오 유발에 대한 비난가능성이 관찰된다.

133) 양창수(주 1), 20-24. 대판 87.11.10, 87다카192(집 35-3, 229) 참조.

134) 대판 79.3.27, 78다2493(집 27-1, 223); 서울고판 72.12.14, 72나479(고집 72-2, 470); 대구고판 75.2.13, 74나548(고집 75-1, 34); 대구고판 75.7.15, 74나960(고집 75-2, 50).

가 자신의 과실유무에 관하여 착오를 일으켜 치료비연대보증을 한 경우도 같다.[135] 보증계약이 비록 무상이기는 하지만 담보이익을 가지는 보증채권자의 입장에서 주채무자와 보증인 사이의 구상관계의 내용은 그에게 아무런 이해관계가 없고 무관심한 사항이어서 이에 대한 착오는 보증인의 위험으로 돌아가야 할 사정으로 생각되므로, 타당하다고 하겠다.[136] 다만 이러한 사안유형에서 보증인은 보증계약을 임의해지하여 장래를 향해 종료할 수 있을 것이다.[137]

이상의 내용과는 달리 보증계약에서 주채무자의 동일성에 대해 착오가 있는 경우에는 보증계약으로 담보되는 채무의 존재와 내용이 달라지는 것으로 법률행위의 내용에 관한 착오가 있다고 말할 수 있어, § 109의 다른 요건이 충족되면 취소가 가능하다.[138] 또한 판례는 공사도급계약과 관련하여 체결되는 이행보증보험계약이나 지급계약보증보험에서, 공사계약 체결일이나 실제 착공일, 공사기간도 공사대금 등과 함께 그 계약상 중요한 사항으로서 수급인측에서 이를 허위로 고지하여 보험자가 그 실제 공사의 진행상황을 알지 못한 채 보증보험계약을 체결한 경우에는 법률행위의 중요한 부분에 관한 착오로 취소가 가능하다고 하였는데, 이 경우 보증채무의 내용에 영향을 미치는 사정에 대한 착오일 뿐만 아니라 상대방이 이를 적극적으로 유발하였으므로 타당하다고 생각된다.[139]

(3) 사태착오의 사례

㈎ 사태착오에 관한 재판례에서 상대적으로 다수를 차지하는 유형은 매매 기타 유상계약의 목적물의 성상(성질)에 관한 착오가 있었던 경우이다. 특히 여기서 말하는 성상을 목적물의 물리적 성상뿐만 아니라 그 활용가능성에 대한 법령의 내용, 목적물과 주변 환경과의 관계맺음 등을 포함하여 물건의 용익 및 그 가치에 영향을 주는 일체의 사실상 또는 법률상 사정을 의미한다고 이해한다면,[140] 사태착오에 관한 상당수가 이러한 의미에서의 성상착오에 해당

135) 대구고판 85.1.16, 84나652(하집 85-1, 23). 비판적인 입장으로 노영보, "교통사고의 가해운전자가 자신의 과실유무가 판명되지 아니한 상태에서 치료비채무를 연대보증한 경우의 법률관계", 민판연 16, 1994, 56.

136) 결론에서 같은 취지로 고상용, "동기의 착오와 민법 § 109의 적용여부", 신문 1377, 1980, 11.

137) 대판 78.3.28, 77다2298(집 26-1, 237) 참조.

138) 대판 86.8.19, 86다카448(집 34-2, 124); 93.10.22, 93다14912(공 93, 3153); 95.12.22, 95다37087(공 96, 503); 05.5.12, 2005다6228(공 05, 932) 등 참조.

139) 대판 02.7.26, 01다36450(공 02, 2038); 02.11.26, 2002다34727(공 03, 208).

140) 이는 독민 § 119 Ⅱ에 대한 독일 통설의 태도이다. Wolf/Neuner(주 97), § 41 Rn. 56.

한다. 그러나 성상개념을 넓게 이해하든 좁게 이해하든, 중요한 것은 당사자들이 해당 사정을 매매의 기초에 두고 일방의 급부의무를 특정하였고 그에 상응하여 그 사정을 상대방의 대금을 정함에 반영하였는지 여부가 기준이 된다.[141] 물론 여기서 거래상 중요하게 고려되는 성질은 의사표시의 규범적 해석상 당연히 고려되므로 당사자들이 계약의 기초에 두었다고 볼 가능성이 높다. 그러나 개별적으로 당사자들이 해당 사정과 관련된 위험을 계약에 반영하지 않고 일방의 위험으로 하여 계약을 체결할 수 있으므로 항상 개별적인 사안에서 제반사정을 고려해 구체적으로 판단해야 한다.

부동산 매매와 관련해서 보면, ① 당사자들이 매수인이 사용목적을 고려하여 매매계약에서 목적물에 있을 것으로 합의한 성질이 결여된 경우가 많으며, 이는 면적의 차이, 공법상 제약, 자연적 제약 등의 형태로 나타난다. 목적 토지가 7평에 불과하다고 믿고 평당 70,000원으로 매매대금을 정하였는데 실제 평수가 40평으로 밝혀진 경우,[142] 매매목적물이 일정 시설(발전소, 공장 등)의 대지로 사용될 수 있다고 전제하고 매매된 경우,[143] 매매의 목적물인 토지가 지목변경이나 건축이 전연 허용되지 않는 녹지지역으로 지정된 사실을 모르고 그 면적의 20%에 한하여 건축이 가능한 일반녹지지역에 해당한 것으로 잘못 알고 매매계약을 체결한 경우,[144] 행정청에 의한 공용수용이 예정되어 있는 토지를 건축 가능 토지로 잘못 알고 매수한 경우,[145] 건축을 하려는 매수인이 목적물인 토지 중 83% 가량에 해당하는 부분이 건축불가능한 지역이고 불과 17% 정도만 건축가능하다는 사실을 모르고 매수한 경우,[146] 토지 답 1,389평을 전부 경작할 수 있는 농지인 줄 알고 매수하여 그 소유권이전등기를 마쳤으나 타인이 경작하는 부분은 인도되지 않고 있을 뿐 아니라 측량결과 약 600평이 하천을 이루고 있었던 경우,[147] 아파트 300여 세대를 건축하기 위해 토지를 매수하였으나 용적률 때문에 목적 달성이 불가능한 경우,[148] 국유지를 불하받기 위해

141) Malaurie, Aynès et Stoffel-Munck, *Les obligations*, 4ᵉ éd., 2009, n° 500: "착오자가 반대급부에서 염두에 두고 있던 결정적 성상".
142) 대구지판 87.10.14, 87나286(하집 87-4, 183).
143) 대판 92.11.24, 92다25830(공 93, 232); 93.6.29, 92다38881(공 93, 2122); 서울지판 88.7.27, 87가합6286(하집 88-3,4, 199).
144) 서울고판 75.10.1, 75나53(고집 75-2, 173).
145) 서울고판 80.7.24, 79나3851(고집 80-2, 210).
146) 대구고판 88.1.28, 86나1510(하집 88-1, 82).
147) 대판 68.3.26, 67다2160(집 16-1, 177). 대판 74.4.23, 74다54(공 74, 7841)도 유사하다.
148) 대판 95.11.21, 95다5516(공 96, 47).

그 지상의 무허가건물을 매수하였으나 법령상 이유로 일부만의 불하가 가능함이 밝혀진 경우,[149] 갑 주식회사가 농림지역 토지들을 관리지역 토지들로 잘못 알고 을 주식회사와 매매계약을 체결한 경우[150] 등에서 당사자들이 해당 사정을 고려하여 급부의무를 특정하여 반대급부를 정하였다면 그러한 착오는 매매의 내용에 관한 착오에 해당할 것이다.

② 또한 매수인이 매매목적물의 현황경계에 대해 잘못된 정보를 기초로 목적물을 특정하고 대금을 정하였다면, 그 경우에도 착오는 고려될 수 있다. 외형적인 경계(담장)를 기준으로 하여 인접토지에 관한 교환계약이 이루어졌으나 그 경계가 실제의 경계와 일치하지 아니하여 결국 일방이 그 소유대지와 교환으로 제공받은 상대방의 대지 또한 그 대부분이 그 일방의 소유인 것으로 판명된 경우,[151] 건물에 대한 매매계약 체결 직후 건물이 건축선을 침범하여 건축된 사실이 밝혀진 경우,[152] 주위토지통행권자가 인접대지 위의 담장이 그 대지의 경계선과 일치하는 것으로 잘못 알고 이 담장을 기준으로 통로폭을 정하여 주위토지소유자의 담장설치에 합의한 경우[153] 등이 이에 해당한다. ③ 이와는 반대로 매도인이 목적물을 가치를 높이는 사정을 간과하고 그러한 사정이 없음을 매매에 기초에 두고 매도한 경우에도 같은 법리가 적용된다. 도로부지에 편입되었다가 해제된 토지를 아직도 도로부지에 편입되어 있는 줄로 알고 매매목적물을 도로로 표시하여 헐값으로 매도한 경우,[154] 매도인이 목적 토지가 주거지역임을 알지 못하고 시가의 1/10에 못미치는 대금으로 매도한 경우[155] 등이 그러하다. ④ 이상의 법리는 동산 매매에서도 그대로 인정될 수 있다. 그래서 고려청자로 알고 매수한 도자기가 진품이 아닌 것으로 밝혀진 경우,[156] 당사자들이 우유운반 용역계약이 갱신되어 있는 우유배달차량이라고 전제하고 이를 매매한 경우[157] 등에서 취소가 인정된 예가 있다.

⑤ 그러나 앞서 살펴본 사례와 유사하게 보이는 성상착오의 경우에도 계

149) 대판 91.8.27, 91다11308(집 39-3, 322).
150) 대판 12.9.27, 2011다106976(정보).
151) 대판 93.9.28, 93다3163431641(공 93, 2971).
152) 대판 97.9.30, 97다26210(공 97, 3286).
153) 대판 89.7.25, 88다카9364(집 37-2, 241).
154) 대구고판 73.2.15, 72나329(고집 73-1, 100).
155) 수원지판 86.8.20, 84가합785(하집 86-3, 322).
156) 대판 97.8.22, 96다26657(공 97, 2786).
157) 서울고판 80.9.22, 80나1873, 1874(고집 80-2, 298). 다만 표의자의 중과실이 인정되었다.

약에서 당해 성상이 계약의 내용으로 편입되지 않았다면 그에 대한 착오는 고려되지 않는다. 예컨대 목축을 할 수 있다고 믿고 토지를 매수하였으나 공법상 제약 및 도로 계획 때문에 목적달성이 불가능한 경우,[158] 부동산에 국민주택규모의 고층아파트의 건설이 가능한 것으로 알고 매수하였으나 보안상의 이유 등으로 인하여 계약체결 당시부터 고층아파트의 건축을 할 수 없는 부동산이었던 경우,[159] 반환소송을 당하게 되면 아무런 보상도 받지 못한 채 부동산을 반환하여야 할 것으로 착각하여 이를 매도하는 계약을 체결한 경우[160] 등에서 취소가 부정되었는데, 해당 동기가 급부의무 특정 및 반대급부 결정에 고려되지 않는 사실관계에서라면 타당한 결론일 것이다. 그러한 의미에서 "일반적으로 온천여관의 매매의 경우에는 온천수의 수질이 온천으로서 기능을 발휘할 수 있고 온천수의 수량이 온천여관을 이용하는 고객에게 충분히 공급되어 온천여관으로서 계속적으로 영업을 할 수 있는지 여부가 중요한 문제이지 온천수를 공급하는 온천공이 공동사용됨으로써 수질이 저하되고 수량이 부족하여 영업에 지장이 있다는 등의 특단의 사정이 없는 이상 그 사용권을 독점적으로 가지느냐 아니면 공동사용권을 가지느냐는 매매계약의 중요한 부분이라고 할 수 없으므로" 독점사용권에 대한 착오가 고려될 수 없다고 한 판결도 이해할 수 있다.[161] 또한 한국수자원공사가 수몰로 인해 축산업을 계속할 수 없다는 이유로 보상명목으로 축산영업권을 매수하였으나 이후 구 공공용지의 취득 및 손실보상에 관한 특례법에 따라 간접보상의 대상이 아님을 알고 매매를 취소한 사안에서, 당사자가 사법상 매매계약을 체결하는 방식으로 보상을 하였을 뿐만 아니라 그 보상금의 기초가 동법상의 간접보상임을 전제하지 않은 이상 동기가 계약에 편입되지 아니한 매수인 일방의 착오에 불과할 것이다.[162] 아파트의 입주자 대표회의가 난방시설 교체대상지역이 아님에도 불구하고 그렇다고 생각하고서 도시가스 회사와 배관공사계약을 합의한 경우에도 취소할 수 있는 착오에 해당하지 않는데, 도시가스 회사의 관점에서는 상대방이 계약을

158) 대판 84.10.23, 83다카1187(집 32-4, 1984).

159) 대결 90.5.22, 90다카7026(공 90, 1355).

160) 대판 91.11.12, 91다10732(공 92, 89).

161) 대판 87.4.14, 86다카1065(공 87, 796). 이 판결은 덧붙여 "매수인이 그러한 사항을 매매계약의 중요부분으로 삼기 위하여는 매매계약을 함에 있어 그러한 내용의 의사표시를 하던가 아니면 온천공이 공동사용됨으로써 매매가격이 현저히 달라져 도저히 계약의 목적을 달성할 수 없는 사정이 있는 경우에 한하여야 한다"고 하는데, 타당한 판시이다.

162) 전주지판 05.8.26, 03가합3972(각공 05, 1622).

체결하는 동기는 매우 다양하게 추측될 뿐만 아니라(교체대상지역이 아니더라도 시설 개선을 위해 공사를 할 수도 있다), 그러한 사정에 따라 계약내용이 달라질 이유도 통상 없으므로 그러한 사정이 계약에 편입되었다고 볼 수 없기 때문이다.[163] 같은 내용이 일조에 대해 착각하여 주거용 주상복합건물을 분양받는 경우에 타당하다.[164] 한편 공장의 신축부지로 사용하기 위하여 매입한 토지가 개간농지로서 농지의 전용을 제한하는 법령에 의한 복잡한 절차를 거쳐야만 공장의 부지로 사용할 수 있다는 사실을 매수인이 알고 있었고, 또 그 토지가 곧바로 공장의 부지로 전용될 수 있다는 것을 당사자들이 의사표시의 내용으로 삼지 않은 경우라면, 그러한 사정은 매수인이 위험을 부담하기로 하였고 계약내용이 되지 않았으므로 그에 대한 착오를 이유로 취소할 수 없다.[165] 상가분양계약을 체결하면서 수분양자들이 "분양계약서의 내용 외 분양상담 시 분양요원과 구두 또는 서면상으로 이루어진 특약은 어떠한 내용이라도 효력을 주장할 수 없음을 인정한다"는 내용이 포함된 서면을 서명 날인하여 분양자에게 제출한 경우에도, 그러한 사정에 대한 위험은 수분양자들이 인수한 것이고, 분양광고나 분양상담에서 언급되었던 분양점포의 전용면적 등의 내용은 분양계약의 내용에 포함되지 않는다.[166] 유사한 맥락에서 판례는 특허는 성질상 특허등록 이후에 무효로 될 가능성이 내재되어 있는 점을 감안하면, 특허발명 실시계약 체결 이후에 계약 대상인 특허의 무효가 확정되었더라도 특허의 유효성이 특별히 법률행위 내용에 편입되지 않는 한 이를 이유로 특허발명 실시계약을 취소할 수는 없다고 하는데, 원칙적으로 특약이 없는 한 양수인의 위험범위에 있는 사항으로 판단한 것으로 보인다.[167]

⑥ 특히 목적물의 성상이 그 대금을 결정하는 사정으로 작용하였다고 하더라도 그 사정을 계약에 반영하지 않고 당사자가 내심으로만 고려하거나 계약에 무관심한 사항으로 취급하였던 경우, 동기를 편입하지 않은 계약의 관점

163) 대판 95.5.23, 94다60318(공 95, 2234).
164) 대판 10.04.29, 2009다97864(정보). 이 판결은 특히 "의사표시의 해석상 조망·일조의 확보가 분양계약의 내용으로 되어 있는지" 여부를 판단할 때 고려할 사항으로 "조망·일조에 대한 평가가 상당한 정도로 분양가에 포함되거나 분양가 형성에 영향을 주었다고 볼 수 있는지 여부" 및 "조망·일조의 확보가 분양자의 통제가능한 영역에 놓여 있었는지"를 언급하고 있는데, 적절하다고 하겠다.
165) 대판 97.4.11, 96다31109(공 97, 1413).
166) 대판 09.3.16, 2008다1842(공 09상, 552).
167) 대판 14.11.13, 2012다42666(공 14하, 2323).

에서 판단하면 그 당사자는 계약의 내용인 성상에 대해 착오한 것이 아니라 다만 시가를 정하는 과정에서 실수가 있었던 것에 불과하다고 말할 수 있다. 이러한 착오가 고려되지 않아야 함은 명백하며, 이것이 종래 시가의 착오를 이유로 해서는 취소할 수 없다는 판례 법리의 내용이다.[168] 예컨대 당사자들이 단순히 시가감정을 통해 매매대금을 정한 경우, 목적물의 성상은 감정에서 고려되었을 뿐 당사자들이 계약의 급부의무를 정하는 과정에 고려하지 않았으므로 그에 대한 착오는 고려될 수 없을 것이다.[169] 그 밖에 매수신청인이 입찰 부동산의 시가를 잘못 평가하여 고가의 매수가격으로 매수신고를 하여 낙찰된 경우,[170] 양수인의 수지타산으로는 약 4천만 원 정도의 이익을 얻을 것으로 예상하여 양수계약을 체결하였으나 물가의 변동 등으로 실제로는 그 금액 정도의 손실을 본 경우,[171] 환매권의 가치에 영향을 주는 사정을 모르는 상태에서 환매권을 양도한 경우[172] 등에서도 그러한 결과가 인정되었다.

다만 도로사업을 위한 협의매수에서 감정평가인의 착오로 자연녹지 개발제한구역을 생산녹지로 잘못 평가하여 85% 과다책정된 금액으로 대금이 결정된 사안에서 판례는 매도인(지방자치단체)의 취소를 인정하였는데, 시가의 착오라는 점을 인정하면서도 "이 사건은 정당한 평가액을 기준으로 무려 85%나 과다하게 평가된 경우로서 그 가격 차이의 정도가 현저할 뿐만 아니라, 원고는 지방자치단체로서 법령의 규정에 따라 정당하게 평가된 금액을 기준으로 협의매수를 하고 또한 협의가 성립되지 않는 경우 수용 등의 절차를 거쳐 사업에 필요한 토지를 취득하도록 되어 있"는 사정을 고려할 때 "그처럼 과다하게 잘못 평가된 금액을 기준으로 협의매수계약을 체결하지 않았으리라는 점은 명백"하여 "원고의 매수대금액 결정의 동기는 이 사건 협의매수계약 내용의 중요한 부분을 이루고 있다"고 하였다.[173] 그러나 이 경우 감정평가에 따라 대금이 정해지기는 하였으나 목적 토지의 법령상 성질에 대한 평가가 주된 고려사항이 되고 있으므로 단순한 시가의 착오라고 할 것은 아니고, 오히려 토지의 성상이 매매

168) 대판 91.2.12, 90다17927(공 91, 984); 92.10.23, 92다29337(공 92, 3229).
169) 대판 85.4.23, 84다카890(공 85, 780).
170) 서울지결 95.8.25, 95라1238(하집 95-2, 20). 중과실이 인정되었으나 애초에 법률행위 내용에 관한 착오도 아니라고 할 것이다.
171) 대구고판 82.4.22, 81나741(고집 82, 213).
172) 대판 84.4.10, 81다239(집 32-2, 61).
173) 대판 98.2.10, 97다44737(공 98, 686).

에서 전제되었다고 보는 것이 적절하다고 보인다.[174)]

(나) 좁은 의미의 성상은 아니더라도 물건의 용익과 가치에 영향을 미치는 환경의 변화 예컨대 개발계획이나 도로 건설 등의 사정도 이상의 내용과 마찬가지로 취급된다. 즉 그러한 사정이 계약에서 급부의무 및 반대급부의무를 결정하는 사정으로 작용하여 법률행위의 내용에 편입되었다고 볼 수 있다면, 그에 대한 착오는 고려되지만, 법률행위의 내용이 되지 않고 일방의 위험영역에 머무른다면 착오에 기한 취소는 부정된다. 예컨대 개발제한이 있어 시가 100만원에 거래되는 토지를 개발제한 해제를 믿고 100만원에 매수하는 경우에는 그러한 동기는 계약에 반영되지 않았지만, 매도인이 곧 개발제한이 해제될 토지로서 매도하고 매수인이 그러한 사정을 고려해 200만원을 매매대금으로 정하였다면 해당 동기는 매매의 내용이 되었다고 볼 여지가 크다. 여기서 장래 사정에 대한 착오라는 이유만으로 § 109를 적용할 수 없다고 말할 수는 없다(이에 대해서는 보다 상세하게 아래 참조). 물론 그러한 장래 사정의 발생 개연성이 떨어질수록 당사자들이 계약에 반영할 가능성은 통상 줄어들 것이다.

그러한 의미에서 예컨대 오피스텔 분양계약에서 인접 부지에 고층 건물이 들어서지 않을 것이라는 사정은 통상 매매에 편입되지 아니하는 사정으로 그에 대한 착오는 고려되지 않겠지만, 사안에 따라 예컨대 "조망에 따른 분양가격의 차이, 조망권 등을 집중적으로 강조한 분양광고 내용을 고려하여 볼 때" 누구나 그러한 사정에 기초해 매매를 하고 가격이 형성되었다면 해당 동기는 매매의 내용의 기초가 되었다고 볼 수도 있다.[175)] 또한 매매대상 토지 중 20~30평 가량만 도로에 편입될 것이라는 중개인의 말을 믿고 주택 신축을 위하여 토지를 매수하였으나 실제로는 전체 면적의 약 30%에 해당하는 197평이 도로에 편입된 경우에도 취소권은 긍정되었다.[176)] 주식회사와 국가가 부동산 매매계약을 체결한 후 그 일대에 도시계획시설인 근린공원을 신설하기로 하는 도시관리계획 결정이 고시된 사안에서, 부동산에서 주택개발사업을 하는 것이 사실상 곤란하게 된 회사의 부동산 매수 동기가 법률행위의 내용이 되었다고 평가한 예도 있으나[177)] 반대로 판단한 예도 있다.[178)]

---

174) 반면 김천수(주 78), 322는 중요부분에 관한 착오인지 여부의 문제로 접근한다.

175) 부산동부지판 09.3.26, 08가합3342, 4505, 5492(각공 09상, 773).

176) 대판 00.5.12, 2000다12259(공 00, 1417).

177) 대판 12.01.27, 2010다85881(정보). 다만 중과실이 인정되었다.

178) 대판 10.05.27, 2009다94841(정보); 13.11.28, 2013다202922(정보); 14.5.16, 2011다

반면 오피스텔과 신공항 여객터미널 사이에 PMS가 완공될 예정이라는 사정은 다른 동기가 상정될 수 있는 한 분양계약의 내용으로 편입되지 아니한다.[179] 또한 매수인이 부동산을 매수하면서 잔금지급 전에 그 부동산을 은행 등에 담보로 넣어 대출을 받아 잔금을 마련하기로 계획을 세우고 매도인들에게 그와 같은 자금마련 계획을 알려 잔금지급 전에 매수인이 대출을 받을 수 있도록 협조하여 주기로 약속하였다는 사실만으로는 대출 성사여부가 매매의 내용이 될 수 없다고 하였다.[180] 더 나아가 상가를 분양하면서 그 곳에 첨단 오락타운을 조성·운영하고 전문경영인에 의한 위탁경영을 통하여 분양계약자들에게 일정액 이상의 수익을 보장한다는 광고를 하고 분양계약 체결시 이러한 광고내용을 계약상대방에게 설명하였더라도, 특별한 사정이 없는 한 분양자가 수익보장을 분양계약의 내용으로 하였다고 보기는 어려울 것이다.[181] 회사가 퇴직근로자에게 체불임금의 50% 정도를 포기하면 회사 정상화 이후 재고용이 이루어지도록 노력하겠다고 하여 퇴직근로자가 재고용이 될 것으로 생각하여 체불임금 일부를 포기하는 내용의 합의를 한 경우에도 회사가 단지 노력할 의무만을 부담하기로 한 이상 해당 위험은 퇴직근로자가 부담하기로 하였다고 볼 가능성이 크다.[182] 그리고 갑 택시운송사업조합이 전임자 을에 대한 면직으로 인하여 공석으로 된 직에 병을 임명하였는데 이후 갑 조합의 을에 대한 면직처분이 판결에 의하여 무효임이 확정된 경우, 갑은 병에 대한 고용을 취소할 수 없을 것인데, 고용계약 자체가 을의 면직을 기초로 하지 않았을 것으로 추측될 뿐만 아니라 그러한 사정에 관한 위험은 고용주에게 돌아가야 하기 때문이다.[183]

관련하여 특히 장래의 사태의 전개가 불확실해서 그 실현이 개연적이지 않거나 계약당사자들 사이에 상충하는 이해관계가 존재하는 경우에는 그러한 사정이 계약내용에 반영될 가능성이 적을 것이다. 예컨대 갑 회사가 온라인연합복권 운영기관인 을 은행과, 갑 회사가 온라인연합복권 시스템 구축 및 운영 용역을 제공하는 대가로 을 은행이 온라인연합복권 매회 매출액의 일정 비율

5578(정보).

179) 서울고판 08.1.18, 2006나67772(정보).

180) 대판 96.3.26, 93다55487(공 96, 1363).

181) 대판 01.5.29, 99다55601(공보 01, 1449).

182) 대판 12.12.13, 2012다65317(정보).

183) 대판 11.06.09, 2010다99798(정보).

에 해당하는 수수료를 지급하기로 하는 내용의 계약을 체결한 사안에서, 실제 매출액이 예상매출액보다 현저하게 많이 발생하였더라도 을 은행의 착오 주장을 받아들일 수는 없다. 사태 전개의 불확실성을 고려할 때 당사자들이 일정한 매출액을 계약의 기초로 삼았다고 보기 어렵기 때문이다.[184] 파생상품 거래에서도 당사자들의 이해가 반대로 상충하므로 어느 일방이 기초상품의 시세변동에 대해 자신에게 유리한 특정 사태 전개를 전제로 하여 착오 주장을 할 수는 없다고 할 것이다.[185]

㈐ 계약 상대방의 성질이나 자격에 관한 착오도 그러한 성상이나 자격이 계약의 내용으로 편입된 경우에는 취소를 정당화한다. 특정 자격을 전제로 하는 급부가 약정되고 그에 대한 보수 역시 그러한 자격을 전제로 정해지는 경우가 그러하다.

예컨대 보험모집업무를 담당하고 있는 보험회사 직원이 자가운전자동차종합보험계약 체결을 위한 청약서를 작성함에 있어 피보험자로부터 그가 미합중국 캘리포니아주에서 운전면허를 취득하였고 운전경력이 4년가량 된다는 말을 듣고 위 청약서의 기재사항 중 피보험자의 운전경력란과 운전면허취득일란을 임의로 기재한 다음 미합중국의 운전면허가 우리나라에서도 유효하게 통용되는 것으로 잘못 알고 피보험자를 대리하여 보험자와의 사이에 보험계약을 체결하였다면 이러한 착오는 보험계약의 내용에 관한 착오이다.[186] 상대방의 자격(면허의 유무 및 내용)에 따라 보험계약의 내용이 달라지기 때문이다. 또한 건축조합이 건축사 자격을 취득한 바 없이 건축디자인 연구, 건축컨설팅 등을 목적으로 하는 건축연구소를 운영하는 건축학 교수와 건축설계 용역계약을 체결한 경우, 상대방이 건축사 자격이 있다는 동기는 계약내용이 되었다고 보아야 한다. 건축사 자격 없는 사람의 설계행위는 법령에 위배될 뿐만 아니라 안전에도 큰 위험을 야기할 수 있으므로 통상의 정상적 보수가 약정된 건축설계 용역계약이라면 설계자가 건축사 자격이 있음을 당연한 전제로 할 수밖에 없기 때문이다.[187] 같은 이유에서 일방이 상대방을 적법한 상속인이라고 믿고 부동산을 반환하는 약정을 한 경우 상대방이 적법한 상속인이라는 사정은 합의의 기초를

184) 대판 11.06.24, 2008다44368(공 11하, 1451).

185) 대판(전) 13.9.26, 2013다26746(공 13하, 1954); 13.9.26, 2012다1146(공 13하, 1901); 9.26, 2011다53683(공 13하, 1882) 참조.

186) 서울고판 90.6.8, 89나40930(하집 90-2, 40). 다만 표의자의 중과실이 인정되었다.

187) 대판 03.4.11, 2002다70884(공 03, 1169).

이루는 사정으로 그에 대한 착오는 합의의 내용에 포함된다.[188] 반면 사립대학교 교원임용지원서에 중학교 교사경력을 기재하지 않고 지원하여 학교법인이 그 사실을 알지 못하고 교원임용계약을 체결한 경우, 그러한 경력이 없다는 동기는 계약에 아무런 의미가 없을 뿐만 아니라 그것이 전제되었다고 하더라도 객관적 인과관계가 없어 취소할 수 없다.[189]

㈑ 당사자가 당사자의 동일성이나 목적물의 동일성을 착오한 상태에서 계약을 체결한 경우, 그러한 착오가 법률행위의 내용에 관한 착오임은 명백하다. 이는 로마법에서부터 고려되는 착오로 인정되었던 사안유형이다(error in persona, error in corpore). 그러므로 § 109 Ⅰ의 다른 요건이 충족되면 취소는 정당화된다. 이때 특히 그러한 동일성의 착오가 중요부분에 관한 것임을 검토해야 하는데, 사안에 따라서는 예컨대 당사자의 동일성은 당해 계약에서 결정적인 사항이 아닐 수도 있기 때문이다(앞의 Ⅰ. 2. (2)에서 보았지만 인과관계로 착오 주장을 제한하는 법리는 당사자 동일성에 관한 착오의 취급에서 발전한 것이다).

당사자의 동일성에 관한 착오의 사례를 보면, 새로 융자를 받는 경우의 채무를 담보하기 위해 근저당권설정계약을 체결하였으나 사실은 제3자의 기존의 당좌대월채무를 담보하기 위한 것인 경우,[190] 자기의 이름으로는 대출이나 신용보증을 받을 수 없게 된 갑이 동생 을 명의로 기업을 경영하면서 을의 주민등록증에 자기 사진을 붙이고 을 명의의 인감도장과 인감증명서 및 사업자등록증을 소지하여 마치 을로 행세하고 나아가 신용보증을 신청할 때에도 을 명의로 신청하였으므로, 기술신용보증기금이 을을 보증대상기업의 경영주로 오인하고 그에 대한 신용조사를 한 다음 신용보증을 한 경우,[191] 갑이 채무자란이 백지로 된 근저당권설정계약서를 제시받고 그 채무자가 을인 것으로 알고 근저당권설정자로 서명날인을 하였는데 그 후 채무자가 병으로 되어 근저당권설정등기가 경료된 경우[192] 등이 그러하다. 그러나 "근저당권설정자 또는 보증인이 그 계약서에 나타난 채무자가 마음속으로 채무자라고 본 사람의 이름을 빌린 것에 불과하여 계약당시에 위 두 사람이 같은 사람이 아닌 것을 알

188) 대판 94.9.30, 94다11217(공 94, 2841).
189) 서울지판 03.10.16, 03가합25992(각공 03, 689). 반면 상대방이 공동상속인들 중 한 사람인 경우에 대해 대판 96.12.23, 95다35371(공 97, 488) 참조.
190) 서울고판 69.3.7, 68나1911(고집 69-1, 125).
191) 대판 93.10.22, 93다14912(공 93, 3153).
192) 대판 95.12.22, 95다37087(공 96, 503).

았더라도 그 계약을 맺을 것이라고 보여지는 등 특별한 사정이 있는 경우"에는 중요부분의 착오가 아니므로 취소권은 발생하지 않는다.[193]

한편 목적물의 동일성에 관한 착오는 예컨대 부동산중개업자가 다른 점포를 매매 목적물로 잘못 소개하여 매수인이 매매 목적물에 관하여 착오를 일으킨 경우[194]에 존재한다.

그 밖에 당사자들이 A라는 계약을 체결하면서 사실은 B라는 계약을 체결한다고 믿어 법률행위의 성질에 대해 착오하는 경우(로마법의 error in negotio)도 법률행위 내용에 관한 착오에 해당한다. 리스물건이 존재하지 않는 공리스를 체결하면서 일반적인 금융리스라고 착각한 경우,[195] 주채무자의 차용금반환채무를 보증할 의사로 공정증서에 연대보증인으로 서명·날인하였으나 그 공정증서가 주채무자의 기존의 구상금채무 등에 관한 준소비대차계약의 공정증서이었던 경우[196] 등이 그러하다.

(4) 쌍방 공통의 착오

(가) 당사자들이 계약에서 급부의무를 구체화하기 위해 참조하고 관련지은 동기에 대한 착오만이 § 109 I 에 따라 취소가능하다고 할 때, 이러한 착오를 쌍방 공통의 동기착오와 혼동해서는 안 된다. 양자는 서로 다른 개념이다.[197] 예컨대 건축조합 甲이 건축사 자격 없이 건축관련 업무를 하고 있는 건축학 교수 乙과 건축설계 용역계약을 체결한 사안[198]에서처럼, 동기는 계약의 기초로 합의되었지만 공통의 동기착오가 존재하지 않는 경우는 충분히 존재할 수 있다. 그러므로 합의된 동기착오만이 고려된다는 입장에 따르더라도, 그것이 공통의 동기착오에 적용될 때 어떠한 결과를 가지는지는 검토해 볼 필요가 있다. 공통의 동기착오의 경우 당사자들이 모두 동일한 착오를 기초로 계약내용을 확정하였으므로, 그들의 가정적 의사를 고려할 여지가 존재하기 때문이다.

(나) 학설은 우선 독일의 주관적 행위기초론에 의한 해결을 주장하는 견

193) 대판 86.8.19, 86다카448(집 34-2, 124).
194) 대판 97.11.28, 97다32772(공 98, 84).
195) 대판 01.2.23, 2000다48135(집 49-1, 156). 다만 인과관계가 부정되어 중요부분의 착오가 아니라고 판단되었다.
196) 대판 06.12.7, 2006다41457(공 07, 120). 여기서도 인과관계가 부정되어 중요부분의 착오가 아니라고 판단되었다.
197) Kötz(주 69), S. 294; 윤진수(주 68), 79; 주석 총칙(2), 778-779 이하(제4판/지원림) 등 참조.
198) 대판 03.4.11, 2002다70884(공 03, 1169).

해와 그렇지 않은 견해로 대별된다. 전자의 경우 대체로 행위기초 상실을 이유로 하여 계약내용의 수정 및 계약 해제(탈퇴)를 인정하지만,[199] 그 세부적인 내용에 대해서는 논자마다 차이가 없지 않다. 반면 주관적 행위기초론을 거부하는 견해에서도 보충적 계약해석에 따른 계약내용 수정을 인정하는 것에 그칠 것인지[200] 아니면 더 나아가 보충적 계약해석에 따른 조정이 좌절될 경우 취소도 인정할 것인지[201] 여부에 대해 다툼이 있다.[202] 이에 대한 세부적인 논의는 개별연구에 미루도록 하고[203] 여기서는 주해의 목적에 부합하는 범위에서 이 문제를 살펴보고자 한다.[204]

우선 당사자 쌍방이 공통의 착오를 기초로 하여 동기를 계약내용에 편입시켰고 그에 더하여 착오가 없었더라면 그러한 계약을 체결하지 않았을 정도로 주관적·객관적 인과관계가 존재한다면, 중과실이 없는 착오자는 원칙적으로 § 109 Ⅰ에 따라 계약을 취소할 수 있다고 해석해야 한다.[205] 판례도 같은 태도이다.[206] 이에 대해서는 우리 민법 § 109 Ⅰ은 일방의 착오를 전제로 하는 규정이므로 민법은 쌍방의 공통의 착오에 대해 규율을 결여하고 있어 착오를 이유로 취소할 수 없다는 논거가 주장된다.[207] 그러나 이는 설득력이 없는 설명이라고 생각된다. 계약은 쌍방의 의사표시로 구성되므로, 일방의 착오에 관한 규정은 당사자 각각에 대해서 적용될 수 있기 때문이다. 그런데 쌍방의 착

199) 예컨대 송덕수(주 2), 286 이하; 이상민, "당사자 쌍방의 착오", 민판연 18, 1996, 67; 김상용, "계약당사자 쌍방의 공통착오와 주관적 행위기초의 상실", 사행 36-1, 1995, 29 등.

200) 예컨대 명순구, 424-425; 박동진, "쌍방의 공통된 착오", 민학 35, 2007, 370-371; 이덕환, 514; 이영준, 442-443; 주석 총칙(2), 780-781 이하(제4판/지원림) 등. 이 견해의 다수는 보충적 계약해석이 좌절되는 경우에는 예외적으로 신의칙상 계약해소 또는 계약불성립을 인정해야 한다고 한다.

201) 예컨대 곽윤직·김재형, 317; 김대정, 904; 김증한·김학동, 446-447; 박찬주, "동기의 착오에 관한 새로운 이해", 전남대 법학논총 28-1, 2008, 239-240; 윤진수(주 49), 206 이하 등.

202) 그 밖에 조성민, "쌍방의 동기의 착오", 고시연구 357, 2003, 26은 취소를 인정하면서도 계약내용 수정은 사정변경 법리에 따라야 한다고 한다.

203) 주 199 내지 202에 인용된 것 외에도 김서기, "당사자 쌍방의 공통하는 동기의 착오 시 법원에 의한 계약수정의 이론적 근거에 관한 고찰", 법조 649, 2010, 186 이하; 박동진(주 200), 339 이하; 송덕수, "공통의 동기의 착오에 관한 판례 연구", 법조 638, 2009, 334 이하도 참조.

204) 자세한 내용은 김형석(주 54), 114 이하 참조.

205) 같은 취지로 김대정, 904; 박찬주(주 201), 239; 윤진수(주 49), 211; 조성민(주 202), 26 등. 김서기(주 203), 203, 216도 참조.

206) 대판 89.7.25, 88다카9364(공 89, 1284) 등.

207) 예컨대 이영준, 442; 송덕수(주 2), 287; 주석 총칙(2), 778-779(제4판/지원림) 등 참조.

오가 유리하게 작용하는 당사자는 취소할 이유가 없을 뿐만 아니라 주관적·객관적 인과관계도 부정되므로, 취소권은 쌍방의 동기착오가 불리하게 작용하는 당사자에게만 발생한다. 양 당사자 모두 착오를 주장하여 경합하는 사안은 발생하지 않는다. 그러므로 쌍방의 동기착오의 경우에도 계약을 해소해야 하는 사안이 있음을 받아들인다면, 법률의 적용으로 자연스럽게 도출되는 계약취소를 부정할 이유가 전혀 없다.[208] 특히 해석론의 입장에서는, 법률에 명시적 근거가 없는 주관적 행위기초론을 이유로 하는 계약 해제권과 비교할 때, 법률에 기초한 이러한 명료한 해법을 우선하는 것이 온당한 태도일 것이다.

이에 대해서는 취소를 인정하면 당사자들의 가정적 의사를 고려하는 적절한 계약수정을 할 수 없다는 비판이 제기될 수 있다.[209] 그러나 이러한 비판도 타당하다고 하기는 어렵다. 법률행위의 해석이 착오취소에 논리적으로 우선하기 때문이다(앞의 III. 1. 참조). 그러므로 공통의 동기착오에 의해 성립한 계약에서도, 당사자들이 계약에 반영한 규율목적을 고려할 때 착오가 없었을 경우 도달하였을 가정적 의사를 탐구할 수 있다면, 보충적 계약해석으로 그러한 내용이 효력을 가지며 착오는 고려되지 않는다. 판례도 같다.[210] 그러므로 착오취소는 해석에 따른 계약수정이 가능하지 아니한 경우에만 허용된다는 결과가 된다.[211] 그렇다면 종래 보충적 계약해석이라고 이해하던 과정에 이 맥락에서 굳이 주관적 행위기초론이라는 추가적인 명칭을 사용하는 것이 합목적적이라고 말하기는 어려울 것이다.

결론적으로 공통의 동기착오의 경우에 특별한 취급은 존재하지 않는다. 계약의 보충적 해석에 의해 계약수정이 가능하면 그에 따르지만, 그것이 가능하지 아니하면 동기가 당사자 합의에 따라 계약내용에 편입된 이상 § 109 I 의 요건에 따라 취소권이 부여되어야 한다.[212]

---

208) 최근의 입법례와 모델규칙 예컨대 PICC 3.2.2, PECL 4:103, 네민 § 6:228, 일민 § 95의 개정안 모두 공통의 동기착오의 경우 취소를 허용하고 있다.

209) 예컨대 김상용(주 199), 29; 주석 총칙(2), 778(제4판/지원림) 참조.

210) 대판 94.6.10, 93다24810(공 94, 1920); 05.5.27, 2004다60065(공 05, 1031); 06.11.23, 2005다13288(공 07, 24) 등 참조.

211) 이러한 계약수정을 종래 우리 학계에서 그러하듯 보충적 계약해석이라고 이해하든 아니면 주관적 행위기초론의 적용이라고 파악하든 적어도 이 문제에 관해서는 그것은 명명의 문제이며 실질의 문제는 아니라고 생각된다. 어느 견해에 따르더라도 당사자들이 계약에 반영한 규율목적을 고려하는 가정적 의사의 탐구가 문제되기 때문이다. 이러한 설명에 대한 비판도 있으나, 그에 대해서는 김형석(주 54), 116 참조.

212) 최근의 입법례와 모델규칙들의 해결도 유사하다. 예컨대 공통의 동기착오를 취소 사유의 하나로 규정하고 있는 네덜란드 신민법은 상대방이 취소권자의 불이익을 제거하는 수

(5) 상대방이 유발한 착오

대법원은 일찍부터[213] 동기착오이더라도 상대방이 이를 야기한 때에는 착오자에게 취소권을 인정하는 판례를 형성하였다. 이는 비교법적으로 우세한 경향에도 부합한다.[214] 우리 학설에서는 상대방이 착오를 야기한 경우에는 보호가치가 없다는 이유로 판례에 호의적인 견해도 있으나,[215] 반면 동기는 법률행위 내용이 될 수 없다는 전제에 따라 사기에 의한 취소 또는 공서양속 위반을 인정하여 해결해야 한다는 비판도 주장된다.[216]

㈎ 먼저 지적해야 할 사항은 상대방이 동기착오를 야기하였다고 하더라도 그 동기가 당사자 합의에 의해 급부의무를 구체화하는 기초가 되어 계약의 내용이 된 때에는 착오자에게 취소권을 인정하는 것에 아무런 어려움이 없다는 점이다. 그 경우 착오 있는 동기가 합의로 법률행위의 내용이 되었으므로 §109 Ⅰ의 다른 요건이 충족되는 한 취소권은 발생하기 때문이다. 실제로 계약 상대방이 착오의 원인이 되는 정보를 제공하는 이유를 살펴보면, 관련 동기를 계약의 기초로 삼아 자신에게 유리한 계약을 체결하기 위한 경우가 많을 것이다. 따라서 그러한 사안에서 착오가 야기된 동기는 많은 경우 계약의 기초

정을 제안하여 취소를 배제하는 것을 허용하고, 그에 더하여 당사자의 청구에 따라 계약내용을 수정할 법원의 권한도 인정한다(네민 §6:230). 마찬가지로 유럽계약법원칙도 쌍방착오의 경우에 "착오가 없었다면 합리적으로 합의하였을 바"를 기준으로 당사자 청구에 따른 법원의 수정권한을 규정한다(PECL 4:105 Ⅲ).

213) 예컨대 대판 78.7.11, 78다719(공 78, 10978); 90.7.10, 90다카7460(집 38-2, 170)에서 그러한 관점이 보이나, 다만 이 판결들의 사안은 증여계약에 관한 착오이기 때문에 특별한 취급을 받았다고 평가할 여지가 있다. 또한 신용보증기금이 허위의 거래상황확인서를 믿고 신용보증을 한 사안에 대한 대판 87.7.21, 85다카2339(집 35-2, 284) 등 유사한 일련의 판결도 위험인수를 내용으로 하는 보증의 취소가 문제되므로 역시 이를 일반화하기는 쉽지 않다(앞의 Ⅲ. 2. (2) ㈏ 참조). 그러나 대법원은 이후 대판 91.3.27, 90다카27440(공 96, 1276)("원고들은 피고시에 의한 그러한 동기의 제공이 없었더라면 이 사건 잔여지에 대한 협의매수요청에 선뜻 응하지 않았을 것이고, 그 동기는 이 사건 협의매매행위의 내용의 중요부분을 이룬다는 이유로 취소할 수 있다고 판단한 것은 정당"); 93.8.13, 93다5871(공 93, 2419); 97.9.30, 97다26210(공 97, 3286) 등 유상계약이 문제된 사건에서도 같은 법리를 확인하였다. 그 밖에도 대판 15.4.23, 2013다9383(정보); 대구지판 81.7.29, 80나1391(고집 81, 601); 청주지판 95.10.13, 95가합1996(하집 95-2, 21); 서울지판 96.8.22, 95가합106957(하집 96-2, 40) 등도 참조.

214) Kramer(주 88), Rn. 31; 양창수(주 1), 19-20 참조.

215) 김민중, 357; 김증한·김학동, 439; 주석 총칙(2), 678-679(제4판/지원림); 양창수(주 1), 18; 하경효, "동기의 착오를 이유로 한 의사표시의 취소", 고시연구 252, 1995, 126; 박인환, "상대방의 고지의무위반과 착오를 이유로 하는 취소", 사행 45-6, 2004, 23-24 등. 그 밖에 §109 Ⅰ에 동기착오가 포함된다고 이해하는 학설은 이러한 판례도 당연한 내용이라고 이해할 것이다.

216) 이영준, 406; 송덕수, 293.

로 편입될 것이다.[217] 예컨대 乙의 주택이 경계선을 침범하였다는 甲의 강력한 주장에 따라 乙이 분쟁을 해결하기 위해 그간의 경계 침범에 대한 보상금 내지 위로금 명목으로 금원을 지급하였으나 그 주장이 사실이 아님이 밝혀진 경우,[218] 甲이 동기착오를 야기하였다는 사정을 고려하지 않더라도 동기가 법률행위의 내용이 되므로 주관적·객관적 인과관계가 인정되는 이상 중과실 없는 乙은 계약을 취소할 수 있다고 할 것이다.

(나) 그러므로 상대방이 야기한 동기착오라는 고유의 문제가 제기되는 사안유형은 계약내용으로 편입되지 아니한 동기에 관하여 상대방이 착오를 야기한 경우이다. 이와 관련해 우리 학설에서도 판례가 상대방이 착오를 야기했다는 사정을 중시한 것이 아니라 단지 동기착오가 예외적으로 법률행위 내용에 관한 착오가 되어 취소권을 인정한 것이라고 이해하는 견해가 있다.[219] 그러나 이에는 동의하기 어렵다. 예컨대 주택을 분양하는 甲이 乙에게 해당 주택 단지 옆에 명문교 A가 이사할 것임을 이야기하였고 乙이 전적으로 그 동기에 기초해 분양을 받은 사안을 상정해 본다. 명문교 A가 이사할 것이라는 믿음은 일반적으로는 법률행위의 내용이 되지 아니하는 동기이다. 왜냐하면 그 사정이 아닌 다른 이유(예컨대 교통의 편의, 쾌적한 환경 등)로 분양을 받은 사람과 동일한 내용으로 분양계약이 체결된 이상[220] 명문교 A가 이사할 것이라는 믿음은 계약내용과 무관하기 때문이다. 그러나 이 사안에서 甲은 이 사실을 乙이 계약체결의 기초가 되는 사정으로 고려할 것임을 예상하고 고지하였다. 여기서 동기가 계약체결의 기초가 된 사정이라는 乙의 주장에 대하여 그러한 사정은 법률행위와 무관한 외부의 사정이라고 甲이 답변하는 것이 허용될 수 있겠는가? 이는 선행행위와 모순되는 행태로서 시인되어서는 안 된다(§ 2). 상대방의 계약 체결을 유도하기 위해 부정확한 사실을 고지한 자가 나중에 바로 그 상대방을 상대로 자신이 전달한 사실이 계약과 무관한 사정이라고 주장하는 것은 받아들일 수 없기 때문이다. 이 맥락에서는, 정보제공 자체가 의식적으로 이루어진 이상, 사실을 고지한 자 그 자신이 그 부정확함을 알고 있었는지 또는 과실로 알지 못했는

217) Kötz(주 69), 284 참조.

218) 대판 97.8.26, 97다6063(집 45-3, 112). 이 판결이 참조하고 있는 대판 91.3.27, 90다카27440(공 91, 1276)도 상대방이 착오를 야기한 동기가 법률행위의 내용으로 편입된 사안으로 평가된다. 한편 대판 15.4.23, 2013다9383(정보)도 유사하다.

219) 예컨대 김준호, "상대방에 유발된 동기의 착오", 사법연구 2, 1994, 333-334; 명순구, 415.

220) 일조가 계약에 편입되었는지 여부에 대한 대판 10.4.29, 2009다97864(정보) 참조.

지 등은 중요하지 않다.

그러므로 상대방이 야기한 동기착오의 경우에 그 동기가 그 자체로는 합의의 내용이 되지 않았다고 하더라도, 상대방이 이를 원용하는 주장이 허용될 수는 없으므로 결과적으로 그러한 착오는 법률행위 내용에 관한 착오(§109 I)로 취급되어야 한다.[221] 물론 이러한 내용을 전제하더라도 앞의 분양 사례에서 취소는 부정될 가능성이 높을 것이다. 이는 상대방이 야기한 착오가 법률행위 내용에 관한 착오로 취급될 수 없어서가 아니라, 우선 객관적 평균인의 관점에서는 명문교 A가 이사하지 않을 것임을 알았더라도 다른 고려 하에 분양을 받을 가능성이 있으므로 객관적 인과관계가 부정되어 중요부분의 착오가 아니라고 이해할 여지가 크기 때문이다.[222]

(다) 그런데 우리 민법에서 각각의 주체가 스스로 정보를 취득하고 그 진실성을 검증하여 거래하는 것이 원칙에 비추어 볼 때, 상대방이 어떠한 사실을 고지하였고 그로부터 착오가 발생했다는 사정만으로 바로 법률행위 내용의 착오(§109 I)가 있다고 단정해서는 안 된다. 오히려 계약을 체결하려는 자가 고지받은 사실의 진실성을 스스로 검증하기 어렵다거나 당사자들 사이의 교섭관계 또는 법률관계 등에 기해 상대방이 고지한 내용을 검증 없이 믿을 합리적인 이유가 있는 경우에만 상대방의 사실 고지에 의지하는 것이 정당화될 수 있다.[223] 그때에 비로소 상대방이 단순히 부정확한 사실을 고지한 것을 넘어서 착오를 "야기했다"고 말할 수 있기 때문이다. 판례의 예를 살펴보면 산업기지 개발 사업을 주도하는 지자체가 계획에 관해 잘못된 정보를 제공하는 사안[224]이나 다른 도급계약의 내용이 이행보증보험계약 체결시 중요한 고려사항이어서 그 다른 도급계약 당사자의 정보제공에 의지할 수밖에 없는 사안[225] 등이 특징적이다. 그리고 같은 이유에서 부작위에 의한 착오의 야기는 상대방에게 자발적으로 정보를 제공할 의무가 있는 경우에만 비로소 인정될 수 있다.[226]

221) Kötz(주 69), S. 284ff. 참조.

222) 물론 이러한 판단은 개별 사실관계의 내용에 따라 달라질 수 있을 것이다.

223) 상대방 야기를 요건으로 하는 오스트리아민법 §871에 대해 KBB/Bollenberger(주 70), §871 Rn. 14; Rummel in Rummel, *Kommentar zum Allgemeinen Bürgerlichen Gesetzbuch*, 1. Band, 3. Aufl., 2000, §871 Rn. 15. 일반적으로 김형석(주 73), 505-506도 참조.

224) 대판 91.3.27, 90다카27440(공 91, 1276) 참조.

225) 대판 02.7.26, 2001다36450(공 02, 2038); 02.7.26, 2001다36450(공 02, 2038); 03.11.13, 2001다33000(정보) 등.

226) Kötz(주 69), S. 285f.; KBB/Bollenberger(주 70), §871 Rn. 14; Rummel/Rummel(주 223), §871 Rn. 15.

반면 잘못된 정보를 제공하여 동기착오를 유발한 상대방에게 고의 또는 과실이 있을 필요는 없다.[227] 선의로 잘못된 정보를 제공한 당사자이더라도 자신이 제공한 정보가 상대방의 계약체결의 기초가 되는 사정이라는 것을 예상할 수 있었다면, 그것으로 동기가 계약내용과 무관하다는 주장은 신의칙상 허용될 수 없기 때문이다. 이러한 내용을 배경으로 앞의 분양 사례로 되돌아가면, 객관적 인과관계를 부정하기 이전에 상대방이 착오를 야기했다고 보는 것 자체에 의문이 있어 취소권이 부정될 가능성이 높다고도 말할 수 있다.[228]

(6) 장래 사정에 대한 착오

지금까지의 서술은 주로 현재 또는 과거의 사정에 관한 동기착오 사안을 전제로 하여 이루어졌다. 여기서 장래의 사정에 관해 동기착오가 존재하는 경우, 그에 대해서도 앞서 서술한 내용이 그대로 타당할 수 있는지 여부를 검토할 필요가 있다.

㈎ 비교법적으로 장래의 사정에 대한 동기착오에 대해서는 소극적인 나라들이 많다.[229] 이를 명시적으로 규정하는 입법례로는 네민 § 6:228 Ⅱ을 들 수 있는데, 그에 따르면 "전적으로 장래의 사정에 관한 착오"에 기해서는 취소권이 발생하지 않는다. 또한 명문의 규정이 없더라도 독민 § 119와 오민 § 871의 해석으로도 같은 견해가 지배적이다.[230] 장래의 사정에 대한 관념은 불확실한 희망 내지 기대에 불과하여 이를 이유로 취소권을 인정하면 거래의 안전을 위협할 것이므로, 장래 사정에 대한 착오는 표의자의 위험영역에 속하는 동기착오에 불과하다는 것이다. 비슷한 고려가 커먼로에서도 행해지고 있으며,[231] 미국의 제2차 리스테이트먼트 § 151 내지 § 153는 그러한 인식에 기초해 원칙적으로 계약 체결 시점의 착오를 규율한다.[232] PICC 3.2.1, PECL 4:103 Ⅰ과

227) Kötz(주 69), S. 286; KBB/Bollenberger(주 70), § 871 Rn. 14; Rummel/Rummel(주 223), § 871 Rn. 15. 이러한 내용을 고려할 때, 상대방이 야기한 착오 사안을 사기에 의한 취소 또는 공서양속 위반으로 해결해야 한다는 견해에는 동의하기 어렵다. 고의 없는 잘못된 정보제공의 경우에 사기에 의한 취소나 공서양속 위반을 인정하기는 어렵기 때문이다.

228) 대판 01.5.29, 99다55601, 55618(공 01, 1449); 09.3.16, 2008다1842(공 09, 552) 등 참조. 물론 주 78에서와 마찬가지로 개별 사안에 따라 다른 결론이 인정될 가능성은 존재한다. 대판 07.6.1, 2005다5812, 5829, 5836(공 07, 972) 참조.

229) 전원열(주 64), 174 이하 참조.

230) Ellenberger in Palandt, BGB(73. Aufl., 2014), § 119 Rn. 24; KBB/Bollenberger(주 70), § 871 Rn. 9, 12.

231) Kramer(주 88), Rn. 55.

232) Restatement of Contracts 2nd § 151 Comment a.

같은 모델규칙도 같은 입장이다.

그러나 주의할 점은 이렇게 장래 사정에 대한 착오를 착오법에서 배제하는 법질서는 대개 다른 한편으로 이를 고려하는 별도의 법제도를 예정하고 있다는 사실이다. 예컨대 네덜란드 신민법이 장래 사정에 관한 착오에 취소권을 부여하지 않는 이유는 그 문제가 사정변경에 관한 네민 § 6:258에 의해 규율되어 있기 때문이다.[233] 독일민법(독민 § 313)과 오스트리아민법[234]에서 이 문제는 행위기초론에 따라 규율되며, 커먼로에서는 실행불가능(impracticability) 법리의 적용영역이다.[235] PICC 6.2.1. 이하, PECL 6:111과 같은 모델규칙에서도 마찬가지이다. 이와는 달리 행위기초론을 수용하지 아니하고 사정변경을 이유로 하는 계약 해소를 착오취소에 의해 달성하는[236] 스위스민법에서는 장래의 사정에 대한 기초착오를 이유로 취소를 인정하는 것이 통설과 판례의 태도이다.[237] 물론 그러한 경우 당사자들이 고려하는 장래 사정은 막연한 기대 수준이어서는 안 되며, 당사자들이 그 발생을 확실한 것으로 간주한 정도의 사정이어야 한다고 설명된다.

(나) 우리 학설에서는 종래 이 문제를 명시적으로 고려하고 있지는 않았던 것으로 보이지만, 최근 계약 이후의 사정은 각 당사자의 위험영역에 속하는 것이므로 계약준수의 원칙에 따라 착오로 고려될 수 없다는 주장이 제기되고 있다. 이 견해에 따르면 착오법은 법률행위 당시의 원시적 흠에 대한 구제인 반면, 장래 사정의 변경을 이유로 하는 계약 해소는 사정변경의 법리에 따라야 하며, 이로써 적용범위가 명확히 획정될 수 있다는 것이다.[238] 이는 원칙적으로는 타당하지만, 그럼에도 불구하고 일정한 사안유형에서 장래 사정에 대한 착오를 이유로 하는 계약취소를 허용해야 할 사안이 존재한다고 생각된다. 실제로 장래 사정에 대한 착오취소를 부정하면서 사정변경 법리를 규정하는 네덜란드 신민법의 이유서가 말하는 것처럼, "장래 아닌 사정이 바로 특정한 장래 기대를 정당화하기 때문에 일방 계약 당사자에게 유의미한 경우"에는 "취소 사유인 동기가 장래 기대의 좌절에 있다고 하더라도 착오를 이유로 하

233) 명시적으로 Meijers, *Ontwerp voor een Nieuw Burgerlijk Wetboek. Toelichting*, Derde Gedeelte(Boek 6), 1961, 756.
234) KBB/Bollenberger(주 70), § 901 Rn. 6ff.
235) 전원열(주 64), 183 이하.
236) Wiegand in *Basler Kommentar zum Obligationenrecht* Ⅰ, 5. Aufl., 2011, Art. 18 Rn. 97.
237) Schwenzer in *Basler Kommentar zum Obligationenrecht* Ⅰ(주 236), Art. 24 Rn. 18f.
238) 전원열(주 64), 182-183. 답을 열어두는 것으로 김증한·김학동, 429.

는 취소권을 그에게 박탈해서는 안 된다"고 해야 하기 때문이다.[239)]

실제로 이러한 경우 당사자들이 명백하게 장래 사정을 고려하여 자신들의 급부의무를 특정하고 구체화하여 계약내용에 편입했다면, 그에 대해 착오취소를 부인하는 것은 해결로서 적절하지 않다고 생각된다. 예컨대 부동산의 양도와 관련해 장래 부과될 양도소득세 등의 세액을 착오하여 계약을 체결한 경우, 이는 한편으로 앞으로 있을 조세부과 처분이라는 장래 사정에 관한 착오라고 말할 수도 있겠지만 다른 한편으로 과세대상인 부동산의 성상 및 조세법 규정에 대한 착오라고도 말할 수 있다. 양자를 인위적으로 구별하는 것은 법적으로는 유의미하지 않다. 장래 부과될 세액을 기초로 당사자들의 급부의무가 특정되었다면 그러한 동기는 계약내용이 되었고, 다른 요건이 충족되면 착오 당사자는 계약을 취소할 수 있다고 할 것이다. 여기서 "착오가 미필적인 장래의 불확실한 사실에 관한 것이어서 민법 § 109 소정 착오에서 제외되는 것이라고도 말할 수 없다"는 대법원의 판단은 타당하다고 보인다.[240)] 또한 매매대상 토지 중 20~30평 정도만 도로에 편입될 것이라는 중개인의 말을 믿고 주택 신축을 위하여 토지를 매수하였으나 실제로는 전체 면적의 약 30%에 해당하는 197평이 도로에 편입된 사안에서도, 한편으로 당사자들이 도로 편입이라는 장래 사정에 대해 착오했다고 말할 수도 있겠지만[241)] 다른 한편으로는 당사자들이 현재 진행 중인 도시계획의 내용에 대해 착오를 하여 이를 전제로 매매대금을 정하였다고 말할 수도 있다. 후자와 같이 이해할 때 동기는 합의에 의해 법률행위의 내용이 된 것이고, 다른 요건이 충족되면 취소는 정당화된다고 할 것이다.[242)] 한편 대한민국으로부터 토지를 매수한 매수인이 매매계약 당시 장차 도시계획이 변경되어 공동주택, 호텔 등의 신축에 대한 인·허가를 받을 수 있을 것이라고 착각하였던 한 사안에서, 대법원은 "이는 법률행위 당시를 기준으로 장래의 미필적 사실의 발생에 대한 기대 또는 예상이 빗나간 것에 불과할 뿐 이를 착오라고 할 수는 없다"는 원심을 긍정하였다.[243)] 그러나 장래 도시 계획

239) Meijers(주 233), 756. Restatement of Contracts 2nd § 159 Comment c 참조: "미래 사정에 대한 약속이나 예측이 약속하거나 예측한 결과의 원인 되는 사실이 [현재] 존재한다는 언명을 함축할 수 있다."

240) 대판 94.6.10, 93다24810(공 94, 1920). 한편 대판 72.3.28, 71다2193(집 20-1, 160)은 반대 취지이나, 판결로부터 사실관계를 추측할 수 없어 그 당부를 속단하기 어렵다.

241) 전원열(주 64), 170 참조.

242) 대판 00.5.12, 2000다12259(공 00, 1417).

243) 대판 07.8.23, 2006다15755(정보). 일반론에서 같은 태도로 대판 10.5.27, 2009다

이 변경될 것이라는 기대가 좌절되었다고 보는 대신, 매매 목적인 토지가 부동산 개발에 적합한 성상을 현재 가지고 있고 이에 기초해 장래 기대가 성립했다고 설명해도 무리가 있다고 말하기 어렵다. 물론 이 사안에서 취소권을 부정한 원심과 대법원은 정당한데, 동기가 장래 사정에 대한 것이기 때문이라기보다는 해당 동기가 합의로 계약에 편입되지 않았기 때문이다. 매도인인 대한민국은 "공매 공고시 '매각재산은 각종 토지이용 관계 법령에 의한 토지이용 제한사항이나 특정 목적 외의 사용제한 상태로 그대로 매각하는 것임'을 조건으로 하였"고 "이 사건 매매에 있어서도 건축을 전제로 하거나 건축의 법령상 제한을 철폐할 것을 보증한 바 없"으므로, 매수인은 해당 위험을 인수하였고 따라서 일방적인 동기착오가 존재할 뿐이다. 또한 이 경우에 법령상 제한이 존재함에도 매수할 다른 사람의 존재를 상정할 수 있다면 객관적 인과관계도 없다고 할 가능성마저 존재한다.

이상의 서술에서 나타나지만, 장래의 사정에 대한 착오가 고려되지 않는 이유는 그러한 사정은 통상 계약의 내용으로 편입되는 동기에 해당하지 않기 때문이다. 그러나 실제로 장래 사정에 대한 착오이더라도 그것이 과거 또는 현재 사정에 대한 평가와 밀접한 관련성을 가지는 경우, 그 이익상황은 사정변경의 경우와 차이가 있다고 생각된다. 예컨대 현재 1억 원 시가의 A 토지를 甲이 乙에게 매도하면서 곧 개발제한이 해제될 것이라고 전제하여 매매대금을 2억 원으로 약정하였으나 이후 개발제한이 해제되지 않은 경우, 乙이 이전받을 A의 시가는 1억 원으로 변함이 없다. 다만 甲과 乙이 계약에서 전제한 토지 가치의 평가가 동기착오를 이유로 교란되었을 뿐이다. 반면 현재 1억 원 시가의 A 토지를 甲이 매매대금 1억 원으로 乙에게 매도하였으나 당사자들이 예상하지 못한 사정으로 A 토지가 위치한 지역에 개발제한이 부과되었고 이제 A의 시가가 5천만 원으로 하락한 경우, 여기서는 당사자들이 계약에서 전제한 토지 가치의 주관적 평가가 교란된 것뿐만 아니라 계약 외부의 사정으로 인해 급부와 반대급부의 객관적 가치 자체가 변동하였다. 요컨대 장래 사정에 대한 동기착오의 사례에서는 주관적 등가성의 교란만이 문제되는 것에 반해, 사정변경 법리가 문제되는 사례에서는 객관적 등가성의 교란까지도 문제되는 것이

94841(정보); 11.6.9, 2010다99798(정보); 12.12.13, 2012다65317(정보) 등이 있으나, 바로 아래에서 大判 2007.8.23.에 대해 살펴보는 바와 같이, 여기서도 장래 사정에 대한 동기가 법률행위의 내용이 되었다고 보기는 어려운 사안이 문제되었다.

다. 이 두 사안유형은 구별하여 취급하는 것이 합리적이다. 즉 전자의 경우 계약체결 시점에 고려된 위험분배가 문제된다는 점에서 취소를 인정하는 해결이 적절하다.[244)]

그러므로 동기착오가 장래의 사정에 관한 것이라고 하더라도, 과거 또는 현재의 사정이 "특정한 장래 기대를 정당화하기 때문에 일방 계약 당사자에게 유의미한 경우" 즉 장래 발생할 "결과의 원인 되는 사실이 [현재] 존재한다는 언명을 함축"하는 경우, 그에 대한 착오에 대해서도 § 109 Ⅰ은 적용될 수 있어야 한다. 그 경우 당사자들이 장래 사정을 확실한 것으로 간주하고 그에 기초해 계약상 급부의무를 특정하고 구체화하는 방법으로 정보위험을 공유했어야 착오가 고려될 수 있음은 물론이다.[245)]

244) 한화와 한국석유공사 사이의 광구 개발 조합계약과 관련해 대판 20.5.14, 2016다12175(공 20, 1053) 참조. 계약 대상인 광구의 수익성이 현저하게 떨어지는 것으로 나타난 사안에서 지분 인수 대가의 일부인 보상금 지급을 거절하면서 원고(한화)가 착오취소 및 사정변경을 주장하였는데, 대법원은 그러한 사정은 막연한 예측·기대에 불과할 뿐만 아니라 고려되는 사정변경에 해당하지 않는다고 하여 청구를 기각하였다. 그러나 장래 수익성은 수익을 가능하게 하는 계약 체결 시점의 목적물의 성상으로 환원되며 이 성질은 그때부터 이후까지 변화한 바 없으므로, 여기서 문제되는 착오를 단순히 장래의 막연한 사정에 대한 착오라고 말할 수는 없다. 계약 대상인 광구의 객관적 가치의 변동은 없는 반면 계약 당시 원고의 그에 대한 주관적 평가에 흠이 있을 뿐이므로 이는 사정변경이 아닌 착오의 문제이다. 쟁점은 그러한 성상이 당사자들의 합의에 의해 계약 내용으로 편입되었는지 여부이다. 그런데 이 사실관계를 보면 한국석유공사는 그러한 수익성을 보장하는 행위를 회피하려 했음을 알 수 있다. 따라서 수익성이라는 성상은 계약이 편입되지 않았고, 그 위험은 원고가 부담하는 것이 타당하다. 그리고 이렇게 착오가 부정되는 이상, 사정변경은 처음부터 문제될 여지가 없다. 이러한 설명에 대해 이동진, "계약위험의 귀속과 그 한계", 비교 26-1, 2019, 80-81은 일반 계약법에서는 주관적 등가성만 문제되고 정당한 가격과 같은 객관적 등가성은 존재하지 아니하므로 사정변경에서 후자가 갑자기 고려될 이유는 없다고 지적한다. 그러나 본문의 서술에서 말하는 객관적 등가성이 정당한 가격과 같은 것을 말하는 것이 아님은 명백하다. 그것은 계약 대상의 가치에 대해 거래 참여자 사이에서 상호주관적으로 성립하는 통상적인 범위의 객관적 평가를 말하는 것에 지나지 않는다. 따라서 객관적 등가성의 교란이란 계약 체결 이후 사정변경으로 그러한 객관적인 평가가 현저하게 변동한 것을 지시한다. 그러한 경우 당사자들이 계약에서 고려한 주관적 등가성도 당연히 사후적으로 교란될 것이고, 그 해결은 바로 사정변경 법리의 문제이다. 반면 거래 참여자의 객관적 평가는 일정하게 유지되고 있지만 표의자가 당해 계약에서 특정한 사정(장래의 사정일 수도 있다)을 전제로 주관적 등가성의 결정에 잘못된 평가를 반영한 경우, 이는 착오의 문제로 동기가 계약에 편입되었는지 여부에 따라 고려 여부가 결정된다. 한편 부산고판 03.6.19, 2002나7701(하집 03-1, 237)는 객관적 등가성 교란이 발생한 사정변경의 사안에 대해 § 109의 적용을 부정하였는데 이는 타당하다.

245) 예컨대 Fleischer, *Informationsasymmetrie im Vertragsrecht*(2001), 385ff.도 독일의 통설에 반대하면서 ① 당사자들이 장래 사정의 실현을 확실하다고 간주하였고, ② 그러한 장래 사정에 대해 구체적인 표상을 가지고 있었으며, ③ 계약상 그 실현에 대한 위험을 일방 아닌 쌍방이 부담하는 경우에는 예외적으로 장래 사정에 대한 착오를 이유로 하는 취소를 고려할 수 있다고 주장한다.

(7) 그 밖의 착오 유형

아래에서는 법적 취급에 대해 논란이 있는 착오 유형들을 살펴보기로 한다.

(가) 법률에 관한 착오와 법률효과에 관한 착오 표의자가 법질서를 구성하는 객관적 규범의 내용을 모르거나 잘못 알고서 이를 전제로 어떠한 의사표시를 하는 경우, 이를 법률의 착오(error iuris)라고 한다. 이에 대해 표의자가 자신의 의사표시로부터 발생하는 법률효과의 내용을 모르거나 그에 대해 잘못 알고 있는 경우를 법률효과의 착오라고 한다. 그런데 이러한 법률효과의 착오는 표의자가 자신의 의사표시의 의미를 잘못 이해하고 있거나 아니면 자신의 의사표시가 법률의 적용을 받아 가지게 될 법률효과에 대해 모르거나 잘못 알고 있는 경우에 발생할 것이다. 전자는 로마법에서부터 알려진 법률행위 성질의 착오(error in negotio)에 다름 아니다. 그러므로 법률효과의 착오라고 고유의 문제로 제기되는 착오는 의사표시의 영역에서 발생하는 법률의 착오의 하나의 특수한 모습이라고 말할 수 있다.[246] 그러나 양자가 동일한 것은 물론 아니다.[247] 표의자가 잘못 알고 있는 어떠한 법상황을 전제로 계약을 체결하였으나 그 계약의 효과 자체가 문제되는 법의 적용의 결과가 아니라 그와는 독립적으로 발생하는 때에는 (법률이 계약의 전제 사정에 지나지 않은) 법률의 착오가 있는 것이지만, 반면 표의자가 잘못 알고 있는 어떠한 법상황을 전제로 계약을 체결하여서 계약의 법률효과가 그 법의 적용으로 의욕하지 아니한 효과를 발생시키는 경우에 법률효과의 착오가 있다고 말할 수 있는 것이다. 앞서 보았지만, 아파트 300여 세대를 건축하기 위해 토지를 매수하였으나 용적률 때문에 목적 달성이 불가능한 경우[248] 또는 국유지를 불하받기 위해 그 지상의 무허가건물을 매수하였으나 법령상 이유로 일부만의 불하가 가능함이 밝혀진 경우,[249] 관계 공법상 규율은 매매계약의 전제가 될 뿐 매매의 효과에 작용하지는 아니하므로 법률의 착오이다.[250] 반면 부채를 제외한 전기공사업면허 등을 분할합병의 방식으로 이전한다는 계약을 체결한 당사자들이 분할합병의 경우 존립회사가 분할합병 전 회사의 채무를 승계하지 않기로 하는 내용의 합의가 상법 § 530-9에 위

246) Medicus(주 69), Rn. 750.

247) 김증한 · 김학동, 454-455; 송덕수, 301-302; 주석 총칙(2), 687(제4판/지원림).

248) 대판 95.11.21, 95다5516(공 96, 47).

249) 대판 91.8.27, 91다11308(집 39-3, 322).

250) 가령 대판 95.6.13, 94다56883(공 95, 2390)은 잘못된 법령해석을 근거로 한 "허가조건상의 하자가 허가신청대행자의 증여의사표시 자체에 직접 영향을 미치는 것은 아니"라고 한다.

배되어 채권자에 대한 관계에서 효력이 없다는 사실을 알지 못한 경우, 상법의 규정은 당사자들의 계약의 법률효과에 작용하여 당사자들이 의욕하지 아니한 결과를 발생하므로 법률효과의 착오이다.[251)]

과거에는 법률의 착오는 고려되지 않는다는 법리(error iuris nocet)가 통용되었고, 현재에도 형법에서는 사실의 착오와 법률의 착오가 구별되어 취급된다. 그러나 민법상 의사표시의 착오의 문제에서는 이제 법률의 착오와 사실의 착오를 구별해서 취급하지는 아니한다(PECL 4:103 I 참조). 즉 법률의 착오 역시 사실의 착오와 마찬가지로 의사표시를 하는 과정에서 표의자가 고려한 사정이 현실과 부합하지 않는다는 의미에서 사태착오에 해당하며, 사실의 착오와 달리 구별하여 취급할 이유는 존재하지 않는다.[252)] 앞서 언급한 바와 같이, 사태착오는 현실 즉 사실관계와 법상황에 대한 착오를 포괄한다(앞의 II. 3. (2) 참조). 그래서 특정 법상황을 고려하여 효과의사가 형성된 경우 그러한 법률의 착오가 고려될 수 있는지 여부는 그러한 법상황에 대한 동기가 법률행위의 내용으로 편입되었는지 여부에 따라 판단되어야 한다.[253)]

반면 법률효과의 착오의 취급은 논의의 여지가 있다. 한편으로 표의자의 관점에서 진의와는 다른 법률효과가 발생한다는 점에서 이를 내용착오 즉 소통착오로 취급하여 상대방의 사정을 고려함 없이 중요부분의 착오이면 취소를 인정하는 방법을 생각해 볼 수 있다.[254)] 다른 한편으로는 법률효과의 착오 역시 법률의 착오의 일종이라는 관점에서 당사자들이 계약에서 전제하여 계약내용에 반영한 법률내용에 착오가 있을 때에만 이를 고려한다고 해석할 가능성도 존재한다. 기본적으로 독일의 통설도 이러한 입장으로, 법률효과의 착오가 표의자가 자율적으로 결정한 부분에 있는 경우 법률행위 내용의 착오로 보지만, 반면 의욕한 바 없이 법률의 규정으로 발생한 효과 부분에 착오가 있는 경우에는 취소할 수 없는 동기착오라고 설명하며,[255)] 우리나라에서도 같은 학설이 주장된다.[256)]

전자의 견해에 따를 경우, 일체의 법률효과의 착오는 모두 법률행위 내용

251) 대판 09.4.23, 2008다96291(공 09상, 748).
252) 곽윤직 · 김재형, 318; 김주수 · 김상용, 359; 백태승, 403; 송덕수, 302; 이영준, 411; 이은영, 519; 홍성재, 228.
253) 대판 81.11.10, 80다2475(집 29-3, 41) 등 다수의 사건에서 판례는 일관하여 법률의 착오의 경우에도 일반적인 사태착오와 동등하게 취급하고 있다.
254) 송덕수, 303.
255) 문헌지시와 함께 MünchKomm/Armbrüster, § 119 Rn. 81 참조.
256) 김증한 · 김학동, 454; 김민중, 366; 이영준, 412-413; 주석 총칙(2), 688(제4판/지원림).

의 착오에 해당하여 중요부분에 관한 것이기만 하다면 취소할 수 있다는 결과가 발생한다. 그러나 이는 취소를 지나치게 넓게 인정해 법적 안정성을 해칠 우려가 있을 뿐만 아니라, 특히 법률의 내용을 잘 모르면 모를수록 더 쉽게 취소가 가능하다는 부당한 결과가 발생한다. 이 견해는 중요부분 요건과 중과실 요건으로 적절하게 통제가 가능하다고 주장하지만,[257] 그렇게 단정하기는 어렵다고 보인다. 예컨대 타인권리를 매도한 매도인이 무과실의 담보책임을 부담한다는 것(§570)을 몰랐다는 이유로 매매계약을 취소하려 할 때, 그것이 중요부분이 아니라거나 중과실이 있다고 쉽게 말할 수 있을 것인가? 여기서 잘 나타나지만 그러한 해석은 민법이 정하는 임의규정의 의의를 거의 박탈할 위험성을 내포하고 있다. 한편 후자의 해석에 대해서는 당사자들이 이를 법률행위에 반영하였는지 아닌지에 따라 차이가 발생하고, 특히 계약에 많은 효과를 언급한 경우에 취소가 쉬워진다는 문제가 있다는 비판이 있다.[258] 그러나 당사자가 규율한 영역에서 사적 자치가 지배한다는 원칙에 비추어 각별히 이상한 결과라고 하기 어려울 뿐만 아니라, 주도면밀하게 계약내용을 규율한 당사자들에게 착오주장을 쉽게 하는 것이—적어도 법에 무지한 측에 착오주장을 쉽게 하는 것과 비교해—부당하다고 말하기는 어렵다고 생각된다.

그러므로 법률효과의 착오 역시 법률의 효과의 한 모습이므로, 당사자들이 계약에서 전제로 하여 편입한 법률내용에 관한 착오만이 법률행위 내용에 관한 착오로서 고려된다고 해석해야 한다. 이러한 일반론에서 벗어날 만한 합리적인 이유는 보이지 않는다. 판례도 같은 태도라고 보인다. 앞서 언급한 분할합병 사례에서 대법원은 법률효과의 착오가 있음은 시인하면서도, 한편으로는 착오를 발생시킨 동기(법률에 대한 부지)가 계약내용으로 편입되었음을 부정하였고, 다른 한편으로 가정적으로 착오자가 경제적 불이익을 입지 않을 가능성이 있어 중요부분의 착오가 아니라는 이유로 취소 주장을 받아들이지 않았다.[259] 반면 토지거래허가구역 내 부동산에 관하여 매매계약을 체결한 매수인이 잔금지급기일까지 잔금을 지급하지 못하게 되자 매도인과 잔금지급일을 연기하되 그때까지도 잔금을 지급하지 못할 경우 매매계약이 해제된 것으로 처리하고 이미 지급한 계약금의 반환청구권을 포기하기로 합의한 사안에서, 매수인이 그 합의

257) 송덕수(주 2), 165.
258) 송덕수(주 2), 164.
259) 대판 09.4.23, 2008다96291, 96307(공 09상, 748).

에 이르게 된 동기는 매매계약이 유동적 무효상태여서 자신에게 잔급지급의무가 없음을 알지 못하여 그 의무를 지체하였다고 생각했기 때문이라면, 그 동기는 위 합의 과정에서 문언을 통해 의사표시의 내용으로 삼을 것이 매도인에게 표시됨으로써 의사표시의 내용이 되었다고 판단하였다.[260)]

㈏ 계산의 착오 표의자가 급부의 내용(수량, 대금 등)을 정하는 계산과정에서 착오가 있었던 경우 이를 계산의 착오라고 한다. 계산착오는 여러 가지 모습으로 나타날 수 있으므로 일률적으로 처리할 수 없으며, 경우를 나누어 살펴보아야 한다.

우선 계산상의 착오가 있더라도 그것이 의사표시의 해석에 따라 제거될 수 있는 경우에는 취소는 문제되지 않으며 해석에 따라 확정된 내용이 효력을 가진다.[261)] 이는 앞서 살펴본 법률행위 해석의 착오법에 대한 우선으로부터 당연히 설명되는 결과이다(앞의 III. 1. 참조). 그래서 예컨대 아파트 분양계약서상 기재된 대지권이 분양자의 계산상의 잘못으로 실제보다 과다하게 산정되어 표시되었다 하더라도 그 구체적인 수치상의 면적표시는 분양대상임을 특정하는 정도의 의미를 갖는데 불과한 것이지 그 면적의 수치가 수량을 지정하는 매매로서의 확정적인 의미까지 갖는 것은 아닌 경우, 수분양자들이 그와 같은 계산상 오류가 있음을 알거나 알 수 있었다면 분양계약서에 잘못 기재된 '표시면적' 대신에 양자 사이에 일치된 의사에 따라 산정된 '올바른 면적'이 분양계약상 분양대상으로 정한 대지권이라고 해석되어야 한다.[262)]

그 다음으로 계산과정이 일방 표의자의 위험영역에서 이루어져서 계산상의 잘못에 대해 상대방이 아무런 이해관계를 가지지 아니하는 경우가 있을 수 있다. 예를 들어 표의자인 매수인이 대금을 정하는 과정에서 1평에 15만원을 지급하겠다고 생각하면서 33평의 부동산에 대해 실수로 495만원이 아닌 535만원이 대금이라고 계산하여 계약을 체결한 경우, 그러한 계산착오는 계약내용에 반영되지 아니한 표의자 일방의 사정에 불과하며, 이는 상대방이 계산착오의 사실을 인식하였다고 하더라도 표의자의 진정한 의도에 따른 가격을 알 수 없는 이상 마찬가지이다. 그러한 계산착오는 고려되지 아니하는 동기착오 즉 문제되는 사정이 법률행위 내용에 편입되지 아니한 사태착오로서 이를 이

260) 대판 10.07.22, 2010다1456(정보).
261) 송덕수, 303; 백태승, 404; 김민중, 366 참조.
262) 서울고판 95.7.21, 95나12004(하집 95-2, 14).

유로 하는 취소는 허용되지 않는다.[263] 표의자의 계산과정은 계약 외부의 사정일 뿐이며, 계산 오류의 위험은 표의자에게 돌아가야 한다. 그래서 예컨대 동업관계에 있던 갑과 을이 동업관계를 청산함에 있어서, 병이 작성한 계산서에 기재된 개별 항목의 가액 평가나 계산에 부정확하거나 잘못된 점이 있다고 하더라도 이를 일일이 문제 삼지는 아니하고 그 계산서에 의한 산출의 결과로 나타난 을의 지분 가액의 총액이 정산대금으로 적절하다고 보아 그 금액의 수수로써 동업관계를 청산·종결한다는 의사가 있었다고 볼 수 있는 경우에는, 계산상의 착오를 이유로 취소를 주장할 수 없다고 할 것이다.[264] 또한 환율에 따른 계산착오가 배경에 있더라도 원화에 의한 총액확정계약을 체결하고 계약체결시에 외화가액은 문제되지 아니하였다면 "환율은 계약금액 결정의 동기적 요소에 지나지 아니하는 것"이어서, 이에 관한 착오를 이유로 취소는 허용될 수 없을 것이다.[265] 다만 이러한 사안유형에서도 표의자가 계산상 착오로 인해 의사표시를 한다는 사실을 상대방이 인식하였고 제반사정에 비추어 오류를 지적해 줄 신의칙상 의무가 인정됨에도 표의자의 착오를 이용해 계약을 체결한 예외적인 경우에는 상대방을 보호할 이유가 없으므로 취소가 허용될 수도 있을 것이다.[266]

이에 반하여 계약 당사자들이 계산의 기초가 되는 사정, 예컨대 계산방법이나 계산기준 등에 합의하여 이를 계약내용으로 편입하였음에도 계산상 착오에 빠진 경우에는, 그러한 착오는 법률행위 내용에 관한 착오이므로 §109 I에 따라 취소할 수 있는 가능성이 존재한다.[267] 이에 대해서는 사태착오 취급에 대한 일반론이 그대로 적용되어야 한다. 대법원도 앞서 인용한 판결에서 환율을 착각한 계산착오가 고려되기 위해서는 "적어도 환율 자체가 계약금액 결정에 의미가 있는 경우, 다시 말하자면 계약금액을 외화단위로 계산하고 환율을 단지 외화를 원화로 계산하기 위한 수단에 불과하다든지 하는 경우이어야 할 것"이라고 판시하는데,[268] 그러한 과정이 표의자 내심에 머무른 경우를 말

263) 김증한·김학동, 455; 김민중, 366; 백태승, 404; 이영준, 414; 이덕환, 510.
264) 대판 96.1.26, 94다36919(공 96, 721).
265) 대판 90.11.23, 90다카3659(집 38-4, 5). 물론 이 사건에서는 §109가 적용된 것이 아니라, 계약금액 결정에 하자 또는 착오가 있어 계약금액을 감액하여야 할 사유가 발생할 경우 계약금액을 감액 또는 환수조치할 수 있다는 특약에 따라 착오 여부가 문제되었다. 그러나 착오 문제를 판단할 때 고려되는 법리는 다를 이유가 없다고 생각된다.
266) 송덕수(주 2), 173; 대판 14.11.27, 2013다49794(공보 15상, 9) 참조.
267) 김증한·김학동, 455; 김민중, 366; 이영준, 414; 이은영, 514; 이덕환, 510.
268) 대판 90.11.23, 90다카3659(집 38-4, 5).

하는 것이라면 타당할 수 없겠지만, 환율이 대금 결정의 기초로 합의될 필요가 있다는 점을 말하는 것으로 이해한다면 적절한 설명이라고 할 것이다. 그래서 예컨대 당사자들이 2014년 1월 1일 환율을 기준으로 1만 유로에 해당하는 원화를 대금으로 약정하였으나 당사자들 모두 환율을 착각하여 원화를 잘못 계산한 경우, 대금 결정의 기준이 계약내용에 포함되어 있으므로 그에 대한 착오는 법률행위 내용에 관한 착오이다.[269] 다만 이러한 사안유형에서는 상대방도 착오를 공유하는 경우가 통상이므로 자연적 해석 또는 보충적 해석에 의해 착오 문제가 제거될 수 있는 사안이 많을 것이다. 그렇게 법률행위 해석에 따른 해결이 가능하면 그것이 우선함은 해석의 착오법에 대한 우선에 비추어 당연한 결론이다. 앞의 예에서 당사자들의 합의에 따르면 잘못된 환율 계산에 따른 원화 표시는 오표시라고 보아 정확한 환율에 따른 원화를 대금이라고 해석할 수 있을 것이다.[270] 반면 법률행위 해석에 의해 착오 문제가 제거되지 아니하는 경우에는 § 109 Ⅰ에 따라 취소권이 인정되어야 할 것이나, 현실적으로 드물 것이다.

(다) 기명날인(서명)의 착오 표의자가 자신의 진정한 효과의사를 반영하고 있지 않은 다른 내용의 문서를 읽지 않거나 잘못 읽어 이에 기명날인 또는 서명을 하여 의사표시를 한 경우, 이를 기명날인(서명)의 착오라고 한다. 그런데 이러한 부주의한 기명날인(서명)이 문제되는 사안들도 이를 둘러싼 제반사정에 따라 이익상황이 상이할 수 있으므로 이를 획일적으로 처리할 수 없으며, 경우를 나누어 살펴보아야 한다.[271]

여기서도 우선 법률행위의 해석에 따라 착오 문제가 해결될 수 있으면 해석에 따라 인정된 내용이 효력을 가지며, § 109 Ⅰ은 적용되지 않는다. 예컨대 당사자들이 이미 합의한 내용이 존재하는 경우, 상대방이 그와는 다른 내용의 문서를 제시하고 표의자가 읽지 않고 문서에 서명을 하였다고 해도, 자연적 해석에 따라 당사자들이 이미 합의한 내용이 효력을 가진다(오표시 무해).[272] 사전 합의는 아니더라도 교섭과정에서 상대방이 표의자의 효과의사를 인식하고 의사표시 해석상 그 의미를 기초로 두어야 하는 경우에도 마찬가지이다.

법률행위 해석으로 해결이 되지 아니하는 영역에서는, 착오 규정의 적용이

269) RGZ 105, 406.
270) Wolf/Neuner(주 97), § 41 Rn. 75.
271) 송덕수(주 2), 114 이하; 주석 총칙(2), 691-692(제4판/지원림).
272) 김증한 · 김학동, 456; 김상용, 489; 이영준, 415; 이은영, 515; 이덕환, 511.

문제된다. 여기서 독일의 통설은 경우를 나누어 설명한다.[273] 하나는 표의자가 문서의 내용에 대해 전혀 아무런 생각 없이 맹목적으로 서명을 하는 경우이고, 다른 하나는 표의자가 문서에 서명함으로써 특정 내용의 의사표시를 한다고 생각하고 있었으나 사실은 문서에 다른 내용이 있었던 경우이다. 첫 번째 경우 표의자의 그러한 맹목적인 서명은 그가 문서에 있는 내용을 그대로 받아들인다는 것을 의미하며, 또한 문서 내용에 대해 아무런 생각이 없었던 이상 "착오"를 운위할 수도 없다고 한다. 따라서 그러한 경우에는 착오는 존재하지 않으며 문서에 있는 내용이 그대로 효력을 가져야 한다고 한다.[274] 반면 두 번째 경우에는 표의자가 문서로 표시한 의사와 내심의 효과의사 사이에 괴리가 있으므로, 의사와 표시의 불일치에 따른 소통착오가 존재한다.[275] 문서가 상대방 또는 제3자에게 작성되어 제시되었고 그에 서명한 때에는 표의자는 내용착오(의미의 착오)에 빠진 것이고, 문서가 자신 또는 자신의 지시를 받은 사람의 실수로 그렇게 작성된 것인 때에는 표시착오가 있는 것이지만, § 109 Ⅰ을 적용할 때 양자를 준별할 실익은 없다. 판례도 이 경우 착오를 이유로 하는 취소를 인정한다.[276] 그래서 예컨대 신원보증서류에 서명날인한다는 착각에 빠진 상태로 연대보증의 서면에 서명날인한 경우, 이는 "강학상 기명날인의 착오(또는 서명의 착오), 즉 어떤 사람이 자신의 의사와 다른 법률효과를 발생시키는 내용의 서면에, 그것을 읽지 않거나 올바르게 이해하지 못한 채 기명날인을 하는 이른바 표시상의 착오에 해당"하여, "비록 위와 같은 착오가 제3자의 기망행위에 의하여 일어난 것이라 하더라도 그에 관하여는 사기에 의한 의사표시에 관한 법리, 특히 상대방이 그러한 제3자의 기망행위 사실을 알았거나 알 수 있었을 경우가 아닌 한 의사표시자가 취소권을 행사할 수 없다는 민법 § 110 Ⅱ의 규정을 적용할 것이 아니라, 착오에 의한 의사표시에 관한 법리만을 적용하여 취소권 행사의 가부를 가려야 한다"고 한다.[277]

---

273) 문헌지시와 함께 Staudinger/Singer, § 119 Rn. 10f. 참조.

274) 같은 취지로 김증한·김학동, 456; 김상용, 489; 백태승, 405-406; 이영준, 415; 주석 총칙(2), 691(제4판/지원림).

275) 같은 취지로 김증한·김학동, 455-456; 김상용, 489; 백태승, 406; 송덕수(주 2), 118; 이덕환, 511; 이영준, 415; 이은영, 515; 주석 총칙(2), 692(제4판/지원림).

276) 대판 67.2.7, 66다2518(로앤비); 67.6.27, 67다793(로앤비); 서울고판 83.1.18, 82나1839(고집 83, 54).

277) 대판 05.5.27, 2004다43824(공 53, 64). 착오 주장에 대한 석명을 하지 않았음을 이유로 원심을 파기하였다.

한편 약관에 대해 기명날인의 착오가 있는 경우도 발생할 수 있다. 사업자가 명시설명한 내용과 다른 내용의 약관을 제시하여 서명을 받은 경우 그러한 약관의 내용은 약관으로 편입되지 아니할 것이다(약관 §4).[278] 그러므로 문제는 명시설명된 부분 이외의 부분에 대해서 발생하게 될 것인데, 이는 서명날인의 착오와 동등하게 취급해야 할 것이다.[279] 우선 고객이 명시설명된 내용 외에 약관의 개별적인 내용에 대해 아무런 생각 없이 서명을 한 경우, 그는 약관의 내용을 그대로 수용한 것이고 아무런 생각이 없었던 이상 착오를 운위할 수도 없으므로 그러한 경우 착오의 문제는 발생하지 않는다. 반면 고객이 명시설명된 내용 외에 약관의 개별적 내용에 대해 특정한 이해를 가지고 있었으나 규범적 해석에 따른 약관의 내용과 불일치하는 경우에는 소통착오를 주장할 수 있다. 한편 어느 경우에 해당하든 약관법은 일정한 약관내용을 불공정하다고 선언하므로 그러한 내용통제가 있는 한에서는 당해 규정은 약관법에서 무효임은 물론이다(약관 §6 Ⅱ 특히 기습조항에 대한 §6 Ⅱ ii, §7 이하). 다만 이와 관련해 약관법의 규율을 우선할 것인지 아니면 착오 주장이 경합적으로 허용되는지 여부가 논의될 수 있는데, 약관법의 보호가 충분하므로 내용통제가 우선한다는 견해도 있으나,[280] 소통착오에 의해 의사표시 효력근거가 결여되어 있으므로 경합을 인정할 것이다.[281] 물론 입증이라는 측면에서 약관법상 내용통제를 주장하는 편이 보다 용이할 것으로 보인다.

마지막으로 기명날인의 착오와 유사하지만 구별할 경우로 백지 의사표시의 보충이 합의에 반하여 이루어진 경우가 있다. 예를 들어 민법에 따른 지시증권이나 무기명증권을 백지로 발행하면서 상대방이 이를 일정한 조건 또는 범위 내에서 보충하기로 약정하였는데, 그 상대방이 약정을 위반하여 보충하여 유통시킨 경우가 그러하다. 이 경우 양수인에 대해 표의자가 권리외관에 기초해 책임을 부담하는 것이 타당하며(§125 참조), 이는 어음과 수표에서의 법상황과 비교해서도 그러하다(어음 §§10, 77, 수표 §13). 문제는 이러한 경우 표의자가 의사와 표시가 불일치하는 착오를 이유로 의사표시를 취소할 수 있는지 여부인데, 이는 부정되어야 한다. 그러한 경우 표의자는 백지보충권 남용의 위험을 부담하여 의사표시를 한 것이므로 그 위험은 그에게 돌아가야 한다. 그러한 결과를 감수한

278) 이은영, 515도 같은 취지이다.
279) Staudinger/Singer, §119 Rn. 26.
280) 송덕수(주 2), 119; 김상용, 489; Medicus(주 69), Rn. 754.
281) Wolf/Neuner(주 97), §41 Rn. 98; Staudinger/Singer, §119 Rn. 27.

이상 약정에 반해 보충된 의사표시는 의사와 표시가 일치하는 것이고, 다만 상대방이 약정에 따라 보충을 할 것이라는 의사표시의 내용이 되지 아니한 표의자의 단순한 동기착오만이 존재할 뿐이다. 그러므로 § 109 Ⅰ에 따른 취소는 허용될 수 없다.[282)]

3. 법률행위 내용의 중요부분의 착오일 것

(가) § 109 Ⅰ에 따르면 착오를 이유로 하는 취소가 허용되기 위해서는 착오가 법률행위의 내용에 관한 것일 뿐만 아니라 "법률행위의 내용의 중요부분"에 관한 착오이어야 한다. 즉 법률행위의 내용의 사소한 부분에 대한 착오는 고려될 수 없으며, 중요 부분에 관한 것이어서 당사자의 계약목적을 좌절시킬만한 성질의 것이어야 함을 의미한다. 종래 통설은 이를 주관적 현저성과 객관적 현저성의 관점에서 설명한다. 즉 표의자가 그러한 착오가 없었더라면 그러한 의사표시를 하지 않았을 것이라는 점이 인정되어야 하고, 또한 평균적인 일반인도 표의자의 입장이었더라면 그러한 의사표시를 하지 않았을 것이라는 점이 인정되어야 한다는 것이다.[283)] 판례도 같다.[284)] 이러한 견해에 대해, 주관적·객관적 현저성에 더하여 상대방의 인식가능성도 요구하는 견해,[285)] 주관적 기준과 객관적 기준 어느 하나를 충족하는 것으로 충분하지만 주관적 기준은 표시되어야 한다는 견해,[286)] 객관적 현저성만으로 판단해야 한다는 견해[287)] 등이 주장된다. 그러나 첫 번째 견해는 이미 여러 맥락에서 설명한 바와 같이 § 109의 해석상 주장하기 어렵다. 그 밖에 주관적 인과관계를 도외시하는 견해는 그 구체적인 표의자에게 결정적이지 아니한 착오를 이유로 취소를 허용하게 함으로써 일종의 후회권을 허용하는 문제가 있으며,[288)] 우리 입법자가 의용민법의 해석론을 배경으로 "중요부분"이라는 문언을 채택하였다는 점을 생각할 때에도 받아들이기 어렵다. 그러므로 통설·판례가 타당하다.

282) 김증한·김학동, 457; 김상용, 489-490; 백태승, 406; 송덕수(주 2), 121; 이덕환, 511; 이영준, 416; 주석 총칙(2), 692(제4판/지원림).
283) 고상용, 428; 곽윤직, 김재형, 318-319; 김대정, 896; 김상용, 491; 김주수·김상용, 359-360; 명순구, 417; 백태승, 407; 송덕수, 296; 이덕환, 516; 이영준, 416-417; 주석 총칙(2), 699(제4판/지원림).
284) 예컨대 일반론으로 대판 96.3.26, 93다55487(공 96, 1363) 등 참조.
285) 앞의 주 75, 106 참조.
286) 김증한·김학동, 433.
287) 이은영, 521.
288) 송덕수(주 2), 97.

그러므로 중요부분이라는 요건은 착오의 주관적·객관적 현저성을 기준으로 판단되며, 이는 인과관계를 의미한다. 중요부분의 착오라는 요건은 착오와 의사표시 사이에 (표의자를 기준으로 판단하는) 주관적 인과관계와 (평균인을 기준으로 판단하는) 객관적 인과관계가 있어야 함을 의미하는 것이다. 그러므로 이를 판단할 때 다음과 같은 질문을 제기하여 답을 해야 한다. 착오가 없었더라도 표의자가 동일한 의사표시를 하였을 가능성이 존재하는가? 착오 없이 동일한 의사표시를 하였을 가능성이 있다면 주관적 인과관계는 부정된다. 그리고 평균인이 표의자의 위치에 있을 때 문제의 착오에 빠지지 않았더라도 다른 이유로 동일한 의사표시를 하였을 가능성이 존재하는가? 다른 이유로 동일한 의사표시를 하였을 가능성이 있다면 객관적 인과관계는 부정된다. 특히 착오에 의한 의사표시가 표의자에게 경제적으로 아무런 불이익이 없다고 판단되는 경우, 주관적·객관적 인과관계는 통상 부정된다고 보아야 할 것이다.[289]

(나) 그래서 우선 일정한 사실관계에 대해 착오가 있었으나 사실에 대해 정확한 인식이 있다고 하더라도 표의자가 그리고 평균인이 동일한 의사표시를 할 가능성이 있다면 중요부분의 착오가 아니라고 판단된다. 예컨대 피고가 피해자의 상해가 피고 회사 소속 운전수의 과실에 의한 것이라고 착각하고 그 치료비 등의 보증이 의사표시를 한 사안에서, 피고에게 위 보증한 치료비를 지급하지 않는 주원인이 피고가 예상하였던 치료비 액수보다 과다하다는데 있었던 경우,[290] 사립대학교 교원임용지원서에 중학교 교사경력을 기재하지 않고 지원하여 학교법인이 그 사실을 알지 못하고 교원임용계약을 체결하였으나 그러한 경력이 없다는 사정이 계약에 아무런 의미를 가지지 않는 경우,[291] 또한 거래대상인 CP의 신용등급에 착오가 있었으나 "스스로 당시의 경제상황, 투자위험성과 수익률 등을 함께 고려하여 이 사건 CP를 매수하였을 것이라는 사

289) Staudinger/Singer, § 119 Rn. 101; 대판 99.2.23, 98다47924(공 99, 545). 기부채납의 조건인 법령에 반하지만 무상사용이 허가되어 기부채납자인 표의자의 목적이 실질적으로 달성된 경우(대판 92.2.14, 91다36062(공 92, 1208)), 회사 분할합병계약을 체결한 당사자가 그 계약의 체결로 상대방의 채무까지 부담할 가능성을 생각하지 못하였으나 그 착오로 인하여 경제적인 불이익을 입거나 장차 불이익을 당할 염려가 없다고 볼 여지도 있는 경우(대판 09.4.23, 2008다96291(공 09상, 748)) 등이 그러하다. 결론에는 찬성하면서도 이렇게 해석할 근거에 대해 의문을 제기하는 견해도 있으나(김대정, 897), 표의자에게 경제적 불이익이 없다는 사정이 주관적 인과관계를 부정하게 하는 매우 유력한 증거임은 부정하기 어려울 것이다.

290) 서울고판 72.12.14, 72나479(고집 72-2, 470).

291) 서울지판 03.10.16, 2003가합25992(각공 03, 689).

정"이 있었던 경우,[292] 근저당권설정자 또는 보증인이 채무자의 동일성에 관해 착오하였으나 "그 계약서에 나타난 채무자가 마음속으로 채무자라고 본 사람의 이름을 빌린 것에 불과하여 계약당시에 위 두 사람이 같은 사람이 아닌 것을 알았더라도 그 계약을 맺을 것이라고 보여지는 등 특별한 사정이 있는 경우"[293] 토지와 고미술품과의 교환계약에 있어 미술품이 도합 48점으로 그 가격도 합계 금 175,400,000원임에 비하여 그중 진위가 문제된 것이 4점으로 그 가격도 도합 금 36,500,000원에 불과한 경우[294] 등이 그러하다. 그러나 조망과 일조의 확보가 계약내용으로 편입되었음에도 조망권이 침해된 경우,[295] 도시계획상 공용수용될 토지를 일정기간 농지로 사용하다가 적당한 시기에 건축까지 가능한 토지로 착오해 손실보상금의 2배의 가격으로 매수한 경우,[296] 건물의 일부가 철거될 사정을 알지 못하고 매수한 경우[297] 등의 사안에서 착오가 없었더라면 표의자뿐만 아니라 일반인도 그러한 의사표시를 하지 않을 정도라는 사정이 인정된다면 그러한 착오는 중요부분의 착오로서 고려될 수 있다.

이상의 내용은 토지의 현황경계에 관한 착오에서도 같다. 토지 1,389평을 전부 경작할 수 있는 농지인 줄 알고 매수하여 그 소유권이전등기를 마쳤으나 타인이 경작하는 부분은 인도되지 않고 있을 뿐 아니라 측량결과 약 600평이 하천을 이루고 있었던 경우, 표의자가 사전에 이를 알았다면 매매계약을 체결하지 않았을 뿐만 아니라 다른 동기로 동일한 계약을 체결할 평균인도 상정하기 어려우므로 이 착오는 매매의 중요부분에 대한 착오이다.[298] 매수인이 건축을 하기 위하여 토지매매계약 체결당시 목적물인 토지 중 83% 가량에 해당하는 부분이 건축불가능한 지역이고 불과 17% 정도만 건축가능하였던 사안에서도 마찬가지이다.[299] 그러나 매매의 목적물인 토지의 현황경계에 착오가 있더라도 그것이 사소한 경우에는 주관적·객관적 인과관계가 모두 부정되어 중요부분의 착오가 아니라고 판단될 것이다.[300]

292) 서울고판 05.07.21, 2004나49701(정보).
293) 대판 86.8.19, 86다카448(집 34-2, 124).
294) 대구고판 85.1.11, 83나1149(하집 85-1, 1).
295) 부산동부지판 09.3.26, 2008가합3342, 4505, 5492(각공 09상, 773).
296) 서울고판 80.7.24, 79나3851(고집 80-2, 210).
297) 대판 97.9.30, 97다26210(공 97, 3286).
298) 대판 68.3.26, 67다2160(집 16-1, 177).
299) 대구고판 88.1.28, 86나1510(하집 88-1, 82).
300) 대판 84.4.10, 83다카1328(집 32-2, 101): 부지(4평)에 관하여 0.211평(계산상 0.201평)에 해당하는 피고의 지분이 부족한 경우.

더 나아가 표의자가 일정한 법상황에 대해 착오를 하였으나, 올바른 법적인 이해를 기초에 두었더라도 동일한 의사표시를 하였을 경우에도 마찬가지이다. 일정 손해배상액 지급에 대해 합의가 이루어진 사안에서 그 원인이 단독불법행위인지 공동불법행위인지 여부에 대한 착오,[301] 약속어음발행의 원인관계인 합의금 약정에 있어서 그 원인인 강제추행을 강간치상으로 오인한 착오,[302] 소유권을 회복하는 합의를 하면서 보존행위를 하는(§ 265) 공동상속인을 단독상속인으로 착각한 착오,[303] 보증의 의사표시에 피담보채무가 발생하는 거래 일반 리스인지 아니면 공리스인지 여부에 관한 착오,[304] 온천여관의 매매에서 온천수의 질과 양이 확보되는 이상 온천공 사용권을 독점적으로 가지느냐 아니면 공동사용권을 가지느냐에 대한 착오[305] 주채무자의 차용금반환채무를 보증할 의사로 공정증서에 연대보증인으로 서명·날인하였으나 그 공정증서가 주채무자의 기존의 구상금채무 등에 관한 준소비대차계약의 공정증서이었던 경우의 착오,[306] 자신의 토지에 있는 송전설비의 철거를 구할 수 없다고 믿고 이전비용을 부담하는 약정을 체결하였으나 법령상 수용이 가능하고 표의자 역시 사업상 필요에 따라 이설할 이유가 있었던 경우의 착오[307] 등의 사건에서 그러한 이유로 중요부분성이 부정되었다.

4. 표의자의 중대한 과실이 없을 것

(가) 착오가 법률행위 내용의 중요부분에 대한 것이더라도, 표의자가 중대한 과실로 인해 착오를 회피할 수 없었다면 취소권은 발생하지 않는다. 즉 표의자가 착오를 이유로 해서 의사표시를 취소할 수 있기 위해서는 착오에 있어 중대한 과실이 없어야 한다. 일반적으로 여기서 말하는 중대한 과실은 표의자의 직업, 행위의 종류, 목적 등에 비추어 보통 요구되는 주의를 현저하게 결여한 것으로 이해되고 있다.[308] 즉 제반사정에 좇아 평균인이 기울여야 하는 주

301) 서울고판 73.1.18, 72나2320(고집 73-1, 30).
302) 대판 77.10.31, 77다1562(집 25-3, 243).
303) 대판 96.12.23, 95다35371(공 97, 488).
304) 대판 01.02.23, 2000다48135(집 49-1, 156).
305) 대판 87.4.14, 86다카1065(공 87, 796).
306) 대판 06.12.7, 2006다41457(공 07, 120).
307) 대판 15.4.23, 2013다9383(정보)
308) 고상용, 433; 곽윤직·김재형, 320; 김대정, 905; 김상용, 493; 김주수·김상용, 363; 김증한·김학동, 434; 백태승, 408; 송덕수, 297; 이덕환, 521; 이영준, 424; 이은영, 523; 주석 총칙(2), 726(제4판/지원림); 대판 92.11.24, 92다25830(공 93, 232) 등.

의의무를 기준으로 할 때 이를 현저하게 위반하여 착오 상태에 있었음을 의미하는 추상적 중과실이 문제된다. 조금만 주의하였더라면 착오를 회피할 수 있었을 표의자에게 취소를 인정하는 것은 상대방의 이익을 고려할 때 과도하므로 취소권을 부정하는 취지이다.

표의자에게 착오와 관련된 정보를 검증하는 것을 기대할 만한 자격이나 능력이 있다고 인정될수록 중과실이 인정되기가 쉬울 것이다. 그래서 예컨대 공장건설을 목적으로 토지를 매수·임차하는 자가 건축 여부에 대한 공법상 제한이나 공장 운영기간에 대한 공법상 제한을 확인해 보지 않았다면 중대한 과실이 있다고 한다.[309] 우유운반 용역계약의 갱신 여부에 관하여 확인 없이 우유배달차량을 매수한 경우,[310] 피보험자로부터 미합중국 캘리포니아주의 운전면허가 있다는 말을 들은 보험자가 피보험자가 국내법에 의한 운전면허 또는 도로교통법 소정의 국제운전면허를 취득하였는지 여부를 확인하지 아니한 경우[311]도 그러하다. 반면 판례는 지급보증·신용보증·계약보증을 함에 있어서 금융기관이나 공제조합 등이 관련 사항을 충분히 검토하지 않은 사안에 대해서는 대체로 중과실을 부정하여 취소를 허용하는 경향이 보이지만,[312] 착오로 담보를 상실한 사안에서는 중과실을 긍정한 예도 있다.[313]

한편 공인된 중개사나 신뢰성 있는 중개기관을 통하지 않고 개인적으로 토지 거래를 하는 경우, 매매계약 목적물의 특정에 대하여는 스스로의 책임으로 토지대장, 임야도 등의 공적인 자료 기타 공신력 있는 객관적인 자료에 의하여 그 토지가 과연 그가 매수하기 원하는 토지인지를 확인하여야 할 최소한의 주의의무가 있다고 한다.[314] 그래서 도시관리계획 결정의 고시만을 신뢰하여 부동산을 매수한 경우 중과실이 인정될 수 있으며,[315] 담보신탁의 의미를 인식하지 못한 채 착오에 기초해 담보신탁계약을 체결하였다면 고가의 부동산을 신탁하려는 위탁자로서의 주의를 현저히 결여한 것이다.[316] 다만 매수인이

309) 대판 92.11.24, 92다25830(공 93, 232); 93.6.29, 92다38881(공보 93, 2122); 대전지판 95.5.3, 94가합9805(하집 95-1, 25).
310) 서울고판 80.9.22, 80나1873(고집 80-2, 298).
311) 서울고판 90.6.8, 89나40930(하집 90-2, 40).
312) 대판 89.12.26, 88다카31507(공 90, 361); 97.8.22, 97다13023(공 97, 2800); 07.08.23, 2006다52815(정보); 대판 96.7.26, 94다25964(공 96, 2581).
313) 대판 00.5.12, 99다64995(공 00, 1393).
314) 대판 09.9.24, 2009다40356(정보).
315) 대판 12.1.27, 2010다85881(정보).
316) 대판 13.7.11, 2013다17049(정보).

도자기를 매수하면서 자신의 골동품 식별 능력과 매매를 소개한 자를 과신한 나머지 고려청자 진품이라고 믿고 소장자를 만나 그 출처를 물어 보지 아니하고 전문적 감정인의 감정을 거치지 아니한 채 그 도자기를 고가로 매수한 사안에서 중과실이 부정된 재판례가 있다.[317]

반대로 상대방이나 관계인이 어느 정도 전문성이 있거나 있다고 보여서 이를 신뢰한 경우, 과실이 있다고 할 가능성은 있어도 중과실이 있다고 단정하기는 어려울 것이다. 특히 상대방이나 상대방측 관계인의 정보제공이 착오의 원인을 제공한 경우에는 중과실의 인정이 보다 쉽지 않을 것이다.[318] 아파트 300여 세대를 건축하기 위해 토지를 매수하였으나 용적률 때문에 목적 달성이 불가능한 사안에서 지자체 건축법상 제한이 없다는 확약을 받았던 경우,[319] 부동산 중개인을 신뢰하였던 경우,[320] 건축연구소를 운영하는 건축학 교수에게 건축사 자격이 있을 것이라고 신뢰하여 도급계약을 체결한 경우[321] 등에서 중과실은 부정되었다.

의사표시에 여러 이해관계인이 관여되어 있어 절차 준수의 엄밀성이 요구되는 경우에도 중과실이 비교적 쉽게 인정될 것이다. 예를 들어 매수신청인이 입찰 부동산의 시가를 잘못 평가하여 고가의 매수가격으로 매수신고를 하여 낙찰된 경우, 입찰표의 취소, 변경 또는 교환을 금지한 민사소송규칙의 취지에 비추어 볼 때 중과실이 인정되며,[322] 파생상품 거래에서 매수주문을 시스템에 부주의하게 입력한 경우에도 마찬가지이다.[323] 계좌이체에 있어서 입금자가 이체 받을 자의 계좌번호를 부주의하게 잘못 입력한 경우에도 그러할 것이다.[324]

(나) 표의자가 중대한 과실로 착오에 빠져 의사표시를 하였고 상대방이 그러한 표의자의 착오를 알고 이를 이용하여 법률행위를 한 경우에도 착오자의 취소권은 배제되는가? 우리 학설은 그러한 경우에는 중과실에 빠진 착오자라도 취소권을 행사할 수 있다고 해석한다.[325] 실제로 계약의 유효성을 주장하

317) 대판 97.8.22, 96다26657(공 97, 2786).
318) 주석 총칙(2), 731(제4판/지원림).
319) 대판 95.11.21, 95다5516(공 96, 47).
320) 대판 97.11.28, 97다32772(공 98, 84); 00.5.12, 2000다12259(공 00, 1417).
321) 대판 03.4.11, 2002다70884(공 03, 1169).
322) 서울지결 95.8.25, 95라1238(하집 95-2, 20).
323) 대판 14.11.27, 2013다49794(공보 15, 9).
324) 김형석, "지급지시 · 급부관계 · 부당이득", 서울대 법학 47-3, 2006, 317.
325) 강태성, 641; 김주수 · 김상용, 363; 김상용, 494; 백태승, 409; 송덕수, 299; 이영준, 425; 이은영, 524; 주석 총칙(2), 732-733(제4판/지원림).

는 상대방은 자신이 상대방의 착오를 이용하였음을 전제로 주장한다는 점에서 신의칙에 반하는 행태를 보이므로 그러한 주장은 고려될 수 없다고 해야 한다. 따라서 그러한 경우에는 중과실 있는 착오자도 취소를 할 수 있다고 할 것이다. 판례도 같은 입장이다. 파생상품 거래에서 주문자의 직원이 입력 실수로 지나친 고가의 매수주문을 입력하자 상대편의 직원이 이 사실을 알고 평소의 10배 이상의 매도주문을 하여 계약을 성립시킨 경우, 대법원은 표의자의 중과실을 인정하면서도 § 109 Ⅰ 단서는 "표의자의 상대방의 이익을 보호하기 위한 것이므로, 상대방이 표의자의 착오를 알고 이를 이용한 경우에는 착오가 표의자의 중대한 과실로 인한 것이라고 하더라도 표의자는 의사표시를 취소할 수 있다"고 하여 취소를 받아들였다.[326)]

Ⅳ. 착오의 효과

1. 취소권의 발생과 행사

(1) 취소권의 내용

§ 109 Ⅰ의 요건이 충족되면, 표의자에게는 취소권이 발생한다. 취소권은 착오에 의해 의사표시를 한 표의자, 그의 대리인, 그의 승계인에게 있다(§ 140). 취소할 수 있는 의사표시는 유효하게 존속하지만, 취소권의 행사에 의하여 법률행위는 소급하여 처음부터 무효인 것으로 간주된다(§ 141 본문). 표의자가 자신의 의사표시를 취소함으로써, 그 의사표시가 구성요소가 되는 법률행위도 마찬가지로 취소되는 것이다.[327)] 법률행위 일부에 취소사유가 있는 경우에는 § 137를 유추하여, 그 법률행위가 가분적이거나 그 목적물의 일부가 특정될 수 있고 그 나머지 부분이라도 유지하려는 당사자의 가정적 의사가 인정되는 경우에는 일부만의 취소를 허용할 것이다.[328)]

취소권자, 취소의 방법, 추인 및 법정추인, 제척기간, 취소의 효과 등 자세한 내용에 대해서는 § 140 이하의 주해를 참조하라.

---

326) 대판 14.11.27, 2013다49794(공보 15, 9).

327) 주석 총칙(2), 740(제4판/지원림) 참조.

328) 대판 90.7.10, 90다카7460(집 38-2, 170); 92.2.14, 91다36062(공 92, 1028); 98.2.10, 97다44737(공 98, 686); 02.9.4, 2002다18435(공 02, 2330) 등. 일부취소에 대해 김천수, 326 이하 참조.

(2) 선의의 제3자에 대한 관계

§109 Ⅰ에 따른 의사표시의 취소는 선의의 제3자에게 대항하지 못한다. 착오를 이유로 하는 의사표시의 취소는 소급적으로 법률행위의 무효를 가져오기 때문에, 그 법률행위의 존속을 기초로 하여 이해관계를 맺은 자의 이익이 침해될 우려가 있다. 그러므로 민법은 착오로 인한 취소 가능성을 알지 못하고 이해관계를 맺은 제3자의 보호를 위해 그에 대한 관계에서 소급효를 제한하는 것이다.

이에 대한 자세한 내용은 §108의 주해를 참조하라.

(3) 신의칙에 의한 취소권 행사의 제한

표의자가 착오를 이유로 취소권을 행사하는 경우에도, 그러한 행사가 신의칙(§2)에 반하는 권리행사인 때에는 그에 취소의 효력을 부여할 수 없다. §109 Ⅰ이 계약체결 시점을 기준으로 인과관계 없는 착오에 대해 취소권을 허용하지 않는 취지를 고려한다면, 계약체결 이후 사정변경 때문에 표의자가 착오를 주장하는 것에 현실적인 이해관계를 상실한 경우에도 취소를 허용해서는 안 될 것이다. 그러한 취소는 표의자가 아무런 현실적인 이익이 없음에도 법률행위를 취소해 상대방에게 불이익을 야기할 수 있다는 점에서 권리남용(Schikane)에 해당할 가능성이 높기 때문이다(§2).329) 그래서 예컨대 매매계약체결 시점의 법령의 내용에 관한 착오가 "매도인이 부담하게 될 양도소득세액 산출에 중대한 영향을 미치게 되어" 중요부분의 착오로 인정될 수 있으나 취소권이 행사되기 이전에 법령이 개정되어 매도인의 불이익이 해소된 경우에는 표의자의 취소권 행사는 신의성실의 원칙에 반하는 권리행사로 허용될 수 없다고 한다.330) 이상의 내용은 계속적 계약관계에서 계약관계가 진행됨에 따라 착오 취소로 달성해야 할 이해관계가 해소된 경우에 특히 그러하다고 한다.331)

(4) 상대방에 의한 표의자 진의 수용

착오에 의해 표의자의 취소권이 발생한 때에도, 상대방이 표의자의 진의를 알고 그 진의에 따른 법률효과를 수용할 것을 표의자에게 표시한 경우에는 그 시점부터 착오자는 더 이상 취소권을 행사할 수 없게 된다(이민 §1432, 스채 §25 Ⅱ, DCFR Ⅱ-7:203, PICC 3.2.10 참조).332) 상대방이 착오에 빠진 표의자의 진의를 받아들이는 이상, 표의자로

329) Staudinger/Singer, §119 Rn. 102; 이덕환, 522.

330) 대판 95.3.24, 94다44620(공 95, 1725).

331) Staudinger/Singer, §119 Rn. 102; 주석 총칙(2), 735(제4판/지원림).

332) 강태성, 643; 김민중, 371; 김상용, 497; 김주수 · 김상용, 364; 김증한 · 김학동, 449; 송덕수, 308; 이덕환, 522; 이영준, 428; 주석 총칙(2), 734-735(제4판/지원림).

서는 더 이상 취소권을 행사할 객관적인 이익을 가지고 있지 않기 때문이다. § 109 Ⅰ이 표의자의 원만한 자기결정을 보호하기 위해 취소를 허용하는 이상, 상대방이 표의자의 진의를 받아들이는 경우에는 자기결정이 실현되는 것이므로 취소는 배제된다는 것으로, § 109 Ⅰ의 목적론적 축소해석[333] 또는 신의칙의 적용[334]으로 이해할 수 있다.

상대방의 양해는 표의자에 대한 의사표시로 취소권을 배제하고 진의에 따른 내용을 확정한다는 점에서 형성권의 행사이다. 이러한 형성권은 특히 의사와 표시가 불일치하는 착오의 경우에 무리 없이 인정될 수 있다. 예컨대 매도인이 매수청약에서 매매대금 900만 원을 700만 원으로 오타하였고 상대방이 진의를 인식할 수 없어 법률행위 해석으로 해결될 수 없는 경우 취소권이 인정될 수 있으나, 매수인이 매도인이 처음에 의욕한 진의에 따라 900만 원을 지급할 용의가 있다고 표시하는 경우, 매도인은 매매를 취소할 수 없고 매매대금은 900만 원으로 정해진다. 반면 의사와 표시의 불일치가 없는 착오의 경우에는 엄밀한 의미의 진의라기보다는 착오자가 사후적으로 밝힌 가정적인 의사가 주로 문제될 것이다.[335] 예컨대 부동산 현황경계의 착오를 이유로 취소권을 가지는 매수인이 처음 약정된 1억 원이 아닌 5천만 원의 대금으로는 매수하였을 것이라 주장할 때, 매도인은 5천만 원으로 매도하겠다는 표시를 함으로써 매수인의 취소권을 배제할 수 있다고 해석해야 한다.

2. 취소의 경우 손해배상책임

우리 민법은 중과실 있는 착오자의 취소만을 배제하므로, 과실 있는 착오자가 법률행위를 취소할 수 있다. 이때 취소의 결과로 손해를 입은 상대방이 착오를 이유로 취소한 표의자를 상대로 손해배상을 청구할 수 있는가? 이를 부정하는 견해[336]는 민법이 착오자의 신뢰이익 배상책임에 대해 명시적인 규정을 두고 있지 않을 뿐만 아니라, 입법과정에서 그러한 제안이 명시적으로 채택되지 않았다는[337] 역사적 해석을 근거로 한다. 그러나 이에 대해서는 계약체

333) Staudinger/Singer, § 119 Rn. 103.

334) 송덕수, 308; 주석 총칙(2), 734-735(제4판/지원림)은 선행행위와 모순되는 행태라는 점에서 신의칙의 적용으로 이해한다.

335) MünchKomm/Armbrüster, § 119 Rn. 141.

336) 고상용, 436; 곽윤직 · 김재형, 321; 김준호, 289; 주석 총칙(2), 752(제4판/지원림); 홍성재, 242.

337) 명순구 편, 실록 대한민국 민법 1, 2008, 318 이하 참조.

결상의 과실책임의 법리를 이 경우에도 인정할 필요가 있으므로 § 535를 유추하여 신뢰이익 배상을 인정하려는 견해[338]와 일반 불법행위(§ 750)에 기초해 손해배상을 인정할 수 있다는 견해[339]가 우세하게 주장되고 있다. 판례는 상대방이 불법행위에 기초해 손해배상을 청구한 사안에서 "불법행위로 인한 손해배상책임이 성립하기 위하여는 가해자의 고의 또는 과실 이외에 행위의 위법성이 요구된다 할 것"이라고 하면서 "§ 109에서 중과실이 없는 착오자의 착오를 이유로 한 의사표시의 취소를 허용하고 있는 이상, 피고가 과실로 인하여 착오에 빠져 계약보증서를 발급한 것이나 그 착오를 이유로 보증계약을 취소한 것이 위법하다고 할 수는 없다"고 하여 배상책임을 부정하였다.[340]

손해배상책임을 부정하는 것이 타당하다고 생각된다. § 535를 유추하는 견해는 법률의 흠결을 전제로 해야 하는데, 입법자가 명시적으로 이 문제를 고려하여 규율을 거부한 경우에는 흠결을 인정하기 어려워서 유추도 가능하지 않다고 해석해야 한다. 같은 이유에서 유사한 내용의 손해배상책임을 다른 형태의 계약체결상의 과실책임으로 인정하는 것도 거부되어야 한다. 한편 § 750의 적용과 관련해서 판례는 과실의 경우 취소를 인정한 입법자의 태도로부터 위법성이 없다는 결론을 도출하는데, 기본적으로 타당하다고 할 것이다. 이에 대해서는 취소가 아니라 과실로 착오에 빠져 의사표시를 한 행위를 기준으로 평가해야 하고, 그에 따라 위법성이 인정될 수 있다는 비판이 있다.[341] 그러나 그에 따르더라도 결론은 달라지지 않을 것이라고 생각된다. 착오 취소의 경우 상대방이 입는 손해는 순수재산손해에 불과하여 그에 위법성이 인정되려면 가해자에게 그러한 손해 발생을 예방하기 위한 주의의무가 적극적으로 인정되어야 하는데,[342] 법률이 명시적으로 과실에 기한 착오의 경우에도 착오자에게 계약해소를 인정하는 이상 과실로 착오에 빠져 의사표시를 한 것이 위법하다고 쉽게 단정해서는 안 될 것이다.[343] 그리고 이러한 결론은 예컨대 계약교섭의

338) 김상용, 500; 김민중, 374; 김증한 · 김학동, 451; 김주수 · 김상용, 365; 백태승, 413; 송덕수, 310; 박희호, "계약체결상의 과실책임과 위법성", 외법논집 18, 2005, 259-260; 이영준, 437; 이은영, 533; 이덕환, 527.

339) 엄동섭, "착오자의 과실과 손해배상책임", 민판연 21, 1999, 54-55; 김대정, 911-912; 명순구, 420.

340) 대판 97.8.22, 97다13023(공 97, 2800).

341) 엄동섭(주 339), 55.

342) 이에 대해 우선 김형석(주 73), 479 참조.

343) 박희호(주 338), 259; 홍성재, 242.

부당파기에 관한 판례[344]에서 계약체결을 신뢰한 자에게 손해를 발생시킨 가해자에게 요구되는 주의의무 수준과 비교해 보아도 정당화된다.

V. 적용범위와 경합문제

1. 적용범위

(1) 사법상 의사표시

(가) § 109는 원칙적으로 모든 사법상 의사표시에 적용된다. 의사표시가 단독행위를 구성하는 경우[345]이거나 계약의 일부인 경우에 모두 적용되며, 그 법률행위가 무상인지 유상인지 구별하지 아니한다(앞의 Ⅲ. 2. (2) 참조). 의사표시가 명시적인지 묵시적인지 여부도 묻지 않는다. 무효이거나 철회가능한 의사표시도 착오로 취소할 수 있다.[346] 조합계약도 취소할 수 있지만, 소급효가 제한될 수는 있을 것이다.[347] 그러나 의제된 의사표시(예를 들어 §§ 15, 639 등)에서 침묵이 (거절이 아닌) 의사표시로 간주되는 경우, 이는 법률의 규정에 따라 발생하는 효과이므로 자신의 침묵의 의미에 대해 착오가 있었더라도 즉 침묵에 효과가 결부된다는 사실을 알지 못했더라도 취소권은 발생하지 아니한다.[348] 그러나 현실에 대한 착오를 이유로 침묵과 결부된 법률효과를 의욕하여 침묵한 경우, 이를 적극적 의사표시가 있었던 경우와 달리 취급하는 것은 부당하므로 그러한 때에는 사태착오의 법리에 따라 취소를 허용할 것이나,[349] 고려되지 않는 동기착오에 불과한 경우가 많을 것이다.

물론 사법상 의사표시이더라도, 민법의 다른 부분에 특별한 규정이 있으면 그 특별한 규정이 우선하여 적용된다. 민법은 화해계약에서의 착오에 대해 특별규정을 두고 있으며(§ 733; 자세한 내용은 해당 규정의 주해 참조), 그 밖에는 주로 친족법상의 법률행위에서 그러하다(§§ 815 i, 816 ii, 861, 883 i, 884 Ⅰ ii 등). 이에 대해 통설은 이른바 신분행위에서는 진의가 중요하므로 착오에 따른 신분행위는 언제나 무효라고 하여 § 109가 일체

344) 대판 03.4.11, 2001다53059(공 03, 1151); 93.9.10, 92다42897(공 93, 2728).
345) 대판 99.7.9, 98다9045(공 99, 1576): 재단법인 설립행위.
346) 대판 96.11.8, 96다35309(공 96, 355); Staudinger/Singer, § 109 Rn. 106.
347) 김상용, 499; 김민중, 369; 김증한 · 김학동, 459-460; 백태승, 411; 이영준, 430, 434; 이은영, 511. 사기를 이유로 하는 취소에 대해 대판 72.4.25, 71다1833(집 20-1, 217) 참조.
348) 주석 총칙(2), 759(제4판/지원림).
349) Staudinger/Singer, Vor §§ 116ff. Rn. 66.

적용되지 않는 것처럼 설명하지만,[350] 앞서 언급한 개별 법률규정이 있는 이상 이들의 해석문제로 해결되어야 한다. 그러나 그러한 특별규정이 없는 한 § 109는 적용된다고 보아야 하며,[351] 다만 해당 법률행위의 성질이 그 적용을 배제하는 것은 아닌지 여부는 개별적으로 살펴볼 필요가 있을 뿐이다. 예컨대 상속의 승인·포기에 대해서는 명시적으로 § 109의 적용이 예정되어 있으며(§ 1024), 유증이나 재산분할의 합의(§ 839-2 Ⅱ) 등에도 § 109가 적용되지 않을 이유는 없다고 보인다(앞의 Ⅲ. 2. (2) 참조).[352]

(나) 이상의 내용은 상법상의 의사표시에 그대로 적용된다. 증권이나 파생상품거래와 같이 거래의 안전과 상대방의 신뢰의 보호 필요성이 큰 영역에서도 거래소의 업무규정이 § 109의 적용을 제한하는 등 특별한 사정이 없는 한 적용되어야 한다.[353] 물론 상법에 다른 규정이 있으면 그에 따른다. 예컨대 회사성립 후에는 주식을 인수한 자는 착오를 이유로 인수를 취소하지 못한다(상 § 320 Ⅰ). 한편 회사설립등기를 한 후에는 설립행위의 착오를 주장할 수 없다는 주장도 있으나,[354] 주식회사와 같은 물적 회사에서는 객관적 하자만을 엄격한 설립무효의 소(상 § 328)에 의해서만 주장할 수 있으므로 착오 주장은 이미 입법적으로 봉쇄되어 있고, 한편 인적 회사의 경우 설립취소의 소가 허용되어 있으며(상 § 184) 다만 절차나 소급효 등에서 특별규정의 적용을 받을 뿐이다(상 § 190 등 참조).

(다) § 109는 의사표시뿐만 아니라, 의사의 통지·관념의 통지·감정의 통지와 같은 준법률행위에 대해서도 유추적용된다. 그러나 사실행위에는 유추적용될 수 없다.

(2) 소송행위

소송행위에 대해서는 § 109가 적용되지 않는다는 것이 통설[355]과 판례이다. 소송절차의 안정과 명확성을 이유로 한다. 그래서 소 또는 항소의 취하,[356]

---

350) 고상용, 437; 곽윤직·김재형, 322; 김대정, 914; 김상용, 501; 김주수·김상용, 368; 김증한·김학동, 459; 송덕수, 311; 이영준, 429; 이덕환, 527.

351) 같은 취지로 이은영, 512.

352) 비슷한 취지로 강태성, 648; 김대정, 914 참조.

353) 대판 14.11.27, 2013다49794(공 15상, 9). 그러나 고상용, 437 참조.

354) 김상용, 501.

355) 고상용, 437; 김대정, 914; 김상용, 501; 김주수·김상용, 368; 김증한·김학동, 460; 송덕수, 311; 이영준, 430; 이덕환, 527; 주석 총칙(2), 767(제4판/지원림).

356) 대판 64.9.15, 64다92(집 12-2, 98); 70.6.30, 70후7(집 18-2, 행27); 97.6.27, 97다6124(공 97, 2339); 광주고판 65.2.23, 63나253(고집 65, 160).

처분금지가처분신청의 취소 및 집행해제원 제출,[357] 소송상 화해[358] 등에 § 109는 적용되지 않고 따라서 유효한 소송행위로 취급된다. 그 밖에 등기신청[359]이나 회생절차에서 채권신고[360]에도 같은 법리가 적용된다고 한다. 그러나 강제경매에서 입찰은 사법상 매매의 청약의 성질도 있으므로(§ 578 참조) § 109를 적용할 것이다.[361] 판례도 같다.[362] 또한 강제집행을 승낙하는 공정증서 작성(민집 § 56 iv)도 소송행위이기는 하지만 절차 외에서 집행력을 부여하는 의사표시이므로 § 109가 적용된다고 하겠다.[363]

(3) 공법상 행위

공법상 행위에도 § 109가 적용되지 않는다는 것이 통설[364]이며, 판례도 관재당국으로부터 귀속재산을 이중으로 매수하여 이전등기를 마쳤으나 관재당국이 그 귀속재산의 매각처분을 취소한 경우 § 109 Ⅱ 적용을 부정하였고,[365] 신고납세에서 납세의무자의 과세표준 및 세액의 신고행위는 부과과세에 있어서의 부과처분과 마찬가지로 공법상의 준법률행위에 해당하므로 신고행위에 착오가 있다고 하더라도 오로지 그 유·무효만이 문제될 뿐이고 § 109는 적용될 수 없다고 하였다.[366] 그러나 사인의 공법상 의사표시에는 적용되어야 한다는 견해도 있다.[367] 반면 행정주체의 사경제적 활동은 더 이상 공법상 행위는 아니므로 § 109가 적용되어야 할 것이다.

2. 경합문제

(1) 계약책임 특히 담보책임과의 경합

매수인이 매매목적물의 성상에 관하여 착오하여 계약을 체결한 경우, 그러한 목적물이 하자담보책임에 따른 하자(§§ 580, 581)에 해당하는 사안이 있을 수 있다. 특히 이 주해에서 논증한 바와 같이 동기가 매도인의 급부의무를 특정함으

357) 대판 84.5.29, 82다카963(집 32-3, 43).
358) 대판 79.5.15, 78다1094(집 27-2, 6).
359) Staudinger/Singer, § 119 Rn. 107.
360) 大阪高判 63(昭38).12.5, 高民集 16-9, 784.
361) Staudinger/Singer, § 119 Rn. 108; 日注民(3) 新版, 404(川井健).
362) 서울지결 95.8.25, 95라1238(하집 95-2, 20).
363) 日注民(3) 新版, 404(川井健).
364) 고상용, 437; 김주수·김상용, 368; 김상용, 501; 김증한·김학동, 460; 송덕수, 311; 이영준, 430; 이은영, 512; 이덕환, 527; 주해 민법 총칙(2), 766(제4판/지원림).
365) 대판 62.11.22, 62다655(로앤비); 광주고판 67.1.24, 66구27(고집 67특, 173).
366) 서울고판 96.6.13, 96나2608(하집 96-1, 318).
367) 주석 총칙(2), 767(제4판/지원림).

로써 계약내용이 된다고 이해하고 동시에 주관적 하자개념(이에 대해 § 580의 주해 Ⅱ. 2. 참조)을 받아들이면, 매매목적물에 대한 성상착오는 대체로 하자담보책임에 따른 하자에 해당할 것이다. 그러나 권리의 하자를 이유로 하는 담보책임과 관련해서도 경합은 상정가능하며, 예컨대 매수인이 매도인을 소유자로 착각하여 매매계약을 체결한 경우에 그러하다(§§ 569, 570). 그런데 담보책임에는 그 행사와 관련해 단기의 제척기간이 규정되어 있다든가(§§ 573, 582) 매수인에게 하자검사의 자기의무(Obliegenheit)가 부과된다거나(상 § 69), 당사자들이 담보책임에 관한 권리를 약정으로 배제하는(§ 584 참조) 등 권리행사의 제약이 존재할 수 있다. 이러한 사안에서 매수인의 담보책임에 관한 권리와 착오에 의한 취소를 경합적으로 인정할 것인지의 문제가 제기된다. 당사자들이 약정으로 담보책임에 따른 권리를 배제한 경우, 그 의사표시의 해석상 통상 착오에 따른 취소권도 포기된 것으로 볼 수 있을 것이므로, 이 문제는 특히 제척기간 도과를 이유로 해제를 할 수 없는 매수인이 취소를 통해 동일한 결과에 도달함으로써 해제 기간을 제한한 법률의 취지를 잠탈하는 것이 아닌지의 의문과 밀접하게 관련된다. 물론 이는 더 나아가 착오법과 일반적인 채무불이행책임과의 경합도 허용할 것인지의 쟁점으로도 연결될 수 있다.

이에 대해서는 대체로 ① 담보책임이 권리행사를 제약하는 특별한 규율을 포함하고 있으므로 해당 분쟁에 대한 특별법으로 이해하여 담보책임에 관한 규정만이 적용된다고 이해하는 견해,[368] ② 착오 취소와 담보책임에 따른 구제수단의 경합을 제한 없이 허용하는 견해,[369] 그리고 ③ 양자의 경합은 허용하지만 담보책임에 관한 특별한 규율의 규범목적을 고려하여 그 제약 하에서만 착오 취소를 할 수 있다는 견해(예컨대 상인의 경우 자기검사의 자기의무를 다한 경우에만 취소를 허용한다든가 § 582의 제척기간 내에만 취소를 허용)의 세 입장이 고려가능하다. 비교법적으로도 이 세 가지 해법이 주장되고 있으며, 지배적인 경향은 관찰되지 않는다.[370]

---

368) 고상용, 438; 김민중, 372-373; 김증한 · 김학동, 458-459; 송덕수, 313; 이영준, 440; 백태승, 415; 이덕환, 529; 홍성재, 230; 이상광, 하자담보책임론(2000), 269.

369) 강태성, 651; 김대정, 917; 김상용, 502; 김주수 · 김상용, 369; 이은영, 526; 명순구, 424; 주석 총칙(2), 774(제4판/지원림); 이상정, "착오에 의한 의사표시의 취소와 매도인의 하자담보책임", 고시연구 32-9, 2005, 68.

370) 예컨대 독일의 판례는 확고하게 담보책임의 우선(①)을 지지하지만, 오스트리아와 스위스의 판례는 제한 없는 경합을 수용한다(②). 한편 프랑스의 판례는 제한 없이 경합을 인정하던 전통적인 입장에서(②) 일시적으로 담보책임의 제약 하에 착오 주장이 가능하다는 견해를 채택하였다가(③) 다시 제한 없는 경합을 허용하는 방향으로 이동하였다(②). 다만 비교적 최근에 담보책임에 관한 규정이 배타적으로 적용된다는 판결이 선고되었고(①), 그

대법원은 이 문제를 명시적으로 판단한 경우는 없으나, 비슷한 사실관계(법령상 건축이 가능하다고 믿고 토지를 매수한 경우)를 배경으로 착오 취소를 허용한 재판례[371]와 하자담보책임에 따른 하자일 수 있음을 시사한 재판례[372]가 관찰되며, 이러한 경향은 성상착오를 인정한 많은 재판례로부터도 확인된다.[373] 아마도 이 문제에 대한 명확한 의식 없이 당사자들의 주장에 따라 착오 또는 담보책임을 인정한 것으로 보인다. 어쨌든 이러한 태도는 적어도 ② 또는 ③의 입장에 서 있다고 말할 수 있을 것이다. 반면 하급심에서는 "타인의 권리의 매매로 인한 매도인의 담보책임에 관한 규정이 민법 총칙의 착오에 관한 규정보다 우선 적용되어야 할 성질의 것"[374]이라는 재판례도 있다(①). 그러나 최근 대법원은 명시적으로 착오 취소와 하자담보책임의 경합을 제한 없이 허용함으로써 ②의 입장을 채택함을 명백히하였다.[375]

원칙적으로 제한 없이 경합을 허용하는 견해가 타당하다고 생각된다. 무엇보다도 법률이 다른 이유에서 다른 맥락에 규정하고 있는 구제수단들이 일정 영역에서 중복되는 적용범위를 가진다는 이유만으로 거기에 일반법과 특별법의 관계가 존재한다고 상정하여 어느 한 편의 적용을 배제하는 것은 법이 이중으로 부여하는 구제수단을 근거 없이 박탈하는 것이 되어 타당하지 않다. 그래서 예컨대 물건의 하자인 사정에 대한 착오의 경우에는 취소가 박탈되는데, 같은 동기착오임에도 다른 사정에 대한 착오의 경우에는 취소가 허용된다는 결과는 이익형량의 관점에서 자의적이라고 하지 않을 수 없다. 이에 대해서는 예컨대 담보책임의 제척기간의 취지에 비추어 제한 없는 경합을 인정하면 제척기간이 잠탈된다는 논거가 주장되지만, 이는 우리 민법의 맥락에서 반드시 적절한 것은 아니다. 예컨대 독일민법의 경우에는 착오를 이유로 하는 취소는 착오를 발견한 때로부터 지체 없이 행사되어야 하지만(독민 § 121), 담보책임을 이유

것이 일탈적 재판례인지 판례 변경인지 여부에 대해서는 논란이 있다. 관련하여 흥미로운 것이 국제 모델규칙의 태도인데, 유럽계약법원칙은 경합을 제한 없이 인정하는 입장(②)을 채택한 반면(PECL 4:119) UNIDROIT 국제상사계약원칙은 계약책임을 우선하는 입장(①)에 서 있다(PICC 3.2.4). 상세한 내용은 Ranieri, Europäisches Obligationenrecht(3. Aufl., 2009), 953ff.; Peter Huber, Irrtumsanfechtung und Sachmängelhaftung(2001) 참조.

371) 대판 95.11.21, 95다5516(공 96, 47).

372) 대판 00.1.18, 98다18506(공 00, 446). 사건에서는 하자의 존재가 부정되었다.

373) 예컨대 고려청자의 진품성을 오해하여 매수한 사안에 대해 대판 97.8.22, 96다26657(공 97, 2786) 등 참조.

374) 서울고판 80.10.31, 80나2589(고집 80-2, 423).

375) 대판 18.9.13, 2015다78703(공 18, 1951). 이 판결에 대해 서종희, "민법상 착오와 하자담보책임과의 관계", 민학 92, 2020, 37 이하 참조.

로 하는 제척기간은 물건의 인도 시점부터 기산하므로(개정 전에는 6개월, 독민 § 477 Ⅰ; 개정 후에는 2년, 독민 § 438 Ⅱ), 제척기간이 도과하고 상당한 기간이 지난 후에 착오가 발견되어 취소권이 행사될 위험이 실제로 존재하며 이로부터 매도인을 보호할 이유는 분명 부인하기 어려울 수 있다. 그러나 우리 민법은 착오를 이유로 하는 취소권의 제척기간은 착오를 발견한 때로부터 3년 내에 행사해야 하나(§§ 144 Ⅰ, 146), 담보책임상의 구제수단도 하자를 발견한 때로부터(=착오를 발견한 때로부터) 6개월 또는 1년 내에 행사되어야 하며(§§ 573, 582), 어느 편이나 하자가 발견되지 아니하는 경우 10년의 도과로 권리를 상실한다(착오에 대해 § 146, 담보책임에 대해 § 162 Ⅰ[376]). 그러므로 우리 법에서는 매도인은 인도 후 10년이 경과하지 않은 이상 언제든지 하자=착오 주장을 감수해야 하며, 어느 규정이 적용되는지 여부는 하자=착오가 발견된 이후 권리행사기간에만 한정되는 의의를 가질 뿐이다. 그렇다면 독일민법에서와는 달리 우리 민법에서 담보책임의 제척기간의 잠탈 위험은 매도인에게 결정적인 부담이 되지 아니하며, 그것만으로 법률이 명시적으로 정하는 착오 취소를 배제하기에 충분한 이유는 되지 못한다고 생각된다. 실제로 두 구제수단의 제척기간의 괴리가 크지 않은 스위스민법의 해석으로 제한 없는 경합이 인정되는 것도 그러한 이유에서이다.[377] 그렇다면 담보책임의 요건이 충족되더라도 또는 그에 따른 제척기간이 도과하였더라도, 착오 규정에 따른 취소는 제한 없이 인정하는 것이 타당할 것이다.

그리고 담보책임과의 경합이 인정되어야 한다면, 착오법의 일반 계약책임과의 경합도 당연히 인정되어야 할 것이다. 판례도 예컨대 채무불이행을 이유로 계약을 해제한 후에도 착오를 이유로 취소할 수 있다고 하여 같은 결론을 지지하는 것으로 보인다.[378]

(2) 사기를 이유로 하는 취소와의 경합

착오가 상대방의 기망에 의하여 발생하는 경우, 착오를 이유로 하는 취소의 요건(§ 109)과 사기를 이유로 하는 취소의 요건(§ 110 Ⅰ)이 동시에 충족되는 사안이 있을 수 있다. 두 제도는 규범목적을 달리하므로, 표의자는 선택에 따라 어느 한 편을 주장·입장하여 의사표시를 취소할 수 있다.[379] 판례도 그러한 태도

376) 대판 11.10.13, 2011다10266(공 11, 2339).

377) Ranieri(주 370), 987 참조.

378) 대판 91.8.27, 91다11308(집 39-3, 322); 96.12.6, 95다24982, 24999(공 97, 180). 이영준, 444 참조. 이덕환, 530은 반대.

379) 곽윤직·김재형, 322; 김대정, 916; 김상용, 501-502; 김주수·김상용, 369; 김증한·김

이다.[380] 다만 의사와 표시의 불일치가 존재하는 내용착오의 사안(신원보증서류에 서명한다고 착각하고 연대보증 서면에 서명날인)에서는 의사와 표시의 일치를 전제로 동기에 영향을 주는 사기에 관한 §110는 적용될 수 없다고 한 재판례가 있으나,[381] 이에 대해서는 비판적인 지적이 유력하다.[382] 사적 자치의 원칙상 자유로운 의사형성을 보호하는 §110의 취지에 비추어 볼 때 동기에 대한 간섭을 넘어 자기결정을 방해하는 의사와 표시의 불일치를 사기로 야기한 때에는 더욱 당연히 §110가 적용되어야 할 것이다(§110의 주해 Ⅲ. 1. (3) 참조).

(3) 착오법과 사정변경 법리의 구별

이에 대해서는 앞서 장래 사정에 관한 착오와 관련하여 서술하였다(앞의 Ⅲ. 2. (6) 참조).

Ⅵ. 증명책임

착오를 이유로 의사표시를 취소하는 자는 법률행위의 내용에 착오가 있었다는 사실과 함께 그 착오가 의사표시에 결정적인 영향을 미쳤다는 점 즉 만약 그 착오가 없었더라면 의사표시를 하지 않았을 것이라는 점을 증명하여야 한다.[383] 이에 대해 표의자에게 중과실이 있다는 점에 대한 증명책임은 표의자의 상대방에게 있다.[384]

§109 Ⅱ과 관련해서는 §108 Ⅱ의 주해에서 살펴본 것처럼, 선의의 제3자로서의 보호를 주장하는 자가 제3자에 해당하는 사실에 대해서 증명책임을 부담하지만, 제3자의 선의는 추정된다.

[김 형 석]

학동, 458; 백태승, 414; 송덕수, 312; 이영준, 439.

380) 대판 85.4.9, 85도167(집 33-1, 형578).

381) 대판 05.5.27, 2004다43824(공 05, 1025). 그러나 대판 02.6.14, 2002다14853(공 02, 1662)은 그러한 사안에서도 사기에 의한 취소를 허용한다.

382) 주석 총칙(2), 776-777(제4판/지원림); 김상중, "민법총칙", 2000년대 민사판례의 경향과 흐름(2012), 39; 송덕수, "사기에 의한 의사표시와 착오의 관계", 법조 644, 2010, 300 이하 등 참조.

383) 대판 08.1.17, 2007다74188(공 08상, 218); 15.4.23, 2013다9383(정보).

384) 대판 05.5.12, 2005다6228(공 05, 932).

第110條(詐欺, 强迫에 依한 意思表示)

① 詐欺나 强迫에 依한 意思表示는 取消할 수 있다.

② 相對方있는 意思表示에 關하여 第三者가 詐欺나 强迫을 行한 境遇에는 相對方이 그 事實을 알았거나 알 수 있었을 境遇에 限하여 그 意思表示를 取消할 수 있다.

③ 前2項의 意思表示의 取消는 善意의 第三者에게 對抗하지 못한다.

차 례

Ⅰ. 서 론

1. 규정의 내용과 목적

민법의 기본원리인 사적 자치에 따르면 각 당사자는 자신의 법률관계를 자신의 의사에 따라 자유롭게 형성할 권능을 가진다. 그러나 의사표시를 수단으로 자신의 법률관계를 규율하려는 자가 타인의 속임수나 위협을 이유로 자신이 원하지 아니하는 법률효과를 내용으로 하는 의사표시를 하게 된다면, 민법이 전제하는 사적 자치의 원만한 실현은 위협을 받게 될 것이다. 따라서 법질서는 효과의사의 형성에서 타인의 부당한 간섭을 받은 표의자에게 의사표시는 자기결정이라는 관점에서 중대한 하자가 있음을 인정하고 그 효력을 부정하여 사적 자치에 따른 결과가 보장될 수 있도록 조력한다. 즉 사기나 강박에 의한 의사표시는 표의자가 취소할 수 있다(§ 110 I). 그러나 사기·강박에 의한 의사표시의 취소를 허용하여 의사표시를 무효로 한다면, 그 의사표시에 직접 관여하지 아니한 자들의 이해관계가 위협을 받을 수 있으므로, 민법은 이들의 이해관계를 고려하는 규정도 두고 있다. 즉 한편으로 사기·강박을 한 자가 의사표시의 상대방이 아닌 경우에는 상대방이 사기·강박 사실을 안 경우에만 취소가 허용되며(§ 110 II), 다른 한편으로 취소가 허용되더라도 그 취소에 따른 소급적 무효는 선의의 제3자에게 대항할 수 없도록 하여 거래의 안전을 보호하고자 한다(§ 110 III).

의사형성에서 자유로운 자기결정을 보호하는 민사적 제도는 § 110의 취소권에 한정되는 것은 아니다. 앞서 보았지만, 착오법의 영역에서 법률행위의 내용이 되었거나 상대방이 야기한 사태착오는 취소할 수 있다(§ 109의 주해 II. 2. 및 III. 2. (5) 참조). 또한 불법행위에 기한 손해배상책임도 고려되며(§ 750), 특히 사기의 내용이 법률행위에 반영된 경우 계약이 성립한 이후 계약책임도 문제될 수 있다(§ 390). 그 밖에 형사적 제재 역시 위법한 사기·강박의 경우 개입할 수 있다(형 §§ 283, 324, 347, 350 등).

2. 규정의 연혁과 입법례

(1) 로마법 및 보통법학

사기·강박에 대한 우리 민법의 규율은 로마법에서 기인하였다.[1]

㈎ 로마법에서 사기에 의한 의사표시에 대한 구제수단은 법무관 고시에 의해 인정되고 있었다. 즉 사기에 의해 법률행위를 한 자는 이행한 것을 사기소권(actio de dolo)을 행사함으로써 원상회복을 강제할 수 있었고, 아직 이행되지 아니한 경우 그에 상응하는 항변(exceptio doli)으로 이행을 거절할 수 있었다. 그런데 이 구제수단의 적용은 해석상 어려움을 야기하였는데, 로마인들은 거래에서 통상적으로 허용되는 수완(sollertia)으로서의 사기(dolus bonus)와

1) 아래 내용은 Schermaier in Historischer-kritischer Kommentar zum BGB, Band I (2003), §§ 116-124 Rn. 108ff.; Coing, Europäisches Privatrecht II (1989), 450ff.; 김대정, 920 이하; 송덕수, "사기·강박에 의한 의사표시", 이대 사회과학논집 10, 1990, 70 이하 참조.

구별되는 악의적인 사기(dolus malus)의 경우에만 이상의 구제수단을 인정하였기 때문이다. 그리고 이러한 구제수단은 전통적인 시민법상의 계약에서 주된 의미를 가지고 있었다고 지적된다. 고시에 따라 신의성실의 고려가 명시적으로 허용되는 성의계약에서는 이미 소권의 내용에 따라 사기에 따른 계약은 이행될 수 없고 이행이 이루어진 후에는 손해배상이 인정되었기 때문이다.

이러한 이중의 구제수단의 병존으로부터 이후 중세법학자들은 사기가 없었더라면 법률행위를 하지 않았을 것이 인정되는 경우(dolus causam contractus dans)에는 원상회복을 청구할 수 있지만, 단지 다른 내용으로 법률행위를 하였을 것이라는 사정만이 인정되는 경우(dolus incidens)에는 손해배상만을 청구할 수 있다는 규율을 도출하였다. 이에 대해 자연법학자들은 사기에 의한 법률행위를 독자적인 문제로 취급하지 아니하고 착오의 문제로 취급하였다.

(나) 강박의 경우에도 그 구제수단은 법무관 고시에 의해 시인되고 있었다. 즉 강박에 의해 법률행위를 한 자는 강박소권(actio quod metus causa)을 행사함으로써 원상회복을 강제할 수 있었고, 미이행 상태에서는 그에 상응하는 항변(exceptio metus)에 의해 이행을 거절할 수 있었던 것이다.[2] 사기에서와 마찬가지로 이들 구제수단은 주로 시민법상의 계약에서 의미를 가지고 있었는데, 성의계약에서는 이미 소권상의 신의성실의 고려에 따라 강박에 따른 계약의 구속력이 배제될 수 있었기 때문이다. 강박소권의 특징은 그것을 상대방이 아닌 제3자를 상대로 행사할 수 있는 대물소권(actio in rem)의 일종이었다는 점이었다.

중세 및 근세의 발전에서는 아리스토텔레스 철학의 영향으로 일단 법률행위를 유효로 하지만 이후 원상회복의 가능성을 허여하는 심리적 강박(vis compulsiva)과 행위의사를 배제해 절대적 무효를 야기하는 물리적 강박(vis absoluta)의 구별이 도입되었다. 이와 충돌하였던 것은 강박에 의한 의사표시에 대해 절대적 무효를 선언하였던 교회법의 태도였다. 다시 한편 자연법학의 그로티우스는 강박에 따른 의사표시는 일단 유효하며, 강박을 받은 표의자는 손해배상의 방법으로 구제를 받을 수 있다고 주장하였다.

2) 물론 actio quod metus causa와 in integrum restitutio 사이의 관계에 대해서는 해묵은 논쟁이 존재한다. 이에 대해 Zimmermann, The Law of Obligations(1990), 656-657 참조.

(2) 프랑스민법과 오스트리아민법

(가) 프랑스민법은 보통법의 전통에 서 있으면서도 그 규율을 간이화하면서 사기·강박을 합의의 하자(vice du consentement)로 이해하였다(프민 § 1109). 그에 따르면 강박은 합의의 무효사유에 해당하며, 이는 강박이 수익자 아닌 제3자에 의해 행해진 경우를 포함한다(프민 § 1111; 강박의 정의 및 양태에 대해 §§ 1112 내지 1114 참조). 반면 사기도 그것이 없었더라면 합의하지 않았을 것이라는 정도의 인과관계가 인정되는 때에는 무효 사유로 규정되고 있으나(프민 § 1116), 그러한 인과관계가 부정되는 경우에는 손해배상의 문제에 그칠 뿐이며, 또한 제3자의 사기의 경우 상대방이 사기에 관여하지 않은 한 무효 주장은 할 수 없는 것으로 해석되고 있다.[3] 제3자의 강박과 제3자의 사기가 달리 취급되는 것은 로마법과 보통법에서 강박은 대세적으로 주장할 수 있었으나 사기는 그렇지 않았다는 사실로부터 설명된다.

이러한 무효 사유는 그 자체로 무효를 발생시키는 것은 아니다. 표의자는 소를 제기하여 계약의 무효를 주장할 수 있으며(프민 § 1117), 이는 대세적으로 주장할 수 있는 소권으로 이해되고 있다. 이는 상대적 무효이며, 사기·강박을 받은 표의자만이 무효를 주장할 수 있다.

(나) 오스트리아민법도 대체로 보통법학의 전통에 따라 사기와 강박을 규율하였다. 그래서 강박은 무효 사유로 규정되어 있었고(개정전 오민 § 870), 사기는 의사표시의 중요부분에 인과관계가 있는 경우에는 법률행위는 무효 사유로 규정되었다(개정전 오민 § 871). 상대방 아닌 제3자가 사기 또는 강박을 한 경우, 계약은 원칙적으로 유효하지만, 예외적으로 상대방이 제3자의 위법한 행위에 관여하였거나 이를 알 수 있었을 때에는 무효 사유로 취급된다(오민 § 875). 무효 사유는 표의자가 소를 제기하여 주장할 수 있으며, 그 경우 그는 자신이 수령한 것을 반환해야 한다(오민 § 877). 표의자는 사기 또는 강박을 한 자에 대하여 손해배상을 청구할 수 있다(오민 § 874). 오스트리아민법은 제3자의 사기와 강박을 동등하게 취급한다는 점에서 보통법 및 프랑스민법과 대조되는데, 이는 상대방의 신뢰보호의 사상을 근거로 한 것이다.[4]

이러한 오스트리아민법의 규율은 이후 개정에 의해서도 유지되고 있다. 1916년의 개정은 이전의 §§ 870, 871을 종합하여 현재 오민 § 870에 규정하고

---

3) Voirin et Goubeaux, Droit civil Ⅰ(33e éd., 2011), nos 867, 868.

4) von Zeiller, Commentar über das allgemeine bürgerliche Gesetzbuch Ⅲ/1(1812), 40-41.

있으나 실질적인 내용에는 변화가 없다. 그 효과는 이제 취소로 이해되고 있으며, 마찬가지로 재판에서 소 또는 항변으로 제기되어야 한다.[5)]

(3) 판덱텐 법학과 독일민법

독일 판덱텐 법학에서 사기·강박에 의한 의사표시의 취급은 기본적으로 사비니에 의해 결정되었다. 사비니는 한편으로 강박에 의한 의사표시는 그 자체로 무효는 아니라고 주장하였는데, 이는 강박을 받은 표의자는 어쨌든 불이익을 감수할 자유가 있었다는 점에서 선택의 여지가 있었으므로 그의 의사표시는 진의와 표시가 일치하여 유효하다고 보았기 때문이다. 다른 한편으로 사비니는 사기에 의한 의사표시 역시 일종의 동기착오로서 진의와 표시가 일치하므로 그 유효성에 의문이 없다고 보았다. 다만 사기 또는 강박에 의한 의사표시는 타인의 의사형성에 간섭이 있으면서 그 간섭이 부도덕하기(unsittlich) 때문에 법이 그에 대한 반작용으로 의사표시의 효력을 부정할 가능성을 허여한다고 보았다. 여기서 사비니는 특히 강박소권과 사기소권의 효과상 유사성(원상회복, 항변)에 착안하여 사기에 의한 의사표시와 강박에 의한 의사표시를 의사간섭이라는 관점에서 설명한 것으로 보인다.

이후 독일의 통설은 이러한 사비니의 관점에 따랐고, 이후 독일민법전의 제정에서도 마찬가지였다. 입법과정에서는 기본적인 내용보다는 적절한 용어의 선택 및 요건의 표현에 관심이 기울어졌다. 그에 따르면 악의적 기망에 의하여 또는 위법하게 강박에 의하여 의사표시를 하게 된 자는 의사표시를 취소할 수 있다(독민 § 123 I). 한편 제3자의 사기·강박에 대해서 독일민법은 보통법의 태도를 비교적 충실하게 승계하여 강박의 경우에는 제한 없이 취소를 인정하고, 다만 사기의 경우에는 상대방 또는 수익자가 사기를 알았거나 알 수 있었을 경우에만 취소를 할 수 있게 하였다(독민 § 123 II).

(4) 스위스채무법

스위스채무법의 규정 태도는 대체로 독일민법과 유사하나, 사기와 강박을 별도의 규정으로 규율하고 있다. 그에 따르면 계약체결자가 상대방의 고의의 기망으로 계약을 체결하게 된 때에는 이로써 발생한 착오가 본질적이지 않더라도 계약을 취소할 수 있지만, 제3자의 사기의 경우에는 상대방이 사기를 알았거나 알 수 있을 때에만 취소할 수 있도록 한다(스채 § 28). 한편 계약체결자가 상

5) Koziol/Welser/Kletečka, Grundriss des bürgerlichen Rechts I (13. Aufl., 2006), 168.

대방 또는 제3자에 의해 위법하게 야기된 근거 있는 공포에 의해 계약의 합의에 이른 경우, 강박자는 계약을 취소할 수 있다(스채 §29 I, 30). 제3자의 강박의 경우에 제한 없이 취소를 허용한다는 점에서 스위스채무법은 보통법 및 독일민법의 태도와 같지만, 이에 흥미로운 제한을 덧붙이고 있다. 즉 제3자의 강박의 경우에, 형평에 합치하는 때에는 계약을 취소한 자는 과실 없는 상대방에게 손해를 배상할 책임이 있다고 한다(스채 §29 II). 이는 예외적으로 인정되는 형평책임이다.

(5) 일본민법

일본의 구민법은 당시의 프랑스민법의 태도 및 해석론을 반영하는 상세한 규정을 두고 있었다(재산편 §§312-317). 그러나 현행 일본민법의 기초자들은 해석으로 처리될 수 있는 부분을 대폭 삭제하여 간략하게 하면서, 구민법의 소로 주장하는 취소를 의사표시에 의한 취소로 변경하여, "사기 또는 강박에 의한 의사표시는 취소할 수 있다"(일민 §96 I)고 규정하였다. 한편 구민법은 프랑스민법을 승계하여 제3자의 강박의 경우에는 취소 주장을 허용함으로써(재산편 §315) 간접적으로 제3자의 사기의 경우에는 취소를 주장할 수 없도록 하고 있었으나, 기초자들은 독일과 스위스의 규정을 받아들여 제3자의 사기의 경우에 상대방이 알았거나 알 수 있었던 때에는 취소를 허용하는 것이 공평하다고 보아 이에 대한 규정을 두고(일민 §96 II) 제3자 강박의 규정은 당연한 내용으로 삭제하였다.[6]

취소의 효과와 관련해 일본민법의 기초자들은 구민법이 사기로 인한 취소의 효과를 선의의 제3자에게 대항할 수 없도록 규정하고 있던 내용(재산편 §312 III 단서)을 수용하였다(개정전 일민 §96 III). 이 규정도 로마법과 보통법에서 (강박소권과는 달리) 사기소권이 대인소권적 성질을 가지고 있었던 점을 반영한 것으로 보인다.[7] 그러나 강박에 의한 의사표시의 취소의 경우를 달리 취급하는 것에 대해서는 입법론적으로 비판적인 의견도 주장된다.[8]

(6) 우리 민법의 연혁

법전편찬위원회는 사기·강박에 대한 의사표시에 대해 특별한 입장을 공개하지 않았던 것으로 보이며, 정부의 민법안은 처음부터 현재 §110와 같은 문언의 규정을 제안하고 있었다. 이는 만주국 민법 §106와 거의 유사한 내용이

6) 未定稿本 民法修正案理由書, 90, 92.

7) Boissonade, Projet de code civil II/2(nouvelle édition, 1891), 113; 柚木馨, 滿洲國民法總論 II(1942), 389-390 참조.

8) 我妻榮·有泉亨·清水誠·田山輝明, コンメンタール民法(第3版, 2013), 227 참조.

다.[9] 국회 법사위에서는 "취소의 효과에 있어 사기·강박의 차이를 두지 않는 점과 제3자의 사기·강박의 경우 상대방의 지·부지에 관하여 동일하게 취급한 것은 입법상 진보적이다"[10]는 언명이 행하여졌고, 이 규정은 이후 본회의에서 그대로 채택되었다.

(7) 유럽계약법원칙과 UNIDROIT 상사계약원칙

유럽계약법원칙은 사기·강박에 의한 의사표시를 취소할 수 있도록 정하면서(PECL 4:107 Ⅰ, 4:108), 제3자에 의한 사기·강박을 동등하게 취급하여 상대방이 알았거나 알 수 있었을 경우에만 취소를 허용한다는 점(PECL 4:111 Ⅱ)에서 우리 민법과 유사하다. 다만 동 원칙은 사기와 강박의 요건을 부연하고(특히 사기에 대해 PECL 4:107 Ⅱ, Ⅲ), 상대방의 영역으로 귀속될 수 있는 제3자의 사기·강박을 상대방의 사기·강박으로 간주하는 규정을 두고 있다는 점(PECL 4:111 Ⅰ)에서 보다 상세하다. UNIDROIT 상사계약원칙도 내용과 표현에 있어 유럽계약법원칙과 대체로 유사하다(PICC 3.2.5, 3.2.6, 3.2.8).

Ⅱ. 적용범위

1. 사법상 의사표시

(1) § 110는 원칙적으로 모든 사법상 의사표시에 적용된다.[11] 의사표시가 단독행위를 구성하거나 계약의 일부인 경우 모두에 적용되며, 그 법률행위가 무상인지[12] 유상인지 구별하지 아니한다. 의사표시가 명시적인지 묵시적인지 여부도 묻지 않는다. 그러나 무효인 의사표시이더라도 사기·강박을 주장하여 효력을 부인할 수 있다.[13] 조합계약도 취소할 수 있지만, 소급효가 제한될 수는 있을 것이다.[14] 또한 의제된 의사표시(예를 들어 §§ 15, 639 등) 예컨대 강박에 의한 침묵

9) 柚木(주 7), 389-390에서는 제3자에 대한 효과에서 사기와 강박을 구별해 취급할 이유가 없음이 강조되고 있다.

10) 민법안심의록, 상권(1957), 75.

11) 이은영, 539는 물권적 합의에 대해서만 별도로 사기·강박이 생기는 경우는 없다고 단정하나, 근거 없는 주장이다. 유효한 매매계약 성립 이후에 매도인이 대금 미지급을 이유로 소유권이전을 거절하자 매수인이 위법한 협박으로 등기를 이전받은 경우, § 110의 적용이 부정되겠는가? 이는 합의가 매매에 포함되어 있다고 보아도 마찬가지인데, 물권행위는 등기가 있어야 완성되기 때문이다.

12) 예컨대 증여계약에 대해 대판 96.12.23, 95다40038(공 97, 492) 등 참조.

13) 대판 96.11.8, 96다35309(공 96, 355).

14) 주석 총칙(2), 813(제4판/박해성); 대판 72.4.25, 71다1833(집 20-1, 217) 참조.

으로 추인이나 갱신의 효과가 발생한 경우, 효과 자체는 법률의 의제에 의한 것이더라도 이 경우 강박에 의해 의사표시를 한 경우와 구별하여 취급하는 것은 부당하므로 이때에도 § 110가 적용된다고 할 것이다.[15)]

물론 사법상 의사표시이더라도, 민법의 다른 부분에 특별한 규정이 있으면 그 특별한 규정이 우선하여 적용된다. 이는 친족법상의 법률행위에서 그러하다(§§ 816 iii, 838, 861, 883 i, 884 Ⅰ iii 등). 이러한 규정이 없는 친족법·상속법의 의사표시에 대해 통설은 진의가 존중되어야 하는 신분행위의 특성상 특별한 규정이 없더라도 § 110가 적용되지 않는다고 하지만,[16)] 이에 대해서는 § 110 Ⅱ, Ⅲ의 적용이 없다는 소수설[17)]도 주장된다. 그러나 특별규정이 없는 한 원칙적으로 § 110는 적용된다고 보아야 하며,[18)] 다만 해당 법률행위의 성질이 그 적용을 배제하는 것은 아닌지 여부는 개별적으로 살펴볼 필요가 있을 뿐이다. 예컨대 상속의 승인·포기에 대해서는 명시적으로 § 110의 적용이 예정되어 있으며(§ 1024),[19)] 재산분할의 합의(§ 839-2 Ⅱ)나 상속재산 분할의 합의 등에도 § 110가 적용되지 않을 이유는 없을 것이다. 이는 유증에서도 마찬가지이다.[20)]

(2) 이상의 내용은 상법상의 의사표시에 그대로 적용된다. 그래서 사기·강박에 의한 어음·수표행위는 취소할 수 있으나,[21)] 다만 그에 기한 항변은 인적 항변으로 취급될 것이다.[22)] 또한 보험계약자의 고지의무 위반이 사기에 해당하는 경우 보험자는 해지권을 행사하는 외에도 § 110에 따라 취소할 수도 있다.[23)] 물론 상법에 다른 규정이 있으면 그에 따른다. 예컨대 회사성립 후에는 주식을 인수한 자는 사기·강박을 이유로 인수를 취소하지 못한다(상 § 320 Ⅰ). 한편 회사설립 이후에는 설립행위의 사기·강박을 주장할 수 없다는 주장도 있으나, 주식회사와 같은 물적 회사에서는 객관적 하자만을 엄격한 설립무효

---

15) Staudinger/Singer(2012), Vor §§ 116ff. 66.

16) 고상용, 450; 곽윤직·김재형, 327; 김대정, 938; 김증한·김학동, 474; 송덕수, 329; 이덕환, 541; 이영준, 465; 주석 총칙(2), 813(제4판/박해성).

17) 고상용, 450.

18) 같은 취지로 이은영, 540.

19) 서울가결 07.4.25, 2007브14(각공 07, 1410) 참조.

20) 강태성, 665; 김형석, "유언의 성립과 효력에 관한 몇 가지 문제", 민판연 38, 2016 참조.

21) 김증한·김학동, 475; 주석 총칙(2), 813-814(제4판/박해성); 대판 72.1.31, 71다1688(집 20-1, 18); 81.12.8, 80다863(공 82, 132); 82.6.8, 81다107(집 30-2, 96); 96.7.30, 95다6861(집 44-2, 52). 반대 견해로 송덕수, 329.

22) 대판 97.5.16, 96다49513(집 45-2, 177).

23) 대판 91.12.27, 91다1165(공 92, 761).

의 소(상 §328)에 의해서만 주장할 수 있으므로 사기·강박의 주장은 이미 입법적으로 봉쇄되어 있고, 한편 인적 회사의 경우 설립취소의 소가 허용되어 있으며(상 §184) 다만 절차나 소급효 등에서 특별규정의 적용을 받을 뿐이다(상 §190 등 참조).

(3) §109는 의사표시뿐만 아니라, 의사의 통지·관념의 통지·감정의 통지와 같은 준법률행위에 대해서도 유추적용된다.[24] 그러나 사실행위에는 유추적용될 수 없다.[25]

2. 소송행위

소송행위에 대해서는 §109가 적용되지 않는다는 것이 통설[26]과 판례[27]이다. 소송절차의 안정과 명확성을 이유로 한다. 그래서 상고를 취하하는 소송행위가 정당한 당사자에 의하여 이루어진 이상 기망을 이유로 이를 취소할 수 없고,[28] 기망으로 하게 된 처분금지가처분신청의 취소 및 집행해제원 제출도 유효하며,[29] 강박으로 이루어진 소송대리 위임도 철회할 수는 있으나 소급적으로 취소할 수는 없다고 한다.[30]

3. 공법상 행위

공법상 행위에도 §110가 적용되지 않는다는 것이 통설[31]이다. 판례도 귀속재산불하의 취소는 행정처분이므로 그에는 §110 Ⅲ에 해당하는 규율이 적용될 수 없다고 한다.[32] 납세의무자의 과세표준 및 세액의 신고행위[33]나 소청의 취하[34]도 마찬가지이다. 그러나 행정주체의 사경제적 활동은 더 이상 공법상 행위는 아니므로 §110 Ⅲ이 적용된다.[35]

24) 이은영, 541.
25) 대판 73.3.13, 72다963(로앤비): 피의자신문조서의 진술. 송덕수(주 1), 81 참조.
26) 김대정, 939; 김증한·김학동, 474-475; 송덕수, 329; 이덕환, 541; 이영준, 465; 이은영, 541.
27) 대판 64.9.15, 64다92(집 12-2, 98).
28) 대판 70.6.30, 70후7(집 18-2, 행27); 07.6.15, 2007다2848(정보).
29) 대판 84.5.29, 82다카963(집 32-3, 43); 80.5.27, 76다1828(공 80, 12873).
30) 대판 97.10.10, 96다35484(공 97, 3397).
31) 김대정, 939; 김증한·김학동, 475; 송덕수, 329; 이덕환, 541; 이영준, 465; 이은영, 541.
32) 대판 69.4.15, 68다1087(집 17-2, 5). 의용민법에 대해 대판 59.10.1, 4292민상174(집 7, 233).
33) 서울고판 96.6.13, 96나2608(하집 96-1, 318).
34) 대판 78.11.14, 78누367(집 26-3, 행95).
35) 대판 70.6.30, 70다708(집 18-2, 120).

Ⅲ. 사기에 의한 의사표시

1. 기망행위

사기를 이유로 하는 취소는 상대방 또는 제3자가 표의자에 대하여 기망행위를 하여 착오에 빠지게 하였음을 요건으로 한다.

(1) 기망행위는 타인에게 의식적으로 부정확한 관념을 불러일으키거나, 강화하거나, 지속시키는 행위를 말한다. 그러므로 예컨대 타인 소유 물건을 매도인 소유인 것처럼 속여 매도한 경우,[36] 전매차익을 노리고 제3자와의 매매계약 사실을 숨기고 시가를 낮추어 제시한 경우,[37] 권한 없는 직원이 결정권한을 가진 임원 등에게 허위의 승인품의서를 올려 대출이나 채무감면 등을 하게 한 경우,[38] 근로계약 교섭에 자신의 존재하지 않는 경력을 제시하거나 과장한 경우[39] 등 표의자에게 부정확한 관념을 야기하는 행위뿐만 아니라, 이미 표의자가 가지고 있던 부정확한 관념을 유지·강화하거나 그에 특정 방향성을 부여하는 행위도 포함된다(아래 부작위에 의한 기망행위에 대한 주해 참조). 진실 여부는 언명 등의 실질적인 내용을 전체적으로 고려해 판단해야 하고, 개별 표현에 집착할 것은 아니다.[40] 또한 부정확한 허위의 관념을 야기해 착오를 유도해야 하므로 장래의 불확실한 사정을 전제로 한 언명은 기망행위가 되기 어려울 것이고,[41] 표의자가 그러한 장래 사정에 대한 위험을 인수한 때에는 더욱 그러하다.[42]

그런데 이러한 기망행위는 사실에 관한 것이어서 객관적으로 검증 가능한 것이어야 하며, 검증할 수 없는 가치평가나 단순한 광고·선전은 이에 해당하지 않는다.[43] 그래서 예컨대 분양자와 분양대행계약을 체결한 회사의 분양담

36) 대판 73.10.23, 73다268(집 21-3, 90).

37) 대판 97.11.14, 97다36118(공 97, 3848).

38) 대판 02.6.14, 2002다14853(공 02, 1662).

39) 대판 17.12.22, 2013다25194, 25200(공 18상, 270).

40) 대판 02.4.12, 2001다82545, 82552(공 02, 1116); 서울지판 03.11.20, 2002가합1449(각공 04, 56) 등 참조. 흥미로운 예로 무속행위를 통하여 원하는 목적이 달성되지 않았음을 이유로 기망을 주장한 사례에 대해 서울동지판 08.5.22, 2007가합7018(각공 09상, 131).

41) 서울고결 86.5.22, 86라24(하집 86-2, 48): 대표이사의 신임을 전제로 한 일괄사직원 제출.

42) 대판 14.7.24, 2013다97076(공 14하, 1658) 참조.

43) 김증한·김학동, 463. 김상용, 506; 주석 총칙(2), 794(제4판/박해성) 등은 의견이나 평가의 진술도 객관적인 사정에 관한 때에는 기망행위가 될 수 있다고 하면서, 2등미를 1등미라고 한 경우를 예로 든다. 그러나 이는 객관적 검증이 가능하므로 사실판단이라고 보

당 직원이 분양계약 체결 당시 수분양자에게 '대지면적 등의 문제로 인해 인접 토지에 5층 이상 건물이 들어서기는 어려울 것이다'라는 취지의 말을 한 것이 그 직원의 주관적 예상이나 희망의 진술에 불과한 것으로 평가된다면 사실에 관한 진술이라고 할 수 없다.[44] 또한 "1, 2년 내에 토지구획정리사업이 시행된다면 이 사건 부동산을 매도하는 것보다는 오히려 보상을 받는 편이 낫고 장차 토지구획정리사업이 시행되더라도 구체적으로 토지를 명도해 주기까지는 현실적으로 3, 4년 이상은 공장운영이 가능할 것" 정도의 발언도 장래의 불확실한 사정을 전제로 의견으로 검증하기 어려운 평가에 해당한다고 볼 여지가 크다.[45] 반면 사태에 대한 법적 분석은 사실판단일 수 있으며,[46] 예컨대 불법점유 중에 있는 국유임야를 사용허가를 얻어 정당하게 점유하고 있고 당시 이미 공원용지로 책정되었으므로 개인에게 불하될 수 없게 되었는데도 정당한 공원용지점유에 의한 연고권에 의하여 불하받을 수 있다고 적극적으로 기망한 경우가 그러하다.[47] 또한 외계에 관한 사실뿐만 아니라 내면에 관한 사실도 기망행위의 대상이 될 수 있다. 예컨대 계약을 이행할 의사가 전혀 없으면서도 이를 허위로 작출해 보이며 계약을 체결하는 사안이 그러할 수 있다.[48] 그러나 가치평가나 광고이더라도 일정한 사실판단을 포함하고 있는 경우에는 그 한도에서 § 110에 따라 취소권이 부여될 가능성은 물론 존재한다.[49]

(2) 기망행위는 적극적인 작위에 의해 행해질 수 있다. 이는 사실에 관한 내용을 날조하거나 왜곡하거나 은폐하는 일체의 행위를 포함하며, 구두나 서면으로 행해질 수도 있으며 추단적 행태에 의해 이루어질 수도 있다. 진실의 일부만을 공개하거나 불충분한 진술을 하는 것도 적극적 기망행위에 해당할 수 있다.[50]

더 나아가 기망행위는 부작위에 의해서도 행해질 수 있다. 이는 표의자가 이미 잘못된 관념을 가지고 있는 상태를 이용하여 진실을 고지하지 않음으로

아야 한다.

44) 대판 10.4.29, 2009다97864(정보). 관련해 김상중, "상가분양계약의 법률관계", 재산 24-3, 2008, 144-145 참조.

45) 대전지판 95.5.03, 94가합9805(하집 95-1, 25).

46) Staudinger/Singer/von Finckenstein, § 123 Rn. 7.

47) 대판 73.7.24, 73다114(집 21-2, 150).

48) 박경량, "사기에 의한 의사표시", 채권법에 있어서 자유와 책임(김형배 교수 화갑기념), 1994, 155; Staudinger/Singer/von Finckenstein, § 123 Rn. 7.

49) Staudinger/Singer/von Finckenstein, § 123 Rn. 7.

50) Staudinger/Singer/von Finckenstein, § 123 Rn. 9.

써 기망행위가 성립할 수 있음을 말한다. 물론 표의자의 의사형성에 의미를 가지는 사실을 단순히 침묵한다는 사정만으로 기망행위가 성립한다고 단정할 수는 없으며, 여기서 경우를 나누어 보아야 한다.[51)]

㈎ 우선 표의자가 명시적으로 상대방에게 해당 사실에 대한 질문을 하였음에도 상대방이 침묵한 때에는 원칙적으로 기망행위가 있다고 보아야 한다.[52)] 예컨대 사고 경력 있는 자동차를 매수하는 매수인이 사고 경력이 없다고 믿고 이를 확인하는 질문을 하였을 때, 매도인이 하자가 없다고 말하는 것과 답변을 의식적으로 회피하여 표의자를 착오 상태에 계속 두는 것 사이에는 이익형량의 관점에서 달리 취급할 만한 합리적인 근거가 없다고 보이기 때문이다.

㈏ 반면 표의자의 명시적인 질문이 없는 경우에도 진실을 고지하지 않음을 이유로 부작위에 의한 기망행위가 성립한다고 하려면 침묵하는 자에게 관련 사실에 대해 고지할 의무가 있음이 인정되어야 한다.[53)] 부작위는 그 자체로서는 행태로서 의미를 가지지 아니하므로, 부작위에 의한 기망이 성립하려면 고지의무 및 그 위반이 있어야만 작위와 동등한 평가가 가능한 것이다. 그러므로 부작위에 의한 기망의 문제는 개별적인 맥락에서 정보제공을 하지 않은 사람에게 그러한 고지의무가 있었는지의 여부로 귀결한다. 이는 사안의 제반사정을 고려하여 개별적으로 판단해야 하나, 원칙적으로 그러한 고지의무가 인정될 수는 없다고 해야 한다.[54)] 현대 경제활동에 참여하는 각 개인은 자신의 거래에 기초가 되는 정보를 스스로 취득하고 그 정보의 진실성을 스스로 검증하여 거래하는 것이 원칙이기 때문이다.[55)] 정보의 타당성은 각자가 스스로 이를 검증해야 하고 자신의 검증이 부정확한 경우 발생할 위험을 부담하는 것이 민법의 자기결정과 자기책임의 원칙에 부합한다. 이러한 배경에서 볼 때 법질서는 거래에 참여하는 모든 당사자들은 정당하게 자기의 이익을 추구할 수 있음을 전제로 하고 있으므로 상대방을 배려하는 고지의무를 일반적으로 상정할

51) Staudinger/Singer/von Finckenstein, § 123 Rn. 10.

52) 박경량(주 48), 155.

53) 김대정, 926; 김상용, 506; 백태승, 419; 송덕수, 318; 이덕환, 533; 이영준, 448; 이은영, 542. 고지의무의 위반을 기망행위의 성립의 문제로 이해하는 입장과 부작위에 의한 기망의 위법성 문제로 이해하는 입장이 대립하는데(日注民(3) 新版, 474(下森定) 참조), 현재 부진정부작위에 관한 형법의 도그마틱을 전제한다면 전자가 타당할 것이다.

54) 대판 59.1.29, 4291민상139(집 7, 19) 참조.

55) 김형석, "은행의 정보제공책임", 민판연 32, 2010, 505. 같은 취지로 대판 12.2.9, 2011다14671(공 12, 424).

수는 없는 것이다. 판례도 "일반적으로 교환계약을 체결하려는 당사자는 […] 유리한 조건으로 교환계약을 체결하기를 희망하는 이해상반의 지위에 있고 […] 최대한으로 자신의 이익을 도모할 것이 예상되기 때문에, 당사자 일방이 알고 있는 정보를 상대방에게 사실대로 고지하여야 할 신의칙상의 주의의무가 인정된다고 볼 만한 특별한 사정이 없는 한, 어느 일방이 교환 목적물의 시가나 그 가액 결정의 기초가 되는 사항에 관하여 상대방에게 설명 내지 고지를 할 주의의무를 부담한다고 할 수 없다"[56]고 하여 같은 태도라고 보이며, 같은 내용을 은행이 고객으로부터 별도로 비용이나 수수료를 수취하지 아니하는 이른바 제로 코스트(zero cost) 구조의 장외파생상품 거래에 대해서도 확인하였다.[57]

(다) 그러나 사정에 따라서는 신의칙상 고지의무가 인정되는 경우도 충분히 생각할 수 있다. 법령에 근거가 있는 경우는 물론이지만(예컨대 표시·광고의 공정화에 관한 법률 § 3 참조), 그렇지 않더라도 신의성실에 비추어 당사자들 사이에 그러한 고지를 정당화할 만한 신뢰관계가 있는 경우[58] 특히 당사자들 사이에 계속적 거래관계가 존재하는 경우, 당사자들의 협력이 요구되는 장기간의 협상이 선행하는 경우, 일방이 우월한 전문 지식 등 정보에서 우월한 지위를 가지고 있고 상대방이 그에 의존하는 것을 기대할 수 있는 경우 등이 그러하다.[59] 물론 이러한 사정들의 존재가 바로 고지의무를 지시하는 것은 아니며 개별사안의 이익상황에 기초해 판단할 때 고려될 수 있는 일응의 기준들에 지나지 않는다.[60]

그래서 예컨대 계약내용의 결정이 상대방의 사정에 따라 좌우되는 경우에 이로써 의무를 부담하는 당사자는 독자적으로 관련 내용을 조사·검증하기에 쉽지 아니하므로 상대방으로부터 고지를 기대할 만한 지위에 있을 가능성이 높다. 이런 의미에서 신원보증 계약기간이 만료된 후 피신원보증인의 직무상 과실로 인하여 손해가 발생한 후에 그 사고발생 전에 이미 기간이 만료된

56) 대판 02.9.4, 2000다54406, 54413(공 02, 2308). 대판 84.4.10, 81다239(집 32-2, 61) 도 참조.

57) 대판(전) 13.9.26, 2013다26746(공 13하, 1954); 13.9.26, 2012다13637(공 13하, 1916); 13.9.26, 2012다1146(공 13하, 1901); 13.9.26, 2011다53683(공 13하, 1882).

58) 이영준, 448; 주석 총칙(2), 797(제4판/박해성).

59) 김증한·김학동, 466; 박경량(주 48), 155-156; Staudinger/Singer/von Finckenstein, § 123 Rn. 11.

60) 김수정, "고지의무를 중심으로 한 침묵에 의한 사기의 재검토", 서울대 법학 59-4, 2018, 128 이하 참조.

종전의 신원보증 계약에 관하여 그 계약의 기간만료일을 시기로 하는 계약기간 갱신을 하려고 하는 경우에는 사용자는 신원보증인에게 그 사고발생 사실을 고지할 의무가 있고, 이를 위반하면 부작위에 의한 기망이 성립한다.[61] 또한 공사도급계약과 관련하여 체결되는 이행보증보험계약이나 지급계약보증보험에 있어 보험사고에 해당하는 수급인의 채무불이행이 있는지 여부는 보험계약의 대상으로 약정된 도급공사의 공사금액, 공사내용 및 공사기간과 지급된 선급금 등을 기준으로 판정하여야 하므로, 이러한 보증보험계약에 있어 공사기간이나 선급금액도 공사대금 등과 함께 계약상 중요한 사항으로서 이를 허위로 고지하는 것은 기망행위에 해당할 수 있다.[62] 리스회사가 리스물건에 대해 가지는 담보이익을 고려할 때 리스물건 공급자와 리스이용자 사이의 교섭의 내용에 대해서 리스물건 공급자는 리스회사에 대해 고지의무가 있으며, 이를 위반한 때 부작위에 의한 기망행위가 가능하다.[63] 보험계약상 고지의무도 이러한 맥락에서 이해할 수 있다.[64]

한편 전문성 등을 이유로 정보격차가 존재하는 경우 거래의 성질에 따라 고지의무가 발생할 수 있을 것이다. 지방자치단체 도시계획과 소속 공무원이 직무와 관련하여 도시계획변경에 의하여 매매목적물인 대지가 도로예정지에서 제외되어 시가가 급격히 상승될 것임이 명백한 사정을 미리 알면서 이를 알지 못하는 자와 매매계약을 체결한 경우 고지의무 위반에 따른 기망이 인정되었는데,[65] 정보격차 및 상대방의 신뢰를 기대할 수 있다는 사정이 고려된 것으로 보인다. 또한 투자신탁 수익증권 판매 업무를 영위하는 은행 임직원이 고객에게 수익증권의 매수를 권유할 때에는 그 투자에 따르는 위험을 포함하여 당해 수익증권의 특성과 주요내용을 명확히 설명함으로써 고객이 그 정보를 바탕으로 합리적인 투자판단을 할 수 있도록 고객을 보호하여야 할 주의의무에 따라 설명의무가 있다.[66]

판례는 더 나아가 계약체결에 영향을 줄 정도의 중요한 사항에 대해서는 고지의무를 보다 쉽게 인정하는 경향이 있다. "계약의 일방 당사자가 상대방

61) 대판 67.12.5, 67다1875(집 15-3, 347).
62) 대판 98.6.12, 97다53380(공 98, 1872). 대판 97.10.24, 97다28704(공 97, 3606); 02.11.26, 2002다34727(공 03, 208); 13.6.28, 2013다5121(정보)도 참조.
63) 대판 97.11.28, 97다26098(집 45-3, 337).
64) 대판 91.12.27, 91다1165(공 92, 761).
65) 대구고판 71.11.9, 70나682(고집 71, 563).
66) 대판 10.11.11, 2008다52369(공 10하, 2227).

에게 계약의 효력에 영향을 미치거나 상대방의 권리 확보에 위험을 가져올 수 있는 구체적 사정을 고지하였다면 상대방이 계약을 체결하지 아니하거나 적어도 그와 같은 내용 또는 조건으로 계약을 체결하지 아니하였을 것임이 경험칙상 명백한 경우 계약 당사자는 신의성실의 원칙상 상대방에게 미리 그와 같은 사정을 고지할 의무가 있"다고 한다.[67] 그래서 예컨대 아파트 분양계약을 체결함에 있어서 아파트 단지와 상당히 근접한 거리에 대규모의 공동묘지가 존재하고 있는 경우, "아직까지의 우리 사회의 통념상으로는 공동묘지가 주거환경과 친한 사실이 아니어서 분양계약의 체결 여부 및 가격에 상당한 영향을 미치는 요인"이므로 그러한 고지의무가 존재한다고 한다.[68] 또한 비슷한 법리가 분양 목적물인 아파트 단지 인근에 쓰레기매립장이 건설예정인 경우,[69] 매매목적물인 공장대지 842평 중 234평이 계약당시 이미 도시계획선에 걸려 도로택지로 편입되어 있었음을 묵비한 경우 등에서도 인정되었다.[70] 임차권의 양도에 있어서도 임차권의 존속기간, 임대기간 종료 후의 재계약 여부, 임대인의 동의 여부는 계약의 중요한 요소를 이루는 것이므로 양도인으로서는 이에 관계되는 모든 사정을 양수인에게 알려주어야 할 신의칙상의 의무가 있으므로, 임차권 양도계약이 체결될 당시에 임차건물에 대한 임대차기간의 연장이나 임차권 양도에 대한 임대인의 동의 여부가 확실하지 않은 상태에서 몇 차례에 걸쳐 명도요구를 받고 있었던 임차권 양도인이 그 여부를 확인하여 양수인에게 설명하지 아니한 채 임차권을 양도한 행위는 기망행위에 해당한다고 한다.[71] 그러나 전매차익을 위해 위법한 사전분양을 받은 자로부터 분양을 받은 수분양자가 분양계약을 사기를 이유로 취소하는 사안에 대하여 수분양자가 전매목적으로 분양목적물을 전매하는 것은 "수분양자가 제반 사정을 고려하여 스스로 판단·결정할 사항이고, 이에 영향을 미치는 사정에 관한 정보는 원칙적으로 수분양자가 스스로 수집하여 평가하여야 한다"고 하며 "따라서 분양자가 수분양자가 전매이익을 노리고 분양을 받으려는 것을 알면서 수분양자로 하여금 전매이익의 발생 여부나 그 액에 관하여 거래관념상 용납될 수 없는 방법으로 잘못 판단하게 함으로써 분양계약에 이르게 하였다는 등의 특별한

67) 대판 14.7.24, 2013다97076(공 14, 1658).
68) 대판 07.6.1, 2005다5812, 5829, 5836(공 07, 972); 07.6.1, 2005다5843(정보).
69) 대판 06.10.12, 2004다48515(정보).
70) 대판 71.5.24, 70다2878(로앤비).
71) 대판 96.6.14, 94다41003(공 96, 2134).

사정이 없는 한, 분양자에게 그 대립당사자로서 스스로 이익을 추구하여 행위하는 수분양자에 대하여 최초분양인지, 전매분양인지를 포함하여 수분양자의 전매이익에 영향을 미칠 가능성이 있는 사항들에 관하여 분양자가 가지는 정보를 밝혀야 할 신의칙상의 의무가 있다거나, 나아가 그러한 정보를 밝혀 고지하지 아니하면 그것이 부작위에 의한 기망에 해당하여 민법 § 110 Ⅰ에서 정하는 사기가 된다고 쉽사리 말할 수 없다"[72]고 한다. 또한 대한주택공사가 근로자복지아파트를 분양하면서 일반 분양아파트보다 저렴한 건축재를 사용하여 설계시공하고도 동일한 분양가격을 적용하고 또한 부실시공으로 발생한 하자내용 및 미분양 사실을 명시하지 않고 일반 분양공고를 하였다는 사정만으로는 수분양자를 기망했다고 보기 어렵다고 하였다.[73]

그러나 고지의무가 인정될 수 있는 경우라고 하더라도, 고지의무의 대상이 되는 사실을 "이미 알고 있는 자에 대하여는 고지할 의무가 별도로 인정될 여지가 없지만, 상대방에게 스스로 확인할 의무가 인정되거나 거래관행상 상대방이 당연히 알고 있을 것으로 예상되는 예외적인 경우가 아닌 한, 실제 그 대상이 되는 사실을 알지 못하였던 상대방에 대하여는 비록 알 수 있었음에도 알지 못한 과실이 있다 하더라도 […] 고지할 의무 자체를 면하게 된다고 할 수는 없다"[74]고 한다. 표의자가 장래 사태의 전개의 가능성을 인지하고 그 리스크를 인수한 때에 특히 그러하다.[75]

(3) 사기는 기망행위에 의하여 타인에게 착오를 불러일으키는 행위이다. 따라서 사기에 의한 의사표시는 종종 착오에 의한 의사표시이기도 하다. 그러므로 이 경우 표의자는 착오와 사기의 어느 쪽이든 그 요건을 입증하여 주장할 수 있다.[76] 예를 들어 매수인이 건축의 목적으로 매수한다는 정을 알면서 건축이 가능한 것처럼 가장하여 토지를 매도한 경우,[77] 이러한 행위는 기망행위의 요건을 충족함과 동시에 건축가능성이 매매의 전제였던 때에는 취소할 수 있는 동기의 착오이기도 하다(§ 109의 주해 Ⅱ. 참조). 이 예에서 나타나는 바와 같이, 사기가 행해지면 표의자는 잘못된 정보에 기초해 효과의사를 형성해 의사표시를

72) 대판 10.2.25, 2009다86000(공 10, 657).
73) 부산지판 95.8.11, 94가합2131(하집 95-2, 25).
74) 대판 07.6.1, 2005다5812, 5829, 5836(공 07, 972).
75) 대판 14.7.24, 2013다97076(공 14하, 1658) 등 참조.
76) 대판 69.6.24, 68다1749(로앤비) 참조.
77) 대판 85.4.9, 85도167(집 33-1, 형578) 참조.

하게 되며, 따라서 그의 효과의사는 표시행위에 나타난 의미와 보통 일치하게 될 것이다.

그러나 경우에 따라서는 사기·강박에 의해 의사와 표시가 불일치하는 의사표시가 발생할 가능성도 배제할 수 없다. § 110는 전자뿐만 아니라 후자의 경우에도 적용되어야 한다.[78] 사기에 의해 자기결정이 손상된 의사표시를 하게 된 이상, 그것이 동기 단계에 작용하였는지 표시행위 단계에 작용하였는지 여부는 § 110의 규범목적의 관점에서 중요하지 않기 때문이다.[79] 의사형성 단계에 영향을 미친 사기의 경우 취소가 가능한데 그 경우보다 더 중하게 자기결정에 흠이 있는 사기에 의한 의사와 표시의 불일치의 경우에 취소를 허용하지 않는 것은 평가모순이라고 해야 한다. 이 경우 착오에 의한 규율만으로 충분하다고 할지 모르지만, § 109는 중요부분 및 중과실의 요건으로 취소를 제약하고 있어 경우에 따라 사기를 당한 자의 보호에 충분하지 않을 가능성도 존재한다. 그러므로 사기에 의해 의사와 표시의 불일치가 야기된 경우에도 § 110를 적용할 것이다(§ 109의 주해 V. 2. (2) 참조).[80]

2. 고 의

(1) 표의자를 상대로 행해진 기망행위는 고의에 의한 것이어야 한다. "사기"라는 문언이 이미 고의에 의한 행위임을 함축하고 있기 때문이다.[81] 따라서 단순히 과실에 의해 상대방을 기망한 경우 § 110에 따른 취소는 문제되지 아니하며,[82] 상대방이 유발한 착오의 관점에서 취소가 고려될 수 있을 뿐이다(§ 109의 주해 Ⅲ. 2. (5) 참조).[83] 그러나 고의이면 충분하므로, 미필적 고의에 의한 기망행위도

78) 권한 없는 직원이 결정권한을 가진 임원 등에게 허위의 승인품의서를 올려 대출이나 채무감면 등을 하게 한 사안에 대해 대판 02.6.14, 2002다14853(공 02, 1662). 그러나 대판 05.5.27, 2004다43824(공 05, 1025) 및 곽윤직·김재형, 324; 김민중, 375는 반대취지이다.

79) Staudinger/Singer/von Finckenstein, § 123 Rn. 1.

80) 강태성, 655; 김증한·김학동, 463; 김대정, 924; 이덕환, 531; 주석 총칙(2), 776-777(제4판/지원림); 김상중, "민법총칙", 2000년대 민사판례의 경향과 흐름, 2012, 39; 송덕수, "사기에 의한 의사표시와 착오의 관계", 법조 644, 2010, 300 이하.

81) 김준호, 292 참조.

82) 이은영, 544는 과실에 의한 기망으로 충분하다고 한다. 그러나 문언해석이나 다른 법령에서 사용되는 용법을 고려하는 체계적 해석을 할 때, "사기"가 과실에 의한 기망을 포함한다고 보기는 어렵다. 또한 과실에 의한 기망의 경우 착오 취소에 의해 계약해소가 가능하므로(§ 109의 주해 Ⅲ. 2. (5) 참조) 굳이 여기서 과실에 의한 기망을 포함시킬 실익도 없다.

83) 김증한·김학동, 464.

요건을 충족한다. 고의가 기망자에게 귀책되기 위해서는 기망자에게 자연적인 판단력이 인정되어야 하며[84] 그것이 반드시 책임능력일 필요는 없으나,[85] 양자는 대체로 일치하는 경우가 많을 것이다.

(2) 통설에 따르면 기망자의 고의는 이중의 것이어야 한다.[86] 즉 자신의 기망행위에 의해 상대방이 착오에 빠진다는 사실에 대한 고의가 있어야 하며, 그에 더하여 그러한 착오에 의해 상대방에게 일정한 의사표시를 하게 한다는 사실에 대한 고의가 있어야 한다고 설명된다. 요컨대 자신의 기망행위에 기인하여 의사표시에 이르는 과정 전체에 대해 고의가 있어야 한다는 의미이다.

전자에 대해 살펴보면, 우선 기망자는 자신의 언명이나 침묵 등이 부정확한 정보를 전달해 상대방을 착오에 빠뜨리거나 착오 상태를 유지하게 한다는 사실에 대한 인식과 의욕이 있어야 한다. 기망자 스스로 착오에 빠져 있는 경우에는 고의가 없어 § 110 Ⅰ이 적용될 수 없다.[87] 기망자가 허위를 명백히 의식하는 경우뿐만 아니라, 정확한 사실을 잘 모르면서 허위의 사실을 그냥 주장한 경우도 미필적 고의에 해당하여 적용에 장애가 없다.

한편 기망자는 자신이 야기·유지한 상대방의 착오에 의하여 상대방이 일정한 의사표시를 하게 한다는 사실에 대해 인식과 의욕이 있어야 한다. 이는 기망행위가 상대방의 의사표시를 유도하기 위한 것이어야 함을 의미한다. 그래서 예컨대 신문의 날조기사는 허위 주장에 대한 고의는 있어도 특정 의사표시를 하게 할 고의가 없으므로 § 110 Ⅰ이 적용될 수 없다.[88] 반면 기망하는 자의 동기는 중요하지 않으며, "선의의" 기망행위도 고의를 인정할 수 있다.[89] 표의자에게 손해를 가하려 하거나 자신 또는 제3자에게 재산상 이익을 부여하려는 기망자의 의사도 요구되지 않는다.[90]

---

84) 고상용, 443; 김대정, 506; 송덕수, 318; 이덕환, 533; 日注民(3) 新版, 472(下森定) 등은 "의사능력" "사실상의 의사능력"이라고 하나 실질적으로 같은 내용이라고 할 것이다.
85) 주석 총칙(2), 793(제4판/박해성).
86) 이영준, 446-447; 이은영, 544는 삼중의 고의로 설명하나, 실질적인 내용은 같다.
87) 日注民(3) 新版, 471(下森定).
88) 김대정, 925; 김증한·김학동, 464; 송덕수, 318; 日注民(3) 新版, 471(下森定).
89) 같은 취지로 김증한·김학동, 464.
90) 고상용, 442; 김대정, 925; 김증한·김학동, 464; 송덕수, 318; 이영준, 447; 이은영, 545; 주석 총칙(2), 793(제4판/박해성).

3. 위 법 성

사기에 의한 의사표시를 취소할 수 있기 위해서는 고의의 기망행위가 위법해야 한다. 통상 고의에 의한 기망으로 타인에게 의사표시 특히 재산적 효과를 가지게 하는 의사표시를 하게 하는 행위는 법질서의 부정적인 평가를 받을 것이므로(형 § 347 참조) § 110 Ⅰ은 새삼 위법성을 요건으로 언급하고 있지는 않다. 그러나 사회생활상 거래에 참여하는 당사자들이 엄밀한 의미에서 고의의 기망을 하였더라도 그것이 사회상규에 비추어 법질서의 부정적인 평가를 받을 정도는 아닌 사안은 충분히 상정될 수 있다(형 § 20 참조). 그러므로 고의의 기망행위가 확인되는 경우 원칙적으로 위법성이 있다고 추정할 수 있겠지만, 예외적으로 그것이 사회통념상 수인할 수 있는 범위에 있는 행위는 아닌지 검토할 필요가 있다.

작위에 의한 고의의 기망행위에서 전형적으로 언급되는 예는 상품의 선전·광고의 경우이다. 일반적으로 상품의 선전·광고에 있어 다소의 과장·허위가 수반되는 것은 그것이 일반 상거래의 관행과 신의칙에 비추어 시인될 수 있는 범위에서는 위법성이 없다고 해야 할 것이다(표시·광고의 공정화에 관한 법률 시행령 § 3 참조). 그래서 예컨대 백화점 부대 특수시설에 대한 지분을 분양함에 있어 분양회사의 지분보유율이나 이익배당률에 관하여 다소 과장된 설명을 하는 것[91]이나 연립주택 분양에 있어서 평수를 다소 과장 광고한 것[92]은 일반 상거래의 관행이나 신의칙에 비추어 § 110의 사기라고 볼 수 없다고 하였고, 아파트를 분양한 시행사가 전용면적에 포함하였던 아파트 주민공동시설 면적을 분양계약 체결 당시 공용면적에 포함하였고 분양계약 체결 후에 이 시설을 아파트 지하 2층에 설치할 것이라고 안내하였으나 실제로는 아파트 지하 3층에 설치한 사안에서도 용인될 수 있는 다소의 오류나 과장의 범위를 벗어난 기망행위는 아니라고 하였다.[93] 그러나 백화점들과 같은 대형유통업체의 매장의 이른바 변칙세일은 그 사술의 정도가 사회적으로 용인될 수 있는 상술의 정도를 넘은 것이어서 위법하다고 한다.[94] 또한 단순한 체형보정용 속옷이 고혈압, 다이어트, 허리디

91) 대판 95.9.29, 95다7031(공 95, 3613); 01.5.29, 99다55601, 55618(공 001, 1449). 또한 부산동지판 08.9.4, 2007가합5488(각공 08하, 1637): "분양되는 상가건물에 매일 유명 연예인 1명이 상주하면서 팬 사인회를 할 것".

92) 대판 95.7.28, 95다19515, 19522(공 95, 2982).

93) 대판 12.06.14, 2012다15060(정보). 대판 14.1.29, 2011다107627(정보)도 참조.

94) 대판 93.8.13, 92다52665(공 93, 2417).

스크, 피부질환 등 질병 치료에 효과가 있는 것으로 선전·광고하여 판매한 경우도 사술의 정도가 사회적으로 용인되는 정도를 넘은 것이어서 위법하다고 판단되었다.[95]

한편 부작위에 의한 기망행위의 경우, 고지의무 위반이라는 사정이 존재하므로 위법성이 인정되는 것이 통상이지만, 개별사안의 특수성에 따라서 진실을 고지할 의무가 조각되어 위법한 기망행위가 없다고 판단될 수 있는 경우도 존재할 수 있다. 앞서 살펴본 바와 같이(Ⅲ. 1. (2) (가) 참조) 명시적인 질문에는 진실을 답할 고지의무가 있으므로 침묵은 위법하다고 평가된다고 말할 수 있으나, 예컨대 다른 법익에 대한 고려 등의 사정으로 침묵이 정당화되는 경우 부작위에 의한 위법한 기망은 성립하지 않는다. 독일의 학설·판례에서는 주로 근로계약을 체결하는 과정에서 사용자의 허용되지 아니하는 질문에 대해 피용자가 사실을 고지하지 아니하는 사례가 논의되고 있다.[96] 예컨대 문제되고 있는 근로계약의 성질상 가족관계, 종교, 성적 지향, 임신 여부, 과거 병력 등에 대한 질문이 허용되지 않는다고 판단되는 경우, 그에 대해 고지하지 아니하였다고 하여도 이는 정당방위로서 위법성이 조각된다고 보아야 한다.[97]

4. 인과관계

사기가 구체적으로 의사표시를 하게 된 원인이어야 한다. 즉 기망행위와 착오 사이에 인과관계가 있어야 하고, 착오와 의사표시 사이에 인과관계가 있어야 한다. 이러한 인과관계는 표의자를 기준으로 주관적으로 판단되어야 하며, 평균인을 기준으로 객관적으로 판단할 필요는 없다.[98] 판례도 그러한 태도로 보인다.[99]

우선 기망행위에 의해 표의자가 착오에 빠졌어야 한다. 물론 착오가 전적으로 기망행위에 의해 야기될 필요는 없으며 다른 사정과 결합하여 착오를 야

95) 대판 08.11.27, 2008다56118(공 08, 1785).
96) Staudinger/Singer/von Finckenstein, § 123 Rn. 30ff.
97) 같은 취지로 송덕수, 321; 박경량(주 48), 157.
98) 곽윤직·김재형, 325; 김대정, 928; 김증한·김학동, 465; 백태승, 420; 송덕수, 322; 이덕환, 535; 이영준, 450; Staudinger/Singer/von Finckenstein, § 123 Rn. 45. 이은영, 549는 객관적으로 판단해야 한다고 주장한다.
99) 대판 97.11.14, 97다36118(공 97, 3848): "그와 같은 사정을 피고[…]가 알았더라면 이 사건 매매계약을 체결하지 않았을 것".

기하였으면 충분하다.[100] 기망행위가 이미 존재하는 표의자의 착오를 유지하거나 강화시키는 경우에도 그러한 인과관계는 인정된다.[101] 표의자가 진실을 인식하지 못한 데 과실이 있는지의 여부는 중요하지 않다. 반대로 표의자가 진실을 알고 있어 불확실함을 감수하여 착오에 빠지지 않았거나[102] 기망행위를 간파하였음에도 의사표시를 한 경우에는 착오가 매개되지 않았으므로 인과관계가 부정된다. 표의자가 중과실로 기망행위를 간파하지 못한 경우의 취급은 문제인데, 그러한 경우에까지 표의자를 보호하는 것은 과도하다고 생각되므로 인과관계를 부정하는 것이 타당할 것이다.[103]

또한 착오에 의해 의사표시 사이에 인과관계가 있어야 한다. 이는 기망에 따른 착오가 없었더라면 표의자가 그 의사표시를 하지 않았음을 의미하지만, 적어도 그 착오가 없었더라면 다른 내용의 의사표시를 하였거나 그 착오로 의사표시의 시점을 앞당긴 경우에도 인과관계가 있다고 보아야 한다.[104] 그러한 착오가 중대할수록 인과관계를 보다 쉽게 인정할 수 있을 것이지만,[105] 반면 매매목적물의 면적의 차이가 근소한 경우라면 기망이 없었더라도 매수하였을 가능성이 있으므로 인과관계가 부정되어 취소권은 발생하지 않을 것이다.[106]

Ⅳ. 강박에 의한 의사표시

강박에 의한 의사표시는 상대방이 불법으로 어떤 해악을 고지함으로 말미암아 공포를 느끼고 한 의사표시를 말한다.[107]

1. 강박행위

(1) 강박행위는 강박자가 영향을 미칠 수 있다고 주장하는 장래의 해악을 고지하여 상대방에게 공포심을 가지게 하는 행위를 말한다. 강박자가 영향을

100) 송덕수, 321; 이덕환, 535; 주석 총칙(2), 799(제4판/박해성).
101) 고상용, 444; 김증한·김학동, 465; 송덕수, 321.
102) 대판 14.5.16, 2011다5578(정보); 14.7.24, 2013다97076(공 14하, 1658) 등 참조.
103) Staudinger/Singer/von Finckenstein, § 123 Rn. 45.
104) Staudinger/Singer/von Finckenstein, § 123 Rn. 45.
105) 대판 97.11.14, 97다36118(공 97, 3848) 참조.
106) 대판 84.4.10, 83다카1328(집 32-2, 101).
107) 대판 03.5.13, 2002다73708(공 03, 1286).

미칠 수 없이 예상되는 해악을 고지하는 것은 경고일 뿐이므로 강박에 해당하지 않는다.[108] 이미 일어난 해악을 고지하는 것도 마찬가지이다.[109] 그러나 강박자가 현실적으로 장래의 해악에 영향을 줄 수 있을 필요는 없으며, 그러한 주장이 상대방에게 공포심을 일으킬 정도로 가장되면 충분하다.[110] 여기서 강박의 진실성에 대한 판단은 일반인의 관점이 아니라 그 시점에 강박을 당하는 사람을 기준으로 주관적으로 평가하여야 한다.[111] 그러므로 일반인에게는 공포를 불러일으키지 않는 언명도 특정한 사람에 대해서는 강박이 될 수 있다.

고지되는 해악은 모든 가능한 불이익을 포괄한다. 우선 생명·신체·건강·자유·영업·신용 등에 대한 위해의 고지가 이에 해당하며, 예컨대 폭행·협박,[112] 기업인에 대한 출국금지 및 기업결합 해체의 고지,[113] 사무실에서의 농성에 의한 영업 방해,[114] 불법연행 및 가혹한 신문[115] 등이 그러하다. 더 나아가 현실의 또는 상상의 범죄나 비위를 이유로 하는 해고, 형사 고소·고발 및 그에 따른 구속,[116] 상위관청에 대한 진정[117] 등 법질서가 인정하는 적법한 수단도 해악이 될 수 있다. 또한 강박에 의해 고지되는 해악이 반드시 강박을 받는 상대방에 대한 것일 필요도 없다. 강박 상대방의 근친·친지에 대한 해악을 고지하여 상대방에게 공포심을 야기할 수 있으면 강박으로 충분하다.[118] 강박의 방법이 구두인지 서면이지 등도 중요하지 않으며, 강박의 강약도 상대방에게 공포심을 야기하는 이상 문제되지 않는다.[119] 경우에 따라서는 침묵도 강박행위가 될 수 있으나,[120] 신중하게 판단되어야 할 것이다. 예컨대 전직명령을

108) 백태승, 421; 이영준, 456.

109) Staudinger/Singer/von Finckenstein, § 123 Rn. 67.

110) 이은영, 547; Staudinger/Singer/von Finckenstein, § 123 Rn. 66.

111) 김증한·김학동, 467; 대판 75.3.25, 73다1048(집 23-1, 111): "상대방의 해악의 고지에 대하여 피의자가 주관적으로 공포를 느끼면 족한 것".

112) 대판 84.12.11, 84다카1402(집 32-4, 166).

113) 서울고판 93.8.24, 90나15633(하집 93-2, 34).

114) 대판 72.1.31, 71다1688(집 20-1, 18).

115) 대판 92.8.14, 91다29811(공 92, 2651).

116) 대판 64.3.31, 63다214(집 12-1, 7); 92.12.24, 92다25120(공 93, 595); 서울북지판 95.9.15, 93가합10549(하집 95-2, 32); 대전지판 93.12.27, 93가단13329(하집 93-3, 10); 서울고판 80.12.4, 80나1250(고집 80-2, 501).

117) 대판 72.1.31, 71다1688(집 20-1, 18).

118) 곽윤직·김재형, 326; 김대정, 930; 송덕수, 323; 이영준, 452; 이은영, 546; 대판 96.12.23, 95다40038(공 97, 492); 대전지판 93.12.27, 93가단13329(하집 93-3, 10).

119) Staudinger/Singer/von Finckenstein, § 123 Rn. 66.

120) 고상용, 446; 김상용, 507; 이영준, 452; 주석 총칙(2), 802(제4판/박해성).

받은 근로자가 그 소속반원들의 사고로 인해 전직명령이 취소되고 인사위원회에 회부되어 무보직상태가 되자 곧바로 사직원을 제출한 경우, 특별한 사정이 없다면 그것만으로 강박에 의한 사직이라고 단정하기는 어려울 것이다.[121)]

반면 의사결정의 자유를 방해할 정도의 해악이 고지되어야 하므로,[122)] 단순히 각서에 서명 날인할 것을 강력히 요구하였다는 사정[123)]이나 의사표시를 해야 할 시간적 압박을 가하였다는 사정만으로는 강박이 있다고 할 수 없다. 또한 법질서에 따른 구제수단으로 소제기나 고소·고발을 언급하였다고 하더라도 제반사정에 비추어 이례적이라고 보기 어려운 경우에는 강박이라고 하기 어렵다. 자기의 채권을 확보하기 위하여 종전부터 협의되어 오던 채무처리방안을 협의하지 않으면 부정수표단속법 위반으로 고발되어 있는 채무자의 소재를 수사기관에 알리겠다고 한 경우가 그러하다.[124)] 또한 일괄사표의 종용에 따라 사직원을 제출한 사안에서도 강박에 해당하는 해악의 고지라고 단정하기 어려울 수 있다.[125)]

해악을 고지하는 것이 아니라 단순히 표의자가 처해 있는 곤경을 환기시키고 이를 이용해 의사표시를 하는 경우는 정의상 강박에 해당하지 않지만, 양속위반이 인정되어 무효가 될 수 있다(§§ 103, 104).[126)] 이 경우 위법성이 있으면 강박이 된다는 견해[127)]도 있으나, 이는 표의자를 곤경상태에서 구조할 의무가 존재하는 경우에만 그러할 것이다.

(2) § 110에서 말하는 강박은 의사결정의 자유에 부정적인 영향을 주기는 하지만 선택의 여지를 완전히 배제하지는 않는 이른바 심리적 강박(vis compulsiva)을 말한다. 즉 표의자가 강한 결의를 가진다면 해악을 감수하고 의사표시를 하지 아니할 최소한의 가능성이 남아 있는 강박을 말하는 것이다. 이에 대하여 표의자에 의사결정의 여지를 완전히 박탈하여 행위의사를 인정할 수 없고 그래서 의사표시의 외형만이 존재하는 경우를 물리적 강박(vis absoluta)이라고 한다. 절대적 강박의 경우 의사표시는 인간의 의식적 행위로

121) 대판 91.10.25, 90다20428(공 91, 2816).
122) Flume, Allgemeiner Teil des bürgerlichen Rechts Ⅱ(4. Aufl., 1992), 534
123) 대판 79.1.16, 78다1968(공 79, 11758).
124) 서울고판 80.10.29, 79나1074(고집 80-2, 388).
125) 서울고판 75.5.15, 74나1364(고집 75-1, 236; 대구고판 82.4.29, 81나798(고집 82, 228).
126) Stauinger/Singer/von Finckelstein, § 123 Rn. 67.
127) 김대정, 932; 김상용, 508; 이영준, 456.

볼 수 없으므로 그 자체로 무효이다.[128] 예컨대 입원할 정도로 구타를 당한 상태에서 추가적인 구타의 고지에 직면하여 어음에 서명한 사안에서 물리적 강박으로 인한 무효를 선언한 외국의 재판례가 있다.[129]

우리 판례도 이를 일반론으로 인정한다. 즉 "상대방 또는 제3자의 강박에 의하여 의사결정의 자유가 완전히 박탈된 상태에서 이루어진 의사표시는 효과의사에 대응하는 내심의 의사가 결여된 것이므로 무효라고 볼 수밖에 없으나, 강박이 의사결정의 자유를 완전히 박탈하는 정도에 이르지 아니하고 이를 제한하는 정도에 그친 경우에는 그 의사표시는 취소할 수 있음에 그치고 무효라고까지 볼 수 없는 것"[130]이라고 한다. 그러나 이를 실제로 인정한 예는 쉽게 발견하기 어렵다.[131] 특히 신군부 집권 이후 국가기관이 불법적으로 재산헌납 등을 강요한 일련의 사안들에서, 대법원은 관련 강요행위는 절대적 강박에는 이르지 못하여 의사표시를 무효로 할 수 없고,[132] 법률행위의 성립과정에서 강박이라는 불법적 방법이 사용된데 불과한 때에는 강박에 의한 의사표시의 하자나 의사의 흠결을 이유로 효력을 논의할 수는 있겠지만 반사회질서의 법률행위로서 무효라고 할 수는 없다고 하여, § 110 Ⅰ의 강박에 따른 의사표시의 취소만을 허용하였다.[133] 이 논란의 배경에는 대법원이 강박의 종료를 비상계엄 해제시점으로 판단함으로써[134] 그때로부터 취소권의 제척기간이 진행하여 (§ 146) 민주화 이후 소를 제기한 때에는 대부분 취소권이 소멸하였다는 사정이 존재한다. 따라서 이러한 판례는 절대적 강박을 이유로 하는 무효 주장을 봉쇄

128) 고상용, 447; 곽윤직 · 김재형, 326; 김증한 · 김학동, 468-468; 백태승, 421; 송덕수, 322; 이영준, 453-454; 이은영, 547; 대판 92.11.27, 92다7719(공 93, 242) 김대정, 930은 불성립으로 이해한다.

129) BGH WM 1975, 1002 = https://www.jurion.de/Urteile/BGH/1975-06-26/Ⅱ-ZR-35_74.

130) 대판 84.12.11, 84다카1402(집 32-4, 166); 97.3.11, 96다49353(공 97, 1062); 98.2.27, 97다38152(공 98, 870); 02.12.10, 2002다56031(공 03, 368); 03.5.13, 2002다73708(공 03, 1286) 등.

131) 서술이 반드시 명백하지는 않지만, 고문에 의해 소유권을 양도한 사안에 대한 서울고판 73.6.22, 72나2257(고집 73-1, 386)이 절대적 강박을 인정한 것으로 보인다.

132) 이에 비판적인 견해로 김대정, 931; 이영준, 454; 박이규, "형사상 불이익을 면하기 위하여 진실에 반하는 합의를 하였을 경우 그 합의의 효력", 실무논단(1998), 51.

133) 대판 91.9.10, 91다18989(집 39-3, 356); 92.11.27, 92다7719(공 93, 242); 96.4.26, 94다34432(집 44-1, 419); 96.10.11, 95다1460(공 96, 3285) 등. 그리고 강박행위의 주체가 국가 공권력이고 그 공권력 행사의 내용이 기본권을 침해하는 것이라고 하여 그 강박에 의한 의사표시가 항상 반사회성을 띠게 되어 당연히 무효로 된다고는 볼 수 없다는 것으로 대판 96.12.23, 95다40038(공 97, 492).

134) 대판 92.11.27, 92다8521(공 93, 243) 등.

함으로써 이미 행해진 재산 헌납의 원상회복을 부정하였다는 의미를 가진다.

2. 고 의

강박행위가 고의에 의한 것이어야 한다. 여기서 고의는 사기에 의한 의사표시에서와 마찬가지로 이중의 고의가 필요하다.[135] 즉 자신이 강박행위를 하여 상대방에게 공포심을 일으킨다는 사실에 대한 인식과 의욕이 있어야 하고, 그러한 공포심을 야기하여 상대방으로 하여금 특정한 의사표시를 하게 한다는 사실에 대해 인식과 의욕이 있어야 한다.[136] 그러므로 과실에 의한 강박이 일어나더라도 취소권은 발생하지 않지만, 미필적 고의가 있으면 § 110 Ⅰ이 적용될 수 있다. 반면 이상의 이중의 고의만 있으면 충분하고, 강박에 의해 강박자 또는 제3자가 재산상 이익을 얻거나 강박의 상대방에게 손해를 가할 의사가 있을 필요는 없으며,[137] 강박자에게 고지한 해악을 실현할 의사가 있을 필요도 없다.[138]

그 밖에 강박자는 자신의 행위가 위법하다는 인식을 하고 있을 필요도 없다고 할 것이다.[139] 즉 강박자의 금지착오를 이유로 취소권이 배제되어서는 안 된다. § 110 Ⅰ은 위법한 강박을 한 자의 제재가 아니라 표의자의 의사형성의 자유를 보장하기 위한 규정이기 때문이다. 마찬가지로 강박자에게 책임능력이 요구되지도 않는다.[140] 강박자가 강박행위를 하고 있다는 사실 및 상대방이 특정 의사표시를 한다는 사실만 인식하고 의욕하였다면, § 110의 취지상 강박자가 (예컨대 정신병 등으로) 자신의 행위의 의미 또는 법질서 위반 여부를 몰랐다고 해서 취소권이 부정되어서는 안 된다.[141]

135) 이영준, 451; 이은영, 547은 삼중의 고의로 설명하나, 실질적인 내용은 같다.

136) 대판 75.3.25, 73다1048(집 23-1, 111).

137) 김대정, 929; 고상용, 445; 송덕수, 323; 이영준, 452; 이은영, 547; 주석 총칙(2), 801(제4판/박해성).

138) 백태승, 421; 송덕수, 323; Staudinger/Singer/von Finckensteinb, § 123 Rn. 82.

139) 김증한·김학동, 469; 이은영, 547; Staudinger/Singer/von Finckensteinb, § 123 Rn. 83f.

140) 주석 총칙(2), 801-802(제4판/박해성); Staudinger/Singer/von Finckensteinb, § 123 Rn. 85.

141) 그러나 의사능력을 요구하는 강태성, 661; 고상용, 445; 김상용, 507; 김대정, 929; 백태승, 421; 이덕환, 536. 본문과 같은 같은 취지로 이영준, 452.

3. 위 법 성

(1) 고의의 강박행위는 위법하여야 한다. 상대방에게 의사표시를 강제할 권리가 존재한다면 그러한 해악의 고지는 허용되어야 할 것이기 때문이다.[142] 그러므로 취소권이 부여되기 위해서는 강박행위는 법질서에 반하여 허용될 수 없는 성질의 것이어야 한다. 그래서 고의의 강박으로 타인에게 의사표시를 강요하였더라도, 위법성을 조각하는 정당화사유 예컨대 정당방위나 긴급피난의 사유가 있으면 강박은 위법하지 않아 취소권이 발생하지 않는다. 이와 관련해 통설[143]은 강박자가 추구하는 목적과 이 목적을 달성하기 위해 사용한 수단을 고려하여 위법성을 판단하는 유형론을 발전시켰고, 판례도 기본적으로 이에 따른다. 즉 "어떤 해악을 고지하는 강박행위가 위법하다고 하기 위하여는, 강박행위 당시의 거래관념과 제반 사정에 비추어 해악의 고지로써 추구하는 이익이 정당하지 아니하거나 강박의 수단으로 상대방에게 고지하는 해악의 내용이 법질서에 위배된 경우 또는 어떤 해악의 고지가 거래관념상 그 해악의 고지로써 추구하는 이익의 달성을 위한 수단으로 부적당한 경우 등에 해당하여야 한다".[144] 물론 부당한 목적을 위해 허용되지 아니하는 수단으로 강박을 한 경우 위법성이 인정됨에는 의문이 없으며, 예컨대 존재하지 않는 채권을 주장하며 폭행과 협박을 한 경우가 그러하다.[145]

(2) 우선 강박자가 추구하는 목적이 법질서에 의해 승인되는 것이라고 하더라도, 고지되는 해악이 위법하면 위법한 강박행위가 있다고 해야 한다. 법질서는 정당한 목적도 위법한 수단에 의하여 달성되는 것을 허용할 수는 없기 때문이다. 예를 들어 채권자가 금전지급 채무를 이행하지 않는 채무자에게 변제를 하지 않으면 폭력배를 고용하여 폭행을 가하겠다고 협박하는 경우가 그러하다. 수단의 위법성은 형법상 금지규범을 위반하는 경우뿐만 아니라 그 밖의 법령에 위반하는 경우에도 인정될 수 있다. 그래서 예컨대 정당한 목적 달성을 위해 채무불이행을 고지하는 것도 위법한 강박일 수 있다.[146] 반면 법질서가 인정하는 구제수단에 따른 해악의 고지는 허용되므로, 위법성이 없다. 예

142) Motive Ⅰ, 207 = Mugdan Ⅰ, 467.

143) 고상용, 446; 김대정, 932; 김상용, 508; 김증한·김학동, 468-469; 백태승, 421-422; 송덕수, 324; 이덕환, 537; 이영준, 458-459; 이은영, 548; 홍성재, 253.

144) 대판 00.3.23, 99다64049(공 00, 1028).

145) 대판 72.1.31, 71다1688(집 20-1, 18).

146) Staudinger/Singer/von Finckenstein, § 123 Rn. 73.

컨대 계약을 해제하여 손해배상을 청구할 수 있다는 취지로 말한 경우가 그러할 것이다.[147)]

더 나아가 강박자가 사용하는 수단이 합법적인 것이더라도, 이로써 추구하는 목적이 위법하면 위법한 강박행위가 인정된다. 목적은 그 자체로 법질서가 허용되지 아니하는 성질의 것이어야 한다. 예를 들어 조세포탈에 협력하지 않으면 해고하겠다는 강박은 위법할 것이다.[148)] 또한 강박자가 권리 없는 것을 주장하면서 이를 위해 법질서가 허용하는 해악을 고지한 경우에도 목적이 부당하므로 위법성이 인정된다. 판례도 "일반적으로 부정행위에 대한 고소, 고발은 그것이 부정한 이익을 목적으로 하는 것이 아닌 때에는 정당한 권리행사가 되어 위법하다고 할 수 없으나, 부정한 이익의 취득을 목적으로 하는 경우에는 위법한 강박행위가 되는 경우가 있"다고 한다.[149)] 예컨대 전혀 채권관계가 없는데도 부정한 이익을 취할 목적으로 고소·고발을 하거나 언론에 제보하는 경우가 그러하다.[150)]

마지막으로 목적과 수단의 상관성에 기인하여 위법성이 인정될 수도 있다. 즉 강박자가 추구하는 목적과 이를 위해 고지한 해악이 모두 합법적이더라도, 그 목적을 추구하기 위해 그 수단을 사용하는 것이 상당성을 잃을 정도로 적절하지 않은 경우가 그러하다. 즉 합법적인 목적과 수단의 결합이 특히 비난받을 만한 성질의 것인 경우 위법한 강박이 인정될 수 있다. 이 유형에서는 목적과 수단이 모두 합법적이므로 그 결합에 따른 강박의 위법성은 신중하게 인정되어야 하며, 신의성실, 거래관행, 선량한 풍속 기타 사회질서 등을 기준으로 사실관계의 제반사정을 종합적으로 고려해 판단해야 한다. 우리 판례에서 목적과 수단의 상관성을 이유로 위법한 강박이 인정된 재판례는 쉽게 발견되지 않는다. 예컨대 대법원은 종중의 대표 甲이 종중 재산을 횡령한 乙에게 여

147) 대판 10.2.11, 2009다72643(공 10상, 529).

148) Staudinger/Singer/von Finckenstein, § 123 Rn. 74.

149) 대판 92.12.24, 92다25120(공 93, 595). 송덕수, 325는 부정한 이익의 취득을 목적으로 하지 않는 경우에도 범죄행위와 추구된 목적 사이에 전혀 관계가 없는 경우에는 위법하다고 해야 하므로 타당하지 않다고 비판한다. 그러나 그러한 때에는 판례가 말하는 부정한 이익을 취할 목적이 있다고 해야 한다. 한편 박이규(주 130), 85-86은 더 나아가 진실에 반하는 사실을 고소·진정하거나 고소·진정할 것을 경고하면서 합의에 응할 것을 종용하는 행위는 비록 피해자측이 나름대로 정당한 권리를 주장하는 것으로 믿은 경우에도 위법하다고 한다.

150) 대판 78.4.25, 77다2430(로앤비); 08.9.11, 2008다27301, 27318(정보); 서울지판 95.9.15, 93가합10549(하집 1995-2, 32).

러 차례 형사 고소를 예고하여 손해배상의 약속을 받은 사안에서 목적과 수단이 모두 적법하다고 하여 강박행위의 위법성을 부정하였는데,[151] 여기서는 바로 乙이 행한 불법행위와 관련하여 그 손해배상을 확보하기 위하여 형사고소가 문제된 것이므로 목적과 수단이 모두 합법적이고 그 결합도 합법적이라고 보아야 할 것이다.[152] 상간자 배상에 관한 통설·판례를 전제로 할 때 간통으로 고소하지 않기로 하는 등의 대가로 합의금을 요구하여 받은 경우도 마찬가지라고 할 것이다.[153] 한편 甲이 자신이 최대주주이던 A 금융회사로 하여금 실질상 자신 소유인 B 회사에 부실대출을 하도록 개입하였다고 판단한 A 금융회사의 새로운 경영진이 甲에게 이 대출금채무를 연대보증하지 않으면 甲 소유의 C 회사에 대한 어음대출금을 회수하여 부도를 내겠다고 위협하여 甲이 대출금채무를 연대보증한 경우, 별개 채무의 회수를 고지한 점에서 관련성이 다소 떨어진다고 볼 수도 있으나 결국 부실대출에 대한 담보를 요구했다는 점에서 역시 위법한 강박은 아니라고 할 것이다.[154] 독일에서는 예를 들어 피해자가 손배배상을 받기 위해 가해자가 아니라 가해자의 근친에게 가해자에 대한 고소를 고지한 경우에 위법한 강박이 있다고 할 것인지, 사용자가 어떤 목적을 가지고 어떠한 해악을 고지할 때 근로자로 하여금 사직원을 제출하도록 하는 것이 위법한 강박으로 평가될 수 있는지 등이 논의된다.[155]

4. 인과관계

고의의 위법한 강박행위가 의사표시를 하게 된 원인이어야 한다. 즉 강박행위와 표의자 공포심 사이에 그리고 표의자의 공포심과 그의 의사표시 사이에 인과관계가 있어야 한다.

우선 전자에 대해서 보면, 강박이 공포심을 야기한 경우뿐만 아니라, 이미 존재하는 공포심을 유지·강화한 경우도 해당하며, 표의자에게 과실이 있더라도 무방하다.[156] 앞서 강박의 개념을 살펴볼 때 보았지만, 이러한 인과관계는 강박을 당한 피해자의 관점에서 주관적으로 판단하면 충분하다.[157] 일반인에게

151) 대판 92.12.24, 92다25120(공 93, 595).
152) 송덕수, "부정행위에 대한 고소와 강박에 의한 의사표시", 신문 2232, 93.7.12, 15 참조.
153) 대판 97.3.25, 96다47951(공 97, 1179).
154) 대판 00.3.23, 99다64049(공 00, 1028).
155) Staudinger/Singer/von Finckelstein, § 123 Rn. 77ff.
156) 주석 총칙(2), 806(제4판/박해성).
157) 고상용, 447; 곽윤직·김재형, 326; 백태승, 422; 송덕수, 325; 이덕환, 538; 이영준,

는 공포심을 발생시키지 않는 해악의 고지도, 특정인에게는 충분히 의사표시를 하게 할만한 원인이 될 수 있다.

후자에 대해서 보면, 강박에 따른 공포심의 영향 하에 표의자가 의사표시를 해야 한다. 즉 강박이 없었더라면 의사표시를 아예 하지 않았거나 다른 내용의 의사표시를 하였을 것이라는 사정이 인정되어야 한다. 강박이 전적인 원인일 필요는 없으며, 다른 원인이 있더라도 의사표시에 원인을 제공했다면 충분하다.[158] 반면 강박이 있었더라도 표의자가 다른 고려에 기해서 의사표시를 하였다면 인과관계가 없어 취소권은 발생하지 않는다.[159] 그래서 예컨대 부실기업의 정리에 관한 재무부의 행정지도가 비록 위헌적이라 하더라도, 그 지시가 매매 당사자인 부실기업의 대표이사에 대하여 행하여진 것이 아니라 채권자인 주거래은행에 대하여 행하여졌고 그 후 주거래은행이 그 지시를 받아들여 부실기업의 대표이사와의 사이에 상당히 오랜 시간 동안 여러 차례에 걸쳐 그 매각 조건에 관한 협상을 하고 그 과정에서 그 대표이사는 고문변호사의 조언까지 받아 그 매각 조건에 관한 타협이 이루어져 주식 매매계약이 성사된 경우, 위법한 행정지도가 강박이라고 하더라도 인과관계는 없다고 할 것이다.[160] 또한 강박이 있었으나 그러한 강박에 압도되어 의사표시를 하였다기보다는 그와 관련된 분쟁이나 갈등을 회피하는 것이 보다 적절하다고 생각하여 의사표시를 한 경우에도 강박과 의사표시 사이에 인과관계는 단절된다. 예컨대 이혼한 배우자가 선거운동 및 변호사 영업을 방해하는 것을 막기 위해 물건을 증여한 경우,[161] 노조 분회장에게 상해를 가한 형사사건에서 유리한 처분을 받기 위하여 피해자의 요구대로 사직서를 작성 교부한 경우,[162] 주거래은행이 자금 지원을 하지 아니하는 한 부실기업 전체는 즉각 도산하고 그 대표이사는 당좌수표의 부도로 인하여 형사처벌까지도 당할 위험에 처해 있었기 때문에 대표이사 스스로 검토 후 뚜렷한 반대 없이 주거래은행의 결정을 받아들인 경우,[163] 감사담당 직원이 공무원에 대한 비리를 조사하는 과정에서 사직하

457; 대판 75.3.25, 73다1048(집 23-1, 111). 이은영, 549는 객관적으로 판단해야 한다고 주장한다.

158) Staudinger/Singer/von Finckelstein, § 123 Rn. 71.

159) 대판 81.12.8, 80다863(공 82, 132) 참조.

160) 대판 96.4.26, 94다34432(집 44-1, 419).

161) 대구고판 72.7.18, 71나322(고집 72-1, 418).

162) 대판 94.2.8, 93누10699(공 94, 1023): "원고의 합리적인 의사결정에 따른 것".

163) 대판 96.4.26, 94다34432(집 44-1, 419).

지 아니하면 징계파면이 될 것이고 또한 그렇게 되면 퇴직금 지급상의 불이익을 당하게 될 것이라는 등의 강경한 태도를 취하였고 공무원이 그 비리로 인하여 징계파면이 될 경우 퇴직금 지급상의 불이익을 당하게 될 것 등 여러 사정을 고려하여 사직서를 제출한 경우[164] 등에서 그러하다. 물론 이들 사안의 다수에서는 관점에 따라서 위법한 강박이 없다고 볼 여지도 크다.

V. 사기·강박의 효과

1. 취소권의 발생과 행사

§110 Ⅰ의 요건이 충족되면, 표의자에게는 취소권이 발생한다. 취소권은 하자 있는 의사표시를 한 표의자, 그의 대리인, 그의 승계인에게 있다(§140). 취소할 수 있는 의사표시는 유효하게 존속하지만, 취소권의 행사에 의하여 법률행위는 소급하여 처음부터 무효인 것으로 간주된다(§141 본문). 표의자가 자신의 의사표시를 취소함으로써, 그 의사표시가 구성요소가 되는 법률행위도 마찬가지로 취소되는 것이다. 취소권을 행사할 때에는 예컨대 의사표시 자체에 하자가 있으므로 이를 취소한다거나 또는 강박에 의한 증여이니 그 목적물을 반환하라는 취지가 어느 정도 명확하게 표명되어야 한다.[165] 취소원인으로서 강박과 기망을 아울러 주장하였다가 그 후 하나를 철회해도 무방하다.[166] 법률행위 일부에 취소사유가 있는 경우에는 §137를 유추하여, 그 법률행위가 가분적이거나 그 목적물의 일부가 특정될 수 있고 그 나머지 부분이라도 유지하려는 당사자의 가정적 의사가 인정되는 경우에는 일부만의 취소를 허용할 것이지만, 그렇지 않으면 전체 법률행위가 취소된다.[167]

취소권자, 취소의 방법, 추인 및 법정추인, 제척기간, 취소의 효과 등 자세한 내용에 대해서는 §140 이하의 주해를 참조하라.

2. 제3자가 사기·강박을 한 경우

(1) 의사표시의 상대방이 사기·강박을 한 경우에는 이상의 내용이 제한

164) 대판 97.12.12, 97누13962(공 98, 324).
165) 대판 02.9.24, 2002다11847(공 02, 2519).
166) 대판 94.12.13, 93다49482(공 95, 468).
167) 대판 94.9.9, 93다31191(집 42-2, 192); 13.5.9, 2012다115120(공 13상, 1032) 참조.

없이 타당하다. 그런데 의사표시의 상대방 즉 수령자가 아닌 제3자가 표의자에 대해 사기·강박을 한 때에는 § 110 Ⅱ에 의해 취소가 제약을 받는다. 이에 따르면 "상대방 있는 의사표시에 관하여 제3자가 사기나 강박을 행한 경우에는 상대방이 그 사실을 알았거나 알 수 있었을 경우에 한하여 그 의사표시를 취소할 수 있다." 이러한 경우 취소를 제한 없이 허용하면 그러한 사기나 강박에 관여하지 아니한 의사표시의 상대방이 예상하지 못하는 불이익을 받게 될 가능성이 존재한다. 그러므로 민법은 사기·강박에 관여하지 않은 의사표시 상대방이 법률행위 존속에 대하여 가지는 신뢰 및 이해관계를 표의자의 의사형성의 자유보다 보호가치 있다고 평가하여,[168] 의사표시의 상대방이 사기·강박의 사실을 알지 못하는 한에서 표의자의 취소를 허용하지 아니하는 것이다.

취소는 의사표시 상대방이 제3자의 사기·강박 사실을 알았거나 알 수 있었을 경우 허용되는데, 이는 통상의 악의 및 과실에 대한 내용이 그대로 적용된다. 의사표시 상대방의 선의·무과실을 판단하는 기준시점은 사기·강박에 의한 의사표시가 도달하여 상대방이 이를 요지한 때이며, 이후에 상대방이 사기·강박 사실을 알았다고 하더라도 법률관계가 변경되지는 않는다고 해야 할 것이다.[169] 그렇지 않으면 표의자는 언제든지 사후에 사기·강박 사실을 알려 취소를 가능하게 할 수 있을 것이기 때문이다. 한편 선의·무과실이 문제되는 의사표시 상대방이 수인이면서 그중 선의자와 악의자가 함께 있는 경우에 어떻게 처리할 것인지가 문제되는데,[170] 법률행위가 가분적이라면 상대방의 선의·악의에 따라 각각 판단하면 될 것이지만 불가분이라면 선의의 상대방을 보호하는 § 110 Ⅱ의 취지에 따라 취소를 부정할 것이다.[171]

(2) § 110 Ⅱ은 문언이 명시하는 대로 상대방 있는 의사표시에만 적용되며, 상대방 없는 의사표시의 경우에는 적용이 없다. 그러므로 예컨대 사기·강박에 의해 의사실현을 하여 계약이 성립한 경우(§ 532 참조), 표의자는 상대방의 인식과 무관하게 의사실현을 취소할 수 있다고 할 것이다.[172] 그러나 상대방이 불특정 다수인 것은 무방하다.[173]

---

168) 김증한·김학동, 470; 박경량(주 48), 161.

169) 강태성, 663; 고상용, 449; 김대정, 935; 김증한·김학동, 470-471; 백태승, 423; 송덕수, 326; 이덕환, 539; 이영준, 462; 日注民(3) 新版, 497(下森定).

170) 김증한·김학동, 472 참조.

171) 같은 취지로 송덕수, 327; 日注民(3) 新版, 497-498(下森定).

172) Staudinger/Singer/von Finckenstein, § 123 Rn. 48.

173) 김증한·김학동, 471-472.

그리고 § 110 Ⅱ은 국가기관이 사기·강박을 한 경우에도 그대로 적용된다.[174] 물론 그 경우 국가기관은 특별한 사정이 없는 한 제3자에 해당하나, 의사표시 상대방이 그 관여를 알았거나 알 수 있었던 경우가 많다.[175]

(3) § 110 Ⅱ의 해석과 관련해서는 특히 제3자의 개념을 어떻게 이해할 것인지가 문제된다. 이는 제3자의 사기·강박이 의사표시 상대방에게 귀속된다고 볼 수 있는 경우와 제3자가 사기·강박으로 관여하였으나 의사표시 상대방으로서는 그와 무관하여 신뢰보호를 누리는 것이 정당화되는 경우를 구별하는 것을 의미한다. 왜냐하면 이러한 구별 없이는 상대방은 제3자를 매개로 하여 손쉽게 § 110 Ⅱ의 적용을 회피할 수 있을 것이기 때문이다. 그래서 통설[176]과 판례는 상대방의 대리인 등 상대방과 동일시할 수 있는 자는 § 110 Ⅱ에서 말하는 제3자에 해당하지 않는다고 해석한다.[177] 물론 상대방과 동일시할 수 있는지 여부 자체가 해석적 보충이 필요한 공식이므로 이러한 설명이 반드시 명확한 것은 아니다. 독일의 다수설은 의사표시 상대방 측에서 거래의 성립에 중요하게 영향을 미친 사람은 여기서 말하는 제3자가 아니라고 하는데,[178] 이 역시 분명한 기준을 준다고 말하기는 어려울 것이다.

어쨌든 상대방의 대리인[179]이 사기·강박을 하였다면 통상 § 110 Ⅱ의 제3자로 볼 수 없다(상 § 16 참조). 그의 행위는 사용자의 영역에 속하며 따라서 그에게 귀속된다고 보아야 한다. 대리인은 법정대리인과 임의대리인을 포함하며, 법인의 기관도 포함된다.[180] 간접대리의 본인이나 명의수탁자도 제3자라고 해서는 안 될 것이다.[181] 물론 단순히 피용자라는 사실만으로 그의 활동이 의사

174) 대판 96.12.23, 95다40038(공 97, 492).

175) 대판 91.9.10, 91다18989(집 39-3, 356); 서울고판 93.8.24, 90나15633(하집 93-2, 34).

176) 곽윤직·김재형, 327; 김민중, 379; 명순구, 429; 홍성재, 256; 주석 총칙(2), 808-809(제4판/박해성). 백태승, 423; 송덕수, 327; 이덕환, 540; 이영준, 462 등은 상대방에게 책임을 지울 정도로 밀접한 관련성이 있어야 하며, 역시 같은 방향의 견해라고 하겠다. 이에 대해 김대정, 936은 이러한 목적론적 축소해석을 거부하고 인식가능성으로 사안을 해결할 수 있을 것이라고 한다.

177) 상세한 내용은 윤진수, "계약상대방의 피용자의 사기로 인한 의사표시의 취소", 민법논고 2, 2008, 96 이하 참조.

178) Staudinger/Singer/von Finckenstein, § 123 Rn. 50 참조.

179) 김준호, 295; 김증한·김학동, 471; 백태승, 423 이영준, 462; 이은영, 550; 박경량(주 48), 161.

180) 박경량(주 48), 162; 주석 총칙(2), 809(제4판/박해성). 본인이 대리인에 대해 기망을 금지하였다고 하더라도, 이는 내부적 구속에 그치므로 대리인이 이를 위반하였더라도 § 110 Ⅱ의 제3자가 되는 것은 아니다. Staudinger/Singer/von Finckenstein, § 123 Rn. 51.

181) 송덕수, 327; 홍성재, 256; Staudinger/Singer/von Finckenstein, § 123 Rn. 51.

표시의 상대방에 귀속하여 제3자가 아니라고 단정할 것은 아니며,[182] 관련 거래와 관련해 상대방의 영역에서 영향을 미칠 수 있는 위치에서 관여했어야 한다.[183] 예컨대 교섭권한을 가지고 있는 피용자가 그러할 것이다.[184] 재판례에 나타난 사례를 보면, 은행의 출장소장이 어음할인을 해 주면서 기망행위를 하여 금전소비대차 및 연대보증계약을 체결하여 그 금액을 자신이 인출·사용한 경우나[185] 상호신용금고의 직원이 기망 및 횡령행위를 한 경우[186] 등이 그러하다. 부동산 공인중개사, 중개인(상 §93) 등은 양 당사자 사이에서의 중립적 위치 때문에 원칙적으로 제3자에 해당할 것이지만, 어느 일방의 이익을 위해 개입하는 경우에는 그와의 관계에서 제3자로 평가받지 못할 수 있다.[187] 그러나 보험대리상이나 보험자를 위하여 계속적으로 보험계약의 체결을 중개하는 자는 보험자 영역에 속하며 제3자가 아니다(상 §646-2 참조).

더 나아가 고용관계 기타 지시종속관계가 없더라도 상대방과 제3자 사이에 밀접한 관계가 존재하고 그 제3자가 상대방의 영역에서 거래에 관여하였다면, §110 Ⅱ에서 말하는 제3자가 아니라고 할 가능성이 있다. 예컨대 甲이 乙이 다른 부동산을 교환으로 제공하겠다는 거짓말을 믿고 乙의 처형 丙에게 자신의 부동산 소유권을 이전한 경우, 甲의 소유권 이전은 실제로 乙에 대한 것으로 乙과 丙은 동일시될 수 있다고 한다.[188]

또한 금융리스에서 리스물건 공급자가 리스회사에 대해 기망을 한 경우, 이는 제3자의 기망이 아니며 공급자는 리스이용자의 영역으로 귀속된다고 보아야 한다.[189] 반면 채무자가 보증인을 기망하여 보증을 인수하게 하거나 물상보증인을 기망하여 저당권을 설정하게 한 경우, 채무자가 채권자와 동일시된다고 할 수 없으므로 원칙적으로 §110 Ⅱ에 따라 제3자로 취급되어야 하며,[190] 이

182) 대판 98.1.23, 96다41496(공 98, 578).
183) 윤진수(주 177), 113-114; 홍성재, 256 참조.
184) Staudinger/Singer/von Finckenstein, §123 Rn. 52.
185) 대판 99.2.23, 98다60828(공 99, 555).
186) 대판 98.1.23, 96다41496(공 98, 578); 서울지판 95.12.8, 94가합102217(하집 95-2, 37).
187) 김준호, 295; 송덕수, 327; 박경량(주 48), 163; Staudinger/Singer/von Finckenstein, §123 Rn. 53.
188) 대판 04.4.16, 2004다94(신문 3266, 10).
189) 대판 97.11.28, 97다26098(집 45-3, 337)은 이를 전제하고 있다고 보인다.
190) 송덕수, 327; 박경량(주 48), 163; 연대보증에 대해 대판 96.7.30, 95다6861(집 44-2, 52).

는 채권자가 담보를 요구하였던 경우에도 그러하다.[191] 조합이나 회사의 경우 그 실질에 따라 판단해야 할 것인데,[192] 예컨대 조합원들 사이에서는 제3자성을 인정하기 어려울 것이지만, 주식회사의 경우 주주는 주식회사에 대해 제3자라고 볼 수 있을 것이다. 그러나 후자의 경우에도 주식회사가 사실상 1인회사인 경우에는 달리 판단해야 할 경우도 적지 않을 것이다.

한편 제3자를 위한 계약에서 계약의 당사자가 아닌 수익자가 낙약자에 대해 사기·강박을 하였으나 요약자가 선의·무과실인 경우 또는 제3자가 낙약자에 대해 사기·강박을 하였고 요약자는 선의·무과실이나 수익자가 알았거나 알 수 있었을 경우에 낙약자의 취소를 인정할 것인지의 문제가 있다. 이는 독민 § 123 Ⅱ 제2문과 같은 내용을 우리 민법의 해석으로 인정할 것인지의 문제이다. 예컨대 甲이 乙(보험자)을 기망·강박하여 선의·무과실인 丙(보험계약자)과 丁을 수익자로 하는 생명보험계약을 체결하게 한 경우에, 丁이 사기·강박 사실을 알았거나 알 수 있었다면 乙이 보험계약을 취소할 수 있는가? 이에 대해서는 제3자의 악의·과실은 실질적으로 상대방의 악의·과실과 동일시할 수 있으므로 취소를 허용하는 것이 정당하다는 견해[193]와 제3자를 위한 계약은 요약자를 상대로도 효과를 가지므로 규정이 없는 이상 제3자의 악의·과실만을 이유로 취소를 허용할 수 없다는 견해[194]가 대립한다. 이에 대해서 일본에서는 절충설로 일반적인 계약에 제3자약관이 붙어 있는 것에 그치는 경우와 순수한 제3자를 위한 계약을 구별하여 후자의 경우에만 그러한 내용을 인정할 수 있다는 견해[195]가 주장되나, 이는 제3자의 악의·과실을 이유로 하는 취소를 허용하는 입장에서도 취소의 효과는 수익자의 권리를 소멸시키는 한도에서만 발생한다고 이해하므로[196] 굳이 긍정설과 별도로 주장할 실익은 없어 보인다. 결론적으로 긍정설이 타당하다고 생각된다. § 110 Ⅱ에서 의사표시 상대방을 기준으로 인식(가능성)을 판단하는 이유는 원칙적으로 그가 의사표시의 수

191) Staudinger/Singer/von Finckenstein, § 123 Rn. 58.
192) Staudinger/Singer/von Finckenstein, § 123 Rn. 59.
193) 김증한·김학동, 471; 김상용, 510; 백태승, 424; 이영준, 463; 이은영, 550; 홍성재, 256.
194) 김대정, 936-937; 송덕수(주 1), 104-105; 박경량(주 48), 164.
195) 日注民(3) 新版, 498(下森定).
196) 독민 § 123 Ⅱ 제2문의 해석에 따르면 취소는 수익자를 상대로 행사하며, 그 효과로 수익자에 대한 권리만을 소멸시키고 요약자와의 관계에서 존재하는 법률관계에는 영향이 없다고 한다. Staudinger/Singer/von Finckenstein, § 123 Rn. 61. 백태승, 424도 같은 취지이다.

령자이면서 그 효과를 받기 때문이다. 그러므로 의사표시 상대방이 아닌 의사표시로부터 이익을 받는 수익자가 존재하는 경우, 규정의 취지상 §110 Ⅱ은 충분히 그에 유추적용될 여지가 있다. 실제로 독민 §123 Ⅱ 제2문은 제국의회의 심의과정에서 에네체루스(Enneccerus)의 수정제안으로 삽입된 것인데, 이는 제1문을 해명하는 규정으로 의도되었고 그래서 내용 토론 없이 편집위원회에 채택여부가 위임되었던 것이다.[197] 그렇다면 수익자가 사기·강박을 알았거나 알 수 있었던 경우, §110 Ⅱ을 유추하여 수익자와의 관계에서 그가 취득한 권리를 소급적으로 소멸시키는 취소는 허용된다고 볼 것이다.

또한 본인이 대리인에게 대리권을 수여한 수권행위를 사기·강박을 이유로 취소하는 경우, 이는 소급적으로 무권대리를 발생시키므로 대리인과 거래한 본인의 상대방의 유효한 법률행위 성립에 대한 신뢰를 침해할 우려가 있다. 그러므로 이때에도 마찬가지 이유로 §110 Ⅱ을 유추하여 대리인과 거래한 상대방이 사기·강박에 의해 대리권이 부여되었음을 알았거나 알 수 있었을 경우에만 취소를 주장할 수 있다고 해석해야 할 것이다.[198] 같은 법리에 기초해서, 채무자가 제3자를 기망·강박하여 채무를 인수하게 하는 경우(§ 454), 동의를 한 채권자가 선의·무과실이라면 제3자는 채무인수를 취소할 수 없다고 해야 한다.[199]

3. 선의의 제3자에 대한 관계

§110 Ⅰ, Ⅱ에 따른 의사표시의 취소는 선의의 제3자에게 대항하지 못한다(§110 Ⅲ). 사기·강박을 이유로 하는 의사표시의 취소는 소급적으로 법률행위의 무효를 가져오기 때문에, 그 법률행위의 존속을 기초로 하여 이해관계를 맺은 자의 이익이 침해될 우려가 있다. 그러므로 민법은 취소 가능성을 알지 못하고 이해관계를 맺은 제3자의 보호를 위해 그에 대한 관계에서 소급효를 제한하는 것이다.

이에 대한 자세한 내용은 §108의 주해를 참조하라.

---

197) Jakobs/Schubert, Die Betratung des BGB, Allemeiner Teil 1(1985), 644-645.

198) Staudinger/Singer/von Finckenstein, §123 Rn. 62. 四宮和夫·能見善久, 民法總則(第八版, 2010), 235도 참조.

199) Staudinger/Singer/von Finckenstein, §123 Rn. 63.

Ⅵ. 다른 제도와의 관계

1. 착오와의 관계

§109의 주해 Ⅴ. 1. (2) 및 §110의 주해 Ⅲ. 1. (3) 참조. §110의 요건이 충족되는 이상 표의자의 착오가 중요부분에 관한 것이 아니더라도 취소할 수 있다.[200)]

2. 비진의표시와의 관계

강박에 의해 의사표시가 이루어지는 경우, 통상 표의자는 공포심에 따라 효과의사를 형성하고 이를 표시하므로 의사와 표시는 일치하는 경우가 대부분이다. 그러나 사안에 따라서는 강박에 따라 진의 없이 의사표시(§107)를 하는 경우도 존재할 수 있다. 이때 표의자는 §110에 따라 의사표시의 취소를 주장하는 것 외에도, §107 Ⅰ 단서에 따라 상대방이 진의 없음을 알았거나 알 수 있었음을 주장하여 의사표시의 무효를 주장할 수도 있다.[201)]

3. 양속위반과의 관계

§110는 §§103, 104와 경합할 수 있다.[202)] 물론 사기·강박에 의해 법률행위가 성립하였더라도 언제나 선량한 풍속 기타 사회질서 위반이 있는 것은 아니며, 해당 사안이 §§103, 104에 포섭될 수 있어야 무효라고 할 수 있다. 판례는 일반론으로 "법률행위의 성립과정에서 강박이라는 불법적 방법이 사용된 데 불과한 때에는 강박에 의한 의사표시의 하자나 의사의 흠결을 이유로 효력을 논의할 수는 있을지언정 반사회질서의 법률행위로서 무효라고 할 수는 없다"[203)]고 하는데, 그러한 의미로 이해할 것이다. 즉 강박 자체만으로 양속위반성이 인정되는 것이 아니며, §§103, 104의 법리에 따라 판단해야 한다. 예를 들어 도박으로 잃은 돈을 회복하기 위하여 경찰관과 짜고 표의자를 도박에 유인한 다음 도박현장에서 연행한 후 그 변상명목으로 잃은 돈의 9배의 가치에 해당하는 부동산의 가등기와 그에 따른 본등기를 강압적인 방법으로 경료한 경

200) 대판 69.6.24, 68다1749(로앤비).
201) 송덕수, 316; 이은영, 539 참조.
202) 대판 84.12.11, 84다카1402(집 32-4, 166) 참조.
203) 송덕수(주 1), 108-109; 박이규(주 132), 46 이하; 대판 92.11.27, 92다7719(공 93, 242); 02.12.27, 2000다47361(공 03, 495).

우, 취소를 기다리지 않더라도 양속위반성이 인정되어 법률행위는 무효이다.[204]

4. 계약불이행 특히 담보책임과의 관계

(1) 사기에 의한 의사표시로 계약이 성립하는 경우, § 110에 따라 취소권이 발생할 수도 있지만 동시에 계약의 불이행을 이유로 손해배상이 문제되거나(§ 390) 해제권·해지권이 발생할 수도 있다(§§ 544, 545, 546). 그러한 경우 표의자는 사기에 의한 취소 또는 채부물이행의 효과(손해배상,[205] 해제·해지[206])를 선택적으로 주장할 수 있다. 양자의 효과가 상이하므로 표의자는 해제를 한 경우에도 해제의 효과를 제거하기 위해 취소를 할 수 있다고 하겠지만(예컨대 위약금 약정에 따른 손해배상액에 불만족하여 계약을 취소하고 불법행위로 손해를 입증해 청구하려는 경우), 이미 취소를 한 때에는 더 이상 해제를 할 수는 없을 것이다.[207] 한편 계속적 계약관계에서 취소는 성질상 소급효가 제한될 수도 있다.

(2) 사기·강박으로 매매계약이 성립하는 경우에, 매수인이 담보책임에 기한 권리를 가지는 경우가 있을 수 있다. 예를 들어 매도인이 타인의 권리를 매도하면서 자신을 권리자로 속였다거나 물건의 하자 여부에 대해 거짓말을 한 경우, 매수인은 매도인을 상대로 담보책임을 물을 수 있다(§§ 570, 580, 581). 이때 § 110에 따른 취소와 담보책임에 따른 권리는 경합하며, 매수인은 이를 선택하여 주장할 수 있다.[208] 담보책임을 면제하는 약정도 사기·강박을 이유로 하는 취소권을 배제하지는 못한다. 그리고 해제·해지에서와 마찬가지로(앞의 3. 참조), 담보책임에 기한 권리를 행사한 매수인은 여전히 매매를 취소할 수 있으나, 일단 취소를 한 이후에는 담보책임에 기한 권리는 주장할 수 없다.[209]

5. 불법행위와의 관계

§ 110가 정하는 요건이 충족되는 경우 고의에 의한 위법행위가 존재하므

204) 대판 74.7.23, 74다157(공 74, 8009).

205) 예컨대 채무불이행을 이유로 하는 손해배상이 인정된 대판 04.7.22, 2002다51586(공 04, 143)의 경우 의심의 여지 없이 사기를 이유로 하는 취소도 가능할 것이다.

206) 명시적으로 언급하지는 않지만 해제와의 경합을 전제하는 것으로 보이는 대판 09.3.16, 2008다1842(공 09상, 552); 15.7.23, 2012다15336(공 15하, 11936); 청주지판 10.5.26, 2009가합1075, 1280, 2375(각공 10하, 1044). 해지에 대해 대판 91.12.27, 91다1165(공 92, 761).

207) Staudinger/Singer/von Finckenstein, § 123 Rn. 99; 송덕수(주 1), 109-110.

208) 김대정, 940; 김증한·김학동, 473; 백태승, 425; 송덕수, 329; 이덕환, 541; 이영준, 466; 대판 73.10.23, 73다268(집 21-3, 90) 참조.

209) Staudinger/Singer/von Finckenstein, § 123 Rn. 100; 송덕수(주 1), 110-111.

로, 다른 요건이 충족된다면 불법행위가 성립한다(§750). 그러한 경우 사기 또는 강박을 당하여 손해를 입은 피해자는 사기자 또는 강박자에 대하여 손해배상을 청구할 수 있다. 표의자는 의사표시를 취소하고 손해배상을 청구할 수도 있지만, 취소하지 않고 손해배상을 청구하는 것도 가능하다.[210] 물론 법률행위를 취소한 경우 급부한 것을 부당이득으로 회복받은 한도에서는 손해가 감축될 것이다.[211]

Ⅶ. 증명책임

§110 Ⅰ과 관련해서는 취소를 주장하는 자가 취소권 발생 요건을 모두 증명해야 한다.[212] 즉 기망행위·강박행위, 이중의 고의, 위법성, 인과관계에 대한 증명책임은 취소를 주장하는 자에게 있다. 이는 통상은 취소권자이겠으나, 예외적으로는 취소의 효과를 전제로 부당이득을 주장하는 상대방일 수도 있다.[213] 물론 §110 Ⅰ의 요건들은 상당부분 관계인의 심리적 과정을 전제로 하므로, 간접증거에 의한 증명이나 表見證明 등에 의지해야 하는 경우가 많을 것이다. 취소를 주장하는 자가 취소권 발생 요건을 모두 증명해야 하므로, 제3자의 사기·강박이 있는 경우(§110 Ⅱ)에도 취소를 주장하는 자는 의사표시의 상대방이 제3자의 사기·강박을 알았거나 알 수 있었다는 사실에 대해 증명책임이 있다.

§110 Ⅲ과 관련해서는 §108 Ⅱ의 주해에서 살펴본 것처럼, 선의의 제3자로서의 보호를 주장하는 자가 제3자에 해당하는 사실에 대해서 증명책임을 부담하지만, 제3자의 선의는 추정된다.

[김 형 석]

210) 김대정, 941; 김증한·김학동, 474; 백태승, 425; 송덕수, 329; 이덕환, 542; 이영준, 466; 대판 98.3.10, 97다55829(공 98, 993).

211) 대판 93.4.27, 92다56087(공 93, 1565).

212) 황인행, "하자 있는 의사표시에 관한 증명책임의 문제", 재판자료 26, 1985, 6 이하 참조.

213) Staudinger/Singer/von Finckenstein, §123 Rn. 86.

제 111 조(의사표시의 효력발생시기)

① 상대방이 있는 의사표시는 상대방에게 도달한 때에 그 효력이 생긴다.

② 의사표시자가 그 통지를 발송한 후 사망하거나 제한능력자가 되어도 의사표시의 효력에 영향을 미치지 아니한다.

차 례

Ⅰ. 총 설

1. 입법연혁

1958.2.22. 법률 제471호로 제정된 민법 § 111는 "① 상대방있는 의사표시는 그 통지가 상대방에 도달한 때로부터 그 효력이 생긴다. ② 표의자가 그 통지를 발한 후 사망하거나 행위능력을 상실하여도 의사표시의 효력에 영향을 미치지 아니한다."라고 규정하였다.

2011.3.7. 법률 제10429호로 개정되어 2013.7.1.부터 시행된 개정 민법이 성년후견제도를 도입하면서 종래의 한정치산자, 금치산자를 피한정후견인, 피성년후견인으로 바꾸고 이들을 제한능력자로 규정하였고 이에 따라 민법 § 111 Ⅱ '행위능력을 상실하여도'를 '제한능력자가 되어도'로 변경하고 아울러 '표의자'를 '의사표시자'로 바꾸었다.

2. 상대방 없는 의사표시의 경우

본조는 상대방이 있는 의사표시의 효력발생시기를 규정하고 있다.

의사표시는 그 요건을 모두 갖춘 때에 효력이 발생한다. 의사표시 가운데에서도 유언과 같이 "상대방 없는 의사표시"는 누군가가 그 의사표시를 알게 될 것을 필요로 하지 않기 때문에 의시표시가 이루어져 외부로부터 인식할 수 있는 단계, 즉 표시행위가 완료된 때에 효력을 발생하고(表白主義), 이에 따라 특별한 문제가 발생하지 않는다.

따라서 민법도 상대방이 없는 의사표시의 효력발생시기에 대하여는 별도로 일반적인 규정을 두고 있지 않다.

다만 상대방이 없는 의사표시의 대부분이 요식행위로 되어 있는 경우가 있는데 이러한 경우에 민법은 일정한 법률행위 내지 의사표시의 효력발생에 대한 특별규정을 두고 있다. 예를 들면 민법 § 32는 "학술, 종교, 자선, 기예, 사교 기타 영리아닌 사업을 목적으로 하는 사단 또는 재단은 주무관청의 허가를 얻어 이를 법인으로 할 수 있다"라고 규정하여 법인설립행위는 주무관청의 허가가 있을 때 효력을 발생하는 것으로 하고 있고, 민법 § 1041는 "상속인이 상속을 포기할 때에는 § 1019 Ⅰ의 기간내에 가정법원에 포기의 신고를 하여야 한다"라고 규정하여 상속의 포기는 가정법원에 신고한 때에 효력이 발생하는 것으로 하고 있으며, § 107 Ⅰ은 "유언은 유언자가 사망한 때로부터 그 효력이 생긴다."라고 하고 Ⅱ은 "유언에 정지조건이 있는 경우에 그 조건이 유언자의 사망후에 성취한 때에는 그 조건성취한 때로부터 유언의 효력이 생긴다." 라고 규정하여 유언 및 정지조건부유언의 효력발생시기를 규정하고 있다.

3. 상대방 있는 의사표시의 경우

상대방 있는 의사표시는 단독행위이든 또는 계약이든 언제나 상대방에게 알린다는 것을 목적으로 하기 때문에, 앞에서 본 바와 같은 상대방 없는 의사표시와 달리 그 의사표시가 언제 효력을 발생하는지가 당사자 입장에서 매우 중요한 문제가 된다.

우선 의사표시의 효력발생시기 여부를 정함에 앞서서 그 표시하려는 의사의 내용이 객관적으로 인식할 수 있는 성질을 가진 것이어야 한다. 언어의 종류, 문장의 구조, 문자 등이 그 시대의 사회에서 상대방이 별다른 어려움 없이 이해할 수 있는 것이어야 한다.

상대방 있는 의사표시에는 그 외에도 의사표시의 효력발생시기의 문제 및 의사표시의 수령능력의 문제가 있다. 그리고 의사표시의 효력발생시기에는 상대방이 누구인지를 알지 못하거나 또는 그가 있는 곳을 알지 못하는 경우에 어떻게 처리할 것인지라는 문제도 있다. 민법은 이들 세 가지 점에 관하여 § 111부터 § 113까지 차례로 원칙에 관한 규정을 두고 있다.

4. 성격 및 적용 범위

(1) 성　　격

본조 제1항에서 상대방 있는 의사표시에서의 효력발생시기를 도달주의로 한 것은 법률관계를 손쉽게 확정하여 거래의 안전 등을 도모하려는 정책적 결단이고 의사표시의 성질에 따르는 논리적 귀결과는 무관하다.

따라서 본조는 임의법규로서 사적자치의 원칙상 당사자가 약정에 의하여 위 규정과 달리 의사표시의 효력발생시기를 정할 수 있다.[1)]

다만 의사표시의 효력발생시기를 약관으로 정한 경우에는 약관의 규제에 관한 법률 § 12 (iii)가 고객의 이익에 중대한 영향을 미치는 사업자의 의사표시가 상당한 이유 없이 고객에게 도달된 것으로 보는 조항을 무효로 한다고 규정하고 있으므로 효력이 제한될 수 있다.

대법원은 자동차종합보험에 적용되는 개인용자동차보험 특별약관 § 3 Ⅲ 후단[보험계약자 또는 피보험자가 보통약관 § 58(계약 후 알릴 의무) Ⅲ에 따라 주소변경을 통보하지 않는 한 보험증권에 기재된 보험계약자 또는 기명피보험자의 주소를 회사의 의사표시를 수령할 지정장소로 한다(§ 3 Ⅲ 후단)]을 문언 그대로 보아 피고가 보험계약자 또는 피보험자의 변경된 주소 등 소재를 알았거나 혹은 보통일반인의 주의만 하였더라면 그 변경된 주소 등 소재를 알 수 있었음에도 불구하고 이를 게을리 한 과실이 있어 알지 못한 경우에도 보험계약자 또는 피보험자가 주소변경을 통보하지 않는 한 보험증권에 기재된 종전 주소를 회사의 의사표시를 수령할 지정장소로 하여 보험계약의 해지나 보험료의 납입최고를 할 수 있다고 해석하게 되는 경우에는 위 약관 조항은 고객의 이익에 중대한 영향을 미치는 사업자의 의사표시가 상당한 이유 없이 고객에게 도달된 것으로 보는 조항에 해당하는 것으로서 위 약관의규제에관한법률의 규정에 따라 무효라 할 것이고, 따라서 위 약관 조항은 위와 같은 무효의 경우를 제외하고 피고가 과실 없이 보험계약자 또는 피보험자의

1) 구주해(2), 604(박영식); 송덕수, 민법총칙, 2018, 292; 이영준, 민법총칙, 2007, 467.

변경된 주소 등 소재를 알지 못하는 경우에 한하여 적용되는 것이라고 해석하여야 한다고 하였다. 대법원의 이러한 약관 해석은 자동차보험계약에 적용되는 보험약관뿐만 아니라 분양계약서, 여신거래약정 등 모든 약관에 적용되고 있다.[2)]

(2) 적용범위

본조는 법률행위에 관한 의사표시에 대하여 규정하고 있지만 관념의 통지 등 준법률행위에도 유추적용된다.[3)] 본조는 행정처분의 효력발생시기 등에도

---

2) 대판 00.10.10, 99다35379. 같은 사안에서 대판 03.2.11, 2002다64872도 "이 사건 보험계약에 적용되는 개인용자동차보험 특별약관의 보험료 분할납입특별약관 §3 Ⅲ은 보험계약자 또는 피보험자가 주소변경을 통보하지 아니하는 한 보험증권에 기재된 보험계약자 또는 피보험자의 주소를 보험회사의 의사표시를 수령할 지정장소로 본다고 규정하고 있으나, 이 규정은 보험회사가 과실 없이 보험계약자 또는 피보험자의 주소 등 소재를 알지 못한 경우에 한하여 적용된다."라고 하였다. 여신거래약정에 관한 사안에서 대판 07.9.21, 2006다26021도 약관 §16 Ⅱ(채무자가 그 주소 등의 변경신고를 게을리 함으로 말미암아 은행이 그 신고된 최종 주소로 발송한 서면통지 또는 기타 서류가 채무자에게 연착하거나 도달되지 아니한 때에는 보통의 우송기간이 경과한 때에 도달한 것으로 본다)을 문언 그대로 해석·적용한다면 이는 고객의 이익에 중대한 영향을 미치는 사업자의 의사표시가 상당한 이유 없이 고객에게 도달된 것으로 보는 것이 되므로 위 법률의 규정에 따라 무효라 할 것이고, 따라서 위 약관조항은 위와 같은 무효의 경우를 제외하고 은행이 과실 없이 채무자의 변경된 주소 등 소재를 알지 못하는 경우에 한하여 적용되는 것이라고 해석하여야 한다고 하였다. 분양계약서에 관한 사안에서 대판 06.12.21, 2005다31668은 "이 사건 분양계약서 §2에서는 '수분양자는 주소변경이 있을 때에는 10일 이내에 피고들에게 서면(주민등록등본 상단에 동호 및 전화번호 기재)으로 통보하여야 하며, 이를 이행하지 아니할 경우 피고들의 수분양자에 대한 계약의 해제통고 등은 분양계약서에 기재된 주소지로 발송하고, 발송 후 15일이 경과함으로써 그 효력을 발생하는 것으로 한다'는 취지로 규정하고 있는바, 이 사건 분양계약서의 형식이나 작성방식 등 기록에 나타난 사정에 비추어 보면 위와 같은 분양계약 해제에 관한 약정은「약관의 규제에 관한 법률」§2 Ⅰ 소정의 '약관'에 해당하는 것으로 보아야 할 것이다. 그런데 위와 같은 약관 조항을 문언 그대로 보아 피고들이 수분양자의 변경된 주소 등 소재를 알았거나 혹은 보통일반인의 주의만 하였더라면 그 변경된 주소 등 소재를 알 수 있었음에도 불구하고 이를 게을리 한 과실이 있어 알지 못한 경우에도 수분양자가 주소변경을 통보하지 않는 한 분양계약서에 기재된 종전 주소를 피고들의 의사표시를 수령할 지정장소로 하여 분양계약의 해지나 분양대금의 납입최고를 할 수 있다고 해석하게 되는 경우에는 이는 '고객의 이익에 중대한 영향을 미치는 사업자의 의사표시가 상당한 이유 없이 고객에게 도달된 것으로 보는 조항'에 해당하여「약관의 규제에 관한 법률」§12 (iii)의 규정에 따라 무효로 보아야 할 것이므로 위 약관 조항은 위와 같은 무효의 경우를 제외하고 피고들이 과실 없이 수분양자의 변경된 주소 등 소재를 알지 못하는 경우에 한하여 적용되는 것으로 해석하여야 한다."라고 하였다.

3) 대판 83.8.23, 82다카439는 채권양도의 통지와 같은 준법률행위의 도달은 의사표시와 마찬가지로 사회관념상 채무자가 통지의 내용을 알 수 있는 객관적 상태에 놓여졌을 때를 지칭하고, 그 통지를 채무자가 현실적으로 수령하였거나 그 통지의 내용을 알았을 것까지는 필요하지 않다라고 하고, 대판 14.4.10, 2013다76192도 질권설정계약 해지 사실의 통지는 질권자가 질권설정계약이 해제되었다는 사실을 제3채무자에게 알리는 이른바 관념

적용된다.[4)]

Ⅱ. 효력발생시기에 관한 입법주의

상대방이 있는 의사표시에서 그 의사표시는 의사표시자로부터 상대방에게 의사를 전달함으로써 의사표시를 하게 된다. 의사표시는 전달의 한 과정으로 통상적으로 ① 의사표시자가 그와 같이 문자나 기호 등으로 정리한 내용을 타인이 인식할 수 있도록 서면 등의 형태로 외부에 드러내는 표백(表白)단계(예컨대, 서면의 작성과 같은 방법으로 의사표시를 밝히는 것), ② 의사표시자가 상대방에게 의사표시자의 의사를 객관적으로 인식할 수 있도록 드러낸 매개체를 상대방에게 보내는 발신(發信)단계(예컨대, 서면을 우체통에 투입하는 것과 같은 방법으로 의사표시가 적힌 것을 보내는 것), ③ 의사표시자의 의사가 적힌 매개체가 의사표시 수령자에 의해 인식될 수 있는 상태로 진입하는 도달(到達)단계(예컨대 우편물 배달 등의 방법으로 의사표시를 받는 것), ④ 그 표시수령자가 실제로 매개체를 인식하여 이해하는 요지(了知)단계(예컨대, 서면을 읽고 그 내용을 이해하는 것)를 거치게 된다.

의사표시의 효력발생시기에 관하여는 다음과 같은 입법주의가 있다.

(1) 표백(表白)주의

의사표시가 성립한 때, 즉 외형적 존재를 가지게 된 때에 효력이 생긴다고 하는 주의이다. 예컨대, 의사표시자의 의사표시가 서면으로 하는 경우에, 그 서면의 작성이 끝난 때에 효력이 발생한다고 하는 주의이다.

그러나 서면의 작성 시기에 관한 증명이 어려울 수 있고 서면 작성 후에 그것을 발송하지 않은 경우와 같이 상대방이 그 서면의 작성에 관하여 전혀 알지 못하는데도 곧바로 효력이 생긴다는 것은 의사표시자의 입장에 너무 기울어진 것으로 타당하지 않다.[5)]

(2) 발신(發信)주의

의사표시가 외형적 존재를 가지고 의사표시자의 지배를 떠나서 상대방에게 보내게 된 때에 효력이 생긴다는 주의이다. 예컨대, 서면이 우편함에 투입

의 통지로서, 그 통지는 제3채무자에게 도달됨으로써 효력이 발생한다고 하였다.

4) 대판 76.6.8, 75누63; 대판 89.1.31, 88누940; 대판 03.7.22, 2003두513; 대판 17.3.9, 2016두60577 등 참조. 이들 판결은 모두 효력발생요건인 통지의 정도나 도달의 의미에 대하여 판시한 것이다.

5) 곽윤직·김재형, 민법총칙, 제9판, 2013, 328-329.

되거나 우체국의 창구에서 발송이 부탁된 때에 효력이 생긴다고 하는 주의이다. 이는 민활·신속을 필요로 하는 거래에 적합하고 특히 여러 사람에게 동일한 통지를 하여야 할 경우에 의사표시의 효력발생시기를 획일적으로 정할 수 있는 장점이 있다. 그러나 그 시기가 발신자의 자유의사에 의하여 좌우되고, 상대방은 아직 의사표시를 알지 못하는데 의사표시의 효과를 강제당하게 되므로 역시 의사표시자에게 기울어진 입법주의이다.[6]

다만 이러한 단점이 있기는 하나, 그 장점에 착안하여 상법에서는 청약에 대한 허부통지(§53), 매도인의 목적물의 공탁, 경매권의 통지(§67), 대리상이 거래대리나 중개를 한 때에 본인에 대한 통지(§88), 주주총회 소집의 통지(§363) 등에 관하여 발신주의를 규정하고 있다. 민법에서도 제한능력자가 능력자로 된 후에 추인 여부의 확답촉구에 대한 확답통지(§15), 대리권 없는 자가 계약을 한 경우에 상대방의 추인여부 확답최고에 대한 확답통지(§131), 제3자가 채무자와의 계약으로 채무를 인수한 경우에 채무자의 승낙확답최고에 대한 확답통지(§455), 격지자간의 계약에서 승낙의 통지(§531) 등의 특별한 경우에는 발신주의를 취하고 있다.

(3) 도달(到達)주의

의사표시가 상대방에게 도달한 때, 즉 상대방의 지배권 내에 들어간 때에 효력이 생긴다는 주의이며, 수신(受信)주의 또는 수령(受領)주의라고도 한다. 예컨대, 서면이 상대방에게 배달되어 상대방의 지배권 내에 들어간 때에 효력이 생기는 것으로 하고, 이는 쌍방 당사자의 이익을 가장 잘 조화하는 주의라고 할 수 있다. 법률관계를 객관적으로 명확히 확정할 수 있기 때문에 민법은 도달주의를 일반원칙으로서 채택하고 있다.

(4) 요지(了知)주의

의사표시를 받은 상대방이 의사표시의 내용을 실제로 알게 된 때에 그 의사표시가 효력을 발생한다는 주의이다. 예컨대, 도달한 서면을 읽고 그 내용을 깨달아 안 때를 효력발생시기로 하는 주의이다. 이는 의사표시의 효력발생의 유무를 사실상 상대방에게 맡기는 것과 같아서 상대방의 보호에 치우친 것이라고 할 것이며, 또한 상대방이 알게 된 시기를 증명하기가 곤란한 단점이 있다.[7] 민법에서 이 주의를 채택하는 경우는 없다.

6) 곽윤직 · 김재형(주 5), 329.
7) 곽윤직 · 김재형(주 5), 329.

Ⅲ. 도달주의의 원칙

1. 도달주의 원칙의 의미

입법적으로 의사표시의 효력시기에 관한 위의 네 가지 주의 중 중요한 것은 발신주의와 도달주의이다. 본조 역시 앞에서 본 의사표시의 전달과정 중 위 ②의 발신단계와 위 ③의 도달단계 사이에 상대방과의 의사표시 전달과정에서 시간적 간격이 있는 경우에 관하여 의사표시의 효력발생시기를 규정하고 있다. 서로 같은 장소에 있거나 다른 장소에 있더라도 전화를 이용하는 경우 등과 같이 시간적 간격이 존재하지 않는 경우에는 효력발생 여부에 관한 증명의 문제는 있을지언정 의사표시의 효력 발생 자체는 문제되지 않는다. 예컨대 대화자 사이에서는 표백, 발신, 도달 및 요지가 모두 동시에 성립하는 것이 원칙이고 상대방이 고의로 귀를 막고 듣지 않으려 하지 않거나, 전화에 의한 의사표시에서 두 사람 사이의 거리가 아무리 떨어져 있어도 대화자 사이의 것에 지나지 않아 상대방이 수신기를 귀에 대고 들을 태세를 취한 이상, 고의로 의사표시자의 말을 듣지 않아도, 의사표시는 모두 도달한 것이 된다.

민법은 전술한 바와 같이 의사표시의 효력발생시기에 대해 도달주의를 원칙으로 채용하고 있다. 즉 본조 제1항은 “상대방이 있는 의사표시는 상대방에 도달한 때에 그 효력이 생긴다”고 규정함으로써 도달주의의 원칙을 명백히 하고 있다.

단독행위나 계약의 신청, 최고의 의사통지 등의 법률관계에 대해서 도달주의를 채택하였다는 법률적 의미는 거래관계에서 사고 등에 의해 의사표시가 상대방에 도달하지 않거나 효력이 발생하는 시기가 명확하지 않은 경우에 발생할 불이익을 의사표시자가 부담한다는 것으로 이해할 수 있다.

다만 의사표시에는 여러 종류가 있고 그 각각의 의사표시의 성질을 고려하면 도달주의 외에 발신주의를 채용하는 것이 양 당사자의 이익이나 이해관계를 적절하게 조정할 수 있는 경우도 있기 때문에 민법이 도달주의를 원칙으로 하였더라도 이는 다수의 의사표시에 타당한 의사표시의 효력발생시기를 정한 것에 불과하고 앞에서 본 바와 같이 발신주의의 예외도 인정하고 있는 것이다.

2. 의사표시의 도달

(1) 의사표시의 성립

의사표시의 효력발생시기에 대해 도달주의를 원칙으로 하고 있다고 하여 발신주의를 가볍게 보아서는 아니된다. 상대방이 있는 의사표시 자체는 의사표시를 표백한 것만으로는 부족하고 의사표시자가 그의 의사에 기하여 이를 통지(발신)하여야 성립하기 때문이다. 따라서 의사표시자가 의사표시를 표백하였으나 아직 발송하지 않은 상태에서 타인이 의사표시자로부터 권한을 부여받음이 없이 이를 임의로 발송한 경우에는 아직 의사표시가 성립한 것이 아니므로 도달 여부에 관계없이 효력은 발생하지 않는다.[8)]

(2) 의사표시의 도달

㈎ 도달의 의의 도달은 의사표시의 효력발생요건이다.[9)] 도달이라 함은 의사표시가 상대방의 지배영역 내에 들어가서 사회통념상 일반적으로 그 내용을 알 수 있는 상태가 생겼다고 인정되는 것을 말하는 것으로[10)] 사회통념상 상대방이 통지의 내용을 알 수 있는 객관적 상태에 놓였다고 인정되는 상태를 가리킨다. 따라서 상대방이 그 의사표시를 현실적으로 알게 되거나 의사표시가 담긴 대상을 현실적으로 손에 쥐어야 하는 것은 아니다.[11)] 이에 대하여 도달 자체는 순수하게 객관적으로 상대방의 영역 내에 진입하였는지 여부만에 의하여 판단하고 상대방이 의사표시의 내용을 알 수 있는 상태인지 여부는 기한 내에 도착하였는가의 문제로 볼 것이지 도달의 요건은 아니라고 보는 견해도 있다.[12)]

여기서 말하는 의사표시의 도달은 민사소송법상의 송달과는 구분하여야

---

8) 김상용, 민법총칙, 2014, 515; 송덕수(주 1), 294. 이에 대하여 이영준(주 1), 468은 도달을 의사표시의 성립요건으로 보아야 한다고 주장한다.

9) 대판 97.11.25, 97다3181은 "채권양도의 통지는 채무자에게 도달됨으로써 효력을 발생하는 것이고"라고 하고, 대판 11.7.14, 2011다23200은 "취득시효이익의 포기와 같은 상대방 있는 단독행위는 그 의사표시로 인하여 권리에 직접적인 영향을 받는 상대방에게 도달하는 때에 효력이 발생한다"라고 하며, 대판 12.10.11, 2012다55860은 "해지의 의사표시가 임차인에게 도달하는 즉시 임대차관계는 해지로 종료된다"라고 한다.

10) 고상룡, 민법총칙, 2003, 453; 곽윤직 · 김재형(주 5), 329; 구주해(2), 607(박영식); 백태승, 민법총칙, 2016, 431.

11) 대판 97.11.25, 97다31281은 "채권양도의 통지는 채무자에게 도달됨으로써 효력을 발생하는 것이고, 여기서 도달이라 함은 사회관념상 채무자가 통지의 내용을 알 수 있는 객관적 상태에 놓여졌다고 인정되는 상태를 지칭한다고 해석되므로, 채무자가 이를 현실적으로 수령하였다거나 그 통지의 내용을 알았을 것까지는 필요로 하지 않는다"라고 한다.

12) 이영준(주 1), 476.

한다. 민사소송법상의 송달은 당사자나 그 밖의 소송관계인에게 소송상 서류의 내용을 알 기회를 주기 위하여 법정의 방식에 좇아 행하여지는 통지행위로서, 송달장소와 송달을 받을 사람 등에 관하여 구체적으로 법이 정하는 바에 따라 행하여지지 아니하면 부적법하여 송달로서의 효력이 발생하지 아니하지만, 채권양도 통지의 도달과 같이 민법에서 말하는 의사표시의 도달은 그것보다 탄력적인 개념으로서 송달장소나 수송달자 등의 면에서 위에서 본 송달에서와 같은 엄격함은 요구되지 아니하며, 이에 송달장소 등에 관한 민사소송법의 규정을 유추적용할 것이 아니다. 따라서 채권양도의 통지와 같은 민법에서 말하는 의사표시의 도달은 민사소송법상의 송달에 관한 규정에서 송달장소로 정하는 채무자의 주소·거소·영업소 또는 사무소 등에 해당하지 아니하는 장소에서라도 채무자가 사회통념상 그 통지의 내용을 알 수 있는 객관적 상태에 놓여졌다고 인정됨으로써 족하다.[13)]

한편 의사표시의 도달 여부를 판단하는 과정에서 우편법 소정의 규정에 따라 우편물이 배달되었다고 하여 언제나 상대방 있는 의사표시의 통지가 상대방에게 도달하였다고 볼 수 없고,[14)] 우편집배원의 진술이나 우편법 등의 규정을 들어 우편물의 수령인을 본인의 사무원 또는 고용인으로 추정할 수 없다.[15)] 따라서 우편물이 피고의 주소나 사무소가 아닌 동업자의 사무소에서 그 신원이 분명치 않은 자에게 송달되었다는 사정만으로는 사회관념상 상대방이

13) 대판 10.4.15, 2010다57, "피고는 이 사건 채권양도통지서가 배달된 '서울 광진구 노유1동 (이하 생략)'에 있는 ○○빌딩의 5층에 거주하여 이를 주소지로 하고 있고 한편 같은 빌딩의 2층에서 소외 3 주식회사를 경영하고 있는 사실은 원심이 인정하는 대로이다. 또한 기록에 의하면, 이 사건 양도채권은 임차인 소외 1이 위 ○○빌딩의 4층 401호를 피고로부터 임차하여 지급한 보증금의 반환을 내용으로 하는 것인 사실, 이 사건 채권양도통지서를 실제로 수령한 소외 2는 피고가 경영하는 소외 3 주식회사에서 사무원으로 근무한 사실(피고는 소외 2가 위 회사의 그래픽디자인 제작업무를 대행하는 재택 근무 프리랜서로서 위 채권양도통지서 수령 당시 노임을 수령하기 위하여 우연히 위 사무실에 나왔던 것일 뿐이라고 주장한다. 그러나 이러한 주장은 소외 2가 2003.9.1.부터 2005.7.15.경까지 위 회사의 피용자로 근무하였다는 국민연금공단 성동광진지사 및 서울지방노동청 서울성동지청에 대한 각 사실조회결과에 비추어 쉽사리 믿을 수 없다. 위에서 본 대로 이 사건 채권양도통지서에 관한 우편물배달증명서에 소외 2가 '피고의 회사동료'로 기재되어 있다는 점도 이를 뒷받침한다)을 알 수 있다. 이러한 사정들을 종합하여 보면, 이 사건 채권양도의 통지는 다른 특별한 사정이 없는 한 사회관념상 채무자인 피고가 그 내용을 알 수 있는 객관적 상태에 놓여졌다고 봄이 상당하여 피고에게 도달하였다고 할 것이고, 피고가 이 사건 채권양도통지서를 현실적으로 수령하였는지 여부는 그에 영향을 미치지 아니한다."

14) 대판 93.11.26, 93누17478.

15) 대판 97.11.25, 97다31281.

통지의 내용을 알 수 있는 객관적 상태에 놓여졌다고 인정할 수 없다.[16)]

의사표시가 도달하였다고 하기 위하여는 의사표시자가 상대방에게 의사표시의 내용을 알게 할 수 있도록 통상 필요한 행위를 하고 거래 사회의 통념에 따라 발신자로서 해야 할 충분한 조치를 취하여 그의 의사표시가 상대방에게 알려질 것이 예상될 수 있도록 그의 지배권에 들어간 상태인지 여부가 일응의 판단 기준이 된다.

따라서 우편이 상대방측의 수신함에 투입된 때 또는 동거하는 친족·가족이나 피용자가 수령한 때에는, 비록 상대방이 여러 가지 이유나 개인적인 사정으로 보지 못하거나 그 내용을 알지 못하였더라도 도달한 것으로서 효력이 생긴다. 특별한 사정이 없는 한 상대방이 통지를 현실적으로 수령하거나 통지의 내용을 알 것까지는 필요로 하지 않는다.[17)18)]

우편물이 등기취급의 방법으로 발송된 경우 그것이 도중에 유실되었거나 반송되었다는 등의 특별한 사정에 대한 반증이 없는 한 그 무렵 수취인에게 배달되었다고 추정할 수 있다.[19)] 내용증명의 경우에도 우편물이 발송되고 반송되지 아니하면 특별한 사정이 없는 한 그 무렵에 송달되었다고 볼 수 있다.[20)]

한편 통상우편으로 발송된 우편물에 대하여는 발송이 증명되면 배달되었다고 추정된 적이 있었지만[21)] 그후에 이를 변경하여 그 추정력이 부인되고 있고,[22)] 나아가 우편법 § 31 및 동법시행령 § 38의 규정취지는 그 규정에 따라

16) 대판 97.11.25, 97다31281.

17) 대판 83.8.23, 82다카439.

18) 대판 83.8.23, 82다카439. "채권양도의 통지를 피고가 현실적으로 수령하였다거나 그 통지의 내용을 알았을 것까지는 필요로 하지 않는다 할 것이나 피고가 주장하고 있는 바와 같이 원판시 채권양도통지서가 들어있는 우편물을 피고의 가정부인 소외 1이 수령한 직후, 한집에 거주하고 있던 채권양도 통지인인 소외 2가 그 우편물을 바로 회수해 버렸다면 그 우편물의 내용이 무엇이었는지를 소외 1이 알고 있었다는 등의 특별한 사정이 없었던 이상 그 통지를 받아야 할 피고로서는 채권양도의 통지가 있었는지 여부를 알 수 없었던 상태였다 할 것이니 원판시 채권양도의 통지는 사회관념상 채무자인 피고가 그 통지의 내용을 알 수 있는 객관적 상태에 놓여졌던 것이라고는 볼 수 없다 할 것이고, 따라서 그 통지는 피고에게 도달되었던 것이라고 볼 수 없을 것이다."

19) 대판 92.3.27, 91누3819; 대판 17.3.9, 2016두60577 등.

20) 대판 80.1.15, 79다1498.

21) 대판 68.3.19, 67누21.

22) 대판 77.2.22, 76누263. "통상우편으로 발송된 통지서가 반송되지 아니하였다는 사실만 가지고 발송일로부터 일정한 기간 내에 필연코 배달되었다고 추정할 만한 우편제도상이나 일반실태상의 보장도 없다."

우편물이 배달되면 우편물이 정당하게 교부된 것으로 인정하여 국가가 위탁받은 우편물의 배달업무를 다하였다는 것일 뿐이지 위탁자가 그 우편물의 송달로서 달성하려고 하는 법률효과까지 그대로 발생하는 것은 아니라 할 것이므로, 위 규정에 따라 우편물이 배달되었다고 하여서 언제나 상대방 있는 의사표시의 통지가 상대방에게 도달하였다거나 민사소송법상의 송달의 효과가 발생하였다고는 볼 수 없다.[23)]

결국 내용증명우편이나 등기우편과는 달리, 보통우편의 방법으로 발송되었다는 사실만으로는 그 우편물이 상당기간 내에 도달하였다고 추정할 수 없으므로 이때에는 송달의 효력을 주장하는 측에서 증거에 의하여 도달사실을 증명하여야 한다.[24)]

그리고 도달은 상대방이 알 수 있는 상태가 생겼어야 하므로, 슬그머니 서면을 수령자의 주머니 속에 넣거나, 쉽게 발견될 수 없는 상태로 문서를 상품 속에 끼워 넣어 보낸 경우에도 도달이 있다고 할 수 없다.[25)]

(나) 주소 이외의 장소 　의사표시는 보통 상대방의 주소지나 또는 지정된 장소에 송부하는 것이 원칙이므로 그와 같은 장소에 의사표시가 도달되면 효력이 생긴다. 그러나 의사표시가 반드시 상대방의 주소나 지정된 장소에 송달되어야만 도달의 효력이 생기는 것은 아니다. 주소 이외의 장소에 송달되어도 상대방이 사실상 수령하는 경우와 같이 상대방이 그 통지의 내용을 알 수 있는 객관적 상태에 놓여지게 되면 도달의 효력이 있다. 따라서 이미 전거하고 있으면 도달이 되지 않으나, 예를 들어 전 주소의 거주자를 통하여 수령하였으면 도달이 된다.[26)]

(다) 상대방 친족 등에의 교부 　의사표시가 상대방의 주소나 그 지정된 장소에서 그의 동거친족이나 가족 또는 피용인에게 교부된 경우 그 자가 상대방을 위하여 그것을 수령한다는 사실을 이해할 수 있는 사실상의 정신능력이 있는 한 도달의 효력이 있다. 그 수령자가 반드시 엄격한 의미의 대리권

23) 대판 84.2.14, 83누233. "원고 회사가 내분으로 사무실을 폐쇄하고 직무집행대행자만이 다른 곳에서 업무를 집행한 경우라면 피고예하기관이 보낸 하자보수요청서를 교부받은 원고의 전주소지건물의 관리실 직원이 원고의 고용인 또는 동거자에 해당하지 않는 한 이를 들어 원고에 대한 송달이라고 볼 수 없을 뿐 아니라."

24) 대판 02.7.26, 2000다25002.

25) 곽윤직·김재형(주 5), 330; 송덕수(주 1), 293.

26) 곽윤직·김재형(주 5), 330.

이 있음을 필요로 하지 않는다.[27)28)] 따라서 남편과 동거하는 사실상의 처가 남편의 주소로 배달된 우편물을 수령한 경우나 상대방이 유숙하고 있는 여관이나 호텔의 관리인 등에게 우편물이 수교된 경우에도 도달로 된다. 그러나 동거인으로서 송달을 받을 수 있는 자는 동일 장소에 거주하는 것만으로는 부족하고 상대방과 동일세대에 거주하여 생활을 같이하는 자이어야 한다.[29)]

관청이나 회사에 대한 경우에 있어서도 반드시 내부규칙상 수령권한 있는 자에게 교부되지 않았다 하더라도 고용관계나 인적관계 등으로 사실상 수취하여 전달하는 것이 기대될 수 있는 자가 수령하면 도달로 된다.[30)31)]

구두로 의사표시를 하는 경우에 있어서도 들은 사람이 그 표시를 상대방 본인에게 전달할 정신능력을 가지고 있는 때에는 들은 사람에게 구술한 때 도달한 것으로 된다. 그런데 이때의 그 정신능력은 우편물을 수령할 때의 경우보

---

27) 대판 94.1.11, 93누16864는 국세청장의 결정서 송달과 관련하여, 등기우편물 등 특수우편물에 관하여 아파트의 등기우편물 등의 수령관례에 의하면 위 아파트의 주민들은 등기우편물 등의 수령권한을 아파트의 경비원에게 묵시적으로 위임한 것이라고 봄이 상당하다고 하였다.

28) 대판 00.7.4, 2000두1164는 과세처분의 상대방인 납세의무자 등 서류의 송달을 받을 자가 다른 사람에게 우편물 기타 서류의 수령권한을 명시적 또는 묵시적으로 위임한 경우에는 그 수임자가 해당 서류를 수령함으로써 그 송달받을 자 본인에게 해당 서류가 적법하게 송달된 것으로 보아야 하고, 그러한 수령권한을 위임받은 자는 반드시 위임인의 종업원이거나 동거인일 필요가 없다고 하였다.

29) 다만 대판 78.2.28, 77다2029. "보충송달에 관한 민사소송법 § 172 Ⅰ 소정의 동거자라 함은 송달을 받을 자와 동일세대에 속하여 생활을 같이 하는 자를 말한다."; 대판 81.4.14, 80다1662; 대판 18.5.15, 2017다236336 등도 같은 취지인데 이는 모두 민사소송법에 따른 송달 여부가 문제된 사안이다.

30) 대판 11.1.13, 2010다77477. "이 사건 채권양도통지서는 피고 조합의 주소지인 천안시 ○○2동 △△빌딩 4층으로 배달된 사실, 국내등기 우편조회에 피고 조합의 직원인 소외 1이 위 채권양도통지서를 수령한 것으로 기재되어 있는 사실, 소외 1은 피고 조합에 배달되는 우편물을 수령하는 업무를 담당하였는데, 소외 1 부재시에는 같은 장소에서 근무하는 피고 회사 직원인 소외 2가 대신 우편물을 수령하였다가 소외 1에게 전달한 사실 등을 알 수 있다. 위 사실관계를 앞서 본 법리에 비추어 살펴보면, 피고 조합의 직원인 소외 1이 이 사건 채권양도통지서를 수령한 것으로 보이고, 설령 피고 조합이 채권양도통지서를 현실적으로 수령하지 않았다고 하더라도 위 채권양도통지서가 피고 조합의 주소지로 배달되었고, 피고 조합에게 전달되었을 가능성이 높은 점 등을 고려하면, 위 채권양도통지서는 사회통념상 채무자인 피고 조합이 그 내용을 알 수 있는 객관적 상태에 놓여졌다고 인정됨으로써, 피고 조합에게 도달하였다고 봄이 상당하다."

31) 대판 89.1.31, 88누940; 대판 17.3.9, 2016두60577은 "행정처분의 효력발생요건으로서의 도달이란 처분상대방이 처분서의 내용을 현실적으로 알았을 필요까지는 없고 처분상대방이 알 수 있는 상태에 놓임으로써 충분하며, 처분서가 처분상대방의 주민등록상 주소지로 송달되어 처분상대방의 사무원 등 또는 그 밖에 우편물 수령권한을 위임받은 사람이 수령하면 처분상대방이 알 수 있는 상태가 되었다."라고 한다.

다는 좀 높은 정도의 것을 요한다.[32] 그러나 구두의 경우에는 들은 사람이 돌연한 사망, 질병, 망각 등에 의하여 상대방 자신이 이를 요지할 수 없는 위험이 대단히 크기 때문에 구술한 것만으로는 거래상 요지할 수 있는 상태가 아직 성립하였다고 할 수 없으므로 들은 사람이 상대방에게 그 의사를 전달한 때에 비로소 도달이 있었다고 보아야 한다는 견해도 있다.[33]

㈑ 수령거절 상대방이 계약의 해제와 같은 상대방 있는 의사표시를 정당한 사유 없이 통지의 수령을 거절한 경우에는 상대방이 그 통지의 내용을 알 수 있는 객관적 상태에 놓여 있는 때에 의사표시의 효력이 생기는 것으로 본다.[34]

상대방의 거소 이외의 장소에서 상대방의 대리권도 갖지 아니한 동거의 친족, 가사사용인 등에게 문서를 교부하려고 한 경우에 이들이 이를 거절하였다고 하여도 일반적으로는 도달이 없었다고 하여야 할 것이다.[35]

㈒ 경 로 도달하였다고 하기 위하여는 의사표시자의 의사에 기하여 상대방을 향하여 발신되었어야 한다. 편지를 작성하여 책상 위에 놓았을 뿐인데 상대방이 사회 통념상 예상할 수 없는 방법으로 입수하였더라도 도달한 것으로 볼 수 없다.

다만 의사표시자로부터 서신 전달을 부탁받은 사자가 서신을 분실한 경우에 그 서신을 제3자가 습득하여 상대방에게 송부하였다 하여도 도달의 효력이 있다. 다만 사자(使者)가 분실한 서면 대신에 구두로 의사표시를 전한 때에는 아직 도달이 없었다는 설도 있다.[36] 그러나 사자가 구두로 의사표시를 전하려고 하였으나 상대방이 부재하여 대신 서면을 작성하여 전달한 경우에는 도달이 된 것으로 보아도 좋다는 견해가 있다.[37]

우편함 투입과 관련하여 대법원은 "아파트의 우편함에 우편물을 넣어 두었다고 하더라도 그 우편물이 분실되는 경우가 흔히 있고 통상 우편함에는 비단 보통의 우편물뿐만 아니라 광고전단 등도 아울러 투입되는 일이 많으며 우편함에 광고전단 등이 많이 쌓여 넘치게 되면 아파트의 청소를 담당하는 사람

32) 구주해(2), 609(박영식).
33) 주석 민법총칙(하), 279(김승진).
34) 대판 08.6.12, 2008다19973.
35) 주석 민법총칙(하), 280(김승진).
36) 주석 민법총칙(하), 280(김승진).
37) 주석 민법총칙(하), 280(김승진).

이 치워 버리기도 하는 현실에 비추어 볼 때, 우편물이 수취인 가구의 우편함에 투입되었다고 하더라도 그 우편물이 수취인의 수중에 들어가지 않을 가능성이 적지 않게 존재한다고 보아야 하고, 더욱이 이 사건의 경우 78세 가량으로서 단독 세대주인 피고에게 우편물이 오는 일 자체가 흔치 않았기 때문에 아침 일찍 출근하였다가 밤늦게 퇴근하는 피고가 우편함을 수시로 살펴 우편물이 있는지 여부를 확인하였을 것으로는 보이지 않는데다가, 경비원도 피고에게 상속채무발생통보서를 우편함에 넣어둔 사실을 따로 말하여 주지 아니하였던 점을 종합적으로 고려하여 볼 때, 특별히 피고의 아파트의 우편함에 자물쇠가 있어 우편물을 그 우편함에 투입하면 다른 사람이 쉽게 이를 꺼내 갈 수 없는 구조라거나, 그 우편함의 자물쇠가 설치되어 제대로 작동하고 있었으며 경비원이 위 상속채무발생통보서를 다른 사람이 꺼낼 수 없도록 완전하게 넣었다는 등의 특별한 사정이 밝혀지지 아니하는 한, 경비원이 상속채무발생통보서를 피고의 우편함에 투입하였다는 사실만으로 피고가 이를 실제로 수취하였다고 추단할 수는 없을 것이다."라고 한 것이 있다.[38)]

㈓ 전자적 의사표시에 의한 도달　　팩시밀리 등 기계장치를 이용한 의사표시나 이메일 등 전자적 의사표시의 경우에도 특별한 사정이 없는 한 도달에 관한 일반원칙이 그대로 적용된다.[39)] 전자문서 및 전자거래 기본법 §6는 전자문서의 송·수신 시기를 일정한 시기로 보는 규정을 두고 있는데 이는 민법의 도달의 시기를 규정한 것으로 보기 어렵다.[40)]

위의 특별한 사정과 관련하여, 국세기본법(2010.1.1. 법률 제9911호로 개정된 것) §12(송달의 효력 발생)는 "① §8에 따라 송달하는 서류는 송달받아야 할 자에게 도달한 때부터 효력이 발생한다. 다만, 전자송달의 경우에는 송달받을 자가 지정한 전자우편주소에 입력된 때(국세정보통신망에 저장하는 경우에는 저장된 때)에 그 송달을 받아야 할 자에게 도달한 것으로 본다."라고 규정하고 있는데, 이에 따라 송달할 서류는 그 내용이 국세정보통신망에 저장된 때에 송달받아야 할 자에게 도달한 것으로 보고, 그 밖의 전자송달의 경우에는 송달받을 자가 지정한 전자우편주소에 입력된 때 도달한 것으로 본다. 따라서 납세자가 저장 내지 입력된 전자 서류의 내용을 확인하지 않더라도 송달의 효력이 인정된다.[41)]

38) 대판 06.3.24, 2005다66411.
39) 백태승(주 10), 432.
40) 송덕수(주 1), 294.
41) 헌재(전) 17.10.26, 2016헌가19.

(사) 의사표시의 수령능력 표시수령자가 수령능력을 가지고 있지 않으면 도달이 되지 않는다. 이에 관하여는 § 112에서 설명한다.

3. 증명책임

도달에 대한 증명책임은 일반원칙에 따라 도달을 주장하는 자에게 있다. 내용증명우편이나 등기우편과는 달리, 보통우편의 방법으로 발송되었다는 사실만으로는 그 우편물이 상당기간 내에 도달하였다고 추정할 수 없으므로 이 때에는 송달의 효력을 주장하는 측에서 증거에 의하여 도달사실을 증명하여야 한다.[42]

Ⅳ. 공시에 의한 의사표시

이에 관하여는 § 113에서 설명한다.

Ⅴ. 도달주의의 효과

도달주의를 취하는 결과, 다음과 같은 효과가 생긴다. 여기서 문제삼는 것은 주로 발신 후 도달 전의 의사표시의 효력에 관하여서이다.

1. 의사표시의 철회

의사표시는 상대방에 도달한 때에 그 효력이 생기므로, 발신 후라고 하더라도 도달하기 전에는 그 의사표시를 철회할 수 있다.[43] 그러나 철회의 의사표시는 늦어도 먼저 발신한 의사표시와 동시에 도달하여야 하며, 독일민법 § 130 Ⅰ 후단은 이 점을 명시하고 있다. 요컨대, 의사표시가 도달해 버리면, 비록 상대방이 아직 알기 전이더라도, 이제는 의사표시자가 그 의사표시를 철회하지 못한다.

계약의 청약의 의사표시에 관하여는 특별한 구속력이 인정되고(§§ 527, 529 각 참조),

42) 대판 02.7.26, 2000다25002.
43) 곽윤직 · 김재형(주 5), 330; 김상용(주 8), 519; 구주해(2), 614(박영식).

연착한 승낙에 관하여 특별한 효력을 정하고 있음에 유의한다(§528 참조).

2. 의사표시의 미도착 · 연착

도달주의를 취하는 결과, 의사표시가 도착하지 않거나 늦게 도착하는 것은 모두 의사표시자의 불이익에 돌아간다. 최고기간 등의 계산도 도달한 때로부터 산정하게 된다(따라서 연착은 최고자의 불리로 돌아가며, 당해 최고기간은 부족하게 된다).

일정한 시간 이전에 하여야 할 의사표시는 그 시간까지 도달하지 아니하면 효력이 생기지 않는다. 예를 들어 일정 기간 내에 답변할 것을 필요로 하는 무권대리의 추인, 소정기간 내에 도달하여야 하는 현상모집에 응모하는 경우 등이 그것이다. 다만 승낙기간을 정한 계약의 청약에 대하여 승낙의 통지가 그 기간 후에 도달하였다 하더라도 보통 그 기간 내에 도달할 수 있는 발송이었던 때에는 청약자가 지체없이 상대방에게 그 지체의 통지를 하지 아니한 때에는 그 승낙의 통지는 연착되지 아니한 것으로 본다(§528 Ⅲ). 한편 일정시기 이후에 하여야 할 의사표시에 있어서 발신이 그 시기 이전에 되었더라도 도달이 그 시기 이후에 되었다면 적법한 시기에 한 것으로 된다.[44]

3. 발신 후의 사정변경

(1) 의사표시의 도달은 이미 성립한 의사표시의 객관적인 효력발생요건이므로, 도달하고 있는 한, 발신 후에 의사표시자가 사망하거나 또는 제한능력자가 되더라도 그 의사표시의 효력에는 아무런 영향을 미치지 않는다(본조 Ⅱ). 이 경우 그 효력을 인정한다 하여도 의사표시자나 그 상속인에게 아무런 불이익이 없으나 그 효력을 인정하지 아니할 때에는 상대방에게 불측의 손실을 입힐 염려가 있기 때문이다.

그러나 이는 어디까지나 원칙에 지나지 않으며, 경우에 따라서는 예외를 인정할 필요가 있음을 유의하여야 한다. 즉, 당사자의 인격 내지 개성이 중요시 되는 계약(위임 · 조합 · 고용 등. §§ 690, 717 각 참조)에 있어서는, 청약자가 사망하여도 그의 상속인이 청약자의 지위를 승계하지는 않으므로, 청약은 그 효력을 잃는다고 새겨야 한다.[45](청약의 발신 후, 그 도달 전에, 청약의 상대방이 능력을 상실하면, 이른바 수령능력의 문제가 되고, 사망한 때에는, 청약의 내용이 그 청약을 수령한 상대방의 상속인이 그 지위를 수계할 성질의 것이냐 아니냐에 따라 청약의 효력은 결정된다).

---

44) 주석 민법총칙(하), 282(김승진).

45) 구주해(2), 615(박영식).

의사능력이나 대리권과 같은 의사표시를 할 권한을 잃은 경우에도 마찬가지로 해석한다.[46]

(2) 제한능력자가 한 의사표시는 그 도달 전에 능력을 회복하여도 확정적으로 유효하게 되는 것은 아니다. 또한 진의 아닌 의사표시(§ 107), 통정한 허위의 의사표시(§ 108), 착오로 인한 의사표시(§ 109), 사기·강박에 의한 의사표시(§ 110)와 같이 오로지 의사표시자측의 상태가 문제인 경우에 대하여는 발신 시를 기준으로 하여 판단하여야 한다.

Ⅵ. 도달주의에 대한 예외

1. 의　　의

모든 의사표시에 대하여 도달주의를 취하는 것은 당사자간의 이익형량 그리고 거래 안전 등의 관점에 비추어 타당하지 않다. 법률에서도 본조의 도달주의에 대하여 예외를 인정하고 있다.

2. 예　　외

(1) 최고에 대한 확답

제한능력자의 상대방이나 무권대리행위의 상대방이 한 추인의 최고에 대한 확답이나 채무인수의 경우 채권자에 대한 승낙의 최고에 대한 확답 등에 대하여는 모두 발신주의를 취하고 있다(§§ 15, 131, 455). 위의 경우 최고를 한 자는 이에 그 상대방의 어떠한 답변에 대하여도 그에 따른 준비가 되어 있어야 할 것이므로 발신주의를 취하여도 어떠한 불측의 손해를 입을 염려가 없고 도리어 불안정한 법률상태를 신속히 안정시킬 수 있는 장점이 있기 때문이다.

(2) 계약의 승낙

격지자간의 계약은 승낙의 통지를 발송한 때에 성립한다(§ 531). 이와 같이 승낙의 의사표시에 대하여 발신주의를 취한 것은 계약의 성립을 되도록 간편하고 신속하게 하여 승낙자가 승낙 발신 직후에 이행준비를 안심하고 시작할 수 있도록 하여 거래의 원활을 도모하자는 데 있다. 또한 청약자는 스스로 계약의 성립관계를 유도한 자이므로 어느 정도의 위험을 부담하는 것은 어쩔 수

46) 김상용(주 8), 520; 구주해(2), 615(박영식).

없다고 하여도 좋을 것이다. 승낙에 대해 발신주의를 채용함에 따라 계약의 청약을 철회할 수 있다고 하더라도(§529 참조) 그 철회는 승낙의 발신 전에 승낙자에게 도달되어야 한다.

(3) 다수자에 대한 통지

사단법인의 총회, 주식회사의 주주총회, 사채권자집회 등의 소집과 같이 다수자에게 같은 내용의 통지를 하여야 하는 경우에 도달주의를 취한다면 1인 또는 수인에게 도달되지 않았다고 하여 총회 또는 집회가 열리지 못하거나 또는 무효로 되는 불합리가 있다. 따라서 법률은 이에 대하여 발신주의를 채용하고 있다(§71, 상 §§363, 510).

(4) 상법의 규정

상법은 위 주주총회의 소집통고 이외에도 상거래의 신속, 원활을 위하여 발신주의를 채용하는 경우가 많다. 상사계약의 성립(상 §53), 매도인의 매매목적물 공탁·경매시의 통지(상 §67), 대리상의 거래의 대리통지(상 §88) 등에 관하여 발신주의를 취하고 있는 것이 그 예들이다.

[윤 태 식]

제 112 조(제한능력자에 대한 의사표시의 효력)

의사표시의 상대방이 의사표시를 받은 때에 제한능력자인 경우에는 의사표시자는 그 의사표시로써 대항할 수 없다. 다만, 그 상대방의 법정대리인이 의사표시가 도달한 사실을 안 후에는 그러하지 아니하다.

차 례

Ⅰ. 조문 연혁

1958.2.22. 법률 제471호로 제정된 민법 § 112는 "의사표시의 상대방이 이를 받은 때에 무능력자인 경우에는 그 의사표시로써 대항하지 못한다. 그러나 법정대리인이 그 도달을 안 후에는 그러하지 아니하다."라고 규정하였다.

그 후 2011.3.7. 법률 제10429호로 개정되어 2013.7.1.부터 시행된 개정 민법이 성년후견제도를 도입하면서 피한정후견인, 피성년후견인 등을 제한능력자로 규정함에 따라 민법 § 112가 "의사표시의 상대방이 의사표시를 받은 때에 제한능력자인 경우에는 의사표시자는 그 의사표시로써 대항할 수 없다. 다만, 그 상대방의 법정대리인이 의사표시가 도달한 사실을 안 후에는 그러하지 아니하다."라고 변경되었다.

Ⅱ. 수령능력의 의의

의사표시의 수령이라 함은 도달을 의사표시자의 상대방 쪽에서 본 것이다. 의사표시에 전달행위로서의 법적 구속력을 승인하기 위하여는 상대방이 그 통지의 내용을 알 수 있는 객관적 상태에 놓였다고 인정되는 상태를 가리키는데, 이를 상대방쪽에서 본다면 상대방이 자신이 받은 의사표시의 의미를 이해하는 능력을 가지지 않는 경우에는 도달하였다는 것만으로는 의사표시에 따른 법적 구속력이 발생하지 않는다는 것이 논리적으로 요구된다. 이와 같이 타인의 의사표시의 내용을 이해할 수 있는 능력이 의사표시의 수령능력이고 본조는 이에 대해 규정하고 있다.

수령능력은 타인의 의사표시를 이해할 수 있는 능력이기 때문에 스스로 의사를 결정하여 발신하는 행위능력보다는 낮다.

Ⅲ. 수령제한능력자

위와 같이 수령능력은 타인의 의사표시의 내용을 이해할 수 있는 능력이므로, 스스로 의사를 결정하고 발표할 수 있는 능력인 행위능력보다는 그 정도가 낮아도 좋다고 말할 수 있다. 이렇게 본다면, 제한능력자를 모두 수령에 관한 행위능력이 없다고 할 필요는 없다고 할 수 있다.

그러나 의사표시가 효력을 발생하면 일정한 법률효과가 생기게 되므로, 제한능력자를 보호하려면, 수령에도 행위능력을 필요로 한다고 하여야 한다.[1] 여기서 민법은 본조를 통해 모든 제한능력자를 의사표시의 수령에 관한 제한능력자로 하고 있다. 따라서 미성년자, 피성년후견인 및 피한정후견인은 원칙적으로 의사표시를 수령할 능력이 없다.

예외적으로 미성년자와 피한정후견인이 법정대리인의 동의 없이 법률행위를 할 수 있는 경우(§§ 6, 8), 예컨대 법정대리인으로부터 허락을 얻어 특정한 영업을 하는 경우 그 영업과 관련된 의사표시에 대하여는 수령능력이 있다.[2]

Ⅳ. 제한능력자에 대한 의사표시의 효력

1. 의사표시의 상대방이 이를 수령할 때에 제한능력자이면 의사표시자는 그 의사표시로써 제한능력자에게 대항할 수 없다(본조 본문). 의사표시자가 그의 의사표시의 도달, 즉 효력의 발생을 주장할 수 없을 뿐이므로, 제한능력자가 그

1) 곽윤직 · 김재형, 민법총칙, 제9판, 2013, 333.
2) 백태승, 민법총칙, 2016, 437.

도달을 주장하는 것은 상관없다.[3] 한편 제한능력자가 능력자로 된 경우에도 그 시점에 당연히 그 의사표시의 효력이 생긴다고는 할 수 없고, 그 사람이 그 의사표시를 알게 되어야 그 때에 비로소 효력이 생긴다고 하여야 할 것이다.[4]

2. 상대방이 제한능력자이더라도, 그의 법정대리인이 의사표시의 도달을 안 후에는, 의사표시자도 그 의사표시로써 대항할 수 있다(본조 단서). 즉 이때에는 의사표시자가 의사표시의 도달 내지 효력발생을 주장할 수 있다. 그러나 이때에도 의사표시의 효력발생시점은 법정대리인이 안 때이고 도달한 때로 소급하는 것은 아니다.[5] 법정대리인이 의사표시의 도달을 알았다고 하는 증명책임은 그 효력을 주장하는 의사표시자에게 있다.[6]

법정대리인은 본조와는 별도로 제한능력자에 대한 의사표시를 수령할 일반적 권한을 갖고 있으므로 의사표시자는 제한능력자에 대한 의사표시를 그 법정대리인에게 하는 것이 좋다. 그리고 법정대리인에게 직접 한 의사표시는 일반 원칙에 의하여 그 효력 유무가 결정된다.

3. 기술한 바와 같이 수령능력은 행위능력보다 그 정도가 낮아도 무방하므로, 미성년자도 일정한 경우에 수령능력을 가질 수 있다고 본다(통설).

4. 의사표시의 상대방이 제한능력자는 아니지만 심신상실의 상태에 있는 사람이 의사표시를 수령한 경우 그 의사표시의 효력에 대하여는 일시적 심신상실의 경우에는 상대방에게 도착하였을 때에 도달되었다고 볼 수 있으나 계속적 심신상실의 경우에는 수령능력이 없어 의사표시자는 도달의 유효를 주장할 수 없다는 견해[7]와 심신상실의 일시적, 계속적 여부를 구별하지 않고 의사무능력 일반론에 의하여 효력이 생기지 않는다는 견해[8]가 있다.

---

3) 곽윤직 · 김재형(주 1), 333; 구주해(2), 619(박영식).
4) 김상용, 민법총칙, 2014, 523; 구주해(2), 619(박영식).
5) 주석 민법총칙(하), 286(김승진).
6) 주석 민법총칙(하), 286(김승진); 구주해(2), 619(박영식).
7) 김상용(주 4), 524.
8) 고상룡, 민법총칙, 2003, 463.

V. 본조의 적용범위

1. 본조는 의사표시에 대한 규정이기는 하지만 의사의 통지나 관념의 통지에 대하여도 마찬가지로 적용된다. 또한 본조는 의사표시의 상대방에 대한 규정이기 때문에 상대방이 없는 의사표시에는 적용되지 않는다. 한편 발신주의에 의한 의사표시·공시의 방법(즉 공시송달)에 의한 의사표시에도 적용되지 않는다.[9]

2. 사무처리 능력이 결여된 자에 대한 의사표시

질병, 장애, 노령, 그 밖의 사유로 인한 정신적 제약으로 사무를 처리할 능력이 지속적으로 결여된 사람에 대하여 성년후견개시의 심판을 받지 않고 있는 자가 실제에 있어서는 많다. 그러한 자에 대한 의사표시의 효력에 관한 특별규정은 민법에 두고 있지 않았다가 2017.10.31. 법률 제14965호로 개정된 민법 §9 Ⅰ은 가정법원은 질병, 장애, 노령, 그 밖의 사유로 인한 정신적 제약으로 사무를 처리할 능력이 지속적으로 결여된 사람에 대하여 본인, 배우자, 4촌 이내의 친족, 미성년후견인, 미성년후견감독인, 한정후견인, 한정후견감독인, 특정후견인, 특정후견감독인, 검사 또는 지방자치단체의 장의 청구에 의하여 성년후견개시의 심판을 할 수 있도록 규정하였다.

[윤 태 식]

9) 곽윤직·김재형(주 1), 333; 김상용(주 4), 524; 이영준, 민법총칙, 2007, 486; 구주해(2), 620(박영식).

第 113 條(意思表示의 公示送達)

表意者가 過失없이 相對方을 알지 못하거나 相對方의 所在를 알지 못하는 境遇에는 意思表示는 民事訴訟法 公示送達의 規定에 依하여 送達할 수 있다.

차 례

Ⅰ. 의 의

상대방이 있는 의사표시는 원칙적으로 그 의사표시가 상대방에 도달하여야 효력을 발생한다(§ 111). 그런데 표의자(의사표시자)가 의사표시를 하여야 할 상대방이 누구인지를 알 수 없거나 상대방이 있는 곳을 알 수 없는 경우에는 의사표시를 도달시킬 수 없어 의사표시의 효력을 발생하게 할 수 없다.

이러한 불편을 제거하기 위하여, 본조는 표의자가 과실 없이 상대방을 알지 못하거나 상대방의 소재를 알지 못하는 경우에는 민사소송법상의 공시송달의 방법에 의하여 의사표시를 송달하도록 규정함으로써 이러한 불편을 해소하고 있다.

원래 의사표시의 공시송달방법은 독일작센 민법 § 735에서 최고의 경우에만 인정하였던 것인데 그 뒤 독일민법 § 132 Ⅱ에서 의사표시 일반에까지 인정하게 되었고,[1] 우리도 구 민법에 이어 1958.2.22. 법률 제471호로 제정된 민법 § 111에서 의사표시 일반에 규정하고 있다.

Ⅱ. 요 건

의사표시의 공시송달을 하려면, 다음의 두 요건이 있어야 한다.

1. 상대방을 알지 못하거나 또는 상대방의 소재를 알지 못하여야 한다. 상

1) 구주해(2), 621(박영식).

대방을 알지 못한다고 함은 예컨대, 상대방이 사망하여 상속인이 누구인지를 알지 못하거나, 또는 백지위임장을 준 경우에 수임인이 누구인지를 알지 못하는 경우와 같이 상대방 자체를 모르는 것을 말한다. 그리고 상대방의 소재를 알지 못한다는 것은, 상대방이 누구인지는 알고 있으나, 그가 현재 있는 곳을 알 수 없는 것을 말하며 행방불명의 경우가 그 예이다. 단순히 상대방의 주소나 거소를 알 수 없다는 것만으로는 부족하고 그의 근무지나 임시 거소지까지도 알 수 없어야 하나 생사불명일 필요까지는 없다.

상대방의 소재를 알 수 없더라도 친권자, 후견인, 부재자의 재산관리인 등이 있는 때에는 그들에게 의사표시를 하면 되기 때문에 공시송달의 방법은 허용되지 않는다.

2. 상대방 또는 그의 소재를 알지 못하는 데 대하여 표의자에게 과실이 없어야 한다.

과실이 없다는 것은 보통의 일반인의 주의, 즉 선량한 관리자의 주의를 다하였음에도 상대방 또는 그의 소재를 알지 못하는 것을 말한다.

증명책임과 관련하여서는 § 113의 문언의 구조상 표의자가 자신에게 선의나 과실이 없음을 증명하여야 한다는 견해[2]와 그 의사표시 도달의 효력을 다투는 상대방이 표의자의 악의나 과실이 있음을 증명하여야 한다는 견해[3]로 나뉜다.

Ⅲ. 공시의 방법

공시의 방법은 민사소송법이 정하는 공시송달의 규정에 의한다. 민사소송법 §§ 194 내지 196[4]에서 이를 규정하고 있다. 즉, 의사표시를 하고자 하는

2) 곽윤직 · 김재형, 민법총칙, 제9판, 2013, 331; 이영준, 민법총칙, 2007, 482; 김상용, 민법총칙, 2014, 521.

3) 고상룡, 민법총칙, 2003, 459; 구주해(2), 622(박영식).

4) 제194조(공시송달의 요건) ① 당사자의 주소등 또는 근무장소를 알 수 없는 경우 또는 외국에서 하여야 할 송달에 관하여 제191조의 규정에 따를 수 없거나 이에 따라도 효력이 없을 것으로 인정되는 경우에는 법원사무관등은 직권으로 또는 당사자의 신청에 따라 공시송달을 할 수 있다. ② 제1항의 신청에는 그 사유를 소명하여야 한다. ③ 재판장은 제1항의 경우에 소송의 지연을 피하기 위하여 필요하다고 인정하는 때에는 공시송달

자가 공시송달사유를 밝혀 공시송달신청(서면 또는 구두)을 하면 법원이 공시송달 명령을 하고(민소 §194), 이에 따라 법원사무관 등이 송달할 서류를 보관하고, 그 사유를 법원게시판에 게시하거나 그 밖에 대법원규칙이 정하는 방법에 따른다(민소 §180 I). 민사소송규칙 §54 I은 공시방법으로 법원게시판 게시, 관보·공보 또는 신문 게재, 전자통신매체를 이용한 공시를 들고 있다. 이때 신문에 공고함에 의하여 도달의 효력이 발생하는 것은 공시송달명령의 효력 때문이다. 그러므로 통상의 경우 의사표시를 일간신문지상에 게재하는 방법에 의하여 하였다 하더라도 이로써 바로 상대방에게 도달되었다고 단정할 것은 아니다.[5)]

Ⅳ. 효　　과

공시송달에 의한 의사표시는 실시한 날로부터 2주가 지나야 도달의 효력이 생긴다. 그리고 동일 당사자에 대한 그 후의 공시송달은 실시한 다음 날부터 효력이 생긴다(민소 §196 I). 그러나 외국에서 할 송달에 대한 공시송달의 경우에는 첫 공시송달은 실시한 날로부터 2월이 지나야 도달의 효력이 생기고 동일 당사자에 대한 그 후의 공시송달은 역시 실시한 다음 날부터 효력이 생긴다(민소 §196 II).

위의 각 효력발생기간은 연장할 수는 있지만 단축할 수는 없다(민소 §196 III).

그러나 표의자가 상대방 또는 그의 소재를 알지 못하는 데 과실이 없어야만 도달의 효력이 생기고, 과실이 있거나 악의인 때(즉, 알고 있는 경우)에는 공시송달에 따른 도달의 효력은 생기지 않는다.

[윤　태　식]

을 명할 수 있다. ④ 재판장은 직권으로 또는 신청에 따라 법원사무관등의 공시송달처분을 취소할 수 있다.

제195조(공시송달의 방법) 공시송달은 법원사무관등이 송달할 서류를 보관하고 그 사유를 법원게시판에 게시하거나, 그 밖에 대법원규칙이 정하는 방법에 따라서 하여야 한다.

제196조(공시송달의 효력발생) ① 첫 공시송달은 제195조의 규정에 따라 실시한 날부터 2주가 지나야 효력이 생긴다. 다만, 같은 당사자에게 하는 그 뒤의 공시송달은 실시한 다음 날부터 효력이 생긴다. ② 외국에서 할 송달에 대한 공시송달의 경우에는 제1항 본문의 기간은 2월로 한다. ③ 제1항 및 제2항의 기간은 줄일 수 없다.

5) 대판 64.10.30, 64다65.

第3節 代 理

전 론

차 례

Ⅰ. 대리의 의의

1. 대리의 개념

대리란 타인(대리인)이 본인의 이름으로 의사표시를 하거나 의사표시를 받음으로써 그 법률효과가 직접 본인에게 귀속하도록 하는 제도이다. 의사표시에 따른 법률행위의 효과는 보통의 경우 행위자 자신에게 발생하므로, 대리제도의 경우 법률행위를 행한 자(대리인)와 법률행위의 효과가 발생하는 자(본인)가 서로 분리된다는 점에서 예외적이며 그 특징이 있다.

2. 대리의 사회적 작용

사적 자치에 입각한 민법 아래에서 스스로 의사표시를 하지 않은 자에게 그 법률행위의 효과를 발생하도록 한다는 것은 원칙이라고 할 수 없다. 그런데 대리는 사적 자치의 원칙에 반하는 것이 아니라 일정한 필요에 따라 본인의 사적 자치 영역을 확장하거나 사적 자치의 실현을 보완해 주는 기능을 하고 있다.

거래관계가 고도로 전문화, 분업화된 현대사회에서 개인이 각자의 법률관계를 혼자서 형성, 처리해 간다는 것은 불가능하다. 또한 시간적·장소적 제약 등으로 개인이 거래관계를 형성하는 데에 타인의 조력을 필요로 하는 경우가 많을 것이다. 이러한 경우에 본인은 자신의 의사에 따라 타인으로 하여금 본인 자신의 이름으로 법률행위를 하도록 함으로써 자신의 활동범위를 넓혀서 사적 자치의 영역을 확장시킬 수 있다(임의대리의 사적 자치 확장 기능). 한편 대리는 제한능력자의 사적 자치 실현을 보완해 주는 기능도 하고 있다. 의사표시·법률행위에서 사적 자치의 관철은 개인의 합리적·이성적 판단능력을 바탕으로 하고 있는 바, 이러한 판단능력이 제한되어 있다고 여겨지는 미성년자, 피성년·피한정후견인 등의 경우에는 단독으로 법률행위를 할 수 있는 능력을 제한받고 있다(§§ 5, 10, 13). 이와 같은 제한능력자가 거래를 하여 자신의 생활을 영위하기 위하여는 제3자가 제한능력자를 위하여 법률행위를 해 줄 수 있는 제도가 필요하다. 이 제도가 법정대리이며, 법정대리는 법률에 의하여 행위능력이 제한되는 자의 사적 자치를 관철, 보완하는 역할을 한다.[1)]

3. 대리의 3면 관계

대리인이 한 법률행위가 본인에게 효과를 발생시키기 위해서는 대리인의 의사표시가 있어야 함은 보통의 법률행위와 다르지 않다. 그런데 대리의 경우에는 법률행위의 효과가 이를 실제로 한 대리인이 아니라 본인에게 귀속되며, 따라서 본인의 입장에서는 타인(대리인)의 행위에 따라 권리를 취득하고 의무를 부담하게 되는 근거가 있어야 한다(대리인의 대리권 존재). 한편 상대방의 입장에서는 대리제도에 의하여 실제로는 대리인과 법률행위를 하지만 그 효과가 본인에게

1) 이와 같은 대리제도에 의한 사적 자치의 확장·보충 기능에 대하여 '사적 자치의 확장 또는 보충이 아니라 사적 자치의 실천 그 자체'라고 표현하는 문헌도 있는데(이영준, 499), 본질적으로 다르지 않다고 여겨진다.

발생한다는 사정을 대리인과 법률행위를 함에 있어서 알고 있거나 알 수 있어서 자신의 의사결정에 고려할 수 있었어야 할 것이다. 상대방의 이러한 이해관계에 비추어 대리인은 의사표시를 하여 대리행위를 함에 있어서 본인의 이름으로 행동하여야 한다. 이상의 요건이 갖추어지면(§114 참조) 대리행위는 직접적으로 본인에 대하여 효력이 발생한다.

따라서 대리의 법률관계는 이상의 세 가지 측면, 즉 ① 본인과 대리인의 관계(대리권의 존재), ② 대리인과 상대방의 관계(대리행위(현명(顯名) 포함)), 그리고 ③ 본인과 상대방의 관계(대리의 효과)라는 측면에서 고찰되어야 한다. 다시 말해 대리의 규율에서는 ① 대리인에 의하여 법률행위가 이루어진다는 사정, ② 대리권의 존재에 따라 본인에게 대리행위의 효과가 귀속된다는 특징, 그리고 ③ 대리인의 현명(顯名)과 대리권 행사에 따라 본인과 법률관계를 갖게 될 것을 기대하는 상대방의 이익을 고려하여야 한다.

Ⅱ. 대리의 종류와 인정범위

1. 대리의 종류

(1) 임의대리와 법정대리

대리권한의 발생원인에 따른 분류이다. 임의대리는 대리권이 본인의 의사에 의하여 주어지는 경우이며(§128에 의하면 "법률행위에 의하여 수여된 대리권"), 법정대리는 대리권이 본인의 의사와 상관없이 법률 규정 등에 의하여 주어지는 경우이다.[2] 임의대리와 법정대리의 구별은 대리인의 복임권(§§120, 122)과 대리권의 소멸(§128)에서 차이를 갖고 있으며, 학설에 따라서는 표현대리 규정(§§125, 126, 129)의 적용에서도 의미를 가질 수 있다.[3]

(2) 능동대리와 수동대리

능동대리(또는 적극대리)는 본인을 위하여 제3자에게 의사표시를 하는 대리이며(§114 Ⅰ), 수동대리(또는 소극대리)는 본인을 위하여 제3자의 의사표시를 수령하는 대리를 말한다(§114 Ⅱ). 양 자는 개념적으로 구분되지만, 대리인은 특

2) 부재자의 재산관리인, 상속재산관리인, 유언집행자(§§22, 1023, 1040, 1047, 1053, 1096)와 같이 법원이 선임한 재산관리인이 법정대리인이라고 이해하는 통설에 따르면 법정대리는 법원의 선임에 의해서도 인정된다. 재산관리인에 관하여는 아래 Ⅳ. 참조.

3) 아래 무권대리 전론 참조.

별한 사정이 없는 한 위 두 대리권을 모두 갖는 것으로 해석된다. 판례에서도 임의대리권의 범위와 관련하여 "일반적으로 말하면 임의대리권은 그 권한에 부수하여 필요한 한도에서 상대방의 의사표시를 수령하는 이른바 수령대리권을 포함하는 것으로 보아야 할 것이다"고 판단하고 있다.[4] 또한 이와 같은 맥락에서 "보험자가 보험계약자의 대리인과 보험계약을 체결하는 경우, 보험약관에 관한 명시·설명의무의 상대방은 반드시 보험계약자 본인에 국한되는 것이 아니라, (…) 그 대리인에게 보험약관을 설명함으로써 족하다"고 판시하고 있다.[5]

(3) 유권대리와 무권대리

유권대리란 대리행위를 하는 자에게 대리권이 있는 경우를 말하며, 무권대리는 대리권을 가지지 아니한 자의 대리행위이다. 무권대리의 경우 대리인이라고 칭하는 자의 대리행위는 있지만 대리권을 갖추지 못하고 있으므로 본인에게 대리행위의 효과가 귀속할 수 없다. 다만 대리행위에 관한 상대방의 신뢰를 보호할 필요가 있는 때에는 유권대리와 마찬가지로 본인에게 책임을 지도록 하는 경우가 있는데, 이를 표현대리라고 한다.[6] 무권대리는 표현대리(§§ 125, 126, 129)와 협의의 무권대리(§§ 130-136)로 나누어진다.

2. 대리의 인정범위

(1) 법률행위

대리는 법률행위의 효과를 행위자가 아닌 자에게 귀속시키는 제도로서 의사표시를 요소로 하는 법률행위에서 인정된다. 다만 법률행위이더라도 본인의 의사가 중요시되는 경우에는 법률의 규정(가령 § 67 근기 I) 또는 해당 법률행위의 성질에 따라 대리가 허용되지 않는다. 이를 '대리와 친하지 않은 법률행위'라고 하는데, 유언, 입양, 인지, 혼인과 같은 가족법상의 일신전속적 행위인 경우가 많다. 법률의 규정 또는 법률행위의 성질에 따라 대리가 허용되지 않음에도 대리행위가 행해진 경우 그 행위는 무효이며 추인하더라도 효력을 발생할 수 없다. 다만 본인의 추인이 새로운 법률행위를 한 것이라고 해석할 수 있음은 물론이다. 한편 사적 자치의 원칙에 따라 당사자는 약정에 의하여 대리행위를 배제할

4) 대판 94.2.8, 93다39379(공 94상, 1004); 대판 15.12.23, 2013다81019(정보).
5) 대판 01.7.27, 2001다23973(공 01하, 1949).
6) 표현대리의 본질에 관하여는 아래 무권대리 전론 참조.

수 있다.

(2) 준법률행위

의사의 통지(예컨대 최고), 관념의 통지(예컨대 채권양도의 통지, 채무승인)와 같은 준법률행위에 대하여는 비록 의사표시를 요소로 하지는 않지만 의사표시와 마찬가지로 인간의 의사적 활동을 외부에 표현한다는 점에서 대리에 관한 규정이 유추적용될 수 있다. 판례에서도 마찬가지로서, "법률행위의 대리에 관한 규정은 관념의 통지에도 유추적용된다고 할 것이어서 채권양도의 통지도 양도인이 직접 하지 아니하고 (…) 대리인으로 하여금 하게 하여도 무방하다"고 판단하고 있다.[7)]

(3) 사실행위

사실행위에 대하여는 대리가 허용되지 않는다. 예를 들어 가공 등에 관하여 제3자의 협력이 있는 경우에도 이는 사실행위에 대한 보조행위일 뿐이다. 사실행위 중에서 점유의 이전, 인도(引渡)에 대하여 대리가 인정되는지에 관하여는 논의가 대립하고 있다. 먼저, 점유의 이전 중에서 현실의 인도에 관하여는 실제로 물건에 대한 사실적 지배를 내용으로 한다는 점에서 대리가 허용되지 않는다는 데에는 이견이 없다. 그러나 간이인도, 점유개정, 목적물반환청구권의 양도에 의한 인도의 경우에는 점유이전의 효력을 발생시키기 위하여는 당사자의 의사표시 또는 합의가 필요하며, 따라서 이와 같은 점유이전의 경우에는 대리에 의한 점유이전이 가능하다는 다수의 견해가 주장되고 있다.[8)] 그러나 간이인도, 점유개정, 목적물반환청구권의 양도에 의한 점유이전의 경우에도 굳이 점유의 이전이라는 사실행위에 관한 대리라고 설명할 것이 아니라 점유이전의 원인이 되는 법률행위에 관여한 대리인이 점유의 이전에 있어서 점유보조자 또는 점유매개자로서 활동하거나 점유이전에 필요한 요소인 의사표시를 대리하는 것으로 파악하면 족하다고 주장하는 입장이 최근 늘어나고 있다.[9)] 설명의 차이라고 여겨지는데, 대리가 의사표시·법률행위에 적용되는 제도이며 또한 점유의 이전에서도 이와 같은 파악이 유지될 수 있는 한 굳이 사실행위의 대리라는 관념을 인정할 필요는 없을 것이다.[10)]

---

7) 대판 94.12.27, 94다19242(공 95상, 663); 대판 97.6.27, 95다40977, 40984(공 97하, 2302).

8) 고상룡, 475; 김기선, 287; 김상용, 509; 김현태, 328; 방순원, 226; 이영섭, 337; 이영준, 488; 이은영, 567.

9) 곽윤직·김재형, 337; 김형배·김규완·김명숙, 민법학강의(제15판), 2016, 244; 백태승, 440; 송덕수, 300.

10) 구주해(3), 4(손지열).

(4) 불법행위

불법행위는 법률행위가 아니므로, 불법행위의 대리가 인정될 수 없다. 물론 대리인이 본인의 피용자로서 본인을 위하여 활동하는 과정에서 타인에게 손해를 야기한 경우 본인이 대리인의 불법행위에 대하여 손해배상책임을 질 수가 있을 것이다. 그렇지만 이는 대리행위의 효과가 본인에게 직접 귀속한다는 대리행위의 법률행위적 효과귀속과는 무관하며 §756에 의한 사용자책임에 따른 것일 뿐이다. 법인의 대표기관에 의한 불법행위에 관한 §35의 법인의 불법행위능력에서도 법인의 불법행위책임을 규정하고 있을 뿐이며 불법행위의 대리를 규정하는 것은 아니다.

Ⅲ. 대리의 연혁과 본질

1. 대리의 연혁

대리제도가 민법의 독립적 제도로서 확립된 것은 독일민법의 영향을 받은 것으로 평가되고 있다. 근대 민법의 많은 제도가 로마법에 연원을 두고 있으나, 대리제도는 로마법에서는 원칙적으로 인정되지 않았다고 한다.[11] 중세 시대에서도 타인을 위한 법률관계 형성의 현실적 필요성은 간접대리나 신탁제도에 의하여 충족되었을 뿐이며 대리제도가 발전하지는 못하였다. 그러다가 거래의 양적 범위와 지역적 교류의 증대 등으로 근대에 이르러서는 대리제도가 마련되어야 할 필요가 높아졌다. 따라서 17세기경부터 제3자를 위한 계약의 확대·발전으로서 대리제도가 인정되기 시작하다가,[12] 근대민법전이 본격적으로 입법화되는 19세기에는 거의 예외없이 대리제도를 입법하였다. 다만 그 당시만 하더라도 대리는 위임과 분리되지 않은 채 위임사무 처리의 한 내용으로 인정되고 있었을 뿐이다.[13] 그런데 19세기 독일민법전의 제정 과정에서 독

11) 자세한 내용에 관하여는 현승종·조규창, 로마법, 466.
12) 구주해(3), 6(손지열), 구주해(13), 115(송덕수).
13) 1804년 공포된 (구)프랑스민법전은 §1984 Ⅰ에서 "위임 또는 수권행위라 함은 일방이 상대방에게 위임인을 위하여 그리고 위임인의 이름으로 어떠한 일을 할 수 있는 권한을 부여하는 법률행위이다."라고 규정하고 있었고(위 번역은 명순구, 프랑스민법전, 2004에 따르고 있음), 오스트리아 민법전 §1002에서도 '수권계약'(Bevollmächtigungsvertrag)이라는 제목 아래에 "수권계약이라 함은 일방이 자신에게 위임된 사무를 상대방의 이름으로 처리하도록 수임받은 계약을 말한다"고 규정하고 있다.

일민법학은 위임과 같은 기초적 내부관계와 개념적으로 독립된 수권행위의 관념을 발전시키면서 대리제도를 위임과 별개의 제도로 확립하였다.[14] 최근에는 개정 프랑스민법전에서도 §§ 1153~1161에서 대리(représentation)에 관한 독립된 규정을 두어 대리권의 근거, 범위와 남용, 무권대리 등에 상세한 규정을 마련하기에 이르렀다.[15]

대리에 관한 현행민법전의 규정은 그 제정 당시의 일본민법의 대리제도의 체계적 지위와 규율내용에 따르고 있다. 즉, 대리를 위임과 구별되는 독립된 제도로서 민법총칙 편에 규정하면서 수권행위(§ 128)의 개념을 인정하고 있다.[16] 다만 독일민법과 비교하여 대리권의 범위, 공동대리, 복대리(§§ 120-123)에 관하여 상세한 규정을 두고 있는가 하면, 무엇보다 거래안전의 보호를 위하여 표현대리(§§ 125, 126, 129)를 명문으로 입법화한 것은 중요한 특징이라고 하겠다.

2. 대리와 기초적 법률관계

대리는 대리인의 법률행위에 의하여 본인에게 직접 법률효과가 발생하는 제도이다. 그런데 대리인의 대리행위는 실제로는 대리인이 본인에 대하여 계약 또는 법률규정에 의하여 본인의 사무를 처리해야 할 의무를 이행하는 과정에서 이루어지는 경우가 대부분이다. 예를 들어 가옥의 소유자 甲이 일정 보수를 지급하기로 하면서 乙에게 가옥의 관리와 처분사무를 위탁하는 약정을 맺은 경우 乙은 甲에게 보수지급을 구하는 한편 甲 소유의 주택에 대한 관리, 처분사무를 수행할 의무를 지게 된다. 그 과정에서 乙은 甲이 위탁한 바에 따라 甲의 주택에 관하여 甲의 이름으로 제3자 丙과 매매계약을 체결해야 할 경우도 있다. 이러한 경우 본인과 대리인 사이에는 본인의 사무처리를 둘러싼 계약상의 법률관계가 존재하는데, 이러한 법률관계가 실현되는 과정에서 대리인이 본인의 이름으로 제3자와 법률행위를 하여 그 효과를 본인에게 미치도록 하는 대외적 권한의 행사를 필요로 한다. 후자가 대리관계라고 한다면, 전자가 대리의 원인이 된다는 점에서 기초적 법률(또는 내부)관계라고 부르고 있다.

---

14) 대리의 이 같은 체계적 지위에 따라 독일민법전은—현행 우리민법전도 이에 따르고 있듯이—대리제도를 위임계약에 관한 채권각론이 아니라 법률행위에 관한 제5장 중에서 제3절을 독립적으로 두어 상세한 규정을 마련하였다.

15) Philippe Didier, Contracts et obligations—La représentation dans le nouveau droit des obligations, SJ 2016, Act. Nr. 580.

16) 현행민법전의 기반이 된 일본민법(우리의 구민법)이 대리를 위임과 분리된 제도로서 규정하게 된 입법변경의 입법사적 자료(일본의 민법수정안이유서)의 소개로는 김대정, 975.

대리와 기초적 법률관계는 위 1.에서 개관하였듯이 입법사 또는 비교법적으로 보더라도[17] 서로 분리되지 않은 채 하나의 관계로 혼용, 설명되기도 한다. 그렇지만 기초적 법률관계는 본인과 대리인 사이의 권리·의무라는 내부적 법률관계를 파악하는 반면, 대리관계는 대리인의 행위에 따른 본인에게의 법률효과 귀속이라는 대외적 지위 내지 자격을 말해주고 있다. 현행민법이 § 128에서 임의대리권을 "법률행위에 의하여 수여된 대리권"이라고 부르고 있으며, 기초적 내부관계를 대리의 "원인된 법률관계"라고 표현하고 있는 것에서도 양자의 개념적 구별은 드러나고 있다. 또한 임의대리에 관한 판례에서도 일찍이 "위임과 대리권수여는 별개의 독립된 행위로서 위임은 위임자와 수임자간의 내부적인 채권채무관계를 말하고 대리권은 대리인의 행위의 효과가 본인에게 미치는 대외적 자격을 말하는 것이므로 위임계약에 대리권수여가 수반되는 일은 있으나 위임계약만으로는 그 효력은 위임자와 수임자 이외에는 미치는 것이 아니(다)"고 판시한 바 있다.[18] 임의대리에 관한 일상 생활의 경우를 보더라도 타인의 사무처리를 위한 계약관계, 특히 대리와 자주 혼동되는 위임의 경우만 하더라도 반드시 대리권이라는 대외적 활동의 권한을 수반하여야 하는 것은 아니다(가령 중개업, 위탁매매업).

대리관계와 기초적 내부관계의 독립된 파악은 수권행위의 법적 성질과 무인성 여부에 관한 논의의 계기가 되고 있으며,[19] 특히 대리권 남용에도 불구하고 대리행위의 본인에 대한 효과 귀속의 원칙을 설명하는 데에 유용하다.

3. 대리의 본질

(1) 문제의 소재

자기결정·자기구속의 사적 자치의 원칙과 관련하여 대리인의 법률행위가 어떤 근거로 실제 행위하지도 않은 본인에 대하여 법률효과를 발생시키는가 하는 논의가 종래부터 있어 왔다. 물론 대리제도에 관한 상세한 규정을 마련해 둔 현행법 하에서 대리의 본질에 대한 논의의 실제적 필요는 반감했다고 말할 수도 있을 것이다. 그러나 대리의 본질에 관한 논의는 대리의 효력 발생 근거를 해명하여 대리제도의 이론적 기초를 확립해 준다는 점에서 여전히 중요한

17) 대리제도에 관한 비교법적 경향의 소개로는 이준형, "현행 대리규정에 관한 입법론적 검토", 민사법의 이론과 실무14-1, 2010, 41.
18) 대판 62.5.24, 4294민상251, 252(집 10-2, 354).
19) 아래 § 114 주해 참조.

의미를 갖고 있다.

(2) 견해의 대립

대리의 본질 내지 효력근거에 관하여 독일 및 그에 영향받은 우리나라의 논의 과정을 개관해 보면 대리인의 행위를 본인의 행위라고 파악하려던 입장에서 출발하여 대리인의 법률행위라고 설명하는 관점이 주도하게 되었다가 최근에는 본인의 대리권수여와 대리인의 법률행위 양 요소를 강조하는 입장이 유력하게 주장되고 있다.

즉, 한때 독일민법학에서 대리제도를 이론적으로 정립하려던 초기에는 '본인행위설'이라는 주장이 제기되어서, 대리인은 본인의 의사를 전달하는 본인의 도구에 지나지 않은 자이며 따라서 대리인이 상대방에게 표시하는 의사는 본인의 의사에 불과하다고 설명하였다. 이 입장에 따르면 대리인의 의사표시가 바로 본인의 의사표시이므로, 그 효과는 당사자인 본인에게 발생함은 당연하게 된다. 그러나 이 입장은 실제로 법률행위를 하는 주체가 대리인이라는 현실적 상황을 외면한 채 대리인의 의사를 본인의 의사라고 취급하려고 한다는 점에서 현재 우리나라에서는 더 이상 주장되지 않고 있다. 본인행위설에 대한 위와 같은 비판 위에서 대리인행위설이 주장되었는데, 그에 따르면 대리인이 표시하는 의사는 대리인 자신의 효과의사이며 법률행위의 요건 역시 대리인에 의하여 충족되어야 한다고 이해되고 있다. 또한 본인에게 대리행위의 효과가 귀속하는 것은 바로 대리의사, 즉 대리인이 본인을 위하여 법률행위를 하려고 한다는 대리의 효과의사에서 찾고 있다. 이 입장은 독일민법과 일본민법(우리의 의용민법)의 입법자 의사였으며,[20] 현행민법도 § 116에서 대리행위의 하자의 유무에 대해서는 대리인을 표준으로 한다고 규정함으로써 대리인행위설의 영향을 받고 있다고 설명된다.[21]

그런데 최근에는 대리인행위설에 대하여 대리의 효력근거를 대리인의 대리의사에서만 찾음으로써 본인의 역할이 고려되지 않는다고 비판하면서 대리인의 의사표시와 본인의 수권행위를 통합하여 대리의 본질을 파악하려는 입장이 제시되고 있다. 이른바 '통합요건론'이라고 불리는 이 입장 역시 독일에서 발전하였는데,[22] 그에 따르면 대리인행위설이 주장하는 바와 같이 대리에서

20) 김대정, 981; 구주해(3), 8(손지열).

21) 곽윤직·김재형, 336; 김대정, 981; 김형배·김규완·김명숙(주 9), 243; 지원림, 민법강의(제16판), 2019, 273; 송덕수, 299; 정기웅, 427.

22) 통합요건론 등을 포함한 대리제도의 본질에 관한 독일의 견해 소개로는 MünchKomm/

법률행위의 효력근거가 전적으로 대리인에 의해서 충족되고 본인은 단순히 대리행위의 법률효과를 받는데 그칠 뿐이라고 한다면 본인의 입장에서는 타인인 대리인의 의사결정에 따라 본인의 법률관계가 형성된다는 점에서 사적 자치의 원리와 반하게 된다고 한다. 그러면서 대리행위는 본인의 수권행위와 분리되어서는 결코 법률행위가 될 수 없으며 바로 수권행위에서 나타나는 본인의 자기결정이 대리인의 행위에 대하여 법률행위적 성격을 부여할 수 있다고 설명하고 있다. 다시 말해 대리행위의 법률효과는 대리행위와 수권행위를 한데 포괄하는 법률행위에서 비롯하고 있다고 하면서, 본인의 수권행위와 대리인의 대리행위를 본인에 의하여 이루어진 하나의 법률행위라고 파악하였다.

국내에서도 이러한 독일의 학설에 영향을 받아서 전통적인 대리인행위설과 달리 대리의 효력근거를 대리인의 행위와 본인의 수권행위에서 찾으려는 견해들이 제시되고 있다. 이 중 한 입장에 따르면 법률행위에서 '행위와 규율의 분리'라는 관점에 착안하여 대리의 경우 '행위'로서의 법률행위는 대리인의 것이고 그에 따른 효과의 발생이라는 '규율'로서의 법률행위는 본인의 것이라고 설명한다. 그러면서 '규율'로서의 법률행위가 본인의 법률행위로 되는 것은 대리인이 본인을 위한 행위임을 표시하였고 이렇게 행위할 수 있는 권한을 본인으로부터 부여받았기 때문이라고 한다.[23] 다른 입장은 대리의 근거를 본인의 수권행위에서 찾으면서도 이를 대리인의 대리행위와 하나의 행위라고 구성하지 않고 본인의 수권행위와 대리인의 대리행위라는 별개의 요건으로 파악하면 충분하다고 주장하고 있다.[24]

(3) 정리: 본인의 대리권수여와 대리인의 법률행위

위에서 소개한 최근의 견해들은 세부적 입론의 차이는 있으나 대리인행위설과 달리 대리행위 외에 본인의 수권행위를 함께 대리의 효력근거로 제시하고 이로써 대리제도를 자기결정·자기구속이라는 사적 자치의 법률행위 이론 내에서 모순 없이 설명하고자 한다는 데에는 일치하고 있다. 물론 현행민법 § 116의 영향에 따라 대리의 본질을 대리인행위설에서 찾을 수밖에 없다는 주장이 여전하지만,[25] 대리에 따라 본인에게 발생하는 법률효과는 대리인이라는

Schrmm (3.Aufl., 1993), Vor § 164 Rn. 62; Soergel/Leptien(12.Aufl., 1988) Vor § 164 Rn. 10.

23) 이영준, 497.

24) 김상용, 514; 김주수, 400; 백태승, 439; 이은영, 578; 구주해(3), 10(손지열).

25) 김대정, 981; 김형배·김규완·김명숙(주 9), 243; 지원림(주 21), 273.

타인의 의사결정임은 인정하지 않을 수 없다. 그렇다면 사적 자치 원리에 따른 민법 아래에서 타인(대리인)의 결정에 따른 본인의 법률행위적 구속은 그 이전에 행해진 본인의 자기결정에 상응하는 한도에서만 타당하다고 할 것이다. 이런 취지에서 본인의 수권행위와 대리인의 법률행위라는 양 요소 모두 대리의 효력근거라는 최근의 견해에 찬동하는 바이다.

다음으로 이른바 '통합요건론'의 전제에서 이들 양 요소의 관계를 어떻게 이해할 것인가와 관련하여, 본인의 수권행위와 대리인의 법률행위를 하나의 단일체, 즉 본인의 법률행위라고 파악하려는 입장은 실제로는 대리인에 의해 이루어진 법률행위를 본인의 법률행위라고 설명함으로써 본인에의 효과귀속을 정당화 하고자 한다. 그런데 본인과 대리인이 각자 행위한 바를 본인에 의한 하나의 행위라고 설명하기에는 무리가 있으며, 법률행위의 효력 발생에는 의사표시 이외에 다른 법률사실 또는 제3자의 개입이 필요한 경우가 적지 않아서 굳이 양 요소를 하나의 법률행위라고 통합해서 파악해야 할 이유도 크지 않다고 여겨진다. 그렇다면 대리권과 대리행위를 통합하여 하나의 법률행위라고 구성하는 이론 전개보다는 양 요소가 대리의 효력발생을 위한 별개의 요건이라고 파악하는 것이 적절하다고 이해된다.

Ⅳ. 대리와 구별되는 제도

대리는 본인이 아닌 다른 사람으로 하여금 법률행위를 하도록 하고 그 효과를 본인에게 발생하도록 하는 제도이다. 그런데 민사상의 제도 중에는 대리 이외에도 본인이 아닌 자가 본인을 위하여 법률행위에 관여하거나 본인에게 직접, 간접으로 효력을 미치는 법률행위를 행하는 제도가 적지 않다. 대리제도의 특징을 분명하게 한다는 점에서 대리와 유사한 제도를 비교하여 설명하도록 한다.

1. 간접대리

(1) 의 의

간접대리라 함은 행위자가 타인의 계산으로, 그러나 자신의 이름으로 법률행위를 하는 경우를 뜻한다. 간접대리에서는 행위자가 상대방과 자신의 명의로 법률행위를 하기 때문에 그 효과는 행위자 자신에게 발생하게 되는데, 행위자 자신이 그 법률행위에서 취득한 바를 본인과의 법률관계에 따라 본인에게 이전함으로써 본인의 계산으로 행동하게 된다. 민법은 간접대리에 관하여 별도의 규정을 두고 있지 않은데, 상법에서 정한 위탁매매(§101)와 운송주선(§114)이 간접대리에 해당한다. 대리의 경우에는 대리인의 행위에 따라 본인에게 "직접" 권리·의무의 법률효과가 발생하는 반면, 간접대리에서는 간접대리인의 행위는 행위자 자신에게 법률효과를 발생시킬 뿐이며 간접대리인이 그 법률행위에서 취득한 바를 간접본인에게 이전함으로써 재산적 결과를 본인에게 돌린다는 점에서 대리와 구별된다. 달리 말해 대리에서는 법률행위를 하는 자와 그 효과가 발생하는 자가 분리되지만, 간접대리에서는 이 같은 분리는 발생하지 않는다.

(2) 내부적 법률관계

간접대리에서 간접본인과 간접대리인의 내부관계는 양 당사자의 계약에 의하여 정해질 것이며, 그 약정 내용에 따라서는 고용·도급의 관계일 수도 있겠는데 위임인 경우가 많을 것이다. 따라서 위탁매매와 같이 별도의 규정(상 §104)이 있으면 그에 의하고, 그렇지 않은 경우에는 대체로 위임 규정을 적용하여 간접대리인이 취득한 바는 간접대리인에 의한 취득물인도의무의 이행을 통하여 간접본인에게 이전된다고 할 것이다(§684).

(3) 외부적 법률관계

간접대리에 의한 법률행위는 간접대리인과 상대방 사이에서 효력을 발생하므로, 그로 인한 권리의무 역시 간접대리인에게 귀속될 뿐이며 간접본인은 상대방에 대하여 어떠한 권리의무도 갖지 않는다. 따라서 간접대리인이 간접대리행위를 통하여 권리를 취득하더라도 간접본인에게 이전하기 전이라면 간접대리인이 강제집행을 당하거나 파산하는 경우에 간접본인은 간접대리인에게 채권적 청구권만을 가진 자에 불과하여 간접대리인이 취득한 물건 등에 대하여 자신의 소유임을 주장하지 못하고 다른 채권자와 동등한 지위를 갖고 있음에 불과하다. 그런데 이는 간접대리인의 채권자를 위하여 간접본인으로 하여금 불이익을 감수하도록 하는 결과인 셈인데, 간접본인이 없었더라면 간접대리인이 간접대리에 의해 물건 등을 취득하지도 않았을 것이라는 사정에 비추어 불합리하다고 여겨질 수도 있다. 이에 위탁매매에 관한 상 §103에서는 "위탁매매인이 위탁자로부터 받은 물건 또는 유가증권이나 위탁매매로 인하여 취득한 물건, 유가증권 또는 채권은 위탁자와 위탁매매인 또는 위탁매매인의 채권자 간의 관계에서는 위탁자의 소유 또는 채권으로 본다"고 하는 특별규정을 두었다. 따라서 위탁자는 위탁매매인의 채권자가 위의 물건에 대하여 강제집행을 하는 경우에는 제3자이의의 소를 제기할 수 있으며(민집 § 48), 위탁매매인이 파산선고를 받은 때에는 환취권을 행사하여 위탁물 등을 되찾을 수 있다(도산 § 70, 407). 이와 같은 위탁매매의 법률관계에 따라 위탁매매로 인하여 위탁매매인이 취득한 물건 등은 위탁자에 대한 인도 등의 별도의 이전행위가 없더라도 위탁자에게 당연히 귀속한다는 견해도 주장되고 있다.[26] 그러나 상 § 103가 그 적용범위(위탁자와 위탁매매인 또는 그의 채권자 사이의 관계)를 한정하여 가령 위탁자의 채권자에 대한 관계에서는 적용되지 않는 해석 내용에 비추어 일반원칙에서 벗어나려는 위 견해에는 동조할 수 없다.[27]

2. 사　　자

(1) 의　　의

대리인은 본인에게 효력이 발생할 의사표시의 내용을 스스로 결정하여 상대방과의 관계에서 자신의 이름으로 법률행위를 하는 자이다. 반면 사자(使者)는 본인이 이미 완성해 둔 의사표시를 단지 전달하는 자일 뿐이다.[28] 사자에 의한 전달은 본인이 완성해 둔 서면의 의사표시를 상대방에게 전달하거나 본인이 표시한 의사를 상대방에게 구두로 전달할 수도 있다.

이와 관련하여 다수설은 사자의 유형을 둘로 나누어, 본인이 완성한 의사표시를 그대로 전달하는 사자(전달기관인 사자)와 본인이 결정한 의사를 상대방에게 표시하여 상대방의 의사표시를 완성하는 사자(표시기관인 사자)로 구별하면서 후자의 경우에는 의사표시의 완성에 관여한다는 점에서 대리와 유사하다고 설명하고 있다.[29] 그러나 후자의 '표시기관인 사자'가 문제되는 경우에도 본인이 결정한 의사가 사자에게 표시되어 알려져야만 비로소 사자가 이를 상대방에게 표시할 수 있을 것이다. 그렇다면 이 경우에도 본인의 의사가 사자에게 표시되는 순간 의사표시로서 완성되었고 다만 그 효력발생을 위하여 사자가 이를 상대방에게 전달하였다고 설명하는 한 '전달기관인 사자'에 해당한다고 할 것이다. 이러함

26) 이영준, 501.
27) 김상용, 517; 구주해(3), 12(손지열).
28) 이영준, 503; 구주해(3), 13(손지열).
29) 고상룡, 471; 곽윤직 · 김재형, 339; 김주수, 402.

에도 불구하고 '본인이 결정한 의사를 상대방에게 표시하여 의사표시를 완성한다'는 표시기관인 사자의 인정은 대리와 사자의 개념적 구분을 별다른 실익도 없이 모호하게 만들 뿐이다. 따라서 사자는 본인이 완성한 의사표시를 전달하는 사실적 행위를 수행하는 자라고 이해하면 충분하다고 하겠다. 사자를 이렇게 파악해야만 사자에 의하여 전달된 의사표시의 하자 유무 또는 어떤 사정의 인식(가능성) 여부가 문제되는 경우에 사자가 아닌 본인만을 표준으로 한다는 설명과도 조화될 수 있다.

의사표시·법률행위에서 대리와 사자의 이 같은 본질적 상이함에 따라 대리와 사자 사이에는 여러 차이가 있다.[30] 먼저 대리인은 행위능력자일 필요는 없으나 본인을 위한 의사결정을 해야 한다는 점에서 의사능력을 필요로 하지만, 사자의 경우에는 본인이 이미 완성한 의사표시를 단지 전달할 뿐이므로 의사능력마저 필요로 하지 않는다. 또한 의사표시의 하자 유무 또는 어떤 사정의 인식(가능성) 여부가 문제되는 경우 대리에서는 행위자인 대리인을 기준으로 하지만, 사자의 경우에는 본인만을 표준으로 할 뿐이다.[31] 더 나아가 대리인이 본인의 취지와 달리 의사표시를 하더라도 의사표시의 유효함에는 장애가 없으나, 사자가 본인의 의사표시를 잘못 전달하는 경우에는 착오에 의한 의사표시로 다루어진다.

(2) 대리인과 사자의 구별

대리와 사자의 구별은 위와 같이 개념적으로는 명확하지만 실제에서는 그렇게 간단하지 않을 수 있다. 특히 구두에 의한 계약체결의 경우 본인을 대신하여 의사표시를 행하는 자가 대리인인지 아니면 사자인지 구별하는 것이 상대방에게 쉽지 않을 수 있다. 대리와 사자의 구별에 관하여 행위자와 본인의 내부관계를 기준으로 판단해야 한다는 주장도 있지만,[32] 양자의 구별 역시 의사표시의 해석과 관련된 문제로서 상대방의 합리적 시각, 즉 본인을 대신하여 행위하는 자가 상대방과의 외부적 관계에서 어떠한 모습으로 등장하는지에 따라 판단될 수밖에 없을 것이다.[33] 따라서 사자는 합리적 수령자의 시각에서 보

30) 구주해(3), 13(손지열).
31) 사자의 개념적 표현에서는 적절하지 않으나 대리인으로 하여금 본인이 결정한 의사를 표시하도록 하는데 불과한 경우에는 어떤 사정에 대한 지(知), 부지(不知)에서 본인을 기준으로 판단해야 한다는 판례로서 대판 67.4.18, 66다661(요집 민 Ⅰ-1, 170).
32) 김상용, 518.
33) 이영준, 501; 구주해(3), 14(손지열).

았을 때에 거래상대방과의 관계에서 본인의 의사표시를 단지 전달하는데 불과하다고 여겨지는 자를 말한다. 그렇다면 상대방의 시각에서는 행위자가 자신을 대리인이라고 표시하는지 아니면 사자라고 표시하는지 여부가 무엇보다 중요할 것이다. 그러나 행위자가 이를 표시하지 않은 경우에는 법률행위 해석의 일반원칙에 따라 행위자와 본인의 관계, 행위자의 판단·재량의 권한 정도, 행위능력 여부 등을 포함한 제반의 사정을 종합적으로 고려하여 판단할 수밖에 없을 것이다.[34)]

(3) 사자의 법률관계

사자가 본인의 의사표시를 전달하는 경우 그 의사표시는 본인의 것으로서 본인에 대하여 직접 효력을 발생한다. 이는 사자가 본인으로부터 본인의 의사를 전달할 권한, 즉 사자권(使者權)을 수여받았기 때문이다. 따라서 만약 사자라고 자칭하는 자가 본인의 의사표시를 전달할 권한이 아예 없는 경우 또는 사자가 본인이 부여한 권한과 달리 행동한 경우에 그러한 행위로 인하여 본인과 상대방 사이의 법률관계는 어떻게 규율되어야 할 것인가 하는 문제가 발생한다. 이에 대하여 민법은 아무런 규정을 두고 있지 않으며 따라서 일반규정의 적용 또는 유사한 상황에 대한 규정의 유추적용에 의하여 사자의 법률관계를 규율할 수밖에 없다.

먼저, 사자권한이 없는 자가 사자임을 표시하면서 본인의 의사표시라고 하면서 상대방과 거래관계를 맺는 경우를 생각할 수 있다. 그런데 이 경우에는 본인의 의사표시라고 할 것이 존재하지 않으며 따라서 사자가 행한 의사표시가 본인에게 효력을 갖지 못함은 당연하다. 다만 본인이 행위자에게 사자권한을 부여하는 것과 같은 외관을 형성하였고 상대방이 이를 신뢰하여 행위하였다면 거래질서의 보호를 위하여 표현대리(§§ 125, 126, 129)에 관한 규정을 유추적용하여 사자의 행위에 대하여 본인으로 하여금 책임을 지도록 해야 할 것이다.[35)] 또한 표현사자가 인정되지 않는 경우에도 사자권한이 없는 자의 행위에 대하여는 본인과 상대방의 이익을 위하여 (협의의) 무권대리의 규정이 유추적용된다고 봄이 상당할 것이다.[36)]

---

34) MünchKomm/Schubert(7.Aufl., 2015), § 164 Rn.71.

35) 통설과 판례의 입장으로 아래 전론 무권대리 참조.

36) 다만 § 135의 유추적용에 있어서 사자에게는 대리인과 동일한 정도의 증명책임을 부담지울 수는 없고, 따라서 사자가 사자권한이 없는 의사표시를 전달하였다는 사실과 사자가 이를 인식하고 있었다는 사실에 대하여는 상대방이 증명해야 한다는 견해로는 이영준, 507.

다음으로 사자가 본인이 완성해 둔 의사표시를 다르게 전달한 경우이다. 이 중에서 사자가 본인의 의사표시를 실수로 잘못 전달한 경우에는 본인이 표시상의 착오를 한 것과 마찬가지로 착오에 의한 의사표시(§109)로 취급하여 취소 여부를 판단하면 족할 것이다. 반면 사자가 일부러 본인의 의사표시를 다르게 전달한 경우에는 상대방에게 전달된 의사표시는 본인의 것이 아니라 사자의 의사표시에 불과하다. 따라서 사자의 의사표시에 따라 본인에게는 법률효과가 발생할 수 없다. 다만 사자의 이 같은 행위에 관한 본인의 관여 여하에 따라 표현대리의 규정이 유추적용될 수 있을 뿐이다.

끝으로 사자의 권한을 갖는 것에 불과한 자가 자신을 본인의 대리인으로 표시하여 상대방이 그렇게 알고 법률행위를 한 경우를 생각해 볼 수 있다. 이 경우에는 그 행위가 본인이 지시한 범위 내에 있는 한 유효한 대리행위로서 본인에게 효과를 발생할 것이며, 본인으로부터 지시받지 않은 행위일 때에는 표현대리의 규정을 유추적용해야 할 것이다. 이와 반대로 대리권을 수여받은 자가 사자로서 행세한 경우에는 그 행위가 대리권의 범위 내에 있는 때에는 대리규정을 유추적용하여 본인에 대하여 법률효과를 발생시키며, 대리권의 범위를 벗어난 때에는 표현대리의 규정을 유추적용해야 할 것이다.[37]

(4) 수동사자

사자는 상대방에 대한 본인의 의사표시를 전달하는 기능만이 아니라 본인을 위하여 상대방의 의사표시를 수령할 수도 있으며, 후자를 수동사자(受動使者)라고 한다. 즉, 수동사자는 상대방 의사표시의 수령자(수령본인)의 의사표시 수령을 보조하는 사람으로서 수령 본인과 한 집에 거주하는 가족, 고용관계에 의한 가사 도우미 또는 수령자에 대한 전화나 이메일 등을 수령하도록 되어 있는 사무직원 등이 해당한다. 수동사자 역시 본인에 대한 의사표시를 수령할 수 있는 권한을 수령 본인으로부터 수여받은 자이어야 하는데, 이 역시 표의자인 상대방의 합리적 시각에 따라 수령 본인과의 관계, 의사표시의 내용과 전달 경위 등을 고려하여 해석되어야 할 것이다.

수동사자에 대한 상대방의 의사표시는 수동사자가 의사표시의 수령을 보조하는 기관이라는 점에서 상대방의 의사표시의 수령자인 본인이 그 의사표시를 인식할 수 있는 가능성을 가질 때에 비로소 도달의 효력을 갖게 된다.[38] 따

37) 구주해(3), 14-15(손지열).

38) 구주해(3), 15(손지열); 독일의 판례와 학설의 입장으로서 MünchKomm/Schubert(7.

라서 수동사자가 본인과 한 집에 거주하는 가족 또는 본인의 회사 내에서 수령할 권한이 있는 자로서 상대방의 의사표시를 전달받은 경우에는 곧바로 수령 본인에 대한 도달의 효력이 생긴다고 할 수 있다.[39] 반면 수령 본인의 주소지 밖에서 교부된 경우 등과 같이 수령사자가 상대방의 의사표시를 수령 본인에게 전달하는데 일정한 시간이 필요하여 수령 본인이 곧바로 인식할 수 없었을 것이라고 여겨지는 경우에는 수령사자가 본인에게 상대방의 의사표시를 전달할 것을 기대할 수 있는 시점에 비로소 도달의 효력이 생길 것이며, 이 점에서 수동대리인에 대한 의사표시의 경우와 다르다고 하겠다. 상대방의 의사표시가 수령사자에게 전달된 이상 수령사자가 이를 본인에게 잘못 전달하는 경우 그 불이익은 수령 본인의 부담으로 된다.[40]

3. 대 표

대표는 이사 등과 같이 법인을 대표하여 활동하는 자이다(§ 59, 상 §§ 207, 389, 562). 대표기관의 활동에 의하여 법인은 직접 권리와 의무를 취득한다. 대표와 대리의 관계는 법인의 본질에 관한 입장에 따라 달리 이해될 수 있는데, 법인실재설의 입장에 의하면 ① 대표는 법인의 기관으로서 법인과 분리·대립하는 지위에 있지 않으며, 따라서 대표의 행위는 그대로 법인의 행위로 된다는 점, ② 대표는 법인을 위한 법률행위에 한정하지 않고 사실행위나 불법행위에 대해서도 인정된다는 점을 이유로 양자를 구별하고 있다. 이 입장이 우리나라의 다수 견해인데,[41] 최근에는 법인의제설에 따라서 ① 법인과 이사의 관계는 위임 또는 위임 유사의 관계로서 본인과 대리의 관계와 기본적으로 동일하다는 점, ② § 35에 의한 법인의 불법행위책임 규정이 대표가 불법행위에 관하여 성립함을 뜻하는 것이 아니라 § 756에 의한 사용자의 면책증명을 막기 위한 취지일 뿐이라는 점을 이유로 대리와 대표의 본질이 동일하다는 견해가 주장

Aufl., 2015), § 164 Rn.80.

39) 대판 83.8.23, 82다카439(공 83하, 1414)에 따르면 "채권양도의 통지서가 들어 있는 우편물을 채무자의 가정부가 수령한 직후 한집에 거주하고 있는 통지인인 채권자가 그 우편물을 바로 회수해 버렸다면 그 우편물의 내용이 무엇인지를 그 가정부가 알고 있었다는 등의 특별한 사정이 없었던 이상 그 채권양도의 통지는 사회관념상 채무자가 그 통지내용을 알 수 있는 객관적 상태에 놓여 있는 것이라고 볼 수 없으므로 그 통지는 피고에게 도달되었다고 볼 수 없을 것이다."

40) MünchKomm/Schubert(7.Aufl., 2015), § 164 Rn.82.

41) 곽윤직·김재형, 340; 김대정, 965; 지원림(주 21), 275; 송덕수, 302.

되고 있다.[42] 법인의 본질을 어떻게 볼 것인가 하는 이론적 문제인데, 어찌되었건 대리는 본인이 아닌 제3자에 의한 법률행위의 성립 내지 효력발생에 관한 제도인 반면, 대표는 법률이 법인격을 인정하는 관념적 존재인 법인의 대외적 활동을 위한 존재로서 각 개념 내지 제도의 차이는 인정하지 않을 수 없을 것이다. 다만 법인을 위한 대표의 활동이 대리와 유사할 수밖에 없고 이에 대표에 관하여는 대리의 규정을 준용하고 있다(§ 59 II)고 이해하면 충분하다고 하겠다.

4. 제3자를 위한 계약

제3자를 위한 계약의 경우 계약에 관여하지 않은 제3자(수익자)가 계약에 기하여 직접 권리를 취득한다는 점에서 대리와 유사한 측면이 있다. 그러나 대리에서는 본인이 대리인의 대리행위에 따라 계약의 당사자로 됨으로써 모든 권리와 의무를 취득하는 반면, 제3자를 위한 계약에서는 계약 당사자는 여전히 요약자(채권자)와 낙약자(채무자)이며 수익자는 낙약자에 대한 급부청구권을 가질 뿐이다. 따라서 제3자를 위한 계약의 경우 수익자는 계약당사자에게 인정되는 취소권, 해제권을 행사할 수 없다.

5. 처분권수여

처분권의 수여란 권리의 보유자가 자신의 권리를 이전하지 않은 채 타인으로 하여금 타인의 이름으로 권리를 처분할 수 있는 권한을 부여하여 그 처분행위의 효력을 본인에게 발생하도록 하는 행위를 말한다. 본래 처분행위는 권리의 처분효과를 가져오기 때문에 의무부담행위와는 달리 무권리자의 처분행위는 무효라고 판단할 수 밖에 없다. 이와 관련하여 독일민법은 무권리자의 처분행위인 경우에도 권리자의 동의에 따라 이루어졌거나 권리자가 사후에 추인한 때에는 유효하다고 규정하고 있다(독민 § 185). 우리민법은 이와 같은 규정을 두고 있지는 않지만, 사적 자치의 원칙에 비추어 처분권의 수여행위는 인정되고 있다. 판결례에서도 무권리자가 타인의 권리를 자기의 이름으로 또는 자기의 권리로 처분한 경우에 권리자는 이를 추인하여 처분행위의 효력을 인정할 수 있다고 일찍이 판단한 이래 현재에는 확립된 판례법리라고 볼 수 있

42) 이영준, 516.

다.[43)44)] 이처럼 판례가 무권리자의 처분행위에 대한 추인을 인정하는 이상 무권리자의 처분행위에 대한 사전 처분권 수여 역시 당연히 인정된다고 할 것이다.[45)]

처분권 수여에 따른 처분의 권한을 수여받은 자의 행위는 자신의 이름으로 이루어지며 따라서 그로 인한 채권적 권리·의무 역시 그 행위자에게 발생한다는 점에서 본인의 이름으로 행위하여 본인에게 법률효과를 발생시키는 대리와 구별된다. 한편 처분권 수여에 따른 권리처분의 효과는 처분권을 수여해준 권리자에게 직접 발생하며, 이 점에서 간접대리와도 다르다. 다만 권리자는 처분이 있기 전까지는 처분권한을 수여했다는 사정만으로 권리자의 지위를 상실하지는 않으며, 이 점에서는 신탁과 구별된다고 하겠다. 더 나아가 무권리자의 처분행위에 대한 권리자의 사후 추인이 있는 경우 권리자의 추인은 처분행위의 효력발생을 인정한다는 것을 의미할 뿐이므로, 권리자가 무권리자를 상대로 처분행위로 인한 손해배상 또는 부당이득의 반환을 청구하는 것에는 영향을 주지 않는다.[46)] 끝으로 처분권의 수여에서는 처분의 권한을 수여받은 자가 상대방과 사이에 자신의 이름으로 법률행위를 함으로써 법률행위의 당사자로 되는데, 이를 넘어서 계약 체결에 관한 권한을 부여받은 자로 하여금 자신의 이름으로 계약을 체결하고 그 법률효과를 직접 본인에게 미치도록 하는 권한의 수여도 가능한지 여부가 논의되고 있다. 국내의 학설은 독일의 입장과 마찬가지로 ① 계약의 효력은 제3자를 위한 계약과 같이 별도의 근거가 없는 한

43) 대판 81.1.13, 79다2151(공 81상, 13577); 대판 88.10.11, 87다카2238(공 88하, 1406); 대판 92.2.28, 91다15584(공 92상 1150); 대판 92.9.8, 92다15550(공 92하, 2842); 대판 01.11.19, 2001다44291(공 02상, 7); 대판 17.6.8, 2017다3499(공 17하, 1461).

44) 무권리자의 처분행위에 대한 추인의 인정 근거에 관하여는 무권대리의 추인 법리를 유추적용하려는 태도와 사적 자치의 원칙에서 찾고자 하는 견해로 나뉘어 있다. 관련 논의의 개관으로는 양창수, "무권리자의 처분과 권리자에 의한 추인, 민판연 10, 1988, 12; 김규완, "권리의 무단처분과 권리자의 추인", 고려법학 55, 2009, 193.

45) 이에 2013년 법무부 민법개정시안 §139-2에서도 무권리자의 처분행위에 대한 아래와 같은 규정의 신설을 제안하였다.

개정안 제139조의2(무권리자의 처분) ① 무권리자가 권리자의 동의를 얻어 한 처분은 효력이 있다.

② 권리자가 무권리자의 처분을 추인하면 그 처분은 소급하여 효력이 있다. 그러나 제3자의 권리를 해치지 못한다.

46) 대판 01.11.9, 2001다44291(공 02상, 7). 무권대리행위의 추인행위가 무권한자에 대한 불법행위를 이유로 한 손해배상청구권의 포기라고 해석할 수 없다는 판결로는 대판 17.6.8, 2017다3499(공 17하, 1461); 수령권한 없는 자의 변제수령에 대한 채권자의 추인에 따른 채권자의 무권한자에 대한 부당이득반환에 관하여는 대판 16.7.14, 2015다71856, 71863(공 16하, 1144).

당사자에게 효력을 발생함이 원칙이라는 점, ② 대리의 현명원칙 및 대리와 간접대리의 구별 등을 이유로 의무부담행위에 대한 권한 부여를 인정하지 않고 있다.[47)]

6. 신 탁

신탁은 신탁을 설정하는 자(위탁자)가 신탁을 인수하는 자(수탁자)에게 재산의 이전 등 처분을 하고 수탁자는 신탁자에 대하여 특정한 목적에 따라 처분된 재산을 관리할 의무를 부담하는 법률관계를 뜻한다(신탁법 § 1 참조). 신탁의 경우 수탁자는 신탁자와의 내부관계에 따라 권리행사의 방법 등에 관하여 채권적 의무를 부담하지만 대외적 관계에서는 완전한 권리자로서 취급된다. 따라서 수탁자에게 신탁사무의 처리를 위하여 필요에 따라 대리권이 수여되거나 본인이 대리인에게 대리권을 신탁적으로 수여하여 특정한 목적에 따른 구속을 받도록 하는 경우도 생각할 수 있겠지만, 양 제도는 본질적으로 다르다. 한편 신탁은 명의신탁의 형태로도 나타나는데, 부동산등기부와 같은 공적 장부상의 권리명의를 다른 사람으로부터 차용하여 그 자의 명의로 공부상의 명의를 기재해 두는 경우가 있다. 이 경우에는 권리가 명의자에게 속하는가 아니면 실제의 권리자에게 속하는가 하는 권리귀속의 문제가 발생하는데, 이 역시 대리와는 관계없는 문제이다.

명의신탁의 한 유형으로 계약당사자의 명의신탁 내지 명의차용이 있는데, 자기가 원하는 법률행위를 자신의 이름으로 체결할 수 없는 사실상 또는 법률상의 사정이 있는 자가 타인의 명의를 빌려 법률행위를 하는 경우를 뜻한다. 이 경우에는 대리의 경우와 비슷하게 실제 법률행위를 하는 자와 법률행위의 효과가 발생하는 자가 분리되는 현상이 있을 수도 있는데, A가 B의 명의로 C와 계약을 체결한다고 생각해 보자. 이 경우에는 C의 계약상대방이 누구인가 하는 문제가 중요할 것인데, 법률행위 해석의 일반원칙에 따르면 "행위자 또는 명의인 가운데 누구를 당사자로 할 것인지에 관하여 행위자와 상대방의 의사가 일치한 경우에는 그 일치하는 의사대로 행위자의 행위 또는 명의자의 행위로서 확정하여야 할 것이지만, 그러한 일치하는 의사를 확정할 수 없을 경우에는 계약의 성질, 내용, 체결 경위 및 계약체결을 전후한 구체적인 제반 사정을 토대로 상대방이 합리적인 인간이라면 행위자와 명의자 중 누구를 계약 당사

47) 김대정, 970; 이영준, 511; 구주해(3), 17(손지열).

자로 이해할 것인가에 의하여 당사자를 결정"하게 된다.[48] 그렇다면 ① 행위자(A)와 상대방(C) 모두 행위자(A)를 당사자로 이해하는 경우에는[49] 법률행위의 행위자와 효과 귀속자 모두 일치하기 때문에 대리와는 무관하다. ② 상대방(C)의 합리적 관점에 따라 행위자(A)가 아닌 명의자(B)를 계약당사자라고 이해하는 경우에는 명의차용의 상황에서도 대리와 마찬가지로 실제로 법률행위를 하는 자(A)와 효과귀속의 당사자(B)가 분리되는 현상이 발생한다. 그러나 이 경우에도 명의차용과 대리는 명의자 내지 본인(B)에 대한 효력 근거를 전혀 달리하고 있다. 대리의 경우에는 대리행위를 함에 있어서 본인의 수권과 대리인의 현명(顯名)에 의하여 본인에게 효력이 발생하는 반면,[50] 명의차용의 경우에는 명의사용을 허락함으로써 경제적 효과는 비록 행위자에게 발생한다고 하더라도 그 법적 효과에 대하여는 책임지겠다는 본인의 의사와 이에 대한 상대방의 정당한 기대에 따라 본인에 대한 효력발생이 인정된다.[51]

7. 재산관리

재산관리란 타인의 재산적 사무를 처리하는 것을 말하고, 그 사무를 처리하는 자를 재산관리인이라고 한다. 재산관리인은 본인이 스스로 타인에게 재산관리의 사무를 위탁하는 위임관리인, 친권자 또는 후견인과 같이 법률규정에 의하여 일정한 자에게 당연히 재산관리의 권리와 의무가 인정되는 법정관리인, 그리고 이해관계인의 청구에 따라 법원이 선임하는 선임관리인으로 나

48) 대판 95.9.29, 94다4912(공 95하, 3584); 대판 95.10.13, 94다55385(공 95하, 3769); 대판 96.11.26, 96다32003(공 97상, 63); 대판 97.7.25, 97다8403(공 97하, 2694); 대판 98.3.13, 97다22089(공 98상, 1011); 대판 99.6.25, 99다7183(공 99하, 1500); 대판 01.5.29, 2000다3897(공 01하, 1455); 대판 03.9.5, 2001다32120(공 03하, 1998); 대판 09.7.23, 2008다76426(정보).

49) 대판 13.10.11, 2013다52622(공 13하, 2075): "상대방과의 사이에 계약 체결의 행위를 하는 사람이 다른 사람 행세를 하여 그 타인의 이름을 사용하여 계약서 기타 계약에 관련된 서면 등이 작성되었다고 하더라도, 행위자와 상대방이 모두 행위자 자신이 계약의 당사자라고 이해한 경우, 또는 그렇지 아니하다고 하더라도 상대방의 입장에서 합리적으로 평가할 때 행위자 자신이 계약의 당사자가 된다고 보는 경우에는, 행위자가 계약의 당사자가 되고 그 계약의 효과는 행위자에게 귀속된다."

50) 물론 대리행위에 따른 본인에 대한 효력귀속과 계약당사자의 확정은 나누어질 수 있는 문제로서, 대판 03.12.12, 2003다44059(공 04상, 125); 대판 09.12.10, 2009다27513(정보)에 따르면 계약 당사자의 일방이 대리인과 계약을 체결하는 경우에 "계약의 상대방이 대리인을 통하여 본인과 사이에 계약을 체결하려는 데 의사가 일치하였다면 대리인의 대리권 존부 문제와는 무관하게 상대방과 본인이 그 계약의 당사자"가 된다.

51) 대리인이 본인을 현명하지 않은 채 본인의 명의로 행위한 경우에 관하여는 아래 §114 주해 참조.

누어진다. 선임관리인은 §§ 22, 23에 의한 부재자의 재산관리인, § 1096에 의한 유언집행자, §§ 1023, 1040, 1047, 1053에 의한 상속재산관리인, 도산 § 355에 따른 파산관재인, 도산 §§ 50, 74에 의한 회생절차의 관리인이 있다. 이 가운데 위임관리인은 위임의 내용에 따라, 법정관리인은 법률이 규정한 바에 따라 대리인이 될 수 있음은 물론이다.

그런데 선임관리인의 경우에는 이를 대리로 볼 수 있는지 여부가 다투어지고 있다. 먼저, 부재자의 재산관리인에 대해서는 대체로 법정대리인이라고 파악하고 있으며, 상속재산관리인의 경우에도 §§ 1023, 1040, 1047, 1053에서 부재자의 재산관리인에 관한 규정을 준용하는 관계로 대리인으로 파악하고 있다고 여겨진다.[52] 그러나 유언집행자의 경우 § 1103에서 상속인의 대리인으로 본다고 규정하고 있기 때문에 상속인의 대리인으로 파악하는 견해가 있으나, 최근에는 유언자의 대리인이라는 견해, 유언집행이라는 독립적 직무를 담당하는 자라는 견해도 주장되고 있다.[53] 또한 비교적 논의가 활발한 파산관재인의 법적 지위에 대해서도 한때 대리인의 지위에 있다고 주장되기도 하였으나 현재에는 파산채무자만이 아니라 모든 이해관계인의 이익을 위하여 파산재단의 재산을 관리한다는 직무설 등의 입장이 널리 제시되고 있다.[54] 판례는 이에 대하여 어떤 명확한 입장을 따른다고 말할 수는 없으나 구 파산법 § 7, § 151에 따르면 "파산재단을 관리 및 처분하는 권리는 파산관재인에 속한다고 되어 있고, 파산재단에 관한 소송에 있어서는 파산관재인이 원고 또는 피고가 된다고 규정하고 있으므로 파산관재인은 파산자나 파산채권자 등의 대리인이라거나 그 이해관계인 단체의 대표자라 할 수 없고 파산절차에서 법원에 의하여 선임되어 법률상의 직무로서 파산재단에 관한 관리처분의 권능을 자기의 이름으로 행사하는 지위에 있는 자"라고 판시한 바 있다.[55] 또한 파산관재인의 제3자성

52) 구주해(3), 19(손지열).

53) 견해의 소개로는 지원림(주 21), 2168.

54) 윤남근, "일반환취권과 관리인 · 파산관재인의 제3자적 지위", 인권과 정의 386, 2008, 91, 101.

55) 대판 90.11.13, 88다카26987(집 38-3, 68). 다만 위 판결에서는 위 문구에 바로 이어서 "파산법이 파산관재인에게 파산재단에 관한 소에 있어 원고 또는 피고가 된다고 한 것은 파산관재인이 단지 파산자의 이익뿐만 아니라 파산채권자의 이익도 보호하여야 하고, 나아가 파산관재인의 개인적 이익을 넘어 파산목적의 수행상 공정한 입장에 서서 경우에 따라서는 서로 모순되는 이해의 조정을 꾀하여야 하는 지위에 있음을 감안하여 소송법상의 법기술적인 요청에서 당사자적격을 인정한 것뿐이지, 자기의 이름으로 소송행위를 한다고 하여도 파산관재인 스스로 실체법상이나 소송법상의 효과를 받는 것은 아니고 어디까지나 타인의 권리를 기초로 하여 실질적으로는 이것을 대리 내지 대표하는 것에 지나지 않는

인정 여부와 관련하여 파산관재인은 통정허위표시의 무효로부터 보호되는 고유한 이해관계를 가지는 제3자에 해당한다고 판시한 바도 있다.[56] 파산관재인이 파산채무자의 대리인이라고 파악하는 한 논리적으로 파산관재인의 제3자성을 인정할 수는 없을 것이다. 따라서 재산관재인의 활동에 대하여 본인에 대한 법률효과의 귀속을 위하여 대리의 규정을 준용할 수밖에 없다고 하더라도 파산관재인의 경우에는 중립적 직무수행 및 그에 따른 관련 법률관계를 설명하는데 대리제도로는 충분하지 못함을 인정하지 않을 수 없다. 그렇다면 재산관리인이 대리의 특수한 형태에 불과하여 이와 별개로 재산관리라는 관념을 인정할 필요가 없다는 입장에는 찬동하기 어렵고,[57] 재산관리인이라는 대리와 구별되는 별도의 개념을 발전시킬 필요가 있다고 하겠다.

[김 상 중]

것"이라고 판시하고 있기도 하다.

56) 대판 03.6.24, 2002다48214(공 03하, 1581); 대판 06.11.10, 2004다10299(공 06하, 2066).

57) 이영준, 518; 구주해(3), 19(손지열).

第 114 條(代理行爲의 效力)

① 代理人이 그 權限內에서 本人을 爲한 것임을 表示한 意思表示는 直接 本人에게 對하여 效力이 생긴다.

② 前項의 規定은 代理人에게 對한 第三者의 意思表示에 準用한다.

차 례

Ⅰ. 개 설

본조는 대리의 요건과 효과를 규정한 기본조항으로서, 제1항은 능동대리, 제2항은 수동대리에 관한 규정하고 있다. 본조 제1항에 의하면 유효한 대리가 성립하기 위해서는 대리인이 ① 대리권의 범위 내에서 ② 본인을 위한 것임을 밝히면서 ③ 의사표시를 행할 것의 요건을 필요로 하며, 이 요건이 갖추어진 경우 대리행위는 "직접" 본인에 대하여 효력을 발생한다. 대리에서 대리권의 존재와 대리인의 현명에 의한 법률행위는 대리에 의한 법률효과의 발생을 위한 별개의 요건이라는 것은 이미 설명한 바와 같다.[1] 아래에서는 서술의 편의와 민법규정의 순서에 따라 ②③의 요건을 대리행위로 한데 묶어서 설명한 후에 대리권을 해설하겠다.

Ⅱ. 대리행위

1. 의사표시

대리는 법률행위에서 인정되는 제도이다. 따라서 대리인은 의사표시를 하거나 의사표시를 수령할 수 있다. 의사의 통지나 관념의 통지와 같은 준법률행위에 대해서는 대리가 유추적용될 수 있으며, 사실행위나 불법행위에 관하여는 대리의 관념이 인정될 수 없음은 앞서 설명한 바와 같다.[2] 대리는 법률행위의 성립에 관한 제도이기 때문에, 대리인이 계약체결 이후에 그 이행과정에 관여하여 상대방에게 손해를 입힌 경우에는 § 391에 따른 이행보조자의 책임이 적용될 수 있을 뿐이다. 한편 대리인이 행하는 의사표시의 방식이나 효력발생요건 등에 관하여는 의사표시의 일반원칙이 그대로 적용된다. 대리에서 대리행위의 효과귀속은 본인에게 발생하지만 행위자는 대리인이기 때문에, 의사표시의 하자 유무나 어떤 사정의 지(知)·부지(不知) 등은 대리인을 표준으로 한다(§ 116). 또한 의사표시의 해석에서 문제되는 상대방의 이해가능성 여부도 대리인을 기준으로 하게 된다.

한편 대리인에 의한 법률행위가 있었다는 사실에 대한 소송상의 취급과 관련하여 대리행위는 법률효과를 발생시키기 위한 실체법적 구성요건 해당사실, 즉 요건사실에 해당하므로 법원은 변론에서 당사자의 주장이 없으면 이를 인정할 수 없다.[3] 그렇지만 그 같은 주장이 반드시 명시적일 필요는 없고, 또

1) 전론 Ⅲ.3. 참조.

2) 전론 Ⅱ.2. 참조.

3) 대판 90.6.26, 89다카15359(집 38-2, 114); 대판 96.2.9, 95다27998(공 96상, 911)(다만, 대리의 주장이 없더라도 대리에 의한 의사표시를 인정할 수 있다는 듯한 다른 취지의 판시로는 대판 98.4.14, 97다39308(공 98상, 1320; "이 사건에서 요건사실은 보험계약의 체결 사실이고 그 계약이 본인에 의하여 체결되었는가 또는 대리인에 의하여 체결되었는가는 간접사실에 불과하다고 할 것이므로 원심이 당사자의 주장과 달리 대리인에 의하여 보험계약이 체결되었다고 사실인정하였다고 하여 그것이 위법하다고 볼 수는 없다").

한 반드시 주장책임을 지는 당사자가 진술해야 하는 것도 아니고 소송에서 양 당사자 간에 제출된 소송자료를 통하여 심리가 됨으로써 그 주장의 존재를 인정하더라도 상대방에게 불의의 타격을 줄 우려가 없는 경우에는 대리행위의 주장은 있는 것으로 보아 재판의 기초로 삼을 수 있다.[4)]

2. 현명주의

(1) 현명의 원칙

대리인은 대리행위를 함에 있어서 "본인을 위한 것임을 표시"하여야 한다. 이때 "본인을 위한 것"임을 표시한다는 의미는 대리인이 본인의 경제적 이익을 위하여 활동한다는 것이 아니라 본인에게 법률효과가 발생하는 행위임을 표시한다는 것을 뜻한다. '본인의 이름으로' 법률행위를 해야 한다고도 불리는데, 이를 현명(顯名)의 원칙이라고 한다. 물론 대리행위에 따른 본인에 대한 법률효과의 발생에 있어서 대리인에 의한 현명은 본질적 요소라고 말할 수는 없고 따라서 언제나 요청되는 것은 아니다.[5)] 예를 들어 § 115 단서에 의하면 대리인에 의한 현명이 없더라도 상대방이 대리인의 행위임을 알았거나 알 수 있었던 경우에는 대리의 효과가 인정되며, 상 § 48에서는 상행위의 비개인적 특성에 따라 현명주의를 채택하지 않고 있다. 그러나 대개의 경우에 법률행위의 당사자는 자신의 상대방이 누구인가를 알고자 하는데 중요한 이해관계를 갖게 마련이다. 따라서 대리에서 대리인으로 행위하는 자가 스스로 본인의 이름을 밝히지 않는다면 상대방의 입장에서는 대리인의 행위가 그 자신을 위한 행위인지 아니면 본인을 위한 대리행위인지 여부를 스스로 확인해야 하는 부담을 가질 수밖에 없다. 그렇다면 § 114에 의한 현명의 요건은 대리행위의 상대방으로 하여금 법률행위의 당사자가 누구인지를 명확히 해줌으로써 대리행위의 상대방을 보호해 주며 이로써 법률관계의 명확화라는 거래질서의 안전에 기여하게 된다. 대리의 효과를 주장하는 당사자는 그 요건사실로서 대리행위의 성립, 즉 대리인이 본인을 위한 의사표시를 하였음을 주장, 증명하여야 한다.

---

4) 대판 90.6.26, 89다카15359(집 38-2, 114); 대판 96.2.9, 95다27998(공 96상, 911). 다만 계약서의 작성 또는 계약서상의 날인행위를 당사자가 직접 하였는지 또는 제3자가 당사자의 승낙을 얻어 하였는지 여부는 주요사실의 경위, 내용에 불과하므로 대리행위의 경우와 구별하여야 한다. 대판 71.4.20, 71다278(집 19-1, 365). 사법연수원, 요건사실론, 2019, 17.

5) 구주해(3), 24(손지열); 주석 총칙(3), 43(제4판/문용호).

(2) 현명의 본질과 표시방법

㈎ 현명의 법률행위적 의미 대리행위에서 대리인이 본인의 이름을 밝히는 현명의 법률행위적 의미에 대하여는 여러 견해가 대립하고 있다. 이론적 논의로서 한 견해에 따르면 대리의 효력근거는 대리인의 대리적 효과의사에 있다고 하면서 현명은 바로 이러한 대리의사를 상대방에게 표시하는 것이라고 한다.[6] 다른 견해는 현명은 그 행위의 귀속주체가 본인이라는 사실을 알리는 의사의 통지라고 파악하고 있다.[7] 그런데 전자의 견해는 '현명' 자체가 일정한 법적 효과를 지향하는 효과의사라고 파악하고 있으나 이는 무리가 있다고 여겨진다. 왜냐하면 어떤 법률행위에 관한 대리인의 효과의사 이외에 별도로 이를 표시한다는 현명의 법률행위가 존재한다는 것은 논리구성상 어색할 뿐만 아니라 본인에 대한 효과귀속이 대리권 여부와 관계없이 대리인의 의사만으로 설명되어 버리기 때문이다. 이런 점에서 후자의 견해가 대리인에 의한 현명을 별도의 효과의사가 아니라고 이해함은 적절하다고 여겨진다. 그러나 이 견해는 현명의 요소를 의사의 통지라고 하여 대리행위와는 독립된 행위로 파악하고 있는데, 그 같은 이론적 구성이 굳이 필요한지 의문이다. 현명은 대리행위의 효과를 본인에게 귀속시키는 데에 필요로 하는 요소로서 대리인에 의한 법률행위의 한 내용이라고 파악하는 것으로 족하다는 견해[8]에 찬동한다.

㈏ 현명의 방법과 해석 대리인에 의한 현명은 방식에 있어서 제한이 없어서 서면이나 구두에 의하여 할 수 있다. 또한 명시적, 묵시적 방법에 의하여 이루어질 수 있다. 명시적 현명은 보통 '甲의 대리인 乙'과 같은 형식으로 행해지고, 회사의 대리관계에서는 '甲 회사의 이사 乙' 또는 '甲 회사의 영업소장 乙'과 같은 형식으로도 충분하다.[9] 또한 대리는 본인의 현존을 전제로 하는데, 대리행위 당시에는 본인의 이름을 구체적으로 거명하지 않더라도 본인을 특정·확정할 수 있는 한 현명 요건은 충족했다고 볼 수 있다.[10] 한편

---

6) 곽윤직·김재형, 353.

7) 이영준, 574; 김대정, 1008. 관념의 통지라고 파악하는 견해로는 김증한·김학동, 413.

8) 구주해(3), 24(손지열).

9) 대판 73.12.26, 73다1436(집 21-3, 243); 대판 84.4.10, 83다카316(집 32-2, 71); 대판 99.3.9, 97다7745(공 99상, 623).

10) 대판 81.2.24, 80다1756(공 81상, 13732): "소외인은 사채알선업을 영위하면서 사채를 얻으려는 사람들로 부터 금전차용을 의뢰받을시 담보물만 확실하면 담보관계 서류만 받아두고, 사채를 놓을 사람들이 금전을 대여하겠다고 하면 위 담보물을 담보로 잡게 하고 대여케 하는데 이 경우 사채를 쓰는 사람이건 놓는 사람이건 상대방이 누구인가를 상관하지 아니하고 위 소외인을 믿는 경우에는 모든 것을 맡기었는데 채무자인 피고도 위 소외인

이미 사망한 자를 본인으로 하는 대리행위는 무효임이 원칙이다.[11] 그러나 본인의 사망에도 불구하고 대리권이 소멸하지 아니하는 예외적 사정이 있는 때에는 상속인을 위한 대리행위라고 인정되어야 하는 경우도 있을 것이다. 허무인 명의의 대리행위 역시 본인이 현존하지 않으므로 원칙적으로 효력이 없다.[12]

더 나아가 대리의 표시가 묵시적 또는 추단적으로 이루어질 수 있음은 물론이다.[13] 현명은 대리인의 법률행위의 일부이기 때문에 현명의 여부 역시 결국 법률행위 해석의 일반 법리에 따라 판단되어야 한다. 따라서 대리인이 본인을 위한 것임을 표시하였는지 여부는 상대방의 관점에서 거래경험과 주위사정을 종합적으로 참작하여 해석되어야 하는데(§ 115 참조), 행위자의 직업적·사회적 지위, 해당 법률행위의 내용과 경위, 거래관행 등을 중요하게 고려해야 할 것이다. 예를 들어 영업소·상점에서 종업원이 행한 의사표시는 특별한 사정이 없는 한 영업주를 위한 행위라고 해석되며, 영업소장이 한 식품공급계약행위는 다른 사정이 없는 한 회사를 대리하여 계약을 체결한 것이라고 할 것이다.[14] 대리인의 현명을 통하여 "계약의 상대방이 대리인을 통하여 본인과 사이에 계약을 체결하려는 데 의사가 일치하였다면 대리인의 대리권 존부 문제와

을 믿고 맡겼고 채권자인 원고도 모든 것을 믿고 맡겼던 사실을 인정하고 그렇다면 위 소외인이 채권자 쪽을 대할 때는 그 뒤에 있는 채무자 쪽의 대리인의 구실을 하게 되며, 채무자 쪽을 대할 때에는 그 뒤에 있는 채권자 쪽의 대리인의 구실을 하게 되어, 채무자인 피고가 원고에 대하여 위 설시한 경위로 부담하게 된 본건 채무를 위 소외인에게 변제하면 위 소외인이 원고의 대리인으로서 수령하게 되는 것이니 원고에 대한 변제로서 유효하다." 더 나아가 참고 대판 08.3.13, 2007다76603(정보): "실제 매매계약을 체결한 행위자가 자신의 이름은 특정하여 기재하되 불특정인을 추가하는 방식으로 매매계약서상의 매수인을 표시한 경우(즉, 실제 계약체결자의 이름에 '외 ○인'을 부가하는 형태)에 있어서는, 비록 실제 계약을 체결한 행위자가 당시 계약금 마련 과정에서 일부 자금을 출연한 사람이나 장래 중도금 및 잔금의 지급과정에서 예상되는 제3자의 투자자 등을 "외 ○인"에 해당하는 공동매수인으로 추가시키려는 내심의 의사를 가지고 있었다고 하더라도, 계약체결시나 그 이후 합의해제 시점까지 매도인에게 "외 ○인"에 해당하는 매수인 명의를 특정하여 고지한 바가 없고 매도인의 입장에서 이를 특정 내지 확정할 수 있는 다른 객관적 사정도 존재하지 않는다면, 그러한 계약의 매수인 지위는 매도인과 명확하게 의사합치가 이루어진 부분으로서 실제 계약을 체결한 행위자에게만 인정된다고 보아야 할 것이다."

11) 대판 84.11.13, 84다284, 285(공 85상, 19).

12) 다만 표의자가 허무인에 대한 효과발생을 의욕하지 않고 상대방과의 법률행위에서 허무인의 이름을 자신의 이름으로 이용한 것에 불과한 경우에는 계약당사자의 확정이 문제될 것이다. 대판 12.10.11, 2011다12842(공 12하, 1814).

13) 대리인이 자신이 대리인임을 표시하지 않고 본인인 것처럼 행세한 경우에 관하여는 아래 (3) ㈎.

14) 대판 68.3.5, 67다2297(집 16-1, 133).

는 무관하게 상대방과 본인이 그 계약의 당사자"가 된다.[15]

묵시적 현명에 관한 판결례를 보면, 매매위임장을 제시하고 매매계약을 체결한 자는 매매계약서상에는 대리관계를 표시하지 않은 채 자신의 이름을 기재한 경우에도 소유자를 대리하여 매매계약을 체결한 것으로 보아야 한다.[16] 또한 친권자인 법정대리인이 자기와 미성년자인 子 등이 함께 상속한 부동산을 처분한 경우에 법정대리권에 기하여 미성년자의 상속분까지 함께 처분한다는 표시를 하지 아니하였다고 하더라도 그 처분행위는 미성년자의 상속분도 함께 처분한다는 취지를 포함하는 것으로 해석되어야 한다.[17] 그리고 화물자동차나 중기의 지입차주가 지입차량의 운행관리와 관련하여 제3자와 거래하는 경우에는 특별한 사정이 없는 한 등록회사를 위하여 대리하는 것으로 보고,[18] 환자를 병원에 안내하여 치료계약 또는 입원계약을 대행하는 사람은 환자를 대리하여 행위하는 것으로 볼 수 있는 경우가 있을 것이다.[19] 그 외에도 채권양도 통지권한을 위임받은 양수인이 양도인을 대리하여 채권양도 통지를 함에 있어서 대리관계를 명시적으로 밝히지 않은 경우에도 "현명은 반드시 명시적으로만 할 필요는 없고 묵시적으로도 할 수 있는 것이고, 나아가 채권양도통지를 함에 있어 현명을 하지 아니한 경우라도 채권양도통지를 둘러싼 여러 사정에 비추어 양수인이 대리인으로서 통지한 것임을 상대방이 알았거나 알 수 있었을 때에는 유효하다"고 판단한 바 있다.[20] 더 나아가, 타인의 사망을 보험사고로 하는 보험계약에 있어 피보험자인 타인의 서면동의와 관련하여, 타인으로부터 특정한 보험계약에 관하여 서면동의를 할 권한을 구체적·개별적으로 수여받았음이 분명한 사람이 권한 범위 내에서 타인을 대행하여 서면동의를 한 경우에도 그 타인의 서면동의는 적법한 대리인에 의하여 유효하게 이루어진 것이라고 보았다.[21]

---

15) 대판 03.12.12, 2003다44059(공 04상, 125).
16) 대판 82.5.25, 81다1349, 81다카1209(공 82하, 609). 같은 취지로 대판 94.10.11, 94다24626(공 94하, 2963: "갑 회사의 대표이사인 을이 그 재직기간 중 수표에 배서함에 있어서 회사의 대표이사의 자격으로 "갑 주식회사, 을"이라고만 기재하고, 그 기명 옆에는 "갑 주식회사 대표이사"라고 조각된 인장을 날인하였다면 그 수표의 회사 명의의 배서는 을이 갑 회사를 대표한다는 뜻이 표시되어 있다고 판단함이 정당하다").
17) 대판 73.2.26, 72다2479(집 21-1, 84).
18) 대판 88.12.27, 87다카3215(공 89상, 230); 대판 91.8.23, 91다15409(공 91하, 2408); 대판 00.10.13, 2000다20069(공 00하, 2321).
19) 대판 15.8.27, 2012다118396(공 15하, 1372).
20) 대판 04.2.13, 2003다43490(집 52-1, 52); 대판 08.2.14, 2007다77569(정보).
21) 대판 06.12.21, 2006다69141(공 07상, 195).

㈐ 수동대리에서 현명　　상대방이 대리인에 대하여 본인과의 법률행위를 위한 의사표시를 행하는 수동대리에서도 당사자의 명확화를 위한 현명이 필요함은 물론이다. 그러나 이 경우에는 본인의 대리인으로 하여금 현명을 요구하는 것은 무리이기 때문에, 본조 제2항은 상대방이 본인에 대한 의사표시임을 대리인에 대하여 밝히라는 의미로 해석되고 있다.

(3) 현명의 개별 문제와 예외

㈎ 본인의 이름에 의한 대리인의 행위　　대리인이 대리인임을 표시하지 않고 본인의 이름만을 표시하는 경우, 가령 본인 甲의 대리인 乙이 '甲의 대리인 乙'이라고 표시하지 않고 '甲'의 명의로 법률행위를 한 경우가 있다. 이 경우에 상대방이 乙의 위와 같은 표시에도 불구하고 甲의 대리인임을 알았거나 알 수 있었을 경우에는 § 115 단서에 따라 대리의 효과가 발생하게 된다.[22] 그러나 상대방이 이를 알 수 없었을 경우에는 문제가 된다. 이에 대하여 학설은 대체로 대리권을 가진 대리인의 대리의사가 인정되는 한 현명의 방법을 제한할 필요가 없기 때문에 대리의 효과를 인정해야 한다는 입장이다.[23] 판례 역시 "대리인은 반드시 대리인을 표시하여 의사표시를 하여야 하는 것이 아니고 본인명의로도 할 수 있다"고 판단해 오고 있다.[24] 기본적으로 찬동하는데, 좀 더 나누어 살핀다면 상대방이 거래 내용과 관행 등에 비추어 자신의 거래 당사자를 명의자로 이해할 수 있는지 아니면 행위자라고 여길 수 있는지에 따라 달리 판단할 수 있을 것이다.[25]

먼저, 상대방이 명의자를 자신과의 거래 당사자로 여길 수 있는 경우, 가령 乙이 X 부동산의 소유자 甲인 것처럼 행세하여 丙에게 X 부동산을 甲 명의로 매도하는 계약을 체결하는 경우에 계약 당사자는 甲과 丙이라고 해야 할 것이다. 이때 乙이 甲으로부터 수여받은 대리권의 범위 내에서 丙과 X 부동산의 매매계약을 체결하면서 자신을 甲의 대리인이라고 표시하지 않고 그저 본인 甲의 명의만을 표기해 두었다면 이러한 乙의 행위에 따른 법률효과는 甲과 丙 사이에서 발생하게 된다. 본인 甲의 입장에서는 행위자 乙이 자신을 위한 대리권을 갖고 있으며, 상대방 丙의 입장에서도 자신이 의도한 명의자 甲과

22) 가령 바로 위 (2) ㈏에서 인용한 대판 82.5.25, 81다1349, 81다카1209(공 82하, 609).

23) 고상룡, 513; 곽윤직 · 김재형, 354. 이와 달리 현명이 없는 한 대리행위로 볼 수 없다는 반대견해로는 김증한 · 김학동, 415.

24) 대판 63.5.9, 63다67(집 11-1, 298); 대판 87.6.23, 86다카1411(공 87하, 1209).

25) 이와 동일한 법률행위 해석적 접근으로 송덕수, 337.

의 사이에서 법률효과가 발생하기 때문이다. 다시 말해 대리인에 의한 현명은 없었지만 대리인이 대리권의 범위 내에서 상대방과 법률행위를 하였고 상대방 역시 명의자(본인)와 법률행위를 한다고 이해하고 있는 이상 그 행위의 효과는 본인과 상대방 사이에서 발생하여야 한다.[26)]

그런데 여기서 더 나아가 행위자가 대리행위의 표시 없이 자기가 본인인 것처럼 행세하여 본인 명의로 상대방과 법률행위를 한 경우에 표현대리가 인정될 수 있는가 하는 것도 문제된다. 가령 위의 예에서 乙이 甲 소유의 X 부동산을 관리할 권한만을 갖고 있을 뿐 이를 처분할 대리권이 없음에도 명의자 甲으로 행세하여 丙에게 X 부동산을 매도하는 경우 甲이 乙의 행위에 따른 책임을 져야 하는지의 여부이다. 이에 대한 판례의 태도는 일단 "대리행위의 표시를 하지 아니하고 단지 본인의 성명을 모용하여 자기가 마치 본인인 것처럼 기망하여 본인 명의로 직접 법률행위를 한 경우에는 특별한 사정이 없는 한 표현대리는 성립될 수 없다"고 판단하고 있다.[27)] 그러나 "대리인을 본인 자신으로 잘못 믿은 것이 일반거래 관념에 비추어 당시의 구체적 상황에서는 무리도 아니었다고 할 수 있는 경우에 본인 자신의 행위로 믿었던 선의의 상대방을 위해서 본인 자신으로 자처한 대리인의 행위에 대하여 본인의 책임을 인정함이 상당하다고 할 것"이므로, 표현대리에 관한 규정을 유추적용할 수 있다고 판단해 오고 있다.[28)] 물론 이 같은 유추적용의 법리는 비록 대리인이 본인의 명의로 행세하고 있지만 표현대리의 다른 요건을 구비하고 있을 경우에 비로소 적용될 수 있을 뿐이다.[29)]

그러나 행위자가 위의 경우와 달리 다른 사람의 이름을 이용하여 법률행위를 하는데 상대방의 시각에서는 명의자가 누구인지 중요하지 않고 실제로 행위하는 자와 거래관계를 맺는다고 이해되어야 할 경우도 있다. 가령 호텔에 투숙하려는 자가 자기의 이름을 사용하지 않고 타인의 이름으로 투숙하는 경우가 그러하다.[30)] 또한 임대차관계, 조합관계와 같이 인적 색채가 강한 계약에

26) 이영준, 577; 구주해(3), 27(손지열); 더 나아가 이진기, "대리제도와 당사자에 관한 대법원 기본판결", 비교 20-4, 2013, 1048.

27) 대판 93.2.23, 92다52436(공 93상, 1079); 대판 02.6.28, 2001다49814(공 02하, 1799).

28) 대판 78.3.28, 77다1669(집 26-1, 229: 유추적용 긍정); 대판 93.2.23, 92다52436(공 93상, 1079: 유추적용 긍정).

29) 대판 02.6.28, 2001다49814(공 02하, 1799: § 126의 유추적용에 대한 원칙적 긍정, 다만 기본대리권의 주장·증명이 없음을 이유로 본인에 대한 책임 부정).

30) 금융실명제 이전의 판결로서 대판 72.5.9, 72다266, 267(집 20-2, 17): "제3자 명의를

서도 경우에 따라서는 계약서에 기재되는 상대방의 이름보다도 계약 교섭과정에서 상대방으로 행동한 자의 실질적 측면(예를 들어 가족관계, 성격과 경력)이 큰 의미를 가질 수 있다.[31] 그렇다면 이 경우에는 상대방은 명의자가 아니라 행위자와의 관계에서 법률관계가 발생하며 따라서 대리가 문제되지는 않는다.

(나) 상사대리의 예외　　상 § 48는 "상행위의 대리인이 본인을 위한 것임을 표시하지 아니하여도 그 행위는 본인에 대하여 효력이 있다. 그러나 상대방이 본인을 위한 것임을 알지 못한 때에는 대리인에 대하여도 이행의 청구를 할 수 있다"고 규정하고 있다. 상거래의 비개인성과 대량반복적 성질을 반영한 특별규정이며, 상대방의 인식(가능성)을 묻지 않는다. 다만 상대방의 보호를 위하여 상대방이 본인을 위한 것임을 알지 못한 때에 대리인으로 하여금 본인과 함께 이행할 책임을 지도록 하고 있다.

(다) 개성을 중시하지 않는 일상거래와 현명의 예외 인정 여부　　상대방이 누구인지 중요하지 않은 거래를 대리함에 있어서 현명의 요건이 필요한지의 여부가 논의되고 있다. 현명의 요건이 대리의 상대방으로 하여금 자신과의 거래 당사자가 누구인지를 분명하게 해 줌으로써 상대방을 보호하는데 기여하고 있음은 이미 설명한 바와 같다. 그런데 가령 일상생활에서 빈번한 현찰매매와 같이 거래 당사자의 입장에서는 상대방이 누구인지 중요하지 않은 거래에서도 반드시 현명의 요건이 갖추어져야만 본인에게 법률효과가 발생한다고 해야 할 지 의문이 될 수도 있다. 이에 한 견해는 독일에서 논의되는 '관련된 사람을 위한 행위(Geschäft für den, den es angeht)'라는 법리에 따라 법률행위의 성질상 누구와 법률행위를 하는지가 무의미하고 주위 사정에 따라 행위자 자신이 아니라 본인이 따로 있음이 명백한 경우에는 직접 그 타인에 대하여 법률행위의 효력을 발생시킬 수 있다고 주장하고 있다.[32] 그러나 대부분의 국내 견해는 위 '관련된 사람을 위한 행위'라는 법리가 독일의 경우 상사대리에서 현명주의를 인정하지 않았다는 사정에서 발전하였지만 우리나라의 경우 상 § 48에 의한 현

모용하여 은행에 금원을 예치한 경우에 있어서 예금계약당사자는 은행과 실제 예입한 자이므로 그 예금채권자는 그 명의 여하에 불구하고 예입한 본인이다."

31) 대판 74.6.11, 74다165(집 22-2, 96): ""갑"이 임대차계약을 체결함에 있어서 임차인 명의를 원고 명의로 하기는 하였으나 "갑"의 이름이 원고인 것 같이 행세하여 계약을 체결함으로써 피고는 "갑"과 원고가 동일인인 것으로 알고 계약을 맺게 되었다면 설사 "갑"이 원고를 위하여 하는 의사로서 위 계약을 체결하였다 하더라도 위 계약의 효력은 원고에게 미치지 않는다."

32) 이영준, 583.

명주의의 예외를 인정하고 있으므로 그럴 필요가 없으며 또한 필요한 때에는 묵시적 현명에 의하여 거래관행상 본인의 행위로 인정하면 족하다고 판단하고 있다.[33)]

양 견해에 대한 판단에 앞서 '관련된 사람을 위한 행위'가 문제될 수 있는 상황을 단순 예시하여 보다 구체적으로 논의해 본다면, 가령 甲의 주택에서 가사 도우미를 하는 乙이 甲으로부터 교부받아 두었던 현금을 아무 말 없이 지급하면서 甲을 위하여 丙으로부터 가전제품을 구입하였다고 생각해 보자. 이 경우 만약 乙의 거래행위와 그에 따라 구입한 일상용품이 행위자 乙에게 귀속한다면, 甲은 그 물품에 대하여 자신의 소유임을 주장할 수 없으며, 乙의 채권자가 신청한 강제집행 절차에서 일반채권자에 불과할 뿐이다. 이러한 결과가 거래관념에 비추어 납득할 수 없다고 여겨질 경우에는 乙의 행위에 따른 법률효과가 직접 甲에게 발생한다는 대리의 구성을 택할 수 밖에 없을 것이다. 그런데 이러한 구성 가능성 중에서 상 § 48의 적용은 상행위의 요건과 단서 규정의 적합성에 비추어 주저되는 바가 있다. 또한 묵시적 현명의 인정이 과연 적절한 구성인지도 의문인데, 왜냐하면 위의 예시와 같이 거래 상대방(丙)에게는 행위의 타인성이 전혀 드러나지 않기 때문이다. 바로 여기에 '관련된 사람을 위한 행위'라는 법리의 핵심이 있는데, 상대방이 누구인지 상관하지 않는 거래관계에서는 현명의 원칙에 따르지 않더라도 상대방의 이해관계를 해할 염려가 없는 한 대리의 본질적·선험적 요소라고 볼 수 없는 현명주의의 예외를 인정하여도 무난하다고 판단된다.[34)]

Ⅲ. 대 리 권

1. 대리권의 존재

유효한 대리가 인정되기 위해서는 대리인이 대리권을 가지고 그 권한의 범위 내에서 본인을 위한 법률행위를 하였어야 한다. 대리권은 본인의 이름으로 의사표시를 하거나 수령할 수 있는 지위 내지 자격이다.[35)] 대리권의 존재는

33) 곽윤직·김재형, 355; 고상룡, 574; 주석 총칙(3), 45(제4판/문용호).

34) 예외의 요건과 방법적 근거에 대하여는 보다 논의되어야 할 것인데, 상 § 48의 유추적용을 제시하는 견해로는 구주해(3), 28(손지열).

35) 대리권의 법적 성질에 관하여 권리라고 파악하는 입장과 지위(자격) 내지 권한이라는

법률행위의 특별 효력요건에 해당하며, 따라서 그 효과를 주장하는 자에게 증명책임이 있다.[36] 대리행위를 하는 자가 대리권이 없거나 대리권한을 넘어선 때에는 무권대리행위로서 본인에게 효력을 발생하지 않음이 원칙이다. 다만 무권대리행위에 대한 본인의 관여가 있고 상대방의 신뢰가 보호할만한 사정이 있는 때에는 표현대리에 따라 본인에 대한 효과귀속의 책임이 인정된다.

2. 대리권의 발생원인

(1) 법정대리권의 발생원인

법률규정에 의하여 대리권이 인정되는 법정대리권의 발생원인은 다음의 세 가지가 있다. 첫째, 본인과 일정한 관계에 있는 자가 당연히 대리인이 되는 경우이다. 부부 사이의 일상가사대리권(§ 827), 친권자(§§ 911, 920)가 이에 해당한다. 둘째, 본인 이외의 일정한 자의 지정에 의하여 대리인이 되는 경우로서, 미성년자를 위한 친권자의 유언에 의한 지정후견인(§ 931), 유언자의 유언에 의한 지정 유언집행자(§ 1094) 등이 이에 속한다. 셋째, 법원이 일정한 자의 신청에 의하여 선임하는 대리인으로서, 부재자재산관리인(§§ 23, 24), 유언집행자(§ 1096), 상속재산관리인(§§ 1023, 1040, 1047, 1053) 등이 해당한다.

(2) 임의대리권의 발생원인: 수권행위

(가) 수권행위의 의의(독자성)　　임의대리권은 대리권을 수여하는 본인의 법률행위에 의하여 발생한다. 그런데 앞서 설명한 바와 같이 대리와 기초적 내부관계는 서로 별개의 것으로 파악되며,[37] 따라서 대리권을 수여하는 행위 역시 위임, 고용 등과 같이 내부적 법률관계를 형성하는 계약과 구분하여 이해되어야 한다. 물론 실제 거래에서는 기초적 내부관계의 형성과 대리권의 수여가 하나로 합체하여 이루어지는 경우가 많을 것이다. 예를 들어 甲이 자신 소유의 재산을 乙에게 매각해 달라고 위임하면서 이를 위하여 수임인 乙에게 자신의 이름으로 제3자와 매매계약을 체결할 수 있는 권한을 수여하는 경우에 위임계약의 체결과 대리권의 수여는 동시에 이루어지게 된다. 이러한 배경에

입장이 제시되어 왔었는데, 권리라는 개념이 주로 '법적 이익'이라고 이해되기 때문에 대리권을 대리행위의 효과를 본인에게 발생시키는데 필요한 지위(자격) 내지 권한이라고 파악하고 있다. 최근에는 대리권이 무실체성의 것이라고 주장하는 견해도 제시되는데, '실체가 없다'는 말이 무엇을 의미하는지 잘 모르겠으나 이 입장에서도 대리권이 대리인의 행위를 본인의 규율로 정당화 시키는 데에 필요한 것임은 마찬가지이다.

36) 대판 94.2.22, 93다42047(공 94상, 1074); 대판 08.9.25, 2008다42195(정보).

37) 전론 Ⅲ.2. 참조.

서 대리와 기초적 내부관계의 개념적 분리를 인정하면서도 대리권은 위임 등의 내부적 계약관계로부터 직접 발생하며, 따라서 내부관계를 발생시키는 계약과 분리하여 수권행위라는 개념을 별도로 상정할 필요가 없다는 견해가 제시되기도 하였다. 이 견해에 따르면 대리권수여의 법률행위는 내부적 관계를 형성하는 계약과 불가분적으로 이루어지므로 '융합계약'으로 불리고 있다.[38)]

그러나 앞서 설명한 바와 같이 위임 등의 기초적 내부관계와 대리관계를 본인의 사무처리를 위한 내부적 법률관계와 그 과정에서 행해진 법률행위의 효과를 본인에게 발생시키는 대외적 법률관계라고 나누어 파악하는 한, 각각의 발생원인으로서 내부적 계약과 대외적 권한수여 행위를 개념상 분리하여 파악하지 않을 수 없다. 실제로 우리 민법은 위임 등의 기초적 계약관계와 대리를 별도로 규정하고 있으며, § 128에서도 위임 등의 기초적 내부관계와 대리권의 수여를 구분하면서 수권행위라는 개념을 사용하고 있다. 따라서 수권행위는 기초적 내부관계를 형성하는 행위로부터 개념적으로 독립시켜 대리권을 발생시키는 별개의 법률행위로 파악하도록 한다.

(나) 수권행위의 법적 성질과 상대방 수권행위의 법적 성질에 대하여 본인과 대리인 사이의 계약이라는 견해[39)]와 상대방의 수령을 필요로 하는 본인의 단독행위라는 주장[40)]이 대립하고 있다. 이 같은 대립의 차이는 궁극적으로는 대리권수여라는 법률효과의 발생을 위하여 대리인의 의사표시를 필요로 하는지 여부라고 하겠는데, 계약설의 입장에 따르면 수권행위에 있어서는 대리인의 의사표시를 필요로 하는 반면 단독행위설에 의하면 대리권수여를 위한 본인의 일방적 의사표시만으로 족하므로 대리인의 의사표시를 요구하지 않는다. 이런 논의의 연장으로서 계약설에 따르면 대리인의 행위능력 및 의사의 결함이 수권행위에 영향을 미치게 되는 반면, 단독행위설에 의하면 그렇지 않게 된다.[41)] 이 가운데 다수의 입장은 수권행위를 단독행위라고 파악하고 있다. 그 이유로는 먼저, 대리권의 수여가 대리인으로 하여금 본인을 위하여 법률행위를 할 수 있는 지위 내지 권한을 부여할 뿐이지 그 자체로 어떤 권리와 의

38) 김용한, 341.
39) 김기선, 296.
40) 곽윤직 · 김재형, 343; 김증한, 357; 이영준, 525.
41) 다만 단독행위설에 따르더라도 뒤에서 설명하듯이 기초적 법률관계의 실효에 따른 수권행위의 실효를 인정하는 유인성의 입장에 서는 한 대리인의 의사흠결이 수권행위의 효력에 미치는 영향에 대한 양 입장의 차이가 실제로는 크지 않게 된다.

무를 부담시키는 것도 아니므로 대리인의 승낙을 필요로 하지 않는다는 점이다. 또한 대리인의 행위능력을 필요로 하지 않는다는 §117의 규정 내용과 더불어 대리권의 "부여"(§120) 또는 "수여"(§128), "수권행위의 철회"(§128)라는 표현 역시 민법이 수권행위를 단독행위로 파악하였음을 보여주고 있다는 근거를 제시하고 있다. 수권행위를 단독행위라고 파악하는 다수입장에 찬동한다.

한편 다수의 입장은 수권행위를 상대방 있는 단독행위라고 파악하면서, 이때 '상대방'이란 대리인을 뜻한다고 이해하고 있다. 그런데 최근에는 독민 §167 Ⅰ의 규정내용[42]에 영향을 받아 본인의 수권은 대리인에 대한 내부적 수권행위와 대리의 상대방인 제3자에 대한 외부적 수권행위 중 어느 하나에 의하여 행해질 수 있다고 주장하는 견해가 제시되고 있다.[43] 이 입장에 따르면 수권행위는 대리인 또는 대리의 상대방 중 누구에 대해서도 할 수 있게 된다. 수권행위의 상대방이 대리인에 한정되는지 아니면 대리의 상대방도 포함하는지 여부에 관한 논의는 다음과 같은 경우, 즉 본인 甲이 제3자 乙에 대하여 丙에게 대리권을 수여한다고 표시했음에도 불구하고 丙에게 대리권을 수여하지 않아서 丙이 甲과의 관계에서 대리할 권한을 가지지 못한 경우에 丙의 대리행위를 무권대리로 취급할 것인지 아니면 외부적 수권에 따른 유권대리로 여길 것인지에서 현실적으로 의미를 갖게 될 것이다. 이에 대하여는 뒤에서 상술하겠지만,[44] 위와 같은 경우 §125에서는 제3자(乙)가 대리행위를 한 자(丙)에게 대리권이 없었음을 알았거나 알 수 있었는지 여하에 따라 본인(甲)에의 효과 귀속 여부를 달리 판단하면서 이를 '표현대리'라고 하여 유권대리의 경우와는 구별하고 있다. 그렇다면 외부적 수권의 인정은 이와 같은 현행 민법의 규율내용에 배치된다고 하지 않을 수 없고, 따라서 우리 민법에서는 수권행위는 대리의 권한을 취득하는 대리인에 대한 의사표시라고 파악하면 충분하다고 할 것이다.

㈐ 수권행위의 유·무인성　　수권행위의 독자성을 인정하여 수권행위가 위임 등의 기초적 법률관계와 개념적으로 별개의 행위라고 관념되는 경우 본인과 대리인 사이의 기초적 법률관계가 무효·취소, 해제에 의하여 효력을 상실한다면 수권행위도 그 영향을 받아 당연히 실효(失效)하게 되는지 여부가

42) 독민 §167 [대리권의 수여] ① 대리권의 수여는 대리인 또는 대리행위가 행해질 제3자에 대한 의사표시로 행해진다.

43) 이영준, 527.

44) 전론 무권대리 참조.

문제된다. 수권행위의 유인성(有因性)·무인성(無因性) 논의로서, 유인성 입장에 따르면 기초적 법률관계의 실효로 인하여 수권행위 역시 당연히 실효한다는 입장인 반면,[45] 무인성 견해에 따르면 수권행위의 유·무효 여부는 기초적 법률관계와 별도로 판단되어야 하며 따라서 기초적 법률관계가 실효하더라도 수권행위에 실효의 사유가 없는 한 수권행위는 여전히 그 효력을 갖는다는 입장이다.[46] 전자의 입장에 의하면 본인과 대리인 사이의 내부적 법률관계의 무효·취소, 해제로 인하여 대외적 대리권한의 수여 역시 소급적으로 효력을 상실하며 대리행위가 행해진 경우에는 무권대리로 되는 결과를 가져옴으로써 본인의 의사와 이익에 부합하는 반면, 후자의 입장에 따르면 대리인의 대리권이 내부적 법률관계의 실효에 영향받지 않으며 따라서 일단 적법하게 대리행위가 행해지는 경우 대리권이 소급적으로 소멸하여 무권대리로 되지는 않기 때문에 거래질서의 안전을 도모하게 된다.

물론 양 입장의 차이가 지나치게 강조되어서는 안 된다. 왜냐하면 기초적 계약관계와 수권행위가 동시에 이루어지고 따라서 대리권을 수여한 본인의 입장에서 실효의 사유가 양 행위 모두에 공통되는 경우에는 유인성 입장은 말할 것도 없고 무인성 입장에 의하더라도 양 행위 모두 효력을 상실하기 때문이다. 그렇지만 ① 수권행위가 기초적 법률관계의 형성과 언제나 함께 이루어져만 하는 것은 아니기 때문에 내부적 계약관계와 분리되어 따로 이루어지는 경우, ② 양 행위가 동시에 이루어졌다고 하더라도 실효사유가 대리인에게만 존재하는 경우, 그리고 ③ 기초적 법률관계에서 발생하는 채무를 당사자가 불이행하여 해제되는 경우에는 기초적 법률관계에 대한 실효사유가 수권행위에서도 동시에 인정된다고는 말할 수 없다. 이에 대하여 무인성의 입장은 수권행위의 독자성을 인정하여 기초적 법률관계와 독립한 개념으로 관념하는 이유 자체가 바로 내부적 계약관계의 실효로부터 수권행위의 법적 운명을 독립시켜 대리에 따른 거래관계의 안전을 도모하려는데 취지가 있다고 주장하면서 기초적 내부관계의 실효로 인하여 수권행위가 당연히 실효하지는 않는다고 한다. 이에 반하여 유인성 입장은 ① 수권행위가 기초적 법률관계에 따른 본인의 사무를 처리하기 위하여 이루어지는 한 기초적 법률관계의 실효에 따라 수권행위 역시 효력을 상실한다고 봄이 당사자의 의사와 부합한다는 점, ② 대리권수여의 기

---

45) 고상룡, 484; 곽윤직·김재형, 344; 김기선, 281.

46) 김증한, 359; 이영준, 531; 구주해(3), 32-33(손지열); 주석 총칙(3), 37(제4판/문용호).

초가 되는 법률관계의 종료에 의하여 임의대리권 역시 소멸한다는 § 128의 규정 내용을 그 근거로 제시하고 있다.

본인과 대리인 사이의 내부적 법률관계의 소멸로부터 대리인과 상대방 사이의 대외적 법률관계를 분리하여 거래질서의 안전을 도모해야 한다는 무인성이 제시하는 근거는 그 자체로 타당하다고 여겨진다.[47] 그러나 위임 등 기초적 내부관계의 실효에 의한 대리권의 소급적 소멸로부터 대리행위의 상대방 보호는 반드시 무인성의 법리만이 아니라 가령 실효의 소급효 제한(취소의 소급효 제한, 해지의 효과), 법률행위의 무효·취소와 제3자 보호규정의 적용(§§ 107 Ⅱ, 108 Ⅱ, 109 Ⅱ, 110 Ⅲ)에 의해서도 도모될 수 있다. 무엇보다 우리 민법의 경우에는 위와 같이 기초적 법률관계의 소멸로 인한 대리권소멸 이전에 행해진 대리인의 행위를 신뢰한 제3자의 보호는 §§ 125, 129의 표현대리 규정에 의하여 이루어질 수 있다고 여겨진다(견해대립 있음).[48] 그렇다면 수권행위의 유·무인성 여부에 관한 이론적 논의에서 굳이 당사자의 통상적인 의사와 반대되는 법리를 구성해야 할 이유는 없다고 여겨지며, 이에 유인성의 입장에 따르고자 한다.[49]

㈑ 수권행위의 방식, 모습 수권행위의 방식에 관하여 우리 민법은 별도의 규정을 두고 있지 않다. 따라서 수권행위는 원칙적으로 일정한 방식을 필요로 하지 않는 불요식(不要式)행위라고 할 것이다. 이에 수권행위가 반드시 서면으로 이루어져야 할 필요는 없으며 구두로 이루어져도 충분하다. 그러나 대리행위를 통하여 이루어질 법률행위가 예를 들어 보증계약과 같이 서면의

47) 유인성을 택하는 견해 역시 대리행위가 행해진 경우에는 거래 안전을 위하여 부득이하게 유효한 것으로 보아야 한다고 주장하고 있다. 곽윤직, 민법총칙(신정수정판), 1998, 385.

48) 수권행위가 무효·취소되는 경우에 § 129의 표현대리의 적용 여부에 관하여 다수의 입장은 § 129가 '존재하였던 대리권이 소멸한 경우'에 적용되므로 수권행위의 무효·취소로 인하여 대리권이 소급적으로 소멸하여 존재하지 않았던 것으로 취급되는 경우에는 적용할 수 없다는 태도를 취하고 있다. 그러나 최근에는 기초적 법률관계의 소급적 소멸로 인하여 수권행위 역시 실효하여 대리권이 소멸하였음에도 불구하고 대리행위가 행해진 경우에도 § 129의 표현대리가 (유추)적용된다는 입장이 주장되고 있다. 김대정, 994; 김형배·김규완·김명숙, 민법학강의(제15판), 2016, 253; 양창수·김재형, 225; 이영준, 535; 지원림, 민법강의(제16판), 2019, 281. 더 나아가 § 129 주해 참조. 또한 최근에는 § 125의 대리권수여 표시에 의한 표현대리의 적용과 관련하여 대리권수여의 외형은 존재하지만 실제로는 그것이 무효이거나 취소된 경우도 포함한다는 견해가 주장되고 있다. 주석 민총(3), 120(이균용).

49) 수권행위의 무인성을 전제로 하는 입장은 수권행위 자체에서 의사의 흠결를 따로이 다루게 되는데, 이 경우 수권행위가 §§ 107 이하에 따른 의사의 흠결로 무효·취소된다면 §§ 107 Ⅱ, 108 Ⅱ, 109 Ⅱ, 110 Ⅲ가 적용되어 그 실효에도 불구하고 (대리행위의) 상대방은 보호된다고 한다. 구주해(3), 38(손지열); 주석 총칙(3), 39(제4판/문용호).

방식을 필요로 하는 경우(§ 428-2) 수권행위에도 서면 방식을 필요로 하는지 문제될 수 있는데, 서면 방식의 취지에 비추어 이를 긍정해야 할 것이다.[50] 한편 수권의 의사는 의사표시 일반에 따라 명시적 의사표시만이 아니라 묵시적 의사표시 내지 추단적 의사표시로도 충분하다. 더 나아가 어떤 자가 대리인의 외관을 가지고 행위하는 것을 본인이 알면서도 이의(異議)하지 않은 채 방임하고 있다면 § 125의 대리권수여 표시에 의한 표현대리가 문제될 여지가 크겠지만 경우에 따라서는 수권행위의 상대방인 대리인의 시각에서 본인에 의한 수권이 있다고 해석해야 할 수도 있을 것이다.

수권행위가 반드시 서면으로 이루어질 필요는 없지만, 실제에서는 대리인에게 위임장의 서면을 교부하여 대리인이 상대방과 대리행위를 할 때에 이를 제시하도록 하는 경우가 보통이다. 위임장에는 본인과 대리인의 성명, 수권된 대리행위의 내용과 대리권의 범위 등을 기재하고 본인이 서명 또는 기명날인하게 된다. 위임장은 위임계약 또는 수권행위의 내용을 기록한 계약증서가 아니라 대리권이 수여되었다는 사실을 증명하는 문서일 뿐이다. 한편 위임장 중에는 수권행위의 전부 또는 일부를 기재하지 않고 대리행위를 할 때에 이를 보충할 수 있도록 공란으로 비워두는 백지위임장이 있다. 백지위임장은 (i) 대리인의 성명을 기재하지 않은 채 교부되는 백지위임장, (ii) 대리권의 범위를 기재하지 않은 백지위임장이 있다. 수임자란의 백지위임장은 부동산등기신청, 주주총회 의결권행사 위임 등에서 활용되는데, 이 경우 백지위임장을 작성하여 교부한 자는 불특정인을 상대로 일정한 사무처리에 관한 의사결정의 권한을 부여하는 수권행위를 하는 셈이다. 사항란의 백지위임장은 본인이 대리인에게 포괄적 대리권을 수여하는 것으로 해석되고, 따라서 대리인이 본인과의 내부적 약정에 반하여 보충권한을 행사하더라도 대리행위는 본인에 대하여 효력을 발생함이 원칙이다.[51]

대리권의 수여행위가 묵시적 또는 추단적으로 이루어졌다고 볼 것인지 여부는 대리행위의 모든 정황을 종합하여 판단할 수 밖에 없는데, 판례에서 이를 인정한 경우를 소개하면 다음과 같다. ① 금전차용의 알선을 의뢰하여 인장을

50) 이영준, 540. 보증에서 서명 대행의 허용 여부를 판단한 대판 17.12.13, 2016다233576(공 18상, 159)에서 비롯한 보증계약 체결을 위한 수권행위에 대한 서면 방식을 주장한 견해로는 제철웅, "서면에 의한 보증의사의 표시", 서울법학 25-4, 2018, 187.

51) 더 나아가 백지위임장의 교부와 표현대리, 특히 § 125의 적용에 관하여는 § 125의 주해 참조.

보관시킨 경우에는 금전차용을 위하여 그에 관한 법률행위의 대리권을 수여한 것으로 볼 수 있다.[52] ② 피고가 甲의 신원보증 부탁을 받고 신원보증서의 피보증인란과 고용자란을 백지로 한 채 보증인란에만 피고의 성명을 기입하고 인장을 찍은 다음 피고의 인감증명서 및 재산세 과세증명과 아울러 甲에게 교부한 바, 甲이 이를 피고가 알지 못하는 乙에게 교부하여 乙이 위 신원보증서의 피보증인란에 자신의 인적 사항을 기재하고 이를 자신의 취직처에 제출한 경우, 피고는 甲이나 乙에게 피고를 대리하여 신원보증계약을 체결할 대리권을 수여한 것으로 볼 수 있다.[53] ③ 사채알선업자는 채권자 측에 대하여는 채무자의 대리인이 되고, 채무자 측에 대하여는 채권자의 대리인이 될 수 있다.[54] ④ 지입차주가 그 지입된 차량을 직접 운행관리하면서 화물운송계약을 체결한 경우 지입차주는 대외적으로는 차량의 소유자인 회사의 위임을 받아 운행관리를 대행하는 지위에 있다고 할 수 있다.[55] ⑤ 아버지가 딸에게 은행으로부터 금 3천만 원을 대부받는데 사용한다는 용도로 인감도장과 대부용 인감증명서를 교부한 경우에는 그 범위 내에서는 자기가 주채무자로 되는 것이든 보증인으로 되는 것이든 간에 책임질 의사로써 그에 해당하는 대리권을 준 것으로 볼 수 있다.[56]

한편 대리권수여행위가 인정되지 않는다는 판결례는 다음과 같다. ① 부동산의 소유자가 부동산을 담보로 하여 은행으로부터 융자를 얻기 위하여 제3자에게 그 부동산의 등기부등본과 인감증명서를 주었다고 하여 그 부동산에 대한 처분의 대리권을 주었다고는 할 수 없다.[57] ② 채권담보의 목적으로 채무불이행시에 대물변제로 충당하기 위하여 부동산의 매도증서를 매주의 이름없이 작성하여 채권자에게 교부하였다 하더라도 대물변제로 충당하기 이전에 있어서는 그 채권자에게 그 부동산을 매도할 수 있는 대리권을 수여한 것이라고는

52) 대판 65.8.24, 65다1174(집 13-2, 96).
53) 대판 67.9.5, 67다1275(요집 민 Ⅰ-1, 171).
54) 대판 79.10.30, 79다425(공 80상, 12334); 대판 93.1.15, 92다39365(공 93상, 707); 대판 97.7.8, 97다12273(공 97하, 2457).
55) 대판 88.12.27, 87다카3215(공 89상, 230); 대판 95.11.10, 95다34255(공, 95하, 3913); 대판 00.10.13, 2000다20069(공 00하, 2321).
56) 대판 91.1.15, 90다10605(공 91상, 740); 대판 96.2.2.9, 95다10549(공 96상, 899: "아버지가 아들의 채무에 대한 담보 제공을 위하여 아들에게 인감도장과 인감증명서를 교부한 사안에서, 아들에게 복임권을 포함하여 채무 담보를 위한 일체의 대리권을 부여한 것이라고 보아, 그 아들로부터 다시 그 인감도장과 인감증명서를 교부받은 제3자가 이를 이용하여 타인에게 설정하여 준 근저당권설정등기가 유효하다").
57) 대판 62.10.11, 62다436(요집 민 Ⅰ-1, 170).

볼 수 없다.[58] ③ 부동산소유자가 소개업자에게 '가옥이동용'의 인감증명만을 교부하여 부동산매매의 알선을 부탁한 데 그치고 소유자의 인감은 소개업자가 소유자를 속여서 교부받은 것이라면, 소유자가 소개업자에게 매매 기타 처분의 권한까지 수수한 것이라고 보기 어렵다.[59] ④ 남편이 아내의 인감도장을 보관하고 있었다는 사실만으로 인감도장의 사용에 관하여 포괄적 대리권을 위임받은 것이라고 볼 수 없다.[60]

3. 대리권의 범위와 제한

(1) 법정대리권의 범위

법정대리권의 범위는 해당 법정대리에 관한 법률의 규정에서 정하고 있으므로(§§ 25, 913 이하, 941 이하, 1040 Ⅱ, 1047 Ⅱ, 1053 Ⅱ, 1101 등), 개별적인 대리행위가 대리권의 범위에 속하는지 여부는 당해 법률규정의 해석에 따르게 된다. 이들 규정은 강행규정이라고 이해되기 때문에, 당사자가 임의로 대리권의 범위를 확장 또는 제한할 수 없다.

(2) 임의대리권의 범위

(가) 법률규정 임의대리권은 본인의 수권행위에 따라 정해짐이 원칙이다. 그러나 일정한 경우에는 본인의 선임에 의한 대리인임에도 불구하고 거래안전을 도모하기 위하여 대리권한을 획일화·정형화시키기 위하여 대리권의 범위를 법률로 정해둔 경우가 있다. 상법상의 지배인(상 § 11), 부분적 포괄대리권을 가진 사용인(상 § 15), 물건판매점포의 사용인(상 § 16) 등이 이에 해당한다.

(나) 수권행위의 해석 임의대리권의 범위는 그 발생원인인 수권행위에 의하여 정해진다. 수권행위는 본인의 의사에 따라 일정한 사항에 한정되거나(특정수권) 일정 범위의 사무에 관하여 포괄적으로 이루어질 수도 있다(포괄수권). 대리권의 범위가 위임장 기타 서면에 분명히 기재된 경우에도 문언의 의미와 폭을 둘러싼 해석의 문제가 없지 않겠지만, 구두에 의한 수권 또는 대리권의 수여가 묵시적·추단적으로 이루어지는 경우에는 수권행위의 해석이 더욱 중요하지 않을 수 없다. 수권행위의 해석은 상대방 및 제3자에게 미치는 영향이 크기 때문에 신중해야 할 문제로서, 대리권을 수여한 당사자의 의도, 거래관행과 주

58) 대판 63.2.28, 62다910(집 11-1, 155).
59) 대판 82.4.13, 81다408(공 82상, 495).
60) 대판 84.7.24, 84도1093(공 84하, 1514).

위 사정 등을 고려하여 대리권의 범위를 결정하여야 할 것이다. 대리권의 범위로 명시되거나 대리권을 갖는다고 분명히 인정되는 사항 및 그에 부수하는 사항에 대하여 대리권이 인정된다고 할 것인데, 대리권의 범위에 대한 판례의 경향을 설명하면 다음과 같다.

① 부동산의 소유자를 대리하여 매매계약을 체결할 권한이 있는 대리인은 특별한 사정이 없는 한 매매계약에서 약정한 바에 따라 중도금과 잔여금을 수령할 권한이 있다고 보아야 하고,[61] 매매계약의 체결과 이행에 관하여 포괄적으로 대리권을 수여받은 대리인은 특별한 사정이 없는 한 상대방에 대하여 약정된 매매대금 지급기일을 연기하여 줄 권한도 가진다고 보아야 한다.[62]

② 다른 사람에게 부동산에 관한 소유권이전등기 소요서류를 보관시키고 부동산의 관리권을 수여하였다고 하여도 처분에 관한 대리권을 수여하였다고 할 수 없다.[63]

③ 대여금의 영수권한만을 위임받은 대리인이 그 대여금채권의 일부를 면제하기 위하여는 본인의 특별수권이 필요하다.[64]

④ 매매계약을 소개하고 매수인을 대리하여 매매계약을 체결하였다 하여 곧바로 매수인을 대리하여 매매계약의 해제 등 일체의 처분권과 상대방의 의사를 수령할 권한까지 가지는 것은 아니다.[65]

⑤ 특별한 사정이 없는 한 부동산을 매수할 권한을 수여받은 대리인에게 그 부동산을 처분할 권한도 있다고 볼 수 없다.[66]

⑥ 경매입찰의 대리권의 범위는 경락허가결정이 있은 후 채권자의 강제경매신청 취하에 동의할 권한에까지 미치지는 않는다.[67]

⑦ 사업자등록 명의와 통장을 빌려준 사정이 있다고 하여 당연히 거액의 차용까지 할 수 있는 포괄적인 대리권을 수여한 것으로는 볼 수 없다.[68]

61) 대판 91.1.29, 90다9247(집 39-1, 113); 대판 94.2.8, 93다39379(공 94상, 1004); 대판 92.4.14, 91다43107(공 92상, 1582).

62) 대판 48.2.17, 4280민상236(요집 민 Ⅰ-1, 169); 대판 92.4.14, 91다43107(공 92상, 1582).

63) 대판 69.10.14, 69다1384(집 17-3, 195).

64) 대판 81.6.23, 80다3221(공 81하, 14095).

65) 대판 87.4.28, 85다카971(집 35-1, 304); 대판 93.1.15, 92다39365(공, 93상, 707), 대판 97.3.25, 96다51271(공 97상, 1183); 대판 97.9.30, 97다23372(공 97하, 3272); 대판 08.1.31, 2007다74713(정보); 대판 08.6.12, 2008다11276(공 08하, 970); 대판 15.12.23, 2013다81019(정보).

66) 대판 91.2.12, 90다7364(집 39-1, 137).

67) 대결 83.12.2, 83마201(집 31-6, 51).

68) 대판 09.5.28, 2009다7779(정보).

(다) 민 § 118의 보충규정 　수권행위가 있었으나 대리권의 범위를 정하지 않은 경우 또는 대리권의 범위가 분명하지 않은 경우 § 118는 대리권의 범위를 보충적으로 정하는 규정을 두고 있다. § 118에 따르면 권한을 정하지 않은 대리인은 보존행위, 대리의 목적인 물건 또는 권리의 성질을 변하지 아니하는 범위에서 그 이용 또는 개량을 하는 행위를 할 수 있다. 자세한 내용은 해당 조문의 주해 참조.

(3) 대리권의 제한

임의대리권은 본인이 대리인을 상대로 하는 수권행위에 의하여 설정할 수 있으므로 사적 자치의 원칙에 따라 본인이 임의로 그 범위를 제한할 수 있음은 물론이다. 다만 본인이 정한 대리권의 범위를 넘어서 대리행위를 하는 경우에 대리권이 있다고 믿은 상대방의 보호가 문제되는데, 우리 민법은 § 126에서 '권한을 넘은 표현대리' 규정을 통하여 상대방이 월권한 대리인에게 대리권이 있다고 믿을만한 정당한 이유가 있었을 때에는 본인으로 하여금 대리행위에 따른 책임을 지도록 하고 있다. 본인의 수권 이외에 민법은 일정한 경우 본인의 이익을 위하여 대리권의 행사를 제한하는 보충적 규정을 두고 있다. 공동대리(§ 119)와 자기계약·쌍방대리의 금지(§ 124)에 관한 규정이 이에 해당하며, 이들 규정에 위반한 대리행위는 무권대리행위가 된다. 자세한 내용은 해당 조문의 주해 참조.

4. 대리권의 소멸

§§ 127, 128 참조.

Ⅳ. 대리권의 남용

1. 서 론

대리권의 남용이라 함은 대리인의 행위가 대리권의 범위에는 속하지만 대리인이 대리행위를 통하여 본인의 이익이 아니라 대리인 자신 또는 제3자의 이익을 위하여 대리의 권한을 남용하는 것을 말한다. 가령 본인으로부터 부동산의 매각을 위임받은 대리인이 상대 매수인과 공모하여 시가에 현저히 미치지 못하는 금액을 대금으로 하는 매매계약을 체결하여 시가 차액을 자신이 보유하는 경우와 같다. 대리권 남용 행위가 문제되는 경우 대리인의 행위는 원칙적으로 본인에 대하여 효력을 발생하여야 한다. 왜냐하면 대리권의 범위는 대리행위를 하는 대리인의 주관적 의도에 따를 것이 아니라 수권행위 또는 법률규정의 해석에 따라 객관적, 추상적으로 결정되어야 하기 때문이다. 다만 대리인의 대리권 남용에 따라 손해를 입게 되는 본인은 대리인에 대하여 위임 등의 기초적 내부관계에 따라 대리인이 본인의 이익을 실현하기 위한 '선량한 관리자의 주의의무'(§681)를 위반하였음을 이유로 손해배상 등의 책임을 물을 수 있을 뿐이다. 다시 말해 기초적 계약관계의 의무위반과 대리권의 인정 여부는 원칙적으로 독립적으로 판단되어야 하며, 따라서 대리권 남용의 경우에도 대리행위에 따른 법률효과는 본인에게 귀속하여야 한다.[69)]

이러한 기초적 계약관계와 대리권의 독립된 파악은 본인과 대리인 사이의 내부적 계약관계 여하에 따라 상대방과의 법률행위가 영향을 받지 않도록 하여 상대방을 보호하고 거래 안전을 도모함에 그 목적이 있다. 그런데 상대방이 대리인의 배임의도를 잘 알고 있거나 이와 마찬가지라고 취급할 수 있는 경우에는 굳이 본인으로 하여금 대리권 남용의 불이익을 감수하도록 하면서까지 상대방을 보호해야 할 이유가 없다고 할 것이다. 이런 이유에서 학설과 판례는 상대방이 대리권 남용의 사실에 관하여 악의인 경우 대리행위의 효과를 본인에게 귀속시키지 않는다는데 일치하고 있다. 다만 대리권 남용에 관한 명문 규정이 없는 관계로 학설과 판례가 대리권 남용에 관한 법리구성에서 입장을 달리하며, 따라서 견해에 따라 대리권 남용의 효과와 대리권 부정의 요건에서 세부적 차이를 가져오고 있다.[70)]

2. 학설과 판례

(1) 제107조 단서의 유추적용(심리유보설)

대리인이 본인의 이익이 아니라 자신 또는 제3자를 위하여 법률행위를 한다는 사실을 상대방이 알았거나 알 수 있었을 때에는 §107 I 단서를 유추적용하여 대리행위의 효력을 부정해야 한다는 입장이다.[71)] 대리권 남용의 경우

69) 이와 같은 대리권의 독립성 법리에 따른 대리권의 남용위험에 대한 본인과 상대방 사이의 위험분배에 대한 지적으로는 김상중, "대리제도와 제3자의 보호: 대리권남용과 표현대리를 중심으로", 비교 27-2, 2020, 5.

70) 아래의 대리권 남용에 관한 학설, 판례의 논의는 대표권의 남용에서도 그대로 적용된다.

71) 곽윤직 · 김재형, 349; 김상용, 544; 김용한, 286; 정기웅, 445.

에는 대리인이 내심으로는 자신 또는 제3자의 이익을 위한다는 의사를 가지고 있음에도 외부로는 본인을 위한다고 표시한다는 점에서 진의 아닌 의사표시와 유사하기 때문에 비진의표시에 관한 §107의 규정이 유추적용될 수 있다고 한다.

(2) **권리남용의 입장**(권리남용설)

대리권의 남용행위는 대리권한 내의 대리권 행사로서 원칙적으로 유효하지만 대리권의 남용 사실을 알고서도 취득한 권리를 행사하는 것은 신의칙위반 내지 권리남용으로서 허용되지 않는다는 입장이다.[72] 다시 말해 대리권 남용의 문제는 본인의 이익과 거래상대방의 이익이 대립하는 상황에서 권한남용의 위험을 양 당사자 사이에 분배하는 문제로서, 그 위험은 원칙적으로 본인이 부담하여야 하지만 상대방의 악의 또는 중과실 등 신의칙에 반하는 사정이 있는 경우에는 상대방이 부담해야 한다고 한다.

(3) **대리권의 내재적 제한 입장**(대리권제한설)

대리권은 본인의 이익을 위하여 행사되어야 한다는 내재적 제한이 있으며, 그 한계를 넘어서는 대리권은 부정된다는 입장이다.[73] 대리권의 내재적 제한은 임의대리의 경우 수권행위의 해석에 따라, 법정대리의 경우 법률규정의 취지에서 비롯하고 있다고 한다. 이 입장에 따르면 대리권이 본인에 대한 배임행위를 실현하는데 악용되어 거래의 안전과 사적 자치의 용이한 실현이라는 대리권의 독립성과 존재의의에 반하는 경우 대리권은 남용으로 인하여 부정된다. 다만 이 입장은 대리권 남용의 기본법리와 효과 구성에서 2개의 견해로 나뉘고 있다. 한 견해에 따르면 대리권 남용의 행위는 원칙적으로 본인에 대하여 효력을 발생하고 상대방이 남용의 사실을 알았거나 정당한 이유 없이 알지 못한 경우에 한하여 무권대리가 된다고 설명하고 있다.[74] 다른 견해는 대리권 남용의 경우 대리권의 내재적 제한을 벗어났기 때문에 무권대리로서 무효이고, 다만 상대방이 대리권 남용의 사실에 대하여 선의·무과실인 때에는 표현대리로서 유효하게 된다고 파악하고 있다.[75]

(4) **판례의 태도**

대리권 남용에 관한 대법원 판례는 §107 Ⅰ 단서의 유추적용 또는 권리남용의 입장에 따르고 있는데, 주류적 판결례는 §107 Ⅰ 단서의 유추적용에

72) 고상룡, 501; 명순구, 448; 송덕수, 321; 홍성재, 227.
73) 김증한·김학동, 408; 백태승, 460; 이영준 553; 이은영, 621; 구주해(3), 46(손지열).
74) 이영준, 554-555.
75) 구주해(3), 46-47(손지열).

따라 판단하고 있다. 대법원은 대판 87.7.7, 86다카1004(집 35-2, 223)에서 은행의 지점장 대리가 은행의 의사나 이익에 반하여 예금의 형식을 빌어 사채를 끌어모아 제3자의 사업자금을 마련함으로써 은행 본인이 아니라 자신과 제3자의 이익을 도모한 법률행위를 한 사건(세칭 명성사건)에서 "진의 아닌 의사표시가 대리인에 의하여 이루어지고 그 대리인의 진의가 본인의 이익이나 의사에 반하여 자기 또는 제3자의 이익을 위한 배임적인 것임을 그 상대방이 알거나 알 수 있었을 경우에는 § 107 Ⅰ 단서의 유추해석상 그 대리인의 행위는 본인의 대리행위로 성립할 수 없다 하겠으므로 본인은 대리인의 행위에 대하여 아무런 책임이 없다 할 것이며 이때 그 상대방이 대리인의 표시의사가 진의아님을 알거나 알 수 있었는가의 여부는 표의자인 대리인과 상대방사이에 있었던 의사표시의 형성과정과 그 내용 및 그로 인하여 나타나는 효과 등을 객관적인 사정에 따라 합리적으로 판단하여야 할 것이다"고 판단하였다.[76] 대리권 남용에 관한 이와 같은 판결례는 법인의 대표권 남용,[77] 상법상 지배인[78], 부분적 포괄대리권을 가진 상업사용인[79]과 표현대표이사[80]의 배임적 대리행위에서도 유지되고 있다.

한편 대법원 판결례 중에는 위와 같은 § 107 Ⅰ 단서의 유추적용에 의하지 않고 대리권의 남용을 신의칙 위반에 따라 판단한 경우도 있다. 법인의 대표권 남용이 문제된 대판 87.10.13, 86다카1522(공 87하, 1699)에서 대법원은 "주식회사의 대표이사가 그 대표권의 범위 내에서 한 행위는 설사 대표이사가 회사의 영리목적과 관계없이 자기 또는 제3자의 이익을 도모할 목적으로 그 권한을 남용한 것이라 할지라도 일응 회사의 행위로서 유효하고 다만 그 행위의 상대방이 그와 같은 정을 알았던 경우에는 그로 인하여 취득한 권리를 회사에 대하여 주장하는 것이 신의칙에 반하므로 회사는 상대방의 악의를 입증하여 그

76) 위 판결 외에도 이미 대판 75.3.25, 74다1452(집 23-1, 124); 대판 87.11.10, 86다카371(공 88상, 78); 대판 96.4.26, 94다29850(공 96상, 1662); 대판 97.12.26, 97다39421(공 98상, 494); 대판 98.2.27, 97다24382(공 98상, 867); 대판 99.1.15, 98다39602(공 99상, 290); 대판 01.1.19, 2000다20694(공 01상, 504); 대판 04.2.26, 2003다59662(정보); 대판 06.3.24, 2005다48253(정보); 대판 07.4.12, 2004다51542(공 07상, 671); 대판 09.6.25, 2008다13838(정보).

77) 대판 88.8.9, 86다카1858(집 36-2, 64); 대판 93.6.25, 93다13391(공 93하, 2117); 대판 05.7.28, 2005다3649(공 05하, 1415); 대판 13.7.11, 2013다16473(정보).

78) 대판 99.3.9, 97다7721, 7738(공 99상, 618).

79) 대판 08.7.10, 2006다43767(공 08하, 1132).

80) 대판 13.7.11, 2013다5091(정보).

행위의 효과를 부인할 수 있을 뿐이다"고 판단한 바 있다.[81)]

(5) 학설과 판례의 검토[82)]

먼저, § 107 Ⅰ 단서의 유추적용 입장은 다수설이며 판례의 주류적 입장이다. 그런데 이 입장이 대리인에 의한 대리권 남용행위가 심리유보, 즉 진의 아닌 의사표시와 유사하다고 파악하고 있을 때에는 법률행위 일반이론에 따른 의문이 들지 않을 수 없다. 즉, 진의 아닌 의사표시는 내심의 진의와 표시행위가 불일치하는 경우이다. 그런데 대리권 남용에서는 대리인이 본인의 이름으로 법률행위를 하고 있는 이상 '본인을 대리한다'는 의사와 이를 표시하는데 불일치는 전혀 문제되지 않는다. 즉, 대리권 남용의 경우에도 대리인의 의사는 대리행위의 법적 효과가 본인에게 발생하는 것을 의욕하고 있다. 다만 그 행위로 인한 사실적·경제적 효과가 본인의 이익을 위한 것이 아니라 대리인 자신 또는 제3자의 이익을 추구하고 있다는 데에 대리권 남용의 특징이 있다. 이에 의사와 표시의 불일치를 전제로 하는 § 107의 규율상황과 대리권의 남용은 존재의 평면을 달리하고 있다.[83)] 그렇다면 대리권 남용의 해결을 위하여 § 107 단서는 본인에 대한 효과귀속의 배제라는 결과적 타당성을 제외한다면 유추적용의 적상(適狀)에 있지 않다고 판단된다.[84)]

한편 권리남용의 입장은 대리권의 남용을 신의칙이라는 일반규정에 의존하여 해결하려는 태도라고 하겠는데, 이는 대리제도의 문제를 일반조항으로 해결하고자 한다는 '일반조항에의 도피'라는 방법적 측면에서 비판할 여지가 있다고 하겠다.[85)] 실제로 신의칙에 의한 대리권 남용의 법리구성이 구성요건의 개방성에 따라 쉽지 않다는 사정은 대리권 남용이 어떠한 경우에 신의칙에 위반하여 무효로 되는지를 판단하는데 있어서 명확한 기준을 제시하기 어렵다는 점에서 잘 드러난다. 즉, 권리남용의 입장에 있는 학설에서는 상대방이 악의·중과실인 경우에 신의칙에 반한다고 설명하는 반면,[86)] 권리남용설을 채택한 일부 판결례에서는 "상대방이 대표이사의 진의를 알았거나 알 수 있었을

---

81) 대판 90.3.13, 89다카24360(공 90상, 880); 대판 16.8.24, 2016다222453(공 16하, 1357).

82) 아래 내용에 관하여는 김상중, "대리제도와 제3자의 보호: 대리권남용과 표현대리를 중심으로", 비교 27-2, 2020, 16-18.

83) 구주해(3), 45(손지열).

84) 이영준, 551.

85) 이영준, 552.

86) 고상룡, 501.

때에는 그로 인하여 취득한 권리를 회사에 대하여 주장하는 것은 신의칙에 반하는 것"이라고 판시하고 있다.[87)]

이런 이유에서 대리권 남용을 대리권의 내재적 제한이라는 관점에서 접근하는 태도가 이론적, 방법적 차원에서 적절하다고 생각된다. 그런데 대리권제한설의 입장 중에서 '대리권의 남용행위는 무권대리행위이나 상대방이 선의·무과실인 경우에는 표현대리로서 본인이 책임져야 한다'는 견해는 기초적 내부관계와 대리권의 분리·독립된 파악 및 이를 통한 거래 안전의 도모라는 대리제도의 본질적 출발에 상응하지 않는 법리구성이라고 여겨진다. 따라서 대리권 남용의 법리구성은 다음과 같이 파악하여야 할 것이다: 대리권 남용 행위는 대리인의 본인에 대한 기초적 법률관계에 따른 의무위반으로서 상대방과의 대외적 관계에서는 원칙적으로 본인에 대하여 효력을 발생한다. 그러나 상대방이 대리권 남용의 사실을 알았던 경우와 같이 대리권의 독립성에 의한 상대방의 보호가 필요하지 않다고 여겨지는 경우에는 대리권의 독립성을 목적론적으로 축소하여 의무위반의 대리권을 부정하여 대리권 남용 행위를 무권대리로 취급하여야 한다.

그렇다면 어떠한 경우에 상대방이 대리권 남용에 관하여 인식하고 있는 경우와 동일하게 취급하여 그 보호필요성을 부정할 수 있는지가 문제된다. 이와 관련하여 앞서 서술한 바, 즉 대리권 남용이 대리권의 독립성 원칙에서 비롯하는 데 대립권의 독립성은 대리적 거래질서의 안전 보장을 위하여 상대방으로 하여금 본인과 대리인의 내부적 법률관계에 대하여는 별도로 조사, 확인해야 할 부담을 덜어주려는 취지에서 비롯하고 있음을 상기하여야 할 것이다. 다시 말해 대리권 남용의 위험귀속을 위한 본인과 상대방의 이익을 형량함에 있어서 대리행위의 상대방이 대리권있는 대리인의 내부적 의무위반 여부를 스스로 조사, 확인하지 않았다고 하여 그 불이익을 상대방에게 전가·부담하도록 하는 것은 대리권의 독립성 원칙과 부합하지 않게 된다. 그렇다고 상대방의 대리권 남용에 대한 악의의 경우에만 본인에 대한 효과귀속을 배제하는 것은 악의의 증명곤란에 따라 본인의 보호를 지나치게 협소하게 할 염려가 있다. 이에 상대방의 적극적 인식과 동일시할 수 있는 정도, 즉 대리권 남용의 사실이 명백하여 합리적 거래관념에 따른다면 권한남용의 사실을 의심하지 않을 수 없는 경우에는 본인의 이익을 우선하여 상대방과의 관계에서 대리권을 부정하여

87) 대판 90.3.13, 89다카24360(공 90상, 880).

야 할 것이다. 대리권의 독립성을 인정하는 독일의 지배적 입장[88]과 국내의 적지 않은 문헌도 이 같은 권한남용의 명백성을 상대방의 주관적 요건으로 인정하고 있으며,[89] 이런 이유에서 대리권제한설의 입장에 기본적으로 찬동한다.

3. 대리권 남용의 효과와 개별 문제

(1) 대리권 남용의 효과

대리인이 대리권을 남용하여 본인이 아니라 자기 또는 제3자의 이익을 위하여 한 대리행위는 원칙적으로 본인에게 효력을 발생한다. 이 경우 대리권 남용에 따라 손해를 입은 본인은 대리인에 대하여 내부적 법률관계에 따라 채무불이행 또는 불법행위를 이유로 한 손해배상을 청구할 수 있다. 그러나 상대방이 대리권 남용의 사실을 알았거나 명백한 권한 남용을 알지 못한 경우(판례의 표현에 따르면 과실로 알지 못한 경우)에는 대리권이 부정되어 대리인의 행위는 본인에게 효력이 발생하지 않는 무권대리행위가 된다. 대리권 남용에 대한 상대방의 악의 또는 이에 준하는 사정에 대하여는 무권대리의 효과를 주장하는 본인이 주장, 증명하여야 한다.[90] 이 경우 표현대리 규정이 적용된다는 견해가 있으나,[91] 대리권을 예외적으로 부정하여 본인의 보호를 도모하려는 취지에 비추어 표현대리 규정은 적용될 여지가 없다고 할 것이다.[92]

(2) 대리권 남용과 제3자의 보호

대리권의 남용행위에서 본인과 상대방 이외에 상대방과 법률관계를 맺은 제3자의 지위가 어떠한지 문제될 수 있다. 이 문제는 대리권 남용의 효과가 본인에게 귀속되는 경우와 그렇지 않은 경우를 나누어 살펴볼 수 있다. 먼저, 대리권 남용의 효과가 상대방의 선의와 같은 보호필요성에 따라 본인에게 귀속하는 경우에 제3자는 상대방의 법적 지위를 원용하여 본인의 무권대리 주장을 배척하는 것으로 충분하다.[93] 반면, 대리권 남용에 관한 상대방의 악의 등으로 남용행위의 효과가 본인에게 귀속하지 않는 경우에 제3자의 지위는 좀

---

88) Wolf/Neuner, Allgemeiner Teil des Bürgerlichen Rechts, § 49 Rn. 105.

89) 이영준, 477; 지원림(주 48), 289; 하경효, "대리권 남용시의 대리효과 부인의 근거와 요건", 한국민법이론의 발전 I, 2001, 143. 앞의 두 문헌에서는 대리권 남용의 명백함이라는 상대방의 위험부담 요소를 § 126, 즉 권한을 넘은 표현대리에서 대리권이 있다고 믿을만한 '정당한 이유'가 없는 경우에 준하여 이해할 수 있다고 한다.

90) 이 한도에서는 구주해(3), 47(손지열).

91) 구주해(3), 46(손지열).

92) 이영준, 555.

93) 이때 제3자의 대리권 남용에 대한 선의, 악의는 더 이상 문제되지 않을 것이다.

더 문제될 수 있다.[94)]

이 문제에 관하여 친권남용의 사례를 다룬 대판 18.4.26, 2016다3201(공18상, 963)은 "법정대리인인 친권자의 대리행위가 객관적으로 볼 때 미성년자 본인에게는 경제적인 손실만을 초래하는 반면, 친권자나 제3자에게는 경제적인 이익을 가져오는 행위이고 행위의 상대방이 이러한 사실을 알았거나 알 수 있었을 때에는 민법 § 107 Ⅰ 단서의 규정을 유추적용하여 행위의 효과가 자(子)에게는 미치지 않는다고 해석함이 타당하나, 그에 따라 외형상 형성된 법률관계를 기초로 하여 새로운 법률상 이해관계를 맺은 선의의 제3자에 대하여는 같은 조 제2항의 규정을 유추적용하여 누구도 그와 같은 사정을 들어 대항할 수 없으며, 제3자가 악의라는 사실에 관한 주장·증명책임은 무효를 주장하는 자에게 있다"고 판시하였다. 즉, 대법원은 대리권 남용행위에 대하여 § 107의 비진의표시 규정을 유추적용하는 태도에 입각하여 대리권 남용에 따른 (상대방과 법률관계를 맺은) 선의의 제3자를 § 107 Ⅱ에 의하여 보호할 수 있다는 입장이다.

대리권 남용에 따른 상대방 이외의 제3자 보호는 위의 심리유보설 이외에 권리남용설과 대리권제한설에 따르더라도 기본적으로 마찬가지라고 이해된다. 권리남용설에 의하면 대리권이 남용된 경우에 악의의 상대방으로 하여금 본인에 대한 법률효과의 주장을 저지하는데 그칠 뿐이므로, 이런 사정을 알 수 없었던 제3자가 자신의 권리취득을 주장하는 것까지 배제할 수는 없기 때문이다.[95)] 반면 대리권의 내재적 제한설에 대하여는 제3자의 보호가 인정되지 않는다는 주장이 널리 퍼져 있다.[96)] 그러나 이러한 주장은 사견으로는 납득할 수 없는데, 앞서 서술한 바와 같이 대리권제한설에 따르면 대리권 남용의 위험은 원칙적으로 본인에게 귀속되며 상대방의 보호필요성을 인정할 수 없는 경우에 한하여 독립성 원칙을 목적론적으로 축소하여 대리권을 부정하는 것일 뿐이다. 이때 상대방의 보호는 대리적 거래질서의 원활과 안전 보장을 목적으로 하고 있는 바, 이러한 목적의 관철을 위해서는 대리권 남용위험의 귀속내용은 단지 본인과 상대방의 법률관계에 국한되어서는 안 되고 대리행위의 상

94) 물론 대리권 남용의 무권대리행위에 대한 본인의 추인 가능성은 널리 인정되고 있는데, 이 경우에도 제3자의 보호가 문제되지는 않을 것이다. 아래 설명에 관하여는 김상중, "대리제도와 제3자의 보호: 대리권남용과 표현대리를 중심으로", 비교 27-2, 2020, 21-23.

95) 손지열, "대표권의 남용", 민판연 11, 1989, 12; 송덕수, "대리행위와 민법 제107조", 고시연구 17-7, 1990, 120; 정상현, "반사회적 대리권 남용행위와 법률관계 고찰", 저스 144, 2014, 143.

96) 바로 위의 각주에서 인용한 문헌들 참조.

대방과 법률관계를 맺은 제3자와의 관계에서도 관철되어야만 한다. 본인은 대리인으로 하여금 자신을 대리하도록 함으로써 거래질서에 남용의 위험을 창출한 반면, 제3자는 이러한 대리적 거래관계의 안전을 전제로 대리행위의 상대방과 법률관계를 맺은 자이기 때문이다. 이러한 대리권제한설의 입장에 따르면 제3자는 상대방과 마찬가지로 대리 본인과 상대방 사이의 법률관계가 정상적인지를 조사, 확인할 부담을 갖지는 않을 것이므로 대리권 남용으로부터 원칙적으로 보호받게 된다. 다만 제3자가 대리행위의 상대방과 거래관계를 가질 당시에 대리권 남용의 사실에 대하여 적극적으로 인식하고 있거나 이를 의심하지 않을 수 없었을 경우에 본인은 제3자에 대하여 대리권 남용에 따른 무권대리행위임을 주장할 수 있을 뿐이라고 생각된다.[97] § 107 Ⅱ의 유추적용을 인정함으로써 제3자의 선의만을 요구하는 판례의 입장과 이 점에서 제3자의 보호요건을 달리하게 된다.

(3) 대리권 남용 법리의 법정대리에의 적용

위에서 설명한 대리권 남용에서 제3자 보호에 관한 논의는 임의대리의 경우만이 아니라 법정대리에서도 적용될 수 있다. 먼저, 임의대리에서 적용되는 대리권 남용의 법리가 법정대리, 특히 제한능력자를 위한 법정대리에서도 적용되는지에 관해서는 견해가 일치하지 않고 있다. 한 견해에 따르면 제한능력자의 법정대리인이 대리권을 남용한 경우에는 상대방이 이를 알지 못하여 보호할 필요가 있더라도 제한능력자 본인의 보호를 위하여 본인에게 그 효과가 귀속하지 않는다고 파악하고 있다.[98] 이에 반하여 다수의 학설과 판례는 제한능력자의 보호와 거래질서의 안전을 조화롭게 보장한다는 취지에서 법정대리의 경우에도 임의대리에서와 마찬가지로 대리권 남용에 관한 상대방의 보호필요 여하에 따라 본인에 대한 효과귀속을 달리 판단하고 있다.[99] 물론 임의대리와 법정대리에서 본인의 관여와 책임이 같다고 말할 수는 없을 것이다. 그러나 제한능력자의 보호 역시 거래안전이라는 가치와 비교형량하여 한정하지 않을 수 없으며

97) 김상중, "대리제도와 제3자의 보호: 대리권남용과 표현대리를 중심으로", 비교 27-2, 2020, 23-24.

98) 지원림(주 48), 288.

99) 윤진수, "친권자와 자녀 사이의 이해상반행위 및 친권자의 대리권 남용", 민사재판의 제 문제 11, 2002, 733, 753; 배성호, "이해상반행위와 대리권 남용", 저스 77, 2004, 85; 하경효, "대리권 남용시의 대리효과 부인의 근거와 요건", 한국민법이론의 발전 I, 1999, 129, 148-149. 친권남용에 관하여 § 107 유추적용에 따라 대리권 남용의 법리를 적용한 판례의 태도로는 대판 11.12.22, 2011다64669(공 12상, 164).

그 보호의 정도도 문제되는 행위 형상에 따라 달라질 수 있다고 생각된다. 즉, 제한능력자가 단독으로 법률행위를 한 경우와 법정대리인의 대리행위를 통하여 타인과 법률관계를 갖게 되는 경우에 그 보호의 정도를 동일시 하여 앞의 경우에서 인정되는 절대적 보호를 후자의 경우에도 당연시해야 한다고는 생각되지 않는다.[100] 오히려 본인과 상대방 중에서 대리권 남용에 따른 위험을 분배해야 한다면 법정대리의 경우에도 원칙적으로 대리인과의 밀접한 관계에 따라 본인에게 그 재산적 불이익을 귀속시키는 것도 타당하다고 생각된다.[101]

법정대리권의 남용에 대한 위와 같은 입장에 서는 한 대리권 남용 행위의 상대방과 법률관계를 맺는 제3자의 보호 역시 임의대리의 경우와 마찬가지로 제3자의 주관적 요건에 따라 판단되어야 하며, 따라서 대리권 남용의 사실을 알 수 없는 제3자를 상대로 본인은 무권대리의 효과를 주장할 수 없게 된다. 대법원 판례 역시 친권남용의 대리행위와 관련하여 그로 인하여 형성된 법률관계를 기초로 새로운 거래관계를 맺은 선의의 제3자에 대하여 무권대리에 따른 무효의 효과를 주장할 수 없다고 판시하고 있다.[102] 이러한 법리가 대리권 남용에 관한 § 107의 유추적용에서 비롯한 것이기는 하지만 제3자보호의 결과적 측면에서는 기본적으로 동의하는 바이다.

(4) 대리권 남용과 표현대리의 관계

대리권 남용은 대리인의 행위가 권한범위 내이지만 대리인이 대리행위를 통하여 본인의 이익이 아니라 대리인 자신 또는 제3자의 이익을 위하여 권한을 행사하는 것을 말한다. 반면 표현대리의 경우에는 대리인이 당해 대리행위에 관하여 대리의 권한을 갖고 있지 않다. 따라서 대리권 남용과 표현대리, 특히 § 126의 권한을 넘은 표현대리는 그 요건을 서로 달리하여 대체로 중첩되지 않는 것으로 이해되고 있다. 그런데 대판 87.7.7, 86다카1004(집 35-2, 223)에서는 이른바 '명성수기통장사건'이라고 하여, 은행 직원(소외 1)이 대리권한을 넘어서

100) 민법전이 제한능력자의 보호를 위하여 법정대리를 마련하고 있으며 이를 통하여 제한능력자가 한정된 행위능력을 보완하여 타인과 법률관계에 들어선 이상 제한능력자의 보호목적은 이루어졌다는 지적으로는 서종희, "대리권(친권)남용과 선의의 제3자 보호", 외법논집 43-3, 2019, 14.

101) 대리권 남용의 상황과 이익형량의 측면에서 유사한 표현대리행위와 관련하여 § 126, § 129의 외관대리에 관하여 다수설과 판례는 법정대리에의 적용을 긍정하고 있다. 구주해(3) 173, 198(차한성); 주석 총칙(3), 169, 192(제4판/이균용); 대판 75.1.28, 74다1199(공 75, 8295). 이에 관하여는 § 126, § 129 주해 참조.

102) 대판 18.4.26, 2016다3201(공 18상, 963).

고객(원고)과 예금계약을 맺었으나 고객의 시각에서는 대리할 권한이 있다고 믿을만한 정당한 이유가 있지만 그 직원의 대리행위가 본인인 은행(피고)의 이익에 반하여 직원 자신과 제3자(소외2)의 이익을 도모하려고 했음을 알았거나 알 수 있었다고 사실관계가 확정된 사안을 다룬 바 있다. 이 사건에서 대법원은 "이 사건 예금계약이 (…) 예금업무에 관하여는 은행을 대리할 권한이 없다고 하더라도 상대방으로서는 소외 1에게 그와 같은 권한이 있는 것으로 믿는 데에 정당한 이유가 있다고 보여지므로 위 예금계약은 일응 피고은행에게 그 효력이 있는 것으로 보여지겠지만, 위 소외 1이 한 대리행위가 본인인 은행의 의사나 이익에 반하여 자기와 소외 2의 이익을 도모하려 한 것이고 원고가 소외 1의 예금계약 의사가 진의 아님을 알았거나 이를 알 수 있었다면 소외 1이 한 이 사건 예금계약은 피고 은행의 대리행위로 성립할 수 없으므로 피고은행은 이에 대하여 아무런 책임이 없게 된다"고 판시한 바 있다.

대리권 남용과 §126의 월권대리는 물론 앞서 언급한 것처럼 해당 대리행위에 대한 대리권의 유무에서 그 적용요건을 달리하고 있다. 그러나 위 대법원 판결례에서 다투어진 바와 같이 대리인이 대리할 권한을 갖고 있지는 않지만 상대방의 시각에서 대리권을 갖고 있다고 신뢰할 수 있었으나 계약체결의 경위와 내용 등에 비추어 상대방이 주의를 기울였더라면 그 행위가 본인의 이익에 반하여 대리인 자신이나 제3자의 이익을 도모한다는 사정을 알 수 있었을 경우에는 권한을 넘은 표현대리에 대해서도 대리권 남용의 법리를 적용할 수 있음을 부정할 이유는 없다고 하겠다.[103] 다시 말해 표현대리와 대리권 남용 법리의 적용에 따른 상대방 보호의 한계를 정함에 있어서 위와 같은 법리구성에 따르면 일단 표현대리에 의하여 의제된 대리권이 인정되는 때에도 유권대리의 경우와 마찬가지로 대리권 남용의 법리에 따라 상대방의 보호를 개별적으로 판단할 수 있는 가능성을 가질 수 있다는 것이다. 이러한 법리 구성은 다음과 같은 근거, 즉 표현대리는 원래 무권대리임에도 본인의 책임을 인정하는 제도(통설)인 반면, 대리권 남용은 유권대리에서 출발하여 대리권을 부정하는 결과를 가져온다는 점에서 양 제도가 별개의 것으로서 한 사안에서 교착하는 경우를 인정할 수 있다는 근거에 따라 수긍할 수 있다.[104]

103) 이에 관한 일본 학설의 소개로는 윤일구, "민법 제126조의 표현대리와 대리권 남용의 관계", 한국법학회 법학연구 52, 2013, 180.

104) 김정호, "대리권 남용의 법리구성", 고려대 법학논집 33, 1997, 628; 김상중, "대리제도와 제3자의 보호: 대리권남용과 표현대리를 중심으로", 비교 27-2, 2020, 13. 반대하는

V. 대리의 효과

1. 법률행위의 효과

대리인이 권한 내에서 행하였거나 수령한 의사표시의 효과는 직접 본인에 대하여 발생한다. 즉, 대리행위에서 발생하는 권리·의무는 직접 본인에게 발생하며, 이 점에서 간접대리와 구별됨은 이미 설명한 바와 같다(전론 Ⅳ. 1). 이때 본인에 대하여 발생하는 법률행위의 효과는 법률행위에 의하여 발생하는 주된 권리·의무만이 아니라 부수적 권리·의무도 포함하며, 본래적 의무의 불이행에 따른 손해배상청구권, 계약해제권 그리고 의사의 결함으로 인한 취소권 역시 본인에게 직접 발생한다. 반면 대리인은 대리행위를 할 뿐 그로 인한 규율을 받지 않기 때문에 대리행위로 인한 권리와 의무를 취득하지는 않는다. 다만 대리인이 본인으로부터 계약의 체결 이외에 이행을 포함한 포괄적 위임을 받거나 별도의 수권을 받은 경우에는 본인을 대리하여 계약을 이행하거나 본인의 취소권·해제권 등을 행사할 수 있다.[105)]

2. 불법행위 등의 계약외적 책임과 사실행위

대리는 법률행위에 관한 제도이기 때문에, 불법행위의 대리는 인정되지 않는다. 따라서 대리인이 계약체결의 과정에서 상대방에게 불법하게 손해를 입히더라도 대리인이 이를 배상하여야 한다. 다만 대리인이 본인과 사용관계에 있는 경우 본인은 상대방에 대하여 § 756에 따른 사용자책임을 부담하는 경우가 있을 것이다.

또한 계약체결상의 과실책임(§ 535)에 대해서도 대리가 인정되지 않음은 물론이다. 다만 계약체결 과정에서 대리인의 책임있는 사유로 상대방에게 손해를 입힌 경우, 예를 들어 대리인이 매매 목적물에 대하여 상대 매수인에게 잘

견해로는 정상현, "대리권 남용행위에 대한 효과차단의 근거와 대리본질론의 역할 재검토", 법조 68-5, 2019, 301.

105) 대판 87.4.28, 85다카971(공 87상, 864: "제3자의 행위에 의하여 매매계약에 대한 해제의 효과가 발생하려면 제3자가 부동산을 실질적으로 매수한 본인이거나 혹은 적어도 매수명의자로부터 그를 대리하여 매매계약을 해제할 수 있는 대리권을 부여받았음을 요한다 할 것인바, 매매계약을 소개하고 매수인을 대리하여 매매계약을 체결하였다 하여 곧바로 그 제3자가 매수인을 대리하여 매매계약의 해제 등 일체의 처분권과 상대방의 의사를 수령할 권한까지 가지고 있다고 볼 수는 없다"); 대판 97.3.25, 96다51271(공 97상, 1183); 대판 08.1.31, 2007다74713(정보).

못된 설명을 하여 목적물을 구입한 매수인에게 손해를 야기한 경우 본인은 상대방에 대하여 § 391에 따라 대리인의 고의·과실에 대하여 책임을 져야 한다. 물론 이는 대리법리의 적용이 아니라 § 391에 따른 손해배상책임의 적용일 뿐이다. 한편 계약체결상의 과실책임의 인정요건인 계약 목적의 불능에 대한 인식 또는 인식가능성은 대리인에 의한 계약체결이 문제되는 경우 원칙적으로 본인이 아니라 대리인을 기준으로 하여야 할 것이다(§ 116). 더 나아가 문헌의 일부에서는 계약체결상의 과실책임과 관련하여 계약당사자가 아닌 대리인은 원칙적으로 책임지지 아니하나 계약 성립에 관하여 대리인이 스스로 고유의 경제적 이익을 가지거나 계약체결 과정에서 특별한 신뢰를 요구하여 상대방의 체약 의사에 영향을 미친 경우에는 본인과 함께 계약체결상의 과실책임을 부담한다고 주장하고 있다.[106] 대리인이 상대방에게 계약의 목적과 내용 등에 관한 잘못된 설명을 하여 상대방으로 하여금 사실과 다른 기대를 갖도록 하여 재산상 손해를 입힌 사례 유형에서 주로 문제된다. 대리인으로 행위한 자의 책임이 인정되는 경우에도 § 750의 불법행위책임이 적용될 것이다.

끝으로 대리인이 사실행위를 하는 경우, 가령 본인을 위하여 물건의 현실인도를 받는 경우 대리인은 본인과의 내부적 법률관계에 따라 점유보조자로 기능하게 될 것이며, 따라서 대리인이 물건을 사실상 지배하는 경우 본인의 점유가 인정된다.

3. 대리행위와 본인의 능력

대리행위의 법률효과는 본인에게 귀속하므로, 본인은 대리행위로 인한 권리·의무를 취득할 수 있는 권리능력을 가지고 있어야 한다. 따라서 본인이 권리능력을 갖지 아니하는 경우 대리행위는 목적달성의 불능으로 인하여 무효가 된다. 한편 본인은 스스로 법률행위를 하지는 않기 때문에 대리행위 자체와 관련해서는 의사능력·행위능력을 갖추고 있을 필요가 없다. 그러나 기초적 내부관계 및 수권행위를 함에 있어서 본인의 행위능력을 필요로 함은 물론이다.

[김 상 중]

106) 이영준, 599; 구주해(3), 23(손지열); 주석 총칙(3), 49(제4판/문용호).

第 115 條(本人을 爲한 것임을 表示하지 아니한 行爲)

代理人이 本人을 爲한 것임을 表示하지 아니한 때에는 그 意思表示는 自己를 爲한 것으로 본다. 그러나 相對方이 代理人으로서 한 것임을 알았거나 알 수 있었을 때에는 前條 第 1 項의 規定을 準用한다.

차 례

Ⅰ. 개 요

§ 115는 대리인이 본인을 위한 것임을 현명하지 않은 경우 그 법률행위의 효과가 누구에게 발생하는가를 정하고 있다. § 115 본문에 따르면 이와 같이 대리인이 본인을 위한 대리인으로서 행위한다는 내심의 의사를 가지고 의사표시를 한 경우에도 본인의 명의를 밝히지 않는 한 그 의사표시는 본인이 아니라 대리인 자신에게 효력을 발생함을 분명히 하고 있다. 대리인이 현명하지 않음으로써 실제로 행위한 자와 법률관계를 형성하게 된다는 상대방의 신뢰를 보호하기 위한 규정이다. 다만 § 115 단서에 따라 대리인이 본인을 현명하지 않았지만 상대방이 본인을 위한 행위임을 알았거나 알 수 있어서 상대방을 보호할 필요가 없는 경우에는 대리의 성립을 인정하여 그 의사표시의 효력은 본인에게 발생하게 된다.

Ⅱ. 본조 본문

1. 의 의

대리인이 본인을 대리할 의사를 가지고 있더라도 본인을 위한 것임을 표시하지 않는 경우에 그 의사표시는 대리인을 위하여 효력을 발생하게 된다. 이때 대리인은 자신이 가진 내심의 의사와 표시가 무의식적으로 불일치함을 이유로 착오에 의한 의사표시(§109)로서 취소를 주장할 여지를 가질 수 있다. 그러나 이렇게 될 경우 대리인이 본인을 위한 것임을 표시하지 않음으로써 대리인이 자신의 계약 당사자라고 신뢰하는 상대방의 기대가 깨어지고 이로써 거래의 안전을 위협하게 된다. 바로 §115 본문은 대리인이 본인을 현명하지 않은 경우 상대방의 보호와 거래 안전을 위하여 "그 의사표시는 자신을 위한 것으로 본다"고 간주함으로써 대리인에 대한 효력발생을 확정적으로 규정하고 있다. 이에 대리인은 자신을 위하여 행위할 진의가 없었음을 이유로 더 이상 취소를 주장할 수 없으며,[1] 상대방 역시 그 의사표시가 본인을 위한 것이었음을 주장할 수 없게 된다. 물론 대리인의 현명이 명시적일 필요는 없고 묵시적으로도 충분하기 때문에 전체 사정으로부터 본인을 위한 것임이 추단되는 경우에는 §115 본문이 적용되지 않는다.

2. 적용범위

§115는 현명을 필요로 하나 이를 하지 않는 대리행위에 관한 것이므로 가령 상행위의 경우(상 §48)와 같이 현명 자체를 요하지 않는 대리행위의 경우에는 적용되지 않는다. 또한 수동대리의 경우에는 대리인이 의사표시를 하는 것이 아니라 상대방이 대리인에게 본인에 대한 의사표시임을 밝혀야 하기 때문에 본조의 적용이 있을 수 없다. 수동대리의 상황에서 상대방이 본인을 위한 것임을 밝히지 않은 채 대리인에게 의사표시를 한 경우 상대방이 의도한 본인에 대한 의사표시의 도달을 갖추지 못하여 본인에 대한 의사표시로서 효력을 발생할 수 없는 경우가 많을 것이다.

Ⅲ. 본조 단서

§115 본문은 대리인이 현명하지 않음에 따라 실제로 행위한 자와 법률관계를 형성한다는 상대방의 신뢰를 보호하기 위한 규정이다. 따라서 상대방이 대리인에 의한 현명이 없었음에도 대리인으로서 행위한 것임을 알았거나 알 수 있었을 경우에까지 대리의 효과를 부정하면서 그 의사표시를 대리인에게

1) 같은 취지로는 고상룡, 513, 곽윤직·김재형, 355; 김대정, 1010; 김상용, 563, 이영준, 578; 송덕수, 329; 구주해(3), 49(손지열). 이와 달리 착오에 의한 의사표시로 취소할 수 있다는 견해로는 이은영, 589.

귀속시켜야 할 필요는 없다. 오히려 이 경우에는 대리인의 내심의 의사와 이에 상응하는 상대방의 인식 내지 인식가능성에 따라 대리의 효과를 인정하여 본인에게 대리행위의 효과를 발생시키면 족할 것이다. § 115 단서는 이를 분명하게 규정하고 있다. 이 단서 규정은 대리행위의 표시가 전체 사정에 따라 묵시적 방법에 의해서도 가능하다는 것을 주의적으로 밝혀주고 있다.[2] 판례 역시 § 115 단서를 이와 같은 취지에서 이해하고 있다.[3]

[김 상 중]

第116條(代理行爲의 瑕疵)

① 意思表示의 效力이 意思의 欠缺, 詐欺, 强迫 또는 어느 事情을 알았거나 過失로 알지 못한 것으로 因하여 影響을 받을 境遇에 그 事實의 有無는 代理人을 標準하여 決定한다.

② 特定한 法律行爲를 委任한 境遇에 代理人이 本人의 指示에 좇아 그 行爲를 한 때에는 本人은 自己가 안 事情 또는 過失로 因하여 알지 못한 事情에 關하여 代理人의 不知를 主張하지 못한다.

차 례

2) 이은영, 589. 이와 달리 § 115 단서가 묵시적 현명의 방법 이외의 것으로 상대방이 대리행위임을 알거나 알 수 있었을 때에 적용되는 규정이라는 견해로는 구주해(3), 50(손지열); 주석 총칙(3), 52(제4판/문용호); 이영준, 578.

3) 대판 04.2.13, 2003다43490(집 52-1, 52: "대리에 있어 본인을 위한 것임을 표시하는 이른바 현명은 반드시 명시적으로만 할 필요는 없고 묵시적으로도 할 수 있는 것이고, 채권양도통지를 함에 있어 현명을 하지 아니한 경우라도 채권양도통지를 둘러싼 여러 사정에 비추어 양수인이 대리인으로서 통지한 것임을 상대방이 알았거나 알 수 있었을 때에는 민법 제115조 단서의 규정에 의하여 유효하다"); 대판 08.2.14, 2007다77569(정보); 대판 08.5.15, 2007다14759(정보).

Ⅰ. 본조의 취지

대리인은 사자와 달리 자신 스스로 의사를 결정하여 표시하는 자이다. 따라서 대리에 필요한 의사표시의 과정에서 의사의 결함 여부, 어떤 사정의 지(知)·부지(不知)(가령 §249에 따른 동산의 선의취득에서 양도인의 처분권한) 등이 문제되는 경우 본인이 아니라 실제로 법률행위를 하는 대리인을 표준으로 하여 결정하여야 할 것이다. §116 Ⅰ은 이를 분명히 하고 있다. §116 Ⅰ의 존재에 의하여 대리의 본질이 대리인 행위설에 따라 설명되어야 한다고 주장되기도 하지만 반드시 그렇게만 볼 것은 아니고,[1] 대리의 경우 행위와 규율이 분리된다는 특성에서 대리행위의 하자 여부는 행위자인 대리인을 표준으로 결정한다고 이해하면 족할 것이다.

한편 대리인이 어떤 사정을 알지는 못하지만 본인이 어떠한 사정을 잘 알면서 또는 주의하였더라면 충분히 알 수 있었을 사정을 알지 못하여 대리인에게 특정한 법률행위를 위임한 경우에는 본인이 대리인의 선의를 주장하여 그에 따른 선의자 보호의 법률효과를 주장할 수 있도록 하는 것은 타당하지 못하다. 이 경우 대리인은 본인이 일정한 사정을 알거나 또는 알 수 있어야 했었음에도 특정한 법률행위를 위임함에 따라 법률행위에 관여하게 된다는 점에서 법적으로는 마치 본인의 '연장된 팔'과 같이 취급될 수 있기 때문이다. 따라서 §116 Ⅱ는 이와 같은 경우에 본인이 어떠한 사정에 대한 대리인의 부지(不知)를 주장하지 못하도록 규정하고 있다.

§116은 대리인이 행한 의사표시의 결함 등에 관한 규정인데, 아래에서는 상대방이 대리인에게 행한 의사표시의 결함도 함께 설명하도록 한다.

Ⅱ. 본조 제1항의 구체적 적용

1. 진의 아닌 의사표시

대리인이 진의 아닌 의사표시를 한 경우 의사표시는 표시된 대로 효력을 발생한다(§107 Ⅰ 본문). 그러나 상대방이 진의 아님을 알았거나 알 수 있었을 경우에는 그 의사표시는 무효가 된다(§107 Ⅰ 단서). 다만 §107 Ⅰ 단서에 의한 의사표시의 무효는 선의의 제3자에게 대항하지 못하는데(§107 Ⅱ), 대리인은 그러한 '제3자'

1) 전론 Ⅲ.3. 참조.

에 해당하지 않는다. 한편 대리행위의 상대방이 대리인에게 비진의표시를 한 경우 진의 아님을 알았거나 알 수 있었는지 여부는 본조 제1항에 따라 대리인을 기준으로 결정하여야 한다. 다만 대리인이 선의인 경우에도 본인이 악의, 과실이 있는 경우에는 본인은 대리인의 선의를 원용하지 못한다(본조 Ⅱ).

2. 통정허위표시

대리인이 상대방과 통모하여 허위의 의사표시를 하는 경우 그 의사표시는 무효이다. 이 경우 대리행위의 본인이 허위표시임을 알지 못한 경우에도 § 108 Ⅱ에 의하여 보호되는 "제3자"에 해당하지 않음은 물론이다. 이와 관련하여 대리인과 상대방이 본인을 기망할 목적으로 통모하여 허위표시를 한 경우에는 상대방이 대리인을 전달기관으로 하여 본인에 대하여 § 107에 의한 진의 아닌 의사표시를 한 것으로 볼 여지도 있으므로 원칙적으로 본인에 대하여 효력이 있다고 해석할 수 있다는 견해가 주장되고 있다.[2] 통모의 경위가 본인을 기망할 목적이라는 사정만으로 이러한 법리구성이 가능한지 의문이 아닐 수 없으며, 이 경우에도 허위표시로서 본인에 대하여 효력을 발생하지 못한다고 볼 것이다.[3]

한편 문헌의 일부에서는 본인과 상대방 사이의 허위표시라는 제목 아래에 본인과 상대방 사이에서 대리행위의 효력을 발생하지 않기로 합의하였으나 이를 알지 못하거나 알 수 없었던 대리인의 법률행위의 효력을 다루고 있다. 가령 본인이 상대방의 동의하에 대리인에 대하여 진의 아닌 의사표시에 의하여 대리권을 수여한 경우에 이를 알지 못한 대리인의 대리행위가 본인에 대하여 효력을 발생하는지 여부이다. 위와 같은 경우에 대리인의 행위는 § 116에 관계없이 본인과 상대방의 통정허위표시임을 이유로 무효로 된다고 한다.[4] 이 경우가 본인과 상대방 사이의 통정허위표시인지 의문인데, 어찌되었건 그와 같은 대리인의 행위는 효과귀속의 당사자인 본인과 상대방의 합의내용에 비추어 본인에게 귀속될 수 없음은 분명하다. 더 나아가 위와 같은 경우에도 일부 문헌에 따르면 대리권수여가 대리인의 이익을 위한 때에는 대리행위의 효력이

2) 김용한, 333; 구주해(3), 52(손지열).
3) 김주수 · 김상용, 382; 이영준, 593. 한편 상대방은 신의칙상 그 무효를 주장할 수 없다는 견해로는 고상룡, 516; 김상용, 567; 송덕수, 339.
4) 이영준, 593; 구주해(3), 52(손지열); 주석 총칙(3), 53-54(제4판/문용호).

있다고 주장하고 있다.[5] 이 경우에도 본인에 대한 법률행위적 효과의 귀속은 부정되어야 하며, 그로 인해 대리인이 손해를 입게 된 때에는 본인에 대한 손해배상청구에 의하여 규율하면 충분할 것이다.

3. 착 오

대리인이 의사표시를 함에 있어서 착오를 한 경우 그 의사표시는 § 109에 의하여 착오를 이유로 취소할 수 있다. 이때 착오의 유무, 중대한 착오 여부는 행위자인 대리인을 표준으로 하여 결정한다. 따라서 본인이 착오한 경우에도 대리인의 착오가 없는 한 그 의사표시는 취소할 수 없다.[6]

그런데 착오가 중요부분의 착오인지 여부에 대하여는 본인의 사정을 기초로 판단해야 한다고 주장되고 있다.[7] 이러한 주장은 본인이 법률행위의 귀속자라는 점에서는 수긍되지만, '중요부분' 여부가 '일반인 외에 표의자가 착오를 알았더라면 그와 같은 의사표시를 하지 않았을 것이라고 인정된다'는 '착오의 의사결정에 미친 영향 정도'라고 하였을 때에는 행위자인 대리인을 표준으로 결정해야 한다고 여겨진다.[8] 대리인의 착오를 이유로 한 취소권이 인정되는 경우 취소권은 대리인이 아니라 본인에게 발생한다.

4. 사기, 강박

대리인이 사기·강박에 의하여 의사표시를 하게 된 때에는 취소할 수 있다(§ 110 Ⅰ, Ⅱ).[9] 사기·강박의 여부는 대리인을 기준으로 하므로, 본인이 사기·강박을 받았더라도 대리인이 사기·강박을 당하지 않았다면 그 의사표시는 취소할 수 없다. 한편 대리인이 사기·강박을 한 경우에는 § 116가 아니라 § 110 일반규

5) 이영준, 592; 구주해(3), 52(손지열); 주석 총칙(3), 53-54(제4판/문용호).

6) 대판 96.2.13, 95다41406(공 96상, 946: "매수인이 대리인을 통하여 분양택지 매수지분의 매매계약을 체결한 경우, 대리행위의 하자의 유무는 대리인을 표준으로 판단하여야 하므로, 대리인이 매도인과 분양자와의 매매계약에 있어서 매수인의 대리인으로서 그 계약 내용, 잔금의 지급 기일, 그 지급 여부 및 연체 지연손해금 액수에 관하여 잘 알고 있었다고 인정되는 때에는, 설사 매수인이 연체 지연손해금 여부 및 그 액수에 관하여 모른 채로 대리인에게 대리권을 수여하여 매도인과의 사이에 그 매매계약을 체결하였다고 하더라도, 매수인으로서는 그 자신의 착오를 이유로 매도인과의 매매계약을 취소할 수는 없게 되었다").

7) 송덕수, 339; 이영준, 593; 구주해(3), 53(손지열); 주석 총칙(3), 55(제4판/문용호).

8) 같은 취지로는 김대정, 1018.

9) 만약 대리인이 사기·강박에 의하여 의사표시를 하였으나 본인이 그 의사표시를 희망한 경우이더라도 본인의 취소권은 인정된다. 다만 본인은 이를 포기하거나 추인하여 법률행위의 효력을 발생시킬 수 있다.

정에 따라 상대방은 자신의 의사표시를 취소할 수 있다. 이때 대리인은 본인을 대신하여 행위한다는 점에서 본인과 동일시 할 수 있으며, 따라서 상대방은 본인이 대리인의 사기·강박을 알았거나 알 수 있었는지 여하에 관계없이(§110 Ⅱ 참조) 의사표시를 취소할 수 있다(§110 Ⅰ). 본인이 사기·강박을 한 경우에는 대리인이 이를 알았거나 알 수 있었는지에 관계없이 상대방은 자신의 의사표시를 취소할 수 있다. 만약 이 경우 §116 Ⅰ이 적용된다면 상대방의 취소권은 인정되지 않을 것인데, 이 같은 결과는 법률행위의 효과 귀속자인 본인과 상대방의 관계에서 부당함은 물론이다. 끝으로 제3자가 상대방을 사기·강박한 경우 상대방은 본인 또는 대리인이 이를 알았거나 알 수 있었을 경우에는 의사표시를 취소할 수 있다고 할 것이다(§110 Ⅱ).

5. 어느 사정의 지(知), 부지(不知)

법률행위의 효력이 어느 사정을 안 것 또는 과실에 의하여 알지 못한 것에 의하여 영향을 받은 경우(가령 §§249, 406, 449 Ⅱ) 그런 사실의 유무는 행위자인 대리인을 표준으로 결정한다. 이와 관련하여 판례는 "사해행위인지가 문제되는 법률행위가 대리인에 의하여 이루어진 때에는 수익자의 사해의사 또는 전득자의 사해행위에 대한 악의의 유무는 대리인을 표준으로 결정하여야 한다."[10]고 하였다. 그러나 대리인이 특정한 법률행위를 위임받으면서 본인의 지시에 좇아 그 행위를 한 때에는 본인은 자기가 안 사정 또는 과실로 알지 못한 경우에는 대리인의 부지(不知)를 주장하지 못한다(본조 제2항).

6. 불공정한 법률행위에서 궁박(窮迫), 경솔(輕率), 무경험(無經驗)

대리인에 의한 행위가 불공정한 법률행위에 해당하는지 여부가 문제되는 경우, 그 주관적 요건 중에서 경솔·무경험에 관하여는 §116 Ⅰ에 따라 대리인을 표준으로 하여야 한다. 그러나 궁박의 여부에 관하여는 법률효과의 귀속주체인 본인을 기준으로 결정하여야 할 것이다.[11] 한편 §103의 적용과 관련하여 "대리인이 본인을 대리하여 매매계약을 체결함에 있어서 매매대상 토지에 관한 저간의 사정을 잘 알고 그 배임행위에 가담하였다면, 대리행위의 하자

10) 대판 06.9.8, 2006다22661(정보); 대판 13.11.28, 2013다206986(정보).
11) 법정대리의 경우 대판 70.1.27, 69다719(집 18-1, 21). 임의대리의 경우 대판 72.4.25, 71다2255(집 20-1, 224); 대판 02.10.22, 2002다38927(공 02하, 2793).

유무는 대리인을 표준으로 판단하여야 하므로, 설사 본인이 미리 그러한 사정을 몰랐거나 반사회성을 야기한 것이 아니라고 할지라도 그로 인하여 매매계약이 가지는 사회질서에 반한다는 장애사유가 부정되는 것은 아니다."[12)]

Ⅲ. 본조 제2항의 적용

1. 의 의

민법은 일정한 경우 선의자를 보호하는 한편, 악의자에 대하여는 불이익을 부담지우고 있다. 동산의 선의취득(§ 249), 결함있는 의사표시에 대한 선의의 제3자 보호(§§ 107 Ⅱ, 108 Ⅱ, 109 Ⅱ, 110 Ⅲ), 채권양도금지특약에 대한 선의의 제3자 보호(§ 449 Ⅱ), 악의 수익자에 대한 사해행위의 취소와 원상회복의 의무(§ 406) 등이 이에 해당한다. 이러한 규정을 대리인에 의한 법률행위가 있는 경우에 적용함에 있어서는 본조 제1항에 따르면 행위자인 대리인을 표준으로 어느 사정에 대한 선의, 악의를 결정함은 위에서 설명한 바와 같다. 그런데 가령 甲은 타인의 동산을 보관하고 있는 乙이 권한 없이 이를 처분한다는 사정을 알면서도 선의의 丙을 대리인으로 선임하여 乙로부터 그 동산을 매수하도록 하는 경우를 생각해 볼 수 있다. 이와 같은 경우에는 甲은 선의의 대리인 丙을 자신의 연장된 팔로 이용하는 것에 불과하여 선의자의 보호를 받아서는 안 된다. 따라서 § 116 Ⅱ에 따르면 대리행위에서 행위자는 아니지만 그 행위의 법적 효과를 귀속받는 본인이 어느 사정을 알면서도 대리인을 통하여 특정한 법률행위를 사실상 주도하는 경우에는 본인은 자신의 악의 또는 과실에 의해 알지 못한 사정에 대하여 대리인의 선의를 주장하지 못한다고 규정하고 있다.

2. 요건과 효과

본조 제2항은 대리인이 특정한 법률행위를 위임받아 본인의 지시에 따라 대리행위를 한 경우에 본인은 자신이 악의 또는 과실에 의해 알지 못하는 사정에 관하여 대리인의 부지(不知)를 주장하지 못한다.

(1) 특정행위의 위임

§ 116 Ⅱ은 대리인이 "특정한 법률행위를 위임받아 (…) 행위한 경우"라고

12) 대판 98.2.27, 97다45532(공 98상, 883).

규정하고 있다. 이를 문리적으로 해석하면 본조 제2항은 임의대리에 한정된다고 볼 수도 있으나, 다수 입장에 따르면 법정대리의 경우에도 본인이 법정대리인에게 어떤 행위를 개별적으로 부탁한 때에는 적용될 수 있다고 한다.[13] 또한 § 116 Ⅱ의 법문이 '특정행위의 위임'이라고 표현하고 있어서 특정대리에 한정된다고 해석될 수도 있으나, 본인의 지시를 통하여 대리인으로 하여금 특정한 행위를 하도록 유발할 수 있는 한 포괄대리에서도 적용될 수 있다.[14]

(2) 본인의 지시

§ 116 Ⅱ에 따르면 대리인의 행위가 "본인의 지시에 좇아" 이루어졌어야 한다. 이때 '본인의 지시에 좇아'라는 말은 본인이 대리인을 법률행위를 하도록 이용하였다는 것이면 충분하다. 다시 말해 본인이 대리인에게 특별한 지시를 하였다고 좁게 이해될 것이 아니라 본인이 대리인의 행위를 의식적으로 일정한 방향으로 조종하여 대리행위가 본인의 의사에 의하여 결정된 것으로 볼 수 있으면 족하다고 하겠다.

(3) 어느 사정의 지 · 부지

§ 116 Ⅱ은 어느 사정의 지 · 부지에 관한 것이며, 따라서 결함 있는 의사표시의 경우에는 적용되지 않는다. 이와 관련하여 대리인이 착오 또는 사기에 의하여 의사표시를 한 경우 본인이 이러한 사실을 알았거나 또는 대리인으로 하여금 그러한 착오를 하지 않도록 규제할 수 있는 입장에 있었을 때에는 § 116 Ⅱ을 유추적용할 수 있다는 견해가 주장되고 있다.[15] 그러나 § 116 Ⅱ이 일정한 사정을 알고 있는 본인이 선의의 대리인을 법률행위를 하도록 지시, 이용한 경우에 적용된다고 하는 한, 위와 같은 경우에는 원칙적으로 적용될 수 없다고 할 것이다.[16]

[김 상 중]

---

13) 김상용, 569; 백태승, 468; 이영준, 595; 구주해(3), 55(손지열); 주석 총칙(3), 58(제4판/문용호). 반대견해로는 고상룡, 519; 송덕수, 341. 참고로 유사한 규정(독민 § 166)을 갖고 있는 독일민법의 경우에는 그 문언에 따라 법정대리에 대하여는 적용을 부정하고, 다만 법정대리에 의한 본인의 보호라는 목적에 반하지 않는 경우에만 유추적용하고 있다. MünchKomm/Schubert(7.Aufl., 2015), § 166 Rn.92.

14) 구주해(3), 55(손지열). 독일의 지배적 입장으로 MünchKomm/Schubert(7.Aufl., 2015), § 166 Rn.95.

15) 김상용, 569; 김용한, 334; 김증한 · 김학동, 420.

16) 송덕수, 341; 구주해(3), 55(손지열).

第 117 條(代理人의 行爲能力)

代理人은 行爲能力者임을 要하지 아니한다.

차 례

Ⅰ. 의 의

법률행위를 함에 있어서는 행위자가 행위능력을 갖고 있어야 한다. 사적자치의 원칙에 따르면 자신의 행위에 대한 법적 효과의 귀속은 스스로 결정한 행위의 법적 의미를 이해할 수 있는 합리적 판단능력을 갖추고 있는 자에 대해서만 요구될 수 있기 때문이다. 그런데 대리행위의 경우에는 대리인이 행위하지만 그 행위의 효과가 대리인 자신이 아니라 본인에게 발생하도록 되어 있다. 따라서 대리인은 자신의 법률행위에 따른 법적 효과를 받지 않으므로 굳이 완전한 행위능력자일 필요는 없다.[1] 만약 대리인의 법률행위가 판단능력 등의 부족으로 인하여 본인에게 불이익하게 되더라도 행위능력이 제한된 자를 선임한 본인이 이를 감수해야 한다. 다만 대리인의 법률행위가 그 자체로 유효하여야 하기 때문에, 대리인이 본인을 위하여 법률행위를 함에 있어서 관련 사정을 인식하여 정상적으로 의사를 결정할 수 있는 의사능력을 갖추고 있어야 한다.

이와 같이 본 조가 대리인의 행위능력을 묻지 않음으로써, 미성년자, 피한정후견인 이외에 피성년후견인 역시 의사능력이 있는 한 본인을 위하여 유효하게 대리행위를 할 수 있게끔 되어 있다. 이와 관련하여 현행 민법에 의한 성년후견제도 도입 이전에 금치산자에 의한 대리행위가 본인에게 가혹한 결과를 가져다줄 수 있으므로, 금치산자가 대리인인 경우에는 대리행위는 그 후견인에 의하여 이루어져야 한다는 견해가 주장되었다.[2] 그러나 이 견해는 당시 법

1) 이와 달리 대리인이 본인과의 유효한 기초적 내부관계를 형성하기 위하여 행위능력자이어야 함은 물론이다.
2) 이영준, 590.

적 근거가 없어서 받아들여지 않았으며,[3] 현행법 아래에서도 마찬가지라고 하겠다.

Ⅱ. 적용범위

1. 수동대리

본조가 능동대리 외에 수동대리에 대해서도 적용됨은 의문이 없다. 대리인이 의사표시를 적극적으로 해야 하는 경우에도 완전한 행위능력자일 것을 요구하지 않는 한, 이는 상대방의 의사표시를 단지 소극적으로 수령하는 경우에는 더욱 그렇다고 하겠다.

2. 법정대리

§117가 임의대리 외에 법정대리에도 적용되는 지가 문제된다. 먼저, 본인의 보호를 위하여 민법은 일정한 경우에 제한능력자가 법정대리인이 될 수 없다고 규정하고 있는데, 이 경우에는 그에 따르면 족하다. 가령 미성년자는 친권을 행사하지 못하며(§§ 910, 948), 제한능력자는 후견인(§ 937) 또는 유언집행자(§ 1098)가 되지 못한다. 그런데 이와 같은 별도의 규정이 없는 경우에는 §117의 적용여부가 다투어지고 있다. 긍정설에 따르면 민법이 ① 위와 같은 특별한 경우에 한하여 제한능력자의 법정대리인 자격을 제한하고 있는 한 그 외의 경우에는 일반원칙에 따라 제한능력자도 법정대리인이 될 수 있어야 하며, ② 특히 민법은 미성년자에 한하여 친권을 행사할 수 없다고 규정하고 있는데, 피한정후견인 또는 피성년후견인도 친권자가 될 수 없는 것으로 해석하면 위와 같은 한정의 취지가 몰각된다고 주장하고 있다.[4] 반면 부정설에 의하면 법정대리인은 행위능력자임을 필요로 하는데, 그 근거로는 ① 법정대리는 본인의 의사에 의거한 것이 아니고 포괄적인 직무권한에서 대리권이 주어지며, ② 또한 본인의 보호를 위한 제도라는 점을 지적하고 있다.[5]

---

3) 김상용, 565; 이은영, 594; 구주해(3), 57(손지열).

4) 곽윤직 · 김재형, 356; 김준호, 293; 김증한 · 김학동, 422; 송덕수, 356; 이영준, 590; 이은영, 594; 구주해(3), 56(손지열); 주석 총칙(3), 60(제4판/문용호).

5) 고상룡, 520; 곽윤직, 민법총칙(신정수정판), 1998, 384; 김용한, 335; 김주수 · 김상용, 383; 백태승, 470; 정기웅, 454.

친권의 경우에는 부모와 자(子)의 관계라는 특성에 따라 달리 취급할 여지가 있다고 하겠다. 그러나 그렇지 않은 법정대리의 경우에 § 117가 원칙적으로 적용된다는 견해에는 찬동할 수 없다. 부정설이 적절하게 지적하듯이 임의대리와 달리 본인이 관여할 수 없는 법정대리의 경우에는 재산관리의 포괄적 직무권한, 본인의 보호 필요성 등에 비추어 행위능력자에 한하여 대리인의 자격을 인정하여야 할 것이다. § 1098는 바로 이런 취지에 따라 제한능력자에 대하여 유언집행인의 자격을 부정하고 있는데, 이 같은 명시적 규정이 없는 상속재산관리인, 부재자재산관리인에 대해서도 유추적용될 수 있다고 여겨진다.

3. 법인의 대표

법인의 대표에 관하여는 대리에 관한 규정이 준용된다(§ 59 Ⅱ). 따라서 다수설에 의하면 법인의 이사 기타 대표자 역시 행위능력자임을 요하지 않는다고 한다.[6] 그러나 이사의 법인을 위한 대내외적 지위, 포괄적 직무 권한과 의무, 더 나아가 법인과 제3자에 대한 책임을 고려할 때에 본 조가 법인의 대표에 관하여 준용의 적격성을 갖추고 있는지는 의문이다.[7]

Ⅲ. 본인과 제한능력자인 대리인과의 관계

본 조에 따르면 대리인은 행위능력자일 필요가 없다. 이는 대리인이 제한능력자임을 이유로 본인이 대리행위를 취소할 수 없다는 것을 뜻한다. 그러나 본인과 대리인 사이의 기초적 법률관계나 수권행위에 대한 대리인의 제한능력은 § 117와 관계없이 법률행위의 일반규정에 따라 판단되어야 한다. 따라서 본인과 대리인 사이의 기초적 법률관계는 대리인의 제한능력을 이유로 취소할 수 있으며, 이 경우 수권행위와 그에 기초한 대리행위의 효과가 어떠한지 문제된다. 기초적 법률관계와 수권행위의 관계에 따라 달리 판단되는데, 무인성 입장에 따르면 기초적 법률관계의 취소에도 불구하고 수권행위는 여전히 유효하며 따라서 대리행위의 효력에는 영향을 미치지 않게 된다. 반면 유인성 입장에 의하면 기초적 법률관계의 취소에 따라 수권행위 역시 효력을 상실

6) 구주해(3), 57(손지열); 주석 총칙(3), 60(제4판/문용호).
7) 이와 같은 상법 학계의 견해로는 이철송, 회사법강의, 588.

하며, 따라서 대리인이 한 행위는 무권대리행위라고 해석된다. 다만 이 입장에 따르더라도 취소 이전에 대리행위가 행해진 이상 거래안전의 보호를 위하여 앞서 소개한 바와 같이[8] 취소의 소급효 제한, 결함 있는 의사표시에 대한 선의의 제3자 보호, 특히 § 129에 의한 표현대리 규정에 따라 본인은 대리행위에 따른 책임을 져야 할 것이다.[9] 일부 견해는 이와 같은 경우 대리행위의 유효함을 위하여 거래안전과 더불어 § 117를 함께 원용하기도 한다. 그러나 이는 의문인데, 본조는 대리행위가 대리인의 제한능력에 영향받지 않음을 규정하고 있을 뿐이며 본인과 대리인 사이의 내부적 관계에 대하여는 적용됨이 없기 때문이다.

[김 상 중]

第 118 條(代理權의 範圍)

權限을 定하지 아니한 代理人은 다음 各號의 行爲만을 할 수 있다.

1. 保存行爲
2. 代理의 目的인 物件이나 權利의 性質을 變하지 아니하는 範圍에서 그 利用 또는 改良하는 行爲

차 례

8) 전론 Ⅲ.2.(다).

9) 무인설의 입장에 따르더라도 만약 대리인의 행위능력 여부에 대한 착오를 이유로 한 본인의 수권행위에 대한 취소는 여전히 고려할 수 있겠는데, 이 경우 본인이 취소권을 행사한다면 수권행위는 소급적으로 소멸하고 이로써 대리행위 역시 무권대리행위가 된다. 다만 대리행위의 상대방은 본인에 대한 책임을 묻기 위하여 § 109 Ⅱ에 의한 선의의 제3자 보호, 무엇보다 § 129에 의한 표현대리 규정을 주장할 수 있을 것이다. 실제로 후자의 구성에 대하여는 이영준, 532.

Ⅰ. 취지와 적용범위

대리권의 범위는 임의대리의 경우에는 수권행위에 의하여, 법정대리인의 경우에는 법률규정에 의하여 정해진다. 그런데 임의대리에서 본인이 대리인에게 대리권을 수여하면서 범위를 정하지 않았거나 또는 범위를 정해 두었지만 분명하지 않은 경우가 있을 수 있다. 이때에는 수권행위의 해석에 의하여 대리권의 범위를 판단해야겠지만, 수권행위의 해석에 의해서도 범위를 정할 수 없는 경우가 있을 수 있다.

이러한 경우에 대리인이 수권의 대상이 되는 본인의 사무에 관한 일체의 행위를 할 수 있다고 한다면, 이는 본인의 의사나 이익에 반하는 결과가 될 수 있다. 그렇다고 대리행위의 결과가 사후적으로 본인의 의사나 이익에 부합하는지 여부에 따라서만 대리권의 범위를 결정하는 것은 상대방의 이익을 침해하고 거래의 안전을 위태롭게 할 수도 있다. 이에 민법은 § 118에서 대리권의 범위가 정해지지 아니한 경우에 대리인이 보존행위와 대리의 목적인 물건·권리의 성질을 변하지 아니하는 범위에서 그 이용 또는 개량행위를 할 수 있다고 정하고 있다. 다시 말해 § 118은 대리권의 범위가 정해지지 아니한 경우 긴급한 행위나 대체로 본인의 의사 또는 이익에 부합한다고 정형적으로 여겨지는 범위에서 대리권을 행사할 수 있다고 규정하고 있다. 본 조는 수권행위에서 대리권의 범위를 정하지 아니한 경우에 적용되는 보충규정이므로, 본인이 대리권을 수여함에 있어서 그 범위를 명시적 또는 묵시적으로 정하고 있는 경우에는 § 118는 적용되지 않는다.

한편 법정대리의 경우에는 대리권의 범위가 법률규정에 의하여 정해지므로 본 조는 법정대리에서는 적용될 여지가 없다.[1] 다만 법정대리 중에서 법원이 선임한 부재자재산관리인의 권한은 § 118의 규정 범위 내이며, 이를 벗어난 행위를 함에는 법원의 허가를 얻어야 한다고 규정하고 있다. 이 규정은 상속재산관리인에게도 준용되고 있다(§§ 1023 Ⅱ, 1047 Ⅱ. 1053 Ⅱ). 이로써 이들 법정대리인의 경우에도 달리 정하고 있지 않는 한 그 대리권은 긴급한 보존행위와 본인의 의사나 이익에 부합하기 마련인 이용·개량행위에 한정된다.

본 조는 포괄대리만이 아니라 특정대리의 경우에도 대리권의 범위가 명확하지 않을 경우에는 적용된다.

---

1) 같은 취지로 송덕수, 311; 구주해(3), 58(손지열).

Ⅱ. 권한을 정하지 아니한 대리권의 범위

1. 보존행위

보존행위란 대리의 목적인 물건이나 권리의 가치를 현상대로 유지하는데 필요한 행위를 말한다. 보존행위는 대리인이 제한없이 할 수 있는데, 건물의 보수와 같은 사실적 행위만이 아니라 소멸시효의 중단, 미등기부동산의 보존등기와 같은 법적 조치를 포함한다. 또한 예를 들어 기한이 도래하여 지체책임을 발생케 할 채무의 변제나 부패하기 쉬운 물건의 처분과 같이 그 자체로는 처분행위이지만 재산 전체의 관점에서 현상의 유지라고 보이는 행위도 해당한다. 이와 같이 보존행위 여부는 형식적으로 정해질 것이 아니라 실질적으로 판단하여야 한다. 그렇지만 대물변제, 경개와 같이 본인의 이해관계에서 종전 상태와 변동을 야기하는 행위는 보존행위에 속하지 않는다.

2. 이용 · 개량행위

이용행위라 함은 대리의 목적인 물건 · 권리를 사용 · 수익하는 행위이다. 물건을 임대하거나 권리를 대가를 받고 타인으로 하여금 이용하도록 하는 행위, 예금을 찾아 이자부로 대여하는 행위 등이 해당한다. 한편 개량행위란 대리의 목적인 물건 또는 권리의 가치를 증가시키는 행위이다. 가령 기존 건물에 사용의 편익이나 가치를 증가시키는 시설을 설치하거나 이자 없는 채권을 이자부 채권으로 변경하는 행위가 포함된다. 이용행위와 개량행위는 개념적으로는 그 객체인 물건 · 권리에 대한 변경 여하에 따른 구별인데, § 118의 적용에서는 양자를 엄격하게 구별할 필요는 없다.

본 조에 따르면 대리인은 대리의 목적인 물건이나 권리의 성질을 변하지 아니하는 범위에 한하여 이용 · 개량행위를 할 수 있을 뿐이다. 성질의 변화 여부는 대리권의 범위를 결정한다는 목적을 고려하여 사회의 거래관념에 따라 판단되어야 할 것이다. 은행예금을 개인에게 대여하거나 주식으로 바꾸는 행위는 객체의 성질을 변하도록 하는 행위가 되며, 전답을 택지로 변경하거나 빈 토지 위에 건물을 신축하는 행위 역시 마찬가지이다. 그렇지만 채권을 추심하는 행위는 이용행위라고 볼 수 있을 것이다.

Ⅲ. 권한을 넘는 행위

§118에서 정해진 범위를 넘어서는 행위, 즉 물건·권리의 성질을 변화시키는 이용·개량행위, 처분행위의 경우에는 별도로 정해지지 않은 한 대리권의 범위를 넘어서는 행위가 된다. 이때 어느 행위가 본 조에서 정한 범위 내의 행위인지 여부는 해당 행위의 객관적 성질 자체에 의하여 추상적으로 결정되어야 한다.[2)]

물론 §118에서 대리권의 범위가 정해지지 않은 경우에 보존행위와 이용·개량행위에 한정하고 있는 이유는 이러한 행위가 보통의 경우 본인의 의사나 이익에 부합하기 때문이다. 그러나 어떤 행위가 대리권 범위 내에 해당하는지 여부는 대리행위 상대방의 객관적 시각 내지 거래질서의 합리적 관념에 따라 판단되어야 한다. 따라서 대리인의 행위가 보존행위, 이용·개량행위에 해당하는지 여부는 그 행위가 결과적으로 본인에게 이익이 되었는지 여부가 아니라 해당 행위의 내용과 성질에 따라 상대방이 합리적 시각에서 어떻게 이해할 수 있었을 것인지에 따라 정해져야 할 것이다. 이에 어떤 행위가 그 내용과 성질상 §118에서 정한 범위 내라고 판단되는 경우에는 그 행위가 결과적으로 본인에게 이익이 되는지 여하를 묻지 않고 그 행위는 유권대리행위가 된다. 한편 대리인의 행위가 §118에서 정한 범위를 넘어서 이루어진 경우에는 무권대리행위로 됨은 물론이다. 다만 이 경우에도 대리인은 일정한 범위의 대리권을 가지고 있으며, 따라서 대리인의 행위는 §126에 따라 권한을 넘은 표현대리로 인정되어 본인은 상대방에 대하여 대리행위에 따른 법률효과를 부담할 수도 있다. 대리인의 대리행위로 인하여 불이익을 입은 본인은 대리인에 대하여 기초적 내부관계에 따른 손해배상의 책임을 따져볼 여지를 가질 수 있다.[3)]

[김 상 중]

2) 구주해(3), 60(손지열); 주석 총칙(3), 64(제4판/문용호).

3) 이런 배경에서 본 조는 본인과 상대방의 관계에서는 큰 역할을 하지 못하고, 본인이 대리인에 대하여 내부적 법률관계에 따른 의무위반을 이유로 한 책임을 물음에 있어서 의미를 갖는다고 지적하는 견해가 있다. 구주해(3), 60(손지열); 주석 총칙(3), 64(제4판/문용호).

第 119 條(各自代理)

代理人이 數人인 때에는 各自가 本人을 代理한다. 그러나 法律 또는 授權行爲에 다른 定한 바가 있는 때에는 그러하지 아니하다.

차 례

Ⅰ. 각자대리의 원칙

대리인이 여러 사람인 경우에는 대리인 각자가 단독으로 본인을 대리하는 행위를 할 수 있는가, 아니면 여러 사람이 공동으로 대리행위를 할 수 있는지가 문제된다. 대리행위의 발생원인에 따라 법률규정 또는 수권행위에 의하여 정함이 원칙이다. 그러나 법률 또는 수권행위에서 정한 바가 없는 때에는 § 119에 따라 각자가 본인을 대리한다. 대리인이 여러 사람인 경우에 공동대리라고 정하지 않은 법률규정 또는 본인의 추정적 의사와 더불어 거래의 편의함을 고려한 규정이라고 이해된다. 각자대리가 인정되는 한 일반적인 대리와 다를 바가 없으며, 따라서 대리인 각자의 행위는 다른 대리인의 의사와 관계없이 본인에 대하여 효력을 발생한다. 여러 사람의 대리인이 각자 다른 내용의 대리행위를 한 경우에는 마치 본인이 수 개의 다른 행위를 한 경우와 마찬가지로 다루면 족할 것이다.[1)]

Ⅱ. 공동대리의 내용

1. 의 의

대리인이 여러 사람인 경우 법률 또는 본인의 수권행위에 의하여 각자가

1) 구주해(3), 61(손지열).

대리하는 것을 금지하여 여러 사람이 공동으로 대리행위를 할 수 있다고 정할 수 있는데, 이를 공동대리라고 한다. 법률에 의한 공동대리는 미성년의 자(子)에 대하여 가지는 부모의 친권행사(§909Ⅱ)가 대표적이다. 또한 상법은 지배인 또는 회사의 대표이사를 공동지배인 또는 공동대표이사로 할 수 있다고 규정하고 있다(§§12Ⅱ, 208Ⅰ, 389Ⅰ). 임의대리의 경우 본인이 여러 사람에게 대리권을 수여하면서 공동으로 대리하도록 제한을 가할 수 있음은 사적자치의 원칙에 비추어 당연하다. 이러한 경우 여러 사람의 대리인으로 하여금 서로 견제하는 가운데 보다 신중한 의사결정을 가능하도록 하여 졸속한 의사결정 또는 대리권 남용 등을 방지하여 본인의 이익을 충실히 도모하려는데 목적이 있다. 물론 부모에 의한 공동 친권행사의 경우에는 자녀 양육에서 부모의 평등함을 분명히 하려는 법적 요청이 공동대리에 반영되어 있다.

2. 공동대리의 방식

법률 또는 수권행위에서 공동으로 대리할 것을 정한 경우에 여러 사람의 대리인은 공동으로 대리행위를 하여야 한다. 만약 공동대리인 중에서 1인이라도 참여하지 않으면 대리권의 한정된 범위를 벗어난 행위로서 아래 3.에서 상술하듯이 적법한 대리행위가 될 수 없다. 그렇다면 공동대리에서 '공동'의 의미가 무엇인지, 다시 말해 의사결정의 공동인지 아니면 의사표시 행위의 공동인지가 문제된다. 공동대리의 취지가 본인의 이익을 보다 충실히 도모하기 위해 여러 사람으로 하여금 신중하게 의사를 결정하려는데 있다고 하는 한, 공동대리에서 의사결정은 원칙적으로 공동대리인 전원에 의하여 이루어져야 할 것이다.[2] 공동대리인 전원에 의하여 의사가 결정이 이루어진다면, 그러한 의사를 상대방에게 표시하는 행위는 공동대리인 중에서 1인에게 위임할 수 있다고 하겠다.[3] 한편 공동대리인 전원이 합의하여 공동대리인 중 1인 또는 일부에게 의사결정의 권원을 일임할 수 있는지 여부는 다투어지고 있다. 상법의 공동

2) 일부 문헌에서는 이러한 공동대리인 전원의 의사결정이 전원의 '의사합치'라고 이해되는데[이영준, 565, 구주해(3), 62; 주석 총칙(3), 66(제4판/문용호)], 만약 이 표현이 만장일치를 뜻한다면 의문이 아닐 수 없다. 궁극적으로는 대리권수여의 취지와 공동대리인의 의사결정에 따를 바이다.

3) 고상룡, 494; 김상용, 550; 김용한, 350; 김준호, 313; 김증한·김학동, 402; 정기웅, 439; 구주해(3), 66(손지열); 주석 총칙(3), 66(제4판/문용호). 반대되는 견해로는 송덕수, 316; 이영준, 515.

지배인과 같은 경우에는 이를 부정하는 입장이 지배적인데,[4] 이를 일률적으로 부정할 수는 없다고 판단된다.

공동대리에서 § 116의 적용과 관련하여 통설의 입장은 여러 사람의 대리인 중에서 1인에게 의사의 결함이 있을 경우에는 전체 대리의사에 의사의 결함이 있다고 판단하고 있다.[5] 그러나 이러한 태도가 과연 적절한 지에 대하여는 의문이 있다. 왜냐하면 예를 들어 공동대리인 중 1인이 자신의 의사결정에 착오 또는 사기·강박의 상태에 있다고 하더라도 언제나 공동대리인 전원의 의사결정에 동일한 결함이 있다고 판단할 수는 없기 때문이다. 일률적으로 취급할 문제는 아니며, 공동대리인 1인의 의사의 결함이 전원의 의사결정에 미친 영향을 고려하여 실질적으로 판단해야 할 것이다. 한편 어느 사정의 지(知)·부지(不知) 또는 부지(不知)에 대한 과실 유무와 관련하여서는 공동대리인 중의 1인이 어느 사정을 알았거나 과실로 알지 못하였다면 그로 인한 불이익은 본인이 부담하는 것이 적절하다고 여겨지며 따라서 본인은 대리인의 부지(不知)를 주장할 수 없다(§ 116 II). 통설의 입장이다.[6]

3. 공동대리인 중 1인이 한 대리행위의 효과

공동대리에서 공동대리인 중 1인이라도 공동의 대리행위에 참여하지 않는 경우 그 대리행위는 무권대리가 된다. 물론 이 경우에도 본인 또는 공동의 대리행위에 참여하지 않은 대리인이 이를 추인하면 소급적으로 유효한 대리행위로 된다(§ 133). 또한 1인 또는 일부의 공동대리인이 전원의 공동대리라는 제한을 위반하는 대리행위를 한 경우 상대방이 권한있다고 신뢰할만한 정당한 이유가 있었을 때에는 § 126의 권한을 넘은 표현대리가 인정될 수 있다.[7]

4) 구주해(3), 62(손지열).
5) 곽윤직·김재형, 348; 구주해(3), 62(손지열); 주석 총칙(3), 66(제4판/문용호).
6) 구주해(3), 62(손지열); 주석 총칙(3), 67(제4판/문용호).
7) 곽윤직·김재형, 349; 구주해(3), 62(손지열); 주석 총칙(3), 67(제4판/문용호). 위와 같은 통설과 관련하여 일부 문헌에서는 단독으로 행위한 공동대리인이 단독대리로서 행위한 경우에는 입장을 같이 하나, 공동대리인임을 표시한 경우에는 권한을 넘은 표현대리가 인정되지 않는다고 주장하면서 통설과 다른 듯하게 논의하고 있다(이영준, 566). 그렇지만 이 같은 논의가 적절한지는 의문이다. 왜냐하면 공동으로 행위해야 할 대리인이 공동대리라고 표시하면서 단독으로 행위한 경우에 상대방이 단독으로 행위한 공동대리인에게 그 같은 권한이 있다고 믿을만한 정당한 사유가 인정되기 쉽지 않을 것이며, 만약 이와 달리 그 같은 사유가 인정된다면 상대방의 보호라는 관점에서 공동대리임을 표시하지 않은 채 단독대리라고 행위한 경우와 달리 취급해야 할 필요는 없다고 여겨지기 때문이다.

4. 수동대리의 공동대리

수동대리에서도 공동으로 대리하여야 하는지가 문제된다. 상 §§ 12 Ⅱ, 208 Ⅱ은 공동지배인과 공동대표에 관하여 수동대리는 공동대리인 중 1인만으로 할 수 있다고 명시적으로 규정하고 있다. 이러한 명문 규정이 없는 민법의 해석과 관련하여 일부 견해는 수동대리에 대해서도 공동대리를 부정할 이유가 없기 때문에, 공동대리인 전원이 상대방의 의사표시를 수령하여야 한다고 주장하고 있다.[8] 그러나 다수의 견해는 수동대리의 경우 의사표시를 수령하는 기능에 비추어 대리권 남용 등 본인에게 불이익이 발생할 가능성이 극히 적은 점, 상대방이 공동대리인 전원에게 의사표시를 해야 한다는 불편함을 이유로 위 상법 규정들을 유추적용하여 공동대리인 중 1인에 의한 수동대리는 본인에 대하여 효력을 발생한다고 이해하고 있다.[9] 공동대리의 취지와 수동대리의 역할에 비추어 타당한 입장이라고 여겨진다.

[김 상 중]

第 120 條(任意代理人의 復任權)

代理權이 法律行爲에 依하여 付與된 境遇에는 代理人은 本人의 承諾이 있거나 不得已한 事由있는 때가 아니면 復代理人을 選任하지 못한다.

차 례

8) 곽윤직, 민법총칙(신정수정판), 1998, 378.
9) 고상룡, 495; 곽윤직·김재형, 349; 김상용, 551; 김용한, 351; 김준호, 283; 김증한·김학동, 403; 백태승, 456; 송덕수, 316; 이영준, 567; 이은영, 618; 구주해(3), 62(손지열); 주석 총칙(3), 67(제4판/문용호).

Ⅰ. 복대리 제도

1. 복대리의 의의

복대리(復代理)라 함은 대리인이 자신의 명의로 본인의 대리인을 선임하여 그 자로 하여금 대리권한 내의 행위를 하도록 하는 제도를 말한다. 대리인은 본인에게 효력을 발생하는 법률행위를 행하는 자로서 본인의 이해관계에 중요한 영향을 미치게 된다. 따라서 대리인은 본인과의 위임, 고용 등 기초적 내부관계에 의한 본인의 신뢰에 따르거나 법률의 규정 또는 법원의 권한에 따라 선임된다. 그런데 거래생활이 갈수록 복잡하고 다양해지며 법정대리의 경우에는 직무내용도 포괄적이며 광범위하여 대리인이 대리행위를 혼자서 수행하기 어려운 경우가 발생하기 마련이다. 이러한 경우에 본인은 대리인 외에 다른 대리인을 추가 선임하거나 대리인이 본인의 이름으로 수권받은 범위 내에서 본인의 대리인을 선임할 수도 있을 것이다. 이는 공동대리와 본래의 대리행위에 해당한다. 이러한 가능성에 더하여 민법은 § 120 이하에서 대리인이 '자신의 이름으로' '본인의 대리인'을 선임할 수 있도록 하여, 본인에 의한 선임을 필요로 하지 않은 채 대리인이 선임된 복대리인을 그들 사이의 내부관계에 따라 지시·감독할 수 있는 복대리제도를 마련하고 있다. 민법은 임의대리와 법정대리에서 복대리의 선임 여부와 인정요건을 달리 정하고 있는데(§§ 121, 122), 그 종류에 따라 본인과 대리인 사이의 신뢰관계, 대리인의 직무 범위 등이 달라지기 때문이다.

2. 복대리인의 개념

복대리인은 대리인이 자신의 이름으로 선임하여 대리권한 내의 행위를 하도록 하는 본인의 대리인이다. 각 요소를 나누어 설명하면 아래와 같다.

(1) 복대리인은 대리인이다. 다시 말해 복대리인은 대리인의 사자나 이행보조자와 다르다. 따라서 복대리인은 대리인과의 내부적 관계에 따라 대리인의 지시와 감독을 받지만 대외적으로는 본인을 위하여 스스로 의사를 결정하여 표시할 수 있는 권한을 갖고 있는 자이다.

(2) 복대리인은 본인의 대리인이다. § 123 Ⅰ에 따르면 "복대리인은 그 권한 내에서 본인을 대리한다"고 규정하여 이를 분명히 하고 있다. 따라서 복대

리인의 대리행위는 본인에 대하여 직접 효력을 발생한다.[1]

(3) 복대리인은 대리인이 자신의 이름으로 선임한 대리인이다. 따라서 대리인은 본인과의 관계와 마찬가지로 복대리인과 기초적 법률관계를 갖고 있으며, 이로 인하여 복대리인의 직무행위를 지시·감독할 수 있는 지위에 있게 된다. 물론 대리인은 위 1.에서 소개한 바와 같이 '본인의 이름으로' 본인의 대리인을 선임할 수도 있다. 이 경우에는 대리인은 본인의 대리인선임행위를 대리하는 것이며, 따라서 그 행위의 효과가 본인과 복대리인 사이에서 직접 발생하며 그 결과 선임된 대리인은 복대리인이 아니라 통상의 대리인일 뿐이다.

(4) 복대리인의 지위는 대리인의 선임에서 유래하므로, 그 권한범위는 대리인의 권한범위를 넘어설 수 없다. 반면 대리인이 복대리인을 선임하는 경우에도 자신의 대리권을 상실하지 않는다. 이에 관하여는 아래 3.과 4. 참조.

3. 복대리인의 선임: 복임권과 복임행위

복대리인은 위임, 고용 등 대리인과의 기초적 내부관계에 따라 대리인으로부터 본인을 위하여 법률행위를 할 수 있는 복대리의 권한을 수여받는다. 따라서 대리관계와 마찬가지로 복대리관계 역시 대리인의 복임권, 대리인의 복대리인 선임행위(복임행위)를 필요로 함은 물론이다.

먼저, 복임권과 관련하여 인정범위와 요건은 §§ 121, 122에서 설명하도록 하고 여기서는 복임권의 법적 성질을 살펴보도록 한다. 일부 견해에 따르면 복임권은 대리권 자체와는 별도로 대리인에게 부여되는 권능이라고 파악하고 있다.[2] 이 입장 역시 복임권은 임의대리의 경우에는 본인의 수권행위에 의하여 부여될 수도 있으나 본인과 대리인 사이의 내부관계나 수권행위의 해석에 의하여 인정될 수 없는 경우에도 § 121가 복임권의 인정근거가 되며, 법정대리의 경우에는 따로 반대하는 규정이 없는 한 § 122에 의하여 복임권이 인정된다고 한다. 그런데 다른 견해에 따르면 복임권은 대리권과 별개의 권능이라고 보지

---

1) § 120 이하의 복대리인과 달리 대리인이 수권받은 사무의 처리를 위하여 '자신의 이름으로' '자신의 대리인'을 선임할 수 있는지를 생각해 볼 수도 있다. 민법이 규정하는 복대리와는 다르지만 복대리인의 복임권을 인정하고 있는 학설의 대체적 경향에 비추어 이를 부정할 이유는 없다고 여겨진다. 다만 '대리인의 대리인'이라는 복대리인의 행위에 의하여 그 효과가 '직접' 본인에게 발생할 수는 없으며 간접대리의 형상과 같이 대리인과 '대리인의 대리인'인 복대리인 사이의 대리관계를 매개로 귀속될 뿐이다. 독일의 대체적 입장이라고 보여지는데, MünchKomm/Schubert(7.Aufl., 2015), § 167 Rn.78.

2) 곽윤직·김재형, 473; 구주해(3), 66(손지열).

않고 그 근거 역시 수권행위 또는 법률규정 자체에서 찾고 있다.[3] 대리인의 복임권에 대한 설명방식의 차이에 불과하다고 여겨지는데, 복임권의 행사 역시 대리인에게 맡겨진 본인의 사무를 처리하는 하나의 방법이라고 이해한다면 후자의 설명이 보다 적절하다고 여겨진다. 즉, 법정대리의 경우에는 법정대리의 권한범위가 포괄적이고 광범위하다는 점에서 대리인에 의한 복임권을 인정하지 않을 수 없다는 법정대리의 특성에서 비롯하고 있다(§122 참조). 물론 임의대리의 경우에는 §121에서 설명하고 있듯이 본인과 대리인의 신뢰관계에 따라 대리인 자신에 의한 대리행위를 원칙으로 한다. 따라서 임의대리인의 복임권은 본인의 승낙 또는 부득이한 사유가 있는 경우로 한정되어야 하는데, 이 역시 본인과 대리인 사이의 기초적 내부관계의 특성에서 요청되는 제한이라고 하겠다.

다음으로, 복임행위와 관련하여 우선 대리인은 복대리인을 선임하더라도 자신의 대리권을 상실하지 않는다. 따라서 양자의 대리권은 병존하여, 2인의 대리인이 있는 것과 같게 된다. 이런 점에서 복대리인의 선임행위는 대리권의 양도가 아니라 대리권의 병존적 설정행위라고 말하고 있다(통설).[4] 한편 복임행위 역시 대리인에 대한 수권행위와 그 성질을 달리 파악할 이유가 없으며, 이에 통설에 따르면 상대방 있는 단독행위라고 할 것이다. 또한 수권행위의 독자성, 유인성과 의사표시의 결합에 관한 설명 역시 복임행위에 대해서도 마찬가지이며, 따라서 가령 복대리인에게 복대리권을 수여한 대리인이 제한능력자인 경우에는 복임행위는 취소의 대상이 될 수 있다.

4. 복대리권 일반

복대리인의 복대리권은 대리권 일반과 마찬가지로 대리인의 수권행위에 의하여 정하여진다. 다만 대리권에서 유래한다는 복대리권의 특성에 비추어 복대리권의 범위는 대리권의 범위를 넘을 수는 없다.[5] 복대리인의 지위와 관련하여 복대리인의 복임권, 다시 말해 복대리인이 또 다시 본인을 위하여 복대리인을 선임할 수 있는 권능을 갖고 있는지가 문제된다. 복임권이 민법의 규정에 의하여 특별히 인정되는 권능이라고 파악하면서 복대리인의 복임권을 인정

3) 이영준, 567.
4) 고상룡, 527; 김상용, 575; 김용한, 389; 백태승, 473; 이은영, 603; 송덕수, 345; 구주해 (3), 65(손지열).
5) 복대리권의 범위에 관한 보다 상세한 설명은 §123 참조.

하는 규정이 없기 때문에 이를 인정할 수 없다는 입장도 생각해 볼 수 있다.[6] 그러나 복대리가 복잡하고 다양한 거래의 현실과 법정대리권의 포괄성에 따라 인정되고 있는 한 이를 굳이 '복대리의 복대리'에서 부정해야 할 이유는 없다고 할 것이다. 따라서 통설에 따르면 대리인의 복대리권 규정을 유추적용하여 복대리인의 복임권을 인정하고 있다. 다만 임의대리의 복대리인은 말할 것도 없고, 법정대리의 복대리인 역시 § 120에 의하여 복임권을 제한받게 된다는 점은 유의해야 할 것이다. 왜냐하면 복대리인이 비록 대리인과 동일한 권리의무를 갖기는 하지만(§ 123 Ⅱ), 법정대리에서 복대리인은 법률 규정에 의하여 선임되는 것이 아니라 임의대리의 경우와 마찬가지로 법정대리인에 의하여 기초적 내부관계에 따라 선임되는 자이기 때문이다.[7]

끝으로 복대리권은 대리권과 마찬가지로 대리권 일반의 소멸사유에 따라 소멸한다(§ 127 참조). 또한 대리인과 복대리인의 기초적 법률관계의 종료 또는 대리인의 수권행위 철회에 의해서도 복대리권은 종료한다(§ 128). 더 나아가 복대리권은 대리권을 전제로 하므로, 대리권이 소멸하면 복대리권 역시 소멸한다.

Ⅱ. 본조의 취지와 내용

1. 본조의 취지

본 조에 따르면 임의대리의 경우 대리인은 본인의 승낙이 있거나 부득이한 사유가 있는 때가 아니면 복대리인을 선임하지 못한다고 규정하고 있다. 다시 말해 임의대리인의 복임권은 예외적인 경우에 한하여 인정되고 있을 뿐이다. 이는 임의대리의 경우 본인과 대리인 사이에는 위임, 고용 등 긴밀한 신뢰를 필요로 하는 기초적 내부관계가 존재하며, 따라서 대리인으로 기능하는 수임인, 피용인 등이 달리 정한 바가 없는 한 본인의 사무를 스스로 처리해야 함을 반영하고 있다(§§ 682 Ⅰ, 657 Ⅱ 참조). 실제로 본조에서 정한 임의대리인의 복임권 인정사유는 위임계약에서 제3자에 의한 수임사무 대행가능 사유와 동일하다. 물론 본조는 임의규정이므로, 본인이 대리인과의 기초적 내부관계 또는 수권행위에

---

6) 이렇게 주장하는 국내의 견해는 없고, 일본에서는 이러한 입장을 택하고 있는 학설이 있다고 한다.

7) 곽윤직·김재형, 361; 김상용 576; 김증한·김학동, 430; 송덕수, 348; 이영준, 605; 구주해(3), 62(손지열).

서 정한 바에 따라 복대리권을 전적으로 배제하거나 본조의 인정요건을 넘어서 대리인의 복임권을 인정할 수 있다.[8] 결국 본조는 본인과 대리인 사이의 기초적 내부관계에서 분명히 하지 않은 경우 사무처리의 일환인 대리사항의 처리방법을 본인의 의사와 이익에 부합하게 정하기 위한 보충적 규정이라고 하겠다.

2. 본인의 승낙

본인의 승낙이 있으면 대리인이 복대리인을 선임할 수 있음은 물론이다. 승낙은 수권행위와 동시에 행해질 필요는 없으며[9] 별도로 이루어지더라도 충분하다. 또한 본인의 승낙은 복대리인의 선임 이전에 행해져야 하겠지만 복대리인의 선임 이후에도 추인의 형식으로 가능하다고 할 것이다.

승낙은 복임권을 수여하는 상대방 있는 단독행위의 성질을 갖고 있다. 승낙 역시 의사표시 일반에 따라 명시적, 묵시적으로 가능할 것인데, ① 처리할 사항이 그 성질상 대리인 자신에 의하여 행해질 필요가 없다고 여겨지는 경우(가령 개성이 문제되지 않는 물품을 정가에 매수하는 행위를 대리하도록 하면서 별도로 복대리를 금지하지 않은 경우), ② 대리권의 수여가 대리인 자신의 이익을 위한 사무를 처리하려고 행해진 경우(가령 본인이 대리인에게 추심한 돈을 증여할 목적으로 채권추심의 대리권을 수여하는 경우)에는 묵시적인 복임권의 수여가 있었다고 볼 수 있다. 대판 93.8.27, 93다21156(공 93하, 2626)에 따르면 "甲이 채권자를 특정하지 아니한 채 부동산을 담보로 제공하여 금원을 차용해 줄 것을 乙에게 위임하였고, 乙은 이를 다시 丙에게 위임하였으며, 丙은 丁에게 위 부동산을 담보로 제공하고 금원을 차용하여 乙에게 교부하였다면, 乙에게 위 사무를 위임한 甲의 의사에는 '복대리인 선임에 관한 승낙'이 포함되어 있다"고 해석한 바 있다. 또한 대판 96.2.9, 95다10549(공 96상, 899)에서도 "아버지가 아들의 채무에 대한 담보 제공을 위하여 아들에게 인감도장과 인감증명서를 교부한 사안에서, 아들에게 복임권을 포함하여

---

8) 이와 관련하여 "내부관계에 의하여 제3자에 의한 이행의 대행이 허용되지 않는 경우에도 법률행위의 대리에 관한 한 본조에 의한 복임행위가 허용되는 것"이라는 견해가 있다[구주해(3), 62(손지열)]. 이는 오해의 여지가 있다고 여겨지는데, 만약 내부관계에서 제3자에 의한 이행대행을 금지하고 있다면 그 같은 약정의 취지는 대리권 역시 대리인 스스로에 의하여 행사되어야 함을 의미한다고 해석되어야 할 것이다. 다만 내부관계에서 제3자에 의한 이행대행의 가능사유가 명시적으로 정해지지 않은 경우에도 그 법률관계의 성질과 수임사무의 내용 등에 비추어 임의대리인의 복임권을 금지하는 취지가 아니라면 본조에 의한 복임권이 인정된다고 하겠다.

9) 오히려 이 경우에는 본조와 관계없이 본인의 의사에 의하여 임의대리인에게 복임권이 인정된다고 하겠다.

채무 담보를 위한 일체의 대리권을 부여한 것이라고 보아, 그 아들로부터 다시 그 인감도장과 인감증명서를 교부받은 제3자가 이를 이용하여 타인에게 설정하여 준 근저당권설정등기가 유효하다"고 판시하였다. 이와 반대로 대판 99.9.3, 97다56099(공 99하, 1995)에서는 "아파트 분양업무는 그 성질상 분양 위임을 받은 수임인의 능력에 따라 그 분양사업의 성공 여부가 결정되는 사무로서, 본인의 명시적인 승낙 없이는 복대리인의 선임이 허용되지 아니하는 경우로 보아야 한다"고 판단하였다.[10)]

끝으로, 본인이 대리인에게 복대리인의 선임을 승낙한 후 이를 철회할 수 있는가와 관련하여 복임의 승낙이 대리권수여행위와 유사한 본인의 단독행위라고 이해되는 한 승낙의 철회는 § 128 2문에 비추어 인정하지 않을 수 없다.[11)] 대리인이 복대리인을 선임한 후에 본인이 복임의 승낙을 철회하였다면 그로 인하여 복대리인의 대리권은 소멸한다고 할 것이다. 철회 이전에 대리인에 의하여 선임된 복대리인이 이미 본인을 위한 대리행위를 한 이상 수권행위의 철회 이전에 이루어진 대리행위와 마찬가지로 § 129의 대리권소멸 후의 표현대리가 문제될 것이다.

3. 부득이한 사유

임의대리인은 본인의 승낙이 없는 경우에도 부득이한 사유가 있을 때에는 복대리인을 선임할 수 있다. "부득이한 사유"라 함은 대리인이 스스로 대리행위를 할 수 없는 사정만으로는 충분하지 않고 본인과의 연락단절 등으로 본인의 승낙을 얻을 수 없거나 대리인이 사임할 수 없는 사정이 있음을 필요로 한다고 이해된다.[12)] 이 같은 복임요건은 대리인에 의한 사무처리가 곤란함에도 본인의 승낙 또는 직접적 관여를 기대하기 어려운 경우에 인정되기 때문에 지나치게 엄격하게 해석되어서는 안 된다.[13)]

한편 본인이 대리인에 의한 복임을 금지하는 의사표시를 한 경우 "부득이한 사유"에 의한 대리인의 복임행위가 허용되는지 문제될 수 있다. 본조가 임의규정임을 이유로 본인이 복임행위를 금지한 이상 부득이한 사유에 의한 복

10) 오피스텔 분양업무에 관하여 같은 취지로 판시한 대판 96.1.26, 94다30690(집 44-1, 39).
11) 주석 총칙(3), 74(제4판/문용호).
12) 곽윤직 · 김재형, 360; 주석 총칙(3), 74(제4판/문용호).
13) 구주해(3), 69(손지열).

임행위도 허용되지 않는다는 견해가 있다.[14] 기본적으로는 찬동하나 이 역시 원래 복임금지 의사의 취지, "부득이한 사유"의 내용 및 대리의 목적인 법률행위의 성질 등을 고려하여 그 허용 여부를 판단해야 할 것이다.

4. 위반의 효과

임의대리인이 수권행위에서 허용되지 않음에도 본조에 위반하여 복대리인을 선임한 경우에 복임행위는 권한없는 자의 행위로서 효력이 없고 따라서 그 복대리인에 의한 대리행위 역시 본인에 대하여 효력이 없는 무권대리행위가 된다. 만약 대리인이 주관적으로는 복임요건을 충족한다고 판단하였지만 객관적으로는 그렇지 못한 복대리인 선임행위 역시 무효임은 물론이다. 위와 같이 무효인 선임행위로 임명된 복대리인이 본인을 위한 복대리행위를 행하였다면 상대방이 선의, 무과실인 경우 본인이 상대방에 대하여 표현대리의 책임을 부담하는지 여부가 문제될 수 있다. 이에 대하여 일부 문헌은 위와 같은 경우에는 복대리인의 대리권 자체가 존재하지 않으므로 표현대리가 성립할 여지가 없다고 한다.[15] 그러나 이는 표현대리가 통설에 의하면 무권대리라는 점에서 납득할 수 없으며, 대리행위를 한 대리인이 실제로는 대리의 권한을 갖지 않은 경우와 달리 취급해야 할 이유가 없다고 하겠다.[16] 대판 67.11.21, 66다2197(집 15-3, 314)에서도 본조가 "본인과 대리인간의 위임관계가 불명확한 경우에 있어서의 임의대리인의 복임권에 관한 보충규정일 뿐, 복임권없는 대리인에 의하여 선임된 복대리인의 행위는 어떠한 경우를 막론하고 소위 초과행위(권한을 넘은 표현대리)가 될 수 없는 성질의 행위라는 취지까지를 정한 것은 아니"라고 하면서 § 126의 표현대리를 인정한 바 있다. 나아가 대판 98.5.29, 97다55317(공 98하, 1754)에서는 "대리인이 대리권소멸 후 복대리인을 선임하여 복대리인으로 하여금 상대방과 사이에 대리행위를 하도록 한 경우" § 129의 표현대리가 성립할 수 있다고 판시하였다.

14) 주석 총칙(3), 75(제4판/문용호).
15) 김증한 · 김학동, 428; 구주해(3), 69(손지열); 주석 총칙(3), 75(제4판/문용호).
16) 김상용, 579; 송덕수, 346; 이영준, 607.

Ⅲ. 본조의 적용범위

본조가 본인과 대리인 사이의 법률관계에서 대리사무의 직접적 처리 여부를 분명하게 정하지 않은 경우 이를 본인의 의사와 이익에 부합하게끔 정하려는 보충규정임은 위 1.에서 설명한 바와 같다. 따라서 본조는 임의대리의 경우에 일반적으로 적용되는데, 별도의 규정이 있거나 그에 준하여 취급할 수 있는 경우에는 그렇지 않다. 법인의 이사, 상법상의 지배인, 선장의 경우가 그러하다.

먼저, 법인의 이사에 관하여 § 62는 "이사는 정관 또는 총회의 결의로 금지하지 아니한 사항에 한하여 타인으로 하여금 특정한 행위를 대리하게 할 수 있다"고 규정하고 있다. 이 규정은 이사가 임의대리인의 일종이기는 하지만 직무범위가 법인 전반에 걸치는 포괄적이고 광범위한 내용이기 때문에 복임권한을 넓게 인정하고 있다. 그렇지만 상법상 회사의 이사 또는 대표이사에 대하여는 이 규정이 적용되지 않는 것으로 본다.[17]

상법상의 지배인의 경우에는 법인의 이사에 관한 위 § 62와 같은 규정을 두지는 않고 있다. 그러나 상법상의 지배인은 영업주에 갈음하여 영업에 관한 재판외 또는 재판상의 모든 행위를 할 수 있으며 또한 지배인을 제외한 점원 기타 사용인을 선임할 권한도 있다(상 § 11). 따라서 상법상의 지배인은 본조의 적용을 받지 않고 영업주의 승낙이 없고 부득이한 사유가 없는 경우에도 복대리인을 선임할 수 있다고 해석되고 있다(통설).[18]

끝으로 선장에 관하여는 상 § 749 Ⅰ에 의하여 선적항 외에서는 항해에 필요한 재판상 또는 재판외의 모든 행위를 할 포괄적 권한을 갖고 있다. 따라서 선장에 대해서도 본조의 제한을 받지 않고 복임권이 인정되고 있다(통설).[19]

[김 상 중]

17) 대판 82.7.13, 80다2441(집 30-2, 169: "이사회는 주주총회의 경우와는 달리 원칙적으로 이사 자신이 직접 출석하여 결의에 참가하여야 하며 대리인에 의한 출석은 인정되지 않고 따라서 이사가 타인에게 출석과 의결권을 위임할 수도 없다.").

18) 구주해(3), 70(손지열); 주석 총칙(3), 76(제4판/문용호).

19) 구주해(3), 70(손지열); 주석 총칙(3), 76(제4판/문용호).

第 121 條(任意代理人의 復代理人選任의 責任)

① 前條의 規定에 依하여 代理人이 復代理人을 選任한 때에는 本人에게 對하여 그 選任監督에 關한 責任이 있다.

② 代理人이 本人의 指名에 依하여 復代理人을 選任한 境遇에는 그 不適任 또는 不誠實함을 알고 本人에게 對한 通知나 그 解任을 怠慢한 때가 아니면 責任이 없다.

차 례

Ⅰ. 본조의 개요

본조는 임의대리인의 복임권이 본인의 승낙 또는 부득이한 사유가 있는 경우로 제한되기 때문에 대리인의 복대리인에 대한 책임 역시 선임·감독에 관한 책임으로 한정됨을 밝히고 있다. 원래 민법은 자기책임의 예외로서 타인의 행위에 따른 책임을 정하면서 '타인의 고의·과실'에 대하여 면책할 여지가 없이 책임지도록 하는 경우(§391)와 직접적으로 가해행위를 한 자에 대한 선임·감독상의 주의의무로 국한해 두는 경우(§756)로 나누어두고 있다. 본조는 바로 후자의 책임 정도에 따른 것으로서, 임의대리의 경우 복대리인의 선임은 본인이 승낙하거나 부득이한 사정에서 복대리인으로 하여금 대리행위를 할 수 있도록 하여 본인의 이익을 실현하기 위하여 이루어지고 있다. 이와 같이 복대리인의 선임이 예외적인 경우에 본인의 이익을 위하여 이루어고 있는 이상, 대리인이 복대리인의 행위 전반에 대하여 면책의 여지도 없이 책임을 지도록 하는 것은 너무 가혹한 결과이다. 따라서 본조는 임의대리의 경우 대리인의 책임을 복대리인의 선임·감독에 관한 책임으로 한정하고 있다. § 122 Ⅰ에서 법정대리의 경우 대리인은 자신의 책임으로 복대리인을 선임하도록 한 내용과 대조를 이루고 있다.

본조에 의한 책임의 성질이 무엇인지에 관하여 일부 견해는 선임·감독상의 주의의무로 경감하고는 있지만 기본적으로는 이행보조자의 고의·과실에 대한 내부관계상의 채무불이행책임으로 파악하여야 한다고 주장하고 있다.[1] 다른 견해는 대리인의 선임·감독에 대한 책임내용에 비추어 §756에 의한 사용자책임의 범주에 속한다고 파악하고 있다.[2] §121가 '책임'이라는 표현을 사용하고는 있지만 손해배상의 청구를 위한 독자적 청구권 규범이라고 볼 필요는 없다고 여겨진다. 대리인은 복대리인이 선임된 경우 복대리인의 잘못된 행위에 대하여 본인과의 기초적 내부관계에 따라 책임을 져야 하는데(§390), 본조가 복대리인 선임에 따른 대리인의 본인에 대한 의무내용을 구체적으로 정해 주고 있다고 파악하면 족할 것으로 본다. 한편 본조는 복대리인의 선임이 유효하게 이루어진 경우를 전제로 하므로, 복대리인의 선임요건이 갖추어지지 않은 경우에는 본조가 적용되지 않는다. 이 경우 대리인은 무효인 복대리인 선임 자체로 인하여 본인에게 발생한 손해를 배상해야 할 책임이 있다.

Ⅱ. 본조 제1항에 따른 대리인의 책임

임의대리인은 본인이 승낙하거나 부득이한 사정에 따라 복대리인을 선임한 경우에는 본인에 대하여 그 선임·감독에 관하여 책임을 진다. '선임에 관한 책임'이란 가령 부적합한 자를 복대리인으로 선임한 경우를 말하며, '감독에 관한 책임'이란 대리인이 복대리인에 의한 사무처리에서 필요한 관리, 감독을 다하지 못한 경우를 뜻한다. 복대리인은 대리인에 의하여 선임된 이상 §123 Ⅱ에 따라 본인에 대하여 대리인과 마찬가지로 대리사무의 수행에서 주의할 의무를 부담하므로 본인의 이익에 반하는 대리행위의 결과에 대하여 스스로 책임을 져야 한다. 또한 대리인은 본인의 승낙 또는 부득이한 사정에 따라 복대리인을 선임해 둔 이상 복대리인의 잘못된 행위에 대하여 더 이상 책임지지 않는다고 볼 수도 있다. 그러나 본조 제1항은 대리인이 복대리인을 선임하더라도 본인과의 기초적 법률관계가 유지되는 한 대리인이라는 원래의 지위가 여전하기 때문에, 대리인의 의무가 복대리인의 선임에서는 선임·감독에 관한 의무로 구체화되어 존속함을 정해 주고 있다. 대리인은 복대리인의 선임·감독에 관하여 주의를 다 한 경우에는 본인에 대하여 책임을 면할 수 있

1) 구주해(3), 72(손지열).
2) 주석 총칙(3), 76(제4판/문용호).

다. §121의 법문에 따르면 대리인에게 책임을 묻고자 하는 자, 즉 본인이 대리인의 선임·감독상의 주의를 다하지 않았음을 주장, 증명하여야 하는 것으로 해석된다.[3] 그러나 위 Ⅰ.과 같이 대리인의 본인에 대한 책임근거는 이들의 기초적 내부관계에서 주어지고 본조는 그 의무내용을 구체적으로 정한 규정이라고 파악하는 한, 채무자인 대리인이 복대리인에 관한 선임·감독상의 주의를 다 하였음을 스스로 증명하여 본인에 대한 책임을 면해야 할 것이다.

Ⅲ. 본조 제2항에 의한 책임의 한정

임의대리인이 자신의 책임에 의하지 않고 본인의 지명에 의하여 복대리인을 선임한 경우에는 본조 제1항에 따른 선임·감독에 관한 책임으로부터 보다 경감하여 임의대리인은 복대리인의 부적임 또는 불성실을 알고 본인에게 통지나 그 해임을 게을리한 행위에 대하여 책임을 질 뿐이다. 본인이 복대리인을 선임하는 이상 대리인은 복대리인의 적임·성실 여부를 스스로 조사해야 할 책임을 지지 않으며, 적극적으로 복대리인의 부적임 또는 불성실을 알고서도 통지하지 않거나 복대리인을 해임하지 아니한 경우에 한하여 본인에 대하여 책임지게 된다. 본조 제2항의 "지명"이란 대리인이 행한 복대리인의 선임에 대하여 단지 승인, 양해하는 정도가 아니라 본인이 자발적, 적극적으로 복대리인을 선정하는 행위를 뜻한다(통설).

[김 상 중]

3) 구주해(3), 72(손지열).

第122條(法定代理人의 復任權과 그 責任)

法定代理人은 그 責任으로 復代理人을 選任할 수 있다. 그러나 不得已한 事由로 因한 때에는 前條 第1項에 定한 責任만이 있다.

차 례

Ⅰ. 법정대리와 복대리인 선임의 자유

법정대리인은 임의대리의 경우와 달리 복대리인의 선임에서 자유롭다. 이는 법정대리의 특성에서 비롯한 것인데, 법정대리인의 직무는 일반적으로 포괄적이고 광범위하여 대리인이 단독으로 처리하기 곤란한 경우가 많다. 또한 법정대리인은 법률의 규정에 따라 정해지므로 임의대리와 달리 본인과의 긴밀한 신뢰관계를 기초로 하지 않는 경우가 많을 뿐만 아니라 사임하는 것도 쉽지 않다. 그리고 법정대리의 본인이 제한능력자, 부재자인 경우에는 복대리인의 선임에 관하여 본인의 승낙이 곤란하거나 아예 가능하지 않다. 이에 민법은 법정대리의 경우에는 임의대리와 반대로 대리인에 의한 복대리인의 선임행위를 원칙적으로 허용하는 입법태도를 취하고 있다. 다만 대리인은 복대리인의 선임에 대한 자유를 갖는 대신 복대리인의 행위를 마치 자신이 직접 한 것과 마찬가지로 본인에 대하여 무거운 책임을 지우고 있다(본조 I). 이러한 책임은 법정대리에서는 본인이 보호를 필요로 하는 지위에 있어서 스스로 타인을 관리·감독할 처지에 있지 않은 경우가 많기 때문에 법정대리인이 복대리인의 선임에서 주어진 권한을 남용할 위험이 적지 않으므로 이러한 폐해를 미연에 방지하게 된다.[1] 다만 법정대리인이 부득이한 사유로 복대리인을 선임한 경우에는 법정대리인이 자기의 책임으로 선임한 경우와 동일한 정도로 복대리인의

1) 주석 총칙(3), 79(제4판/문용호).

행위에 대하여 책임을 지도록 하는 것은 법정대리인에게 가혹하다. 또한 이 경우에는 임의대리의 경우와 달리 취급해야 할 이유가 없기 때문에, 법정대리인은 복대리인의 선임·감독에 관한 책임을 지게 된다(본조 Ⅱ).

Ⅱ. 법정대리인의 복대리인 선임과 책임

1. 법정대리인의 복대리인 선임행위

법정대리인은 임의대리인과 달리 본인의 승낙을 받지 않으며 또한 부득이한 사유가 아닌 경우에도 복대리인을 선임할 수 있다. 다만 법정대리에 관한 개별 규정에서 해당 법정대리의 제도적 취지에 따라 복임권을 한정하거나 복임권 행사의 요건을 제한하는 경우가 많다. 민법의 경우 법인의 이사에 대하여는 "정관 또는 총회의 결의로 금지하지 아니한 사항에 한하여"(§ 62), 유언집행자에 대해서는 "부득이한 사유가 있는 때에 한하여"(§ 1103 Ⅱ, 682 Ⅰ) 대리인의 복임권을 인정하고 있다. 또한 도산 § 362에 따르면 파산관재인은 "필요한 때에 그 직무를 행하게 하기 위하여 자기의 책임으로 대리인을 선임"할 수 있는데 이 경우 법원의 허가를 받아야 한다. 회생절차의 관리인 역시 이와 마찬가지이다(도산 § 76 Ⅰ, Ⅱ).

법정대리에서 복임의 범위는 특정적이든 포괄적이든 묻지 않는다. 그러나 법정대리인이 자기가 대리해야 할 법률행위의 전부를 총괄적으로 복대리인에게 복임하고 자신은 사실상 법정대리인의 지위에서 벗어나는 결과를 가져오는 복임도 가능한지 문제된다. 복임에 대한 법정대리인의 무거운 책임이 인정되는 한 굳이 부정할 필요가 없다는 견해도 있으나,[2] 법정대리인을 인정한 법률규정의 근본적 취지에 비추어 무효라고 할 것이다.[3]

2. 법정대리인의 복대리인 선임의 책임

법정대리인은 복대리인 선임에 관한 자유를 갖는 대신에 선임한 복대리인의 행위에 대해서는 자신이 행위한 경우와 마찬가지로 선임·감독의 부주의에 한정하지 않고 제한없는 책임을 지게 된다. 이 같은 엄격한 책임은 위 Ⅰ.에서

2) 구주해(3), 74(손지열).
3) 주석 총칙(3), 80(제4판/문용호).

설명한 바와 같이 복대리인 선임이 본인의 이해관계에 미치는 영향의 중대함, 본인에 의한 관리·감독의 곤란함, 법정대리인의 복대리인 선임 여부에 대한 판단의 자유에 따라 뒷받침된다. 본조의 “그 책임으로”라 함은 법정대리인이 복대리인의 선임·감독에 관한 책임에 한정하지 않고 복대리인의 행위 전반에 대하여 책임을 진다는 것을 뜻한다. 따라서 법정대리인은 복대리인의 선임·감독에 관한 과실이 없더라도 복대리인의 책임 있는 사유로 복대리행위 과정에서 본인에게 손해를 야기한 경우에는 본인에게 이를 배상할 책임을 지게 된다. 물론 복대리인은 대리인에 의하여 선임된 이상 본인에 대하여 대리인과 동일한 의무를 부담하게 되므로(§ 123 Ⅱ) 복대리인 역시 자신의 부적절한 대리행위에 대하여 본인에게 대리인과 함께 책임을 져야 한다.

이와 같은 법정대리인의 책임을 정한 본조 제1문에 대하여 문헌의 대체적 견해는 일종의 무과실책임을 법정한 경우라고 주장하고 있다.[4] 그렇지만 본조 제1문 역시 § 121 Ⅰ에 관한 설명과 마찬가지로 본인에 대한 법정대리인의 손해배상책임의 근거규정이라고 이해할 필요는 없다고 보인다. 법정대리인의 본인에 대한 손해배상책임은 개별 법률규정(가령 §§ 922, 1103, 파산 §§ 82, 361 Ⅰ)에서 정한 법정대리인의 주의의무 위반에 따라 발생하는데(§ 390), 본조는 법정대리인이 그 활동 과정에서 복대리인을 선임하게 되는 경우에 복대리인의 고의·과실에 대하여 마치 자신의 고의·과실과 마찬가지로 본인에게 책임을 져야 한다고 그 의무내용을 분명히 밝혀주고 있다고 보면 족할 것이다.[5]

3. 법정대리인의 책임 경감

본조 제2문에 따르면 법정대리인이 부득이한 사유로 복대리인을 선임한 경우에는 대리인은 제1문의 무거운 책임에서 벗어나 복대리인의 선임·감독에 대해서만 본인에게 책임을 지게 된다. 이 경우에는 법정대리인이 자기의 책임으로 복대리인을 선임한 경우와 동일하게 취급할 수는 없고 오히려 임의대리에서 복대리인을 선임하는 경우와 유사하기 때문이다. 본조 제2문에서 뜻하는 “부득이한 사유”는 § 120에서의 “부득이한 사유”와 대체로 동일하므로 § 120의 주해를 참조하기 바라며, 본조에 따라 경감되는 선임·감독에 대한 책임 역시

4) 구주해(3), 75(손지열); 주석 총칙(3), 80(제4판/문용호).

5) 본조를 이와 같이 파악한다면 “본조가 일종의 무과실책임을 부담시키는 것이지만 복대리인의 대리행위에 과실이 있는 경우에 한하여 책임을 진다”[주석 총칙(3), 80(제4판/문용호)]고 설명하지 않아도 된다.

§121 Ⅰ의 주해를 참조하면 된다.

[김 상 중]

第123條(復代理人의 權限)

① 復代理人은 그 權限內에서 本人을 代理한다.

② 復代理人은 本人이나 第三者에 對하여 代理人과 同一한 權利義務가 있다.

차 례

Ⅰ. 복대리의 법률관계 개요

복대리도 대리의 일종이므로 대리에 관한 규정이 적용됨은 물론이다. 또한 복대리의 법률관계 역시 대리의 경우와 마찬가지로 3면 관계를 이루는데, 다만 본인과 복대리인 사이에 대리인이 관여한다는 특색을 가지고 있을 뿐이다. 아래에서는 대리인과 복대리인의 관계(대리인의 복임행위와 양자의 기초적 내부관계), 복대리인과 제3자(복대리행위의 상대방)의 관계(복대리행위, 복대리권) 그리고 본인과 복대리인의 관계(내부적 법률관계의 법정)를 설명하도록 한다.

Ⅱ. 대리인과 복대리인의 관계

복대리인은 대리인이 자신의 이름으로 선임하지만 본인의 대리인으로 된다. 복대리인이 본인의 대리인으로 되는 한 통상의 대리와 다르지 않다. 따라서 복대리인은 그 권한의 범위 내에서 본인의 이름으로 상대방에 대하여 의사표시를 하게 된다(아래 Ⅲ. 참조). 다만 복대리인은 임의대리에서 본인과 대리인의 관계와 마찬가지로 원래의 대리인과의 관계에서 위임, 고용 등 기초적 내부관계에 놓여 있게 된다. 이 관계에 따라 복대리인은 대리행위에 관하여 대리인의 지시·감독을 받게 된다. 또한 복대리인의 복대리권은 원래의 대리권에서 유래하므로 대리인의 권한 범위를 넘어설 수 없으며 대리권이 소멸할 경우 함께 소멸하게 된다. 대리인은 복대리인을 선임한 경우에도 대리인의 지위를 여전히 유지한다. 따라서 대리인은 복대리인을 선임한 후에도 스스로 본인을 대리할 수 있으며, 이 경우 대리인과 복대리인은 각자 본인을 대리할 수 있다.[1)] 원래의 대리인이 법정대리인인 경우에도 복대리인은 임의대리인의 지위에 있다.[2)] 법정대리에서도 복대리인은 법정대리인의 수권행위에 의하여 선임되기 때문이다. 따라서 대리인과 복대리인의 관계는 이들의 기초적 법률관계에 따라 정해지게 된다.

Ⅲ. 복대리인과 상대방(제3자)의 관계

복대리인은 본인의 대리인이기 때문에 상대방과의 관계에서 권한의 범위 내에서 본인의 이름으로 법률행위를 한다. 따라서 복대리행위에 관하여 본인의 표시(§§ 114, 115), 대리행위의 하자 여부(§ 116) 등에 관한 규정이 적용되며, 복대리인이 복대리권의 범위를 넘어서 행위한 경우에도 무권대리와 표현대리 규정의 적용이 문제된다.

1. 복대리행위

복대리인은 본인의 이름으로 상대방과 법률행위를 하여 직접 본인에 대하여 그 효력을 발생하도록 한다. 복대리인은 대리인의 대리인이 아니기 때문에 본인의 이름으로 복대리행위를 하여야 한다. 즉, 복대리에도 현명주의(§ 114)가

1) 더욱이 임의대리의 경우에는 본인도 의사표시를 할 수 있기 때문에, 본인, 대리인, 복대리인 각자가 의사표시를 할 수도 있을 것이다. 이와 관련하여 일부 문헌은 이들이 각각 동일한 상대방에게 같은 사항에 대하여 다른 내용의 의사표시를 하게 되는 경우에는 뒤의 의사표시가 앞선 의사표시의 철회를 포함한다고 하여 결과적으로 최종의 의사표시가 유효하다고 해석하고 있다[주석 총칙(3), 80(제4판/문용호)]. 의사표시의 내용과 경위에 따른 구체적 해석의 문제일 수 밖에 없다.

2) § 120 Ⅰ. 4. 주해 참조.

적용됨은 물론이다. 이때 복대리인은 명시적, 묵시적으로 본인을 위한 대리행위임을 표시하면 족하며, 반드시 자신이 복대리임을 표시할 필요는 없다. 복대리인이 자신이 본인의 대리인임을 표시하지 않은 경우에는 복대리인 자신을 위한 의사표시로 간주하되, 상대방이 (복)대리행위임을 알았거나 알 수 있었을 경우에는 본인을 위한 법률행위라고 해석된다(§115). 또한 복대리인이 본인의 이름을 밝히지 않고 자신이 마치 본인인 것과 같이 행위한 경우에는 대리인이 그와 같이 행위한 경우와 마찬가지로 판단하면 될 것이다.

한편 복대리인이 본인의 명의가 아니라 원래의 대리인의 이름으로 법률행위를 한 경우에는 어떻게 되는지 문제된다. 법률행위의 일반법리에 따르면 복대리인이 본인의 이름으로 행위하지 않았기 때문에 그 같은 행위는 본인에 대하여 효력을 갖지 못하는 반면, 명의자인 원래의 대리인 입장에서 보면 복대리인에게 자신을 위한 대리권을 수여한 바는 없기 때문에 원래의 대리인과의 관계에서는 무권대리행위라고 이해된다. 그러나 복대리인이 비록 '대리인의 대리인', 즉 대리인 자신을 위하여 행위할 수 있는 대리권을 갖고 있지는 않지만 어찌되었건 대리인으로부터 당해 법률행위에 관하여 본인을 대리할 권한을 수여받은 바 있다. 반면 상대방의 입장에서는 복대리인이 대리인의 이름으로 행위한 관계로 본인과의 법률관계 형성을 의욕하지는 않았다. 그렇지만 복대리인의 행위를 무권대리행위라고 취급하는 것 역시 대리인과 복대리인의 내부적 법률관계를 알 수 없는 상대방의 입장에서는 복대리인의 현명에 따른 신뢰에 반하게 된다. 한편 원래의 대리인 입장에서는 본인의 법률행위를 대리하여 본인의 사무를 처리해야 할 지위에 있으며, 따라서 자신의 명의로 된 복대리 행위에 따른 법률효과를 일단 대리인 자신에게 발생하도록 하고—마치 간접대리와 같이—이를 본인에게 전달해야 하는 부담을 지더라도(§684 참조) 부당하다고는 보여지지 않는다.[3]

이에 복대리인이 그 권한의 범위 내에서 대리인의 이름으로 대리인으로부터 위임받은 법률행위를 한 경우 그 행위는 원래의 대리인을 위한 대리행위라고 주장하는 견해[4]에 찬동하는 바이다. 대판 67.6.27, 67다816(집 15-2, 117) 에서도 "甲이 乙의 대리인인 피고로부터 복대리권의 수여를 받은 바 없이 자의로 피고를 매수자로 하여 원고와 계약을 체결하였다면 모르되 그렇지 않고 甲이 피

3) 이와 관련하여 '대리인의 대리인'에 관하여는 §120 Ⅰ.1. 참조.
4) 구주해(3), 77(손지열).

고로부터 복대리권의 수여를 받아 원고와 본건 계약을 체결함에 있어 피고를 직접매수자로 하여 계약을 체결하였다면 乙로부터 주택을 매수하여 달라는 부탁과 그에 대한 대리권을 수여받은 피고가 甲에게 다시 복대리권을 수여한 사실을 원고가 알고 또는 알고 있었으리라는등 특별한 사정이 없는 한 피고로서는 원고에 대하여 자기가 매수자가 아니라고 주장할 수 없다"고 보아야 한다고 판시함으로써 동일한 입장을 따르고 있다.

한편 대리행위의 하자에 관한 § 116의 규정은 복대리인의 경우에도 적용됨은 물론이다. 또한 복대리인 역시 § 117에 따라 행위능력자일 필요는 없으나, 의사능력자이어야 하는 것은 대리인과 마찬가지이다.

2. 복대리권의 범위

복대리권의 범위는 대리인의 수권행위, 즉 복임행위에 의하여 정해지는데, 대리권에서 유래하는 특성에 따라 대리권의 범위를 넘을 수 없다. 따라서 복대리권의 범위가 원래의 대리권의 범위보다 넓게 설정된 경우에는 그 범위는 원래의 대리권의 범위 내로 감축된다. 원래의 대리권 범위를 넘어서는 복대리행위에 따른 법률효과가 본인에게 귀속되어야 할 근거가 없기 때문이다(물론 본인의 표현대리 책임은 인정될 수 있음). 복대리권의 범위를 정하지 않은 때에는 대리권 범위에 관한 § 118가 적용됨은 물론이다.

3. 무권대리, 표현대리

대리인이 대리권 또는 복임권을 갖고 있지 않음에도 복대리인을 선임한 경우에 복대리인이 한 행위는 무권대리행위가 된다. 이때 본인은 무권대리 일반에 따라 복대리인의 무권대리행위를 추인하거나 추인거절을 할 수 있다. 또한 수권을 받지 않은 자가 자신을 복대리인이라고 칭하면서[5] 대리행위를 한 경우에도 무권대리행위가 됨은 물론이다. 이 경우 그 대리행위의 효과가 귀속되는 것으로 표시된 본인은 물론이고 복임권을 갖고 있는 한 대리인 역시 추인할 수 있다.[6]

---

5) 물론 위에서 설명하였듯이 복대리인은 본인을 위한 대리행위임을 표시하면 족하고 반드시 자신이 복대리임을 표시할 필요는 없다.

6) 다만 본인에 의한 추인이 개념적으로는 사후적 대리권의 수여가 아니라 무효의 법률행위에 대하여 효력을 부여하는 형성적 행위라고 이해되는 반면, 대리인에 의한 추인은 복대리인에 대한 사후적 복대리권의 수여행위라고 해석되어야 할 것이다. 그렇다면 본인에

한편 복대리행위가 무권대리행위인 경우 복대리인은 § 135에 따라 상대방에 대하여 무권대리인의 책임을 지게 된다. 복대리인에 대한 § 135의 적용과 관련하여 만약 대리인이 대리권 또는 복임권을 갖지 않아서 복대리인이 무권대리인으로 되는 경우에도 복대리인은 § 135의 무권대리책임을 져야 하는지 문제될 수 있다. 복대리인이 복대리임을 표시한 경우에는 복대리인은 상대방에 대하여 복대리권 자체의 부존재에 대해서만 책임을 부담할 뿐이라는 주장이 있다.[7] § 135의 무권대리인 책임이 대리권의 존재에 대한 상대방의 신뢰 보호를 목적으로 한다는 점에서 복대리인이 복대리임을 표시한 경우에는 § 135에 의한 상대방의 신뢰보호는 복대리권 자체의 존재에만 한정된다고 볼 수도 있을 듯 하다. 그러나 복대리라는 표시에 따라 상대방의 신뢰가 복대리권의 존재 자체에만 한정된다고는 말할 수 없다는 점, § 135의 책임은 무권대리의 사유를 묻지 않는 엄격한 책임이라는 점,[8] 복대리인과 상대방의 관계에서 대리권의 부존재에 따른 위험은 대리인과 기초적 내부관계에 있는 복대리인이 감수해야 한다는 점에서 대리권의 부존재에서 비롯하더라도 무권대리가 된 이상 복대리인은 상대방에 대하여 § 135에 따른 무권대리책임을 져야만 한다. 또한 복대리인에 의하여 표시된 대리인 역시 자신의 대리권이 없음에 따라 복대리행위가 무권대리행위로 된 이상 상대방에 대하여 § 135의 책임을 면할 수는 없다고 본다.[9]

더 나아가 복대리행위에 대하여 본인은 §§ 125 이하의 표현대리 규정에 따라 상대방에 대하여 표현대리책임을 부담한다. § 126의 복대리행위에 대한 적용과 관련하여 대판 75.2.25, 74다1745(정보)에 따르면 "원고가 甲에게 乙이 甲 소유의 임야에 관하여 소외 회사명의로 지상권설정을 하여 준다는 사실을 고하고 甲으로부터 위 지상권설정계약에 관한 대리권을 부여받으면서 그 등기에 필요한 서류를 교부받은 뒤 위 등기서류를 다시 乙에게 교부하면서 소외 회사명의로 지상권설정을 하도록 의뢰하였다면 乙은 적어도 위 지상권설정에 관하여는 甲의 복대리인으로 선임된 것이라 할 것이고 그 뒤 乙이 소외회사와

의한 추인이 상대방 또는 복대리인에게 행해질 수 있다면, 대리인에 의한 추인의 의사는 복대리인에게 표시되어야 할 것이다.

7) 이영준, 666. 이 견해에 따르면 위의 경우 원래의 대리권이 부존재하게 된 부분에 대하여는 원래의 대리인이 § 135에 의하여 책임을 부담한다고 한다.

8) 대판 62.4.12, 4294민상1021(집 10-2민, 87); 대판 14.2.27, 2013다213038(공 14상, 700); 대판 18.6.28, 2018다210775(공 18하, 1465).

9) 동일한 취지로는 구주해(3), 78(손지열).

지상권설정계약을 하지 아니하고 피고와 동 계약을 하였다 하더라도 이는 권한을 넘은 대리행위로서 피고로서는 乙이 지상권설정등기에 필요한 서류를 소지하고 있는 이상 乙이 甲을 대리하여 지상권설정계약을 할 권한이 있는 것이라고 믿을 만한 정당한 이유가 있다"고 판시하였다.[10] 또한 대판 98.3.27, 97다48982(공 98상, 1187)에서도 "대리인이 (…) 임의로 선임한 복대리인을 통하여 권한 외의 법률행위를 한 경우, 상대방이 그 행위자를 대리권을 가진 대리인으로 믿었고 또한 그렇게 믿는 데에 정당한 이유가 있는 때에는, 복대리인 선임권이 없는 대리인에 의하여 선임된 복대리인의 권한도 기본대리권이 될 수 있(고…) 민법 §126를 적용함에 있어서 기본대리권의 흠결 문제는 생기지 않는다"고 하여 그 취지를 이어오고 있다.

한편 대리인이 대리권소멸 후 선임한 복대리인과 상대방 사이의 법률행위에 대해서도 §129의 표현대리가 성립하는지에 대하여 대판 98.5.29, 97다55317(공 98하, 1754)에서는 "표현대리의 법리는 거래의 안전을 위하여 어떠한 외관적 사실을 야기한 데 원인을 준 자는 그 외관적 사실을 믿음에 정당한 사유가 있다고 인정되는 자에 대하여는 책임이 있다는 일반적인 권리외관 이론에 그 기초를 두고 있는 것인 점에 비추어 볼 때, 대리인이 대리권소멸 후 직접 상대방과 사이에 대리행위를 하는 경우는 물론 대리인이 대리권소멸 후 복대리인을 선임하여 복대리인으로 하여금 상대방과 사이에 대리행위를 하도록 한 경우에도, 상대방이 대리권소멸 사실을 알지 못하여 복대리인에게 적법한 대리권이 있는 것으로 믿었고 그와 같이 믿은 데 과실이 없다면 민법 §129에 의한 표현대리가 성립할 수 있다"고 판단하였다.

Ⅳ. 본인과 복대리인의 관계

복대리인은 본인의 대리인이지만 대리인이 자신의 이름으로 선임한 자이기 때문에 본인과 사이에 복대리관계 외에 기초적 내부관계를 갖고 있지는 않다. 그러나 본인은 복대리인의 행위에 따라 대리인이 행위한 경우와 마찬가지로 복대리행위의 법률효과를 귀속받고 있으며, 이에 본인과 복대리인 사이에 복대리행위를 둘러싼 내부적 법률관계가 존재한다고 구성하는 것이 법률관계

10) 이미 대판 67.11.21, 66다2197(집 15-3, 314).

의 처리에서 편의하다고 할 것이다. 바로 본조 제2항은 이런 이유에서 "복대리인은 본인(…)에 대하여 대리인과 동일한 권리의무가 있다"고 규정하고 있다. 따라서 본인과 복대리인 사이에는 본인과 대리인의 경우와 동일한 내부관계가 발생하여, 예를 들어 본인과 대리인이 위임관계에 있는 경우 복대리인 역시 본인에 대하여 선량한 관리자의 주의의무를 부담하고(§ 681), 수령한 금전 등의 인도·이전의무(§ 684) 등을 부담하는 한편, 본인과 대리인 사이에 정해진 보수의 지급을 청구할 수 있고(§ 685) 지출한 비용을 상환받을 권리(§ 688) 등을 갖게 된다. 다시 말해 본조 제2항은 본인과 복대리인 사이에서 이들의 의사합치는 없지만 법률관계의 간편화를 위하여 본인과 대리인의 관계와 동일한 기초적 내부관계를 법률규정에 의하여 창설하고 있다.[11)]

[김 상 중]

11) 일본에서는 위 규정과 관련하여 복대리인이 본인에 대한 관계에서 대리인으로서의 권리·의무를 가짐을 주의적으로 명시하였을 뿐이며 복대리인과 본인 사이에 내부적 법률관계의 창설을 규정한 것은 아니라는 학설이 있다고 한다[日注民(4), 72; 구주해(3), 78(손지열) 재인용]. 대리권이라는 것이 대리할 권한만을 뜻할 뿐이며 대리인의 본인에 대한 권리·의무는 이들의 기초적 법률관계에서 발생한다고 보는 한, "복대리인이 본인에 대한 권리·의무를 가지면서도 내부적 법률관계를 갖지 않는다"는 표현은 이해하기 어렵다. 물론 본인과 복대리인 사이의 내부적 법률관계는 이들의 의사합치에 따라 발생한 것이 아니라 법률관계의 간편화를 위한 법률규정에 의하여 인정되고 있으며, 이는 수임인에 의하여 선임된 복수임인과 본인의 관계(§ 682 Ⅱ)에서도 준용되고 있다.

第124條(自己契約, 雙方代理)

代理人은 本人의 許諾이 없으면 本人을 爲하여 自己와 法律行爲를 하거나 同一한 法律行爲에 關하여 當事者雙方을 代理하지 못한다. 그러나 債務의 履行은 할 수 있다.

차 례

Ⅰ. 본조의 개요

1. 자기계약, 쌍방대리의 의의

대리인은 본조 제1문에 따라 본인을 위하여 원칙적으로 자기와 법률행위를 하거나 동일한 법률행위에 관하여 양 당사자를 대리해서는 안 된다. 전자의 경우가 자기계약, 후자의 경우가 쌍방대리라고 한다. 다시 말해 자기계약이라 함은 대리인이 한편으로는 본인을 대리하고 다른 한편으로 자기 자신의 지위에서 계약 등의 법률행위를 하는 것을 말한다. 그리고 쌍방대리란 대리인이 한편으로는 법률관계의 당사자 일방을 대리하고 다른 한편으로는 상대방을 대리함으로써 혼자서 양 당사자 사이의 법률행위를 하는 경우이다. 보다 자세한 내용은 아래 Ⅱ.1. 참조.

2. 본조의 근거

자기계약, 쌍방대리는 계약의 명의상으로는 2인이 존재하지만 실제로는 1인만이 행위를 한다. 따라서 의사의 형성과 결심이 그 행위자 1인에게서 이루어질 뿐이며 상대방에 대한 의사표시의 발신, 도달, 수령의 여지가 없게 된다. 이와 관련하여 본조가 자기계약, 쌍방대리를 금지하는 취지에 대한 두 개의 시각이 대립하고 있다.

한 입장에 따르면 계약이라고 하는 것은 2인 이상의 자가 그 의사결정에 의하여 하나의 법적 규율을 형성한다는데 그 본질이 있는데, 자기계약·쌍방대리의 경우에는 비록 형식적으로는 계약이라고 말할 수 있더라도 그저 1인에 의하여 법률관계가 형성된다는 점에서 계약이라고 할 수 없다고 한다. 따라서 대리라는 형식을 빌리기는 하지만 1인에 의하여 계약을 성립시키려는 자기계약·쌍방대리는 허용되지 않으며, 여기에 §124 본문의 취지가 있다고 설명한다. 다만 본인이 허락한 경우에는 민법이 사적 자치의 원칙에 따라 자기계약·쌍방대리를 계약과 동일한 것으로 인정하고 있을 뿐이라고 한다.[1)]

이에 반하여 통설의 입장은 자기계약·쌍방대리의 성립가능성 자체를 부정하지 않는다. 이 입장에 따르면 대리관계에서 본인, 대리인, 상대방이라는 3면관계의 요소는 반드시 현실적으로 3인의 인격자를 필요로 한다고 말하기 보다는 법적으로 3 주체가 있어야 한다는 것을 뜻하며, 이는 계약의 경우에서도 마찬가지라고 이해하고 있다. 따라서 자기계약·쌍방대리도 이론적으로는 대리에 의한 계약의 성립이 이루어졌다고 볼 수 있다고 한다. 그러나 만약 이와 같은 계약의 존재만으로 자기계약·쌍방대리가 아무런 제한 없이 인정된다면 대리인이 본인의 의사를 결정하여 그 이해관계에 중대한 영향을 미치게 된다는 기능에 비추어 볼 때에 대리행위에 따라 본인 또는 본인 중 일방(쌍방대리의 경우)의 이익을 침해할 우려가 있다. 이런 이유에서 본조는 자기계약과 쌍방대리를 정책적으로 금지하고 있다고 한다.[2)]

사견에 따르더라도 본조는 자기계약, 쌍방대리의 상황에서 대리인이 자신 또는 (쌍방대리의 경우) 상대방 본인의 이익을 실현하기 위하여 본인의 이익에 반하는 활동을 할 염려가 있는 전형적 이익충돌의 상황에서 대리권을 제한함으로써 본인의 이익을 보호하려는 데 주된 취지가 있다.[3)] 이 같은 취지는 본조가 본인의 승낙이 있는 경우 또는 이미 확정된 법률관계의 결제에 지나지 않아서 이해관계 충돌의 염려가 없는 채무의 이행에서는 자기계약·쌍방대리를 허용하고 있음에서 잘 드러나고 있다. 따라서 통설에 찬동하는 바이다.

---

1) 이영준, 557.

2) 곽윤직·김재형, 347; 송덕수, 313; 구주해(3), 81(손지열); 주석 총칙(3), 80(제4판/문용호).

3) MünchKomm/Schubert(7.Aufl., 2015), §181 Rn.2; Larenz/Wolf, Allgemeiner Teil des Bürgerlichen Rechts, 11.Aufl., §49 Rn.111.

다만 '자기계약·쌍방대리는 불가능하다'는 입장에 따르지 않더라도 자기계약·쌍방대리의 경우에는 보통의 경우와 달리 행위자 1인의 의사결정만으로 계약이 성립한다는 특성에 유의할 필요는 있다. 즉, 자기계약·쌍방대리에 의한 법률행위는 서면과 같은 별도의 요건을 필요로 하지 않는 한 1인의 의사결정만으로 효력을 발생하며, 따라서 이를 외부에서 인식하는 데 어려움이 있을 수 밖에 없다. 따라서 자기계약·쌍방대리가 예외적으로 허용되는 경우에도 대리인에 의하여 자기계약 또는 쌍방대리가 행해지고 있음을 알 수 있어야 한다.[4] 이러한 인식가능성은 객관적 사정에 따라 인정될 수 있는데, 가령 ① 대리인이 계약서를 작성하는 행위, ② 대리인이 자기의 장부에 기재하는 행위, ③ 처분행위의 경우에는 처분의 목적물을 표식해 두거나 여타의 물건과 분리해 두는 행위 등이 이에 해당할 수 있다.[5]

Ⅱ. 자기계약, 쌍방대리의 금지와 허용 사유

1. 원칙적 금지

(1) 자기계약과 쌍방대리의 의미

자기계약·쌍방대리는 원칙적으로 허용되지 않는다. 자기계약은 대리인이 본인의 이름으로 자기 자신과 법률행위를 하는 경우이다. 따라서 법률행위의 양 당사자는 인적 동일성을 가져야 하며, 가령 부(父)로부터 재산처분의 포괄적 대리권을 수여받은 자가 부(父)의 재산을 자기 자신의 채무에 대한 담보로 제공하기 위하여 부(父)를 대리하여 자신의 채권자와 담보계약을 맺는 경우 또는 대리인이 자신이 전 지분을 갖고 있는 회사와 본인을 대리하여 거래를 하는 경우와 같이 경제적으로 동일하지만 인적으로는 그렇지 않은 경우에는 § 124에서 뜻하는 자기계약에 해당하지 않는다. 한편 쌍방대리는 대리인이 법률행위의 양 당사자 모두를 위한 대리인으로 활동하는 경우이다. 이 경우 대리인은 비록 본인 양 측을 위하여 대리행위를 하지만 대리행위를 함에 있어서 양 측의 상충하는 이익을 관철해야 하는 갈등상황에서 빠지게 된다.

자기계약, 쌍방대리는 동일한 법률행위에서 인정되며, 이때 동일한 법률행

4) 이를 이영준, 558은 자기계약·쌍방대리의 형식적 요건이라고 한다.
5) 구주해(3), 81(손지열); MünchKomm/Schubert(7.Aufl., 2015), § 181 Rn.92.

위인지 여부는 본조의 취지에 따라 본인과 대리인 또는 본인 양 측의 이해관계가 충돌하는 의사표시를 요소로 하는 법률행위인가에 따라 판단되어야 할 것이다.[6] 자기계약, 쌍방대리는 계약에서 문제됨이 보통이겠지만, 취소권 행사와 같이 상대방 있는 단독행위에서도 인정된다. 물론 본조의 제목은 자기'계약'이라고 되어 있지만, 상대방 있는 단독행위에서 그 적용을 배제할 이유가 없으며[7] 본조의 본문에서도 "법률행위"라고 표현하고 있을 뿐이다. 판례 역시 단독행위에 대한 본조의 적용을 인정하고 있다.[8] 또한 최고, 기한설정과 같은 준법률행위에서도 본조는 유추적용될 수 있다고 할 것이다. 다만 회사설립과 같이 하나의 방향으로 의사표시가 모여지는 합동행위에 관하여는 그 적용 여부에 대하여 견해가 갈리고 있다.[9]

한편 민사집행법에 의한 경매행위[10]와 소송행위[11]에 대해서도 별도의 규정이 없는 한 본조가 적용된다. 어음·수표행위의 경우에는 지급수단에 불과한 무색적(無色的) 행위로서 본인과 대리인 사이에 이해관계가 충돌할 여지가 없기 때문에 본조가 적용되지 않는다는 견해도 있지만 통설에 의하면 어음·수표에 관한 법률행위에서도 당사자의 이해관계가 충돌할 수 있으므로 본조가 적용될 수 있다고 한다.[12] 판례도 마찬가지의 태도이다.[13]

(2) 자기계약·쌍방대리의 금지기준

자기계약, 쌍방대리는 위 Ⅰ.2.에서 설명하였듯이 그 같은 행위로 인해 본

---

6) 주석 총칙(3), 80(제4판/문용호).
7) 김상용, 548; 김용한, 351; 백태승, 455; 송덕수, 315; 이영준, 560; 구주해(3), 83(손지열).
8) 대판(전) 75.5.13, 72다1183(집 23-2, 1).
9) 부정하는 견해로는 주석 총칙(3), 88(제4판/문용호); 이익충돌의 가능성이 있는 한 긍정한다는 견해로는 구주해(3), 83(손지열).
10) 대결 04.2.13, 2003마44(공 04상, 590: "민법 제124조는 "대리인은 본인의 허락이 없으면 본인을 위하여 자기와 법률행위를 하거나 동일한 법률행위에 관하여 당사자 쌍방을 대리하지 못한다."고 규정하고 있으므로 부동산 입찰절차에서 동일물건에 관하여 이해관계가 다른 2인 이상의 대리인이 된 경우에는 그 대리인이 한 입찰은 무효이다").
11) 대판(전) 75.5.13, 72다1183(집 23-2, 1: 어음의 발행에 관한 집행수락약관부 공정증서 작성행위); 대판 95.7.28, 94다44903(공 95하, 2967).
12) 구주해(3), 85(손지열); 주석 총칙(3), 95(제4판/문용호).
13) 대판 71.2.23, 70다2916(정보: "외국에 체류 중인 아들 甲으로부터 한국 내에 있는 그의 재산관리에 관한 포괄적인 위임을 받은 父가 자신의 제3자에 대한 채무지급을 위하여 자신이 발행하는 어음에 위 甲을 공동발행인으로 기명날인한 경우 甲 명의로서의 위 어음발행행위는 대리인과 본인과의 사이에 있어 이해가 상반되는 것으로서 甲으로부터 그에 대한 특별한 대리권이 수여된 것이 아닌 이상 위 어음 중 甲 부분은 적법한 대리권이 없이 발행된 것으로서 甲에 대하여는 그 효력이 없다").

인의 이익을 해할 우려가 있으므로 본인을 보호할 목적으로 금지하고 있다. 따라서 본인 스스로 승낙하거나 또는 채무의 이행과 같이 본인과 대리인, 본인 양 측의 이해관계가 충돌할 여지가 없는 경우에는 본조는 자기계약, 쌍방대리를 허용하고 있다. 그런데 본조는 이와 같은 본인의 보호라는 취지를 밝히지 않은 채 원칙적 금지의 대상을 자기계약, 쌍방대리라고만 표현하고 있어서 그 허용 여부에 관한 기준이 무엇인지는 학설과 판례에 맡겨져 있다.

이에 관하여 한때 다수의 입장은 자기계약, 쌍방대리의 행위를 통하여 '새로운 이해관계'가 발생하는지에 의해 자기계약·쌍방대리의 금지 여부를 판단한다고 하였다.[14] 그런데 최근의 입장은 '본인을 해(害)할 것'이라는 요소를 추가하여 금지 여부를 판단해야 한다고 한다.[15] 따라서 이 입장에 따르면 가령 대리인이 본인에게 재산을 증여한다는 내용의 법률행위를 자기계약의 형식으로 체결하는 경우에는 종전의 견해와 달리 비록 새로운 이해관계가 형성되더라도 전적으로 본인의 이익을 위한 행위이므로 이를 허용하여야 한다.[16] 후자의 입장이 본조의 규범목적에 부합하는 견해라고 여겨진다. 이때 '본인을 害할 것'이라는 요소는 대리행위가 본인에게 의무 내지 부담을 가져다 주는지 여부를 뜻한다고 하겠는데, § 5 단서에서 표현되어 있는 "권리만을 얻거나 의무만을 면하는 행위"에 대한 판단은 여기에서도 활용될 수 있을 것이라고 본다.[17] 다시 말해 '본인을 害할 것'인지의 판단은 대리행위에 의하여 본인의 재산적 이익을 사실상으로 침해하였음을 말한다고 하기 보다는 거래관념에 비추어 일반적으로 이익충돌의 상황을 야기하는 행위인가에 달려 있다고 할 것이다.[18]

2. 본인의 허락

자기계약, 쌍방대리의 경우에도 본인의 허락이 있는 한 유효한 법률행위가 된다. 사적 자치의 원칙에 비추어 본인이 허락한 자기계약, 쌍방대리를 금지해야 할 이유가 없기 때문이다. 이때 본인의 승낙은 대리행위 이전에 행해질 수 있음은 물론이고, 대리행위가 행해진 이후에도 무권대리의 추인이라는 형식으

14) 곽윤직, 민법총칙(신정판), 1992, 264; 송덕수, 314.

15) 곽윤직·김재형, 348; 구주해(3), 82(손지열); 주석 총칙(3), 91(제4판/문용호).

16) § 921에 관한 대판 81.10.13, 81다649(집 29-3, 138: "법정대리인인 친권자가 부동산을 매수하여 이를 그 자에게 증여하는 행위는 미성년자인 자에게 이익만을 주는 행위이므로 친권자와 자 사이의 이해상반행위에 속하지 아니하고, 또 자기계약이지만 유효하다").

17) MünchKomm/Schubert(7.Aufl., 2015), § 181 Rn.29.

18) 후술하는 아래 Ⅳ.2. 참조.

로 이루어질 수 있다. 또한 본인의 승낙에 대해서는 법률행위에 관한 규정이 적용되어서 가령 본인의 승낙이 사기·강박에 의하거나 사회질서에 반하는 법률행위에 해당하는 경우에는 무효 여부가 다투어질 수 있다. 더 나아가 본인의 승낙은 명시적 방법 이외에 묵시적으로 이루어질 수 있는데, 묵시적 승낙 여부는 거래 관행을 포함한 제반의 사정을 고려하여 판단해야 할 것이다.[19)]

대법원의 판례에 따르면 "사채알선업자가 사채를 얻으려는 사람으로부터 금전차용을 의뢰받을 시 담보물이 확실하기만 하면 담보관계서류를 받아 두고 사채를 놓을 사람이 금전을 대여하겠다고 하면 위 담보물을 잡게 하고 금전대여를 하도록 알선하는데, 사채를 쓰는 사람이건 놓는 사람이건 상대방이 누구인가를 상관하지 않고 사채알선업자만을 믿고 모든 것을 맡기는 경우에 있어서는 사채알선업자는 어느 일방만의 대리인이 아니고, 채권자쪽을 대할 때에는 그 뒤에 있는 채무자측의 대리인 역할을 하게 되는 것이고, 반대로 채무자쪽을 대할 때에는 그 뒤에 있는 채권자측의 대리인으로서 역할을 하게 된다고 볼 것이다"고 판단하여 쌍방대리를 본인 양 측의 승낙에 의하여 인정하고 있다.[20)] 또한 "제소전 화해의 신청인이 피신청인의 소송대리인을 선임한 것이 피신청인의 위임에 의하여 이루어진 것이라면 그것은 유효한 것이고 쌍방대리의 원칙에 따라 무효한 행위였다고 할 수는 없다"고 판단한 바 있다.[21)]

3. 채무의 이행

채무의 이행에 관하여는 본조 단서에 따라 예외적으로 자기계약 또는 쌍방대리가 허용된다. 채무 이행의 경우에는 이미 확정된 법률관계를 결제할 뿐

---

19) 대판 07.5.10, 2005다4284(집 55-1, 171). 이 판결에서는 이사와 회사 사이의 자기거래 제한에 관한 상 § 398의 적용과 관련하여 "회사가 이익상반거래를 묵시적으로 추인하였다고 보기 위해서는 그 거래에 대하여 승인 권한을 갖고 있는 이사회가 그 거래와 관련된 이사의 이해관계 및 그와 관련된 중요한 사실들을 지득한 상태에서 그 거래를 추인할 경우 원래 무효인 거래가 유효로 전환됨으로써 회사에 손해가 발생할 수 있고 그에 대하여 이사들이 연대책임을 부담할 수 있다는 점을 용인하면서까지 추인에 나아갔다고 볼 만한 사유가 인정되어야 한다"고 판시하고 있다.

20) 대판 93.1.15, 92다39365(공 93상, 707). 동일한 취지로는 이미 대판 79.10.30, 79다425; 대판 81.2.24, 80다1756); 대판 81.2.24, 80다1756(공 81상, 13732); 대판 97.3.25, 96다51271(공 97상, 1183); 대판 97.7.8, 97다12273(공 97하, 2457); 대판 97.9.30, 97다23372(공 97하, 3272).

21) 대판 90.12.11, 90다카27853(공 91상, 478). 이미 그 이전에도 대판 69.6.24, 69다571(집 17-2, 24); 대판 79.12.26, 79다1851(공 80상, 12495). 더 나아가 대판 73.10.23, 73다437(집 21-3, 101); 대판 95.7.28, 94다44903(공 95하, 2967).

이며 당사자 사이에 새로운 이해관계를 생기게 하는 것이 아니어서 본인의 이익을 해할 우려가 없기 때문이다. 부동산의 매도인과 매수인이 동일한 법무사로 하여금 소유권이전등기의 신청업무를 위임하는 경우 또는 주식의 명의개서(名義改書)에 관하여 매수인이 매도인의 대리인으로 되는 경우가 해당한다. 또한 대판 00.12.8, 98두5279(공 01상, 298)에 따르면 "해산한 법인이 해산시 잔여재산이 지정한 자에게 귀속한다는 정관 규정에 따라 구체적으로 확정된 잔여재산 이전의무의 이행으로서 잔여재산인 토지를 그 귀속권리자에게 이전하는 것은 채무의 이행에 불과하므로 그 귀속권리자의 대표자를 겸하고 있던 해산한 법인의 대표청산인에 의하여 잔여재산 토지에 관한 소유권이전등기가 그 귀속권리자에게 경료되었다고 하더라도 이는 쌍방대리금지 원칙에 반하지 않는다"고 한다. 더 나아가 본조 단서의 "채무의 이행"은 채무자가 스스로 행하는 경우만이 아니라 제3자의 변제로서 이루어지는 경우도 포함할 수 있다고 이해된다.[22] 그러나 채무의 이행이기는 하지만 본인의 이익을 침해할 여지가 있는 행위, 가령 ① 대물변제와 경개, ② 기한이 도래하지 않거나 다툼이 있는 채무의 이행, ③ 항변권이 붙어 있거나 청구할 수 없는 채무의 이행은 본조 단서에 의하여 자기계약·쌍방대리가 허용되는 경우에는 해당하지 않는다.

Ⅲ. 본조 위반의 효과

본조에 위반하여 행해진 대리인의 자기계약·쌍방대리는 무권대리행위가 된다. 따라서 자기계약의 경우에는 본인의 추인에 의하여, 쌍방대리의 경우에는 본인 양 측의 추인에 의하여 대리행위가 본인에게 효력을 발생한다(§§ 130, 133). 한편 § 134에 의한 철회와 관련하여 무권대리행위의 상대방은 원래 자신이 선의인 한 본인의 추인이 있을 때까지 자신의 의사표시를 철회할 수 있다. 그러나 자기계약의 경우에는 무권대리행위의 상대방은 대리인 자신이 되므로 § 134에 따른 철회권은 선행행위와 모순되기 때문에 인정될 수 없다. 또한 쌍방대리에서는 대리인이 본인 양 측을 모두 대리하기 때문에 상대방 본인이 자신의 의사표시를 철회하고자 하는 경우 법률행위 당시에 상대방 본인을 대리한 대리인이 알고 있었던 사정을 상대방 본인이 알지 못했다고 주장할 수 없

22) 주석 총칙(3), 95(제4판/문용호).

으므로(§116 Ⅱ) 상대방 본인은 자신의 의사표시를 철회할 수 없을 것이다(§134 단서).[23] 이는 §135에 의한 상대방의 본인에 대한 무권대리책임의 적용과 표현대리, 특히 §126의 적용에서도 마찬가지라고 하겠다.[24] 따라서 본조에 위반한 자기계약·쌍방대리의 무권대리행위에 의한 유동적 무효상태는 본인의 추인 여하에 달려있다.

Ⅳ. 본조의 적용범위와 확대적용 여부

1. 본조의 적용범위

본조는 임의대리와 법정대리 양자 모두에 적용된다. 다만 법정대리에서는 본조 외에 본인과 법정대리인의 이익이 상반되는 경우에 대리권을 제한하는 특별규정을 두는 경우가 있다. 예를 들어 친권의 행사와 관련하여 친권자와 자(子) 사이의 이해상반행위 또는 친권에 따르는 여러 명의 자(子) 사이의 이해상반행위가 문제되는 경우 친권자는 이를 대리할 수 없으며 법원에 특별대리인 선임을 청구하여야 한다(§921). 법인의 대표에서 이익상반행위의 금지(§64) 역시 본조에 대한 특별규정이라고 이해된다.

2. 본조의 확대적용 여부

본조는 Ⅰ.2.에서 이미 설명한 바와 같이 본인과 대리인 또는 본인 양 측의 이익충돌이 일반적으로 예상되는 경우에 본인의 보호를 도모한다는 취지에서 규정되었다. 그런데 이 같은 취지는 자기계약·쌍방대리의 금지라는 법문만으로는 충분히 표현되지 않으며, 이에 최근의 유력설은 자기계약·쌍방대리의 금지 여부를 판단하는 기준으로 '새로운 이해관계의 발생' 외에 '본인을 害할 것'이라는 요소를 추가하고 있음도 Ⅲ.1.(2)에서 설명한 바와 같다. 이와 같이 본조가 규범목적의 관철을 위하여 법 문언 자체와 비교해 축소 적용되어야 하는 경우가 있음에 반하여, 자기계약·쌍방대리라고 말할 수는 없지만 전형적으로 보았을 때에 대리행위에 의하여 본인과의 이익충돌 상황이 발생한다는 경우에는 본조를 유추하여 확대적용할 여지도 있다고 할 것이다. 가령 대리인이

23) 주석 총칙(3), 96(제4판/문용호).
24) 구주해(3), 86(손지열).

스스로 복대리인을 선임한 후 자신의 이름으로 본인의 대리인이 된 복대리인과 거래하는 경우에는 대리인이 복대리인을 선임하였다는 점에서 자기계약의 상황과 마찬가지로 본인의 이익을 위태롭게 할 수 있으며, 이에 본조의 유추적용을 인정할 수 있을 것이다.[25]

다만 주의할 바는 § 124에 의한 자기계약·쌍방대리의 금지 여부는 대리행위가 일반적, 전형적으로 보았을 때에 본인의 이익을 침해할 위험이 있는지에 따라 판단되어야 한다는 것이다. 만약 이와 달리 예를 들어 대리인이 본인의 이름으로 제3자에 대하여 대리인 자신을 보증하는 것과 같이 법률행위의 개별 내용에 따라 대리행위가 결과적으로 본인에게 불리하고 대리인에게 이익이 되는지를 판단해야 하는 사실상의 이익충돌이 문제되는 경우에는 거래 안전의 차원에서 본조는 적용되지 않는다.[26] 다만 이 경우에는 대리권 남용으로 다루어 본인의 보호를 모색해 볼 수 있을 뿐이다.

[김 상 중]

---

25) 이영준, 560; 독일의 지배적 입장으로 MünchKomm/Schubert(7.Aufl., 2015), § 181 Rn.43.

26) 이영준, 562; 구주해(3), 486(손지열).

무권대리 전론

차 례

Ⅰ. 무권대리 개관

무권대리라 함은 본인을 대리하여 행위한 자가 대리권을 가지지 않은 경우이다. 대리행위의 본인에 대한 효과귀속은 (현명을 포함한) 대리행위와 대리권의 존재를 필요로 하기 때문에, 무권대리의 행위는 본인에 대하여 효력을 발생하지 않는다. 또한 무권대리인은 본인의 이름으로 행위한 것이기 때문에 대리인에 대해서도 자신이 한 법률행위의 효과가 귀속하지 않게 된다. 그런데 무권대리 행위가 대리인이 법적으로 의욕한 바에 따라 효력을 발생할 수 없는 무효의 법률행위이기는 하지만, 법률행위의 효력발생에 대한 본인의 선택기회를 제공하는 한편 대리제도의 원활한 운용을 위해 상대방을 보호할 수 있도록 무권대리행위에 따른 법률관계를 구성할 필요가 있다. 이에 민법은 § 130 이하에서 대리권 없는 자에 의하여 계약이 체결된 경우에 ① 본인의 무권대리행위에 대한 추인 또는 추인의 거절(§§ 130~133), ② 상대방의 자신의 의사표시에 대한 철회(§ 134), 그리고 ③ 상대방의 무권대리인에 대한 계약이행 또는 손해배상의 청구(§ 135)를 규정해 두고 있으며, 이를 무권대리인에 의한 단독행위의 경우에 준용하고 있다(§ 136). 이 부분은 § 130 이하의 주해 참조.

한편 무권대리행위 중에는 대리권 없는 자가 본인의 일정한 관여에 따라 당해 대리행위에 관하여 마치 대리권을 갖고 있는 것과 같은 외관이 만들어지고 상대방이 이러한 외관을 신뢰하여 비로소 본인의 이름으로 대리행위가 행해진 경우가 있다. 이 경우에는 비록 본인이 대리행위를 한 자에게 실제로는 대리권을 수여하지 않았지만 유권대리의 경우와 마찬가지로 취급하여 본인에 대하여 그 행위의 효과를 귀속시켜야 할 필요가 있다. 왜냐하면 대리권의 존재에 대한 상대방의 신뢰보호와 거래질서의 안전을 도모하는 한편, 본인의 경우에는 대리권 존재의 외관 형성에 관여한 바가 있기 때문에 본인으로 하여금 무권대리행위에 따른 책임을 감수하도록 하는 것이 법질서에 의하여 기대될 수 있기 때문이다. 이 제도가 바로 표현대리(表見代理)인데, 비교법적으로 보면 영미법의 금반언의 법리(agency by estoppel), 독일법의 권리외관이론에 기초하고 있다.[1] 민법은 ① 본인이 실제로는 대리권을 수여하지 않았음에도 제3자에 대하여 타인에게 대리권을 수여한다는 표시를 하였고, 그 타인이 제3자와의 사이에서 대리권의 범위에서 법률행위를 한 경우(대리권수여의 표시에 의한 표현대리. § 125), ② 본인이 대리인에게 일정한 범위의 대리권을 수여하였는데, 대리인이 그 권한의 범위를 넘어서는 법률행위를 한 경우(권한을 넘은 표현대리. § 126), 그리고 ③ 본인이 대리인에게 대리권을 수여한 바가 있었고, 그 대리인이 대리권소멸 후에 법률행위를 한 경우(대리권소멸 후의 표현대리. § 129)의 세 가지 유형의 표현대리를 인정하고 있다. 물론 표현대리는 외관형성에 대한 본인의 귀책성만이 아니라 대리권 존재에 대한 상대방의 신뢰를 보호해야 할 필요가 있는 경우에 인정되기 때문에, 무권대리라는 사정에 대한 상대방의 선의·무과실 내지 대리권이 있다고 믿는데 정당한 이유가 있었어야만 한다.

---

1) 구주해(3), 89, 100(차한성).

Ⅱ. 협의의 무권대리와 표현대리의 관계

1. 문제의 소재

대리행위를 한 자가 대리권을 갖고 있지 않은 경우 위 Ⅰ.에서 설명한 바와 같은 민법은 § 130 이하에서 본인의 추인 등에 관한 규정을 두고 있는 한편, 대리권 존재의 외관에 대한 상대방의 신뢰 보호의 필요에 따라 본인에게 책임을 묻는 규정을 두고 있다. 이에 후자의 표현대리가 무권대리 일반과 어떠한 관계에 있는지에 관하여 논의되고 있다.

이 논의의 출발은 표현대리가 인정되는 경우 대리행위의 효과가 본인에게 발생하기 때문에 표현대리의 본질이 무권대리인지 아니면 유권대리인지 여부라고 하겠다. 표현대리가 유권대리라고 주장하는 견해[2]도 있으나, 아래 Ⅲ.2.에서 보다 자세히 설명하듯이 §§ 125, 126, 129의 문언("대리권없음", "권한외의 법률행위", "대리권의 소멸")만을 보더라도 표현대리는 무권대리라고 파악하지 않을 수 없다(지배적 견해).[3] 그렇다면 표현대리가 무권대리의 일종으로서 § 130 이하에서 정해진 무권대리와 어떠한 관계에 있는지가 문제되는데, 이에 대해서는 두 가지의 개념구성 방법이 대립하고 있다. 다수의 입장은 § 130 이하가 적용되는 무권대리를 협의의 무권대리라고 이해하면서 표현대리와 대치시키고 양 자를 포괄하는 상위개념으로 광의의 무권대리를 관념하는 태도이다.[4] 이에 반하여 소수의 입장은 § 130 이하의 규정을 광의의 무권대리에 대한 일반규정이라고 이해하면서 §§ 125, 126, 129의 표현대리를 무권대리에 대한 특별규정으로 파악하고 있다. 다시 말해 후자의 태도는 다수의 입장이 협의의 무권대리라고 부르는 것을 무권대리 일반 또는 광의의 무권대리라고 하면서 표현대리를 특별한 경우로 취급하고 있다.[5]

양 개념구성은 대리권이 없는 대리행위에서 표현대리의 규정과 § 130 이하의 규정 사이의 적용관계에서 차이를 나타내고 있다. 즉 광의의 무권대리라는 개념 아래에 양자를 대치시키고 있는 다수의 입장은 표현대리가 성립하는 경

2) 이영준, 617. 한편 § 126 및 § 129의 표현대리는 무권대리이지만, § 125의 표현대리는 유권대리라는 견해로는 김대정, 1041.

3) 고상룡, 555; 곽윤직, 신정수정판, 1998, 392; 김상용, 588; 김준호, 335; 백태승, 512; 송덕수, 350; 구주해(3), 95(차한성); 주석 민총(3), 98(제4판/이균용).

4) 곽윤직(주 3), 391; 백태승, 495; 송덕수, 349; 지원림, 301; 구주해(3), 94(차한성).

5) 고상룡, 545; 김대정, 1041; 주석 민총(3), 103(제4판/이균용).

우에는 먼저 표현대리책임을 물어야 하고 그 뒤에 보충적으로 § 130 이하의 협의의 무권대리 규정을 적용할 수 있을 뿐이라고 한다(보충적 책임설). 반면 § 130 이하의 무권대리와 표현대리의 관계를 일반·원칙과 특수의 관계로 파악하는 소수의 입장은 § 130 이하의 일반적·원칙적인 무권대리 규정은 특수한 표현대리에도 적용될 수 있다는 입장이다(효과 선택설). 양 입장에 따라 표현대리에서 적용관계를 달리하는 § 130 이하의 무권대리 규정 가운데 무엇보다 § 135에 따른 상대방의 무권대리인에 대한 계약의 이행 또는 손해배상의 청구가 문제되고 있다. § 130 이하의 본인의 추인은 표현대리가 성립하는 경우와 마찬가지로 본인에의 효과귀속을 내용으로 하며, § 134에 의한 상대방의 철회 역시 상대방이 본인에 대하여 표현대리책임을 묻지 않는 경우와 동일하지는 않지만 비견할 수 있는 상황을 만들기 때문이다.[6] 따라서 표현대리가 성립하는 경우에 §§ 130~134에 따른 본인의 추인(거절), 상대방의 철회가 적용되는지 여부는 실제로 별 의미가 없다. 그렇지만 § 135에 의한 상대방의 무권대리인에 대한 계약이행 또는 손해배상의 청구는 표현대리 규정과의 적용 순서 여하에 따라 실체법적으로 중요한 차이를 가져다 주고 있다. 즉 어떤 입장에 따르는지에 따라 상대방이 본인에 대하여 표현대리를 주장한 후에 비로소 무권대리인에 대한 책임을 물을 수 있을 뿐인지(보충적 책임설) 아니면 표현대리를 주장하지 않고서도 무권대리인에게 계약이행 또는 손해배상을 청구할 수 있는지(효과 선택설) 여부가 달라진다.

2. 학설과 판례의 태도

(1) 보충적 책임설(표현대리 우선설)

보충적 책임설은 현재의 다수설인데, 표현대리가 성립하는 경우에는 표현

6) 물론 표현대리의 경우에 상대방의 철회를 인정하는 것은 대리인에게 대리권이 없다는 사정을 알지 못한 상대방으로 하여금 자신의 의사표시를 철회할 수 있도록 하여 원래 본인과의 사이에 효력이 발생할 것으로 알고 있던 법률행위의 구속력으로부터 적극적으로 벗어날 수 있는 기회를 부여한다는 점에서 단지 본인에게 표현대리 책임을 묻지 않는다는 상황과 반드시 동일하다고는 말할 수 없다. 그렇지만 § 134에 따른 철회권의 표현대리에 대한 적용에서 보충적 책임설, 효과선택설의 학설대립은 실제로 의미가 없다고 여겨진다. 왜냐하면 양 권리를 행사할 수 있는 지위에 있는 상대방이 무권대리행위의 효과발생을 원하지 않는 한, 상대방은 자신의 의사표시를 철회하거나 또는 본인에 대하여 표현대리를 묻지 않음으로써 동일한 결과를 얻을 수 있기 때문이다. 만약 이와 반대로 상대방이 무권대리행위의 효과발생을 원하는 경우에는 상대방은 자신의 의사표시를 철회하지 않고 표현대리만을 주장할 것이기 때문이다.

대리의 규정이 우선하여 적용되어야 하며, 표현대리의 성립이 인정될 경우에는 그것으로 상대방의 신뢰보호는 충분하고 표현대리가 인정되지 않을 때에 비로소 2차적으로 협의의 무권대리 규정이 적용될 수 있다고 한다.[7] 이 입장이 제시하는 근거는 다음과 같다. ① 대리행위의 상대방은 본래 본인에 대하여 대리행위의 효과가 발생하는 것을 의욕하였기 때문에, 표현대리의 책임에 따라 본인이 대리행위의 책임을 지게 되면 그것으로 상대방 보호는 충분하다. ② 유권대리에서도 본인과 상대방 사이에서만 대리행위의 효과가 발생하는데, 무권대리의 일종인 표현대리의 경우 상대방이 본인과 무권대리인 사이에서 선택적으로 법률효과를 주장할 수 있다는 것은 지나치게 상대방을 보호하는 결과가 된다. ③ 변제자력의 측면에서 대체로 대리인보다 본인이 충분한 변제자력을 가지고 있다. ④ § 135에 따른 무권대리인의 책임은 제1항의 "본인의 추인을 얻지 못한 경우"라는 요건에 비추어 보면 대리행위의 효과가 본인에게 귀속되지 않음이 확정된 상태에서 인정되는바, 본인에게 표현대리의 책임이 인정된다면 § 135의 책임이 발생할 수 없게 된다.

(2) 효과선택설

효과선택설은 § 130 이하가 적용되는 협의의 무권대리가 무권대리의 일반적·원칙적 모습이고 표현대리는 이러한 무권대리 중에서 특수한 것이며, 따라서 무권대리에 관한 규정은 표현대리에도 당연히 적용된다는 입장이다. 따라서 대리권 없는 자의 대리행위가 표현대리 규정의 요건을 충족하고 있는 경우 표현대리 규정과 무권대리 규정이 경합적으로 적용되므로, 상대방은 어느 쪽이든 선택하여 행사할 수 있다고 한다. 효과선택설의 주장근거는 다음과 같다. ① 표현대리가 본질상 무권대리라고 전제하는 이상 무권대리의 다른 규정의 적용을 인정하는 것과 마찬가지로 § 135의 적용을 인정하는 것이 타당하다. ② 법문상으로 표현대리의 경우에 § 135의 적용을 배제한다고 되어 있지 않으며, 만약 이와 달리 표현대리가 성립하는 경우 § 135의 적용을 배제한다면 무권대리인이 표현대리의 성립을 주장하면서 면책될 수 있게 되어 부당하다. ③ 표현대리의 경우에 상대방으로 하여금 § 135를 선택하여 주장할 수 있도록 함으로써 상대방을 더욱 보호할 수 있으며, 특히 본인이 무자력이어서 그 책임을 제대로 이행할 수 없는 경우에 효과선택의 구성이 실익이 있다. ④ 표현대리의 증명은 무권대리의 증명과 비교하여 소송 전에 당사자가 대개의 경우 그

7) 곽윤직(주 3), 391; 백태승, 495; 송덕수, 169; 지원림, 301; 구주해(3), 94(차한성).

성공 여부를 예측하기 곤란하며, 특히 본인의 신속한 추인에 의하여 무권대리인의 책임을 물을 수 없게 되는 위험이 있으므로, 상대방으로 하여금 표현대리와 § 135에 의한 무권대리 책임을 선택적으로 주장할 수 있도록 하여 상대방을 보다 두텁게 보호할 필요가 있다.

(3) 판례의 입장

판례는 표현대리가 무권대리의 일종임을 분명히 하고 있다.[8] 그렇지만 표현대리가 성립하는 경우에도 무권대리에 관한 § 135가 적용되는지 여부에 관한 대법원의 판결례는 아직껏 보이지 않는다.

(4) 검 토

표현대리가 인정되는 경우에 무권대리 규정의 적용 여부에 관한 보충적 책임설과 효과선택설 사이의 대립은 궁극적으로 상대방에 대한 관계에서 본인으로 하여금 우선적으로 책임지도록 할 것인지 아니면 상대방이 본인과 무권대리인 중에서 선택하여 책임을 물을 수 있도록 할 것인지에 달려있다. 이에 관한 보충적 책임설의 핵심 논거는 상대방이 대리행위 당시에 본인과의 법률관계 형성을 의도하고 있었던 이상 표현대리에 따라 본인의 책임이 인정되는 것으로 상대방의 보호에 충분하다는 것이다. 상대방의 자기결정에 기초한 법률관계의 구성이라는 점에서 납득할만한 주장이라고 여겨지면서도, 본인과 상대방의 법률관계가 무권대리에 의하여 정상적으로 형성되지 못하였다고 판단된 나머지 상대방의 보호를 모색하려는 국면에서도 대리행위 당시 상대방이 가졌던 자기결정이 그 보호 내용을 마련함에서 유일한 관건이 되어야 하는지는 의문이 들기도 한다. 오히려 보충적 책임설이 주장하는 바와 같이 표현대리의 적용이 문제될 수 있는 경우에 상대방은 우선적으로 본인에 대하여 표현대리 책임을 따지지 않는 한 무권대리인에 대하여 § 135의 책임을 물을 수 없다는 법리구성은 무권대리에 직면한 상대방에게는 지나친 부담으로 될 수 있다.[9] 더욱이 표현대리 규정과 § 135에 따른 무권대리인 책임의 취지와 요건은 동일하지도 않으며, 따라서 상대방이 양 구제수단 가운데 선택할 수 있게 할 경우 무권대리행위로부터 보다 효율적으로 보호될 수 있다.

또한 이런 맥락에서 보충적 책임설이 § 135를 적용함에 있어서 "본인의 추

8) 대판(전) 83.12.13, 83다카1489(집 31-6, 80); 대판 84.7.24, 83다카1819(집 32-3, 171); 대판 90.3.27, 88다카181(공 90상, 948).

9) 주석 민총(3), 103(제4판/이균용).

인을 받지 못한 경우"라고만 정한 법문을 "본인의 표현대리책임이 인정되지 않는 경우"라고 넓게 해석하는 것 역시 상대방의 부담 정도가 양 상황에서 본질적으로 상이하다는 점에서 과도한 확대해석이라고 하지 않을 수 없다. 더욱이 § 135의 적용에서 만약 '본인의 표현대리책임 인정 여부'가 요건의 하나로 인정된다면 무권대리인으로 하여금 표현대리의 성립을 주장·증명하여 자신의 책임을 면할 여지를 허용하지 않을 수 없다고 생각되는데, 이는 상대방의 보호라는 표현대리의 취지에 반하는 결과가 된다. 따라서 일본 최고재판소 판례는 "표현대리의 성립이 인정되어 대리행위의 법률효과가 본인에게 미치는 것이 재판상 확정된 경우에는 무권대리인의 책임을 인정할 여지가 없는 것은 명백하지만, 무권대리인의 책임을 표현대리가 성립하지 않는 경우에 대비한 보충적 책임, 즉 표현대리에 의해서는 보호를 받을 수 없는 상대방을 구제하기 위한 제도라고 해석할 필요는 없고 양자는 상호 독립한 제도라고 해석함이 상당할 것이며, 따라서 무권대리인의 책임요건과 표현대리의 요건이 함께 존재하는 경우에도 표현대리를 주장할 것인가 아닌가는 상대방의 자유라고 해석할 것이기 때문에 상대방은 표현대리의 주장을 하지 않고 바로 무권대리인에 대해 책임을 물을 수 있다"고 판시한 바 있다.[10]

따라서 § 130 이하의 무권대리와 표현대리의 요건이 함께 충족되는 경우에 상대방은 이들 구제수단 중에서 선택하여 주장할 수 있다는 효과선택설의 입장에 찬동하는 바이다. 다만 유의할 바는 이 입장에 따르더라도 상대방은 표현대리에 따른 본인의 책임과 무권대리인의 책임을 선택하여 한쪽으로부터 만족을 받을 수 있을 뿐이지 양자로부터 만족받을 수는 없다. 따라서 위 일본 판결이 밝히고 있듯이 본인과 상대방의 소송에서 표현대리책임을 인정하는 재판이 확정된 경우에는 더 이상 무권대리인의 책임을 인정할 필요가 없기 때문에 본인이 추인한 경우와 마찬가지로 § 135의 요건을 갖추지 못한 것이라고 평가할 수 있다.[11] 한편 무권대리인은 상대방이 § 135에 의한 책임을 묻는 경우 상대방의 보호라는 표현대리의 취지에 비추어 표현대리의 성립을 주장·증명하여 책임을 면할 수는 없다고 할 것이다.

10) 日最判 1987(昭 62).7.7(民集 41-5, 1133).
11) 주석 민총(3), 104(제4판/이균용).

Ⅲ. 표현대리

1. 표현대리 개요

대리권 없는 자의 대리행위는 무권대리로서 본인에 대하여 의욕한 바에 따른 효력을 발생하지 않음이 원칙이다. 그러나 본인의 대리행위에 대한 관여와 상대방의 대리권 존재에 대한 신뢰에 따라 본인이 대리권 없는 자의 대리행위에 대하여 책임을 져야 하는 경우가 있을 수 있다. 이에 민법은 위 Ⅰ.에서 소개한 바와 같이 ① 대리권수여의 표시에 의한 표현대리(§125), ② 권한을 넘은 표현대리(§126), ③ 대리권소멸후의 표현대리(§129)라는 세 가지 유형의 표현대리를 규정하고 있다.

표현대리는 상대방의 보호와 거래안전의 유지를 위한 중요한 기능을 수행하고 있는데, 표현대리에 관하여는 여러 가지가 논의되고 있다. 표현대리의 인정근거와 본질이 무엇인가 하는 이론적 논의와 더불어 거래에서 표현대리의 중요한 기능에 비하여 그 법문이 추상적으로 되어 있음에 따라 표현대리 규정의 구체적 적용내용이 문제되고 있다. 또한 상대방 보호와 거래안전의 유지라는 거래질서의 요청에 따라 표현대리 규정의 확대적용과 각 규정의 중복적용 역시 중요하게 다루어지고 있다.

2. 표현대리의 본질과 근거

(1) 표현대리의 본질: 무권대리 · 유권대리

표현대리의 본질이 무권대리인지 아니면 유권대리인지가 논의되고 있다. 앞서 전제한 바와 같이 표현대리는 지배적 견해에 따르면 무권대리라고 여겨지는데, 이와 달리 유권대리의 일종이라는 견해가 주장되고 있다.[12] 이 입장에 따르면 대리권은 본인과 대리인 사이에 수여되는 것(내부적 수권) 이외에 본인이 제3자에 대하여 행위자에 대한 대리권수여를 표시하여(외부적 수권) 부여될 수도 있다고 한다. 표현대리의 경우가 바로 내부적 수권은 없지만 외부적 수권이 존재하는 경우이며, ① 내부적 수권행위가 없었지만 상대방에 대한 대리권수여의 표시에 의하여 외부적 수권행위가 존재하는 경우(§125), ② 내부적 수권이 소멸하였음에도 외부적 수권이 소멸하지 않은 경우(§129), 그리고 ③ 내부적 수권이

12) 이영준, 569.

일정 범위에 관해서만 존재하는데 외부적 수권이 그 범위를 넘어서 존재하는 경우(§ 126)가 그에 해당한다. 따라서 표현대리는 본인의 이와 같은 외부적 수권에 따른 책임이라고 설명되고 있다.

그러나 지배적 견해는 이러한 유권대리의 입장이 본인의 자기결정을 지나치게 의제한다고 평가하면서 무권대리의 입장을 택하고 있다. 지배적 견해에 찬동하지 않을 수 없는데, ① §§ 125, 126, 129의 법문과 내용에 비추어 보면 표현대리는 해당 행위에 대한 대리권이 없음을 전제로 하고 있으며(§ 125 단서의 경우 "대리권없음", § 126의 경우 "권한외의 법률행위", 그리고 § 129의 경우 "대리권의 소멸"), ② 유권대리설이 외부적 수권이라고 하는 것은 결국 본인이 대리인으로 하는 행위하는 자에게 본인 자신을 위하여 행위해 달라는 권한을 실제로는 수여한 바가 없지만 제3자의 입장에서는 대리권이 있는 것과 같은 외관이 존재하며 그에 대한 책임의 귀속을 위한 구성에 불과하며, ③ 외부적 수권이 내부적 수권과 마찬가지로 본인의 자기결정이라고 한다면 본인에 대한 책임귀속이 상대방의 선의·무과실 또는 정당한 이유와 같은 상대방의 주관적 요건에 따라 판단되어야 하는 이유를 설명하기 어렵다는 점[13]을 그 근거로 제시할 수 있겠다.

판례 역시 표현대리에 관하여 무권대리라는 입장을 취해오고 있다. 즉, "유권대리에 있어서는 본인이 대리인에게 수여한 대리권의 효력에 의하여 위와 같은 법률효과가 발생하는 반면 표현대리에 있어서는 대리권이 없음에도 불구하고 법률이 특히 거래상대방 보호와 거래안전 유지를 위하여 본래 무효인 무권대리행위의 효과를 본인에게 미치게 한 것으로서 표현대리가 성립된다고 하여 무권대리의 성질이 유권대리로 전환되는 것은 아니므로, 양자의 구성요건 해당사실 즉 주요사실은 서로 다르다고 볼 수 밖에 없다. 그러므로 유권대리에 관한 주장 가운데 무권대리에 속하는 표현대리의 주장이 포함되어 있다고 볼 수 없으며, 따로이 표현대리에 관한 주장이 없는 한 법원은 나아가 표현대리의 성립여부를 심리판단할 필요가 없다"고 판시하고 있다.[14]

---

13) 김대정, 1034에 의하면 § 125의 경우에는 §§ 126, 129와 달리 외부적 수권이라는 관념을 인정할 수 있다고 하면서도 그 단서의 법문에서 "대리권없음"이라고 표현하고 있는 점, 상대방의 선의·무과실을 요건으로 한다는 점에서 이를 유권대리라고 설명하기에도 어려움이 있다고 지적하고 있다.

14) 대판(전) 83.12.13, 83다카1489(집 31-6, 80); 대판 84.7.24, 83다카1819(집 32-3, 171); 대판 90.3.27, 88다카181(공 90상, 948).

(2) 표현대리의 인정근거: 외관보호에 따른 상대방 보호와 거래질서의 안전

표현대리가 지배적 견해에 따라 유권대리가 아니라 무권대리라고 이해되는 경우에는 무슨 근거로 무권대리임에도 불구하고 그 행위에 따른 법률효과가 본인에게 발생하는지 문제된다. 비교법적으로 보았을 때에 프랑스에서는 표현대리에 따른 본인의 책임을 불법행위책임으로 설명하고 있다고 한다.[15] 이러한 구성에 따르면 표현대리에 관한 본인의 상대방에 대한 의무위반, 다시 말해 본인이 표현대리의 외관을 방치한 과실을 전제로 할 것인데, 과실상계에 의하여 표현대리의 결과를 본인과 상대방 사이에서 분배할 수 있다는 것은 형평성 있는 바람직한 결과라고 볼 수도 있겠다. 그러나 무엇보다 § 129의 "대항하지 못한다"는 문언은 본인으로 하여금 대리인으로 행위한 자에게 대리권이 없음을 주장하지 못하도록 하여 상대방에 대하여 대리행위에 따른 권리의무를 지도록 한다는 의미로 해석되지 않을 수 없다.

따라서 표현대리를 무권대리라고 여기는 한 국내의 통설은 표현대리의 본질을 상대방의 보호와 거래질서의 안전을 위하여 법률이 정한 외관보호의 책임이라고 설명하고 있다.[16] 즉, 표현대리는 대리권이 없음에도 불구하고 대리권이 존재하는 것과 같은 외관을 형성하는데 관여한 본인으로 하여금 대리권의 외관을 합리적으로 신뢰하게 된 상대방에 대하여 대리행위에 의한 법률효과에 따라 책임지도록 하는 제도라고 하겠다. 따라서 표현대리의 외관책임에서도 무권대리를 둘러싼 본인과 상대방의 대립하는 이익을 비교형량하여 외관형성에 대한 본인의 관여에 따른 책임귀속의 여지, 대리권 존재에 대한 상대방의 합리적 신뢰에 따른 보호필요성을 정당화 요소로서 요구하고 있다. §§ 125, 126, 129에 따르면 ① 본인의 제3자에 대한 대리권의 수여표시, ② 본인의 대리인에 대한 기본대리권의 수여, 그리고 ③ 본인의 대리인에 대한 과거의 대리권수여행위라는 요건이 바로 표현대리에 대한 본인의 귀책성을 표현하고 있다. 또한 상대방의 선의·무과실 또는 정당한 이유의 요건은 본인의 보호를 위하여 상대방의 맹목적 기대에 대한 보호를 배제하면서 합리적 신뢰에 상대방의 보호를 한정하려는 외관책임의 취지를 나타내 주고 있다. 판례 역시 "표현

15) 구주해(3), 92(차한성).

16) 곽윤직(주 3), 392; 김증한·김학동, 436; 구주해(3), 92(차한성); 주석 민총(3), 98(제4판/이균용).

대리에 있어서는 대리권이 없음에도 불구하고 법률이 특히 거래상대방 보호와 거래질서 유지를 위하여 본래 무효인 무권대리행위의 효과를 본인에게 미치게 한 것"이라고 판시하고 있다.[17]

3. 표현대리의 효과

(1) 표현대리 효과 개요

표현대리의 효과에 대하여 §§ 125, 126에서는 "책임이 있다"고 규정하는 반면, § 129에서는 "대항하지 못한다"고 규정하고 있다. 그런데 이들 법문언의 차이에 관계없이 표현대리의 효과는 본인이 상대방에 대하여 대리행위를 한 자에게 대리권이 없음을 주장하지 못하여 마치 대리권이 있었던 경우와 마찬가지로 대리행위에 따른 법률효과를 부담한다는 데에 있다. 다만 표현대리는 대리권의 외관에 대한 상대방의 신뢰보호를 목적으로 하기 때문에, 상대방이 이를 주장하는 경우에 비로소 문제될 뿐이다. 상대방은 본인이 추인을 거절하더라도 본인에 대하여 표현대리책임을 주장할 수 있다. 그렇지만 본인은 표현대리의 요건을 충족하고 있는 경우에도 상대방에 대하여 표현대리가 성립함을 주장할 수는 없다.[18] 한편 상대방은 무권대리행위가 표현대리의 요건을 함께 충족하는 경우 위 Ⅱ.2.에서 소개한 견해의 대립이 있지만 효과선택설에 따르면 본인에 대하여 표현대리책임을 묻지 않고 무권대리인에 대하여 § 135의 무권대리인 책임을 주장할 수 있고, 이 경우 무권대리인은 상대방에 대하여 표현대리의 성립을 주장하여 책임을 면할 수는 없다.

(2) 본인과 상대방의 관계

상대방의 주장에 따라 표현대리가 인정되는 경우 본인과 상대방 사이에서는 원래 무효의 무권대리행위에도 불구하고 대리권이 있었던 경우와 동일한 법률관계가 발생한다. 따라서 본인은 상대방에 대하여 대리행위에 따른 권리와 의무를 갖게 되며, 자신에 대한 효력발생을 피하기 위하여 대리행위를 한 자에게 대리권이 없었음을 주장할 수 없다. 물론 상대방은 본인에 대하여 반드

17) 대판(전) 83.12.13, 83다카1489(집 31-6, 80); 대판 84.7.24, 83다카1819(집 32-3, 171)에서도 "표현대리 제도는 대리권이 있는 것 같은 외관이 생긴데 대해 본인이 민법 제125조, 제126조 및 제129조 소정의 원인을 주고 있는 경우에 그러한 외관을 신뢰한 선의무과실의 제3자를 보호하기 위하여 그 무권대리 행위에 대하여 본인이 책임을 지게 하려는 것"이라고 판시하고 있다.

18) 다만 본인이 무권대리행위의 효과발생을 원하는 경우에는 상대방이 자신의 의사표시를 철회하기 이전에 무권대리행위를 추인함으로써 동일한 결과를 얻을 수 있음은 물론이다.

시 표현대리책임을 주장해야만 하는 것은 아니기 때문에 본인이 추인하기 전이라면 자신의 의사표시를 철회하여 법률행위의 효력발생을 저지할 수도 있다. 이 한도에서 상대방은 표현대리의 효과를 주장할 수 있는 지위와 무권대리의 효과를 주장할 수 있는 지위를 동시에 갖게 된다. 더 나아가 상대방은 아래에서 소개하듯이 표현대리의 주장이나 무권대리행위를 철회하지 않고 무권대리인에 대하여 §135에 따라 계약의 이행 또는 손해배상의 책임을 물을 수 있다(효과 선택설).

(3) 보호되는 제3자의 범위

표현대리에 관한 민법규정상의 제3자의 범위에 대하여는 일반적으로 무권대리행위의 상대방에 한정한다고 해석되고 있다.[19] 표현대리 규정에서 요구하는 상대방의 선의·무과실 또는 정당한 이유 여부는 무권대리인이 대리행위를 한 때의 구체적 사정에 의해서만 판단할 수 있는데, 이 같은 구체적 사정은 법률행위의 당사자 사이에서만 존재하는 것이며, 따라서 민법이 구체적 사정을 고려하여 보호하려고 예정한 것은 대리행위의 직접적 상대방에 한정하고 있다는 것을 그 주된 근거로 하고 있다.[20]

얼핏 생각하면 이러한 한정해석이 타당하다고 여겨지기도 하지만, 표현대리 규정이 대리권 존재의 외관에 대한 신뢰보호와 거래질서 유지를 목적으로 하는 한 그 보호범위를 과연 대리행위의 직접적 상대방에 한정해야 하는지에 대해서는 의문이 제기된다. 물론 표현대리의 인정 여부는 대개의 경우 본인과 상대방 사이에서 다투어질 것이며 또한 상대방이 대리권의 존재에 대하여 정당한 신뢰를 갖고 있는 때에는 상대방과 거래한 자는 상대방의 지위를 원용하면 족할 뿐이다. 그런데 상대방이 대리권 없음을 알고 있거나 과실로 알지 못하여 본인과의 관계에서 표현대리의 법률효과가 인정될 수 없음에도 불구하고 대리행위의 목적물에 관하여 제3자와 거래를 한 경우에 자신의 거래 상대방이 무권대리인과 거래관계를 가졌음을 알 수 없는 제3자가 대리행위의 직접적 상대방이 아니라는 이유만으로 본인과의 관계에서 보호될 수 없다는 것은 잘 이해되지 않는다.[21] 왜냐하면 표현대리의 인정이 궁극적으로는 본인의 외관형성

---

19) 다만 어음행위의 경우에 어음의 제3취득자를 포함하는지가 논의되고 있을 뿐인데, 이에 관하여는 아래 5.(5) 참조.

20) 어음행위의 표현대리에서 제3자의 보호범위를 둘러싼 논의의 소개로는 구주해(3), 115(차한성).

21) 물론 무권대리행위의 상대방과 거래한 제3자가 가령 §249에 따른 동산의 선의취득 요

에 대한 관여와 그 외관에 대한 상대방의 신뢰보호라는 외관법리에서 비롯하고 있는 한, 본인과 (무권대리행위의 상대방과 거래한) 제3자의 관계에서도 외관형성에 따른 본인의 책임을 인정해야 할 필요는 여전하다고 하겠다.

물론 이때 제3자는 무권대리행위와 그에 따른 상대방의 권리외관을 기초로 새로운 이해관계를 맺고 있으며 무권대리행위에 대한 선의·무과실의 요건을 갖추고 있어야 할 것이다. 허위의 권리외관에 따라 직접적으로 이해관계를 맺은 상대방과 다시 이해관계를 맺게 된 '제3자'에 대한 보호는 통정허위표시에 관한 § 108 Ⅱ에서는 학설상 이미 인정되고 있다.[22] 판례[23] 역시 마찬가지이다. 또한 외관법리라고 말할 수는 없지만 양도금지의 특약이 있는 채권을 악의의 양수인으로부터 다시 선의로 양수한 자는 § 449 Ⅱ에 따라 유효하게 채권을 취득할 수 있다.[24] 이 같은 학설과 판례의 상황은 거래질서의 안전을 위하여 내부관계의 무효 항변을 선의의 제3자에 대한 관계에서 주장할 수 없도록 하는 경우에 그 인적 보호범위는 직접적 상대방에 한정하지 않고 그와 거래한 제3자도 포함해야 함을 말해주고 있다고 할 것이다. 그렇다면 표현대리에 따른 본인의 책임과 관련하여서도 상대방이 대리권 없음을 알았거나 부주의로 알지 못하였다고 하더라도 상대방과 거래한 제3자가 이에 관하여 선의·무과실인 경우에는 본인은 제3자에 대한 관계에서 본인과 상대방 사이의 법률관계가 무권대리로서 무효임을 주장할 수 없다고 할 것이다.[25]

건을 갖춘 경우에는 본인과의 관계에서 자신의 소유권 취득을 주장할 수 있을 것이다.

22) 주석 민총(2) 624, 630(최성준); 송덕수, 238; 지원림, 237.

23) 대판 13.2.15, 2012다49292(공 13상, 469: "실제로는 전세권설정계약을 체결하지 아니하였으면서도 임대차계약에 기한 임차보증금반환채권을 담보할 목적 또는 금융기관으로부터 자금을 융통할 목적으로 임차인과 임대인 사이의 합의에 따라 임차인 명의로 전세권설정등기를 경료한 경우에, 위 전세권설정계약이 통정허위표시에 해당하여 무효라 하더라도 위 전세권설정계약에 의하여 형성된 법률관계에 기초하여 새로이 법률상 이해관계를 가지게 된 제3자에 대하여는 그 제3자가 그와 같은 사정을 알고 있었던 경우에만 그 무효를 주장할 수 있다. 그리고 여기에서 선의의 제3자가 보호될 수 있는 법률상 이해관계는 위 전세권설정계약의 당사자를 상대로 하여 직접 법률상 이해관계를 가지는 경우 외에도 그 법률상 이해관계를 바탕으로 하여 다시 위 전세권설정계약에 의하여 형성된 법률관계와 새로이 법률상 이해관계를 가지게 되는 경우도 포함된다").

24) 대판 15.4.9, 2012다118020(공 15상, 675: "민법 제449조 제2항 단서는 채권양도금지 특약으로써 대항할 수 없는 자를 '선의의 제3자'라고만 규정하고 있어 채권자로부터 직접 양수한 자만을 가리키는 것으로 해석할 이유는 없으므로, 악의의 양수인으로부터 다시 선의로 양수한 전득자도 위 조항에서의 선의의 제3자에 해당한다. 또한 선의의 양수인을 보호하고자 하는 위 조항의 입법 취지에 비추어 볼 때, 이러한 선의의 양수인으로부터 다시 채권을 양수한 전득자는 선의·악의를 불문하고 채권을 유효하게 취득한다").

25) 보다 자세한 근거로는 김상중, "대리제도와 제3자의 보호", 비교 27-2, 2020, 26-28.

(4) 표현대리인과 상대방의 관계

표현대리의 인정에 따라 대리행위의 효과가 본인에게 귀속하여 본인이 대리행위에 따른 책임을 지는 한 상대방은 표현대리인에 대하여 동일한 내용의 책임을 물을 수는 없다. 표현대리에 따른 상대방의 보호는 본인이 표현대리에 따른 책임을 지게 됨으로써 충분하기 때문이다. 다만 효과선택설에 의하면[26] 표현대리가 인정되는 경우에도 상대방은 표현대리 요건에 대한 증명의 어려움에 따라 본인에 대하여 표현대리 책임을 묻지 않는 대신에 무권대리인에 대하여 §135의 무권대리인 책임을 예비적·선택적으로 소구할 수 있다고 할 것이다.

한편 어음·수표행위의 표현대리와 관련하여 어음법, 수표법은 무권대리인이 스스로 그 어음·수표에 의한 책임을 부담한다고 규정하고 있다(어음 §8, 수표 §11). 따라서 어음·수표행위의 표현대리가 인정되는 경우 어음·수표의 소지인은 본인에 대한 표현대리의 책임과 무권대리인에 대한 무권대리의 책임을 물을 수 있게 되는데, 상법학계에서는 양 책임을 선택하여 어느 일방에 대하여 책임을 추궁할 수 있다는 입장(택일설)과 본인·무권대리인에 대하여 중첩적으로 책임을 물을 수 있다는 입장(중첩설)이 주장되고 있다. 양 학설 모두 소지인이 이중으로 어음금·수표금을 지급받을 수 없다는 점은 동일하며, 어느 한쪽에 대한 지급의 청구만으로 다른 상대방에 대한 권리가 상실된다고 구성할 수는 없다고 할 것이다.

(5) 본인과 표현대리인의 관계

표현대리의 성립에 따라 본인은 자신이 대리인에게 수권하지 않았음에도 상대방에 대하여 표현대리에 따른 책임을 지게 된다. 이 경우 그로 인하여 손해를 입게 된 본인은 대리권 없이 행위한 대리인에 대하여 채무불이행 또는 불법행위에 따른 손해배상책임을 추급할 수 있음은 물론이다. 또한 표현대리행위에 따라 대리인이 이득한 바가 있을 경우에는 본인은 계약에 기한 반환청구권(가령 §684) 또는 부당이득의 요건을 충족하는 한 부당이득반환청구권을 행사할 수 있다.[27] 한편 표현대리에 따라 본인 역시 상대방에 대하여 권리를 취득할 수 있다. 왜냐하면 표현대리의 인정으로 무권대리행위가 대리권 있는 자의 행

26) 앞의 Ⅱ.2. 참조.

27) 사무관리의 법률관계도 생각해 볼 수 있다는 언급으로는 구주해(3), 91(차한성); 주석 민총(3), 111(제4판/이균용).

위로 취급되어 그 법률행위의 효과가 본인에게 귀속하기 때문이다. 만약 표현대리인이 대리행위에 따라 상대방으로부터 금전 기타의 물건을 취득한 경우 본인은 계약관계에 의하거나 또는 부당이득법에 따라 이를 인도해 줄 것을 청구할 수 있음은 위에서 설명한 바와 같다.

Ⅳ. 표현대리의 적용관계

1. 유권대리와 표현대리

표현대리는 지배적 견해에 따르면 무권대리라고 이해되고 있다. 이와 관련하여 소송에서 당사자가 대리인의 대리권 존재만을 주장하면서 본인에 대한 법률효과의 발생을 다투는 경우에 표현대리에 관한 주장도 포함하는지 문제된다. 이에 대하여 표현대리는 본질적으로 무권대리에 해당하므로 유권대리의 주장에는 표현대리의 주장을 포함한다고 볼 수 없지만 당사자의 유권대리의 주장이 그 내용에 따라서는 그 행위의 효과가 본인에게 귀속되어야 한다는 주장으로 해석될 수 있는 경우에는 표현대리의 주장을 포함한다고 보아야 한다는 주장이 제기된 바 있다.[28] 이에 반하여 유권대리와 표현대리가 서로 법률요건을 달리하며 또한 구소송물이론을 취하고 있는 한 유권대리의 주장이 표현대리의 주장을 포함한다고 볼 수 없다는 견해도 있었다.[29] 민사소송법의 처분권주의와 변론주의원칙에 관련된 문제인 바, 대법원 판례는 한때 대리권주장 속에는 표현대리에 관한 주장도 포함한다고 해석되기도 하였다.[30] 그러나 대판(전) 83.12.13, 83다카1489(집 31-6, 80)에서 종전의 입장을 변경하여 "대리권에 기한 대리의 경우나 표현대리의 경우나 모두 제3자가 행한 대리행위의 효과가 본인에게 귀속된다는 점에서는 차이가 없으나 유권대리에 있어서는 본인이 대리인에게 수여한 대리권의 효력에 의하여 위와 같은 법률효과가 발생하는 반면 표현대리에 있어서는 대리권이 없음에도 불구하고 법률이 특히 거래상대방 보호와 거래안전 유지를 위하여 본래 무효인 무권대리행위의 효과를 본인에게 미치게 한 것으로서 표현대리가 성립된다고 하여 무권대리의 성질이 유권대리

28) 김황식, "유권대리의 주장 가운데 표현대리의 주장이 포함되는지 여부", 민판연 7, 16.
29) 이광신, "표현대리의 실제", 안이준박사화갑기념논문집, 1996, 94.
30) 대판 64.11.30, 64다1082(총 1-2(A), 274-69).

로 전환되는 것은 아니므로, 양자의 구성요건 해당사실 즉 주요사실은 서로 다르다고 볼 수 밖에 없다."고 판시하였다. 이 같은 판례의 법리는 이후에도 유지되고 있으며,[31] 통설 역시 비포함설의 입장에 있다.

2. 표현대리와 사자

본인이 결심한 의사표시를 상대방에게 전달하여 표시행위의 완성을 돕는 자를 사자라고 함은 이미 설명한 바와 같다.[32] 그런데 사자가 본인의 의사를 전달하는 과정에서 그 권한을 넘어서 대리인으로서 행위한 경우에 표현대리, 특히 §126의 표현대리가 인정되는지가 문제될 수 있다. 이에 대하여 사자의 행위에 대하여는 표현대리 규정의 적용을 부정하는 견해가 한때 제기되었다. 표현대리제도는 대리제도를 인정하여 사적 자치를 확장하는 결과에 따라 반사적으로 불이익을 받을 위험에 처한 상대방의 보호를 위하여 본인과 상대방의 대립하는 이해관계를 조절하여야 할 필요가 있는데, 사자의 경우 사적 자치의 확장과 무관한 제도로서 표현대리 규정을 적용할 수 없다는 것을 주된 근거로 하였다.[33] 반면 사자에 대해서도 표현대리 규정이 유추적용되어야 한다는 입장도 제기되었는데, 사자의 경우에도 본인이 대리권 존재의 외관 형성에 관여하고 상대방이 이를 신뢰할 수 있는 경우 상대방 보호라는 표현대리의 취지에 따라 이를 유추적용해야 함을 근거로 제기하였다.[34] 이에 대하여 대법원 판결은 일찍이 "대리인이 아니고 사실행위를 위한 사자라 하더라도 외견상 그에게 어떠한 권한이 있는 것의 표시 내지 행동이 있어 상대방이 그를 믿었고 또 그를 믿음에 있어 정당한 사유가 있다면 표현대리의 법리에 의하여 본인에게 책임이 있다"고 판시하였고,[35] 이후에도 이러한 태도는 유지되고 있다.[36] 학설의 지배적 견해도 상대방 보호와 거래안전의 필요에 따라 사자에 대하여 표현대리의 규정을 유추적용하고 있다.[37]

---

31) 대판 84.7.24, 83다카1819(집 32-3, 171); 대판 90.3.27, 88다카181(공 90상, 948); 대판 18.12.27, 2015다58440(미공개).

32) 전론 Ⅳ.2. 참조.

33) 김용보, "사실행위를 위한 사자와 표현대리", 법조 12-4, 46.

34) 임정평, "민법 제126조의 표현대리에 관한 재검토(상)", 사법 284, 14.

35) 대판 62.2.8, 4294민상192(집 10-1, 87).

36) 대판 67.11.21, 66다2197(집 15-3, 314); 대판 84.10.10, 84다카780(공 84하, 1796); 대판 87.12.8, 85다카2340(공 88상, 254); 대판 98.3.27, 97다48982(공 98상, 1187).

37) 전론 Ⅳ.2. 참조.

3. 표현대리 각 규정의 중복적용

민법은 표현대리에 관하여 §§ 125, 126, 129에서 대리권수여표시의 표현대리, 권한외의 표현대리 그리고 대리권소멸 후의 표현대리의 세 유형을 규정하고 있다. 이와 관련하여 표현대리 각 규정의 중복적용이 인정되는지가 논의되고 있는데, 주로 §§ 125, 126의 중복적용과 §§ 129, 126의 중복적용이 다루어지고 있다. 한편으로는 표현대리라는 제도가 원래 무권대리임에도 불구하고 상대방의 보호와 거래질서 유지를 위하여 본인에게 책임을 예외적으로 귀속시킨다는 점에서 법률이 정한 경우를 넘어서 확대적용하는 것을 부정하는 입장도 생각할 수 있다.[38] 그러나 통설적 입장은 각 규정의 중복적용을 긍정하고 있다.[39] 타당한 견해라고 생각되는데, 표현대리 규정은 §§ 125, 126, 129에서 정한 일정한 경우에 상대방의 보호와 거래질서 유지를 위하여 대리행위의 효과를 인정하고 있다. 그런데 대리권 존재의 외관에 대한 보호의 필요는 반드시 각 규정에서 정해 둔 경우에 한정되지는 않으며 각 규정이 중첩적으로 문제되는 상황에서도 마찬가지라고 하겠다. 따라서 예를 들어 제3자에 대한 대리권수여의 표시에 따라 표현대리인으로 행위한 자가 그 표시된 대리권의 범위를 넘어서 행위한 경우 또는 대리권이 소멸된 자가 원래 가지고 있던 대리권의 범위를 넘어서 행위한 경우에 §§ 125·126의 중복적용, §§ 129·126의 중복적용에 따른 본인의 상대방에 대한 표현대리책임이 인정될 수 있다. 보다 자세한 내용은 §§ 125, 129 주해 참조.

V. 표현대리와 다른 제도의 관계

1. 동산의 선의취득

표현대리와 동산의 선의취득은 권리외관을 신뢰한 자에 대한 보호라는 점에서 공통점을 가지고 있다. 그렇지만 표현대리의 경우에는 대리권 존재의 외관을 보호하고, 선의취득의 경우에는 양도인의 처분권한에 대한 신뢰를 보호한다는 점에서 양 제도는 외관보호의 내용과 요건을 달리하고 있다. 따라서 대

38) 김기선, 318.
39) 고상룡, 584; 곽윤직·김재형, 369; 김대정, 1073; 김용한, 382; 김주수·김상용, 416; 백태승, 517; 송덕수, 361; 이영준, 631; 이은영, 639; 주석 민총(3), 106(제4판/이균용).

리인이 본인 소유가 아닌 동산을 처분하는 경우 양수인이 본인의 소유물이라고 과실없이 믿은 때에는 선의취득이 인정되지만, 처분되는 동산이 본인의 소유이지만 대리인이 무권대리인인 때에는 양수인이 유권대리라고 신뢰하였더라도 선의취득의 보호를 받을 수는 없다.

그렇다면 무권대리인과 거래한 상대방은 어떠한 경우에 선의취득에 의한 보호를 받을 수 있는 것인가? 본인이 진정한 소유자인 경우에는 선의취득 자체는 문제되지 않으며 표현대리의 성립 여부만이 문제될 수 있을 뿐이다. 그런데 본인이 무권리자이고 본인의 이름으로 행위한 자 역시 무권대리인 경우에 양수인인 상대방이 본인의 처분권 및 대리인의 무권한에 대하여 선의, 무과실인 때에 비로소 양 제도가 교착하여 상대방의 신뢰가 중첩적으로 인정·보호될 수 있는지가 문제된다. 이에 대하여 국내의 통설은 양 규정의 중복적용을 긍정하여 표현대리에 의하여 동산의 선의취득에 필요한 양도행위의 요건을 충족할 수 있다는 입장이다.[40)]

2. 채권의 준점유자에 대한 변제

§470에 따르면 채권의 준점유자에 대한 변제는 변제자가 선의이며 과실없는 때에 한하여 변제의 효력이 있다고 규정하고 있다. 그런데 채권자의 대리인이라고 사칭하여 변제자가 선의·무과실로 사칭대리인에게 변제한 경우에 이를 유효하다고 여겨서 변제자를 면책시켜야 하는지가 표현대리와 관련하여 논의되어 왔다. 즉 사칭대리인에 대한 변제자의 변제행위에 대하여 표현대리가 적용되는지 아니면 채권의 준점유자 변제에 관한 규정이 적용되는지 하는 문제이다. 이를 채권의 준점유자에 대한 변제의 적용요건 차원에서 표현한다면 §470는 변제수령자가 채권자라고 사칭한 경우에만 적용되는지 아니면 채권자의 대리인이라고 사칭하여 변제를 수령한 경우도 포함하는지 문제라고 할 수 있다.

이에 대하여 일본에서는 표현대리의 적용을 긍정하는 견해도 주장된다고 하나,[41)] 국내의 통설은 §470의 적용을 긍정하고 있다.[42)] 통설에 따르면 §470가 채권의 준점유자에 대한 선의의 변제자를 보호하는 것은 채권의 준점유

40) 구주해(3), 109(차한성); 주석 민총(3), 112(제4판/이균용).
41) 구주해(3), 110(차한성).
42) 곽윤직(주 3), 468; 구주해(3), 110(차한성); 주석 민총(3), 112(제4판/이균용).

(§210 참조) 그 자체를 문제 삼는 게 아니라 표현수령자에 대한 선의의 변제자를 보호하려는데 그 취지가 있으며, 따라서 채권자의 대리인으로 사칭하여 채권을 행사한 자에 대한 변제행위에도 적용되어야 한다는 입장이다. 판례 역시 "민법 §470에 정하여진 채권의 준점유자라 함은, 변제자의 입장에서 볼 때 일반의 거래관념상 채권을 행사할 정당한 권한을 가진 것으로 믿을 만한 외관을 가지는 사람을 말하므로 준점유자가 스스로 채권자라고 하여 채권을 행사하는 경우뿐만 아니라 채권자의 대리인이라고 하면서 채권을 행사하는 때에도 채권의 준점유자에 해당한다"고 판시한 바 있다.[43]

3. 사용자책임

(1) 문제의 상황

피용자가 사용자의 대리인으로서 상대방과 거래행위를 하였으나 사용자를 대리할 권한이 없었던 경우 피용자의 권한을 신뢰한 상대방의 보호가 문제되는데, 이 경우 본인에 의한 표현대리책임 외에 피용자의 거래적 불법행위에 대한 사용자책임(§756)의 적용도 문제된다. 물론 표현대리에 따른 본인의 책임은 법률행위의 영역이고, 사용자책임은 불법행위책임의 영역이다. 또한 각 책임의 적용요건과 내용이 서로 달라서, 가령 본인과 대리인이 피용관계가 아니라 독립사업자의 관계에 있다면 표현대리의 규정은 적용될 수 있으나 사용자책임은 문제되지 않는다(§757 참조). 또한 상대방이 피용자의 대리권 존재에 대하여 선의이나 과실이 있는 경우에는 상대방은 표현대리책임에 의한 보호를 받을 수는 없지만 사용자책임을 물을 수 있다. 과실상계의 적용에서도 양 제도는 서로 달라서, 표현대리책임의 경우 사용자책임과 달리 본래적 이행책임이 문제되기 때문에 과실상계의 적용이 없다. 이런 배경에서 사용자책임은 표현대리책임과 비교하여 상대방의 보호에서 완화된 책임이라고 말해지고 있다.

(2) 학설과 판례

대리인의 거래적 불법행위에서 표현대리 외에 사용자책임의 적용요건을 갖추고 있는 경우에 사용자책임의 적용 여부와 관련하여 거래영역의 문제로서 표현대리의 적용이 문제될 뿐이며 사용자책임은 적용해서는 안 된다는 견해도 소개되고 있다.[44] 그러나 청구권경합의 입장 및 이에 따른 피해자인 상대방의

43) 대판 04.4.23, 2004다5389(공 04상, 870).
44) 이러한 일본 견해의 소개로는 구주해(3), 112(차한성).

선택에 따른 권리행사의 기회 보장이라는 취지에서 이러한 견해에는 찬동하기 어렵다.

이에 통설의 입장은 표현대리 외에 사용자책임의 적용을 긍정하고 있다. 다만 일부의 전통적 견해는 대리인에 의한 거래적 불법행위에 대해서는 먼저 표현대리에 따른 상대방의 보호를 실현하도록 하되, 그것이 불가능한 경우에 약한 구제인 사용자의 불법행위책임을 인정한다는 법리 구성을 주장하여 왔다.[45] 그러나 권리자의 권리행사 여부와 선택의 자유에 비추어 볼 때에 이 같은 단계적 법리구성 역시 납득하기는 어렵고, 피해자인 상대방의 선택에 따라 본인에 대하여 표현대리책임을 물을 수도 있고 사용자책임을 추궁할 수도 있다고 하여야 할 것이다. 판례 역시 이러한 입장에 서서 기본대리권이 있는 경우에 당사자의 주장에 따라 표현대리를 인정하기도 하고 불법행위책임을 적용하기도 하고 있다.[46]

4. 어음·수표행위와 표현대리

(1) 어음·수표행위에 대한 표현대리 적용 일반

어음·수표행위에 대해서도 민법의 표현대리 규정이 적용되는가? 어음·수표행위의 서면성·문언성의 특질에 따라 그 형식 내지 외관이 법률행위 일반의 경우와 비교해 보다 존중되어 거래질서의 안전을 유지해야 할 필요가 더욱 높다는 점에서 어음·수표행위의 경우 민법상의 표현대리에 관한 규정은 당연히 적용된다고 할 것이다.[47] 판례에서도 "다른 사람이 권한없이 직접 본인 명의로 기명날인을 하여 어음행위를 한 경우에도 제3자가 그 타인에게 그와 같은 어음행위를 할 수 있는 권한이 있는 것이라고 믿을 만한 사유가 있고 본인에게 책임을 질 만한 사유가 있는 경우에는 거래안전을 위하여 표현대리에 있어서와 같이 본인에게 책임이 있다고 해석하여야 할 것이다"고 이미 오래전부터 판시하였으며,[48] 이러한 태도는 여전히 견지되고 있다.[49]

45) 김용한, 387; 김주수, 민법총칙, 제5판, 2002, 405; 김현태, 376.

46) 대개의 경우 표현대리책임을 주위적 청구로, 사용자책임을 예비적 청구로 주장하고 있다. 대판 90.1.23, 88다카3250(집 38-2, 26).

47) 구주해(3), 113(차한성); 주석 민총(3), 115(제4판/이균용).

48) 대판 69.9.30, 69다964(집 17-3, 141).

49) 대판 91.6.11, 91다3994(집 39-3, 36); 대판 00.3.23, 99다50385(공 00상, 1019).

(2) 제3취득자의 포함 여부에 대한 학설과 판례

민법의 표현대리 규정에서 정한 "제3자"의 범위에 대하여 대체로 무권대리행위의 상대방으로 한정하여 해석해 오고 있다. 이와 관련하여 사견으로는 다른 외관법리의 경우와 "제3자"의 인적 보호범위를 달리한다는 점에서 의문을 제기하였는데,[50] 이러한 논의는 어음·수표행위의 표현대리에서 어음·수표의 제3취득자를 포함해야 하는지와 관련하여 활발하게 이루어지고 있다.

먼저, 학계에서는 어음·수표행위의 직접 상대방에 대해서만 표현대리 규정이 적용된다는 일본의 일부 학설이 소개되고 있다. 이 입장에 의하면 ① 민법상 표현대리 규정에서 요구하는 "정당한 이유"는 무권대리인이 대리행위를 할 때에 구체적 사정에 의해서만 판단되어야 할 성질의 것이며, 그러한 구체적 사정은 당사자 사이에서만 존재할 수 있고, 따라서 민법이 표현대리를 통하여 보호하고자 예정하는 것은 대리행위의 직접 상대방에 한정되며, 이는 어음행위에서도 마찬가지라는 점, ② 어음법상 어음의 위조, 무권대리 등 어음채무의 성립 여부의 문제는 물적 항변으로서 어음의 제3취득자와의 관계에서도 어음채무의 성립을 부정하는 것이 원칙임에 비추어 볼 때 제3취득자에 대해서도 표현대리의 성립을 인정하는 것은 제3취득자를 과도하게 보호하는 것이 되어서 부당하다는 점, 그리고 ③ 표현대리가 직접 상대방과의 사이에 성립하지 않지만 제3취득자와의 사이에서 인정되는 경우 직접 상대방이 취득하지 못한 권리를 제3자가 원시취득하는 것이 되어서 부당하는 점을 그 근거로 제시하고 있다.[51] 그러나 상법학계의 통설은 "제3자"의 범위를 확대하여 대리행위의 직접 상대방에 한정하지 않고 제3취득자를 포함하고 있다.[52] 어음·수표라는 것이 전전유통을 전제로 발행되는 것이므로 본인에게 귀책사유가 인정되는 한 모든 취득자에 대한 관계에서도 그렇게 평가되어야 하며 이로써 어음·수표의 유통과 거래질서의 안전을 도모할 수 있음을 주된 근거로 하고 있다.

한편 판례는 "어음행위의 위조에 관하여도 민법상의 표현대리에 관한 규정이 적용 또는 유추적용되고, 다만 이 때 그 규정의 적용을 주장할 수 있는 자는 어음행위의 직접 상대방에 한한다고 할 것이며, 약속어음의 배서행위의 직접 상대방은 당해 배서의 피배서인만을 가리키고 그 피배서인으로부터 다시

50) 무권대리 전론 Ⅲ.2.(2).
51) 이러한 견해의 소개로는 구주해(3), 115(차한성) 참조.
52) 상법학설의 소개로는 정찬형, 상법강의(하), 2020, 101.

어음을 취득한 자는 위 배서행위의 직접 상대방이 아니라 제3취득자에 해당하며, 어음의 제3취득자는 어음행위의 직접 상대방에게 표현대리가 인정되는 경우에 이를 원용하여 피위조자에 대하여 자신의 어음상의 권리를 행사할 수가 있을 뿐이다"고 판시하여[53)]제한설의 입장을 취하고 있다. 그러나 이러한 법리가 어음·수표의 유통증권성에 따른 어음소지인의 보호라는 목적에 부합하는 지는 의문이지 않을 수 없다. 또한 만약 이와 같은 법리가 표현대리 규정의 제3자를 대리행위의 직접 상대방에 한정한다는 지배적 해석 태도에서 비롯하고 있다면, 그러한 전제적 견해 자체에 찬동할 수 없음은 이미 서술한 바와 같다. 제3취득자의 보호가 직접 상대방의 표현대리 주장의 원용, 어음위조자의 사용자에 대한 §756의 사용자책임에 의하여 언제나 도모될 수는 없다는 점에서 제한설에 입각한 판례의 태도가 시정되기를 기대한다.

[김 상 중]

53) 대판 99.12.24, 99다13201(공 00상, 294); 대판 02.12.10, 2001다58443(공 03상, 331); 이미 대판 86.9.9, 84다카2310(집 34-3, 1); 대판 91.6.11, 91다3994(집 39-3, 36); 대판 94.5.27, 93다21521(공 94하, 1814); 대판 99.1.29, 98다27470(공 99상, 366); 대판 99.5.27, 93다21521(공 94하, 1814).

第125條(代理權授與의 表示에 依한 表見代理)

第三者에 對하여 他人에게 代理權을 授與함을 表示한 者는 그 代理權의 範圍 內에서 行한 그 他人과 그 第三者間의 法律行爲에 對하여 責任이 있다. 그러나 第三者가 代理權없음을 알았거나 알 수 있었을 때에는 그러하지 아니하다.

차 례

Ⅰ. 본조의 개요

대리권수여 표시에 의한 표현대리에 관한 §125는 내부관계에서는 대리권이 수여되지 않았음에도 본인이 제3자에 대하여 대리권을 수여하였음을 표시하고 그 표시를 받은 제3자가 대리행위를 하는 자의 대리권을 신뢰하여 제3자와 대리인 사이에서 법률행위가 있었을 경우에 그 효과를 본인에게 발생시키는 규정이다. 본인이 실제로는 대리권을 수여하지 않았음에도 대리권수여의 외관을 형성한 것에 따른 본인에의 책임귀속으로 이해되고 있다. 본조의 대리권수여 표시에 의한 표현대리는 §126의 권한을 넘은 표현대리, §129의 대리권소멸 후의 표현대리와 함께 상대방 보호와 거래질서의 안전을 위한 표현대리제도를 이루고 있다. 본조의 표현대리가 유권대리라는 주장도 있지만 지배적 견해에 따르면 무권대리에 속한다는 것은 이미 설명한 바와 같다.[1)]

Ⅱ. 적용요건

1. 서 론

본조는 ① 본인이 제3자에 대하여 어떤 자에게 대리권을 수여한다는 취지를 표시하였을 것, ② 대리인이라고 표시된 자가 표시된 대리권의 범위 내에서 대리행위를 하였을 것, 그리고 ③ 상대방이 대리권 없음에 대하여 선의이고 과실이 없었을 것을 적용요건으로 하고 있다. 아래에서 각 요건을 나누어 해설하도록 한다.

2. 대리권수여의 표시

(1) 대리권수여 표시 일반

본인이 제3자에 대하여 어떤 자에게 대리권을 수여하였다는 뜻을 표시하여야 한다. 이러한 대리권수여의 표시는 본인의 대리인에 대한 대리권수여행위 그 자체는 아니고 제3자에 대하여 어떤 자에게 대리권을 수여하였다는 사실을 알리는 행위, 즉 관념의 통지에 해당한다고 본다.[2)] 대리권수여의 표시는 본인이 대리행위를 한 자에 대하여 대리권을 수여한 바가 없음에도 불구하고 제3자에 대하여 수권이 있었다는 사실을 알리는 경우 외에 본인과 대리행위를 한 자 사이에 수권행위가 이루어졌으나 그것이 무효이거나 취소되는 경우도 포함한다는 견해가 최근에 제시되고 있다.[3)] 대리권의 수여행위가 있었으나 표시된 바에 따라 효력을 발생하지 못하고 이로 인하여 본인에 의한 대리권수여의 표시라는 외관 및 그에 따른 보호해야 할 제3자의 신뢰가 인정되는 한, 위 견해에 찬동하는 바이다.[4)]

1) 무권대리 전론 Ⅲ.2.

2) 국내의 지배적 견해. 표현대리를 유권대리라고 파악하는 입장에 따르면 위와 같은 행위는 외부적 수권행위에 해당한다고 한다. 이에 관하여는 전론 Ⅲ.2.(2)㈏ 참조. 대리권수여 표시를 위와 같이 준법률행위로 이해하더라도 법리적으로는 행위능력의 제한 또는 착오에 의한 취소를 인정할 수도 있을 것이다.

3) 주석 민총(3), 120(제4판/이균용).

4) 구주해(3), 125(차한성) 역시 이러한 취지에서 "수권의 표시가 타인의 기망에 의하여 이

(2) 대리권수여 표시의 방법과 그 해석

대리권수여의 표시는 수권행위의 경우와 마찬가지로 원칙적으로 그 방식에 별다른 제한이 없다. 따라서 대리권수여의 표시는 서면으로 하든 구두로 하든 상관없으며, 특정인을 상대로 하든 신문광고나 백지위임장과 같은 방법에 의하여 불특정인을 상대로 이루어져도 무방하다. 또한 본인이 대리행위를 할 자를 통하여 제3자에 대하여 대리권수여의 사실을 표시할 수도 있다. 예를 들어 본인이 수임자란을 비워둔 백지위임장을 작성하여 이를 소지하게 된 자가 본인을 위하여 대리행위를 하거나 보증인이 주채무자에게 보증계약에 관한 의사결정의 권한을 일임하면서 보증에 필요한 서류를 건네어 채권자에게 제시하도록 하는 경우가 해당한다. 즉, 수권의 통지는 그 방식에서 아무런 제한이 없다. 또한 대리권의 수여표시라는 것이 반드시 대리인 내지 대리권이라는 표현을 명시적으로 사용한 경우에 한정되지 않음은 물론이다. 따라서 대리권이 있음을 추단케 할 수 있는 일정한 직함, 명칭, 상호 등의 사용을 승낙하거나 묵인하는 경우도 대리권수여의 표시로서 충분하다고 말할 수 있다.[5] 다시 말해 본조에 의한 대리권수여의 표시는 본인과 대리행위를 한 자 사이의 기본적 법률관계의 성질이나 그 효력의 유무와는 관계없이 어떤 자가 본인을 대리하여 제3자와 법률행위를 함에 있어서 본인이 그 자에게 대리권을 수여하였다는 표시를 제3자에게 한 경우에 성립하게 된다.[6] 이때 본인이 작성한 계약서 등과 같은 서류를 교부하는 방법으로 본조의 대리권수여 표시 여부가 있었는지 여부가 문제될 때에는 대리행위를 한 자가 소지하고 있는 서류 자체만이 아니라 그 서류가 작성되어 교부된 경위나 형태 및 대리행위라고 주장하는 행위의 종류와 성질 등 제반의 사정을 고려하여 판단하지 않을 수 없다.[7] 따라서 예를

뤄진 경우에도" 본조의 적용을 긍정하고 있다. 수권행위의 무효·취소에 따른 대리권소멸의 경우 §129의 적용에 관하여는 §129 주해 참조.

5) 대판 98.6.12, 97다53762(공 98하, 1875: "호텔 등의 시설이용 우대회원 모집계약을 체결하면서 자신의 판매점, 총대리점 또는 연락사무소 등의 명칭을 사용하여 회원모집 안내를 하거나 입회계약을 체결하는 것을 승낙 또는 묵인하였다면 민법 제125조의 표현대리가 성립할 여지가 있다").

6) 대판 07.8.23, 2007다23425(집 55-2, 1456).

7) 대판 01.8.21, 2001다31264(공 01하, 2051). 이와 관련하여 구주해(3), 130(차한성); 주석 민총(3), 123(제4판/이균용)에 따르면 대리권수여 표시 여부는 "자칭대리인이 제출한 서류 외에도 그 서류가 본인으로부터 자칭대리인에게 교부된 경위나 형태, 자칭대리인이 한 행위의 종류와 성질, 상대방의 과실과 본인의 귀책사유 등을 종합적으로 고려하여" 판단해야 한다고 서술하고 있다. 대판 01.2.9, 99다48801(공 01상, 603. "금융기관의 직원이 고객관리차원에서 장기간 동안 고객의 예금을 파출수납의 방법으로 입금 및 인출하

들어 부동산등기부상의 명의인인 매도인이 인감증명서 등 소유권이전등기에 필요한 제반의 서류를 위임장과 함께 교부하는 경우에는 대리권수여의 표시가 이루어졌다고 볼 수 있다.[8] 그렇지만 인감증명서만의 교부는 일반적으로 어떤 대리권을 수여하기 위한 행위라고 볼 수 없다고 한다.[9]

한편 본인이 백지위임장을 작성, 교부하여 이를 제시하면서 대리행위가 행해진 경우 § 125의 표현대리 적용 여부가 문헌에서 논의되고 있다. 일단 본인이 백지위임장을 작성하여 교부할 때에 본인이 가진 수권의사가 중요하기 때문에, 본인이 사항란의 백지위임장을 교부하면서 이를 교부받은 자로 하여금 수임사무의 내용을 포괄적으로 결정할 수 있도록 하려고 했거나 수임자란의 백지위임장을 교부하면서 직접 교부받은 자 이외에 이를 다시 전달받은 자(이하 전득자)에 의한 공란의 보충을 예정하였던 경우에는 본인의 이 같은 의사에 따라 통상의 대리가 성립한다고 볼 수 있다.[10] 그러나 이와 달리 공란이 수권 당시의 본인의 의사와 달리 보충되는 경우에는 표현대리의 적용을 긍정하지 않을 수 없다고 판단된다. 즉 본인이 수임자란을 비워둔 백지위임장을 교부하였는데 이를 직접 교부받은 자가 본인의 의사에 반하여 다른 사람에게 전달하여 전득자로 하여금 본인을 대리하는 법률행위를 가능하게 한 경우 § 125의 대리권수여 표시에 의한 표현대리가 성립할 수 있다. 물론 사항란의 백지위임장을 교부받은 자가 본인의 지시에 반하여 공란을 보충하는 경우에는 본조가 아니라 § 126의 권한을 넘은 표현대리가 문제될 것이다.[11]

(3) 대리권수여 표시의 철회

본조의 대리권수여 표시에 따른 표현대리는 수권표시된 바에 따른 대리행

여 오던 중 고객으로부터 예금인출 요구를 받지 않았음에도 불구하고 인출을 요구받아 파출업무를 수행하는 것처럼 가장하여 금융기관의 영업부 직원에게 구두로 출금을 요구하여 돈을 받은 후 고객 몰래 인장을 찍어 둔 인출청구서에 고객의 서명을 위조하여 위 영업부 직원에게 교부하는 방법으로 여러 차례에 걸쳐 금원을 인출한 경우, 파출수납의 방법에 의한 예금 입·출금은 금융기관 직원 자신의 직무를 수행하는 것에 불과하고, 고객이 직원에게 예금 입·출금과 관련한 대리권을 수여하였다거나 그 수여의 의사를 표시한 것으로 볼 수는 없다").

8) 가령 대판 59.7.2, 4291민상329(요집 민 Ⅰ-1, 183); 대판 66.1.25, 65다2210(요집 민 Ⅰ-1, 183)

9) 대판 78.10.10, 78다75(집 26-3, 104). 왜냐하면 인감증명서는 인장사용에 부수해서 그 확인방법으로 사용되며 인장사용과 분리해서 그것만으로는 어떤 증명방법으로 사용되는 것이 아니기 때문이라고 한다.

10) 이영준, 623.

11) 구주해(3), 128(차한성); 주석 민총(3), 122(이균용).

위가 행해지기 이전에 본인이 대리권수여의 표시를 철회함으로써 그 책임 발생을 저지할 수 있다. 철회의 효력 발생을 위해서는 대리권수여의 표시를 수령한 상대방에 대하여 철회의 사실을 알려야만 한다. 따라서 대리권수여 표시가 특정인에 대하여 이루어진 경우에는 특정인에게 철회의 통지가 있어야 하고, 광고에 의하여 불특정인을 상대로 한 대리권수여의 표시가 있었던 경우에는 동일한 광고나 이에 준하는 방법으로 철회의 통지가 이루어져만 한다(§ 679 Ⅱ, Ⅲ 참조). 또한 대리권수여 표시가 위임장의 교부에 의하여 이루어진 경우에는 대리행위의 상대방이 될 자에 대하여 철회의 표시를 하거나 위임장을 회수, 파기하여야 할 것이다. 만약 본인이 이를 게을리 하여 위임장 기타의 대리권수여 증서를 교부한 후에 대리권수여의 표시를 철회하였음에도 이들 서류를 회수하지 못하여 수권표시의 외관을 방치하고 이로써 철회사실을 과실없이 알지 못한 제3자가 대리인으로 행위하는 자와 법률관계를 맺는 경우에 본인은 제3자에 대하여 § 125에 따른 표현대리책임을 부담하여야 할 것이다.

3. 표시된 대리권 범위 내의 행위

본조에 따른 본인의 표현대리책임이 인정되기 위하여는 대리권수여 표시에 따라 본인을 위하여 행위하는 자가 수권표시에서 나타나는 대리권의 범위 내에서 행위를 하였어야 한다. 대리권수여 표시에 따른 대리권의 범위 내에 해당하는지 여부는 대리권수여 표시의 수령자인 상대방의 합리적 시각에 따라 해석되어야 하므로 본인의 주관적 의도가 아니라 표시된 바의 객관적 의미에 따라 판단되어야 할 것이다. 이와 같이 표시된 대리권 범위를 넘어서는 대리행위에 대하여는 §§ 125, 126의 중복적용이 문제로 된다.

4. 제3자(상대방)의 선의 · 무과실

(1) 선의, 무과실의 의미와 구체적 사례

본조의 단서는 제3자가 대리인으로 행위하는 자에게 대리권이 없음을 알았거나 알 수 있었을 때에는 본인의 표현대리책임이 인정되지 않는다고 규정하고 있다.[12] 대리권수여 표시에 따른 표현대리의 성립을 위한 상대방의 선

12) 위의 단서규정은 구민법에서는 없었던 내용을 현행민법에서 월권대리, 대리권소멸후의 표현대리 규정과의 균형을 위하여 당시의 통설에서 요구하던 바를 성문화 한 것이라고 한다. 이 같은 입법과정에 관하여는 명순구, 실록 대한민국 민법 1, 2008, 354.

의·무과실이라는 요건은 외관보호의 법리가 본인의 외관형성에 대한 관여(본인의 귀책성) 외에 외관에 대한 상대방의 합리적 신뢰(상대방의 보호필요성)를 필요로 한다는 점에서 비롯하고 있다. 이때 선의라 함은 본인이 대리인으로 행위하는 자에게 대리권이 없음을 알지 못하여 대리권이 있다고 오인한 상태를 뜻한다. 그리고 무과실이란 대리권이 없음을 알지 못하는 데에 과실이 없다는 것, 다시 말해 제3자가 객관적으로 요구되는 주의를 하였음에도 대리권이 없음을 알지 못하는 것을 말한다. 상대방의 과실 여부는 무권대리행위 당시의 제반 사정을 고려하여 판단하여야 할 것인데, 대리권수여 표시에 의한 외관의 강도와 상관관계를 가지고 있다고 할 것이다. 즉, 대리권수여 표시에 의한 대리권 존재의 외관이 강하면 강할수록 이를 신뢰하는 상대방의 입장에서는 대리권의 존부를 확인·조사해야 할 주의의 정도가 낮아질 수밖에 없는 반면, 본인에 의한 대리권 수여의 사실을 의심케 할 객관적 사정이 존재하는 경우에는 상대방의 입장에서는 대리권의 존재를 만연히 신뢰해서는 안 되고 대리권의 존재를 주의 깊게 확인·조사해야만 할 것이다.

대법원 판결례에 따르면 "정당한 권원에 의하여 작성된 매도증서, 위임장, 인감증명서 등 등기신청에 필요한 모든 서류를 구비하여 소지하고 있다면 특별한 사유가 없는 한 대리권이 있다고 믿을만한 정당한 사유가 있다"고 판단하는 반면,[13] "저당권설정 당시 대리인이 본인의 인감증명서와 인감도장만을 소지하였을 뿐 대리인으로서는 의당 제시될 것이 통상적으로 기대되는 본인 명의의 등기권리증을 소지하지 않았고 또 상대방은 본인이 같은 시내의 국민학교 교장으로 재직하고 있는 것을 알고 있었으므로 상대방으로서는 대리인으로 행위하는 자의 대리권에 대하여 의심을 가지고 직접 본인에게 대리권의 존부를 확인하는 등으로 좀 더 적절한 조사를 하였어야 할 것이니 상대방이 막연히 대리인으로 행위하는 자의 말만 믿고 저당권설정 계약을 체결하였다면 상대방은 대리인을 상대로 저당권을 설정함에 있어 마땅히 하여야 할 주의를 다하지 못한 과실이 있다"고 판단한 바 있다.[14] 위와 같은 판례에 따르면 상대방의 과실 여부를 판단함에 있어서는 위임장 등 대리행위에 필요한 서류의 준비 정도, 대리행위의 성격과 내용,[15] 본인과의 관계 및 상대방의 지

13) 대판 62.10.18, 62다535(집 10-4, 810).
14) 대판 84.11.13, 84다카1024(공 85상, 25); 대판 97.3.25, 96다51271(공 97상, 1183).
15) 가령 대리인의 행위가 본인의 재산을 물상담보로 제공하는 경우와 같이 본인에게 부담만을 주는 경우에는 대리권 존재 여부에 대한 상대방의 확인·조사의무는 보다 높다고 할

위[16] 등에 따른 대리권 존재 여부에 대한 상대방의 확인·조사의 용이함의 정도 등을 고려하여 대리행위 전반의 사정을 고려하여야 할 것이다.[17]

(2) 선의, 무과실의 증명책임

통설에 따르면 본조의 표현대리 책임을 면하려는 본인이 무권대리에 대한 제3자(상대방)의 악의 또는 과실을 주장, 증명하여야 한다고 한다. 표현대리 책임이 외관법리에 기초하고 있는 한, 대리권수여 표시에 의하여 대리권 존재의 외관을 작출한 본인이 스스로 면책증명을 함이 적절하다고 할 것이다.

(3) 보호되는 제3자의 범위

본조에 따른 표현대리 책임에 의하여 보호되는 "제3자"에 대리행위의 상대방이 해당함은 물론이다. 이때 대리행위의 상대방은 대리권수여 표시의 통지가 특정인에 대하여 이루어진 경우에는 그 특정인을 의미하며, 따라서 이 같은 통지가 있었음을 우연히 알게 된 자는 학설에 따르면 본조의 보호범위에 포함되지 않는다고 한다. 반면 광고에 의하여 불특정인을 상대로 행해진 경우에는 광고에 의한 통지를 접한 모든 제3자를 포함한다.[18] 한편 수임자란을 비워둔 백지위임장이 교부되는 경우에는 비록 본인이 특정인에 대한 수권을 의욕하였더라도 불특정인 내지 제3자 일반에 대한 수권표시가 이루어졌다고 볼 것이다.[19] 끝으로 본조의 제3자가 대리행위의 상대방에 한정되는지 아니면 그 제3자와의 사이에 대리행위가 유효하다는 신뢰하에 새로운 이해관계를 가진 자(전득자)도 포함하는지 문제된다. 통설은 대리행위의 상대방에 한정하지만, 대리권수여의 표시가 마치 진의 아닌 표시와 유사하고 비진의표시에 관한 § 107 Ⅱ에 따른 제3자는 전득자를 포함한다고 해석하므로 § 125에 따른 표현대리 책임 역시 광의의 제3자 일반을 보호해야 한다는 견해가 주장되어 왔

것이다.

16) 가령 금융기관의 경우에는 일반인과 비교하여 대리권 확인 여부에 대한 주의의 정도가 높다고 말할 수 있다.

17) 대판 00.5.30, 2000다2566(공 00하, 1533: "甲이 주채무액을 알지 못한 상태에서 주채무자의 부탁으로 채권자와 보증계약 체결 여부를 교섭하는 과정에서 채권자에게 보증의사를 표시한 후 주채무가 거액인 사실을 알고서 보증계약 체결을 단념하였으나 甲의 도장과 보증용 과세증명서를 소지하게 된 주채무자가 임의로 甲을 대위하여 채권자와 사이에 보증계약을 체결한 경우, 甲이 채권자에 대하여 주채무자에게 보증계약 체결의 대리권을 수여하는 표시를 한 것이라 단정할 수 없고, 대리권수여의 표시를 한 것으로 본다 하더라도 채권자에게는 주채무자의 대리권 없음을 알지 못한 데 과실이 있다").

18) 곽윤직·김재형, 365; 송덕수, 355; 이영준, 623; 구주해(3), 133(차한성); 주석 민총(3), 125(이균용).

19) 구주해(3), 133(차한성); 주석 민총(3), 125(이균용).

다.[20] 후자의 입장에 결과적으로 찬동하는 바이며, 이에 관하여는 무권대리 전론의 해당 부분[(Ⅲ.3.(3))]을 참조하기 바란다.

Ⅲ. 본조의 적용문제

1. 법정대리에 대한 본조의 적용

본조가 임의대리 외에 법정대리에 대해서도 적용되는지에 관하여는 견해가 대립하고 있다. 다수설의 입장은 본조가 본인에 의한 대리권의 수여라는 외관형성에 대한 관여를 전제로 하는 한 본인에 의한 대리인의 선임이 문제될 여지가 없는 법정대리의 경우에는 적용되지 않는다는 태도이다.[21] 판례 역시 마찬가지로 이해된다.[22] 그러나 소수의 입장에 따르면 표현대리 제도의 취지인 상대방보호와 거래안전의 요청은 법정대리의 경우에도 마찬가지이며 상대방의 선의·무과실 요건을 통하여 제한능력자 등 법정대리의 본인과 상대방의 보호 사이에서 조화를 이룰 수 있다고 한다.[23] 따라서 예를 들어 허위의 혼인신고 또는 허위의 인지신고의 경우에도 본조의 표현대리 책임이 인정될 수 있다고 한다. 학설 중에는 법정대리에 대한 본조의 적용을 긍정하면서도 다만 제한능력자의 보호가 문제되는 경우에 한하여 본인보호를 앞장세워 § 125의 적용을 부정하는 견해도 제기되고 있다.[24]

2. 공법상의 대리와 본조의 적용

국가나 지방자치단체가 공권력을 행사하여 권력적 행정작용을 하는 경우에 본조의 적용은 없다. 그러나 국가나 지방자치단체의 경우에도 사경제의 주체로서 상대방과 대등한 지위에서 행위하는 경우에는 사법상의 행위라고 파악하므로, 그 행위에 대하여는 사법이 적용되며 따라서 본조 역시 적용된다.

---

20) 김용한, 383.
21) 고상룡, 562; 곽윤직·김재형, 366; 김대정, 1066; 김증한·김학동, 441; 백태승, 516; 정기웅, 473; 송덕수, 357.
22) 대판 55.5.12, 4287민상208(요집 민1-2, 1557: "호적상으로만 친권자로 되어 있는 자를 믿고 거래한 때에는 상대방은 보호를 받지 못한다").
23) 김용한, 375.
24) 이영준, 624.

3. 본조와 제126조의 중복적용

표현대리의 각 규정이 중복될 수 있는지에 대하여 이를 부정하는 견해도 없지 않으나 통설에 따르면 각 규정을 외관보호라는 통일된 관점 아래에 유기적으로 파악하여 각 유형의 중복적용을 긍정함으로써 상대방의 보호와 거래질서의 안전을 도모하고자 한다. 이 부분은 이미 무권대리 전론에서 설명하였다(Ⅳ.3.). 여기에서는 §§ 125, 126의 중복적용에 대해서만 설명하도록 하는데, 무권대리인이 본인에 의하여 표시된 대리권의 범위를 넘어서 대리행위를 한 경우에 본인이 그 책임을 부담하는지의 문제이다. 이 경우에는 § 125가 수권표시된 대리권의 범위 내의 대리행위를 적용요건으로 하므로, 대리권수여에서 표시된 대리권을 기본대리권으로 하여 이를 넘어서는 월권행위에 대한 §§ 125, 126의 중복적용 여부가 검토되어야 한다. 일본에서는 이를 부정하는 견해도 주장된다고 하는데, 국내의 통설은 양 규정의 중복적용을 긍정하고 있다.

이에 관한 대법원 판결례는 아직 보이지 않는다. 그런데 일본의 최고재판소는 다음과 같은 사안에서 양 규정의 중복적용을 긍정한 바 있다.[25] 즉, X가 자신 소유의 부동산을 甲에게 매도하고, 甲의 대리인 A를 통하여 백지위임장, 명의인 백지의 매도증서 등 등기관련 서류를 교부하였는데, 甲으로부터 Y 소유의 부동산과 교환할 것을 위임받아 위 관련서류를 건네받은 A가 이를 유용하여 X를 대리하여 Y와 교환계약을 체결한 사안이 문제되었다. 이와 같은 경우에 한편으로는 A가 비록 X로부터 대리권을 수여받은 바는 없지만 X에 의하여 작성, 교부된 등기 관련 서류와 백지위임장을 제시하면서 Y와 대리행위를 한 관계로 대리권수여 표시에 의한 대리행위가 문제된다. 다른 한편 위 서류들로부터 추단되는 A의 대리권은 매매계약에 관한 것이지만, 대리인 A와 상대방 Y 사이에서는 교환계약이 이루어졌다는 점에서 수권 표시된 권한의 범위를 넘어서고 따라서 § 125의 적용만으로는 표현대리가 인정될 수 없다. 그런데 일본 최고재판소는 § 125의 대리권수여 표시에 의한 표현대리권을 § 126의 기본대리권이라고 인정하여 양 규정을 중복적용함으로써 대리권수여 표시에 의한 수권의 범위를 넘어선 대리행위에 대하여 본인의 표현대리 책임을 긍정하였다.

대리권수여 표시에서 대리권의 범위를 정하고 있는 한 그 범위를 넘어서는 대리행위에 관하여 대리권이 있다고 상대방의 입장에서 믿을만한 정당한

25) 日最判 1970(昭 45).7.28(判時 603, 52).

이유를 인정받는 것은 그렇게 흔한 경우는 아니라고 할 수 있다. 그렇지만 대리권수여의 표시와 대리행위 사이에 여러 사람이 개입하거나 시간적 경과가 있었을 경우에는 본인에 의하여 이전에 표시된 권한의 범위를 넘어선 대리행위에 대한 상대방의 믿음이 정당한 이유가 있다고 여겨질 수도 있으며, 따라서 양자의 중복적용 여지를 열어두어야 할 것이다.[26)]

4. 본조의 복대리에 대한 적용

복대리 역시 본인의 대리가 문제되는 한 본조가 적용된다. 이때 복대리권수여의 표시는 복대리인을 선임하는 대리인에 의하여 행해지게 된다.

Ⅳ. 본조와 상법상의 특별규정의 관계

1. 개 요

상법은 상대방의 보호와 상거래 질서의 안전을 보장하기 위하여 여러 규정에서 외관책임을 정해두고 있다. 명의대여자의 책임(상 § 24), 표현지배인의 책임(상 § 14), 표현대표이사의 책임(상 §§ 395, 567) 등이 그것이다. 이들 규정은 그 취지에서는 민법상의 표현대리와 마찬가지로 해당 권한 존재의 외관에 대한 신뢰를 보호하고 있지만, 상거래의 정형성 등을 고려하여 민법상의 표현대리와 그 요건 또는 효과에서 구별되는 바가 있다. 위 상법 규정에 따른 표현책임의 요건과 효과에 대한 자세한 해설은 상법학계의 문헌을 참고하기 바라고, 여기에서는 민법의 표현대리와의 관계를 중심으로 설명하도록 한다.

2. 명의대여자의 책임

(1) 책임의 의의

상 § 24는 명의대여자의 책임을 규정하고 있다. 명의대여란 어떤 자(명의대여자)가 자기의 성명 또는 상호를 사용하여 영업할 것을 다른 자(명의차용자)에게 허락하는 것을 뜻한다. 명의사용의 허락을 통하여 명의대여자는 명의차용자의 영업활동에 따라 마치 대여자 자신이 영업주인 것과 같은 외관의 형성에 관여한 것이고 이를 신뢰하여 명의차용자와 거래한 상대방에 대하여 외관형성에 따른

26) 구주해(3), 133(차한성); 주석 민총(3), 125(이균용).

책임을 부담하여야 한다. 이에 상 § 24에 따르면 "타인에게 자기의 성명 또는 상호를 사용하여 영업을 할 것을 허락한 자는 자기를 영업주로 오인하여 거래한 제3자에 대하여 그 타인과 연대하여 변제할 책임이 있다"고 규정하고 있다. 명의대여자의 책임 역시 민법상의 표현대리책임과 마찬가지로 명의대여자의 외관형성과 거래상대방의 신뢰에 입각한 외관책임으로서 거래질서의 안전을 도모하고 있다.

(2) 민법상의 표현대리와의 관계

명의대여자의 책임과 민법상의 표현대리책임은 위에서 언급한 바와 같이 거래상대방의 신뢰보호를 취지로 한다는 점에서는 동일하지만 무엇보다 법률관계의 형성 모습을 달리하고 있다. 민법상의 표현대리는 표현대리인의 행위에 따라 그 법률효과가 본인에게 발생하는 반면, 명의사용의 허락이 있는 경우에 명의차용자의 영업활동은 명의차용자 자신을 위한 거래행위가 된다. 즉, 명의대여의 경우에는 대리가 아니라 대행의 방식으로 이루어진다. 따라서 명의대여의 관계에서 명의차용자는 상대방에 대하여 자신의 영업활동에 대하여 책임을 진다는 것은 당연하며, 이와 함께 명의사용의 허락을 통하여 명의차용자의 활동이 자신의 활동이라고 상대방으로 하여금 오신하도록 한 명의대여자가 명의차용자와 연대하여 책임을 지게 되는 것이다. 또한 이러한 법률관계 형성의 모습에 따라 § 125의 경우에는 대리권의 존재라는 외관이 관건이라면, 상 § 24의 경우에는 명의대여에 따른 영업주의 동일성에 대한 혼동이 문제된다. 따라서 실제에서는 양 규정의 적용이 함께 다투어지는 경우가 빈번하지만,[27] 명의대여행위가 반드시 대리권수여의 표시라고 인정되지 않는 경우도 있을 수 있다.[28]

3. 표현지배인의 책임

(1) 책임의 의의

표현지배인이라 함은 본점 또는 지점의 본부장, 지점장 그 밖에 지배인으

27) 대판 78.6.27, 78다864(집 26-2, 179); 대판 97.3.25, 96다51271(공 95상, 1183)

28) 구주해(3), 120(차한성); 주석 민총(3), 131(이균용). 이런 이유에서 대판 64.11.17, 64다1020(총 1-2(A), 247)에서는 "표현대리에 해당된다고 할 것이라는 사실만을 주장하였을지라도 원심으로서는 의당 (…) 상법 제24조에 정한 명의대여관계의 유무(…)를 심리판단하여야 할 것"이라는 판시는 양 규정의 위와 같은 내용에 비추어 변론주의와의 관계에서 의문이 든다.

로 인정될 만한 명칭을 사용하는 자를 말한다. 원래 지배인은 영업주로부터 그 영업에 관하여 재판상 또는 재판외 모든 행위를 할 수 있는 포괄적 대리권을 수여받은 상업사용인이다(상 §11 I). 그런데 표현지배인은 영업주 본인으로부터 지배인으로 선임되지는 않았지만 본부장, 지점장, 지사장과 같이 영업의 주임자임을 표시하는 명칭을 사용하는 자로서 본점 또는 지점의 지배인과 동일한 권한이 있는 것으로 본다(상 §14 I). 따라서 표현지배인을 지배인이라고 신뢰하여 거래한 제3자는 보호되는데, 이 역시 민법의 표현대리와 마찬가지로 대리권이 존재한다는 외관에 대한 신뢰보호의 법리에서 비롯하고 있다.

(2) 민법상의 표현대리와의 관계

표현지배인의 대리행위는 대체로 § 125 또는 § 126의 표현대리에 해당할 수 있으며, 이 경우 통설에 따르면 양 규정의 중복적용을 긍정하고 있다. 또한 표현지배인의 성립이 인정되지 않는 경우에도 일반법인 민법의 표현대리 규정의 적용 여부가 검토될 수 있다고 한다.[29] 그런데 양 규정 모두 외관보호에서 비롯하고 있지만 다음과 같은 특징 내지 차이를 가지고 있다. 즉, 표현지배인의 경우 그 권한은 지배인의 경우와 마찬가지로 획일·정형적이며 포괄적·제한불가적으로 인정되며, 이에 거래상대방은 (중과실이 아닌 한) 지배인이 아니라는 사실에 대한 선의만으로 보호되고 있다. 반면 민법의 표현대리 규정에서는 어떠한 구체적인 행위에 대하여 대리권이 존재하는지에 관하여 개별적으로 판단되어야 하며, 상대방은 대리권 여부에 대한 선의·무과실 내지 정당한 이유가 있었을 경우에 보호된다. 따라서 표현지배인의 책임은 상거래의 대량·신속함에 따라 정형적·유형적 판단을 통하여 원래 민법상의 표현대리 규정의 적용을 완화하려는 취지라고 파악되고 있다. 그렇다면 표현지배인의 책임규정은 § 125의 표현대리 규정에 대한 특칙이라고 하겠다. 또한 표현지배인 책임의 요건이 인정되지 않음에도 § 125의 표현대리가 성립할 수 있는 경우는 실제로는 드물 것이라고 생각된다.[30]

4. 표현대표이사의 책임

(1) 책임의 의의

상 § 395에 따르면 "사장, 부사장, 전무, 상무 기타 회사를 대표할 권한이

29) 구주해(3), 121(차한성); 주석 민총(3), 134(이균용).
30) 구주해(3), 121(차한성).

있는 것으로 인정될 만한 명칭을 사용한 이사의 행위에 대하여는 그 이사가 회사를 대표할 권한이 없는 경우에도 회사는 선의의 제3자에 대하여 그 책임을 진다"고 규정하고 있다. 이러한 표현대표이사에 대한 회사의 책임 역시 외부로부터 대표이사라고 오인되는 자의 행위에 대하여 상대방의 신뢰를 보호하기 위하여 그 외관을 유발한 회사로 하여금 책임지도록 하려는 외관보호의 법리에서 근거를 찾고 있다.

(2) 민법상의 표현대리와의 관계

상 § 395에 의한 표현대표이사의 책임은 § 125의 표현대리 규정을 정형화 및 강화한 것이라고 이해된다. 다시 말해 전자의 책임은 포괄적이고 제한할 수 없는 대표권의 존재를 일반적으로 추단케 하는 명칭의 사용을 회사가 허용함에 따라 (무중과 실의) 선의인 상대방을 보호하기 위한 규정이기 때문에 대리권수여표시에 의한 § 125의 표현대리 규정을 정형화 한 규정이라고 이해된다. 이런 한도에서 상 § 395의 표현대표이사에 관한 규정은 민법의 대리 규정에 대한 특칙이라고 볼 수 있으며, 따라서 통설에 의하면 당사자가 표현대표이사의 요건을 주장·증명하면 민법상의 무권대리에 관한 규정은 적용되지 않는다고 한다.[31] 상 § 395의 표현대표이사에 관한 규정이 민법의 표현대리 규정에 대한 특칙이라고 이해하는 경우에도 상대방이 상 § 395에 따른 회사의 책임과 § 135에 따른 무권대리인 책임 사이의 효과를 선택할 여지는 인정되어야 할 것이라고 본다.[32]

[김 상 중]

31) 구주해(3), 123(차한성); 주석 민총(3), 138(이균용).
32) 표현대리 규정과 § 135의 적용관계에 대하여는 무권대리 전론 Ⅱ.2. 참조.

第126條(權限을 넘은 表見代理)

代理人이 그 權限外의 法律行爲를 한 境遇에 第三者가 그 權限이 있다고 믿을 만한 正當한 理由가 있는 때에는 本人은 그 行爲에 對하여 責任이 있다.

차 례

Ⅰ. 본조의 개요

본조는 대리인이 대리권의 범위를 벗어난 대리행위를 하는 경우에 그 대리권이 있다고 신뢰하여 거래한 제3자를 보호하기 위하여 본인으로 하여금 제3자에 대하여 유권대리의 경우와 마찬가지로 책임을 부담하도록 하는 규정이다. 월권대리(越權代理) 또는 권한유월(權限踰越)의 표현대리라고도 불리는 본조의 표현대리는 §§ 125, 129의 표현대리와 함께 표현대리제도를 구성하고 있다.

이와 관련하여 일부 견해는 본조의 권한을 넘은 표현대리의 경우에는 §§ 125, 129의 경우와 비교하여 본인의 이익을 보다 보호하여야 한다는 견해를 제시하고 있다. 왜냐하면 §§ 125, 129의 경우 대리인의 행위가 '표시'된 대리권 또는 (소멸하였지만) 본인에 의하여 수여되었던 대리권의 범위 내에서 이루어졌지만 본조의 경우에는 그 권한의 범위를 벗어나 이루어졌기 때문이라고 한다.[1] 이상의 세 유형의 표현대리 모두 무권대리라고 파악하는 한, 표현대리의 각 유형에 따라 본인과 상대방의 이익형량에서 어떠한 본질적 차이가 있다고는 생각되지 않는다. 다만 각 유형에서 본인이 신뢰의 외관형성에 관여한 모습을 달리하고 있을 뿐이라고 하겠다. 즉, §§ 125, 129의 경우에는 대리권의 수여 표시 또는 (소멸하였지만) 본인에 의한 대리권의 수여에 의하여 제3자가 신뢰할 외관을 형성하였다는 것에서 책임귀속의 근거를 찾는다면, § 126의 경우에는 본인이 믿을 수 없는 자를 대리인으로 선임하여 본인 자신을 대리하도록 한 것 자체에서 표현대리 책임의 정당화 사유를 찾을 수 있다.[2] 본조의 표현대리가 다른 표현대리 규정과 본질적으로 동일하다는 사정은 통설에 따르면 § 126와 §§ 125, 129의 중복적용을 널리 긍정하고 있다는 사정, 후술하듯이 § 126의 표현대리 규정이 기본대리권을 가지지 않은 사자의 월권행위에 유추적용되는 경향에서도 확인할 수 있다. 실무에서는 대리권의 범위가 명확하지 않은 경우가 빈번하기 때문에 표현대리의 형태 중에서 본조의 월권대리(권한유월의 표현대리)가 가장 많이 다투어지고 있다.

본조의 표현대리가 인정되는 경우 본인은 상대방에 대하여 권한을 넘는 대리인의 대리행위에 따른 법률효과를 귀속받게 된다. 다만 표현대리책임은 상대방이 이를 주장한 경우에 비로소 문제될 뿐이며 본인이 스스로 표현대리의 효과를 주장할 수 없음은 이미 설명한 바와 같다. 또한 본조의 표현대리 역시 무권대리의 일종이라고 이해하는 한 상대방은 § 134에 따라 본인의 추인이 있을 때까지 계약을 철회할 수 있다. 더 나아가 상대방은 본조의 표현대리 요건이 갖추어진 경우에도 본인이 대리효과를 다투는 상황에서 그 요건증명의 곤란함에 따라 권한을 벗어난 표현대리인을 상대로 § 135의 무권대리인 책임을 선택적, 예비적으로 물을 수도 있다고 할 것이다(견해다툼 있음).[3] 이 경우에도 본인과 무권대리인이 상대방에 대하여 중첩적으로 책임을 부담하지 않음은 물론이다.

---

1) 이영준, 633. 이 견해는 이런 입장에 따라 본조의 "정당한 이유"를 §§ 125, 129의 선의·무과실의 요건과 비교하여 보다 엄격하게 해석하려고 한다.
2) 주석 민총(3), 140(이균용).
3) 무권대리 전론 Ⅱ.2. 참조.

Ⅱ. 성립요건

1. 본조의 성립요건 일반

본조의 표현대리가 인정되기 위하여는 그 문언에 따르면 "대리인이 권한 외의 법률행위를 하였을 것"과 "제3자가 그 권한이 있다고 믿을 만한 정당한 이유가 있는 때"라는 요건을 필요로 한다. 이 중에서 전자의 요건은 권한 유월 여부를 판단하기 위하여 먼저 대리권 자체의 존재와 그 범위가 확정되어야 하기 때문에 ① 기본대리권의 존재와 ② 권한을 넘은 대리행위가 있을 것이라는 요건으로 나누어질 수 있다. 이때 기본대리권의 존재는 본인이 대리인에게 무언가의 권한을 수여하였다는 점에서 본인에게 외관책임을 귀속시킬 수 있는 요소로서 기능하게 된다. 한편 ③ 대리권이 있다고 믿을 만한 제3자의 정당한 이유라는 요소는 외관책임에 의한 상대방의 보호필요성을 말해주고 있다. 이와 같은 '기본대리권의 존재'와 '제3자의 정당한 이유'라는 요건은 본인에 대한 책임귀속을 위한 정적(靜的) 안정과 제3자의 보호를 통한 거래질서 유지라는 동적(動的) 안전 사이의 균형을 도모하고 있다.

2. 기본대리권의 존재

(1) 기본대리권의 의미

본조의 표현대리는 실제로 행해진 대리행위에 관하여는 대리권이 없지만 무언가의 행위에 대하여는 본인을 대리할 진정한 권한이 있음을 그 성립요건으로 하고 있다. 이때 대리행위를 한 자가 실제로 갖고 있는 대리권을 기본대리권이라고 하는데, 이 요건은 본인에 대한 책임귀속의 근거로서 권한을 넘은 표현대리의 핵심표지에 속한다. 따라서 일반적으로는 대리권이 있다고 여길 수 있는 경우, 가령 본인을 대리한 자가 본인의 인장이나 백지위임장을 우연히 습득하여 이를 악용하였더라도 본인으로부터 어떠한 권한도 수여받지 않은 경우에는 본조의 표현대리가 인정되지 않는다. 왜냐하면 이러한 경우까지 표현대리의 성립을 인정한다면 본인의 이익이 과도하게 침해되기 때문이다.

기본대리권의 존재를 요구하는 통설과 판례의 입장과 달리 일본의 일부 문헌에서는 본조의 표현대리 성립에 있어서 기본대리권의 존재를 필요로 하지 않는다는 견해도 주장되고 있다고 한다.[4)] 권한을 넘은 대리행위를 한 자가 이

4) 구주해(3), 143(차한성).

미 적법한 대리인이 아닌 이상, 대리행위를 한 자에게 처음부터 아무런 대리권이 없는 경우에도 상대방이 대리권 있음을 정당하게 신뢰한 이상 상대방을 보호해야 할 필요는 여전하다는 점을 주된 근거로 제시하고 있다. 그러나 국내의 통설은 이미 Ⅰ.에서 소개한 바와 같이 상대방의 정당한 신뢰 외에 기본대리권의 존재를 요건으로 함으로써 본인보호와 거래안전의 조화를 도모하고 있다. 또한 예를 들어 대리행위를 한 자가 본인의 인장과 관련 서류를 위조 또는 절취하여 본인의 이름으로 거래한 경우까지 본인에게 법률행위의 효과를 귀속시키는 것은 본인에 대한 귀책성이 결여되었다는 점에서 의문이 아닐 수 없다. 따라서 기본대리권의 존재는 본조의 표현대리 성립을 위한 필수적 요소라고 하겠다.[5] 다만 아래에서 살피는 바와 같이 기본대리권의 존재 여부는 개별 사례의 구체적 상황에 따라 판단되지 않을 수 없고, 그 해석과정에서 대리권의 존부나 내용이 분명하지 않은 경우에도 본조의 확대 또는 유추적용이 이루어지고 있다.[6]

(2) 법률행위의 대리권에의 한정 여부

본조의 표현대리는 위 (1)에서 설명한 바와 같이 기본대리권의 존재를 요건으로 하는데, 이때 기본대리권이 원래적 의미의 대리권, 다시 말해 법률행위의 대리권을 의미하는지 아니면 법률행위 외에 준법률행위·사실행위에 대한 권한수여도 포함하는지가 문제되고 있다. 일부 견해는 사실행위에 대한 권한까지 기본대리권으로 인정할 경우에 본조의 적용이 지나치게 확대된다는 우려에 따라 법률행위의 대리권에 한정하고자 한다.[7] 이에 반하여 표현대리책임에 따른 상대방의 보호라는 취지에서 법률행위의 대리권에 한정하지 말고 사실행위에 대한 수권도 포함할 수 있다는 견해도 제시되고 있다.[8] 이 입장에 의하면 본인이 가령 건축현장의 감독과 같이 사실행위에 대한 수권을 한 경우에도 그 업무의 수행과정에서 대외적 법률관계의 발생을 예상하면서 사실행위의 권한을 수여하였다면 기본대리권의 요건을 충족하는 것으로 볼 수 있다고 한다.

5) 마찬가지로, 대판 70.2.24, 69다2011(집 18-1, 143)은 단순히 매매의 중개(알선)를 부탁하였을 뿐이고 매매 기타 어떠한 법률행위의 대리권을 수여한 사실이 없음에도 불구하고 대리권을 인정하여 §126의 표현대리를 인정할 수는 없다고 판시하였다.

6) 이런 이유에서 구주해(3), 144(차한성)에 의하면 기본대리권의 존재를 필요로 하다는 입장과 이를 필요로 하지 않다는 입장의 접근상의 차이가 기본대리권의 구체적 인정 여부를 실제로 판단하는 과정에서는 상당 부분 완화된다고 평가하고 있다.

7) 김상용, 600; 이영준, 626.

8) 김용한, 376; 김증한·김학동, 442; 송덕수, 359; 이은영, 638.

최근에는 법률행위의 대리권은 없지만 사실행위에 관한 권한만이 인정되는 경우에 비록 이를 기본대리권이라는 개념에 포섭할 수는 없지만 본조를 유추적용하여 제3자의 보호를 도모할 수 있다는 견해가 다시 제시되고 있다.[9]

한편 판례의 입장은 법률행위의 대리권에 한하고 사실행위 또는 준법률행위에 대한 수권을 원칙적으로 포함하지 않는다고 소개되고 있다.[10] 그러나 다음과 같이 사실행위를 위한 사자의 대리행위에 대하여 본조의 적용을 긍정한 판결례도 있다. 대판 62.2.8, 4294민상192(집 10-1, 87)에 따르면 "표현대리의 법칙은 거래의 안전을 위하여서는 어떠한 표현적 사실을 야기하는데 원인을 준 자는 그 표현적 사실을 믿음에 있어 정당한 사유가 있다고 인정되는 자에 대하여는 책임이 있다는 일반적인 권리표현 이론에 그 기초를 두고 있는 것이므로 대리인이 아니고 사실행위를 위한 사자라 하더라도 외관상 그에게 어떠한 권한이 있는 것 같은 표시 내지 행동이 있어 상대방이 그를 믿었고 또 그를 믿음에 있어 정당한 사유가 있었다면 표현대리의 법리에 의하여 본인에게 책임지워 상대방을 보호하여야 할 것이다"고 판시한 바 있다.

생각건대 대리권이 법률행위에 관한 권한수여이기 때문에 본조의 기본대리권 역시 법률행위에 관한 대리권을 전제로 하고 있음은 물론이다. 그러나 본조의 책임귀속근거인 외관법리에 따르면 본조의 적용이 반드시 법률행위에 관한 대리권에 한정되어야 할 필요는 없다고 여겨진다. 왜냐하면 본인으로부터 사실행위에 관한 권한만을 수여받은 자의 대리행위에서도 본인의 귀책성과 제3자의 보호필요성은 법률행위에 관한 수권이 있었던 경우와 마찬가지로 인정될 수 있기 때문이다. 즉, 본인이 사실행위에 대한 권한을 수여한 경우에도 권한범위는 외부적으로 항상 분명하지 않을 수 있을 뿐만 아니라 그 사무처리 과정에서 본인에게도 예상가능한 제3자와의 법률행위적 접촉이 있을 수 있다. 그렇다면 실제로는 사실행위에 관한 권한만을 가진 자와 법률행위를 한 제3자의 입장에서는 본인을 대리한 자에게 법률행위의 대리권이 있다고 정당하게 신뢰할 수 있으며, 바로 이러한 기대를 보호하기 위한 것이 본조의 근본취지라

9) 구주해(3), 150(차한성); 이미 임정평, "민법 제126조의 표현대리에 관한 재검토 상", 사행 284, 8.

10) 대판 92.5.26, 91다32190(공 92, 1996: "민법 제126조의 표현대리가 성립하기 위하여는 무권대리인에게 법률행위에 관한 기본대리권이 있어야 하는바, 증권회사로부터 위임받은 고객의 유치, 투자상담 및 권유, 위탁매매약정실적의 제고 등의 업무는 사실행위에 불과하므로 이를 기본대리권으로 하여서는 권한초과의 표현대리가 성립할 수 없다").

고 하겠다. 방법적으로는 사실행위에 관한 권한을 본조의 "권한"에 포함시키는 해결이 법률행위와 사실행위의 구별에 비추어 무리가 없지는 않으며, 따라서 본조의 유추적용에 의하여 제3자를 보호하는 법리구성에 찬동하는 바이다.

(3) 공법적 행위에 대한 수권의 기본대리권 인정 여부

본조의 기본대리권이 반드시 사법상의 행위에 대한 대리권이어야 하는지 아니면 공법적 행위에 대한 수권도 포함할 수 있는가의 문제이다. 예를 들어 부동산등기신청과 같은 공법상의 행위에 대한 대리권을 수여받은 자가 이를 기화로 본인으로부터 건네받은 관련 서류를 이용하여 본인의 대리인 자격에서 본인의 부동산을 처분하는 경우에 공법상의 행위에 관한 수권을 기본대리권으로 하여 본조가 적용될 수 있는지 여부가 다투어질 수 있다.[11] 공법행위와 사법행위가 구별되며, 무엇보다 표현대리제도가 거래질서의 보호를 도모하기 위한 제도라는 점에서 공법상의 행위에 대한 대리권은 기본대리권이 될 수 없다고 생각할 수도 있다.[12] 그러나 우리나라의 대법원 판결은 그 근거를 분명히 제시하지는 않지만 공법상의 행위에 대한 대리권에 대해서도 기본대리권의 적격성을 계속하여 인정해 오고 있다. 즉, 대판 78.3.28, 78다282,283(집 26-1, 257)에 따르면 "기본대리권이 등기신청행위라 할지라도 표현대리인이 그 권한을 유월하여 대물변제라는 사법행위를 한 경우에는 표현대리의 법리가 적용된다"고 판단한 바 있는데, 그 이전의 판결례에서도 하천부지 점용허가기간 갱신신청의 경우,[13] 영업허가신청의 경우,[14] 이사취임등기신청의 경우에[15] 본조의 기본대리권의 존재를 인정해 왔다. 이러한 판례의 입장에 따라 문헌에서도 대체로 공법상의 대리권을 본조의 기본대리권이라고 해석하고 있다.[16]

이러한 판례와 학설에 찬동하는 바이다. 본조의 외관책임은 월권행위에 대한 본인의 관여와 대리권 존재에 대한 상대방의 신뢰보호에서 그 근거를 찾

11) 이 문제는 공법상의 행위에 대하여 표현대리의 규정이 적용될 수 있는가 하는 문제와는 다른 문제이다. 공법상의 행위에 대한 표현대리 적용에 관하여는 아래 Ⅲ. 4. 참조.

12) 이런 이유에서 호적상의 신고나 인감증명서의 교부신청을 위탁받은 사람이 본인으로부터 보관받은 인감도장을 악용하여 무권대리행위를 한 경우에 권한유월의 표현대리를 인정하지 않았다고 한다. 日最判 1932(昭 7).11.25(新聞3499, 8); 日最判 1964(昭 39).4.2(民集 18-4, 497). 더 나아가 일본 학계의 견해 대립에 관하여는 임정평, "민법 제126조의 표현대리에 관한 재검토 하", 사행 286, 44.

13) 대판 67.9.5, 67다1394(집 15-3, 65).

14) 대판 65.3.30, 65다44(미공개).

15) 대판 65.10.5, 65다1542(미공개).

16) 곽윤직·김재형, 369; 구주해(3), 151(차한성); 주석 민총(3), 143(이균용).

고 있는데, 이는 공법상의 행위를 대리하기로 한 자가 권한 외의 행위를 한 경우에도 그대로 인정될 수 있기 때문이다. 즉, 본인은 공법상의 행위를 대리하도록 하기 위하여 본인의 인장과 관련 서류를 대리인에게 수여함으로써 사법상의 법률행위를 대리할 수 있는 외관을 형성하는데 관여하였고, 제3자가 이러한 외관에 따라 대리인에게 대리권이 있다고 믿는데 정당한 이유가 있을 때에는 제3자 보호와 거래 안전을 위하여 본조의 표현대리가 적용될 수 있어야 할 것이다. 물론 표현대리가 거래질서의 안전을 보호하기 위한 제도라는 점에서 그 자체로 거래행위가 아닌 공법상의 행위에 대한 대리권을 기본대리권으로 인정함으로써 본조를 과도하게 확대시킨다는 우려가 있을 수도 있다. 그러나 등기신청, 영업허가신청, 이사취임등기신청의 경우와 같이 공법상의 대리권이 기본대리권이라고 문제된 우리나라의 판결례를 살펴보면 공법상의 대리행위가 해당 사법적 법률행위와 일정한 관련을 갖고 있다. 즉, 위와 같은 경우에 공법상의 행위를 대리하도록 되어 있는 자가 그 권한의 범위를 넘어서 사법상의 법률행위를 대리할 수 있게 되는 것은 본인으로부터 수임받은 공법상의 행위가 당해 사법상의 행위와 직접 관련되거나 적어도 그러한 행위의 발생가능성을 일반적으로 내포하고 있었기 때문에 비로소 가능할 수 있었을 것이다.[17] 그렇다면 거래질서의 보호를 위한 본조의 기능은 공법상의 대리권을 본조의 기본대리권으로 파악하는 경우에도 여전히 유지된다고 하겠다. 그 외 월권행위에 관한 대리권의 존재에 대한 제3자의 정당한 신뢰라는 또 다른 요건 역시 공법상의 행위를 대리시킨 본인의 정적(靜的) 이익과 사법상의 대리권이라고 신뢰한 제3자의 동적(動的) 이익을 조화시키는 데 기여하게 될 것이다.

(4) 기본대리권의 인정 여부에 관한 판결례

기본대리권의 존재 여부는 대리인이 제3자와 법률관계를 맺게 되는 표현대리행위 시점을 기준으로 판단되어야 한다. 또한 이 요건은 대리행위를 본인에게 귀속시켜서 법률효과의 발생을 주장하려는 사람, 즉 대리행위의 상대방이 이를 증명하여야 한다. 다만 기본대리권의 수여는 본인과 대리인 사이의 내부적 관계에서 이루어지는 것이어서 대리행위의 상대방인 제3자가 이를 직접 증명하는 것이 곤란한 경우가 많을 것이다. 따라서 상대방의 입장에서는 대리인이 대리행위 당시 제시한 본인의 인장 및 관련 서류, 상대방에게 알려진 본인과 대리인의 관계, 대리인과 법률관계를 맺게 된 경위 등을 주장·증명하여

17) 주석 민총(3), 143(이균용).

기본대리권의 존재를 추인할 수 있도록 하는 것으로 충분하다고 판단된다.[18]

본조의 기본대리권 존재 여부가 다투어진 판결례에서는 대리행위를 하는 자가 본인의 인장을 소지하거나 본인의 인감증명서 또는 일정한 서류를 제시하여 이루어진 경우가 대부분이다. 이와 같은 경우에 만약 특정한 행위를 수임받은 자가 본인으로부터 인감도장, 인감증명서와 관련 문서를 모두 교부받아 소지한 채 본인의 이름으로 수여받은 권한 외의 법률행위를 한 때에는 본조의 기본대리권을 인정받을 수 있을 것이다.[19] 이와 반대로 자칭대리인이 단순히 본인의 인장 또는 인감도장을 보관하다가 이를 기화로 본인 명의의 관련 서류를 위조하여 본인을 대리하거나[20] 또는 본인에게서 거래 알선을 위탁받아 인감증명서만을 교부받아 두었다가 본인의 인감도장을 위조하거나 허위의 방법으로 교부받아 본인을 대리하였다면[21] 기본대리권의 존재가 인정되지 않아서 본조가 적용되지 않을 수 있다. 그렇다면 기본대리권의 존재 여부는 결국에는 대리행위를 둘러싼 제반의 사정을 고려하여 판단하지 않을 수 없는데, 기본대리권의 존재 여부에 관한 개별 판결례를 소개하면 아래와 같다.

기본대리권의 존재를 긍정한 판결례로는 ① 본인이 건축허가의 신청을 위하여 건축허가 신청절차 및 그 대지분할절차에 관한 권한을 위임하면서 대지에 관한 권리 문서와 본인의 인감도장과 인감증명서를 교부받은 자가 본인 명의로 그 대지에 근저당권설정등기를 마쳐둔 경우,[22] ② 본인의 영업허가를 내달라고 부탁하면서 인감도장을 교부받았으나 이를 이용하여 본인 소유의 부동산을 처분한 경우,[23] ③ 매부(妹夫)로부터 그 소유인 부동산에 관하여 임대, 보존 등의 관리권한과 함께 인장을 보관받은 자가 문서를 위조하여 위 부동산을 처분한 경우,[24] ④ 신원보증의 용도라고 본인을 기망하여 인장과 인감증명을 교부받은 후 본인 명의의 부동산을 담보로 금전을 차용하는 행위,[25] ⑤ 염전

18) 주석 민총(3), 144(이균용).
19) 대판 68.11.26, 68다999(집 16-3, 235).
20) 대판 48.3.11, 4280민상241(요집 민 Ⅰ-1, 209).
21) 대판 82.4.13, 81다408(공 82상, 495); 더 나아가 대판 78.10.10, 78다75(집 26-3, 104: "인감증명서는 인장사용에 부수해서 그 확인방법으로 사용되며 인장사용과 분리해서 그것만으로서는 어떤 증명방법으로 사용되는 것이 아니므로 인감증명서만의 교부는 일반적으로 어떤 대리권을 부여하기 위한 행위라고 볼 수 없다").
22) 대판 68.11.26, 68다999(집 16-3, 235).
23) 대판 65.3.30, 65다44(요집 민 Ⅰ-1, 186).
24) 대판 48.1.6, 4280민상204(총 Ⅰ-2(A), 267).
25) 대판 67.5.23, 67다621, 67다622(집 15-2, 31).

(鹽田)에 관한 경영 및 관리 일체를 하여 오게 하고 그 인장을 평소 맡기어 그 운영자금의 차입 등 염전 경영에 관한 사무처리를 하여 온 경우,[26] ⑥ 본인의 아들이 본인이 경영하는 사업체의 대외적 사무를 본인을 대리해 처리하는 과정에서 약속어음의 배서양도에 관한 대리권을 갖지 않으면서도 수차례에 걸쳐 본인 명의로 어음에 배서를 하여 제3자에게 양도하여 왔고 그때마다 그 어음들이 각 지급기일에 정상적으로 결제된 경우,[27] 그리고 ⑦ 건축공사수급인이 현장대리인을 정하여 도급인에게 그 취지를 신고하고 지정된 현장대리인이 공장현장에서 그 공사에 관하여 대리인으로 행세한 경우[28] 등을 들 수 있다.

이와 반대로 ① 상거래에 대한 재정보증서와 그에 필요한 인감증명서 및 납세증명서를 교부함에 지나지 않은 경우,[29] ② 양조장의 관리·운영을 맡아 오던 본인의 아들이 그 부지와 건물을 포함하여 양조장을 처분한 경우,[30] ③ 취직에 필요하다고 속여서 인장증명서를 교부받은 후 본인의 인장과 위임장을 위조하여 본인의 부동산을 처분한 경우,[31] ④ 본인이 '가옥이전용'의 인감증명만을 교부하여 매매의 알선을 부탁하였음에도 본인의 인감을 허위의 방법으로 전달받아 본인을 대리하여 부동산을 물상담보로 제공한 경우,[32] ⑤ 회사가 과거부터 이사들의 등록된 인장을 보관한 바는 있으나 그것이 필요할 때에는 그때마다 개별적으로 각 이사의 승낙을 얻어서 사용하였을 뿐 인장 보관과 동시에 포괄적인 대리권을 수여받은 자가 없음에도 회사가 이사의 인장을 이용하여 회사채무에 대하여 이사를 연대보증인으로 세운 경우[33] 등에는 기본대리권의 존재를 부정한 바 있다.

이상의 판결례를 살펴보면 본조의 기본대리권 존재 여부는 ① 대리인이 제시하는 본인의 인장, 인감증명서 등 관련 서류의 구비 정도, ② 대리인이 이

26) 대판 64.7.21, 64다395(총 Ⅰ-2(A), 265).
27) 대판 89.5.23, 88다카22626(공 89하, 995); 마찬가지로 대판 91.6.11, 91다3994(집 39-3, 36: 본인의 처(妻)가 본인 경영의 가스상회에서 경리업무를 보면서 2년간에 걸쳐 본인이 당좌를 개설한 은행으로부터 본인의 수표용지를 수령해 본인이 별도로 경영하는 가스대리점에서 사용하는 인장이나 은행에 신고된 인장을 사용하여 모두 100여장의 본인 명의의 수표 및 어음을 발행하였으며 본인도 이를 알았으나 방치하였고, 대부분의 어음과 수표가 정상적으로 지급되어 왔었던 사안).
28) 대판 71.5.31, 71다847(집 19-2, 86).
29) 대판 84.10.10, 84다카780(공 84하, 1796).
30) 대판 65.8.24, 65다981(집 13-2, 79).
31) 대판 78.10.10, 78다75(집 26-3, 104).
32) 대판 82.4.13, 81다408(공 82상, 495).
33) 대판 77.5.24, 76다2934(공 77하, 10110).

와 같은 서류를 갖추게 된 경위와 본인과의 가족관계 또는 대리인의 직함 등과 같이 본인과 대리인의 관계, ③ 대리인이 대리하는 행위의 성질과 내용 등을 중요하게 고려하여 판단되고 있다고 보여진다. 그렇지만 기본대리권의 수여 여부가 개별 사례에서 구체적 사실인정을 통하여 정해지지 않을 수 없는 한, 위의 판결례 소개에서도 나타나듯이 본조가 문제되는 적지 않은 경우에 기본대리권의 존재 여부는 일률적으로 결정될 수는 없고 개별 사안의 구체적 사정을 함께 고려하여 판단되지 않을 수 없을 것이다.

3. 권한을 넘는 대리행위를 하였을 것

(1) 권한을 넘어서는 행위가 있었을 것

본조에서 "권한 외의 (…) 행위"라 함은 대리인이 진실로 존재하는 대리권의 범위를 넘어서 행위한 경우를 말한다. 따라서 예를 들어 공동대리의 제한을 받는 공동대리인 1인이 단독으로 대리행위를 한 경우 역시 본조에 의한 권한을 넘는 대리행위라고 할 수 있다. 이와 관련하여 표현대리인의 대리행위가 기본대리권과 동일한 성질 내지 종류이어야 하는지가 논의될 수 있다. 이에 대하여 통설은 자칭대리인의 행위가 기본대리권과 동일 또는 유사한 종류의 행위에 속하지 않은 경우에도 본조의 적용을 긍정하고 있다. 제3자의 보호와 거래안전이라는 취지에서 동감하며, 판례 역시 부동산등기신청과 같은 공법상의 행위를 위임받은 자가 그 부동산을 대물변제로 제공하는 사법적 행위를 한 경우,[34] 임야불야의 동업계약을 체결할 대리권을 수여받은 자가 본인 소유의 부동산을 처분하는 경우[35] 등에서 마찬가지의 태도를 취하고 있다. 한편 본조의 "권한"이란 본래 사법상의 법률행위에 대한 대리권임을 뜻하지만 학설과 판례에 의하여 공법상의 법률행위에 대한 대리권, 법률행위 이외의 사실행위에 대한 권한(사자권한 포함)에도 확대 또는 유추적용되고 있음은 바로 위 2.에서 설명한 바와 같다.[36]

34) 대판 78.3.28, 78다282,283(집 26-1, 257).

35) 대판 63.11.21, 63다418(집 11-2, 246). 그 외에도 기본대리권과 권한을 넘는 대리행위가 같은 종류임을 요하지 않는다는 대판 63.8.31, 63다326(집 11-2, 91); 대판 69.7.22, 69다548(집 17-2, 340).

36) 이상과 같이 자칭대리인에 의한 대리행위와 기본대리권의 행위에 대한 동종성 내지 동질성이라는 객관적 요건은 대리권의 존재에 대한 제3자의 "정당한 이유"라는 주관적 요건과 상호 관련을 가져서, 기본대리권과 대리행위 사이에 관련성이 클수록 제3자가 대리권이 있다고 신뢰할 여지가 큰 반면, 관련성이 적을수록 제3자의 "정당한 이유"는 엄격히

(2) 대리인에 의한 본인 명의로의 행위가 있었을 것

(가) 본조의 표현대리 역시 대리행위이어야 함은 물론이며, 따라서 자칭대리인이 본인의 이름으로 법률행위를 하였어야 한다. 따라서 예를 들어 대리인이 본인으로부터 수탁받은 바와 달리 이전등기 관계문서를 위조 내지 변조하여 해당 부동산을 직접 자신 앞으로 이전한 후 제3자와 담보권을 설정하는 계약을 체결하는 경우 특별한 사정이 없는 한 담보권 설정계약의 당사자는 대리인 자신과 제3자이며, 따라서 본인 명의의 대리행위가 없는 한 표현대리의 법리를 적용할 여지가 없다.[37)]

이와 마찬가지로 "甲이 乙 소유의 부동산을 원인 없이 자기 앞으로 이전등기한 후 이를 자기소유라 하여 丙에게 매각하고 등기를 하여 준 경우라면 丙에 대한 계약당사자는 甲이고 乙이 아니므로 甲이 乙의 대리인 내지 표현대리인이라는 이론은 적용의 여지가 없다".[38)] 또한 甲을 대리하여 제3자로부터 금전을 차용하고 부동산에 관하여 담보권을 설정할 수 있는 대리권을 수여받으면서 권리증, 인감증명서 등을 교부받은 乙이 그 부동산을 자기 앞으로 소유권을 이전하여 자신의 이름으로 丙에게 담보권을 설정하여 주고 금원을 차용하여 이를 유용한 경우에도 丙이 乙에게 금전을 대여하고 그 부동산에 담보권을 설정한 것은 乙을 진실한 소유자로 믿고 한 것이지 乙을 甲의 대리인이라고 믿고 한 것이 아니고 또한 본인 甲이 이를 알고도 방치하였다고 할 수 없으므로 본조가 적용되지는 않는다.[39)]

(나) 한편 대리인이 본인의 이름을 밝히면서 대리행위를 한 것이 아니라 자신을 본인이라고 칭하여 본인인 것처럼 행위하면서 본인으로부터 수여받은 권한의 범위를 넘어서는 행위를 하는 경우에도 본조가 적용될 수 있는지 문제된다. 바로 위 (가)에서 설명한 경우는 원래 대리권이 있었던 자가 본인의 명의로 행위한 경우인 반면, 이 경우에는 대리인이 본인의 이름을 밝히지 않은 채 본인인 것처럼 행위한 경우가 문제된다. 표현대리의 법리를 적용함에 있어서 '현명'의 요건이라는 것이 유권대리의 경우와 달라질 수 없는 한, 대리인이 권

판단되어야 한다고 한다. 주석 민총(3), 149(이균용).

37) 대판 72.5.23, 71다2365(집 20-2, 40).

38) 대판 72.12.26, 72다1531(집 20-3, 216); 대판 92.11.13, 92다33329(공 93상, 109); 대판 01.1.19, 99다67598(공 01상, 491).

39) 대판 81.12.22, 80다1475(집 29-3, 264. 이와 같은 경우 乙이 자신 명의로 소유권이전등기를 마침에 있어서 본인 甲이 통정 용인한 것도 아니므로 § 108에 의해서도 丙 명의의 담보권을 유효하다고 할 수는 없다고 판시함); 대판 91.12.27, 91다3208(공 92상, 763).

한 외의 법률행위를 함에 있어서 본인 자신으로 자처하여 행위한 경우에 이를 본인의 행위라고 정당하게 믿은 제3자의 보호를 위하여 본조가 적용될 수 있어야 한다.

이에 대하여 판례는 대리인이 자신을 본인으로 칭하여 본인의 이름으로 법률행위를 한 경우에는 본조의 표현대리 규정을 적용할 수는 없다고 판시하고 있다.[40] 그러나 대판 78.3.28, 77다1669(집 26-1, 229)에서는 "대리인을 본인 자신으로 잘못 믿은 것이 일반거래 관념에 비추어 당시의 구체적 상황에서는 무리도 아니었다고 할 수 있는 경우에 본인 자신의 행위로 믿었던 선의의 상대방을 위해서 본인 자신으로 자처한 대리인의 행위에 대하여 본인의 책임을 인정함이 상당하다고 할 것이고 이는 거래에 있어서의 선의의 제3자를 보호하기 위하여 대리권한이 없는 행위에 대하여도 일정한 한도에서 본인에게 책임을 인정한 표현대리제도의 취지에 비추어 의당 시인되어야 할 것이므로 (…) 표현대리에 관한 제도를 이에 유추 적용하는 것이 부당하다고 하여야 할 이유가 없다"라고 판시한 바 있었고, 이러한 유추적용의 입장은 이후 판결례에서도 유지되고 있다.[41]

학설 역시 표현대리인이 현명을 하지 않은 채 자신을 본인이라고 칭하여 권한 외의 행위를 한 경우에 본조의 표현대리 규정에 대한 유추적용을 긍정하고 있다.[42] 통설과 판례의 이 같은 입장에 결과적으로 찬동하는 바이지만, 대리권을 가진 대리인이 자기의 이름을 표시하지 않은 채 마치 본인인 것처럼 행위한 경우에도 이를 현명의 표시방법의 하나라고 보아서 유효한 대리행위라고 해석하는 한[43] 위와 같은 표현대리의 적용에서도 달리 볼 것이 아니므로 본조가 직접 적용된다고 할 것이다.[44]

㈐ 끝으로 대리인이 직접 제3자와 대리행위를 한 것이 아니라 복대리인

40) 대판 74.4.9, 74다78(집 22-1, 137); 대판 93.2.23, 92다52436(공 93상, 1079); 대판 02.6.28, 2001다49814(공 02하, 1799: 처가 제3자를 남편으로 가장시켜 관련 서류를 위조하여 남편 소유의 부동산을 담보로 금원을 대출받은 경우).

41) 대판 88.2.9, 87다카273(공 88상, 496); 대판 93.2.23, 92다52436(공 93상, 1079: "본인으로부터 아파트에 관한 임대 등 일체의 관리권한을 위임받아 본인으로 가장하여 아파트를 임대한 바 있는 대리인이 다시 자신을 본인으로 가장하여 임차인에게 아파트를 매도하는 법률행위를 한 경우에는 권한을 넘은 표현대리의 법리를 유추적용하여 본인에 대하여 그 행위의 효력이 미친다고 볼 수 있다").

42) 구주해(3), 170(차한성); 주석 민총(3), 147(이균용).

43) 본 주해의 해당 부분인 § 114 Ⅱ.2.(3)㈎ 참조.

44) 같은 취지로 송덕수, 337.

을 선임하여 복대리인이 본인의 이름으로 대리행위를 하거나 또는 사자를 통하여 권한 외의 법률행위를 한 경우에도 본조의 표현대리 규정이 적용되는지 여부가 문제될 수 있다. 이 경우 대리인이 본인을 위하여 복대리인 또는 사자를 선임한 권한이 있는 한 복대리인 또는 사자가 그 권한을 넘는 대리행위를 하더라도 본조가 (유추)적용됨은 큰 의문이 없다. 복대리인이 본인을 위한 대리권인 이상 복대리권은 본조의 기본대리권에 해당하며, 사자권한 역시 본조의 기본대리권에 준하여 취급할 수 있음은 이미 설명한 바와 같다.[45]

그런데 위의 경우와 달리 대리인이 복대리인 또는 사자를 선임할 권한이 없음에도 불구하고 복대리인 또는 사자를 선임하고 그 복대리인 또는 사자가 권한 외의 법률행위를 한 경우에는 기본대리권의 존재와 관련하여 논의의 여지가 있다. 왜냐하면 이 경우에는 대리인이 복임권과 사자의 선임권을 갖지 못하는 이상 그 대리인에 의하여 선임된 복대리인 또는 사자가 본인을 위하여 활동할 권한 자체가 없기 때문이다. 그런데 이에 대하여 판례는 "대리인이 사자 내지 임의로 선임한 복대리인을 통하여 권한 외의 법률행위를 한 경우, 상대방이 그 행위자를 대리권을 가진 대리인으로 믿었고 또한 그렇게 믿는 데에 정당한 이유가 있는 때에는, 복대리인 선임권이 없는 대리인에 의하여 선임된 복대리인의 권한도 기본대리권이 될 수 있을 뿐만 아니라, 그 행위자가 사자라고 하더라도 대리행위의 주체가 되는 대리인이 별도로 있고 그들에게 본인으로부터 기본대리권이 수여된 이상, 민법 § 126를 적용함에 있어서 기본대리권의 흠결 문제는 생기지 않는다"[46]고 판시한 바 있다. 이러한 판례의 태도에 찬동하는 바인데, 복대리인 또는 사자가 그 자체로는 본인을 위하여 활동할 수 있는 권한이 없다고 하더라도 이들의 지위가 유래한 대리인이 본인으로부터 수여받은 대리권을 가지고 있는 한 본인에의 귀책성을 담보하는 기본대리권의 존재는 인정되어야 하기 때문이다.[47]

4. 제3자가 대리권이 있다고 믿을 만한 정당한 이유

(1) 제3자의 범위

본조의 제3자는 지배적 견해에 따르면 대리행위의 직접 상대방에 한정된

45) 앞의 Ⅱ.2.(2) 참조.
46) 대판 98.3.27, 97다48982(공 98상, 1187).
47) 주석 민총(3), 147(이균용).

다고 한다.[48] 따라서 직접의 상대방이 대리권 존부에 대하여 악의·과실인 한 전득자가 선의·무과실이더라도 선의취득은 별론으로 하더라도 본조의 적용은 없게 된다.[49] 그러나 사견에 따르면 이미 무권대리 전론에서 설명하였듯이 직접적 상대방 이외에 그 자와 새로운 이해관계를 가진 전득자 역시 본조의 제3자에 포함되어야 한다. 표현대리는 본인의 귀책성과 상대방의 보호필요성을 형량하여 무권대리행위의 본인에 대한 귀책 여부를 판단하여 본인·상대방 보호와 거래안전에 기여하는 제도이다. 그렇다면 본조에 따른 전득자의 보호 여부와 관련하여 본인의 귀책성은 본인 스스로 신용할 수 없는 자를 대리인으로 선임하여 상대방을 포함한 거래질서에 위험을 창출하였다는 점에서 여전히 인정되며, 자신과 거래하는 상대방이 권한있는 자라고 믿는 전득자의 신뢰 역시 보호할 필요성이 있다.

물론 이 경우 전득자의 신뢰는 대체로 자신의 거래 상대방에게 맞추어져 있을 뿐 그 상대방과 직전에 법률행위를 하였던 대리인에게 대리권이 있었다는 사정을 지향하고 있지는 않을 것이다. 그러나 이러한 사정이 본인의 책임으로 돌아가는 대리권 외관에 기초하여 법률적 이해관계를 갖게 된 전득자의 보호필요성을 부정할 수 있는 요소라고는 여겨지지 않는다. 왜냐하면 외관법리를 통한 신뢰보호는 신뢰의 기초가 되는 외관에 대한 사실적, 현실적 믿음이라기 보다는 외관에 부합하는 일정한 상태의 존속에 대한 추상적, 시스템적 기대에 따른 규범적 판단의 결과이기 때문이다.[50] 예시적으로 본인 甲을 대리한 乙이 수권받은 권한을 넘어서 상대방 丙과 법률행위를 하고, 상대방 丙이 그 목적물을 전득자 丁에게 다시 매각한다고 생각해 보자. 이때 외관법리에 따른 신뢰보호의 관건이 되는 것은 전득자 丁이 상대방 丙과 거래를 할 때에 우연치 않게 丙과 본인 甲의 대리인 乙 사이의 거래상황에 대하여 소상히 전해 들어서 대리인 乙에게 대리권이 있었다고 사실상으로 믿었다는 것에서 찾아질 수는 없다. 오히려 전득자 丁의 입장에서는 (丙의 취득경위에 대한 자신의 인식 여하에 관계없이) 상대방 丙과 甲

48) 곽윤직, 신정수정판, 1998, 399; 김준호, 307; 김증한, 377; 송덕수, 363; 이영준, 629; 구주해(3), 155(차한성); 주석 민총(3), 151(이균용).

49) 물론 직접 상대방이 선의·무과실인 경우에는 전득자가 악의·과실이더라도 전득자는 직접 상대방의 선의·무과실에 따른 법률효과를 원용하여 자신의 권리취득을 주장할 수 있다. 같은 취지로 대판 91.6.11, 91다3994(집 39-3, 36); 대판 94.5.27, 93다21521(공 94하, 1814); 대판 99.1.29, 98다27470(공 99상, 366); 대판 99.12.24, 99다13201(공 00상, 294).

50) 김상중, "대리제도와 제3자의 보호", 비교 27-2, 2010, 26-29.

의 대리인 乙 사이의 법률행위가 유효하다고 믿을 수 있어야만 한다는 점이고, 이 경우에만 丁은 비로소 丙과 대리행위의 목적물에 대한 이해관계를 맺을 수 있게 된다. 바로 이것이 표현대리제도가 도모하려는 대리제도에서 거래질서의 보호라고 할 것이다. 선의의 제3자 보호가 문제되는 § 108 Ⅱ의 해석론과 채권양도금지특약에 대한 선의의 제3자 보호를 둘러싼 § 449 Ⅱ의 판결례 법리에서도 이와 마찬가지임은 이미 설명한 바와 같다.[51]

따라서 대리행위의 직접 상대방 이외에 전득자의 경우에도 본조의 인적 보호범위에 포함된다고 해야 할 것이다. 물론 본조의 "정당한 이유" 여부는 아래 (2)에서 서술하듯이 무권대리인과 거래할 때의 제반 사정을 고려하여 거래상대방의 입장에서 대리인에게 대리권이 있다고 믿는 것이 당연하다고 생각되는지에 따라 판단되어야 한다. 그렇지만 전득자의 경우에는 대리인의 직접 상대방이 아니라는 지위에 따라 전득자 자신의 거래상대방이 무권대리인과 거래하였다는 사정에 대하여 선의·무과실[52]인지 여부가 '정당한 이유'의 판단기준이라고 할 것이다.

(2) "정당한 이유" 여부의 판단 일반

㈎ 정당한 이유의 요건 　본조의 권한을 넘은 표현대리가 외관법리의 발현인 한 본조에 따른 책임은 기본대리권의 존재라는 본인의 외관형성에의 관여 이외에 그 외관에서 비롯한 대리권의 존재에 대한 상대방의 합리적 기대를 그 귀속근거로 하고 있다. 후자의 상대방의 합리적 신뢰는 본조에서 "제3자가 그 권한이 있다고 믿을 만한 정당한 이유가 있는 때"라는 요건으로 표현되고 있다. 기본대리권의 존재를 넓게 해석하고 있으며 또한 본조의 유추적용 및 §§ 125, 129와의 중복적용을 인정함으로써 본조의 적용이 표현대리 전반에서 차지하는 높은 비중 등에 따라 "정당한 이유"에 관하여는 여러 가지 논의가 이루어지고 있다. 아래에서는 ① 정당한 이유의 의미, ② 정당한 이유 여부의 판단시점, ③ 정당한 이유 여부에 대한 주요 판단기준, 그리고 ④ 정당한 이유의 증명책임 등에 관하여 해설하도록 하겠다.

㈏ 정당한 이유의 의미와 판단시점 　본조는 §§ 125, 129가 선의·무과실이라고 표현한 바와는 달리 "정당한 이유"라고 규정하고 있는 관계로 학

51) 무권대리 전론 Ⅲ.3.(3) 참조.

52) 전득자의 입장에서 자신의 상대방과 거래한 대리인의 대리권한 존부에 대하여 스스로 조사·확인해야 할 경우는 극히 드물 것이며, 따라서 과실 여부는 대개의 경우 문제되지 않을 것이다.

설에서는 이 요건의 의미에 관하여 견해가 대립하고 있다. 다수설에 따르면 다른 표현대리 규정과 마찬가지로 무권대리행위가 이루어진 시점에 존재한 제반 사정으로부터 객관적으로 관찰하여 보통 사람이면 대리권이 있는 것으로 믿는 것이 당연하다고 생각되는 것을 말한다고 한다.[53] 다시 말해 본조의 정당한 이유 역시 상대방의 선의·무과실을 뜻한다고 한다. 이에 반하여 최근에는 본조의 "정당한 이유"는 선의·무과실로는 충분하지 않고 '상대방이 믿은 데 과실이 없는 때'와 비교하여 보다 좁게 해석되어야 한다는 주장도 있다. 이 입장에 따르면 과실 여부의 판단이 주관적 의미를 갖는데 비하여, 정당한 이유 여부는 객관적 의미로서 이성인을 기준으로 모든 사정을 고려하여 객관적으로 판단해야 한다고 한다.[54] 그러나 표현대리의 각 유형에서 본인과 상대방의 보호 여부를 달리 판단해야 할 필요가 있는지 의문이며, 더욱이 다수설에서 뜻하는 과실 여부의 판단 역시 대리행위를 둘러싼 제반 사정을 고려하여 객관적·규범적으로 판단하지 않을 수 없는 한 본조의 "정당한 이유"는 §§ 125, 129의 선의·무과실 여부와 동일하게 이해되어야 할 것이다.

위 요건과 관련하여 본조와 동일한 구민법 하에서 판례는 "정당한 이유가 있는 때라고 함은 제3자로 하여금 대리인이 본인을 위하여 그 거래를 할 권한이 있을 것이라는 관념을 야기시키기에 족한 사정이 있는 경우를 지칭하는 것으로서 환언하면 제반 사정에 비추어 보통의 주의력을 가진 사람의 거지(擧止)로서 아무런 과실이 없는 경우를 말한다"고 판시하여[55] 다수설과 마찬가지의 태도를 취하였다. 또한 본조와 관련하여 다음과 같은 판시, 즉 "권한을 넘은 표현대리에 있어서 본인에게 대리인이 한 책임을 지우게 하려면 제3자인 상대편이 선의였다는 점과 아울러 그가 대리인에게 대리할 권한이 있다고 믿을 만한 정당한 이유가 있었다는 점만을 판정하면 되는 것이지 그 상대편이 제3자가 무과실이었다는 점은 판단할 필요가 없다 할 것이다. 왜냐하면 제3자의 선의와 제3자가 대리인에게 그 권한이 있다고 믿을 만한 정당한 이유가 있다고 함은 한편으로 제3자에게 과실이 없었다는 것까지도 나타내는 것이기 때문이

53) 고상룡, 577; 곽윤직(주 48), 398; 김용한, 377; 김주수·김상용, 416; 김증한·김학동, 445; 명순구, 505; 정기웅, 476; 구주해(3), 153(차한성); 주석 민총(3), 153(이균용).

54) 이영준, 633(이 같은 견해의 근거에 대하여는 앞의 Ⅰ. 주해내용 참조). 같은 취지로는 곽윤직·김재형, 369; 김상용 601; 백태승, 488; 송덕수, 363; 이은영, 641.

55) 대판 54.3.16, 4286민상215(요집 민 Ⅰ-1, 195); 대판 59.8.27, 4292민상331(요집 민 Ⅰ-1, 195).

다”고 판시함으로써[56] 달리 해석될 여지도 있지만 다수설과 그 취지를 같이하고 있다고 생각된다.

한편, 정당한 이유 여부의 판단은 기본대리권의 존재와 마찬가지로 대리행위 당시를 기준으로 판단하여야 한다는 것이 통설[57]과 판례[58]의 입장이다. 따라서 본조에서 대리인에게 권한이 있다고 믿을 만한 정당한 이유가 있는가의 여부는 대리행위(매매계약) 당시를 기준으로 하여 판정하여야 하는 것이므로, 예를 들어 “무권대리인이 매매계약 후 잔대금 수령시에 가서야 비로소 본인 명의의 등기권리증, 인감증명서, 위임장, 매도증서 등을 상대방에게 제시한 사정만으로는 상대방이 무권대리인에게 그 권한이 있다고 믿을 만한 정당한 이유가 된다고 할 수 없다”고 할 것이다.[59]

㈐ 정당한 이유 여부의 판단기준 일반 본조의 정당한 이유 여부는 위 ㈏에서 설명한 바와 같이 대리행위를 한 당시의 제반 사정을 거래통념에 따라 객관적으로 관찰하여 판단하여야 한다. 이 요건의 인정 여부는 표현대리행위에 따른 본인에의 책임귀속이라는 효과를 가져오기 때문에 무권대리행위에 대한 본인의 관여 내지 무권대리행위의 경위, 본인과 대리인·상대방의 관계 및 대리행위의 내용 등을 종합적으로 고려하여 본인과 상대방 사이의 대립하는 이익을 형량하는 개별적 판정작업일 수 밖에 없다.[60] 다만 이러한 판단에 일응의 방향을 제공한다는 취지에서 아래 (3)에서 정당한 이유 여부에 대한 개별 판결례를 소개하겠는데, 우선적으로 이들 판결례를 일별해 보면 다음과 같은 요소, 즉 ① 대리인이 당해 거래에 필요한 모든 자료(예를 들어 인장, 인감증명서, 위임장, 부동산등기권리증 등)를 소지하고 있는지 여부, ② 대리인의 본인과의 가족관계 내지 일정한 직위 등 본인과 대리인의 관계, ③ 권한을 넘은 대리행위의 기본대리권과의 관련성 또는 종전에 유사한 대리행위에 대한 본인의 반응, ④ 대리하는 법률행위

56) 대판 63.9.12, 63다428(집 11-2, 127).

57) 고상룡, 577; 곽윤직(주 48), 399; 김용한, 378; 김증한·김학동, 417; 송덕수, 363; 구주해(3), 156(차한성); 주석 민총(3), 154(이균용).

58) 대판 81.8.20, 80다3247(집 29-2, 277); 대판 81.12.8, 81다322(공 82상, 169); 대판 87.7.7, 86다카2475(집 35-2, 253); 대판 89.4.11, 88다카13219(공 89상, 750); 대판 09.2.26, 2007다30331(미공개); 대판 12.7.26, 2012다27001(미공개).

59) 대판 81.8.20, 80다3247. 마찬가지의 취지로는 대판 81.12.8, 81다322(공 674, 169: “무권대리인이 매매계약 후 그 이행단계에서야 비로소 본인의 인감증명과 위임장을 상대방에게 교부한 사정만으로는 상대방이 무권대리인에게 그 권한이 있다고 믿을 만한 정당한 이유가 있었다고 단정할 수 없다”); 행위능력의 제한에 따른 법정대리에서 동일한 취지로는 대판 97.6.27, 97다3828(공 40, 2334).

60) 구주해(3), 155(차한성); 주석 민총(3), 155(이균용).

의 내용과 이례성 여부, ⑤ 대리권한에 관한 상대방의 확인·조사할 주의의무의 정도 등의 요소들이 정당한 이유 여부를 판단하는데 중요하게 고려되어 오고 있다.

한편 대리권이 있다고 상대방이 믿을 만한 정당한 이유가 있었는지 여부를 판단함에 있어서 상대방이 정당한 믿음을 갖게 된 것이 본인의 과실이나 작위·부작위에서 비롯한 것인지가 논의되고 있다. 다수설은 본조의 정당한 이유가 인정되기 위해서는 본인의 과실, 작위나 부작위의 관여를 필요하지 않는다고 해석하고 있다.[61] 본인의 과실·관여 여부에 대한 논의는 오해의 여지가 없지 않은데, 우선 본조의 표현대리책임이 외관법리에 따라 외관형성에 대한 본인의 관여와 권리 외관에 대한 상대방의 합리적 기대를 요건으로 하는 한 대리권 존재의 외관에 대한 본인의 적극적 관여 또는 소극적 방치를 책임귀속을 위하여 필요로 함은 당연하다고 여겨진다. 다만 이 같은 요소는 이미 기본대리권의 존재라는 요건에서 표현되고 있으며, 따라서 상대방이 대리인에게 대리할 권한이 있다고 믿을 만한 정당한 이유가 있는지 여부에서 별도로 본인의 과실이나 작위·부작위에 의한 것인지를 물을 필요는 없다고 생각된다.[62] 이러한 한도에서는 본조의 정당한 이유 여부를 판단하는 데에 본인의 과실 내지 관여를 묻지 않는 다수설에 찬동할 수 있다. 이런 입장에 따르더라도 객관적 요건(대리권의 외관)과 주관적 요건(상대방의 신뢰)의 상호관련에 의하여 대리권의 존재에 대한 본인의 과실 내지 관여가 크면 클수록 상대방의 입장에서는 대리권이 있다고 충분히 믿을 만한 이유를 보다 용이하게 인정받게 될 것이다. 상대방의 대리권 존재에 대한 조사·확인의 의무에 관하여는 아래 (3)의 해설내용을 참조하기 바란다.

㈑ 정당한 이유에 대한 증명책임　　본조의 정당한 이유에 대한 증명책임에 관하여는 여러 견해가 대립하고 있다.[63] 정당한 이유의 의미에 관한 학

61) 곽윤직(주 48), 400; 김용한 378; 송덕수, 366; 구주해(3), 157(차한성); 주석 민총(3), 156(이균용).

62) 조선고등법원 당시의 판례는 상대방이 대리권 있음을 믿을 만한 정당한 이유가 있을 때라 함은 그 사정의 존재가 본인의 과실 내지 관여에서 비롯하였음을 의미한다고 판시한데 반하여[조고판 18.6.7(민집 5, 502)], 일본 최고재판소는 본인의 과실 등이 필요없으며, 따라서 본인의 무과실인 경우에도 책임을 면할 수 없다고 판시하고 있다고 한다[日最判 1953(昭 28).12.3, 民集 7-12, 1311; 日最判 1959(昭 34).2.5, 民集 13-1, 67. 이에 관한 소개로는 구주해(3), 157(차한성).

63) 일본 학설을 포함한 견해대립의 상세에 관하여는 구주해(3), 159(차한성).

설의 견해 차이의 경우와 마찬가지로 본조의 조문형식이 §§125, 129의 경우와 다르다는 점도 위 요건에 대한 증명책임의 논의를 복잡하게 하고 있다. 어찌되었건 크게 나누어 보면 상대방의 선의·무과실로 이해되는 정당한 이유의 여부에 관하여는 본인이 상대방의 악의 또는 과실있음을 주장·증명하여야 한다는 견해와[64] 상대방이 자신의 선의·무과실을 주장·증명하여야 한다는 견해가 대립하고 있다.[65] 본조의 "정당한 이유"는 §§125, 129의 선의·무과실과 비교하여 엄격하게 해석되어야 한다는 견해도 후자의 입장과 마찬가지로 상대방이 대리권이 있다고 믿을 만한 정당한 이유가 있었음을 주장·증명하여야 한다고 한다.[66] 본인이 상대방의 악의·과실을 증명해야 한다는 입장은 상대방 보호와 거래 안전에, 이와 반대로 상대방이 자신의 선의·무과실 또는 정당한 원인을 증명해야 한다는 입장은 본인의 보호에 보다 중점을 두는 결과를 가져오게 될 것이다. 민법에서 정한 표현대리의 세 유형이 대리권의 존재라는 외관형성에 본인이 관여한 모습을 달리하고 있을지라도 모두 무권대리라고 파악되고 이에 각 유형에 따라 본인과 상대방의 이익형량에서 어떠한 본질적 차이가 있다고는 생각되지 않는다. 따라서 본조의 표현대리 성립을 위한 제3자의 주관적 요건은 다른 규정의 경우와 마찬가지로 표현대리의 외관을 창출한 본인에 의하여 주장·증명되어야 할 것이다. 다시 말해 표현대리의 상대방이 본인에 대하여 표현대리책임을 추궁하면서 권한을 넘은 대리행위를 하는 자에게 대리권이 있다고 믿게 되었던 사정을 구체적으로 주장·증명하는 경우 본인은 상대방의 악의 또는 과실을 주장·증명하여야 한다.[67]

(3) "정당한 이유" 여부에 관한 구체적 판단

본조의 표현대리 성립에 관하여 실무에서 주로 다투어지는 요건인 정당한 이유 여부는 대리행위 당시에 나타난 제반의 사정을 합리적 거래관념에 따라 종합적으로 고려하여 판단하여야 한다. 따라서 정당한 이유 여부에 관한 판단기준을 일반적, 추상적으로 정립한다는 것은 곤란하며, 다만 판례의 판단경향

64) 곽윤직(주 48), 399; 김용한, 378; 구주해(3), 160(차한성).

65) 고상룡, 578; 김상용, 604; 김준호, 341; 백태승, 521; 송덕수, 366; 이은영, 642.

66) 이영준, 639.

67) 소송실무에서는 본조의 적용에 있어서 정당한 이유의 유무가 결정적 쟁점이 되는 경우가 많으므로, 법원으로서는 석명권을 적절하게 행사하여 충분한 심증을 얻을 때까지 심리를 하는 것이 일반적이라고 한다. 따라서 대개의 경우 정당한 이유 여부가 분명하게 밝혀지므로 증명책임의 문제로 사건이 해결되는 것은 거의 없다고 한다. 구주해(3), 161(차한성); 주석 민총(3), 157(이균용).

을 개관하여 대략적으로 위 요건의 충족을 긍정하는 요인과 부정하는 요인을 유형화 해 볼 수는 있다.[68]

㈎ 인장 등 관련 문서의 소지 대리인이 상대방과 거래할 때에 본인의 인감, 인감증명, 위임장, 부동산거래의 경우에는 등기권리증 등을 소지한 때에는 대체로 상대방은 대리인에게 당해 거래에 대한 대리권이 있다고 믿는데 정당한 이유가 있다고 인정될 수 있다. 예를 들어 ① 토지를 매각하여 달라는 부탁을 받고 인장도장을 맡은 자가 이를 이용하여 위임장, 인감증명 등 관련서류를 작성하여 제3자와 근저당권설정계약을 한 경우,[69] ② 은행융자를 위한 근저당권설정에 사용하기 위하여 등기권리증, 인감도장, 인감증명서를 교부받았음을 기화로 다른 사람의 제3자에 대한 차용금채무의 대체담보조를 위하여 근저당권설정계약을 체결한 경우,[70] ③ 은행융자를 위임받은 복대리인이 부동산에 대한 권리증서, 인감증명, 위임장, 차용증서 등 필요 서류 일체를 구비하여 타인으로부터 금원을 차용하면서 담보권을 설정해 준 경우,[71] ④ 자동차 할부구입에 따른 보증보험계약상 구상금채무에 대한 연대보증이라고 하여 교부받은 보증용 인감증명서와 인감도장을 이용하여 타인의 채무에 대한 연대보증을 위하여 사용한 경우,[72] ⑤ 400만 원 정도의 소형트럭의 할부구입을 위한 보증보험계약상 구상금채무에 대한 연대보증을 위하여 교부한 보증용 인감증명과 인감도장을 이용하여 중장비 할부구입을 위한 5천6백여만 원의 보증보험계약상 구상금채무의 연대보증을 위하여 사용한 경우,[73] ⑥ 공탁금 수령권자에게 돈을 빌리는데 필요하다고 말하여 그로부터 받아둔 인감도장과 이 사건 공탁금 관계에 필요하다고 말하여 본인이 직접 발급받아 건네어 준 공탁금 회수용 인감증명을 가지고 공탁금의 출급신청을 한 경우[74] 등에서 인장 등 관련 서류를 소지한 자에게 대리권이 있다고 믿을 만한 정당한 이유가 인정된 바 있다.

---

68) 아래의 개별적 인정요소에 관하여는 구주해(3), 161(차한성); 주석 민총(3), 158(이균용); 박정수, "월권표현대리에 관한 대법원판결의 검토", 재판실무 1, 1999, 43.

69) 대판 75.4.8, 74다2224(요집 민 I-1, 206).

70) 대판 87.5.26, 86다카1821(공 87하, 1057).

71) 대판 60.2.4, 4291민상508(집 8 민, 011).

72) 대판 91.4.23, 90다16009(공 91상, 1459); 대판 92.10.13, 92다31781(공 92하, 3139); 대판 01.2.9, 2000다54918(공 01상, 617).

73) 대판 91.12.27, 91다30668(공 92상, 774).

74) 대판 90.5.22, 89다카1121(공 90하, 1338).

반면 대리인으로 행위하는 자가 본인을 대리하는데 필요한 서류를 소지하지 않은 경우에는 상대방이 본인을 대리하는 자에게 대리권이 있다고 믿을 만한 정당한 이유가 없다고 판단할 여지가 크다. 실제로 자(子)와 함께 부동산을 공동상속한 모(母)가 매매계약 당시 부동산 전부를 관리하면서 자(子)의 상속지분에 대한 매매계약을 체결함에 있어서 자(子) 명의의 인감도장이나 인감증명서, 위임장 등의 서류조차 전혀 구비하고 있지 아니한 경우 매수인이 모(母)를 자(子)의 대리인이라고 믿은 데 과실이 있다고 판단한 바 있다.[75] 또한 예를 들어 부동산 매매계약에서 본인의 인감증명과 위임장 및 매도증서만을 제시할 뿐 본인의 인감도장과 등기권리증을 소지하지 않은 경우에는 매수인은 대리권에 대하여 의심을 갖고 그 존부에 대하여 확인할 의무가 있으며 이를 게을리한 경우 상대방의 과실이 인정된 바 있다.[76] 더 나아가 대리인이 대리행위에 필요한 관련 서류를 제출한 경우에도 대리행위 당시의 사정이나 거래의 중대성 등에 비추어 대리권의 유무에 관하여 의심을 갖게 할 만한 사정이 있거나 또는 본인에게 직접 확인해야 할 필요가 있는 경우에 대리권 여부에 대한 상대방의 조사·확인의무가 인정되고 있다. 예를 들어 ① 보증보험회사의 직원이 보험계약자로부터 교부받은 보증보험약정서상의 보증인란과 보험계약자란 기재의 필적이 동일하고 보험계약자의 매제인 보증인의 인감증명서가 보험계약자의 여동생에 의해 대리발급된 점을 쉽게 알 수 있었으며 그 사용용도란에 아무런 기재가 없었음에도 회사의 업무처리지침과 달리 인감증명서의 인영만을 서류상으로 대조하여 할부판매보증보험계약을 체결한 경우,[77] ② 물품공급계약에 따른 甲의 채무에 관하여 乙의 대리인이라는 甲과 사이에 체결된 연대보증계약에 있어서 乙이 직접 발급받은 보증용 인감증명서와 재산세납부증명서를 甲이 소지하고 있었다는 사실만으로 乙을 직접 만나거나 전화를 거는 등의 방법으로 甲에게 대리권을 수여하였는지의 여부를 확인하지 아니한 경우[78]에 대리권이 있다고 믿은 상대방의 과실을 인정한 바 있다.

㈏ 관리권한 등의 직책 또는 종전 거래와의 관련성 등에 따른 신뢰

본인의 재산에 대한 관리권한을 갖거나 본인을 대표할 수 있는 일정한 직책을 가지고 있는 자가 본인을 대리하여 행위하는 경우에는 상대방이 대리인에게

75) 대판 92.6.9, 92다11473(공 92하, 2129).
76) 대판 76.3.23, 73다1549(집 24-1, 169).
77) 대판 98.7.10, 98다15835(공 98하, 2096).
78) 대판 92.2.25, 91다490(공 92상, 1113).

대리권이 있다고 믿을 만한 정당한 이유가 인정될 여지가 높아진다. 예를 들어 ① 염전의 경영을 위탁받은 자가 염전을 위하여 금전을 차용하고 그 담보로 부동산매매계약을 체결하는 경우,[79] ② 대한어머니중앙연합회 부회장 겸 사무총장으로서 대표자인 회장을 대리하여 일상업무를 처리하면서 회장의 인장을 사용하여 온 자가 물품대금채무에 대한 담보조로 연합회 회장명의로 약속어음에 배서를 한 경우,[80] ③ 건축공사를 도급받은 자가 현장대리인을 정하여 도급인에게 그 취지를 신고하고 지정된 현장관리인이 그 권한외의 행위를 한 경우[81]에 대리권 존부에 대한 상대방의 정당한 믿음을 인정한 바 있다.

또한 가족관계와 같은 대리인과 본인의 특수한 관계에 따라 상대방의 정당한 이유가 긍정되는 경우도 있다. 가령 ① 외항선원인 형(兄)으로부터 부재중에 가사와 귀속재산의 소유권이전등기절차의 이행을 위임받은 동생이 위임받은 소유권이전등기절차를 이행한 다음 권한을 넘어 금전을 차용하면서 매도담보로 제공하는 경우,[82] ② 남편이 정신병으로 장기간 병원에 입원 중인 처(妻)가 병원비, 생활비 등을 지급할 목적으로 남편 소유의 주택을 적정 가격으로 처분한 경우,[83] ③ 친권자인 부(父)가 미성년자의 인장과 그 소유 부동산에 관한 권리증을 처(妻)에게 보관시켜 그 처(妻)가 그 부동산을 다른 사람에게 담보로 제공하는 경우,[84] ④ 소유권이전등기절차를 의뢰받은 형(兄)이 그 절차 이행을 위하여 보관하던 동생의 인장으로 자신의 채무담보를 위하여 동생 명의의 약속어음을 발행한 경우,[85] ⑤ 해외취업 중인 남편으로부터 공장경영의 위임을 받은 처(妻)가 공장운영자금의 조달을 위하여 금전을 차용하면서 남편 명의의 부동산에 담보목적의 가등기를 마쳐준 경우[86]에 대리인이 있다고 믿을 만한 상대방의 정당한 이유를 인정한 바 있다. 그렇지만 본인과 대리인 사이에 가족관계가 있는 경우에는 이러한 관계를 악용하여 본인의 인장 등을 손쉽게 입수하여 이를 악용할 우려도 있다는 점에서 상대방의 "정당한 이유" 여하

79) 대판 64.7.21, 64다395(요집 민 Ⅰ-1, 201).
80) 대판 89.3.28, 87다카2152, 2153(공 89상, 660).
81) 대판 71.5.31, 71다847(집 19-2, 86).
82) 대판 66.9.6, 66다981(집 14-3, 9).
83) 대판 70.10.30, 70다1812(집 18-3, 256).
84) 대판 68.8.30, 68다1051(집 16-2, 364).
85) 대판 71.12.28, 71다2303(요집 민 Ⅰ-1, 205).
86) 대판 87.11.10, 87다카1325(집 35-3, 242).

를 판단하는데 신중해야 할 필요도 적지 않을 것이다.[87]

더 나아가 대리인의 권한을 넘은 대리행위가 본인에 의하여 묵인되거나 종전 거래와의 관련성에 따라 대리권 존재에 대한 상대방의 정당한 신뢰가 인정될 수도 있다. 예를 들어 ① 甲과 물품판매업을 공동경영하는 乙은 甲 명의의 수표를 빈번히 그 대리인으로서 발행하였고 甲이 乙의 거래상의 이자를 여러 차례 지급한 사정이 있었다면 乙이 자기가 보관하고 있던 甲의 도장을 모용하여 제멋대로 甲 명의의 약속어음을 제3자에게 발행한 경우,[88] ② 회사의 수표장(手票帳)과 대표이사 인장을 보관하면서 회사 명의의 수표를 발행오던 자가 무단으로 회사 명의의 수표를 발행하는 경우[89]가 이에 해당한다.

㈐ 대리하는 법률행위의 내용, 이례성 여부와 그 외 개별 사정

대리하는 거래의 내용과 대리행위의 개별적 경위 등에 따라 대리행위의 상대방이 대리인에게 대리권이 있음을 만연히 믿어서는 안 되고 본인에게 문의하는 등 보다 주의를 기울어야 할 경우가 있다.

우선, 대리행위가 대리인에게는 이익이 되나 본인에게는 이익이 되지 않거나 부담만을 가져다주는 이익상반행위인 경우가 이에 해당한다. 가령 대리인이 자신의 채무에 대하여 본인을 대리하여 채권자와 보증계약을 체결하거나 본인 소유의 부동산을 물적 담보로 제공하는 행위가 전형적인 경우이다. 대법원의 판례에서도 "부동산의 소유자가 아닌 제3자로부터 근저당권을 취득하려는 자로서는, 그 소유자의 인감증명 외에 그 소유자에게 과연 담보제공의 의사가 있는지 여부 및 그 제3자가 소유자로부터 담보제공에 관한 위임을 받았는지 여부를 그 소유자에게 확인해 보아야 할 것이고, 만약 그러한 조사를 하지 아니하였다면 그 제3자에게 그 소유자를 대리할 권한이 있다고 믿은 데에 과실이 있다"고 판시한 바 있다.[90] 또한 부재자의 재산관리인에 의한 대리행위에서도 "부재자 재산관리인이 법원의 매각처분허가를 얻었다 하더라도 부재자와 아무 관계가 없는 남의 채무의 담보만을 위하여 부재자 재산에 근저당권을 설정하는 행위는 보통 있을 수 없는 드문 처사라 할 것이니 통상의 경우 객관적으로 그 행위가 부재자를 위한 처분행위로서 당연하다고는 경험칙상 쉽사리 볼 수 없는 처사라 할 것이므로 달리 그 권한 있는 것으로 믿음에 잘못이 없

87) 구주해(3), 165(차한성). 부부의 일상가사대리권과 표현대리에 관하여는 아래 Ⅲ.1. 참조.
88) 대판 62.7.12, 62다255(집 10-3, 153).
89) 대판 69.12.23, 68다2186(집 17-4, 204).
90) 대판 92.11.27, 92다31842(공 93상, 258).

다고 인정되는 정당한 이유가 있다면 모르거니와 그렇지 않다면 그 권한있다고 믿음에 있어 선의·무과실이라 할 수 없을 것이다"고 마찬가지의 판단을 하고 있다.[91)]

또한 거래내용이 이례적이거나 불합리한 경우에도 대리권의 존부에 대하여 상대방이 확인해야 할 주의의 정도는 높아진다고 하겠는데, 예를 들어 "은행거래의 관행상 다른 담보를 제공하는 등의 특별한 사정없이 담보물의 물적 책임을 감경시켜 준다는 것은 이례적이고 또 은행지점장과의 면담 등을 통해서 은행대리가 저당부동산의 담보책임을 금 2억 원의 한도 내로 제한하여 주기로 한 약정이 은행의 방침으로 확정된 것인지 등 여부를 쉽게 확인할 수 있는 점에 비추어 볼 때 위 담보부동산을 매수한 상대방으로서는 은행대리가 담보부동산 소유회사에 대한 대출관련업무를 취급하고 있었다는 사유만으로 그에게 담보책임을 경감시킬 권한이 있었다고 믿을 만한 정당한 이유가 있다고 할 수 없다"고 판단하고 있다.[92)] 더 나아가 兄 소유의 토지·건물 및 여기에 시설된 양조장을 관리하는 동생이 이를 운영하는 권한을 넘어서 부동산과 양조장 일체를 처분하는 행위[93)]와 같이, 본인에게 아주 중요한 영향을 미치는 거래의 경우에도 상대방은 대리인에게 대리권한이 있다고 믿는 데에 엄격한 주의를 기울어야 할 것이다.

한편 대리인이 기본대리권과 관련성이 희박한 법률행위를 대리하거나 대리행위 당시 대리인의 의심스러운 언동이나 태도를 보이는 경우[94)] 역시 상대방의 '정당한 이유'를 인정하는데 소극적 요소로 작용할 것이다. 또한 대리행위가 직무권한에 위반하거나 사회통념상 인정되는 권한의 범위를 넘어서는 경우에도 마찬가지이다. 가령 대법원의 판결례에 따르면 본인과 형제간으로서 출판사를 공동경영하는 자가 본인의 인장을 이용해 본인 명의로 상대방 은행을 채권자로 하는 근저당권설정계약을 권한 없이 대리하는 경우에 비록 과거 상대방으로부터 금원을 대출받을 때에 본인이 물상보증인이 된 적이 있다고 하더라도 상대방 은행의 대출사무규정에 위배하여 본인을 면접하여 본인임과 담보제공의사를 확인하지 않은 채 근저당권설정계약이 이루졌다면 상대방 은행이 대리인에게 대리권 있음을 믿을 만한 정당한 이유가 있다고 보기 어렵다

91) 대결 76.12.21, 75마551(집 24-3, 470).
92) 대판 89.9.12, 88다카28228(공 89상, 1407); 대판 80.8.12, 80다901(공 80하, 13084).
93) 대판 65.8.24, 65다981(집 13-2, 79).
94) 주석 민총(3), 162(이균용).

고 판시한 바 있다.[95] 또한 아파트 관리인이 아파트의 임대계약을 체결한다거나 보험모집인이 보험회사를 대리하여 보험계약을 체결하는 경우 또는 은행지점의 대리가 어음의 발행 또는 보증행위를 하는 경우에도 상대방은 특별한 사정이 없는 한 이를 권한 있는 대리행위라고 믿어서는 안 될 것이다.[96]

㈑ 상대방의 조사·확인의무　판례는 대리권한에 대한 상대방의 정당한 신뢰를 부정하는 근거를 상대방의 조사·확인의무 위반에서 찾는 경우가 많다. 물론 대리권한에 대하여 상대방에게 조사·확인의무를 부과하는 경우 대리인의 활용이 번거롭게 됨으로써 대리제도의 효용이 떨어질 수 있다. 따라서 직무 등의 사정에 따라 본인과 일정한 관계에 있는 자가 통상적으로 이루어지는 거래를 대리할 때에는 상대방은 대리인의 제시 서류 또는 대리인과의 거래경험에 비추어 별도의 조사·확인을 거치지 않더라도 대리권한의 존재를 믿는 데에 정당한 이유가 있다고 말할 수 있다. 그러나 무엇보다 금융기관이 채무자에 의한 대리행위를 통하여 연대보증인 또는 물상보증인을 본인으로 하는 연대보증 또는 물상보증계약을 체결하는 경우에는 관련 직무규정에서 본인의 보증의사를 직접 확인하도록 하는 규정하고 있다.[97] 또한 명시적인 직무규정이 없더라도 상대방의 거래경험이나 전문적 지위 또는 대리권한의 유무에 대하여 의혹을 갖게 할 대리행위의 경위에 비추어 대리권한을 조사·확인할 의무가 상대방에게 신의칙상 인정될 수 있다. 예를 든다면 ㈐에서 이미 소개한 바와 같이 대리인이 제시한 서류의 준비정도, 기재내용 또는 발행경위에 비추어 본인을 대리할 수 있는 권한이 있는지에 대하여 의심이 가는 경우[98] 또는 거래내용이 이례적이나 납득하기 어려운 경우[99]가 이에 해당한다.

대리행위에서 상대방의 조사·확인의무는 체계적으로 보았을 때에 강제이행 또는 손해배상의 근거가 될 수 있는 진정한 의미의 의무라고는 볼 수 없을 것이며, 상대방 스스로 자신의 이익을 보호하기 위하여 거래에서 요구되는 바를 다하여 표현대리의 효과를 본인에게 돌리기 위한 평가요소의 하나로서 파악하면 족할 것이다.[100] 이와 같은 상대방의 조사·확인의무는 의무 일반의 경

95) 대판 82.7.13, 82다카19(공 82하, 804); 대판 92.6.23, 91다14987(공 92하, 2223); 대판 95.8.22, 94다59042(공 95하, 3239).
96) 주석 민총(3), 162(이균용).
97) 앞의 각주 78, 95 인용 판결례 참조.
98) 앞의 각주 76, 77 인용 판결례 참조.
99) 앞의 각주 92 인용 판결례 참조.
100) 주석 민총(3), 162(이균용).

우와 마찬가지로 의무인정의 필요 이외에 의무이행의 기대가능성을 전제로 하고 있다.[101] 이 가운데 의무인정의 필요는 바로 위에서 설명한 바와 같이 거래내용의 전형적 내용(예를 들면 타인을 위한 보증) 또는 본인에 대한 영향의 중대성, 대리행위의 과정에서 대리권한을 의심하게 할 만한 사정 등에서 비롯하게 된다. 그리고 조사·확인의무 이행의 기대가능성은 상대방으로 하여금 무권대리의 불이익을 감수하도록 함을 정당화 시키는 요소로서 기능할 것이며, 상대방에게 대리권한의 조사가 용이한지를 살피게 된다. 상대방이 금융기관과 같은 전문적 지위에 있는 경우에는 의무의 이행가능성은 문제되지 않을 것이며, 본인과의 면식과 같은 상대방의 개인적 사정도 고려될 수 있을 것이다.[102] 상대방의 조사·확인의무는 대리권한을 조사·확인해야 할 필요의 정도에 따라 대리인과의 관계에서 행해질 수도 있으며 의심의 여지가 있을 경우에는 직접 본인과의 접촉, 면담, 통화 등의 방법으로 이루어지게 될 것이다.

Ⅲ. 본조의 적용문제

1. 법정대리에 대한 본조의 적용 여부

(1) 법정대리와 본조의 적용

법정대리는 본인의 의사와 관계없이 제한능력 등 법률이 정한 사유에 따라 대리권이 성립하며 그 내용도 법정된다는 점에서 임의대리의 경우와 마찬가지로 법정대리에 대하여 본조의 표현대리 규정을 적용할 수 있는지가 문제된다. 이 문제는 본조의 책임귀속이 대리권 존재에 대한 상대방의 신뢰 외에 대리권 외관 형성에 대한 본인의 관여를 필요로 하는데,[103] 법정대리의 경우에는 대리권의 발생에 대한 본인의 적극적 관여가 있다고는 말할 수 없다는 점에서 다투어질 충분한 여지가 있다.

법정대리에 대한 본조의 적용, 달리 말해 법정대리권이 본조의 기본대리권

101) 주석 민총(3), 164(이균용).

102) 대판 90.4.10, 89다카19184(공 90, 1042: "상대방은 대리인과 같은 시에 거주하면서 본인 및 대대리인과 같은 업종인 건설업에 종사하여 그 업계의 실태에 대해서 잘 알고 있는 위치에 있었던 사실 등이 인정된다면, 상대방은 대리인이 본인 회사의 부금상무에 불과하여 독자적으로 피고 회사를 대리하여 어음에 배서할 권한이 없음을 알고 있었다고 보여지므로 표현대리 성립을 인정할 수 없다").

103) 무권대리 전론 Ⅰ. 참조.

에 해당하는지에 관하여 종래의 다수설은 이를 긍정하고 있다.[104] 그 주된 근거로는 본조의 표현대리 성립을 위하여 본인의 과실을 필요로 하지는 않으며 또한 법정대리의 경우에도 권한을 벗어난 대리행위에 대하여는 임의대리의 경우와 마찬가지로 상대방을 보호해야 할 필요가 여전함을 제시하고 있다. 반면 최근에는 본조의 적용을 부정하는 입장이 유력하게 제기되고 있는데,[105] 그 근거는 ① 법정대리의 본인, 무엇보다 무능력자의 보호취지, ② 본인의 적극적 관여가 없기 때문에 본인에 대한 책임귀속의 결여에서 찾아지고 있다.

민법이 중요하게 여기는 두 가치, 즉 무능력자의 보호와 거래안전이 충돌하는 문제로서 후자의 부정적 입장은 충분히 납득할만하다. 다만 개인적으로는 긍정설의 입장에 찬동하는 바인데, 우선 표현대리책임의 외관법리가 궁극적으로는 무권대리의 위험귀속이라고 할 때에 본인의 적극적 관여가 있어야만 비로소 본인에 대한 위험귀속이 정당화된다고는 생각되지 않는다. 무권대리인과의 특별한 신분관계도 필요에 따라서는 본인에의 위험귀속을 뒷받침할 수 있다고 여겨지기 때문이다. 또한 제한능력자의 보호가 민법의 중요이념임에는 의문이 있을 수 없는데, 거래안전과의 충돌에서 제한능력자의 보호만을 절대적으로 우선시켜야 한다고는 생각되지 않는다. 판례에서도 제한능력자의 후견인에 의한 권한을 넘은 대리행위에서 "민법 §126 소정의 권한을 넘은 표현대리 규정은 거래의 안전을 도모하여 거래상대방의 이익을 보호하려는 데에 그 취지가 있으므로 법정대리라고 하여 임의대리와는 달리 그 적용이 없다고 할 수 없고, 따라서 한정치산자의 후견인이 친족회의 동의를 얻지 않고 피후견인의 부동산을 처분하는 행위를 한 경우에도 상대방이 친족회의 동의가 있다고 믿은 데에 정당한 사유가 있는 때에는 본인인 한정치산자에게 그 효력이 미친다"고 판시하고 있다.[106] 법정대리에 관하여 본조의 표현대리 책임을 긍정할 경우에는 제한능력을 이유로 한 본인의 높은 보호필요성은 대리권 존재에 대한 상대방의 정당한 믿음을 엄격히 판단함으로써 고려하여야 할 것이다.

---

104) 곽윤직 · 김재형, 370; 김용한, 379; 김상용, 606; 김형배 · 김규완 · 김명숙, 303; 백태승, 522; 구주해(3), 173(차한성); 주석 민총(3), 169(이균용). 한편 송덕수, 367은 제한능력자의 경우를 제외한 법정대리에 적용된다고 한다.

105) 고상룡, 581; 김대정, 1083; 김증한 · 김학동, 451; 양창수 · 김재형, 222; 이영준, 640; 이은영, 642; 지원림, 312.

106) 대판 97.6.27, 97다3828(집 45-2, 318). 이 외에도 대판 68.8.30, 68다1051(집 16-2, 364); 대결 76.12.21, 75마551(집 24-3, 470).

(2) 일상가사대리권과 본조의 적용

일상가사대리권이라 함은 부부가 일상의 가사에 관하여 서로 대리할 수 있는 권한을 뜻한다(§827 I). 일상가사대리권의 법적 성질에 관하여 혼인공동체의 대표권이라고 파악하는 입장도 있지만, 다수설은 법정대리권이라고 이해하며 견해에 따라서는 부부 사이의 묵시적 수권행위에 의한 임의대리권이라고도 이해하고 있다. §827 I 에서 규정한 "일상의 가사"는 부부가 공동의 생활을 영위하는데 필요한 통상의 사무를 말하는데, 그 내용·정도 및 범위는 그 부부의 사회적 지위·직업·자산·수입과 생활정도 등에 따르며 또한 그 부부가 공동생활하는 지역의 관습 및 사회통념에 의하여 정해진다. 따라서 부부 일방에 의한 대리행위가 당해 부부의 일상가사에 관한 법률행위인지의 여부는 위와 같은 부부의 현실적 생활사정을 고려하여야 한다. 다만 §827의 규정 자체가 상대방 보호와 거래질서의 유지를 의도하고 있다는 점에서 일상가사에의 해당 여부는 부부의 내부 사정이나 그 행위의 개별 목적만이 아니라 당해 법률행위의 객관적 종류·성질 등도 충분히 고려하여 판단되어야 한다.[107] 이에 식료품·의료 등의 구입이나 주거용 주택의 임차 등 가족의 의식주에 관한 사무나 자녀의 양육·교육 등에 관한 사무는 일상의 가사에 속하는 반면, 부동산의 구입 또는 담보제공, 거액의 자금차용 등은 일상가사의 범위를 벗어나는 행위로 볼 여지가 크다고 하겠다.

부부의 일방이 위와 같이 판단되는 일상가사의 범위를 벗어난 법률행위를 하는 경우 상대 배우자가 본조의 표현대리에 따른 책임을 지는지 여부가 문제되고 있다. 이에 대하여는 학설의 견해가 나뉘어져 있는데, §126가 직접 적용된다는 입장과 §126의 적용 자체는 부정하지만 유추적용할 수 있다는 입장이 대립하고 있다. 먼저, 다수설인 §126의 적용설에 따르면 일상가사대리권을 기본대리권으로 하여 부부 사이의 일반적 법률행위에 대하여 본조가 적용될 수 있다는 입장이다.[108] 다만 본조의 적용을 긍정하는 입장 중에서 그 세부적 논의전개 내지 인정범위에서는 차이가 없지 않다. 즉, 본조의 적용을 긍정하면서도 부부 일방의 대리행위가 일상가사의 범위 내의 행위라고 믿을 만한 정당한 이유가 있는 때에 한하여 이를 인정하려는 견해가 있는가 하면,[109] 일상가

107) 대판 97.11.28, 97다31229(공 98상, 77); 대판 00.4.25, 2000다8267(공 00상, 1287).
108) 고상룡, 582; 곽윤직(주 48), 400; 김상용, 609; 이영준, 640; 이은영, 644.
109) 곽윤직(주 48), 401.

사대리권의 범위를 넘은 행위에 대해서는 그 월권행위의 신뢰에 정당한 이유가 있는 한 본조가 적용될 수 있다는 입장[110)]으로 구분되고 있다. 반면 §126의 유추적용을 긍정하는 학설[111)]은 일단 일상가사대리권의 경우 대리권이 아니라 일종의 대표권이라고 파악하여 본조의 기본대리권으로 될 수 없다고 하면서 일상가사대리권을 기초로 하는 본조의 적용 자체를 부정하고 있다. 그러나 부부가 공동생활을 영위함에 있어서 개별적·구체적인 일상가사의 범위가 일반적·추상적인 일상가사의 범위와 일치하지 않는 경우에 한하여 본조에 따른 표현대리 규정을 유추적용하여 일상가사대리의 범위 내라고 믿음에 정당한 사유가 있는 경우, 즉 일반적·추상적 일상가사의 범위 내에서는 상대방의 보호를 위하여 본조가 유추적용될 수 있다는 입장이다. 이 입장에 따르면 이러한 일반적·추상적 일상가사의 범위를 넘어선 부부 일방의 대리행위에 대하여는 별도의 수권이 있는 경우에 한하여 이를 기초로 하여 본조의 표현대리책임이 적용될 수 있다고 한다. 직접적용과 유추적용의 차이에 대하여 한 견해에 따르면 후자의 입장에 따르면 어느 일방의 명의로 대리행위가 된 경우에도 특히 그 자만이 당사자가 된다는 취지가 분명하지 않는 한 양 배우자 모두에게 법률효과가 발생하는 반면, 전자의 직접적용설에 따르면 본조에 따른 표현대리책임이 인정되는 한 대리행위를 한 배우자가 무권대리인으로서 책임지지 않는다는 점에서 차이가 있다고 주장한다.[112)] 견해의 취지가 명확하지는 않지만 어찌되었건 이 같은 차이는 만약 표현대리와 §135의 중첩적용을 긍정하는 경우에는 발생하지 않을 것으로 생각된다. 일상가사대리와 관련하여 본조의 표현대리가 직접 적용되는가 아니면 유추적용되는가의 논의는 실익이 없다는 평가도 있다.[113)]

일상가사대리에서 본조의 적용에 관한 판례의 태도는 일상가사대리권이 기본대리권으로 될 수 있다고 전제하면서 문제되는 대리행위에 관하여 상대배우자를 대리할 권한이 있다고 믿을 만한 정당한 사정이 있을 경우에 본조의 표현대리책임이 적용될 수 있다고 판단하고 있다. 즉, 대법원은 대판 68.11.26, 68다1727, 1728(집 16-3, 249)에서 "처가 부(夫) 소유 부동산을 타인에게

110) 고상룡, 582.

111) 김주수, 민법총칙, 제5판, 2002, 156-157.

112) 이러한 일본의 견해(加藤, "日常家事債權と第三者保護", 神田紀念論文, 201)의 소개로는 구주해(3), 173(차한성).

113) 이영준, 640.

양도하거나 근저당권을 설정한 경우에 본조의 표현대리가 되려면 그 아내에게 가사대리권이 있었다는 것 뿐만 아니라 상대방이 남편이 그 아내에게 그 행위에 관한 대리권을 주었다고 믿었음을 정당화할 만한 객관적인 사정이 있었어야 한다"고 판시하였고, 이후의 판결례에서도 위와 같은 태도는 여전히 유지되어오고 있다.[114] 이는 일상가사대리권을 기본대리권으로 하여 본조의 표현대리 규정을 적용하는 다수설 중에서도 일상가사의 범위를 넘은 행위에 대해서는 그 월권행위의 신뢰에 정당한 이유가 있는 한 본조가 적용될 수 있다는 견해와 입장을 같이하고 있다고 여겨진다.

법정대리에 대한 본조의 표현대리 규정의 적용을 긍정하는 견해에 따르면[115] 일상가사대리권을 기본대리권으로 파악하는 다수설의 입장에 찬동함은 물론이다. 이러한 다수설 중에서도 일상가사의 범위를 넘어서는 대리행위에 대해서도 대리권수여에 대한 상대방의 정당한 믿음이 있는 한 본조가 적용될 수 있다는 학설과 판례의 태도가 적절하다고 생각된다. 왜냐하면 만약 일상가사에 대한 본조의 표현대리 적용을 일상가사에만 한정하는 경우에는—물론 일상가사의 판단 자체가 부부의 개별 사정에 따른 탄력적 해석의 여지가 없지는 않겠지만—부동산 처분이나 보증계약과 같이 일반적으로는 일상가사의 범위를 넘어선다고 볼 수 있는 행위에 대하여는 아예 표현대리의 책임을 인정할 여지가 없게 되고 이로써 사실상으로는 본조의 적용을 부정하는 결과로 귀결될 것이기 때문이다. 어떠한 입장에 따르더라도 대리행위를 한 배우자 일방에게 본인인 상대 배우자를 대리할 권한이 있다고 믿을 만한 "정당한 이유"가 있는지의 판단이 중요하게 될 것이다. 배우자 일방이 상대 배우자의 부동산 처분이나 연대보증행위를 대리하는 경우 판례는 정당한 이유 여부를 엄격하게 판단하고 있다.[116]

---

114) 대판 70.3.10, 69다2218(집 18-1, 223); 대판 71.1.29, 70다2738(집 19-1, 43); 대판 81.8.25, 80다3204(공 81하, 14297); 대판 84.6.26, 81다524(집 32-3, 104); 대판 90.12.26, 88다카24516(공 91상, 603); 대판 97.4.8, 96다54942(공 97상, 1393); 대판 98.7.10, 98다18988(공 98하, 2101); 대판 09.4.23, 2008다95861(정보); 대판 09.12.10, 2009다66068(정보).

115) 바로 위의 Ⅲ.1. 참조.

116) 대판 70.3.10, 69다2218(집 18-1, 223: "남편 부동산의 처분에 관한 아내의 대리권은 이례에 속하므로 본조 소정의 표현대리가 되려면 아내에게 가사대리권이 있다는 것만으로는 부족하고 남편이 아내에게 그 행위에 관한 대리의 권한을 주었다고 믿었음을 정당화할 만한 객관적인 사정이 있어야 할 것이다"); 대판 90.12.26, 88다카24516(공 91상, 603); 대판 98.7.10, 98다18988(공 98하, 2101); 대판 02.6.28, 2001다49814(공 02하, 1799).

2. 공법상의 행위에 대한 본조의 적용 여부

공법상의 행위에 대하여 본조의 표현대리 규정이 적용될 수 있는가? 우선 국가나 지방자치단체가 공권력의 주체로서 행하는 권력행정에 대하여는 원칙적으로 사법상의 규정은 적용되지 않는다. 또한 소송행위, 등기신청 등과 같은 공법상의 행위 일반에 대해서도 마찬가지라고 이해되고 있다.117) 따라서 공법상의 행위와 관련하여 권한을 넘는 행위가 이루어진 경우에도 본조의 표현대리가 적용되지는 않는다. 대법원의 판례 역시 마찬가지의 입장인데, 사립학교 교장(甲)과 지출관(乙)이 (지금은 폐지된) 재정법 규정에 위배하여 상대방(丙. 원고)으로부터 금전을 차용한 사건에서 대법원은 "재정법 규정은 국가재정과 회계의 기본에 관한 것으로서 국가의 수입 지출에 있어서 반드시 기준으로 삼아야 할 것이며 국가가 공권력의 주체로서 수입 지출(…)에 관하여 준수하지 아니하면 아니 될 강행규정이므로 그 규정에 위반된 행위는 효력이 없다" 할 것이며, 甲과 乙이 "위의 재정법에 위반하여 원고로부터 금전을 차용할 수 없음은 원고로서 용이하게 알 수 있고 또 알아야 할 것이므로 (…) 표현대리가 성립할 수 없다"고 판시한 바 있다.118) 이러한 판례의 입장은 "'이행지체가 있으면 즉시 강제집행을 하여도 이의가 없다'는 강제집행 수락의사표시는 소송행위라 할 것이고, 이러한 소송행위에는 민법상의 표현대리규정이 적용 또는 유추적용될 수는 없다"고 판시함으로써 보다 분명히 되고 있다.119) 물론 국가나 지방자치단체의 행위일지라도 권력행정이 아니라 사경제주체로서 법률행위를 하였을 때에는 사법규정이 적용될 수 있으므로 표현대리 법리의 적용이 있다고 할 것이다.120)

3. 본조와 법인의 불법행위책임

법인의 대표기관이 법인의 목적범위 내이기는 하지만(§34 참조) 법령에 의하여 애초부터 제한되어 있는 대표권한을 일탈하여 거래적 불법행위를 한 경우에

117) 대판 64.9.15, 64다92(집 12-2, 98: "민법상의 법률행위에 관한 규정은 민사소송법상의 소송행위에는 특별한 규정 또는 특별한 사정이 없는한 적용이 없으므로 사기 또는 착오를 원인으로 하여 소취하등 소송행위를 취소할 수 없다"); 대판 70.6.30, 70후7(집 18-2, 27); 대판 80.5.27, 76다1828(공 80하, 12873); 대판 97.10.10, 96다35484(공 97하, 3397); 대판 07.6.15, 2007다2848(정보).

118) 대판 64.12.29, 64다953(집 12-2, 229).

119) 대판 83.2.8, 81다카621(공 83상, 494); 대판 84.6.26, 82다카1758(집 32-3, 112); 대판 91.4.26, 90다20473(집 39-2 158); 대판 94.2.22, 93다42047(공 94상, 1074).

120) 대판 61.12.28, 4294민상204(집 9, 141).

그 행위가 무효로 됨으로써 피해를 입은 제3자가 § 35에 따라 법인의 불법행위책임을 물을 수도 있고 더 나아가 대표기관의 권한을 넘는 대표행위를 이유로 표현대리의 책임(§§ 59 II, 126)을 추급할 수 있는지가 문제된다.

이에 관하여 국내 학설의 일부는 § 126의 표현대리책임이 (우선적으로) 적용되어야 한다는 입장이라고 여겨진다.[121] 그 주된 근거는 § 126의 표현대리 규정과 § 35의 법인의 불법행위책임 규정이 그 적용요건에서 거의 차이가 없어서 양 규정 중 어느 것이 적용되어도 관계가 없지만, 거래행위에서 비롯한 일탈행위이므로 계약법규인 표현대리 규정에 따라야 한다는 것이다. 이와 달리 양 규정의 선택적 적용설을 주장하는 견해도 있다.[122] 한편 판례의 입장은 위의 문제를 표현대리책임으로 다루지 않고 법인의 불법행위책임에 의하여 해결하고 있다고 평가되고 있다.[123] 그 같은 평가는 다음과 같은 판시내용, 즉 "학교법인의 대표자가 교육시설의 확장 등 학교의 정상적인 유지 운영을 위하여 타인으로부터 금원을 차용하고 수표를 발행하는 행위는 법인의 대표자의 직무행위라 할 것이고 또 이는 법인의 사무 집행에 관한 행위로서의 객관적인 외형을 갖추었다 할 것이므로 법인은 위 대표자가 타인으로부터 금원을 차용하고 수표를 발행함에 있어 사립학교법 § 16 및 § 28가 정하는 이사회의 결의를 거치지 아니하고 감독관청의 허가를 받지 않은 잘못으로 인하여 타인이 입은 손해를 불법행위자로서 배상할 위무가 있고 금원을 법인에게 대여함에 있어서 사립학교법이 정하는 절차를 거쳤는지 여부를 알아보지 아니한 과실이 있는 금원 대여자는 과실책임을 진다"는 판시에서 그 근거를 찾고 있다.[124] 이러한 판례의 입장은 "학교법인을 대표하는 이사장이라 하더라도 이사회의 심의·결정을 거쳐야하는 이와 같은 재산의 처분 등에 관하여는 법률상 그 권한이 제한되어 이사회의 심의·결정없이는 이를 대리하여 결정할 권한이 없는 것이라 할 것이므로 이사장이 한 학교법인의 기본재산 처분행위에 관하여는 민법 § 126의 표현대리에 관한 규정이 준용되지 아니한다"는 판시[125]에서 보다 잘 드러나는

121) 고상룡, 215; 곽윤직(주 48), 211; 정기웅, 206. 동일한 취지라고 여겨지는 견해로는 김학동, "법인의 대표기관의 대표권유월행위의 효과", 사행 235, 25.
122) 김주수(주 111), 233.
123) 구주해(3), 181-182(차한성); 주석 민총(3), 174(이균용).
124) 대판 75.8.19, 75다666(집 23-2, 220). 마찬가지의 판결례로는 대판 87.4.28, 86다카2534(집 35-1, 343); 대판 91.10.11, 91다14604(공 91하, 2701).
125) 대판 83.12.27, 83다548(집 31-6, 131). 같은 취지의 대판 16.5.12, 2013다49381(공 16상, 730: "계약체결의 요건을 규정하고 있는 강행법규에 위반한 계약은 무효이므로 그

것처럼 보이기도 한다. 그러나 위의 판결들을 통하여 판례가 § 126의 표현대리 책임과 § 35의 법인의 불법행위책임 중에서 후자만의 적용문제라고 판단하고 있다고 평가하는 것은 적절하지 않다고 생각된다. 왜냐하면 위의 판결례가 다룬 사안들은 대체로 대표권을 제한하는 규정이 학교 등의 기본재산 유지라는 목적에 따라 강행규정으로 해석될 수 있고 따라서 이를 위반한 행위는 그 자체가 무효로 되고, 그렇다면 표현대리 규정 자체가 적용되지 않을 것이기 때문이다. 따라서 적어도 위의 판결례를 근거로 하여 판례가 본조의 표현대리 규정과 § 35에 따른 법인의 불법행위책임이 인정될 수 있는 사안에서 후자만의 적용을 긍정하고 있다고 말할 수는 없을 것이다.

사견으로는 양 규정의 요건이 충족되는 한 권한을 넘은 대표행위의 상대방은 본인에 대하여 본조의 표현대리 책임과 § 35의 법인의 불법행위책임 가운데 선택적으로 권리를 주장할 수 있어야 한다고 생각된다. 물론 본조의 표현대리 책임이 법인과 상대방 사이에서 권한을 넘은 대표행위의 효과를 발생시켜 계약적 법률관계를 형성하도록 하는 한 표현대리 책임의 우선적용이 타당하다고 보여지기도 한다. 그러나 표현대리행위에서 상대방은 본인에 대한 표현대리책임과 무권대리인에 대한 § 135의 무권대리인 책임 사이에 선택할 수 있는 것과 마찬가지로(견해대립 있음),[126] 위의 경우에도 권한없는 대표행위에 직면한 상대방의 절차적 보호라는 취지에서 상대방으로 하여금 권리내용을 선택할 수 있도록 해 주는 것이 보다 적절한 법리구성이라고 하겠다.

4. 본조와 §§ 125, 129의 중복적용

이에 관하여는 §§ 125, 129 부분의 해당 주해 내용 참조.

[김 상 중]

경우에 계약상대방이 선의·무과실이더라도 민법 제107조의 비진의표시의 법리 또는 표현대리 법리가 적용될 여지는 없다. 따라서 도시 및 주거환경정비법에 의한 주택재건축조합의 대표자가 그 법에 정한 강행규정에 위반하여 적법한 총회의 결의 없이 계약을 체결한 경우에는 상대방이 그러한 법적 제한이 있다는 사실을 몰랐다거나 총회결의가 유효하기 위한 정족수 또는 유효한 총회결의가 있었는지에 관하여 잘못 알았더라도 계약이 무효임에는 변함이 없다. 또한 총회결의의 정족수에 관하여 강행규정에서 직접 규정하고 있지 않지만 강행규정이 유추적용되어 과반수보다 가중된 정족수에 의한 결의가 필요하다고 인정되는 경우에도 그 결의 없이 체결된 계약에 대하여 비진의표시 또는 표현대리의 법리가 유추적용될 수 없는 것은 마찬가지이다").

126) 무권대리 전론 Ⅱ.2. 참조.

제 127 조(대리권의 소멸사유)

대리권은 다음 각 호의 어느 하나에 해당하는 사유가 있으면 소멸된다.

1. 본인의 사망
2. 대리인의 사망, 성년후견의 개시 또는 파산

차 례

Ⅰ. 대리권소멸 총설

민법은 대리권의 소멸사유에 관하여 본조와 § 128에서 규정하고 있다. 본조는 임의대리와 법정대리 모두에 공통되는 소멸사유를 규정하고 있는 반면, § 128는 임의대리에 특유한 소멸사유를 정해 두고 있다.

한편 법정대리의 경우에는 해당 법정대리권을 발생시키는 각각의 규정에서 소멸사유를 규정하고 있다. 예를 들어 부재자 재산관리인의 경우에는 임무종료에 따른 법원의 취소(§ 22 Ⅱ), 부재자의 생사 불분명에 따른 법원의 개임(§ 23), 친권자와 후견인에 관하여는 친권의 상실 또는 일시정지(§ 924 Ⅰ), 친권자의 대리권·관리권 사퇴(§ 927 Ⅰ), 후견인의 자격상실, 사임과 변경(§§ 937, 939, 940), 그리고 유언집행자의 경우 그 사퇴, 해임(§§ 1105, 1106)에 관한 상세한 규정을 두고 있다.

대리권이 소멸한 자가 본인을 대리하는 경우에는 무권대리행위가 된다. 다만 상대방이 대리권소멸 사실에 대하여 선의이며 과실이 없는 경우에는 § 129에 따라 본인은 대리권소멸 후의 표현대리책임을 부담하게 된다. 한편 대리권의 소멸사유가 되는 사실은 대리권소멸의 효과를 주장하는 사람이 이를 주장·증명하여야 한다.

Ⅱ. 본조의 개요와 제1호

1. 본조의 개요

본조는 위 Ⅰ.에서 설명한 바와 같이 임의대리와 법정대리에 공통된 대리권소멸원인에 관한 통칙적 규정이다. 본조가 임의규정인지 여부가 문제된다. 임의대리의 경우에는 당사자가 사적자치에 따라 이와 다른 약정을 할 수 있다고 할 것이므로 본조는 §128과 마찬가지로 임의규정에 해당한다고 하겠다. 그러나 법정대리의 경우에는 대리권 발생 여부에 관한 당사자의 합의가 가능하지 않으므로 본조에 따르지 않을 수 없다.[1)]

2. 본조 제1호의 원칙

본인의 사망으로 대리인의 대리권은 소멸함이 원칙이다. 법정대리의 경우에는 본인의 사망으로 본인을 대리할 필요가 없어지는 것이 보통이며, 임의대리의 경우에는 본인과 대리인의 특별한 신뢰관계에 비추어 본인의 사망에 따라 그 상속인과의 사이에서 대리관계의 상속을 인정하는 것은 곤란하기 때문이다. 본인의 실종선고의 경우에도 본인의 사망과 마찬가지로 대리권이 소멸한다.[2)] §127 (i)에 관하여는 다음과 같은 몇 가지 예외가 인정된다.

3. 본조 제1호의 예외

(1) 당사자의 특약

임의대리에서 본인과 대리인이 본인의 사망 후에도 대리권을 존속하도록 약정하는 경우 위 1.에서 설명한 바와 같이 그 약정은 유효하다. 이 같은 약정은 법률행위 일반원칙에 따라 명시적인 경우 외에 가령 대리인의 이익을 위한 재산적 행위에 대한 권한수여의 경우와 같이 수권된 내용에 비추어 묵시적 형태로도 가능하다.[3)] 대리권 불소멸의 약정이 상속인의 의사결정의 자유를 사실상으로 박탈한다는 이유로 허용되지 않아야 한다는 입장도 있으나, 원칙적으

1) 다만 후견인, 유언집행자와 같은 법정대리의 경우 본인 사망에도 긴급한 사정이 있는 때에는 위임의 규정(§692)을 준용하여 위임관계의 존속을 의제하고 있다(§§919, 956, 1103).

2) 대판 87.3.24, 85다카1151(공 87상, 704).

3) 구주해(3), 184(손지열); 주석 민총(3), 178(이균용: 여기서는 채무자가 채권자에게 제3채무자에 대하여 채권을 대리수령할 수 있는 권한을 수여하는 경우를 그 예로서 들고 있다).

로 이를 금할 수는 없다고 할 것이다. 상속인이 스스로 대리권을 소멸시킬 수 있음은 물론이며, 본인의 판단능력 부족이나 결여에 대비한 대리인의 선임에 관하여는 후견계약(§ 959-14)의 가능성이 열려있다. 법정대리의 경우에는 그 성질상 § 127 (i)의 예외에 대한 당사자의 특약이 가능하지 않음은 이미 설명한 바와 같다.

(2) 긴급사무의 처리

대리관계는 본인의 사망으로 소멸함이 원칙이지만, 임의대리의 전제가 되는 본인과 대리인의 내부적 법률관계가 본인의 사망에도 불구하고 존속하는 경우가 있다. 바로 위임계약의 경우에 본인의 사망에 따라 위임관계가 종료하나(§ 690) 급박한 사정이 있는 때에는 수임인은 위임인의 상속인이나 법정대리인이 위임사무를 처리할 수 있을 때까지 그 사무를 계속하여 처리하여야 한다(§ 691). 따라서 위임관계가 위와 같이 긴급사무의 필요에 따라 존속하는 것으로 간주되는 한, 임의대리의 관계도 존속하는 것으로 보아야 한다(통설). 위임관계의 존속에 관한 § 691의 규정은 고용, 도급에서도 유추적용되고 따라서 본조 (i)에 대한 예외로서 이들 계약에 부수한 대리관계도 존속한다는 주장이 있다.[4] 한편 친권자, 후견인, 유언집행자의 경우에도 위임계약에 관한 § 691를 준용하고 있다(§§ 919, 959, 1103).

(3) 상법과 민사소송법의 특칙

상행위의 위임에 관한 대리권은 본인의 사망으로 인하여 소멸하지 않는다(상 § 50). 상행위에서 비현명주의(상 § 48)와 함께 상사대리의 민사대리에 대한 중요한 예외의 하나를 이루고 있다. 민사대리의 경우에는 본인과 대리인의 개인적 신임관계를 전제로 본인의 사망을 대리권의 소멸사유로 규정하고 있는 반면, 상사대리에서는 영업을 중심으로 한 대리관계로서 본인이 사망한 경우에는 대리인이 본인의 상속인을 위하여 대리관계를 유지하도록 함이 본인의 의사·이익에 합치할 뿐만 아니라 거래질서의 안전을 위해서도 적절하다고 할 것이다. 한편 소송대리권 역시 당사자의 사망에 의하여 소멸하지 않는다(민소 § 86).

4) 이영준, 568. 여기서 더 나아가 고용, 도급의 경우에는 본인의 사망에도 불구하고 내부적 계약관계가 원칙적으로 소멸하지 않으므로 본인의 사망으로 인하여 대리권이 소멸하지 않는다는 견해로는 구주해(3), 184(손지열).

4. 본인의 파산과 대리권소멸 여부

대리인의 파산은 아래에서 설명하듯이 본조 (ii)에서 대리권소멸사유로 규정되어 있는 반면, 본인의 파산에 관하여는 본조에서 별도로 정하지 않고 있다. 그런데 위임계약에서는 본인의 파산이 위임종료의 원인으로 규정되어 있으며(§690), 따라서 본인의 파산은 위임에 수반한 임의대리에서는 대리권소멸사유가 된다(§128).[5] 한편 법정대리의 경우 파산으로 인하여 본인의 보호필요성이 없어지는 것은 아니기 때문에 본인의 파산은 대리권소멸사유로 되지 않는다.

Ⅲ. 본조 제2호

1. 대리인의 사망

대리인의 지위는 본인의 신뢰 또는 본인과의 특별한 관계에서 인정된다. 따라서 대리인이 사망하면 대리권 역시 소멸한다고 보아야 할 것이다. 다만 본인 사망의 경우와 마찬가지로 임의대리에서 당사자는 이와 다른 특약을 할 수 있을 것이다. 또한 위임계약에서는 수임인의 상속인에게 위임인을 위한 긴급사무 처리의무가 인정되며(§691), 이 한도에서는 대리관계가 지속하게 된다.[6]

2. 대리인의 성년후견 개시

대리인은 행위능력자일 필요는 없으므로(§117), 피성년후견인을 대리인으로 선임할 수 없는 것은 아니다. 그러나 행위능력의 제한이 없는 사람을 대리인으로 선임한 후에 대리인이 자신 스스로의 사무를 처리할 능력이 없어서 성년후견의 심판을 받은 경우에는 본인과의 신뢰관계 또는 법정대리인의 적격성을 상실하였다고 할 것이고, 따라서 그런 자로 하여금 타인을 위한 대리인으로 여전히 활동할 수 있도록 한다는 것은 타당하다고 할 수 없다. 이에 대리인에 대한 성년후견의 개시는 대리권소멸사유로 된다.

---

5) 고용 또는 도급의 경우 본인의 파산은 당연종료사유가 아니고 계약해제사유가 될 뿐이므로 대리권소멸의 원인이 되지 않는다는 견해로는 구주해(3), 186(손지열).

6) 고상룡, 519; 곽윤직, 신정수정판, 1998, 379; 김용한, 359; 김준호, 287; 백태승, 462; 송덕수, 324; 구주해(3), 187(손지열); 주석 민총(3), 178(이균용). 이러한 지배적 견해와 달리 이영준, 529에 따르면 대리인의 상속인으로 하여금 본인의 사무를 계속 관리하도록 하는 것은 대리제도 및 사적 자치의 근본이념에 반하므로 §691를 이 경우에는 유추적용할 수 없다고 한다.

3. 대리인의 파산

대리인의 파산도 대리권의 소멸원인이 된다. 파산이 재산관리능력의 상실을 뜻한다는 점에서, 파산선고를 받은 자를 여전히 대리인의 지위에 두어서 본인에게 효력을 갖는 법률행위를 할 수 있도록 내버려두는 것은 타당할 수 없기 때문이다. 대리인의 파산은 임의대리와 법정대리 모두의 대리권소멸사유가 된다. 다만 법정대리 중에서 법원의 선임이나 지정권자의 지정이 아니라 친권자와 같이 본인에 대한 일정한 지위에 따라 당연히 법정대리인이 된 경우에는 성년후견의 개시 또는 파산이 대리권소멸사유로 된다고는 할 수 없다.

[김 상 중]

第 128 條(任意代理의 終了)

法律行爲에 依하여 授與된 代理權은 前條의 境遇外에 그 原因된 法律關係의 終了에 依하여 消滅한다. 法律關係의 終了前에 本人이 授權行爲를 撤回한 境遇에도 같다.

차 례

Ⅰ. 본조의 개요

본조는 임의대리권의 종료사유로서 대리권수여의 기초가 되는 내부적 법률관계의 종료와 함께 수권행위의 철회를 규정하고 있다. 본조의 규정은 대리권수여행위와 내부적 법률관계의 개념적 독자성 및 수권행위의 단독행위적 성격을 뒷받침하는 법률적 근거로 제시되기도 한다.

Ⅱ. 원인된 법률관계의 종료에 따른 대리권의 소멸

대리관계와 그 원인된 법률관계는 각각 대외적 관계와 대내적 관계를 별도로 규율하고 있으며, 따라서 원인관계의 종료가 논리필연적으로 대리권의 소멸을 가져와야 하는 것은 아니다. 그러나 원인된 법률관계를 형성하면서 대리권을 수여하는 당사자의 의사는 원인관계의 종료에 따라 대리권도 함께 소멸한다고 함이 보통일 것이다. 또한 대리권이 그 원인된 법률관계에서 정해진 사무의 처리를 위하여 수여된다는 점에서 원인된 법률관계가 종료한 이상 대개의 경우에는 대리권이 존속해야 할 이유가 없다고 할 것이다. 이러한 당사자의 의사와 대리권의 기능에 따라 본조는 원인된 법률관계의 종료를 임의대리권의 고유한 소멸사유로 정하고 있다. 이로써 대리권은 그 원인된 법률관계가 종료하는 이상 수권행위를 따로 철회함이 없이 소멸하게 된다.

본조에서 말하는 원인된 법률관계의 종료사유는 무효·취소, 해제·해지, 해제조건의 성취, 존속기간의 만료, 목적의 달성 또는 그 불능 등 그 사유를 묻지 않고 내부적 법률관계를 종료시키는 사유이면 충분하다. 따라서 위임의 경우 계약 당사자는 별도로 정함이 없는 한 언제든지 임의로 위임계약을 해지할 수 있으므로(§ 689), 위임에 수반하는 대리권 역시 각 당사자의 임의해지에 따라 언제든지 소멸될 수 있다. 한편 원인된 법률관계가 무효·취소, 해제 등에 따라 소급적으로 소멸하는 경우 대리권 역시 소급적으로 소멸하는지 여부는 이른바 수권행위의 유·무인성 논의에 대한 입장에 따라 견해를 달리할 수 있다. 유인성의 입장에 따르면 원인된 법률관계의 소급적 실효로 인하여 수권행위에 의한 대리권 역시 당연히 소급적으로 소멸하게 된다. 이때 본조 제1문은 당연한 규정으로 이해된다. 반면 무인성의 입장은 내부적 법률관계의 실효로 인하여 수권행위가 당연히 소멸하는 것은 아니기 때문에 본조 제1문에 의하여 비로소 장래를 향하여 소멸하게 된다고 이해하게 된다. 이에 관하여는 § 114 Ⅲ.2.(2) 참조.

본조는 임의규정으로 이해되며, 따라서 당사자는 원인관계의 종료에도 대리권만의 존속을 의도할 수 있음은 물론이다. 원인된 법률관계가 종료하였음에도 대리권의 외관이 그대로 유지되고 상대방이 이를 과실없이 신뢰한 경우 § 129에 의한 표현대리책임이 문제된다.

Ⅲ. 수권행위의 철회로 인한 대리권의 소멸

본인과 대리인의 내부적 법률관계가 종료하기 이전이라도 대리권을 수여한 본인은 수권행위를 철회하여 대리권을 소멸시킬 수 있다. 본조 제2문의 취지는 본인이 내부적 법률관계의 종료와 관계없이 자신이 수여한 대리권을 별도로 철회할 수 있음을 분명히 하는 데에 있다.[1] 본조 제2문에 따라 수권행위의 철회 외에 수권행위 역시 법률행위이기 때문에 정해진 기한의 도래, 해제조건의 성취 등으로 소멸할 수 있음은 물론이다.

수권행위는 본인이 임의로 언제든지 철회할 수 있는지가 문제된다. 수권행위가 본인을 위한 대외적 활동의 권한을 수여하는 본인의 단독행위인 한 본인은 대리권수권 후에도 임의로 철회할 수 있다고 이해된다. 또한 대리인 역시 언제든지 그 권한을 스스로 포기할 수 있다고 할 것이다.[2] 다만 당사자 일방의 일방적 철회 또는 포기에 따라 상대방이 불이익을 입게 된 경우에는 그 내부적 법률관계에 따른 의무위반을 이유로 한 손해배상의 책임이 문제된다. 본인에 의한 수권행위의 철회는 명시적, 묵시적으로 행해질 수 있으며, 그 상대방은 대리인 또는 대리행위의 상대방이 된다. 본인이 대리인에 대하여 수권행위를 철회하였음에도 대리권의 외관이 존재하는 경우에는 상대방에 대한 §129의 대리권소멸 후의 표현대리책임이 문제될 수 있을 것이다. 수권행위를 철회하지 않겠다는 특약은 철회권을 포기하려는 본인의 의사에 비추어 허용하지 않을 이유가 없다.

[김 상 중]

1) 구주해(3), 189(손지열); 주석 민총(3), 182(이균용).

2) 구주해(3), 189(손지열); 주석 민총(3), 183(이균용). 이들 견해는 위와 같은 근거를 위임계약에 관한 §689의 유추적용에서 찾고 있다.

第129條(代理權消滅後의 表見代理)

代理權의 消滅은 善意의 第三者에게 對抗하지 못한다. 그러나 第三者가 過失로 因하여 그 事實을 알지 못한 때에는 그러하지 아니하다.

차 례

Ⅰ. 본조의 개요

본조는 대리권이 소멸하여 대리권이 없는 자가 본인을 대리하는 행위를 한 때에 이를 정당하게 신뢰하여 거래한 상대방을 보호하기 위하여 본인에 대하여 그 행위의 효과를 귀속시키는 규정이다. 다시 말해 대리인과 거래하는 상대방은 그 대리권이 소멸하였는지를 쉽게 확인할 수 없어서 대리권이 소멸하였음에도 대리권이 존속한다고 믿을 수밖에 없는 경우가 적지 않을 것이라는 사정을 감안하여 상대방 보호와 거래 안전을 도모하기 위하여 대리권이 여전히 존속하는 것과 같은 효과를 인정하고 있는 것이다. §§ 125, 126에 의한 표현대리와 함께 본조는 민법상의 표현대리제도를 구성하고 있다. 본조의 표현대리에 대하여 (본인과 대리인 사이의) 내부적 수권은 소멸하였으나 외부적 수권에 따른 유권대리라고 설명하는 견해도 있으나,[1] 지배적 입장에 따르면 무권대리라고 파악된다.

본조는 표현대리의 효과로서 "대항하지 못한다"고 규정하고 있다. 이 같은 표현은 §§ 125, 126의 "책임이 있다"는 문구와 다르기는 하지만 통설에 따르면 동일한 의미로 이해되어서, 대리권소멸 후의 표현대리에 의하여 본인에게 마치 유권대리의 경우와 마찬가지로 대리행위의 효과가 귀속한다는 뜻으로 이해

1) 이영준, 642. 외부적 수권에 관하여는 § 114 Ⅲ.2.(2) 주해내용 참조.

되고 있다.[2)]

Ⅱ. 적용요건

1. 서(序)

본조의 표현대리책임이 성립하기 위하여 ① 대리권소멸 후의 대리행위, ② 제3자의 대리권소멸에 대한 선의·무과실을 요건으로 한다. 대리인의 본인 명의의 법률행위에 관하여는 별도로 설명할 것이 없으므로 대리권의 소멸과 제3자의 주관적 요건에 대하여 설명한다.

2. 대리권의 소멸

이 요건에 대하여 통설[3)]과 판례[4)]는 대리인이 이전에는 대리권을 가지고 있었으나 대리행위를 할 때에는 그 대리권이 소멸한 경우를 뜻한다고 이해하고 있다. 따라서 대리행위를 한 자가 처음부터 아무런 대리권을 갖고 있지 아니하였던 경우에는 본조가 적용될 수 없게 된다.

이때 '과거 대리권의 존재'라는 의미와 관련하여 수권행위가 무효·취소되어서 소급적으로 실효함으로써 법적으로는 처음부터 대리권이 존재하지 않게 된 경우가 포함되는지 논란이 될 수 있다. 이에 대하여 본조는 수권행위가 무효·취소된 경우에는 적용될 수 없다고 하는 입장이 다수라고 여겨지는데,[5)] 표현대리의 취지에 따르면 찬동하기 어렵다.[6)] 물론 본조의 적용을 엄격하게 할 것인지 아니면 상대방과 거래질서의 보호를 넓게 할 것인지의 관점에 따라 달리 볼 수는 있겠지만, 본인에 대한 책임귀속을 위한 본인의 관여는 본조의 경우 본인이 대리인에게 대리권을 수여하였고 그 수권행위의 무효·취소에도 불구하고 대리권 존재의 외관을 그대로 방치하는 것에서 충분히 찾아질 수 있다고 생각된다. 따라서 본조의 표현대리책임을 위한 '과거 대리권의 존재'는 본

2) 따라서 본조의 표현대리 효과에 관하여는 다른 유형의 표현대리 효과와 마찬가지로 무권대리 전론 Ⅲ.3. 참조.

3) 고상룡, 585; 곽윤직·김재형, 371; 백태승, 492; 송덕수, 369; 이영준, 643.

4) 대판 77.5.24, 76다2934(공 77, 10110); 대판 84.10.10, 84다카780(공 84, 1796).

5) 구주해(3), 193(손지열); 주석민총(3), 229(3판/지원림).

6) 일본의 견해대립에 관하여는 주석민총(3), 187(이균용).

인이 대리인에게 유효하게 대리권을 수여하였던 경우 외에도 무효·취소·해제에도 불구하고 사실상으로는 대리권을 수여하였던 경우에도 인정되어야 할 것이다. 더 나아가 무권대리행위에 대한 추인 후에 무권대리인이 상대방에 대하여 다시 동종의 대리행위를 한 경우에도 본조의 (유추)적용이 가능한지 문제될 수 있다. 무권대리행위의 추인은 물론 그 자체로는 대리권의 수여행위는 아니다. 그렇지만 추인에 의하여 무권대리행위가 대리행위시로 소급하여 본인에 대하여 효력을 발생하고(§133), 따라서 대리권의 존재와 같은 외관을 창출하였다고 평가할 여지도 없지 않다. 그렇지만 추인이라는 것이 무권대리행위를 사후적으로 유효하게 하는 행위로서 대리권이 없음을 전제로 한다는 점에서 본인의 추인에 의하여 선불리 대리권 존재의 외관을 인정한다는 것은 어려움이 있으며,[7] 본인과 대리인의 관계, 대리되는 거래의 종류와 내용, 추인의 경위와 반복 등을 고려하여 개별적으로 판단하여야 한다고 생각된다.[8]

한편 대리인이 과거에 가졌던 대리권은 포괄적이거나 계속적인 것이었을 필요는 없고 개별적이거나 일시적인 것이었더라도 충분하다. 다만 대리권의 계속성 여부는 상대방의 대리권소멸에 대한 선의·무과실의 판단에는 영향을 미칠 수 있을 것이다. 또한 대리권소멸에 따른 무권대리행위가 범죄를 구성하는 경우에도 본조의 표현대리 성립에는 영향을 주지 않는다. 더 나아가 대리권소멸 후의 대리행위가 소멸한 대리권의 내용과 다른 종류의 행위인 경우에도 본조의 표현대리 책임이 인정될 수 있는지가 문제될 수 있다. 이 경우에는 아래에서 설명하듯이 본조와 § 126의 중복적용의 문제가 발생한다. 끝으로 대리권이 소멸한 후 복대리인을 선임하여 복대리인으로 하여금 상대방과 사이에 대리행위를 하도록 한 경우에도 상대방이 대리권소멸에 대하여 선의·무과실이어서 복대리인에게 대리권이 있다고 정당하게 신뢰한 이상 본조의 표현대리

7) 주석민총(3), 187(이균용).

8) 대판 67.9.5, 67다1355(집 15-3, 49. "甲이 乙로부터 여러 차례에 걸쳐서 금원을 차용함에 있어 丙이 연대보증을 서고 甲으로 하여금 丙을 대신하여 乙과 보증계약을 체결토록 대리권을 수여한 사실이 있다고 하여 거래의 실정에 비추어 특단의 사정이 없는 한 丙은 개개의 보증계약을 체결할 때마다 甲에게 대리권을 수여한 것이지 구체적인 개개의 거래를 떠나서 일반적으로 丙을 대신하여 보증계약을 체결할 수 있는 권한을 부여하였다고는 보기 어렵다 할 것이고, 그렇다면 甲이 구체적인 개개의 금원차용에 있어 丙을 대리하여 보증계약을 체결함으로써 그 임무는 완료한 것이고 丙이 甲에게 더 이상 보증을 서지 않겠다는 통고를 한 것은 앞으로의 보증의뢰를 사전에 거절한 것이지 수권행위의 철회라고 볼수 없으니 丙의 위 통고 후 甲이 丙을 대신하여 보증계약을 체결한 것에는 본조의 표현대리가 성립될수 없다 할 것이다").

책임이 인정된다.[9)]

3. 제3자의 선의·무과실

(1) 제3자의 범위

본조의 표현대리책임은 제3자가 대리권소멸에 대하여 선의·무과실인 경우에 성립한다. 본조의 "제3자"에 대하여 지배적 견해는 대리행위의 상대방에 한정된다고 이해하고 있다.[10)] 그러나 대리인과 상대방 사이의 유효한 거래행위가 있었음을 전제로 대리행위의 상대방과 새로운 법률관계를 맺은 전득자도 표현대리의 외관책임에 따른 인적 보호범위에 포함되어야만 한다. 이 같은 법리전개가 표현대리에 의한 대리제도와 거래질서의 동적 안전에 기여함은 이미 설명한 바와 같다.[11)]

(2) 선의·무과실의 대상

제3자의 선의·무과실과 관련하여 그 대상에 관한 다툼이 있다. 다수 견해는 제3자의 선의·무과실은 대리인이 과거에 대리권을 가지고 있었기 때문에 상대방이 대리권의 소멸을 알지 못하여 현재에도 대리권이 존속함을 믿었고 믿는 데에 과실이 없음을 뜻한다고 한다.[12)] 이에 반하여 문제되는 대리행위에 대하여 과거 대리권의 존재에 대한 인식 여하를 묻지 않고 대리권이 존재한다고 믿었고 또 그렇게 믿는 것이 당연하다고 볼 수 있는 사정이 있음을 말한다고 이해하는 입장도 주장되고 있다.[13)] 상대방의 선의·무과실이 대리권의 (대리행위 당시의) 존재만으로 충분한지 아니면 존속을 포함해야 하는지의 견해대립이라고 하겠는데, 본인에 의한 대리권의 수여와 외관의 방치라는 본인의 관여가 인정되는 한 상대방의 신뢰대상이 반드시 대리권의 존재를 넘어서 이전부터 존속하였다는 사정까지 포함해야 할 필요는 없다고 생각된다. 다시 말해 대리행위의 상대방이 자신과 법률행위를 한 자가 과거에 대리권을 가지고 있었을 뿐임에도 이를 알지 못한 채 현재 대리권을 갖고 있다고 정당하게 신뢰하여 거래행위를 한 이상 본조의 보호범위에 포함되어야 할 것이다. 다만 상대방이

9) 대판 98.5.29, 97다55317(공 98하, 1754).

10) 곽윤직, 신정수정판, 1998, 402; 백태승, 492; 송덕수; 370; 구주해(3), 194(손지열); 주석민총(3), 189(이균용).

11) 무권대리 전론 Ⅲ.3.(3) 참조.

12) 곽윤직·김재형, 371; 김상용, 611; 김증한·김학동, 453; 백태승, 527; 송덕수, 371; 구주해(3), 194(손지열); 주석민총(3), 189(이균용).

13) 김용한, 381; 이은영, 645.

대리행위를 한 자가 과거에 대리권을 가졌다는 사정을 알고 있었던 이상 상대방의 보호필요성을 인정하는데 용이할 수 있음은 물론이다. 더 나아가 과거에 대리권이 존재하였다는 사정과 상대방의 신뢰 사이에 인과관계가 있어야 하는지에 관하여 긍정설[14]과 부정설[15]의 대립이 있는데, 위와 같은 입장에 따라 부정설에 찬동한다.

(3) 증명책임

본조의 증명책임과 관련하여 대리행위의 상대방은 본인에 대하여 표현대리책임을 묻기 위하여 대리인의 대리행위, 소멸한 대리권의 존재에 대하여 주장·증명하여야 함은 다툼이 없다. 그런데 제3자의 선의·무과실에 대한 증명책임은 견해가 대립하고 있다. 일부 견해는 상대방이 자신의 선의·무과실을 증명하여야 한다거나 또는 본조의 규정형식에 좇아 본조의 본문에서 정해진 '선의'에 관하여는 상대방이, 본조 단서의 '과실' 여하에 관하여는 본인이 증명책임을 부담해야 한다[16]고 주장하기도 한다. 그러나 다수의 입장에 따르면 본조의 '선의·무과실'에 대한 증명책임은 본인이 부담해야 한다고 한다. 그 근거는 ① 증명책임의 분배가 실체법의 규정형식에 따르기는 하지만 언제나 그래야만 하는 것은 아니며, 실체법질서의 요청이나 동종의 다른 규정과의 비교형량 또는 소송 당사자의 부담의 공평 등을 배려하여 결정되어야 한다는 점,[17] ② 본조에 따른 상대방의 보호 정도가 §§ 125, 126에 의한 경우와 달라져야 할 이유가 없다는 점, ③ 그리고 선의의 증명은 악의의 증명에 비하여 어렵고 또한 대리권의 소멸은 본인 측의 사정이라는 점 등을 이유로 제시하고 있다.[18] 다수 견해에 찬동하는 바이며, 따라서 본인은 상대방의 악의·과실을 면책사유로서 스스로 주장·증명하여야 한다.

판례 역시 직접적으로 판시하지는 않았지만 마찬가지의 태도라고 이해된다고 한다.[19] 본조에 의한 표현대리책임이 § 126의 경우와 비교하여 극히 적

---

14) 곽윤직(주 9), 402; 백태승, 527; 송덕수, 371; 이영준, 644; 구주해(3), 194(손지열); 주석민총(3), 189(이균용).

15) 김용한, 381.

16) 후자의 견해로는 곽윤직·김재형, 371; 고상룡, 586; 김상용, 612; 김준호, 310; 김증한·김학동, 453; 송덕수, 371; 이영준, 643; 이은영, 645.

17) 오석락, 입증책임론, 신판, 1999, 325; 구주해(3), 196(손지열).

18) 곽윤직(주 9), 402; 김용한, 381; 김주수, 민법총칙, 제5판, 2002, 474; 백태승, 492; 구주해(3), 196(손지열); 주석민총(3), 190(이균용).

19) 주석민총(3), 190에서는 위와 같은 판단의 근거로서 대판(전) 83.12.13, 83다카1489(집 31-6, 80)를 제시하고 있는데, 이 판결례에서는 대리권소멸 후의 표현대리를 주장하는 자

은 편인데, 가령 대판 86.8.19, 86다카529(공 86 하, 1221)에 따르면 "원고가 피고 상호신용금고의 차장으로 있던 소외인의 권유에 따라 피고와 신용부금계약을 맺고 1회 불입금을 불입하자 소외인이 위 1회 불입금은 피고 금고에 입금하였으나 그 후 동인은 피고금고를 사직하고서도 위 신용부금계약증서를 원고가 동인에게 맡겨두고 있음을 기화로 그 후에도 7회에 걸쳐 계속 원고로부터 원고의 사무실 등에서 위 불입금을 교부받아 피고금고에 입금치 않고 이를 횡령한 경우, 피고 금고로서도 그 사이 원고에 대하여 위 불입금의 지급독촉이나 약관에 따른 부금계약의 해제조치도 없이 그대로 방치해 두었고 위 소외인이 원고에게 한 것과 같이 고객에게 부금가입을 권유하거나 수금을 하기 위하여 자주 자리를 비우는 자였다면 비록 원고가 다른 거래관계로 피고금고 사무실에 자주 드나들었고 그때마다 위 소외인이 그 자리에 없었다 하더라도 원고로서는 위 소외인이 피고 금고를 사직한 사실을 모른데 대해 어떤 과실이 있었다고 보기 어렵다"고 판시한 바 있다. 반면 대판 76.3.23, 73다1549(집 24-1, 169)에서는 "甲 명의의 소유권이전등기를 받아 달라는 부탁을 받은 乙이 甲의 대리인이라고 하면서 丙과 부동산 매매계약을 체결함에 있어서 甲 명의의 인감증명과 위임장 및 매도증서만을 제시할 뿐 등기필권리증을 제시하지 못하였을 뿐만 아니라 인감도장을 소지 못하였다면 적지 않은 값어치의 부동산을 매수하는 丙은 당연히 상대방의 대리권에 대하여 의심을 갖고 그의 존부에 대하여 확인조치를 취하는 등 이에 대한 적절한 조사를 하여야 하고 막연히 소개인과 자칭 대리인의 말만 맹신한 나머지 그에 대한 아무런 조치를 취하지 않고 계약을 체결하였다면 대리인을 상대로 거래하는 매주측으로서 의당 하여야 할 주의를 다하지 못한 과실이 있다"고 판단하였다.

에게 무과실의 증명책임이 있다고 한 원심판결이 증명책임을 전도한 위법이 있다는 취지의 상고이유를 배척하였고, 그 결과 대법원은 본조에 따른 상대방의 선의·무과실에 대하여는 본인이 증명할 것을 요구한다고 추론하고 있다. 명시적으로 본인에 의한 상대방의 선의·무과실에 대한 증명책임을 인정한 일본의 판결례로는 日大判 明 38(1905).12.26(民錄 11, 1877: "반증이 없는 한 제3자가 대리권의 소멸을 알지 못한 것은 선의라고 추정해야 할 것이므로 본인이 상대방의 악의 또는 유과실을 입증해야 한다").

Ⅲ. 본조의 적용문제

1. 본조의 법정대리에 대한 적용 여부

본조는 통설에 따르면 임의대리 외에 법정대리에도 적용된다.[20] 이에 대하여 표현대리는 본인의 귀책성을 전제로 하며 특히 무능력자의 보호라는 민법의 근본취지에 따라 무능력자의 법정대리의 경우에는 표현대리가 적용되지 않는다는 견해도 주장되고 있다.[21] 그렇지만 판례에서는 미성년자의 법정대리가 문제된 사안에서도 본조의 표현대리를 인정한 바 있다.[22] 사견에 따르면 §126의 경우와 마찬가지로[23] 본조의 법정대리에 대한 적용을 긍정하는 다수설에 찬동하는 바이다.

2. 본조와 제126조의 중복적용

과거에 존재한 대리권이 소멸한 후에 그 대리권의 범위를 넘어서는 대리행위가 이루어진 경우 §§129, 126의 중복적용에 따른 표현대리책임이 인정되는지가 문제될 수 있다. 통설은 대리제도와 거래질서의 안전을 유지하기 위하여 중복적용을 긍정하고 있다. 판례 역시 "과거에 가졌던 대리권이 소멸되어 민법 §129에 의하여 표현대리로 인정되는 경우에 그 표현대리의 권한을 넘는 대리행위가 있을 때에는 민법 §126에 의한 표현대리가 성립할 수 있다"고 계속하여 판시해 옴으로써[24] 통설과 마찬가지의 태도이다. 표현대리에 관한 각 규정을 외관보호라는 관점에 따라 유기적으로 파악하여 §§125, 126의 중복적용을 긍정하는 것과 마찬가지로[25] §129에 따른 표현대리를 기본대리권으로 하여 그 표현권한을 넘은 대리행위에 대해서는 §126에 의한 표현대리의 성립을 인정함으로써 상대방 보호와 거래 안전에 보다 기여하게 될 것이다.

---

20) 고상룡, 587; 곽윤직 · 김재형, 371; 김상용, 613; 김용한, 381; 김주수(주 17), 474; 김증한 · 김학동, 453; 백태승, 492; 송덕수, 371; 이은영, 645; 구주해(3), 198(손지열); 주석민총(3), 192(이균용).

21) 김준호, 311; 이영준, 644.

22) 대판 75.1.28, 74다1199(집 23-1, 14: 이 판결에서는 미성년자의 모친이 법정대리인으로서 상속재산을 관리해 오다가 그 자(子)가 성년이 된 후에도 객지에서 학업에 전념하였던 관계로 그 자(子)의 부동산을 처분한 것이 문제되었음).

23) §126 Ⅲ.1.(1) 주해내용 참조.

24) 대판 76.4.13, 75다2324(집 24-1, 228); 대판 79.3.27, 79다234(공 79하, 11903); 대판 08.1.31, 2007다74713(미공개).

25) §125 Ⅲ.3. 주해내용 참조.

3. 상법상의 특별규정과의 적용관계

상법은 지배인의 대리권소멸, 회사 대표기관의 퇴임을 등기사항으로 규정하면서(상 §§ 13, 183, 317 Ⅲ), 등기의 효력으로서 등기할 사항을 등기하지 아니한 경우 선의의 제3자에게 이를 대항하지 못하도록 하고 있다(상 § 37 Ⅰ). 이와 관련하여 지배인의 대리권이 소멸하거나 회사의 대표기관이 사임하여 대표권을 상실하여 그 취지가 등기되었으나 그 자가 이전의 지위를 이용하여 무단으로 법률행위를 한 경우에 본조의 표현대리가 인정될 수 있는지가 문제된다. 상업등기의 효력과도 관련된 문제인데, 상 § 37 Ⅱ에 따르면 "등기한 후라도 제3자가 정당한 사유로 인하여 이를 알지 못한 때에는" 제3자에게 등기사항을 대항하지 못한다고 규정하고 있다. 이때 "정당한 사유"란 상업등기라는 공적 장부를 통하여 일반사인의 경우와 비교해 대량적이고 반복적인 상거래의 특성을 고려해 불특정 다수와의 관계에서 일정한 사항을 공시하여 법률관계를 간명히 하고자 하려는 취지에 비추어 아주 엄격하여 해석하여 가령 등기소에 화재가 발생하여 상업등기를 열람할 수 없는 경우로 한정하여 이해하고 있다. 그렇다면 상 § 37 Ⅱ의 이와 같은 적극적 공시의 효력에 따라 등기사항에 관하여는 제3자의 악의가 의제된다고 말할 수 있고, 따라서 지배인의 대리권소멸, 회사의 대표기관의 사임이 등기된 이후에 거래상대방이 이러한 사정을 알지 못하여 과거의 지배인 또는 회사 대표기관과 거래를 한 경우에도 상대방의 선의·무과실을 인정할 수는 없다고 할 것이다.[26] 판례 역시 사임등기가 마쳐진 회사의 대표이사가 무단 대표행위를 한 경우에 본조의 적용을 부정하고 있다.[27]

[김 상 중]

26) 구주해(3), 192(손지열); 주석민총(3), 195(이균용).
27) 대판 72.9.26, 71다2197(집 20-3, 12).

第130條(無權代理)

代理權없는 者가 他人의 代理人으로 한 契約은 本人이 이를 追認하지 아니하면 本人에 對하여 效力이 없다.

차 례

Ⅰ. 무권대리총설

1. 무권대리의 의의와 규율의 필요성

(1) 어떤 사람이 타인의 대리인으로 의사표시를 하거나 의사표시를 수령하는 등 대리행위를 하였으나 실제로는 당해 행위에 대하여 대리권을 갖지 못한 경우를 무권대리라 하고, 대리권 없이 대리인으로 행한 행위(대리행위)를 무권대리행위라 한다. 여기서 대리권이 없다는 것은 당해 행위에 관하여 전혀 대리권을 가지고 있지 않은 경우와 대리권의 범위를 넘어 선 경우를 포함한다.

이러한 무권대리행위는 그 행위의 법률효과가 본인에게 생기지 않는다. 대리행위가 본인의 자기결정을 기초한 사적자치에 어긋나지 않는 것은 본인이 대리인에게 대리권을 수여함으로써 대리행위의 효과를 그에게 귀속시키려는 동의가 존재하기 때문이고, 법정대리에서는 대리권이 법률에 근거하여 주어지기 때문이다.[1] 그런데 무권대리행위는 이러한 대리권 없이 한 행위이므로 그 법률효과가 본인에게 생기지 않는다. 그렇다고 해서 그 법률효과가 대리인으로 행위한 사람(무권대리인)에게 당연히 생기는 것도 아니다. 왜냐하면 무권대리행위를 한 사람은 본인을 위하여 대리행위를 한 것이어서 그 행위의 효과를 본인

1) 백태승, 444.

에게 귀속시키고자 의욕하였고 자신이 그 계약에 구속될 의사는 없었기 때문이다. 이와 같이 무권대리행위에 따른 법률효과는 본인·대리인으로 행한 사람 어느 누구에게도 미치지 않게 된다.[2]

(2) 그러나 이러한 원칙을 관철하면 대리인과 거래를 한 사람의 지위는 매우 불안정하게 된다. 물론 대리인과 계약을 체결하려는 상대방은 대리권을 조사하여 이러한 위험을 피하려고 할 것이다. 그러나 대리권은 본인과 대리인 사이의 내부관계에 불과하고 어떤 외형적 존재를 가지는 것도 아니어서 많은 시간과 비용을 들여 대리권을 조사하더라도 대리권의 유무나 범위를 제3자인 거래 상대방이 파악하기는 쉽지 않다. 경우에 따라서는 실제로 대리권이 존재함에도 대리인과의 계약 체결을 거부하게 될 수도 있다. 이렇게 되면 대리제도는 사회적 신용을 잃어버려 그 존재의 기반이 무너지게 된다. 그렇다고 해서 모든 무권대리행위에 대하여 본인이 당연히 책임을 져야한다면 이는 본인에게 부당하기 그지없다. 또 한편으로 무권대리행위라고 하더라도 본인에게 유리한 경우도 있을 수 있어 본인이 그 법률효과의 귀속을 원할 수도 있다.

(3) 결국 무권대리행위에 대하여는 대리제도의 사회적 신용의 유지, 본인과 상대방의 이익, 거래의 안전 등을 고려하여 적절하게 규율할 필요성이 요청되는데 그러한 이해관계를 어떻게 조절할 지는 입법정책의 문제이다.

민법은 본인의 이익을 부당하게 침해하지 않으면서 대리제도에 따르는 위험을 최소한도로 막아 대리제도의 신용을 유지하기 위하여 다음과 같은 규정을 두고 있다.

첫째는 대리인이 무권대리를 한 데에 본인에게도 책임이 있다고 볼 특별한 사정이 있는 경우에는 본인이 책임을 지게 하는 표현대리제도이다(§§ 125, 126, 129). 이는 본인의 이익을 희생하는 대신 상대방을 보호하고 거래의 안전을 도모하는 제도이다.

둘째는 무권대리행위는 원칙적으로 본인에게 효과가 발생하지 않되 이를 당연히 무효라고 하지 않고 본인이 추인할 수 있도록 하고 그러한 추인이 없는 경우에 거래 상대방은 대리인으로 행위한 사람에게 특별한 책임을 물을 수 있도록 하였다(§ 130 내지 136).

2) 다만 무권대리인이 상대방에 대하여 불법행위로 인한 책임을 부담하는지 문제는 별도로 남아 있다.

2. 무권대리규정의 체계

무권대리를 규정한 민법 규정의 체계를 어떻게 이해할 것인지에 관하여는 학설이 복잡하게 대립하고 있다. 이는 표현대리의 본질을 어떻게 파악할 것인지의 문제와 밀접하게 관련되어 있다.

(1) 표현대리를 무권대리로 파악하는 견해

표현대리는 본질적으로 무권대리라고 보는 견해이다. 이 견해는 민법의 무권대리에 관한 규정(§130 내지 §135)과 표현대리에 관한 규정(§§125, 126, 129)의 관계를 어떻게 파악할지를 두고 다시 견해가 대립된다.

(가) 먼저, 대리권 없이 이루어진 대리행위를 광의의 무권대리로 포섭하고, 광의의 무권대리를 다시 본인에게 효과가 귀속될 수 있는 표현대리와 그렇지 않는 협의의 무권대리로 구별하여 민법의 무권대리에 관한 규정(§130 ~ §135)은 협의의 무권대리에 관한 규정이라고 보는 견해이다.

종래에는 이와 같이 광의의 무권대리를 표현대리와 협의의 무권대리로 구별하는 견해는 협의의 무권대리에 관한 규정이 표현대리에도 적용되나 다만 §135(무권대리인의 상대방에 대한 책임)는 적용되지 않는다고 설명하는 것이 일반적이었다. 다수설의 입장이다.[3] 이에 따라 표현대리와 협의의 무권대리로 구별하는 견해를 두고 표현대리와 협의의 무권대리를 관념적으로 구분하여 표현대리가 성립하는 경우에 협의의 무권대리에 관한 규정을 모두 적용하지 않기 위한 이론적 토대를 제공하기 위한 견해라고 하기도 하였다.[4]

그러나 최근에는 무권대리를 표현대리와 협의의 무권대리로 구별하는 입장을 취하면서도 표현대리가 성립하는 경우에 상대방은 '선택적으로' 표현대리를 주장하여 본인에게 책임을 추궁하거나 무권대리인에게 §135의 책임을 추궁할 수 있다는 유력한 견해도 있다.[5] 이 견해는 §130 내지 §135의 규정을 표현대리제도(§§125, 126, 129)와 구별하기 위하여 협의의 무권대리라는 용어를 사용하고 있다.[6]

(나) 다음으로 표현대리를 무권대리의 특수한 형태로 파악하는 견해이다.[7]

---

3) 김상용, 민법총칙, 제3판 2014, 606; 김증한·김학동, 455; 백태승, 475; 송덕수, 민법총칙, 제3판, 2015, 290; 이영준, 672; 지원림, 민법강의, 제13판, 2014, 311.

4) 예를 들면, 명순구, 468.

5) 곽윤직·김재형, 363·377; 김준호, 민법총칙, 제7판, 2013, 349·365.

6) 곽윤직·김재형, 363; 김준호(주 5), 349.

7) 고상룡, 534; 김용한, 363; 김주수·김상용, 422; 명순구, 475; 구주해(3), 202(강용현); 주석 총칙(3), 103(제4판/이균용).

이 견해는 대리권 없이 이루어진 대리행위는 모두 무권대리이며, 무권대리 중 특별한 경우가 표현대리라고 본다. 즉 이 견해는 다수설이 말하는 '광의의 무권대리'가 무권대리 일반이고 표현대리는 그와 같은 무권대리의 특수한 형태라고 본다. 따라서 이 견해에서는 표현대리가 무권대리의 범주에 온전히 포함되는 것으로 관념되므로 표현대리는 모든 면에 있어서 무권대리의 성질을 잃지 않고 § 135 역시 당연히 표현대리에 적용된다고 본다.

(2) 그 외 표현대리를 유권대리와 무권대리의 중간에 존재하는 독자적인 대리유형으로 보는 견해,[8] 표현대리를 유권대리의 아종(亞種)으로 보는 견해[9]가 있다. 이들 견해에서는 § 130 내지 § 135의 규정은 무권대리에 대하여만 적용이 있고 표현대리에는 그 적용이 없다고 본다.

(3) 판례의 입장

판례는 '대리권에 기한 대리의 경우나 표현대리의 경우나 모두 제3자가 행한 대리행위의 효과가 본인에게 귀속된다는 점에서는 차이가 없으나 유권대리에 있어서는 본인이 대리인에게 수여한 대리권의 효력에 의하여 법률효과가 발생하는 반면 표현대리에 있어서는 대리권이 없음에도 불구하고 법률이 특히 거래상대방 보호와 거래안전유지를 위하여 본래 무효인 무권대리행위의 효과를 본인에게 미치게 한 것으로서 표현대리가 성립된다고 하여 무권대리의 성질이 유권대리로 전환되는 것은 아니다'고 하여 표현대리가 본질적으로 무권대리임을 밝히고 있다.[10] 그러나 표현대리가 성립하는 경우에 § 135의 무권대리인의 책임 규정이 그대로 적용되는지에 관하여 분명하게 밝히고 있는 판례는 아직 없는 것으로 보인다.[11]

8) 이은영, 631; 다음과 같이 설명한다.

표현대리를 유권대리·무권대리의 중간에 존재하는 독자적 대리유형으로 파악하자고 한다. 표현대리의 효력근거는 대리권에 대한 신뢰와 본인의 외관제공이라는 두 요소가 결합할 때에 비로소 발생하는 외관책임으로 법정책임이므로 이를 무권대리로 단정하여 분류하기 어렵고, 또한 유권대리는 본인·대리인 간의 수권행위의 존부에 의해 결정되는데 본인의 수권행위가 없거나 그 권한을 초과하거나 또는 수권관계가 소멸한 때에는 대리권은 없다고 보아야 하므로 표현대리는 유권대리와도 구별되므로 표현대리를 독자적 대리유형으로 파악함이 상당하다.

9) 이영준, 616 이하; 다음과 같이 설명한다.

수권행위는 내부적인 것과 외부적인 것으로 나누어지는데, 통상적인 유권대리는 내부적 수권과 외부적 수권이 모두 존재하고 무권대리는 둘이 모두 존재하지 않으며, 표현대리는 내부적 수권은 없지만 외부적 수권은 존재하는 경우이다. 표현대리는 무권대리의 일종이 아니고 유권대리의 아종으로 파악하여야 한다.

10) 대판 83.12.13, 83다카1489 전합(집 31-6, 80); 대판 90.3.27, 88다카181(공 90, 948).

11) 반면 일본의 판례는 이 경우 § 135(일민 § 117에 해당)의 적용을 긍정한다. 日最判

(4) 검 토

(가) 생각건대 § 125, § 126, § 129의 표현대리는 상대방의 보호와 거래의 안전을 위하여 대리권 없이 행한 대리행위에 대하여도 일정한 경우 본인에게 책임을 지우는 제도라고 할 것이므로 본질적으로 무권대리라고 볼 것이다. 따라서 수권행위를 외부적·내부적 수권으로 구분하여 표현대리를 유권대리의 아종으로 보는 견해나 표현대리를 유권대리와 무권대리와 구별되는 독자적인 대리유형으로 보자는 견해는 받아들이기 어렵다.

(나) 한편 표현대리를 무권대리로 파악할 경우에 § 130 이하의 규정을 표현대리에 그대로 적용할 수 있는지 여부, 특히 § 135의 적용(표현대리가 성립한 경우에 상대방이 무권대리인의 책임을 추궁할 수 있는지 여부)을 두고 학설이 대립하고 있음은 앞서 본 바와 같다. 먼저 각 학설의 내용을 살펴본다.

(a) 다수설은 § 135는 무권대리행위의 본인에의 효과귀속이 좌절된 경우에 상대방의 보호를 위하여 특별히 마련된 것이므로 표현대리가 성립하여 무권대리행위의 효과가 본인에게 귀속하는 경우에는 적용될 수 없다고 본다(이른바 보충책임설).

그 근거로 다음과 같이 설명한다.[12] 상대방은 효과가 본인에 귀속하는 것으로 계약을 맺었으므로 1차적으로 그 원래의 내용대로 계약이 실현되도록 하는 법적 수단을 추급할 것을 요구하여도 무리가 아니다. 또 무권대리인으로서는 무과실이라도 자신이 인수하지 아니한 계약이행 또는 그에 준하는 손해배상이라는 무거운 책임을 지게 되므로, 이는 가급적 제한적으로 인정하여야 할 것이다. 무권대리인이 무과실인 경우 등이라면 그가 § 135의 책임을 묻는 상대방에 대항하여 표현대리의 요건이 충족됨을 주장하여 그 책임을 면하는 것이 부당하다고 할 수도 없다. 만약 상대방이 선택적으로 본인에의 효과귀속과 무권대리인의 책임을 물을 수 있다면, 이들 사이의 관계를 어떻게 파악할 것인가 하는 어려운 문제가 발생한다. 나아가 무권대리인 및 본인의 법률관계가 모두 상대방의 선택에 달려 있어 불안정하게 되고 그 선택 여하에 따라 그들 사이의 법률관계가 착잡하게 된다.

(b) 소수설은 표현대리는 무권대리의 일종이기 때문에 표현대리가 성립하는 경우에도 § 135의 무권대리인의 책임이 발생한다고 보더라도 논리적으로

1987(昭 62).7.7, 民集 41-5, 1133.
12) 양창수·김재형, 240.

문제가 되지 않으므로 상대방은 표현대리와 무권대리인의 책임을 선택적으로 주장할 수 있다고 본다(이른바 선택책임설).

그 근거로 대체로 다음과 같이 설명한다.[13] § 135의 법문에서도 표현대리의 성립을 무권대리인의 책임을 배제하는 요건으로 정하고 있지 않다. 표현대리가 성립하는 경우에도 무권대리인이 § 135의 책임을 지는 것은 무권대리인이 § 135의 요건을 충족하는 행위를 하였기 때문이므로 이로 인하여 상대방이 두텁게 보호된다고 하여 무권대리인이나 본인 어느 쪽이 부당하게 희생된다고 할 수 없다. 표현대리의 입증이 쉽지 않아 상대방이 소송 전에 그 성부를 예측하기 어렵다. 표현대리가 본질적으로 무권대리임을 인정하여 무권대리의 다른 규정의 준용을 인정한다면 § 135의 준용도 인정함이 논리의 일관성을 유지한다.

그리고 선택책임설에서도 본인의 표현대리책임과 무권대리의 책임이 모두 성립하고 양자는 연대 또는 부진정연대채무로 된다는 견해와 상대방은 어느 한 쪽의 책임을 선택하여야 한다는 견해가 나뉜다. 상대방은 어느 한쪽의 책임을 선택하여야 한다는 견해에서는, 상대방이 어느 한쪽을 선택하여 책임을 추궁하여 그에 따른 책임이 발생한 경우, 예를 들면 상대방이 본인에 대하여 표현대리를 주장하여 본인의 책임 발생이 확정된 경우(본인이 이의하지 않고 그대로 책임을 부담하기로 하였던지 또는 재판으로 표현대리가 성립한 경우)에는 상대방은 표현대리로 보호를 받으려고 한 것이므로 이후에는 무권대리책임을 추궁할 수 없고, 또 반대로 무권대리인의 책임이 확정된 때에는 상대방은 무권대리를 주장하여 보호를 받으려고 한 것이므로 표현대리책임을 추궁할 수 없다고 보아야 할 것이고, 어느 한쪽에 대한 책임발생이 위와 같은 정도에 이르지 못한 경우, 예를 들면 상대방이 본인에 대하여 표현대리책임을 추급하는 소송을 제기하였다거나 표현대리가 성립할 가능성이 있다는 것만으로는 무권대리인이 이를 주장하여 면책될 수 없다고 설명한다.[14]

㈐ 생각건대 표현대리는 원래 무권대리의 상대방을 보호하기 위한 제도로 그 요건이 성립하더라도 상대방이 이를 주장하는 때에 비로소 문제되며 상대방이 주장하지 않는 한 본인 쪽에서도 표현대리를 주장하지 못하는데,[15)16]

13) 구주해(3), 201-202(강용현); 주석 총칙(3), 101-102(제4판/이균용).
14) 주석 총칙(3), 104(제4판/이균용).
15) 곽윤직 · 김재형, 366; 김준호(주 5), 364; 송덕수(주 3), 398. 송덕수 교수는 이점에 대하여 이설이 없다고 설명하고 있다.
16) 이 경우 본인은 무권대리행위를 추인함으로써 그 법률효과를 자기에게 귀속시킬 수 있음은 물론이다.

이와 같이 상대방이 표현대리를 주장하지 않는 상태에서 무권대리인에게 §135의 책임을 물을 경우 무권대리인이 표현대리의 요건을 갖추었으니 표현대리가 성립하였다고 주장할 수 있는지 의문이다.[17] 그리고 이를 허용한다면 그 상태에서 상대방에게 먼저 표현대리를 주장하라고 강제하는 것이 과연 타당한 것인지도 의문이 든다.[18][19] 반면 선택책임설을 채택하여 상대방이 선택적으로 본인에의 효과귀속과 무권대리인의 책임을 물을 수 있다면, 이들 사이의 관계를 합리적으로 설명하기 어려운 문제가 발생한다.[20]

결국 양 견해 모두 난점이 있으나 표현대리 및 무권대리인의 책임 모두 무권대리행위로 인한 상대방의 보호를 위한 제도라는 점을 고려하면, 보충책임설이 주장하는 바와 같이 선택책임설이 결과적으로 유권대리에서의 상대방 이

17) 보충책임설에 의하면, 표현대리의 성립은 §135 책임을 배제하는 요건이 된다. 따라서 무권대리인은 이를 주장하여 면책할 수 있다고 설명한다. 그런데 상대방이 표현대리를 주장하지 않고서 무권대리인에게 책임을 묻는데 무권대리행위를 한 무권대리인이 자신의 무권대리행위에 본인이 책임을 질 요소가 있어 표현대리가 성립하였으니 자신은 면책되었다고 항변할 수 있다는 것은 매우 어색하다. 일본판례 역시 동일한 의문을 제기하고 있다. 日最判 1987(昭 62).7.7, 民集 41-5, 1133.

18) 보충책임설에 의하면 무권대리행위가 발생한 경우, 상대방은 먼저 본인에게 표현대리책임을 묻고, 본인은 이를 이행한 다음에 다시 무권대리인에게 그 책임을 물어 무권대리행위로 인한 분쟁이 최종적으로 종식된다. 그런데 상대방이 무권대리행위임을 알고 난 이후 본인에게 그 효과의 귀속 여부를 따지기보다 자신을 상대로 무권대리행위를 한 무권대리인을 상대로 직접적으로 손해배상을 청구하여 분쟁을 해결하겠다는 의사를 밝히는 경우에도 이를 막고 반드시 위와 같이 우회적인 경로를 밟아 분쟁을 해결하여야 하는지 의문이다. 상대방이 본인에게 표현대리를 주장하였으나 본인이 이의를 제기한 상태를 예상하여 본다면 그러한 의문점은 더욱 커진다. 보충책임설에 의하면, 본인이 표현대리 주장에 이의를 제기하였다는 것만으로는 상대방이 무권대리인에게 책임을 물을 수 없다. 따라서 이 경우 상대방은 본인을 상대로 재판을 통하여 표현대리의 성립 여부의 확인을 구하고 그 패소가 확정되면 비로소 무권대리인에게 §135의 책임을 물어야 한다. 이는 부당하다고 보인다. 더구나 기판력의 관점에서 보면 전 소송(상대방이 본인에 대하여 표현대리책임을 묻는 소송)과 후 소송(상대방이 무권대리인에 대하여 책임을 묻는 소송)은 당사자가 달라 서로 기판력이 미치지도 않으므로 표현대리의 성립 여부에 대하여 서로 다른 결과가 나올 수도 있다.

19) 이에 따라 §135를 둘러싼 보충책임설과 선택책임설의 학설 대립은 확정시기가 서로 다른 책임의 중복 성립 여부를 다루는 것으로 실익이 없는 학설의 대립이라는 비판이 있다. 명순구, "표현대리를 둘러싼 몇 가지 학설에 대한 적정성 평가", 안암법학, 2010, 101-105.

20) 오히려 보충책임설에 의하면, 본인의 표현대리 책임과 무권대리인의 책임은 서로 '양립불가능'하므로 상대방은 민사소송법 §70에 따른 예비적·택일적 소송으로 소를 제기하는 방식으로 모순 없이 보호받을 수 있다. 그러나 선택책임설에 의하면, 어느 한쪽의 책임을 선택하여야 한다는 견해에 따르더라도 선택채권과 같이 선택권 행사 그 자체로 다른 쪽에 대한 채권은 소멸한다는 입장을 채택하지 않는 한, 본인의 표현대리 책임과 무권대리인의 책임은 '양립가능'하므로 민사소송법 §70에 따른 예비적·택일적 소송의 형태를 취하는데 어려움이 따른다.

상으로 보호받는 측면이 있더라도, 상대방이 표현대리로 본인에 대하여 책임을 구할지 또는 무권대리인에 대하여 책임을 구할지 여부를 상대방의 선택에 맡기는 선택책임설의 입장에 찬성한다. 선택책임설의 입장에 서는 경우 상대방은 어느 한쪽의 책임을 선택하여야 한다고 생각한다.

㈑ 이와 같이 표현대리를 무권대리로 이해하고 또 표현대리에 § 135를 포함하여 § 130 내지 § 135의 규정이 적용된다고 보더라도, 무권대리에 관한 민법 체계의 이해를 위하여 § 130 내지 § 135의 규정을 § 125, § 126, § 129의 표현대리제도와 구별하는 의미에서 협의의 무권대리라는 용어를 사용하고 있는 견해가 있음은 앞서 보았다.[21] 따라서 이하 § 130 내지 § 135에 대한 설명에서도 표현대리제도와 특별히 구별하여 지칭할 필요가 있을 때는 '협의의 무권대리'라는 명칭을 사용하기로 한다.

3. 무권대리의 효과 내지 취급

협의의 무권대리행위는 대리권 없이 한 대리행위이므로 아무리 대리의사가 표시되더라도 그 행위의 법률효과는 본인에 생기지 않는다. 그러나 민법은 무권대리행위에 대하여 다음과 같은 규정을 두어 무권대리행위의 상대방, 본인의 이해를 조절하는 한편으로 거래의 안전을 도모하고 있다.

민법은 무권대리의 법률효과를 계약(§ 130 내지 § 135)과 단독행위(§ 136)로 나누어 달리 취급하고 있다.

먼저 계약의 무권대리에 대하여는 원칙적으로 본인에게 아무런 효과가 생기지 않도록 하면서 본인이 무권대리계약을 추인(§ 130) 또는 추인거절(§ 132)할 수 있도록 하였다. 한편 이와 같은 추인·추인거절은 본인의 일방적 의사표시로 이루어지므로 그로 인하여 상대방의 지위는 더욱 불안정하게 되므로 상대방에게 최고권(§ 131)과 철회권(§ 134)을 주어 자신의 주도로 불확정한 법률상태를 조기에 확정할 수 있도록 하였다. 또 상대방과 무권대리인 사이에는 일정한 경우에 무권대리인은 상대방에 대하여 책임을 지도록 하였다(§ 135).

단독행위의 무권대리는 원칙적으로 무효로 하되 다만 상대방 있는 단독행위의 경우에는 상당한 예외를 인정하여 계약에 관한 규정을 준용하도록 하였다(§ 136).

반면 본인과 무권대리인 사이에는 특별한 규정을 두지 않는다. 따라서 본

21) 곽윤직·김재형, 363; 김준호(주 5), 349.

인의 추인이 없는 한 본인과 무권대리인 사이에서 당연히 어떠한 법률관계가 생기지는 않는다. 다만 민법의 일반 규정에 따라 불법행위·사무관리·부당이득 등이 문제될 수 있다. 또한 본인의 추인이 있는 경우에는 원칙적으로 사무관리가 성립한다고 본다.

4. 무권대리의 발생 모습

(1) 무권대리에 관한 민법의 규정(§130 내지 §135)이 적용되기 위하여는 무권대리인이 본인을 위한 것임을 밝히고 또 그 법률행위의 효과를 그 본인에게 귀속시키려는 의사를 가지고 있어야 한다. 즉 대리권이 없을 뿐이고 다른 점에서는 대리행위성립의 요건을 모두 갖추고 있어야 한다. 여기서 대리권이 없다는 것은 당해 행위에 관하여 대리권이 존재하지 아니하는 경우와 대리권의 범위를 넘어 선 경우를 포함한다.

무권대리는 대리행위 당시에 대리권이 객관적으로 결여되어 있으면 족하고, 무권대리행위에 관한 당사자들의 주관적인 인식 여하는 문제되지 않는다. 즉 무권대리인이나 상대방이 대리권 없음에 대한 선의·악의나 모른 데 관한 과실이 있었느냐는 무권대리의 인정에 아무런 영향을 미치지 못한다.

무권대리는 대리인이 적극적으로 의사표시를 행하는 능동대리에서 뿐만 아니라 상대방이 한 의사표시를 본인을 대리하여 수령하는 수동대리에서도 문제된다(§136 후단 참조).

(2) 무권대리는 발생 원인에 따라 여러 모습으로 나타나는데, 무권대리가 문제되는 경우를 살펴본다.

㈎ 대리권이 존재하지 않는 경우 대리권이 없다는 것은 처음부터 대리권이 없었던 경우와 대리권이 있었으나 후발적으로 소멸한 경우로 나눌 수 있다. 민법은 후발적으로 대리권이 소멸하는 사유로 본인의 사망과 대리인의 사망, 대리인에 대한 성년후견의 개시 또는 대리인의 파산 등 §118에서 정하는 대리권소멸사유,[22] 원인된 법률관계의 종료로 인한 대리권소멸(§128 전단), 법률관계 종료 전의 본인의 수권철회(§128 후단) 등을 규정하고 있다. 이 외에 법정대리에 관하여는 특유한 소멸원인을 규정하고 있다. 예를 들면 재산관리인에 있어서 법원의 처분명령의 취소(§22 Ⅱ), 법원의 개임(§23), 친권자의

22) 상인이 그 영업에 관하여 수여한 대리권은 본인의 사망으로 인하여 소멸하지 아니한다(상법 §50).

친권상실(§924), 법원의 대리권상실의 선고(§925), 후견인의 후견사무의 종료(§957) 등이다.

(a) 수권행위의 실효와 무권대리

(i) 대리권을 수여하는 수권행위는[23] 본인과 대리인 사이의 내부관계를 발생시키는 원인행위(예를 들면 위임·고용·조합 등)와 구별되는 상대방 있는 단독행위로 파악함이 통설이다[24]. 이와 같이 수권행위는 개념상 본인과 대리인 사이의 내부관계를 발생하게 하는 원인행위와는 구별되는데, 수권행위는 다음의 경우에 실효될 수 있다.

(ㄱ) 원인행위의 실효로 인한 수권행위의 실효　　보통은 내부관계 발생행위를 원인으로 하여 수권행위가 행하여지므로 특별한 사정이 없는 한 원인행위가 무효이거나 취소 기타의 사유로 실효하면 수권행위도 효력을 잃는다고 보는 유인설이 다수설이다.[25][26] 따라서 원인관계의 무효는 수권행위의 무효를 가져오고, 또 원인관계가 취소·해제된 때에는 수권행위도 효력을 잃게 된다.

예를 들면 대리인의 행위능력을 규정한 §117는 본인·상대방 간의 관계를 규율하는 것으로 대리인이 제한능력자는 것을 이유로 본인이 대리행위를 취소

23) 수권행위의 독자적 개념을 인정할 것인지에 관하여 견해의 대립이 있으나 수권행위의 독립성을 인정하는 견해가 통설이고 판례의 태도이다.

대판 62.5.24, 4294민상251, 252(집 10-2, 354)은, '위임과 대리권수여는 별개의 독립된 행위로서 위임은 위임자와 수임자간의 내부적인 채권채무관계를 말하고 대리권은 대리인의 행위의 효과가 본인에게 미치는 대외적 자격을 말하는 것이므로 위임계약에 대리권수여가 수반되는 일은 있으나 위임계약만으로는 그 효력은 위임자와 수임자 이외에는 미치는 것이 아니므로 구 민법 제655조의 취지는 위임종료의 사유는 이를 상대방에 통지하거나 상대방이 이를 안 때가 아니면 위임자와 수임자간에는 위임계약에 의한 권리의 무관계가 존속한다는 취지에 불과하고 대리권관계와는 아무런 관계가 없는 것이다.'고 판시한다.

나아가 대판 97.4.22, 96다56122(공 97, 1543)은, 민법 §128의 규정이 '대리권수여의 의사표시가 바로 수권행위라고 정의한 것'이라고 해석하고 있다.

24) 고상룡, 482; 곽윤직·김재형, 343; 백태승, 446; 송덕수(주 3), 344, 이영준 523.

이에 비하여 수권행위의 법률적 성질을 계약이라고 보는 견해도 있다.

25) 고상룡, 485; 곽윤직·김재형, 344; 송덕수(주 3), 345.

26) 수권행위의 독자성은 내부관계 발생행위의 효력에 영향을 받지 않고 상대방을 보호함으로써 거래안전을 도모하려는 것이므로 수권행위는 내부관계 발생행위의 효력에 영향을 받지 않는다는 무인성을 취하는 견해도 있다. 김주수·김상용, 394; 백태승 447; 구주해(3), 33(손지열).

또한 수권행위를 내부적 수권과 외부적 수권으로 구별하여 내부적 수권의 경우에는 내부관계 발생행위가 실효되면 수권행위도 효력을 잃으나 외부적 수권행위의 경우에는 상대방이 선의·무과실인 한 효력을 잃지 않는다는 견해도 있다(이영준, 531).

하지 못한다는 것일 뿐이므로, 본인·대리인 사이의 원인관계인 위임·고용 등은 무능력을 이유로 취소되어 효력을 잃는 경우가 있고, 그 경우에는 수권행위의 유인성을 인정하면 수권행위도 실효된다.

(ㄴ) 수권행위의 결함으로 인한 수권행위의 실효 수권행위를 단독행위로 인정하는 이상, 대리인 측의 사유로 수권행위가 실효할 여지는 없다. 그러나 대리권수여의 의사표시를 한 본인의 의사에 하자가 있거나 본인이 제한능력자인 경우 본인은 수권행위를 취소할 수 있고, 경우에 따라서는 그 수권행위가 무효로 될 수 있다. 이에 대하여 상대방 보호의 측면에서 대리행위 후에는 본인의 수권행위취소는 배제하는 것이 타당하나 수권행위의 결함이 대리행위의 내용에도 직접 영향을 미치는 경우에는 예외적으로 취소를 인정할 것이라는 견해도 있다.[27)]

(ii) 이와 같이 수권행위가 무효·취소되어 실효될 경우 그 대리권에 기하여 이미 한 대리행위가 무권대리로 되는지에 대하여 견해가 대립한다.

(ㄱ) 먼저 원인행위가 실효함에 따라 수권행위가 실효되는 경우이다.

수권행위의 유인성을 취하는 입장에서도 견해가 대립한다. 유인성의 원칙에 따라 수권행위가 실효되므로 이미 한 대리행위는 무권대리로 되고 이 경우 상대방 보호나 거래 안전은 § 130 내지 § 135의 협의의 무권대리 규정으로 보호되어야 한다는 견해,[28)] 유인성을 취하면서도 거래의 안전 또는 § 128에 따라 대리권은 장래에 향하여 소멸한다고 해석하여야 하고 이미 행하여진 대리행위는 유효하다는 견해가 있다.[29)] 반면 수권행위의 무인성을 인정하는 견해에서는 § 128에서 기초적 내부관계가 실효하면 대리권은 장래에 향하여 소멸한다고 인정하므로 이미 행하여진 대리행위는 당연히 유효하다고 해석한다.[30)]

(ㄴ) 다음으로 수권행위가 본인의 사유로 실효되는 경우이다.

이 경우에는, 수권행위가 취소되면 대리권이 소급적으로 소멸하여 무권대리가 되고 그에 따른 상대방 보호는 개개의 상대방 보호규정에 의하거나 § 130 내지 § 135의 협의의 무권대리 규정에 의하여 의하여야 한다는 견해,[31)] 대리행위가 행하여진 후에 수권행위의 하자를 주장하는 것은 일단 수권행위에

27) 백태승, 450.
28) 명순구, 440.
29) 고상룡, 521; 곽윤직·김재형, 357: 김상용(주 3), 566; 이은영, 594; 송덕수(주 3), 347.
30) 김주수·김상용, 415; 구주해(3), 37·57(손지열).
31) 구주해(3), 37(손지열).

의하여 자기 행위를 정당화 시켰던 대리행위를 부인하는 것이 되므로 이러한 결과는 형평에 반하고 거래의 안전을 해친다는 이유로 이를 제한하는 해석을 하여야 한다는 견해,[32] 수권행위의 취소는 인정하나 그 소급효는 배제되고 대리권은 장래에 향하여서만 소멸한다는 견해[33]등이 있다.

(b) 본인의 사망과 대리권소멸의 관계

(i) 본인의 사망과 같이 § 127에서 정하는 대리권소멸사유가 발생하였으나 위임관계의 존속이 의제되어(§§ 691, 692) § 128(원인관계의 종료로 인한 대리권소멸)가 적용될 수 없는 경우에도 본인의 사망으로 대리권이 그대로 소멸한다고 보아야 할지가 문제된다. 이를 긍정하면 § 691에도 불구하고 대리인은 무권대리를 한 것이 된다.

(ii) 본인의 사망에 따라 대리권은 소멸하나 예외적으로 임의대리의 기초가 되는 대내관계의 존속이 의제되는 때에는 그 범위에서 대리권도 존속한다고 보는 견해가 통설적 견해이다.[34] 따라서 위와 같은 경우에는 대리권이 여전히 존재한다고 보게 된다.

(c) 대리권소멸의 판단 기준 시점　상대방 있는 법률행위에 있어서 의사표시의 통지를 발한 당시에는 대리권이 존재하였으나 도달 전에 대리권이 소멸한 경우에는 대리권의 존부는 대리인에 의하여 의사표시가 교부된 때를 기준으로 판단하여야 하므로 그 대리권의 소멸은 대리행위에 영향을 미치지 않는다고 본다(§ 112 II 참조).[35] 다만 이 경우 상대방이 의사표시 교부 후 도달 전에 대리권의 소멸사실을 알았거나 알 수 있었던 때에는 무권대리로 된다고 해석하는 것이 § 129 단서에 부합한다고 보는 견해가 있다.[36]

(d) 본인의 명의에 흠이 있는 경우

(i) 타인의 명의를 사용하여 행한 경우

(ㄱ) 어떤 사람이 자신으로서는 행위할 수 없거나 자신을 숨기기 위하여 또는 기타의 이유로 다른 사람의 명의를 사용하여 법률행위를 하는 경우가 많다. 이러한 경우에는 먼저 ① 그 계약의 당사자가 누구인지를 확정하고, ② 이후 계약의 성립 여부와 효력을 판단하여야 한다. 이러한 추론을 거쳐 계약의 당사자가 명의자라고 확정되는 경우에는 대리의 문제가 되고 행위자가

32) 이영준, 534.
33) 송덕수(주 3), 347.
34) 곽윤직 · 김재형, 351; 김주수 · 김상용, 405; 송덕수(주 3), 363.
35) 양창수 · 김재형, 231; 이영준, 648; 구주해(3), 207(강용현).
36) 이영준, 643; 구주해(3), 207(강용현).

대리권이 없이 임의로 본인의 명의를 사용한 경우에는 무권대리행위가 된다. 반면 계약의 당사자가 행위자라고 확정되는 경우에는 명의인 표시를 이름을 잘못 표시한 것에 불과하여 명의인에게 아무런 효과도 발생하지 않는다고 보아야 한다.[37)]

(ㄴ) 판례 역시 타인의 명의를 모용하여 금원을 차용한 경우에는 피모용자를 위한 의사가 전혀 없고 자기를 위한 행위이므로 이는 대리권과는 관계가 없는 문제라고 본다.[38)] 또 계약을 체결하는 행위자가 타인의 이름으로 법률행위를 한 경우 행위자 또는 명의인 가운데 누구를 계약의 당사자로 볼 것인가에 관하여는, ① 우선 행위자와 상대방의 의사가 일치한 경우에는 그 일치한 의사대로 행위자 또는 명의인을 계약의 당사자로 확정해야 하고, ② 행위자와 상대방의 의사가 일치하지 않는 경우에는 그 계약의 성질·내용·목적·체결 경위 등 계약 체결 전후의 구체적인 제반 사정을 토대로 상대방이 합리적인 사람이라면 행위자와 명의자 중 누구를 계약 당사자로 이해할 것인가에 의하여 당사자를 결정하여야 한다고 판시한다.[39)]

(ii) 본인이 존재하지 않는 경우

(ㄱ) 대리인이 그 대리행위의 본인으로 표시한 자가 실제에 있어서는 존재하지 않는 경우에는 그 계약은 무효가 된다. 이때 대리인으로 행위한 자는 § 135에 따른 책임을 부담한다고 본다.[40)]

(ㄴ) 판례 역시, 갑이 허무인 을 명의로 증권회사인 병 주식회사에 을 명의의 계좌 개설을 신청하여 을 명의로 증권위탁계좌를 개설한 사안에서, 병 회사로서는 갑이 을인 줄 알고 계약을 체결하기에 이르렀다고 할 것이어서 갑과 병 회사 사이에 행위자인 갑을 위 계좌 개설계약의 당사자로 하기로 하는 의사의 일치가 있었다고 볼 수 없고, 비록 을에 대한 실명확인 절차가 허무인에 대한 것으로서 적법하지 않다고 하더라도 을이 허무인임을 알지 못한 병 회사로서는 명의자인 을을 계약당사자로 인식하여 계좌 개설계약을 체결한 것이라고 봄이 타당하고 이러한 계약체결 당시 병 회사의 계약당사자에 대한 인식은 사후에 을이 허무인임이 확인되었다고 하여 달라지지 않으므로, 병 회사의 계좌 개설계약의 상대방에 관한 의사가 위와 같은 이상 갑을 계약당사자로

37) 송덕수(주 3), 379.
38) 대판 79.11.27, 79다1622(정보).
39) 대판 95.9.29, 94다4912(공 95, 3584).
40) 이영준, 650.

한 계좌 개설계약이 체결되었다고 할 수 없고, 다만 계약당사자인 을이 허무인인 이상 병 회사와 을 사이에서도 유효한 계좌 개설계약이 성립하였다고 볼 수 없다고 판시하고 있다.[41)]

㈏ 대리권의 범위를 넘어 선 경우

(a) 대리인이 대리권의 범위를 벗어나 대리행위를 하였을 때에는 무권대리가 된다. 법정대리권의 범위에 관하여는 각종의 법정대리인에 관한 규정[42)]이나 법원의 선임결정에서 이를 정하고 있으므로 법규의 해석이나 법원의 결정에서 그 범위가 결정된다.[43)] 임의대리권의 범위는 본인의 수권행위에서 정해진다. 본인은 일정한 사항을 한정하거나 일정범위의 사항에 관하여 포괄적으로, 또는 한정적으로 대리권을 줄 수 있으므로 어느 행위가 대리권 범위 내의 행위인지 여부는 개별적인 수권행위의 내용이나 그 해석에 의하여 결정되고, 대리권의 범위가 명확하지 않은 경우에는 대리권의 범위에 관한 보충규정인 § 118에 따라 대리권의 범위를 한정하여야 한다.

(b) 수권행위의 해석과 관련한 종래의 판례에 나타난 주요한 예는 다음과 같다.

(i) 판례상 나타나는 대리권에 관한 일반적 기준은 다음과 같다.

법원의 재산관리인에 대한 초과행위허가결정의 효력은 그 허가받은 재산에 대한 장래의 처분행위뿐만 아니라 기왕의 처분행위를 추인하는 행위도 할 수 있다.[44)] 또한 어느 행위가 대리권의 범위 내의 행위인지의 여부는 개별적인 수권행위의 내용이나 그 해석에 의하여 판단할 것이나, 일반적으로 말하면 수권행위의 통상의 내용으로서의 임의대리권은 그 권한에 부수하여 필요한 한도에서 상대방의 의사표시를 수령하는 이른바 수령대리권을 포함하는 것으로 보아야 한다.[45)] 한편으로 어떠한 계약의 체결에 관한 대리권을 수여받은 대리인이 수권된 법률행위를 하게 되면 그것으로 대리권의 원인된 법률관계(기초적 내부관계)

41) 대판 12.10.11, 2011다12842(공 12하, 1814).

42) 예를 들면 § 25(부재자 관리인의 권한), § 913(친권의 효력), § 945(,후견인의 권리의무), § 1040 Ⅱ(상속재산관리인의 권리의무), § 1047 Ⅱ(상속재산관리인의 권리의무), § 1053 Ⅱ(상속재산관리인의 권리의무), § 1101(유언집행자의 권리의무) 등이다.

43) 예를 들면, 부재자의 재산관리인이 법원의 허가 없이 부동산을 매도한 행위[대판 62.7.26, 4294민상1428(정보)], 친권자가 미성년자와 이해상반되는 행위를 특별대리인에 의하지 않고 한 행위[대판 64.8.31, 63다547(정보)] 등은 무권대리행위이다.

44) 대판 56.6.14, 4289민상43(정보).

45) 대판 94.2.8, 93다39379(공 94, 1004).

는 원칙적으로 목적을 달성하여 종료되는 것이고, 법률행위에 의하여 수여된 대리권은 그 원인된 법률관계의 종료에 의하여 소멸하는 것이므로, 계약을 대리하여 체결하였다 하여 곧바로 그 사람이 체결된 계약의 해제 등 일체의 처분권과 상대방의 의사를 수령할 권한까지 가지는 것은 아니다.[46] 그리고 본인이 계약체결의 권한을 대리인에게 부여함에 있어, 그 계약의 상대방을 특정할 수 있으므로 대리인이 계약 상대방을 달리하여 계약을 체결한 것은 무권대리행위가 된다.[47]

(ii) 구체적 법률관계에 따른 판례의 태도

(ㄱ) 매매계약의 경우 부동산의 소유자로부터 매매계약을 체결할 대리권을 수여받은 대리인은 특별한 다른 사정이 없는 한 그 매매계약에서 약정한 바에 따라 중도금이나 잔금을 수령할 수도 있다고 보아야 하고, 매매계약의 체결과 이행에 관하여 포괄적으로 대리권을 수여받은 대리인은 특별한 다른 사정이 없는 한 상대방에 대하여 약정된 매매대금지급기일을 연기하여 줄 권한도 가진다.[48] 그러나 부동산 매도를 위임받은 대리인이 자신의 채무지급을 담보하기 위하여 그 부동산에 관하여 양도담보계약을 체결할 권한까지 가지는 것은 아니다.[49] 또한 본인을 대리하여 부동산을 매수한 대리인이 그 부동산을 계속 관리하는 것만으로는 그 부동산을 처분할 대리권이 있는 것은 아니다.[50]

(ㄴ) 소비대차 등의 경우 사업자등록 명의와 통장을 빌려준 등의 사정만으로 거액의 차용행위에 대한 포괄적인 대리권을 수여한 것으로 볼 수 없다.[51] 또한 통상적으로 본인을 위하여 금융기관과 사이에 대출거래약정과 그에 관한 담보권설정계약을 체결할 대리권을 수여받은 대리인은 그 대출금을 수령할 권한도 있다고 볼 수 있으나, 그렇다고 하더라도 특별한 사정이 없는 한 대리권을 수여받은 대출거래약정 및 담보권설정계약을 넘어서서 타인의 채무를 인수하도록 하는 약정까지 체결할 수 있는 대리권을 수여받은 것으로 볼 수는 없다.[52] 또한 건물의 건축보존등기 및 매각처분 일체를 위임받은

46) 대판 08.1.31, 2007다74713(정보); 대판 08.6.12, 2008다11276(공 08하, 970).
47) 대판 68.6.18, 68다694(집 16(2), 158).
48) 대판 92.4.14, 91다43107(공 92, 1582).
49) 대판 09.11.12, 2009다46828(정보).
50) 대판 57.10.21, 4290민상461(정보).
51) 대판 09.5.28, 2009다7779(정보).
52) 대판 13.6.27, 2012다63878(정보).

대리인에게 건물에 관한 근저당권 설정 계약을 체결할 대리권이 있는 것은 아니다.[53] 사채알선업자가 금전 소비대차 내지 그 담보권설정계약을 알선 소개하고 본인을 대리하여 소비대차 등 계약을 체결하였다 하더라도 곧바로 그에게 본인을 대리하여 위 소비대차에 따른 계약의 해제 등 일체의 처분권과 상대방의 의사를 수령할 권한까지 가진다고 볼 수 없다.[54] 계약체결에 관한 대리권을 수여하였다는 사실만으로 계약관계의 해소로 인하여 반환되는 계약금액의 수령행위에 관한 대리권까지 당연히 수여하였다고 볼 수 없다.[55] 예금계약을 체결할 대리권을 가진다고 하여도 그에 당연히 그 예금을 담보에 제공하는 등으로 이를 처분할 권한이 포함되어 있는 것은 아니다.[56] 반면 대주로부터 소비대차계약을 체결할 대리권을 수여받은 대리인은 특별한 사정이 없는 한 그 소비대차계약에서 정한 바에 따라 차주로부터 변제를 수령할 권한도 있다고 할 것이므로 차주가 그 사채알선업자에게 하는 변제는 유효하다.[57]

㈐ 대리권의 제한을 넘어선 무권대리행위

(a) 민법은 본인과 대리인 간의 이해가 충돌하는 경우에 대리권을 제한하는 규정을 두고 있다. 공동대리에 관한 § 119, 자기계약·쌍방대리의 금지에 관한 § 124 등이다. 공동대리의 경우, 능동대리에 있어서는 공동대리인 중의 1인이 다른 공동대리인의 동의 없이 단독으로 대리행위를 한 경우에는 무권대리행위로 된다는 것이 통설이고, 수동대리에 있어서는 공동대리인 각자가 할 수 있다는 것이 다수설이다.[58] 이러한 규정에 위반한 대리행위는 대리권을 흠결한 것으로서 무권대리행위가 된다.[59] 다만 공동대리위반의 경우에는 § 126의 표현대리가 성립될 여지가 많다.

(b) 그 외 민법상 법인의 이사가 그 법인과 이익이 상반하는 행위를 한 경우, 마찬가지로 무권대리행위가 된다.[60] 또 친권자가 미성년자와 이해상반되

53) 대판 57.4.4, 4290민상21(정보).
54) 대판 93.1.15, 92다39365(공 93, 707); 대판 97.9.30, 97다23372(공 97, 3272).
55) 대판 08.1.31, 2007다74713(정보).
56) 대판 92.6.23, 91다14987(공보 926, 2223).
57) 대판 97.7.8, 97다12273(공 97, 2457).
58) 곽윤직·김재형 349; 김상용(주 3), 571; 송덕수(주 3) 354; 이영준, 526; 구주해(3), 63(손지열).
59) 곽윤직·김재형, 348·349; 김상용(주 3), 569; 송덕수(주 3), 353·356; 구주해(3), 86(손지열).
60) 대판 14.6.26, 2014다11628(정보).

는 행위를 특별대리인에 의하지 않고 한 경우에는 무권대리행위가 되며,[61] 후견인과 피후견인의 이익이 상반되는 행위에 관하여는 후견인이 피후견인과 이익이 상반되는 행위를 후견감독인에 의하지 아니하고 한 경우에는 무권대리행위가 된다.[62] 그리고 후견인은 재산조사와 목록작성을 완료하기까지는 긴급히 필요한 경우가 아니면 그 재산에 관한 권한을 행사하지 못하는데(§ 934) 이는 재산목록의 작성이 끝날 때까지 후견인의 권한 행사를 제한하는 규정으로서 이에 위반한 후견인의 행위는 무권대리행위가 된다.[63]

(c) 대리권 제한의 방법으로 대리행위에 제3자의 동의를 요하도록 하는 경우(예를 들어 후견인이 피후견인을 대리하여 일정한 행위를 함에 있어서 후견감독인의 동의를 얻도록 한 § 950 등)에, 그 동의를 얻지 못한 채 대리행위를 한 경우도 대리권의 제한을 넘어서 행하여졌다는 의미에서 무권대리로 된다는 견해와[64] 이런 경우에는 원칙적으로 무권대리의 규정이 적용되지 않는다는 견해의 대립이 있다.[65] 판례는 이 경우 표현대리가 성립할 수 있다고 보아 무권대리가 됨을 전제로 하고 있다[66]

㈑ 복대리인의 무권대리행위 복대리에 있어서 대리인의 대리권 또는 복대리인의 복대리권이 존재하지 아니하는 경우에 무권대리의 성립 여부가 문제된다.

(a) 대리인 및 복대리인 모두 대리권이 결여된 경우에는 복대리인이 한 법률행위는 무권대리행위로서 본인에게 효력이 없다고 보아야 할 것이고, 다만 본인은 § 132, § 133에 따라 추인할 수 있다.[67]

(b) 대리인의 대리권은 존재하나 복대리인이 복대리권이 존재하지 않는 경우에도 역시 복대리인이 한 법률행위는 무권대리행위로서 본인에게 효력이 없다. 다만 이 경우에는 본인은 물론 대리인도 본인의 이름으로 복대리인의 무권대리행위를 추인할 수 있다. 이러한 추인이 없는 경우 상대방은 복대리인에 대하여 § 135에 의한 권리를 가진다.[68]

61) 대판 64.8.31, 63다547(집 12-2, 80); 대판 13.1.24, 2010두27189(공 13상, 411).
62) 대판 81.3.24, 81다18(집 29-1, 145).
63) 대판 97.11.28, 97도1368(공 98, 181).
64) 양창수 · 김재형, 231.
65) 이영준, 651.
66) 대판 97.6.27, 97다3828(집 45-2, 318); 이러한 판례의 태도에 대하여 찬반의 견해의 대립이 있다.
67) 김상용(주 3), 599; 이영준, 651; 지원림(주 3), 339; 구주해(3), 206(강용현).
68) 이영준, 652.

(c) 무권대리인이 선임한 복대리인의 대리행위는 본인에 대하여 무권대리행위가 된다. 따라서 본인이 이를 추인할 수 있다. 이 경우 상대방은 복대리인에 대하여 §135의 권리를 가지는지에 대하여 견해가 대립된다. ① 복대리인에 대하여 무권대리가 성립하는 이상 무권대리인의 책임은 무과실책임이므로 이 경우에도 복대리인은 언제나 상대방에 대하여 §135의 책임을 진다는 견해가 있다.[69] ② 다음으로, 복대리임을 현명한 경우에는 복대리인은 복대리권의 존재에 대하여만 책임을 지면 되고 대리권의 유무를 검토할 수 없는 복대리인에게 §135의 엄격한 책임을 지우는 것은 가혹하고 원래 복대리는 대리인의 편의를 위한 것인데 복대리인에게도 §135의 책임을 지우는 것은 상대방을 부당하게 보호하는 결과가 되어 부당하므로, 복대리인이 상대방에 대하여 복대리권에 기한 행위임을 표시한 때에는 대리권의 부존재에 관하여 대리인만이 책임을 지나, 복대리인이 이를 표시하지 않은 경우에는 복대리인은 대리인과 함께 대리권이 부존재에 관하여 상대방에 책임을 진다고 하는 견해가 있다.[70] ③ 이러한 경우까지 복대리인에게 책임을 지우는 것은 형식적 외관책임에 너무 치우치므로 이 경우에는 대리인만이 책임을 지고 복대리인은 책임을 지지 않는다는 견해도 있다.[71]

생각건대, 먼저 §123 Ⅱ는 복대리인은 대리인과 동일한 권리·의무를 갖는다고 규정하고 §135에서는 대리권의 흠결 유무에 관하여 선의·과실 유무를 불문하고 무권대리인에게 엄격한 책임을 지우고 있으므로 복대리인은 대리인의 대리권 흠결에 대하여 §135의 책임을 진다고 보아야 한다. ②③의 견해는 복대리인에게 과실이 없는 경우에 §135의 엄격한 책임을 지우는 것은 부당하다는 점을 들어 §135의 적용을 제한하자는 것이다. 그러나 복대리인과 계약을 체결하는 경우, 상대방은 복대리인으로부터 대리인의 대리권에 관한 정보를 받을 수밖에 없어 대리인의 대리권에 관하여 복대리인 보다 더 접근하기 어렵고 오히려 복대리인이 대리권에 관한 정보에 쉽게 접근할 수 있다. 따라서 대리권 흠결로 인한 손해발생의 위험에 관하여 상대방보다 근접하여 있는 복대리인이 그 위험을 인수하도록 하는 것이 합리적이다. 그럼에도 복대리인에게 아무런 책임을 묻지 못하게 한다면 상대방은 복대리인과의 거래를 꺼려

---

69) 구주해(3), 206, 240-241(강용현).
70) 이영준, 664-666; 독일 판례의 태도이다. BGHZ 32, 250, 254.
71) 김상용(주 3), 599.

복대리 제도의 효용이 저하되고 또 상대방을 두텁게 보호하고자 하는 §135의 취지에도 배치된다.

Ⅱ. 본조의 취지

본조는 무권대리에 기한 계약의 본인에 대한 효력을 규정하고 있다. 본조는 '대리권 없는 자가 타인의 대리인으로 한 계약은 본인이 이를 추인하지 아니하면 본인에 대하여 효력이 없다'고 규정하여 대리권이 없이 한 무권대리행위는 추인이 없는 한 본인에게 그 효력이 미치지 않는다는 것을 밝히고 있다. 이와 같이 무권대리행위는 그 법률효과가 본인에게 귀속되지 아니하여서 발생하지 못한다는 의미에서 '무효'라고도 한다.

그러나 무권대리행위라고 하더라도 본인에게 유리한 경우가 있어 본인이 그 효과의 귀속을 원할 수 있고 상대방 역시 본인과 사이에 계약에 따른 효력이 생기는 것이 처음의 기대에도 부합하므로 본인이 나중에 자신에의 효과귀속을 의욕하는 의사표시를 하는 경우라면 그대로 긍정하는 것이 타당하다. 이에 따라 본조는 본인의 추인의 의사표시에 의하여 무권대리로 행하여진 계약이 본인에 대하여 효력이 발생하도록 하였다. 이러한 점에서 무권대리는 확정적 무효가 아니고 본인의 추인 여하에 따라 유효로 될 수 있는 유동적 무효의 상태에 있다고 한다. 본인은 추인을 하거나 추인을 거절하여 무권대리의 효력을 확정지을 수 있다. 결국 계약에 관한 무권대리행위는 그 효력이 불확정 상태에 있다가 본인의 추인 유무에 따라 본인에 대한 효력발생 여부가 결정된다.[72)]

Ⅲ. 본인의 추인권

1. 추인권의 성질

본인은 무권대리행위로 행하여진 계약을 추인함으로써 대리권이 있어서 행하여진 것과 마찬가지의 효과를 발생하게 할 수 있다(§130). 본인의 추인권은 무권대리행위가 있음을 알고 그 행위의 효과를 자기에게 귀속토록 하는 단독

72) 대판 95.11.14, 95다28090(공 96, 18).

행위이다.[73]

민법은 추인제도로 무권대리행위의 추인과 함께 무효행위의 추인(§139), 취소할 수 있는 행위의 추인(§143)을 두고 있다. 무효행위의 추인은 법률행위의 효과가 발생하지 않는 것으로 확정되어 있는 것에 대하여 이를 비소급적으로 유효하게 하는 의사표시이고, 취소할 수 있는 행위의 추인은 일응 유효하게 성립한 법률행위를 확정적으로 유효하게 하는 것이다. 반면, 본조의 추인은 효력발생이 불확정한 행위에 관하여 그 행위의 효과를 자기에게 소급적으로 발생하게 하는 의사표시이다.[74]

본조의 추인권은 본인이 상대방에 대하여 일방적으로 행사하는 권리로 그 법적 성질을 형성권으로 보는데 이견이 없으나, 이를 사후의 수권행위로 볼 수 있는지에 대하여는 견해의 대립이 있다. 다수설은 본조의 추인은 대리권의 흠결을 보충하는 것이지 사후의 수권행위는 아니라고 본다.[75] 반면 추인으로 대리권의 흠결이 보충되는 것은 추인이 실질적으로 사후의 수권행위이기 때문이므로 본조의 추인은 사후의 수권행위로 보아야 한다는 견해도 있다.[76] 본조의 추인을 수권행위로 보면 수권행위에 관한 법리가 일반적으로 추인에 적용될 것이다.

본인이 본조에 따른 추인을 함에는 상대방이나 무권대리인의 동의나 승낙을 요하지 않으며 추인할 것인가의 여부는 순전히 본인의 자유이다. 본인은 추인을 거절할 수도 있으나(§132 참조) 추인을 거절하지 않고 또한 추인을 하지도 않고 그냥 내버려 두어도 본인에게 무권대리의 효력이 생기지 않는다. 그러나 본인의 무권대리행위 추인이 선량한 풍속 기타 사회질서 또는 신의성실의 원칙에 위반되는 경우에는 추인할 수 없다고 해석된다.[77]

2. 추인권자

추인권자는 본인이지만 법정대리인이나[78] 본인으로부터 특히 수권을 받은

73) 대판 90.4.27, 89다카2100(공 90, 1151); 대판 95.11.14, 95다28090(공 96, 18); 대판 09.11.12, 2009다46828(정보) 등.
74) 양창수, "무권리자의 처분과 권리자에 의한 추인", 민법연구(2), 1991, 31.
75) 곽윤직·김재형, 372; 백태승, 493; 송덕수(주 3), 414.
76) 강태성, "무권대리에 있어서의 본인의 추인·추인거절", 한터 이철원교수정념기념논문집, 1998, 172; 구주해(3), 208(강용현).
77) 구주해(3), 207(강용현); 일주민(4), 198.
78) 대판 82.12.14, 80다1872, 1873(집 30-4, 115) 판결은 부재자의 재산관리인의 추인을

임의대리인도 추인할 수 있다.[79] 추인으로 무권대리행위를 유효로 할 수 있는 법적 지위는 독자적인 권리로 일반적으로 상속의 대상이 되므로 본인이 사망한 경우 본인의 상속인도 추인할 수 있다.[80] 추인권과 같은 형성권이 공동상속의 대상이 된 경우에는 그 권리가 공동상속인들에게 불가분적으로 귀속하므로 공동상속인 전원이 공동하여 이를 행사하여야 할 것이다.

추인은 무권대리행위의 효과를 자기에게 귀속시키는 단독행위이므로 의사표시의 요건과 행위능력을 갖추어야 한다. 이는 일반적인 의사표시·행위능력에 관한 규정에 의하여 결정된다.

3. 추인의 의사표시의 상대방

추인은 무권대리인 또는 상대방에 대하여 한다. 여기서 상대방이라 함은 무권대리행위의 직접 상대 당사자뿐만 아니라 그 무권대리행위로 인한 권리 또는 법률관계의 승계인을 포함한다.[81] 이에 대하여는 § 132에서 살펴본다.

4. 추인의 요건 및 방법

(1) 추인의 요건

무권대리행위에 대한 본인의 추인은 그 행위의 효과를 자기에게 귀속시키려는 것을 내용으로 하는 의사표시이므로 의사표시의 일반적인 요건을 갖추어야 한다. 따라서 추인이 있다고 하려면 그러한 의사가 표시되었다고 볼 만한 사유가 있어야 하고, 이러한 의사표시의 존재가 인정되지 않는 경우에는 추인의 효과가 생기지 않는다.[82] 따라서 무권대리에 해당하는 행위가 있었음을 알고도 장기간 이의를 제기하지 아니하였다고 하더라도 그와 같은 사실만으로 그 행위에 대한 묵시적인 추인이 있었다고 할 수는 없다.[83] 또한 무권대리행위의 추인은 무권대리행위가 있음을 알고 그 행위의 효과를 자기에게 귀속시키

인정하였다.

79) 송덕수(주 3), 419; 구주해(3), 208(강용현); 일주민(4), 198.

80) 日最判 1958(昭 33).6.5, 民集 12-9, 1296; 이에 대하여 추인권을 포함하여 무권대리의 계약에서 본인으로서의 지위 자체가 상속의 대상이 된다고 보는 것이 올바른 파악이라고 설명하는 견해로 양창수·김재형, 232.

81) 대판 81.4.14, 80다2314(집 29-1, 158).

82) 대판 98.2.10, 97다31113(공 98, 680); 대판 08.3.14, 2007다78708(정보).

83) 대판 67.12.18, 67다2294(집 15-3, 384); 대판 98.2.10, 97다31113(공 98, 680).

는 단독행위이므로 무권대리행위가 있음을 알고 하여야 한다.[84] 이러한 점에서 취소할 수 있는 법률행위에 대한 법정추인을 규정한 §145는 무권대리행위의 추인에 대하여는 당연하게 적용되는 것은 아니라고 보아야 할 것이다.[85]

(2) 추인의 방식

추인의 의사표시에는 일정한 방식이 요구되지는 않으므로 추인은 구술로도 할 수 있고 서면으로도 할 수 있으며,[86] 재판외에서뿐 아니라 재판상으로도 할 수 있으며,[87] 반드시 명시적으로 하여야만 하는 것은 아니고 묵시적으로도 할 수 있다.[88]

다만 추인은 무권대리행위의 효과를 자기에게 귀속시키려는 의사표시이므로 묵시적 추인을 인정하기 위하여는 본인이 그 행위로 처하게 된 법적 지위를 충분히 이해하고 그럼에도 진의에 기하여 그 행위의 결과가 자기에게 귀속된다는 것을 승인한 것으로 볼 만한 사정이 있어야 할 것이므로 이를 판단함에 있어서는 관계되는 여러 사정을 종합적으로 검토하여 판단하여야 한다.[89]

추인의 의사표시에는 일정한 방식이 요구되지는 않으므로 불요식행위이다(통설). 이와 관련하여 무권대리행위에 의하여 체결된 계약이 요식행위인 경우에 추인의 의사표시도 그 방식을 필요로 하는 것인가에 관하여는 견해의 대립이 있다. 계약이 신중한 고려 후에 이루어지도록 일정한 방식을 요구하는 경우에는 추인의 의사표시도 그 방식을 따라야 한다는 견해와[90] 추인 그 자체는 요식행위가 아니라고 하는 견해가 있다. 본조의 추인은 대리권의 흠결을 보충하는 것인데 요식행위를 대리할 수 있도록 하는 수권행위가 반드시 일정한 방식에 의하여 이루어져야 하는 것이 아니므로 추인 그 자체는 요식행위를 요하지 않는 것으로 봄이 타당하다.

추인은 의사표시의 전부에 대하여 하여야 하고 그 일부에 대하여 추인을 하거나 변경을 가하여 추인을 한 경우에는 상대방의 동의가 없는 한 무효이

84) 대판 90.4.27, 89다카2100(공 90, 1151); 대판 95.11.14, 95다28090; 대판 00.9.8, 99다58471(공 00, 2081); 송덕수(주 3), 415.
85) 日最判 1979(昭 54).12.14, 判時 963, 56.
86) 대판 09.11.12, 2009다46828(정보).
87) 대판 74.2.26, 73다934(민판집 195, 635); 대판 82.7.13, 81다648(공 82, 47).
88) 대판 67.12.26, 67다2448(집 15-3, 436); 대판 81.4.14, 80다2314(집 29-1, 158).
89) 대판 02.10.11, 2001다59217(공 02, 2683); 대판 09.9.24, 2009다37831(공 09하, 1747); 대판 11.2.10, 2010다83199(공 14상, 577).
90) 이영준, 540·654.

다.[91] 그러나 의사표시가 가분의 내용을 가지고 상대방이 그 일부만에 대하여도 법률행위를 할 것을 원하였다고 인정될 만한 특별한 사정이 있을 때에는 상대방의 동의를 요하지 않고 추인은 유효하다.[92]

(3) 판례의 태도

㈎ 추인을 인정한 사례 ① 피고의 모친이 본건 토지를 판 대금으로 딴 곳에 농지를 매수하여 경작하고 원고는 본건 토지를 점유경작하고 있음에도 불구하고 위 피고가 군에서 돌아와서 모친에게 나무라기는 하였으나 10여 년간 원고에게 아무런 말이 없었다면 피고는 무권대리인인 그 모친에게 대하여 본건 매매계약을 묵시적으로 추인한 것으로 볼 것이다.[93] ② 원고 종중의 대리권 없는 자가 원고 종중의 임야를 타에 매도한 행위는 무권대리행위로 무효이나 그 처분한 돈으로 원고 종중이 다른 토지를 매수하였으면 이는 무권대리의 추인에 해당한다.[94] ③ 갑이 을로부터 금전을 차용함에 있어서 그 담보로 원고 소유의 부동산에 대해 원고 명의의 문서를 위조하여 근저당권설정등기를 경료하였다면 무권대리행위가 성립될 것이고 그 후 원고가 이러한 사실을 알고 피담보채무를 변제하도록 갑에게 금원을 교부한 것은 다른 특별한 사정이 없는 한 무권대리행위를 추인한 것에 해당한다.[95] ④ 무권대리인이 상호신용금고로부터 금원을 대출받은 사실을 그 직후에 알고도 그로부터 3년이 지나도록 상호신용금고에 아무런 이의를 제기하지 아니하였으며, 그 동안 4회에 걸쳐 어음을 개서하여 지급의 연기를 구하고, 자신의 이익을 위하여 직접 채무의 일부를 변제하기까지 하였다면 무권대리인에 대한 상호신용금고의 대출을 그 근저당권에 대한 피담보채무로 추인한 것으로 보아야 한다.[96] ⑤ 무권대리인이 원고의 토지를 타에 처분한 후에 그 불법행위를 원고에게 고하고 그에 대해 손해배상조로 금원을 교부하고 원고가 이를 받았다면 당사자의 의사는 그 불법행위에 해당하는 타인 앞으로의 소유권이전등기행위를 추인하는 취지로 봄이 상당하다.[97] ⑥ 원고가 그의 장남인 갑이 서류를 위조하여 매도한 이 사건 부동산을 피고들에게 스스로 인도하고 10여 년 동안 아무런 이의를 제기

91) 대판 82.1.26, 81다카549(집 30-1, 39).
92) 대판 82.1.26, 81다카549(집 30-1, 39).
93) 대판 66.10.4, 66다1078(집 14-3, 124).
94) 대판 74.6.11, 73다1871(정보).
95) 대판 74.11.26, 74다911(정보).
96) 대판 91.1.25, 90다카26812(공 91, 849).
97) 대판 77.1.11, 76다2214(정보).

하지 않았다면 그의 장남의 이 사건 부동산에 관한 매매계약을 묵시적으로 추인한 것으로 볼 것이다.[98] ⑦ 불법행위자로부터 그의 불법행위로 인한 손해배상조로 백미를 받기로 하였다면 특별한 사정이 없는 한 당사자의 의사는 그 불법행위를 추인하는 취지로 보아야 한다.[99] ⑧ 처가 남편의 인감과 관계서류를 위조하여 남편 소유의 부동산을 매도한 데 대하여 남편이 처의 제3자에 대한 채권 등을 양도받고 처와 이혼하는 한편 처의 위 처분행위와 이에 따른 사문서위조행위를 불문에 붙이기로 합의하였다면 남편은 처의 위 무권대리행위를 추인한 것으로 보아야 한다.[100] ⑨ 갑이 을 등을 대리할 적법한 권한이 없는 상태에서 을 등을 포함한 구분소유자들 전원을 대리하여 병 공사와 가압류신청 취하 등에 관한 합의를 한 사안에서, 을 등이 위 합의의 효력이 자신들에게 미친다고 주장하며 병 공사를 상대로 소를 제기한 것은 갑의 무권대리행위에 대한 묵시적 추인으로 볼 수 있다.[101]

㈏ 추인을 부인한 사례 ① 타인의 형사책임을 수반하는 무권대리행위에 의하여 권리의 침해를 받은 자가 그 침해사실을 알고도 장기간 형사고소나 민사소송을 제기하지 않은 경우에 그 사실만으로 그 행위에 대하여 묵시적인 추인이 있었다고 단정할 수 없다.[102] ② 무권대리행위에 대하여 본인이 그 직후에 그것이 자기에게 효력이 없다고 이의를 제기하지 아니하고 이를 장시간에 걸쳐 방치하였다고 하여 무권대리행위를 추인하였다고 볼 수 없다.[103] ③ 권한 없는 종중재산 처분행위에 대하여 종중측에서 장기간 고소나 민사소송을 제기하지 않았고, 생활곤란으로 처분한 것이라고 이해하여 왔다는 등의 말을 다수의 종중원들이 했다는 사유만으로 처분행위에 대한 묵시적 추인이 있다고 볼 수 있다.[104] ④ 당사자가 변론기일에 불출석하여 매매사실에 관하여 의제자백한 것으로 간주되었다 하여도 그로써 그 당사자가 소외인의 무권대리매매를 추인한 것이라고 볼 수 없다.[105]

---

98) 대판 81.4.14, 81다151(공 81, 13903).
99) 대판 72.5.30, 72다628(집 20-2, 84); 대판 09.11.12, 2009다46828(정보).
100) 대판 91.3.8, 90다17088(공 91, 1158).
101) 대판 13.5.9, 2012다118976(정보).
102) 대판 67.12.18, 67다2294(집 15-3, 384); 대판 82.6.22, 81다카804(공 82, 684); 대판 98.2.10, 97다31113(공 98, 680).
103) 대판 90.3.27, 88다카181(공 90, 948).
104) 대판 91.5.24, 90도2190(공 93, 1485).
105) 대판 82.7.13, 81다648(공 82, 747).

5. 추인의 효과

추인이 있으면 무권대리대행위는 처음부터 유권대리행위이었던 경우와 같은 법률효과가 소급적으로 발생한다(§133). 무권대리행위의 추인의 이와 같은 효과는 불확정 상태에 있었던 법률행위의 효력을 확정적으로 유효한 것으로 되게 하는 취소할 수 있는 행위의 추인과 구분되고, 효력이 없는 행위에 효력이 생기게 하는 것으로서 무효행위의 소급적 추인의 경우와 유사하다. 추인의 소급효에는 두 가지 예외가 있는데 이에 관하여는 §133에서 살펴본다.

6. 소송행위의 추인

소송대리권의 흠결이 있는 자의 소송행위도 본인이나 보정된 소송대리인이 추인을 하면 행위시에 소급하여 효력이 발생한다.[106] 다만 무권대리인이 행한 소송행위의 추인은 특별한 사정이 없는 한 소송행위의 전체를 대상으로 하여야 하고, 그 중 일부의 소송행위만을 추인하는 것은 허용되지 아니한다.[107] 그러나 소송의 혼란을 일으킬 우려가 없고 소송경제상으로도 적절한 경우에는 일부만에 대하여 추인할 수 있다.[108] 소송행위의 추인은 묵시적으로라도 가능하고,[109] 또한 상고심에서도 가능하다.[110]

판례상 인정되는 소송행위의 추인은 다음과 같다.

대리권이 흠결된 제1심 피고 소송대리인의 제1심에서의 소송행위는 항소심에서 피고로부터 소송위임을 받은 소송대리인이 전자의 소송을 이어 받아 그 결과를 인용하면서 계속 수행함으로써 묵시적으로 추인된 것이라고 보아야 하고,[111] 종중을 대표할 권한 없는 자로부터 소송위임을 받은 소송대리인에 의하여 이루어진 제1심에서의 소송대리인에 의한 소송행위는 그 효력이 없으나 항소심에 이르러 종중의 정당한 대표자로부터 소송위임을 받은 소송대리인이 제1심 변론결과를 진술하는 등 변론을 하였다면 위 제1심에서의 소송행위는 묵시적으로 추인되는 것이며[112] 타인이 당사자의 명의를 도용하여 항소

106) 대판 85.1.22, 81다397(공 85, 350).
107) 대판 08.8.21, 2007다79480(공 08하, 1288).
108) 대판 73.7.24, 69다60(공 73, 7377) 판결은 일련의 소송행위 중 소취하행위만을 제외하고 전부 추인하는 것이 허용된다고 한다.
109) 대판 81.7.28, 80다2534(공 81, 14255).
110) 대판 85.1.22, 81다397(공 85, 350); 대판 97.3.14, 96다25227(공 97, 1083).
111) 대판 81.7.28, 80다2534(공 81, 14255).
112) 대판 88.10.25, 87다카1382(공 88, 1474); 대판 91.5.28, 91다10206(공 91, 1767).

장을 작성·제출한 뒤 그 당사자의 적법한 소송대리인이 항소심에서 변론하면 항소제기가 추인되며,[113] 항소제기에 관하여 필요한 수권이 흠결된 소송대리인이 항소장을 제출한 경우, 당사자 등이 항소심에서 본안에 관하여 변론함으로써 그 항소제기 행위가 추인되고,[114] 상소의 제기에 관하여 필요한 수권이 흠결된 소송대리인의 상고장제출이 있었다 하더라도 상고이유서가 당사자 본인명의로 제출되었을 경우에는 당사자는 그 소송대리인의 상고소송행위를 추인한 것이다.[115]

[구 자 헌]

第 131 條(相對方의 催告權)

代理權없는 者가 他人의 代理人으로 契約을 한 境遇에 相對方은 相當한 期間을 定하여 本人에게 그 追認與否의 確答을 催告할 수 있다. 本人이 그 期間內에 確答을 發하지 아니한 때에는 追認을 拒絶한 것으로 본다.

차 례

Ⅰ. 본조의 취지

무권대리행위로 행하여진 계약의 상대방은 본인의 추인 유무에 따라 자신

113) 대판 95.7.28, 95다18406(공 95, 2978).
114) 대판 07.2.8, 2006다67893(공 07, 431); 대판 07.2.22, 2006다81653(정보).
115) 대판 62.10.11, 62다439(정보).

의 법률관계가 정하여지는 불안정한 상태에 놓여 있다. 이러한 상태를 그 자신의 주도로 해소할 수 있는 방안으로 민법은 상대방에게 본조의 최고권과 § 134의 철회권을 인정하고 있다. 제한능력자의 상대방의 확답촉구권(§ 15), 해제 상대방의 최고권(§ 552)과 같은 취지에서 인정되는 것이다.

최고는 본인에 대하여 무권대리행위를 추인하는지 여부의 확답을 촉구하는 행위로서 그 법적 성질은 의사표시가 아니라 이른바 의사의 통지이다.[1)]

본조의 최고권은 형성권의 일종이다. 그리고 악의의 상대방, 즉 계약 당시 무권대리란 것을 알았던 상대방에게도 최고권은 인정된다. 이는 본조의 최고권은 무권대리행위로 야기된 불확정한 법률관계를 조기에 종결짓기 위하여 인정되는 것이기는 하나 본인이 최고기간 내에 확답하지 않으면 추인을 거절한 것으로 간주되는 효과가 발생함에 그치기 때문이다. 이 점에서 선의의 상대방에게만 인정되는 § 134의 철회권과 구별된다.

Ⅱ. 최고의 요건

1. 무권대리행위의 본인에 대한 효력발생여부 여부가 불확정적일 것

본인의 추인 또는 추인의 거절도 없고 또한 상대방 자신 역시 철회도 하지 않는 동안에만 최고를 할 수 있다. 즉 무권대리행위의 효력이 불확정적인 상태에서만 최고를 할 수 있다. 나아가 대리행위자에게 대리권이 있는지 여부가 불확실하더라도 상대방으로서는 적극적으로 불확정적 법률관계를 종식시킬 필요성이 있으므로 이 경우에도 최고할 수 있다.[2)]

2. 최고는 '상당한 기간'을 정하여 하여야 한다

(1) 최고는 객관적으로 상당하다고 인정할 수 있는 기간을 정하여서 하여야 한다. 상당한 기간은 본인이 무권대리행위로 이루어진 계약의 내용을 파악하고 이를 추인 또는 추인거절할 것인지를 결정하는데 필요한 기간을 말하며, 그 계약의 내용 기타 객관적 사정을 고려하여서 결정되고 본인의 질병·여행

1) 명순구, 235; 송덕수, 민법총칙, 제3판, 2015, 422.

2) 지원림, 민법강의, 제13판, 2014, 349; 구주해(3), 214(강용현); 주석 총칙(3), 216(제4판/이균용).

등 주관적 사정은 고려되지 않는다.[3)]

(2) 상대방이 정한 기간이 객관적으로 상당한 기간으로 생각되는 것보다 짧은 때에 그 최고의 효력을 어떻게 보아야 할지에 대하여 견해가 대립된다.

첫째, 그 최고는 전혀 무효라는 견해이다.[4)] 이 견해는 원래 상당한 기간을 정하여 한 최고에 대하여 본인이 확답을 하지 아니하면 그 추인을 거절한 것으로 간주되고, 상당한 기간을 정한 최고는 본인에 대하여 그러한 법률요건을 의제하는 것이므로 상당한 기간을 정하지 아니한 최고는 그 요건을 결여한 것이며, 이와 달리 보게 되면 당사자의 법률생활관계의 불안정을 초래할 우려가 있다는 점을 그 근거로 든다.

둘째, 최고 후 상당한 기간이 지난 후에는 최고의 효력이 발생한다는 견해이다.[5)] 이 견해는 '상당한 기간'의 판단 기준은 일률적이지 않으나 그럼에도 법률관계의 확정을 위하여 최고를 한 상대방과 이를 방치한 본인 사이의 이해관계의 조절이라는 측면에서 보면 상당한 기간이 지난 후에는 최고의 효력이 발생한다고 보아야 한다고 설명한다.

생각건대 무권대리행위는 원칙적으로 본인에게 아무런 효력이 없으므로 본인이 이를 추인할 의무도 없고 그냥 내버려두어도 본인에게 아무런 효력이 없다. 본조는 이러한 불안정한 상태를 상대방이 적극적으로 종식시킬 필요에 따라 인정되는 것이다. 그런데 상대방이 지나치게 짧은 기간으로 최고한 경우에 본인이 이에 응답을 하지 않았다고 하여 비난받아야 할 이유가 없다.[6)] 이러한 점에서 본조의 최고는 § 544[7)] 최고의 경우와 달리 해석할 필요가 있고 결국 상당하지 못한 기간을 정한 최고는 본조의 요건을 갖추지 못한 것으로 봄이 타당하다.

(3) 최고의 기간은 본인의 이익보호를 위한 유예기간이라고 할 것이므로,[8)] 기간을 정하지 아니한 최고에 응하여 본인이 자의로 한 추인이나 또는 추인의

---

3) 송덕수(주 1), 422; 구주해(3), 214(강용현).

4) 송덕수(주 1), 423; 일주민(4), 201; 구주해(3), 215(강용현).

5) 지원림(주 2), 349.

6) 송덕수(주 1), 423.

7) § 544는, 당사자 일방이 그 채무를 이행하지 아니하는 때에는 상대방은 상당한 기간을 정하여 그 이행을 최고하고 그 기간내에 이행하지 아니한 때에는 계약을 해제할 수 있다고 규정한다.

8) 日大判 1920(大 9).3.20(민록26, 384); 주석 총칙(3), 216(제4판/이균용).

거절은 § 132의 추인 또는 추인의 거절로서 유효하다.[9)]

3. 최고의 내용

최고의 내용은 문제된 무권대리행위를 추인할 것인지 여부의 확답을 요구하는 것이다.

4. 최고의 상대방

최고의 상대방은 원칙적으로 본인이지만 그 법정대리인에 대하여도 최고할 수 있다고 할 것이다. 그에 비하여 무권대리인은 상대방이 아니다.

Ⅲ. 최고의 효과

1. 상대방의 최고에 의해 본인이 추인을 하거나 추인을 거절하면 그에 따른 효과가 발생한다. 본조의 최고가 있은 이후 본인의 추인과 추인거절의 의사표시는 상대방에게 하여야 하는 것으로 해석된다.[10)] 따라서 무권대리인에 대하여 한 추인은 무효라고 할 것이다.[11)]

2. 문제는 본인이 최고를 받고도 확답을 하지 않는 경우인데, 본조는 최고기간 내에 확답을 발송하지 않은 때에는 추인을 거절한 것으로 간주하고 있다(본조 단서). 상대방을 보호하기 위하여 특히 발신주의를 채택하고 있다. 따라서 최고기간이 지난 후에는 추인거절의 효과가 발생하므로 본인은 더 이상 추인할 수 없고, 추인을 하더라도 그 효과가 발생하지 않는다.

또 본인이 확답하지 아니한 것이 본인의 귀책사유에 기한 것인지 여부를 묻지 않으며, 또한 사기·강박·착오 또는 무능력에 기한 것인지 여부와 관계없이 추인거절의 효과가 발생한다고 해석된다.[12)] 그러나 최고권자인 상대방이 본인에게 사기·강박하여 본인이 최고기간 내에 확답을 하지 못하였을 때에는

9) 구주해(3), 215(강용현).
10) 김준호, 민법총칙, 제7판, 2013, 373; 주석 총칙(3), 217(제4판/이균용).
11) 김준호(주 10), 373; 구주해(3), 215(강용현); 일주민(4), 201.
12) 구주해(3), 215(강용현); 주석 총칙(3), 217(제4판/이균용).

상대방은 본조의 효력을 들어 본인에게 대항할 수 없다고 해석할 것이다.[13]

Ⅳ. 주장 · 증명책임

본조에 의한 추인거절의 효과발생을 주장하는 자는 '상대방이 본인에 대하여 추인할 것인가의 여부를 확답하도록 추인한 사실' 및 '최고 후 상당한 기간이 경과한 사실'만 주장 · 증명하면 충분하고, 본인이 최고기간 내에 확답을 하지 않았다는 것까지 주장 · 증명할 필요는 없다.[14]

[구 자 헌]

第 132 條(追認, 拒絶의 相對方)

追認 또는 拒絶의 意思表示는 相對方에 對하여 하지 아니하면 그 相對方에 對抗하지 못한다. 그러나 相對方이 그 事實을 안 때에는 그러하지 아니하다.

차 례

13) 구주해(3), 215(강용현).
14) 고상룡 548, 구주해(3), 216(강용현).

Ⅰ. 본조의 취지

본조는 무권대리행위가 있으면 본인에게 §130의 추인권 이외에 추인거절권을 행사할 수 있음과 본인이 추인 또는 추인거절의 의사표시를 상대방에 대하여 하지 아니한 효과에 관하여 규정한다. 추인권의 성질, 추인권자, 추인의 방법 등에 관하여는 §130에서 설명하였으므로 여기서는 본인의 추인거절권과 상대방에 대하여 하지 아니한 추인 또는 추인거절의 효과에 대하여 본다.

Ⅱ. 추인거절권

1. 의　　의

무권대리행위의 법률효과는 원래 본인에게 미치지 않으므로 본인이 추인이나 추인거절을 하지 않고 내버려두어도 본인에게 아무런 효력이 생기지 않는다. 그러나 경우에 따라서는 본인이 추인의 가능성을 없애 버림으로써 무권대리행위의 효과가 본인에게 미치지 않도록 확정하여 자신의 법률관계를 명확하게 할 필요가 있다. 이에 따라 본조는 본인이 적극적으로 추인의 의사 없음을 표시하여 무권대리행위를 확정적으로 무효로 할 수 있도록 하고 있다. 이러한 본인의 권리를 추인거절권이라 한다.

2. 추인거절의 효과

본인의 추인거절이 있으면 무권대리행위의 효과가 발생하지 않는 것으로 확정된다. 따라서 그 후에 본인은 추인할 수 없게 되고, 상대방도 굳이 자신의 의사표시를 철회할 필요가 없게 되므로 최고권이나 철회권을 행사할 수 없게 된다. 추인거절 전에 상대방이 본인에 대한 계약상의 채무의 이행으로서 한 급부가 있는 경우는 무권대리행위가 무효로 확정됨으로써 법률상 원인 없게 되었으므로 부당이득반환의 문제가 남게 된다.

3. 추인거절권의 행사방법

추인거절은 불확정적인 무권대리행위를 확정적으로 무효로 하는 본인의 일방적 의사표시로 상대방 있는 단독행위이다. 추인을 거절하는 방법은 추인에서와 같다.

상대방이 추인의 확답을 최고한 때에는 그 최고기간 내에 확답을 발하지 아니하면 추인을 거절한 것으로 본다(§ 131).

본인이 무권대리인이 한 계약의 일부만을 추인한 때에는 계약의 내용이 가분적이고 또 상대방이 그 일부만으로도 계약을 한 것이라고 인정되는 경우를 제외하고는 이를 추인의 거절이라고 해석하여야 할 것이다. 다만 이 경우에는 동시에 새로운 계약을 청약한 것으로 해석할 수 있을 것이다.[1]

또한 제한을 가한 추인이나 확장하여 행하는 추인은 본인의 행위로부터 대리인의 법률행위를 인정하지 않을 것이라는 사정이 분명히 드러나면 추인의 거절로 해석할 것이다.[2]

Ⅲ. 추인 및 추인거절의 상대방

본조는 추인 또는 추인거절의 의사표시를 상대방에 대하여 할 수 있음을 규정한다. 한편으로 추인은 대리권 흠결의 보충 또는 사후의 수권행위의 성질을 가지므로, 본인이 무권대리인에게 추인권 또는 추인거절권을 행사할 수 있다는 것은 당연하다. 따라서 본조에도 불구하고 추인 및 추인거절은 무권대리인에 대하여 하던 무권대리행위의 상대방에 대하여 하던 상관없다고 보는 데에 학설이 일치하고(이설 없음) 또한 판례의 태도이다.[3]

여기서 상대방이라 함은 무권대리행위의 직접 상대 당사자뿐만 아니라 그 무권대리행위로 인한 권리 또는 법률관계의 승계인을 포함한다.[4] 또한 상대방에 대한 추인은 상대방 자신 또는 그 대리인에게 하면 된다.[5] 이와 관련하여 판례는 약속어음 공정증서가 채무명의로서 집행력을 가질 수 있도록 하는 집행인낙의 표시는 공증인에 대한 소송행위이므로,[6] 무권대리인의 촉탁에 의하여 공정증서가 작성된 때에는 집행권원으로서의 효력이 없고, 집행인낙에 대

1) 이영준, 668; 구주해(3), 246(강용현).
2) 이영준, 669; 구주해(3), 247(강용현).
3) 대판 69.10.23, 69다1175; 대판 91.3.8, 90다17088(공 91, 1158).
4) 대판 81.4.14, 80다2314(집 29-1, 158).
5) 日大判 1925(大 11).12.24, 民集 4, 675; 주석 총칙(3), 220(제4판/이균용).
6) 대판 01.2.23, 2000다45303(공 01, 740); 대판 10.10.14, 2010다44248(정보).

한 추인의 의사표시 또한 당해 공정증서를 공증인에 대하여 그 의사표시를 공증하는 방식으로 하여야 하고, 그러한 방식에 의하지 아니한 추인행위는 그로 인하여 채무자가 실체법상의 채무를 부담하게 됨은 별론으로 하고 무효의 채무명의가 유효하게 될 수는 없다고 본다.[7)]

한편 본인이 상대방에 대하여 한 추인은 추인으로서의 완전한 효력이 생기지만, 무권대리인에 대하여 한 추인은 상대방이 추인이 있었음을 알지 못한 때에는 이에 대하여 추인의 효과를 주장하지 못한다(본조 단서). 따라서 그 때까지는 상대방이 철회권을 행사할 수 있다(§ 134). 그러나 이 경우에 상대방이 본인에게 추인이 있었음을 주장할 수 있는 것은 물론이다.[8)]

무권대리인에 대하여 추인을 한 경우에도 본인과 무권대리인 간에는 추인으로서의 효력이 생기므로 본인은 무권대리인에게 그 수령한 금원의 반환을 청구할 수 있다.[9)]

상대방으로부터 추인의 최고가 있었던 경우에는 추인 또는 추인거절의 의사표시는 상대방에 대하여 하여야 하고, 그렇지 아니하면 추인거절로 간주된다(§ 131 후단).

Ⅳ. 무권대리인의 지위와 본인의 지위가 동일하게 귀속하는 경우의 추인거절권

1. 문제의 소재

무권대리인의 지위와 본인의 지위가 동일인에게 귀속되는 경우, 즉 동일인이 양 지위를 함께 가지는 경우에 추인이 있었던 경우와 같이 무권대리행위가 치유된다고 할 것인지 아니면 이 경우에도 무권대리인은 본인의 지위에서 추인거절권을 행사할 수 있는지가 문제된다.

무권대리행위는 대리인이 그와 근친관계에 있는 본인을 대리하여 행하여지는 일이 적지 않으므로 상속관계에서 무권대리인과 본인의 지위를 함께 가지는 문제가 많이 발생한다. 예를 들면 무권대리인과 본인 중 일방 당사자의

7) 대판 91.4.26, 90다20473(집 39-2, 158); 대판 06.3.24, 2006다2803(공 06, 715).
8) 대판 81.4.14, 80다2314(집 29-1, 158).
9) 日大判 1919(大 8).10.23, 民集 25, 1835; 구주해(3), 226(강용현); 주석 총칙(3), 221(제4판/이균용).

사망으로 타방이 이를 상속하게 되면 본인과 무권대리인의 지위를 동시에 가지게 되는데 이 경우 추인·추인거절권의 문제가 등장한다. 보통은 '무권대리와 상속'이라는 표제로 주로 다루어진다.

이와 같이 상속으로 무권대리인과 본인의 지위가 겸병됨에 따른 논의와 유사한 것으로 무권대리인이 후에 본인의 후견인 등 법정대리인이 되어 그의 추인권·추인거절권을 대리행사하는 경우를 들 수 있다. 이것이 무권대리행위 후 대리권취득의 문제이다.

마지막으로 이와 같은 무권대리행위에 대한 이론을 무권리자가 권리를 취득한 경우에도 그대로 유추적용할 수 있는지가 문제된다.

2. 무권대리와 상속

이는 이익상황이 다른 세 가지의 경우, 즉 ① 무권대리인이 본인을 상속한 경우, ② 본인이 무권대리인을 상속한 경우, ③ 제3자가 양자를 모두 상속한 경우로 구분하여 파악하는 것이 필요하다.

다만 여기서의 문제는, 본인이 생전에 추인 또는 추인거절을 하지 않고 사망한 경우를 상정한 것임에 주의하여야 한다. 본인이 생전에 이미 추인거절의 의사표시를 한 경우에는 무권대리행위의 효과가 본인에게 미치지 않는 것으로 확정되고 그 이후에는 본인이라도 추인에 의하여 무권대리행위를 유효로 할 수 없으므로[10] 그 후 무권대리인이 그를 상속하였다고 하여 다시 추인이나 추인거절을 할 여지가 남지 않는다.[11]

(1) 무권대리인이 본인을 상속한 경우

(가) 본인이 생전에 무권대리행위에 대하여 추인 또는 추인거절을 하지 않고 사망하고 무권대리인이 본인을 상속한 경우, 예를 들면, 갑이 생사가 분명하지 않은 아들 을의 부동산을 실종기간 만료 전에 을의 대리인이라면서 병에게 매도하였는데 이후 실종기간이 만료되어 을의 단독 재산상속인이 된 경우[12] 또는 갑이 부(父)인 을의 대리인이라 사칭하여 을의 재산을 처분하였는데 을이 무권대리행위를 추인 또는 추인거절을 하기 전에 사망하고 갑이 을을 상속한 경우, 무권대리인 갑은 거래 상대방에 대하여 무권대리인으로서 § 135에

10) 日最判 1998(平 10).7.17, 民集 52-5, 1296.
11) 양창수·김재형, 243; 주석 총칙(3), 208(제4판/이균용).
12) 대판 94.9.27, 94다20617(공 94, 2811) 사안이다.

의한 이행책임 또는 손해배상의 책임을 지는 지위와 을의 상속인으로서 무권대리행위를 추인하거나 추인을 거절할 수 있는 지위를 함께 가진다. 이때 갑이 본인의 지위에서 추인을 거절하는 것이 허용될 수 있겠는가가 문제된다.

(나) 견해의 대립

(a) 무권대리행위가 당연유효가 되어 추인거절권이 상실된다는 견해 본인을 상속함으로써 무권대리행위는 당연히 유효하게 되고 본인으로서의 지위에서 추인거절권이 상실된다고 본다.

그 근거로는 ① 만약 무권대리인이 본인의 상속인으로서 추인을 거절할 수 있다고 하더라도 무권대리인은 §135에 의하여 이행책임 또는 손해배상의 책임을 지므로 아예 처음부터 대리권 있는 자가 행위를 한 것과 마찬가지로 보는 것이 알기 쉬운 해결이므로 무권대리행위는 당연히 유효로 봄이 상당하다.[13] ② 무권대리인이 본인의 지위를 승계함으로써 본인의 지위와 무권대리인의 지위가 혼동·융합되었다.[14] ③ 본인의 지위와 무권대리인의 지위가 병존하는 경우에 무권대리인이 본인의 지위에서 추인을 거절하는 것은 선행행위에 반하는 형태로 신의칙상 허용되지 않는다.[15] 고 설명한다.[16]

(b) 원칙적으로 무권대리행위가 유효하게 되나, 공동상속의 경우에는 상속인 전원의 추인이 없으면 유효하게 되지 않는다는 견해 원칙적으로 무권대리행위가 유효하게 되나, 공동상속을 한 때에는 상속인 전원의 추인이 없으면 유효하게 되지 않는다고 본다.[17] 무권대리행위가 유효하게 되는 근거로는 대부분 본인의 지위와 무권대리인의 지위가 병존하더라도 무권대리인이 본인의 지위에서 추인을 거절하는 것은 신의칙상 허용되지 않음을 든다.[18] 다만 공동상속의 경우에는 추인권이나 추인거절권은 공동상속인 전원에게 귀속되고 추인이나 추인거절은 공유물의 처분·변경에 해당하므로 공유자 전원이 함께 하여야 유효하게 되므로 다른 공유자의 추인이 없는 한 무권대리인은 자

---

13) 곽윤직, 285; 김증한·김학동, 460.
14) 김용한, 368; 장경학, 609.
15) 곽윤직·김재형, 375.
16) 당연유효설은 일본에서 다수설 입장이다. 일본의 학설에 대하여는 김성숙, "무권대리와 상속", 법학논총(숭실대) 제7집, 1994, 90이하; 주석총칙(하), 442-3; 구주해(3), 219(강용현) 참조.
17) 고상룡, 544; 김주수·김상용, 432; 김준호, 민법총칙,제7판, 2013, 373; 송덕수, 민법총칙, 제3판, 2015, 421; 양창수·김재형, 242; 주석 총칙(3), 207(제4판/이균용).
18) 전주 17).

신의 지분에 대하여도 추인할 수 없다는 점을 그 근거로 든다.[19][20]

(c) 양자의 지위는 혼동되지 않고 분리되어 병존하며, 다만 추인을 거절하는 것이 신의칙에 반하는 때에는 추인거절의 항변이 허용되지 않는다는 견해 양자의 지위는 혼동되지 않고 분리되어 병존하므로 무권대리행위가 당연히 유효로 되는 것은 아니고, 무권대리인은 본인의 지위에서 추인을 거절할 수 있으나 다만 본인의 지위에서 추인을 거절하는 것이 신의칙에 반하는 경우에는 추인거절은 권리남용이 되므로 불허된다고 보는 견해이다.[21]

그 근거로는 다음과 같이 설명한다. 당연유효설에 의하면 공동상속의 경우에 법률관계가 복잡해지고 또 이론적으로 보더라도 본인의 지위와 무권대리인의 지위는, 지상권과 소유권과의 관계에서와는 달리, 혼동되지 않으므로 분리·병존한다고 할 것이어서 이렇게 해석하는 것이 본인이 무권대리인을 상속한 경우, 무권대리인이 무권대리행위의 목적인 권리를 취득한 경우 및 무권대리인이 무권대리행위를 한 후에 적법하게 대리권을 취득한 경우 등을 통일적으로 설명할 수 있다. 다만 무권대리인이 본인을 상속한 경우 본인의 자격에서 추인을 거절하는 것이 신의칙에 반하는 경우도 있을 수 있는데 이 경우에는 본인의 지위가 혼동으로 인하여 소멸되었기 때문이 아니라 본인의 지위를 주장하는 것이 권리남용으로 되기 때문이다.[22] 또한 당연유효설에 따르면 상대방은 § 134에 의한 철회권을 행사할 수 없게 되고 § 135에 의한 손해배상청구도 할 수 없게 되는데 이는 통상의 경우의 무권대리행위의 상대방에 비하여 무권대리인이 본인을 상속한 경우의 상대방에게만 불합리한 불이익을 주게 된다.[23]

이 견해에 따르면 무권대리인이 본인을 상속하는 경우에나 반대로 본인이 무권대리인을 상속한 경우 신의칙에 위반되는 특별한 사정이 없는 한 원칙적으로 본인의 지위에서 추인을 거절할 수 있고, 반대로 상대방은 무권대리인에게 § 135의 이행청구권 또는 손해배상청구권을 가진다.[24]

(d) 판례의 태도 판례는, 갑이 대리권 없이 본인 을 소유 부동산

19) 전주 17).
20) 日最判 1993(平 5).1.21, 판례タイムズ 815, 121.
21) 김상용, 민법총칙, 제3판, 2014, 638; 김성숙(주 16), 108-109; 백태승, 496; 이영준, 659; 구주해(3), 220(강용현).
22) 이영준, 659; 백태승, 496; 구주해(3), 220(강용현).
23) 구주해(3), 220(강용현).
24) 백태승, 496.

을 병에게 매도하여 부동산소유권 이전등기 등에 관한 특별조치법에 의하여 소유권이전등기를 마쳐주고 본인 을을 단독상속한 후 그 양도된 부동산을 전득한 정을 상대로 소유권이전등기의 말소를 구하는 사안에서, 갑은 을의 무권대리인으로서 §135 Ⅰ의 규정에 의하여 매수인인 병에게 부동산에 대한 소유권이전등기를 이행할 의무가 있으므로 그러한 지위에 있는 갑이 이를 전전매수한 정에게 자신의 매매행위가 무권대리행위라서 무효였다는 이유로 정 앞으로 마쳐진 소유권이전등기가 무효의 등기라고 주장하여 그 등기의 말소를 청구하거나 부동산의 점유로 인한 부당이득금의 반환을 구하는 것은 금반언의 원칙이나 신의성실의 원칙에 반하여 허용될 수 없다고 본다.[25]

(e) 검 토 상속이 일어난 경우, 무권대리인은 본인의 지위를 승계하게 되고 또 공동상속의 경우에는 본인이 가지는 추인권·추인거절권은 공동상속인에게 불가분적으로 귀속되어 전원이 공동으로 행사하여야 하는 것이므로 무권대리인 혼자서 추인하더라도 계약은 부분적으로라도 유효하게 될 수 없다. 따라서 상속이 일어나면 무권대리행위가 당연히 유효하게 된다는 견해는 난점이 있다.

또 무권대리행위를 한 사람이 후에 본인의 지위에서 추인을 거절하여 그 행위의 효력을 부인하는 것은 선행행위에 반하는 행태로 원칙적으로 허용되지 않는다고 보아야 한다. 이러한 점에서 지위가 병존하므로 무권대리인이 원칙적으로 추인을 거절할 수 있고 예외적으로 권리남용에 해당하는 경우에 한하여 추인을 거절하지 못한다는 견해도 선뜻 찬성하기 어렵다. 더구나 상대방은 대리행위의 효력이 인정됨으로써 충분히 보호되는 것이므로 상대방 보호를 위하여 그와 같은 견해를 반드시 취할 필요성이 있는 것도 아니다.

결국 상속으로 인하여 본인의 지위와 무권대리인의 지위가 병존하더라도 무권대리인이 본인의 지위에서 추인을 거절하여 그 행위의 효력을 부인하는 것은 원칙적으로 선행행위에 반하는 행태로서 신의칙상 허용되지 않고, 다만 공동상속의 경우에는 상속인 전원의 추인이 없으면 유효하게 되지 않는다는 견해에 찬동한다.

이와 관련하여 상대방이 대리권 없음에 대하여 악의였거나 선의라도 과실이 있다고 할 때에도 무권대리인이 본인의 지위에서 추인거절권을 행사하

25) 대판 94.9.27, 94다20617(공 94, 2811).

는 것이 신의칙상 허용되지 않는다고 볼 것인지가 문제된다.[26] 이에 대하여 견해가 대립할 수 있다. 그러나 대리권 없음을 알거나 알 수 있었던 상대방은 § 135의 무권대리인의 책임을 묻지 못한다. 따라서 이와 같이 무권대리인의 책임을 묻지 못하는 상대방에 대하여 무권대리인이 본인의 지위에서 추인을 거절한다고 하여 이를 신의칙에 반한다고 할 수 없으므로 이는 허용된다고 봄이 타당하다.

(2) 본인이 무권대리인을 상속한 경우

㈎ 무권대리행위가 행하여진 후에 무권대리인이 사망하고 본인이 무권대리인을 상속한 경우이다. 예를 들면 갑이 아들 을의 대리인이라 칭하여 을의 재산을 처분하였는데 갑의 사망으로 을이 갑을 상속한 경우이다.

㈏ 본인에 의한 추인거절의 가부　　이와 같이 본인이 무권대리인을 상속하여 그 지위를 동시에 갖게 된 경우, 추인거절권을 행사할 수 있느냐를 두고도 견해가 대립한다.

(a) 당연유효설　　이 경우에도 무권대리행위는 당연히 유효로 된다고 보는 견해이다. 그 근거로는 ① 무권대리인이 본인을 상속한 경우에 무권대리행위가 당연히 유효하게 된다는 입장에서 이 경우도 달리 해석할 이유가 없다.[27] ② 무권대리인의 상속인이 본인으로서의 지위에서 추인을 거절한다고 하여도 그것이 신의칙에 반한다고는 할 수 없을 것이지만 본인이 무권대리인의 책임을 상속하므로 추인을 거절하지 못한다고 새기는 것이 타당하다[28]는 점 등을 든다. 이 견해에 따르면 무권대리행위가 당연히 유효로 되므로 무권대리인의 책임(§ 135)은 본인에게 상속되지 않는다.

(b) 추인거절가능설　　본인이 무권대리인을 상속한 경우에, 그 무권대리행위는 당연히 유효로 되지 않고 본인은 본인의 지위에서 추인을 거절할 수 있다는 견해이다. 그 근거로는 무권대리인이 본인을 상속한 경우와는 달리 특별한 사정이 없는 한 상속인이 추인을 거절하여도 신의칙이나 형평에 반하지 않는다는 것을 든다.[29] 이 견해에 따르면 본인은 무권대리인의 지위를 상속

26) 주석 총칙(3), 208(제4판/이균용).
27) 김용한, 368.
28) 곽윤직, 285.
29) 곽윤직 · 김재형, 375; 김상용(주 21), 638; 김주수 · 김상용 432; 김준호(주 17), 373; 송덕수(주 17), 422; 양창수 · 김재형, 244; 이영준, 659; 구주해(3), 222(강용현); 주석 총칙(3), 209(제4판/이균용).

하므로 무권대리인의 책임(§135)을 상속하게 된다.

(c) 절 충 설 무권대리행위로 인하여 발생한 채권이 특정물채권인 때에는 추인거절이 인정되나, 불특정물채권(종류채권)이거나 금전채권인 때에는 당연히 유효로 되며, 추인거절이 인정되는 때에는 상속인은 무권대리인의 책임(§135) 중에서 이행책임은 면한다고 한다.[30)]

(d) 판 례 판례는 아버지가 아들과 공동상속한 가옥의 부지를 아들로부터 대리권을 받지 않고 매도한 후 사망하자 매수인이 아들을 상대로 소유권이전등기를 구하면서 추인 여부가 문제된 사안에서, 아버지의 사망 후 아들이 매수인에게 매매대금에 상당하는 돈을 반환하겠다는 말을 한 것만으로는 아버지의 무권대리행위를 묵시적으로 추인한 것이라고도 볼 수 없다고 하여 기본적으로 이러한 경우 추인거절을 할 수 있음을 전제하고 있다.[31)]

(e) 검 토 이 경우에는 무권대리인이 본인을 상속한 경우와 달리 본인은 무권대리행위를 한 자가 아니어서 추인을 거절하여도 특별한 사정이 없는 한 신의칙에 반하다고 할 수 없고, 또 무권대리라고 하더라도 상대방의 선의·무과실 등의 요건이 갖추어지지 않으면 무권대리인의 책임이 발생하지 않는데 무권대리인의 사망이라는 우연한 사유로 인하여 무권대리행위가 당연히 유효로 된다는 것도 부당하므로 이러한 경우에는 추인거절할 수 있다고 보는 견해에 찬성한다. 그리고 이 경우 본인은 무권대리인의 책임(§135)이 인정되는 경우 그 책임을 상속하지만, 그 상속되는 것은 상속 당시(즉 무권대리인 사망 당시) 존재하던 무권대리인의 책임이라고 보아야 할 것이고, 그 후 본인의 무권대리인 상속이 일어났다고 하여 책임의 성질과 범위가 달라진다고 할 수 없다.[32)33)] 예를 들어 무권대리인이 본인의 부동산을 상대방에 매도하였으나 본인이 추인을 거절한 경우, 상대방이 무권대리인에게 계약이행의 책임을 물어 매매목적물의 이전을 구하여도, 본인이 이를 거절할 자유가 있으므로 본인이 협조하지 않는 한 무권대리인의 계약이행은 이행불능이 되고 결국 무권대리인의 책임은 손해배상책임으로 귀착하게 된다.[34)] 이 경우 무권대리인이 사망하여 본인이 무권

30) 고상룡, 557; 주석 총칙(3), 210(제4판/이균용).

31) 대판 91.7.9, 91다261(공 91, 2117).

32) 양창수·김재형, 244.

33) 이러한 점에 착안하여 절충설은 본인이 상속하는 무권대리인의 책임(§135)을 특정물의 급부와, 불특정물채권(종류채권) 또는 금전채권으로 나누어 설명하는 것으로 보인다. 고상룡, 557; 김성숙(주 16), 109; 주석 총칙(3), 210(제4판/이균용).

34) 대판 01.9.25, 99다19698(공 01, 2315) 등 참조.

대리인을 상속하였다고 하여도 본인이 상속하는 것은 상속개시 당시 무권대리인이 부담하는 데로 손해배상책임에 한정되는 것이지 다시 매매 목적물을 이전할 의무를 부담하는 것은 아니다.[35)]

(3) 무권대리인 및 본인의 지위 쌍방을 상속하는 경우

(가) 무권대리인과 본인의 쌍방을 상속한 경우의 무권대리행위의 효력이 문제될 수 있다. 예를 들면 무권대리인 갑이 남편인 을의 부동산을 대리권 없이 상대방에게 매각한 후 그 부부 갑·을이 모두 사망한 후 아들인 병이 상속한 경우 무권대리행위의 효력이 문제된다.

(나) 상속인은 신의칙에 반하는 것으로 인정되는 특별한 사정이 없는 한 추인거절을 할 수 있다는 견해,[36)] 상속의 시기와 선후를 구별하여 추인거절을 할 수 있다는 견해[37)] 등이 있다. 상속의 시기와 선후를 구별하는 견해는 ① 제3자가 무권대리인을 먼저 상속한 후 본인을 다시 상속한 경우에는 무권대리인이 본인을 상속한 경우와 같이 처리하고, ② 제3자가 본인을 먼저 상속한 후 무권대리인을 상속한 경우에는 본인이 무권대리인을 상속한 경우와 같이 처리하고, ③ 동시사망에 의한 상속의 경우에는 상속인은 누구의 입장을 주장하여도 무방하다고 한다.[38)]

(다) 생각건대, 이 경우 제3자는 무권대리행위를 행한 대리인 자신이 아니어서 그가 후에 취득한 본인의 지위에서 그 의사에 따른 선택을 하여도 그것이 선행행위에 반한다고 할 수 없으므로 특별한 사정이 없는 한 추인을 거절할 수 있다고 할 것이고, 이 경우 상속인은 무권대리인의 책임도 상속하게 되는데 그 책임의 범위는 위 (2)항의 경우와 같다고 볼 것이다.

3. 무권대리인이 무권대리행위 후 대리권을 취득한 경우

무권대리인이 무권대리행위 후 대리권을 취득하면 무권대리행위는 당연히 유권대리로 되어 본인은 추인거절권을 행사할 수 없게 되는지가 문제될 수 있다.

35) 양창수·김재형, 244.
36) 양창수·김재형, 244; 구주해(3), 225(강용현).
37) 주석 총칙(3), 210-211(제4판/이균용).
日最判 1988(昭 63).3.1, 判時 1312, 92는 제3자가 무권대리인을 먼저 상속하고 이어 본인을 상속한 사안에서 그의 추인거절은 신의칙상 허용될 수 없다고 판시하고 있다.
38) 주석 총칙(3), 210-211(제4판/이균용).

(1) 임의대리

임의대리의 경우 무권대리행위가 있음을 알고 새로운 대리권수여가 있는 때에는 대체로 그 대리권수여행위는 무권대리행위의 추인으로 해석될 수 있다. 그러나 무권대리행위가 있었음을 모르고 대리권을 수여한 경우에는 불이익한 무권대리행위의 효과가 본인의 의사에 관계없이 본인에게 미치게 하여서는 아니 될 것이므로 무권대리행위가 당연히 유권대리행위로 된다고 볼 수는 없고 본인은 추인 또는 추인거절을 자유로이 할 수 있다.[39] 따라서 이 경우 임의대리인으로 된 자가 본인을 위하여 추인거절권을 대리행사하더라도 이를 반드시 신의칙에 반한다고 볼 수 없을 것이다.

(2) 법정대리

무권대리인이 무권대리행위를 한 후에 법정대리인이 되어 그의 추인권·추인거절권을 대리행사하는 경우이다. 이 경우에도 원칙적으로 본인은 추인권과 추인거절권을 갖는다고 보아야 할 것이므로[40] 법정대리인이 된 무권대리인이 추인을 거절하였다고 하여 반드시 신의칙에 반한다고 할 수 없을 것이다.[41][42]

4. 무권리자의 처분과 추인거절권

(1) 무권대리인의 지위와 본인의 지위가 동일인에게 귀속되는 경우와 유사한 문제가 무권리자의 처분의 경우에도 제기된다.

원래 무권리자의 처분은 무권리자가 처분할 권한이 없는 어떠한 권리를 '자기의 이름으로' 처분한 경우로[43] 본인의 이름으로 처분하는 무권대리행위와 구별된다. 이와 같은 무권리자의 처분에 대하여 민법은 아무런 규정을 두지 않

39) 이영준, "무권대리론", 고시연구 13-7, 103; 구주해(3), 225(강용현).

40) 이영준(주 39), 104; 구주해(3), 225(강용현).

41) 양창수·김재형, 245.

42) 日最判 1972(昭 47).2.18, 民集 26-1, 46은 '갑이 미성년자 을의 후견인으로 취임하기 전에 후견인이라 사칭하고 매매계약을 한 경우에 갑은 취임 이전부터 을을 위하여 사실상 후견인의 입장에서 그 재산의 관리를 담당하였으며 이에 대하여 누구로부터 이의도 없었고, 매매를 함에 있어 갑·을 간에 이익상반의 관계가 없는 때에는 후에 갑이 미성년자의 후견인이 되어 법정대리인의 자격을 취득하게 된 이상 신의칙상 자기가 한 무권대리행위의 추인을 거절하는 것은 허용되지 않는다.'고 판시한다. 이 판시의 내용은 구체적 사안을 분석하여 신의칙에 따라 추인을 거절할 수 있다는 것으로 이해함이 상당하다. 구주해(3), 225-226(강용현).

43) 타인의 권리를 목적으로 하는 매매계약도 유효하며, 이때 매도인은 매수인에 대하여 권리를 취득하여 이전할 의무를 부담한다(§ 569). 따라서 처분권이 없는 무권리자라 할지라도 해당 목적물에 대한 매매계약을 체결할 수 있고, 그는 해당 권리를 매수인에게 이전할 계약상 채무를 부담하게 된다.

고 있으나 원래의 권리자가 이를 추인하여 그 처분의 효력이 자기에게 미치도록 할 수 있다는 점에 대하여는 그 근거를 달리 설명하기는 하나 학설[44)]은 이를 인정하고 있고, 판례 역시 마찬가지이다.[45)]

(2) 이와 같은 무권리자의 처분에서도 상속의 문제가 등장하게 된다. 예를 들면 갑이 부(父)인 을 소유 부동산을 몰래 자기 앞으로 소유권이전등기를 마친 후 병에게 매도하여 등기까지 마쳐 주었는데, 이후 을이 사망하여 무권리자 갑이 그 재산을 상속하였다면 양도는 유효하게 되어 병은 부동산을 적법하게 소유하게 되는지? 반대로 갑이 사망하여 을이 상속하면 어떻게 되는지가 역시 문제된다.

㈎ 학 설 다수설은 무권리자 처분의 추인과 무권대리행위의 추인은 구별되나, 민법이 무권리자 처분의 추인에 대하여 명문의 규정을 두지 않고 있으므로 무권대리행위 추인의 경우와 같이 취급하여 해결할 수 있고 다만 무권대리행위와 무권리자 처분의 성질상 차이에 의하여 부분적으로 차이가 날 수 있다고 본다.[46)]

이에 대하여 무권리자의 추인과 무권대리행위의 추인은 추인의 의미와 대상의 측면에서 구별되므로 무권대리에 관한 규정을 무권리자 처분의 추인의 경우에 유추적용할 수 없고 무권리자 처분의 추인은 독자적 견해에서 파악하여야 한다는 견해가 있다.[47)] 이 견해는 권리자가 사망하게 되어 그의 지위를 무권리자가 상속하게 된 경우, 상속이라는 사실만으로 곧바로 무권리자의 처분행위가 추인되는 것으로는 볼 수 없으나 특별한 사정이 없는 한 무권리자가 권리자의 지위에서 추인을 거절하는 것은 신의칙에 반하는 것이고, 반면 권리자가 무권리자를 상속한 경우라면 권리자는 무권리자를 상속하였다는 사실만으로 곧바로 추인을 한 것과 같은 효과를 받는 것이 아니라 권리자의 지위와 무권리자로서의 지위를 이중적으로 가지므로, 이때 권리자는 추인에 대한 선택권을 가지는 것으로 본다.[48)]

㈏ 판례의 태도 본인이 무권리자를 상속한 사안에서, 판례는 채권

44) 학설의 정리로는 박찬주, "무효행위와 취소행위의 추인", 법학연구 18-1(연세대학교), 2008, 166-167 참조.
45) 대판 01.9.25, 99다19698(공 01, 2315) 등.
46) 김증한 · 김학동, 460; 양창수 · 김재형, 245-246; 구주해(3), 224(강용현).
47) 김봉수, "무권리자의 처분행위와 상속", 법학연구 63호(부산대학교), 2010, 559 이하.
48) 김봉수(주 47), 559 이하.

자가 채무자 소유의 부동산에 대하여 강제경매신청을 하여 자녀들 명의로 이를 경락받았다면 그 소유자는 경락인인 자녀들이라 할 것이므로, 채권자가 그 후 채무자와 사이에 채권액의 일부를 지급받고 자녀들 명의의 소유권이전등기를 말소하여 주기로 합의하였다 하더라도 이는 일종의 타인의 권리의 처분행위에 해당하여 비록 양자 사이에서 위 합의는 유효하고 채권자는 자녀들로부터 위 부동산을 취득하여 채무자에게 그 소유권이전등기를 마쳐주어야 할 의무를 부담하지만 자녀들은 원래 부동산의 소유자로서 타인의 권리에 대한 계약을 체결한 채무자에 대하여 그 이행에 관한 아무런 의무가 없고 이행을 거절할 수 있는 자유가 있었던 것이므로, 채권자의 사망으로 인하여 자녀들이 상속지분에 따라 채권자의 의무를 상속하게 되었다고 하더라도 그들은 신의칙에 반하는 것으로 인정할 만한 특별한 사정이 없는 한 원칙적으로 위 합의에 따른 의무의 이행을 거절할 수 있다고 판시하고 있다.[49][50]

무권리자가 본인을 상속한 경우에 관한 판례는 보이지 않는다.

㈐ 검　토

(a) 무권리자 처분의 추인과 무권대리행위의 추인은 구별된다. 즉 ① 무권리자 처분을 본인이 추인한 경우 추인에 의하여 유효하게 되는 처분행위는 원래 처분자의 이름으로 행하여진 것으로서 본인의 이름으로 하는 대리행위와는 구별되고, ② 무권대리에서는 인적인 대리권이 흠결된 것인데 비하여 무권리자 처분은 처분의 대상이 된 당해 권리에 물적으로 귀속된 처분권이 결여된 것으로 양자는 구별되며, ③ 무권대리행위에서 추인의 대상은 물권행위는 물론이고 채권행위에 대해서까지 효력이 있는 것에 반해, 무권리자 처분 사례에서 추인의 대상은 무권리자가 행한 물권적 차원에서 행해진 처분으로 이해되어 양자는 추인의 의미와 대상의 측면에서도 구별된다. 그러나 다른 한편으로 양자 모두 다른 사람이 권한 없이 하였음을 이유로 유동적으로 무효인

49) 대판 01.9.25, 99다19698(공 01, 2315).

50) 대판 94.8.26, 93다20191(공 94, 2510) 판결 역시 갑이 을 등 명의의 주식에 관하여 처분권한 없이 은행과 담보설정계약을 체결하였다 하더라도 이는 일종의 타인의 권리의 처분행위로서 유효하다 할 것이므로 갑은 을 등으로부터 그 주식을 취득하여 이를 은행에게 인도하여야 할 의무를 부담한다 할 것인데, 갑의 사망으로 인하여 을 등이 갑을 상속한 경우 을 등은 원래 그 주식의 주주로서 타인의 권리에 대한 담보설정계약을 체결한 은행에 대하여 그 이행에 관한 아무런 의무가 없고 이행을 거절할 수 있는 자유가 있었던 것이므로, 을 등은 신의칙에 반하는 것으로 인정할 특별한 사정이 없는 한 원칙적으로는 위 계약에 따른 의무의 이행을 거절할 수 있다고 판시하고 있다.

법률행위를 스스로의 의사에 기하여 확정적으로 유효로 한다는 점에서 동일하므로 무권리자 처분의 추인에 대하여 아무런 규정을 두지 않는 민법의 해석상 무권리자 처분의 추인에 관하여 무권대리의 추인의 경우와 같이 취급하되 다만 무권리자의 처분과 성질상 차이가 있음을 고려하여 문제를 해결하는 다수설에 찬성한다.

(b) 무권대리행위의 추인과 같이 취급하여 문제를 해결하는 다수설의 입장에서는 위 사안은 다음과 같이 해결한다.[51)]

(i) 먼저 권리자 을이 사망하여 무권리자 갑이 상속한 경우이다.

위 사안에서 갑이 병에게 부동산의 소유권이전등기를 마쳐주었다고 하더라도 이는 무효로써 병은 그 소유권을 취득하지 못하고 갑의 소유권이전등기의무는 이행불능의 상태였다. 그런데 을의 사망으로 갑이 부동산의 소유자가 되었으므로 이제는 병에 대하여 부동산을 양도할 의무를 이행할 수 있게 되었고 또한 병은 갑에게 그 소유권양도를 구할 수 있다. 이는 을 사망 이전에 이미 갑이 부동산의 소유권을 취득하여 병에게 이전할 수 없는 것으로 확정되어 을 사망 당시 갑이 담보책임 또는 채무불이행책임만을 부담하고 있었던 경우에도 마찬가지이다. 즉 갑의 소유권이전등기의무 이행불능은 이제 사후적으로 치유되었다. 따라서 갑의 무권처분의 흠은 추완되어 유효하게 되고 병은 부동산의 소유권을 취득하고, 갑이 추인을 거절하여 부동산의 반환을 구하는 것은 신의칙에 반하여 허용되지 않는다.

(ii) 다음으로 무권리자 갑이 사망하고 권리자 을이 상속한 경우이다.

이 경우에는 갑의 무권처분의 흠은 치유되지 않으므로 권리자 을이 무권리자 갑의 처분의 원인행위상 계약이행의무를 승계하지 않는다. 그 근거는 처분상대방이 무권리자의 사망이라는 우연한 사유에 의하여 이득을 얻을 이유가 없기 때문이다.

(iii) 그리고 제3자가 무권리처분자와 권리자를 모두 상속한 경우에는 권리자가 무권리자를 상속한 경우와 같이 해결된다.

[구 자 헌]

---

51) 양창수 · 김재형, 247 이하.

第133條(追認의 效力)

追認은 다른 意思表示가 없는 때에는 契約時에 遡及하여 그 效力이 생긴다. 그러나 第三者의 權利를 害하지 못한다.

차 례

Ⅰ. 추인의 소급효 원칙

본인은 무권대리행위로서 행해진 계약을 추인함으로써 대리권이 있었던 것과 동일한 효과를 발생하게 할 수 있다. 본조는 이와 같은 추인이 있으면 무권대리행위는 처음부터 유권대리행위이었던 경우와 같은 법률효과가 소급적으로 발생한다고 규정한다. 이와 같이 추인에 소급효를 인정하는 것은 그것이 본인의 통상의 의사이고 또 상대방 역시 원래 자신의 의사표시로써 계약을 처음부터 유효한 것으로 인수하였던 것이므로 이와 같이 해석하는 것이 당사자의 의사에 합치하기 때문이라고 설명된다.

무권대리행위의 추인에는 이와 같이 소급적 효과가 인정되므로, 불확정 상태에 있던 법률행위의 효력을 확정적으로 유효한 것으로 되게 하는 취소할 수 있는 행위의 추인과는 다르고, 효력이 없는 행위에 효력이 생기게 하는 측면에서는 무효행위의 추인과 유사하나 소급효를 인정한다는 점에서 비소급적 효력을 원칙으로 하는 무효행위의 추인(§139)과도 구분된다.

그리고 무권대리행위 추인에 관한 소급효 등의 법리는 무권리자의 처분에 대한 본인의 추인에 적용될 수 있고 다만 무권리자의 처분과 성질상 차이가 있는 부분에는 그 적용이 제한될 수 있다.[1)]

1) 대판 81.1.13, 79다2151(공 81, 13577); 대판 01.11.9, 2001다44291(공 02, 7) 등; §131에 관한 해설 참조.

Ⅱ. 소급효에 대한 예외

본조는 추인의 소급효에 대하여 다음과 같은 두 가지 예외를 규정하고 있다.

1. 우선 다른 의사표시가 있으면 그에 따른다.

다른 의사표시가 있으면 추인의 소급효는 배제된다(본조 본문). 여기서 말하는 다른 의사표시에는 본인과 상대방의 약정이어야 하는 점에 대하여는 학설의 다툼이 없다. 본래 상대방은 계약이 처음부터 효력을 가지는 유권대리라고 기대하여 법률행위를 하였을 것이므로 본인의 단독의사만으로 장래에 향하여만 효력이 있는 것으로 할 수 있다면 상대방의 의사에 반하게 되고,[2] 또 계약의 효력발생시기가 본인의 일방적인 의사에 따라 결정된다면 상대방의 지위를 현저하게 불안정하게 만들어 부당하기 때문이다.[3]

2. 추인의 소급효는 제3자의 권리를 해하지 못한다.

추인의 소급효는 제3자의 권리를 해하지 못한다(본조 단서). 이 규정은 무권대리행위 후 추인이 있을 때까지 사이에 본인과 제3자 사이에 행하여진 행위가 추인의 소급효로 무효가 되고, 제3자가 정당하게 취득한 권리를 잃게 되는 것을 막으려는 취지이다.[4] 여기서 제3자의 권리는 무권대리행위 시부터 추인 시까지 사이에 제3자가 취득한 권리 그 밖의 법적 지위로서 계약상대방의 법적 지위와 양립할 수 없는 것을 말한다.[5]

그런데 그 중에서도 본조 단서가 적용되어 소급효가 제한되는 범위는 상대방이 취득한 권리와 제3자가 취득한 권리가 모두 배타적 효력을 갖는 경우에 한하게 됨에 주의하여야 한다.[6]

먼저 무권대리행위의 상대방이 취득한 권리는 배타적 효력이 없고 제3자가 취득한 권리만 배타적 효력을 갖는 경우에는 추인으로 제3자인 권리가 침해될 리 없기 때문에 이 조항은 적용될 여지가 없다.[7] 다음으로 무권대리행위

2) 김준호, 민법총칙, 제7판, 2013, 371; 구주해(3), 228(강용현).
3) 양창수 · 김재형, 232.
4) 곽윤직 · 김재형, 374; 송덕수, 민법총칙, 제3판, 2015, 419; 구주해(3), 229(강용현).
5) 곽윤직 · 김재형, 374.
6) 곽윤직 · 김재형, 374; 김준호(주 2), 371; 송덕수(주 4), 419; 이영준, 658; 구주해(3), 229(강용현).
7) 예를 들면, 무권대리인 갑이 대리권 없이 을의 부동산을 병에게 매도하였는데, 본인 을

의 상대방이 취득한 권리와 제3자가 취득한 권리가 모두 배타적 효력이 없는 경우에는 양자 중 어느 것이 우선하느냐는 그 취득한 권리를 배타적인 것으로 하는 요건(예를 들면 물권변동의 경우에 등기나 인도, 채권양도통지에서 확정일자 등)을 갖춘 시기의 선후에 의하여 결정되므로 역시 이 조항이 적용될 여지가 없다.[8)]

결국 무권대리행위의 상대방이 취득한 권리와 제3자가 취득한 권리가 모두 배타적 효력이 있어 상대방의 권리에 의하여 제3자의 권리가 침해될 우려가 있어 이 조항에 의하여 제3자를 보호할 필요성이 있는 경우에 한하여 이 조항이 적용되게 된다. 판례 역시 § 133 단서에서 말하는 제3자라 함은 등기부상 권리를 주장할 수 있는 제3자를 지칭한다고 판시하여 마찬가지로 해석하고 있다.[9)]

이를 구체적으로 살펴보면 다음과 같다.

(1) 판례상 문제된 사안이다.

㈎ § 133 단서의 제3자가 아니라고 본 사례이다.

무권대리인 갑이 을 소유의 토지를 병에게 매도하고 소유권이전등기를 마쳐 주었다. 그런데 정이 을을 상대로 소유권확인 및 등기말소절차이행 소송을 제기하여 승소의 확정판결을 받았다. 이후 을이 갑의 매매행위를 추인하였다. 이 경우 추인의 소급효가 문제되었는데, 판례는 소유권의 확인을 받았거나 또는 등기말소등기 절차이행을 명한 의사표시를 구하는 판결로써는 등기를 하지 않고 물권의 취득효력을 인정할 수 없으므로 여기서의 정은 § 133 단서에 말하는 제3자라고 할 수 없어 을의 추인의 소급효가 배제되지 않는다고 판시하였다.[10)]

㈏ § 133 단서의 제3자에 해당한다고 본 사례이다.

무권대리인 갑이 을의 토지를 병에게 매도하고, 다시 을은 그 토지를 정에게 매도하였다. 한편 병이 위 계약에 따른 소유권이전등기청구권을 피보전권리로 하여 을 소유의 토지에 처분금지가처분을 하였는데, 그 후 을이 정 명의

역시 이를 정에게 매도하고 정에게 이전등기까지 마친 경우라면, 추후 을이 갑의 무권대리행위를 추인하더라도 정의 권리가 침해될 여지가 없다.

8) 병이나 정 모두 소유권이전등기를 마치지 아니한 경우에는 모두 소유권이전등기청구권을 가질 뿐이고 우열의 차가 없으므로 먼저 이전등기를 마친 사람이 우선한다.

9) 대판 63.4.18, 62다223(집 11-1, 248).

10) 대판 63.4.18, 62다223(집 11-1, 248).

로 소유권이전등기를 마쳐주었다. 그런데 다시 을이 무권대리인 갑의 병에 대한 처분행위를 추인하였다. 이에 정은 을을 상대로 위 추인으로 을의 자신에 대한 소유권이전등기의무가 이행불능이 되었다면서 손해배상을 구하였다. 이 사안에서 판례는, 병 명의의 위 처분금지가처분등기가 마쳐질 당시에는 병의 피보전권리가 존재하지 않았다고 할 것이고, 그 후 을이 갑의 무권대리행위를 추인하였다고 하더라도 민법 § 133 단서 규정에 의하여 병은 제3자인 정에게 추인의 소급효를 주장할 수 없다고 판시하면서 결국 을의 정에 대한 소유권이전등기의무가 이행불능이라고 볼 수 없다고 보았다.[11)]

(2) 그 외 학설상 본조 단서에 따라 소급효가 제한되는 사례로는 다음과 같은 경우이다.[12)]

① 무권대리인 갑이 무권대리행위로 을 소유의 주택에 관하여 병에게 전세권을 설정하여 주었는데, 을은 정에게 이를 임대하여 임차인 정이 주택임대차보호법에 의한 대항요건을 갖추었다면 추후 본인 을이 갑의 무권대리행위를 추인하더라도 그 추인의 소급효로 임차인 정의 임차권을 해하지 못한다. ② 무권대리인 갑이 본인 을의 채권을 상대방 병에게 양도하여 그 확정일자 통지 등 대항요건을 구비한 후에, 본인 을 자신이 그 채권을 다시 정에게 양도하고 위와 같은 대항요건을 구비하고 그 뒤에 본인 을이 무권대리인 갑의 무권대리행위를 추인한 경우라면, 추인의 소급효는 배제되고 정이 정당한 권리자로 취급된다.

(3) 이와 같이 본조 단서가 실제로 적용되어 소급효가 제한되는 범위가 상대방이 취득한 권리와 제3자가 취득한 권리가 모두 배타적 효력을 갖는 경우에 한하게 되므로, 본조 단서는 소송행위에 대한 추인의 경우 등에는 그 적용될 여지가 없다.[13)]

11) 대판 09.11.26, 2008다94523(정보).

12) 양창수 · 김재형, 223.

13) 대판 91.11.8, 91다25383(공 92, 76) 판결은, '종중을 대표할 권한 없는 자가 종중을 대표하여 한 소송행위는 그 효력이 없으나 나중에 종중이 총회결의에 따라 위 소송행위를 추인하면 그 행위시로 소급하여 유효하게 되며, 이 경우 § 133 단서의 규정은 무권대리행위에 대한 추인의 경우에 있어 배타적 권리를 취득한 제3자에 대하여 그 추인의 소급효를 제한하고 있는 것으로서 위와 같은 하자있는 소송행위에 대한 추인의 경우에는 적용될 여지가 없는 것이다'고 판시한다.

Ⅲ. 소멸시효의 기산시점

추인에 소급효가 있다고 하여도 추인에 의하여 효력발생이 확정된 권리의 소멸시효는 대리행위의 시점으로부터가 아니고 추인의 시점으로부터 소멸시효가 진행한다고 해석함이 타당하다.[14] 추인이 없는 이상 그 권리를 행사할 수 없을뿐더러 형성권 행사에 의하여 생기는 청구권은 형성권 행사의 시점을 기산점으로 소멸시효에 걸린다고 해석함이 타당하기 때문이다.[15]

Ⅳ. 주장·증명책임

무권대리행위의 추인은 추인에 기한 권리관계의 권리근거사실이므로 추인의 효과를 주장하는 상대방이 ① 무권대리인이 본인의 대리인으로서 계약을 체결한 사실(대리행위)과 ② 본인이 상대방에 대하여 추인의 의사표시를 한 사실을 주장·증명하여야 한다. 따라서 이 경우에 대리권의 흠결은 증명책임의 대상사항이 아니다.[16]

그리고 무권대리행위의 추인을 상대방에 대하여 하지 아니하고 무권대리인에 대하여 한 경우에는 상대방이 이를 알지 못하는 한 상대방에게 대항할 수 없으므로(§ 132 단서), 이 경우에 추인의 법률효과를 주장하는 사람은 본인이 무권대리인에 대하여 추인의 의사표시를 하였음을 상대방이 안 사실을 주장·증명하여야 한다.[17]

반면 추인의 주장이 있는 경우에 그 소급효를 제한함으로 인하여 이익을 얻는 사람은 본인이 추인을 함에 있어서 그 효과를 소급하지 않기로 하는 약정이 있었다는 점을 주장·증명하여야 한다.[18]

[구 자 헌]

14) 고상룡, 550; 구주해(3), 230(강용현); 주석 총칙(3), 224(제4판/이균용).
15) 주석 총칙(3), 224(제4판/이균용).
16) 고상룡, 599-600; 구주해(3), 231(강용현); 주석 총칙(3), 231(제4판/이균용).
17) 구주해(3), 231(강용현).
18) 구주해(3), 231(강용현); 주석 총칙(3), 231(제4판/이균용).

第134條(相對方의 撤回權)

代理權없는 者가 한 契約은 本人의 追認이 있을 때까지 相對方은 本人이나 그 代理人에 對하여 이를 撤回할 수 있다. 그러나 契約當時에 相對方이 代理權 없음을 안 때에는 그러하지 아니하다.

차 례

Ⅰ. 철회권의 의의

무권대리행위의 상대방은 본인의 추인 또는 추인거절이 있을 때까지 그 행위의 효력 여부가 본인의 추인 여부에 달려 있는 불안정한 지위에 놓여 있다. 이로부터 상대방을 보호하기 위하여 민법은 자신의 주도로 그러한 불안정한 상태를 해소할 수 있는 방도로 상대방에게 최고권(§131)과 철회권(§134)을 인정한다. 본조는 철회권에 관한 규정이다. 상대방에게 최고권 이외에 철회권을 인정한 이유는 상대방이 계약을 원하지 않는 경우에 철회권을 행사하여 무권대리행위로부터 벗어날 수 있도록 하기 위한 것이다.

철회는 상대방이 무권대리행위로 행하여진 계약을 이루는 자신의 의사표시의 효력을 소멸시키는 의사표시이다. 따라서 철회가 있으면 무권대리인과 사이에 맺은 계약은 확정적으로 무효가 된다. 본조의 철회권 역시 일종의 형성권으로 상대방 있는 단독행위에 해당한다.[1)]

Ⅱ. 철회의 요건

1. 철회의 시기

철회는 본인의 추인이 있기 전에 하여야 한다. 본인이 먼저 무권대리행위

1) 송덕수, 민법총칙 제3판, 2015, 423.

를 추인하면 상대방은 철회권을 잃게 된다. 그러나 본인이 무권대리인에 대하여 추인하였으나 상대방이 그 사실을 알지 못한 때에는 본인은 추인의 효과를 주장하지 못하므로(§132 단서) 그와 같은 추인이 있음을 알기 전에 상대방이 한 철회는 유효하다.[2)]

판례 역시 §132는 본인이 무권대리인에게 무권대리행위를 추인한 경우에 상대방이 이를 알지 못하는 동안에는 본인은 상대방에게 추인의 효과를 주장하지 못한다는 취지이므로 상대방은 그때까지 본조에 의한 철회를 할 수 있고, 또 무권대리인에의 추인이 있었음을 주장할 수도 있다고 판시하여 같은 취지로 해석한다.[3)]

2. 철회권자

철회권은 선의의 상대방에게만 인정된다. 이 점은 악의의 상대방에게도 인정되는 최고권(§131)과 구별된다. 선의의 상대방에게만 철회권을 인정하는 이유는 악의의 상대방은 불확정한 상태에 놓이는 것을 스스로 각오한 사람이라고 할 수 있어 보호할 필요가 없기 때문이다.

여기서 선의란 대리인에게 대리권이 없음을 알지 못하는 것이며, 선의·악의를 구별하는 표준이 되는 시기는 계약당시로 보는 것이 통설이다.[4)]

3. 철회의 상대방

철회의 의사표시는 본인이나 무권대리인에 대하여 하여야 한다(본문 참조). 이점에서 본인에게 그 추인 여부의 확답을 최고하는 §131의 최고의 경우와 구별된다.

4. 일부의 철회

계약의 내용이 가분적인 것이면 일부의 철회도 가능하다.[5)]

2) 구주해(3), 232(강용현).
3) 대판 81.4.14, 80다2314(집 29-1, 158).
4) 곽윤직·김재형, 376; 김상용, 639; 송덕수(주 1), 423.
5) 日大判 1923(大 12).6.7, 民集 2, 383; 김상용, 639; 구주해(3), 233(강용현); 주석 총칙(3), 233(제4판/이균용).

Ⅲ. 철회의 효과

상대방이 철회를 하면 무권대리행위로 인한 법률행위(계약)는 확정적으로 무효로 된다고 보는 것이 통설이다.[6] 이에 대하여 철회권 행사의 효과는 법률행위의 무효가 아닌 법률행위의 부존재로 보아야 한다는 견해가 있다.[7] 이 견해는 철회권의 행사로 계약성립 요소의 하나인 의사표시가 없어지게 되었으므로 의사표시 자체가 존재하지 않아 계약의 성립요건이 충족되지 못하게 되었으므로 계약이 부존재하게 되었다고 본다. 판례는 상대방이 본조의 철회권을 행사하여 유효한 철회를 하면 무권대리행위는 확정적으로 무효가 된다고 본다.[8]

어느 견해에 의하든, 상대방이 적법하게 철회권을 행사하면, 그 후에는 본인이 무권대리행위를 추인할 수 없고, 상대방도 일단 철회한 후에는 무권대리인에게 § 135의 무권대리인의 책임을 물을 수 없다. 철회로 인하여 무권대리행위로 인한 법률행위(계약)는 확정적으로 무효가 되었거나 또는 부존재하게 되었기 때문이다. 다만 이미 이행한 것이 있으면 무권대리인과의 관계에서 부당이득 반환의 문제가 생길 수 있다. 이와 관련하여 상대방이 무권대리계약의 명의자인 본인을 상대로 그간 무권대리인에게 지급한 급부를 부당이득으로 반환을 구하는 경우가 종종 있다. 이 경우 판례는 부당이득의 법리에 따라 실질적으로 이득이 본인에게 귀속되었는지 여부를 살펴 본인에게 실질적으로 이득이 귀속되었다고 볼 수 없다면 이는 허용되지 않는다고 판시하고 있다.[9] 그러면 어떤 경우에 본인에게 실질적으로 이득이 귀속되었다고 볼 수 있는지가 문제되는데, 본인이 무권대리인에게 급부수령권 내지 표현급부수령권을 부여했고, 무권대리인이 급부수령권을 가진다는 것을 상대방이 신뢰했을 것이라면 실질적으로 이득이 귀속되었다고 볼 수 있다는 견해가 있다.[10]

6) 곽윤직 · 김재형, 376; 김준호, 374; 송덕수(주 1), 423; 이은영, 655.
7) 명순구, 480.
8) 대판 17.6.29, 17다213838(공 17하, 1569).
9) 대판 11.9.8, 10다37325,37332(공 11하, 2065); 대판 17.6.29, 17다213838(공 17하, 1569).
10) 김수정, '무권대리인이 수령한 급여에 대해 본인을 상대방으로 한 부당이득반환청구', 민판연 41, 박영사(2019), 576.

Ⅳ. 주장 · 증명책임

무권대리행위가 철회되었음을 주장하는 자는 대리권이 없다는 데 대하여 상대방이 선의였음을 주장 · 증명할 필요가 없고, 철회의 효과를 다투는 측에서 상대방의 악의를 주장 · 증명하여 철회를 저지시킬 수 있다는 것이 통설이다.[11)] 판례 역시 마찬가지이다.[12)]

[구 자 헌]

제 135 조(상대방에 대한 무권대리인의 책임)

① 다른 자의 대리인으로서 계약을 맺은 자가 그 대리권을 증명하지 못하고 또 본인의 추인을 받지 못한 경우에는 그는 상대방의 선택에 따라 계약을 이행할 책임 또는 손해를 배상할 책임이 있다.

② 대리인으로서 계약을 맺은 자에게 대리권이 없다는 사실을 상대방이 알았거나 알 수 있었을 때 또는 대리인으로서 계약을 맺은 사람이 제한능력자일 때에는 제1항을 적용하지 아니한다.

차 례

11) 고상룡, 549; 곽윤직 · 김재형, 376; 백태승, 497; 이영준, 660; 구주해(3), 233(강용현).
12) 대판 17.6.29, 17다213838(공 17하, 1569).

Ⅰ. 본조의 취지 및 법적 성격

1. § 135 Ⅰ은 '다른 자의 대리인으로서 계약을 맺은 자가 그 대리권을 증명하지 못하고 또 본인의 추인을 받지 못한 경우에는 그는 상대방의 선택에 따라 계약을 이행할 책임 또는 손해를 배상할 책임이 있다'고 규정한다. 원래 무권대리행위를 한 무권대리인은 본인을 위하여 대리행위를 한 것이어서 그 행위의 효과를 본인에게 귀속시키고자 의욕하였고 자신이 그 계약에 구속될 의사는 없었고, 상대방 역시 무권대리인과의 법률효과를 의욕한 것이 아니어서 무권대리인과 상대방 사이에서는 아무런 법률효과가 발생하지 아니한다. 그런데 이에 대하여 아무런 구제수단을 부여하지 않게 되면 계약이 유효하게 체결되었다고 믿은 상대방으로서는 현저하게 불리한 지위에 놓이게 된다. 이에 따라 본조는 상대방에 대한 구제수단으로 무권대리행위에 관하여 본인에게 책임을 지울 수 없는 때에는 무권대리인은 상대방의 선택에 따라 계약을 이행할 책임 또는 손해를 배상할 책임을 지게하고 있다.

2. 본조는 상대방의 선택에 따라 무권대리인은 손해배상책임 이외에 이행책임까지도 부담하도록 하는데, 이와 같은 무권대리인의 책임은 법률행위 내지 의사표시에 근거한 것이 아니라 법률로 정해진 책임(gesetzliche Haftung), 즉 법정의 책임이다. 다만 법정의 책임이라고 볼 때 이는 무권대리인의 무과실책임인지, 과실책임인지 또 무과실책임으로 본다면 무권대리인이 이와 같이 엄격한 책임을 진다고 볼 근거를 어떻게 설명할 지를 두고 견해가 복잡하게 대립한다.

(1) 통설적 견해는 본조의 무권대리인 책임은 그 문언 및 입법과정에 비추어 대리권의 부존재에 대한 무권대리인의 선의·악의 및 과실 여부를 불문하는 무과실책임으로 파악한다.[1)]

㈎ 본조는 연혁적으로 일본민법 § 117를 거쳐 독일민법 § 179에 닿아 있다.[2)] 독일민법의 제정과정에서 1888년 독일민법 제1초안(Entwurf Ⅰ) § 125는

1) 고상룡, 552; 곽윤직·김재형, 376; 김주수·김상용, 433; 김상용, 민법총칙, 제3판, 2014, 642; 김준호, 민법총칙, 제7판, 2013, 374;, 김증한·김학동, 462; 백태승, 499; 송덕수, 민법총칙 제3판, 2015, 424; 양창수·김재형, 236; 이영준, 663; 이은영, 658; 지원림, 민법강의, 제13판, 2014, 350.

2) 양창수, "무권대리인의 책임—민법 제135조의 연혁에 소급하여—", 민법연구(1), 2004,

무권대리인의 책임이 인정되기 위한 요건으로 대리인의 대리권의 흠결에 대한 귀책사유의 존재를 요구하지 않았고, 초안의 심의 과정에서 다수 견해 역시 이에 동의하였다. 즉 다수 견해는 대리권을 가진다고 표시한 자는 누구나 전적으로 그리고 어떠한 과실을 고려함이 없이 그 주장한 대리권이 존재하고 또는 요구되는 추인이 사후적으로 얻어진다는 데 대하여 책임을 져야 함을 거래이익이 요구한다는 것을 그 출발점으로 하였다.[3] 이후 1898년 독일민법 제2초안(Entwurf Ⅱ)에서는 대리인이 대리권의 흠결을 알았던 경우와 이를 알지 못하였던 경우로 나누어 전자의 경우에는 제1초안에서와 같이 상대방이 대리인에 대하여 이행이익의 배상을 구할 수 있도록 하고, 후자의 경우에는 신뢰이익의 배상에 한정하도록 하였다.[4] 제2초안 심의과정에서도 대리권의 흠결을 알지 못한 대리인의 책임 역시 그 알지 못한 데 대하여 귀책사유가 없는 경우에도 인정되는 것으로 보았다.[5] 이후 독일민법 § 179[6]는 이와 같은 제2초안의 내용에 따라 규정되었다. 이에 따라 독일의 다수의 견해는 독일민법 § 179의 무권대리인은 대리권 없음에 대하여 귀책사유 없이 책임을 지는 것으로 이해한다.[7] 독일의 판례 역시 § 179의 무권대리인의 책임을 무과실책임으로 보고

135-138; 이영준, "무권대리인의 상대방에 책임", 사론(17집), 1986; 정상현 · 서순택, "무권대리인의 상대방에 대한 무과실책임 재검토", 성균관법학(26-3), 2014. 9, 165-166.

3) 양창수(주 2), 149-150.

4) 양창수(주 2), 154.

5) 양창수(주 2), 154-155.

6) 독일민법 § 179 Ⅱ는 무권대리인이 대리권의 부존재를 알지 못한 경우, 즉 무권대리인이 선의인 경우 상대방은 이행청구를 할 수 없고 손해배상만 청구할 수 있으며 이때 손해배상의 범위는 이행이익을 넘지 않는 신뢰이익의 배상으로 한정하고 있다.

BGH § 179 Haftung des Vertreters ohne Vertretungsmacht

(1) Wer als Vertreter einen Vertrag geschlossen hat, ist, sofern er nicht seine Vertretungsmacht nachweist, dem anderen Teil nach dessen Wahl zur Erfüllung oder zum Schadensersatz verpflichtet, wenn der Vertretene die Genehmigung des Vertrags verweigert.

(2) Hat der Vertreter den Mangel der Vertretungsmacht nicht gekannt, so ist er nur zum Ersatz desjenigen Schadens verpflichtet, welchen der andere Teil dadurch erleidet, dass er auf die Vertretungsmacht vertraut, jedoch nicht über den Betrag des Interesses hinaus, welches der andere Teil an der Wirksamkeit des Vertrags hat.

(3) Der Vertreter haftet nicht, wenn der andere Teil den Mangel der Vertretungsmacht kannte oder kennen musste. Der Vertreter haftet auch dann nicht, wenn er in der Geschäftsfähigkeit beschränkt war, es sei denn, dass er mit Zustimmung seines gesetzlichen Vertreters gehandelt hat.

7) 정상현 · 서순택(주 2), 165; Josef Hupka, Die Haftung des Vertreters ohne Vertretungsmacht, Duncker & Humbolt, 1903, S.83.

있다.[8)]

(나) 본조는 일본민법 § 117와 직접적으로 연결되어 무권대리인의 책임을 보다 더 엄격히 규정한 독일민법 제1초안 § 125를 따른 것이라고 본다.[9)] 그런데 일본민법 제정 당시 기초자들은 무권대리인이 악의이거나 과실이 있는 경우의 책임을 고려하여 일본민법 § 117의 초안을 작성하였다.[10)] 그러나 일본의 다수 견해는 독일의 견해를 받아들여 무권대리인의 책임을 무과실책임으로 해석하고 있다.[11)] 일본 판례 역시 무권대리인의 책임을 무과실책임으로 보고 있다.[12)]

(다) 이와 같은 본조의 연혁적 기초와 본조에서 무권대리인의 귀책사유 여부에 따라 그 법률효과를 구분하지 않은 것을 들어 우리나라의 통설 역시 본조의 책임은 대리권 없는 데에 대한 무권대리인의 고의·과실을 묻지 않는 무과실책임으로 이해한다.

(라) 그런데 본조의 무권대리인의 책임을 무과실책임으로 보게 되면, 무권대리인의 귀책사유 없이 대리권이 흠결되는 경우, 예를 들면 무권대리인의 귀책사유 없이 원인행위가 무효·취소 기타의 사유로 실효하여 수권행위도 효력을 잃게 되고 이 경우에도 무권대리인은 선의·무과실의 상대방에게 책임을 부담하게 된다. 이와 같이 무권대리인이 대리권 흠결에 대하여 귀책사유를 불문하고 상대방에게 책임을 지는 근거를 어떻게 설명할 것인지를 두고 다시 견해가 대립한다.[13)]

(a) 신뢰책임설 본조는 사적자치의 원칙에 기한 규정이 아니라 상대방 보호와 거래안전을 도모하고 나아가 대리제도의 신용을 유지하기 위하여 무권대리인의 귀책사유를 요건으로 하지 않는 무거운 책임을 무권대리인에게 정책적으로 부과한 규정으로 법정의 무과실책임이라고 본다. 다수설이다.[14)]

---

8) 양창수(주 2), 156-157; RGZ 106,68; BGHZ 39,45,51.

9) 이영준(주 2), 25.

10) 정상현·서순택(주 2), 169; 梅謙次郎, 민법요강 총칙편, 有斐閣書房, 1909, 299-300; 富井政章, 민법원론 총론, 有斐閣書房, 1904, 451 등.

11) 정상현·서순택(주 2), 165· 169~170; 鳩山秀夫, 일본민법총론, 1933, 480-481; 鳩山秀夫, "無權代理人の責任を論ず", 債權法における信義誠實の原則, 有斐閣, 1957, 341-343.

12) 日大判 1915(大 4).10.2, 民錄 21, 1560; 日大判 1933(昭 8).1.28, 民集 12-1, 10; 日最判 1987(昭 62).7.7, 民集 41-5, 1133.

13) 독일의 학설 대립에 대하여는, 양창수(주 2), 160 이하; 이영준(주 2), 9 이하; 각 견해를 정리한 구주해(3), 235(강용현); 이진기, "한정능력자의 대리능력과 무권대리", 비교 51호, 2010. 12, 17 이하; 정상현·서순택(주 2), 163-167 참조.

14) 고상룡, 609; 곽윤직·김재형, 376; 김주수·김상용, 432; 김준호(주 1), 375; 명순구,

(b) 표시책임설　무권대리인의 책임 근거를 무권대리인 자신의 유책행위로부터 찾지 않고 상대방의 보호와 대리제도의 신용유지의 시각에서 찾으려고 하는 것은 사적자치, 즉 자기결정과 자기 책임과 조화되지 않는다고 비판하고, 무권대리인의 상대방에 대한 책임은 무권대리행위 자체, 즉 대리인이 대리권이 있다고 주장한 것에 기초하는 법정의 표시책임이라는 견해이다.[15] 이에 따르면 대리권 없음은 누구보다도 대리인 자신이 가장 잘 알 수 있으므로 무과실책임이며, 그 책임의 범위는 대리권이 있었더라면 상대방이 얻을 이행이익의 부여를 그 내용으로 하여야 한다고 본다.

(c) 위험귀속에 따른 책임이라고 보는 견해　신뢰책임설과 마찬가지로 대리제도의 이익, 나아가 상대방의 신뢰이익을 무권대리인 책임의 근거로 중시하지만, 무권대리인이 상대방의 신뢰 형성에 귀책사유가 없는 경우에 그 책임을 지는 근거로 '정당하게 구획된 위험영역의 원칙에 따라' 배분된 위험의 귀속이라고 보는 견해이다.[16] 무권대리인이 책임을 지는 근거에 대하여 다음과 같이 설명하고 있다.[17] 어떤 사람이 타인의 대리인으로 계약을 체결하는 행위는 그 자체로써 당연히 그에게 대리권이 있다거나 본인이 자신의 무권대리행위를 추인할 것이라는 주장을 적어도 묵시적으로 포함하는 것으로 이해되고, 상대방이 이 주장을 신뢰하여 대리행위의 상대방이 되었는데 후에 그것이 대리인에게 대리권이 없었고 또한 본인의 추인을 얻지 못하였다면, 상대방에게 그 신뢰를 야기한 무권대리인은 그 신뢰가 정당한 한 그에 대한 책임을 져야 한다. 이는 대리인이 자신의 대리권을 의심할 특별한 사정이 없는 경우에도 다를 바 없다. 대리인은 무권대리의 위험원에 보다 근접해 있기 때문이다. 그리하여 § 135는 무권대리인에게 그 대리권의 결여에 귀책사유가 있는지 여부를 불문하고 선의·무과실의 상대방에게 책임을 지도록 규정한 것이다. 그리고 대리인에게 이행 또는 이행이익의 배상을 부과하는 이유는 상대방의 적극적 신뢰보호의 관점에서 그 신뢰대로의 법률효과를 인정하되, 표현대리에서 본인에게 귀속시키는 것과 달리 무권대리인에게 귀속시키는 것이다.

(d) 그 외 무권대리인의 책임 근거를 ① 표시책임설을 취하면서도 무권대

486; 백태승, 498; 송덕수(주 1), 424.

15) 이영준, 663-664.

16) 양창수, 민법연구(1) 133 이하; 양창수·김재형, 236; 지원림(주 1), 351; 구주해(3), 238(강용현); 주석 총칙(3), 235(제4판/이균용).

17) 양창수·김재형, 236.

리인이 본인과 상대방 사이의 계약이라는 일차적 의사표시에는 자신과 상대방 사이의 계약이라는 보충적 의사가 묵시적으로 표시된 것이라는 견해,[18] ② 무권대리인이 본인으로부터 대리권을 수여받았다는 묵시적 주장과 상대방이 유권대리행위인 것이라는 것에 대한 신뢰 양자 모두가 근거가 된다는 절충적 견해,[19] ③ 무권대리인 자신의 의사에서 책임의 근거를 찾아 무권대리인의 '본인의 추인이나 대리권의 존재에 대한 묵시적 보증의사'에서 찾는 견해[20] 등이 제기된다.[21]

(2) 한편 최근에는 본조의 무권대리인의 책임을 과실책임으로 보아야 한다는 견해도 있다.[22] 그 근거는 무권대리인의 책임이 상대방보호와 대리제도의 신용유지를 위한 것이라고 하지만 과실 없이 대리권 없음을 알지 못한 무권대리인에게까지 책임을 지우는 것은 무권대리인에게 너무 가혹하고, 본조 법문에서도 무과실책임을 명확히 규정하고 있지도 않는 데 무과실책임의 인정범위를 확대해석하는 것은 사법의 원칙인 과실책임의 원칙에 비추어 부당하다는 점 등을 든다.

또 본조의 입법취지에 상대방에 대한 신뢰보호의 측면 이외에도 무권대리행위를 한 무권대리인에 대한 제재라는 측면이 있고 또 조리의 관점에서 무과실책임의 적용 범위를 제한하여 해석해야 한다는 견해도 제기된다.[23]

(3) 판례의 태도

판례는, '대리권의 유무는 대리인과 본인과의 내부적 관계에 불과하고 제3자로서는 그 대리권의 존부에 대하여 용이하게 알 수 없으므로 대리권이 있다고 믿었던 상대방을 보호함으로써 거래의 동적 안전을 기하기 위하여 민법은 여러 가지의 규정을 두고 있는데 그중의 하나가 민법 § 135에서 규정하

18) 이은영, 658.
19) 김상용(주 1), 641.
20) 정상현, "무권대리인 책임의 근거에 관한 시론", 민학 63-1, 2013, 16.
21) 이와 같은 학설의 차이는 무권대리인의 책임을 법정의 무과실책임이라고 이해하는 데는 결론을 같이 하고 있어 책임의 내용에 관하여는 실제로 효과의 차이가 거의 없다는 지적이 있다. 백태승, 497; 지원림(주 1), 351; 주석 총칙(3), 235(제4판/이균용).
반면에 무권대리인 책임의 정당성을 파악함으로써 무권대리인 책임요건으로서 대리권 흠결에 대한 인식, 손해발생에 대한 예견·회피의 가능성 등이 요구되는지 또 손해배상책임의 성질을 어떻게 파악하여야 할 것인지에 관한 해석론의 근거를 제시함에 의미가 있다는 견해도 있다. 김천수, "무권대리인의 손해배상책임", 민판연 37, 2015, 84.
22) 강태성, 민법총칙 제4판, 2011, 815; 정상현·서순택(주 2), 170-171.
23) 김천수(주 21) 참조.

는 무권대리인의 무과실 책임에 관한 규정이다'고 판시하여[24] 본조의 무권대리인의 책임을 법정의 무과실책임으로 파악하면서 그 근거로는 신뢰책임설의 입장에 서고 있는 것으로 보인다.

나아가 판례는 '무권대리인의 상대방에 대한 책임은 무과실책임으로서 대리권의 흠결에 관하여 대리인에게 과실 등의 귀책사유가 있어야만 인정되는 것이 아니고, 무권대리행위가 제3자의 기망이나 문서위조 등 위법행위로 야기되었다고 하더라도 그 책임은 부정되지 아니한다'고 판시하고 있다.[25]

(4) 검 토

본조의 무권대리인의 책임은 기본적으로 상대방이 가지는 계약의 유효한 성립에 대한 신뢰를 보호하기 위한 제도라고 할 것인데, 신뢰보호를 위한 법적 수단을 인정할 것인지 인정한다면 어떠한 수단을 인정할 것인지는 입법자의 정책적 판단에 있다.[26] 그런데 본조의 입법연혁과 더불어 대리인이 대리권 흠결에 관하여 선의였는지 여부에 따라 법률효과에 차이를 두지 않는 문언에 비추어 보면 본조의 무권대리인의 책임을 법정의 무과실책임으로 이해하는 통설적 견해가 타당하다고 보인다.

다만 무권대리인이 상대방에게 이와 같이 엄격한 책임을 지는 근거 내지 정당성을 어떻게 설명할지가 문제된다. 신뢰책임설, 표시설, 위험귀속설 등 학설의 차이는 무권대리인의 책임을 법정의 무과실책임이라고 이해하는 데는 결론을 같이 하고 있어 책임의 내용에 관하여는 실제로 효과의 차이가 거의 없다.[27] 그러나 한편으로 이러한 시도는 본조에서 무권대리인에게 책임을 부담시키는 근거 내지 정당성을 파악하여 이를 제한적으로 적용할 필요가 없는지 또 그 입법적 타당성을 음미하는데 충분히 그 의미가 있다고 보인다. 사견으로는 본조의 무권대리인의 책임을 무과실책임으로 파악하는 한 그 책임의 근거를 단지 상대방 보호라는 측면만으로는 설명하기 어렵다고 보인다. 왜냐하면 본조의 해석상으로는 무권대리인의 귀책사유 없이 원인행위가 무효·취소 기타의 사유로 실효하여 수권행위도 효력을 잃게 되는 경우에도 무권대리인은 선의·무과실의 상대방에게 본조의 책임을 부담하게 되는데 그 책임의 근거를

24) 대판 62.4.12, 4294민상1021(집 10-2, 87).
25) 대판 14.2.27, 2013다213038(공 14상, 700). 이 판례에 대한 비판적 평석으로 김천수(주 21) 및 정상현·서순택(주 2) 참조.
26) 양창수(주 2), 170; 이진기(주 13), 18.
27) 백태승, 497; 지원림(주 1), 351; 주석 총칙(3), 235(제4판/이균용).

단지 상대방 보호라는 측면에 있다고 한다면 무권대리인에게 심히 부당한 결과를 초래하기 때문이다. 따라서 기본적으로 본조의 책임은 대리제도의 이익, 나아가 상대방의 신뢰이익을 보호하기 위하여 설정된 것이지만 한편으로 위험의 귀속에 따른 무권대리인의 책임을 근거지운 것이라고 보는 견해가 타당하다고 생각된다.

Ⅱ. 무권대리인 책임의 요건

본조에 따른 무권대리인의 책임이 성립하기 위하여는 ① 무권대리인의 대리행위가 있어야 하고, ② 대리인이 대리권을 증명하지 못하고 또 본인의 추인을 받지 못하여야 하며, ③ 상대방은 무권대리인에게 대리권 없음을 알지 못하고, 또한 알지 못하는 데 과실이 없어야 하며, ④ 무권대리인이 제한능력자가 아니어야 한다.

1. 무권대리인의 대리행위가 있어야 한다.

(1) 무권대리인의 대리행위

무권대리에 관한 § 135 규정이 적용되기 위하여는 무권대리인이 본인을 위한 것임을 밝히고 또 그 법률행위의 효과를 그 본인에게 귀속시키려는 의사를 가지고 있어야 한다. 즉 대리권이 없을 뿐이고 다른 점에서는 대리행위성립의 요건을 모두 갖추고 있어야 한다.

또한, 무권대리인의 책임은 무과실책임이므로 대리권의 결여에 관하여 대리인의 과실이 있어야 하는 것은 아니다. 따라서 무권대리행위가 제3자의 기망이나 문서위조 등 위법행위로 야기되었다고 하더라도 무권대리인의 책임은 부정되지 아니한다.[28)]

---

28) 대판 14.2.27, 2013다213038(공 14상, 700).

판결의 사안은 피고가 이 사건 토지의 소유자인 갑의 대리인 자격으로 원고와 근저당권설정계약을 체결하고 원고에게 이 사건 토지에 관한 근저당권설정등기를 마쳐주었으나, 갑을 자칭하는 을로부터 대리권을 수여받았을 뿐 실제 갑으로부터 수여받은 바 없는 사안이다.

하급심 법원(서울고판 13.8.22, 2012나106296)은 '무권대리인에 의하여 체결된 당해 계약이 무권대리 이외의 사유로 그 효력을 상실하여 무효로 되는 경우에는 무권대리인에게 책임을 물을 수는 없다'는 법리를 전제한 다음, 이 사건 토지에 관한 원고 명의의 근저당

(2) 이와 구분하여 할 것으로 대리권이 존재하였다 하더라도 다른 사유로 대리행위가 무효로 되는 경우이다. 예를 들면 대리인이 본인으로부터 대리권을 수여받아 상대방과 계약을 체결하였으나 계약이 반사회질서 또는 원시적 불능으로 무효가 되거나 허위표시로 무효가 된 경우이다. 이러한 경우에는 본조의 무권대리인의 책임은 부정된다고 봄이 타당하다.[29] 본조에 따른 무권대리인의 책임은 대리권의 존재에 대하여만 무과실의 법정책임을 부담하는 것이고 당해 법률행위의 다른 하자에 대해서까지 책임을 지는 것은 아니라고 볼 것이기 때문이다.

따라서 무권대리가 아니라 유권대리였더라도 계약이 무효로 되는 경우에는 무권대리인은 상대방에 대하여 본조에 따른 책임을 지지 않는다고 보아야 한다.[30]

그러나 무권대리인이 한 법률행위가 유효요건으로 관청의 동의 또는 허가를 받아야 하는데 본인의 협조가 없어 법률행위가 무효로 된 경우에는 그 법률행위의 하자는 무권대리인의 무권대리행위에 있는 것에 다름이 아니므로 이 경우는 대리인이 본조에 따른 책임을 져야 한다.[31]

(3) 여기서 대리권이 없다는 것은 당해 행위에 관하여 대리권이 존재하지 아니하는 경우와 대리권의 범위를 넘어 선 경우를 포함한다. 무권대리의 모습에 관하여는 § 130에 관한 설명에서 살펴보았다.

(4) 대리행위의 대상이 되는 법률행위는 부담행위(주로 채권행위) 뿐만 아니라 처분행위(주로 물권행위)도 가능하다. 따라서 무권대리인이 물권행위를 한 경우에도 본조에 의하여 책임을 진다. 다만 처분행위는 이행의 문제를 남기지 아니하므로

권설정등기가 원인무효로 된 이유는, 갑을 자칭하는 을이 본인으로 나서 직접 원고와 근저당권설정등기계약을 체결하였더라도 그 결과가 마찬가지라는 점에서 갑을 자칭하는 을의 위법행위 때문이지 피고의 무권대리행위에서 비롯된 것은 아니라 할 것이므로, 피고에게 무권대리책임이 있다고 볼 수 없다고 판단하였다.

이에 대하여 대법원은 위 하급심을 취소하면서, 피고의 무권대리행위로 인하여 이 사건 근저당권설정계약이 체결된 이상 그 무권대리행위가 갑을 자칭한 을의 위법행위로 야기되었다거나 을이 직접 원고와 이 사건 근저당권설정계약을 체결하였더라도 동일한 결과가 야기되었을 것이라는 사정만으로 위와 같은 책임이 부정될 수는 없다고 판시하고 있다.

29) 이영준, 669; 이은영, 661.

30) 이와 같이 여기서는 '무권대리가 아니라 유권대리였더라도 계약이 무효로 되는 경우'를 상정한다. 그런데 주 28)의 판결에서, 하급심은 이와 같은 법리를 내세우고 있으나 실제로 문제된 사안은 '무권대리가 없었더라도 명의사칭인과 상대방 사이에 계약이 체결되었을 것이고 그것이 무효일 경우'로 그 전제가 다름에 주의하여야 한다. 따라서 위 대법원 판결이 하급심을 파기하였다고 하여 이와 같은 법리를 배척한 것이라고 해석할 수는 없다.

31) 이영준, 671.

§ 135 Ⅰ의 이행청구권에 관한 규정은 적용될 여지가 없다.[32]

(5) 또 계약체결 전 단계에 있어서 계약체결을 위한 준비·협의행위는 엄격한 의미의 법률행위는 아니지만 이에 관하여도 대리가 가능하다 할 것이므로 대리권 없이 계약협의행위를 한 경우에도 본조가 적용된다고 볼 것이다. 다만 대리인이 계약체결을 위한 협의행위를 대리하였으나 후에 본인이 직접 계약을 체결한 경우에는 그 계약이 본인의 행위능력의 결여 등으로 무효로 되더라도 이러한 경우에는 본조가 적용되지 않는다고 해석해야 할 것이다.[33]

2. 대리인이 대리권을 증명하지 못하고 또 본인의 추인을 받지 못하여야 한다.

(1) 대리인이 대리권을 증명할 수 없어야 한다.

상대방이 무권대리인의 책임을 물으려면 우선 상대방이 자칭대리인에게 대리권이 없다는 사실을 주장하여야 한다. 즉 주장책임은 상대방이 진다. 그러나 이때 상대방이 자칭대리인에게 대리권이 없다는 사실을 증명할 필요는 없고 무권대리인이 책임을 면하려면 자기에게 대리권이 있었음을 증명하여야 한다는 데는 이론이 없다.[34] 즉 증명책임은 무권대리인이 진다. 판례 역시 마찬가지이다.[35]

(2) 본인의 추인을 받지 못하여야 한다.

㈎ 법문은 '본인의 추인을 받지 못한 경우'라고 규정한다. 이 요건과 관련하여 본인이 추인도 추인거절도 하지 않고 있는 상태에서 무권대리인의 책임이 성립하는지, 만약 성립한다고 하면 무권대리인의 책임이 성립한 후 본인이 추인하면 이는 어떠한 효력이 있는지가 문제된다.

㈏ 견해의 대립 첫째, '본인의 추인을 받지 못한 경우'란 본인의 추

32) 김상용(주 1), 641; 이영준, 666; 구주해(3), 241(강용현).

33) 김상용(주 1), 641; 이영준, 666; 구주해(3), 241(강용현).

34) 곽윤직·김재형, 377; 김상용(주 1), 642; 김주수·김상용, 433; 김준호(주 1), 375; 송덕수(주 1), 424; 양창수·김재형, 237; 이영준, 667; 구주해(3), 242(강용현).

35) 대판 62.1.11, 4294민상202(집 10-1, 9); 대판 18.6.28, 2018다210775(공 18하, 1465). 무권대리인으로 행동한 사람에게 민법이 무과실 책임을 지우는 것은 되도록 그 사람에게 대리권이 있는 것으로 믿고 거래한 상대자를 강력히 보호하려는데 있는 것이므로 민법은 남의 대리인으로 계약을 한 자가 그 대리권을 증명하지 못하거나 본인의 추인을 얻지 못하면 우선 계약의 이행이나 손해배상의 책임을 지도록 하는 것을 원칙으로 삼고 예외로서 상대자가 대리권 없음을 알았거나 알 수 있었을 때에는 무권대리인의 책임을 지우지 않겠다는 것이다.

인거절을 의미한다는 견해이다.[36] 본인이 추인도 추인거절도 하지 않고 있는 동안은 무권대리인이 한 대리행위의 법률효과는 부동적(浮動的) 상태에 있어 이 단계에서 상대방에게 본조의 권리를 인정하여 보호하여야 할 이유가 없고, 더욱이 상대방은 § 131에 의한 최고권의 행사로 비교적 용이하게 부동적 상태를 종식시키고 본인으로부터 추인 또는 추인거절을 받을 수도 있다. 이러한 점을 고려하여 보면, '본인의 추인을 받지 못한 경우'란 원칙적으로 '본인이 추인을 거절한 때'라는 뜻으로 새겨야 한다는 견해이다.[37] 따라서 이 견해에 의하면 본인이 추인을 하지 않을 것이라는 사정이 입증되었다고 하더라도 추인거절이 없는 이상 상대방은 무권대리인의 책임을 물을 수 없다고 본다.[38] 또한 본인의 추인거절을 무권대리인 책임의 요건으로 보고 있으므로 무권대리인 책임 발생 이후에는 본인은 더 이상 추인할 수 없게 된다.

둘째, '본인의 추인을 받지 못한 경우'란 원칙적으로 '본인이 추인을 거절한 때'라는 뜻으로 새겨야 하나, 본인이 무권대리행위에 기한 계약관계를 부인하는 적극적 법률행위를 함으로써 사실상 추인의 가능성이 없어져 부동적 상태가 종식되었다고 볼 경우에는 추인을 얻지 못한 경우에 해당한다는 견해이다.[39] 본조는 상대방 보호를 위한 최후의 보루인데 본인에 의한 추인가능성이 있는 경우에까지 상대방에게 본조의 권리를 인정하는 것은 상대방을 지나치게 보호하나 반면 사실상 추인의 가능성이 없어졌음에도 본인의 추인거절이 없다고 본조의 권리를 인정하지 않는 것도 부당하다는 점을 그 근거로 한다.[40]

셋째, 무권대리행위가 있는 때에 무권대리인 책임이 발생하고, 본 요건은 무권대리인이 본인의 추인을 얻어 이를 면책할 수 있다고 보는 견해이다.[41] 무권대리행위시부터 본인의 추인 또는 추인거절이 있을 때까지 그 법률효과는 유동적이나 무효이고 이와 같이 대리행위가 무효인 동안은 무권대리인의 책임 역시 유동적으로 발생한다고 본다. 또 무권대리인 책임 발생한 후에도 본인은 무권대리행위를 추인할 수 있고 본인이 추인하면 본조의 무권대리인의 책임은 소멸한다고 해석한다.[42]

36) 이영준, 668.
37) 이영준, 668.
38) 이영준, 668.
39) 김상용(주 1), 642; 명순구, 482; 백태승, 515; 구주해(3), 246(강용현).
40) 명순구, 481.
41) 이은영, 660.
42) 이은영, 660.

넷째, 본인이 추인을 하지 않은 경우에도 무권대리인의 책임이 발생하나 상대방이 무권대리인에게 책임을 물으면 무권대리행위는 확정적으로 무효로 되었다고 해석해야 하므로 그 이후에는 신의칙상 본인이 이를 추인할 수 없다고 보는 견해이다.[43)]

㈐ 검　토　생각건대, '본인의 추인을 받지 못한 경우'라는 요건과 관련하여 먼저 증명책임에 대하여 고찰할 필요가 있다. 이는 본조의 책임을 부인하는 측에서 '본인의 추인이 있었음'을 증명하여야 하는 것으로 해석하여야 한다.[44)] 즉 무권대리에서 본인에의 효과귀속을 주장하는 자가 § 130의 본인의 추인이 있었음을 입증하여야 하므로, 여기서도 본조의 책임을 부인하는 측에서 본인의 추인이 있었음을 입증할 책임을 진다고 보아야 하고, 또 본조에서 '본인의 추인을 받지 못한 경우'는 '대리권의 증명이 없을 것'과 등가치의 것이라고 할 것인데 본조의 해석상 상대방이 자칭대리인에게 대리권이 없다는 사실을 증명할 필요는 없고 무권대리인이 본조의 책임을 면하려면 자기에게 대리권이 있었음을 증명하여야 한다는 데에는 이론이 없다. 이러한 점에 비추어 보면 본조의 책임을 부인하는 측에서 '본인의 추인이 있었음'을 증명하여야 한다고 봄이 타당하다. 판례 역시 마찬가지이다.[45)]

이와 같은 증명책임의 관점에서 위 요건을 바라보면, '본인의 추인이 있었음'이 증명되지 않는 한 무권대리인의 책임이 면책되지 않는다고 할 것이므로 본인의 추인거절이 있는 경우는 물론이고 추인도 추인거절도 하지 않고 있는 동안에도 무권대리인의 책임은 성립한다고 보아야 할 것이다.

또 무권대리인의 책임이 성립한 후에도 본인은 추인할 수 있다고 새겨야 한다.[46)] 왜냐하면 무권대리인 책임의 발생요건이 충족된다고 하여 본인의 추인권이 제한될 근거가 없기 때문이다. 따라서 본인은 무권대리인의 책임이 성

43) 김상용(주 1), 642-643.

44) 고상룡, 550; 양창수 · 김재형 237. 반대의 견해로는 이영준, 603; 송덕수(주 1), 424; 구주해(3), 247(강용현).

45) 대판 10.1.14, 2009다73110(정보)은, '민법 제135조 제1항은 타인의 대리인으로 계약을 한 자가 그 대리권을 증명하지 못하고 또 본인의 추인을 얻지 못한 때에는 상대방의 선택에 좇아 계약의 이행 또는 손해배상의 책임이 있다고 규정하는바, 이는 법인의 대표에 관하여 준용되며(민법 제59조 제2항), 어떤 사람이 장래에 성립될 단체의 대표자로 칭하여 법률행위를 하였으나 그 단체가 성립되지 아니한 경우에도 준용된다고 할 것이다. 그리고 위의 경우에 대리권의 존재 또는 본인의 추인이 있었다는 사실은 타인의 대리인 또는 대표자로 법률행위를 한 자가 증명책임을 진다'고 하여 본조의 책임을 면하려는 무권대리인이 '본인의 추인이 있었다'는 사실을 증명하여 책임을 면하여야 한다고 판시한다.

46) 양창수 · 김재형, 239.

립한 후에도 여전히 추인을 함으로써 무권대리행위의 효과를 자신에게 귀속시킬 수 있다. 본인이 이와 같이 적법하게 추인을 하면, 상대방은 본인과의 사이에서 유효한 계약관계에 들어가서, 본인에 대하여 계약상 권리를 가지고 의무를 부담하게 되고 이 경우에는 무권대리인의 책임은 소급적으로 소멸하고 무권대리인이 본조에 기한 책임의 이행으로 급부한 것이 있으면 상대방은 이를 부당이득으로 반환할 책임을 지게 된다.[47)]

㈑ 이 요건과 관련된 본인의 추인 및 추인거절에 관하여는 § 130, § 132에서 설명한 것과 같다.

3. 상대방은 무권대리인에게 대리권 없음을 알지 못하고, 또한 알지 못하는 데 과실이 없어야 한다.

§ 135 Ⅱ의 법문은 '상대방이 대리권 없음을 알았거나 알 수 있었을 때'라고 규정하는데 통설은 이를 상대방이 대리권의 부존재에 관하여 악의 또는 과실이 있는 경우에는 이를 보호할 필요가 없으므로 § 135 Ⅱ은 무권대리인의 책임을 묻기 위하여 상대방의 선의·무과실을 규정한 것으로 이해한다.

상대방의 과실과 관련하여, 어떤 경우에 과실이 있다고 볼 것인지가 문제된다. 원칙적으로 대리행위에 있어서 대리권의 존부에 관한 상대방의 조사의무가 있다고 볼 수는 없다.[48)] 만약 상대방에게 이러한 조사의무를 부과한다면 대리제도의 연혁에 반할 뿐 아니라 대리제도는 그 신용을 잃어 이용되지 않을 것이기 때문이다.[49)] 판례 역시 마찬가지 태도로 보인다.[50)] 그러나 구체적인 상황에 비추어 대리권의 존부에 관하여 어떤 의심이 있는 때에는 상대방은 이를

---

47) 양창수·김재형, 239.

48) 이영준, 680; 구주해(3), 243(강용현).

49) 이영준, 680.

50) 대판 02.5.31, 2001다64486(공 02, 1529)은, 공정증서와 관련된 판례이기는 하나, 채권자에게 채무자 대리인의 대리권 유무를 조사하여야 할 주의의무가 있다고 할 수는 없다고 판시하고 있다.

공증인법 § 31 Ⅰ, Ⅱ의 규정에 비추어 보면, 공정증서 작성에 있어 대리권 유무의 심사는 공증인의 직무상의 의무라 할 것이고, 채권자에게 채무자 대리인의 대리권 유무를 조사하여야 할 주의의무가 있다고 할 수는 없는바, 무권대리인의 촉탁에 의하여 집행력 있는 공정증서가 작성된 경우 그 공정증서는 무효이므로, 채권자로서는 공정증서가 무효로 되는 불이익을 받음으로써 족한 것이고, 거기에서 더 나아가 채권자가 채무자 대리인의 대리권 유무에 관한 조사의무를 부담한다고 할 수는 없는 것이며, 공증인법이 정한 바에 따라 작성된 공정증서에 기하여 채권자가 강제집행을 신청하는 것 자체만으로 과실이 있다고 할 수도 없다.

조사할 의무가 있다고 봄이 상당하다.[51] 따라서 이러한 경우에 대리권의 존부를 조사하지 않은 경우에는 상대방에게 과실이 있다고 볼 것이다.

나아가 여기서의 '과실'을 중과실을 의미하는 것으로 해석하는 견해가 있다.[52] 이 견해는 표현대리가 성립하는 경우에는 본조의 무권대리규정이 적용되지 않으므로 표현대리제도에 의하여 보호되지 못하는 상대방 중에서 경과실로 대리권 없음을 알지 못한 상대방은 무권대리제도에 의하여 보호되어야 하므로 여기서 과실을 중과실로 해석한다는 것이다. 그러나 민법의 해석상 본조의 과실을 중과실로 한정하여야 할 근거는 없는 것으로 보인다.

선의·무과실의 여부에 관한 판단의 시기는 대리행위가 행하여진 때로 볼 것이다.[53]

상대방이 선의·무과실을 증명할 필요가 없고, 무권대리인이 책임을 면하려면 상대방의 악의 또는 과실을 증명하여야 한다.[54] 판례 역시 마찬가지이다.[55]

이와 같은 요건에 따라 대리권의 흠결에 상대방의 과실이 있으면 무권대리인의 책임을 추궁할 수 없게 되는데, 한편으로 표현대리의 성립요건으로서도 일반적으로 상대방의 선의·무과실이 요구된다. 따라서 상대방의 과실이 인정되어 표현대리가 인정되지 않는 한에서는 무권대리인의 책임도 추급할 수 없다는 결과가 될 수도 있다.[56]

4. 상대방이 철회권을 행사하지 않았어야 한다.

상대방이 스스로 무권대리인과의 계약을 철회한 때에는 무권대리인에 대한 책임을 물을 수 없는 것은 당연하다(이설 없음). 그리고 이는 무권대리인의 책임 소멸요건이므로 그 책임을 면하려는 대리인이 상대방의 철회권 행사를 주장·증명하여야 한다.[57]

---

51) 이영준, 680; 구주해(3), 242(강용현); MünchKomm-Thiele, § 179 RdNr. 42.
52) 日東京高判 1973(昭 48).3.30, 判時 703, 35.
53) 구주해(3), 244(강용현).
54) 고상룡, 551; 곽윤직·김재형, 377; 김증한·김학동, 462; 백태승, 498; 송덕수(주 1), 424; 구주해(3), 244(강용현).
55) 대판 62.1.11, 4294민상202(집 10-1, 9); 대판 62.4.12, 4294민상1021(집 10-2, 민87). 본조 제2항의 규정은 무권대리인의 무과실책임원칙에 관한 규정인 제1항의 예외적 규정이라고 할 것이므로 상대방이 대리권이 없음을 알았다는 사실 또는 알 수 있었음에도 불구하고 알지 못하였다는 사실에 관한 입증책임은 무권대리인 자신에게 있다.
56) 양창수·김재형, 238.
57) 고상룡 551; 구주해(3), 248(강용현).

이와 관련하여 표현대리가 성립하는 경우에는 무권대리인의 책임이 발생하지 않는지가 다루어지는데 이에 대하여는 아래 Ⅳ.에서 본다.

5. 무권대리인이 완전한 행위능력자여야 한다.

대리인은 행위능력을 요하지 않지만 대리행위를 한 자가 제한능력자인 때에는 무권대리인으로서 책임을 지지 아니한다(§ 135 Ⅱ). 이는 제한능력자에게 무거운 책임을 지우는 것은 부당하다는 취지에서 무권대리인이 완전한 행위능력자일 것을 요구한다. 제한능력자를 보호하기 위한 요건이다.

이와 같이 § 135 Ⅱ은 제한능력자의 무권대리책임을 면하고 있으므로 상대방은 제한능력자의 법정대리인과 감독자에 대하여 감독책임(§§ 753, 755, 750 참조)으로써 무권대리책임을 구할 수도 없다고 할 것이다.[58]

그러나 제한능력자가 법정대리인의 동의를 얻어 무권대리행위를 한 때에는 행위능력자와 마찬가지의 책임을 진다고 보는 것은 통설이다. 이에 대하여 비판적 견해도 있다.[59]

문제는 제한행위능력자가 사술로써 그를 능력자로 믿게 하거나 법정대리인의 동의 있는 것으로 믿게 한 경우에도 본조의 책임을 면하는 지이다. 이에 대하여 본조의 해석상으로는 제한행위능력자는 책임을 면한다고 보아야 할 것이지만 이는 제한능력자의 취소권을 박탈하는 § 17와 균형을 잃을 수 있기 때문에 입법적 개선이 필요하다는 견해가 있다.[60]

제한능력자라는 것은 무권대리인 책임발생의 장애요건이라고 볼 것이므로 책임을 면하려는 무권대리인이 제한능력자였음을 주장·증명하여야 한다.[61]

6. 대리인의 과실을 요하지 않는다.

본조의 무권대리인의 책임은 무과실책임이므로 대리인의 과실을 요하지 않는다.[62] 따라서 무권대리인은 과실이 없음을 증명하더라도 § 135 Ⅰ의 책임을 면할 수 없다. 판례는 무권대리행위가 제3자의 기망이나 문서위조 등 위법행위로 야기되었다고 하더라도 무권대리인의 책임은 부정되지 않는다고 판시

58) 이진기(주 13), 27.
59) 양창수·김재형, 238.
60) 이진기(주 13), 28.
61) 고상룡, 551; 구주해(3), 249(강용현).
62) 대판 62.1.11, 4294민상202(집 10-1, 9); 대판 14.2.27, 2013다213038(공 14상, 700).

하고 있다.[63]

Ⅲ. 책임의 내용

1. 총 설

(1) 무권대리인은 상대방의 선택에 따라 계약을 이행할 책임 또는 손해를 배상할 책임을 진다(§ 135 I). 이와 같은 무권대리인의 책임은 법정의 무과실책임으로 해석하여야 함은 앞서 본 바와 같다. 그러나 강행규정은 아니라고 할 것이다.[64]

(2) 본조에 의하여 상대방은 무권대리인에 대하여 이행청구권과 손해배청구권을 가진다. 양 채권은 선택채권의 관계에 있어 상대방의 선택에 따라 그 하나만이 생긴다. 상대방의 선택에 대하여는 선택채권의 규정(§ 380 이하)이 적용된다.[65] 선택채권에서의 선택권은 형성권으로써 그 행사는 선택의 의사표시에 의하고 선택 후에는 철회할 수 없고 상대방 자신도 행사한 선택에 귀속된다.[66] 따라서 본조의 선택권은 상대방의 전속적인 권리로 이해되므로 무권대리인이 본조를 근거로 자신이 이행하겠다고 주장하거나 상대방에게 계약당사자의 지위를 촉구할 수는 없다.[67] 또한 무권대리인이 계약을 이행하는 것이 불가능한 때에는 상대방은 손해배상청구를 선택할 수밖에 없게 된다(§ 385 I 참조).[68]

(3) 상대방이 이행청구를 선택할 경우 그 효과에 대하여, 독일에서는 상대방과 무권대리인 사이에 유효한 계약이 체결된 것처럼 의제된다는 견해와 이행청구로 본인과 상대방 사이에 성립할 계약과 같은 급부를 내용으로 하는 계약이 성립하는 것은 아니어서 이행책임을 법정책임으로 보아야 한다는 견해가 대립되나, 견해의 대립에도 불구하고 이행청구는 무권대리인을 계약당사자로 전환하지 않고 다만 계약과 동일한 채무를 부담한다는 점에서 동일하다.[69]

63) 대판 14.2.27, 2013다213038(공 14상, 700).
64) 이영준, 672; 구주해(3), 249(강용현).
65) 고상룡, 552; 곽윤직 · 김재형, 378; 김주수 · 김상용, 434; 양창수 · 김재형, 238; 이영준, 673; 이은영, 662; 구주해(3), 249(강용현).
66) 이영준, 673.
67) 이영준, 673; 이진기(주 13), 15; 주석 총칙(3), 242(제4판/이균용).
68) 김주수 · 김상용, 434; 이영준, 673.
69) 이진기(주 13), 19-20.

한편 상대방이 손해배상을 선택하면 무권대리인은 상대방에게 손해배상채무를 부담하는 편무적 채권관계가 성립한다.[70)]

(4) 본조의 이행책임과 손해배상책임의 법적 성격에 관하여는 '본조의 이행책임은 계약에 의한 채무의 이행이 아니고 법정책임으로서 손해배상의무 이행의 한 태양'이며 '손해배상은 이행이익의 배상'이라면서 손해배상책임을 주된 책임으로 그리고 이행책임을 보충적 구제수단으로 파악하는 견해,[71)] 본조의 손해배상책임은 기본적으로 불법행위책임으로 기본 책임이며 이행책임은 법 정책적으로 특별히 규정한 책임으로 파악하는 견해가 있다.[72)]

2. 이행책임

(1) 상대방이 이행청구를 선택하면, 무권대리인은 상대방에게 본인이 대리행위에 의하여 부담하게 될 채무를 이행하여야 하고, 문제의 계약이 쌍무계약인 경우라면 무권대리인은 급부를 이행한 후에는 반대급부를 상대방에게 청구할 수 있다. 예를 들면 무권대리인이 부동산을 매도하는 계약을 체결하였던 경우라면 상대방은 무권대리인에 대하여 부동산소유권의 이전채권을 가지고, 반대로 무권대리인은 상대방에 대하여 대금채권을 가지게 된다. 이와 같이 상대방의 선택에 따라 무권대리인이 이행책임을 부담하고 그 한도에서 상대방에 대하여 반대급부를 청구할 수 있다고 하더라도 무권대리행위가 유효한 계약으로 전환되거나 무권대리인이 계약당사자가 되는 것은 아니고 다만 그 내용과 청산에 관하여 계약이 유효하게 성립한 것처럼 다루어질 뿐이다.[73)]

(2) 무권대리인의 이행책임의 내용

㈎ 상대방이 계약의 이행을 선택하면, 무권대리인은 본인이 대리행위에 의하여 부담하였을 것과 같은 내용의 채무를 이행할 책임을 진다. 상대방의 선택에 따라 무권대리인이 이와 같은 이행책임을 부담한다고 하더라도 상대방과 무권대리인 사이에 계약이 체결된 것을 아닌 것은 앞서 본 바와 같다.[74)] 이와 같은 무권대리인의 이행책임은 계약에 기한 이행책임이 아니고 법정의 책임이다.

70) 이진기(주 13), 19-20.
71) 고상룡, 552.
72) 이진기(주 13), 25; 김천수(주 21), 105 역시 본조의 손해배상책임은 불법행위책임이라고 본다.
73) 이진기(주 13), 15.
74) 이진기(주 13), 20.

(나) 본조에 의한 이행청구는 대리인에게 이행하게 하는 것을 내용으로 하고, 대리권이 있었더라면 본인으로 될 자로 하여금 이행하게 하는 것이 아니다. 따라서 일신전속적인 급부에 관하여는 이행청구권을 행사할 수 없고 손해배상만을 청구할 수 있다고 해석된다.[75] 반면 무권대리행위에 의하여 체결된 계약이 특정물의 급부를 목적으로 하는 경우에는 그것만으로 곧 무권대리인의 이행이 불능이라고 할 수 없다. 왜냐하면 무권대리인은 본인으로부터 그 급부 목적물을 취득하여 상대방에게 급무를 이행할 수도 있기 때문이다. 따라서 이 경우에는 상대방은 이행청구를 선택할 수 있고 무권대리인은 특정물에 대한 계약이라는 이유만으로 이행책임을 면할 수 없다.[76]

(다) 무권대리인이 본조에 따라 이행책임을 부담한다고 하더라도 그 책임의 범위는 대리권이 존재하였더라면 본인이 부담하였을 채무로 한정되는지가 문제된다.

계약이 유효하게 체결되었다면 얻었을 이익 이상을 상대방에게 부여하는 것은 형평에 반하므로 무권대리인에 대한 책임은 상대방이 계약이 유효하였더라면 본인으로부터 얻을 수 있었던 것에 제한된다고 볼 것이다.[77] 결국 무권대리인은 대리권이 존재하였더라면 본인이 부담하였을 이상의 채무를 부담하여서는 아니 된다.[78]

따라서 무권대리인은 본인이 가졌을 동시이행의 항변권을 행사할 수 있고,[79] 상대방은 본인의 자력을 보고 계약을 체결하는 것이 보통이므로 본인이 무자력으로 상대방에 대하여 아무런 급부를 할 수 없었던 경우라면 무권대리인은 상대방의 청구에 대하여 이를 이유로 이행거절의 항변도 할 수 있다고 본다.[80]

이와 달리 이행청구로 인하여 무권대리행위가 유효한 계약으로 전환되지 않고 대리인도 계약당사자가 되지 않고 다만 그 내용과 청산에 관하여 계약이 유효하게 성립한 것처럼 취급될 뿐이므로 무권대리인은 그가 청구받은 이행을

---

75) 김상용(주 1), 644; 이영준, 673; 구주해(3), 251(강용현).

76) 지원림(주 1), 355.

77) 김주수 · 김상용, 434; 이영준, 674; 이진기(주 13), 21; W.Flume, Allgemeiner Teil des Burgerlichen Rechts, 2.Bd.(Das Rechtsgeschaft), 4.Aufl., 1992, § 43 3c.

78) 김주수 · 김상용, 434; 이영준, 674; 이은영, 663; 이진기(주 13), 21.

79) 김주수 · 김상용, 434; 이영준, 674; 독일 판례의 태도이다. BGH NJW 1971, 429.

80) 김주수 · 김상용, 434; 이영준, 675; 이은영, 663; 독일 판례 및 다수설의 태도이다. MünchKomm-Thiele, § 179 RdNr. 35; Flume(주 77), § 47 3b.

제공하기 전에는 반대급부청구권을 가질 수 없고 계약에 고유한 권리인 동시이행의 항변권은 행사할 수 없다는 견해도 있다.[81)]

또 특정물을 무권대리로 매도하는 매매계약을 체결하였는데 매매 목적물이 사후에 불가항력적으로 멸실된 경우, 원래 계약이 유효하였더라면 매도인과 상대방은 § 537 이하의 위험부담의 법리에 따라 책임을 지는데 이때 상대방이 무권대리인에게 본조의 이행을 구하거나 손해배상을 구할 경우에도 무권대리인은 § 537 위험부담의 법리를 주장하여 책임의 범위를 한정할 수 있을지가 문제된다.[82)]

생각건대, 본조의 무권대리인의 이행책임은 법률이 특별히 계약이 체결된 것과 마찬가지로 취급함에 따라 발생한 책임이므로 원래 계약이 유효하였더라면 본인으로부터 얻을 수 있었던 것보다 상대방을 더 보호할 필요는 없다고 생각되므로 무권대리인은 이 경우에도 이행불능에 관한 위험부담의 법리를 주장할 수 있다고 생각된다.

㈑ 상대방이 계약의 이행을 선택하였음에도 무권대리인이 귀책사유로 그 이행책임을 다하지 못한 경우에는 손해배상책임으로 전환된다. 이 경우의 손해배상책임은 본조에서 상대방이 선택권의 행사로 선택하는 손해배상책임과는 구별되는 것임은 당연하다.

㈒ 판례의 태도　　판례는, 대리인으로서 계약을 맺은 자가 그 대리권을 증명하지 못하고 또 본인의 추인을 받지 못한 경우에는 그는 상대방의 선택에 따라 계약을 이행할 책임 또는 손해를 배상할 책임이 있고 이때 상대방이 계약의 이행을 선택한 경우 무권대리인은 그 계약이 본인에게 효력이 발생하였더라면 본인이 상대방에게 부담하였을 것과 같은 내용의 채무를 이행할 책임이 있으며, 무권대리인은 마치 자신이 계약의 당사자가 된 것처럼 계약에서 정한 채무를 이행할 책임을 진다고 보았다. 나아가, 이 경우 무권대리인이 계약에서 정한 채무를 이행하지 않으면 상대방에게 채무불이행에 따른 손해를 배상할 책임이 있고, 위 계약에서 채무불이행에 대비하여 손해배상액의 예정에 관한 조항을 둔 때에는 특별한 사정이 없는 한 무권대리인은 그 조항에서 정한 바에 따라 산정한 손해액을 지급하여야 한다고 판시하고 있다.[83)]

81) 이진기(주 13), 15.
82) 김천수(주 21), 88-89.
83) 대판 18.6.28, 2018다210775(공 18하, 1465).

(3) 이행청구의 선택에 따른 무권대리인의 반대급부청구권 등

(가) 대리행위에 의한 계약이 쌍무계약이고, 상대방의 선택에 따라 무권대리인이 급부를 이행한 경우에는 계약에서 정한 반대급부청구권을 취득한다.[84] 무권대리인이 취득하는 반대급부청구권 역시 법정 채권이라고 본다.[85] 따라서 무권대리인이 상대방의 이행청구에 따라 본래 계약에 따른 급부를 이행하였음에도 상대방이 반대급부를 이행하지 않는 경우에는 채무불이행이 되고, 그 효과로 무권대리인은 손해배상청구권 또는 해제권까지도 행사할 수 있다.[86] 이는 무권대리인이 본조에 따라 이행책임을 다함에 따라 취득한 반대급부청구권에 대하여 상대방이 채무불이행을 한 결과로 보아야 할 것이다. 같은 취지에서 상대방이 하자 있는 반대급부를 한 때에는 하자담보책임도 물을 수 있다고 할 것이다.[87]

(나) 이와 관련하여 무권대리행위에 의하여 상대방이 본인과 계약이 성립되었다고 믿고서 본인에게 반대급부를 이행한 경우, 상대방은 본인에 대하여 부당이득반환청구권을 가지는지에 대하여 견해가 대립한다.[88]

이 경우에 상대방은 무권대리인에게 이행청구권 또는 손해배상청구권을 가지고 있는 이상 본인은 부당이득을 한 것이 없으므로 상대방의 본인에 대한 부당이득반환청구권이 없다고 보는 견해가 있다.[89] 반면 본인은 원인 없이 급부를 받은 것이므로 상대방은 당연히 본인에 대하여 부당이득반환청구권을 가진다고 보는 견해도 있다.[90] 후설이 타당하다.

다만 이 경우에 상대방이 무권대리인에게 이행청구를 하여 무권대리인이 이행을 한 경우, ① 대리인의 반대급부청구에 대하여 상대방이 본인에 대하여 이미 반대급부하였음을 들어 대항할 수 있는지, ② 이때 본인에 대한 부당이득반환청구권은 여전히 상대방이 행사할 수 있는지가 문제된다.

---

84) 이영준, 674; 명순구, 484; 구주해(3), 251(강용현).

85) 이영준, 674; 구주해(3), 251(강용현).

86) 이영준, 674; 독일 판례의 태도이다. RGZ 120, 129.
이에 대한 반대의 견해로 이진기(주 13), 15.

87) 이영준, 674.

88) 보통의 경우에는 상대방이 반대급부를 제공함에 대하여 본인이 아무런 이의 없이 이를 수령하면 묵시적 추인이 되어 무권대리인의 책임이 발생할 여지가 없고, 반면 본인이 무권대리라고 주장하면서 계약의 효력을 다투는 등 이의하고 있음에도 상대방이 반대급부를 제공하여 이행한다는 것도 쉽게 예상하기 어려워 이런 경우가 발생할 여지는 많지 않을 것으로 보인다.

89) 이영준, 674-675; 독일 판례의 태도이다. BGHZ 36, 30ff.

90) 김상용(주 1), 644; 이영준, 674-675; 구주해(3), 252(강용현).

먼저 본인에 대한 부당이득반환청구권과 관련하여, 무권대리인이 상대방에게 이행책임 또는 손해배상의무를 모두 이행하면 상대방의 부당이득반환청구권은 무권대리인에게 이전된다고 설명하는 견해가 있다.[91] 그러나 무권대리행위에 대하여 본인의 추인이 없으면 본인과 무권대리인 간에 아무런 법률관계가 생기지 않는데, 무권대리인이 본조에 따른 이행 또는 손해배상의무를 모두 이행하면 상대방이 본인에 대하여 가지는 부당이득반환청구권이 왜 당연히 무권대리인에게 이전되는지에 대한 합리적인 근거가 쉽게 찾아지지 않고 또 그와 같은 채권의 이전이 법률상 이전인지 또는 약정에 의한 이전인지, 제3자에 대한 대항요건은 어떻게 갖추어야 할 것인지 등에 관한 설명이 없는 난점이 있다.

또 상대방이 본인에 대한 반대급부의 이행을 들어 무권대리인에게 이를 대항할 수 있는지에 관하여는, 상대방은 추인의 거절 이전에 본인에 대하여 이미 반대급부를 하였다는 사유로 대항할 수 없다는 견해[92]와 무권대리인이 대리권의 흠결에 관하여 악의인 경우에도 상대방이 이로 인하여 이중급부의 위험을 부담하게 됨은 부당하므로 무권대리인의 대리권 흠결에 대한 선·악의를 따져 선의인 무권대리인에 대하여는 대항할 수 없고 악의인 무권대리인에 대하여는 대항할 수 있다고 보는 견해가 대립한다.[93]

3. 손해배상책임

상대방이 손해배상을 선택하면, 무권대리인은 상대방에게 손해배상채무를 부담한다. 여기서 손해배상의 범위에 관하여 ① 상대방이 대리권이 있다고 믿었음으로 인한 손해(신뢰이익의 배상)인지 ② 계약이 적절하게 이행되었다면 얻었을 이익, 즉 이행이익의 배상인지, ③ 아니면 양자를 모두 포함하는 것인지를 두고 견해의 대립이 있다.

통설은 이행이익의 배상이라고 본다.[94] 그 근거로는 § 135 Ⅰ 법문이 '이행 또는 손해배상'이라고 선택적으로 규정한 것은 이행에 갈음하는 손해배상,

---

91) 김상용(주 1), 644; 이영준, 674-675; 구주해(3), 252(강용현); MünchKomm-Thiele, § 179 RdNr. 34.

92) 大西耕三, 代理の硏究, 446.

93) 구주해(3), 252(강용현).

94) 고상룡, 552; 곽윤직·김재형, 378; 김주수·김상용, 434; 김상용(주 1), 645; 김준호(주 1), 376; 백태승, 499; 송덕수(주 1), 425; 양창수·김재형, 239; 이영준, 677; 구주해(3), 253(강용현).

즉 이행이익의 배상을 인정한 것으로 보아야 하고, 또한 무권대리인은 대리권이 있었더라면 상대방이 있게 되었을 상태로 만들어야 하기 때문이라고 설명된다.[95]

한편 무권대리인의 책임을 과실책임으로 파악하려는 견해에서도 본조가 손해배상을 이행책임과 병렬적으로 규정하고 있으므로 이는 이행이익의 배상으로 볼 수밖에 없다거나[96] 신뢰이익을 포함하는 이행이익이라고 보고 있다.[97]

생각건대, § 135 I 법문이 '이행 또는 손해배상'이라고 선택적으로 규정하는 점에 비추어 보면 본조의 손해배상은 급부에 갈음하는 이행이익의 배상이라고 새겨야 할 것이다.

한편 상대방이 손해배상을 선택한 경우 손해배상액의 산정에 있어서 채권자인 상대방의 과실이 참작된다. 그러나 한편으로 대리권의 존부에 관하여 알지 못한 것에 과실이 있는 상대방은 본조의 손해배상책임을 구할 수 없다(앞서 본 요건 참조). 따라서 상대방에게 그러한 과실이 없다고 보아 본조의 손해배상청구를 인정하는 이상, 손해배상의 범위를 산정함에 있어서 다시 채권자인 상대방에게 대리권의 흠결을 제대로 알아보지 아니한 과실이 있다는 사정을 들어 과실상계를 한다는 것은 이유모순이 되므로, 상대방의 대리권 흠결에 대한 과실을 들어 과실상계를 할 수는 없다는 견해도 있다.[98]

4. 소멸시효

(1) 상대방의 선택권이 제척기간에 걸리는지

선택채권에 있어서 선택권은 일방적 의사표시로 채권의 내용에 변경을 발생하게 하는 것이므로 일종의 형성권으로 이해되고, 한편 형성권은 통설에 따르면 10년, 소수설에 따르면 형성권을 발생시킨 기초적인 법률관계에 따른 기간의 제척기간에 걸린다고 해석한다. 따라서 본조의 상대방의 선택권을 형성권으로 이해한다면, 위와 같은 제척기간에 걸리지 않는가는 의문이 든다. 그

95) 김상용(주 1), 645.

96) 정상현·서순택(주 2), 175. 입법론적으로는 무권대리인이 대리권의 부존재에 대하여 악의이거나 중대한 과실이 있는 경우에는 이행이익의 손해배상을 지우되, 경과실만 있는 경우에는 신뢰이익의 배상하도록 하고 과실조차 없는 경우에는 그 책임을 묻지 않도록 함이 옳다고 주장한다.

97) 강태성(주 22), 823.

98) 이영준, 680-681.

런데 만일 선택권 자체가 제척기간에 걸린다고 본다면, 선택권을 행사하여 비로소 구체화된 청구권을 그때부터 다시 소멸시효가 진행된다고 해석해야 되는 결과가 생긴다.

이에 대하여 판례는, 타인의 대리인으로 계약을 한 자가 그 대리권을 증명하지 못하고 또 본인의 추인을 얻지 못한 때에는 상대방의 선택에 따라 계약의 이행 또는 손해배상의 책임이 있고 상대방이 가지는 계약이행 또는 손해배상청구권의 소멸시효는 그 선택권을 행사할 수 있는 때부터 진행한다고 판시함으로써[99] 선택권 행사 자체의 제척기간 또는 소멸시효는 문제 삼지 않고, 선택권을 행사할 수 있는 때부터 본 계약에 기한 기본적인 채권의 소멸시효가 진행한다고 보고 있다.

(2) 이와 같이 판례는, 본조에 의하여 상대방이 가지는 계약이행청구권이나 손해배상청구권의 소멸시효는 상대방이 선택권을 행사할 수 있을 때부터 진행한다고 보면서, 나아가 선택권을 행사할 수 있는 시기는 무권대리인이 대리권을 증명하지 못하고 본인의 추인도 얻지 못한 때로 본다.[100] 이에 대하여 손해배상청구권에 관하여는 § 766을 유추적용하여 청구권자가 무권대리인이 누구인지를 안 때로부터 위 시효시간을 기산하여야 한다는 견해가 있다.[101]

(3) 한편 본조에 의하여 상대방이 가지는 계약이행청구권이나 손해배상청구권의 소멸시효기간에 관하여 일반채권의 소멸시효기간(§ 162 ①)처럼 10년이라고 하여야 하는지, 당해 법률행위가 유권대리라면 상대방이 본인에게 가지는 청구권의 성립에 따라 적용되어야 하는지가 문제된다. 통설은 후자로 보고 있다.[102] 따라서 예를 들면 상대방과 본인 사이의 계약이 유효라고 가정할 때, 상대방이 본인에 대하여 소유권이전등기청구권을 가진다면 이는 일반채권으로 10년의 소멸시효에 걸리고, 이런 경우 상대방이 무권대리인에 대하여 가지는 청구권도 10년의 소멸시효에 걸린다.[103]

---

99) 대판 65.8.24, 64다1156(집 13-2, 69).
100) 대판 63.8.22, 63다323(집 11-2, 83); 대판 65.8.24, 64다1156(집 13-2, 69).
101) 김주수 · 김상용, 435; 이영준, 679.
102) 고상룡, 612; 김주수 · 김상용, 435; 김상용(주 1), 645; 송덕수(주 1), 425; 이영준, 643; 지원림(주 1), 356; 구주해(3), 254(강용현).
103) 김주수 · 김상용, 435.

Ⅳ. 관련문제: 표현대리가 성립하는 경우에 상대방은 본조의 책임을 추급할 수 있는지

표현대리가 성립하는 경우에 무권대리인에 대한 책임을 추궁할 수 없다는 보충책임설의 입장에서 선다면 표현대리가 성립하지 않을 것이 본조의 책임요건이 된다.

그러나 선택책임설의 입장에서 본다면 표현대리가 성립하지 않는 것은 무권대리의 성립요건이 아니라고 할 것이다. 선택책임설이 타당하다는 것과 그 논거는 § 130에서 설명하였다.

[구 자 헌]

第 136 條(單獨行爲와 無權代理)

單獨行爲에는 그 行爲當時에 相對方이 代理人이라 稱하는 者의 代理權없는 行爲에 同意하거나 그 代理權을 다투지 아니한 때에 限하여 前6條의 規定을 準用한다. 代理權없는 者에 對하여 그 同意를 얻어 單獨行爲를 한 때에도 같다.

차 례

Ⅰ. 본조의 취지

단독행위는 일방적 의사표시로 법률관계를 변동시키는 법률행위이다. 타인의 권리관계의 변동을 가져오는 단독행위는 타인의 의사와는 관계없이 의무를 부담시키는 결과를 초래하기 때문에 법률이 특히 인정한 경우에 한하여 인정된다. 이와 같이 타인의 권리관계에 영향을 미칠 수 있는 단독행위는 사적 자치의 원칙 아래에서는 예외적인 것이어야 하므로 단독행위는 될 수 있는 한 인정하지 않는 것이 바람직하다.[1]

이와 같은 단독행위가 무권대리행위로 이루어진 경우, 본인의 추인을 인정하면 본인의 일방적 의사에 따라 유동적 법률관계의 효력이 좌우되어 그 자체로 법률관계 명확성에 본질적으로 반한다.[2] 또 단독행위의 경우 상대방이 없는 경우도 있어 무권대리인의 상대방에 대한 책임 문제가 발생하지 않을 수도 있다.

본조는 단독행위에 있어서 무권대리행위의 효력에 관하여 규정하는데, 규정 형식을 상대방 있는 단독행위에 관하여 상대방이 대리인이라 칭하는 자의 대리권없는 행위에 동의하거나 그 대리권을 다투지 아니한 때에 한하여 계약에 관한 규정을 준용하는 형태를 취함으로써, 그 외의 단독행위의 무권대리는 능동대리이든 수동대리이든, 상대방 있는 단독행위이든 상대방 없는 단독행위이든 모두 원칙적으로 무효임을 밝히고 있다. 이에 따라 § 136를 법률관계의 유동성 회피를 위한 입법정책의 표현이라고 설명하기도 한다.[3]

결국 단독행위의 무권대리는 능동대리이든 수동대리이든, 상대방 있는 단독행위이든 상대방 없는 단독행위이든 모두 원칙적으로 무효이다. 따라서 본인의 추인이 있더라도 아무런 효력이 생기지 않는다. 다만 본조는 상대방 있는 단독행위의 경우에 비교적 넓은 범위의 예외를 인정하고 있다(본조는 상대방 있는 단독행위에 관하여만 예외를 규정하고 있다).

Ⅱ. 상대방 없는 단독행위의 무권대리

상대방이 없는 단독행위(예컨대, 재단법인의 설립행위, 상속의 승인·포기 등)에 있어서 무권대리는 언제나 확정적·절대적으로 무효이다. 본인이 추인하더라도 효력이 없다. 이 경우 본인에게 추인권을 인정한다면 본인은 그 행사·불행사에 관하여 아무런 제약을 받지 않고 자유로이 무권대리행위의 효과를 좌우할 수 있어 불합리하기 때문

1) 김주수·김상용, 435.
2) 명순구, 489.
3) 명순구, 489.

이다. 또한 상대방이 없으므로 상대방보호규정(§§ 131, 134)이나 상대방에 대한 무권대리인의 책임규정(§ 135) 역시 적용의 여지가 없다.

이에 따라 민법은 상대방 없는 단독행위의 무권대리에 관하여는 아무런 예외 규정을 두지 않는 형식을 취하여 이를 언제나 확정적·절대적 무효로 하고 있다.

Ⅲ. 상대방 있는 단독행위의 무권대리

1. 의 의

상대방 있는 단독행위(예컨대, 계약의 해제, 채무의 면제, 상계 등)도 원칙적으로 무효이다. 그러나 상대방 있는 단독행위의 경우에는 그것이 능동대리이든 수동대리이든 상대방이 무권대리인에게 대리권이 있다고 믿은 때에는 이를 보호할 필요가 있으며, 또한 본인 역시 무권대리행위의 효과의 귀속을 원할 수도 있다. 이와 같은 경우 상대방 있는 단독행위를 계약과 반드시 구별하여야 할 합리적인 이유가 없다.

이에 따라 민법은 계약의 경우와 구별하여 상대방 있는 단독행위의 무권대리를 무효가 되는 것을 원칙으로 하되 다음과 같이 두 가지 예외를 인정하여 계약에 있어서의 무권대리와 동일하게 불확정 무효가 되는 것으로 하여 추인에 관한 규정(§§ 130, 132, 133), 상대방의 최고권(§ 131), 철회권(§ 134), 무권대리인의 상대방의 책임에 관한 규정(§ 135)을 준용하고 있다.

첫째, 상대방 있는 단독행위의 능동대리, 예를 들면, 무권대리인이 본인을 대리하여 계약을 해제한 경우에 상대방이 대리인이라 칭하는 자의 대리권없는 행위에 동의하거나 그 대리권을 다투지 아니한 때에 한하여 계약에 관한 규정을 준용하도록 하였다(본조 전단).

둘째, 상대방 있는 단독행위의 수동대리, 예들 들면, 상대방이 대리권 없는 사람에 대하여 본인을 위하여 수령하는 뜻을 표시하여 계약해제의 의사표시를 한 경우에 대리권 없는 사람의 동의를 얻어 단독행위를 한 때에 한하여 계약에 관한 규정을 준용하도록 하였다(본조 후단).

따라서 이러한 예외에 해당하지 않는 경우, 즉 상대방이 대리권을 다툰 경우에는 상대방 있는 단독행위의 무권대리는 무효가 된다. 상대방이 대리권이 없는 것을 다투었는데 본인의 일방적인 추인을 인정하는 것은 부당하기 때문이다.

2. 본조 전단의 능동대리

예를 들면, 무권대리인이 본인을 대리하여 계약을 해제한 경우 등 능동대리에서, 무권대리행위 당시에 상대방이 동의하거나 또는 그 대리권을 다투지 아니한 때에는 계약의 경우와 동일한 효과가 발생한다(본조 전단).[4)]

여기서 '대리권을 다투지 아니한 때'란 이의를 제출하지 아니한 것을 말하고 대리권 없음을 알고서 다투지 않았든 또는 알지 못하면서 다투지 않았든 그 과실유무에 관계없이 다투지 아니하면 모두 포함하는 것으로 해석함이 통설이다. 또한 법문에선 '행위당시'라고 되어 있으나 무권대리인이 한 단독행위를 수령한 후 지체없이 이의를 제출하면 다툰 것이 된다는 것이 통설이다.[5)] 그러나 상대방이 무권대리인에 대하여 대리권의 증명을 요구한 것만으로는 다툰 것으로 볼 수 없다.[6)]

다만 상대방 있는 단독행위로서 능동대리인 경우에 무권대리행위의 상대방이 철회할 의사표시라는 것이 관념상 존재하지 아니한다. 따라서 이 경우 상대방에게 § 134의 규정에 의한 철회권은 인정되지 않는다는 견해가 있을 수 있다. 그러나 이러한 경우에도 상대방이 무권대리인의 단독행위로 인한 법률효과의 발생을 원하지 않고 이를 적시에 확정하여 불안정한 지위에서 벗어날 필요가 있을 수 있어, 상대방은 실질적으로는 무권대리행위로 인한 법률효과 발생을 거절한다는 의미로 철회권을 행사하여 단독행위의 무권대리행위로 인한 법률효과가 확정적으로 발생하지 않는 것으로 할 수 있다고 보는 것이 타당하다.[7)]

또한 본인이 추인하지 않은 경우에 준용되는 § 135 소정의 무권대리인의 책임에 대해서도 해석상 문제가 있다. 먼저 상대방이 대리권 없는 행위에 동

4) 본조의 전단은 실질적으로는 능동대리의 경우에는 상대방이 이의하지 않으면 원칙적으로 계약의 무권대리의 효과와 같다는 것에 다름이 아니다. 이에 따라 능동대리의 경우에는 § 136의 문언에도 불구하고 원칙적으로 § 130의 규정이 준용되어 본인이 추인할 수 있고 상대방이 단독행위 수령 후 지제없이 이의를 제출한 때 그러한 단독행위가 무효로 확정된다는 것을 규정한 것이라고 설명하기도 한다. 고상룡, 554-555.

5) 곽윤직 · 김재형, 379; 이영준, 685; 송덕수, 민법총칙, 제3판, 2015, 426; 구주해(3), 256(강용현); 주석 총칙 (3), 252(제4판/이균용).

6) 이영준, 685; 송덕수(주 5), 426; 구주해(3), 256(강용현); 주석 총칙(3), 252(제4판/이균용).

7) 대판 02.10.08, 2001두335(정보).

의한 경우에는 대리권 없음을 안 것이므로 무권대리인에게 책임을 물을 수 없다. 따라서 상대방은 대리권 없음을 모르고 대리권을 다투지 아니한 때에 한해 무권대리인에게 책임을 물을 수 있다.[8] 그리고 예를 들면 무권대리인이 본인을 대리하여 계약을 해제한 경우, 본인이 계약 해제를 추인하지 않으면 계약은 그대로 유효하므로 이 경우 § 135 무권대리인의 책임으로써 이행책임이 문제될 여지가 없어 상대방은 무권대리인의 해제·취소가 유효하게 이루어진 것으로 믿었기 때문에 입은 손해에 대한 손해배상만을 구할 수 있는 것으로 해석된다.[9]

3. 본조 후단의 수동대리

수동대리에 있어서는 무권대리인의 동의를 얻어 행위를 한 경우에 한하여 계약에 있어서와 동일하게 효과가 생겨 § 130 내지 § 135가 준용된다(본조 후단). 이와 같이 본조 전단과 달리 수동대리의 경우 무권대리인의 동의를 얻어 행위를 한 경우로 요건을 한정하고 있는 것은 대리권 없는 자에 대하여 행하여진 단독행위에 대하여 동의하지 않은 무권대리인에 대하여 본인에게 효력이 발생하지 않는다고 하여 무권대리인의 책임을 인정하는 것은 부당하고,[10] 또한 능동대리와 달리 스스로 능동적으로 행위를 하지 아니한 무권대리인에 대하여 그가 수령한 단독행위에 대하여 지체 없이 이의를 제출할 것을 요구하고 그것을 하지 않으면 곧 무권대리인으로서 책임을 져야 한다는 것도 타당하지 않기 때문이다.[11]

수동대리인 단독행위에 있어 무권대리인이 동의하여 무권대리행위가 성립하였으나 본인이 추인을 거절하면 무권대리인은 상대방에 대하여 § 135의 손해배상의무를 부담하나, 다만 동조에 의한 이행책임은 성질상 있을 수 없다고 보는 것이 통설이다.[12]

8) 김준호, 민법총칙, 제7판, 2013, 378; 양창수, 민법연구(1), 134.
9) 이영준, 685; 구주해(3), 256(강용현); 주석 총칙(3), 252(제4판/이균용).
10) 구주해(3), 257(강용현); 주석 총칙(3), 252(제4판/이균용).
11) 고상룡, 555; 주석 총칙(3), 253(제4판/이균용).
12) 김주수·김상용, 436; 송덕수(주 5), 426; 이영준, 685; 지원림, 민법강의, 제13판, 2014, 357; 구주해(3), 257(강용현).

Ⅳ. 본조의 주장·증명책임

1. 능동대리

대리권을 다투었다는 점에 관한 주장·증명책임은 대리행위의 효력을 다투는 상대방에게 있다. 예를 들면 무권대리인이 한 계약해제의 의사표시의 효과를 본인이 상대방에 대하여 주장할 경우, 본인은 무권대리인이 해제의 의사표시를 하였다는 사실과 추인의 사실만 주장·증명하면 되고, 무권대리인에 의한 해제의 효력을 다투는 상대방이 해제의 의사표시 수령 후 지체없이 또한 추인 전에 이의를 제출하여 다투었음을 주장·증명하여야 한다.[13]

2. 수동대리

수동대리인 단독행위의 무권대리에 대하여 § 130 이하가 준용된다고 주장하는 사람이 그 단독행위를 하는 데 대하여 무권대리인의 동의를 얻었다는 사실을 주장·증명하여야 한다.[14]

[구 자 헌]

13) 고상룡, 555; 구주해(3), 257(강용현); 주석 총칙(3), 253(제4판/이균용).
14) 전주 13).

사항색인

제2판
민법주해 Ⅲ – 총칙(3)

제2판발행 2022년 3월 30일

편집대표 양창수
펴낸이 안종만 · 안상준

편 집 김선민
기획/마케팅 조성호
표지디자인 이수빈
제 작 고철민 · 조영환

펴낸곳 (주) 박영사
서울특별시 금천구 가산디지털2로 53, 210호(가산동, 한라시그마밸리)
등록 1959. 3. 11. 제300-1959-1호(倫)
전 화 02)733-6771
f a x 02)736-4818
e-mail pys@pybook.co.kr
homepage www.pybook.co.kr
ISBN 979-11-303-3732-6 94360
979-11-303-3730-2 94360(세트)

정 가 75,000원